Freistaat
SACHSEN

Schutzumschlag: gauweiler verlags gmbh

ISBN 3-933600-15-4
2. Auflage
© gauweiler verlags gmbh, Heidelberg

Herausgegeben in Zusammenarbeit mit
Sächsische Staatskanzlei
Sächsischer Städte- und Gemeindetag

Gesamtredaktion: H. und W. Gauweiler
Textredakteur: Dr. phil.habil. N. Reglin
Weitere Mitarbeiter: A. Gfrör, J. Lange, H. Luitz, H.-J. Wenner
Druck: W. Kohlhammer Druckerei GmbH + Co. KG, Stuttgart
Satz und Lithographien: Media-Express, Schwetzingen

Den vielen, die mitgeholfen haben und hier nicht
genannt wurden,
die ihr Wissen und Können zur Verfügung stellten,
die uns unterstützten,
danken wir.

INHALTSÜBERSICHT

Geschichte

Zur Geschichte Sachsens *Prof. Dr. Reiner Groß*	6
Große Gestalten *(Autoren siehe jeweiliges Lebensbild)*	52
Adam Ries	52
Georgius Agricola	54
Heinrich Schütz	56
Ehrenfried Walther von Tschirnhaus	58
Friedrich August I., August der Starke	60
Johann Friedrich Böttger	62
Johann Sebastian Bach	64
Friederike Caroline Neuber	66
Nikolaus Ludwig Graf von Zinzendorf	68
Friedrich Arnold Brockhaus	70
Gotthold Ephraim Lessing	72
Caspar David Friedrich	74
Carl Maria von Weber	76
Ludwig Richter	78
Gottfried Semper	80
Richard Wagner	82
Clara und Robert Schumann	84
Manfred von Ardenne	86

Politik, Verwaltung, Wirtschaft

Staat und Verwaltung in Sachsen *Dr. Harald Vinke*	88
Wirtschaft, Finanzen und Demografie *Uwe Müller*	96
Hightechstandort Biotechnologie und Regenerative Medizin in Sachsen Forschungsstandort Dresden *Prof. Dr. Michael Brand, Dr. Sabine Matthiä, Falk Sobiella*	111

Bildungswesen, Kultur

Bildung beginnt nicht erst mit der Zuckertüte *Michael Bartsch*	114
Sachsens Kulturlandschaft *Dr. Jürgen Uwe Ohlau*	122
Bildende Kunst in Sachsen *Dr. Petra Lewey*	134
Bauwerke und Kunstdenkmäler in Sachsen *Prof. Dr. Heinz Quinger*	146
Großschutzgebiete im Freistaat Sachsen *NABU-Regionalgruppe Schutzgemeinschaft Sächsische Schweiz e.V.*	156
Naturpark Dübener Heide	156
Naturpark Osterzgebirge/Vogtland	158

Naturpark Zittauer Gebirge	160
Biosphärenreservat Oberlausitzer Heide- und Teichgebiet	162
Nationalpark Sächsische Schweiz	164
Landeshauptstadt Dresden	166

Landschaften

Bei der Gliederung dieser umfangreichen Darstellung des Freistaates Sachsen hat der Verlag geographischen Gesichtspunkten den Vorrang gegeben. Der Aufbau des Buches folgt, vom Vogtland ausgehend Richtung Osten und von der Neiße wieder zurück über die Elbe in die Leipziger Tieflandsbucht, der alten Kreisstruktur des Freistaates.

Das Sächsische Vogtland *(ehem. Vogtlandkreis und ehem. Kreisfreie Stadt Plauen)*	170
Westsachsen *(ehem. Kreisfreie Stadt Zwickau, ehem. Landkreis Zwickauer Land, Landkreis Chemnitzer Land und Kreisfreie Stadt Chemnitz)*	216
Die Silberstraße	260
Das Erzgebirge – Westlicher Teil *(ehem. Landkreis Aue-Schwarzenberg, Landkreis Stollberg, Landkreis Annaberg, u. Mittlerer Erzgebirgskreis)*	262
Das Erzgebirge – Mittlerer und Östlicher Teil *(ehem. Landkreis Freiberg und Weißeritzkreis)*	349
Das Elbsandsteingebirge *(ehem. Landkreis Sächsische Schweiz)*	387
Die Südliche Oberlausitz und Niederschlesien *(ehem. Landkreis Löbau-Zittau, ehem. Kreisfreie Stadt Görlitz u. ehem. Niederschlesischer Oberlausitzkreis)*	398
Die Sorben in Sachsen	448
Lausitzer Landschaften *(ehem. Landkreis Kamenz, ehem. Kreisfreie Stadt Hoyerswerda und Landkreis Bautzen)*	450
Das Sächsische Elbland *(ehem. Landkreis Meißen, Landkreis Riesa-Großenhain und Landkreis Torgau-Oschatz)*	515
Die Sächsische Weinstraße	533
Das Sächsische Burgen- und Heideland *(ehem. Landkreis Mittweida, Landkreis Döbeln und Muldentalkreis)*	574
Die Leipziger Tieflandsbucht *(Kreisfreie Stadt Leipzig, ehem. Landkreis Delitzsch und Landkreis Leipziger Land)*	639
Vom Braunkohlen- zum Erholungsland	678
Karte des Freistaates Sachsen	680
Verzeichnis der Kreisfreien Städte, Landkreise, Städte und Gemeinden	681
Bildnachweis	684

Zur Geschichte Sachsens

Prof. Dr. Reiner Groß

Wirft man heute einen Blick auf die politisch-geographische Gliederung der Bundesrepublik Deutschland, dann begegnet einem der Name Sachsen dreifach: Niedersachsen, Sachsen und Sachsen-Anhalt. Letztlich steht die Frage, wo dieser Name ursprünglich angesiedelt war. Zu germanischer Zeit trug ein nordseegermanischer Stammesverband den Namen Sachsen, dessen Territorium sich bis zum Harz ausdehnte. Im Jahre 880 wird erstmals Brun aus dem Geschlecht der Liudolfinger als »dux totus Saxoniae« genannt. Als es Kaiser Friedrich Barbarossa in der Auseinandersetzung mit Heinrich dem Löwen, dem Herzog von Sachsen und Bayern, im Jahre 1180 schließlich gelang, jenem das Herzogtum Sachsen als Reichslehen abzuerkennen und es neu zu verteilen, begann die Wanderung des Namens Sachsen. Letztlich kam der Name über das askanische Herzogtum Sachsen-Wittenberg 1423 an die Markgrafen von Meißen und Landgrafen von Thüringen, die als neue Kurfürsten des Reiches diesen Namen an die erste Stelle ihrer Titulatur setzten, womit sich bald politische Herrschaft mit territorialstaatlicher Bezeichnung verband. Wenn man deshalb heute von sächsischer Geschichte spricht, dann begreift man darunter die historische Entwicklung des wettinischen, nach 1485 albertinisch-wettinischen Herrschaftsbereiches, der sich ab 1815 auf das um zwei Drittel verkleinerte Königreich Sachsen beschränkte.

Am Ende der Völkerwanderungszeit hatten die germanischen Stämme den geographischen Raum zwischen Saale und mittlerer Elbe verlassen. In dieses nunmehr siedelfreie Gebiet wanderten aus dem böhmisch-mährischen Raum slawische Stämme ein und besiedelten das Land. Organisiert in den Stämmen der Daleminzer, Nisaner, Chutizi und Diedesi, wurden sie im 8. Jahrhundert vom Fränkischen Reich Karls des Großen in tributpflichtige Abhängigkeit gebracht. Eigene politische Organisationsstrukturen, Selbständigkeit und eigenständige kulturelle Leistungen wurden urplötzlich beendet, als das neu begründete deutsche Königtum unter Heinrich I. im ersten Drittel des 10. Jahrhunderts im Zusammenhang mit Ungarneinfällen und Verweigerung von Tributleistungen seitens der Slawen seinen unmittelbaren Herrschaftsbereich bis an Havel, Oder und Elbe auszudehnen versuchte.

Nach einem erfolgreichen Feldzug König Heinrichs I. gegen die Heveller im Havelland im Winter 928/929 zog das deutsche Heeresaufgebot im Frühjahr 929 südwärts in das Land der Daleminzer. Die zuletzt auf den Burgberg in Hof im Kreis Oschatz lokalisierte Hauptburg der Daleminzer war das entscheidende Bollwerk der sorbischen Stämme im Saale-Elbegebiet, das der deutschen Herrschaft widerstanden hatte. Danach zog Heinrichs Heerbann weiter bis an die Elbe. Auf einem damals dicht mit Bäumen bestandenen Berg schuf er die Burg, die er nach einem nördlich davon fließenden Bache Meißen nannte. Drei Jahre später war auch das Land der Milzener um Bautzen in die Abhängigkeit vom deutschen Königtum gekommen. Damit hatte sich das deutsche Königreich unter Heinrich I. von seinen sächsischen Stammlanden, vom Harz über Thüringen bis nach Franken weit nach Osten ausgedehnt.

Dieses Territorium war zunächst militärisch zu sichern. Zu diesem Zweck wurde das neue Grenzland in Marken eingeteilt, die aber in ihrer Abgrenzung zueinander noch durchaus fließend waren. Die Burg Meißen mit ihrem Umland wurde das Zentrum einer solchen Grenzmark im slawisch-sorbischen Land. Als obersten militärischen Befehlshaber und unmittelbaren Beauftragten der deutschen Königsmacht zur Sicherung und Verwaltung des neuen Reichsgebietes setzte der deutsche König Markgrafen ein. Dafür wählte er ihm treu ergebene Adelige aus. Einer der bekanntesten Markgrafen aus dieser Zeit ist Gero, Markgraf der Ostmark, Stifter des Klosters Gernrode am Harz, der 965 starb. Danach teilte Kaiser Otto I. die Ostmark in mehrere Markengebiete neu auf. Dazu gehörte die Mark Meißen. Als Markgrafen von Meißen sind Adelige aus thüringischen und sächsischen Geschlechtern nachweisbar. Burgwardbezirke bildeten im Rahmen der Markenverfassung kleinere Verwaltungseinheiten um eine wehrhafte Burg herum. Zur Festigung der weltlichen Macht wurde unter Kaiser Otto I. das Reichskirchensystem ausgebildet, in dessen Zusammenhang 968 das Erzbistum Magdeburg mit den Bistümern Merseburg, Zeitz und Meißen begründet wurde. Damit war eine verstärkte Christianisierung des Sorbenlandes verbunden, die aber immer wieder von Rückschlägen begleitet war. Bis in das 11. Jahrhundert hinein war die Mark Meißen zwischen dem deutschen Königtum, dem polnischen König-

Karl der Große (deutscher Kaiser 800–814) im Krönungsornat; Gemälde – Öl auf Lindenholz – 1512 von Albrecht Dürer

reich und dem Böhmenkönig umstritten und heftig umkämpft. Seit 1002 bestand der Kriegszustand mit Boleslaw Chobry von Polen, der bald alle rechtselbischen Gebiete erobert hatte. Dieses Ringen dauerte bis 1031. Der in jenem Jahr geschlossene Friede von Bautzen bestätigte die deutsche Herrschaft auch in der Lausitz endgültig. Für das Jahr 1046 ist erstmals die Bezeichnung »marchia Misnensis« schriftlich überliefert.

Auf dem Reichstag zu Regensburg im Februar 1089 belehnte Kaiser Heinrich IV. den Markgrafen der Niederlausitz Heinrich von Eilenburg aus dem Hause Wettin mit der Mark Meißen. Der Wettiner trat an die Stelle von Markgraf Ekbert II. von Meißen aus dem Hause der Brunonen.

Dieser Wechsel der Herrschaftsausübung in königlichem Auftrag war im deutschen Königreich des 11. Jahrhunderts kein ungewöhnlicher Vorgang. Er begründete aber in diesem Fall im Jahre 1089 für die folgenden 829 Jahre eine kontinuierliche Herrschaftsausübung im Saale-Elbe-Raum durch ein Grafengeschlecht, das von der Markgrafenwürde über das Kurfürstentum zur Königswürde aufsteigen sollte. Die Belehnung Heinrichs von Eilenburg war zugleich ein Ergebnis des Ringens der Reichsgewalt unter Kaiser Heinrich IV. gegen die erstarkenden Partikulargewalten im Reich. Zur gleichen Zeit war Wiprecht von Groitzsch, einer höheren Adelsfamilie der Nordmark entstammend, als Parteigänger Kaiser Heinrichs IV. im Gebiet zwischen Saale, Pleiße und Mulde ebenfalls um Herrschaftsintensivierung, Landesausbau und Territoriumsbildung bemüht. In diesem Wettstreit bleiben zu Beginn des 12. Jahrhunderts die Wettiner, dann allerdings als Parteigänger der sächsischen Fürstenopposition und Gegner des salischen Königshauses mit dem späteren König Lothar von Süpplingenburg, Sieger. Im Jahre 1123 setzte sich Konrad von Wettin in Nachfolge von Heinrich II. von Eilenburg in den Besitz der Markgrafschaft Meißen. Im Jahre 1125 erlangte Konrad die reichsrechtliche Bestätigung seiner Belehnung mit der Mark Meißen durch König Lothar. Damit begann eine dreißigjährige Regierungszeit, in deren Verlauf Konrad den gesamten wettinischen Allodialbesitz in seiner Hand vereinigte. Dies bildete die Grundlage für die Ausprägung und Festigung der Landesherrschaft. Diese eigenständige Form der Herrschaftsausübung haben die Wettiner in den folgenden Jahrzehnten bewusst mitgestaltet und mitgeprägt. Das war für die nachfolgenden Jahrhunderte bedeutsam, führte es doch über den Territorialstaat im 15. Jahrhundert zum neuzeitlichen Flächenstaat im 16. Jahrhundert. Die seit Konrad von Wettin von den Wettinern mitgeschaffene Form des Landesstaates blieb ein prägendes Element deutscher Geschichte über Jahrhunderte hinweg.

Am Ausgang des 11. Jahrhunderts setzte die Ostkolonisation und eine beschleunigte Christianisierung ein, die zur Grundlage der Herrschaftsbildung im Verlauf der ersten Hälfte des 12. Jahrhunderts wurde. In einer ersten Phase von 1100 bis 1140 wurde der Raum zwischen Saale und Pleiße erfasst. Noch unter Konrad von Wettin setzte um 1140 die zweite Phase der Siedlungsbewegung ein, die als Hauptphase dieser Entwicklung gelten kann. In den Jahrzehnten bis etwa 1200 wird der geographische Raum bis zur Elbe erreicht. Es entstand die Kulturlandschaft der nächsten Jahrhunderte.

Mit dieser ersten großen Besiedlungsphase gewann die Christianisierung neue Dimensionen. Im Verlaufe des 11. Jahrhunderts nahmen die Kirchengründungen zu. Dazu trugen auch zahlreiche Klostergründungen bei, so u.a. 1091/96 Pegau, 1119 Riesa, 1136 Chemnitz, 1143 Remsa bei Waldenburg und 1162 Altzella bei Nossen. Im Rahmen der Kolonisationsbewegung zogen die Inhaber der Landesgewalt im Saale-Elbe-Gebiet den Bevölkerungsüberschuss der westlichen Reichsteile, so aus Franken und Sachsen, aber auch Flandern, in ihren Herrschaftsbereich. Es waren vor allem die Markgrafen von Meißen und die ihnen untergebenen edelfreien Herren, die auf markgräflichem Grund und Boden die zuwandernden Bauern ansiedelten. Die zuziehenden Bauern wurden zu günstigen Bedingungen auf Rodungsland angesiedelt, so als persönlich freie Bauern mit erblichem Besitzerrecht an Grund und Boden und genau festgelegten Geld- und Naturalabgaben. Aber auch die Bischöfe und die Ministerialen der Reichsgewalt vornehmlich im pleißenländischen Reichsterritorium förderten aktiv die bäuerliche Besiedlung. Die Herren von Schönburg, von Waldenburg und von Schellenburg betrieben Landesausbau und Herrschaftsbildung entlang der Zwickauer Mulde, der Flöha, der Zschopau und der Freiberger Mulde bis hinauf zum Erzgebirgskamm. Rodungen erschlossen weite Waldflächen, die noch von keiner Besiedlung erfasst gewesen waren, als bäuerlichen Siedlungsraum. Rundangerdörfer, Straßendörfer und Waldhufendörfer wurden je nach Geländegegebenheiten angelegt. Zugleich wurden sorbische Altsiedelräume durch neue Ansiedlungen verdichtet.

Neben den deutschen Kolonisten war die alteingesessene sorbische Bevölkerung am Landesausbau beteiligt. Nur in wenigen Fällen kam es zur Verdrängung oder Abwanderung der sorbischen Bauern. Insgesamt hat sich die Einwanderung deutscher Kolonisten im sorbischen Gebiet nicht auf Kosten der Siedlungsstätten der Sorben vollzogen. Die deutsche Besiedlung des Landes zwischen Saale und Elbe schuf in ethnischer Hinsicht eine

tant comme il leur pleut Je les fist couurir
et leur donna de ses richesses. Et fine le
premier liure de l'istoire charlemaine.

Cy commence le second liure des histoires char
lemaine, premierement coment il fut cou
ronne a empereur en l'eglise saint pierre
de romme. Apres coment il condumpna
par concil ceulx qui auoient laidi la postolle
lyon. Et puis des troubles des terres qui
furent par le monde et des messages pris
aaron le roy de perse
et fut de la natiuite en
tra l'empereur en l'eglise
saint pierre de romme
droit en ce point que on

neue Lage. Über Generationen hinweg entwickelte sich die Bevölkerung der Markgrafschaft Meißen. Zuwanderungen in die neu erschlossenen erzgebirgischen Bergbaugebiete am Ausgang des 15. und im 16. Jahrhundert, die nach 1620 in das Kursächsische kommenden böhmischen Exulanten, die im Zuge der Industriellen Revolution im 19. Jahrhundert in die entstehenden sächsischen Industriegebiete kommenden Menschen haben die sächsische Bevölkerung entstehen lassen.

Östlich der Elbe blieben die Kerngebiete sorbischer Ansiedlungen weitgehend unberührt. Das trug wesentlich zur Erhaltung des sorbischen Ethnikums in den Lausitzen bei. Deutsche und sorbische Bauern wurden gleichermaßen in den feudalen Produktionsprozess integriert. Sie bildeten seit dem 12. Jahrhundert eine einheitliche bäuerliche Bevölkerung. Siedlung, Herrschaftsbildung und Christianisierung mit Kloster- und Kirchengründungen gingen dabei Hand in Hand. Zweihundert Jahre nach der militärischen Eroberung wurde das meißnische Land in Wirtschaft und Kultur des mittelalterlichen deutschen Kaiserreiches in vollem Umfang einbezogen.

Die anderthalb Jahrhunderte von der Mitte des 12. Jahrhunderts bis zum Beginn des 14. Jahrhunderts sind eine Zeit großer wirtschaftlicher und kultureller Leistungen in der Markgrafschaft Meißen. Es ist aber auch eine Zeit großer Auseinandersetzungen der jungen wettinischen Landesherrschaft mit der Reichsgewalt. Es waren vor allem die Markgrafen Otto der Reiche und Heinrich der Erlauchte, die in klarer Erkenntnis der gegebenen Möglichkeiten die wirtschaftliche und kulturelle Entwicklung des Landes maßgeblich förderten. Unter Markgraf Heinrich geschah die bis dahin größte wettinische Machtentfaltung, die mit dem Erwerb der Landgrafschaft Thüringen und der Pfalzgrafschaft Thüringen im Jahre 1247 gekrönt wurde, auch wenn die Wettiner erst 1264 in deren unangefochtenen Besitz kamen. Damit reichte die wettinische Territorialmacht vom Thüringer Wald mit der Wartburg bis zu den östlichen Gebieten der Lausitzen an Bober und Queis, an das Herzogtum Schlesien grenzend.

Bauern und Bürger legten den Grund zu einem umfassenden und dichten Ortsnetz für die nachfolgenden Jahrhunderte. Da die Ansiedlung der bäuerlichen Bevölkerung unter Gewährung günstiger rechtlicher und wirtschaftlicher Bedingungen geschah, entstanden im Vergleich mit anderen deutschen Landschaften gerade in der Markgrafschaft Meißen und der Landgrafschaft Thüringen Verhältnisse, die günstige bäuerliche Besitzrechte garantierten, die Leibeigenschaft nicht aufkommen ließen oder aber wesentlich in ihren Wirkungen minderten und später in die mitteldeutsche Grundherrschaft einmündeten. Als neue gesellschaftliche Kraft trat das Städtebürgertum in Erscheinung, das mit seinen Städtegründungen von den weltlichen und geistlichen Feudalen vielfältig gefördert wurde. Der Landesherr trat selbst als Stadtgründer auf. Stadtrechtsverleihungen durch die Wettiner sicherten den Städtebürgern, Handwerkern und Kaufleuten wichtige Privilegien. Darauf aufbauend erreichten die Städte unter Nutzung ihrer wachsenden wirtschaftlichen Kraft die Erweiterung ihrer Rechte und vor allem die städtische Selbstverwaltung. Zu solchen städtischen Ansiedelungen zählten im 12. und 13. Jahrhundert beispielsweise Bischofswerda, Chemnitz, Dippoldiswalde, Dresden, Freiberg, Großenhain, Leipzig, Meißen, Pirna, Strehla und Waldheim.

Die Entdeckung von Silbererz im Jahre 1168 in der Dorfflur von Christiansdorf führte bald zur Entstehung der Bergstadt Freiberg und ihrer raschen Entwicklung. Der erzgebirgische Silberbergbau um Freiberg erlebte seine erste Blütezeit. Der sagenhafte Reichtum, der den Markgrafen Otto und Heinrich zugeschrieben wird, lässt außerordentlich ergiebige Silberausbeuten vermuten. Das diente nicht nur den schnell wachsenden Ware-Geld-Beziehungen, sondern auch der Schatzbildung beim Landesherrn. Für den markmeißnischen Bergbau wurde die Einführung der Bergbaufreiheit entscheidend. Sie stellte das Recht dar, überall zu graben und sich das gewonnene Erz anzueignen. Damit wurden für den Bergbau wesentliche rechtliche Bedingungen für eine von persönlichen Bindungen freie Entwicklung geschaffen. Das Bergregal und die landesherrliche Grundherrschaft schlossen von vornherein jegliche grundherrschaftlich-feudale Bindungen für die Berg- und Hüttenleute aus. Diese in die Zukunft weisende Privilegierung der Bergleute spannte für deren Leistungen einen weiten Rahmen und war für den glanzvollen Aufstieg der markmeißnischen Landesherrschaft mit ausschlaggebend. Die Markgrafen von Meißen nutzten die wirtschaftlichen und finanziellen Erfolge zur Sicherung und Erweiterung ihres Territoriums. In der Gewährung und Sicherung der Bergbaufreiheit erwies sich die territorialstaatliche Macht auch als eine ökonomische Potenz.

Im Interesse der allgemeinen Landesentwicklung vervollkommneten die Markgrafen die Verwaltungsorganisation in ihrem Territorium. Vögte als markgräfliche Beamte sorgten in allen Landesteilen für Recht und Gesetz sowie für geregelte landesherrliche Einnahmen. Wirtschaftskraft, gewerbliche Vielfalt, intensiver Han-

delsverkehr, geordnete und ertragreiche Landwirtschaft und der Reichtum aus dem erzgebirgischen Silberbergbau bildeten im 13. Jahrhundert die Grundlage für eine große Kulturblüte in den wettinischen Landen. In der Regierungszeit von Markgraf Heinrich dem Erlauchten wurden Minnesang und Turniere besonders gepflegt. Die großen Turnierkampfspiele in Nordhausen 1263, in Meißen 1265 und in Merseburg 1268 waren Höhepunkte der höfisch-ritterlichen Kultur im Reich. Sakralbauten in früh- und hochgotischen Formen wuchsen empor, allen voran der Meißner Dom in der Formensprache der französischen Gotik, aber auch der Naumburger Dom mit den Stifterfiguren und der Freiberger Dom mit der Goldenen Pforte. Nach 1288 geriet die wettinische Landesherrschaft in eine tiefe Krise. Innere Auseinandersetzungen nach dem Tod von Heinrich dem Erlauchten im Jahre 1288 und die Bemühungen deutscher Könige zum Wiederaufbau einer Hausmacht im thüringisch-meißnischen Raum in Anknüpfung an das Reichsterritorium Pleißenland, vor allem durch Rudolf von Habsburg, Adolf von Nassau und Albrecht von Habsburg, stellten die Existenz des wettinischen Territorialfürstentums am Ende des 13. Jahrhunderts zeitweise ernsthaft in Frage. Erst der Sieg der Wettiner Friedrich der Freidige (der Gebissene) und Diezmann über die in der Markgrafschaft Meißen stationierte königliche Streitmacht unter Heinrich von Nortenberg in der Schlacht bei Lucka Ende Mai 1307 sicherte die wettinische Landesherrschaft. Es war gleichsam ein Wendepunkt in der weiteren Entwicklung des wettinischen Herrschaftsbereiches. Diese Schlacht beendete die Bemühungen der Zentralgewalt, die Markgrafschaft Meißen und das Osterland als erledigtes Reichslehen einzuziehen. Die aufstrebende wettinische Landesherrschaft hatte einen Sieg über die Reichspolitik deutscher Könige und Kaiser errungen. Mit dem Rückhalt der Reichsgewalt gelang es Friedrich II. von Meißen, dem Schwiegersohn von König Ludwig IV. von Bayern, die markgräflichen Positionen in Meißen und Thüringen zu festigen. Die nach dem Tod von Ludwig dem Bayern 1347 sich eröffnende Möglichkeit für den wettinischen Markgrafen, die Würde und die Bürde eines deutschen Königs zu übernehmen, wurde nicht wahrgenommen. Trotzdem konnten die Wettiner unter der Regentschaft von Kaiser Karl IV. ihre Politik der territorialen Abrundung und der Unterwerfung weiterer Grafengeschlechter in ihrem Territorialstaat fortsetzen. Das Lehnbuch des Markgrafen Friedrich des Strengen von 1349/1350 und das Registrum dominorum marchionum Misnensium von 1380 verdeutlichen Einkünfte und Besitzstand der Meißner Markgrafen. Zwar brachte dann die Chemnitzer Teilung von 1382 mit der Trennung der wettinischen Lande in Thüringen, das Osterland und Meißen eine Zerschlagung des Ganzen. Aber es hinderte nicht an einer weiteren Festigung der Markgrafschaft Meißen. Mit der Gewinnung der Burggrafschaft Dohna 1402 sowie der Erwerbung von Pirna 1404 und von Gottleuba 1405 im Osterzgebirge rundete Markgraf Friedrich IV. (der Streitbare) seinen Herrschaftsbereich gegen das benachbarte Königreich Böhmen wesentlich ab. Die Landesgrenze zu Böhmen wurde aus markmeißnischer Sicht weiter nach Süden verlagert. Erhebliche Bedeutung besaß die Gründung der Universität Leipzig im Jahre 1409. Die durch die Auseinandersetzungen um die Lehren von John Wyclyf an der Prager Universität aufbrechenden Gegensätze zwischen Tschechen und Deutschen führten zum Auszug der deutschen Studenten und Professoren. Ein großer Teil von ihnen begab sich nach Leipzig, wo sie an dem von den Markgrafen Friedrich IV. und Wilhelm II. von Meißen gestifteten »studium generale« eine neue Heimstatt fanden.

Nachdem König Sigmund, von der in Böhmen sich entfaltenden hussitischen Bewegung stark in Bedrängnis gebracht, sich nach seiner Thronbesteigung 1419 hilfesuchend an den nördlichen Nachbarn gewandt hatte, beteiligte sich Markgraf Friedrich IV. der Streitbare an der militärischen Niederschlagung dieser Bewegung. Der Wettiner stand dabei in engem Verbündnis mit den rheinischen Kurfürsten. Dafür erhielt er 1420 zunächst die Belehnung mit den böhmischen Lehen der Wettiner, die ihm 1417 König Wenzel in Konstanz verweigert hatte. Als 1422 mit Herzog Albrecht von Sachsen-Wittenberg der letzte Askanier ohne männlichen Erben gestorben war, zog der deutsche König das askanische Herzogtum Sachsen-Wittenberg als erledigtes Reichslehen ein. Dies stand im Einklang mit den verfassungsrechtlichen Bestimmungen in der »Goldenen Bulle« Kaiser Karls IV. von 1356, in der die Askanier die sieben Kurstimmen erhalten hatten. Danach musste bei Aussterben eines Kurhauses das Land mit der Kurstimme sowie allen dazugehörigen Reichslehen neu vom König vergeben werden. Das geschah im Falle des askanischen Herzogtums am 6. Januar 1423. König Sigmund belehnte mit dem Herzogtum Sachsen-Wittenberg und der Kurwürde den Markgrafen Friedrich IV. von Meißen, der von Stund an den Titel Kurfürst Friedrich I. von Sachsen trug. Damit stiegen die Wettiner in den Kreis der ranghöchsten Reichsfürsten auf. Die Belehnung umfasste zugleich die halbe Pfalz Thüringen, die Grafschaft Brehna, die Burggrafschaft Magdeburg und die Grafengedinge zu Magdeburg und Halle. Mit der Kurwürde kam das Reichserzmarschallamt an die Wettiner. Mit diesem Reichsamt waren das Reichsvikariat in den Reichs-

Rudolf von Habsburg empfängt am 30. September 1273 die Nachricht von seiner Erwählung zum deutschen König.

territorien mit sächsischem Recht, das Kreisoberstenamt des obersächsischen Reichskreises und die Ausübung der Hohen Gerichtsbarkeit in seinen Kurlanden verbunden. Der Reichserzmarschall hatte bei Abwesenheit des Königs die Reichsarmee zu befehligen. Er führte die Hauptfahne des Römischen Reiches und trug bei der Kaiserwahl und den Krönungsfeierlichkeiten das Krönungsschwert dem Kaiser voran. Mit dieser bedeutsamen Rangerhöhung übertrug sich in den folgenden Jahrzehnten der Name Sachsen von dem Herzogtum Sachsen-Wittenberg auf die Markgrafschaft Meißen, das Oster- und Pleißenland, letztlich auf den gesamten wettinischen Territorialbesitz.

Dem Erwerb der Kurwürde folgte sowohl unter Kurfürst Friedrich I. als auch unter seinem 1429 an die Regierung gekommenen Sohn Friedrich II. (der Sanftmütige) das zielstrebige Bemühen der Wettiner, ihren Territorialstaat im Innern wie nach außen zu vergrößern. Das gelang bereits 1426 Friedrich I., als Burggraf Heinrich II. von Meißen aus dem Hause der Meinheringer in der Schlacht bei Aussig gegen die Hussiten fiel und damit das Burggrafengeschlecht erlosch. Der Kurfürst setzte sich sofort in den Besitz der burggräflichen Rechte und beseitigte auf diese Weise die letzte Vertretung der Reichsgewalt in seinem Territorialstaat. Durch Kauf, Tausch und Heirat wurde diese Politik fortgesetzt. Nach dem Tod von Herzog Wilhelm im Jahre 1482 kam auch der thüringische Landesteil an die Brüder Ernst und Albrecht, die seit 1464 gemeinsam die Regierung ausübten. Damit war wieder einmal der gesamte wettinische Besitz vereinigt. Es war ein nahezu geschlossener Territorialkomplex vorhanden, der nächst der kaiserlichen Hausmacht der Habsburger im Reich das größte und bedeutendste der Kurfürstentümer darstellt. Anwartschaften auf die niederrheinischen Herzogtümer Jülich und Berg, Schutzgerechtigkeiten über Quedlinburg und Erfurt sowie wettinische Familienmitglieder als geistliche Würdenträger von Magdeburg, Halberstadt und Mainz wiesen auf weitere mögliche territoriale Ausdehnungsbestrebungen hin.

Im neu entstandenen Kurfürstentum Sachsen entwickelten und profilierten sich im Rahmen dieses Territorialstaates Adel, Geistlichkeit und Städte zu einflussreichen Ständen, die an Politik und Verwaltung des Landes zunehmend Anteil nahmen. Das hatte seinen Grund darin, dass die erheblichen finanziellen Aufwendungen des Kurfürsten für die Ausrüstung und Unterhaltung des Heeresaufgebotes, für das zahlenmäßig wachsende Beamtentum in der Hofverwaltung und auf lokaler Ebene nicht mehr allein von den landesherrlichen Einkünften zu bestreiten waren. Es bedurfte neuer Finanzquellen, die in der Erhebung von Steuern gefunden wurden. Dies war aber nur durch Bewilligung der Stände möglich, wozu immer öfter Landtage einberufen wurden. Im Laufe dieses Prozesses entstand nach 1430 der wettinische Ständestaat, worin die wettinischen Kurfürsten des 15. Jahrhunderts nicht mehr völlig allein, sondern in Abstimmung und wohl auch mit Zustimmung ihrer Landstände regierten. Behördenorganisation und landesherrliche Verwaltung wurden ausgebaut. Die Landesordnungen des 15. Jahrhunderts, basierend auf der ersten wettinischen Landesordnung von 1384, waren dabei ebenfalls wichtige Elemente dieser Entwicklung. Dazu gehörte auch die Ausbildung einer Residenz als ständiger Aufenthalt des Kurfürsten, seiner Räte und Verwaltungsbeamten. Dazu erkoren die Wettiner nach 1464 Dresden.

Die politische Entwicklung im Kurfürstentum Sachsen wurde zwischen 1423 und 1485 durch drei Ereignisse beeinflusst: den »sächsischen Bruderkrieg« 1446 bis 1459, den Abschluss eines auf Dauer angelegten Grenzvertrages mit Böhmen 1459 und die Entführung der jungen Prinzen Ernst und Albrecht vom Altenburger Schloss durch den Ritter Kunz von Kauffungen 1455. Von Bedeutung war die 1459 in Eger erzielte Einigung des sächsischen Kurfürsten mit dem König von Böhmen und Herzog Wilhelm von Sachsen. Die Regelung der gegenseitigen Lehnsrechte und Territorialansprüche, eine Erbeinigung zwischen beiden Fürstenhäusern und die damit verbundene eindeutige Grenzziehung im Egerer Hauptvergleich hatten bleibenden Bestand und beeinflussten die weitere politische Entwicklung Sachsens. Eine Doppelhochzeit zwischen den Kindern von König Georg Podiebrad von Böhmen und von Kurfürst Friedrich II. sowie von Herzog Wilhelm besiegelte das neu gewonnene böhmisch-meißnische Nachbarschaftsverhältnis.

Der von Kurfürst Ernst gemeinsam mit seinem jüngeren Bruder Albrecht seit 1464 gemeinsam regierte wettinische Landesstaat hatte mit dem erneuten Anfall von Thüringen nach dem Tod von Herzog Wilhelm III. im Jahre 1482 seine größte Ausdehnung erreicht. Aber bereits in jenem Jahr zeichnete sich schon die Aufhebung der gemeinsamen Regierung ab. Nach längeren Verhandlungen zwischen Kurfürst Ernst und Herzog Albrecht wurde am 17. Juni 1485 in Leipzig die Teilung beschlossen. Es wurden zwei Hauptteile mit wesentlichen Gebieten in Thüringen und Sachsen gebildet, wobei eine ineinander verzahnte Lage der neu entstehenden Territorien beabsichtigt war. Entsprechend den Bestimmungen der »Goldenen Bulle« von 1356 blieb das Herzog-

Der Kurfürst von Sachsen, Friedrich I., vormalig Friedrich IV. von Meißen (aus der Goldenen Bulle)

tum Sachsen mit der Kurwürde und Wittenberg als zentralem Ort ungeteilt bei dem älteren Bruder. In gemeinsamer Verwaltung verblieben die Bergwerke im Erzgebirge, die neu erworbenen Herrschaften in Schlesien und in der Lausitz, Schutz- und Schirmherrschaften über Reichsstädte und geistliche Territorien sowie die Schulden, Anwartschaften und Lehen. Die Wahl durch Herzog Albrecht geschah auf dem für den 9. bis 11. November 1485 nach Leipzig einberufenen Landtag. Nachdem Albrecht von den Städten eindringlich auf die Gefahren für die wettinische Landesherrschaft durch die Teilung hingewiesen hatte, entschied er sich entgegen den Erwartungen und Wünschen seines Bruders und dessen Ratgeber, Obermarschall Hugold von Schleinitz, für den Meißnischen Teil. Somit fiel der Thüringische Teil an Kurfürst Ernst, der Dresden als Residenz aufgeben musste. Das ernestinische Kurfürstentum Sachsen wurde seitdem von Wittenberg und Torgau aus regiert. Das albertinische Herzogtum Sachsen hatte in Dresden seine Residenz.

Der albertinische Teil des wettinischen Gesamtterritoriums wurde bald zu einem Land bemerkenswerten wirtschaftlichen Aufschwunges. Das »zweite Berggeschrei« im Erzgebirge mit reichem Silbersegen im mittleren und westlichen Erzgebirge um Marienberg, dem Schreckenberg und Schneeberg, zunehmende Textilproduktion in den Städten und auf dem Lande sowie sich ausweitende Handelstätigkeit nach dem Osten ebenso wie nach dem Süden verschafften Herzog Albrecht erhebliche finanzielle Mittel, die für die Verbesserung und Durchbildung der Landesverwaltung und Behördenorganisation, Neuordnung der Finanzverwaltung und einheitliche Regelung des höchsten Gerichtswesens sowie für die Reichspolitik eingesetzt wurden. Bereits vor 1485 hatte sich Albrecht, 1443 in Grimma geboren, als der Zweitgeborene verstärkt der Reichspolitik zugewandt. Bei der Bewerbung um die böhmische Königskrone 1471 erlitt er eine Niederlage. Nach 1485 unterstützte er in entscheidendem Maße die Reichspolitik der Habsburger im Westen des Reiches. 1483 hatte Albrecht für seine Ungarnhilfe die Anwartschaft auf die niederrheinischen Herzogtümer Jülich und Berg erlangt. Dem 1486 zum römischen König gewählten Maximilian half er, die Niederlande für die Habsburger zu sichern. 1488 befreite er ihn aus der Gefangenschaft der Bürger von Brügge und erhielt dafür die Statthalterschaft in den Niederlanden, die er bis 1493 ausübte.

Für das albertinische Herzogtum bedeutete dies die Aufbringung hoher Geldmittel für den Unterhalt der Söldnertruppen, die durch die Verleihung des Goldenen Vlieses seitens des Kaisers und der Goldenen Rose durch den Papst nicht aufgewogen wurden. Deshalb übertrug ihm Maximilian nach der endgültigen Sicherung der Niederlande im Jahre 1494 das Amt eines »ewigen Gubernators« in Friesland, das Albrecht aber ebenfalls erst militärisch seiner Herrschaft unterwerfen musste. Schließlich gelang es Albrecht mit militärischer Gewalt und diplomatischem Geschick, von Land und Ständen in Friesland als erblicher Regent anerkannt zu werden. Doch schon wenige Monate später erhoben sich die Friesen gegen Albrechts zweitgeborenen Sohn Heinrich, den er als seinen Stellvertreter mit der Regierung beauftragt hatte, und belagerten ihn in Franeker. Als Albrecht im September 1500 in Emden starb, hatte er zwar seinen Sohn befreit und die sächsische Herrschaft erneut durchgesetzt, aber sie konnte auf Dauer nicht gesichert werden. Nachdem Heinrich 1505 die Regierung in Friesland an seinen älteren Bruder Georg abtrat und dafür im Herzogtum Sachsen die Ämter Freiberg und Wolkenstein, das bald als »Freiberger Ländchen« bezeichnete Gebiet als eigenständigen Verwaltungsbereich erhielt, verfolgte Georg schließlich den Verkauf Frieslands. 1515 erfolgte dies für 100 000 Gulden an Erzherzog Karl von Burgund, dem späteren Kaiser Karl V. So blieb die Ausdehnung wettinischer Herrschaft in den nordwest-deutschen Raum eine Episode in der sächsischen Geschichte ebenso wie in der Reichsgeschichte.

Bevor Albrecht 1488 nach den Niederlanden aufbrach, hatte er seinem ältesten Sohn Georg, 1471 in Meißen geboren, die Regentschaft im albertinischen Herzogtum Sachsen übertragen. Damit begann eine Regierungszeit, die reichlich fünfzig Jahre währen sollte. Während der Vater in kaiserlichen Diensten Reich und Habsburger Hausmacht stärkte und zu deren Aufstieg als Großmacht in Europa beitrug, konzentrierte sich der Sohn auf die innere Verwaltung und die Sicherstellung der finanziellen Mittel, die der Vater für seine militärischen und außenpolitischen Aktionen benötigte. Mit Georgs Regierung ist die weitere Festigung des straff geleiteten und verwalteten herzoglich-sächsischen Territorialstaates verbunden. Das gilt für den verwaltungsmäßigen Aufbau ebenso wie für seine finanzielle und wirtschaftliche Entwicklung, die politisch anerkannte Stellung im Reich bei Kaiser und Landesfürsten wie für das immer wieder zu bewahrende gutnachbarliche Verhältnis zu den ernestinischen Vettern, das nach 1517 den Belastungen unterschiedlichen Glaubensbekenntnisses ausgesetzt war. Der Erlass einer neuen Hofordnung von 1502, die Einteilung des Herzogtums in Kreise als Verwaltungseinheiten 1503, die beginnende Anlegung von Amtserbbüchern als Verzeichnisse landesherrlichen Besitzstandes, von Einkünften und Gerechtsamen, eine neue Oberhofgerichtsordnung, die schrift-

Martin Luther (1483–1546), Deutscher Reformator (Gemälde von Lucas Cranach d.Ä.)

liche Fixierung sächsischen Bergrechts in der Annaberger Bergordnung, die zunehmende Regelung von allgemeinen Verhaltensweisen der Menschen im Lande sowie ihrer rechtlichen und wirtschaftlichen Befugnisse auf dem Wege gedruckter und veröffentlichter Mandate stehen dafür ebenso beispielhaft wie das Wachsen der Städte, rege Bautätigkeit in Stadt und auf dem Lande mit Kirchen, Rathäusern, Schlössern, Festungswerken und steinernen Wohnbauten. Neben der Residenz Dresden galt die Aufmerksamkeit Leipzig mit Landesuniversität und Messe, wofür 1507 eine neue Privilegierung durch den Kaiser erreicht wurde.

Eine wichtige Voraussetzung für die insgesamt erfolgreiche Gestaltung der politischen, wirtschaftlichen und kulturellen Zustände im Herzogtum war die von Albrecht in Erkenntnis der schmerzlichen Erfahrungen von 1485 und in politischer Weitsicht 1499 erlassene »Väterliche Ordnung«, der zufolge Landesteilungen künftig vermieden werden sollten, immer der älteste der albertinischen Wettiner als regierender Herzog zu folgen habe und die jüngeren männlichen Mitglieder zu ihrem Lebensunterhalt Schlösser und Anteile aus den Landeseinkünften erhalten sollten. Dies wurde erstmals 1500 Realität, als in Ausführung dieser Bestimmungen, denen Albrecht auch die ausdrückliche kaiserliche Billigung erwirkt hatte, Georg die Nachfolge seines Vaters antrat. Das Festhalten an diesen Bestimmungen bewahrte das albertinische Sachsen auch in den folgenden Jahrhunderten bis zum Ende der Monarchie 1918 vor bleibenden, dynastisch motivierten Landesteilungen.

In ganz besonderer Weise wurde das albertinische Herzogtum Sachsen unter Georg durch die tief in das Leben der Menschen eingreifenden Ereignisse von Reformation und Bauernkrieg erfasst. Als Martin Luther am 31. Oktober 1517 von Wittenberg, der Residenz des benachbarten ernestinischen Kurfürstentums Sachsen, aus seine Thesen über Buße und Ablass an seine kirchlichen Vorgesetzten sandte, um eine gelehrte Diskussion darüber zu veranlassen, löste er damit tiefgreifende Veränderungen aus. Für die mit dem 31. Oktober 1517 in Gang gesetzte reformatorische Bewegung im Reich wie in den Territorialstaaten wurde für letztere die Haltung des Landesfürsten zur lutherischen Lehre entscheidend. Herzog Georg, im altkirchlichen Glauben erzogen, humanistisch gebildet und für den geistlichen Stand vorgesehen, hatte zunächst selbst eine kritische Haltung gegenüber den Auswüchsen religiösen Lebens seiner Zeit eingenommen. Deshalb tolerierte er Luthers Thesen gegen den Ablasshandel, ihren Druck und ihre Verbreitung in seinem Herzogtum. Auf dem Reichstag zu Worms 1521 fügte er zum Entsetzen der Kurie und Kaiser Karl V. den Beschwerden der deutschen Nation eigene zwölf »Gravamina« gegen den Missbrauch geistlicher Ämter und den Ablasshandel hinzu. Bis zu seinem Tode 1539 versuchte der Herzog immer wieder, die Kirche, die Zustände in den Klöstern und die Geistlichkeit in seinem Lande zu bessern und in Zusammenarbeit mit den Bischöfen von Meißen und anderen kirchlichen Würdenträgern zu reformieren. Aber den Weg Luthers, der für ihn spätestens seit der Leipziger Disputation zwischen dem Ingolstädter Theologieprofessor Johann Eck und den Wittenberger Theologieprofessoren Andreas Bodenstein von Karlstadt und Martin Luther ein Ketzer war, ging Georg nicht mit. Im Verlauf der Disputation, die mit ausdrücklicher Genehmigung des Landesherrn ab 27. Juni 1519 in der Hofstube der Leipziger Pleißenburg stattfand, zeigte sich die Unvereinbarkeit mit den reformatorischen Auffassungen Luthers in drei wesentlichen Punkten: im unbedingten Festhalten an der Geschlossenheit und Einheit der römisch-katholischen Kirche, in der konsequenten Ablehnung jedes nur irgendwie als hussitisch und damit ketzerisch verdächtigen Gedankens sowie in der festen Verteidigung der Autorität der Kirche gegenüber den Untertanen in Stadt und Land.

Bald danach versuchte Herzog Georg, mit energischen Maßnahmen die Verbreitung der reformatorischen Bewegung in seinem Lande zu verhindern. Dazu forderte er immer wieder seine Amtleute und Räte zu strengem Vorgehen gegen das Eindringen der reformatorischen Bewegung auf. Das geschah zur Verwirklichung des auf dem Wormser Reichstag 1521 angenommenen Edikts gegen Luther. Dazu gehörte auch die im Gefolge des Reichsmandats vom 20. Januar 1522 von Georg am 10. Februar in Nürnberg erlassene Verordnung gegen Luther und seine Anhänger. Dies führte letztlich dazu, dass sich die lutherische Lehre zunächst nicht im Herzogtum Sachsen durchsetzen konnte.

Die lutherische Reformationsbewegung löste mit den deutschen Bauernkrieg aus, der nacheinander Oberdeutschland, das Elsass und Teile der Schweiz, Franken, die fränkisch-schwäbischen Grenzlande und Württemberg, Thüringen und Sachsen erfasste. Er gipfelte im April 1525 im Thüringer Aufstand, der auch die thüringischen Teile des sächsischen Herzogtums einbezog. Herzog Georg gehörte mit dem von ihm befehligten militärischen Aufgebot zu den Siegern über das Bauernheer in der Schlacht am 14./15. Mai 1515 bei Frankenhausen. Im meißnischen Teil des sächsischen Herzogtums wurden Einflüsse des Bauernkrieges erst nach der Schlacht bei Frankenhausen in abgeschwächter Form wirksam. Sie beschränkten sich vorwiegend auf Unruhen in erzgebirgischen Bergstädten, in Leipzig und im »Freiberger Ländchen« unter Herzog Heinrich. Im Feldlager zu Rörmar vor Mühlhausen trafen die Fürsten nach dem 25. Mai 1525 Absprachen zu gegenseitigem Beistand bei künftigen Unruhen. Herzog Georg verfolgte damit das Ziel, die lutherische Reformation als eine Ursache der Bauernerhebungen mit Gewalt zu unterbinden. Die getroffenen Absprachen mit dem Land-

»Der Bauer stund' auf im Lande« – Lithographie (um 1900) mit Kampfszenen aus den deutschen Bauernkriegen (1524/25) nach einem Pastell von Jung-Ilsenhein

grafen von Hessen und dem Kurfürsten von Sachsen verfolgte nur Herzog Georg. Mit Nachdruck betrieb er den Plan eines Bündnisses zur Abwehr religiöser Neuerungen. Am 19. Juli 1525 gelang es ihm, das Dessauer Bündnis mit dem Kurfürstentum Brandenburg, dem Herzogtum Braunschweig und dem Erzbistum Magdeburg zu schließen. Das war der Beginn von Bündnissen deutscher Fürsten und Reichsstädte gegeneinander und gegen die Reichsgewalt. Bereits am 2. Mai 1526 schlossen sich der Landgraf von Hessen und der Kurfürst von Sachsen im Torgauer Bündnis zum Erhalt des Evangeliums in ihren Ländern zusammen, dem bald weitere Fürsten beitraten. Die Gefahr einer bewaffneten Auseinandersetzung zwischen protestantischen und katholischen Reichsständen zog im Januar 1528 im Reich herauf, als Herzog Georgs Vizekanzler und langjähriger Vertrauter Otto von Pack dem hessischen Landgrafen offenbarte, dass König Ferdinand von Böhmen und Herzog Georg im Mai 1527 in Breslau ein Bündnis zur Ausrottung der »Ketzerei« im Reich geschlossen hätten. Die von Hessen und Kursachsen sofort eingeleiteten Rüstungsmaßnahmen führten an den Rand eines Krieges, der von Luther und Melanchthon verhindert wurde, noch bevor Zweifel an der Echtheit der von Pack vorgelegten Dokumente aufkamen. Die sogenannten Pack'schen Händel verdeutlichten die Brisanz der erreichten politischen Gegensätze im Reich.

Bis zu seinem Tode am 17. April 1539 blieb Herzog Georg einer der erbittertsten Gegner Luthers, hielt unerschütterlich am katholischen Glauben fest und verhinderte die Einführung der Reformation im Herzogtum Sachsen. Er blieb zwischen 1525 und 1539 auch einer der am engsten mit dem Kaiser verbundenen Reichsfürsten. Das zeigte sich auf den Speyerer Reichstagen von 1526 und 1529 ebenso wie auf dem Augsburger Reichstag 1530. Als sich die protestantischen Reichsstände nach dem Augsburger Reichstag im Schmalkaldischen Bund zusammenfanden und dieses Bündnis zu einer mächtigen Gruppierung von Territorialstaaten und Reichsstädten gegen Reichsoberhaupt und katholische Reichsstände führte, war Herzog Georg einer der Fürsten, die am nachdrücklichsten auf einen Bund katholischer Reichsstände drängten. Dieser kam im Juni 1538 in Nürnberg zustande, hatte aber nur geringe Wirksamkeit.

In den letzten Jahren seiner Regierung bekam Herzog Georg noch zusätzliche Probleme im Lande durch das Verhalten seines jüngeren Bruders Heinrich, der auf Drängen seiner Frau Katharina von Mecklenburg und unter dem Einfluss des Wittenberger Hofes Ende September 1536 die freie Religionsausübung im Freiberger Ländchen verkündete. Nach geheimen Verhandlungen in Freiberg im Januar 1537 wurden Heinrich und sein ältester Sohn Moritz am 7. Juli 1537 in den schmalkaldischen Bund aufgenommen. Infolge des plötzlichen Todes von Georgs ältestem Sohn Johann und der damit wieder in greifbare Nähe gerückten Erbfolge von Heinrich und dessen Söhnen war dies von besonderer politischer Bedeutung. Das wurde Wirklichkeit, als Georg am 17. April 1539 starb, ohne dass das von ihm in letzter Minute zu Papier gebrachte Testament rechtskräftig geworden war.

Noch am Abend des 17. April 1539 traf Herzog Heinrich aus Freiberg kommend in Dresden ein und übernahm die Regierung im gesamten Herzogtum Sachsen. Damit war die Entscheidung über die Anerkennung des Luthertums auch in diesem Territorialstaat gefallen. Am 21. April huldigten Rat und Bürgerschaft der Residenz dem neuen Landesherrn. Im Laufe des Mai folgten weitere bedeutende Städte des Landes, u.a. Leipzig. Mit einem feierlichen Gottesdienst in der Dresdner Kreuzkirche am 6. Juli 1539 wurde im albertinischen Herzogtum Sachsen offiziell die Einführung der Reformation vollzogen. Visitationen mit Unterstützung kursächsischer Theologen und Räte gewährleisten landesweit die Durchsetzung der lutherischen Lehre. Die Säkularisation des Kirchen- und Klostergutes war der zweite Schritt bei der Durchsetzung der Reformation. Das geschah zunächst in enger Anlehnung an den Wittenberger Hof. Bald kam es jedoch wieder zu einer Verselbständigung herzoglich-sächsischer Politik. Das verstärkte sich, als Heinrichs ältester Sohn Moritz die Regierung übernahm. Das geschah auf einem Ausschusstag der Landstände des Herzogtums am 7. August 1541. Damit begann eine wichtige Periode in der politischen Entwicklung des albertinischen Herzogtums. Der einundzwanzigjährige Fürst ging mit Tatkraft daran, seine machtpolitischen Vorstellungen unter Einbeziehung der religionspolitischen Verhältnisse in die Wirklichkeit umzusetzen. Dazu benötigte er ausreichende finanzielle Mittel. Neben der Neuordnung der Einnahmen aus den Ämtern, Städten, Bergwerken und Münzstätten erhob Moritz in Übereinstimmung mit den Landständen 1542 eine Türkensteuer, deren eine Hälfte er nicht an den Kaiser abführte. Weitere Steuern wie der Verkauf sequestrierten Kirchengutes und geistlicher Lehen kamen hinzu. Schließlich setzte Moritz gegen seine Landstände durch, dass allein der Landesherr über das säkularisierte Kirchen- und Klostergut verfügen konnte. Seit 1542 ging er dazu über, die Kirchen- und Klostergüter zu verkaufen oder durch Vögte verwalten zu lassen. Das innerhalb der Städte gelegene Kirchengut wurde generell an die Stadträte mit der Auflage einer geordneten Kirchen-, Schul- und Armenverwaltung übergeben. Moritz selbst gründete 1543 in säkularisierten Klöstern drei allgemeine Landesschulen als Bildungsanstalten zur Vorbereitung auf das Universitätsstudium, und zwar in Meißen, Pforta und später, da Merseburg sich nicht einrichten ließ, in Grimma.

Die zunehmenden Differenzen zwischen dem ernestinischen und dem albertinischen Kurfürstentum kamen zum ersten Mal in der Wurzener Fehde, dem sogenannten Fladenkrieg, offen zum Ausbruch. Im März 1542 kam es zur bewaffneten Konfrontation zweier Territorialstaaten, die der gleichen Konfession angehörten und Mitglieder des Schmalkaldischen Bundes waren. Nur das schnelle Eingreifen von Landgraf Philipp von Hessen durch seine persönlichen Verhandlungen vom 7. bis 9. April in Oschatz und Grimma verhinderte das offene Gefecht. Es kam zum Abschluss des Vertrages von Oschatz am 10. April 1542. Darin einigten sich beide Parteien über das Fortbestehen der gemeinsamen Schutzherrschaft über das Bistumsgebiet mit Durchzugsrechten. Dieser Vertrag bedeutete nur eine Vertagung des sich abzeichnenden Kräftemessens zwischen Ernestinern und Albertinern. Kaiser Karl V. hatte seit Beginn der vierziger Jahre versucht, den Schmalkaldischen Bund zu spalten, um dessen politische und militärische Kraft zu schwächen. Das hatte zunehmend Erfolg. Herzog Moritz wurde nach mehrjähriger Neutralitätspolitik durch Zusage der Schutzherrschaft über die Stifter Magdeburg und Halberstadt sowie der sächsischen Kurwürde für die kaiserliche Politik gewonnen. Dieses Bündnis mit dem Kaiser wurde im Regensburger Vertrag vom 20. Juni 1546 besiegelt. Die Braunschweiger Fehde sowie die Einführung der Reformation im Erzstift Köln boten Anlässe für das Eingreifen des Kaisers. Am 20. Juli 1546 verhängte er über Kurfürst Johann Friedrich von Sachsen und Landgraf Philipp die Reichsacht. Daraufhin unternahm der Schmalkaldische Bund mit seinen Truppen überraschend einen Vorstoß nach Oberdeutschland bis an die Donau. Bei dem als Manöverkrieg bezeichneten Feldzug standen sich je 40 000 Mann des schmalkaldischen und kaiserlichen Heeres gegenüber. In dieser Situation erließ Karl V. von Regensburg aus seinen Befehl an Moritz zur Vollstreckung der Acht. Dieser Befehl machte den sächsischen Herzog auf seine gegenüber dem Reichsoberhaupt eingegangenen Verpflichtungen in aller Deutlichkeit aufmerksam und drohte ihm im Weigerungsfall selbst die Acht an. Nach erneuten Verhandlungen zwischen Herzog Moritz und König Ferdinand von Böhmen, die zum Prager Vertrag am 19. Oktober 1546 führten, wurden dem Herzog alle Reichs- und Bischofslehen des sächsischen Kurfürsten zugesagt. Daraufhin fielen böhmische Truppen und

»Landkarte der Markgrafenthümer Meißen und Lausitz« (kolorierter Druck von 1568, Maßstab 1:850 000)

herzoglich-sächsische Kontingente unter Moritz am 30. Oktober 1546 in das Kurfürstentum Sachsen ein. Der Schmalkaldische Bund zog sich nunmehr eilends nach Hessen und Kursachsen zurück, wodurch Karl V. ganz Oberdeutschland kampflos besetzen konnte. Kurfürst Johann Friedrich drang in das Herzogtum Sachsen ein, wo sich die Kriegshandlungen mit wechselndem Erfolg für beide Parteien bis zum Frühjahr 1547 hinzogen. Die Entscheidung gelang dem Kaiser mit dem Zug seines etwa 27 000 Mann starken Heeres von Böhmen aus über das Vogtland in Richtung Meißen, wo sich Johann Friedrich aufhielt. Als sich der Kurfürst in seine Residenz Wittenberg zurückziehen wollte, kam es am 24. April 1547 zu einem Gefecht bei Mühlberg an der Elbe, in dessen Verlauf er in der Lochauer Heide gefangengenommen wurde. Nach zähen Verhandlungen musste Johann Friedrich in die Wittenberger Kapitulation einwilligen. Er musste für sich und seine Nachkommen am 19. Mai 1547 auf die Kurwürde verzichten, die Festungen Wittenberg und Gotha ausliefern, seinen Anteil an der Markgrafschaft Meißen und an den sächsischen Bergwerken aufgeben und die böhmischen Lehen Kursachsens abtreten. Die konfiszierten Gebiete, vor allem aber die Kurwürde als ranghöchstes Reichslehen und das Herzogtum Sachsen-Wittenberg, erhielt am 4. Juni Herzog Moritz, der eigentliche Gewinner dieser Auseinandersetzungen, zugesprochen. Die feierliche Belehnung durch Kaiser Karl V. geschah anlässlich des Augsburger Reichstages im Februar 1548 auf dem Augsburger Weinmarkt. Mit der Wittenberger Kapitulation wurde das albertinische Kurfürstentum Sachsen begründet. Es konnte bald an Wirtschaftkraft, politischer Bedeutung und Verwaltungsorganisation seinesgleichen unter den deutschen Territorialstaaten suchen.

Das albertinische Kurfürstentum Sachsen war ein neuer Territorialstaat, der der Neugestaltung seiner inneren Verwaltung bedurfte, denn dies war eine wesentliche Bedingung für das Zusammenwachsen der Einzelteile zu einem harmonischen und regierbaren Ganzen. Moritz hatte bereits, wohl von seinem Onkel Georg auf diese Frage aufmerksam gemacht, nach seinem Regierungsantritt 1541 begonnen, einzelne Bereiche neu zu ordnen. Dazu gehörte das Bergwesen, für das nach 1542 eine dreifach gegliederte landesherrliche Bergverwaltung mit

Bergämtern, Oberbergamt Freiberg und Unterstellung unter die Dresdner Zentralbehörde geschaffen wurde. Ebenso wurden landesherrliches Kirchenregiment und Kirchenverwaltung verbessert. Nach dem 4. Juni 1547 gingen Moritz und seine Räte energisch an die Neugestaltung der inneren Verwaltung des neuen Landes. Die Kanzleiordnung vom 5. August 1547 wurde zum Ausgangspunkt dieser Bemühungen, die als eine grundlegende Verwaltungsreform einzuschätzen ist. Der Hofrat als die Zentralbehörde des Landes wurde kollegialisch organisiert. Das neue Staatsgebiet wurde für die Zwecke der Zentralverwaltung in fünf Kreise eingeteilt, und zwar in den Kurkreis, den Thüringischen Kreis, den Leipziger (Osterländischen) Kreis, den (Erz)Gebirgischen Kreis und den Meißnischen Kreis. Diesen Kreisen wurden Ämter, Städte, Schriftsassen, Amtsassen und Dörfer zugeordnet. Die Kreiseinteilung bewährte sich bald und wurde zum Ausgangspunkt von Mittelbehörden. Schließlich wurde nach 1547 die Anlegung von Amtserbbüchern flächendeckend für das Kurfürstentum begonnen, womit eine wichtige Grundlage für die künftige verbesserte Verwaltung auf lokaler Ebene geschaffen wurde.

Als sich nach 1548 immer deutlicher abzeichnete, dass Kaiser Karl V. eine starke zentralistisch orientierte Reichsgewalt aufrichten und die Eigenständigkeit der deutschen Territorialgewalten zurückdrängen wollte, stellte sich der Wettiner an die Spitze der reichsständischen Fürstenopposition. Den ihm von Karl V. übertragenen Vollzug der Reichsacht gegen Magdeburg nutzte Moritz zum Anwerben einer beachtlichen Streitmacht. Nach geheimen Verhandlungen schloss der sächsische Kurfürst mit König Heinrich II. von Frankreich am 15. Januar 1552 den Vertrag von Chambord. Auf diese Weise außenpolitisch und finanziell abgesichert, eröffnete die Fürstenopposition im Frühjahr 1552 die bewaffnete Auseinandersetzung mit dem Kaiser. Der siegreiche Feldzug der oppositionellen Reichsfürsten unter Leitung von Moritz gegen das sich in Innsbruck aufhaltende Reichsoberhaupt führte zum Passauer Vertrag vom 2. August 1552. Darin musste Karl V. den Fortbestand des Protestantismus und damit die dauerhafte Trennung von zwei Konfessionen ebenso anerkennen wie das Fortbestehen der mehr und mehr Eigenstaatlichkeit gewinnenden Territorialfürstentümer und das Scheitern aller Pläne für ein universales und erbliches Kaisertum. Das bedeutete eine völlige Umkehrung der politischen Situation von 1548. Das albertinische Kurfürstentum Sachsen übernahm im Ergebnis dieser Auseinandersetzungen die Führungsrolle unter den protestantischen Reichsständen.

Die Potenzen Kursachsens setzte Moritz im Rahmen seiner Reichspolitik dann auch ein, um endlich die als so dringend empfundene Friedenssicherung im Reich und damit auch die reichsrechtliche Anerkennung des evangelischen Glaubensbekenntnisses sowie den veränderten Besitzstand in Mitteldeutschland zu erlangen. Dies kulminierte im Frühsommer des Jahres 1553 zu einem Kriegszug von Moritz und der mit ihm verbündeten Reichsfürsten gegen Markgraf Albrecht Alcibiades von Brandenburg-Kulmbach, der inzwischen ein Parteigänger des Kaisers geworden war. In der Schlacht beim niedersächsischen Sievershausen wurden am 9. Juli die markgräflichen Truppen geschlagen, Kurfürst Moritz verwundet. Zwei Tage später starb er überraschenderweise. Damit war der wohl energischste Gegner kaiserlicher Erbmonarchiepläne, aber auch einer der ehrgeizigsten und fähigsten Landesfürsten des 16. Jahrhunderts am Ende des Reformationszeitalters aus dem politischen Leben geschieden.

Nach dem Tod von Moritz wurde in Erbfolge sein fünf Jahre jüngerer Bruder August der neue Kurfürst von Sachsen. Seit Oktober 1547 mit Anna, einer Tochter König Christians III. von Dänemark, verheiratet, hatte er mit dazu beigetragen, die kursächsische Außenpolitik von Moritz zu tragen.

Die erste und zunächst wichtigste Aufgabe bestand darin, das erst sechs Jahre alte Kurfürstentum in seinem Besitz- und Rechtsstand außen- und innenpolitisch zu sichern und zu festigen. Durch Vermittlung Dänemarks und Kurbrandenburgs kam am 11. September 1553 mit Albrecht Alcibiades ein Vertrag über die Einstellung der Feindseligkeiten zustande. Danach wurden die Assekurationsverhandlungen mit Herzog Johann Friedrich von Sachsen in Weimar wieder aufgenommen. Sie führten zum Naumburger Vertrag von 24. Februar 1554 zwischen August und seinen ernestinischen Vettern, die die Wittenberger Kapitulation erneut anerkannten. Schließlich festigte Kursachsen seine Stellung unter den protestantischen Reichsständen, indem es entscheidenden Einfluss auf die reichsrechtliche Sicherung der Glaubensverhältnisse ausübte. Das wurde mit dem Abschied des Reichstages zu Augsburg vom 25. September 1555 erreicht, in dem der Religionsfrieden formuliert war. Einige Jahre später geriet das sächsische Kurfürstentum in den sogenannten Grumbach'schen Händeln noch einmal in eine Situation, die seinen Bestand potenziell bedrohte. Als Wilhelm von Grumbach, seit 1557 ein Rat von Herzog Johann Friedrich dem Mittleren in Weimar, Anfang Oktober 1563 von Lothringen

Kurfürst Moritz von Sachsen (1521–1553), seit 1541 Herzog, seit 1547 auch Kurfürst von Sachsen (Holzschnitt von Lucas Cranach d.J., 1515–1586)

aus das Würzburger Bistum überfiel, verhängte Kaiser Friedrich über ihn und seine Anhänger die Reichsacht. Mit deren Vollzug beauftragte er Kurfürst August. Ab Dezember 1566 belagerten die kursächsischen Truppen Gotha mit dem Grimmenstein, in dem sich der Weimarer Herzog und Wilhelm von Grumbach mit ihren Anhängern verschanzten. Am 13. April 1567 kapitulierte die Stadt vor der kursächsischen Übermacht. Der erfolgreiche Vollzug der Reichsacht festigte Kursachsens Stellung im Reich, stärkte den Staatsgedanken im albertinischen Kurfürstentum und erregte die Aufmerksamkeit der europäischen Staatenwelt.

Die zweite Aufgabe grundsätzlicher Art bestand in der innenpolitischen Gesundung des Landes auf der Grundlage einer allseitigen kräftigen wirtschaftlichen Entwicklung. Erheblichen Anteil hatte daran der erzgebirgische Bergbau. In bedeutendem Maße unterhielt der Kurfürst den Kupferbergbau im Mansfelder Land. Ebenso initiierte er gewinnversprechende Verlagsgeschäfte, so beispielsweise beim Zinnbergbau im Mittel- und Osterzgebirge. Gleicher Gewinn wie aus dem Bergbau wurde mit dem Festhalten am Münzregal und dem Ausbau des eigenen Münzwesens entgegen den kaiserlichen Versuchen einer reichsrechtlichen Regelung des Münzwesens gezogen. Mit der allgemein progressiven wirtschaftlichen Entwicklung ging der Ausbau des Territorialstaates einher, der beispielhaft in Kursachsen den Landesstaat in neuer Qualität entstehen ließ. Eines der wichtigsten Ergebnisse war die völlige Durchbildung der Ämterorganisation. Die Ämter vereinten die innere und die Finanzverwaltung auf lokaler Ebene und wurden auf diese Weise die entscheidenden unteren Verwaltungsbehörden des institutionellen Flächenstaates. Diese intensivierte Verwaltungstätigkeit erweiterte sich noch durch die räumliche Ausdehnung der Ämterorganisation. Säkularisierter geistlicher Besitz wurde endgültig in landesherrliches Eigentum genommen und in neuen Ämtern verwaltet. So entstanden in kurzer Zeit die Ämter Nossen, Chemnitz, Grünhain, Remse, Wechselburg, Sornzig, die Schulämter Grimma und Meißen. Private Grundherrschaften kaufte der Kurfürst auf und legte sie zu Ämtern zusammen. Daneben wurden nach und nach die ämterfreien Gebiete der bevorrechteten Grundherrschaften in die Verwaltungstätigkeit des Staates einbezogen. So wurden schließlich auch Schrift- und Amtsassen unwiderruflich Teil des neuzeitlichen Flächenstaates. Dazu trug wesentlich die Einführung eines einheitlichen Rechtes bei. 1572 entstand ein Gesetzbuch, die in vier Teile gegliederten 172 »Constitutiones«. Deutsches und römisches Recht wurden darin zu einheitlichen Rechtssätzen für das kursächsische Territorium zusammengefasst. Gleichzeitig verlief der Prozess der Ausbildung und Erweiterung der Zentralverwaltung. Das mündete schließlich 1574 in die Gründung des Geheimen Rates als oberste kollegialisch organisierte Zentralbehörde.

Schließlich wandte der Kurfürst neben dem inneren Landesausbau der Erweiterung seines Staates große Aufmerksamkeit zu. Die unter seiner Regentschaft erreichten territorialen Gewinne waren beachtlich. Zur Befriedigung der kursächsischen Ansprüche aus dem Vollzug der Reichsacht gegen Wilhelm von Grumbach wurden die bis dahin herzoglich-sächsischen Ämter Weida, Ziegenrück und Arnshaugk dem Kurfürstentum als Neustädter Kreis einverleibt. 1568 gewann der Kurfürst die vogtländischen Gebiete mit Plauen, Voigtsberg und Pausa dauerhaft, woraus 1577 der Vogtländische Kreis gebildet wurde. 1583 erlangte August auf dem Wege der Erbfolge größere Teile der Grafschaft Henneberg nördlich und südlich des Thüringer Waldes. Ebenso wurden durch Vertrag, Verwaltungsausübung und politischen Druck die Stifter Naumburg, Zeitz, Merseburg und Meißen in den kursächsischen Staatsverband einbezogen.

Die Regierungszeit von Kurfürst August ist innenpolitisch von konfessionellen Auseinandersetzungen nicht verschont geblieben, verursacht durch die Spaltung des Protestantismus in verschiedene Strömungen. Die calvinistischen Einflüsse im Lande, die sich nach 1571 offenbarten, wurden nach 1574 energisch bekämpft. Die als Kryptocalvinisten sich bekennenden Menschen wurden des Landes verwiesen, nachdem aus der engeren Umgebung des Kurfürsten der Geheime Rat Cracau, der Leibarzt Kaspar Peucer, der Hofprediger Schütz und der Rat Stössel verhaftet, gefoltert und verurteilt worden waren. Die wesentlich vom orthodoxen Luthertum bestimmten kursächsischen Theologen verfolgten dann nach 1574 die Politik einer Einigung des Luthertums im Reich. Das führte 1577 zur Konkordienformel und drei Jahre später zum Konkordienbuch. Das bedeutete zwar eine Vereinheitlichung des lutherischen Bekenntnisses im Sinne einer orthodoxen Glaubensauslegung. Es war aber auch eine Vertiefung des Gegensatzes zu den Reformierten und den Anhängern der sogenannten Zweiten Reformation. Reichs- und außenpolitisch hielt sich das Kurfürstentum eng an das Reichsoberhaupt aus dem österreichischen Hause der Habsburger. Kurfürst August war mit Kaiser Maximilian II. freundschaftlich verbunden. Das zeigte sich unter anderem bei der Wahl von Rudolf zum deutschen König und römischen Kaiser im Jahre 1576.

Marschbefehl Wallensteins, in dem er Graf Pappenheim zur Schlacht von Lützen beordert (Dokument vom 15. November 1632; Original im Heeresgeschichtlichen Museum, Wien)

1632 † 125

Der feindt marchirt herauswartfs der Hern Cesa
allerseits Schon edt Liegen vndt in caminiren
hern meist allein adelich edt stucken antreffen
do guerwpen frie Aug vnd fosst aufsing haben
ist aber vnerfolgta himic[?]

Des Herrn Obrist[en]
vnelliger

Geben den 15t Marcÿ
Ao 1632.

Erst sha an dem gab cos gestern der ka[?]
burg gemacht iste

Daneben wurden vor allem zu Dänemark sehr enge, dauerhafte, wenn auch durch teilweise unterschiedliche Ziele manchmal getrübte Beziehungen unterhalten, die durch enge verwandtschaftliche Bindungen gefestigt waren. Im bewaffneten Konflikt zwischen Dänemark und Schweden ergriff Kursachsen aktiv Partei für die dänische Seite. Aber im Religionskrieg in Frankreich und im Unabhängigkeitskampf der Niederlande gegen Spaniens Herrschaft versuchte August Neutralität zu wahren und zu vermitteln, auch als Königin Elisabeth von England den reformierten Kurfürsten Friedrich von der Pfalz für ein Eingreifen in Frankreich zugunsten der Hugenotten gewann. Als Kurfürst August im Alter von sechzig Jahren am 12. Februar 1586 in Dresden starb, hinterließ er ein Staatswesen, das im Reich politisch bedeutend und in Europa geachtet war.

Mit dem Regierungsantritt von Christian I., dem der Vater bereits 1584 eigenständige Verwaltungsaufgaben übertragen hatte, setzt der Versuch einer politischen Wandlung ein. Sie war besonders durch das Wirken des aus dem Leipziger Großbürgertum stammenden Juristen Dr. Nikolaus Krell verbunden, der unter Christian I. in den Geheimen Rat aufgenommen wurde und bald zum allmächtigen Kanzler aufstieg. Unter ihm begann der Versuch, territorialstaatlich orientierte absolutistische Regierungsformen im Widerspruch zu den Landständen einzuführen. Der dem Calvinismus zuneigende Kanzler betrieb in bewusster Abwendung von den Habsburgern eine rasche Annäherung an Frankreich, mit dessen König Heinrich IV. ein Bündnis geschlossen wurde, und dem calvinistisch gesonnenen Kurfürsten von der Pfalz. Dies blieb aber nur eine Episode, denn nach dem Tod von Christian I. am 25. September 1591 wurde Krell verhaftet und unter maßgeblichem Einfluss der Landstände dessen Politik rückgängig gemacht. Unter der danach folgenden zehnjährigen Vormundschaftsregierung des Ernestiners Friedrich Wilhelm von Sachsen-Weimar für den unmündigen Christian II., der erst ab 1600 selbständig regierte, wurde ebenso wie unter Kurfürst Johann Georg I. der feste Anschluss an das österreichisch-habsburgische Kaiserhaus wieder hergestellt. In diesen Jahrzehnten zeichnet sich zugleich der gesellschaftliche Wandel der Landesherrschaft im Reformationszeitalter zum Absolutismus ab. Auch darin ging Sachsen im Reich mit voran, brachte es aber nicht zur Vollendung. Solche Inkonsequenzen führten letztlich dazu, dass Kursachsen später seine dominierende Stellung an Brandenburg-Preußen verlor.

In den drei Jahrzehnten zwischen 1591 und 1618 verstärkte sich die Gegenreformation im Reich. Kursachsen war darauf bedacht, unter Wahrung seiner eigenen politischen Ziele zwischen den Parteien zu vermitteln, um auf diese Weise den Frieden zu bewahren. Als sich nach Sprengung des Regensburger Reichstages 1608 durch die reformierten Reichsstände die Union als Bündnis der evangelischen Reichsstände gründete und im Sommer 1609 die Liga als Zusammenschluss der katholischen Reichsstände entstand, trat Kursachsen der Union nicht bei. Es neigte sogar in den folgenden Jahren in Fortsetzung seiner kaiser- und reichstreuen Politik der katholischen Liga zu. Im österreichischen Hausstreit unterstützte man Kaiser Rudolf II. Diese Politik wurde vor allem durch den im Frühjahr 1609 aufbrechenden Jülichschen Erbfolgestreit bestimmt. Nach dem Tod von Herzog Johann Wilhelm von Jülich, Cleve, Berg und Ravensberg 1609 erhoben der Kaiser, Kurbrandenburg, Pfalz-Neuburg und Kursachsen Erbansprüche auf die niederrheinischen Herzogtümer. Die Wettiner begründeten ihre Ansprüche auf die 1526 erfolgte Heirat von Johann Friedrich dem Großmütigen mit Sibylla von Cleve sowie auf die 1493 von Kaiser Maximilian erteilte sächsische Anwartschaft durch eine Eventualbehandlung. Nach langwierigen Verhandlungen von Kaiser und Reichskammergericht wurde schließlich Kurfürst Christian II. am 7. Juli 1610 durch Kaiser Rudolf I. mit den niederrheinischen Herzogtümern belehnt. Aber schon vorher hatten Brandenburg und Pfalz-Neuburg die Herzogtümer militärisch besetzt, so dass Kursachsens Ansprüche nur auf dem Papier standen. Sie machtpolitisch durchzusetzen, lag außerhalb der sächsischen Möglichkeiten.

Dies und die engere Verbindung von Kurfürst Johann Georg I. nach 1612 zu Kaiser Matthias, der 1617 in Dresden weilte, führten dazu, dass Kursachsen bei Ausbruch des Dreißigjährigen Krieges nicht auf der Seite der Protestanten unter Friedrich von der Kurpfalz, sondern auf Seiten des Kaisers stand, wobei man zunächst unter Wahrung der Neutralität zwischen den Parteien nach dem Prager Fenstersturz zu vermitteln suchte. Den nach der Schlacht am Weißen Berge vertriebenen böhmischen Protestanten gewährte man in Kursachsen Aufenthalt. In den folgenden Jahrzehnten kamen etwa 80 000 böhmische Exulanten nach Sachsen, die sich in der Oberlausitz, im oberen Elbtal, im Erzgebirge und im Vogtland ansiedelten. Auf dem Nürnberger Tag 1620 trat dann Sachsen offen auf die Seite des Kaisers über. Neben Bayern in Österreich unterstützte Kursachsen in den lausitzischen Markgraftümern und im Herzogtum Schlesien den Kaiser mit Waffengewalt. Die Markgraftümer Nieder- und Oberlausitz wurden von Sachsen besetzt. Nach 1621 übte der sächsische Kurfürst zunächst wieder Neutralität. Untere dem Druck der protestantischen Reichsstände schloss er zehn Jahre später ein Bündnis mit dem Schwedenkönig Gustav Adolf in Coswig bei Dessau. Damit wurde Sachsen Kriegspartei und beteiligte sich mit Truppenverbänden an den Schlachten von Breitenfeld 1631 und Lützen 1632. Nach dem Tod von Gustav Adolf in der Schlacht bei Lützen nahm man sächsischerseits Verhandlungen mit Schweden und Frankreich sowie mit dem Kaiser auf. Letztere wurden ab Mai 1634 in Leitmeritz, später in Pirna geführt. Das führte

König Gustav I. Adolf von Schweden in der Schlacht bei Lützen; seine Truppe siegte am 16.11.1632 über die kaiserliche Armee, er selbst wurde tödlich verwundet. Ein Musketier (von links) gibt den treffenden Schuss ab.

zu einem separaten Abkommen, das am 30. Mai 1635 auf der Prager Burg unterzeichnet wurde und als Prager Frieden in die Geschichte eingegangen ist. Kursachsen wurden das Erzbistum Magdeburg zugesprochen und die zum Erzstift gehörenden Ämter Querfurt, Jüterbog, Dahme und Burg direkt überlassen. Die beiden Lausitzen verbleiben als böhmische Lehen dauerhaft bei Kursachsen. Damit war eine beachtliche territoriale Abrundung des kursächsischen Territorialstaates erreicht.

Nach 1635 wurde das kursächsische Land zu einem der Hauptkriegsschauplätze des Dreißigjährigen Krieges, das vielfachen Plünderungen, Verwüstungen und Drangsalierungen sowohl durch schwedische Truppen als auch durch kaiserliche Söldner ausgesetzt war. In Dresden, von Seuchen heimgesucht, lebte 1635 kaum noch jeder fünfzehnte Hauswirt. Leipzig, viermal belagert und dreimal eingenommen, galt trotzdem noch als »des Landes bestes Asylum und armer Verjagter, Dürftiger und Kranker Apothek und Brotkammer«. Freiberg konnte 1628 noch 4 000 wehrhafte Männer stellen, 1649 nur noch 500. In Torgau waren zwei Drittel der Häuser, in Eilenburg die Hälfte der Häuser zerstört. In Schneeberg waren von 600 Häusern noch 100 übrig geblieben. Bautzen, 1634 nur noch eine Brandstätte, wurde trotzdem 1639 ein drittes Mal umkämpft. Der Waffenstillstand von Kötzschenbroda am 6. September 1645 zwischen Schweden und Kursachsen brachte zwar noch nicht die erhoffte Waffenruhe, mündete aber in die Verhandlungen zu Münster und Osnabrück mit ein. Der Westfälische Frieden von 1648, den Kursachsen als Reichsstand mit unterschrieb, bestätigte Kursachsen den Erwerb der beiden Lausitzen und den Besitz der säkularisierten Stifter, schmälerte aber doch seine Rolle im Reich im Vergleich mit Brandenburg, auch wenn es den Vorsitz im paritätisch zusammengesetzten Corpus Evangelicorum zugesprochen erhielt.

Der Westfälische Frieden verbriefte den deutschen Territorialstaaten das Recht der direktren und unmittelbaren eigenständigen aktiven Außenpolitik und damit die unmittelbare Beteiligung am großen politischen Geschehen in Europa. Einigen wenigen der deutschen Einzelstaaten gelang unter großen Anstrengungen der

Aufstieg zur einflussreichen und beachteten Macht, so Österreich unter den Habsburgern und Brandenburg-Preußen unter dem Großen Kurfürsten zwischen 1640 und 1680. Kursachsen war zwar auch in die Politik der europäischen Großmächte eingebunden, aber erst am Ende des 17. Jahrhunderts versuchten die albertinischen Wettiner, ebenfalls eine europäische Macht zu werden. Bis dahin war Kursachsen unter Kurfürst Johann Georg II. zunächst in die französische Politik in Deutschland eingebunden. Das wurde beim Streit um Erfurt 1663/1664 sehr deutlich. Wenige Jahre später stand man aber wieder auf der Seite des Kaisers und unterstützte ihn in den kriegerischen Auseinandersetzungen mit Frankreich, so 1674 und 1677/1678, wobei der Kurprinz und spätere Kurfürst Johann Georg III. die sächsischen Kontingente der Reichsarmee befehligte. Als er 1680 die Nachfolge seines Vaters antrat, wurde diese Politik weiter verstärkt. 1683 verbündete sich Kursachsen mit Kaiser Leopold und stellte das gerade erst 1682 geschaffene stehende Heer mit ca. 11 000 Mann in den Dienst des Reiches gegen die Invasion des Osmanischen Reiches in Österreich und Ungarn. An der Entsetzung Wiens von der türkischen Belagerung am 12. September 1683 hatten die Sachsen unter ihrem Kurfürsten großen Anteil. Die Führung der Reichsarmee, die bei Abwesenheit des Kaisers dem sächsischen Kurfürsten als Reichserzmarschall zustand, hatte er an den ranghöheren König von Polen, Johann Sobieski, abgetreten. Auch in den folgenden Jahren nahm Kursachsen an der Abwehr der Angriffe des Osmanischen Reiches auf das Reich teil. Bei der Verteidigung des Reiches gegen die erneuten Angriffe Frankreichs ab Oktober 1688 war Kurfürst Johann Georg III. ebenfalls führend beteiligt.

Neben diesen außenpolitischen Bestrebungen galt die besondere Aufmerksamkeit der Überwindung der im Dreißigjährigen Krieg entstandenen erheblichen Schäden. Sachsen hatte die knappe Hälfte seiner Bevölkerung verloren, wobei die Städte am meisten betroffen waren. Die wirtschaftlichen Schäden wurden in den folgenden zwei bis drei Jahrzehnten ebenso schnell ausgeglichen wie die Bevölkerungsverluste. Vor allem in den siebziger und achtziger Jahren regten sich Kräfte, die neue Verhältnisse und Strukturen anstrebten, im Bereich der Wirtschaft mit neuem Manufakturunternehmen und auf dem Verwaltungssektor, im Verhältnis zu den Landständen, auf kulturellem Gebiet, im Bauwesen und im Anvisieren absolutistischer Regierungsformen. Letztere Bestrebungen begannen bereits unter Kurfürst Johann Georg II., der die Finanzverwaltung mit der Einsetzung eines Kammerpräsidenten 1658 und damit einen wichtigen Teil der Zentralverwaltung neu organisierte. 1661 wurde ein Bergratskollegium als neue zentrale Behörde eingerichtet. Als Johann Georg III. 1682 das stehende Heer schuf, war damit die Installierung des Geheimen Kriegsratskollegiums als weitere Zentralbehörde, die nur dem Kurfürsten verantwortlich war, verbunden. Solche im Ansatz neuen Verhältnisse wurden dann besonders von Johann Georg III. gefördert, auch auf geistigem Gebiet. Eine Reihe deutscher Aufklärer stammte aus dem sächsisch-thüringischen Raum wie beispielsweise Leibniz, Pufendorf, Spener und Thomasius, Mencke und von Tschirnhaus. Mencke gründete 1682 mit den »Acta Eruditorum« die erste allgemein-wissenschaftliche Zeitschrift Deutschlands von europäischem Ruf in Leipzig. 1688 folge die erste deutschsprachige wissenschaftliche Zeitschrift in Leipzig durch Thomasius, und der Mitbegründer der deutschen Frühaufklärung Tschirnhaus wurde 1682 zum ersten auswärtigen Mitglied der Pariser Akademie der Wissenschaften gewählt. Diese Politik Johann Georgs III., der 1691 auf dem Feldzug gegen Frankreich erkrankte und am 12. September jenes Jahres in Tübingen starb, wurde von seinem ältesten Sohn Johann Georg IV. fortgesetzt, dem aber nur eine knapp vierjährige Regierungszeit beschieden war. Er starb am 27. April 1694 an den Blattern, mit denen er sich am Totenbett seiner Mätresse Magdalena Sybilla von Neitschütz infiziert hatte.

Nach dem plötzlichen Tod des erst sechsundzwanzigjährigen Johann Georg IV. übernahm sein zwei Jahre jüngerer Bruder Friedrich August die Regierung. Damit begann für Kursachsen das »Augusteische Zeitalter«, eine Periode, die wie kaum ein anderer Zeitabschnitt in der neueren sächsischen Geschichte das Land und seine Menschen geprägt hat. Dabei wurden auf staatsrechtlichem und verwaltungsmäßigem Gebiet Entwicklungslinien durchaus zielstrebig fortgesetzt, die von seinem Vater eingeleitet worden waren. Friedrich August tat dies bewusst und bemühte sich um die praktische Verwirklichung dieser Ziele. Das Streben des sächsischen Kurfürsten war darauf gerichtet, in den Kreis der europäischen Großmächte aufzusteigen und zu diesem Zweck eine Königskrone zu erlangen, um ranggleich mit den Habsburgern zu werden. Dies war aber nur außerhalb der Grenzen des Heiligen Römischen Reiches deutscher Nation möglich. Solches Streben hatten die Kurfürsten von Hannover und Sachsen bereits 1692 vertraglich vereinbart. Friedrich August nutzte die sich 1697 nach dem Tod des polnischen Königs Johann Sobieski bietende Gelegenheit und bewarb sich um die polnische Königskrone. Er war sich dabei auch der Unterstützung von Kaiser Leopold II. sicher. Erhebliche

August der Starke, Kurfürst von Sachsen und König von Polen – Gemälde von Louis de Silvestre (Öl auf Leinwand, 1723)

finanzielle Leistungen an den politischen Adel, der Übertritt zur katholischen Konfession, militärische Machtdemonstrationen und Zusicherungen zur Rückgewinnung Livlandes für Polen sicherten Friedrich August I. auf dem Wahlfeld vor Warschau am 17. Juni 1697 die polnische Königskrone. Der Wettiner setzte sich schließlich gegen den ebenfalls gewählten französischen Kandidaten Prinz Conti und den kurbayerischen Konkurrenten durch. Der sächsische Kurfürst war der erste Reichsfürst, der neben dem deutschen König die Königswürde erwarb. In der Union mit Polen wurde Kursachsen tatsächlich eine europäische Macht. Die sächsisch-polnische Union kam am Ende des 17. Jahrhunderts zustande, weil sie im Moment ihrer Entstehung die Interessen anderer Mächte nicht störte. Zur Erlangung dieses Königtums verzichtete Friedrich August auch auf Randterritorien im Nordwesten seines Stammeslandes. An den seit 1610 reichsrechtlich anerkannten Erbansprüchen auf die niederrheinischen Herzogtümer hielt man aber fest. Das sollte ein Verhandlungsgegenstand sein, um entweder vom nördlichen oder vom südlichen Nachbarn im Osten eine Landverbindung nach Polen zu gewinnen.

Nach der Wahl zum polnischen König wurde der Albertiner mit seinen beiden Staaten in den Reichskrieg gegen Frankreich unter Ludwig XIV. ebenso verwickelt wie in die militärischen Auseinandersetzungen mit dem Osmanischen Reich, in den Spanischen Erbfolgekrieg und den Nordischen Krieg. Besonders letzterer hatte für Kursachsen erhebliche Auswirkungen. Russland, das den Zugang zur Ostsee erstrebte und Kursachsen-Polen, das Livland von den Schweden zurückerobern wollte, waren gegen Schweden unter Karl XII. politisch verbunden. 1700 begann der 21 Jahre dauernde Nordische Krieg. Er brachte in den ersten Jahren vernichtende Niederlagen für August II. und die sächsisch-polnische Armee gegen die Schweden, so 1702 bei Klissow, 1704 bei Pultusk und im Februar 1706 bei Fraustadt.

Im Herbst 1706 besetzten die Schweden das sächsische Kurfürstentum. Am 24. September 1706 musste August der Starke in den Frieden zu Altranstädt einwilligen. Kontributionszahlungen und Einquartierungen belasteten das Land enorm. Bald wurden Erinnerungen an die Schreckensjahre des Dreißigjährigen Krieges wieder lebendig. Zudem musste August auf die polnische Königskrone verzichten, in deren Besitz er sich faktisch aber 1709 nach der Niederlage Karls XII. in der Schlacht bei Poltawa wieder setzte. Nach 1713 konnte sich schließlich die sächsisch-polnische Union mit Hilfe Russlands und Österreichs sowie finanzieller Unterstützung der Niederlande in ihrer Stellung behaupten. In den folgenden zwei Jahrzehnten wurde mit einer intensiv betriebenen Diplomatie an allen maßgebenden europäischen Höfen und am Vatikan sowie durch die Herstellung dynastischer Verbindungen mit anderen regierenden Fürstengeschlechtern die politische Stellung in Europa behauptet. Ein großer Erfolg gelang der sächsischen Diplomatie durch den positiven Ausgang der Verhandlungen mit Österreich über die eheliche Verbindung zwischen dem Sohn Augusts des Starken, Kurprinz Friedrich August, und Maria Josepha, der Tochter Kaiser Josephs I., im Sommer 1719. Mit dieser Heirat gelangten die albertinischen Wettiner in den engeren Kreis erblicher Nachfolger auf den deutschen Königsthron.

Die außenpolitisch bedeutsame Rolle, die Kursachsen und damit die sächsisch-polnische Union im 18. Jahrhundert spielten, wurde durch eine recht erfolgreiche Wirtschaftspolitik und eine verbesserte Verwaltung mit dem Ziel absolutistischer Regierungsformen ergänzt. Man bemühte sich um eine planmäßige merkantilistische Wirtschaftspolitik. Zwischen 1694 und 1733 wurden in Kursachsen 26 Manufakturen neu gegründet. Leipzig mit seinen Messen entwickelte sich nach 1700 zum wirtschaftlichen Mittelpunkt des Landes und wurde bald zum »Marktplatz Europas«. Durch die 1712 ins Leben gerufene Kommerziendeputation als erste zentrale Landesbehörde für das Manufaktur- und Handelswesen wurde eine staatliche Überwachung und Lenkung erreicht. Die Berufung des württembergischen Wirtschaftsfachmannes Paul Jacob Marperger nach Dresden trug ihren Teil zum aufblühenden wirtschaftlichen Leben bei. Der politische Einfluss der Stände wurde in zähem Ringen zurückgedrängt. Neue Behörden wurden geschaffen, die allein vom Landesherrn abhängig waren und dessen Politik durchführten. Dazu gehörte das Amt des Statthalters in den Zeiten der Abwesenheit des Fürsten, das Generalrevisionskollegium, das Generalkonsumtionsakzisekollegium für die neu eingeführte indirekte Steuer der Generalkonsumtionsakzise und das Geheime Kabinett als oberste Landesbehörde für die auswärtigen, die inneren und die militärischen Angelegenheiten. Aus diesem Kabinett verkündete der Landesherr nunmehr seinen unumstößlichen politischen Willen nach Beratung mit dem jeweiligen Kabinettsminister, ohne die Stände vorher zu befragen. Die leitenden Stellen in diesem Behördenapparat wurden mit fähigen, nicht aus Sachsen stammenden Personen besetzt, die nicht mit den einheimischen einflussreichen Adelsfamilien verbunden waren. Diese Innenpolitik wurde nach 1717 durch eine umfassende Heeresreform ergänzt. Das Zeithainer Lager von 1730 bildete den Abschluss dieser Reorganisation in Kursachsen und das Lager von

Czerniachów 1732 in Polen. Mit 30 000 Mann verfügte Sachsen nach Österreich, Brandenburg-Preußen und Bayern über die viertgrößte Armee eines deutschen Territorialstaates.
Sofort nach dem Tod von August dem Starken in Warschau am 1. Februar 1733 entbrannte der polnische Erbfolgekrieg, den Kurfürst Friedrich August II. mit aktiver militärischer Hilfe Russlands gewann. Am 5. Oktober 1733 wurde der zweite Wettiner als August III. zum polnischen König gewählt. Für weitere dreißig Jahre sollte damit die sächsisch-polnische Union fortbestehen, nunmehr in Außen- und Innenpolitik bald allein von dem allmächtigen Premierminister Heinrich von Brühl geleitet. Unter ihm erlangte, durch eine erfolgreiche wirtschaftliche und politische Entwicklung in Sachsen und Polen bedingt, die Frage einer Landverbindung zwischen beiden Staaten eine erstrangige Bedeutung. Das führte in Mitteleuropa zu neuen militärischen Auseinandersetzungen und zum endgültigen Aufbrechen des sächsisch-preußischen Gegensatzes auf dem Hintergrund europäischer Machtgruppierungen um Frankreich einerseits und England andererseits. Im 1740 beginnenden ersten Krieg um das Herzogtum Schlesien stand Kursachsen auf preußischer Seite gegen Österreich. Als jedoch Friedrich II. die Hoffnungen Brühls auf eine Landverbindung enttäuschte, unternahm man eine grundsätzliche Änderung der Außenpolitik und trat am Vorabend des zweiten Schlesischen Krieges der Koalition von Österreich, England und Russland gegen Preußen bei. Die katastrophale Niederlage der sächsischen Armee in der Schlacht bei Kesseldorf am 15. Dezember 1745 und der wenige Tage danach erzwungene Frieden von Dresden kostete Kursachsen 1 Million Taler Kriegsentschädigung an Preußen. In den folgenden Jahren versuchte Brühl, auf diplomatischem Wege diese Niederlage wettzumachen und die europäischen Machtkonstellationen so zu beeinflussen, dass ein erfolgreicher Kampf gegen das Preußen Friedrichs II. möglich wurde. Dem diente sowohl die sächsisch-bayerische Doppelhochzeit von 1747 als auch die »Große Koalition« von Österreich, Frankreich, Russland und Sachsen-Polen, gegen deren aktives Handeln schließlich Friedrich II., mit England verbündet, mit dem Überfall auf Kursachsen am 29. August 1756 zuvorkam. Der damit begonnene Siebenjährige Krieg brachte für die kursächsischen Lande unsägliches Leid, Verwüstung, wirtschaftlichen und finanziellen Ruin. Den Gesamtbetrag der Kriegskosten schätzte man auf 250 bis 300 Millionen Taler. Die Bevölkerung des Landes ging um acht Prozent zurück. Die Beschießung Dresdens durch preußische Truppen zerstörte über 400 Häuser, öffentliche Gebäude und Palais, darunter die Kreuzkirche und das Gewandhaus. Am 29. Oktober 1762 gewannen preußische Truppen bei Freiberg die letzte Schlacht des Siebenjährigen Krieges. Die danach eingeleiteten Verhandlungen führten zum Hubertusburger Frieden vom 15. Februar 1763.
Die angestrebte Eroberung Kursachsens erreichte der Preußenkönig nicht. Aber das Land wurde im Grunde in eine politische Bedeutungslosigkeit entlassen, während Brandenburg-Preußen endgültig in die Reihe der europäischen Großmächte aufrückte. Die beiden Repräsentanten kursächsisch-polnischer Politik des zweiten Drittels des 18. Jahrhunderts, August III. und Graf Brühl, starben noch im Jahre 1763. Die sächsisch-polnische Union ging faktisch mit dem preußisch-russischen Bündnis vom 11. April 1764 zu Ende. Der offizielle Verzicht des Hauses Wettin auf die polnische Krone geschah im Oktober 1765. Damit hatte das augusteische Zeitalter sein Ende gefunden.
Nach dem Hubertusburger Frieden musste sich das Land auf den Wiederaufbau konzentrieren. Die wirtschaftlichen und finanziellen Schäden waren so gewaltig, dass nur eine grundlegende Wandlung der innenpolitischen Verhältnisse einen Wiederaufbau auf längere Sicht als real erscheinen ließ. Kurprinz Friedrich Christian und seine Frau Maria Antonia von Bayern unterstützten die Hofpartei um Thomas von Fritsch, der 1762 zum Vorsitzenden der »Restaurationskommission« berufen worden war. In den Reformvorschlägen dieser Kommission wurden nahezu alle Bereiche der Gesellschaft erfasst und eine Entwicklung eingeleitet, die weit über die Beseitigung der Kriegsschäden hinausgehen sollte. Von den Vorstellungen des aufgeklärten Absolutismus geprägt und in geistiger Verwandtschaft mit den französischen Enzyklopädisten wurden von den verantwortlichen Ministern in Sachsen nach 1763 die Leitlinien kursächsischer Politik abgesteckt. Dazu gehörten die gegenseitige Achtung und Toleranz in Religionssachen, eine ordentliche Staatshaushaltsführung, eine gut funktionierende Verwaltung, ein angemessenes Militärwesen in Beachtung der ökonomischen Möglichkeiten, ein gutes Verhältnis zum Reichsoberhaupt wie zu Preußen und ein distanziertes Verhalten gegenüber Frankreich und England, um sich nicht in deren Auseinandersetzungen hineinziehen zu lassen.
Auf der Grundlage der von der Restaurationskommission ausgearbeiteten Grundsätze vollzog sich der Wiederaufbau des Landes, das nach dem Tod von Kurfürst Friedrich Christian am 17. Dezember 1763 zunächst bis 1768 unter der Administration seines Bruders Xaver für den noch unmündigen Kurfürsten Friedrich August

Allegorie auf den Frieden zu Hubertusburg am 15.2.1763 zwischen Friedrich II. (Preußen), Maria Theresia (Österreich) und Friedrich August II. bzw. August III. (Sachsen bzw. Polen).

III. regiert wurde. Die nationalökonomischen Vorstellungen führten zu einem Finanzplan für Kursachsen seit 1769, zu dessen konsequenter Durchführung 1773 die Generalhauptkasse errichtet wurde. Die Reorganisation der Kammer- und Finanzverwaltung wurde 1782 mit der Bildung des Geheimen Finanzkollegiums sowie der Trennung von Justiz- und Finanzverwaltung auf lokaler Ebene abgeschlossen. Die wirtschaftlichen Erfolge des Retablissements ließen nicht lange auf sich warten. 1774 erreichte der sächsische Staatshaushalt erstmals wieder einen Überschuss.

Auch die großen geistigen Bewegungen der Zeit am Vorabend der Französischen Revolution gingen an Kursachsen nicht spurlos vorüber. 1782 erschien in Altenburg die von dem Dresdner August Wilhelm Hauwald verfasste deutsche Übersetzung von Montesquieus Werk »Vom Geist der Gesetze«. Leipzig entwickelte sich zu einem Zentrum der radikalen Spätaufklärung. Regierung und Bürgertum setzten sich mit dem amerikanischen Unabhängigkeitskrieg auseinander.

Die wirtschaftlichen Verhältnisse bestimmten nach 1763 auch die Politik gegenüber den Nachbarstaaten. Die erste und zweite Teilung Polens ging ohne aktive Beteiligung Sachsens vonstatten. Aus handelspolitischen Gründen versuchte man auch eine Hinwendung zu Preußen. Dies zeigte sich erstmals bei den »Schönburgischen Irrungen«, als die Grafen von Schönburg 1768 den mit Kursachsen geschlossenen Rezess von 1740 für ungültig erklärten, sich an Österreich anschlossen und die sächsische Oberhoheit aufkündigten. Diese Wirren mündeten in den Bayerischen Erbfolgekrieg, in dem Sachsen mit Preußen gegen Österreich ging. Der im März 1778 ausbrechende »Kartoffelkrieg«, der mehr im gegenseitigen Aufzehren der Vorräte als in Kampfhandlungen bestand, wurde mit dem Frieden von Teschen am 13. Mai 1779 beendet. Kurfürst Friedrich August III. verzichtete auf seine bayerischen Allodialansprüche, erhielt 6 Millionen Gulden Entschädigung und bekam die Lehnshoheit über die Schönburgischen Herrschaften endgültig zugesprochen. Danach versuchte Kursachsen erneut eine Neutralitätspolitik, die letztlich Ausdruck des zurückgegangenen politischen Einflusses in Deutschland und Europa war.

Die zweieinhalb Jahrzehnte danach bis zum Ende des Alten Reiches und damit des Kurfürstentums Sachsens waren außen- und innenpolitisch durch die Auswirkungen der Französischen Revolution auf Europa bestimmt. Nach Jagdunruhen im Mai 1790 in den Amtsdörfern der Sächsischen Schweiz, bei denen sich die Bauern gegen eine große Wildplage durch überhöhten Wildbestand in den kurfürstlichen Wäldern wehrten, brach am 3. August 1790 im Meißen-Lommatzscher Gebiet der kursächsische Bauernaufstand aus. Mitte August hatten die Bauern von mehr als 50 Dörfern in 15 Grundherrschaften die Frondienste aufgekündigt. Am 24. August 1790 zogen über 2 000 bewaffnete Bauern vor die Stadttore von Meißen und erzwangen die Freilassung der einige Tage vorher Verhafteten. Zu diesem Zeitpunkt war fast das ganze Kurfürstentum vom Aufstand erfasst. Ein eigens gebildetes Armeekorps operierte ab 24. August von Meißen aus, dem Zentrum des Aufstandsgebietes, und hatte nach reichlich einer Woche die aufständischen Bauern zur Räson gebracht. Das 1791 erlassene »Mandat wider Tumult und Aufruhr« trug mit Strafandrohungen ebenso zur Beruhigung im Lande bei wie die 1792 erarbeiteten Rechtsgrundsätze in Fron- und Dienstsachen, Hut- und Triftsachen, die faktisch einer allgemeingültigen Festlegung des grundherrlich-bäuerlichen Verhältnisses am Ende der Feudalzeit gleichkam. Die damit bis in die zwanziger Jahre des 19. Jahrhunderts verbundene bauernfreundliche Rechtsprechung wurde dann zum Ausgangspunkt der bürgerlichen Agrarreform in Sachsen.

In den neunziger Jahren wurde, zumal in Anbetracht der wirtschaftlichen Entwicklung, die Reformbedürftigkeit der politischen Verhältnisse in Kursachsen unübersehbar. Auf dem Landtag von 1793 wurde Kritik an den Verfassungszuständen und am Steuerwesen geäußert. Das fand seine Fortsetzung im sogenannten Broschürenstreit, der von 1793 bis 1806 dauerte. Die darin sich äußernden politischen Bestrebungen führten zwar zu keiner Änderung der Verhältnisse, bereiteten aber den Boden für weitere Reformversuche in napoleonischer Zeit.

Nach 1791 gab Kursachsen, beeinflusst von den innenpolitischen Ereignissen, seine Neutralitätspolitik auf und trat für die Bourbonendynastie ein. Vom 25. bis 27. August 1791 war Sachsen Gastgeber für Kaiser Leopold II., Friedrich Wilhelm II. von Preußen und bourbonische Prinzen, die sich in Pillnitz über ein Vorgehen gegen das revolutionäre Frankreich einigten. Zunächst trat man dem preußisch-österreichischen Bündnis zum Schutze der Bourbonen vom Februar 1792 sowie der Kriegserklärung vom April des gleichen Jahres noch nicht bei. Als aber die französische Revolutionsarmee erfolgreich auf Reichsgebiet vordrang, den Main erreichte und daraufhin der Regensburger Reichstag den Reichskrieg gegen Frankreich beschloss, da erfüllte auch Sachsen seine Pflichten als Reichsstand. Es stellte ein eigenes Armeekorps als Teil der Reichsarmee und war bis zu den Waffenstillstands- und Neutralitätsverhandlungen in Erlangen, die in den Rastatter Friedenskongress 1798

Prinz Xaver von Sachsen (1730–1806) – Gemälde von François Guérin

mündeten, im Reichskrieg eine aktiv handelnde Partei. Auf dem Rastatter Friedenskongress erklärte Kursachsen als einer der wenigen Reichsstände öffentlich, keine Gebietserwerbungen anzustreben. Es beteiligte sich nicht mit am Schacher um säkularisierte Gebiete als Ersatz für das an Frankreich abgetretene linksrheinische Reichsgebiet. Das Ende des zweiten Koalitionskrieges gegen Frankreich mit dem Frieden von Lunéville vom 9. Februar 1801 kündigte die Auflösung des Reiches schon an. Der Reichsdeputationshauptschluss vom 25. Februar 1803 beseitigte den größten Teil der Reichsstände. 1804 wurde Österreich von den Habsburgern zum Kaisertum erklärt, und als am 16. Juli 1806 die im Rheinbund zusammengeschlossenen Territorialstaaten ihren Austritt aus dem Reich verkündeten, legte Kaiser Franz II. am 6. August 1806 die Kaiserkrone nieder. Damit war das Alte Reich endgültig verschwunden. Das bedeutete auch für das Kurfürstentum Sachsen eine Neuorientierung, die ebenfalls zum Ende des Kurfürstentums Sachsen als Reichsstand seit 1423 führte. Kursachsen sah sich seit 1803 zunehmend an seinem Festhalten am Reichsgedanken von Österreich und den Habsburgern verlassen. In dieser Situation lehnte man sich folgerichtig an Preußen an. Das führte den kursächsischen Staat mit seiner Armee an die Seite Preußens im Oktober 1806 auf das Jenaer Schlachtfeld. Dort erlitt die sächsische Armee von 22 000 Mann gegen die Truppen Napoleons eine vernichtende Niederlage. Am 16. Oktober 1806 gab Kursachsen eine Neutralitätserklärung ab. Das blieb aber ohne Wirkung. Von Wittenberg aus nahm Napoleon das sächsische Territorium unter französische Verwaltung, erhob sofort 40 Millionen Francs Kriegskontributionen sowie Kriegslieferungen für die französische Armee. In den größeren Städten wurden französische Beamte und Offiziere als Kommandanten eingesetzt und eine Militärverwaltung eingerichtet, die in Leipzig ihr Zentrum hatte. Unter diesen tatsächlichen Machtverhältnissen schloss Napoleon mit Friedrich August III. den Friedensvertrag von Posen am 11. Dezember 1806. Sachsen wurde zum Königreich erklärt, musste dem Rheinbund beitreten, verzichtete auf sein Territorium zwischen Erfurt und Eichsfeld zugunsten des geplanten Königreichs Westfalen und wurde dafür mit der preußischen Enklave des Kottbusser Kreises inmitten der sächsischen Niederlausitz entschädigt. Diese Regelungen wurden nach dem Tilsiter Frieden zwischen Frankreich und Preußen 1807 Realität. Dazu wurde noch den Wettinern das neue Großherzogtum Warschau zur Regentschaft übertragen.

Die inneren Verhältnisse des neuen Königreiches wurden von den zunächst positiven Auswirkungen der Kontinentalsperre, vom Napoleonkult einerseits und distanziertem Verhalten zur französischen Besatzungsmacht andererseits sowie wiederum sehr bemerkenswerten Reformbestrebungen zu einer Vereinheitlichung des Staatsgebietes in Gestalt einer Union, Einführung von Fachministerien und reformiertes Justiz- und Finanzwesen bestimmt.

Nach dem Posener Frieden war Sachsen an den weiteren napoleonischen Feldzügen direkt mit Truppen beteiligt. Es stellte im Februar 1807 ein Truppenkontingent gegen Preußen und Russland, nahm 1809 am Feldzug gegen Österreich teil und zog nach einer umfassenden Reorganisation der sächsischen Armee mit 21 000 Mann als 7. Korps der Grande Armée im Mai 1812 mit gegen Russland. Am Beginn dieses Feldzuges sah Dresden im Mai 1812 den Kaiser der Franzosen in glänzendem Gefolge und im Kreise zahlreicher europäischer gekrönter Häupter. Im Dezember 1812 durcheilte der geschlagene Napoleon wieder Sachsen auf seiner Flucht nach Frankreich. Ein Vierteljahr später wurde das sächsische Territorium im Ringen der Völker Europas um nationale Unabhängigkeit zum Hauptkriegsschauplatz. In der ersten großen Schlacht am 3. Mai 1813 bei Lützen besiegte Napoleon Russen und Preußen und erreichte die erneute Botmäßigkeit des sich in Prag aufhaltenden sächsischen Königs. Nach weiteren größeren Kämpfen bei Bautzen und Dresden stellten die verbündeten Mächte Russland, Österreich und Preußen die französische Streitmacht bei Leipzig. Vom 14. bis 19. Oktober 1813 tobte die Völkerschlacht bei Leipzig, in deren Verlauf Frankreichs Truppen unter Napoleon vernichtend geschlagen wurden.

Auch wenn junge Sachsen als Freiwillige bei preußischen Freikorps dienten, so etwa Theodor Körner bei den Lützowern, und im Verlauf der Leipziger Völkerschlacht einige sächsische Truppenteile zu den Verbündeten übergingen, wurde das Königreich Sachsen als Besiegter behandelt. König Friedrich August I. wurde als Gefangener nach Friedrichsfelde bei Berlin gebracht, das Land unter das Generalgouvernement von Fürst Repnin-Wolkonski gestellt und dem vom Reichsfreiherrn vom und zum Stein geleiteten Zentralverwaltungsrat für alle besetzten Rheinbundstaaten unterstellt. In dem Siebeneichener Kreis um Dietrich von Miltitz, die Brüder Carlowitz, von Oppell und General Thielmann fanden Repnin und Stein die nötige Unterstützung bei der Verwaltung des Landes. Sie war dabei in erster Linie darauf gerichtet, die Verpflichtungen in finanzieller und materieller Hinsicht bei der Versorgung der Truppen zu erfüllen. Das von Stein verfolgte Ziel bestand darin, Sachsen in Preußen aufgehen zu lassen und die preußischen Verfassungs- und Verwaltungseinrichtungen zu übertragen. Die Verhandlungen auf dem Wiener Kongress führten am Ende zu einer Teilung des Königreichs Sachsen, nachdem Österreich, Frankreich, die deutschen Südstaaten und schließlich auch Russland die Annexion Sachsens durch Preußen entschieden abgelehnt hatten. So einigte man sich prinzipiell über den Fortbestand des

Die Völkerschlacht bei Leipzig – der erste Tag der Schlacht, 16. Oktober 1813

wettinischen Königreichs Sachsen in wesentlich verkleinerten Grenzen. Am 18. Mai 1815 wurde in Pressburg der Vertrag zwischen Russland, Preußen und Sachsen geschlossen. Dies wurde in der Wiener Kongressakte vom 9. Juni 1815 völkerrechtlich bestätigt. Fast zwei Drittel des sächsischen Territoriums und die knappe Hälfte der Gesamtbevölkerung wurde preußisch. Von den 36 000 km² verblieben 15 000 km² bei Sachsen, in denen von den ehemals 2 Millionen Menschen dann 1 Million 200 000 Menschen lebten. Eine solch einschneidende Veränderung des sächsischen Staatsgebietes hatte es bis dahin nicht gegeben. Sie war jedoch der Schlusspunkt in dem Wettlauf zwischen Preußen und Sachsen um eine einflussreiche Stellung in Deutschland. Alte, historisch gewachsene Zusammenhänge wurden zerrissen, wirtschaftliche Bindungen willkürlich zerstört.

Die Festlegungen des Wiener Kongresses fanden im Allgemeinen bei der sächsischen Bevölkerung keine Zustimmung. In Lüttich meuterten am 2. Mai 1815 sächsische Truppen, die auf preußische Regimenter aufgeteilt werden sollten. Als König Friedrich August I. am 7. Juni 1815 aus der Berliner Gefangenschaft nach Dresden zurückkehrte, war bereits eine wachsende Erbitterung gegen den expansiven nördlichen Nachbarn zu verspüren. In den folgenden Jahrzehnten bis zur Gründung des Norddeutschen Bundes wurde dann manche politische Entscheidung Sachsens von diesem Gegensatz bestimmt. Bereits während der Pressburger Verhandlungen waren die nach der Landesteilung anzustrebenden innenpolitischen Maßnahmen von den maßgebenden sächsischen Politikern beraten worden. Die von Kabinettsminister Detlev Graf von Einsiedel bis 1830 beherrschte sächsische Politik sah keine grundlegenden verfassungs- und verwaltungsmäßigen Veränderungen für notwendig an. Das nach 1815 eingeführte Sparsamkeitsregime führte aber immerhin zu Umgestaltungen und Einschränkungen innerhalb der Staatsverwaltung. Das Geheime Kabinett wurde zur obersten Verwaltungsbehörde des Königreiches umgestaltet, auch wenn die Landstände auf ihren Landtagen von 1817/1818 und 1821 dagegen geharnischten Protest erhoben. Die Neuregelung der regionalen Verwaltung brachte mit der Institutionalisierung von 16 Amtshauptmannschaften in den vier erbländischen Kreisen eine zukunftsweisende Einrichtung. Das bildete den Rahmen für den erneuten wirtschaftlichen Wiederaufbau des Landes, nach dem Siebenjährigen Krieg zum zweiten Mal innerhalb eines Jahrhunderts. Dies wurde von der ersten Phase der Industriellen Revolution in Sachsen bestimmt, die nach 1800 eingesetzt hatte. Fabrikunternehmen entstanden vor allem im Maschinenbau und in der Textilherstellung. Die sich vollziehenden wirtschaftlichen und sozialen Prozesse der Industriellen Revolution, bestimmt von den Ideen des wirtschaftlichen Liberalismus, führten zu einer Umgestaltung des Siedlungsbildes in Stadt und Land. In den Tälern des Erzgebirges und des Vogtlandes, in der Oberlausitz und im Chemnitzer-Zwickauer Raum entstanden Fabriken und neue Wohnsiedlungen. Die Städte sprengten ihre jahrhundertealten Stadtmauern und dehnten sich in das dörfliche Umland aus.

In seiner Außenpolitik ordnete sich das Königreich in die von Österreich unter Staatskanzler Fürst Metternich bestimmten Verhältnisse im Deutschen Bund ein, dessen Mitglied Sachsen seit 1816 war. Man verfolgte zwar in Dresden die große europäische Politik der Quadrupelallianz und Frankreichs, vielleicht in der Hoffnung, bei günstiger Gelegenheit doch noch die Bestimmungen des Pressburger Friedens korrigieren zu können. Auch die Interventionspolitik in Spanien und der griechische Unabhängigkeitskampf wurden aufmerksam verfolgt. Für eine aktive Beteiligung und Einflussnahme fehlten aber alle materiellen und politischen Mittel. So wie im Äußeren gestaltete sich auch im Innern die Politik restaurativ. Die burschenschaftliche Bewegung an der Universität Leipzig führte dazu, dass die Karlsbader Beschlüsse vom August 1818 mit getragen und durchgesetzt wurden. Am 5. Mai 1827 starb nach 64-jähriger Regentschaft König Friedrich August I. im Alter von 77 Jahren. Damit ging nahezu symbolisch die »alte Zeit«, das Ancien Régime, zu Ende. Das Empfinden, in einer Zeitenwende zu leben, führte ausgangs der zwanziger Jahre in Sachsen zu einer bürgerlichen Oppositionsbewegung, die vor allem von »Bienenvater« Karl Ernst Richter in Zwickau und der von ihm herausgegebenen politischen Wochenschrift »Die Biene« charakterisiert wurde. Dazu kam in den zentralen Regierungsbehörden ein jüngeres Beamtentum, das die Reformbedürftigkeit des sächsischen Staates und seiner gesellschaftlichen Verhältnisse wohl erkannte. Das alles zusammen bereitete den Boden für weitergehende Veränderungen im Sinne bürgerlicher Verhältnisse. Das Königreich Sachsen stand um 1830 an der Schwelle zu einem neuen Abschnitt seiner gesellschaftlichen und politischen Entwicklung.

Bereits im Juni 1830 war es in Dresden anlässlich der Feiern zur 300. Wiederkehr der Augsburgischen Konfession zu ersten Unruhen gekommen, weil man der Meinung war, dass protestantische Behörden zu große Rücksicht auf den katholischen Hof genommen hätten. Reichlich zwei Monate später gab es Krawalle in Leipzig, und am 9. September begannen abends in Dresden mit dem Sturm auf das Rathaus am Altmarkt und das Polizeihaus die revolutionären Unruhen, die zu grundlegenden Veränderungen führen sollten. Eine »Kommission zur Aufrechterhaltung der öffentlichen Ruhe« übernahm die Regierungsgewalt, neu gebildete Kommunalgarden übernahmen Ordnungsaufgaben in den Städten, aus denen das Militär abgezogen worden war, dem greisen König Anton wurde der dreiunddreißigjährige Prinz Friedrich August als Mitregent an die Seite gegeben. Kabinettsminister Graf Einsiedel musste zurücktreten, und der aus Altenburg stammende liberale Politiker Bernhard August von Lindenau trat dessen Nachfolge an. Damit wurde eine Staatsreform eingeleitet, die das sächsische Königreich in das bürgerliche Zeitalter führte. Die Aprilunruhen des Jahres 1831, verursacht durch das Wirken des Bürgervereins in Dresden und des Advokaten Bernhard Moßdorf als schüchterner Versuch erster politischer Parteibildung durch kleinbürgerliche Kräfte, beschleunigten den Reformprozess. Dem zum 1. März 1831 einberufenen Landtag wurde als wichtigstes Dokument der Entwurf einer schriftlichen Verfassung vorgelegt. Er war aus einem Entwurf Lindenaus, angelehnt an die badische Verfassung, und einem Entwurf von Hans Georg Carlowitz, orientiert an der württembergischen Verfassung, entstanden. Dieser Entwurf wurde von den Landständen angenommen und trat als eine erste schriftliche Verfassung Sachsens am 4. September 1831 in Kraft. Kurz darauf begann mit dem Erlass der Städteordnung, dem Gesetz über Ablösungen und Gemeinheitsteilungen sowie mit der Einrichtung von Fachministerien das umfassende Staatsreformwerk. Damit waren die bürgerliche Agrarreform, eine grundlegende Verwaltungsreform auf allen Ebenen und in allen Verwaltungszweigen, eine tiefgreifende Justizreform, eine Volksbildungsreform, eine Heeresreform und eine Steuerreform verbunden. Das ging weit über die preußischen Reformen von 1807 bis 1812 hinaus. Der erste gewählte Landtag trat am 22. Januar 1833 in Dresden zusammen. Er wurde zunehmend ein kritischer Begleiter sächsischer Politik.

Es dauerte praktisch zwei Jahrzehnte, bis alle Reformmaßnahmen verwirklicht waren. Zu Beginn der sechziger Jahre wurde dann die eigenständige Gesetzgebung mit einem sächsischen Handelsgesetzbuch und einem Bürgerlichen Gesetzbuch vollendet. Dies bestimmte die allgemeine Entwicklung Sachsens bis zu seinem erzwungenen Eintritt in den Norddeutschen Bund.

Die 1831 begonnene Staatsreform begünstigte die wirtschaftliche Entwicklung. Am Beginn stand dabei der Beitritt der Staaten des 1828 auf Initiative Sachsens begründeten Mitteldeutschen Handelsvereins zum hessisch-preußischen Zollverband. Sachsen vollzog diesen Schritt am 30. März 1833. Damit fand der am 1. Januar

Johanngeorgenstadt bei Nacht mit tätigem Hochofen, Frischfeuern und Hammerwerken der Eisenhütte (Farbradierung, um 1820, von Paul Anton Skerl)

1834 wirksam werdende Deutsche Zollverein für Sachsen seine Gültigkeit. Die erste deutsche Fernbahn zwischen Leipzig und Dresden, 1839 durchgängig betrieben, wurde zum Ausgangspunkt des dann bald mit Riesenschritten wachsenden Eisenbahnnetzes in Deutschland. Dampfschifffahrt auf der Elbe, Lokomotivbau in Chemnitz wurden zu markanten Merkmalen sächsischer Industrialisierung. Steinkohlenbergbau vor den Toren Dresdens und im Zwickau-Oelsnitzer Revier sowie eine aufblühende Hüttenindustrie in Cainsdorf bei Zwickau und in Riesa schufen die schwerindustriellen Grundlagen für die Verarbeitungsindustrie.

Das alles fand seinen unverwechselbaren Niederschlag in der politischen Entwicklung. Der Vormärz wurde in Dresden und Leipzig zu einer bedeutenden politischen Bewegung, die ihren Ausgangspunkt im künstlerisch-geistigen Leben hatte. Robert Schumann und Richard Wagner, August Röckel und Ludwig Wittig, Arnold Ruge und Julius Mosen, Gottfried Semper und Andreas Schubert, Robert Blum und Franz Wigard prägten dieses Bild in Sachsen.

Die allgemeine politische Situation war im Frühjahr 1848 in Sachsen dergestalt, dass sehr bald nach dem Bekanntwerden der revolutionären Vorgänge in Frankreich die Forderung nach Gewährung der bürgerlichen Freiheiten laut wurde. Dazu hatten auch die Debatten in der Zweiten Kammer des Landtages und im Land überhaupt über den hannoverschen Verfassungsbruch von 1837, die geforderte gesetzliche Zusicherung der Pressefreiheit, die Öffentlichkeit und Mündlichkeit des Strafprozessverfahrens sowie die Einführung der Geschworenengerichte ebenso beigetragen wie die sich vollziehende Parteienbildung in Demokraten und Liberale neben den Konservativen. Seit Ende Februar 1848 wurde mit Nachdruck die Gewährung der bürgerlichen Freiheiten von der Regierung gefordert. Der nach dem 3. März aus allen Teilen des Landes einsetzende »Adressensturm« an König Friedrich August II. und die Regierung unter Justizminister von Könneritz mit den Forderungen nach Presse- und Versammlungsfreiheit, allgemeinem Wahlrecht und Redefreiheit führten schließlich zum Rücktritt des Ministeriums Könneritz. Am 16. März nahm das sogenannte Märzministerium

seine Tätigkeit auf. Mit Alexander Braun, Martin Oberländer und Robert Georgi gehörten ihm drei profilierte, bis dahin oppositionelle Landtagsabgeordnete der neuen Regierung an. Ihre ersten Maßnahmen waren die Gewährung der Rede-, Versammlungs- und Koalitionsfreiheit sowie die Aufhebung der Pressezensur.
Der sächsische Bundesstaat im Deutschen Bund wurde im Verlauf der bürgerlich-demokratischen Revolution zu einem Zentrum der demokratischen und revolutionären Bewegung. Eine beachtliche Bedeutung hatten daher die Auseinandersetzungen um die Ermordung Robert Blums in Wien und die Annahme des »Provisorischen Wahlgesetzes« vom 15. November 1848. Die daraufhin im Dezember in Sachsen durchgeführten Wahlen erbrachten einen überwältigenden Wahlsieg der Vaterlandsvereine und damit für die demokratischen Kräfte. Von den 75 Sitzen der Zweiten Kammer gingen 66 an die Demokraten. Damit hatte Sachsen die fortschrittlichste Volksvertretung, die in den Jahren der bürgerlich-demokratischen Revolution in einem deutschen Einzelstaat gewählt worden war. Bald wurde der Landtag als »Repräsentation des souveränen Unverstands« oder knapp als Unverstandslandtag bezeichnet. Unüberbrückbare Gegensätze entstanden im Februar und März 1849 bei der Anerkennung der Grundrechte des deutschen Volkes, die die Frankfurter Nationalversammlung verabschiedet hatte, in der deutschen Oberhauptsfrage und schließlich in der Frage der Anerkennung der Reichsverfassung. Das führte zum Rücktritt des Märzministeriums, dem wenige Tage später ein Beamtenministerium Held folgte. Diese Regierung stimmte zwar der Veröffentlichung der Grundrechte zu, verhielt sich aber in allen anderen Forderungen ablehnend. Schließlich löste König Friedrich August II. am 28. April 1849, dem preußischen Beispiel folgend, den Landtag auf.
Die nachfolgenden Ereignisse, insbesondere in der Landeshauptstadt, überschlugen sich danach. Am Nachmittag des 3. Mai kam es zum Sturm auf das Zeughaus in Dresden. Das bedeutete den Beginn des bewaffneten Kampfes in Deutschland um die Anerkennung der von der Frankfurter Nationalversammlung angenommenen Reichsverfassung. Auf den bald errichteten Barrikaden in Dresden standen neben Kommunalgardisten, Handwerkern und Arbeitern auch Landtagsabgeordnete. Drei von ihnen, Otto Leonhard Heubner, Samuel Erdmann Tzschirner und Karl Gotthelf Todt bildeten am Nachmittag des 4. Mai eine provisorische Regierung, nachdem der König und alle Minister aus der Stadt geflohen waren. Das Schicksal des Dresdner Maiaufstandes war am 9. Mai entschieden, als preußische und sächsische Truppen die letzten Barrikaden stürmten und sich die Aufständischen in Richtung Freiberg und Chemnitz aus der Residenz zurückzogen. Die blutige Niederschlagung des Dresdner Maiaufstandes beendete die revolutionäre Phase des Ringens um bürgerliche Gesellschaftszustände in Sachsen. Die sich anschließenden Jahre werden in Sachsen als Ära Beust bezeichnet. Sie brachten die Auseinandersetzung um die Herbeiführung des bürgerlichen deutschen Nationalstaates. Auf diesem Wege ging Sachsen im Wesentlichen mit Österreich. Mit der Olmützer Punktaktion vom 29. November 1850 hatte Preußen auf seine angestrebte Vormachtstellung im Deutschen Bund verzichten müssen. Friedrich Ferdinand Graf von Beust, der einflussreiche sächsische Außenminister unter König Johann, verfolgte dabei eine voll auf Österreich ausgerichtete Politik. Zunehmend strebte er aber einen eigenständigen, dritten Weg zu deutscher Nationalstaatlichkeit an, der mehr föderalistische Momente in einer überarbeiteten Bundesverfassung zum Tragen bringen wollte. Das wurde bei der Vorbereitung des Frankfurter Fürstentages 1863 besonders deutlich, als König Johann und Beust versuchten, den preußischen König für die österreichischen Bundesreformpläne zu gewinnen. Das wusste der preußische Kanzler Bismarck zu verhindern.
Im Krieg des Deutschen Bundes gegen Dänemark beteiligte sich Sachsen mit einem ansehnlichen Truppenkontingent, wobei es im Verlauf der Truppenbewegungen zu Reibungen und Zusammenstößen Sachsens mit der preußischen Heeresleitung kam. Auf diesem Hintergrund gelang es schließlich Preußen, den Krieg gegen Österreich auszulösen. Der Einfall preußischer Truppen nach Sachsen, Hannover und Kurhessen am 16. Juni eröffnete den Kampf um die Vormachtstellung in Deutschland. Sachsen stand dabei auf der Seite des Deutschen Bundes und Österreichs. In der Schlacht von Königgrätz am 3. Juli 1866 erlitten Österreich und seine Verbündeten eine entscheidende militärische Niederlage. Dem Präliminarfrieden von Nikolsburg am 26. Juli 1866 folgte der Frieden von Prag am 23. August 1866. Österreich trat aus dem Deutschen Bund aus, Preußen setzte den Anschluss der deutschen Staaten an das norddeutsche Bündnissystem durch. Sachsen, dessen staatlicher Fortbestand von Österreich gegen den Willen Preußens in Nikolsburg garantiert worden war, schloss mit Preußen am 21. Oktober 1866 in Berlin einen Friedensvertrag ab. Es verpflichtete sich, dem Norddeutschen Bund beizutreten, seine Armee als Teil des Bundesheeres dem Oberbefehl des preußischen Königs zu unterstellen und 10 Millionen Taler Kriegsentschädigungen zu zahlen. Letzteres erfüllte Sachsen bis zum 7.

Buchdeckel aus: August Bebel, Die Frau und der Sozialismus, 50. Auflage, Stuttgart 1910 (Erstausgabe 1883); August Bebel (1840–1913), Deutscher Politiker, Mitbegründer der SPD, Parteivorsitzender, Reichstagsabgeordneter

August Bebel
Die Frau
und der Sozialismus

50. Auflage

Stuttgart 1910

J. H. W. Dietz Nachf.

Dezember 1866, obwohl dazu bis zum 4. April 1867 Zeit gewesen wäre. 1871 wurde schließlich das Königreich Sachsen Mitglied des Deutschen Reiches unter Kaiser Wilhelm I. Daran hatte Sachsen mit Kronprinz Albert als Führer eines Armeekorps im deutsch-französischen Krieg und als Mitstreiter Bismarcks einen Anteil.

Auf dem Hintergrund der wirtschaftlichen Entwicklung wurde Sachsen neben dem Rheinland zu einem Zentrum der frühen deutschen Arbeiterbewegung. Die im Frühjahr 1848 überall entstehenden Arbeitervereine und ihr organisatorischer Zusammenschluss in der Allgemeinen Deutschen Arbeiterverbrüderung mit dem Sitz des Zentralkomitees ab September 1848 in Leipzig verdeutlichten dies. Mit 57 angeschlossenen Arbeitervereinen erlangte die Arbeiterverbrüderung in Sachsen auch ihre größte Organisationsdichte. Dem Verbot der Arbeitervereine 1850 folgte Anfang der 60er Jahre in Sachsen ein Wiederaufleben der Arbeiterbewegung, verbunden mit dem Wirken von Julius Vahlteich, Ferdinand Lasalle, August Otto Walster, August Bebel, Julius Fritzsche, Julius Motteler und Wilhelm Stolle. Bei der Gründung der Sozialdemokratischen Arbeiterpartei in Eisenach 1869 hatten die Arbeiter Sachsens eine bestimmende Rolle. Etwa ein Viertel der Delegierten des Kongresses kam aus Sachsen bzw. hatte ein Mandat sächsischer Arbeiter. Das Industriegebiet um Glauchau, Meerane und Crimmitschau entsandte August Bebel als ersten Abgeordneten der sächsischen Arbeiter in den Reichstag des Norddeutschen Bundes.

Die politischen Geschicke des Landes wurden nach 1871 von König Johann bis 1873, danach von seinem Sohn Albert bis 1902 und dessen leitenden Ministern Fabrice bis 1891 und Metzsch-Reichenbach bis 1906 bestimmt. Nach der Jahrhundertwende setzte ein Zeitabschnitt ein, der das Hineinwachsen Sachsens in einen einheitlichen, föderativ aufgebauten deutschen Nationalstaat fortsetzte. König Georg, von 1902 bis 1904 regierend, und Friedrich August III. begleiteten diesen Prozess mehr, als dass sie ihn beeinflussen konnten. Mit Beginn des Ersten Weltkrieges werden das XII. und XIX. Armeekorps unter dem Befehl von Generaloberst von Hausen in voller Stärke eingesetzt. Auswirkungen des Krieges, Lebensmittelknappheit und Kriegswirtschaft bestimmten bald in Sachsen das Leben. Zunehmende Kriegsmüdigkeit, Unwillen über die schwierigen Lebensumstände und politische Beeinflussung seitens der Sozialdemokratie und einer bürgerlichen Friedensbewegung förderten die Friedenssehnsucht. Das führte in sächsischen Betrieben 1917 und 1918 zu Streiks, in Städten zu Demonstrationen und Hungerkrawallen, die schließlich in die Novemberrevolution einmündeten. Am 9. November verließ der sächsische König Friedrich August III. Dresden und ging über die sächsisch-preußische Landesgrenze nach Guteborn in Ruhland, von wo aus er für sich auf den sächsischen Königsthron verzichtete. Das Land stand an der Schwelle zu einem bürgerlich-demokratischen Staatswesen.

Am 10. November 1918 übernahm der »Vereinigte revolutionäre Arbeiter- und Soldatenrat« in Dresden die Macht, nachdem König Friedrich August III. die Stadt verlassen hatte, und verkündete die Republik Sachsen. Fünf Tage später bildeten die Volksbeauftragten der Arbeiter- und Soldatenräte von Chemnitz, Dresden und Leipzig die neue sächsische Regierung. Dieser gehörten unter Ministerpräsident Richard Lipinski (USPD) Albert Schwarz, Friedrich Geyer, Wilhelm Buck, Georg Gradnauer und Hermann Fleißner an. Sie wandte sich als »Gesamtministerium« mit einem Aufruf vom 18. November »An das sächsische Volk«. Nach zum Teil kontrovers geführten Diskussionen im Gesamtministerium und in den Arbeiter- und Soldatenräten einigte man sich am 27. Dezember 1918 darauf, die Wahl zur »Volkskammer der Republik Sachsen« für den 2. Februar 1919 auszuschreiben. Die nach dem Verhältniswahlgesetz des Reiches gewählte Volksvertretung trat mit 42 Sozialdemokraten, 22 Demokraten, 15 Unabhängigen, 13 Deutschnationalen und 4 Mitgliedern der Deutschen Volkspartei am 25. Februar zur konstituierenden Sitzung zusammen. Als erstes Gesetz verabschiedete die Volkskammer am 28. Februar 1919 das »Vorläufige Grundgesetz für den Freistaat Sachsen«. Dies war die Geburtsstunde des parlamentarischen sächsischen Bundesstaates in der Weimarer Republik. Der erste von dieser Volkskammer gewählte Ministerpräsident des Landes war Dr. Georg Gradnauer von der USPD. Die Verfassung des Freistaates Sachsen wurde nach längeren Beratungen im Verfassungsausschuss der Volkskammer von dieser am 26. Oktober 1920 angenommen. Aus der Volkskammer wurde wieder der Sächsische Landtag. Der Freistaat Sachsen war fest in die Weimarer Republik eingebunden. Bis zum Januar 1933 wurde er von 13 Regierungen verwaltet, die in den ersten Jahren wesentlich von der SPD getragen wurden, später auch von der Deutschen Volkspartei, die Jahre in der Weltwirtschaftskrise von einem Minderheitenkabinett unter dem parteilosen Walter Schieck.

Die stürmischen Jahre nach der Novemberrevolution standen in Sachsen im Zeichen heftiger sozialer Auseinandersetzungen, wobei die politischen Kämpfe im Reich natürlicherweise Sachsen voll mit erfassten. Im späten Frühjahr 1919 kam es zu blutigen Zusammenstößen zwischen rechten und linken Kräften, bei denen am Anfang die Ermordung des sächsischen Kriegsministers Gustav Neuring am 12. April 1919 stand. Einen Tag später wurde der Ausnahmezustand über Sachsen verhängt und das Land durch Reichswehrtruppen unter General Maerker besetzt. Im Lausitzer Gebiet entwickelte sich eine breite nationale Bewegung der Sorben, die sich unter Arnošt Bart zum Wendischen Nationalausschuss zusammengeschlossen hatten und zielstrebig

NSDAP-Kundgebung (1929) in München: Martin Mutschmann (zweite Reihe links) und Julius Streicher (zweite Reihe Mitte)

Autonomiepläne verfolgten. Der Putschversuch des Rittergutsbesitzers Wolfgang Kapp scheiterte auch in Sachsen am einmütigen Widerstand der Bevölkerung. Dresden war kurzzeitig Aufenthaltsort der aus Berlin geflohenen rechtmäßigen Reichsregierung unter dem Sozialdemokraten Bauer.

Unter der Inflation hatte das Land ebenso zu leiden wie unter den Kriegsfolgen. Hungerkrawalle und Streikaktionen, Arbeitslosigkeit und soziales Elend kennzeichneten die politische Situation. Zu diesem Zeitpunkt fasste die NSDAP in Sachsen festen Fuß. In Zwickau entstand die erste Ortsgruppe dieser Partei außerhalb Bayerns. Das führte mit dazu, dass am 21. März 1923 eine Koalitionsregierung von SPD und KPD unter dem linken Sozialdemokraten Erich Zeigner zustande kam. Ein halbes Jahr versuchte die Arbeiterregierung Zeigner, die großen Probleme zu bewältigen, mit Kontrollausschüssen gegen Preistreiberei, Erwerbslosenausschüssen gegen Arbeitslosigkeit und Ausschüssen zur Erfassung von Getreidevorräten in den Dörfern. Dagegen wurden von den bürgerlichen Parteien bald die Einsetzung eines Reichskommissars für Sachsen verlangt, da eine »Gefährdung des politischen und wirtschaftlichen Bestandes« zu erkennen sei. Am 10. Oktober 1923 bildete Zeigner sein Kabinett um. Fritz Heckert, führendes Mitglied der KPD, wurde Finanzminister und Heinrich Brandler, leitender KPD-Funktionär, wurde Leiter der Sächsischen Staatskanzlei. Als sich die Zeichen für einen bewaffneten Aufstand in Deutschland zum Sturz der Stresemann-Regierung mehrten, marschierten in Sachsen ebenso wie in Thüringen am 21. Oktober Reichswehrverbände ein. In Freiberg kam es zu einem Blutbad, als die Soldaten auf demonstrierende Arbeiter schossen. Da die Regierung Zeigner auf Erfordern der Reichsregierung nicht zurücktrat, wurde in Anwendung von Artikel 48 der Weimarer Verfassung die sächsische Regierung am 29. Oktober aufgelöst und Rudolf Heinze von der Deutschen Volkspartei als Reichskommissar eingesetzt. Am 31. Oktober 1923 wurde eine Übergangsregierung mit dem Sozialdemokraten Alfred Fellisch als Ministerpräsident vom Landtag gewählt, die bis zum 4. Januar 1924 im Amt blieb. Damit endeten auch in Sachsen die das Land immer wieder in politische und soziale Unruhe stürzenden Auseinandersetzungen in den Jahren nach der Novemberrevolution. Das Eingreifen der Reichsregierung zeigte aber auch die gewachsenen verfassungsrechtlichen Möglichkeiten einer Einflussnahme des Reiches in einem Bundesland.

Erst allmählich wurde die Wirtschaft auch in Sachsen auf Friedensproduktion umgestellt. Dazu trugen sowohl Regierungsaufträge für Frankreich als auch Regierungsaufträge der Sowjetunion bei, wozu der Rapallo-Vertrag vom April 1922 die Grundlage abgab. Gegen Ende des Jahres 1923 waren hoffnungsvolle Anzeichen einer wirtschaftlichen Stabilisierung erkennbar, nachdem im November 1923 mit ausländischer Hilfe die Mark im Verhältnis zum Dollar stabil gemacht worden war. Insgesamt zeigte sich in den Jahren bis zur Weltwirtschaftskrise eine positive wirtschaftliche Entscheidung ab, mit der Gründung neuer Unternehmen wie beispielsweise der Auto-Union und mit der Ausweitung bestehender Wirtschaftszweige. Das bildete den Hintergrund für relativ stabile politische Verhältnisse in Sachsen, die von der SPD und der Deutschen Volkspartei bestimmt waren. Daneben bestanden viele kleine Parteien, so dass ein breites Spektrum politischer Meinungsbekundungen gegeben war. Zu diesen Parteien kam zunehmend auch die NSDAP, deren Verbot in Sachsen Ende 1924 aufgehoben und zu deren Landesleiter Martin Mutschmann eingesetzt wurde. Die innenpolitischen Bestrebungen der sächsischen Kabinette sowie der im Landtag vertretenen Parteien waren mehrheitlich darauf gerichtet, unter Beachtung der Kompetenzverteilung zwischen Reich und Ländern allgemein erträgliche Lebensverhältnisse für die Menschen zu schaffen. Durch eine neue Gemeinde- und Städteordnung wurde versucht, das Stadt-Land-Verhältnis neu zu ordnen. Zahlreiche Industrieorte wurden zu Städten durch Stadtrechtsverleihungen erhoben. Gemeinnützige Wohnungsgesellschaften schufen modernen Wohnraum zur Linderung der Wohnungsnot. Umfangreiche Straßenbauten, die am zunehmenden Autoverkehr orientiert waren, verbesserten das Verkehrsnetz. Mit dem Hause Wettin wurde 1924 eine vernünftige Vermögensauseinandersetzung herbeigeführt. Der Volksentscheid über die Fürstenabfindung fand in Sachsen ebenso wie im ganzen Reichsgebiet keine tragfähige Mehrheit. Am Ende der zwanziger Jahre war in Sachsen ein Rechtsruck feststellbar. Bei den Landtagswahlen 1929 verlor die SPD die Regierungsfähigkeit. Die bürgerlichen Parteien bildeten erstmals seit 1918 allein die Regierung. Im Vergleich zu 1926, wo zwei Abgeordnete der NSDAP dem Landtag angehörten, zogen 1929 fünf Abgeordnete der NSDAP in den Sächsischen Landtag ein. Wenige Monate später erfasste die Weltwirtschaftskrise mit ihren politischen und sozialen Auswirkungen den Freistaat. Ende 1931 gab es in Sachsen knapp 600 000 Arbeitslose. Unter diesen Bedingungen kam es auch in Sachsen zu einer weiteren Polarisierung der politischen Kräfte zwischen Rechts und Links. Der Freistaat war nach dem Sommer 1932 nur noch mit einem vom Landtag tolerierten Beamtenkabinett regierbar.

Nach der Machtergreifung Adolf Hitlers und der NSDAP am 30. Januar 1933 geschah, wenn auch etwas langsamer als in Preußen, die »Gleichschaltung« des Freistaates mit dem Reich. Das Beamtenkabinett Schieck blieb noch bis 10. März 1933 im Amt, dann wurde es vom Reichsbeauftragten für Sachsen, Manfred von Killinger, als neuem Ministerpräsidenten ersetzt. Dieser bildete ein neues Kabinett aus NSDAP-Mitgliedern. Ende Februar 1935 wurde Killinger vom Gauleiter Mutschmann als Reichsstatthalter abgelöst. Der Freistaat wurde praktisch zum Gau Sachsen. Die in der Weimarer Verfassung gegebene relative Eigenständigkeit als Bundesstaat wurde beseitigt. Die Landesregierung wurde einzig ausführendes Organ der von der Reichsregierung und der NSDAP gefassten Beschlüsse. Die Gleichschaltung ging so weit, dass beispielsweise die Kreishauptmannschaften in Regierungsbezirke und die Amtshauptmannschaften in Landratsämter umbenannt wurden. Der Landtag wurde am 30. Januar 1934 aufgelöst, nachdem er bereits vorher faktisch seine Bedeutung verloren hatte, da viele der sozialdemokratischen und kommunistischen Landtagsabgeordneten verhaftet worden waren, sich in Konzentrationslagern befanden oder, soweit sie es vermochten, ins Ausland geflohen waren. Ende März 1933 nahm in Freiberg ein Sondergericht für Sachsen seine Tätigkeit auf, das in Form eines Standgerichts die Regimegegner aburteilte. Das Gesetz über die Wiederherstellung des Berufsbeamtentums verdrängte Mitglieder der SPD, Beamte »nichtarischer« Abkunft, missliebige und oppositionelle, dem Nationalismus ablehnend gegenüberstehende Beamte und Angestellte des öffentlichen Dienstes aus dem Amt. Arbeits- und Justizministerium wurden 1935 aufgelöst. Mit der Gemeindeordnung des Reiches vom 30. Januar 1935 und dessen Durchsetzung in Sachsen wurde das progressive sächsische Gemeinderecht außer Kraft gesetzt. Das alles erkannten die wenigsten in seiner ganzen Tragweite. Die meisten Einwohner, auch in Sachsen, erlebten abnehmende Arbeitslosigkeit, wirtschaftliche Belebung, Autobahnbau, wachsendes Nationalgefühl, Reisemöglichkeiten mit der KdF-Organisation. Dafür tolerierten sie das neue Regime oder gingen zunächst begeistert den Weg des Dritten Reiches mit.

Bereits im Vorfeld des Zweiten Weltkrieges wurde Sachsen ein Aufmarschgebiet für die Wehrmacht, als 1938 der Einmarsch in die Tschechoslowakei vorbereitet wurde. Als am 1. September 1939 der Zweite Weltkrieg begann, waren die Kriegsereignisse weit weg von Sachsen. Alles wurde aber auf die Kriegführung ausgerichtet, die Verwaltung ebenso wie die Rüstungsproduktion und kulturelles Leben. Im Sommer 1943 wurde die

Die Einwohner Dresdens beginnen nach den Luftangriffen vom 13./14. Februar 1945 mit der Beseitigung der Trümmer.

Landesregierung »stillgelegt« und alle Verwaltungsaufgaben in der Staatskanzlei und damit in der Hand des Reichsstatthalters konzentriert. Nahezu die gesamte sächsische Wirtschaft arbeitete für die Kriegführung. Zunehmend wurden Kriegsgefangene, Fremdarbeiter und Zwangsarbeiter aus Polen, Russland und anderen besetzten Gebieten in den Fabriken und in der Landwirtschaft eingesetzt. Die sich auch in Sachsen an Aktivitäten entwickelnde Widerstandsbewegung von bürgerlichen Kreisen, in der Wehrmacht, von Sozialdemokraten und Kommunisten ebenso wie von Christen wurde durch Gestapo und Sicherheitsdienst ausfindig gemacht, verfolgt und zu Tode gebracht. Mit dem Bombenangriff auf Leipzig im Dezember 1943 begann auch der Leidensweg der sächsischen Zivilbevölkerung. Höhepunkt und schmerzlichstes Ereignis war die Zerstörung der sächsischen Landeshauptstadt am 13./14. Februar 1945.

Im April 1945 rückten von Osten und Westen Truppenverbände der Alliierten nach Sachsen ein. Von der 1. US-Armee wurde am 19. April Leipzig besetzt, die 3. US-Armee hatte zwischen dem 13. und 17. April Glauchau, Plauen und Zwickau erreicht. Im Rahmen der Berliner Operation der Roten Armee stießen in der zweiten Aprilhälfte sowjetische Truppenverbände im nördlichen Sachsen, aus der Oberlausitz kommend, über Großenhain bis Riesa vor. Am 25. April kam es an der Elbe bei Strehla zur ersten Begegnung einer amerikanischen Aufklärungsgruppe der 69. Infanteriedivision mit sowjetischen Soldaten der 58. Gardedivision. Die US-Armee blieb an Elbe und Mulde bis in das Westerzgebirge stehen. Erst am 7. und 8. Mai wurden die übrigen sächsischen Gebiete von den Truppen der Roten Armee im Zusammenhang mit deren Vorstoß auf Prag besetzt.

Als am 8. Mai 1945 die Kapitulationsurkunde in Berlin-Karlshorst unterzeichnet wurde, war auch das sächsische Territorium von den alliierten Truppen besetzt, bis auf ein Gebiet der Amtshauptmannschaft Schwarzenburg östlich der Zwickauer Mulde, das bis zum 30. Juni 1945 besatzungsfrei blieb. Der Vollzug der von den USA, der UdSSR und Großbritannien auf der Konferenz von Jalta getroffenen Vereinbarungen ließ bis Mitte

Juni die amerikanischen Truppen zunächst auf die Zwickauer Mulde zurückgehen. In den letzten Junitagen zogen sie sich auf die bayerisch-sächsische und hessisch-thüringische Landesgrenze zurück. Anfang Juli rückten die sowjetischen Truppen nach und besetzten ganz Sachsen. Damit gehörte dieses Land nunmehr vollständig zur Sowjetischen Besatzungszone Deutschlands. Dies bestimmte die politische Entwicklung der folgenden Jahrzehnte.

Die Menschen in Sachsen sahen sich bei Kriegsende wieder einmal einer nahezu ausweglosen Lage gegenüber. Die sächsischen Großstädte waren in ihren Stadtzentren nahezu völlig zerstört, neben Dresden waren dies Leipzig, Chemnitz und Plauen. 683 Groß- und Mittelbetriebe waren als zerstört gemeldet, 800 waren schwer oder mittelschwer beschädigt. Für etwa 8 000 Kleinbetriebe galt gleiches. In das Land strömten von Osten, Südosten und Süden unzählige Trecks von Deutschen erst aus Schlesien, Oberschlesien, Ostpreußen und den polnischen Gebieten, dann bald aus der Tschechoslowakei, besonders dem Sudetenland, Ungarn und Rumänien. Auch wenn für viele das sächsische Land von Zittau und Görlitz bis Leipzig und Zwickau nur eine Zwischenstation war, so erforderte dies doch eine fast nicht zu tragende Last für die Einwohner Sachsens. Das Land erhielt schließlich einen Bevölkerungszuwachs von etwa 1,2 Millionen Menschen. Sie glichen den durch die Kriegsereignisse verursachten Bevölkerungsschwund mehr als aus. 1948 hatte Sachsen etwa 5,8 Millionen Einwohner. Es war an Fläche das kleinste Land in der Sowjetischen Besatzungszone (SBZ), hatte aber die größte Einwohnerzahl. Das Land Sachsen, in der ersten Zeit auch als Bundesland bezeichnet, bestand in seinen seit 1815 festgelegten Grenzen weiter. Im Nordosten wurden aber die Kreise Görlitz mit der Stadt Görlitz, Niesky, Weißwasser und Hoyerswerda, also die preußische Oberlausitz, als ehemals preußische Gebiete des Regierungsbezirkes Breslau dem sächsischen Bundesland zugeschlagen. Dafür musste es in Vollzug der Grenzziehung zu Polen die östlich der Lausitzer Neiße liegenden Ortschaften, die zur Amtshauptmannschaft Zittau gehörten, abtreten.

Nach dem Zusammenbruch jeglicher staatlicher Verwaltungstätigkeit im April/Mai 1945 begann, wie in anderen deutschen Ländern auch an die territorialen Strukturen der Weimarer Republik anknüpfend, der Versuch eines demokratischen Wiederaufbaus. Ehemalige Landtagsabgeordnete der Parteien von vor 1933, aus den Konzentrationslagern, Zuchthäusern und aus der Emigration zurückkehrende Sozialdemokraten und Kommunisten sowie junge aufbauwillige Kräfte gingen daran, die Kriegsfolgen zu beseitigen und die Nachkriegsgeschichte zu gestalten. Dies wurde, wie sich bald zeigen sollte, in allen wesentlichen Fragen von der Sowjetischen Besatzungsmacht bestimmt, die neben der zentralen Militäradministration in Berlin-Karlshorst auch für Sachsen eine Militäradministration, die SMAS, einsetzte. In den Kreisen wirkten die Kreiskommandanturen. Alle Maßnahmen, von der Einsetzung der ersten Bürgermeister über die Wiederingangsetzung der Wirtschaftsunternehmen bis hin zu den wöchentlich und täglich auszugebenden Lebensmittelrationen wurden durch Befehl geregelt und mussten auf dieser Grundlage von den langsam wieder funktionierenden deutschen Verwaltungsorganen durchgeführt werden. Am 4. Juli 1945 nahm die von der SMAS eingesetzte Landesverwaltung Sachsen mit Präsident Rudolf Friedrichs und fünf Vizepräsidenten die Arbeit auf. Die personelle Besetzung und die sachliche Arbeit waren dabei in wesentlichen Fragen von der sogenannten südlichen Initiativgruppe des Zentralkomitees der KPD in Moskau vorbereitet worden. Sie wurde von Anton Ackermann angeführt und traf im Laufe des 8. Mai mit Hermann Matern und Kurt Fischer in Dresden ein. Damit war von Anfang an der entscheidende Einfluss der KPD auf die künftige Entwicklung in Sachsen gesichert. Im Zeitraum zwischen September 1945 und Juni 1946 wurden zwei Maßnahmen durchgesetzt, die den Grundstein für eine grundlegende Veränderung der bis dahin gültigen Besitz- und Eigentumsverhältnisse legten. Am 10. September 1945 wurde für Sachsen die Verordnung über die Durchführung der landwirtschaftlichen Bodenreform beschlossen. Soweit statistisch erfassbar, wurden im Verlauf der Bodenreform 1 525 Güter enteignet, darunter 934 Güter mit mehr als 100 Hektar. Es wurden 287 321 Hektar landwirtschaftlich nutzbarer Boden aufgeteilt, 20 000 Bauernwirtschaften für Landarbeiter und Umsiedler begründet sowie etwa 29 000 Kleinbauernhöfe durch Bodenreformland vergrößert. Im Bereich der Industrie wurde auf der Grundlage des Befehls 124/45 der SMAD die Überführung der Schlüsselbetriebe in Volkseigentum vorbereitet. Nach längeren Beratungen wurde von der Landesverwaltung im Mai 1946 das »Gesetz über die Übergabe von Betrieben von Nazi- und Kriegsverbrechern in das Eigentum des Volkes« verabschiedet. Danach fand am 30. Juni 1946 im Bundesland Sachsen ein Volksentscheid statt, in dem mit »Ja« oder »Nein« sich zur Enteignung zu äußern war. Nach der offiziellen Verlautbarung der sächsischen Landesverwaltung vom 15. Juli hatten sich von 3 693 511

Auf seiner 9. Tagung proklamiert der Deutsche Volksrat die DDR und beschließt die Umbildung des Volksrates zur Provisorischen Volkskammer (7. Oktober 1949).

Stimmberechtigten 3 461 065 an der Abstimmung beteiligt, wobei von vornherein 14 228 Personen, die Besitzer der Betriebe und sonst zur Enteignung vorgesehene Bürger, von der Abstimmung ausgeschlossen waren. Von den 93,71 Prozent der Abstimmenden entschieden sich 77,62 Prozent für die Enteignung, 16,56 Prozent waren dagegen und ungültig waren 5,82 Prozent.

Der von allen zugelassenen politischen Parteien im Lande politisch getragene Volksentscheid bildete die Grundlage für die Betriebsenteignungen, die im März 1948 mit den endgültigen A- und B-Listen durch den Befehl 64/48 der SMAD rechtskräftig bestätigt wurden. Es waren in Sachsen schließlich 2 297 Unternehmen, die nach der A-Liste ab 1. April 1948 in Volkseigentum überführt wurden. Dazu kamen 5 627 Enteignungsverfahren nach der A-Liste »Sonstiges Vermögen«, die zum 15. April rechtskräftig wurden. Die weiterhin in sowjetischer Verwaltung verbliebenen Großbetriebe und die nunmehr volkseigene Industrie hatten die Reparationsaufträge und -leistungen zu erfüllen, die im Potsdamer Abkommen festgelegt waren. Nach vorsichtigen Schätzungen wurden z.B. 1949 über 4 Milliarden Mark an Reparationsleistungen erbracht. Dazu kamen die mit Konsequenz in Sachsen durchgeführten Demontagen, der Abbau des zweiten Eisenbahngleises auf den Strecken der Deutschen Reichsbahn, die Versorgung der sowjetischen Truppen, zumindest auf sächsischem Territorium, und weitere Leistungen.

Auf dem Gebiet der Verwaltung wurde im Herbst 1946 ein weiterer Schritt zur Normalisierung des politischen Lebens getan, nachdem im April die Vereinigung von SPD und KPD zur SED vollzogen worden war. Am 20. Oktober 1946 fanden in Sachsen Landtags- und Kreistagswahlen statt. In diesen, erstmals seit 1930 wieder freien, gleichen und geheimen Wahlen, in denen sich die von der SMAD zugelassenen Parteien und Organisationen den Wählern stellten, wurde der aus 120 Abgeordneten bestehende Landtag gewählt. In ihn zogen 58 Abgeordnete der SED, 30 Abgeordnete der LDP, 29 Abgeordnete der CDU, 2 Abgeordnete der VdgB und 1 Abgeordneter des Kulturbundes ein. Da die drei letztgenannten Abgeordneten mit der SED-Fraktion stimmten, war die absolute Mehrheit der SED gegeben. Wichtige Gesetze, die von diesem Landtag verabschiedet wurden, waren die Kreisordnung vom 16. Januar 1947 und die Gemeindeordnung vom 6. Februar 1947. Die Verfassung des Landes Sachsen wurde am 28. Februar 1947 angenommen. Sie stellte den Versuch dar, an die Verfassung des Freistaates Sachsen anzuknüpfen, demokratisches Staatsverständnis neu zu beleben, aber auch Forderungen der zentralen Parteiführung der SED zur erfüllen. Das führte dazu, dass auf das Grundprinzip der Gewaltenteilung verzichtet wurde. Nach der ersten vierjährigen Legislaturperiode wurde im Oktober 1950 zum zweiten Mal der Landtag gewählt, diesmal schon nach der Gründung der DDR auf einer von der Nationalen Front getragenen gemeinsamen Wahlvorschlagsliste der SED, der Blockparteien und der gesellschaftlichen Organisationen. Damit waren auch in diesem Bereich die politischen Verhältnisse der UdSSR adaptiert. Eine solche grundsätzliche Entwicklung hatte sich schon seit Frühjahr 1947 abgezeichnet. Der erste Schritt einer mehr und mehr von Berlin abhängigen Politik wurde bei der Vorbereitung und dem Verlauf der Münchener Konferenz der Ministerpräsidenten der deutschen Länder sichtbar, die auf Initiative des bayerischen Ministerpräsidenten Hans Ehard zustande kam. Sachsens Ministerpräsident Friedrichs übernahm in Abstimmung mit den anderen Ministerpräsidenten in der SBZ die politische Abstimmung mit dem Zentralkomitee der SED in Berlin. Die letztlich doch erfolgende Teilnahme war, wie aus Berliner Direktiven deutlich wird, durch überhöhte Forderungen auf ein Scheitern der Konferenz angelegt. Dieser Versuch einer Sicherung der Einheit Deutschlands schlug auch deshalb fehl, weil bereits für die SBZ, in Gestalt der Deutschen Wirtschaftskommission, eine eigenständige, zentralistisch organisierte Verwaltung im Entstehen begriffen war. Immer mehr wurden die föderativen Seiten zurückgedrängt. Dies wurde schließlich mit der Gründung der DDR am 7. Oktober 1949 in vollem Umfang durchgesetzt.

Die Länderregierungen, zumal die des Landes Sachsen, erwiesen sich als Hemmnis in der Verwirklichung des zentralistischen Einheitsstaates. Dieses Ziel wurde schließlich auf dem Wege eines verfassungsrechtlich wohl als »Staatsstreich« zu bezeichnenden Gesetzgebungs- und Verwaltungsaktes erreicht. Am 23. Juli 1952 beschloss die Volkskammer der DDR, einer Empfehlung der II. Parteikonferenz der SED folgend, das »Gesetz über die weitere Demokratisierung des Aufbaues und der Arbeitsweise der staatlichen Organe in den Ländern der DDR«. Sachsens Landtag und die Landesregierung, wie die der anderen vier Länder auch, wurden durch dieses Gesetz aufgelöst.

Die Abgeordneten wurden in Sachsen auf die neu gebildeten Bezirkstage von Chemnitz, Dresden und Leipzig aufgeteilt, die Mitarbeiter der sächsischen Landesregierung in Dresden ebenso. Landtagspräsident Otto Buchwitz unterbrach seinen Urlaub in der UdSSR trotzdem nicht. Die Landtagsabgeordneten waren schon so diszipliniert, dass sie ohne Prüfung der Rechtmäßigkeit solcher, in das politische Leben so tief eingreifenden Änderungen, einstimmig dieses Gesetz verabschiedeten. Dies geschah ohne gründliche Beratung im Landtag, ohne Änderung oder Aufhebung der Landesverfassung und ohne Änderung der Verfassung der DDR. So blieb die Länderkammer als Vertretung bei der Volkskammer der DDR bis 1958 weiter bestehen.

Festakt anlässlich des Tages der deutschen Einheit und der Bildung des Landes Sachsen in der Albrechtsburg Meißen

Zwei Tage nach dem Volkskammergesetz verabschiedete der Sächsische Landtag ohne Debatte das »Gesetz über die weitere Demokratisierung, den Aufbau und die Arbeitsweise der staatlichen Organe des Landes Sachsen«. Es ordnete die Gemeinden und Städte den Kreisen neu zu, wobei es auf Kreisebene zu zum Teil gravierenden Änderungen jahrhundertelang bestandener historischer Territorialstrukturen kam, Kreise verkleinert und neue Kreise gebildet wurden. Sie alle wurden den drei Bezirken zugeordnet. Damit existierte das Land Sachsen, seit eintausend Jahren historisch gewachsen, als politische und verwaltungsmäßige Einheit nicht mehr. Das war der Abschluss der Konstituierung eines sozialistischen Staatswesens nach sowjetischem Vorbild: ohne Gewaltenteilung, zentralistisch aufgebaut in praktischer Umsetzung des Prinzips des demokratischen Zentralismus, ohne tatsächliche geheime, freie und gleiche Wahlen, in allen Entscheidungen an Beschlüsse und Festlegungen der SED auch auf Bezirks-, Kreis- und Stadtebene gebunden.
Die drei Bezirke Chemnitz (1953 in Karl-Marx-Stadt umbenannt), Dresden und Leipzig wurden unter Berücksichtigung wirtschaftlicher Strukturen, Bevölkerungsballungen und verwaltungsmäßiger Zweckmäßigkeit zusammengefügt. Der Bezirk Dresden trat die Kreise Hoyerswerda und Weißwasser an den Bezirk Cottbus ab. Der Bezirk Leipzig erhielt die Kreise Torgau, Eilenburg, Delitzsch, Altenburg und Schmölln zugewiesen. So wie Sachsen in der SBZ das politisch und wirtschaftlich bedeutendste Land war, bildeten auch die drei sächsischen Bezirke in der DDR einen nicht versiegenden Quell an Menschen, Produktivität, Geisteskraft und Forschergeist. In den drei Ballungsgebieten um Leipzig, Chemnitz, Zwickau sowie zwischen Pirna und Riesa im oberen Elbtal, geprägt von der Industriellen Revolution des 19. Jahrhunderts, hatten in den achtziger Jahren von 129 zentral geleiteten Kombinaten 50 ihren Hauptsitz. Traditionelle Produktionszweige wurden durch Ansiedlung von neuen Industriezweigen ergänzt. Aus den drei sächsischen Bezirken kamen ebenfalls mehr als ein Viertel der landwirtschaftlichen Erzeugnisse. Trotzdem gilt die Feststellung, dass 45 Jahre sozialistischer Wirtschaftspolitik, mehr an Ideologie als an Rentabilität orientiert, dem Fetisch von sozialistischer Integration

im »Rat für gegenseitige Wirtschaftshilfe« folgend und dem Export unter allen Bedingungen nachjagend, um DM, Dollar, Schweizer Franken oder andere Währungen zu erlangen, dem Lande Sachsen schweren Schaden zugefügt haben. Das wurde, nachdem sich die sächsischen Unternehmen der Marktwirtschaft zu stellen hatten, schmerzlich sichtbar.

In den fast vier Jahrzehnten seit Bildung der Bezirke hatten sich die politischen Verhältnisse verfestigt. Die politischen Strukturen blieben weitgehend unverändert. Sie wurden bei der teils auf freiwilliger, teils auf erzwungener Basis herbeigeführten Umgestaltung der Landwirtschaft mit Landwirtschaftlichen Produktionsgenossenschaften ebenso inhaltlich ausgeformt wie bei der Verstaatlichung der gesamten Wirtschaftsunternehmen im Jahre 1972. Ein erster Versuch, die Verhältnisse zu ändern, scheiterte mit der Niederschlagung des Volksaufstandes vom 17. Juni 1953, der gerade auch in sächsischen Städten Tausende von Menschen auf die Straße trieb, durch sowjetische Panzer und Soldaten. Danach wurde die Verfolgung und Unterdrückung Andersdenkender und oppositioneller Kräfte, auch innerhalb der SED und der Blockparteien, immer perfektionistischer ausgebaut. In Sachsen bilden dafür die Strafanstalten Bautzen und Waldheim mit ihren politischen Häftlingen ein trauriges Beispiel. Die Diktatur des Proletariats entwickelte sich zu einer stalinistisch geprägten Diktatur einer Partei. Trotzdem ist nicht zu übersehen, dass viele der in den drei sächsischen Bezirken wohnenden Menschen in ehrlicher Weise ihre Arbeit verrichteten und Gutes erstrebten, denn nicht alle der über fünf Millionen Einwohner konnten und wollten ihr angestammtes sächsisches Heimatland verlassen. Wenn auch die staatliche Organisationsform des Landes seit 1952 nicht mehr gegeben war, so blieb das Bewusstsein, in Sachsen zu leben und Sachse zu sein, in vielfältigen Formen und manchen Traditionen erhalten. Dies war nicht zu verhindern, im Gegenteil, es wurde beispielsweise im künstlerischen Volksschaffen, in musealen Ausstellungsvorhaben nicht nur geduldet, sondern auch gefördert. Seit Mitte der achtziger Jahre wurde mit einer spürbaren Verschlechterung der Lebensverhältnisse, mit den zunehmend sichtbarer werdenden Umweltproblemen, mit einer sinnlosen Sicherheitsdoktrin, mit der Starrsinnigkeit der verantwortlichen Politiker und verschärften Repressalien, mit zahlenmäßig wachsenden Ausreiseanträgen eine Situation erreicht, die von innen heraus auf Veränderung drängte. Leipzig mit den Montagsdemonstrationen, ausgehend von den Friedensgebeten in der Nicolaikirche, wurde, wie schon so oft in der sächsischen Geschichte, zum Ausgangspunkt revolutionärer Umgestaltung in Form der friedlichen Revolution des Herbstes 1989.

Im Ergebnis der grundlegenden gesellschaftlichen Veränderungen wurde der Ruf nach der Wiedergeburt des Landes Sachsen laut. An den Runden Tischen der Bezirke Leipzig, Karl-Marx-Stadt und Dresden heftig diskutiert, führte dies mit der Bildung eines Landeskoordinierungsausschusses Sachsen vom politischen Denken zum politischen Wollen und politischen Handeln. Verfassungs- und Verwaltungsstrukturen waren so, hilfreich besonders von Baden-Württemberg und Bayern unterstützt, in ersten Entwürfen vorbereitet, als das Ländereinführungsgesetz vom August 1990 die Länderbildung für den Zeitpunkt des Beitritts der DDR zur Bundesrepublik Deutschland gesetzlich fixierte. Mit einem Staatsakt auf der Albrechtsburg Meißen am 3. Oktober 1990 wurde am Ausgangspunkt sächsischer Geschichte der sächsische Staat neu begründet. Verfassungsrechtlich trat er mit den Landtagswahlen vom 14. Oktober 1990 in das politische Leben wieder ein. Die drei Bezirke Chemnitz, Dresden und Leipzig wurden mit ihrem Territorium zu Sachsen vereinigt. Die Kreise Altenburg und Schmölln schlossen sich Thüringen wieder an. Die Kreise Hoyerswerda und Weißwasser entschieden sich für Sachsen. Delitzsch, Eilenburg und Torgau verblieben bei Sachsen. Damit wurde der Pressburger Vertrag von 1815 nachträglich korrigiert. Der Freistaat Sachsen ist heute größer, als es das Land bei seiner Auflösung im Jahre 1952 war. Das Land Sachsen, das sich auf Beschluss des Sächsischen Landtages auf seiner konstituierenden Sitzung am 27. Oktober 1990 in bewusster Anknüpfung an demokratische Traditionen den Namen »Freistaat Sachsen« gab, wurde ein neues Bundesland der Bundesrepublik Deutschland. Die Rückbesinnung auf föderalistische Traditionen, die seit dem hohen Mittelalter über die Ausprägung der Landesherrschaft, das bewusste Wirken als ein Reichsstand im Heiligen Römischen Reich deutscher Nation, als Bundesstaat im Deutschen Bund bis zum Freistaat in der Weimarer Republik sich auch in Sachsen entwickelt hatten und das Land und Menschen mit geprägt haben, wird mithelfen, das sächsische Land zu neuer Blüte zu führen.

Adam Ries (1492 – 30.3.1559)

Prof. Dr. Karl Czok

Der im fränkischen Staffelstein bei Bamberg Geborene – aus wohlhabender Familie stammend – wurde als junger Mann in Erfurt mit dem fast gleich alten Arzt und Universitätsprofessor Dr. Georg Stortz (1490–1559) bekannt, der ihn wahrscheinlich beeinflusste, dem »gemeinen Mann« das indisch-arabische Positionsrechnen in praktischen Rechenbüchern nahezubringen.

Über Riesens Schulbesuch ist kaum etwas bekannt, doch Latein lesen konnte er. 1509 hielt er sich in Zwickau auf, 1518 nahm er längeren Aufenthalt in Erfurt. Hier lernte Ries auch die Lehre Luthers kennen, der er sich anschloss. Vermutlich ist er ihm auch persönlich in der »Engelsburg«, die Stortz gehörte, begegnet. Wahrscheinlich vermittelte diese auch seine Übersiedlung 1523 nach Annaberg, wie aus Riesens handgeschriebener »Coß« von 1524 hervorgeht. Zu dieser Zeit war die Bergstadt durch das vielseitige Montangewerbe eine der reichsten Städte Deutschlands, denn die Silberausbeute hatte 1537 mit 130 000 Gulden den Höhepunkt erreicht. Die 1519 geweihte Ahnenkirche mit dem Bergaltar von Hans Hesse und den Kunstwerken von Hans Witten galt als Ausdruck dieser sich rasch entfalteten Blüteperiode.

In dem Jahrzehnt zwischen 1540 und 1550 besaß die Stadt mindestens 12 000 Einwohner. Ries unterhielt hier eine private Rechenschule, war beauftragter öffentlicher Rechner, als Bergbaubeamter stand er im staatlichen und städtischen Dienst, entwickelte sogar eine neue Brotordnung, damit die Relationen von Gewicht und Preis festgelegt werden konnten. Hauptsächlich betätigte er sich als Rechenmeister im Bergbau sowie im Münz- und Vermessungswesen und entwickelte die neue Rechenkunst mit arabischen Ziffern und dem Zehnersystem. Bereits 1518 erschien sein erstes Rechenbuch »Rechnung auff der linihen«, 1522 folgte das in Erfurt mit wesentlicher Erweiterung gedruckte »Rechnung auff der linihen und federn in zal, mass und gewicht auff allerley handierung gemacht«. Seine pädagogisch geschickt abgefassten Rechenbücher wurden in ganz Deutschland nachgedruckt und verwendet, besonders sein 2. Rechenbuch erlebte in 200 Jahren fast 100 Auflagen. Sie folgten dem Grundsatz: vom Leichten zum Schweren. 1550 verfasste er sein großes Rechenbuch: die »Practica«. Es war das beste Rechenbuch seiner Zeit, das durch die Angaben in den angewandten Aufgaben auch kulturgeschichtlich besonders wertvoll und interessant ist. Im Volksmund blieb sein Name mit dem Sprüchlein verbunden: »nach Adam Riese ...«, welches die Richtigkeit einer jeden Rechnung bekräftigte und vor dem Vergessenwerden bewahrte.

Als Hofarithmetikus im Dienste des wettinischen-albertinischen Herzogs erwarb sich Ries besondere Verdienste. Wie Georgius Agricola trat er weitblickend für einen einheitlichen Reichsmünzfuß ein. 1559 ist Adam Ries in Annaberg gestorben. Seine Ehefrau Anna, eine Freiberger Schlossermeistertochter, gebar ihm mindestens acht Kinder, zwischen 1543 und 1547 dürfte sie gestorben sein. Eine zweite Ehe ist er nicht mehr eingegangen.

Sein Haus ist heute Gedenkstätte und Museum. Von seinen fünf Söhnen war Abraham (1533–1604) gewiss der bedeutendste, denn er stand ebenfalls als Hofarithmetikus in hoher Gunst bei seinen Landesfürsten und beriet sie in allen Fragen des Berg-, Münz- und Hüttenwesens. Als wahrscheinliche Schüler Adams können die Gebrüder Oeder gelten, ebenfalls aus Annaberg; Georg (gest. 1581), der eine Karte des Amtes Schwarzenberg entwarf, den damals vielbestaunten Annaberger Flößgraben konzipierte und im Vergleich der örtlichen Lage von Annaberg zu St. Joachimsthal ihren Höhenunterschied feststellte und damit das »erste Beispiel einer weithin vergleichenden Höhenmessung unter den Deutschen« schuf und sein Bruder Matthias Oeder (gest. 1614), der die erste mustergültige Landesvermessung Kursachsens durchführte und 1586–1608, gemeinsam mit Balthasar Zimmermann, das erste große Kartenwerk Sachsens schuf.

Als charaktervolle Persönlichkeit mit psychologischem Instinkt, sozialem Empfinden, anregender Ausstrahlung und tiefer Volksverbundenheit gehörte Adam Ries als Rezessschreiber, Gegenschreiber und Zehnter zu den »Bergleuten mit der Feder« und zu den Rechenmeistern Deutschlands.

Georgius Agricola – ursprünglich Pawer (24.3.1494 – 21.11.1555)

Prof. Dr. Karl Czok

Georg Pawer, der sich 1518 nach der Zeitmode Agricola nannte, wurde als Sohn eines Tuchmachermeisters in Glauchau, der kleinen Residenz der Herrschaft Schönburg, geboren. Sein Vater konnte es sich leisten, dreien seiner vier Söhne ein Studium zu gewähren. Drei Töchter heirateten angesehene Bürger. Georg besuchte die Schule dieser Stadt und anschließend das Gymnasium in Chemnitz. 1511 weilte er in Magdeburg, und drei Jahre später begann er das Studium an der Alma mater Lipsiensis. Seine Lehrer waren der Graecist Richard Crocus und der Humanist Petrus Mosellanus, zugleich Anhänger des Erasmus von Rotterdam, den auch der Studiosus hoch verehrte. Nach seiner Exmatrikulation 1518 nahm Agricola ein Schulmeisteramt im gewerbereichen Zwickau an. Er erlebte hier eine reformatorische Bewegung, wobei der junge Lehrer zugleich gegen den Ablasshandel und für den revolutionären Prediger Thomas Müntzer eintrat, ohne jedoch der protestantischen Kirche anzuhängen. Er blieb zeitlebens Katholik. Nach Gründung einer städtischen Schule – frei von kirchlicher Bindung – übernahm er ein Lehramt, kündigte dies jedoch nach Zwistigkeiten, kehrte nach Leipzig zurück, um vermutlich Medizin zu studieren. Zwischen 1524 und 1526 reiste er mit Unterstützung eines Zwickauer Stipendiums durch Italien, besuchte Rom, Bologna, Padua, Neapel und Venedig. Wissenschafts-, Kunst- und Sprachstudien haben Agricola nachhaltig beeindruckt. An welcher Universität er zum medizinischen Doktor promovierte, ist unbekannt.

Im Herbst 1526 kehrte Agricola nach Deutschland zurück, heiratete ein Jahr darauf die wohlhabende Witwe eines Bergbeamten, Anna Meyner, mit der er bald in die sich stürmisch entwickelnde Bergbaustadt St. Joachimsthal (Jachymov) als Stadtarzt zog. Der Bergbau des sächsisch-böhmischen Erzgebirges erlebte gerade eine Blütezeit. Agricola wurde Zeuge sozialer Auseinandersetzungen zwischen dem Bergherrn, Graf von Schlick, und seinen Arbeitern. Es ist verständlich, dass er von dieser stürmischen Entwicklung stark beeinflusst wurde. Der Bergbau verursachte zahlreiche Unfälle und Krankheiten, so dass sich Agricola als Arzt und hervorragender Chirurg bewährte. Bergbauanteile (Kuxe) machten ihn finanziell unabhängig. Die Probleme dieser rasanten Bergwelt ließen den vielseitig Interessierten an Naturwissenschaft und Technik nicht mehr los. In der Schrift »Bermannus sive de re metallica« (Bermannus oder ein Dialog über den Bergbau) ging es dem Autor um das Wiederauffinden des Wissens um die Bodenschätze und ihren Nutzen für die Medizin. Das Manuskript druckte man bereits 1530 in Basel. So wie Luther zur Bibelübersetzung den »Leuten aufs Maul schaute«, so sah Agricola den Bergleuten auf ihre Arbeit und den Hüttenschreibern in ihre Bücher. Seine reiche mineralogische Sammlung entstand gleichfalls in diesen Jahren.

Weshalb der Bergbauspezialist und Arzt 1531 nach Chemnitz übersiedelte, blieb unbekannt. Die Berufung als »Stadtleybarzt« allein konnte es nicht gewesen sein. Manche Jahre hat er vornehmlich seine Studien betrieben, so über antike Maße und Gewichte (1532). Dazu kam ein umfangreicher Briefwechsel, z.B. mit Erasmus von Rotterdam, Philipp Melanchthon, seinem Verleger Hieronymus Froben in Basel, seinem ehemaligen Lehrer-Kollegen, Stephan Roth in Zwickau u.v.a. hinzu. Nach dem Tod seiner ersten Frau heiratete er sein Mündel, die siebzehnjährige Anna Schütz, die ihm mehrere Kinder gebar und ihn mit einer der reichsten Chemnitzer Familien verband. Der Landesherr, Herzog Moritz, gewährte 1543 Steuerfreiheit für sein Haus, Rechtsfreiheit, den Einkauf fremden Bieres und die Befreiung von öffentlichen Ämtern. So konnte er sich nun völlig um seine wissenschaftlichen Studien kümmern. Dafür widmete er sein geowissenschaftliches Werk »De ortu causis subterraneorum« (Die Entstehung der Stoffe im Erdinnern) dem Herzog. Sein bedeutendstes, reich bebildertes Werk »De re metallica libri XII« (Bergbau und Hüttenkunde 12 Bücher) vermochte er zwar nach langjähriger Arbeit 1553 mit Unterstützung einiger Mitarbeiter abzuschließen, doch den Druck 1556 in Basel konnte er nicht mehr erleben. Bis zu seinem Tod im November 1555 war er noch voller Schaffenskraft. Zweimal hatte er in schwieriger Zeit das Chemnitzer Bürgermeisteramt zu führen, die Leiden des Schmalkaldischen Krieges mit zu ertragen, die Pest als Arzt und mit einem Buch – De peste – zu bekämpfen (1553), Streitigkeiten und Angriffe von Gegnern zu überstehen, den Tod der Tochter zu erleiden. Nicht einmal seinen ewigen Frieden vermochte Agricola in Chemnitz zu finden, denn Kurfürst August verweigerte ihm die katholische Bestattung, so dass sie im Dom zu Zeitz vorgenommen werden musste. Kein Epitaph erinnert an diese rastlos und genial schaffende Persönlichkeit, weil dies im 17. Jahrhundert verloren ging. Um so mehr fand er die verdiente Ehrung in der Wissenschaft bis auf unsere Tage.

Heinrich Schütz (14.10.1585 – 6.11.1672)

Dr. Angelika Steinmetz-Oppelland

Neben seinem großen thüringischen Landsmann Bach steht Heinrich Schütz nach dem Grad der allgemeinen Bekanntheit wohl etwas zurück, obwohl er, wie dieser, unbestritten zu den größten deutschen Komponisten und Kirchenmusikern zählt. Diese geringere Popularität hat ihren Grund wohl in der Tatsache, dass das Werk von Heinrich Schütz erst im Verlauf des 19. Jahrhunderts eine konsequente Pflege seines Werkes entwickelte. Seitdem ist Schütz endgültig als Begründer der langen Tradition protestantischer Kirchenmusik anerkannt, und seine eminente musikhistorische Bedeutung erfährt die ihr zustehende Würdigung. Sie liegt seit 1963 wesentlich in den Händen der internationalen Heinrich-Schütz-Gesellschaft.

Als Sohn des wohlhabenden Christoph Schütz wurde er in Köstritz geboren. Sein Vater war zuletzt Bürgermeister von Weißenfels und besaß dort auch den Gasthof »Zum Schützen«. Auf Vorschlag des Landgrafen selbst kam der 13-jährige Junge als Schüler und Kapellknabe an das Collegium in Kassel. Zwar schien Schütz kurzfristig einmal mit einer anderen Ausbildung als der des Musikers geliebäugelt zu haben, denn für das Jahr 1608 ist er als Jurastudent in Marburg nachgewiesen. Aber bereits im darauffolgenden Jahr gewährte ihm der Landgraf ein Kompositions- und Orgelstudium bei Giovanni Gabrieli in Venedig. Schütz blieb dort vier Jahre, und Gabrieli wurde zu seinem wichtigsten Lehrer. Bei ihm studierte er die madrigalische Ausdruckskunst und den damals in Italien schon üblichen, in Deutschland dagegen noch unbekannten konzertierenden Stil. Hier wurden bereits die Grundlagen zu der musikgeschichtlichen Wirkung seines Schaffens gelegt, denn die Verschmelzung dieser Elemente mit den ererbten deutschen Kompositionsprinzipien ist für Schütz charakteristisch. Wieder nach Deutschland zurückgekehrt, wurde er zunächst Hoforganist in Kassel, jedoch nur für kurze Zeit, denn bald wurde der sächsische Kurfürst Johann Georg I. auf Schütz aufmerksam und erwirkte um 1615/16 beim hessischen Landgrafen dessen Abordnung nach Dresden. Bereits 1617 wurde Schütz dort endgültig zum Hofkapellmeister bestallt. Es begann damit für ihn ein Dienstverhältnis, mit dem er während dessen ganzen Dauer unzufrieden war und aus dem er sich immer wieder zu lösen versuchte. Zwar steht am Anfang dieser Zeit, beginnend mit seiner Heirat im Jahre 1619, eine besonders schöpferische Periode, aber seine Arbeit wurde zunehmend von den Auswirkungen des 1618 ausgebrochenen Dreißigjährigen Krieges überschattet. Die Lage der protestantischen Länder, zu denen auch Kursachsen gehörte, verschlechterte sich, und für die Erhaltung und Pflege der Hofkapelle standen in Dresden immer weniger Mittel zur Verfügung. Zwar konnte Schütz diesen Zwängen im Jahr 1628 noch einmal entfliehen – seine Frau war drei Jahre zuvor gestorben – und zu einer einjährigen Reise nach Venedig aufbrechen. Als Ergebnis dieser Reise brachte er zwar die Kenntnis des von Monteverdi vertretenen neuen musikalischen Stils mit nach Hause, aber die Zustände in Dresden hatten sich weiter verschlechtert und wurden durch das Desinteresse des Kurfürsten noch verstärkt. Weil Denkschriften und Petitionen hier nichts ausrichten konnten, begann eine unstete Zeit, in der Schütz immer wieder mit kurzfristigen Stellungen an anderen Höfen der Dresdner Misere zu entrinnen suchte. Während des wichtigsten dieser Aufenthalte nahm Schütz zwischen 1633 und 1635 die hochdotierte Hofkapellmeisterstelle in Kopenhagen ein. Immer wieder zu kurzen Aufenthalten nach Dresden zurückkehrend, wirkte Schütz auch in Wolfenbüttel, Hannover und abermals in Kopenhagen, aber da ihm der Kurfürst stets nur Urlaub gewährte, versuchte er seit 1645 seine endgültige Entlassung in den Ruhestand zu erwirken. Sie sollte ihm bis 1656 nicht gewährt werden. Erst da befreite ihn der Tod des Kurfürsten von seinem Amt, und im darauffolgenden Jahr konnte Schütz zu seiner Schwester nach Weißenfels übersiedeln. Dennoch hatten die Jahre der begrenzten Möglichkeiten künstlerische Früchte getragen. Weil ihm kein großes Orchester, sondern auch in der Kirchenmusik nur kleine Besetzungen zur Verfügung standen, erarbeitete Schütz bis dahin unbekannte Ausdrucksformen, die den Bedeutungsgehalt des gesungenen Wortes bei vermindertem Einsatz klanglich-räumlicher Mittel über den gesteigerten Ausdruck und musikalische Rhetorik zu vermitteln vermochten. So verdankt ihm die Musikgeschichte die Einführung bis dahin unbekannter musiksprachlicher Mittel. Doch darin erschöpft sich die Bedeutung des Schützschen Werkes nicht. Sein Verdienst liegt auch in der Ausprägung etlicher neuer Gattungen. Leider verloren ist sein Bühnenstück »Dafne« von 1627, das als erste deutsche Oper gilt. Auch die Grundlagen für das deutsche Oratorium hat Schütz gelegt, in seiner »Historia der freuden- und gnadenreichen Geburt Gottes und Marien Sohnes« von 1664.

87-jährig starb Schütz in Dresden. Schon seinen Zeitgenossen galt er als Meister in der Vergegenwärtigung des vertonten Wortes, als Inbegriff des »musicus poetus«.

Ehrenfried Walther von Tschirnhaus (10.4.1651 – 11.10.1708)

Prof. Dr. Siegfried Wollgast

Das Familiengut der von Tschirnhaus', Kieslingswalde, liegt 12 km östlich der Görlitzer Neiße. Hier, in seinem Geburtsort, erhielt der junge Ehrenfried Walther Privatunterricht, mit 15 Jahren bezog er das Görlitzer Gymnasium, im Frühjahr 1669 ließ er sich an der Juristischen Fakultät der Universität Leiden immatrikulieren. Daneben bezeugte er großes Interesse an Mathematik und Naturwissenschaften. In Holland gehörte Tschirnhaus 1674–76 auch zum Freundeskreis von Baruch de Spinoza, einer der bedeutendsten Gestalten der Weltphilosophie. Das erste Werk eines Deutschen, das sich – mit gebotener Vorsicht – zu dem »Häretiker« Spinoza bekannte, war Tschirnhaus' philosophisches Hauptwerk »Medicina mentis« (1687). Tschirnhaus' »Medicina corporis« (1686) gibt zwölf Regeln für ein gesundes Leben. 1674 ging Tschirnhaus nach England, von Spinoza an den einflussreichen Heinrich Oldenburg empfohlen, wo er von führenden Gelehrten bis hin zu Denis Papin, Robert Boyle und Isaac Newton gefördert wurde. 1675–76 arbeitete er in Paris mit Christiaan Huygens und mit Gottfried Wilhelm Leibniz zusammen. Tschirnhaus' Bedeutung als Mathematiker assoziiert sich in der Geschichte der Mathematik mit den Begriffen Tschirnhaus-(T)-Transformation (zur Lösung algebraischer Gleichungen), Tschirnhaus-(T)-Epizykloide, Tschirnhaus-Quadratix u.a. Von November 1676 bis Frühjahr 1679 bereiste er Italien, dort wurde er u.a. mit dem Universalgelehrten Athanasius Kircher, mit dem Physiker Giovanni Alfonso Borelli und dem Porzellanforscher Manfredi Settala bekannt. Am 22.7.1682 wurde er das erste auswärtige Mitglied der Pariser Académie des Sciences. Er lebte in Sachsen als Privatgelehrter und verwendete den Hauptteil der Erträge seines Gutes für wissenschaftliche Zwecke, vorrangig für Versuche mit großen Brennspiegeln. 1686 besaß er einen Spiegel, mit dem er alle damals bekannten Metalle, auch Eisen, verflüssigen, z.T. sogar verflüchtigen konnte. Ziegel, Bimsstein und Knochen schmolz er zu Glas. Sein größter Kupferhohlspiegel mit einem Durchmesser von 1,625 m ist noch heute ein Hauptstück des Mathematisch-Physikalischen Salons im Dresdner Zwinger. Tschirnhaus richtete in seinem Heimatort eine Glashütte ein, wo er Glasblöcke bis zu 150 km gießen konnte. Hier hatte er schon um 1680 ein Forschungslaboratorium errichtet, Keimzelle einer Forschungsakademie. Er entwickelte neue Schleifmethoden, die dann auch das Schmelzen von Kaolinerde zur Porzellanherstellung ermöglichten und versuchte, in der Salzsiederei, der Brauerei, in den Blaufarbenwerken und anderen Industrien Holz sparende Öfen einzuführen. Mit einer Tschirnhausschen Brennlinse wurden in Italien 1694 und 1695 Diamanten in einer halben Stunde »zu nichts« verbrannt – der dabei entstehende Kohlenstoff war noch unbekannt.

Seit 1683 arbeitete Tschirnhaus auch an der ersten gelehrten Zeitschrift Deutschlands, den »Acta eruditorum«, prägend mit. Mit Sympathie verfolgte er den Kampf der Hallenser Pietisten mit der lutherischen Orthodoxie; Philipp Jakob Spener wollte ihn 1693 als Kanzler für die preußische Universität Halle gewinnen, was Tschirnhaus ebenso ablehnte wie Ratsstellen bei den Landgrafen von Hessen-Darmstadt bzw. Hessen-Kassel und den Barontitel in Wien. August Hermann Francke, Begründer der Hallenser »Franckeschen Stiftungen«, und seine Mitarbeiter verhandelten 1698 mit Tschirnhaus über die Errichtung von Manufakturen. Francke hat auch Tschirnhaus' Schrift »Gründliche Anleitung zu nützlichen Wissenschaften, absonderlich zu der Mathesi und Physica« (1700) angeregt. Sie diente in den Franckeschen Stiftungen als Grundlage des mathematischen und naturwissenschaftlichen Unterrichts. Dieses Lehrbuch enthält auch Konstruktionsvorschriften für Tele- und Mikroskope sowie für Apparate zur Konzentration des Sonnenlichts mit großen Linsen oder Spiegeln. Neben dem Pietismus hatte Tschirnhaus auch für andere Formen der Frühaufklärung Interesse, so übersetzte seine Gelehrtengesellschaft Bernard le Bovier de Fontenelles »Gespräche über die Vielheit der Welten« (1698). Tschirnhaus hatte im Winter 1693/94 auch das Problem der Porzellanherstellung in Angriff genommen. Im Frühjahr 1696 erhielt er den Auftrag, Edelsteinfundstätten in Sachsen zu erforschen. Er hatte Erfolg, und das Auffinden und Schleifen von Edelsteinen (Amethyst, Topas, Achat, Jaspis) gehörten hinfort zu einer Hauptaufgabe seines Laboratoriums. Seit Mai 1704 hatte er den »Goldmacher« Johann Friedrich Böttger zu überwachen. Beide arbeiteten vertrauensvoll zusammen. Tschirnhaus hat an der Entdeckung der Porzellanherstellung und an der Gründung einer Porzellanmanufaktur theoretischen Anteil. Seit 1703 suchte er, zum Teil mit Leibniz, in Dresden eine Akademie der Wissenschaften zu gründen.

Tschirnhaus wirkte als eigenständiger Philosoph, als Pädagoge, Mathematiker, Physiker, Chemiker, Politiker, Wissenschaftsorganisator und als genialer Techniker. Dieser bedeutende Vertreter der deutschen Frühaufklärung half mit seinen Ideen, das ganze 18. Jahrhundert in Deutschland zu gestalten. Er verband in hervorragender Weise Theorie und Praxis, ist zudem einer der Väter der multidisziplinären Forschungsakademie im europäischen und Weltmaßstab.

Friedrich August I. – August »der Starke« (12.5.1670 – 1.2.1733)

Prof. Dr. Karl Czok

Nach dem unerwarteten Tod des Bruders Johann Georg IV. kam er als Zweitgeborener 1694 in Kursachsen zur Regierung, nachdem er ein Jahr zuvor mit Christiane Eberhardine von Ansbach-Bayreuth (1671–1727) aus dynastischen Gründen die Ehe eingegangen war. Der junge albertinische Kurfürst setzte die absolutistischen Regierungsmethoden seiner Vorgänger fort, beeinflusst zunächst von Beratern, später mit eigenen Initiativen. Teilerfolge schufen einen ständisch-absolutistischen Territorialstaat. Die Bewerbung um die Krone Polens erforderte die erst geheim gehaltene, später offizielle Konversion 1697 zum Katholizismus, die im protestantischen Sachsen eine breite Empörung auslöste. Er versuchte, dieser Opposition mit Toleranz zu begegnen. Als polnischer König August II., ermuntert durch Kaiser Leopold II., toleriert von Zar Peter I., musste er die »Pacta Conventa« anerkennen, nachdem er beträchtliche finanzielle Zugeständnisse an den polnischen Adel geleistet hatte. Aus der sächsisch-polnischen Personalunion versuchte August schrittweise eine Realunion herzustellen, um zu einer europäischen Großmacht aufzusteigen. Doch dieses Ziel erreichte er weder durch eine Landbrücke zwischen beiden Staaten noch durch den 1700 begonnenen Nordischen Krieg. Sein Kriegsgegner, Karl XII. von Schweden, fügte ihm in Polen und Sachsen mehrere militärische Niederlagen zu, zwang ihn zum Kronverzicht und zum Friedensvertrag von Altranstädt 1706. Zwar vermochte August 1709 nach Polen zurückzukehren, jedoch nur mit Hilfe Russlands, der Duldung Habsburgs und mit niederländischen Subsidien. Während er wieder die Stärkung seiner Herrschaftsposition anstrebte, war der polnische Adel – Schlachta und Magnaten – für eine Beschränkung des königlichen Einflusses auf die Landesverwaltung und die Kontrolle durch die traditionellen Organe – Sejm und Provinziallandtage – des Adelsstaates. Es zeigte sich, dass August II. in Polen nur relativ selbständig regieren konnte. Der Sarmatismus, ein im Adel verwurzelter slawophiler Mythos, wirkte gegen die »Sachsenherrschaft«.
Der Festigung der internationalen Stellung und dem Anspruch europäischen Großmachtstrebens diente die Vermählung seines Sohnes Friedrich August mit der Kaisertochter Maria Josepha, um ihn in den engeren Kreis erblicher Nachfolger auf den Kaiserthron zu bringen. Die Hochzeit 1719 bildete deshalb den Höhepunkt in der Festkultur Augusts II., der diese stets zielstrebig in den Dienst seiner territorialen oder internationalen Politik stellte. Ihr dienten Barockbauten in Dresden und Umgebung (Zwinger, Japanisches Palais, Schloss Pillnitz, Moritzburg, Barockgarten Großsedlitz) und die Kunstsammlungen (Grünes Gewölbe, Gemäldegalerie, Porzellansammlung). Die Zurschaustellung des Meißner Porzellans seit 1710 und die Organisation des Oberbauamtes mit hervorragenden Künstlern – Matthäus Daniel Pöppelmann, Johann Melchior Dinglinger, Balthasar Permoser, Johann Christoph Knöffel, Johann Friedrich Karcher, Zacharias Longuelune u.v.a. – bewiesen sein künstlerisches Interesse. Bereits als Prinz hatte er anlässlich seiner Kavalierstour kostbare Gemälde erworben. Zehn Jahre später kaufte er als Kurfürst-König mit Giorgiones »Venus« ein Hauptwerk der italienischen Malerei. Über 500 Gemälde präsentierten sich im Schloss, weitere im »Cabinet aufm Stall« (im Stallgebäude am Schloss), dem ein repräsentativeres Aussehen durch den Vorbau einer »Englischen Treppe« verliehen wurde. August »des Starken« weitgesteckte politische Pläne scheiterten sowohl an der Stärke des sächsischen, am Widerstand des polnischen Adels und auch an der Gegnerschaft europäischer Mächte. Vor allem an der Haltung Brandenburg-Preußens, die sich aus gegensätzlichen wirtschaftlichen und politischen Interessen der Nachbarstaaten ergab. Ein beiderseitiger »Wirtschaftskrieg« und die militärische Demonstration nach vollendeter Heeresreform durch das sogenannte Zeithainer Lager 1730 bei Teilnahme des »Soldatenkönigs« Friedrich Wilhelm I. von Preußen und des Kronprinzen Friedrich haben die Gegensätze geschürt und die Feindschaft des ab 1740 regierenden Friedrich II. gegenüber Sachsen verschärft. Der Preußenkönig sah sich veranlasst, Sachsen im Siebenjährigen Krieg annektieren zu wollen. Eine Stoffwechselkrankheit (Diabetes) führte bei August II. in Warschau zum Tod. Mehrfach hatte er – besonders vor einer Fußoperation 1726 – Ratschläge für die Regierung seines Nachfolgers formuliert, dem er die Krone Polens erneut zu erwerben empfahl sowie die Verfassung der Kur- und Erblande beizubehalten. Den Beinamen »der Starke« führte er nicht; er wurde ihm nachträglich von der preußischen Historiographie in negativer Absicht beigebracht, wie auch die Mär von seinen angeblich 354 Kindern. Neben seinem Sohn und Nachfolger legitimierte August acht außereheliche Kinder. In der Historiographie widersprüchlich beurteilt, wurde August »der Starke« trotzdem zu einem Mythos in Sachsen bis in die Gegenwart.

Johann Friedrich Böttger (4.2.1682 – 13.3.1719)

Prof. Dr. Siegfried Wollgast

Böttgers Name ist für immer mit der Erfindung des europäischen Hartporzellans verbunden. Böttger versprach Gold und erfand dann Porzellan. Jahrhundertelang suchten Alchemisten nach einem Geheimmittel zur Transmutation von Quecksilber, Zinn oder Blei in Gold oder Silber. Porzellan war davon dann gleichsam ein Abfallprodukt. Als Berliner Apothekergehilfe wurde Böttger über Nacht berühmt, als er am 1. Oktober 1701 ca. 50 g Silber in Gold verwandelt haben soll. Danach stritten sich zwei Könige um diesen kunstfertigen Adepten. Zu Schleiz im (thüringischen) Vogtland wurde Johann Friedrich als Sohn eines Münzmeisters geboren. Noch im gleichen Jahr siedelte sich die Familie in Magdeburg an. In ihr hatte die Goldschmiedekunst eine gute Tradition. Der junge Böttger kam 1696 zum Apotheker Friedrich Zorn in Berlin in die Lehre. Sein Interesse richtete sich vornehmlich auf die Alchemie. Sie hat zur wissenschaftlichen Entwicklung viel beigetragen. »Goldmacherei« ist nur einer ihrer Aspekte. Die Alchemie legte die Grundlage für Böttgers später zur Meisterschaft entwickelte Experimentierkunst. Im Mai 1698 floh er aus Berlin, kehrte aber sehr schnell reumütig zurück. Bestärkt wurde er beim »Goldmachen« durch seine Bekanntschaft mit dem bedeutenden Naturforscher Johann Kunckel und dem Abenteurer Lascaris. Böttger wurde im September 1701 als Lehrling freigesprochen. Als König Friedrich I. von Preußen ihn an seinen Hof ketten wollte, um durch seine Künste dem ständigen Geldmangel abzuhelfen, floh Böttger am 26.10.1701 aus Berlin. In der kursächsischen Grenzstadt Wittenberg verlangte eine preußische Fahndungsabteilung seine Auslieferung. Aber Friedrich August I., genannt August der Starke, Kurfürst von Sachsen, als König von Polen August II., brauchte selbst sehr dringend einen Goldmacher. Er befahl am 14. November 1701, Böttger nach Dresden zu bringen und sicher zu verwahren. August, König und Kurfürst, wechselte häufig Briefe mit Böttger, dabei viele Versprechen, auch Drohungen austeilend. In Dresden hütete man den vermeintlichen Goldmacher wie einen Schatz, den kein unbefugtes Auge sehen durfte. Er stand unter Erfolgszwang. Seit Mai 1702 experimentierte er. Kontrolliert, gefördert und begutachtet wurden seine Arbeiten u.a. vom Statthalter Anton Egon Fürst zu Fürstenberg, den Gebrüdern Nehmitz, Ehrenfried Walther von Tschirnhaus und Gottfried Pabst von Ohain. Tschirnhaus suchte seit 1694, das kostbare chinesische Porzellan aus einheimischen Rohstoffen herzustellen. Die zu dieser Zeit wachsende Verbreitung von Tee, Kaffee und Kakao verlangte ein Tafelgeschirr, das Formschönheit mit Zweckmäßigkeit verband. In ganz Europa suchten Alchemisten, Naturforscher, Ton- und Fayencetöpfer, u.a. das Herstellungsgeheimnis des ostasiatischen Porzellans zu ergründen. Aber sie alle kannten noch nicht die echte Porzellanerde, das reine Kaolin.

Böttger durfte in Dresden 1703 ein freizügigeres »Gefängnis« beziehen. Dennoch floh er im Juni 1703, wurde aber aus Enns von sächsischen Verfolgern schnell nach Dresden zurückgebracht und wieder schärfer bewacht. Am 25. Mai 1704 wurde Tschirnhaus eidlich für Böttgers weitere Tätigkeit und damit auch für dessen Erfolge verantwortlich gemacht. Dieser wurde im September 1705 mit Freiberger Berg- und Hüttenleuten auf die Albrechtsburg in Meißen verbracht. Tschirnhaus in Dresden und Pabst von Ohain in Freiberg tauschten sich mit Böttger aus. Dabei entdeckte man im Mai 1706 das Herstellungsprinzip des roten und weißen chinesischen Porzellans. Aber noch immer war für Böttger das »Goldmachen« seine Hauptaufgabe. Vom 5. September 1706 bis 22. September 1707 wurde er wegen der schwedischen Invasion auf die Festung Königstein verbracht. Danach wurde die Jungfernbastei in Dresden seine neue Wirkungsstätte, am Ende der heutigen Brühlschen Terrasse gelegen. Hier erfolgt endgültig die Porzellanerfindung durch Böttger, unter Tschirnhaus dirigierender und Pabst von Ohains organisierender Hand. Gemeinhin wird ein Versuchsprotokoll vom 15. Januar 1708 als Geburtsurkunde des europäischen Porzellans bezeichnet. Noch 1708 gab es in Dresden die erste Porzellanmanufaktur. Die Glasur des Porzellans und der Brand des roten Porzellans gelang Böttger erst nach zahllosen Experimenten. Seine Produkte werden auch als »Böttgersteinzeug« oder »Jaspisporzellan« bezeichnet.

Tschirnhaus' Tod (1708) bedauerte Böttger sehr. Jetzt wurde die Fama verstreut, Tschirnhaus habe das Porzellan erfunden. Böttger sei ja lediglich ein Scharlatan. Seit dem 6. Juni 1710 ist die Porzellanmanufaktur auf der Albrechtsburg zu Meißen angesiedelt. Böttger wurde durch königliches Dekret vom 29. Dezember 1710 zum Administrator der Porzellan- und aller noch von ihm einzurichtenden Manufakturen ernannt. Dabei war er noch immer Gefangener! Seit 1713 konnte man auf der Leipziger Messe Porzellan kaufen, mit Erlass vom 19. April 1714 schenkte August der Starke Böttger die Freiheit. Dieser kaufte sich 1717 in Dresden ein Grundstück, hielt sich eine Mätresse, holte auch Mutter und Schwester zu sich. Er sorgte sich um die Zukunft der Porzellanmanufaktur, die er am 5. Dezember 1715 vom König lebenslang »zur freyen, gäntzlichen Disposition« erhielt. Wohl seine ungesunde Lebensweise (z.B. das chemische Laborieren, übermäßiger Tabak- und Alkoholgenuss) untergruben Böttgers Gesundheit. Charakterstärke und Tatkraft zeichneten ihn bis zum Tode aus.

Johann Sebastian Bach (21.3.1685 – 28.7.1750)

»Alles erwogen, was gegen ihn zeugen könnte, ist dieser Leipziger Kantor eine Erscheinung Gottes: Klar, doch unerklärbar.« So schrieb Carl Friedrich Zelter an Goethe im Jahre 1827. Die Bemerkung zeugt nicht nur von der Unmöglichkeit, das Werk Bachs angemessen zu umschreiben, sondern sie verbindet die Person Bachs auch untrennbar mit dessen langjähriger und letzter Wirkungsstätte, der Thomaskirche in Leipzig.
Johann Sebastian Bach, das jüngste von acht Kindern des Stadtpfeifers und Hoftrompeters Johann Ambrosius Bach und dessen Frau Elisabeth, wurde als Spross einer weitverzweigten lutherischen Musikerfamilie in Eisenach geboren. Hier verbrachte er seine frühe Kindheit und gelangte erstmalig durch den Organisten der Eisenacher Georgenkirche, Johann Christoph Bach (ein Cousin seines Vaters) in Kontakt mit Kirchen- und Orgelmusik. Mit acht Jahren kam Bach auf die Lateinschule des Eisenacher Dominikanerklosters. Nach dem Tod der Mutter und der erneuten Heirat des Vaters erfolgte der Umzug nach Ohrdruf, wo Johann Sebastian bis zur Prima das Lyzeum besuchte. Sein damaliger Mitschüler Georg Erdmann wurde zu einem lebenslangen Freund. In Lüneburg folgte ab März 1700 durch eine Empfehlung eine Episode als Freischüler, zusammen mit Erdmann, in der Partikularschule des Lüneburger Michaelisklosters; dann, spätestens ab März 1703, war er in Arnstadt angestellt beim Mitregenten Johann Ernst von Sachsen-Weimar, und zwar als Lakai und Violinist in dessen Privatkapelle. In allen Biographien wird darüber berichtet, dass Bach mehrmals Konflikte mit dem Arnstädter Konsistorium hatte. Dies waren die ersten jener Reibereien mit seinen Vorgesetzten, in denen sich Bach zeit seines Lebens gegen ihm auferlegte Zwänge und Zumutungen wehrte. Der Enge dieser Verhältnisse hoffte er durch seinen Wechsel nach Mühlhausen zu entgehen, wo er am 1. Juli 1707 seinen Dienst als Organist antrat. Dies bedeutete eine Verbesserung seiner Stellung, so dass er daran gehen konnte, eine Familie zu gründen; am 17. Oktober 1707 heiratete er in Dornheim (bei Arnstadt) Maria Barbara Bach, eine Kusine. Auftragsgemäß komponierte Bach am 4. Februar 1708 die festliche Kantate »Gott ist mein König« anlässlich eines Ratswechsels; sie ist als einzige aus dieser Zeit als Druck erhalten. In der ersten Julihälfte 1708 übersiedelten die Bachs nach Weimar; hier war Bach als Hoforganist und Kammermusiker für Herzog Wilhelm Ernst tätig. Ein Großteil seines Orgelwerks entstand während der Weimarer Zeit, darunter seine Passacaglia, zahlreiche Präludien und Fugen. In seiner Weimarer Zeit kam Bachs Schaffen in seiner gesamten Breite zur Entfaltung, und er wurde auch über die Region hinaus als Musiker und Komponist bekannt und berühmt. Am 2. März 1714 wurde Bach zum Konzertmeister ernannt. Im Dezember 1717 trat er, nach Entlassung in Ungnade, seine Stelle als Kapellmeister in Köthen beim jungen Herzog Leopold von Anhalt-Köthen an. Nach dem Tod seiner Gattin Maria Barbara heiratete er 1721 die jüngste Tochter des fürstlichen Hof- und Feldtrompeters zu Sachsen-Weißenfels Johann Kaspar Wilcke, Anna Magdalena, Sopranistin am Köthener Hof.
Ende Mai 1723, im dritten Anlauf, nahm Bach seinen Dienst als Thomaskantor in Leipzig auf, ein Amt, das er bis zu seinem Tode behielt. Als Kantor und Musikdirektor war er für die Musik in den vier Hauptkirchen der Stadt verantwortlich. Dazu zählte die Vorbereitung einer Kantatenaufführung an den Sonn- und Feiertagen; auch der Musikunterricht in der Thomasschule unterlag ihm. Bach fing an, Kantaten für die anstehenden Aufführungen zu komponieren, alles in allem ein sehr ergiebiges Schaffen; insgesamt sollen in dieser Zeit ca. 300 Kantaten entstanden sein. Für den Karfreitag 1724 schrieb er sein bis dahin umfassendstes Werk, die Johannespassion, gefolgt von der Matthäuspassion. 1729 übernahm Bach die Leitung des 1701 von Telemann gegründeten Collegium musicum. In seiner gesamten Leipziger Zeit war er ein gesuchter Lehrer; oft lebten die Schüler in seinem Haushalt. Etliche seiner Huldigungskantaten – der Kurfürsten von Sachsen, den Adligen, der Universität etc. gewidmet – arbeitete Bach kurz nach ihrer Entstehung in geistliche Werke um; diesem Verfahren sind das Weihnachtsoratorium (1734/35), das Himmelfahrts- und das Osteroratorium zu verdanken. In den 1740er Jahren hat er sich weitgehend den Neukompositionen für die Kirche und für das Collegium musicum gewidmet.
In seinen letzten Jahren litt Bach an einer Augenkrankheit mit stark nachlassender Sehschärfe. Nach zweimaliger Operation konnte er kurzzeitig wieder sehen, erlitt aber einige Tage vor seinem Tod noch einen Schlaganfall; Bach starb am 28. Juli 1750. Nach zweimaliger Umbettung befindet sich sein Grab heute in der Leipziger Thomaskirche.

Friederike Caroline Neuber (9.3.1697 – 30.11.1760)

Dr. Norbert Reglin

Friederike Caroline Weißenborn war eine echte »Aussteigerin«. Zwar kannte man dieses Wort im 18. Jahrhundert noch nicht, aber für sie trifft dies dennoch durchaus zu.
Geboren am 9. März 1697 in Reichenbach/Vogtland, verließ sie nach unzähligen Auseinandersetzungen mit dem jähzornigen Vater als 20-jährige die Familie und schloss sich als Elevin wandernden Schauspieltruppen an, die es damals im deutschsprachigen Raum wie Sand am Meer gab. Ihre darstellerische Persönlichkeit als Tragödin eilte ihr nach wenigen Jahren weit voraus – im Zeitalter des allgegenwärtigen Hanswurstes eine wahrhaftige Rarität.
Sie heiratete den weniger talentierten Johann Neuber, der ihr allerdings ein umso umsichtigerer Helfer war und gründete wenig später eine eigene Truppe, der sie vorstand.
Etliche Städte verweigerten der noch unbekannten Schauspieltruppe mit den vielen ungewohnten und daher unbequemen Neuerungen Theateraufführungen, denn »die Neuberin« – wie sie mit Liebe von den Ihren und mit Hochachtung von anderen betitelt wurde – bekämpfte den Hanswurst auf der Theaterbühne mit allen Fasern ihres Körpers und ihrer Seele.
Leipzig war schon damals weltoffen und verweigerte der Mimin nicht den Einlass, sondern gab vielmehr eine dringend benötigte Theaterkonzession, vor allem für die Zeiten der Messe im Frühjahr und Herbst eines jeden Jahres.
In die Leipziger Zeit fällt die zeitweilige Freundschaft und künstlerische Partnerschaft mit Johann Christoph Gottsched (1700–1766), die nicht immer eitel Freude und Sonnenschein war. Gottsched drängte sie, die historische Genauigkeit der Kostüme stärker zu beachten. Daraufhin ließ sie 1741 bei einer Aufführung seines »Sterbenden Cato« (Trauerspiel von 1732) die Schauspieler in antikisierenden Gewändern und fleischfarbenen Hosen auf der Bühne agieren – das Publikum hat diesen ironischen Seitenhieb sehr wohl verstanden und gab seinerseits seinem »Affen Zucker« ... sehr zum Ärger des Autors. Die streitbare Prinzipalin beließ es bei der von Racine eingeführten Bühnenkostümierung (Männer in Kniehosen und Schnallenschuhen plus Perücke, Damen im Reifrock).
Die Neuberin war nicht nur resolute Prinzipalin, sondern erwies sich als außerordentlich experimentierfreudig darüber hinaus. Nicht nur Gottsched gehörte in ihr Repertoire, sondern auch junge und unbekannte Dichter; Lessing war einer von ihnen, dessen Lustspiel »Der junge Gelehrte« von ihr 1748 uraufgeführt wurde. Sie kultivierte den graziösen französischen Darstellungsstil und brachte den Alexandriner-Vers wieder zu Ehren. Die französischen Klassiker spielten an ihrem Theater eine wichtige Rolle; dadurch durchbrach sie die Vorherrschaft der seichten Hanswurstiade und der Stegreifkomödien, die in all ihrer Peinlichkeit kaum mehr zu überbieten waren.
Sie machte, resolut und bisweilen rabiat, den allgemein verbreiteten und unseligen Rollenimprovisationen, durch die jeglicher Bühnentext bis zur Unkenntlichkeit verstümmelt wurde, ein Ende und sagte dem Hanswurst den gnadenlosen Kampf an. In einer spektakulären Bühnenaktion verbannte sie diesen 1737 von der Bühne.
Caroline Neuber war streitbar über die Maßen, wenn es um die glaubhafte Darstellung der Bühnenkunst ging; so überwarf sie sich mit »dem Herrn Professor Gottsched« 1741, indem sie seine ihr viel zu gering formulierten Reformvorschläge öffentlich bloßstellte. Gottsched »floh« zur Konkurrenz, die Truppe der Neuberin zerfiel. Sie wagte mit 47 Jahren noch einmal den Neuanfang und glänzte unter anderem mit Lessing's »Gelehrten«, jedoch verließen sie in der Folgezeit Glück, Erfolg und Anerkennung.
Immerhin hatte sie erreicht (und da stimmte sie mit Conrad Ekhof überein), dass die Bühnenkunst keine vulgäre Volksbelustigung darstellte, in der vieles dem Zufall überlassen war. Sie läutete eine Entwicklung ein, die das Theater zum Ort der Selbstverständigung des aufstrebenden Bürgertums erhob. Verarmt und auch enttäuscht von Misserfolgen und persönlichen Anfeindungen fanden sie und ihr Mann zuletzt Aufnahme bei einem Dresdner Arzt; am 30. November 1760 endete in Dresden-Laubegast das Leben dieser großartigen Mimin der deutschen Theatergeschichte.

Nikolaus Ludwig Graf von Zinzendorf (26.5.1700 – 9.5.1760)

Prof. Dr. Karl Czok

Der in Dresden geborene Sohn des gleichnamigen Vaters entstammte einem seit 1662 reichsgräflichen Geschlecht von Zinzendorf und Pottendorf, das sowohl in Österreich, Ungarn, Mähren, später in Kursachsen begütert war.

Nach des Vaters Tod (1700) wurde er im Haus seiner frommen Großmutter, Henriette Katharina von Gersdorf, aus altem sächsischen Adel, mit Beziehungen zu Philipp Jakob Spener und August Hermann Francke standesgemäß und pietistisch erzogen. Dem Besuch des Pädagogiums in Halle folgte das Studium in Wittenberg: Rechtswissenschaften und Philosophie. Danach unternahm er 1719 eine Kavalierstour, die ihn nach Holland und Frankreich sowie in die Schweiz führte. Zurückgekehrt, wurde er 1721 Hofrat bei der Landesregierung in Dresden.

Ein Jahr darauf vermählte er sich mit Erdmuthe Dorothea Gräfin von Reuß-Ebersdorf (1700–1756), die ihm 12 Kinder gebar, von denen ihn jedoch nur drei Töchter überlebten. Der Kauf des Rittergutes Berthelsdorf 1722 in der Oberlausitz gab dem autodidaktisch gebildeten Theologen die Möglichkeit zur Aufnahme von Exulanten aus Mähren und Schlesien. Hausbauten wurden dadurch notwendig, ein neuer Ort »Herrnhut« entstand.

Weiterer Zuzug brachte 1727 ca. 300 Einwohner, bis 1760 wuchsen sie auf 1 200 an. Zinzendorf, offensichtlich vom Ideal einer neuen Menschengemeinschaft erfüllt, nahm Abschied vom Staatsdienst und schuf mit den Verfolgten eine »erneuerte Brüderunität«, die sich 1727 eine eigene Ortssatzung gab und als Dienstgemeinschaft zur Erneuerung der Christenheit verstand. Damit war auch eine neue Wirtschaftsordnung verbunden. Eine spezielle Sozial- und Wirtschaftsordnung war die Folge: Herrnhut, ohne Bauernstellen, wurde zur Siedlung von Menschen ohne feudale Abhängigkeit in einem freien christlich-sozialen Gemeinwesen. Im Dienst dieser kirchlich-religiösen Sonderorganisation arbeiteten Handwerker und Handwerkerinnen vornehmlich im Textilgewerbe, aber ebenso in anderen Handarbeiten: Tagelöhner und Frauen als Wäscher-, Plätter-, Näher- und Flickerinnen, männliches und weibliches Gesinde, fünf Schuster mit 21, zwei Schneider mit 19 Gesellen, aber auch Lehrer und Lehrerinnen, Beamte und Angestellte.

Aus einer bescheidenen Ortswarenhandlung machte der aus Straßburg im Elsass kommende Abraham Dürninger (1706–1773) eine Leinwandhandlung zum Großunternehmen, das sich nicht nur zu einem der größten in der Oberlausitz entfaltete, sondern auch den Überseehandel mit Ex- und Import (Kaffee, Tabak, Rohrzucker, Siegellack) betrieb.

1734 mussten nicht nur die aus Schlesien kommenden Schwenkfelder Herrnhut und Sachsen verlassen, sondern auch Zinzendorf schied aus seiner Heimat, wurde in Tübingen in den geistlichen Stand aufgenommen, unternahm daraufhin Aufklärungsreisen in Europa, Russland und Amerika. Die Anerkennung der Brüdergemeine in Sachsen als Freikirche und »Augsburger Konfessionsverwandte« 1749 erleichterte und verbreitete ihre Wirksamkeit. Andererseits wuchs die Polemik gegen Zinzendorf und die Herrnhuter. Zurückgekehrt, da seine Verbannung für Sachsen aufgehoben wurde, und nach dem Tod seiner Frau (1756) heiratete er 1757 die aus Mähren emigrierte und viele Jahre als Älteste der ledigen Schwestern wirkende Anna Nitschmann. 1760 starb Zinzendorf in Herrnhut. Er bekam auf dem Friedhof der Brüdergemeine ein etwas erhöht liegendes, aber ebenso schlichtes Grabmal. Als einer der originellsten Persönlichkeiten der Kirchengeschichte blieb er gleichsam anerkannt und umstritten.

Die Ausstrahlung der Herrnhuter wirkte weithin in Deutschland und schuf neben der Muttergemeinde bereits zu Lebzeiten des Gründers weitere Gemeinden, so 1742 in Niesky, 1744 in Neusalz an der Oder, im thüringischen Ebersdorf 1746 sowie 1750 in Neuwied. Nach Zinzendorfs Tod kamen noch weitere hinzu. Bereits 1732 begann die sogenannte Heidenmission, und bis 1760 gingen 300 Missionare nach Westindien, zu den Indianern nach Nordamerika, weiterhin nach Südafrika und zu den Eskimos. 1742 anerkannte auch Friedrich II. von Preußen die Brüder als selbständige Gemeinde mit bischöflicher Verfassung an. Bis in unsere Gegenwart entwickelte sich die Brüderunität zu einem Weltverband, der in Provinzen und Distrikte gegliedert ist, dem über rund 835 000 Gemeindemitglieder angehören.

Friedrich Arnold Brockhaus (4.5.1722 – 20.8.1823)

Volker Titel

Als der Leipziger Bürger, Verlagsbuchhändler und Druckereibesitzer Friedrich Arnold Brockhaus am 3. Dezember 1822 eine Gerichtskommission an sein Krankenlager rief, um sein Testament aufnehmen zu lassen, blickte er auf einen erst 50-jährigen Lebensweg zurück, einen Lebensweg jedoch, der beruflich wie privat sehr bewegt, mithin reich an Erfolgen, aber auch an Enttäuschungen und Niederlagen war.

Geboren wurde Brockhaus am 4. Mai 1772 im westfälischen Städtchen Dortmund. Mit 16 Jahren ging er auf Geheiß seines Vaters, eines Materialwarenhändlers, nach Düsseldorf, um dort »die Handlung« zu erlernen. Nach Beendigung der Lehrzeit folgte er dem regelmäßigen Weg der Händler auch aus seiner Region hinaus aus der Provinz, hinein in die Metropole des Handels und der Messen: nach Leipzig. Nur unweit vom damaligen Buchhändlerviertel wohnend, hat Brockhaus in dieser Zeit zweifellos einen Eindruck, eine Ahnung von der Bedeutung des Buchhandels in Leipzig bekommen. Sein Interesse galt jedoch vorwiegend der hier ebenfalls gewichtigen Wissenschaft – er besuchte Vorlesungen an der Universität bei Platner, Hindenburg und Eschenbach – und, dies war sein Beruf, dem kaufmännischen Geschäft jenseits des Buchgewerbes. Die während der Messen zu beobachtende Quantität des Umschlages englischer Manufakturwaren, namentlich von Stoffen und Tuchen, deutete auf die lohnende Basis dieses Handlungszweiges. Hierdurch beeinflusst, entwickelte Brockhaus den Plan, in den Handel mit englischen Manufakturwaren einzusteigen. Doch weder in Dortmund, wo er sich zuerst etablierte, noch in Amsterdam gelang es ihm, diesem Geschäft eine solide Basis zu geben. Im Sommer des Jahres 1805 wechselte er in die buchhändlerische Branche, mit erfolgreicher Perspektive, wie sich später zeigen sollte. Die Hinwendung zum Buchhandel brachte Brockhaus in eine neue Nähe zum Branchenzentrum Leipzig. Zur Michaelismesse im Herbst 1808 reiste Brockhaus nun das zweite Mal nach seinem Aufenthalt vor über einem Jahrzehnt hierher. Ohne dass er selbst die künftige Tragweite für seine Firma voll erkannt haben dürfte, tätigte er während dieser Messe einen Vertragsabschluss, der zu einem Grundstein der Firma »F.A. Brockhaus« wurde: Für eine Kaufsumme von 1 800 Talern erwarb er die Rechte des im Jahre 1796 von den Leipzigern Gotthelf Löbel und Friedrich August Leupold begründeten »Conversations-Lexikons«.

Gegenüber dem französisch kontrollierten Amsterdam bot Leipzig als »Stapelplatz des deutschen Buchhandels« die weitaus größten Möglichkeiten für den ehrgeizigen Unternehmer. Er entschied sich daher zu Beginn des Jahres 1810, den Sitz seiner Firma in das sächsische Handelszentrum zu verlegen. Finanzielle Unregelmäßigkeiten, die unter anderem durch die verzögerte Auflösung des Amsterdamer Geschäftes zustande kamen, zwangen ihn jedoch, die Pleißestadt nach viermonatigem Aufenthalt wieder zu verlassen. Er ging nun nach Altenburg, wo er einige Freunde hatte und das nicht zu weit von Leipzig entfernt war. Hier gelang es ihm, den Verlag zu festigen. Die zweite Auflage des Konversations-Lexikons kam in Druck, zahlreiche Einzeltitel erschienen, und er betrieb die Herausgabe der »Urania«, ein jährlich erscheinendes Taschenbuch, das zweifellos zu den herausragenden literarischen Erscheinungen seiner Zeit gehört. In ihm publizierten unter anderem Theodor Körner, Gustav Schwab, Jean Paul, De la Motte Fouqué und Therese Huber, die einstige Gattin von Georg Forster. Zu den Leipziger Messen fuhr Brockhaus jetzt regelmäßig, und auch zwischen den Messeterminen war er häufig in der Buchhandelsmetropole anzutreffen. Universität, Handel und nicht zuletzt die zahlreiche Präsenz aller Zweige des Buchgewerbes veranlassten Brockhaus im Jahre 1817 erneut, nach Leipzig überzusiedeln. Trotz, oder, wie man auch argumentieren kann, gerade wegen seines »Seiteneinstieges« in die Buchbranche erzielte Brockhaus durch innovative Unternehmungen Erfolge. Auf der verlegerischen Seite war dies neben anderem die Neugestaltung des Konversations-Lexikons, das er zu einem der profitabelsten literarischen Erzeugnisse überhaupt machte, auf der Seite des Buchdrucks war es die Bereitschaft, in neue Technik zu investieren. Nicht die gestandenen Drucker am Ort, nicht die traditionsreichen Firmen, sondern er, der »ungelernte« Eindringling, stellte noch im Jahre 1818 als erster Leipziger die von König erfundene Schnellpresse auf und begründete damit eine neue Ära des dortigen Buchdrucks. Auch für eine weitere innovative Entscheidung war der weitgehend ungebundene Status von Brockhaus als erst kürzlich in Leipzig etablierter Unternehmer nicht ohne Bedeutung: Als einer der ersten Leipziger Buchhändler und -drucker siedelte er seine Firma in der Ostvorstadt an und wurde so zum Initiator des sich im Laufe des Jahrhunderts bildenden einzigartigen »Graphischen Viertels«.

Am 2. August 1823 starb Friedrich Arnold Brockhaus. Er hinterließ eine Frau und acht Kinder, von denen erst zwei mündig waren. Und er hinterließ eine Firma, die von den nachfolgenden Generationen zu einem graphischen Großbetrieb mit Weltruf ausgebaut wurde.

Gotthold Ephraim Lessing (22.1.1729 – 15.2.1781)

Dr. Norbert Reglin

Der große Dichter der deutschen Aufklärung wurde am 22. Januar 1729 in Kamenz geboren. Er gilt als einer der einflussreichsten Schriftsteller des 18. Jahrhunderts, vertrat die Ideen der Aufklärung und war entscheidender Wegbereiter der deutschen Klassik. Bereits in jungen Jahren war er vom Theater der Neuberin fasziniert, die er in Leipzig kennenlernte und die sein Stück »Der junge Gelehrte« uraufführte. Seine dramatische Hauptleistung liegt absolut in den Bühnenwerken der Reifezeit: »Minna von Barnhelm (1763, Lustspiel), »Emilia Galotti« (1772, Charaktertragödie) und »Nathan der Weise« (1779), jenes Toleranz und Menschlichkeit verherrlichende Ideenschauspiel; aber auch in den Werken zuvor deutete sich sein Personalstil schon mehr als nur an – etwa im Lustspiel »Der junge Gelehrte« (1748), das er mit 19 Jahren schrieb und im ersten deutschen Trauerspiel: »Miss Sara Sampson« (1755) – da war er 26!

In seinen kritischen Schriften verwarf der Dichter den Formzwang der französischen Klassik und ihrer Nachahmer, wertete dagegen Shakespeare auf und gab der Kunsttheoriediskussion eine neue Richtung im »Laokoon« (1766). Er setzte sich mit den Missständen seiner Zeit und dem weitverbreiteten Theaterschlendrian auseinander und skizzierte neue Wege: »Briefe, die neueste Literatur betreffend« (1767/69), »Laokoon oder Über die Grenzen der Malerei und Poesie« (1766), »Hamburgische Dramaturgie« (1767/69) und »Erziehung des Menschengeschlechtes« (1780). Aufklärung des Verstandes, Erziehung zur Mündigkeit, Toleranz und kritische Bildung sind die Leitideen aller seiner Werke.

Heinrich Heine schrieb 1834 in seiner »Geschichte der Religion und Philosophie in Deutschland«: »Er war die lebendige Kritik seiner Zeit und sein ganzes Leben war Polemik. Diese Kritik machte sich geltend im weitesten Bereich des Gedankens und des Gefühls, in der Religion, in der Wissenschaft, in der Kunst. Diese Polemik überwand jeden Gegner und erstarkte nach jedem Siege. Lessing, wie er selbst eingestand, bedurfte eben des Kampfes zu der eigenen Geistesentwicklung.«

Lessing stammte aus einem protestantischen Pfarrhaus und besuchte die Fürstenschule St. Afra in Meißen (1741/46), studierte anschließend Theologie, Philologie und Philosophie in Leipzig (1746/48) und Wittenberg (1751/52), wo der die Magisterwürde in den freien Künsten erwarb. Zuvor (1748) hat er das Theologiestudium ad acta gelegt und zwei Jahre lang bei der »Vossischen« in Berlin gearbeitet. Seit 1752 widmete er sich vollends der schreibenden Zunft. Er war sowohl Redakteur, Kritiker, Herausgeber, Übersetzer; dies jedoch mit vollem persönlichen Risiko. Es war das »armseligste Handwerk«, wie er – scheinbar resignierend – bekannte. Zwischen 1760 und 1765 nahm er deshalb die sichere Sekretärsstelle beim Grafen Tauentzien in Breslau an, wodurch er den inzwischen beängstigend großen Schuldenberg weitestgehend abtragen konnte. Der »Alte Fritz« opponierte indes erfolgreich gegen Lessing als zukünftigem Chef der Königlichen Bibliothek zu Berlin; deshalb verdingte sich dieser als Dramaturg am Hamburger Nationaltheater – die Kunstwelt dankt ihm noch heute diesen Schritt, denn hier entstand seine »Hamburgische Dramaturgie«.

Von 1770 bis zu seinem Tode war Lessing Bibliothekar des Braunschweiger Herzogs in Wolfenbüttel. Eine Italienreise führte den Dichter 1775 über Wien nach Rom; seine Hochzeit und Ehe mit der langjährigen Freundin Eva König (1776) war nur von kurzer glücklicher Dauer. Zwei Tage nach seiner Geburt starb der langerwartete Sohn; Eva folgte ihm drei Wochen später. Lessing vereinsamte zusehends; er war oft verstimmt und der Verzweiflung nahe. Weitere Schicksalsschläge gegen seine Person folgten. Er soll, laut Maria Theresia, Dramaturg in Wien werden; Kurfürst Friedrich August von Sachsen verspricht ihm, er werde ihn zum Direktor der Dresdener Kunstakademie machen; er sollte als Mitglied der Pfälzischen Akademie nach Mannheim übersiedeln und am dortigen Nationaltheater wirken … leere Versprechungen, die wie Seifenblasen zerplatzten. 1777 kamen die ersten Angriffe des hamburgischen Hauptpastors Goeze auf Lessing, den Herausgeber der Fragmente der von Hermann Samuel Reimarus hinterlassenen »Apologie für die vernünftigen Verehrer Gottes« – Lessing antwortete mit dem brillant abgefassten »Anti-Goeze«. Und in all diesen bedrückenden Situationen fand er Zeit und Muße für den »Nathan«, dieses Sinnbild des Humanismus, dessen Uraufführung er allerdings nicht mehr erleben durfte.

Das Ende eines bitteren und literarisch so fruchtbaren Lebens kam schnell. Er besuchte den verehrten Gleim in Halberstadt, weilte drei Wochen in Hamburg, fuhr am 28. Januar 1781 nach Braunschweig, wurde am Abend des 3. Februar von einem Stickfluss befallen und starb am 15., abends nach 7 Uhr, am Schlagfluss. »Ich will hier sein, wie wir in der Welt überhaupt sein sollten: Gefaßt, alle Augenblicke aufbrechen zu können und doch willig, immer länger und länger zu bleiben« – er lebt noch heute, mehr denn je, in uns.

Caspar David Friedrich (5.9.1774 – 7.5.1840)

Caspar David Friedrich war einer der bedeutendsten Maler der deutschen Romantik, ihr Hauptmeister. Seine von schwermütig-einsamer Empfindsamkeit erfüllten Bilder sind in ihrer strengen, oft symmetrischen Komposition von der klassizistischen Landschaftskunst beeinflusst, haben jedoch mit ihrer kühnen Ausschnitthaftigkeit der Malerei des 19. Jahrhunderts neue Wege gewiesen.

Friedrich wurde 1774 in Greifswald, das von 1630 bis 1815 zu Schweden gehörte, als sechstes von zehn Kindern geboren. Er besaß sein gesamtes Leben die schwedische Staatsbürgerschaft. Seinen ersten Zeichenunterricht erhielt er 1790 beim Greifswalder Universitätsbau- und Zeichenmeister Johann Gottfried Quistorp, der seine Begeisterung für die heimatliche Landschaft und deren Schönheit auf den Jungen übertrug. 1794 wurde die Königlich Dänische Kunstakademie in Kopenhagen, damals die modernste Akademie, die nächste Etappe der künstlerischen Ausbildung von Friedrich. Dort erlernte er das Freihandzeichnen und das Zeichnen nach Gipsabgüssen; nicht unterrichtet wurde in Kopenhagen Malerei. Dresden war ab 1798 seine nächste Lebensstation. Die Stadt war damals durch ihre Landschaftsmalerei weithin bekannt und durch die Brüder Schlegel, Tieck, Novalis, Schelling und Jean Paul zu einem Zentrum romantischer Dichtung geworden. An der Akademie, wo er auch seine Studien abschloss, trieb er sei 1798 Aktstudien und zeichnete vor allem nach der Natur, wie zwei erhaltene Skizzenbücher aus dieser Zeit belegen. 1801 reiste Friedrich über Neubrandenburg nach Greifswald und auf die Insel Rügen. Auch in den folgenden Jahren (1806, 1809, dann 1815, 1818 und schließlich 1826) besuchte er die Heimat, und jedes Mal fanden die gewaltigen Natureindrücke reichen Niederschlag in seinen Zeichnungen: Keine dieser Reisen hat jedoch seinen Stil so nachhaltig bestimmt wie die erste; 1810 wanderte Friedrich mit dem Maler Georg Friedrich Kersting durch das Riesengebirge, mit seiner erhabenen Landschaft so etwas wie eine Pilgerfahrt für ihn.

Friedrich war einer der ersten freien Künstler, die sich im Umfeld der Galerien bewegten, durch den Verkauf ihrer Werke ein wirtschaftliches Auskommen hatten und nicht als Auftragsmaler oder von reichen Gönnern protegiert arbeiteten. Mit der Sepiatechnik, in der Landschaftszeichnungen im Stil der damals in Mode befindlichen Landschaftsarchitektur entstanden, beschäftigte er sich ab 1803 und erregte damit allgemeine Bewunderung. Bald darauf (1805) wurde ihm ein weiterer Erfolg beschieden, als auf der alljährlichen Ausstellung der Weimarer Kunstfreunde durch Goethes Fürsprache zwei Arbeiten von ihm prämiert wurden. Nachdem er 1810 zum Mitglied der Berliner Akademie gewählt worden war, wurde ihm sechs Jahre später die gleiche Ehrung in der Dresdner Akademie zuteil, verbunden mit 150 Talern Gehalt.

1818 heiratete Caspar David Friedrich im Alter von 44 Jahren die 25-jährige Christiane Caroline Bommer, mit der er drei gemeinsame Kinder hatte.

Er war Anhänger der durch die Deutschen Burschenschaften repräsentierten patriotischen Bewegung. Bildlicher Ausdruck dieser Gesinnung ist die altdeutsche Tracht, in die viele Figuren in Friedrichs Werken gekleidet sind. Dieser Kleidungsstil signalisierte Zeitgenossen die politische Gesinnung von weitem und wurde deshalb mit den Karlsbader Beschlüssen 1819 verboten. Weltscheu, naturverbunden und religiös, verkörperte Friedrich den typischen Romantiker. Seine Gedanken drehten sich oft um Sein, Vergehen und Werden, seine Bilder werden oft als melancholisch interpretiert, man kann seine häufig depressive Seelenverfassung ahnen; er konnte aber fröhlich und ausgelassen sein, erkennbar im Bild »Frau in der Morgensonne« oder im Gemälde »Kreidefelsen auf Rügen«. Die Natur sah er als Spiegel menschlicher Empfindungen. Kunst sollte seiner Meinung nach zwischen Mensch und Natur, den beiden Werken Gottes, vermitteln. Viele seiner Bilder sind Allegorien auf die patriotische Stimmung in der Zeit der Befreiungskriege und der Enttäuschung über die sich anschließende Restauration.

Friedrich erfand berühmte Transparenzgemälde (z.B. »Gebirgige Flusslandschaft«). Damit war er seiner Zeit weit voraus und unternahm gewissermaßen erste Schritte auf den später erfundenen Film. Er ist ohne Zweifel einer der wichtigsten deutschen Vertreter der Romantik und gilt mit seinen einfühlsamen Stimmungsbildern zu verschiedenen Tages- und Jahreszeiten als deren bedeutendster Landschaftsmaler.

Seine bis in die Gegenwart reichende Bedeutung zeigt z.B. die Benennung des Caspar-David-Friedrich-Instituts für Bildende Kunst und Kunstwissenschaften der Universität Greifswald.

Im Jahr 1835 musste Friedrich nach einem Schlaganfall das Malen einstellen. Er starb 65-jährig am 7. Mai 1840 in Dresden und wurde auf dem Trinitatisfriedhof beigesetzt.

Carl Maria von Weber (18./19.11.1786 – 5.6.1826)

Prof. Dr. Hans John

In einem Festvortrag aus Anlass von Carl Maria von Webers 100. Todestag betonte Hans Pfitzner: »Weber kam auf die Welt, um den ‚Freischütz' zu schreiben.« Dieser fraglos zugespitzte Satz stellt heraus, dass kein anderes Werk der deutschen Operngeschichte auch nur annähernd einen solchen Stellenwert zu erlangen vermochte wie der »Freischütz«. Diese romantische Oper repräsentiert in besonderem Maße den genialen Komponisten Weber. Aber auch viele andere Werke, z.B. die »Aufforderung zum Tanz«, Lieder, Kammermusikkompositionen, Solokonzerte und Konzertstücke für verschiedene Instrumente, Ouvertüren, Messen, Kantaten, die Opern »Euryanthe« und »Oberon«, die Schauspielmusik zu »Preziosa«, zumeist in Dresden entstanden, prägen mit das Bild dieses Musikers, der seine Tätigkeit selbst viel umfassender sah, als der Musikwelt allein den »Freischütz« zu schenken. Weber, der seit Januar 1817 bis fast an sein Lebensende (1826) in Dresden wirkte, war ein äußerst vielseitiger Künstler. Er brillierte als exzellenter Klaviervirtuose, hervorragender Dirigent, Opernchef, Leiter des Deutschen Departements am Dresdner Hoftheater, Initiator, Organisator und faszinierender und geistvoller Musikpublizist. Weber prägte durch seine romantischen Opern das romantische Dresden entscheidend mit.

Die Zeitgenossen registrierten, dass Webers Werke den Nerv der Zeit trafen und von Jubelstürmen begleitet waren. Der Komponist war ein glühender Patriot und Sänger der Befreiungskriege gegen den Usurpator Napoleon. Seine Vertonungen von Körners »Leier und Schwert« beflügelten die akademische Jugend in Deutschland. Groß war auch die Wirkung, die von Webers romantischen Opern ausging. Richard Wagner knüpfte mit seinen Dresdner Opern direkt an die »Euryanthe« an. Von ihr übernahm er das Leitmotivverfahren und die »durchkomponierte« Anlage. Auch viele ausländische Komponisten sind Weber in Einzelheiten verpflichtet, u.a. Berlioz bezüglich der Instrumentationskunst und Johann Strauss (Sohn) bezüglich der Formung des Walzers. Weber wurde am 18. November 1786 in Eutin (Holstein) geboren. Nach dem frühen Tode der Mutter wuchs der Knabe bei seinem vielseitig begabten Vater auf, der ein Wandertheater leitete und Carl Maria auf seine ausgedehnten Tourneen mitnahm. Carl Maria von Weber erhielt bei seinem Stiefbruder Fritz und dem Organisten Heuschkel in Hildburghausen Klavierunterricht. Sein kompositorische Ausbildung vermittelten ihm Michael Haydn in Salzburg und Abbé Vogler in Wien und Darmstadt. Bereits 1798 wurden Webers erste Klavierkompositionen gedruckt. Bis 1811 hatte er u.a. sechs Opern komponiert. Hauptstationen seines Wirkens als Kapellmeister waren Breslau (1804–1806), Carlsruhe bei Brieg in Schlesien (1806/07), Prag (1813–1816) und das Deutsche Departement an der Dresdner Hofoper (1817–1826). Dazwischen betätigte er sich als reisender Pianist, Kammermusikspieler, Pädagoge, Komponist und Publizist.

Obwohl Webers Werkverzeichnis nahezu alle Gattungen der Musik umfasst, beruht seine musikgeschichtliche Bedeutung hauptsächlich auf den in Dresden komponierten romantischen Opern. Weber ist der Schöpfer der romantischen Nationaloper. Er knüpft an die Tradition des deutschen Singspiels an und nutzte alle musikalischen Mittel, die ihm zur Darstellung der dramatischen Konflikte und der Gefühle seiner Helden wichtig erschienen, souverän aus. Hierzu gehören die Reizharmonik, um Ungewöhnliches und Übernatürliches zu charakterisieren, und eine farbreiche Instrumentation, die sich bei der Schilderung des Unheimlichen auch der »konträren Klangfarbe« bedient. Zukunftsweisend war Webers Versuch, an einigen Stellen des »Freischütz« Rezitative und Arien zu verbinden und mittels der Durchdringung beider Formen große dramatische Szenen zu gestalten. Aus der französischen Oper übernahm er melodramatische Mittel und die Zuordnung bestimmter Holz- bzw. Blechblasinstrumente für bestimmte Personen und Milieus. Wie beim deutschen Singspiel üblich, wird der Dialog gesprochen. In die Handlung sind Volksbräuche, Lieder und Tänze eingewoben. Schlusslösungen werden dramaturgisch durch »Wunder« oder durch »Erlösung« erzielt. Mit der »Großen heroisch-romantischen Oper« »Euryanthe« (1823 in Wien uraufgeführt) ging Weber technisch noch über den 1821 in Berlin uraufgeführten »Freischütz« hinaus. Das Werk ist »durchkomponiert«, das heißt, es enthält keinen gesprochenen Dialog mehr, und die Einzelnummern sind in durchkomponierten Szenen zusammengefasst.

Der in englischer Sprache gehaltene »Oberon« (1826 in London unter Webers Leitung uraufgeführt) ist dagegen technisch wieder ein Rückschritt, zumal er gesprochene Dialoge aufweist. Weber wollte nach seiner Rückkehr nach Dresden das Werk nochmals überarbeiten. Sein früher Tod am 5. Juni 1826 in London verhinderte die Ausführung dieses Vorhabens. Am 14. und 15. Dezember 1844 wurden Webers sterbliche Überreste nach Dresden überführt. Seither ruht der Schöpfer des »Freischütz« auf dem Katholischen Friedhof in Dresden-Friedrichstadt.

Ludwig Richter (28.9.1803 – 19.6.1884)

Dr. Gerd Spitzer

Wenn Caspar David Friedrich als der überragende Meister frühromantischer Landschaftsmalerei betrachtet werden darf, so wird im Werk Ludwig Richters oft ein Inbegriff der Spätromantik gesehen, und Richter ist namentlich durch seine umfangreiche Tätigkeit für den Holzschnitt zu dem wohl populärsten deutschen Künstler des 19. Jahrhunderts geworden. Am 28. September 1803 wurde er als Sohn des Kupferstechers Carl August Richter in der Dresdener Friedrichstadt geboren. Diese Herkunft unterscheidet ihn von solchen namhaften Künstlern der Dresdener Romantik wie Friedrich, Runge, Kersting, Dahl oder Carus, die alle von außerhalb nach Dresden gekommen sind. Richter hat in der Stadt am Elbstrom den größten Teil seines Lebens verbracht, und hier ist er am 19. Juni 1884 auch gestorben.

Früh schon hatte seine künstlerische Ausbildung begonnen, bereits im zwölften Lebensjahr erhielt der junge Richter von seinem Vater Unterricht im Zeichnen und Radieren. 1816 dann wurde er als Schüler an der Dresdener Kunstakademie aufgenommen. Durch den Vater war er zur Mitarbeit an radierten Landschaften herangezogen worden, die dem Broterwerb dienten. Mehrere gemeinsame Wanderungen in jungen Jahren sind diesem Zweck verbunden gewesen. Als Begleiter des Fürsten Narischkin bei einer Reise nach Frankreich 1820/21 war es Richters Aufgabe, Landschaftszeichnungen für ein Album anzufertigen. Des jungen Künstlers Wunsch aber ist es gewesen, Landschaftsmaler zu werden. 1823 ergab sich durch die Unterstützung des Dresdener Verlegers Christoph Arnold die Möglichkeit zu einem längeren Aufenthalt in Italien, jenem gelobten Land für einen angehenden Künstler wie Richter zu damaliger Zeit. In Rom schloss er sich dem verehrten Altmeister des römisch-deutschen Künstlerkreises Joseph Anton Koch an und fand in dem Nazarener Julius Schnorr von Carolsfeld einen verständigen Freund und Ratgeber. Richters malerisches Oeuvre hat in diesen drei italienischen Jahren bis 1826 seine Wurzeln, und es ist durch die Landschaftsbilder Kochs entscheidend geprägt worden.

Das heroische Pathos der von Koch erneuerten klassisch-idealen Landschaftsauffassung lag Richters selbst erkannter Vorliebe für das »Reizende, Liebliche und Enge« allerdings eher fern. In die sächsische Heimat zurückgekehrt, widmete sich der vom Hochgefühl der Rom-Jahre Getragene zunächst weiter italienischen Landschaftszeichnungen unter Verwendung der mitgebrachten Studien und manch im Gedächtnis aufbewahrten Stimmungsbildes. Der Verkauf der Bilder trug zum Lebensunterhalt bei, und 1828 konnte der um selbständige Existenz bemühte Künstler, der inzwischen einen eigenen Hausstand gegründet hatte, eine Anstellung als Zeichenlehrer an der Porzellanmanufaktur in Meißen finden. Dort hatte er weiter italienische Landschaftsbilder gemalt. Je ferner aber die Eindrücke mit den Jahren rückten, umso lebensfremder wurde die Erinnerung auch in den Bildern. Mehr und mehr wandte sich das Auge des Zeichners und Malers dann der nah vertrauten, der heimischen Landschaft zu. Die entscheidende Zäsur erbrachte eine Wanderung Richters in das Böhmische Mittelgebirge 1834, drei Jahre später entstand als wichtigstes Ergebnis jener folgenreichen künstlerischen Neuorientierung das große Gemälde »Die Überfahrt am Schreckenstein«. Nach Aufhebung der Zeichenschule in Meißen war Richter seit 1836 zunächst als Lehrer und seit 1841 als Professor für Landschaftsmalerei an der Dresdener Kunstakademie tätig. 1836 auch ergab sich die Verbindung zu dem Leipziger Verleger Georg Wigand, die für Richters Illustrationstätigkeit und sein umfangreiches graphisches Schaffen so fruchtbar werden sollte. Überhaupt ist Richter dann vielmehr als mit seinem malerischen Oeuvre, das nach dem zweiten Hauptwerk »Der Brautzug im Frühling« von 1847 kaum noch wesentliche Erweiterung erfuhr, durch sein immenses zeichnerisches und druckgraphisches Werk hervorgetreten. Vor allem als Zeichner für den Holzschnitt, genauer Holzstich, hat er Erstaunliches geleistet und dieser Kunst im 19. Jahrhundert zu ganz neuer Geltung verholfen: Richters Holzschnittwerk allein wuchs auf über 2 000 Arbeiten an. Seine Illustrationen und Bildfolgen schildern in liebenswert-schlichter und gemütreich empfundener Weise Szenen aus dem kleinbürgerlichen Alltag und einem zu Idylle verklärten ländlichen Leben.

Gewiss entwarf Richter vorzugsweise eine idyllisierte Welt fernab der harten Realität, das ist ihm oft zum Vorwurf gemacht worden. Doch wer wollte einem solchen Rückzug in die Idylle als menschlichem Streben generell die Berechtigung absprechen? 1869 begann Richter mit der Niederschrift seiner »Lebenserinnerungen eines deutschen Malers«. Das Buch ist seit 1885 in zahlreichen Ausgaben erschienen und hat ebenfalls zur großen Popularität des Künstlers beigetragen.

Gottfried Semper (29.11.1803 – 15.5.1879)

Dr. Walter May

Der Lebensweg des Architekten Gottfried Semper, 1803 in Altona geboren und 1879 in Rom gestorben, durchlief mehrere europäische Länder. Seine Ausbildung führte ihn nach Paris, nach Italien und Griechenland, auf die Professur in Dresden folgte das Exil in London, auf die Professur in Zürich die Mitwirkung am Ringstraßenprojekt in Wien. Von grundlegender Bedeutung für die künstlerische Entwicklung Sempers war jedoch seine fünfzehnjährige Tätigkeit in der sächsischen Hauptstadt. Hier fand er hochrangige Bauaufgaben, in denen sich die bürgerliche Gesellschaft des 19. Jahrhunderts verwirklicht und einem humanistischen Bildungsideal verpflichtet sah, hier formte sich sein Stil, der ihn zu einem führenden Vertreter des Historismus in Deutschland werden ließ. Gleichermaßen gewinnbringend war Semper für Dresden. Er hob die Architektur der sächsischen Residenz aus der provinziellen Enge, in die sie nach dem Siebenjährigen Krieg geraten war, und gab ihr wieder künstlerisches Gewicht, Glanz und Ausstrahlungskraft.

Als 1834 die Professur für Baukunst an der Dresdner Kunstakademie neu zu besetzen war, suchten das liberale Ministerium Lindenau und der Generaldirektor der Akademie, bestrebt, dem Lande durch künstlerische und wissenschaftliche Leistungen Ansehen zu verschaffen, einen der besten Architekten für dieses Amt zu gewinnen. Gau in Paris, Moller in Darmstadt und Schinkel in Berlin lehnten die ihnen angetragene Stelle ab, machten aber Vorschläge für ihre Besetzung. Ausschlaggebend für die Berufung des erst dreißigjährigen Semper waren die Empfehlung seines Lehrers Gau und die günstigen Auskünfte, die aus großbürgerlichen Hamburger Kreisen in Dresden auf die Erkundigungen nach seiner Person eingingen.

Semper erfüllte die in ihn gesetzten Erwartungen über alle Maßen. Stets in städtebaulichen Dimensionen denkend, nahm er die Denkmalerrichtung für Friedrich August I. zum Anlass, aus dem unvollendeten Zwingerhof eine Platzanlage zu schaffen, die, einem Idealbild der antiken Demokratie folgend, »der leitenden Idee nach gewissermaßen dem ... Forum der Alten entsprechen sollte«. Nach diesem Konzept konnte Semper 1838–41 seinen vielbewunderten Theaterbau ausführen, und den gedanklichen und künstlerischen Gehalt seiner Planung steigerte er noch durch die Einbeziehung des anstehenden Museumsbaues. Der Forumplan blieb zwar auf dem Papier, aber mit dem Theater und dem Museum brachte Semper den sich gerade entfaltenden Historismus zu einer Reife, deren gestalterischer und dekorativer Reichtum zu jener Zeit etwas völlig Neues und Einzigartiges darstellte. Dabei fußte er auf den Formen der Renaissance, die er über alles Vorausgegangene »mit Einschluß sogar der höchsten Kunst der Griechen« stellte und die noch nicht das Ziel, »sondern wohl erst kaum die Hälfte ihrer Entwicklungsbahn erreicht« habe. Private Bauaufträge gaben ihm weiterhin die Gelegenheit zur beispielhaften Gestaltung des Stadtpalais und der Vorstadtvilla. Den Villengedanken hatte er mit der »Villa Rosa« so überzeugend formuliert, dass von ihr ein langanhaltender Einfluss ausging.

An dem Dresdner Maiaufstand 1849, der sich an der Nichtanerkennung der Reichsverfassung durch den sächsischen König entzündet, nahm der Architekt durch die Mitwirkung am Barrikadenbau und als Kommandant einer Barrikade aktiven Anteil. Sempers bewaffnetes Eintreten für die Sache des Parlaments, die seiner demokratischen Haltung und republikanischen Gesinnung entsprang und zu der er sich aus dem Exil in einem Brief an den König bekannte, zwang ihn zur Flucht aus Sachsen. Ein Gnadengesuch einzureichen, lehnte er konsequent ab, so dass der gegen ihn als »Mitglied der Umsturzpartei« erlassene Steckbrief erst 1863 zurückgenommen wurde.

Eine fruchtbringende Beziehung zwischen Semper und Dresden kam noch einmal zustande, nachdem 1869 ein Brand seinen Theaterbau zerstört hatte. Der Druck der öffentlichen Meinung, kein anderer als Semper dürfe für die Wiedererrichtung des Theaters in Betracht gezogen werden, und ein Landtagsbeschluss ließen die Regierung ihren Versuch aufgeben, durch Ausschreibung einer Konkurrenz die Beauftragung des politisch immer noch missliebigen Architekten zu vermeiden. Neben den Planungen für die Hofmuseen und die Neue Hofburg in Wien arbeitete Semper in Zürich den Entwurf für das neue Dresdner Theater aus, mit dessen Bau die Stadt zudem eine großartige Platzanlage erhielt. Gegenüber anderen Monumentalplätzen jener Zeit, Sempers Wiener Kaiserforum eingeschlossen, war der sich dem Landschaftsraum zuwendende Dresdner Theaterplatz von einer unpathetischen, nahezu intimen Lockerheit. Darin äußerte sich eine für die Dresdner Kunst charakteristische Haltung, und zugleich entsprach der nicht symmetrisch umbaute, gewissermaßen organisch gewachsene Platz Sempers antikebezogenem Stadtideal. Seine meisterhafte Fähigkeit, feinfühlig auf die künstlerische Stimmung eines Ortes einzugehen, hat hier einen Stadtraum entstehen lassen, der zu den großen Architekturschöpfungen des 19. Jahrhunderts gehört.

Richard Wagner (22.5.1813 – 13.2.1883)

Prof. Dr. Hans John

Richard Wagner verbrachte fast 27 Jahre seines Lebens in Sachsen. Er wurde am 22. Mai 1813 in Leipzig »auf dem Brühl im ‚rot und weißen Löwen'« geboren. Sein Vater war Polizeiaktuar. Ein halbes Jahr nach Richards Geburt verstarb er am »Lazarettfieber«, das er sich während der Völkerschlacht zugezogen hatte. Richards Mutter Johanna Rosine heiratete im August 1814 den Schauspieler, Lustspieldichter und Maler Ludwig Geyer und übersiedelte anschließend mit ihren sieben Kindern zu ihm nach Dresden, wo Geyer am Königlichen Hoftheater als Schauspieler wirkte. Der im Dezember 1816 nach Dresden berufene Carl Maria von Weber verkehrte häufig in Geyers gastlichem Hause.

Richard, der bis zu seinem 14. Lebensjahr den Familiennamen Geyer führte, wurde durch Weber inspiriert, die Musikerlaufbahn einzuschlagen. Ab 1817 besuchte er in Dresden die Schule des Vizehofkantors Carl Friedrich Schmidt. Im Herbst 1820 wurde er in die pädagogische Obhut des Possendorfer Pfarrers Christian Ephraim Wetzel gegeben, um für den Besuch der Dresdner Kreuzschule gut vorbereitet zu sein. Nach dem Tode seines Stiefvaters weilte Richard ab 1821 bei Verwandten in Eisleben. Hier besuchte er die Parochialschule, bis er am 2. Dezember 1822 in die Dresdner Kreuzschule eintrat und dort bis zum Sommer 1827 verblieb, ohne Mitglied des »Singchors der Kreuzschule« zu sein. An dem altehrwürdigen Dresdner Gymnasium wurde der Grundstock für seine weitreichenden geistigen und künstlerischen Interessen gelegt. Zu Weihnachten 1827 siedelte er zu der inzwischen nach Leipzig zurückgekehrten Familie über und trat in das Nikolaigymnasium ein. Die Gewandhauskonzerte und die Schätze der Bibliothek seines Onkels Adolf Wagner waren von großem Einfluss auf seine Bildung und Interessen. Um die Jahresmitte 1829 verfasste er erste Kompositionen, nachdem er schon als 15-jähriger in Dresden ein Räuberdrama unter dem Titel »Leubald« verfertigt hatte. Zu Ostern des Jahres 1829 verließ er die Nikolaischule und wechselte in die Thomasschule über. Nachdem die Pariser Juli-Revolution im Oktober 1830 auch auf die Leipziger Studenten übergriff, schloss sich Wagner den Demonstranten an. Ein halbes Jahr später ließ er sich ohne Schulabschluss an der Leipziger Universität als Student der Musik immatrikulieren und nahm Kompositionsunterricht bei Thomaskantor Theodor Weinlig. Früchte dieser Ausbildung waren u.a. eine Sinfonie, Ouvertüren und Klaviersonaten. In Leipzig komponierte Wagner auch die ersten Nummern seiner frühen Oper »Die Hochzeit«, die er jedoch vernichtete. Wichtig für Wagners geistige Entwicklung wurde in Leipzig die Begegnung mit Heinrich Laube, dem Wortführer der literarischen Bewegung des »Jungen Deutschland«. 1833 trat Wagner seine erste Stelle an. Er wurde Chordirektor am Würzburger Theater, wo er seine romantische Oper »Die Feen« komponierte. Engagements als Kapellmeister in Magdeburg, Königsberg und Riga folgten. Wegen beträchtlicher Schulden und finanziellen Zusammenbruchs des Rigaer Theaters musste er von dort fliehen und begab sich nach Paris. Aufführungen des in Paris vollendeten »Rienzi« und des »Fliegenden Holländer« vermochte er an der Großen Oper der Seine-Stadt nicht durchzusetzen. Durch Vermittlung Giacomo Meyerbeers wurde die »Große tragische Oper« »Rienzi« an dem im Jahre 1841 von Gottfried Semper errichteten Königlich Sächsischen Hoftheater in Dresden zur Uraufführung angenommen. Die Premiere dieses Werkes am 20. Oktober 1842 war ein großer Erfolg. Bereits im April 1842 hatte Wagner mit seiner Frau Minna in Elbestadt seinen Wohnsitz aufgeschlagen, um die Proben seines »Rienzi« zu überwachen. Nach der sechsten Vorstellung trug man ihm die Leitung der weiteren Aufführungen seines Werkes an. Nach erfolgreichem Probedirigat wurde Wagner am 2. Februar 1843 zum »Königlich Sächsischen Hofkapellmeister« auf Lebenszeit ernannt.

Bereits am 2. Januar 1843 hatte er die Uraufführung seiner romantischen Oper »Der fliegende Holländer« am Dresdner Hoftheater geleitet. Dieses Werk ist in doppelter Hinsicht bemerkenswert: Wagner betrachtete sich nun nicht mehr als »Verfertiger von Operntexten«, sondern als »Dichter«. Zudem erprobte er erstmals das Leitmotivverfahren. Unter Wagners Leitung wurde am 19. Oktober 1845 in Dresden seine »Große romantische Oper« »Tannhäuser und der Sängerkrieg auf der Wartburg« uraufgeführt. Den Höhepunkt der kompositorischen Tätigkeit Wagners in Dresden bildete die romantische Oper »Lohengrin«, deren Partitur er am 28. April 1848 fertigstellte.

Mit dem »Lohengrin« brachte Wagner die Entwicklung der deutschen romantischen Oper zum Abschluss. Danach widmete er sich mit dem »Ring des Nibelungen«, »Tristan und Isolde«, »Meistersinger« und »Parsifal« dem Musikdrama. Wagner musste nach dem Dresdner Maiaufstand 1849 Dresden verlassen. Er wurde als einer der Anführer steckbrieflich gesucht und ging ins Schweizer Exil. Erst 1862 durfte er nach seiner Amnestierung Sachsen wieder betreten. Am 13. Februar 1883 verstarb er in Venedig.

Clara und Robert Schumann (13.9.1819 – 20.5.1896; 8.6.1810 – 29.7.1856)

Prof. Dr. Hans John

Clara und Robert Schumann stammen aus Sachsen. Robert Schumann wurde am 8. Juni 1810 in Zwickau geboren. Als Sohn eines Verlagsbuchhändlers hatte er seit seiner Kindheit eine enge Verbindung zur Literatur. Die ebenfalls früh hervortretende musikalische Begabung fördere der Vater verständnisvoll. Johann Gottfried Kuntzsch, der Zwickauer Marienkirchorganist, erteilte dem Knaben Klavierunterricht. Während seiner Gymnasialzeit schuf Robert erste Kompositionen. Nach dem Abitur nahm er auf Wunsch seiner Mutter (der Vater war 1826 verstorben) 1828 in Leipzig das Jura-Studium auf, das er 1829 in Heidelberg fortsetzte. 1830 willigte seine Mutter in den Wunsch Roberts ein, das ungeliebte Jura-Studium ganz aufzugeben und sich fortan der Musik zu widmen. Er nahm den 1828 begonnenen Klavierunterricht bei Friedrich Wieck in Leipzig wieder auf. Heinrich Dorn erteilte ihm Kompositionsunterricht. Eine Sehnenentzündung zwang Schumann 1831 zur Aufgabe der beabsichtigten Virtuosenlaufbahn. Umso intensiver widmete er sich nun der Kompositionskunst. 1834 gründete er mit Freunden die »Neue Zeitschrift für Musik«. Als deren Redakteur wirkte er bis 1844 und profilierte sie durch eigene Beiträge, Berichte und Rezensionen zu einer der angesehensten deutschen Musikzeitschriften. Leidenschaftlich wandte er sich in vielen Artikeln gegen Verflachungserscheinungen des Musiklebens. Der Förderung des Neuen galt sein ganzer Einsatz.

Bis 1840 hatte Schumann fast ausschließlich Klavierwerke komponiert: Sonaten, Variationen und lyrische Klavierstücke. Letztere enthalten häufig tänzerische Rhythmik und Marschgestik. Sie sind mit poetischen Überschriften versehen und werden zumeist zu Zyklen gebündelt. In ihnen erweist sich Schumann als Romantiker, was sich u.a. in harmonischer Hinsicht und in schwärmerisch-empfindsamen Zügen bekundet. Schumanns Kompositionen eignet zudem eine dichte Binnenpolyphonie, die wahrscheinlich dem intensiven Studium Bachscher Werke zu danken ist.

Am 12. September 1840 heiratete Schumann gegen den Widerstand Friedrich Wiecks dessen Tochter Clara, eine in ganz Europa berühmte Pianistin, zudem eine tüchtige Komponistin. Der erforderliche Ehekonsens des Vaters wurde durch Gerichtsentscheid nach einem langen Prozess »suppliert«. Im Hochzeitsjahr schuf Schumann die meisten seiner klavierbegleiteten Sololieder, u.a. die Zyklen »Myrten«, »Dichterliebe«, »Frauenliebe und -leben« und die »Liederkreise« nach Texten von Heine und Eichendorff. Schumann wurde damit zum Meister des romantischen Stimmungsliedes. Das Klavier erhält durch die »Charakterbegleitung« einen gewichtigen Anteil an der Ausdeutung der Texte. 1841 wandte sich Schumann der Sinfonik zu. 1842 komponierte er hauptsächlich Kammermusikwerke. Danach schuf er Oratorien, Konzertstücke und Werke für größere Besetzungen. Im April 1843 verpflichtete ihn der damals berühmteste deutsche Musiker, Felix Mendelssohn-Bartholdy, als Theorie- und Kompositionslehrer an das eben gegründete Leipziger Konservatorium. Diese Tätigkeit währte nur eineinhalb Jahre. Im Dezember 1844 übersiedelte die Familie Schumann nach Dresden, da sich Robert von einem Ortswechsel eine Verbesserung seiner angegriffenen psychischen und physischen Konstitution versprach.

Etwa ein Drittel seines kompositorischen Oeuvres entstand in der Elbestadt, u.a. die 2. Sinfonie, die zwei letzten Sätze des Klavierkonzerts a-Moll, die Musik zu Lord Byrons Schauspiel »Manfred«, die Oper »Genoveva«, Teile der »Faust«-Szenen, Lieder, Klavier-, Chor- und Kammermusikwerke. In Dresden betätigte sich Schumann auch als Interpret. 1847/48 wirkte er als künstlerischer Leiter der »Liedertafel«. 1848 gründete er den »Verein für Chorgesang«, dessen Leitung er bis 1850 innehatte. Gemeinsam mit Ferdinand Hiller organisierte er in der Wintersaison 1845/46 Abonnements- und außerordentliche Konzerte, bei denen ältere und »vorzugsweise neueste Werke« aufgeführt wurden und hevorragende Solisten, u.a. Ferdinand David, Joseph Joachim und Clara Schumann, mitwirkten. Eine weitere verdienstvolle Tat Schumanns war die Organisation von Kammermusikreihen. Mit großem Engagement förderte er die Profilierung des öffentlichen Konzertlebens in der Elbestadt.

Nach Richard Wagners Flucht hatte Robert Schumann gehofft, dass man ihm den vakanten Kapellmeisterposten antragen würde. Sein Wunsch erfüllte sich nicht. So ging er im September 1850 nach Düsseldorf, wo er fortan die Stelle eines städtischen Musikdirektors bekleidete.

1854 ermatteten seine geistigen Kräfte. Auf eigenen Wunsch begab er sich nach Endenich in die Nervenheilanstalt, wo er am 29. Juli 1856 verstarb. Clara Schumann musste, um ihre sieben unmündigen Kinder zu versorgen, die Konzerttätigkeit im großen Stil wieder aufnehmen. Sie verstarb am 20. Mai 1896 und fand ihre letzte Ruhestätte an der Seite ihres Mannes auf dem Friedhof in Bonn.

Manfred von Ardenne (20.1.1907 – 26.5.1997)

Manfred von Ardenne kam 1907 in Hamburg als Spross einer adligen Familie, aus deren Reihen das deutsche Kaiserreich seine staatstragende Elite rekrutierte, zur Welt. Nachdem der Vater, Regierungsrat Baron Egmont von Ardenne, 1913 ins Kriegsministerium versetzt worden war, zog die gesamte Familie nach Berlin in den Villenvorort, der von Adeligen und Offizieren geprägt war. Manfred wurde bis zum Zusammenbruch des Kaiserreichs standesgemäß zu Hause von Privatlehrern unterrichtet. Sein dabei zutage tretendes Interesse für die Naturwissenschaften – insbesondere für die neuesten Erkenntnisse der Elektrophysik – wurde außerordentlich unterstützt und gefördert. Ab 1919 besuchte er für drei Schuljahre ein Realgymnasium in Berlin; bei einem Schulwettbewerb belegte er mit der Einreichung von Modellen eines Fotoapparates und einer elektrischen Alarmanlage den ersten Platz. Er hatte sich außerdem mit Problemen der aufkommenden Rundfunktechnik befasst und dabei die Idee zur Nutzung spezieller Elektronenstrahlröhren zur Patentreife entwickelt. 1923 verließ Manfred von Ardenne vorzeitig das Gymnasium, nachdem er – mit 16 Jahren – sein erstes Patent für ein »Verfahren zur Erzielung einer Tonselektion, insbesondere für die Zwecke der drahtlosen Telegraphie« erhalten hatte. Danach widmete er sich der Weiterentwicklung der Radiotechnik. Siegmund Loewe, der Gründer der Loewe-Opta-Werke, erkannte seine technische Begabung, förderte ihn und wurde sein Mentor. Den Breitbandverstärker (widerstandsgekoppelter Verstärker) verbesserte er – dank seiner Honorare und Geldern aus dem Patentverkauf – 1925 erheblich; dadurch brachte er die Entwicklung des Fernsehens und des Radars entscheidend voran. Wegen Vorveröffentlichung wurde ihm ein Patent darauf jedoch aberkannt. Dank der Hilfe aus dem Familienkreis und ohne das Abitur erreicht zu haben, schrieb sich von Ardenne im gleichen Jahr an der Universität in Berlin ein und begann Physik, Chemie und Mathematik zu studieren. Nach vier Studienjahren brach er selbiges wieder ab und wandte sich als Autodidakt auf dem Gebiet der angewandten Physik ganz seinen privaten Forschungen zu. Nach dem Erreichen der Volljährigkeit 1938 gründete er in Berlin-Lichtenfelde ein Forschungslaboratorium für Elektronenphysik, das er bis 1945 leitete. In diese Zeitspanne fällt seine Beteiligung an der Entwicklung des Fernsehens mit Leuchtfleck-Zeilenabtastung und zeilenweiser Wiedergabe mit einer Braun'schen Röhre, an der Erfindung des Rasterelektronenmikroskops sowie an der Radarentwicklung und atomaren Arbeiten. Weihnachten 1930 gelang Manfred von Ardenne die weltweit erste vollelektronische Fernsehübertragung mit Kathodenstrahlröhre. Im Laboratorium des elterlichen Hauses entwickelte er einen Leuchtfleckabtaster, der nach seiner Vorführung auf der Funkausstellung in Berlin 1931 als »Weltpremiere des elektronischen Fernsehens« gefeiert wurde und zur weltweiten Umstellung auf elektronisches Fernsehen führte. Auf die Arbeit seines privaten Forschungsinstitutes gingen Mitte des 20. Jahrhunderts eine Vielzahl bedeutender Erfindungen auf den Gebieten der Funk- und Fernsehtechnik und der Elektronenmikroskopie zurück.

Umfassend erforscht und in allen Einzelheiten aufgearbeitet sind noch nicht die Zusammenarbeit des Instituts von Ardenne's und dem Reichspostministerium bei der Entwicklung eines elektromagnetischen Massentrenners für Uran und die Entwicklung eines Lithium-Trenners im Jahre 1945. Gemeinsam mit anderen deutschen Technikern und Wissenschaftlern wurde Manfred von Ardenne zwangsverpflichtet und arbeitete von 1945 bis 1954 an der Entwicklung der sowjetischen Atombombe mit. Er zog mit dem in Berlin gegründeten Forschungslaboratorium für Elektronenphysik nach Sochumi in Abchasien/Georgien um, wo der NKWD im Juli 1945 ein Physikalisch-Mathematisches Institut eröffnet hatte. Er entwickelte dort einen magnetischen Isotopentrenner und eine Duoplasmatron-Ionen-Quelle; für seine Mitarbeit an der Bombe erhielt er 1953 den Stalinpreis.

Zurückgekehrt in die DDR, unterhielt von Ardenne auf dem Weißen Hirsch in Dresden ein nach ihm benanntes Forschungsinstitut. Das Haus, in dem er lebte und wo sich auch das Institut befand, war zuvor von der Regierung der DDR enteignet und ihm dann überlassen worden. Es entwickelte sich mit rund 500 Mitarbeitern zum größten privaten Forschungsinstitut des gesamten Ostblocks; seit 1965 war Prof. Siegfried Schiller stellvertretender Direktor des Instituts. Von Ardenne war außerdem Professor für elektronische Sonderprobleme der Kerntechnik an der Technischen Universität Dresden, wurde zweimal mit dem Nationalpreis der DDR ausgezeichnet und besaß insgesamt 600 Patente.

Auf dem Gebiet der Medizin entwickelte er die Sauerstoff-Mehrschritt-Therapie und die sog. Systemische Krebs-Mehrschritt-Therapie. Von Ardenne war der Erste, der die Hyperthermie zur Krebsbekämpfung einsetzte. Er war u.a. Mitglied der Internationalen Astronautischen Akademie in Paris, Volkskammerabgeordneter, Autor vieler Bücher und Publikationen sowie seit 26. September 1989 Ehrenbürger der Stadt Dresden.

Staat und Verwaltung in Sachsen

Dr. Harald Vinke

Am 3. Oktober 1990 ist Sachsen als Freistaat wiedererstanden. Damit hat Sachsen zum zweiten Mal in seiner langen Geschichte den vorangegangenen Verlust seiner Staatlichkeit überwunden: Die kurze Zeit nach der nationalsozialistischen Machtergreifung aufgelösten deutschen Länder entstanden zwar nach 1945 auch in der sowjetischen Besatzungszone neu. Diese wurden aber bereits im Sommer 1952 faktisch aufgelöst und ihrer Verwaltungsfunktionen enthoben. In diesem Zusammenhang wurde das Land Sachsen in die Bezirke Chemnitz (später Karl-Marx-Stadt), Dresden und Leipzig aufgegliedert. Dieser Zustand blieb nahezu vier Jahrzehnte bis zum Zusammenbruch der DDR infolge der friedlichen Revolution von 1989 bestehen.

An dieser friedlichen Revolution im Herbst 1989 war die sächsische Bevölkerung maßgeblich beteiligt, wie vor allem die Montagsdemonstrationen in Leipzig zeigten. Diese Bewegung, die schließlich in Maueröffnung und freie Wahlen mündete, war zu allererst von Forderungen nach Demokratie, Rechtsstaatlichkeit und Reisefreiheit sowie schließlich auch nach der Wiedervereinigung Deutschlands geprägt. Der Ruf nach der Wiedereinführung föderaler Strukturen in der DDR war anfangs nur vereinzelt zu vernehmen. Er gewann aber innerhalb kurzer Zeit eine breite Basis.

Der vom Runden Tisch in Ostberlin am 6. Dezember 1989 beschlossene Fahrplan der politischen Umgestaltung der Verwaltung der DDR sah vor, nach freien Wahlen zur Volkskammer und der damit verbundenen Erneuerung von Parlament und Regierung auf Republiksebene anschließend durch Kommunalwahlen die Gemeinde- und Kreisverwaltungen zu erneuern. Die Bildung von Ländern blieb dabei vorerst noch im Hintergrund. Auch für den Bezirk Dresden bildete sich ein »Runder Tisch«, der zur Keimzelle des wieder zu errichtenden Freistaates werden sollte.

Nach den Kommunalwahlen am 6. Mai 1990 führte die Volkskammer mit der Kommunalverfassung vom 17. Mai 1990 zunächst die kommunale Selbstverwaltung ein. In einem nächsten Schritt löste die Regierung de Maizière die Bezirkstage auf und setzte an ihrer Stelle Regierungsbeauftragte als Dienstvorgesetzte der zu Bezirksverwaltungen umbenannten Räte der Bezirke ein. Am 22. Juli 1990 schließlich beschloss die Volkskammer durch das Ländereinführungsgesetz die Bildung von Ländern zum 14. Oktober. Aufgrund des nach der Wirtschafts- und Währungsunion zunehmenden Autoritätsverlustes der DDR-Regierung beschloss die Volkskammer am 23. August 1990, entgegen früheren Planungen den Beitritt der DDR zum Geltungsbereich des Grundgesetzes mit Wirkung zum 3. Oktober 1990 zu erklären. Auf diesen Tag wurde auch die Länderbildung vorverlegt.

Die territoriale Gliederung des wieder entstandenen Landes Sachsen orientierte sich an den Gebieten der bisherigen Bezirke Dresden, Karl-Marx-Stadt/Chemnitz und Leipzig, wobei einzelne Kreise, wie Altenburg, Schmölln (zu Thüringen) und Hoyerswerda, Weißwasser (von Brandenburg) bereits durch das Ländereinführungsgesetz ihre alte Zuordnung wie vor Auflösung der Länder fanden.

Am Geburtstag der neuen Länder verfügten diese nur über eine Landesbehörde: den vom Ministerpräsidenten der DDR jeweils berufenen Landesbeauftragten. Schon am 14. Oktober fanden die ersten Landtagswahlen in den neuen Bundesländern statt. In Sachsen, das von allen neuen Bundesländern die höchste Wahlbeteiligung aufwies, erreichte die CDU mit 53,8% der abgegebenen Stimmen die absolute Mehrheit. Auf die SPD entfielen 19,1%, auf die Linke Liste/PDS 10,2% und auf Bündnis 90/Grüne 5,6% der Stimmen. Die FDP erreichte 5,3%, die DSU 3,6% und die anderen Parteien 2,4%. Damit entfielen von den 160 Landtagssitzen 92 Sitze auf die CDU, 32 Sitze auf die SPD, 17 Sitze auf Linke Liste PDS. 10 Sitze auf Bündnis 90/Grüne und 9 Sitze auf die FDP.

Der am 27. Oktober 1990 zu einer konstituierenden Sitzung zusammengetretene Sächsische Landtag verlieh dem Land den Namen »Freistaat Sachsen« und wählte Prof. Kurt Biedenkopf zum Ministerpräsidenten. Die unter Führung von Ministerpräsident Biedenkopf gebildete Landesregierung nahm daraufhin mit der Errichtung einer Staatskanzlei und neun Landesministerien in Dresden ihre Arbeit auf.

Der Sachsenspiegel, das älteste und einflussreichste Rechtsbuch des deutschen Mittelalters, um 1224-31 von Eike von Repgow in lateinischer Sprache konzipiert und ins Niederdeutsche übertragen.

Nachdem so die Landesorgane Parlament und Regierung ins Leben gerufen worden waren, musste man nun daran gehen, das erforderliche Landesrecht zu schaffen und die öffentliche Verwaltung zu organisieren. Der staatliche Neuaufbau bedurfte aber vor allem eines rechtlichen Fundamentes – einer neuen sächsischen Verfassung. Kurz nach der Volkskammerwahl hatte sich im April 1990 im Rahmen der »Gemischten Kommission Baden-Württemberg/Sachsen«, die den Aufbau Sachsens begleitete, eine »Arbeitsgruppe Landesverfassung« gebildet, die an Vorarbeiten Dresdner Bürgerrechtler anknüpfen konnte. Vor dem Hintergrund der mit fortschreitender Zeit immer deutlicher werdende Eigendynamik der politischen und gesellschaftlichen Prozesse orientierten sich die Beratungen über eine sächsische Verfassung im Laufe der Zeit mehr und mehr am Grundgesetz der Bundesrepublik Deutschland. Die Arbeit mündete im sogenannten »Gohrischen Entwurf« (benannt nach dem Tagungsort Gohrisch in der Sächsischen Schweiz), der am 5. August 1990 in Dresden vorgestellt wurde und zu dem in den folgenden Monaten 1 400 Ergänzungs- und Änderungsvorschläge aus der Bevölkerung eingingen. Nach einer Überarbeitung wurde dieser Entwurf von den Fraktionen der CDU und FDP in den Landtag eingebracht und vom Verfassungs- und Rechtsausschuss des Landtages zur maßgeblichen Grundlage der Beratungen bestimmt. Daneben gab es weitere Entwürfe einer sächsischen Landesverfassung, die auch zum Gegenstand parlamentarischer und außerparlamentarischer Diskussion wurden, sich aber nicht durchsetzen konnten. Nach eingehenden parlamentarischen Beratungen wurde schließlich die Verfassung mit der Zustimmung des Landtages am 26. Mai 1992 mit einer Mehrheit von 132 Stimmen bei 15 Gegenstimmen und vier Enthaltungen verabschiedet.

Die am 6. Juni 1992 als erste Verfassung in den neuen Bundesländern in Kraft getretene sächsische Verfassung besitzt trotz der vielen Anregungen anderer Bundesländer spezifisch sächsische Inhalte. So stellt die Präambel den Freistaat in die Jahrhunderte alte Tradition sächsischer Staatlichkeit und zeigt die Verfassung als Erbe der friedlichen Revolution auf. Sie enthält einen detaillierten, zum Teil über die Gewährleistungen des Grundgesetzes hinausgehenden, freilich – zu Recht – auf soziale Grundrechte verzichtenden Katalog von Grundrechten. Die Forderung nach sozialen Grundrechten, wie sie vor allem von den Fraktionen Linke Liste/PDS vertreten wurde, hat sich – nicht zuletzt aufgrund der Erfahrungen mit der DDR – nicht durchsetzen können. Allerdings findet sich eine Reihe von Staatszielen, zu denen sich auch soziale Staatsziele rechnen. Darüber hinaus muss auf die akzentuierte Möglichkeit der Kontrolle von Regierung und Verwaltung und die plebiszitären Elemente hingewiesen werden. In der Entscheidung des Verfassungsgebers für die Wiedergutmachung (Art. 116) und die Aufarbeitung der Vergangenheit (Art. 117) schlägt sich auch die in der Präambel zum Ausdruck kommende leidvolle Erfahrung kommunistischer Gewaltherrschaft nieder. So formuliert Art. 117 SächsVerf als Staatsaufgabe, im Rahmen der Möglichkeiten die Ursachen individuellen und gesellschaftlichen Versagens in der Vergangenheit abzubauen, die Folgen verletzter Menschenwürde zu mindern und die Fähigkeit zu selbstbestimmter und eigenverantwortlicher Lebensgestaltung zu stärken. Die Möglichkeit der Abgeordnetenanklage, der Ministeranklage und die Vorschriften über den öffentlichen Dienst (Art. 118, 119) nehmen diese Erfahrung auf.

Die sächsische Verfassung sieht in Art. 77 die Errichtung eines Verfassungsgerichtshofs vor, dessen Zusammensetzung und Zuständigkeiten in Art. 81 festgelegt sind. Seine Einrichtung, die Regeln über die Wahl der Richter sowie über das Verfahren sind hingegen einer besonderen gesetzlichen Regelung vorbehalten. Mit dem Gesetz vom 18. Februar 1993 erfüllte der Sächsische Landtag diesen Verfassungsauftrag und errichtete den Verfassungsgerichtshof für den Freistaat Sachsen mit Sitz in Leipzig. Der Verfassungsgerichtshof besteht aus neun Mitgliedern, von denen fünf auch im Hauptamt Richter sein müssen. Die richterlichen und die nichtrichterlichen Mitglieder des Gerichts werden vom Landtag mit zwei Dritteln seiner Mitglieder für eine Amtszeit von neun Jahren gewählt und dürfen während dieser Zeit weder einer gesetzgebenden Körperschaft noch einer Regierung des Bundes oder eines Landes angehören. Der Sächsische Verfassungsgerichtshof ist zuständig für die Entscheidung von Streitigkeiten auf der Ebene der Verfassungsorgane. Gerade in der sich erst einspielenden politischen und verfassungsrechtlichen Praxis kam dem Gericht, wie zahlreiche Verfahren zeigen, eine besondere Bedeutung zu. Ihm obliegt auch die Wahrung der Grundrechte im Verhältnis des Bürgers zum Staat. Mit dem Schutz des Bürgers durch die Möglichkeit der Individualverfassungsbeschwerde hat sich die Sächsische Verfassung nicht nur für eine voll ausgebaute Verfassungsgerichtsbarkeit entschieden, sondern zugleich auch den Stellenwert des vollständigen Grundrechtskataloges in einer Landesverfassung noch einmal betont. Die große Zahl der Verfassungsbeschwerden bestätigt das Vertrauen der sächsischen Bevölkerung in die Grundrechte der eigenen Verfassung ebenso wie in die Institution der Verfassungsgerichtsbarkeit. Die in Sachsen selbstbewusst ausgebaute Verfassungsgerichtsbarkeit betont die Verfassungsautonomie des Landes im Rahmen der bundesstaatlichen Ordnung, die sich auch in der Rechtsprechung dieses Gerichts niederschlägt, nicht zuletzt auch in der Betonung der sächsischen Grundrechte gegenüber Akten der sächsischen Staatsgewalt, die auf der Anwendung von Bundesrecht beruhen.

Der Landtag des Freistaates Sachsen – das Plenum

Der Sächsische Landtag bestand in der ersten Wahlperiode aus 160 Mitgliedern. Mit der Neuwahl im Jahre 1994 wurde die Zahl der Abgeordneten auf 120 reduziert. Auch die Wahlperioden haben sich nach der zweiten Wahl von vier auf fünf Jahre verlängert.

Schon bald nach dem Wiedererstehen des Freistaates Sachsen machte sich in den rechtlichen Beziehungen der Bürger untereinander und vor allem in Bezug auf die Verwaltung bemerkbar, dass es vorerst nur wenige Landesgesetze gab und die nach dem Einigungsvertrag als Landesrecht fortgeltenden früheren DDR-Bestimmungen den neuen Anforderungen häufig nicht mehr gerecht wurden. Es war daher Aufgabe des Landtages, die bestehenden Lücken im Recht so schnell wie möglich zu schließen. Eine Vielzahl von Gesetzen passierte deshalb vor allem den ersten Landtag. So mussten etwa die Verwaltung, die Justiz, die Polizei, der Bildungsbereich, die Gemeindeorganisation auf landesgesetzliche Grundlagen gestellt werden. Ein Blick in die Gesetzblätter der ersten Jahre verdeutlicht diese umfangreiche Gestaltungsaufgabe des Sächsischen Landtages und der von ihm getragenen Staatsregierung. In der dritten Wahlperiode sank der Aufwand für die Gesetzgebung. Seither traten die Kontrollfunktionen des Parlaments und seine Aufgaben zur öffentlichen politischen Willensbildung in den Vordergrund. Das fortgeltende Recht – insbesondere der DDR – wurde zwischenzeitlich bis auf wenige Ausnahmen durch zwei Rechtsbereinigungsgesetze aufgehoben.

Die im Herbst 1990 gebildete Landesregierung stand vor der schwierigen Aufgabe, innerhalb kürzester Zeit die Einrichtung der Verwaltung vorzunehmen. Dabei konnte sie sich zwar auf die Erfahrungen der alten Bundesländer stützen, musste aber gleichzeitig neue Wege beschreiten, um den andersartigen Anforderungen gerecht zu werden. Besondere Probleme tauchten beim personellen Aufbau der Verwaltung auf. Die Anzahl der aus den ehemaligen DDR-Verwaltungseinrichtungen nach dem Einigungsvertrag zunächst zu übernehmenden Beschäftigten lag weit über dem neuen Bedarf. Bei einem Teil dieser Beschäftigten fehlten – verständlicherweise – die für das neue Rechts- und Verwaltungssystem erforderlichen Erfahrungen und Qualifikationen. Darüber hinaus war ein Teil aber auch durch die besondere Systemnähe kompromittiert und konnte keine weitere Beschäftigung in einem freiheitlich rechtsstaatlichen öffentlichen Dienst finden. Dies hatte einen erheblichen Personalabbau zur Folge. Der neugegründete Freistaat war zudem – wie alle neuen Länder – in den ersten Jahren auf personelle Hilfe aus den alten Ländern angewiesen, die vor allem von Baden-Württemberg und Bayern gewährt wurde.

In Bezug auf die Regierungsorganisation orientiert sich die sächsische Verfassung am Grundgesetz. So liegt die Richtlinienkompetenz hinsichtlich der Politik beim Ministerpräsidenten. Innerhalb dieser Richtlinie leitet jeder Staatsminister sein Ressort in eigener Verantwortung. Die Landesregierung stellt gleichzeitig die Spitze der vollziehenden Gewalt dar. Diese ist in einem dreistufigen Verwaltungsaufbau organisiert. Die Staatsregierung und im Rahmen ihres Geschäftsbereiches der Ministerpräsident sowie die Staatsministerien leiten und beaufsichtigen als oberste Staatsbehörden die ihnen nachgeordneten Staatsbehörden. Hier folgte Sachsen zunächst einem Organisationsmodell, das zwischen besonderen Staatsbehörden und allgemeinen Staatsbehörden unterschied. Besondere Staatsbehörden waren jeweils für einen bestimmten Aufgabenkreis zuständig und sind oftmals hierarchisch weiter untergliedert in Behörden der Mittelebene und der unteren Ebene. Allgemeine Staatsbehörden waren die Regierungspräsidien für die drei Regierungsbezirke Chemnitz, Dresden und Leipzig, die Aufgaben aus mehreren Staatsministerien wahrnahmen und in ihrem Regierungsbezirk die staatliche Verwaltungstätigkeit koordinierten. Dieses Modell wurde im Jahr 2008 im Zuge der Verwaltungsreform im Freistaat Sachen grundlegend verändert. Vor dem Hintergrund der demografischen Entwicklung – im Jahr 2020 wird Sachsen fast eine Million Einwohner weniger haben als 1990 – musste die Verwaltung neu organisiert werden, um auch in Zukunft funktionsfähig zu bleiben. Ziele der Reform waren der Abbau von Bürokratie, die Schaffung von mehr Bürgernähe und die Senkung der Verwaltungsausgaben. Mit der Verwaltungsreform wurden deshalb der dreistufige Aufbau der Verwaltung und die Zersplitterung in mehr als 200 Behörden deutlich gestrafft. Unterhalb der Ministerien bilden die Mittelebene nun drei Landesdirektionen Chemnitz, Dresden und Leipzig, die im Wesentlichen aus den bisherigen Regierungspräsidien hervorgehen. Die Landesdirektionen erhielten einen neuen Aufgabenzuschnitt. Nach der Kommunalisierung vieler bisheriger Aufgaben liegt ihr Schwerpunkt auf Aufgaben mit Aufsichts- und Bündelungsfunktion. Ebenfalls wurden Aufgaben der bisherigen Sonderbehörden in die Landesdirektionen integriert. Wesentliches Element der Verwaltungsreform war eine umfassende Kommunalisierung der Verwaltungsaufgaben: Alle Aufgaben der früheren Regierungspräsidien, die außerhalb ihres neuen Aufgabenspektrums lagen, wurden den Landkreisen und Kreisfreien Städten übertragen, die grundsätzlich die untere Verwaltungsebene bilden. Ebenso wurden auf die Landkreise, Kreisfreien Städte und den Kommunalen Sozialverband Aufgaben der Sonderbehörden wie z. B. die Aufgaben der staatlichen Vermessungsämter, zahlreiche Aufgaben aus dem Sozialbereich oder die technische Verwaltung der Kreisstraßen und die Unterhaltung und Instandsetzung der Bundes- und Staatsstraßen übertragen. Dieser Aufgabenzuwachs bei den Landkreisen und Kreisfreien Städten, der auch mit einem Personalübergang aus dem staatlichen in den kommunalen Dienst verbunden war, erforderte allerdings auch einen Neuzuschnitt der Kreisgebiete.

Auf kommunaler Ebene wurde der Wandel vom sozialistischen Einheitsstaat zur kommunalen Selbstverwaltung frühzeitig vollzogen. Bereits die von der Volkskammer erlassene Kommunalverfassung der DDR vom 17. Mai 1990 ebnete diesen Weg, indem sie für diesen Systemwechsel die rechtlichen Grundlagen schaffte. Bald nach Wiedererrichtung des Freistaates entstanden Bestrebungen nach einer sächsischen Kommunalverfassung. Die Diskussion über die angemessene Gemeindeordnung dauerte bis März 1993 an. Letztendlich entschied sich das Parlament für das Modell der Süddeutschen Ratsverfassung. Die am 31. Juli 1993 in Kraft getretene Gemeindeordnung sieht diesem Modell entsprechend einen direkt vom Bürger gewählten Bürgermeister vor, der gleichzeitig die Funktion des Leiters der Verwaltung innehat, aber auch den Vorsitz im Gemeinderat ausübt. Trotz dieser aus seiner Funktion heraus erwachsenden Stärke ist er nicht das Hauptorgan der Gemeinde. Hauptorgan der Gemeinde und Vertretung der Bürger ist der Gemeinderat. Ihm stehen die Entscheidungen über alle Angelegenheiten der Gemeinde zu, soweit diese nicht ausdrücklich dem Bürgermeister zugeordnet sind. Der Gemeinderat setzt sich aus ehrenamtlich tätigen Gemeinderäten, deren Anzahl sich nach der Einwohnerzahl bestimmt, und dem Bürgermeister als Vorsitzenden zusammen.

Waren mit der Gemeindeordnung im Jahr 1993 die rechtlichen Rahmenbedingungen für die kommunale Selbstverwaltung geschaffen, so entsprachen die kommunalen Gebietsstrukturen nicht den Erfordernissen einer modernen Kommunalverwaltung. Der Freistaat Sachsen hatte zwar im Vergleich zu den anderen neuen Bundesländern die größte durchschnittliche Kreisgröße. Mit einer durchschnittlichen Einwohnerzahl von 69 000 lag diese jedoch deutlich unter dem Kreisgrößendurchschnitt der alten Bundesländer. Auch die Ge-

Das Bundesverwaltungsgericht in Leipzig

meinden wiesen Größen auf, die deutlich unter dem Durchschnitt der alten Bundesländer lagen. Rund 60% der Gemeinden hatten weniger als 1 000 Einwohner. Bei 93% der Gemeinden lag die Einwohnerzahl unter 5 000. Damit reichte die Verwaltungskraft der kommunalen Gebietskörperschaften nicht aus, um die umfangreichen Aufgaben effizient und bürgernah zu erfüllen. Eine Änderung der Kreis- und Gemeindestrukturen war deshalb geboten.

Die Sächsische Staatsregierung entschloss sich, mit einer Kreisgebietsreform zu beginnen und damit einen Rahmen für die sich anschließende Gemeindegebietsreform zu schaffen. Ausgehend von den Zielen, die Leistungsfähigkeit der Verwaltung zu erhöhen und gleichwertige Lebensbedingungen zu schaffen, erfolgte eine Vergrößerung der Landkreise. Dabei mussten jedoch siedlungsstrukturelle und topographische Besonderheiten berücksichtigt werden, so dass sich eine Schematisierung schon im Ansatz verbot. Als Leitziel wurde eine Kreisgröße von ca. 125 000 Einwohnern angestrebt, aber nicht durchgängig erreicht. Dies war nicht nur Folge sozialstruktureller Gegebenheiten, sondern auch politischer Kompromisse, die nicht stets der verfassungsrechtlichen Kontrolle standhielten. In Folge der Kreisgebietsreform entstanden bis 1996 aus vormals 48 Kreisen und sechs kreisfreien Städten 22 neue Landkreise und sieben kreisfreie Städte.

Bei der sich anschließenden Gemeindegebietsreform stand ebenfalls die Vergrößerung der oftmals sehr kleinen Verwaltungseinheiten im Zentrum. Die Staatsregierung setzte dabei zunächst auf den Gedanken der Freiwilligkeit. Im Zuge dieser Phase reduzierte sich die Zahl der Gemeinden bereits um ca. 40%. Soweit es nicht zu freiwilligen Zusammenschlüssen kam, wurde der Gesetzgeber durch Gemeindegebietsreformgesetze regulierend tätig. Durch die Gemeindegebietsreform wurde die Zahl der kreisangehörigen Gemeinden von 1 622 im Jahr 1991 auf 546 reduziert. Zum 1. Januar 2008 betrug ihre Zahl 492.

Mit der zweiten Kreisgebietsreform im Jahr 2008 musste schließlich dem mit der gleichzeitigen Verwaltungsreform einhergehenden Aufgabenzuwachs bei den Landkreisen und Kreisfreien Städten Rechnung getragen werden, der nach leistungsfähigeren Kommunalverwaltungen verlangte. Da die Gebietszuschnitte noch über das Jahr 2020 hinaus Bestand haben sollen, wurde als Leitziel für diesen Zeitpunkt eine Einwohnerzahl von mindestens 200 000 Einwohnern, im Ausnahmefall 170 000 Einwohnern angestrebt. Die 22 Landkreise werden auf zehn und die sieben kreisfreien Städte auf drei reduziert.

Die im Einigungsvertrag beschlossene Übernahme bundesdeutschen Rechts verlangte innerhalb kürzester Zeit auch den Aufbau einer funktionierenden Justizverwaltung. Dabei galt es, das durch die Erfahrungen mit einem ideologisch instrumentalisierten Rechtswesen geprägte Misstrauen und die Unkenntnis hinsichtlich einer überwiegend neuen Rechtsordnung zu überwinden und den in einen vertrauenswürdigen Rechtsstaat gesetzten Erwartungen der neuen Bundesbürger gerecht zu werden. Darauf waren weder Bürger noch Justizbedienstete der neuen Länder vorbereitet. So mussten zunächst noch in der DDR ausgebildete Richter, die über ihr eigenes berufliches Fortkommen keine Gewissheit besaßen, Aufgaben der Judikative wahrnehmen. Zudem fehlte es an Mitarbeitern des gehobenen Justizdienstes. Aus diesem Grunde war in den ersten Jahren nach der Wiedervereinigung die personelle Erneuerung dringend geboten.

Lediglich 326 der 664 am 3. Oktober 1990 in der sächsischen Justiz tätigen Richter und Staatsanwälte konnten übernommen werden. Dazu musste auch im gehobenen Justizdienst das Gros des personellen Bedarfs – nahezu 75% des aktuellen Personalbestandes – durch Neueinstellungen und Versetzungen gedeckt werden. Dies geschah zunächst in erster Linie durch Abordnungen aus den Partnerländern Bayern und Baden-Württemberg. Inzwischen kann sich die Justiz des Freistaates in jedem Bereich auf eine breite Basis dauerhaft in Sachsen ansässiger Mitarbeiter stützen. Zum weitaus überwiegenden Teil handelt es sich bei den Richtern um Zugänge aus den alten Bundesländern, die in Sachsen oftmals ihre erste Anstellung gefunden haben. Die Zeit, in der der Freistaat ausschließlich auf den »Import« von Juristen angewiesen war, ist aber schon lange beendet. Mittlerweile sind viele der 996 sächsischen Richter (Stand 01.01.2008) Juristen, die an den juristischen Fakultäten in Dresden und Leipzig studiert und anschließend ihren Vorbereitungsdienst in Sachsen absolviert haben.

Neben einem personellen Neuanfang machten die Regelungen des Einigungsvertrages auch einen neuen Gerichtsaufbau erforderlich. Für eine Übergangszeit erfolgte die Rechtsprechung durch die am 3. Oktober 1990 bestehenden Kreis- und Bezirksgerichte. Mit der Verselbständigung der Fachgerichtsbarkeiten am 1. Juni 1992 und der Umsetzung des vierstufigen Gerichtsaufbaus bei der ordentlichen Gerichtsbarkeit am 1. Januar 1993 war der Prozess der Neuordnung der Gerichtsstrukturen beendet. Einigungsbedingt erfolgte eine völlig unterschiedliche Beanspruchung der Fachgerichtsbarkeiten. So war der Geschäftsanfall bei den Kammern für Arbeitsrecht aufgrund der wirtschaftlichen Umstrukturierung sowie auch des oben erwähnten Personalabbaus im öffentlichen Dienst enorm hoch. Die Verwaltungsgerichte wiesen eine hohe Zahl vermögensrechtlicher Streitigkeiten auf, wenn auch die Anzahl der Streitigkeiten nicht in einem so starken Maß anstieg, wie anfangs befürchtet worden war. Mittlerweile herrscht für die Richter an den sächsischen Gerichten ein »normaler« Geschäftsanfall.

Die durch Vernachlässigungen zu DDR-Zeiten mitunter erheblich in Mitleidenschaft gezogenen Justizgebäude, insbesondere die Justizvollzugsanstalten, wurden zwischenzeitlich saniert oder durch Neubauten ersetzt. Ebenso wurde die Büroausstattung in den Gerichten den technischen Erfordernissen angepasst. Ein wichtiger Punkt beim Aufbau der Justiz war die Organisation des Grundbuchwesens, das Grundlage eines funktionierenden Grundstücksverkehrs ist. Die Schwierigkeiten, die bei dieser Aufbauarbeit bestanden haben – Mängel der beruflichen Qualifikation, unbefriedigende technische Ausstattung – wurden schnell überwunden. Mit der Einführung elektronischer Grundbücher hat der Freistaat Sachsen als erstes Bundesland Notaren, Kreditinstituten und Behörden einen direkten und damit auch schnelleren Zugang auf Daten der Grundbücher ermöglicht.

Dies und vieles andere zeigt, dass trotz der großen Herausforderungen beachtliche Erfolge zu verzeichnen sind und dass die Bereitschaft besteht, entschlossen auch neue Wege zu gehen, eine Bereitschaft, die hier ausgeprägter sein mag als in den alten Bundesländern.

Professor Kurt Biedenkopf war nach der Wiedervereinigung Deutschlands der erste Ministerpräsident im wiedererstandenen Freistaat Sachsen und wirkte fast zwölf Jahre lang an der Spitze an dessen Aufbau und Gestaltung mit.

Wirtschaft, Finanzen und Demografie

Uwe Müller

Das vielleicht schönste Kompliment, das den Sachsen gemacht wurde, stammt von einem Preußen. »Sie sind die Überlegenen, und ihre Kulturüberlegenheit wurzelt in ihrer Bildungsüberlegenheit, die nicht vom neuesten Datum, sondern fast vierhundert Jahre alt ist«, schwärmte einst Theodor Fontane (1819–1898). Allerdings blendet das Lob des Schriftstellers, der in jungen Jahren Leipzig und Dresden als Apothekergehilfe kennen gelernt hatte, ein herausragendes Merkmal aus: die Vormachtstellung der Sachsen im Bereich der Wirtschaft. Erst eine für deutsche Verhältnisse unerhört frühe ökonomische Prosperität bildete die Voraussetzung für das Erblühen von Kultur und Wissenschaft. Diese stimulierten später dann ihrerseits das Vorankommen der Wirtschaft. Das fruchtbare Wechselspiel von Wirtschaft, Kultur und Wissenschaft, jenes spezifischen Dreiklangs, der das Geheimnis des sächsischen Erfolgs ausmachte, ließ die Region an Elbe und Mulde über erstaunlich lange Zeiträume hinweg zu einem Schrittmacher der zivilen Bürgergesellschaft und zum Vorreiter des ökonomischen Fortschritts werden.

Ein anderer Preuße verpackte seinen Respekt vor der rührigen Volksgruppe in eine Warnung. »Wir müssen aufpassen, sonst fressen uns die Sachsen in fünf Jahren kalt zum Frühstück,« mahnte der ehemalige Bundeskartellamtspräsident Wolfgang Kartte (1927–2003) fünf Jahre nach der Wiedervereinigung. Der Wirtschaftsfachmann fürchtete damals, dass Sachsen rasch an alte Stärken anknüpfen, seine Heimatstadt Berlin überflügeln und zu den starken westdeutschen Länder aufschließen könnte. Doch diese Erwartung ist bekanntlich nicht eingetreten. Mittlerweile käme wohl auch kein Zeitgenosse mehr auf die Idee, von den Sachsen als den »Überlegenen« zu sprechen. Als Musterländer der Republik gelten längst Bayern und Baden-Württemberg. Zwar verfügt Sachsen, das sich 1990 wie schon einmal 1918 zum »Freistaat« erklärte, unverändert über eine stattliche Zahl stolzer Bildungseinrichtungen. Und es leistet sich unter allen Bundesländern, die Hauptstadt eingeschlossen, sogar die höchsten Kulturausgaben je Einwohner. Doch aus eigener Kraft kann das alles nicht mehr finanziert werden.

Etwa 28 Cent von jedem Euro, die in Sachsen öffentliche oder private Hände ausgeben, sind zuvor nicht durch eigene Leistung erwirtschaftet worden. Das Geld wird von den westdeutschen Ländern sowie von Berlin und Brüssel überwiesen. Sachsen ist ein Kostgänger der bundesdeutschen und europäischen Solidargemeinschaft. Dass der Landstrich derart am Subventionstropf hängt, ist in erster Linie eine späte Folge der deutschen Teilung. Die Hauptlast des von allen Deutschen verlorenen Zweiten Weltkriegs hatte der Osten zu tragen. In den drei westlichen Besatzungszonen setzten die Alliierten nach 1945 mit dem Marshallplan ein milliardenschweres Wiederaufbauwerk in Gang. In Ostdeutschland und dort besonders in Sachsen mussten die Arbeiter eigenhändig ihre Fabriken zerlegen, Werkzeugmaschinen und Betriebseinrichtungen in Kisten verpacken, auf Güterwagen verladen und hilflos zusehen, wie das wertvolle Produktionskapital in Richtung Sowjetunion rollte. Während auf der einen Seite eine vitale Marktwirtschaft entstand, die sich im Wettbewerb bewähren musste, wurde auf der anderen Seite eine zunehmend sieche Planwirtschaft etabliert, die persönliche Initiative erstickte. Und während man einerseits Demokratie lernte, wurde andererseits eine neue Diktatur errichtet. Nach nahezu sechs Jahrzehnten ununterbrochener totalitärer Herrschaft waren vormals blühende Landschaften verwüstet. Anschließend sorgten jedoch auch falsche wirtschaftspolitische Weichenstellungen im Vereinigungsprozess dafür, dass in Sachsen und ganz Ostdeutschland keine sich selbst tragende Wirtschaft entstanden ist. Trotz dieser bedauerlichen Entwicklung hat sich in Sachsen ein besonderes Lebensgefühl erhalten. Wie Umfragen regelmäßig belegen, schauen die Sachsen deutlich optimistischer in die Zukunft als die anderen Ostdeutschen. Die Bewohner der Freistaates, darin nur mit den Bayern vergleichbar, zeichnet ein nahezu unerschütterliches Selbstbewusstein und ein robuster Stolz aus. Hierzu hatte schon Fontane festgestellt: »Dies Energische hat einen Beisatz von krankhafter Nervosität, ist aber trotzdem als Lebens- und Kraftäußerung größer als bei irgendeinem anderen deutschen Stamm.« Eine solche Mentalität, die sich über Jahrhunderte herausgebildet hat, sagt mehr über Wirtschaftsraum aus als irgendeine ökonomische Kenngröße. Um diese Prägung und damit sächsische Gegenwart zu verstehen, muss man tief in die Wirtschaftsgeschichte des Landes eintauchen.

Die Ebstorfer Weltkarte, die größte Radkarte des Mittelalters
(Durchmesser des im Zweiten Weltkrieg verbrannten Originals: etwa 3,50 m)

Sachsen ist heute arm an Bodenschätzen, aber ohne sie wäre die Entwicklung in Sachsen anders und vor allem weniger glorreich verlaufen. Als im Jahr 1168 die Kunde durch die deutschen Lande eilte, in einer kleinen Bauernsiedlung im Dunkelwald, einem Bergzug, der bald Erzgebirge heißen sollte, liege pures Silber geradezu auf der Straße, ertönte »großes Bergkgeschrey«. Ein regelrechter »Silberrausch« erfasste die Menschen, und von überall her strömten Glücksjäger in die »Sächsstadt«. 1186 erhielt sie unter dem Namen Freiberg das Stadtrecht und stieg bis 1300 zur bevölkerungsreichsten Stadt der Markgrafschaft Meißen auf. Den Neuankömmlingen im Erzgebirge gewährte man gegen eine Abgabe das Bergrecht, ein Privileg zum Schürfen. Dies förderte unternehmerischen Wagemut und garantierte den Landesherren beträchtliche Einkünfte. Das im Erzgebirge lagernde Silber, Kupfer, Zinn und Kobalt begründete den legendären Reichtum der Wettiner, der im »Grünen Gewölbe« des Dresdner Residenzschlosses, einer der reichsten Schatzkammern Europas, bestaunt werden kann.

Stadtluft macht in Sachsen, das bereits im Mittelalter die Region zu den dichtest besiedelten Europas zählte, beizeiten frei. Im 12. und 13. Jahrhundert wurden zahlreiche neue Städte gegründet, in denen zu Beginn des 14. Jahrhunderts bereits jeder fünfte Bewohner lebte. Mit geschätzten 5 000 Einwohnern war damals Bautzen, das diesbezüglich erst in der zweiten Hälfte des 16. Jahrhunderts von Dresden übertroffen wurde, ebenso wie Meißen ein Zentrum von durchaus überregionaler Bedeutung. Beide Städtenamen neben Nürnberg, Prag und Wien sind in der mittelalterlichen Ebstorfer Weltkarte verzeichnet. Zum geistigen Mittelpunkt von Sachsen entwickelte sich jedoch das kleinere Leipzig. Maßgeblichen Anteil daran hatte mit der »Alma mater Lipsiensis« eine der ältesten europäischen Universitäten, die 1409 ihren Vorlesungsbetrieb aufnahm. Die Kirche unterstützte die Gründung ebenso wie die Landesherren. Ausgebildet wurden in Leipzig jene Eliten, die Sachsen als aufstrebender Territorialstaat benötigte. Unter den anfangs 46 Dozenten und 369 Studenten waren kaum Einheimische. Die Angehörigen der Universität stellten bald 15 Prozent der Stadtbevölkerung, waren einer eigenen Gerichtsbarkeit unterstellt und lebten in einem »lateinischen Viertel«. Ihre Unterbringung wurde für die Bürger zu einem wichtigen Wirtschaftsfaktor. Sogar der Rat beteiligte sich an dem einträglichen Geschäft und eröffnete eine Meißner Burse. Dass Aufschwung und Zuwanderung einander bedingen: Diese Erfahrung, die in Sachsen schon vor achthundert Jahren gemacht wurde, beförderten Toleranz und Weltoffenheit.

Von der zweiten Welle des Silberbergbaus im Erzgebirge ab 1470 profitierte vor allem Annaberg, dessen Bergbehörde zeitweilig 380 Zechen unterstanden. Um 1540 zählte die zwischenzeitlich mit Buchholz vereinte Stadt 12 000 Bürger und war damit größer als Leipzig. Das von dem Naturforscher Georgius Agricola (1494–1555) verfasste Buch »de re metallica« avancierte für zwei Jahrhunderte zum Standardwerk der deutschen Montanwissenschaft, die Lehrbücher des Rechenmeisters Adam Ries (1492–1559) bildeten die Grundlage für frühkapitalistische Organisationsformen. Der Bergbau war in großem Stil auf Lohnarbeit angewiesen, beförderte die Akkumulation von Kapital und begünstigte den stetigen Aufstieg des Bürgertums. Mitte des 16. Jahrhunderts stellten die Städter, ähnlich wie im hochentwickelten Flandern, ein Drittel der gesamten Bevölkerung. Lediglich die Hälfte der sächsischen Bevölkerung war noch in der Landwirtschaft tätig. Parallel zu dieser Entwicklung entstanden große Fernhandelsstraßen, die in ein gesamteuropäisches System eingebunden waren. Damit zählte Sachsen auch seitens der Infrastruktur früh zu den am weitesten entwickelten Gebieten in Deutschland, das vielerorts noch von feudalistischen Verhältnissen geprägt war.

Angesichts dieser Vorreiterrolle überrascht es kaum, dass mit der Reformation auch einer der großen Wendepunkte des Abendlandes eng mit Sachsen verbunden ist. 1539 setzte Heinrich der Fromme die neue Christenlehre im gesamten Kurfürstentum durch. Ihre Impulse für die wirtschaftliche Bedeutung sind kaum zu unterschätzen. Mit Hilfe der gerade neu erfundenen Buchdrucktechnik avancierte Leipzig seinerzeit zum Zentrum der deutschsprachigen, damals fast ausschließlich theologischen Literatur und löste in dieser Funktion die freie Reichsstadt Frankfurt ab, wo nur in lateinischer Sprache publiziert werden durfte. Das wertete den Handelsplatz Leipzig, wo 1650 mit der »Einkommende Zeitungen« Europas erste Tageszeitung sechs Mal pro Woche erschien, enorm auf. Etwa ab 1710, als das sächsische Königshaus die Erfindung des Meißner Porzellans bekannt gab und in Dresden mit dem Bau des Zwingers begonnen wurde, übertraf die Bedeutung der Leipziger Messen erstmals die der Frankfurter. Das »Kaufhaus der Deutschen«, zu Zeiten Martin Luthers am Main beheimatet, hatte den Standort gewechselt und war fortan an der Pleiße zuhause. Zeitweilig stieg Leipzig, das 1900 die viertgrößte Stadt und mit Hamburg eine der reichsten des Kaiserreiches war, sogar zum bedeutendsten Zentrum des Welthandels auf. Diese Position büßte Leipzig nach der Machtübernahme durch die Nazis für immer ein.

Bergknappschaftsaltar (Mittelfeld der Rückseite) in Annaberg, St. Annen; Gemälde von Hans Hesse, 1521

Neben Bergbau und Reformation war die Industrialisierung die dritte mächtige Triebfeder, die Sachsen auf die wirtschaftliche Erfolgsspur katapultierte. Nicht umsonst war die Region lange Hochburg der Arbeiterbewegung und Stammland der Sozialdemokratie. 1903, bei der ersten Reichtagswahl nach der Jahrhundertwende, eroberte die SPD im »Roten Königreich« Sachsen 22 von 23 Wahlkreisen. »Das Terrain konnte nicht günstiger sein«, schrieb Wilhelm Liebknecht (1871–1919) in Leipzig, »mit Ausnahme höchstens von Hamburg war nirgends in Deutschland eine größere Empfänglichkeit für die sozialistische Idee.« Bereits 1799 hatte in Chemnitz die Produktion von Spinnmühlen begonnen, was einen Boom in der Textilherstellung auslöste. Als Vater des Chemnitzer Maschinenbaus gilt Carl Gottlieb Haubold (1783–1856). Der in ärmlichen Verhältnissen aufgewachsene Arbeiter erwarb 1826 mit finanzieller Unterstützung eines Vetters die Wöhlersche Spinnerei. Hier richtete er eine Maschinenbauabteilung ein, die schnell über die Grenzen von Sachsen und Deutschland bekannt wurde. 1828 konstituierte sich im »sächsischen Manchester«, das wegen seiner weithin sichtbaren Fabrikschlote auch »Rußchemnitz« genannt wurde, der »Industrieverein für das Königreich Sachsen«. 1837 schließlich machte sich der aus dem Elsass stammende Industriepionier Richard Hartmann (1809–1878) mit drei Arbeitern selbstständig. Seine kleine Werkstatt bildete die Keimzelle für die Sächsische Maschinenfabrik, eines der größten Unternehmen seiner Art in Europa. In Hartmanns Fabriken wurden Dampfturbinen, Fräsmaschinen, Kompressoren und Webstühle gebaut. Ab 1848 kamen Lokomotiven hinzu. Als technische Basisinnovation löste die Eisenbahn eine zweite industrielle Revolution aus. Sie bescherte der Weltwirtschaft zwischen 1850 und 1890 einen robusten Aufschwung und Sachsen eine goldene Gründerzeit.

Der Nationalökonom Friedrich List (1789–1846) hatte schon 1833 seine Pläne für ein deutsches Eisenbahn-System veröffentlicht. In ihnen war Leipzig die Rolle des zentralen Knotenpunktes zugedacht. Am 7. April 1839 nahm die erste deutsche Ferneisenbahnverbindung von Leipzig nach Dresden den Betrieb auf. Für den Bau der 116 Kilometer langen Strecke benötigte die Leipzig–Dresdner Eisenbahn Compagnie drei Jahre. So schnell ist die Deutsche Bahn AG heute nicht mehr. Auf der Jungfernfahrt setzte die private Aktiengesellschaft, die später in der Königlich Sächsische Staatseisenbahn aufging, eine englische »Stephenson« ein. Dabei hatte der Erfinder Andreas Schubert (1808–1879) bereits 1838 in Übigau nahe Dresden mit der »Saxonia« die erste Dampflokomotive »Made in Germany« gebaut. Anfangs gab es aber Vorbehalte gegen das heimische Erzeugnis. Die Eisenbahn jedenfalls sollte für Sachsen ein gewaltiges Arbeitsbeschaffungsprogramm werden. Allein 1 700 Arbeiter wurden für ein Mammutprojekt benötigt: Die zwischen 1846 und 1851 errichtete Göltzschtalbrücke gilt mit ihren vier Etagen und 81 Bögen als ein Wunderwerk der Ingenieurkunst und ist mit 78 Metern Höhe und 574 Meter Länge die größte Ziegelsteineisenbahnbrücke der Welt.

Gründerzeit war Erfinderzeit, und der sächsische Tüftlergeist ist Legende. In Sachsen mit seiner mittelständisch geprägten Industrie wurden Alltagsgegenstände wie der Bierdeckel, der Kaffeefilter, das Mundwasser, die Spiegelreflexkamera, der Teebeutel oder die Waschmaschine entwickelt. Nicht wenige dieser Innovationen sind mit Dresden verbunden. Dort öffnete 1828 die Technische Bildungsanstalt, die spätere Technische Universität, ihre Pforten. Um 1852 zählte Dresden 100 000 Einwohner. Die höfische Residenz, berühmt für ihre vielfältigen Kultureinrichtungen, zeigte sich aufgeschlossen gegenüber dem ökonomischen Zeitgeist und setzte auf eine stark wissensbasierte Industrie. So entstand eine bedeutende Kamera- und Zigarettenproduktion. Als weitere industrielle Schwerpunkte kristallisierten sich der Flugzeug- und Fahrzeugbau, die Pharmazie, der Maschinen- und Anlagenbau sowie das Druckgewerbe heraus. In den Deutschen Werkstätten fertigte man erstmals in Deutschland Möbel mit industriellen Methoden. Tradition hat in Dresden auch die Nahrungs- und Genussmittelindustrie. Die 1858 gegründete »Aktienbrauerei zum Feldschlösschen« ist die älteste deutsche Aktienbrauerei. Die 1872 entstandene Aktienbrauerei »Zum Bergkeller« (»Radeberger«) war die erste in Deutschland, die Bier nach Pilsner Brauart braute.

Gemeinsam mit dem benachbarten Böhmen wies Sachsen vor dem Ersten Weltkrieg das höchste Sozialprodukt aller europäischen Regionen aus. Innerhalb des Reiches lag das Einkommensniveau mit 120 Prozent weit über dem Durchschnitt, Bayern kam auf 87 Prozent. Damals hatten sich bereits fünf Wirtschaftsregionen mit unverwechselbaren Profilen herausgebildet: das Elbtal mit Dresden, Ostsachsen mit der Lausitz, Nordwestsachsen mit der Handelsmetropole Leipzig, das sächsische Revier um Chemnitz sowie das Erzgebirge und das Vogtland. Die wichtigsten Wachstumspole bildeten freilich die drei großen Städte, die miteinander wetteiferten und misstrauisch darauf achteten, nicht ins Hintertreffen zu geraten. Dabei spielte das Engagement der kunstsinnigen Bürgerschaft eine große Rolle. Als etwa Chemnitz ein neues Stadttheater benötigte, spendeten

182 Personen und Firmen die gewaltige Summe von 325 072 Mark für den monumentalen Prachtbau, der 1909 feierlich eröffnet wurde. Der vielfach variierte Satz, wonach in Chemnitz gearbeitet, in Leipzig gehandelt und in Dresden geprasst wird, ist Ausdruck des Konkurrenzverhältnisses zwischen den sächsischen Metropolen. Erfunden worden war er selbstverständlich in Chemnitz, wo man allerdings den Gewerbefleiß in den beiden größeren Städte unterschätzte.

Nach der Eisenbahn war das Automobil die zweite industrielle Basisinnovation. Dass der Traum von der Mobilität des Einzelnen bis heute ein entscheidender Wirtschaftsfaktor für Sachsen ist, war wie so oft in der Geschichte des Landes einem Zuwanderer zu verdanken. Kurz nach der Jahrhundertwende begründete der an der Mosel geborene August Horch (1868–1951) in Zwickau den sächsischen Automobilbau. 1903 präsentierte der Schüler von Gottlieb Daimler und Karl Benz, der mit einer Firma in Köln in Konkurs gegangen war, ein Fahrzeug mit Vier-Zylinder-Motor. Nach einem Streit mit den Aktionären der Horch und Cie. Motorenwerke AG schied der geniale Konstrukteur aus seinem Unternehmen aus und gründete die Audi Automobilwerke. Weitere klangvolle Marke aus der Jugendzeit des Auto- und Motorradbaus wie DKW und Wanderer sind mit Sachsen verbunden. In den zwanziger Jahren des vergangenen Jahrhunderts zählte das Land mindestens 68 Fahrzeughersteller. In der automobilen Oberklasse hielt Sachsen in Deutschland meist einen Marktanteil von über 50 Prozent.

Während der Weimarer Republik bildete Sachsen zusammen mit Thüringen und angrenzenden Teilregionen in Bayern und Sachsen-Anhalt noch immer das größte deutsche Industrierevier. Es beschäftigte 1925 rund 2,6 Millionen Menschen in Industrie und Handwerk. Das entsprach 20,5 Prozent der in Deutschland insgesamt in diesem Sektor arbeitenden Personen – das Ruhrgebiet kam lediglich auf einen Anteil von 15,7 Prozent. Allerdings holte die Region an Rhein und Ruhr, die mit Kohle und Stahl über die wichtigsten Bodenschätze der damaligen Zeit verfügte, rasant auf. Gleichzeitig ließ die Innovationskraft der sächsischen Wirtschaft spürbar nach. Nicht selten liegen Glanz und Elend dicht beieinander. Als Vorreiter der kapitalistischen Wirtschaftsweise sammelte Sachsen auch frühzeitig Erfahrungen mit kapitalistischen Krisen. Immer wenn beispielsweise die Ertragskraft der Erzadern im Erzgebirge nachließ – und das war oft der Fall –, mussten die Menschen im dicht besiedelten Bergbaugebiet auf andere Tätigkeiten ausweichen. Ein Wegbegleiter des dann notwendigen Strukturwandels war regelmäßig bittere Armut. In seinem 1931 veröffentlichten Buch »Deutschland von unten« berichtete Alexander Graf Stenbock-Fermor über seine Streifzüge durch das Erzgebirge: »In dunklen nassen baufälligen Löchern hausen leidende ausgemergelte Menschen. Mein Gehirn wird stumpf vor der ewig grauen Reihe der Notbilder.« Zwei Jahre vor Erscheinen dieses Sozialreports hatte die Weltwirtschaftskrise die stark exportorientierte sächsische Wirtschaft besonders hart getroffen und zu einer überdurchschnittlich hohen Arbeitslosigkeit geführt. Ein großes Firmensterben setzte ein. Zwischen 1929 und 1933 meldeten allein Hunderte Betriebe im Westerzgebirge und im Vogtland, einer Hochburg der NSDAP, Konkurs an. Im Juni 1933 verzeichnete Sachsen eine horrende Arbeitslosenquote von 39,6 Prozent.

Mehrfach stürzten Kriege die sächsische Bevölkerung ins Elend. 1813 wütete bei Leipzig mit der Völkerschlacht der erste moderne europäische Krieg, der mehr als 100 000 Menschenleben kostete. Im Rahmen der sich anschließenden Neuordnung des europäischen Kontinents auf dem »Wiener Kongress« verlor Sachsen 58 Prozent seines Territoriums und 42 Prozent seiner Einwohner an Preußen. Statt 2,1 Millionen Einwohner lebten danach im stark verkleinerten Königreich nur noch knapp 870 000 Menschen. Das hatte nicht nur machtpolitische, sondern vor allem ökonomische Auswirkungen: Der Binnenmarkt wurde praktisch halbiert. Im Zweiten Weltkrieg versanken Städte wie Dresden, Chemnitz und Plauen in Schutt und Asche. Schwer getroffen wurde auch die auf Kriegsproduktion umgestellte Industrie. Sachsen verlor schätzungsweise 15 Prozent seiner Kapazitäten auf diesem Gebiet. Trotzdem lag die Wirtschaftsleistung 1946 bei 79 Prozent der Wirtschaftsleistung von 1936. Im Vergleich dazu betrug diese in der amerikanischen Zone 41 Prozent, in der britischen Zone 34 Prozent und in der französischen Zone 36 Prozent. So gesehen hatte Sachsen den Krieg vergleichsweise glimpflich überstanden.

Schicksalhafter als alle Strukturkrisen und Kriege sollten sich für Sachsen die Zäsur der 40 Jahre währenden SED-Herrschaft auswirken. Ihre Folgen waren derart einschneidend, dass sie – zwei Jahrzehnte nach dem Fall der Mauer – noch immer die wirtschaftlichen Verhältnisse der Gegenwart maßgeblich prägen. Nie zuvor hatte es in der über 1000-jährigen Geschichte Sachsens vergleichbare Einschnitte mit einer ähnlichen Langzeitwirkung gegeben. Nachdem Sachsen 1945 in den kommunistischen Einflussbereich geraten war, setzte dort wie im gesamten Osten ein drakonischer Elitenverlust ein. Die neuen Machthaber, erst die sowjetischen Alliierten und dann die sozialistischen Machthaber, schlugen ihre Bevölkerung regelrecht in die Flucht. Zehntausendfach gingen mit den Menschen zugleich Forschergeist und Marketingwissen sowie Geschäftsideen und Firmenkonzepte verloren. 1948 verließ beispielsweise der technische Direktor Kurt A. Körber mit seinen besten Konstrukteuren Dresden und ließ sich in Hamburg nieder. Dort gründete er die Körber-Gruppe, die heute mit

Treppenaufgang in der großen Glashalle der Leipziger Buchmesse

9 200 Mitarbeitern in zehn Ländern Europas, Amerikas und Asien Präzisionsmaschinen in den Bereichen Tabak und Papier sowie Werkzeugmaschinen herstellt. Oft wurden komplette Unternehmen in die Bundesrepublik verlagert. Dabei sind Audi, die Dresdner Bank, das Enzyklopädie-Imperium F. A. Brockhaus, der Geldnotendrucker Giesecke & Devrient, der Reclam-Verlag und der Kosmetikkonzern Wella nur die bekanntesten. Die in Sachsen hinterlassenen Betriebsstätten verkümmerten nach und nach.

Der Landstrich verlor das, was einst seinen Reichtum begründet hatte: ein oft über Generationen hinweg akkumuliertes Wissen, das ungebremst nach Westdeutschland verschwand. Der Dresdner Autor Hermann Golle urteilt: »Nie zuvor in der 200-jährigen Industriegeschichte Deutschlands, wahrscheinlich nie vorher in der Industriegeschichte der ganzen Welt, hat es so einen gewaltigen Technologietransfer gegeben, einen Transfer von Ost nach West.« Nach dem Mauerbau beschleunigten der Ausschluss vom Wettbewerb, die Abschottung von den Weltmärkten, die Auslöschung des Mittelstandes, die Vernachlässigung der Infrastruktur und der Raubbau an der Natur den Niedergang. Nicht umsonst ging die friedliche Revolution des Jahres 1989 von Sachsen aus, wo die Erinnerung an bessere Zeiten lebendig geblieben war.

Von der einstigen Herrlichkeit war nach dem sozialistischen Experiment wenig übrig geblieben. Je Einwohner erreichte Sachsens Wirtschaftskraft 1991 gerade einmal 31 Prozent des Niveaus von Hessen. Bezogen auf ganz Deutschland waren es knapp 40 Prozent. Allerdings expandierte die Wirtschaft rasant, 1992 konnte ein Wachstum von 9,9 Prozent ausgewiesen werden. 1993 waren es 12,3 Prozent und 1994 sogar 13,0 Prozent. Solche asiatisch anmutenden Wachstumsraten schienen jenen Vereinigungspolitikern Recht zu geben, die für Ostdeutschland ein Wirtschaftswunder vorhersagten, so wie es Westdeutschland nach dem Zweiten Weltkrieg erlebt hatte. Doch diese Prognose der Einheitspolitiker sollte sich als Trugschluss erweisen. Denn das Wachstum basierte hauptsächlich auf einem Bauboom, der durch steuerliche Abschreibungsmodelle (»Sonder-Afa Ost«) zusätzlich befeuert wurde. Parallel dazu setzte jedoch ein großes Sterben unter den Industriebetrieben ein, die plötzlich schutzlos der internationalen Konkurrenz ausgeliefert waren. Ihre Produkte verteuerten sich mit der Währungsunion über Nacht um 300 bis 400 Prozent und waren damit unverkäuflich. Hinzu kam, dass die Löhne und Gehälter deutlich schneller stiegen als die Entwicklung der Produktivität. Das Aufwertungsdrama und die maßlose Tarifpolitik, die selbst eine hoch entwickelte Volkswirtschaft aus der Bahn geworfen hätten, führten beispielsweise in Leipzig dazu, dass gut 90 000 von 100 000 Industriebeschäftigen arbeitslos wurden. Von diesem Kahlschlag haben sich Sachsen und ganz Ostdeutschland bis heute nicht erholt.

Der dramatischen Deindustrialisierung folgte eine finanzielle Kraftanstrengung ohnegleichen. Wohl noch nie zuvor ist eine Region so umfassend alimentiert worden wie Ostdeutschland. Dabei dürften von gut 1,5 Billionen Euro, die in den ersten 18 Jahren netto von West nach Ost geflossen sind, etwa knapp 500 Milliarden auf den Freistaat Sachsen entfallen sein. Auch wenn der Löwenanteil des Betrags für Sozialleistungen wie Rentenzahlungen und Arbeitslosengeld verwendet werden musste, waren die verbleibenden Mittel doch ausreichend, um die Infrastruktur umfassend zu erneuern und großzügig auszubauen. Sie ist heute in aller Regel moderner als im Westen. Trotzdem wurde das eigentliche Ziel der Vereinigungspolitik verfehlt. Ein sich selbst tragender Wirtschaftskreislauf ist weder im Osten noch in Sachsen in Sicht.

Im Jahr 2006 erzielte der ostdeutsche Freistaat ein Bruttoinlandsprodukt von 88,7 Milliarden Euro. Je Einwohner entsprach das 62,0 Prozent des hessischen und 74,3 Prozent des gesamtdeutschen Niveaus. Tatsächlich ist dieser Angleichungsgrad aber kaum aussagekräftig. Denn in der sächsischen Wirtschaftsleistung sind Transfers in Höhe von rund 25 Milliarden Euro enthalten. Ohne diese Alimentierung würde Sachsen nicht einmal die tschechische Wirtschaftskraft erreichen. Wie hoch die Transferabhängigkeit noch immer ist, zeigt nicht zuletzt der sächsische Landeshaushalt. Gut 45 Prozent der Ausgaben von 16 Milliarden Euro sind nicht durch eigene Einnahmen gedeckt. Ähnliche Relationen gelten freilich auch für die anderen neuen Bundesländer. Von ihnen unterscheidet sich Sachsen immerhin durch eine stocksolide Finanzpolitik.

Von Anfang an schwenkte man in Dresden auf einen rigorosen Sparkurs ein. Nach Bayern ist Sachsen deshalb das Bundesland mit der niedrigsten Pro-Kopf-Verschuldung. Sie war Ende 2006 mit 3 693 Euro (davon entfallen knapp 1000 Euro auf die Kommunen) nicht einmal halb so hoch wie in den anderen neuen Ländern. Sachsen-Anhalt drückte demgegenüber eine Schuldenlast von 9 153 Euro und Thüringen von 7 968 Euro. Je Bürger zahlte Sachsen 2006 lediglich 185 Euro Zinsen. In Sachsen-Anhalt waren es 440 Euro und in Thüringen 361 Euro. Solche Unterschiede mögen gering anmuten, sind jedoch beträchtlich. Wäre Sachsen ebenso hoch verschuldet wie die anderen vier Ost-Länder, hätte es 2006 gut 820 Millionen Euro mehr für Zinsen aufwenden müssen. Dieser eingesparte Betrag kann gezielt für das Vorankommen der Wirtschaft eingesetzt werden. Keines der 16 Bundesländer investiert je Bewohner mehr als Sachsen. 2006 waren es 1 115 Euro und damit 276 Euro mehr als im Durchschnitt der anderen vier Ost-Länder.

Als finanzpolitischer Musterknabe hat Sachsen außerdem die erhaltenen Solidarpaktgelder stets gemäß den gesetzlichen Vorschriften für den Aufbau Ost eingesetzt, während die anderen neuen Länder bislang regelmäßig einen beträchtlichen Teil der Mittel für das Stopfen von Haushaltslöchern und den Unterhalt kostspieliger Beamtenapparate abzweigten. Eine »beispielhaft solide Haushalts- und Finanzpolitik« ist Sachsen deshalb von der Bertelsmann-Stiftung bescheinigt worden. Insgesamt bekommt der Osten im Zeitraum von 2005 bis 2019 über den Solidarpakt 105 Milliarden Euro. Von 10,5 Milliarden Euro, die Berlin und die neuen Ländern 2006 erhalten haben, wurden 2,7 Milliarden Euro nach Sachsen überwiesen. 2015 werden es nur noch 1,3 Milliarden Euro sein, da die Zahlungen aus dieser Finanzvereinbarung degressiv gestaffelt sind und schließlich ganz versiegen. Deshalb muss der sächsische Finanzminister auch zukünftig den Rotstift ansetzen. Bereits beschlossen ist, die Zahl der öffentlichen Bediensteten stark zu reduzieren. Statt gut 86 148 Stellen in 2006 soll es den Planungen zufolge 2010 nur noch 80 000 Stellen geben. Weil die Transfers rückläufig sind, führt kein Weg daran vorbei, auch die Investitionen zurückzufahren. Doch für diese Streichoperationen ist Sachsen unter allen ostdeutschen Ländern am besten gewappnet.

Alle Kunst der Politik ist jedoch gegen die schwierigste Herausforderung in Ostdeutschland machtlos – den Bevölkerungswandel. Er bricht sich in den neuen Ländern in einem bislang unbekannten Tempo Bahn und droht in den kommenden Jahrzehnten die wirtschaftliche Entwicklung massiv zu beeinträchtigen. In seiner Geschichte war Sachsen stets ein bevorzugtes Einwanderungsland. So verzeichnete Leipzig zwischen den Jahren 1850 bis 1939 noch vor Berlin das prozentual höchste Bevölkerungswachstum aller deutschen Großstädte. Bereits lange zuvor war das rasche Anwachsen der sächsischen Bevölkerung beeindruckend. So zählte das

Der mittlerweile 20 ha große Findlingspark Nochten nahe dem Kraftwerk Boxberg entwickelt sich immer mehr zu einem Besuchermagneten der Lausitz.

Land 1858 wieder 2,1 Millionen Einwohner, so viele wie vor der großen Gebietsannexion durch Preußen im Jahr 1815. Im Jahr 1875 lebten im Königreich Sachsen knapp 3,2 Millionen Einwohner. »Es hat unter allen europäischen Staaten die dichteste Bevölkerung (...) und trotzdem auch die stärkste jährliche Bevölkerungszunahme«, vermeldete Meyers Konversationslexikon. Bis 1900 verdoppelte sich die Zahl der Sachsen auf 4,2 Millionen. 1933 waren es 5,2 Millionen Einwohner. Anschließend verlangsamte sich das Bevölkerungswachstum. 1950 erreichte Sachsen mit 5,7 Millionen Bürgern seine höchste Einwohnerzahl. 1989 wurden noch knapp fünf Millionen Sachsen gezählt, was einen Bevölkerungsverlust von 700 000 Menschen binnen vier Jahrzehnten bedeutete. Weitere 700 000 Einwohner verlor Sachsen dann allein in den ersten 16 Jahren nach der Maueröffnung. Diese Auszehrung setzt sich fort. Statt 4,3 Millionen Einwohner im Jahr 2006 wird Sachsen 2020 voraussichtlich nur noch 3,9 Millionen und 2050 soeben drei Millionen Einwohner haben.

Demografische Entwicklungen folgen einer gnadenlosen Logik. Sie stärken die Starken und schwächen die Schwachen. Die wirtschaftlich am stärksten prosperierenden Regionen verzeichnen das höchste Bevölkerungswachstum. Umgekehrt gilt das Gleiche. Sachsen wurde dank seiner ökonomischen Potenziale über Jahrhunderte hinweg demografisch gestärkt. Nun führen die wirtschaftlichen Probleme zu einer signifikanten demografischen Schwächung. Augenfällig wird dies, wenn man den Anteil der Sachsen an der deutschen Gesamtbevölkerung betrachtet. 1875 lebten 6,5 Prozent aller Deutschen in Sachsen. Ihr Anteil erhöhte sich 1900 auf 7,5 Prozent. 1939 waren es schon 8,8 Prozent. Anschließend setzte zunächst ein langsamer Rückgang ein, der sich schließlich stark beschleunigte. 1950 waren 8,2 Prozent der Deutschen in Sachsen zuhause. 2006 fiel der Anteil der Sachsen an der deutschen Gesamtbevölkerung auf 5,2 Prozent zurück. Nur 4,4 Prozent der Deutschen werden 2050 nach den Berechnungen des Statistischen Bundesamtes noch Sachsen sein.

Das Muster eines aufstrebenden Landes sieht anders aus. Im Vergleich zu Sachsen verzeichnete Bayern lange eine sehr viel ungünstigere Bevölkerungsentwicklung, wie Meyers Universallexikon kritisch festhielt: »Die mittlere Zunahme der Bevölkerung betrug in den Jahren von 1840 bis 1867 im Jahresdurchschnitt nur 0,38 Prozent, weil die Zahl der Auswanderer die der Einwanderer um ein Beträchtliches überwog.« Erst nach dem Zweiten Weltkrieg konnte der süddeutsche Freistaat seine Wanderungsbilanz durch die Flüchtlinge aus dem Osten etwas aufbessern. 1875 lebten 11,8 Prozent der Deutschen in Bayern. Ihr Anteil war 1991 allerdings nur auf 12,4 Prozent gestiegen. Dann jedoch erwies sich der Mauerfall für das weiß-blaue Land als demografischer Segen. 2006 stellte Bayern bereits einen Anteil von 15,2 Prozent an der deutschen Bevölkerung, 2050 werden es sogar 16,5 Prozent sein. An dieser Aufwärtsentwicklung haben die Sachsen maßgeblichen Anteil. Vermutlich leben nirgendwo so viele Sachsen außerhalb Sachsens wie in München. Das interessiert selbst Ethnologen. So lud das Institut für Völkerkunde der Münchener Ludwig-Maximilians-Universität seine Studenten unter dem Titel »Bayerisch Sachsen. Oder: Warum und wie die Sachsen in München leben« zu empirischer Feldforschung ein. »Ob in der U-Bahn oder im Restaurant, beim Bäcker oder Metzger, beim Zahnarzt oder im Kindergarten – man begegnet ihnen in München überall«, hieß es. Die Emigranten fehlen in Sachsen schmerzlich. Bislang waren die Versuche, sie zurückzuholen, nur mäßig erfolgreich.

Immerhin war Sachsen noch 1990 nach Nordrhein-Westfalen und dem Saarland das am dichtesten besiedelte deutsche Flächenland. Inzwischen liegt Sachsen bei der Bevölkerungsdichte knapp unter dem gesamtdeutschen Durchschnitt. Folgenreicher als die schwindende Zahl der Köpfe sind für den Wirtschaftsstandort freilich die Veränderungen in der Altersstruktur. Der Osten schrumpft nicht nur, er vergreist auch. Neben der gestiegenen Lebenserwartung ist dafür eine extreme Geburtenarmut verantwortlich. Mit der Wiedervereinigung erlebte Ostdeutschland einen regelrechten »Gebärstreik«. 1993 wurden in Sachsen soeben 22 734 (1955: 86 014) Kinder geboren, je 1 000 Einwohner waren das 4,9 (1955: 14,9) Babys – es war der niedrigste Wert, seitdem es in Sachsen eine Geburtenstatistik gibt. 2006 kamen 32 556 Kinder auf die Welt, was je 1 000 Einwohnern 7,6 Neugeborenen entsprach – nach wie vor nahm Sachsen damit unter den europäischen Regionen einen der letzten Plätze ein. Wegen der zahlenmäßig kleinen Nachwendejahrgänge mussten zunächst Kindergärten und dann Schulen geschlossen werden. Jetzt fehlen Lehrlinge und Studenten, bald Fachkräfte und Akademiker. In manchen Regionen suchen Unternehmen händeringend nach qualifiziertem Personal. Anders als in Westdeutschland ist es kaum gelungen, ausländische Arbeitskräfte nach Sachsen zu holen. Mit rund drei Prozent ist der Ausländeranteil extrem niedrig.

Etwas entschärft hat sich zwischenzeitlich das Problem der Abwanderung. 1990 zogen 43 473 Menschen nach Sachsen und 161 038 Menschen aus Sachsen weg. Das ergab einen Negativsaldo von 117 565 Einwohnern. 1991

Laborantin beim Pipettieren von Zellen im Zellkulturraum (Forschungsbereich Regenerationsgenomik, Bioinnovationszentrum Dresden, TU Dresden)

verließen unter dem Strich nochmals 51 019 Bürger den Freistaat. Überraschend kehrte sich der Trend Mitte der neunziger Jahre um. In dieser durch hohes Wirtschaftswachstum geprägten Phase wies Sachsen vorübergehend kleine Wanderungsgewinne aus. Im Zeitraum von 1997 bis 2006 war die Summe aus Zu- und Fortzügen dann wieder negativ, wodurch Sachsen 111 775 Bürger verlor. Das entspricht der Einwohnerzahl von Bautzen, Pirna und Meißen zusammen. Ihr Glück in der Fremde suchen überwiegend jüngere und meist gut ausgebildete Sachsen, darunter überproportional viele Frauen. Dadurch sind in manchen Altersgruppen die Geschlechterverhältnisse aus dem Lot geraten. Auf 100 junge Sachsen im Alter von 20 bis 30 Jahren kamen 2004 soeben 87,5 Frauen in diesem Alter. Allerdings sind die Relationen in den anderen ostdeutschen Ländern noch desolater, in Mecklenburg-Vorpommern stehen 100 jungen Männern in der entsprechenden Altersgruppe nur 83,9 Frauen gegenüber.

Dafür gilt der Freistaat als deutsches Altersheim. Schon zu DDR-Zeiten lag das Durchschnittsalter der Sachsen über dem der Ost-Berliner, Brandenburger, Mecklenburger, Vorpommer, Sachsen-Anhalter und Thüringer. Gleichwohl waren die Sachsen 1990 im Schnitt erst 39,4 Jahre alt – das entsprach dem gesamtdeutschen Durchschnittsalter. Acht Jahre später nahm Sachsen bereits die Position des »ältesten« Bundeslandes ein. 2006 wurde ein Durchschnittalter von 45,0 Jahren erreicht. Allerdings hat Sachsen inzwischen die rote Laterne an Sachsen-Anhalt abgegeben, wo der Bevölkerungswandel noch ungünstiger verläuft. Aber auch in Sachsen schreitet die »graue Revolution« voran. Derzeit liegt der Anteil der Bürger, die 65 Jähre und älter sind, bei rund 23 Prozent. Voraussichtlich steigt er bis 2020 auf knapp 29 und bis 2050 auf 37 Prozent. Dann werden nur noch 48 Prozent (2006: 61 Prozent) der Sachsen der Altersgruppe von 20 bis 64 Jahren angehören.

Weil die Bevölkerung schrumpft und altert, fehlen Arbeitskräfte, Steuerzahler und Konsumenten. Tausenden Betrieben droht die Schließung, weil sich für ausscheidende Inhaber keine Nachfolger finden. Wohnungen müssen abgerissen werden. Die einst für eine größere Bevölkerung geplante Infrastruktur ist überdimensioniert und damit für die Bürger teuer. Solche Probleme beschäftigen in Sachsen eine Enquete-Kommission des Landtages und eine vom Ministerpräsidenten eingesetzte Expertenkommission. Aufhalten lassen sich die demografischen Prozesse zwar nicht, aber man kann sich auf sie einstellen. Welche Auswirkungen der Bevölkerungswandel auf die Wirtschaftsentwicklung hat, ist unter Ökonomen umstritten. Manche vermuten, dass die Wachstumsdynamik erlahmt. Das würde vermutlich das Ende des ohnehin schleppenden Aufholprozess des Ostens zum Westen bedeuten, wo sich der demografische Wandel viel gemächlicher vollzieht.

Von 2000 bis 2006 ist Sachsens Wirtschaft um zwölf Prozent gewachsen. Damit nahm der Freistaat unter den 16 Bundesländern den fünften Platz ein. Allerdings muss dabei ein Sondereffekt berücksichtigt werden: Stimuliert wurde das Wachstum durch die Jahrhundertflut an Elbe und Mulde im August 2002. Für die Schäden in Höhe von rund sechs Milliarden Euro kamen die Allgemeinheit und Versicherungen auf. Ohne die Naturkatastrophe wäre die sächsische Wirtschaft etwa im gleichen Tempo expandiert wie die deutsche Wirtschaft insgesamt. Das sächsische Bruttoinlandsprodukt (BIP) je Einwohner in jeweiligen Preisen war 2006 mit 20 815 Euro je Einwohner das höchste der neuen Bundesländer. Doch der Vorsprung gegenüber den anderen Ost-Ländern ist gering. Im Vergleich zu Sachsen-Anhalt als Zweitplatziertem steht Sachsen um 400 Euro je Einwohner besser da. Gegenüber dem Schlusslicht Mecklenburg-Vorpommern sind es 1 700 Euro. Hingegen liegt Sachsen gut 3 800 Euro je Einwohner hinter Niedersachsen und Schleswig-Holstein, den beiden schwächsten Westländern. Einmal unterstellt, die sächsische Wirtschaft würde künftig Jahr für Jahr um drei Prozent wachsen und die niedersächsische und schleswig-holsteinische lediglich um zwei Prozent: Selbst unter dieser sehr optimistischen Annahme würde es ein Vierteljahrhundert dauern, bis Sachsen den Anschluss zum unteren westdeutschen Tabellenende gefunden hätte.

Eindrucksvoll ist zumindest die Dynamik in der Industrie. Seit 1992 wurde hier ein durchschnittliches Wachstum von etwa rund acht Prozent erreicht. Zum Vergleich: Der gesamtdeutsche Durchschnitt lag bei 0,2 Prozent. Freilich sind bei einer extrem niedrigen Ausgangsbasis große Zuwächse leicht zu haben. Nach der Wiedervereinigung waren ganze Branchen im Zeitraffertempo geschrumpft, oft auf ein Zehntel ihrer einstigen Bedeutung. Das deutsche Stammland der Industrialisierung wurde regelrecht deindustrialisiert. Trotz eines kontinuierlichen Beschäftigungsaufbaus hatte Sachsen Ende 2005 erst wieder 65 Industriebeschäftigte je 1 000 Einwohner – das war etwa halb so viel wie in Baden-Württemberg (123 Beschäftigte) und weniger als im deutschen Durchschnitt (81) oder als in Thüringen (73). Knapp ein Viertel der sächsischen Industriebeschäftigten sind im Fahrzeugbau tätig. Der mit Abstand wichtigste Zweig zählt 500 Betriebe mit über 70 000 Arbeitsplät-

Der Energiepark Waldpolenz im Norden von Leipzig ist mit einer Leistung von 24 Megawatt gegenwärtig das größte Solarkraftwerk der Welt (ausgewählter Ort im Land der Ideen).

zen. Auf dem zweiten Platz liegt das Ernährungsgewerbe (Anteil an den Industriebeschäftigten: 15 Prozent). Geprägt wird die sächsische Industrielandschaft daneben von Elektrotechnik (13), Metallverarbeitung und Maschinenbau (je 12).

Ein Hemmnis für künftiges Wachstum stellt die extrem kleinteilige Unternehmensstruktur dar. Gut zwei Drittel der 118 800 Betriebe und staatlichen Einrichtungen in Sachsen haben nur bis zu fünf sozialversicherungspflichtige Beschäftigte. Ein weiteres Fünftel beschäftigt sechs bis 19 Mitarbeiter. In weniger als zwei Prozent der Betriebe sind 100 und mehr Personen tätig. Um trotz solcher Strukturen Auslandsmärkte erschließen sowie Forschung und Entwicklung vorantreiben zu können, haben sich sächsische Firmen in gut einem Dutzend strategischer Netzwerke zusammengeschlossen. Verbundinitiativen gibt es im Maschinen- und Anlagebau, in der Bahntechnik oder für Technische Textilien. Gut 250 Unternehmen der Mikroelektronik haben sich im Verein »Silicon Valley« organisiert, darunter AMD, Qimonda, Infineon, Siltronic und Deutsche Solar. Die Mitgliedsfirmen beschäftigen fast 25 000 Mitarbeiter, der Gesamtumsatz der Firmen beträgt pro Jahr 3,5 Milliarden Euro. Die vornehmlich im Raum Dresden und Freiberg konzentrierte Mikroelektronik gilt als das bedeutendste Cluster seiner Art in Europa. Die sächsische Automobilzuliefererinitiative AMZ bündelt die Kräfte im gesamten Freistaat. Sie will gewährleisten, dass auch kleinere Firmen im Verbund neue Technologien zur Serienreife entwickeln und als Partner internationaler Autohersteller auftreten können.

Börsennotierte Aktiengesellschaften gibt es in Sachsen kaum. Auch zählt das Land nur neun Umsatzmilliardäre, die zudem mehrheitlich unselbstständige Töchter großer westdeutscher oder internationaler Konzerngesellschaften sind. Bedeutende Funktionen dieser Unternehmen – Leitung, Marketing, Forschung, Vertrieb, Beteiligungen – sind deshalb meist außerhalb Sachsens beheimatet. Die Leipziger Verbundnetz Gas AG war 2006 mit einem Umsatz von gut 4,8 Milliarden Euro und 1 072 Mitarbeitern das größte sächsische Unternehmen. Knapp dahinter lag die VW Sachsen-Gruppe mit 4,8 Milliarden Euro Umsatz. Mit 7 500 Mitarbeitern stellt Volkswagen in Zwickau den Passat und Golf, in Chemnitz Motoren und in Dresden den Oberklassewagen Phaeton her. Platz drei nimmt der RWE-Ableger Envia Mitteldeutsche Energie AG in Chemnitz ein, gefolgt vom BMW-Werk in Leipzig, einer Edeka-Regionalgruppe in Rottendorf, der Sachsenmilch AG in Leppersdorf, dem Prozessorenhersteller AMD Dresden, den Leipziger Stadtwerken und den f6 Cigarettenfabriken in Dresden. Zusammen kommen die sächsischen Umsatzmilliardäre, die 25 800 Mitarbeiter beschäftigen, auf knapp 17 Milliarden Euro Umsatz. Sonderlich beeindruckend ist das nicht, wie ein Vergleich mit Rheinland-Pfalz zeigt. Dort erzielten zwölf Umsatzmilliardäre mit 225 600 Beschäftigten einen Umsatz von 79 Mrd. Euro. Die Gegenüberstellung zeigt, wie unterentwickelt der sächsischen Firmensektor ist.

Ein Lichtblick ist die Entwicklung der sächsischen Großstädte. Seit 2004 untersucht eine Tochterfirma des Kölner Instituts der deutschen Wirtschaft (IW) die wirtschaftliche Performance der 50 wichtigsten deutschen Städte. Sie zieht 104 Kriterien aus den Bereichen Arbeitsmarkt, Wohlstand, Standortqualität, Soziales und Wirtschaftsstruktur heran. Das Ergebnis des 2007 veröffentlichten Rankings: Die ostdeutschen und speziell die sächsischen Städte schieben sich in der Tabelle kontinuierlich nach oben. Chemnitz landete immerhin auf Platz 41. Leipzig, das 2004 auf dem katastrophalen 49. Rang gestartet war, belegte Platz 34. Noch schneller geht es in Dresden aufwärts. Die sächsische Landeshauptstadt nahm den respektablen achten Platz ein und etablierte sich als erste ostdeutsche Stadt unter den gesamtdeutschen Top Ten. In einem gesondert ermittelten Dynamikranking, in dem nicht das erreichte Niveau, sondern nur die Veränderungen der letzten Jahre berücksichtigt worden sind, schaffte es die Elbe-Metropole sogar auf Platz 1. In dieser Bewertung kam Leipzig auf Platz 7 und Chemnitz auf Platz 33. Sachsens drittgrößte Stadt lag in zwei Spezialdisziplinen ganz vorn: Chemnitz hat die günstigsten Arbeitskosten und wird von den Unternehmen als wirtschaftsfreundlichste deutsche Stadt beurteilt. Das sind gute Voraussetzungen für den weiteren Aufholprozess.

Auch die deutsche Regionalstatistik belegt den Aufschwung der sächsischen Städte. Mit einem Bruttoinlandsprodukt von 29 668 Euro war die Landeshauptstadt Dresden 2005 die ostdeutsche Region mit der stärksten Wirtschaftskraft. Sie hat Potsdam (29 490 Euro) überholt, obwohl die brandenburgische Hauptstadt durch ihre Nähe zur Hauptstadt Berlin stark begünstigt ist. An zweiter Stelle steht in Sachsen die Automobilstadt Zwickau (28 533 Euro). Es folgen Chemnitz (25 348 Euro) und Leipzig (24 396 Euro). Am Ende der Skala standen die Landkreise Löbau-Zittau (14 444 Euro), Mittleres Erzgebirge (14 133 Euro) und Aue-Schwarzenberg (12 501 Euro). Regional beginnt sich Sachsen offenkundig allmählich auszudifferenzieren. Dieser Prozess dürfte sich fortsetzen. Ein Indikator: Während die ländlichen Regionen teilweise starke Einwohnerverluste verzeichnen, melden Dresden und Leipzig entgegen dem bundesweiten Trend leichte Bevölkerungsgewinne. In Chemnitz, das aufgrund seiner ausgeprägten industriellen Tradition nach 1990 einem besonders harten Strukturwandel ausgesetzt war, hat sich der Einwohnerrückgang zumindest deutlich verlangsamt. In der großen Vergangenheit Sachsens haben die Städte stets die Rolle als gesellschaftliche und ökonomische Kraftzentren eingenommen. Auch in schwierigeren Zeiten wird dies so bleiben.

Hightechstandort Biotechnologie und Regenerative Medizin in Sachsen
Forschungsstandort Dresden

Prof. Dr. Michael Brand, Dr. Sabine Matthiä, Falk Sobiella

Die Bioregion Sachsen setzt auf medizinische Anwendungen von Biotechnologie. Die im Sommer 2000 gestartete, mit über 200 Mio. Euro ausgestattete Biotechnologie-Offensive der Landesregierung gibt die notwendigen Impulse für das Wachstum.

Seit 2000 wachsen biotechnologische Forschung und Wirtschaft in Sachsen ununterbrochen. Konzentriert ist die Offensive auf die beiden wissenschaftlich-wirtschaftlichen Zentren Dresden und Leipzig mit den Schwerpunkten in »Regenerativer Medizin« und »Molekularem Bioengineering«. Dabei werden molekulare Zellbiologie und Biomedizin mit den traditionell gut entwickelten Materialwissenschaften, den Ingenieurswissenschaften und der Klinischen Forschung sowie der Medizintechnik zusammengeführt. Die Infrastruktur mit den beiden Inkubatoren Bio City Leipzig und BioInnovations-Zentrum Dresden im Mittelpunkt ist exzellent. In den beiden Bio-Inkubatoren betreiben die Wissenschaftler der Universität Leipzig, der Technischen Universität Dresden und der Universitätskliniken ihre anwendungsorientierte Forschung in enger Kooperation mit anderen Forschungseinrichtungen und der biotechnologisch orientierten Wirtschaft.

In Dresden ist der gesamte Innovationszyklus von der Grundlagenforschung über die angewandte Forschung und Entwicklung bis zur Vermarktung entwicklungsintensiver Produkte auf engstem Raum zusammengebracht. Neben der historisch gewachsenen Medizin in Dresden ist vor allem die Expertise des Standortes in der modernen Biologie entscheidende Grundlage für eine international erfolgreiche biomedizinische Forschung. Im Wintersemester 1994/95 wurde der Diplomstudiengang Biologie auf Empfehlung der Sächsischen Hochschulkommission an den Sächsischen Staatsminister für Wissenschaft und Kunst an der TU Dresden re-etabliert, nach vorübergehender Schließung zu DDR Zeiten. Zeitgleich gelang wohl eine der wichtigsten Ansiedlung für die moderne Biologie in Dresden, die Gründung des neuen Max Planck Institutes für Molekulare Zellbiologie und Genetik (www.mpi-cbg.de). Neben der Präsenz einer exzellenten Technischen Universität war es vor allem die internationale Attraktivität der Stadt Dresden, die zu dieser Entscheidung führte. Der sich in Johannstadt, also im Herzen der Stadt, entwickelnde Standort moderner Lebenswissenschaften – Biopolis Dresden – sollte zum Katalysator der Integration der Osteuropäischen Länder in die Forschungslandschaft der Europäischen Union werden. Dieses enthusiastische Ziel sollte auch durch ein Team international renommierter Wissenschaftler in einem neuen, architektonisch und strukturell einzigartigen Institut der Max Planck Gesellschaft unterstützt werden. So bezogen mehr als 100 Wissenschaftler aus allen Teilen der Erde das Institut zu Beginn des Jahres 2001, in dem nunmehr weit über 350 Forscher aus 45 Nationen arbeiten und Biopolis Dresden mit Leben erfüllen. Mittlerweile ist der Funke mit der Initiative junger Wissenschaftler zur Gründung des Biotechnologischen Zentrums, BIOTEC, erfolgreich an die TU-Dresden (www.biotec.tu-dresden.de) übergesprungen: In den vergangenen acht Jahren ist so in Dresden ein international attraktives Netzwerk für Biomedizinische Forschung entstanden, an dem eine Vielzahl von Wissenschaftlern verschiedener Dresdner Forschungseinrichtungen beteiligt sind, neben dem BIOTEC und dem MPI-CBG Forscher aus verschiedenen Fakultäten der Technischen Universität, aus dem Medizinisch Theoretischen Zentrum der Medizinischen Fakultät Carl Gustav Carus, oder aus dem Max-Bergmann-Zentrum.

Im Mittelpunkt dieses innovativen Netzwerkes steht, neben dem BIOTEC, das 2006 gegründete DFG Forschungszentrum und Exzellenzcluster für Regenerative Therapien, CRTD (www.crt-dresden.de) mit derzeit 84 Forschungslabors. Im Jahr 2005, und ein zweites Mal 2006 in der Bundesexzellenzinitiative, setze sich das Dresdner Konzept in einem bundesweiten Wettbewerb vor internationalen Gutachtern für ein Forschungszentrum für Regenerative Therapien durch und erhielt eine Förderung mit bis zu 80 Mio. Euro über 12 Jahre. Das Forschungszentrum ist das erste DFG-Forschungszentrum dieser Art in Deutschland und ist wohl außergewöhnlich hinsichtlich seiner Größe, thematischen Fokussierung und Interdisziplinarität. Den Schwerpunkt der wissenschaftlichen Arbeit dieses Netzwerkes bilden Stammzellforschung und Regenerative Medizin. Ziel des CRTD ist es, die Grundlagen für bessere Therapieverfahren für Leukämie, Diabetes, Herz-Kreislauferkrankungen, degenerative Erkrankungen des Nervensystems und Knorpel- und Knochendefekte zu entwickeln. Ein Motor des CRTD ist dabei der seit 2005 durch die Deutsche Forschungsgemeinschaft mit 1.6 Mio.

Euro pro Jahr geförderte Sonderforschungsbereich SFB 655 ›Cells into Tissues‹, der sich mit der Entwicklung und Differenzierung von Stamm- und Vorläuferzellen zu Gewebeverbänden beschäftigt. Geforscht wird neben dem Menschen auch an Modellorganismen wie dem Axolotl (ein Schwanzlurch), an Zebrafischen oder an Mäusen. Axolotl und Zebrafische verfügen über eine erstaunliche Fähigkeit zur Regeneration fehlender Körperteile, z.B. von Teilen des Gehirns, des Rückenmarks oder des Herzens.

Forscher aus den Bereichen Medizin, Zellbiologie, Genetik, Entwicklungsbiologie, Biophysik, Materialwissenschaften und Ingenieurswissenschaften arbeiten zusammen mit dem Ziel, durch die Kombination von Erkenntnissen der Grundlagenforschung mit technologischem know-how die Therapie mit Stammzellen bei Patienten effizient einsetzen zu können. Das Internationale PhD Programm »Dresden International Graduate School for Biomedicine und Bioengineering«, DIGS-BB mit ca. 300 Doktoranden aus 45 Ländern ist hierbei ein wesentlicher Motor zur Integration und Nachwuchsförderung in diesem Netzwerk.

Bei soviel Aufbruch lassen auch Erfolge nicht auf sich warten: Vor kurzem gelang es Forschern des MPI-CBG, einen neuen Therapieansatz zur Behandlung der Alzheimer Krankheit zu entwickeln. Verklumpte Proteinfragmente, so genannte Amyloid-Ablagerungen (Plaques) gelten als die auffälligste Veränderung in den Gehirnen von Alzheimer-Patienten. Diese Ablagerungen entstehen, wenn ein Membranprotein (APP, ß-Amyloid-Precursor-Protein) von dem Enzym ß-Sekretase zerschnitten wird. An genau dieser ß-Sekretase haben nun die Forscher um Kai Simons am MPI-CBG angesetzt. Ihr Ziel war es, das Enzym wirkungsvoll zu hemmen, um die Alzheimer-Krankheit effektiv zu behandeln oder zumindest den Krankheitsverlauf zu verlangsamen. Mithilfe eines Membranankers fixierten sie ß-Sekretase-Hemmer in der Zellmembran und konnten so ihre Wirksamkeit enorm steigern. Dies ist bahnbrechend, da bisherige Therapieansätze den genauen Wirkungsort des Enzyms vernachlässigten und nur unspezifisch, also breit gestreut, wirkten. Die neuartigen Hemmstoffe hingegen hängen sich direkt an floßartig umher schwimmende Untereinteilungen der Zellmembran (Rafts) und werden so genau an den Ort in der Zelle gebracht, in denen die ß-Sekretasen wirken und zum Ausbrechen der Alzheimer-Krankheit beitragen. (SCIENCE, 25. April 2008). In einem tierischen Modellorganismus, in dem Alzheimer simuliert wurde, konnte mit dem neuartigen Hemmer die Bildung von ß-Amyloid in nur vier Stunden auf die Hälfte reduziert werden, während die bisher erhältlichen Hemmstoffe keinerlei Wirkung zeigten. (Siehe Foto)

Lawrence Rajendran, Mitarbeiter im Labor von Simons, erklärt: »Der Hemmstoff fährt quasi per Anhalter mit den kleinen Nanoflößen, den Rafts, in die Zelle: Wir nutzen damit einen Mechanismus der Zelle, um den Hemmer genau dorthin zu bringen, wo er wirken soll – das ist bedeutend effektiver«. »Darin steckt ein riesiges Potenzial für die Entwicklung neuer und wirksamerer Medikamente gegen Alzheimer«, sagt Kai Simons, der auch Mitbegründer der Firma JADO Technologies ist, die den Raft-Ansatz für weitere Therapiemöglichkeiten entwickelt.

Denn auch bei Virus-Erkrankungen wie Ebola oder HIV nutzen die Viren Rafts, um von Zelle zu Zelle zu kommen. Genau diesen Weg gilt es zu unterbrechen.

Die »Biopolis Dresden« hat sich also prächtig entwickelt, aber die Entwicklung geht bereits weiter: Im April 2008 hat das Bundesministerium für Bildung und Forschung eine weitere Ansiedelung im Verbund dieses Netzwerkes ausgewählt: B CUBE Dresden (www.bcube-dresden.de) wurde als Zentrum für Innovationskompetenz unter zwölf Konzepten für eine Millionenförderung in den nächsten fünf Jahren ausgewählt. Das neue Zentrum wird neue Materialien und Technologien inspiriert von der Natur entwickeln. Damit ist unter Federführung des Biotechnologischen Zentrums der Grundstein für einen weiteren innovativen Forschungszweig mit ca. 100 Mitarbeitern und neuem Laborgebäude im Verbund des Biopolis Netzwerkes gelegt.

Das vollständige Verschwinden der Aktivität (grün) in den Inhibitor-behandelten Zellen (rechts) im Vergleich zu dem der Kontrollen (links) zeigt das Potenzial eines solchen Inhibitors.

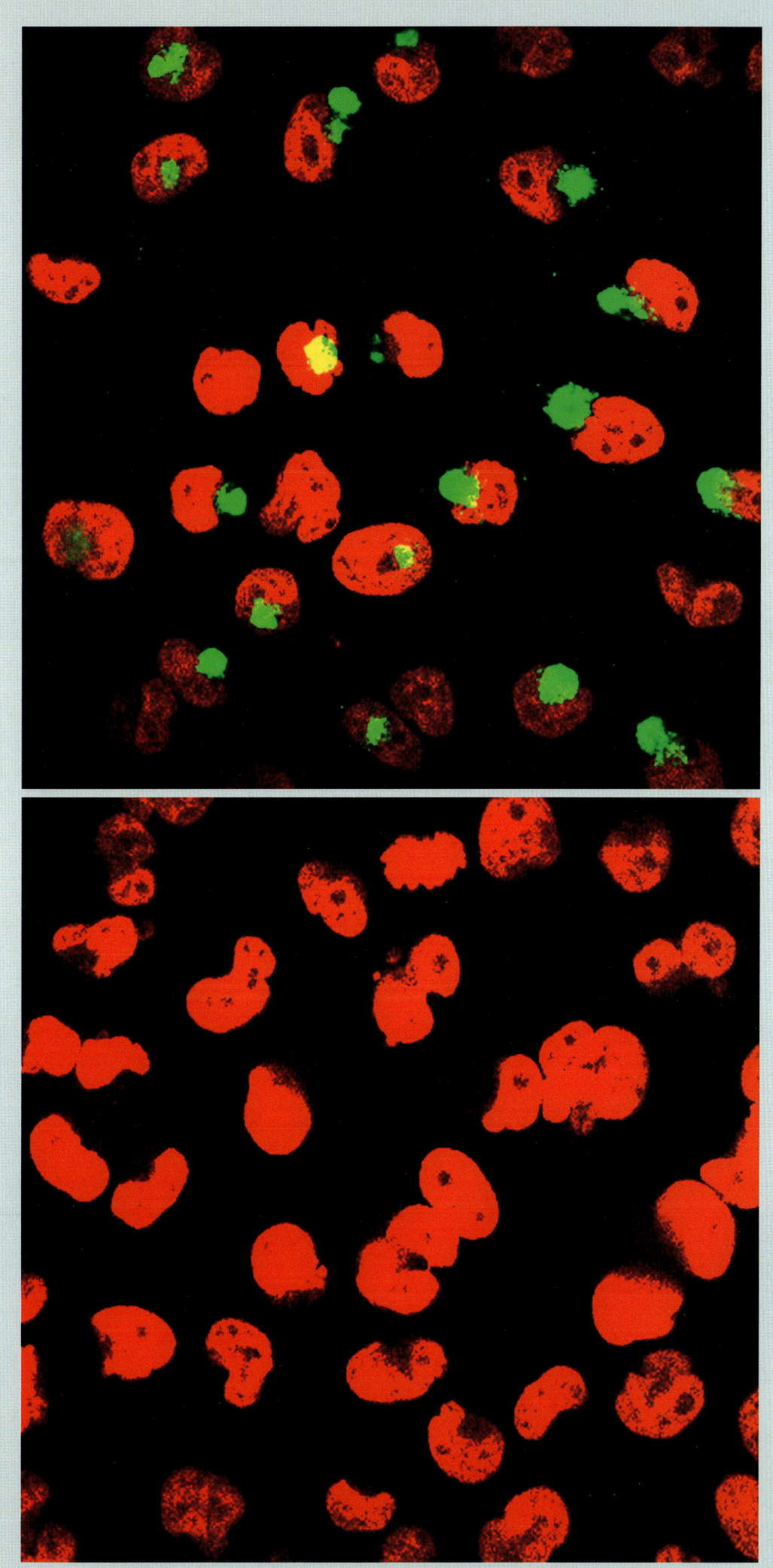

Bildung beginnt nicht erst mit der Zuckertüte

Michael Bartsch

Bildung beginnt nicht erst mit der Zuckertüte

Wer heute von der Bildungslandschaft in Sachsen sprechen will, kann nicht erst mit der Grundschule beginnen. Der frühkindlichen Bildung wird mittlerweile bundesweit mehr Aufmerksamkeit geschenkt. Eine Antwort auf die immer unberechenbarer werdenden familiären Verhältnisse, die ihre Ursache ebenso in prekären wirtschaftlichen und sozialen Verhältnissen wie in Wohlstandsverwahrlosung haben. Auch Sachsen hat auf die immer unterschiedlicheren Entwicklungsstände der Kinder bei der Einschulung vorbildlich reagiert. Spätestens seit einer gemeinsamen Verordnung von Kultus- und Sozialministerium zum Schuljahr 2006/07 ist das Schulvorbereitungsjahr an allen Kindertagesstätten verbindliche Realität. Durch den traditionell hohen Versorgungsgrad mit Kindergartenplätzen werden damit auch mehr als 99 Prozent der Kinder eines Jahrgangs erreicht. Grundlage ist ein zuvor erprobter und an der TU Dresden entwickelter Bildungsplan. Er soll ausdrücklich nicht nur »schulfit« machen, sondern allgemeine Lebenskompetenzen vermitteln und Kinder zu lebenslanger Selbstbildung anregen. Die Ausprägung von Selbständigkeit und Eigenverantwortung steht deshalb im Mittelpunkt. Gefördert werden der sprachliche Ausdruck, sinnliche Wahrnehmung und motorische Fähigkeiten. In der Regel wird dafür ein halber Tag pro Woche als Projekttag gestaltet. An ihm besuchen die Vorschulkinder entweder ihre künftige Grundschule oder starten Exkursionen. Sie entdecken dabei die Natur und ihre Gesetze, lernen etwas über Hygiene und ihren Körper, entwickeln musische Fähigkeiten und werden mit Grundbegriffen des sozialen und politischen Lebens konfrontiert. Ein ursprünglich geplantes Kapitel zur religiösen Erziehung im Kita-Bildungsplan führte allerdings zu heftigen Kontroversen im Landtag. Das CDU-geführte Sozialministerium zog dieses Vorhaben schließlich wieder zurück.

Etwa ein halbes Jahr vor Einschulung wird in Zusammenarbeit mit der Grundschule der aktuelle Lernstand der Kinder ermittelt, auf den sich die Schule einzustellen hat. Diese erste schriftliche »Prüfung« erinnert in kindlicher und bunter Form an Intelligenztests, lässt aber auch Raum für kreative Äußerungen und für die Dokumentation bereits erworbener Kenntnisse der Schriftsprache und der Grundrechenarten.

Die Verantwortung für das Schulvorbereitungsjahr liegt bei den Kindergärten. Gestaltet wird es aber gemeinsam mit benachbarten Grundschulen, mit denen es auch zuvor schon mehr und mehr Kooperationsvereinbarungen gegeben hat. Bildungsplan und Grundschullehrplan sind aufeinander abgestimmt. Die Kinder in den Vorschulgruppen begegnen so auch schon ihren künftigen Grundschullehrern. Die für das Schulvorbereitungsjahr zusätzlich bereit gestellten Mittel – im ersten Jahr waren es 7,7 Millionen Euro – werden für die personelle Aufstockung bei Erzieherinnen und Lehrern eingesetzt.

Schule zwischen Schülerrückgang und Qualitätssicherung

Dem möglichst bruchlosen Übergang vom Kindergarten in die Schule dient auch die flexible Schuleingangsphase. Denn trotz verstärkter Bemühungen im Vorschulalter wird zur Einschulungsuntersuchung etwa bei jedem fünften Kind in Sachsen eine Sprachauffälligkeit registriert. 15 Prozent der Schulanfänger weisen eine feinmotorische Störung auf. Es kommt also auf die individuelle und differenzierte Förderung jedes Kindes an. Die ersten beiden Klassenstufen werden deshalb als pädagogische Einheit aufgefasst, innerhalb derer ausgleichend auf den Entwicklungsstand des Schülers eingegangen werden kann. Auf Wunsch der Eltern können Kinder sogar ein Jahr länger in Klassenstufe 1 verbleiben. Dieses Jahr wird nicht auf die Vollzeitschulpflicht angerechnet. Für die Schuleingangsphase entwickeln die Grundschulen jeweils eigene Konzepte. In Verbindung mit einem flexiblen Schulanmeldedatum ist es in Sachsen gelungen, den Anteil der vom Schulbesuch zunächst zurückgestellten Kinder deutlich zu senken. Er hatte mit 12 Prozent im Jahr 2000 noch bundesweit an der Spitze gelegen.

Die vierjährige Grundschule legt naturgemäß den Schwerpunkt auf die Vermittlung grundlegender Kulturtechniken in sprachlicher und mathematischer Hinsicht. Das gilt insbesondere für die deutsche Muttersprache, deren Kenntnis im Anfangsunterricht oft noch mangelhaft ist. Die Begegnung mit Kinderliteratur und die

»Die Kinderstube«; Titelblatt des ersten ABC-, Lese- und Denkbuches für brave Kinder, Ernst Lausch, Leipzig, Otto Sparner Verlag 1874

Erziehung zum verantwortungsvollen Umgang mit Medien ergänzen den Deutschunterricht. Ab Klassenstufe 3 lernen alle Schüler verbindlich die Grundlagen der englischen Sprache. Zum Fächerkanon gehört ab der ersten Klasse bereits der konfessionelle Religions- oder der Ethikunterricht. Die Lernziele entsprechen den bundesweiten Bildungsstandards für die Klassenstufe 4. Besonderer Wert wird von Anfang an auf die Erziehung zur Selbständigkeit und zum Erwerb eigener Lernkompetenz gelegt. Nach dem Ende des sozialistischen Experiments in der DDR 1990 ist auch in Sachsen breit über das künftige Schulsystem diskutiert worden. In der Lehrerschaft überwogen zunächst Sympathien für die westdeutsche Gesamtschule. Sie kam der gewohnten Allgemeinbildenden Polytechnischen Oberschule der DDR am nächsten, in der die Schüler bis zur achten Klasse gemeinsam lernten. Die bis 2002 in Sachsen mit absoluter Mehrheit regierende CDU setzte mit dem Schulgesetz von 1991 schließlich das traditionelle mehrgliedrige Schulsystem durch. Dessen wesentlicher und bis heute umstrittener Kernpunkt ist die Auslese der für das Gymnasium geeigneten Schüler bereits nach der vierten Klasse. Die übrigen Schüler besuchen die Mittelschule, immer wieder als Herzstück des sächsischen Bildungssystems bezeichnet, mit dem Ziel eines Realschulabschlusses nach zehn Jahren.

Die sächsische Union erwies sich zu Beginn der neunziger Jahre aber in zwei Punkten als weitsichtig und auf der Höhe der erst ein Jahrzehnt später in Westdeutschland entbrannten Diskussion. Übernommen wurde nämlich nicht ein streng dreigliedriges Schulsystem mit separater Hauptschule. Hauptschulgänge werden vielmehr in die Mittelschule integriert. Diese Einbeziehung verläuft zwar nicht ohne Probleme und setzt beispielsweise eine gewisse Mindestgröße der Schule voraus. Sie kann aber gerade im Lichte der heutigen Tendenz zur Abschaffung der Hauptschule als gelungen gelten.

Zunächst auf breite Ablehnung im Westen stieß auch die konsequente Einführung des Abiturs nach zwölf Jahren. Man behielt eigentlich nur die Fristen der DDR bei, in der die Erweiterte Oberschule auch nach zwölf Schuljahren abgeschlossen wurde. Dieses Zwölfjahresabitur liegt nicht nur im heutigen Bundestrend. Es erfährt auch weiterhin breite Zustimmung in der Elternschaft, und sogar eine Schülerabstimmung fiel in den neunziger Jahren entsprechend aus. Streitbar blieb allerdings die vermittelte Stofffülle. Erst die Einführung neuer, »entrümpelter« Lehrpläne ab 2004 schuf hier Entspannung. Die zwölf Jahre sind auch nicht als Diktat zu verstehen. Auf eigenen Wunsch kann in der gymnasialen Oberstufe auch eine Klasse wiederholt werden, und der Weg über das berufliche Gymnasium endet auch erst nach 13 Jahren.

Die Mittelschule, nach wie vor für eine Mehrheit der Schüler der wesentliche Bildungsweg, hat es als ein neues Modell Sachsens immer schwer gehabt. Auch die Einstufung als Modellversuch der Bund-Länder-Kommission hat daran wenig geändert. Von Anfang an geriet sie wegen der wünschenswerten Erhöhung der Abiturquote in den Geruch einer »Restschule«. Dabei ist sie im wahrsten Wortsinn auf Profilierung angelegt. Mit schwerpunktmäßigen Vertiefungen in Spezialrichtungen, die vom hauswirtschaftlichen Profil über die Technik bis hin zu den Musen reichen, sollte ein örtlich differenziertes Angebot je nach Schule erreicht werden. Dieses Profilkonzept ist 2002 nochmals weiterentwickelt worden. Durch die faktische Senkung der Hürden für die Bildungsempfehlung zum Besuch des Gymnasiums ist die Mittelschule aber weiter unter Druck geraten.

Die Gymnasiale Oberstufe in Sachsen wird vom 1. August 2008 an reformiert. Die Veränderungen erfolgen nicht zuletzt auf Anforderung der Hochschulen und des Ingenieurverbandes VDI und wurden vom Philologenverband unterstützt. Ein Jahrzehnt zuvor war bereits das Gewicht der Kernfächer Deutsch, Mathematik und einer Fremdsprache gestärkt worden. Nun wird die Abwahlmöglichkeit solcher Kernfächer im Kurssystem der Klassenstufen 11 und 12 praktisch aufgehoben. Naturwissenschaften gewinnen weiter an Bedeutung. Das Kurssystem, in dem weiterhin zwei Leistungskurse gewählt werden, wird zwar formal beibehalten, faktisch aber eingeschränkt. So werden die übrigen Kurse wieder in klassenähnlichen Verbänden mit bis zu 24 Schülern unterrichtet. Die Reform zielt auf gründlicheres Allgemeinwissen, eine verbesserte Studierfähigkeit und bessere Anpassung an die Erfordernisse des Arbeitsmarktes.

Vordere Plätze im innerdeutschen Vergleich bei den PISA-Studien scheinen das sächsische Schulsystem zu rechtfertigen und seinen Erfolg zu belegen. Das Kultusministerium hat sich reformpädagogischen Schulversuchen gegenüber zwar nie verschlossen. Die Experimentierfreude an staatlichen Schulen hielt sich jedoch in Grenzen. Nach Schließung der Jenaplanschule in Markersbach 2003 sind nur noch die Nachbarschaftsschule Leipzig und das so genannte Chemnitzer Schulmodell übrig. In beiden Schulen wird gemeinsam bis Klasse 10 in teils altersgemischten Gruppen und in fächerübergreifenden Formen unterrichtet. Nach den Landtagswahlen 2004 hat die SPD als neuer Koalitionspartner der CDU in dieser Hinsicht für frischen Wind gesorgt. Sie

schrieb die Möglichkeit der Einrichtung von Gemeinschaftsschulen in den Koalitionsvertrag, in denen ebenfalls länger gemeinsam und mit einem Ganztagsangebot unterrichtet wird. Das gegliederte Schulsystems hat sich nämlich als weit weniger durchlässig und kompatibel erwiesen, als es von der CDU postuliert worden war. Nur wenige Schüler wechseln von der Mittelschule noch nachträglich auf das Gymnasium. Bislang acht solcher Gemeinschaftsschulen wurden in teils zähen Verfahren bis 2008 als Schulversuche genehmigt. Die erste von ihnen in Geithain sammelt seit 2006 Erfahrungen. Gut angelaufen ist hingegen das Ganztagsprogramm für sächsische Schulen. Beigetragen hat dazu nicht nur das Förderprogramm der Bundesregierung, sondern auch ein Landesprogramm in Höhe von 30 Millionen Euro jährlich. Schien es anfangs noch so, als wolle das Kultusministerium vorhandene Nachmittagsangebote und Arbeitsgemeinschaften unter einem neuen Etikett zusammenfassen, sind viele Schulen inzwischen auf dem Weg zu echten Ganztagskonzepten. Das Zögern der Eltern ist mittlerweile einer 80%igen Zustimmung gewichen. Sie wollen allerdings weiterhin frei über eine Teilnahme ihrer Kinder entscheiden und lehnen eine obligatorische Ganztagsschule mit großer Mehrheit ab. Die Zusatzangebote reichen von der Nachhilfe für leistungsschwache Schüler über Demokratieerziehung bis hin zu Sport und Kultur. Bis 2009 soll ein flächendeckendes Angebot aufgebaut werden.

Behinderte Kinder erhalten in Sachsen eine sonderpädagogische Förderung in Förderschulen. Ihre Zahl ist weniger stark gesunken, als es der allgemeine Schülerrückgang erwarten ließ. Speziell der Anteil lernbehinderter Schüler hat zugenommen, was auch dem Leistungsdruck an der Regelschule zugeschrieben wird. Pädagogische Kompetenzen werden zunehmend in Förderschulzentren gebündelt. Lagen die Zuständigkeiten für behinderte Schüler anfangs noch allein beim Kultusministerium, sorgte eine Schulgesetznovelle 1995 für heftige Diskussionen. Mit ihr wurden auch die Krankenkassen an den nichtschulischen Betreuungsleistungen beteiligt. Auch wegen der erst 1999 erlassenen Verordnung zur ressourcenaufwendigen Integration behinderter Schüler in die Regelschule fanden die Förderschulen zunächst häufig öffentliche Beachtung. Mittlerweile hat sich die Förderschulpraxis stabilisiert. Andererseits fördert der Freistaat Sachsen auch Spezial- und Hochbegabungen. Die »Gymnasien mit vertiefter Ausbildung« setzen die DDR-Tradition der Spezialschulen fort. 20 solcher Gymnasien sind überwiegend in den drei Großstädten Leipzig, Dresden und Chemnitz konzentriert. Wer eine Aufnahmeprüfung besteht, kann hier seine besonderen mathematisch-naturwissenschaftlichen, sportlichen, musischen oder sprachlichen Talente entwickeln. 2001 wurde auf dem Burgberg in Meißen das Landesgymnasium »St. Afra« eingeweiht. Mit dem Hochbegabten-Gymnasium setzt das Land Sachsen die Tradition der Fürstenschule St. Afra fort, die Herzog Moritz 1543 begründet hatte.

Weniger ambitionierte Schüler orientieren sich an den beruflichen Bildungswegen in Sachsen. Der qualifizierteste von ihnen führt über das berufliche Gymnasium zur Hochschulreife. Mit einem Realschulabschluss der Mittelschule kann man über die Fachoberschule die Fachhochschulreife erwerben. Die meisten Schüler können jedoch einen Ausbildungsvertrag mit einem Betrieb schließen und werden parallel dazu im Dualen System theoretisch an der Berufsschule ausgebildet. Die Probleme des Dualen Systems gehen jedoch auch an Sachsen nicht spurlos vorüber, so dass die vollzeitschulische staatliche Ausbildung an der Berufsfachschule immer mehr an Bedeutung gewinnt. Ähnliches gilt für das Berufsgrundbildungsjahr oder Berufsvorbereitungsjahr, in dem Schüler, die entweder den Hauptschulabschluss nicht erreichten oder keine Lehrstelle erhielten, auf den Einstieg in die Berufsausbildung vorbereitet werden sollen. Wie überall in Ostdeutschland führte die Befreiung aus dem starren DDR-Bildungssystem nach 1990 zu einem Gründungsboom freier Schulen. Bei den Berufsschulen lag Sachsen mit einem Anteil von 25 Prozent sogar bundesweit an der Spitze. Die CDU-Regierung verhielt und verhält sich dazu ambivalent. Einesteils waren freie Träger als Bereicherung der Schullandschaft politisch gewollt. Mit den konfessionellen Schulen gewannen außerdem die Kirchen wieder mehr Einfluss auf die Bildung. Andererseits wurden damit reformpädagogische, kreative und experimentelle Räume eröffnet, die bald Maßstäbe und damit die staatlichen Schulen unter Druck setzten.

Sächsische Hochschulen – führend in Ostdeutschland

Wenn sächsische Universitäten neben Berlin und Jena heute zu den führenden in Ostdeutschland gezählt werden, ist das nicht allein ein Verdienst der Hochschulpolitik nach dem Beitritt zur Bundesrepublik. Die Leipziger Universität beispielsweise ist eine der ältesten in Deutschland und Europa und genießt seit ihrer Gründung 1409 vor allem geisteswissenschaftlich einen ausgezeichneten Ruf. Ihr Gegenstück ist die Technische Universität Dresden, die als Technische Bildungsanstalt 1828 ebenfalls eine der ersten ihrer Art in Deutschland war. Die 1765 gegründete Bergakademie Freiberg ist die älteste montanwissenschaftliche Hochschule der Welt. In der DDR lag der wissenschaftliche Schwerpunkt in den südlichen Bezirken, in die das ursprüngliche Sachsenland aufgeteilt war. Die Voraussetzungen waren also günstig, als 1990 auch die Umstrukturierung von Forschung und Hochschule anstand.

Die Bergakademie Freiberg, die älteste montanwissenschaftliche Universität der Welt, wurde 1765 gegründet. Sie betreibt bis heute erfolgreich das, wofür sie erschaffen wurde: praxisnahe Ausbildung und Forschung.

Der damalige Wissenschafts- und Kunstminister Hans-Joachim Meyer (CDU) versuchte seinerzeit mit Intelligenz und Charisma, einerseits die gute Substanz zu bewahren, andererseits aber die personelle und strukturelle Hochschulerneuerung durchzusetzen. Die Erschütterungen, die das bedeutete, sind nicht zu unterschätzen und waren von entsprechenden Protesten begleitet. Die personelle Erneuerung basierte auf dem Hochschulerneuerungsgesetz von 1991. Danach wurden sämtliche Hochschullehrer auf ihre politische Belastung durch die Vergangenheit und ihre Eignung für die neue Zeit überprüft. 985 Hochschullehrern wurde auf Empfehlung der Personalkommissionen allein wegen ihrer Zusammenarbeit mit dem Ministerium für Staatssicherheit gekündigt. Zugleich wählten die Berufungskommissionen Professoren neuen Rechts aus. Anfangs bekam dabei der einheimische unbelastete akademische Mittelbau eine Chance, später waren überwiegend Bewerber aus den westlichen Bundesländern erfolgreich. Die Zahl der Professoren und damit ihr Anteil am Hochschulpersonal stieg deutlich, während Sachsen insgesamt dieses Personal von 28 000 Beschäftigten aus der Zeit vor 1989 auf rund 10 000 Stellen abbauen musste.

Dieser schmerzhafte Prozess wurde begleitet von nicht minder erheblichen strukturellen Veränderungen. Ideologisch intendierte Studiengänge wurden geschlossen, während andererseits ein wahrer Gründungsboom von Fakultäten einsetzte. Für zuvor unbekannte soziologische oder geisteswissenschaftliche Studiengänge beispielsweise waren die neuen Lehrstuhlinhaber aus der alten Bundesrepublik willkommene Aufbauhelfer. Ehrgeizige junge Universitäten wie die Chemnitzer erweiterten ihr Fächerspektrum beträchtlich. Die ehrgeizigste von allen, die TU Dresden, wollte eine »Volluniversität« werden und sog bisher eigenständige Hochschulen der Stadt wie die Pädagogische, die für Verkehrswesen und die Medizinische Akademie als Fakultäten in sich auf. Dieser Expansionsdrang wurde ein knappes Jahrzehnt später durch die Empfehlungen einer externen

Hochschulstrukturkommission wieder deutlich gebremst. Arbeitsteilung und Spezialisierung innerhalb der sächsischen Hochschullandschaft waren nunmehr angesagt. In der Folge müssen nun wieder mit viel Leidenschaft aufgebaute Fakultäten wie etwa die juristische in Dresden geschlossen werden.

Sachsen erregte bundesweit aber bald im positiven Sinne Aufsehen. Die Studienzeiten zählten zu den kürzesten in Deutschland, was sowohl mit Restriktionen als auch mit den guten Studienbedingungen zu tun hatte. Die Studentenzahlen stiegen zwar deutlich stärker als die pessimistischen Prognosen des Finanzministeriums, aber die Betreuungsrelationen blieben bis zu Beginn der 2000-er Jahre vorbildlich. Mit dem Leitspruch »Das Abitur ist kein Rechtstitel« setzte sich Minister Meyer für erweiterte Möglichkeiten der Hochschulen ein, sich ihre Studienbewerber selbst auszusuchen. Mit der Berufsakademie nach dem Vorbild Baden-Württembergs führte Sachsen konsequent das Duale System in der Hochschulbildung ein. Vor allem aber kam der Freistaat gegen den Widerstand des Finanzministeriums den Wünschen der Hochschulen nach mehr Autonomie entgegen. Die Dresdner Universität setzte sich hier mit einem Modellversuch für einen Globalhaushalt frühzeitig am energischsten durch. Als konservativ erwies sich Sachsen gegenüber einigen Neuerungen des Hochschulrahmenrechtes, so bei der Verteidigung des Diploms und der Habilitation. Auch die konsekutiven Bachelor/Master-Studiengänge im Rahmen des Bologna-Prozesses oder die Junior-Professur brauchten relativ lange Zeit für ihre Einführung.

Finanzielle Planungssicherheit erhielten die Hochschulen mit einem 2003 geschlossenen Hochschulvertrag. Der Preis, den sie zahlen mussten, besteht in einem festgelegten Personalabbau bis 2010, der allerdings wegen des anhaltenden Studentenzuspruchs derzeit in Frage steht. Zugleich sind die Drittmitteleinkünfte zu einer tragenden Finanzierungssäule geworden und erreichen speziell in Dresden fast schon westdeutsches Niveau. Dieser Anstieg hat wiederum mit einer gleichfalls rasanten Entwicklung des Forschungsniveaus zu tun. Auf allen besonders zukunftsträchtigen Gebieten werden sowohl an Sachsens Hochschulen als auch an den außeruniversitären Forschungseinrichtungen inzwischen internationale Spitzenleistungen erzielt. Das gilt insbesondere im Raum Dresden für die Nanotechnologien in der Elektronik ebenso wie in der Materialforschung. Hier liegt neben Leipzig auch ein Zentrum der Biotechnologie und der Regenerativen Medizin. Im Raum Chemnitz geht es traditionell um das Automobil. In der Exzellenzinitiative des Bundes waren bislang Exzellenzcluster und Graduiertenkollegs aus Leipzig und Dresden erfolgreich. Wenn Dresden, 2006 immerhin »Stadt der Wissenschaft« in Deutschland, in der dritten Förderlinie um die Zukunftskonzepte bislang noch scheiterte, liegt dies eher an den Kriterien des Elite-Wettbewerbs als am mangelnden Potenzial. 2007 hat der Freistaat Sachsen eine eigene, mit 160 Millionen Euro dotierte Exzellenzinitiative ausgelobt.

Dem Ideal der universitas litterarum kommt nach wie vor die Leipziger Universität am nächsten. In ihrem traditionell sehr breiten Fächerspektrum fallen zahlreiche sogenannten »Orchideenfächer« wie Indologie oder Sorabistik auf, die man nur hier studieren kann. Die nach Studentenzahlen größte Universität des Landes in Dresden bleibt hingegen eine von Technik und Naturwissenschaften dominierte. Zu einer Technischen Universität stieg nach der Wende auch die Technische Hochschule in Chemnitz auf. Sie profilierte sich mit interdisziplinären Forschungsthemen und interessanten Kombinationen geistes-, natur- und ingenieurwissenschaftlicher Fächer, dem »Chemnitzer Modell«. Klein, aber bundesweit beliebt ist die Bergakademie in Freiberg. Sie erhielt 2007 eine private Großspende eines ehemaligen Absolventen und erfolgreichen Unternehmers, deren Höhe die Dimensionen der Bundes-Exzellenzförderung weit übersteigt.

Staatliche Fachhochschulen für Technik und Wirtschaft sind neben Leipzig und Dresden auch in Mittweida, Görlitz und Zwickau angesiedelt. Weitere elf Fachhochschulen befinden sich in freier oder kirchlicher Trägerschaft. Zwei von ihnen bilden für die evangelische Kirchenmusik aus. Selbstverständlich bietet das Bundesland mit der höchsten Dichte an Kultureinrichtungen auch eine künstlerische Ausbildung auf höchstem Niveau. Den Namen Carl Maria von Webers trägt die Dresdner Hochschule für Musik. Leipzig erinnert mit dem Namen seiner Hochschule für Musik und Theater an den Gewandhauskapellmeister und Gründer des ersten deutschen Konservatoriums Felix Mendelssohn-Bartholdy. Hier ist zugleich eine der ältesten Kunsthochschulen Deutschlands ansässig, die 1764 gegründete Hochschule für Grafik und Buchkunst. Im gleichen Jahr entstand auf der berühmten Brühlschen Terrasse in Dresden die Kunstakademie. Mit der Palucca-Schule verfügt die Landeshauptstadt außerdem über die einzige eigenständige Tanzhochschule Deutschlands. In der Symbiose von Kunst und Wissenschaft liegt die eigentliche und beständige Stärke Sachsens, wie zu Recht von weitsichtigen Politikern und klugen Köpfen im Freistaat immer wieder betont wird.

Sachsens Kulturlandschaft

Dr. Jürgen Uwe Ohlau

Als die politischen Ereignisse des Jahres 1989 die Konturen eines sächsischen Staates aus der Konkursmasse der ehemaligen DDR wieder sichtbar werden ließen und sich die Gründerväter einer neuen politischen Einheit in einer verfassungsgebenden Versammlung zusammenfanden, war eine Zielstellung für alle nicht umstritten: Die Definition des neuen Landes sollte mit der Tradition, der Geschichte und der Kultur dieses mitteldeutschen Raumes eng verbunden sein. Dieser politische Grundkonsens ist bereits im Artikel 1 der Sächsischen Verfassung vom 06.06.1992 festgehalten, indem festgestellt wird, dass Sachsen sich als »ein demokratischer, dem Schutz der natürlichen Lebensgrundlagen und der Kultur verpflichteter sozialer Rechtsstaat« definiert. Der Artikel 11 dieser Verfassung steckt für die Kulturstaatlichkeit des Freistaates den Rahmen der Verantwortung und der Handlungsräume ab und nimmt den Gesetzgeber und die Regierung des Landes in konkrete Pflichten.

Der Umstand, dass mit dem Systemwechsel 1989/90 alte Strukturen obsolet geworden waren und neue Organisationsformen mit demokratischer Legitimation aufgebaut werden konnten, ohne Behinderung durch liebgewordene administrative Hemmnisse nach dem Motto, »das haben wir schon immer so gemacht«, wurde von den handelnden Politikern und Administratoren glücklicherweise genutzt und hat zur Ausbildung von tragfähigen kulturpolitischen Rahmenbedingungen und zu institutionellen Lösungen geführt, die für die Bundesrepublik Deutschland den Anspruch auf innovative und kreative Neuansätze erheben dürfen.

Wille der ersten Regierung des Freistaates Sachsen nach der Wende unter Ministerpräsident Kurt Biedenkopf war es, Kulturpolitik so zu gestalten, dass die möglichen und notwendigen Freiräume für Kultur – auch finanziell – gesichert werden konnten, gleichzeitig aber ein direktes Eingreifen staatlicher Regelmechanismen auf das absolut notwendige Minimum reduziert wurden, eine Haltung, die nach der zentralistischen und von Berlin gesteuerten Politik der DDR nicht nur verständlich, sondern geradezu Gebot der Stunde war. Glücklicherweise fanden sich in der ersten Aufbauphase politisch bewusste Menschen in der staatlichen Verwaltung aus Ost und West zusammen, die diesen politischen Auftrag der staatsfernen Förderung und Verwaltung von Kultur unter Nutzung der Spielräume und unter Hintanstellung von gewohnten Verhaltensweisen zielstrebig umsetzten.

Bestimmte kulturelle Felder behielt der Freistaat als Kernaufgaben in seiner direkten Zuständigkeit, dies aber nur, wenn die Größenordnung der betroffenen Aufgabengebiete nicht in freier oder kommunaler Trägerschaft hätten verwirklicht werden können. Hierzu gehören die Verantwortung für Staatsoper (Semper-Oper) und Staatskapelle in Dresden, für die Staatlichen Kunstsammlungen mit ihren insgesamt 12 Museen, für den Denkmalschutz und die Landesarchäologie, um nur einige zu nennen. Allerdings werden, wie z.B. im Falle der Schlösser- und Gärten-Verwaltung, wo immer dies möglich ist, eigenständige Betriebsformen, wie Staatsbetrieb oder Stiftung, der direkten administrativen Unterstellung vorgezogen. Dass dies noch nicht überall vollzogen ist, hat mit dem z.T. immer noch enormen Investitionsstau im baulichen und investiven Bereich zu tun, der als Erbe der Mangelwirtschaft der DDR auf die jetzige Staatsregierung gekommen ist. Alleine die Investitionen für den Wiederaufbau des Dresdner Schlosses als Heimat der Staatlichen Kunstsammlungen dürfte die Grenze von € 1 Milliarde überschreiten. Auch die 23 in der Schlösser- und Gärten-Verwaltung betreuten großen Schlossanlagen in ganz Sachsen hängen hinsichtlich des Investitionsbedarfes noch immer direkt am Finanzministerium, allerdings sind in der Regel die Betriebsformen für Kultur, Museen und Tourismus in den Schlössern in den meisten Fällen bereits in wirtschaftlich autonome Einheiten überführt.

Die gesamte kommunale Kulturszene wurde hinsichtlich ihrer Gestaltung und Finanzierung im Jahre 1993 durch das sog. Kulturraumgesetz demokratisch gestaltet. Das Gesetz stellt sicher, dass im Sinne solidarischer Wahrnehmung der verfassungsmäßigen Aufgaben auch im Kulturbereich alle Gemeinden eines definierten Kulturraumes sich im Umlageverfahren an der Finanzierung der regional wichtigen Einrichtungen wie Theater, Orchester, Museen beteiligen und dies im Rahmen kommunaler Zweckverbände umsetzen. Das Finanzierungssystem wird durch einen gesetzlich festgeschriebenen Betrag in Höhe von derzeit jährlich € 86 Mio. sei-

Kleines Zittauer Fastentuch von 1573, ein in Deutschland einzigartiges Textilkunstwerk; es wurde von einem unbekannten Maler nach einer Vorlage des Lütticher Künstlers Lambert Lombard geschaffen.

tens der Staatsregierung subventioniert. Damit sind 30% der Kosten der Kultureinrichtungen abgedeckt. Die Entscheidung über die Förderrichtlinien und Förderbeträge wird in den jeweiligen Kulturräumen dezentral von hierzu berufenen Kulturbeiräten getroffen. Die Beiräte agieren ehrenamtlich. 800 sächsische Bürger wirken auf diese Weise bei kulturpolitischen Entscheidungen mit. Das System der solidarischen Kulturraumfinanzierung hat dazu geführt, dass regionale Strukturen entstanden sind, die identitätsbildend gewirkt haben und deren Erfolg auch darin zu sehen ist, dass in Sachsen seit der Wende kein Abbau der Theater, Orchester und Museenlandschaft stattgefunden hat und dass darüber hinaus eine nicht unbeträchtliche Zahl neuer Initiativen zu zusätzlichen kulturellen Einrichtungen herangewachsen sind. So hat sich z.B. die Zahl der Museen seit der Wende von ca. 270 auf etwa 400 erhöht. Die Spielplanangebote der 18 Theater und 12 Orchester sind mit einer hohen Auslastungsquote gut angenommen, und die Zahl der Theaterbesucher z.B. hat sich bis 2006 trotz eines Bevölkerungsschwundes von 13% um mehr als 7%, bezogen auf die Spielzeit 1994/95, erhöht.

Die Förderung kultureller Aktivitäten findet seitens des Landes noch in einem dritten Bereich statt: parallel zur Verabschiedung des Kulturraumgesetzes wurde ebenfalls 1993 per Gesetz die Kulturstiftung des Freistaates Sachsen geschaffen, deren Gründungskapital aus in die neue Zeit hinübergeretteten Kulturfördermittel der ehemaligen DDR stammt (Länderanteil des sog. Kulturgroschen-Guthaben der DDR). Die Kulturstiftung fördert Projekte aller Kunst- und Kultursparten und bedient in erster Linie die freie Szene. Sie hat seit einigen Jahren die Fördertätigkeit des Ministeriums für Wissenschaft und Kunst im Auftrag der Staatsregierung übernommen und vergibt jedes Jahr Fördermittel in der Größenordnung von € 3,5 Mio.

Aus der Vorstellung einer möglichst staatsfernen Kulturadministration ist ebenfalls bereits in der Aufbauphase des Freistaates Sachsen ein weiteres Gremium erwachsen. Mit Gesetz vom Mai 1993 wurde ein Kultursenat geschaffen, dessen Aufgabe es ist, die Interessen der Kultur auf Landes- und Kommunalebene zu vertreten und zu grundsätzlichen kulturpolitischen Fragen Stellung zu beziehen. Er berät das Parlament und die Landesregierung und beteiligt sich an der Überwachung der Förderpolitik der Kulturstiftung. Der Kultursenat kooptiert seine 24 Mitglieder für eine 5-jährige Amtszeit und ist als ehrenamtliches, vom Ministerpräsidenten berufenes Gremium, autonom und unabhängig.

Dieses hier kurz skizzierte innovative Instrumentarium für die Förderung und den Erhalt der Kultur stärkt die Strukturen in einem kleinen Bundesland, das auf Grund seiner zentralen Lage in Mitteleuropa seit Jahrhunderten wichtige Beiträge zum Geistesleben und zur Gestaltung einer Kulturlandschaft des deutschen Sprachraums erbracht hat. Dabei hat auch immer der Austausch und die gegenseitige Befruchtung mit den polnischen und tschechisch/böhmischen Nachbarn eine markante Rolle gespielt. Nicht nur hat Wirkung hinterlassen, dass einige heute zu Sachsen gehörende Landstriche zeitweise zum Habsburgischen Herrschaftsgebiet gehörten und dass das Königreich Sachsen zeitweise mit dem polnischen Königreich verbunden war, sondern auch, dass unabhängig von jeweiliger politischer Zugehörigkeit wichtige internationale Verbindungswege wie die mittelalterliche »via regia«, die Pilgerstraße des Jakobsweges und die Handelsstraßen zum zentralen Messeplatz Leipzig Türen für den kulturellen Austausch öffneten. Die Kontinuität der intellektuellen und künstlerischen Entwicklung wurde mit Sicherheit auch durch die 1000-jährige wettinische Herrschaft in Sachsen (bis 1918) hergestellt, die einen stabilen, politischen Bezugspunkt für Auf- und Ausbau einer von Kultur geprägten Landschaft ergab. Unterstützt wurde dies auch dadurch, dass Sachsen keine Großmacht im Deutschen Reich darstellte und damit zwar von Kriegsgeschehen nicht völlig frei blieb, aber doch Kapazitäten zur Entwicklung der Künste und Wissenschaften zur Verfügung hatte. Nicht nur August der Starke, dieser aber in besonderem Maße, nutzten den Reichtum des Landes, vom Bergbau im Erzgebirge und vom Handel und Handwerk und später von entstehender Industrie genährt, zum Aufbau von Kuriositäten-Kabinetten als Ursprung musealer Sammlungen und Kunstsammlungen und zum Unterhalt von Musikern und Orchestern. Daraus sind wesentliche heutige Institutionen und Einrichtungen entstanden, die sich naturgemäß in der Residenz Dresden konzentrieren. Da aber auch das seit der Reformationszeit immer selbstbewusster werdende Bürgertum seinen eigenen Stolz besaß, entstand im residenzfernen, dem internationalen Messebetrieb aufgeschlossenen Leipzig ein zweiter kultureller Schwerpunkt der Musik, der bildenden Kunst und des Buchhandels sowie der Literatur. Das in der industriellen Revolution des 19. Jahrhunderts groß gewordene Chemnitz bildet mit einer weiteren Konzentration von Kulturstrukturen den dritten urbanen Kern für Sachsens Kultur, der ebenfalls wichtige Impulse dem Wirken vermögend gewordener Bürger verdankt.

Leipziger Buchmesse; diese internationale Buchausstellung geht auf die wohl seit dem 15. Jahrhundert in Leipzig veranstalteten Buchmessen (erster Meßkatalog 1593) zurück.

Eine beachtliche Komponente der Herausbildung einer Kulturlandschaft ist über die Jahrhunderte seit dem Spätmittelalter im erzgebirgischen Raum auf dem Hintergrund der bergmännischen Erfahrungen und Bedürfnisse entstanden. Hier hat sich Volkskunst im besten Sinne, aber auch Kunsthandwerk von hohem Standard entwickelt und hat sich im Einklang mit einer starken Religiosität Kirchen- und Chormusik, und im Gefolge der handwerklichen Fertigkeiten der Musik-Instrumentenbau angesiedelt. Die Landschaft des West-Erzgebirges bis hinein ins Vogtland trägt mit Recht den Namen »Musikwinkel«.

Auf eine völlig andere Traditionslinie treffen wir in der Lausitz. Zwischen Bautzen in Sachsen und Cottbus in Brandenburg siedeln die Sorben, eine slawisch sprachige, kulturelle und ethnische Minderheit, zu der sich heute noch ca. 60 000 Menschen, davon etwa 2/3 in Sachsen, 1/3 in Brandenburg bekennen. Die Sorben, meist katholischer Religion, feiern ihre Gläubigkeit noch mit ausgeprägten Festen vor allem zur Osterzeit, singen ihre eigenen Lieder, tanzen ihre Tänze (Sorbisches Nationalensemble Bautzen) schreiben Literatur und geben eine Zeitung in sorbischer Sprache heraus. Dies alles geschieht gefördert durch eine Stiftung für das sorbische Volk, an der sich neben dem Freistaat Sachsen auch das Land Brandenburg und die Bundesrepublik finanziell beteiligen. Die sorbische Sprache wird auch in den Schulen der Region noch als Unterrichtssprache genutzt. Auch der Mitteldeutsche Rundfunk strahlt regional Sendungen in sorbischer Sprache aus.

Eine weitere Facette der Kulturlandschaft Sachsen ist ganz im Osten an der Neiße-Grenze zu Polen zu finden. Dort liegt Görlitz, die einzige schlesische Stadt, die nach dem Ende des 2. Weltkrieges bei der Grenzziehung an Oder und Neiße zu Polen auf deutschem Gebiet verblieben ist. Das Bewusstsein der Zugehörigkeit zu Schlesien ist dort auch heute noch anzutreffen, und die Erinnerung an die kulturellen Werte einer verlorenen Welt werden seit einigen Jahren im neu errichteten Schlesischen Museum, das in einem prächtigen Renaissance-Bürgerhaus untergebracht ist, wachgehalten. Die Görlitzer emotionale Zuwendung zu Schlesien ist für Sachsen durchaus ein positiver Faktor, weil sie zu einer Vielzahl sächsisch-polnischer Projekte und zur Zusammenarbeit im »kleinen Grenzverkehr« in der seit 1945 geteilten Stadt an der Neiße führt. Übrigens kann man Görlitz auch als ein Juwel der deutschen Baugeschichte vom Hochmittelalter bis zum Beginn des 20. Jahrhunderts als Kulturtourismusziel ersten Ranges empfehlen. Die Stadt hat glücklicherweise die Zerstörungen des 2. Weltkrieges nahezu unverletzt überstanden und erstrahlt heute nach großflächigen Restaurierungen, wie viele andere Städte in Sachsen, wieder in altem Glanz.

Die hier nur kurz und nicht bis ins Detail und auch nicht erschöpfend dargestellten regionalen Kulturtraditionen waren einerseits ein Bezugspunkt für die Organisation der zuvor geschilderten Kulturraumstrukturen, sie stellen sich aber auch dar in der Vielfalt regionaler Festivals. Allein zum Thema Musik werden fünfzig regional bedeutende Veranstaltungen über das Jahr verteilt angeboten.

Das Festival »Mitte Europa« hat seinen Schwerpunkt im Vogtland, bedient aber mit seinen Konzerten aus Alter Musik, Klassik und Jazz die gesamte Grenzregion Sachsens zur Tschechischen Republik. Etwa die Hälfte der Veranstaltungen, zu denen auch Nachwuchsförderung und Meisterkurse gehören, finden in Tschechien statt. Seit 1991 wird damit ein wichtiger Impuls für die grenzüberschreitende Vision eines gemeinsamen Mitteleuropas gesetzt.

Das »Fest Alter Musik im Erzgebirge« wird seit 1995 ebenfalls im Sommer von der »Dresdner Hofmusik« mit einem deutlichen Schwerpunkt auf Chor- und Kirchenmusik veranstaltet. Es nimmt die historische Tradition des Erzgebirges auf und nutzt vor allem die imposanten spätgotischen Kirchen in Orten wie Freiberg, Annaberg und Schneeberg. Bei der Programmgestaltung werden von der Renaissance bis zur Moderne Komponisten der Region berücksichtigt. Ein besonderer Leckerbissen sind die alle zwei Jahre stattfindenden Gottfried Silbermann-Tage in Freiberg. Seit 1978 wird mit ihnen der große Orgelbaumeister an Standorten seiner Orgeln in Freiberg und Umgebung gefeiert. Von ihm sind aus der Zeit von 1720 bis 1750 noch 31 Orgeln, davon alleine vier an seinem Wirkungsort, der Bergbaustadt Freiberg, vorhanden.

Unter der künstlerischen Leitung des weit über Sachsen hinaus bekannten Trompeters Ludwig Güttler werden im Osterzgebirge und in der Sächsischen Schweiz unter dem Motto »Sandstein und Musik« eine Vielzahl von Konzerten mit Kammerorchester- und Chormusik, Kammermusik und Liederabenden angeboten. Ziel dieser Reihe, die seit 1993 angeboten wird, ist es, die Dresdner Musikkultur in die Landschaft der Sächsischen Schweiz hineinzutragen und damit auch zu deren kulturtouristischer Belebung beizutragen.

Die Lausitz meldet sich in der sächsischen Festival-Landschaft mit dem Lausitzer Musiksommer, der seit 1994 die Region in und um Bautzen bedient. Hier werden auch Komponisten der sorbischen Minderheit vorgestellt sowie musikalische Traditionen Schlesiens und Böhmens wach gehalten.

Zur Eröffnung des 3. Semperopernballs schwebte ein Gondoliere an einem Kran, begleitet von Feuerwerk und Lichtshow, über der Oper (Motto: »Karneval in Elbflorenz«).

Einen Beitrag zu einer europäischen Erinnerungskultur will das 2006 erstmals angebotene Festival der Vergessenen Musik (Internationale Musiktage Görlitz-Zgorzelec) leisten. Ursprünglich als Projekt der Bewerbung für die Kulturhauptstadt Europa 2010 geplant, wird diese Initiative weitergeführt und soll an Musik und Musiker erinnern, die Opfer der Diktaturen des 20. Jahrhunderts wurden und großenteils in Vergessenheit geraten sind.

Diese wenigen Beispiele regionaler Musik-Festivals soll die Bandbreite der Programmangebote verdeutlichen, aber auch auf wenig Bekanntes hinweisen. Naturgemäß sind die großstädtischen Aktivitäten von hohem allgemeinen Interesse und verdienen dies sicherlich auch wegen des hohen künstlerischen Standards und internationalen Niveaus. Hier sollen als Beispiele nur die bereits seit 1978 durchgeführten Dresdner Musikfestspiele, die Dresdner Tage der zeitgenössischen Musik des Europäischen Zentrums für Kultur im Festspielhaus Hellerau, das Bachfest Leipzig, die Mendelssohn Festtage in Leipzig und das Sächsische Mozartfest in Chemnitz genannt werden. Eine ganz besondere Erfolgsgeschichte kann mit Stolz das von dem international renommierten Cellisten Jan Vogler 1993 ins Leben gerufene Moritzburger Festival für Kammermusik verzeichnen. Es hat sich als eines der wichtigsten internationalen Festivals, das von renommierten Solisten und herausragenden Nachwuchsmusikern gestaltet wird, etablieren können.

Dass auch andere Felder musikalisch beackert werden, dafür stehen das Internationale Dixieland Festival in Dresden mit einer halben Million Besuchern (2006), das 1992 begründete Wave Gotic Treffen in Leipzig und eine Reihe regional wichtiger Jazz-Treffen in Dresden, Leipzig, Chemnitz und Freiberg.

Dem aufmerksamen Leser wird nicht entgangen sein, wie viele der aufgeführten Aktivitäten auf Gründungsdaten zu Beginn der Neunziger-Jahre zurückgehen. Dieses Zeichen des Aufbruchs, der Schaffung neuer Strukturen und der Initiativkraft nach der Wiedervereinigung gilt in Sachsen natürlich nicht nur der Musik. Als Musikland aber, das vielen großen Namen der Musikgeschichte eng verbunden ist (um nur Heinrich Schütz, J. S. Bach, Robert Schumann, Felix Mendelssohn-Bartholdy, Richard Wagner, Richard Strauß zu nennen, die alle lange und intensiv in Sachsen gewirkt haben), hat Sachsen mit Sicherheit einen europäischen Spitzenplatz zu belegen, der auch im Hinblick auf die Qualität der großen, in diesem Bundesland angesiedelten Klangkörper beansprucht werden kann. Die Staatskapelle Dresden, das Gewandhaus Orchester Leipzig, die Dresdner Philharmonie und die Robert Schumann Philharmonie Chemnitz stehen dabei als Spitze für insgesamt 12 Orchester im Lande, die neben der regulären Konzerttätigkeit auch für die Breitenarbeit bis hin zur pädagogischen Betreuung der Schulen zur Verfügung stehen. Die musikalische Ausbildung des Nachwuchses steht noch immer und seit einiger Zeit verstärkt wieder als ein wichtiges kulturelles Bildungsziel auf der Agenda. Hierfür wird in vielen staatlich und kommunal geförderten Musikschulen Sorge getragen, Aktivitäten, die auch vom Sächsischen Musikrat strukturell und finanziell gefördert werden. Wichtige Chöre, ebenfalls international nicht gerade unbekannt, wie die Thomaner in Leipzig und der Kreuzchor in Dresden, tragen zu einem stetigen Strom an begabtem Nachwuchs bei und helfen neuen Ensembles, wie dem mehrfach preisgekrönten Dresdner Kammerchor, dem Sächsischen Vokalensemble Dresden oder der Solistenvereinigung Amarcord in Leipzig, bei der Gewinnung des entsprechenden sängerischen Nachwuchses.

Die Musikhochschule Karl Maria von Weber in Dresden und die Hochschule für Musik und Theater Felix Mendelssohn-Bartholdy in Leipzig sind mit ihrem international anerkannten Ausbildungsstandard Garant für das weitere Gedeihen der sächsischen Musiklandschaft und beziehen gleichzeitig einen großen Teil ihres Nachwuchses aus dem reichen Umfeld der Musikpflege in Sachsen.

Aber die Musik ist natürlich nur eine Säule der Kulturlandschaft Sachsens. Neben ihr steht die bildende Kunst als durchaus gleichgewichtig. Sie ist in wichtigen Sammlungen und Museen, die z.T. über Jahrhunderte gewachsen sind, zu besichtigen. Mit den Museen der Staatlichen Kunstsammlungen in Dresden besitzt Sachsen eine der bedeutendsten Museumslandschaften Europas. Auch hier haben umfangreiche Bau- und Renovierungsarbeiten vor allem im Bereich des Dresdner Schlosses seit der Wende dafür gesorgt, dass die Präsentation wieder internationalen Standards entspricht. Die »Alten Meister« in dem von Gottfried Semper im 19. Jahrhundert konzipierten Bau strahlen wieder in vornehmen Glanz, das »Grüne Gewölbe«, die Schatzkammer der sächsischen Kurfürsten und Könige, ist in die original wieder hergestellten Räume des Schlosses eingezogen, das Kupferstichkabinett, aus der bereits 1560 gegründeten Kunstkammer hervorgegangenen und heute auch kunstgeschichtlich eine der wichtigsten Sammlungen des künstlerischen Bilddrucks, hat ebenfalls in neuen Räumen des Schlosses eine Heimat gefunden, wo es seine mehr als 500 000 Exponate für Besucher und

Figur »Harlekin« von Johann Joachim Kaendler, Staatliche Porzellan-Manufaktur Meißen

Forscher bereithält. Für die »Neuen Meister« wird derzeit das Albertinum an der Brühlschen Terrasse in Dresden restauriert, umgebaut und für zeitgemäße Ansprüche an ein Museum der bildenden Kunst hergerichtet. Weitere Glanzpunkte der Museumslandschaft sind die Porzellansammlung, die auf dem Hintergrund der 1710 erfolgten Gründung der Meißner Porzellanmanufaktur ihren Ursprung hat und heute zu den wichtigsten Spezialmuseen der Welt gehört, sowie der mathematisch-physikalische Salon, der Zeuge der wissenschaftlichen und mathematisch/physikalischen Entwicklungen seit dem 16. Jahrhundert ist. Beide Sammlungen befinden sich im nach den Kriegszerstörungen wiederhergestellten barocken »Zwinger«. Erwähnung sollte auch die umfangreiche Prunkwaffen-Sammlung der Rüstkammer finden. Die Harnische, Feuerwaffen, Kostüme aus Europa und dem Orient haben ebenfalls internationales Renommee. Im besonders schönen Ambiente des Schlosses Pillnitz zu Füßen der weinbewachsenen Elbhänge und auf dem Wege in die Sächsische Schweiz findet man das Kunstgewerbemuseum, das, 1876 gegründet, mit seinen Exponaten die Qualität der Ausbildung von Handwerkern in der gleichzeitig entstehenden Kunstgewerbeschule befördern sollte.

Mit gleicher Zielsetzung wurde 1874, ebenfalls als Vorbildsammlung gedacht, in Leipzig ein Museum für Kunsthandwerk gegründet, das auch unter dem Namen Grassi-Museum bekannt ist, dies vor allem wegen der 1920 erstmals durchgeführten »Grassi-Messe«, die die Impulse der deutschen Reformbewegung aufnehmend sich der Förderung ausgezeichneter Design-Produkte für das tägliche Leben und Wohnen widmete. Das Museum kann seine reichen Bestände, die u.a. den Einfluss des sächsischen Kunsthandwerks auf die Entwicklung zeitgemäßer Ausdrucksformen vom Jugendstil bis hin zum Bauhaus belegen, in neu hergerichteten Räumen in alter Umgebung in Leipzig anbieten. Die Wiedereröffnung fand im Dezember 2007 statt.

Leipzig ist aber auch eine Stätte der bildenden Kunst. Anders als in der Residenzstadt Dresden kümmerte sich hier allerdings das Bürgertum der Stadt bereits seit dem Spätmittelalter um die Förderung der Kultur und war auch maßgeblich am Zustandekommen großer Sammlungen beteiligt. Der bereits 1837 gegründete Leipziger Kunstverein konnte, unterstützt durch Stifter und Mäzene, das Museum für bildende Künste initiieren, dessen breit angelegte Sammlungen einen guten Überblick vom Spätmittelalter bis zur heute international Aufsehen erregenden »Leipziger Schule« geben. Beide Cranachs, Beispiele holländischer Malerei der Rembrandtzeit, flämische und italienische Kunst bis zu Peter Paul Rubens bilden den kunstgeschichtlichen Hintergrund für eine gute Auswahl von Gemälden der Goethe-Zeit und Romantik. Caspar David Friedrich und Ludwig Richter sind vertreten. Ein wichtiger Akzent wird durch Hauptwerke von Max Klinger gesetzt. Die Leipziger Sammlungen sind auch deswegen sehenswert, weil sie einen Überblick über künstlerische Trends und Tendenzen der DDR-Zeit geben. Wichtig ist hier neben Bildern und Gemälden vor allem die Fotografie, die auch in der Kunsthochschule einen Schwerpunkt bildet.

Die Tradition der bürgerlichen Stiftung hat in Leipzig auch nach der Wende sowohl im Museum für Bildende Künste als auch anderswo eine Fortsetzung gefunden. Ein Beispiel für diese neuen Stifter bietet die Sammlung Speck von Sternburg als Teil der Bestände. Seit wenigen Jahren ist das Museums in einem in der Stadtmitte gelegenen Neubau hervorragend untergebracht.

Das Engagement von Arend Oetker und des Kulturkreises der Deutschen Wirtschaft im Bundesverband der Deutschen Industrie hat zur Gründung einer Galerie für Zeitgenössische Kunst geführt, die seit Beginn diesen Jahrhunderts eine sehr schnell auch international anerkannte Institution für die Präsentation der künstlerischen Avantgarde geworden ist. Die geografische Nähe der Galerie zur Leipziger Hochschule für Grafik und Buchkunst ist dabei gewollt und hat sicherlich auch befruchtend auf die herausragenden Leistungen dieser Ausbildungsstätte im Bereich Malerei und Fotografie eingewirkt.

Auch in Chemnitz ist die heute städtische Kunstsammlung aus der Initiative bürgerlicher Vereine des 19. Jahrhunderts hervorgegangen. Das Museum erarbeitete sich in der Weimarer Republik durch rege Sammeltätigkeit großes Ansehen für damals Zeitgenössisches. Die nationalsozialistische Aktion »Entartete Kunst« hat diesem Museum dann 700 Kunstwerke entzogen. Trotzdem ist es gelungen, einen anschaulichen Bestand zu bewahren und wiederherzustellen, zu dem u.a. 35 Bilder des Expressionisten Karl Schmidt-Rottluff, einem Sohn der Stadt, sowie Bilder von Max Liebermann, Max Slevogt und Lovis Corinth gehören. Chemnitz ist unter der derzeitigen Leitung auch ein Ort für spektakuläre Sonderausstellungen geworden. Das Museum hat sein Anfang des 20. Jahrhunderts gebautes Haus mit vorzüglichen Oberlichtsälen gerade modernisieren können.

Das Chemnitzer Thema des Expressionismus ist naturgemäß auch im Dresdner Albertinum (»Die Neuen Meister der Staatl. Kunstsammlungen«) gegenwärtig. Die benachbarte Hochschule für Bildende Künste war Heimstätte der Künstlergruppe »Brücke«, deren Mitbegründer der Chemnitzer Karl Schmidt-Rottluff war. Von 1919 bis 1924 setzte sich dann Oskar Kokoschka als Professor der Akademie mit den Meistern der Brücke auseinander und führte gleichzeitig die Maltradition der Dresdner Schule auf hohem Niveau weiter. All dies und die kunstgeschichtliche Zwischenzeit der DDR ist in den »Neuen Meistern« der Staatlichen Kunstsammlungen zu besichtigen.

Aufführung im König Albert Theater, eines der prachtvollsten Hoftheater (Kultur- und Festspielstadt Bad Elster – Sachsens traditionsreiches Staatsbad)

Die für Leipzig so wichtige Periode der Reformbewegung zu Beginn des 20. Jahrhunderts hat auch in Dresden deutliche Spuren hinterlassen. Ausgehend von der Sammlungsbewegung der Künstler, Designer und Architekten zu Anfang des Jahrhunderts, die dann 1908 zur Gründung des Deutschen Werkbundes in München führte und auf dem Hintergrund der Dresdner Gartenbau-Ausstellung 1903 und der Dresdner Kunstgewerbe-Ausstellung 1906 entstand in Dresden-Hellerau mit der Gartenstadt und den Deutschen Werkstätten ein Kristallisationspunkt der Reformbewegung, dessen Kathedrale das 1911 von Heinrich Tessenow gebaute Festspielhaus wurde. Hier liegen die deutschen Wurzeln des modernen Tanzes, dessen wesentlicher Impulsgeber der rhythmische Erzieher Jaques-Dalcroze war, der 1911–1914 in Hellerau lehrte. Aus den Anfängen wurde dann durch das Wirken der Dresdner Tänzerin Gret Palucca in engem Kontakt mit Mary Wigman ab 1925 der Grundstein für die heutige Hochschule für Tanz Gret Palucca gelegt, der einzigen Hochschule für Tanz in Deutschland, in die eine gymnasiale Ausbildung integriert ist und die damit ein insgesamt 11-jähriges Studium dieser Kunstform anbietet. Die Palucca-Schule ist das Zentrum einer regen Tanzszene sowohl im professionellen (Ballett der Semperoper Dresden, Ballett der Oper Leipzig) als auch im freien Bereich, der sich sowohl in Dresden als auch in Leipzig in jährlichen Festivals und in einer Vielzahl einzelner Präsentationen manifestiert. Auch das Festspielhaus Hellerau ist heute wieder nach langer »Gefangenschaft« als sowjetische Kaserne Ort der Avantgarde. Hier arbeitet das Europäische Zentrum der Künste unter der Intendanz des Komponisten Udo Zimmermann (Dresdner Tage der Zeitgenössischen Musik im Oktober), der international renommierte Tänzer und Choreograph William Forsythe mit seiner Compagnie, die Transmedia-Akademie für Medienkunst (Festival Cynet-Art im November) und das aus St. Petersburg eingewanderte Körpertheater Derevo. Institutionen wie das Festspielhaus Hellerau sind Teil der kulturellen Brücke aus einer eminent reichhaltigen

Vergangenheit in eine sich stetig wandelnde Auseinandersetzung mit Zukunft, die sich in künstlerischen Visionen und Utopien äußert. Von den urbanen Zentren Leipzig und Dresden wachsen solche Initiativen, getragen von einer großen Anzahl freier Gruppen, allmählich auch in das Umland hinein. Ein Symbol für den künstlerischen Disput mit unserer sich wandelnden Welt mag vielleicht das seit 2004 entstandene Festival TransNaturale sein. Dieser Licht-Klang-Event versucht, die Transformationsprozesse in einer vom Braunkohle-Tagebau devastierten Landschaft in der Lausitz mit künstlerischen Mitteln und der Sprache der Medienkunst verstehbar zu machen. 2007 haben in der »menschenleeren« Region 15 000 Besucher sich von Laser- und Licht-Schauen verzaubern lassen. Vielleicht entsteht hier mit heutigen Mitteln eine Formensprache, deren Wirkung am Ende ähnliches erbringt, wie es die Musik und das Kunsthandwerk in der mittelalterlichen Bergbau-Folgelandschaft des Erzgebirges erreichen konnte.

Kurz vor dem Ende unseres Spaziergangs durch die sächsische Kulturlandschaft muss noch etwas düstere Farbe ins Bild gemischt werden: Es geht um einen deutlichen Verlust, der der Wende zu verdanken ist und der bis heute noch keinen völligen Ausgleich gefunden hat. Thema ist Leipzig als Stadt der Verleger und Verlage. Diesen Anspruch konnte Leipzig mit einem deutschen Spitzenplatz bis 1945 beanspruchen. Auch zu Zeiten der DDR waren viele große Namen des deutschen Verlagswesens noch präsent, allerdings fanden in der Bundesrepublik West im Laufe der Jahre aus verständlichen Gründen jeweils Neugründungen statt. Die Hoffnung vieler in Leipzig, dass nach der Wende die ausgegründeten Verlags-Flüchtlinge wieder zurückkehren würden, haben sich leider nicht erfüllt. Vielmehr wurden die noch verbliebenen Reste ebenfalls in den Westen verlagert. Dies hätte auch fast der seit dem 17. Jahrhundert immer im März stattfindenden Leipziger Buchmesse den Garaus gemacht. Aber eine deutliche Neuorientierung in den Jahren seit 1995 hat der Messe als Publikumsmesse des Buches wieder Leben eingehaucht. Begleitet wird sie von der Reihe »Leipzig liest«, die in fast 2000 Veranstaltungen an über 200 Orten in der Stadt das nationale und internationale Publikum auf sehr persönliche und direkte Weise anspricht. So ist die Leipziger Buchmesse heute ein Ereignis mit Literatur zum Anfassen und neben der Buchmesse in Frankfurt wieder auf Rang zwei der Literatur-Fachveranstaltungen aufgestiegen.

Leipzig und Literatur: Da müssen noch zwei Institutionen Erwähnung finden. Es geht einmal um die 1913 gegründete Deutsche Bücherei, die aufgrund des Einigungs-Vertrages 1990 mit der Deutschen Bibliothek Frankfurt in der Deutschen Nationalbibliothek zusammengeschlossen wurde. Der Leipziger Standort beherbergt heute mit insgesamt über 13,5 Mio. Medieneinheiten die größte Bibliothek deutscher Sprache und wurde in den vergangenen Jahren sowohl baulich als auch technisch auf den neuesten Stand gebracht.

Es soll auch nicht unerwähnt bleiben, dass auch die DDR Leipzig als Literaturstadt dadurch anerkannte, dass hier 1955 ein Literatur-Institut gegründet wurde, das für Generationen junger Literaten in diesem Teil Deutschlands wichtige geistige Heimat war und aus dem die »Sächsische Dichterschule« hervorging. Die Auflösung des Literatur-Instituts durch die sächsische Landesregierung 1990 führte zu Protesten, denen sich u.a. der Germanist Hans Mayer und Walter Jens anschlossen. Daraufhin wurde 1995 die Neugründung eines deutschen Literatur-Instituts unter dem Dach der Universität vorgenommen. Unter den Absolventen dieser Institution befindet sich u.a. auch die allseits bekannte Schriftstellerin Juli Zeh.

Und so sind für zukünftige positive Entwicklungen auch für die Literatur in Leipzig mit Messe, Deutscher Bücherei und deutschem Literatur-Institut wieder Perspektiven eröffnet, die für eine Fortsetzung der literarischen Traditionen des Freistaates stehen, der in der Historie mit Namen wie der »Neuberin« in Reichenbach im Vogtland als Reformerin des Theaters und Gotthold Ephraim Lessing in Kamenz in der Lausitz als großem Aufklärer aufwarten kann. Im Museum seiner Heimatstadt wird alle 2 Jahre im Rahmen der Lessing-Tage der Literaturpreis des Freistaates Sachsen vergeben. Den Lessing-Preis haben seit 1993 u.a. Rolf Hoppe, Wolfgang Hilbig, Adolf Dresen und Hans Joachim Schädlich erhalten. Die Lyrikerin Angela Kraus wurde bereits 1995 mit einem Förderpreis ausgezeichnet. Sie alle stehen mit ihrem Namen auch für das, was Literatur in Sachsen heute ist.

Die literarischen Traditionen des Freistaates werden u.a. in der Lessing-Stadt Kamenz fortgesetzt. Alle 2 Jahre wird hier im Rahmen der Lessing-Tage der Literaturpreis des Freistaates Sachsen vergeben.

Bildende Kunst in Sachsen

Dr. Petra Lewey

Das geistige Klima, aus dem die sächsische Kultur erwachse, suchte der Kunstkritiker Franz Roh im 20. Jahrhundert zwischen den Polen Dämonie und Gemütlichkeit zu fassen. Fritz Löffler, der große Kenner Dresdner Kunstgeschichte, hat diese Einschätzung im Blick auf Otto Dix' künstlerisches Werk, das sich markant innerhalb dieser Spannbreite entwickelte, immer wieder gern zitiert. Die Frage stellt sich natürlich, ob überhaupt und wenn ja, wie sich eine solch polare Charakteristik des »Sächsischen« über die Jahrhunderte herausbildete. Tatsache ist, dass ein Mentalklima vor allem aus Einflüssen besteht, die sich in Sachsen schon früh aus den jahrhundertealten politischen Machtverhältnissen und Vernetzungen in der Mitte Europas ergaben. Festzuhalten ist, dass hierzu die scheinbar immerwährenden wirtschaftlichen wie kulturellen Beziehungen, die in den Anfängen nach Niedersachsen, Franken, Böhmen oder Schlesien bestanden, wesentlich beigetragen haben. Seit der Vormachtstellung der Wettiner in Sachsen (im 11. Jahrhundert als Markgrafen von Meißen, die ab 1423 als Kurfürsten und ab 1806 als Könige von Sachsen bis 1918 regierten) ist im Verlauf des 12. Jahrhunderts ein Netz an mittelalterlicher Architektur entstanden, das die gewissermaßen erste sächsische Kultur- und Kunstlandschaft formte und nachhaltig bestimmte.

Zu diesen Gründungen an Kirchen, Klöstern und Burgen des Mittelalters gehört der am besten erhaltene Bau der Spätromanik in Sachsen: die kurz nach 1160 errichtete kreuzförmige Basilika in Wechselburg. In der Folge gelang es im 13. Jahrhundert der spätromanischen Bildhauerkunst Obersachsens, an die westeuropäischen Meisterleistungen anzuknüpfen. Die Kenntnis über die großen Figurenportale französischer Kathedralen sowie die Einflüsse aus Oberrhein und Harz spielen für diese Entwicklung eine besondere Rolle. Zu den bedeutendsten Bildwerken der Spätromanik zählen der reich geschmückte Lettner und die in Eichenholz gearbeitete, monumentale Triumphkreuzgruppe in Wechselburg (1230–35), vor allem aber in der Freiberger Marienkirche (dem heutigen Dom) die berühmte, figurenreiche Goldene Pforte (1235), die das früheste figurengeschmückte Archivoltenportal in Deutschland überhaupt darstellt. Unter dem Einfluss dieses Freiberger-Wechselburger Stils stehen ebenso einige Grabmäler in Wechselburg und Altzella sowie die nahezu vollplastisch gearbeitete Grabplatte für Wiprecht von Groitzsch in der Laurentiuskirche zu Pegau.

Mitte des 13. Jahrhunderts wird der Dom zu Meißen neu errichtet, und die Gotik in Sachsen beginnt. Die hier im Chor des Domes und in der Achteckkapelle des südlichen Querhauses stehenden sieben Figuren zeigen einen engen Zusammenhang mit der Werkstatt der bekannten Stifterfiguren des Naumburger Domes.

Ein weiterer kultureller Aufschwung zeigte sich gegen Ende des 14. Jahrhunderts unter Markgraf Wilhelm I. Hier machten sich die Beziehungen zum Hof des Kaisers Karl IV. in Prag bemerkbar, die besonders auf die Oberlausitz ausstrahlten, etwa in Oybin, Zittau, Görlitz und Kamenz. Der durch Böhmen beeinflusste Stil der sogenannten »Parlerzeit« findet sich beispielsweise in einer um 1380 ausgeführten Wandmalerei im Chor der St. Justkirche in Kamenz.

Mit den Silberfunden im Erzgebirge im 15. Jahrhundert verbunden waren ein außerordentlicher wirtschaftlicher Aufschwung und in der Folge die Blüte der sächsischen Spätgotik um 1500. So ging zwar noch der Auftrag für den Hauptaltar (1479) des neuerbauten Hallenchores der Marienkirche in Zwickau, der heute zu den bedeutendsten spätmittelalterlichen Altären in Sachsen gehört, nach Nürnberg an die bekannte Werkstatt des Malers Michael Wolgemut, doch schon bald wurden heimische Meister namentlich bekannt, die nun für die Ausstattung der Kirchen sorgten. Neben Leonhard Herrgott und Stefan Hermsdorf und den unbekannten Meistern der Freiberger Domapostel, des Altars von Geyer oder des Hochaltars der Meißner Frauenkirche sind vor allem Peter Breuer, der Meister HW (Hans Witten) und Franz Maidburg zu erwähnen. Breuer eröffnete 1502 nach seinen Wanderjahren, die ihn u.a. nach Würzburg führten, wo er die Kunst Riemenschneiders kennenlernte, einen Werkstattbetrieb in Zwickau. Hier schuf er eine große Zahl an Bildwerken für Kirchen in Zwickau und umliegender Dörfer. Einer der außergewöhnlichsten Bildhauer jener Zeit ist Hans Witten, dessen Tulpenkanzel (1508–1510) in Freiberg – ein aus Stein erschaffenes Riesengewächs mit naturnahen figürli-

Max Klinger – Die blaue Stunde, 1890 (Museum der bildenden Künste Leipzig)

chen und dekorativen Darstellungen – zu den wohl individuellsten und phantasiereichsten Gestaltungen der Spätgotik gehört. Für die Chemnitzer Schlosskirche schuf er eine in drastischem Realismus gehaltene Geißelsäule (1515) und entwarf ebenfalls das dortige Schlossportal, das Franz Maidburg 1525 ausführte, der auch für die Reliefs der Emporen der Annenkirche (1520–1522) und die Kanzel (1516) in Annaberg verantwortlich zeichnet. Hier in Annaberg, der »Königin der Silberstädte«, wirkte mit Hans Hesse der erste bedeutende Maler in Obersachsen. Für die Annenkirche, der größten und eindrucksvollsten Hallenkirche Sachsens, die mit ihrem reichen Netzgewölbe und ihrer Ausstattung den Höhepunkt der obersächsischen Spätgotik darstellt, schuf Hans Hesse vier Tafeln des Bergknappschaftsaltars (1521). Dieser ist mit Szenen aus dem Silberbergbau sowie den Darstellungen der Fundlegende gestaltet und damit als ein einmaliges Dokument des frühen sächsischen Bergbaus zu betrachten.

Lucas Cranach d. Ä. nahm unbestritten in der Kunst des frühen 16. Jahrhunderts die wichtigste und bekannteste Stellung ein: Er wurde als Hofmaler des Kurfürsten Friedrich des Weisen, als Freund Melanchthons und Luthers zum einflussreichsten und profiliertesten Künstler der Reformation in Deutschland und schließlich der Renaissance in Sachsen. Mit seinen Grafiken war er in den reformatorischen Schriften landesweit präsent und übersetzte die neue lutherische Lehre in ein protestantisches Bildprogramm, mit dem er die Kunst einer Zeit radikaler gesellschaftlicher und geistiger Umwälzungen entscheidend prägte.

Mit der Durchsetzung der Reformation, die 1539 Herzog Heinrich der Fromme im albertinischen Sachsen einführte, war schließlich auch die Zeit der großen Altäre vorüber.

Neue bildkünstlerische Aufgaben fanden sich nun zunehmend in der Grabmalskunst. Hier werden italienische Einflüsse bemerkbar, die nach Norden gelangt waren und sich beispielsweise in Werken der Bildhauerfamilie Walther in Dresden oder der Werkstätten in Pirna ablesen lassen. In der Begräbniskapelle der Wettiner im Freiberger Dom wirkte gegen Ende des 16. Jahrhunderts der aus Lugano stammende, am Dresdner Hof tätige Giovanni Maria Nosseni. Die kraftvollen Figuren der Fürstengruft schuf der Bildhauer Carlo de Cesare, der neue Impulse aus Florenz nach Sachsen brachte und hier auf die nachfolgende Bildhauergeneration einen maßgeblichen Einfluss ausübte.

Während des Dreißigjährigen Krieges stagnierte die Kunstentwicklung; künstlerische Beziehungen wie nach Böhmen, Süddeutschland oder gar Italien brachen aufgrund des Konfessionskrieges ab, und als Auftraggeber von Kunst wirkte die lutherische Kirche in jener Zeit kaum. Erst als sich der kursächsische Hof unter dem musisch veranlagten Kurfürsten Johann Georg II. etablierte, war der Grundstein für den Anschluss an die europäische Barockkunst gelegt. Im 17. Jahrhundert traten nun auch außerhalb Dresdens einige Künstler hervor, wie etwa die Schneeberger Bildhauerfamilie Böhme im Erzgebirge, die vor allem in Westsachsen, aber ebenfalls für den Dresdner Hof arbeitete.

Bereits 1680 stiftete in Dresden Kurfürst Johann Georg III. eine Zeichen- und Malschule, die unter Leitung des Hofmalers Samuel Bottschildt stand. Einige Jahre später gründete dann 1697 Kurfürst Friedrich August I., bekannt als August der Starke, die Kunstakademie. Unter seiner Regentschaft wurde das sogenannte »augusteische Zeitalter« eingeläutet und der sächsische Barock zur vollen Blüte geführt. Die Leitung der Akademie übernahm 1725 der am französischen Barock geschulte Louis de Silvestre aus Paris, der 1716 nach Dresden gekommen war und hier mehr als dreißig Jahre lang wirkte.

Die einem barocken Gesamtkunstwerk dienenden bildenden Künste erhielten nun am Dresdner Hof einen außerordentlichen Stellenwert. Dies äußert sich besonders in den bildhauerischen Werken des aus Österreich stammenden Balthasar Permoser, der 1689 nach Dresden kam. Gemeinsam mit dem Baumeister Daniel Pöppelmann führte er die großen Bauvorhaben des Kurfürsten aus. Diese einzigartige Verbindung von Architektur und Bildhauerei zeigt sich besonders in der 1711 begonnenen Zwinger-Anlage.

Nach Dresden kamen nun Künstler aus ganz Europa, um dem kurfürstlich-königlichen Repräsentationsbedürfnis des kunstsinnigen Landesherrn zu dienen. Zu ihnen gehörte Bernardo Bellotto, genannt Canaletto, der seit 1747 hier die venezianische Vedutenmalerei zum Höhepunkt führte. Er wurde mit seinen bedeutenden, exakt wie detailreich gemalten Stadtansichten der bekannteste Chronist des barocken Dresden, das damals zu den schönsten Städten Europas im 18. Jahrhundert avancierte. Ein Hauptzyklus von 14 Dresdner Ansichten befindet sich noch heute in der Gemäldegalerie Alte Meister. Die großartigen und pompösen Festumzüge des Dresdner Hofes dokumentierte Johann Alexander Thiele, der ab 1738 als kursächsischer Hofmaler tätig war und mit seinen Landschaftsprospekten die sächsische Landschaftsmalerei im 18. Jahrhundert begründete.

Caspar David Friedrich – Friedhof im Schnee, 1826/27 (Museum der bildenden Künste Leipzig)

Die von Kurfürst August von Sachsen 1560 eingerichtete Kurfürstliche Kunstkammer (neben Wien die zweitälteste im deutschsprachigen Raum) erfuhr zwischen 1720 und 1763 unter August dem Starken und vor allem durch seinen Sohn Friedrich August II. die umfangreichste Erweiterung. Erste Spezialsammlungen wurden bereits ab 1707 aus der Kunstkammer ausgliedert wie das Grüne Gewölbe, die Porzellansammlung, die Antiken-Sammlung und das Kupferstich-Kabinett, womit man seinerzeit den Grundstein für die noch heute bestehenden Museen legte. Der Kunstliebhaber Friedrich August II. erwarb vor allem italienische, französische und niederländische Meisterwerke für die 1722 gegründete Gemäldegalerie. Das große Vorbild waren die Kunstsammlungen des Sonnenkönigs Ludwig XIV. von Frankreich. Die heute weltberühmten Erwerbungen wie Raffaels »Sixtinische Madonna« sind vor allem durch den sächsischen Bergbau finanziert worden. Doch diese Sammelleidenschaft des Kurfürsten und in der Folge das Vernachlässigen wichtiger Staatsaufgaben führten Sachsen an den Rand des Bankrotts. Während des Siebenjährigen Krieges (1756 bis 1763) verarmte das Land so sehr, dass man den Erwerb von Kunstwerken vollkommen einstellen musste.

Der Maler Adam Friedrich Oeser, der 1759 von Dresden nach Leipzig ging und dort 1764 zum erster Direktor der neu gegründeten Leipziger Zeichenakademie ernannt wurde, beeinflusste bedeutende Geister des nun anbrechenden Zeitalters der Aufklärung. Der junge Goethe war zwischen 1765 und 1768 sein Zeichenschüler. Noch zuvor in Dresden unterrichtete er den Altertumsforscher Johann Joachim Winckelmann, der als Bibliothekar auf dem nahegelegenen Schloss Nöthnitz arbeitete und 1754 in die Residenzstadt zog, um bei Oeser zu lernen. Unter dem Eindruck der berühmten Dresdner Antikensammlung schrieb Winckelmann seine *Gedanken über die Nachahmung der griechischen Werke in der Malerei und Bildhauerkunst* (1754–1755). 1763 erhielten mit der Berufung Christian Ludwig von Hagedorns zum Generaldirektor der Künste, Kunstakademien und Kunstsammlungen des sächsischen Hofes in Dresden die bildenden Künste und die Kunsttheorie im Sinne der Aufklärung eine deutliche Beförderung.

Mit der Dresdner Frühromantik setzten sich am Ende des 18. Jahrhunderts neue, realistische Tendenzen in der Landschaftsmalerei durch. Ausgehend von den stimmungsvollen Veduten Johann Alexander Thieles (um 1700) und denen Canalettos, wendeten sich nun Künstler wie Johann Christian Klengel und Adrian Zingg schon im Laufe des 18. Jahrhunderts verstärkt der heimatlichen Landschaft zu, ganz im Gegensatz zu den damals beliebteren Historienmalereien französischer Vorbilder. Zu einem wichtigen Vertreter der Dresdner Frühromantik gehörte Gerhard von Kügelgen, der neben zahlreichen Porträts auch dem akademischen Klassizismus im Sinne Winckelmanns und Anton Raphael Mengs verbunden blieb und Themenstellungen im Gewand der antiken Historie und Mythologie bearbeitete. In der Porträtmalerei war Anton Graff der ungefochtene Meister. Sein enges, ungebrochen schöpferisches Verhältnis zur Natur war ebenso wesentlich für die Dresdner Schule wie das heute so außergewöhnliche Werk Caspar David Friedrichs, der wohl bedeutendsten Persönlichkeit im Dresdner Kunstleben der ersten Hälfte des 19. Jahrhunderts. Allerdings stieß der Künstler mit seiner über die damalige Zeit weit hinausreichenden Naturauffassung auch an die Grenzen des Verstehens und der Akzeptanz seiner Zeitgenossen. In Dresden entfaltete sich mit dem Wirken Friedrichs ein geistiges Zentrum, dessen Kunstproduktion mit der Neubewertung der Landschaftsmalerei auf ganz Mitteleuropa ausstrahlte, so dass sich Künstler aus weiten Teilen des Kontinents vom geistigen Leben und vor allem von den Schönheiten der sächsischen Kunstmetropole bzw. seiner Umgebung angezogen fühlten. Zu dem Malerkreis gehörte auch Friedrichs Freund, der Mediziner Carl Gustav Carus, der mit ihm auf gemeinsamen Wanderungen und Reisen stimmungsvolle Naturbilder schuf. Unter jenen Künstlern, die es nach Dresden zog, war der Norweger Johan Christian Dahl, auch ein enger Freund Friedrichs. Dahl, der sich nur kurz von dessen romantischen Stimmungslandschaften beeinflussen ließ, zählt mit seinem Schüler Ernst Ferdinand Oehme und Carl Robert Kummer zu den Wegbereitern des frühen malerischen Realismus in der deutschen Landschaftsmalerei. Friedrichs Vermächtnis setzte Adrian Ludwig Richter fort. Nach inspirierenden Wanderjahren, wo er beispielsweise in Rom Freundschaften mit deutschen Künstlern aus dem Kreis der Nazarener wie Julius Schnorr von Carolsfeld schloss, führte er die Malerei von der Spätromantik zum Biedermeier weiter. Sein umfangreiches Werk zur Grafik, die zahlreichen Illustrationen volkstümlicher Literatur machten Richter in nur kurzer Zeit zum bekanntesten und beliebtesten deutschen Buchkünstler des 19. Jahrhunderts.

Wahrscheinlich wird man sagen können, dass der genius loci Dresdens am Ende des 19. Jahrhunderts – nach einer fast überall in Deutschland zu diagnostizierenden akademischen Stagnation – wieder Künstler hervorgebracht hat, die im Sinne der französischen Freilichtmalerei nun impressionistische Einflüsse an die Elbe brach-

Max Pechstein – Stilleben mit Calla und Neuirlandmaske, 1917 (Kunstsammlungen Zwickau)

ten. Einige Künstler, die gegen die in Dresden lange vorherrschende akademische Historienmalerei aufbegehrten, arbeiteten bereits um 1890 gemeinschaftlich in dem Dresden nahegelegenen Dorf Goppeln, so u.a. Carl Bantzer, Robert Sterl und Paul Baum. Im Jahr 1895, mit der Berufung von Gotthardt Kuehl, der zehn Jahre in Paris die französische Kunst studieren konnte, erreichte schließlich auch in Dresden die Sezessionsbewegung ihre offizielle Bestätigung. Nach und nach kamen progressive Lehrer an die Kunstakademie: Der aus Hessen stammende Carl Bantzer leitete als Vertreter der pleinairistisch-naturverbundenen Heimatmalerei ab 1896 eine Malklasse. Den Neuerungen der Stilkunstbewegung folgend, wurde der Schwabe Otto Gussmann 1897 Vorsitzender einer Ornamentklasse, 1900 erhielt Richard Müller eine Professur für Grafik. Der an der Berliner Akademie tätige Landschaftsmaler Eugen Bracht übernahm 1902 die Klasse des verstorbenen Friedrich Preller d. J., und der Dresdner Jugendstilmaler Oskar Zwintscher brachte ab 1903 ebenfalls neue Impulse an die Akademie. Die Ausbildung reformierte sich so innerhalb weniger Jahre und beförderte eine neue Generation von jungen Malern, die zusammen mit ihren Lehrern den Impressionismus und Jugendstil im Dresden der Jahrhundertwende etablierten und fortführten.

In Leipzig entfaltete sich um 1900 das außergewöhnliche Schaffen eines der wichtigsten Künstler, die das Lebensgefühl des Fin de Siècle auszudrücken verstanden: Max Klinger. Als Bildhauer formulierte er aus einer damals neuen archäologischen Erkenntnis, das die antiken griechischen Skulpturen nicht weiß, sondern farbig waren, ein eigenständiges bildhauerisches Programm. Indem er seine Werke durch Kombination verschiedener Materialien wie farbigen Marmor und Bronze gestaltete, verabschiedete er sich von dem damals vorherrschenden Bildhauerkanon. Klingers herausragende Stellung innerhalb des Symbolismus bezieht sich insbesondere auch auf sein einmaliges druckgrafisches Werk.

Die Handelsstadt Leipzig, die im 17. Jahrhundert als Umschlags- und Messeplatz in Mitteleuropa einen führenden Standort einnahm, wurde bereits um 1500 zum Zentrum des deutschen Buchdrucks. Die »Mahlerey-, Zeichnungs- und Architectur-Akademie« war 1764 gegründet worden. Nach dem schon erwähnten Oeser wirkten als Akademiedirektoren so bekannte Künstler wie Johann Friedrich August Tischbein und Veit Hans Schnorr von Carolsfeld. Das Buch- und Druckereiwesen blieb auch im 19. Jahrhundert ein wichtiger Wirtschaftsfaktor, so dass hier der Schwerpunkt auf den grafischen Künsten und dem Buchgewerbe lag, wie der Name der Akademie verdeutlichte (seit 1947 Hochschule für Grafik und Buchkunst). In den 1920er Jahren unterrichteten so profilierte und einflussreiche Illustratoren und Gestalter wie Hugo Steiner-Prag, Walter Buhe und Jan Tschichold. Zu ihren Schülern zählt der später mit seinen Vater und Sohn-Bildgeschichten weltbekannt gewordene, aus Plauen stammende Karikaturist und Illustrator Erich Ohser (e.o.plauen). Als Zeichner und ebenfalls erfolgreich im Illustrationsbereich tätig, führte Max Schwimmer diese in Leipzig bis heute gepflegte Tradition auch noch nach 1945 fort.

Kurz nach 1900 formierte sich zu den in Dresden herrschenden Kunstrichtungen eine Gegenbewegung im Aktionsrahmen der Künstlergruppe »Brücke«, die zwar ihre Anfänge gerade auch im Jugendstil und im Impressionismus hatte, aber dann die Kunst zum Expressionismus weiterführte. Vier Architekturstudenten – Fritz Bleyl, Erich Heckel, Ernst Ludwig Kirchner und Karl Schmidt-Rottluff – gründeten die »Brücke« 1905, um den Kampf gegen Akademie und Bürgertum aufzunehmen und ein neues, altes Ziel »zurück zur Natur« mit bislang nicht erprobten künstlerischen Mitteln zu verwirklichen. 1906 stieß Max Pechstein, der an der Kunstakademie studierte, zur Gruppe, welcher auch kurzzeitig Emil Nolde angehörte. Den »Brücke«-Expressionismus kennzeichnet eine tiefe Naturverbundenheit. Durch das Interesse an der modernen französischen Malerei und an Ursprünglichkeit vermittelnden außereuropäischen Kulturen entwickelten die Künstler ihren einmaligen Stil. Die jungen Maler, die nacheinander bis 1911 in die Kunstmetropole Berlin übersiedelten, feierten noch vor 1914 ihre ersten Erfolge. Der offizielle Ausstellungsbetrieb in Dresden blieb aber weiterhin von den Spätimpressionisten und Jugendstilkünstlern dominiert.

Nach 1918 verlangte eine sich erst wieder formende und zurecht findende Künstlergeneration nach geistiger Erneuerung. Mit der Gründung der »Dresdner Sezession Gruppe 19« vereinten sich jene Kräfte, die mit ihrer Kunst auf die explosiven gesellschaftlichen Verhältnisse reagierten. Zu dieser Gruppe gehörten Conrad Felixmüller, Peter August Böckstiegel, Lasar Segall, Otto Lange, Wilhelm Heckrott und Constantin von Mitschke-Collande.

Oskar Kokoschka, der 1917 nach Dresden kam, erhielt 1919 an der Akademie eine Professur, um in dieser Funktion viele Künstler des spontan-expressiven Stils nachhaltig zu prägen. Als Gegenbewegung zu jener

Otto Dix – Mädchen am Sonntag, 1921 (Kunstsammlungen Chemnitz)

Kunst der zweiten Expressionisten-Generation zielten Maler wie Otto Dix in den 1920er Jahren wieder auf den Realismus, der mit den Begriffen »Neue Sachlichkeit« oder »Verismus« für eine neue Objektivität in der Kunst stehen sollte. Eine reduzierte Figürlichkeit und ein klarer Bildaufbau sowie ein feiner, an der Malweise der Renaissance geschulter Farbauftrag kennzeichnen die Werke sozial engagierter, gesellschaftskritischer Künstler wie Otto Griebel, Wilhelm Lachnit und zeitweise auch Bernhard Kretzschmar, der aber wie Hans Grundig später einen expressiven Realismus vertrat. Doch auch die Malerei in den Traditionen des Impressionismus fand ihre Fortsetzung durch Eugen Bracht, Robert Sterl, Ferdinand Dorsch oder Otto Hettner, ihre Malkultur hatte eine nachhaltige Wirkung.

Der stilistischen Vielfalt der Kunst der Weimarer Republik ist 1933 ein jähes Ende gesetzt worden. Mit der Machtübernahme der Nationalsozialisten, die umgehend die progressiven Museumsdirektoren aus ihren Positionen entfernten und die Künstler unter die Kontrolle der Reichskulturkammer brachten, wurden in kurzer Zeit Kunst und Kultur systematisch überwacht und politisch gleichgeschaltet. 1937 entfernte man in einer beispiellosen Räumungsaktion die Moderne auch aus den Museen in Sachsen. Viele Künstler erhielten zudem Mal- oder Ausstellungsverbot, worauf sie das Land verließen oder sich in die innere Emigration zurückzogen. Ohne Zweifel war es für die Künstler und die Kunstakademien nach 1945 keine leichte Aufgabe, an die während der Weimarer Republik begonnene Entwicklung der Künste anzuschließen. In Sachsen nahmen die beiden Akademien in Leipzig und Dresden wieder ihre zentrale Stellung ein, wenn sie auch ein unterschiedliches Erbe besaßen: königliche Gründung in der Residenzstadt Dresden die eine, bürgerlicher geprägt in der Handelsmetropole Leipzig die andere. Ebenso verschieden waren die Kunstsammlungen der Museen beider Städte konzipiert. Die Gemäldesammlungen in Dresden waren von feudalem Repräsentationsgeschmack und dem finanzstarken Zugriff auf europäische Kunstmärkte bestimmt, jene in Leipzig vom aufklärerischen Gemeinsinn und der geistigen Vitalität einer erstarkenden Bourgeoisie getragen.

Neben ganz eigenständigen Positionen wie denen von Wilhelm Rudolph mit seinen Holzschnitten, Josef Hegenbarth und Hans Theo Richter im Bereich der Zeichnung wurde in Dresden nun der malerische Pinselduktus eines Theodor Rosenhauers, Hans Jüchsers oder Ernst Hassebrauks weitergeführt und war beispielsweise mit Siegfried Klotz bis in die 1980er Jahre hinein präsent. Die Nachfolge traten in der Vor-Wende-Zeit mit neoexpressiven Werken Stefan Plenkers, Gudrun Trendafilov oder Angela Hampel an, die analog zu den »Neuen Wilden« im Westen auch dort eine beachtliche Resonanz erfuhren.

Parallel zum expressiv Gegenständlichen in der Malerei entstanden trotz der folgenschweren Formalismus-Debatte in den 1950er Jahren ungegenständliche Positionen innerhalb der DDR-Kunst, wie dies belegt ist durch Carlfriedrich Claus, Hermann Glöckner, Hans Kinder, Herbert Kunze, Edmund Kesting, Albert Wigand oder Willy Wolf, die schon kurz nach 1945 an die abstrakte Moderne vor 1933 in Deutschland angeknüpft haben. Nicht ohne Grund handelt es sich hier aber um Künstler, die zunächst außerhalb der Akademien und der offiziellen Kunstförderung standen. Zu erwähnen sind an dieser Stelle jene Künstler, die anderswo ihre Entfaltungsmöglichkeiten suchten: Die späterhin bedeutendsten sächsischen Exilanten der bildenden Kunst in der DDR, wie Gotthard Graubner, Georg Baselitz, Gerhard Richter und später A.R. Penck, flüchteten aus den immer lähmenderen repressiven Verhältnissen und kehrten einem für ihr künstlerisches Arbeiten insgesamt nicht mehr förderlichen und stimulierenden Umfeld den Rücken.

Die Klangtexte, Schriftbilder und Sprachblätter des in Annaberg im Erzgebirge lebenden Carlfriedrich Claus, der sich seit den 1950er mit der visuellen bzw. konkreten Poesie auseinandersetzte, sind zunächst kontinuierlich nur im Westen gezeigt und anerkannt worden. Schließlich sah in den 1970er Jahren in Karl-Marx-Stadt (heute Chemnitz) eine unangepasste Künstlergemeinschaft in Claus eine Vaterfigur. Die Künstlergruppe »Clara Mosch« von Michael Morgner, Thomas Ranft, Dagmar Ranft-Schinke und Gregor Torsten Kozik gegründet, verstand sich als Produzentengalerie, die vom staatlich kontrollierten Kunsthandel unabhängig bleiben wollte. Überall im Land gab es Künstler, die versuchten, ihren eigenen Weg zu gehen: so die auf Traditionen der klassischen Moderne und des »Brücke«-Expressionismus bauenden Maler wie der Crimmitschauer Fritz Keller oder Heinz Tetzner aus Gersdorf. Auch der in Zwickau lebende Künstler Albert Hennig muss hier genannt werden, der noch am Bauhaus studiert hatte und einer abstrakten Formensprache verpflichtet blieb. Entsprechend gab es in der Dresdner Kunstszene malerisch abstrahierende Positionen, die u.a. durch Max Uhlig, Gerda Lepke sowie den jüngeren Eberhard Göschel weitergeführt worden sind. In der Grafik traten hier vor allem Werner Wittig und Claus Weidensdorfer hervor. Innerhalb der Akademie entstand im Dresden

Neo Rauch – Die große Störung, 1995 (Staatliche Kunstsammlungen Dresden – Kunstfonds)

der 1980er Jahre die Gruppe der Autoperforationsartisten um Micha Brendel, Rainer Görß, Else Gabriel und Via Lewandowsky, die Unruhe in die mittlerweile durch offizielle Aufträge genügsam gewordene Künstlerschaft brachte und nicht minder die staatlichen Kulturverwalter verunsicherte.

An der Leipziger Hochschule für Grafik und Buchkunst wurde weiterhin der Schwerpunkt auf das Literarische, die Illustration, die Erzählung gelegt. Hierfür steht eine Traditionslinie zum Symbolismus von Max Klinger, die u.a. Werner Tübke oder Wolfgang Mattheuer weiter verfolgte. Allerdings wäre es zu einfach, die sogenannte »Leipziger Schule« nur auf einen symbolisch ausgerichteten Realismus festlegen zu wollen. Neben der feinmalerischen Geschichtsmetaphorik eines Tübke, der Künstler wie Volker Stelzmann, Wolfgang Peuker, Heinz Zander oder Arno Rink beeinflusste, gab es in Leipzig eine durch Bernhard Heisig bestärkte expressive Bildsprache, die bei Hartwig Ebersbach, Walter Libuda, Sighard Gille oder etwas gemäßigter bei Wolfram Ebersbach deutlich wird.

Wie in Leipzig waren diese beiden Richtungen gleichermaßen in Dresden vertreten: Expressionismus und Nachimpressionismus auf der einen, aber genauso Verismus und Neuromantik auf der anderen Seite. Dies lässt sich analog auf die Bewertung der aktuellen Positionen in Dresden und Leipzig übertragen, die bei genauer Betrachtung womöglich doch nicht so weit auseinander liegen.

Nach 1989 gab es keineswegs den sofortigen Bruch. Viele Künstler, die noch in der Vor-Wende-Zeit der 1980er Jahre an den beiden Kunsthochschulen in Dresden und Leipzig ihr Studium absolvierten, entwickelten ihr eigenständiges Werk weiter und verarbeiteten konsequent neue Impulse – wie Bernd Hahn, Hubertus Giebe, Petra Kasten, Lutz Dammbeck in Dresden oder Uwe Kowski, Annette Schröter, Rosa Loy und Neo Rauch in Leipzig.

Die junge sächsische Kunst, falls dieser Begriff noch als Etikett fungieren kann, hat sich dennoch verändert. Es lässt sich durchaus fragen, ob als Erklärung dafür überhaupt eine spezifische soziale und politische Herkunft und Prägung jener zwischen 1960 und 1980 in Sachsen geborenen Künstler herangezogen werden kann, die an den Akademien vor und nach 1990 ausgebildet wurden oder hier seitdem ansässig sind, ob also die historisch wie kulturell determinierten und mentalitätsbedingten Eigenarten einer Kunstlandschaft – fern biologistischer Erklärungsmuster – auch im Zeitalter der global player bestimmenden Einfluss haben können. So spielen heute wie vor einhundert Jahren vor allem jene Professoren eine entscheidende Rolle, die sich nicht unbedingt über eine sächsische Geburtsurkunde ausweisen, aber (oder gerade deshalb) diese Entwicklung bzw. Erneuerung wesentlich vorangetrieben hatten, etwa Eberhard Bosslet, Martin Honert und Ulrike Grossarth in Dresden, Astrid Klein, Joachim Brohm und Timm Rautert in Leipzig.

Die Dresdner Malerei wurzelt in der Klasse von Ralf Kerbach und feiert mit Eberhard Havekost und Thomas Scheibitz oder Sophia Schama ihre Erfolge inzwischen jenseits der Grenzen Sachsens.

Furore machten besonders die jungen Maler Leipzigs, die Arno Rink ausbildete und dem der mittlerweile weltweit erfolgreiche Neo Rauch als Malereiprofessor nachfolgte. Junge Malerinnen und Maler wie Tilo Baumgärtel, Tim Eitel, Henriette Granert, Martin Kobe, Julia Schmidt, David Schnell, Christoph Ruckhäberle, Miriam Vlaming oder Matthias Weischer knüpfen an die auf einem verfremdeten Realismus beruhende »Leipziger« Formensprache an, versuchen aber gleichermaßen, sich hiervon wieder abzugrenzen.

Der systematische Ausbau der Fotografie an der Leipziger Hochschule für Grafik und Buchkunst trägt ebenfalls seine erkennbaren Früchte, bestätigt durch den Erfolg der Absolventen Ulrich Gebert, Falk Haberkorn, Sven Johne, Ricarda Roggan, Adrian Sauer, Anett Stuth oder Albrecht Tübke, welche zurecht zu den wichtigen Fotokünstlern der jüngeren und mittleren Generation zählen. Zu dieser muss man auch Tina Bara, Matthias Hoch, Bertram Kober, Hans Christian Schink und Erasmus Schröter rechnen, die bereits vor 1989 ihr Studium begonnen bzw. abgeschlossen hatten.

Das mediale und interaktive Zeitalter, die radikale Umwertung der Bildbegriffe beeinflussen nun auch hierzulande viele Künstler und Absolventen, die im Rahmen einer stark reflektierten Konzeptkunst z.B. erlebnisorientierte Installationen anbieten und für ihre Inszenierungen alle medientechnischen Finessen nutzen – sich also im Sinne eines Crossover öffnen für gänzlich andere Kultur- und Lebensbereiche. Seit Mitte der 1990er Jahre bedeutet dieses erweiterte Kunstverständnis in der Tat eine Erfrischungs- und Verjüngungskur für den sächsischen Kunstbetrieb. Hierfür stehen, um nur wenige Namen zu nennen, Künstlerinnen und Künstler wie Carsten und Olaf Nicolai, Till Exit, Tilo Schulz, Eva Hertzsch und Adam Page oder die Reinigungsgesellschaft.

Sicher ist ein lokaler Bezug der Akademien noch vorhanden und die Zuschreibungen auf eine Ausbildungsstätte oder gar auf einzelne Professoren noch immer gewünscht, doch lassen sich diese heute nicht mehr überall und ohne weiteres vornehmen. Dennoch bilden sich gegenwärtig den strukturellen Veränderungen und dem Kunstmarkt angepasste Zusammenschlüsse und Interessengemeinschaften, die der sächsischen Kunst – wie etwa der »Neuen Leipziger Schule«, also der jungen Malergeneration – einen beispiellosen internationalen Erfolg bescheren. Dass hierfür die künstlerische Qualität Grundvoraussetzung ist, versteht sich von selbst, wie

Lucas Cranach d.Ä. – Katharinenaltar, 1506 (Mittelteil, Staatliche Kunstsammlungen Dresden, Gemäldegalerie)

auch das hohe Ausbildungsniveau der beiden sächsischen Kunstakademien von entscheidendem Einfluss ist. Kehren wir zum Anfang zurück, zu der pointierten Einschätzung der sächsischen Kunst und Charakterausprägung durch Fritz Löffler, der, so will es uns scheinen, einen nach wie vor treffenden, anregenden und im besten Sinne tiefgründigen Beschreibungsversuch zur Diskussion stellt:

»Im Abstand einer halben Generation hat Dresden den Expressionismus der ›Brücke‹ und den Verismus aktivistischer Prägung hervorgebracht. Franz Roh nennt es mit Recht ein sozusagen sächsisches Gesetz allen Lebens, daß Dämonie und Gemütlichkeit so oft beieinander wohnen. Allgemeiner ausgedrückt heißt das, die Möglichkeit, polare Gesetze zu vereinen. So stammen auch Heinrich Zille aus Radeburg, Thomas Theodor Heine aus Leipzig und der Dichter Joachim Ringelnatz aus Wurzen. Sie alle sind ohne das Wissen um diese sächsischen Charaktereigentümlichkeiten nicht restlos zu deuten. Schon im 18. Jahrhundert gingen scheinbar unvereinbare Gegensätze wie Aufklärung und Pietismus nebeneinander her, und Lessing ist ebenso wie Novalis gleicherweise ein Exponent legitimer sächsischer Geistigkeit. Traditionsmäßig ältere und fester gefügte deutsche Stämme mit einem anderen Lebensrhythmus haben die sächsische Reaktionsfähigkeit und die Polarität, die ihnen fremd bleibt, als Mangel an Einsicht häufig getadelt. Wie man auch dazu stehen mag, in der bildenden Kunst hat sich der Mut, ohne Bedenken einen Weg zu Ende zu gehen, auch wenn alles bis dahin Errungene zunächst einmal aufgegeben wird, als fruchtbar erwiesen.«

Bauwerke und Kunstdenkmäler in Sachsen

Prof. Dr. Heinz Quinger

Der Freistaat Sachsen ist in einer langen Entwicklung aus dem wettinischen Territorium hervorgegangen. Er bildet nur einen Teil des ehemaligen Kurfürstentums. Die Kunstdenkmale des Landes vom Mittelalter bis zu Beginn des 19. Jahrhunderts umfassen also einen größeren Bereich. Es sind auch heute noch alte Kunstregionen existent und erkennbar.
Im Ablauf der Kunstgeschichte ergeben sich für Sachsen Höhepunkte: So bilden die spätromanischen Plastiken in Freiberg (Goldene Pforte), Wechselburg (Lettner), Pegau (Grabmal des Wiprecht von Groitzsch) einen ersten, einen weiteren die obersächsischen Hallenkirchen der Spätgotik in Leipzig, Freiberg, Chemnitz, Annaberg, Schneeberg und Pirna. Landläufig gelten Sachsen und besonders Dresden als Zentrum der Barockkunst. Dass Sachsen mit seiner Residenzstadt Dresden besonders die Kunst des Barock zum Blühen brachte, ist immer wieder betont worden und allgemein akzeptiert. Zum nachfolgenden Klassizismus hat Sachsen u.a. mit Winckelmann wesentliche Impulse beigetragen. Auf einen weiteren Glanzpunkt der Architekturgeschichte muss noch besonders hingewiesen werden, auf den Historismus. Diese umstrittene und lange Zeit missachtete Kunstäußerung des 19. Jahrhunderts hat besonders mit den Werken der Semper-Nicolai-Schule im Stil der Neorenaissance großartige Bauwerke hervorgebracht. Die Staatsoper und die Gemäldegalerie von Gottfried Semper in Dresden sind weltberühmt, doch viele weitere Leistungen des Historismus wie z.B. das Neue Rathaus in Leipzig und viele Kirchen des Landes können darüber hinaus genannt werden. Dresden war und ist mit seinen nach 1945 wieder hergestellten Repräsentativbauten neben dem Barock historistisch geprägt.
Im östlich der Elbe-Saale-Linie gelegenen heutigen Sachsen begann die Besiedlung in der Zeit der Ottonen. Heinrich I. gründete 929 die Burg Meißen. Aus den ersten Anfängen der Romanik sind nur noch wenige Zeugnisse aufzuspüren. Burgen und Kirchen haben als Monumente der Architektur die Stürme der Zeiten am besten überdauert. Der romanische Palast der Burg Gnandstein aus dem 12. Jahrhundert steht zeitlich mit an erster Stelle. Einige ländliche Saalkirchen sind noch heute Zeugnisse der Romanik. Im Nordwesten von Sachsen lässt der quergestellte Westturm die Herkunft der Siedler aus Niedersachsen erkennen, während im Süden Sachsens die Chorturmkirchen auf eine Besiedlung aus dem fränkischen Bereich verweisen. In Klinga im Leipziger Land ist die Dorfkirche ein Beispiel für den ersten Typ: Apsis, Chorquadrat, Schiff und quergestellter Westturm bilden eine geradezu beispielhafte Staffelung der kubischen Bauteile von einer seltenen Einheitlichkeit. Die Kunigundenkirche von Borna, vor 1200 entstanden, ist eine flachgedeckte schlichte Pfeilerbasilika ohne Querschiff und Turm. Der Ostteil der Kirche ist relativ differenziert gegliedert, eine Apsis schließt sich an das Chorquadrat an, und Apsiden betonen die östlichen Endungen der Seitenschiffe. Das Bauwerk atmet sozusagen urwüchsige Romanik. Zu nennen ist auch die Kilianskirche in Bad Lausick, eine kreuzförmige dreischiffige Pfeilerbasilika mit dem schlichtedlen Stufenportal an der Westfront. Ebenfalls außerhalb der eigentlichen Stadt gelegen ist die Nikolai-Kirche in Dipppoldiswalde. Später als die Kunigundenkirche in Borna Mitte des 13. Jahrhunderts erbaut, repräsentiert sie bereits den sog. Übergangsstil von der Romanik zur Gotik. Auch sie ist eine dreischiffige flachgedeckte Pfeilerbasilika ohne Querschiff und Turm. Sie ist das älteste erhaltene romanische Bauwerk im Dresdner Raum. Der gleichen Zeit und der Stilphase des Übergangsstils um 1250 gehört die Gangolfs-Kirche in Kohren-Sahlis an. Die polygonale Apsis im 3/6-Schluss zeigt sehr einprägsam die dekorative gotische Auflockerung der an sich noch blockhaften romanischen Mauermassen. Höhepunkte der romanischen Denkmäler sind Altzelle/Nossen und besonders Wechselburg. Das Zisterzienser-Kloster Altzelle ist das älteste Kloster der Mark Meißen. Es war nach Petersberg bei Halle und vor Meißen die zweite Grablege der Wettiner. Zwei sehr schöne Portale des Klosters aus dem 1. Viertel des 13. Jahrhunderts sind in die Nossener Stadtkirche von 1565 eingebaut. Wechselburg ist mit seiner ehemaligen Stiftskirche ein absolutes Muss für alle Kunstfreunde. Das Augustinerchorherrenstift wurde 1160 von Dedo von Wettin gegründet. Die kreuzförmige Pfeilerbasilika bewahrt mit die bedeutendsten spätromanischen Skulptu-

Die Gründung der Burg Meißen durch König Heinrich I., Wandgemälde von Anton Dietrich

ren Sachsens (2. Viertel des 13. Jahrhunderts). Dazu gehören die umfangreichen Bildwerke und der plastische Schmuck des Lettners, das Stifterpaar, Dedo und seine Gemahlin Mechthild, sowie die zur Gotik drängende Triumphkreuzgruppe, diese ist eines der frühesten Beispiele des Dreinageltypus in Deutschland. Die Wechselburger Bildwerke stehen im engen Zusammenhang mit der weltberühmten Goldenen Pforte in Freiberg. Sie bereiten die Naumburger Skulpturen der Stifterfiguren und des Lettners vor.

Zwei Einzelbildwerke seien noch genannt. Die sehr strenge, aber dennoch diffizil gearbeitete Holzplastik der Madonna aus Otzdorf um 1150, heute Albrechtsburg Meißen, und das überaus bedeutende Grabmal des Wiprecht von Groitzsch in der Laurentiuskirche zu Pegau aus dem 2. Viertel des 13. Jahrhunderts. Es zeigt den bereits 1124 verstorbenen Markgrafen als Idealbild seiner Zeit. Das vornehme Gewand war und ist teilweise noch mit Edelsteinen verziert. Diese wertvolle Skulptur hängt stilistisch mit der Wechselburg-Freiberger Bildhauerwerkstatt zusammen. Auch sie steht im Vorfeld von Naumburg.

Der Erzbergbau im Erzgebirge, besonders die Silberfunde, hatten die Meißner Markgrafen vermögend gemacht. Nach der Blüte in der Zeit von Spätromanik und früher Hochgotik gab es ein Atemholen und schließlich durch das »Zweite Berggeschrei« am Ende des 15. Jahrhunderts die Hochblüte der Spätgotik und frühen Renaissance. Doch auch in der Zeit dazwischen gab es maßstabsetzende Leistungen. Der heutige Dom in Meißen wurde für Baukunst und Plastik ein Zentrum der Gotik. Die dem Dom im Westen 1425–1428 vorgesetzte Fürstenkapelle war die dritte Grablege der Wettiner, die seit 1423 als Kurfürsten von Sachsen mit dem höheren Rang den Namen Sachsen auch auf die Meißnischen Lande übertrugen. Im Dom befinden sich sieben Skulpturen aus der Werkstatt des Naumburger Meisters, darunter die überlebensgroßen Figuren Kaiser Otto I. und seiner Frau Adelhaid, sie entstanden um 1260–1265. Die Meißner Skulpturen gehören mit zu den wichtigsten Beispielen deutscher gotischer Plastik. Eine Gruppe interessanter Bauten bilden die sächsischen Wehrkirchen. Die Stiftskirche in Chemnitz-Ebersdorf ist zwar keine eigentliche Wehrkirche, sie besitzt aber mit Mauer und Tortürmen einen wehrhaften Charakter. Ihre Ausstattung ist für eine so kleine Kirche ungewöhnlich wertvoll, besonders die gotischen Skulpturen des 15. und frühen 16. Jahrhunderts. In den Erzgebirgsorten Dörnthal (13.–16. Jahrhundert), Lauterbach (15. Jahrhundert), Großrückerswalde (Ende 15. Jahrhundert) und Mittelsaida (15. Jahrhundert) stehen noch »echte« Wehrkirchen mit Wehrgang und Schießscharten.

Absoluter Höhepunkt der Spätgotik in Sachsen sind die obersächsischen Hallenkirchen des ausgehenden 15. und beginnenden 16. Jahrhunderts. Sie besitzen internationale Bedeutung und repräsentieren im eigentlichen Sinne die Kunst der Spätgotik in Mitteldeutschland. Die Kunigundenkirche in Rochlitz, St. Peter und Paul in Görlitz, der Dom zu Bautzen, der Freiberger Dom, die Thomaskirche in Leipzig, St. Marien in Zwickau, die Schlosskirche in Chemnitz, St. Marien in Pirna, St. Annen in Annaberg und die Wolfgangskirche in Schneeberg sind die bedeutendsten Beispiele. Eine architektonische Seltenheit ist das »Heilige Grab« in Görlitz. Als Sühnestiftung des Bürgermeisters Georg Emmerich wurde es 1481–1504 von mehreren Baumeistern, darunter Conrad Pflüger, erbaut. Das Ruinenensemble auf dem Oybin bei Zittau vereint Burg und Kloster. Die Hauptbauzeit liegt im 14. Jahrhundert. Für die Romantiker des 19. Jahrhunderts wurde es zum Symbol mittelalterlicher Aura schlechthin. Die im westlichen Mittelsachsen gelegenen Burgen Kriebstein, Rochlitz und Rochsburg bilden den Ausklang mittelalterlichen Burgenbaus in Sachsen, während die Albrechtsburg in Meißen bereits den Auftakt zum Schlossbau der Renaissance andeutet. Arnold von Westfalen als oberster Werkmeister der Wettiner errichtete sie ab 1470/71. Von mehreren bedeutenden Baumeistern, darunter Conrad Pflüger, wurde sie nach dem Tod Arnolds nach 1480 bis Anfang des 16. Jahrhunderts vollendet. Ihr schlossartiges Gepräge mit den Vorhangbogenfenstern und den Zellengewölben, der großartige Wendelstein und die kühne Konstruktion der Baukörper wie der Wände verleihen ihr eine herausragende Bedeutung für den deutschen Schlossbau generell.

Aus der Fülle spätgotischer Plastik ragen die Werke von Meister Hans Witten mit dem Schönen Portal in der St. Annenkirche in Annaberg, der Tulpenkanzel im Freiberger Dom, der Geißelsäule in der Schlosskirche Chemnitz und dem sechsflügligen Altar in Ehrenfriedersdorf heraus. Peter Breuer (1470/75–1541) bestimmte die Bildhauerkunst im südlichen Westsachsen. Die ergreifende Pieta in der Zwickauer Marienkirche ist eines seiner Hauptwerke. Viele spätgotische Flügelaltäre – annähernd 300 – sind noch heute in ganz Sachsen zu finden. Der Hauptaltar der Rochlitzer Kunigundenkirche (1513) und der große Hochaltar in St. Nikolai zu Döbeln repräsentieren ein außerordentlich reiches Kunstschaffen spätgotischer Altäre, das mit dem Sieg der Reformation in Sachsen abbrach und zum Teil erlosch. Vorher bereits, im sog. Annaberger Hüttenstreit 1518,

entschied sich der in religiösen Fragen konservative Herzog Georg für den künstlerischen Fortschritt, d.h. für das Formengut der Renaissance.

Die Zeit zwischen Reformation und 30-jährigem Krieg ist in Sachsen die Epoche der Renaissance und des Manierismus. Das Kunstgeschehen lässt sich in drei Hauptgruppen vereinfacht darstellen: erstens der Schloss- und Festungsbau, zweitens die Errichtung bürgerlicher Rathäuser und Wohnbauten und drittens Werke der Bildhauerkunst und Malerei. Im Schlossbau steht das Schloss Hartenfels in Torgau am Anfang. Der alte Burgkomplex erlebt mit der Erhebung Torgaus neben Wittenberg zur kurfürstlich-sächsischen Residenz 1456 eine tiefgreifende bauliche Veränderung. Den architektonischen Höhepunkt bildet der Johann-Friedrich-Bau 1533–1536 von Konrad Krebs. Der große Wendelstein ist als prächtige Außentreppe den Vorbildern der Albrechtsburg in Meißen und der Loire-Schlösser in Frankreich verbunden, bildet aber eine eigenständige Umsetzung gegebener Einflüsse. Der Saalbau der Schlosskapelle mit Emporen, 1543–1544 von Nikolaus Gromann erbaut, ist die erste neu errichtete protestantische Kirche. Sie vereint sowohl die neuen Anforderungen an den protestantischen Gottesdienst als auch die Traditionen der vorausgehenden Burgkapellen wie auch der obersächsischen Hallenkirchen.

In der Folgezeit erlebt die Residenzstadt Dresden mit der Übertragung der sächsischen Kurwürde an die albertinischen Wettiner eine bis dahin hier nicht gekannte enorme Bautätigkeit. Dresden wurde noch vor der Blüte der Barockkunst mit weltberühmter Pracht seiner damaligen Bauten ein vielbewundertes Kulturzentrum von europäischem Rang. Das Dresdner Residenzschloss war mit dem alten Georgentor und Stallhof ein Renaissanceensemble von internationaler Bedeutung.

Das anstelle der mittelalterlichen Schellenburg von Hieronymus Lotter aus Leipzig ab 1567 für Kurfürst August errichtete Renaissance-Schloss Augustusburg wurde nach Lotters Entlassung 1572 von weiteren Baumeistern um 1573 vollendet. Als symmetrischer Vierflügelbau ist es ein Beispiel für die Umsetzung italienischer Vorbilder in Sachsen. Die Schlosskapelle 1568–1572 folgt in vorzüglicher Weise dem Torgauer Grundtyp. Nach der Trennung der mittelalterlichen Burg in Schloss und Festungsbau beginnt auch in Sachsen die Anlage »moderner« Festungen, so in Stolpen und auf dem Königstein durch den Umbau schon vorhandener Burgen. Einen Abschluss erfährt der Schlossbau der Renaissance durch das äußerlich schlichte, aber innen prächtige kleine Schloss Hoflößnitz (1648–1650) in Radebeul bei Dresden am Übergang zum Barock.

Großartige Beispiele der Renaissancearchitektur bilden die Rathäuser in vielen sächsischen Städten und die Wohnbauten des Bürgertums. Im damals noch unter böhmischem Einfluss stehenden Görlitz tritt die Renaissance noch vor Dresden im Rathausbau und vor allem mit den bürgerlichen Wohnbauten auf. Wendel Roskopf d. Ä. und d. J. prägten neben anderen Künstlern das Bild der Stadt. Der Schönhof 1526 ist eines der frühesten deutschen Renaissance-Wohnhäuser, das Biblische Haus von 1570 eines der berühmtesten Renaissance-Häuser Deutschlands. In Görlitz finden wir auch die repräsentativen, dem Handel dienenden Hallenhäuser. Ihre Entwicklung beginnt bereits in der Gotik. Die anstelle eines Innenhofes befindliche große Halle war Zentrum des Wohn- und Geschäftslebens. Einen Glanzpunkt bilden die Rathäuser in Leipzig ab 1556 und in Pegau ab 1559, beide nach Plänen des Leipziger Baumeisters und Bürgermeisters Hieronymus Lotter errichtet. Weitere Renaissance-Rathäuser finden wir in Colditz, Torgau, Grimma, Plauen, Chemnitz, Oschatz, Penig und Pirna. In Pirna stehen beachtliche Wohnhäuser mit attraktiveren Erkern, so u.a. die Häuser zum Engelserker und zum Teufelserker.

Die baugebundene und baubezogene Plastik Sachsens erreichte in der Renaissance und besonders in deren Spätform, im Manierismus, ebenfalls einen Höhepunkt. In Dresden ist der Relieffries des Totentanzes vom alten Georgentor (heute in der Dreikönigskirche) von Christoph Walther I um 1535 ein frühes Beispiel, das Moritzmonument an der Brühlschen Terrasse um 1550 von Hans Walther II aus der Bildhauerfamilie der Walthers ist eines der ersten Erinnerungs-Denkmale, und der Kenotaph in Freiberg für Kurfürst Moritz 1563 das erste Monumentalgrab in Sachsen. Letzteres war eine in verschiedenen Materialien ausgeführte Gemeinschaftsarbeit vieler Künstler aus Italien, den Niederlanden und Deutschland. Der Kenotaph steht im Vorchor des ehemals gotischen Chors, der Ende des 16. Jahrhunderts von Giovanni Maria Nosseni und Carlo de Cesare überaus prächtig im Stil des internationalen Manierismus umgestaltet wurde. Neben diesem imponierenden Ensemble besitzen auch die Werke der Pirnaer Bildhauerwerkstätten, der Gebrüder Schwenke und von Lorenz Hörnigk (Hornung) überregionalen Rang. Der Hauptaltar der Marienkirche in Pirna sowie der Epitaphaltar, die Kanzel und die Bünaugrabkapelle in der Stadtkirche zu Lauenstein im Osterzgebirge sind überaus

Burg Kriebstein thront hoch über der Zschopau.

prächtige Beispiele eines mit Horror Vacui entfesselten, aber dennoch disziplinierten prunkvollen Manierismus. Neben diesen Hauptwerken gibt es auch an mehreren Orten in den Kirchen Renaissancealtäre. Die Rückseite des Annaberger Bergaltars z.B. zeigt auf gemalten Tafeln Darstellungen aus dem Bergmannsleben, von Meister Hans Hesse um 1521 geschaffen. Im Stadtmuseum Dresden hängen heute die Holztafelbilder der Zehn Gebote von Hans dem Maler. 1528/29 entstanden, geben sie interessante Einblicke in das damalige Leben. Die Stadtkirche Penig hat einen bedeutenden farbig gefassten Steinaltar von Christoph Walther II und die Laurentiuskirche in Pegau, die heute das Grabmal des Wiprecht von Groitzsch birgt, einen manieristischen Hochaltar von 1621 mit drei Geschossen und reichem Knorpelwerk. Nach der Reformation waren Aufträge für Altäre wesentlich zurückgegangen. In der Spätrenaissance vor dem Dreißigjährigen Krieg und im sich durchsetzenden Barock nach dem Westfälischen Frieden 1648 stieg die Zahl der neugeschaffenen Altäre wohl im Zuge einer erneuten Frömmigkeit wieder an.

Der Barock in Sachsen beginnt in der Bildhauerkunst mit einer spätgotisch-manieristisch wirkenden Variante. Es sind die Altäre aus der Meißner Werkstatt von Valentin Otte in St. Afra und in der Wolfgangskapelle in Meißen, in St. Matthäus in Leisnig und in St. Marien in Mittweida, die in der Zeit zwischen 1648 und 1664 entstanden. Erst Ende des 17. Jahrhunderts setzt der für Sachsen und Dresden typische Barock ein. Die meisten Baumeister sind bemerkenswerterweise überwiegend keine Italiener. Als früheste Zeugnisse können die Arbeiten von Wolf Caspar von Klengel gelten. Ihm folgt als Oberlandbaumeister Johann Georg Starcke, der mit dem Palais im Großen Garten zu Dresden und mit dem Entwurf für die Alte Börse in Leipzig die ersten heute noch erhaltenen barocken Repräsentativbauten schuf. Den Höhepunkt bildet dann zweifellos das Wirken solch berühmter Baumeister wie Pöppelmann, Karcher, Knöffel, Longuelune und de Bodt mit den Bauwerken Zwinger, Taschenberg-Palais, Japanisches Palais und Blockhaus in Dresden sowie den Schlössern Moritzburg und Pillnitz. Dazu treten viele barocke Kirchen in ganz Sachsen. Herausragend seien für Dresden die Frauenkirche von George Baehr, deren Wiedererrichtung eine Jahrhunderttat war, die Hofkirche von Chiaveri, die verspätet römischen Hochbarock zu Zeiten des bereits in Dresden herrschenden Rokokoklassizismus repräsentiert, und die spätbarocke Kreuzkirche erwähnt.

Doch nicht nur in der Residenzstadt Dresden blühte die Barockkunst. Leipzig war ein zweites großes Zentrum, außer der schon genannten Alten Börse sind es hier sehr viele niveauvolle Bürgerhäuser und nicht zuletzt das Gohliser Rokokoschlösschen. Ganze Straßenzüge beachtlicher Barockhäuser finden wir in Bautzen. Barockschlösser sind über das ganze Land verstreut. Selbst ein kleiner Ort wie Hainewalde besitzt ein prunk- und prachtvolles Bauwerk mit dem Kanitz-Kyauschen Grufthaus von 1715. Es ist, als wäre um 1700 vor dem Siebenjährigen Krieg in Sachsen mit Barock und Rokoko der ganze Kunstsinn des Landes in ungewöhnlicher Breite und Fülle realisiert worden. Die sächsische Kunst des Barock und Rokoko besitzt eine besondere Note, an der Schnittstelle von Nord- und Süddeutschland vereint sie die rauschende Fülle des süddeutschen Barock mit der Strenge und Disziplinierheit des norddeutschen barocken (palladinischen) Klassizismus.

Die sächsischen Bildhauer des Barock sind weitgehend deutsche Künstler. Permoser, Kirchner, Thomae und Knöffler in der Skulptur sowie Kändler in der Porzellanplastik und Dinglinger als Goldschmied errangen Weltruhm, dazu tritt der Italiener Mattielli.

Die ländliche Bauweise hat in Sachsen beachtenswerte Beispiele erbracht. Die Tradition der Bauernhäuser ist nahezu genauso alt wie die der Kirchen und Burgen. Doch sind aus so früher Zeit kaum Zeugnisse überliefert. Für die Bauernhäuser gibt es vereinfacht drei Territorien: erstens das nordwestsächsische Flachland, zweitens das mittelsächsische Lößlehmgebiet und drittens das südlich liegende Mittelgebirgsland. Alle geographischen Zonen haben die Formen des Hausbaus bestimmt. Im Norden und Westen, aber auch im Osten finden wir schöne Fachwerkbauten und im Süden und Südosten interessante Umgebindehäuser. Das Umgebinde tritt besonders im Erzgebirge, der Sächsischen Schweiz und in der Oberlausitz auf, es war keineswegs allein durch die Textilproduktion bedingt. Die Mehrzahl der erhaltenen Häuser stammt aus dem 18. und 19. Jahrhundert.

Der eigentliche Klassizismus realisiert sich in Sachsen bescheiden, obwohl von hier theoretische Impulse mit europäischer Wirkung ausgingen (Winckelmann). In Dresden sind Zeugnisse dieser Zeit als Vorbote das Landhaus (Stadtmuseum) von Krubsacius, als Hauptwerke die Freitreppe an der Brühlschen Terrasse sowie die Torhäuser am Weißen Tor, antikisierend gebaut von G.F. Thormeyer, die nach Anregungen von Schinkel erbaute Altstädter Wache und die dem barocken Bestand in Pillnitz vorzüglich angepassten Bauten von Weinrich und Schuricht (Neues Palais). Auf der Südhöhe der Stadt erinnert das klassizistische Denkmal an General

Schloss Hartenfels in Torgau; die prächtige Außentreppe, der große Wendelstein, stellt einen architektonischen Höhepunkt dar.

Moreau, der in der Schlacht bei Dresden 1813 tödlich verwundet wurde. In Leipzig wäre unbedingt der Umbau der gotischen Hallenkirche St. Nikolai 1784–1797 durch Carl Dauthe zu nennen. Unter dem Einfluss der französischen Architekturtheorie verwandelt er die Kirche in eine Palmenhalle. Einige Landschlösser wie Gaußig und das Gutshaus in Kohren-Sahlis-Rüdigsdorf mit dem von Moritz von Schwind ausgestatteten Gartenpavillon von 1838 sind dem Klassizismus verbunden, ebenso die monumentale Johanniskirche wie auch das Rathaus in Zittau. Die dem englischen Landschaftsgarten und damit gleichermaßen Klassizismus wie Romantik verpflichteten Parkanlagen von Machern, Bad Muskau und des Seifersdorfer Tales bei Dresden repräsentieren das bewusst gestaltete »Zurück zur Natur«.

Einen weiteren Höhepunkt in der Kunst- und Baugeschichte Sachsens ist der lange Zeit zu Unrecht missachtete Historismus des 19. Jahrhunderts. In Dresden umrahmen die im Stil der exklusiven italienischen Renaissance von Gottfried Semper errichtete Oper und Gemäldegalerie eine der schönsten Plätze Sachsens. Das Neue Rathaus Dresdens passte sich entgegen der Kritik gut in den Stadtorganismus ein. Die in einer Mischung von Neorenaissance, Neobarock und Neoklassizismus errichteten Repräsentativbauten – Ministerien und Kunstakademie in Dresden – galten damals als monströse Ungetüme, sind aber heute nicht mehr wegzudenken. Reichsgericht, Neues Rathaus, Völkerschlachtdenkmal und Russische Kirche schließen Ende des 19. Jahrhunderts in Leipzig an diese Architektur an. Der Leipziger Historismus war mehr der bürgerlichen Renaissance verpflichtet, während Dresden exklusiven Vorbildern nacheiferte. Die Plastikflut der Zeit ist durchaus niveauvoll, die Werke von Rietschel, Hähnel, Schilling und Dietz ergeben in Dresden eine bedeutende Bildhauertradition.

Noch im 19. Jahrhundert steht die »Moderne« vor der Tür. Göltzschtal- und Elstertalbrücke im Vogtland wurden 1846–1851 von den Ingenieuren Andreas Schubert und Robert Wilke errichtet. Der Dresdner Hochschulprofessor Andreas Schubert baute bereits vorher das erste deutsche Dampfschiff »Königin Maria« und die erste deutsche Lokomotive »Saxonia«.

Das 20. Jahrhundert in der Kunst beginnt schon Ende des 19. Jahrhunderts mit dem Jugendstil. In der Residenzstadt Dresden ist dieser sehr stark durch die Tradition neobarock geprägt, wie die Kunstgewerbeakademie, das Schauspielhaus (Bauwerke von Lossow und Partner) sowie die Bauten des Stadtbaumeisters Hans Erlwein. Von den gleichen Architekten sind auch die ersten »modernen«, keiner historischen Tradition mehr verbundenen Zeugnisse in Dresden, so die Hafenmühle von Lossow und Kühne sowie die Elbufer-Speicher, Schlachthof und Gasometer von Erlwein. Dazu tritt die 1906 von Schilling und Gräbner in einer Kombination von neoromanischer Architektur und Jugendstileinflüssen, aber letztendlich modern und unhistorisch errichtete Christuskirche in Dresden-Strehlen. Das vom Jugendstil beeinflusste monumentale Krematorium, 1909–1911 von Fritz Schumacher erbaut, erinnert in seiner blockhaften geschlossenen Form an das Grabmal Theoderichs in Ravenna.

Die Gartenstadt Hellerau war der Auftakt zur »sozialbestimmten Erlösung des Menschen von der Mietskaserne«. Die hier ansässigen Deutschen Werkstätten produzierten moderne Möbel. Das Festspielhaus Hellerau von Heinrich Tessenow aus den Jahren 1910–1912 nimmt in seiner edlen Einfachheit in kubischer Sachlichkeit und der Würde eines griechischen Tempels den Bauhausstil vorweg. Das Deutsche Hygiene-Museum erbaute 1928–1930 Wilhelm Kreis mit funktionaler Klarheit und neoklassizistischer Monumentalität. In Leipzig sind imposante Bauten des 20. Jahrhunderts der von Lossow und Kühne erbaute Hauptbahnhof, die deutsche Bücherei 1913–1916 von Oskar Pusch, das 1925–1929 entstandene Grassimuseum und die Großmarkthalle mit ihren zwei Kuppeln von 75 m Spannweite der Auftakt zu großangelegten Spannweiten. In Chemnitz wirkte Richard Möbius, ihm verdankt die Industriestadt an Kulturbauten Opernhaus und Museum (1906–1909) sowie das Neue Rathaus (1907–1911) in Neobarock und Jugendstil. Das Opernhaus wurde innen 1990 rekonstruiert. Moderne Handelshäuser in Chemnitz waren das Kaufhaus Tietz 1912–1913 von Wilhelm Kreis und das Warenhaus Schocken 1929–1930 von Erich Mendelsohn.

Nach dem Zweiten Weltkrieg entstanden in Leipzig das neue Gewandhaus 1977–1981 nach Entwürfen von Rudolf Skoda unter dem Einfluss der Berliner Philharmonie von Hans Scharoun und die großzügigen neuen Messebauten im Norden der Stadt. Dresden erhielt in den 50er Jahren an der West- und Ostfront des Altmarktes Neubauten im erneuten Neobarock, sie knüpften an den örtlichen Traditionen an und stehen bereits wieder unter Denkmalschutz. Neuere Bauten sind das neue Landtagsgebäude von Peter Kulka, das St. Benno-Gymnasium 1995–1996 von Günther Benisch und der kristalline Neubau des Ufa-Kinos vom Wiener Architekten Coop Himmelb(l)au. Diese Bauwerke sind außerordentlich attraktive neue moderne Akzente im traditionellen Stadtorganismus der sächsischen Landeshauptstadt Dresden.

Schloss Pillnitz an der Elbe; das Bergpalais wurde 1723 von M.D. Pöppelmann erbaut.

Großschutzgebiete im Freistaat Sachsen

NABU-Regionalgruppe Schutzgemeinschaft Sächsische Schweiz e. V.

Sachsen ist in eine vielfältige Naturausstattung, von flacher seenreicher Landschaft über hügelige Gebiete bis hin zu schroffen Felsen und über tausend Meter hohen Bergen, eingebettet. Viele Flächen sind unter Schutz gestellt, dazu gehören Naturgebilde wie einzelne alte Bäume im städtischen Bereich und Flächennaturdenkmale mit nicht mehr als 5 ha. Fast 30% der Landesfläche sind als Landschaftsschutzgebiete geschützt, zum Beispiel die Dresdner Heide mit 5 791 ha, es gibt 215 Naturschutzgebiete, wie zum Beispiel den Pfaffenstein in der Sächsischen Schweiz mit 39,5 ha.
Und in Sachsen existieren fünf Großschutzgebiete: die Naturparke Dübener Heide, Erzgebirge/Vogtland und, als »jüngster« seit 2007, der Naturpark Zittauer Gebirge, das Biosphärenreservat Oberlausitzer Heide- und Teichgebiet und der Nationalpark Sächsische Schweiz. Sie sind die landschaftlich reizvollsten und auch touristisch interessantesten Gebiete. Der Nationalpark Sächsische Schweiz und das Biospärenreservat Oberlausitzer Heide- und Teichgebiet werden staatlich verwaltet, im Naturpark Dübener Heide koordiniert der Verein Dübener Heide die verschiedenen Ansprüche und Wünsche, im Naturpark Erzgebirge/Vogtland hat ein Zweckverband diese Funktion, der Landkreis Löbau-Zittau ist Träger des Naturparkes Zittauer Gebirge.

Naturpark Dübener Heide

Im Jahre 1857 schrieb Wilhelm Riehl über den Wald: »Man kann da doch wenigstens noch in die Kreuze und Quere gehen, nach eigenen Gelüsten, ... Ein gesetzter Mann kann da noch laufen, springen, klettern nach Herzenslust.« Auf über 500 km Wanderwegen ist dies in der Dübener Heide möglich.
Die Dübener Heide ist der erste Naturpark Deutschlands, der nicht von Regierungsseite initiiert wurde, sondern aufgrund von Bürgerinitiativen Anfang der 1990er Jahre entstand, um das Übergreifen des Braunkohlenbergbaus in dessen Nachbarschaft auf die Naturlandschaft zu verhindern.
Der Naturpark Dübener Heide erstreckt sich überwiegend im Südosten Sachsen-Anhalts und zu einem kleineren Teil im Nordwesten Sachsens, eingebettet in die natürlichen Flusslandschaften von Elbe und Mulde, über eine Fläche von 78 750 ha. Die Dübener Heide erhielt ihre charakteristische flachwellige Gestalt während der Saale-Eiszeit vor ca. 250 000 Jahren. Sie bildet den nördlichen Teil der Dahlen-Dübener Heide und ist das am weitesten nach Südwesten vorgeschobene Waldgebiet im mitteldeutschen Tiefland.
Die erste, nachweisbare Besiedlung der Dübener Heide erfolgte durch den westgermanischen Stamm der Hermunduren. Es folgten Slawen, Flamen und Friesen, nach den Askaniern kamen die Wettiner, und mit ihnen gehörte die Region dann zu Kursachsen.
Durch die jahrhundertelange Bewirtschaftung entwickelte sich eine Kulturlandschaft in den hügeligen Endmoränen, in der ausgedehnte Waldgebiete, Wiesen, Äcker und unberührte Moore, kleine und größere Seen unter anderem als Hinterlassenschaft des Bergbaus ihren Platz haben, ebenso wie kleine Städte und Dörfer. Sie ist ein traditionelles Ausflugs- und Naherholungsgebiet, Leipzig, Halle, Wittenberg und Dessau sind nur einen »Katzensprung« entfernt. Mitte des vorigen Jahrhunderts wurden die Gebiete für den Kurbetrieb entdeckt, ein ausgedehntes Wanderwegenetz entstand und wird weiter entwickelt, Erlebnispfade locken auf die »Spur der Steine« oder die Waldameisentour für diejenigen mit starken Nerven, zahlreiche Reitställe lassen den Genuss der Natur vom Rücken der Pferde erlebbar werden.
Die ursprüngliche Vegetation mit Traubeneichen und Hainbuchen oder Birken und Kiefern wich einem fast reinen Kiefernbestand, aber es existieren auch ausgedehnte Buchenbestände. In den noch vorhandenen Feuchtgebieten wachsen Erlen und Eschen. Typische Pflanzen sind Salbei-Gamander und Schmalblättrige Hainsimse. Erwähnenswert sind neben den feuchten Gebieten die auf Waldlichtungen und ehemaligen militärisch genutzten Flächen erhalten gebliebenen kleinen Sandtrockenrasen und Zwergstrauchheiden.

Eine der Perlen der Dübener Heide – die größten Erlenbrüche von Nordwestsachsen im Presseler Heide- und Moorgebiet

Zu den wertvollen Biotopen der Dübener Heide gehören die großflächigen Zwischen- bzw. Niedermoore wie das Wildenhainer Bruch, der Zadlitzbruch und das Presseler Heide- und Moorgebiet. Moore sind selten geworden, weil der Mensch sie fast überall entwässert hat und den Torf abbaute. Im Jahr 1864 wurde der Torfabbau im Wildenhainer Bruch eingestellt, seitdem regeneriert sich das Moor, die Kraniche haben in diesem Teil der Dübener Heide seit 1820 ihren südlichsten Rast- und Brutplatz. In den Mooren existieren Erlenbruchwälder, sie sind die sumpfigsten Wälder überhaupt. Der Name »Bruchwald« rührt von den nach einigen Jahrzehnten umbrechenden Bäumen her. Kaum eine Baumart schafft es, mit noch nasseren Füßen zu leben. Die größten Erlenbrüche von Nordwestsachsen stehen im Presseler Heide- und Moorgebiet, eine der Perlen der Dübener Heide, die erstes sächsisches Großschutzprojekt wurde. Unter Federführung des Zweckverbandes »Presseler Heide- und Moorgebiet«, dem auch der NABU-Landesverband Sachsen angehört, wurden zur Wiederherstellung der Moore und zur Stabilisierung des Wasserhaushaltes Entwässerungsanlagen zurück gebaut, Fließgewässer und Bachauen renaturiert.

Der Artenreichtum der Fauna steht der Flora nicht nach und ist seit alters her bekannt, davon zeugt unter anderem die Bärensäule. Sie hängt mit einem Ereignis aus dem Jahr 1562 zusammen. Kurfürst August von Sachsen soll bei der Jagd einen Bären verwundet haben, der ihn daraufhin jagte. Und so kletterte der Monarch auf jenen Baum, der sich heute an der Säule befindet.

Seeadler, Schwarzstorch und Kranich haben in der Dübener Heide ihren Lebensraum, der Biber als Symboltier des Naturparkes baut seine mächtigen Burgen. Über 300 Schmetterlingsarten wie Schillerfalter und Rostbinde fühlen sich zu Hause.

Nordwestsachsens größter zusammenhängender naturnaher Komplex verschiedenster Biotope stellt eine beeindruckende Landschaft mit hoher Artenvielfalt dar, die jeden Besucher begeistert. In der Dübener Heide lassen sich neben der Natur zahlreiche kulturhistorische Sehenswürdigkeiten entdecken. Dazu gehören die tausendjährige Burg Düben, der Schlosspark Burgkemnitz mit Arboretum, das Wasserschloss in Reinharz und einer der größten und spannendsten Irrgärten Europas in Altjeßnitz.

Naturpark Osterzgebirge/Vogtland

»Die ganze Gegend sieht aus wie ein bewegtes Meer von Erde. Da sind nichts als Wogen, immer die eine kühner als die anderen.« Heinrich von Kleist beschrieb so die Hügelwelt des Erzgebirges um 1800.

Entlang der in Sachsen verlaufenden deutsch-tschechischen Staatsgrenze, von Bad Elster im Vogtland nach Osten hin bis zum osterzgebirgischen Holzhau zieht sich der 1996 ausgewiesene Naturpark Osterzgebirge/Vogtland. Er schließt die oberen Lagen des Elstergebirges, des Westerzgebirges und des Mittleren Erzgebirges sowie Teile des Osterzgebirges ein, insgesamt 149 500 ha stehen unter Schutz. Auf dem Kamm erreichen die Gipfel Höhen um die tausend Meter, der höchste Berg ist der Fichtelberg mit 1 214 m. Deutschlands höchst gelegene Stadt Oberwiesenthal liegt ihm zu Füßen.

Die im Tertiär angehobene Pultscholle ist nach Nordwesten hin abgeflacht und weist eine wellige Hochfläche mit zum Teil noch großflächig erhalten gebliebenen Vermoorungen auf. Laut einer geologischen Landesaufnahme gab es um 1890 im sächsischen und tschechischen Erzgebirge ca. 6 000 ha Hochmoore. Von diesen sind durch Entwässerung und Torfabbau nur noch Reste vorhanden, trotzdem findet man gerade im Naturpark noch Hochmoore und wieder Hochmoor-Regenerationsflächen.

Den höchsten Bereich der vogtländischen Pultscholle bildet das Elstergebirge, ein kleineres Gebirge, vom Erzgebirge durch das Tal der Zwota abgegrenzt. Es gilt als Ausläufer des Fichtelgebirges und wird meist diesem naturräumlich zugeordnet.

Das Erzgebirge, eine südseitig angehobene Pultscholle, ist keine einheitliche Landschaftsform, das größtenteils bewaldete Westerzgebirge wird geprägt durch weitständige, jäh und tief eingeschnittene Täler, das mittlere Erzgebirge zeichnet sich durch breiter werdende, stellenweise vermoorte Kammhochflächen aus, während nach Osten hin die welligen Hochflächen und die durch Basalte gebildeten auffälligen Bergkuppen das Bild des Osterzgebirges bestimmen.

Extensiv genutzte Bergwiesen, Bachtäler, vom Bergbau geprägte Bereiche, Reste des hercynischen Bergmischwaldes, Heckenlandschaften mit Steinrücken, Hochmoore sind charakteristische Formen der Landschaft. Sie sind Lebensraum vieler stark gefährdeter Tier- und Pflanzenarten, was sich auch in der Ausweisung zahlreicher

besonderer Schutzgebiete wie spezieller Vogelschutzgebiete innerhalb des Naturparkes widerspiegelt. Hier leben unter anderem Schwarzstorch, Sperlingskauz und Eisvogel. Im Naturparkteil Vogtland schützt man seit Jahren die Lebensräume der Flussperlmuschel. Deren Perlen können unter anderem in den Sächsischen Königskronen, im Grünen Gewölbe in Dresden, bewundert werden.
Arnika, Bärwurz, Sumpfdotterblumen und zahlreiche einheimische Orchideen verwandeln die Feucht- und Bergwiesen jedes Jahr in ein Blütenmeer. Der Erhalt und die Pflege der orchideenreichen Bergwiesen obliegen in einigen Bereichen den ehrenamtlichen Naturschutzverbänden wie der Grünen Liga und dem NABU. Während der vergangenen 800 Jahre prägte vor allem der Bergbau das Naturbild. Mit der Nutzung des Holzreichtums der ursprünglich fast flächendeckenden Wälder durch die Bergleute und die anschließende landwirtschaftliche Nutzung entstand eine reich strukturierte Kulturlandschaft. Erzgebirge und Vogtland wurden außerdem zunehmend traditionelle Wintersport- und Erholungsgebiete, nach dem Ende des Bergbaus entwickelte sich der Tourismus zum Haupterwerbszweig in der Region. Durch das Gebiet führen über 5 000 km ausgeschilderte Wanderwege. Um die Natur intensiv erleben und damit besser verstehen zu können, wurden zahlreiche Naturlehrpfade angelegt. Auf Bergbaulehrpfaden und in den zahlreichen Schaubergwerken findet man Interessantes über die Zeit des Altbergbaus.
Von den Städten Plauen, Zwickau, Chemnitz, Freiberg und Dresden aus ist er in einer Entfernung zwischen 20 bis 50 km sowohl durch individuellen Verkehr als auch mit Öffentlichen Verkehrsmitteln durch ein sehr dichtes Straßennetz oder mit dem Fahrrad gut zu erreichen. Im Winter sind im gesamten Gebiet viele Wintersportmöglichkeiten vorhanden.

Naturpark Zittauer Gebirge

Der Naturpark Zittauer Gebirge liegt im Länderdreieck Deutschland–Tschechien–Polen im gleichnamigen Zittauer Gebirge. Das insgesamt 13 339 Hektar große Gebiet setzt sich zum Teil aus den Landschaftsschutzgebieten »Zittauer Gebirge« und »Mandautal« zusammen.
Typisch im Zittauer Gebirge, dem kleinsten Gebirge Deutschlands, sind die bei Oybin und Jonsdorf befindlichen Sandsteinfelsen, die von der Lausche (793 m) und dem Hochwald (749 m) überragt werden. Sie sind die höchsten Erhebungen östlich der Elbe auf deutschem Territorium. Während an diesen Bergen vor allem artenreiche Laubwälder zu finden sind, herrschen in den Sandsteingebieten Kiefern und Fichten vor.
Im Tal der Mandau kann entlang eines weitgehend naturnahen Flusslaufes und seinen Begleitgehölzen gewandert werden, während an den Talhängen einige Eichen- und Hainbuchenwälder zu finden sind, kleine Felsbereiche sind mit Halbtrockenrasen belegt.
Mit dem Naturpark Zittauer Gebirge wird eines der bedeutendstes Uhubrutgebiete in Ostsachsen geschützt. Hier kommen extrem seltene Pflanzenarten wie zum Beispiel das Grüne Beesenmoos und der Prächtige Dünnfarn vor, hier finden seltene Fledermausarten wie die Mopsfledermaus ihre Nahrung.
Vom Gipfel der Lausche ist ein nahezu ungehinderter 360°-Rundblick möglich, der Blick reicht bei gutem Wetter weit in die Berglandschaft Nordböhmens hinein. Aber auch nach Norden und Westen öffnet sich ein weites Panorama über die Oberlausitzer Berge bis zur Sächsischen Schweiz.
Traditionell ist das Zittauer Gebirge ein beliebtes Wander-, Kletter- und Wintersportgebiet. Wie auch in der benachbarten Sächsischen Schweiz wurden schon Ende des 19. Jahrhunderts die ersten Felsen für den Klettersport erschlossen. 1994 wurde nach Vorbildern im Alpenraum ein Klettersteig in den Nonnenfelsen bei Jonsdorf eröffnet, später folgte in Oybin unterhalb der Großen Felsengasse ein zweiter Klettersteig.
Die seit 1890 von Zittau aus nach Oybin und Jonsdorf verkehrende Zittauer Schmalspurbahn gehört zu den größten Attraktionen des Zittauer Gebirges. Diese von vornherein als touristische Bahn erbaute Strecke wird auch heute noch mit historischen Dampflokomotiven betrieben.
Im Einklang mit den Schönheiten der Natur und Landschaft begegnet man auf Schritt und Tritt dem Markenzeichen der traditionellen Oberlausitzer Bauweise, den so genannten Umgebindehäusern. Viele Ortsbilder sind von diesen markanten Häusern mit den steinernen Türstöcken und hölzernen Fensterbögen geprägt.

Biosphärenreservat Oberlausitzer Heide- und Teichgebiet

Ein großer dunkler Schatten gleitet über den Teich – ein mächtiger Seeadler hat einen Fisch in seinen Fängen, streicht majestätisch mit seiner Beute ab, sein kleinerer »Bruder«, der Fischadler, fliegt aufgeregt hinterher, versucht den Großen zu attackieren und diesen zum Fallenlassen seines Fanges zu bringen. Ein Stück weit weg beobachtet listig ein Kolkrabe den Luftkampf und hofft, der lachende Dritte zu sein. Auf dem Teich sind die vielen verschiedenen Wasservogelarten verstummt, haben sich teilweise im Röhricht versteckt. (Beobachtung 2006)

Das Oberlausitzer Heide- und Teichgebiet ist Teil eines saalekaltzeitlichen Urstromtales. Im Dreieck der Städte Bautzen, Niesky und Hoyerswerda gelegen, umfasst das 30 102 ha große Biosphärenreservat Teile dieser größten Teichlandschaft in Deutschland, mit grundwassernahen Terrassen, nur wenige Meter eingesenkten Auen, auf denen ausgedehnte Waldkomplexe und zahlreiche Wasserflächen entstanden sind. Bereits 1990 wurde der zentrale Teil als Landschaftsschutzgebiet unter Schutz gestellt, 1994 erfolgte die einstweilige Sicherstellung als Biosphärenreservat. Damit wurde dieser einmaligen, jahrhundertealten Kulturlandschaft ein würdiger Rahmen gesetzt. 1996 wurde die Anerkennung als 13. UNESCO-Biosphärenreservat in Deutschland nach dem Programm »Der Mensch und die Biosphäre« ausgesprochen. 1998 wurden Teilflächen des ehemaligen Braunkohlentagebaus Lohsa II einbezogen.

Die ursprüngliche Landschaft mit Mooren, Bruchwäldern und Eichenmischwäldern wurde durch das jahrhundertelange Wirken des Menschen verändert, wobei die Vielfalt aus trockenen, wenig fruchtbaren Sandflächen in unmittelbarer Nachbarschaft zu vermoorten Bereichen eine ebenso abwechslungsreiche Flächennutzung erforderte. Es entstand ein kleinteiliges Mosaik aus Feucht- und Nasswiesen, Mooren, Siedlungen, Heideflächen, landwirtschaftlich genutzten Flächen und verschiedenen Waldgesellschaften wie Bruchwäldern, Eichen-Hainbuchen-Wäldern oder Kiefernforsten und, als herausragendstes Merkmal dieses Naturraumes, die Vielzahl hauptsächlich künstlich angelegter Teiche. Sie bilden das Biosphärenreservat Oberlausitzer Heide- und Teichgebiet. Es ist in mehrere Zonen eingeteilt: In der Kernzone des Biosphärenreservates (mehrere Areale über das Reservat verteilt) finden sich Moore und Sümpfe, die wegen ihrer Unzugänglichkeit erhalten geblieben sind und nicht betreten werden dürfen. Außerdem gehören dazu noch weitgehend unbeeinflusste Wälder und Dünen sowie unrekultivierte Teile des künftigen Tagebaurestsees Lohsa. In der Pflegezone finden sich die durch menschlichen Einfluss überformten Landschaften. Dazu gehören künstlich angelegte Teiche, die regelmäßig bewirtschaftet werden müssen, um nicht zu verlanden. Die ersten nachweislichen Teiche wurden bereits im 12. Jahrhundert angelegt, der schon im Mittelalter begehrte »Fastenkarpfen« wurde hier eingebürgert und gezüchtet. Heute umfassen die Teiche mit 2 133 ha insgesamt 8% der Biosphärenreservatsfläche. Das Teichsystem bildet ein ausgeklügeltes Netzwerk von Wasserflächen, Gräben und Staueinrichtungen, die ständig gepflegt werden müssen. In der Entwicklungszone stehen viele Flächen für Siedlung, Gewerbe und Landwirtschaft zur Verfügung, eine harmonische Kulturlandschaft mit nachhaltigen Bewirtschaftungsformen wird in dieser Zone entwickelt und erhalten. In der Regenerierungszone, hauptsächlich bergbaulich stark veränderte Flächen, sollen durch Renaturierungsmaßnahmen ökologische Funktionen der Landschaft wieder hergestellt werden.

Das Heide- und Teichgebiet in der Oberlausitz zeichnet sich dank seiner Vielfalt an Lebensräumen durch hohen Artenreichtum aus, über 150 Brutvogelarten und 15 Fledermausarten kommen hier vor. In den Verlandungszonen brüten Kranich, verschiedene Entenarten und Haubentaucher, der Fischreichtum lockt Seeadler, Kormoran und Eisvögel. Vor allem die bergbaulich entstandenen Kippenteiche zählen zu den bedeutendsten Brut- und Rastgewässern für Wasservögel in Sachsen. Der Fischotter ist hier zu Hause. Noch vor 100 Jahren nahezu flächendeckend in Europa verbreitet, leben heute nur noch Restvorkommen dieser faszinierenden Säugetierart. In der Oberlausitz kommt eine der größten Fischotterpopulationen Deutschlands vor. Im Randbereich nach Osten hin existiert Deutschlands erste wieder frei lebende Wolfspopulation, die bis in die Gegend von Lohsa streift. Auch die Flora ist artenreich, über 150 höhere Pflanzenarten der Roten Liste Sachsens sind ausgewiesen. Erwähnenswerte Pflanzen sind unter anderem Sonnentau, Glockenheide, Sumpfporst und Moorveilchen sowie mehrere Orchideenarten. Viele Wanderwege, Radrundwege und thematisch angelegte Naturerlebnispfade erschließen das Gebiet für Besucher.

Nationalpark Sächsische Schweiz

Carl Maria von Weber war fasziniert von der Sächsischen Schweiz und führte Gäste gern hierher, es bereitete ihm »unendliches Behagen, wenn Fremde, besonders solche aus dem Flachlande, zwischen diesen Felswänden, chaotischen Steinmassen und gähnenden Spalten wechselnd, von Grauen und Entzücken bewegt wurden«. (Max von Weber 1864)

Romantisch, bizarr, faszinierend, schroff, malerisch, pittoresk, gruselig, traumhaft, verzaubernd, … in der Mannigfaltigkeit schroffer Felsformationen, romantischer Schluchten, bizarrer Felsen und traumhafter Aus- und Ansichtsmöglichkeiten gibt es für jeden etwas zu entdecken. Bis zum Ende des 18. Jahrhunderts gab es für diese Region verschiedenste Namen, den Begriff »Sächsische Schweiz« prägten Schweizer Maler unter dem Einfluss der Romantik. Auf unzähligen Bildern, Gemälden, Skizzen wurde die Formenwelt der Quadersandsteine festgehalten. Bis heute sind Gemälde unter anderem von Caspar David Friedrich der Inbegriff eines romantischen Naturbildes. Den Pfaden dieses und weiterer Maler kann man jetzt auch folgen – auf einem von Deutschlands schönsten Wanderwegen: dem Malerweg in der Sächsischen Schweiz.

Die Sächsische Schweiz ist Teil des Elbsandsteingebirges und liegt etwa 30 km südöstlich von Dresden an der Elbe und der tschechischen Grenze. Das Elbsandsteingebirge ist eine mitteleuropäisch sehr bedeutsame Felslandschaft, eine Erosionslandschaft der Kreidezeit, von großer Ausdehnung mit Sandsteinplatten, Tafelbergen, Tälern, Schluchten und Gründen sowie einzelnen Basaltkuppen. Bereits 1956 wurden auf deutscher Seite 28 700 ha als Landschaftsschutzgebiet Sächsische Schweiz ausgewiesen, 1990 wurden zwei räumlich getrennte charakteristische Ausschnitte der Landschaft zum Nationalpark erklärt. Dieser einzige Felsen-Nationalpark Deutschlands schützt auf 9 350 ha einen naturnah erhalten gebliebenen Ausschnitt des rechtselbigen Elbsandsteingebirges. Trotz der Nutzung blieb hier eine weitgehend geschlossene Fels-Wald-Landschaft erhalten. Gemeinsam mit dem auf tschechischer Seite unmittelbar angrenzenden Nationalpark Böhmische Schweiz werden über 170 km^2 einer in Mitteleuropa außergewöhnlichen geologischen Formung erhalten und entwickelt. 2004 wurden der Nationalpark und das umgebende Landschaftsschutzgebiet zur »Nationalparkregion Sächsische Schweiz« zusammengefasst, um das gesamte Gebiet mit seiner engen Verzahnung von Wald, Siedlungen und Offenland geprägten Kulturlandschaftsraum zu schützen und zu erhalten.

Im Durchbruchstal der Elbe, mit ihren Nebenflüssen, den wuchtigen Tafelbergen wie zum Beispiel dem Pfaffenstein und bizarren Felsrevieren sowie Höhenunterschieden bis zu 450 Metern auf engem Raum, gibt es neben phantastischen Aussichten über das Elb- und Gebirgspanorama viele biologische Besonderheiten. Eine dieser Besonderheiten ist die Höhenstufeninversion, das heißt, in den ganzjährig kühlen und feuchten Schluchten wachsen Baumarten, die eigentlich in hohen Lagen heimisch sind wie beispielsweise Tannen und Fichten, dagegen wachsen auf den trockenen Felsköpfen Pflanzen der tieferen Lagen wie Kiefern, Birken und Heidekraut. Oben und Unten eines Gebirges scheinen vertauscht. Bedingt durch diese Umkehr, kommen hier auch montane und subalpine Pflanzenarten vor wie zum Beispiel der Knotenfuß und das Zweiblütige Veilchen.

So schützenswert wie die Pflanzenwelt ist auch die Tierwelt. Elbebiber, Fischotter, Wanderfalken, Uhu, Lachse und Luchse sind hier noch und wieder zu Hause. Das Wiedereinbürgerungsprojekt für den Lachs zeigt 2007 Erfolg: Erste Lachse sind in ihre Geburtsbäche Sebnitz und Polenz zurückgekehrt. Vom Atlantik über die Nordsee kommend erreichen sie, die Elbe flussaufwärts schwimmend, das Gebiet.

Mehrere Millionen Menschen pro Jahr besuchen den Nationalpark und die Region. Ein dichtes, gut markiertes Wanderwegenetz erschließt das gesamte Gebiet. Sie führen nicht nur durch die wildromantische Felsenlandschaft, durch großflächige Laubwälder, man kommt an historischen Felsenburgen, Floßanlagen, Grenz- und Gedenksteinen vorbei. Das Nationalparkhaus in Bad Schandau, verschiedene Nationalpark-Informationsstellen bieten viele Informationen über das Gebiet. Die Regionalgruppe des NABU »Schutzgemeinschaft Sächsische Schweiz e.V.« hat mit Unterstützung des Sächsischen Umweltministeriums Anfang der 1990er Jahre den Tafelberg Pfaffenstein mit der Barbarine, dem Wahrzeichen der Sächsischen Schweiz, erworben und unterhält auf dem Tafelberg eine Bildungs- und Begegnungsstätte. Dort können Besucher unter anderem die Entstehung des Elbsandsteingebirges verfolgen.

Die Bastei, bekannteste Felsformation in der »Sächsischen Schweiz«

Landeshauptstadt Dresden

Fischerdorf, Kaufmannssiedlung, Markgrafensitz, kurfürstliche und königliche Residenz, Landesmetropole, Landeshauptstadt – das ist Dresden, das »Florenz des Nordens«, die »Perle des Barock«, der »harmonische Dreiklang von Geschichte, Kunst, Natur«, das ist Dresden, von dem Erich Kästner sagte: »Wenn es zutreffen sollte, daß ich nicht nur weiß, was schlimm und häßlich ist, sondern auch, was schön ist, so verdanke ich diese Gabe dem Glück, in Dresden aufgewachsen zu sein.«
Dresden entstand auf dem hochwasserfreien Gelände des Elbtals. Dieses bereits seit der Jungsteinzeit kontinuierlich besiedelte Gebiet und seine Umgebung erscheinen 1004 als Wohngau Nisan der dort um 600 eingewanderten Sorben; es wurde nach der Gründung des Bistums Meißen (968) Bestandteil der 1046 erstmals so bezeichneten Mark Meißen. Der Gau Nisan fiel 1084 an Wiprecht von Groitzsch, dessen dortigen Besitz vor 1144 die wettinischen Grafen von Meißen, die späteren Kurfürsten von Sachsen, übernahmen. Diese ließen um 1150 an der Stelle des späteren Schlosses eine markgräfliche Burg errichten, in deren Schutz ein älteres, weiter östlich an einer Elbfähre gelegenes wendisches Dorf (das sog. Altdresden) zu einem Marktflecken heranwuchs. Der Beginn des Freiberger Silberbergbaus (um 1170) erforderte aus wirtschaftlichen und strategischen Gründen die Anlage einer befestigten Stadt am Elbübergang. Zwischen 1206 und 1216 wurde in natürlicher Schutzlage südlich der Burg die Stadt Dresden gegründet, deren Befestigung die Burg und die ältere Marktsiedlung einschloss. Dies in Kurzform zur Urgeschichte Dresdens.
Naturräumlich gesehen, gehört Dresden im Norden und Nordosten zum Westlausitzer Hügel- und Bergland, im Süden findet der Übergang – gekennzeichnet durch die Talausgänge der Erzgebirgsabflüsse und Hochlagen – zum Östlichen Erzgebirgsvorland statt. Der Name »Elbflorenz« kommt von der landschaftlich reizvollen Lage am Fluss und der barocken, mediterranen Architektur, auch die klimatisch vorteilhaften Besonderheiten tragen dazu bei. Der 384 m hohe Triebenberg, nördlich der Elbe gelegen, ist die höchste Erhebung auf dem Stadtgebiet. Dresden ist hinter Berlin, Hamburg und Köln flächenmäßig die viertgrößte Großstadt Deutschlands. An Gewässern sind vorhanden die Elbe, der einzig schiffbare Fluss innerhalb der Region, die Weißeritz und der Lockwitzbach sowie die Prießnitz, ein rechter Nebenfluss der Elbe. Dies zum Thema Geographie Dresdens.
Mit insgesamt 63% Grün- und Waldfläche zählt Dresden zu den grünsten Großstädten in Europa. Im Dresdner Norden bildet die Dresdner Heide eine geschlossene Waldfläche. Vier Naturschutzgebiete (331 ha) und zwölf Landschaftsschutzgebiete (mehr als 11 000 ha), 110 Naturdenkmäler und geschützte Landschaftsbestandteile gehören zum erweiterten Stadtgebiet. In der Entwicklung der Stadt musste der Hochwasserschutz aufgrund der Lage sowohl an Nebengewässern aus dem Osterzgebirge als auch an der Elbe berücksichtigt werden. Dazu wurden Freiräume belassen, Altarme weitestgehend baufrei gehalten und zusätzlich Flutrinnen geschaffen, die für schnellere Abführung der Wasser dienen sollen.
Kultur und Sehenswürdigkeiten, Museen und Galerien, Bibliotheken ... Dresden ist eine Kunst- und Kulturstadt von hohem internationalen Rang, dazu Weltkulturerbestätte. Kostbare Kunstsammlungen, bekannte Klangkörper und bedeutende Bauwerke aus zahlreichen Epochen zählen zu ihrem Besitz.
Das berühmteste Wahrzeichen der Stadt ist die evangelische Frauenkirche. Nach der Zerstörung Dresdens am 13./14. Februar 1945 standen nur noch zwei Seitenmauern um ihren Trümmerberg. Sie ist immer Symbol Dresdens geblieben, auch als zwischenzeitliches Mahnmal des Krieges und als Zeugnis von Versöhnung. Millionen von Menschen haben sie nach dem Wiederaufbau, der sich hauptsächlich über Spendengelder aus der ganzen Welt finanzierte, und seit sie am 30. Oktober 2005 geweiht wurde, besucht. Mit ihrer hohen und breiten Kuppel beherrscht sie das Stadtbild, auf das man von der begehbaren Laterne an der Spitze einen Rundblick werfen kann. Das Original von George Bähr war eines der wenigen hervorragenden Beispiele für bürgerlichen Barock. Die Kirche wurde von 1723–43 erbaut und ersetzte einen romanischen Vorläufer.
Wahrzeichen der Kultur sind der Zwinger und die Semperoper mit ihrer Berühmtheit auf der ganzen Welt. Die Semperoper wurde von 1977–1985 nach Originalplänen des zweiten Opernbaus (1878–1945) von Gottfried Semper wieder errichtet. Ein Bauwerk des Historismus, trägt sie vor allem Elemente des Klassizismus. Im Gegensatz zu ihr ist der Zwinger im Wesentlichen noch im Original erhalten. Von 1711–1722 wurde er im barocken Baustil als Ort für die königlichen Feste und Kunstausstellungen auf einer ehemaligen Bastion der

Stadtfestung errichtet. Dabei blieben die Reste der Stadtmauer auf der Südseite sowie das Kronentor, das der königlichen Krone nachempfunden ist, erhalten. Als eines der ersten Gebäude wurde der Zwinger nach dem Zweiten Weltkrieg wieder aufgebaut und restauriert. Zusammen mit der Altstädtischen Hauptwache, der Hofkirche und dem Italienischen Dörfchen bilden der Zwinger und die Semperoper die architektonische Einheit des Theaterplatzes. In der Innenstadt erstreckt sich entlang des Elbufers die Brühlsche Terrasse. Sie befindet sich rund 10 Meter über der Elbe auf der alten Stadtbefestigung und ist eine Zusammenstellung aus mehreren Bauwerken. Das Albertinum, die Kunstakademie und die Sekundogenitur zählen z.B. zur Brühlschen Terrasse; die Jungfernbastei und der Brühlsche Garten befinden sich am östlichen Ende.

Das Dresdner Residenzschloss war Wohnsitz der sächsischen Kurfürsten und später Könige. Es ist im Verlauf seiner Geschichte häufig erweitert und verändert worden. Der Georgenbau ist einer der wenigen erhaltenen Renaissancebauten in Dresden. Der Wiederaufbau des Schlosses begann 1986 und wird voraussichtlich 2013 abgeschlossen sein. Als erstes eigenständiges Element der Schlossanlagen konnte der Stallhof fertiggestellt werden. Zur architektonischen Einheit des Schlossplatzes zählen noch die Hofkirche, der Fürstenzug und das erst Ende des 19. Jahrhunderts errichtete Ständehaus.

Am Rande von Dresden, direkt an der Elbe, liegt das Schloss Pillnitz, das über die Pillnitzer Deklaration in die europäische Geschichte einging. Das Schloss besteht aus drei Palais im barocken und chinamodischen Baustil; es wurde als Sommerresidenz genutzt. Das Palais an der Elbseite besitzt die berühmte Treppe zur Elbe, über die es möglich war, aus der Innenstadt per Gondel an diesem Schloss zu landen.

Obwohl Dresden hauptsächlich für seine Bauwerke aus dem Barock bzw. Historismus bekannt ist, befinden sich doch auch Baudenkmäler des 19. und 20. Jahrhunderts in der Stadt. Die neudeutsche Romantik ist ebenso vertreten wie neoklassizistische Bauten und Gebäude der Gründerzeit, des Jugendstils, der Moderne und der Postmoderne. In der Gegenwart werden in Dresden wieder Projekte von international bedeutsamen Architekten durchgeführt. Ende 2006 wurde der umgebaute und modernisierte Dresdner Hauptbahnhof wieder eröffnet. Die alte Struktur und Beschaffenheit des Gebäudes wurde hier mit neuen Materialien und Formen kombiniert, z.B. beim Dach, das mit einem lichtdurchlässigen Teflon-Glasfaser-Gewebe belegt wurde, so dass sich Einblicke in die Struktur der Stahlträger ergeben. Eines der Gebäude der Moderne in Dresden ist der Ufa-Kristallpalast des Architekturbüros Coop Himmelb(l)au. Es gehört trotz nutzungsbedingter Kompromisse zum Dekonstruktivismus, erkennbar vor allem am großen Glaskubus des Baus. Weitere bekannt glasbetonende Bauwerke sind z.B. das World Trade Center oder die Gläserne Manufaktur von VW.

Nicht zu vergessen die Brücken in »Elbflorenz«. Die berühmteste ist das Blaue Wunder (Loschwitzer Brücke). Es gehört zu den technischen Sehenswürdigkeiten in Dresden. Die Stahlfachwerkbrücke überspannt die Elbe auf einer Länge von 141,5 m (einzige Brücke in Dresden ohne Strompfeiler). Dann die Albertbrücke, die Carolabrücke, die Augustusbrücke …

Die bekannteste Skulptur in Dresden ist der Goldene Reiter, ein Abbild August des Starken im römischen Schuppenpanzer hoch zu Ross. Er scheint als König von Polen in Richtung Warschau zu reiten. Die Figuren wurden 1733 in Kupfer getrieben; 1735 wurde die erste Feuervergoldung aufgebracht; die Denkmalweihe fand am 26. November 1736 statt. Die Figuren sind heute mit Blattgold beschichtet.

Dresden besitzt auf eigenem Stadtgebiet, aber auch im Umland zahlreiche Ausflugsziele. Weite Teile der Stadt dienen der Naherholung, einige Stadtteile sind ehemalige Kurorte. Der touristische Wert beruht auch auf der Nähe von sehenswerten Regionen oder Bauwerken, wie da sind Schloss Moritzburg, Meißen, Erzgebirge, die Sächsische Schweiz … »Zuhause« bieten sich an der Große Garten, die Dresdner Heide, die drei Dresdner Elbschlösser mit ihren Parkanlagen, der Schillergarten, der Alaunpark (nach dem Großen Garten der zweitgrößte öffentliche Park) …

In Dresden finden das ganze Jahr über verschiedene Festivals und Großveranstaltungen statt. Insbesondere die musikalischen Veranstaltungen genießen internationale Bedeutung. Dazu kommen die zahlreichen Stadtteilfeste, das Filmfest Dresden, das Internationale Dixieland-Festival, die Filmnächte am Elbufer, das Elbhangfest, die Lange Nacht der Wissenschaften, die Museumssommernacht, das Stadtfest Dresden, das Dresdner Kunstfest, die Kulturnacht, das Nachtskaten, das Volkstanz- und Drehorgeltreffen, die Tage der zeitgenössischen Musik, das Festival der Zauberkunst, der Striezelmarkt (Weihnachtsmarkt seit 1434), der mittelalterliche Weihnachtsmarkt im Stallhof des Dresdner Schlosses, das Fest sächsischer Puppen- und Marionettenspiele … und der Dresdner Opernball in der Semperoper, der am 13. Januar 2006 erstmals seit 67 Jahren wieder stattgefunden hat.

Das Sächsische Vogtland

Geographische Lage

Das sächsische Vogtland liegt im südwestlichen Sachsen zwischen Fichtel- und Erzgebirge; es ist eine äußerst anmutige Mittelgebirgslandschaft zwischen 300 und 900 m Höhe. Seinen Namen bekam das »Land an der oberen Weißen Elster bei Plauen, Weida und Gera« von den kaiserlichen Vögten, die dort ihren Sitz hatten. Neben den sächsischen und thüringischen Landesteilen nehmen auch die Gegend um Hof (»Bayerisches Vogtland«) und die Gebiete um Eger und Asch (»Böhmisches Vogtland«) die Landschaftsbezeichnung in Anspruch.

Im Musikwinkel

In Klingenthal war und ist die Akkordeon- und Mundharmonikaherstellung zuhause; 1828 brachte Johann Wilhelm Glier von einer Geschäftsreise die »Mundäoline« mit. Er baute sie nach; der Erfolg der Mundharmonika war groß. 1852 nahm man die Fertigung der »Handäoline«, der Ziehharmonika, auf – diese beiden Zungeninstrumente bestimmten seither das Produktionsbild im Zwota- und Döbratal.
Die Achteckkirche »Zum Friedefürsten«, 1737 erbaut und aus der Werkstatt von George Bähr stammend, gibt 1 000 Menschen Platz. Der Stadtnahme hat durchaus nichts mit der Musikinstrumentenherstellung zu tun: Der Besitzer des 1589 am Zusammenfluss von Döbra und Zwota entstandenen Hammerwerkes hieß Klinger, nach ihm wurde der Ort benannt. 1886 ließ sich Lehrer Beck nach einem norwegischen Prospekt ein Paar Schneeschuhe bauen – der Skilanglauf war damit geboren.
Fährt man von Klingenthal ins »sächsische Cremona« nach Markneukirchen, so ist es eine abwechslungsreiche Tour: Die Stadt im Tal des Schwarzbaches ist von waldreichen Bergen des Elstergebirges umgeben. Protestantische Exulanten aus dem benachbarten Böhmen siedelten sich im 17. Jahrhundert im religiös weitaus loyaleren Sachsen an; sie brachten die Kunst des Geigenbaus mit. 1677 entstand die erste Geigenmacherinnung in Markneukirchen (1716 in Klingenthal); 1770 zählte man bereits 129 Geigenbaumeister im Vogtland.

Östliches Vogtland

Nördlich des Musikwinkels schließt sich das östliche Vogtland an mit Auerbach, Falkenstein, Rodewisch und Treuen. Der einstige Kreis Auerbach wurde als »der grüne Kreis des Vogtlandes« wegen seiner stillen Wälder, Wiesengründe und Auen bezeichnet – äußerlich dadurch dokumentiert, dass über 20 Ortsnamen auf »grün« enden. Geographisch liegt diese Region an der oberen/mittleren Göltzsch sowie dem Oberlauf der Trieb, ist ein Waldgebiet zwischen Göltzsch und Zwickauer Mulde und bildet die Verbindung von der Hochflächen- und Kuppenlandschaft des mittleren Vogtlandes zum Erzgebirge. Das Gestein hat allen Einflüssen der Verwitterung erfolgreich widerstanden. Neben dem Schönecker »Alten Söll« reichen die granitnen Kameraden bis ins Auerbacher Gebiet: Rehhügel (788 m), Affensteine, Rinnelstein, Wendelstein (732 m), Lochstein, Schlossfelsen Falkenstein, Bendelstein. Vielgestaltig ist die Natur mit ihrem reichen Pflanzenwachstum.

Die Vogtländische Schweiz und das Burgsteingebiet

Von unglaublichem Reiz zeigt sich die »Vogtländische Schweiz«, als abwechslungsreiche Mittelgebirgslandschaft in stetem Wechsel von tief eingeschnittenen Tälern und felsigen Höhen. Inmitten eines ausgedehnten Landschaftsschutzgebietes liegt die Talsperre Pöhl (1958-64). Sie verfügt über einen Stauinhalt von 63,4 Mio. m³, hat eine Breite von 2 km und eine Tiefe bis zu 45 m. In der Nähe der 63,5 m hohen Staumauer liegt Jocketa mit der Elstertalbrücke. Ein Naturerlebnis der besonderen Art stellt das romantische Triebtal dar. Das kleine Bächlein springt munter durch eine abwechslungsreiche Landschaft; es mündet unterhalb der Brücke in die Weiße Elster. Auf den Höhen treten Burgen und Schlösser hervor. Die Burgruine Elsterberg mit ihrem Innenhof, dem steinernen Palast, den Gewölben, Wehrmauern und -türmen präsentiert sich auf eindrucksvolle Art. In der Nähe steht die trutzige Kaiserburg Mylau mit dem 27 m hohen Bergfried und seinen 4 m dicken Mauern. In der »Dreitürmestadt« Auerbach überragt der 47 m hohe Schlossturm alles andere; in Rodewisch und Netzschkau dienen die Schlösser heute als Konzertstätten. Die 1122 gegründete Stadt Plauen ist oft zerstört worden. Im 30-jährigen Krieg durch General Holk, 1812 durch Napoleon; die schlimmsten Verwüstungen geschahen im Zweiten Weltkrieg; heute leben hier ca. 68 000 Menschen.

Kuriositäten und bemerkenswerte Rekorde

Viele Geschichten können die Plauener erzählen; zuallererst natürlich über die berühmten Spitzen, die den Weltmarkt eroberten, aber natürlich auch etliche »Schnurren«. Von der »Neideiteln«, dieser deftigen Plauener Marktfrau mit entsprechendem Mundwerk, eindrucksvollen Körpermaßen und dem Herzen auf dem richtigen Fleck – vor ihresgleichen sollte man unbedingt Respekt haben! Aber auch in anderen Regionen existiert im Volksmund Eindrucksvolles: Die Rede ist von der »Erdachsendeckelscharnierschmiernippelkommission« in Pausa. Zur Hebung des Fremdenverkehrs wurde 1934 auf das Rathausdach eine symbolische Erdkugel gesetzt ... seither geht die Erdachse durch diesen Ort. Unweit beginnt die zweite große Talsperre »Pirk«, die bis kurz vor Oelsnitz reicht: Mit 152 ha Wasserfläche und ungefähr 10 km Uferlänge hat sie ein beachtliches Ausmaß. Noch eindrucksvoller aber schwingt sich seit 1992/93 die 1938 nicht fertiggestellte Autobahnbrücke der A 72 über Talsperre und Tal: auf 654 m Länge mit 12 Gewölben.

»Klein-Vogtland« kann man in Adorf bestaunen: Am malerischen Schwimmbad präsentieren sich alle Sehenswürdigkeiten der Landschaft en miniature. Im »Freiberger Tor«, dem einzig erhaltenen Stadttor des oberen Vogtlandes, kann man auch die Geschichte der hiesigen Flussperlmuschel nachvollziehen. Kehren wir in das nördliche Vogtland zurück; hier findet man die berühmten Bauwerke, die einmalig sind: die Göltzschtal- und die Elstertalbrücke. Letztere überspannt unweit des Erholungsortes Jocketa die Weiße Elster. Sie ist, wie die etwas weiter nördlich gelegene Göltzschtalbrücke, aus Ziegeln errichtet. Der imposante Bau, der als größte Ziegelsteinbrücke der Welt gilt und seit 1851 die Eisenbahnstrecken München/Nürnberg und Leipzig/Dresden verbindet, ist 576 m lang und mit seinen vier Etagen 78 m hoch.

Zahlreiche Kunstschätze birgt diese Landschaft; außer den bereits genannten zählen hierzu unter anderem: das »Tal der Mühlen« entlang des Görnitzbaches; die Rißfälle bei Hammerbrücke (die einzigen Wasserfälle des Vogtlandes); der Wanderweg durch das Lohbachtal zur Barthmühle bei Jößnitz; Mühltroff an der Wisenta; die älteste, vollständig erhaltene mittelalterliche Kirche des oberen Vogtlandes (1447) in Hermsgrün-Wohlbach; die reizvoll in einer Berg- und Waldlandschaft liegenden Orte Unterwürschnitz, Arnoldsgrün (mit einer Steinmüller-Orgel), Marieney und Tirschendorf; herrliche Waldtäler mit romantischen Wegen bei Erlbach; das Schauflößen in Muldenberg; das Weltraummuseum in Morgenröthe-Rautenkranz; der bei Tannenbergsthal liegende einzige europäische Topasfelsen, der Schneckenstein; die Trinkwassertalsperre »Geigenbach« ... Einmalig ist die Felskette des Wendelsteins; Auerbach ist Zentrum des östlichen Vogtlandes. Seine Umgebung gehört zu den größten zusammenhängenden Waldgebieten Europas; in der Nähe der rund 21 000 Einwohner zählenden Stadt liegen die Orte Wernesgrün (mit weltberühmter Bierbraukunst seit 1435) und Schnarrtanne. Falkenstein gilt als »Wiege des sächsischen Kammertuches« und entpuppt sich als Kleinod mit großstädtischem Flair. Pechtelsgrün war bis 1968 Abbaugebiet für Wolfram, außerdem steht im Ort die über 400 Jahre alte »Kandelaberlinde«. In Reichenbach, ehemalige Kreisstadt mit rund 22 000 Einwohnern, wurde 1997 der 300. Geburtstag von Friederike Caroline Neuber, der »Mutter der deutschen Schauspielkunst«, gefeiert. Weitere Berühmtheiten des Vogtlandes sind neben Johann Andreas Schubert (Baumeister von Elstertal- und Göltzschtalbrücke, der Dampflok »Saxonia« und Elbdampfern) der erste deutsche Kosmonaut Siegmund Jähn (geb. 1973 in Rautenkranz); der Poet Gottfried Lattermann; der Dichter und Dramaturg Julius Mosen (1803 Marieney – 1870); der Land- und Grenzcommissarius Adam Friedrich Zürner (1697 Marieney – 1742), der Schöpfer der Postmeilensäulen; der Vogtlanddichter Kurt Arnold Findeisen (1883-1963); der Illustrator und Zeichner Hermann Vogel und viele, viele andere.

Das Bäderdreieck

Es sind bekannte Heilbäder im Herzen der Euroregion Egrensis: Bad Elster, Bad Brambach; eingebettet in waldreiche Berghänge des Elstergebirges, im südlichen Teil des sächsischen Vogtlandes, wo ganzjährig ein mildes Reizklima herrscht. Sie sind weltbekannt durch ihre einmalige Kombination verschiedener Mineralien. Der älteste vogtländische Kurort ist Bad Elster; der Ort genießt durch seine Heilquellen, seine gepflegten Kuranlagen und die waldreiche Umgebung einen sehr guten Ruf. Etwas bescheidener geht es im einigen Kilometer entfernten Bad Brambach zu. Auch hier gibt es ausgedehnte Wälder und markante Höhenzüge; der höchste ist der Kapellenberg (759); eingebettet in das Tal des Röthenbaches, liegt der Ort in 600 m Höhe. Beim Ortsteil Schönberg kann man eine aus kristallinen Gesteinen aufgebaute Landschaft feststellen. Es ist der südlichste Zipfel des sächsischen Vogtlandes mit der Heilquelle »Säuerling«. Raun, eine Bahnstation weiter, steht unter Denkmalschutz; die kleine Kapelle (1506/34) ist eine der ältesten Sakralbauten des Vogtlandes.

Idyllische Winterlandschaft bei Schöneck

Der Vogtlandkreis

Der Vogtlandkreis liegt im Schnittbereich der Bundesländer Sachsen, Thüringen und Bayern und zu Böhmen in der Tschechischen Republik. Das Vogtland umfasst das Gebiet zwischen Fichtelgebirge/Frankenwald und Westerzgebirge, schließt auch das Thüringer Schiefergebirge östlich der Saale ein. Es gliedert sich in die Naturräume Oberes Vogtland mit Elstergebirge, Mittelvogtländisches Kuppenland, Unteres und Östliches Vogtland. Das Vogtland gehört zu dem Reichsterritorium, das Kaiser Friedrich I. Barbarossa im 12. Jahrhundert zwischen Altenburg, Eger (Cheb) und Nürnberg ausbaute. Zur Verwaltung setzte er Reichsministeriale ein, wie die Herren von Weida, die als Vögte die deutsche bäuerliche Kolonisation im Territorium gefördert hatten. Bereits die erste Besitzteilung der Herren von Weida in die drei Vogtslinien Weida, Greiz und Gera-Plauen Anfang des 13. Jahrhundert brachte gegenseitige Zerrüttung und Schwächung mit sich. Mit dem Verfall der Reichsgewalt aber erlangten die Vögte landesherrliche Rechte. Ihr Herrschaftsgebiet erstreckte sich teilweise bis ins Regnitzland und Hof. Doch mehrfache Teilungen der Vogtslinien und mächtige Nachbarn zwangen schließlich die Vögte zu Verpfändung und Verkauf von Herrschaftsteilen – vorwiegend an die Wettiner.
Bei der wettinischen Landesteilung 1485 kamen die vogtländischen Ämter Plauen und Voigtsberg zur ernestinischen Linie. Damit übertrug sich im 16. Jahrhundert die wettinische Ämterverfassung auf den nun sächsischen Teil des Vogtlandes. Es entstand der »Vogtländische Creiß«. Diese Struktur änderte sich erst 1874 mit der Errichtung der Amtshauptmannschaften Auerbach, Oelsnitz und Plauen. Diese bestanden bis zum Herbst 1952. Es folgte die Verwaltungsreform in der ehemaligen DDR. Seit 1. Jan.1996 sind alle fünf Kreise (Auerbach, Oelsnitz, Klingenthal, Plauen und Reichenbach) wieder im Vogtlandkreis vereint.
Wirtschaft: Die wirtschaftliche Struktur der Region wird auch heute noch durch das verarbeitende Gewerbe bestimmt. Der Maschinenbau, Zulieferer für die Autoproduktion, Umwelttechnik/Umweltsimulationstechnik, Werkzeug- und Formenbau, Elektronik/Elektrotechnik, die Textilindustrie, Kunststoff/Chemie und die Lebensmittelindustrie prägen das wirtschaftliche Profil der Region. Das Vogtland entwickelte sich in den letzten Jahren zunehmend zu einem bevorzugten Standort für Investitionen in der Automobilzulieferindustrie. Insbesondere in den Gewerbegebieten entlang der Autobahn A 72 siedelten sich mehrere Unternehmen dieser Branche an. Wirtschaftsförderung: Dahinter stehen 40 Industrie- und Gewerbegebiete (darunter 25 geförderte Gebiete) mit Flächen unmittelbar an der Bundesautobahn A 72, die Unternehmen interessante Ansiedlungsmöglichkeiten bieten. Einzigartig ist der vogtländische Musikwinkel. Die Meisterinstrumente der über 120 kleinen und mittelständischen Unternehmen aus und um Klingenthal und Markneukirchen haben Weltruf. Fast die gesamte Palette an Orchesterinstrumenten wird hier seit über 300 Jahren von Meisterhand gefertigt.
Das Vogtland verfügt als historisch gewachsener Kulturraum über ein äußerst breit gefächertes Kulturangebot. Die beiden Philharmonien des Vogtlandkreises, die als »musikalische Botschafter« der Region nicht nur deutschlandweit bekannt sind, haben sich mit Alleinstellungsmerkmalen wie z.B. »Philharmonic Rock« oder historischer Aufführungspraxis bereits einen Namen gemacht. Im Vogtland gibt es eine Vielzahl von Veranstaltungshäusern. Zu den bekanntesten zählen das König-Albert-Theater, die Markneukirchner Musikhalle, die Wernesgrüner Biertenne, die Festhalle in Bad Brambach, das Königliche Kurhaus Bad Elster, das Reichenbacher Neuberinhaus, die »Moosmännlschenke« in Beerheide oder der Rodewischer Ratskellersaal und die neu sanierte Katharinenkirche in Oelsnitz. Das Vogtland beherbergt auf relativ kleinem Raum eine ungeheure Vielzahl an Museen, Schauobjekten, Gedenkstätten, Heimatstuben oder privaten Sammlungen. An die 40 Einrichtungen unterschiedlichster Art und Größe bieten gegenwärtig ihren Besuchern Aussagen zu Natur, Landschaft, Geschichte und Kultur des vogtländischen Raumes.
Eindrucksvolle Erlebnisse für Groß und Klein sind das Markneukirchner Musikinstrumentenmuseum, Hüttel's Musikwerkausstellung in Wohlhausen, das Musik- und Wintersportmuseum Klingenthal und die Akkordeon-Schaumanufaktur. In Morgenröthe-Rautenkranz, dem Geburtsort von Sigmund Jähn, dem ersten Deutschen im Weltall, präsentiert sich seit dem Frühjahr 2007 die deutschlandweit einmalige Raumfahrtausstellung in einem Neubau mit fast 900 qm Ausstellungsfläche und 1 000 Exponaten. Das MIR-Trainingsmodul Sigmund Jähns hat hier jetzt auch endlich seine Heimat gefunden.
Das Vogtland hat eine lange Tradition als Ferienregion. Die Vielfalt der Landschaft mit ihren Besonderheiten wie dem engräumigen Wechsel von Tälern und Höhen, dem Waldreichtum und den Heilquellen sowie kulturhistorische Sehenswürdigkeiten ermöglichen einen erholsamen und attraktiven Urlaub. Hier finden die Urlauber gut markierte Wander-, Rad- und Reitwege und Naturlehrpfade. Das Vogtland wurde 2005 zur beliebtesten Wanderregion Deutschlands gewählt. Der 220 km lange Vogtland Panorama Weg wurde vom Deutschen Wanderverband mit dem Prädikat »Qualitätsweg« ausgezeichnet. Zu den beliebtesten Radrouten ge-

Die Vogtland Arena ist die modernste Schanze Europas: 13 000 Fans jubelten zum Sommer Grand Prix im Oktober 2008 den Skispringern zu.

hören der Musikanten- und der Elsterradweg. Die Sächsischen Staatsbäder Bad Elster und Bad Brambach bieten weiträumige und prächtige Kuranlagen. Die einzigartigen Heilquellenvorkommen von 8 verschiedenen mineral- und kohlensäurehaltigen Trinkquellen und 7 Badequellen sowie reichhaltiger Moorerde bieten beste Voraussetzungen für Kurangebote.

Bei Mylau/Netzschkau steht die größte Ziegelsteinbrücke der Welt. Sie wurde aus 26 Millionen Ziegeln gebaut. Nicht zu vergessen ist die deutsch-deutsche Autobahnbrücke bei Pirk, die die »Weiße Elster« überquert sowie die Elstertalbrücke in der Vogtländischen Schweiz. Zahlreiche Burgen und Schlösser erinnern an das alte Adelsgeschlecht und die einst herrschenden Vögte. So belegt die Ferienstraße »Das Tal der Burgen« eine altehrwürdige Vergangenheit. Sehenswert sind die Burgruine Elsterberg, die Kaiserburg in Mylau und das Schloss Voigtsberg als Herrschaftssitz der Fürsten von Straßberg.

Die Wintersportregion Vogtland baute in Klingenthal, der traditionsreichen Trainings- und Wettkampfstätte von 22 Medaillengewinnern olympischer Winterspiele und Skiweltmeisterschaften, die modernste Schanze Europas. Nach dem Abriss der »Aschbergschanze« 1989 hat sich die traditionsreiche Wintersportregion mit dem Weltcup auf der neuen Großschanze eindrucksvoll bei internationalen Skispringen zurückgemeldet.

Tausende von Wintersportfans jubeln zu den Wintersportveranstaltungen ihren Idolen in der Vogtland Arena zu. Auch Konzerte haben hier ihre Plattform gefunden, wie z.B. die Open-Air-Konzerte mit Peter Maffay und Chris de Burgh, die Opernaufführung »Nabucco«, »Philharmonic-Rock« oder der »Tag der Vogtländer« als größtes Volksfest der Region. Höhepunkt des Schanzenbesuches ist zweifellos der imposante Panoramablick von der Kapsel des Anlaufturmes. Die Arena ist täglich für Besucher geöffnet. Samstags und sonntags kann man interessante Führungen miterleben. Sonderführungen für Gruppen ab 10 Personen melden sich bitte telefonisch unter 03 74 67/280-860 an. Sie finden uns unter www.vogtlandkreis.de

Plauen – echt spitze!

Verschiedene Faktoren haben das geschichtliche Werden, das wechselvolle Schicksal und das wirtschaftliche Wachstum der Stadt mit ca. 68 000 Einwohnern im Tal der Weißen Elster und im Herzen des historischen Vogtlandes nachhaltig geprägt. Drei sind hervorzuheben: die geografische Lage, die Bedeutung als Zentrum der Vögteherrschaft im Mittelalter und die spezifische gewerbliche und industrielle Entwicklung. Die Offenlandschaft um die Talaue begünstigte die Anlage einer erstmals 1122 erwähnten, ursprünglich slawischen Siedlung »vicus plawe«, deren Namen sich von dem Begriff der Flussschwemme herleitet.
Spätestens seit dem 15. Jahrhundert nahm die gewerbliche Entwicklung profilierte Formen an. Tuchmacherei und Baumwollweberei etablierten sich. Mit der Entwicklung der Plauener Spitze und der damit verbundenen Industrialisierung hatte einst der wirtschaftliche Aufschwung in der Vogtlandstadt eingesetzt. 1858 wurde die erste Stickmaschine aufgestellt. Bahn brechend wirkten sich seit 1880 die Erfindung neuer Sticktechniken aus, die es ermöglichten, bis dahin als kunstvolle Handarbeit geltende filigrane Spitzen maschinell zu fertigen: »Plauener Spitze« eroberte in kürzester Zeit den internationalen Markt, ließ Stickereibetriebe und Folgeindustrien förmlich aus dem Boden sprießen. Innerhalb nur weniger Jahre, von 1880 bis 1912, vervierfachte sich die Einwohnerzahl. 1912 zählte Plauen 128 000 Einwohner: Die »Spitzenstadt« wurde weltbekannt, die Auszeichnung ihrer Spitzenkollektion mit einem Grand Prix auf der Pariser Weltausstellung 1900 trug dazu bei.
Doch der Aufschwung war nicht endlos – tiefgehende wirtschaftliche Krisen deuteten sich bereits vor dem I. Weltkrieg an. Leidgeprüft die Stadt im Zweiten Weltkrieg – Plauen wurde zu 75 Prozent zerstört.
Einiges Historisches blieb trotzdem erhalten: die Stadtkirche St. Johannis, geweiht 1122, 1224 dem Deutschen Ritterorden gestiftet, der die ursprünglich romanische Basilika in der heutigen Größe mit einem Querschiff ausbaute. Die 52 m hohen Doppeltürme mit ihren barocken Turmhauben entstanden um 1250. Als Musterbeispiel hochgotischer Innenraumgestaltung gilt die dreischiffige Halle mit dem eindrucksvollen Sterngewölbe. Die 1693–1722 erbaute ehemalige Gottesackerkirche, die im Lutherjahr 1883 ihren Namen – Lutherkirche – erhielt, gehört zu den ältesten barocken Zentralkirchen des Freistaates. Doppelgeschossige Emporen, ein Flügelaltar aus dem 15. Jahrhundert und der gotische Chorraum zieren das Innere der Kirche. Der prächtige Renaissancegiebel des Alten Rathauses (1508) mit den spätgotischen Vorhangbogenfenstern, der Kunstuhr (1548) und der Sonnenuhr (1784) ist das Wahrzeichen der Stadt. 1912–1923 erfolgte der Anbau des Neuen Rathauses mit dem 64 m hohen Turm. Das Weisbachsche Haus, um 1778 als Kattundruckerei erbaut, ist das besterhaltene älteste Barock-Manufakturgebäude Deutschlands. Das Malzhaus (1727–1730), heute Kultur- und Kommunikationszentrum, wurde auf den Resten der romanischen Burg der Eversteiner (1190/1200) errichtet. Ein imposantes technisches Denkmal ist die 1903–1905 erbaute Friedensbrücke, die mit einer Höhe von 18 m, einer Breite von 17 m und einer Spannweite von 90 m in ihrer Bauweise auch heute noch als die weitestgespannte Steinbogenbrücke der Welt gilt. In der Zeit des politischen Umbruchs 1989 waren es neben den Leipzigern vor allem die Bürger Plauens, die mit wöchentlichen Samstagsdemonstrationen, beginnend bereits am 7. Oktober 1989, ihre Stadt zu einer Wiege der friedlichen Revolution erhoben.
Heute zeigt sich Plauen mit neuem modernen Antlitz und mit Einkaufs- und Kulturvielfalt. Das Plauener Spitzenmuseum, einzigartig in Deutschland, dokumentiert die Entwicklung der Spitzen- und Stickereiindustrie des Vogtlandes bis zur Gegenwart. In der Schaustickerei Plauener Spitze wird Plauener Spitze heute noch auf historischen Maschinen in traditioneller Technologie hergestellt. Schauvorführungen zeigen die vielfältigen Möglichkeiten der Fabrikation von Spitzen und Stickereien. Zu erwähnen sind weiterhin: das Vogtland Theater, Musentempel mit über hundertjähriger Tradition oder die Galerie e.o. plauen, die in einer ständigen Ausstellung die Werke des bekannten Zeichners und Sohnes der Stadt, Erich Ohser – e.o. plauen, zeigt. Wer kennt sie nicht, die lustigen Geschichten vom schnauzbärtigen Vater und seinem spitzbübischen Sohn. Plauen – in wirtschaftsgeografischer Toplage und in unmittelbarer Nachbarschaft zu Bayern, Thüringen und Tschechien wird tangiert von einem starken europäischen Wirtschaftsstrom. Als Oberzentrum einer aufstrebenden Region hat sich Plauen in den letzten Jahren als stabiles Handels- und Industriezentrum entwickelt. Komplexe mittelständische Firmenstrukturen des Maschinen-, Stahl- und Metallbaus, der Elektrotechnik/Elektronik, des Fahrzeugbaus, der Fahrzeugzulieferung und -ausrüstung, Druckerzeugnisse, Nahrungs- und Genussmittel sowie auch der Textilindustrie prägen die Branchenvielfalt der Stadt.

Mitten im Stadtzentrum befindet sich das Rathaus mit dem gläsernen Globus auf dem Dach – dem Wahrzeichen von Pausa

Pausa/Vogtland

Im Vogtlandkreis, nordwestlich von Plauen, liegt in einem Tal in der Nähe der »Weidaquelle«, auf einer mittleren Höhe von 460 m, begrenzt von Wäldern, das Städtchen Pausa. Mit einer Gesamtfläche von 38 qkm gehören die Ortsteile Ebersgrün, Linda, Ranspach, Thierbach, Unterreichenau und Wallengrün dazu. Pausa hat derzeit etwa 4 500 Einwohner. Seit dem Jahr 2002 bilden die Stadt Pausa und die Stadt Mühltroff eine Verwaltungsgemeinschaft. Die Stadt Pausa ist hierbei die erfüllende Gemeinde.

Pausa wurde im Jahre 1263 urkundlich erwähnt, vermutlich aber bereits im 6./7. Jahrhundert von den Sorben gegründet. 1393 wird Pausa jedenfalls zum ersten Male als Stadt genannt. Sehenswert sind das Rathaus mit dem gläsernen Globus auf dem Dach, die St. Michaeliskirche sowie die einzelnen Kirchen in den Ortsteilen. Eine Reise in dieses schöne Städtchen bedeutet gewissermaßen eine Reise zum »Mittelpunkt der Erde«. Die Stadt wurde nämlich schon vor Jahrhunderten scherzhaft als »Mittelpunkt der Erde« bezeichnet: Es wurde gesagt, hier träte die »Erdachse« zutage. Die Legende um eben jene »Erdachse« und die Tradition des Schmierens kann der Besucher im Keller des Rathauses nachvollziehen. Das Geschehen wird eigens von der »Erdachsendeckelscharnierschmiernippelkommission« zu Pausa e.V. überwacht.

Die Stadt Pausa verfügt über eine gut ausgebaute Infrastruktur. So wurde 1994 ein Gewerbegebiet erschlossen, in dem sich Unternehmen verschiedenster Branchen ansiedelten. Im Jahre 1998 entstand das Wohnbaugebiet »Am Weidaweg« in herrlicher Hanglage mit Blick auf die Stadt. In der Stadt Pausa gibt es ausreichend Versorgungsträger, z.B. 3 Verbrauchermärkte, verschiedene Einzelhandelsgeschäfte, kleinere Gewerbe- und Dienstleistungsbetriebe. Die medizinische Versorgung der Bevölkerung ist ebenfalls gesichert. Das Gewerbe- und Wohnbaugebiet bilden die Grundlage für die weitere Entwicklung der Stadt. Man findet aber auch Schönheiten der Natur zum Erholen und Wohlfühlen in den Parkanlagen und im Naturschutzgebiet »Pausaer Weide«.

Blick auf das Amtsgericht und die St. Michaeliskirche

Es steht ferner ein ausgebautes Wanderwegenetz von 85 km Länge zur Verfügung. In den Sommermonaten sorgt das moderne naturnah gelegene Freizeitbad Pausa für genügend Abwechslung und Abkühlung.
Ein besonderer Höhepunkt für die Stadt Pausa war die Einweihung der neu errichteten Kindertagesstätte im Oktober 2007. Die Einrichtung, in Trägerschaft der Volkssolidarität Plauen/Oelsnitz e.V., bietet 154 Betreuungsplätze für Kinder in Krippe und Kindergarten. Der Standort ist in unmittelbarer Nähe zur modernisierten Grund- und Mittelschule sowie des in der Grundschule untergebrachten Schulhortes.
Weiterhin befindet sich in Pausa nahe des »Eckardt-Parks« mit seinem Tiergehege ein modernes Alten- und Pflegeheim unter Leitung der Diakonie »Verein Martinsberg Naila e.V.«. Durch die Diakonie wurde ebenfalls eine ehemalige Villa im Bereich des Alten- und Pflegeheimes nach grundhafter Sanierung zum betreuten Wohnen umgebaut. Eine ambulante Einrichtung des sozialpflegerischen Dienstes sowie der offenen Altenhilfe (Seniorenclub, Tagesbegegnungsstätte) und die Sozialstation im mobilen sozialen Dienst sowie der Kurzzeit- und Tagespflege sind vorhanden. In der Stadt Pausa herrscht ein reges Vereinsleben mit ca. 45 eingetragenen Vereinen, die sich auf touristischem, sportlichem sowie gesellschaftlichem Gebiet engagieren. Besonderer Wert wird auf die Förderung der Kinder- und Jugendarbeit gelegt. Ebenfalls ist in Pausa ein Jugendförderverein mit eigenem Gebäude vorhanden. Für die Durchführung größerer Veranstaltungen steht ein Bürgerhaus mit einem Saal für ca. 350 Personen zur Verfügung. Dieses Bürgerhaus wurde im Rahmen der Stadtsanierung teilweise modernisiert und weitere Erneuerungen werden in den kommenden Jahren folgen. In den Ortsteilen können die Bürger und Vereine modernisierte bzw. neu gebaute Dorfgemeinschaftshäuser mit integrierten Jugendräumen nutzen. Einwohner und Gäste können den Ort als Ausgangspunkt für erholsame Tage in der reizvollen Umgebung des Vogtlandes nutzen. Die Stadt Pausa freut sich auf Ihren Besuch!

Das Mühltroffer Schloss, in dem heute museale Einrichtungen, Textile Schauwerkstätten (Jacquardweberei, Kurbelstickerei), Säle und Räume für Ausstellungen, kulturelle Veranstaltungen und Trauungen sowie eine »Schwarze Küche«, untergebracht sind, präsentiert sich auch nachts von einer schönen Seite.

Stadt Mühltroff

Die kleinste Stadt des sächsischen Vogtlandes liegt nahe zu Thüringen in einer weiten Talmulde am Mittellauf der Wisenta – ein Übergangsgebiet von vogtländischer Kuppenlandschaft zu ostthüringisch-vogtländischer Hochfläche des Thüringer Schiefergebirges – in einer waldreichen, landschaftlich reizvollen, erholsamen Umgebung. Mühltroff wurde im 12./13. Jahrhundert von thüringisch-fränkischen Siedlern als eine Mühlensiedlung angelegt; 1367 ist das Stadtrecht nachweisbar. Das Schloss diente als Herrschafts- und Verwaltungssitz vogtländischer Geschlechter für Mühltroff und die umliegenden Dörfer Langenbach, Langenbuch, Thierbach, Dröswein und Ranspach; hier residierten Plauener Vögte und im 17. bis 19. Jahrhundert die Freiherren und Reichsgrafen von Bodenhausen und Kospoth. Seit 1521 gibt es als Stadtwappen den aufgerichteten Fisch, der nach einer Legende nach einer Überschwemmung auf der Ratslade vorgefunden wurde und vom ehemaligen Fischreichtum der Stadt zeugt. Mühltroff entwickelte sich zu einem Ackerbau-, Handwerks- und Gewerbestädtchen. Um 1590 existierten bereits Innungen der Zeug- und Tuchmacher; 1685 gründeten Hugenotten eine Strumpfmanufaktur. Schafzucht und Hausweberei bildeten die Grundlage für die Ansiedlung von Textilindustrie. Heute gibt es noch eine Weberei, eine Stickerei, eine Kartonagen- und Hülsenfabrik, einen Beton- und Bauwarenbetrieb, zahlreiche kleine und mittlere Handwerks- und Dienstleistungsbetriebe, Handelseinrichtungen, Gaststätten und Landwirtschaftsbetriebe, die neben einer gut ausgebauten Infrastruktur und ihren Einrichtungen sowie einem regen Vereinsleben den Ort prägen. Bedeutende Persönlichkeiten wurden hier geboren: Christoph August Gabler, Otto Leonhard Heubner und sein Sohn Otto Heubner.

1952 dem Kreis Schleiz/Thür. zugeschlagen, kam Mühltroff 1992 wieder zum sächsischen Vogtland zurück. 1993/94 wurden Kornbach und Langenbach eingemeindet; seit 2000 ist Mühltroff Mitgliedsgemeinde der VG Pausa/Mühltroff.

Eingang zur Drachenhöhle Syrau

Syrau

»Syrau im Vogtland mit der Drachenhöhle und der Windmühle« müsste man vollständigkeitshalber ergänzen. Der Ort auf einer Hochfläche (etwa 500 m ü.NN) am Rande der mittelvogtländischen Kuppenlandschaft taucht 1282 unter den Namen »Syraw« oder »Syra« in Dokumenten auf. Das Bild des Dorfkerns wird durch die Kirche bestimmt, die ihre barocke Gestalt gegen Ende des 17. Jahrhunderts erhielt.

Als am 14. März 1928 bei Steinbrucharbeiten eine Spalte freigelegt wurde, ahnte noch niemand, dass sie in die schönste sächsische Tropfsteinhöhle führt. In der Rekordzeit von knapp einem halben Jahr wurde dieses Naturdenkmal der Öffentlichkeit zugänglich gemacht: Von insgesamt 550 m Ganglänge wurden 350 m touristisch erschlossen. Während einer 40 Minuten dauernden sachkundigen Führung erhält der Naturfreund einen unvergesslichen Eindruck von den unterirdischen Schönheiten und Kostbarkeiten, die die Natur in Jahrtausenden geformt hat: Sinterschmuck, kristallklare Seen und eine weitere Besonderheit … Lehmkegel an den Höhlenwänden.

Wenn man in nördliche Richtung geht, so führt der Weg an der einzigen Windmühle des Vogtlandes vorbei. Ein geführter Rundgang bietet einen umfassenden Einblick in die handwerklichen Fähig- und Fertigkeiten dieses Berufes, einschließlich der kräftezehrenden Arbeit des Müllers in vergangener Zeit. Der außergewöhnliche Rundblick, der sich anschließend über die Vogtlandhöhen bietet, entschädigt für manch kleine Mühe, die man auf sich nahm.

Ein gut ausgeschildertes Wanderwegenetz rund um Syrau lädt überdies ein, die Gegend per pedes zu erkunden: sie entlohnen den Wanderer mit schönen Ausblicken auf idyllisch gelegene Dörfer. Wer noch mehr kulturell will, »erstürmt« auch die restlichen 5 km zur Vogtlandmetropole Plauen locker, wo es ein traditionsreiches Theater, Museen und ein Kino gibt.

Winterliche Stille über Elsterberg – im Mittelpunkt die schneebedeckte Laurentiuskirche

Stadt Elsterberg/Vogtland

Elsterberg gehört mit rund 5 000 Bewohnern zum Vogtlandkreis und liegt dort, wo die Weiße Elster nach Thüringen übertritt. Im 6. Jahrhundert besiedelten die Sorben diesen Raum, sie betrieben Ackerbau und legten feste Wohnplätze an. Etwa 300 Jahre später begannen erste Vorstöße deutscher Stämme, die Sorben wurden schließlich unterworfen. Die neuen Siedler legten Orte an, die sie meist nach ihrer Lage benannten. Dies beweisen die auf -berg, -grün, -bach oder -hain endenden Namen; hieraus lässt sich schließen, dass Elsterberg von deutscher Hand angelegt worden ist. Erstmals erwähnt wurde der Flecken 1198: Der Ritter »Reyer von Elsterberg« wohnte im sogenannten »Alten Haus« auf der Weßnitz. Diese Burganlage wurde als Grenzsicherung gegen die Slawen und zum Schutz der Höhenstraße Gera–Plauen errichtet.

Kurz nach 1200 kamen die Herren von Lobdeburg. Sie bauten sich auf einem Bergsporn eine weitere Burg. Um sie herum entstand eine Siedlung, die sich später zur Stadt entwickelte. 1354 wurde Elsterberg erstmals als solche bezeichnet. Bis 1700 war es ein reines Landstädtchen, demzufolge diente alle Erzeugung dem Eigenbedarf und den der innerhalb der Bannmeile gelegenen Ortschaften.

Nun begann auch die Zeugmacherei, die später den Hauptanteil der Bevölkerung ernährte. Die Musselin-, Baumwoll- und Kammgarnweberei kam nach 1800 auf. 1882 erfolgte die Eröffnung der ersten mechanischen Weberei, ein Jahrhundert danach (1919) wurde die »Spinnfaser-Aktiengesellschaft« gegründet. Der Name »Elsterberger Kunstseide« wurde im In- und Ausland bekannt, die Stadt entwickelte sich zum modernen Industriezentrum. Auch die Leder- und Herdfabrikation war von nicht zu unterschätzender Bedeutung.

Im II. Weltkrieg blieben Zerstörungen aus. Am 16. April 1945 wird Elsterberg von den Amerikanern eingenommen und ab Juli von sowjetischen Truppen besetzt. 1952 erfolgte im Zuge der Gebietsreform die Einordnung in den Bezirk Gera und damit nach Thüringen. Am 1. April 1992 konnte auf Drängen der Bevölkerung

Die altehrwürdige Burgruine bietet auch nachts einen imposanten Anblick.

die Rückgliederung nach Sachsen vollzogen werden. Nachdem bereits 1972 Noßwitz eingemeindet wurde, kamen in den Jahren 1993–1995 hinzu: Görschnitz, Coschütz, Kleingera, Losa, Scholas und Cunsdorf; dadurch stieg die Einwohnerzahl beträchtlich. Das ländliche Gebiet ist Lebens- und Wirtschaftsraum eines großen Teiles der Bevölkerung; der dörfliche Charakter in diesen eingemeindeten Stadtteilen wird gepflegt und erhalten.
Nach der politischen Wende blieben die ENKA GmbH (ehemals Kunstseidenwerk), die Gießerei Elsterberg GmbH (ehemals Wärmegerätewerk) und die Agrargenossenschaft »Am Kuhberg« e.G. Coschütz (ehemals LPG »Kuhberg«) als die größten Arbeitgeber in der Region erhalten. Außerdem sorgen viele kleine private Handwerksbetriebe für eine gute und ausgeglichene Infrastruktur.
Die touristische Erschließung des Vogtlandes geht auch an Elsterberg nicht vorbei. Der 220 km lange »Vogtland Panorama Weg« verläuft auch auf Elsterberger Gebiet. Er führt durchs wildromantische »Steinicht« und zum »Kriebelstein«, der fast 130 m über der Stadt liegt und mit seinem herrlichen Panoramablick jeden Wanderer zum Verweilen einlädt. Es lohnt sich auch, der altehrwürdigen Burgruine einen Besuch abzustatten. Die gewaltigen Mauerreste und die gut erhaltenen Keller der größten frei zugänglichen Ruinenanlage Sachsens bieten genug, um die Phantasie der Besucher anzuregen. Das 1,5 ha große Burggelände kann jederzeit besichtigt werden. Nach vorheriger Absprache sind interessante Führungen möglich. Die weit bekannten Ruinen- und Heimatfeste finden alle vier Jahre statt, das nächste im Jahr 2010. Das schöne moderne Waldbad liegt idyllisch im Tremnitzgrund. Riesenrutsche, Sprudelpilz und solarbeheiztes Kinderplanschbecken laden hier zum Badespaß. Freilandschach und Tischtennis gehören außerdem zum sportlichen Angebot, ein Restaurant sorgt für das leibliche Wohl.

Blick auf die in die Hügellandschaft eingebettete Stadt Oelsnitz/Vogtl. mit den beiden markanten Türmen der Jakobikirche

Große Kreisstadt Oelsnitz/Vogtl.

Die Stadt Oelsnitz/Vogtl. wird als »Teppichstadt« bezeichnet; diesen Namen verdankt sie der mehr als hundertjährigen Tradition der Teppichherstellung. Die Aufzeichnungen im »Copialbuch« des Güttenberger Schlossarchivs von 1452 sprechen bereits von der »Stadt Oelsnitz«; gegründet wurde der Ort wahrscheinlich um 1200.

Oelsnitz liegt im Herzen des Vogtlandes, seine geographische Position befindet sich im Vierländereck Thüringen–Bayern–Tschechien–Sachsen in einer Höhenlage von 390 bis 520 Metern; zur Stadt gehören die Ortschaften Raschau, Voigtsberg, Untermarxgrün, Görnitz, Lauterbach, Raasdorf, Oberhermsgrün, Hartmannsgrün, Taltitz und Planschwitz. Auf einer Fläche von ca. 4 660 ha leben etwa 12 000 Menschen.

In seiner Historie erlebte der Ort einige verheerende Großbrände, die immer wieder riesige Lücken rissen und Todesopfer forderten. Ganz schlimm wütete der »rote Hahn« 1638, 1780 und besonders 1859; bedeutungsvoll ist der letzte deshalb, weil die Stadt nach modernen Grundsätzen und Plänen gerade neu entstanden war. Das Rathaus, ehedem in der Marktplatzmitte, reiht sich seit 1861 in die Front der Bürgerhäuser, die den Platz umgrenzen, ein. Neben Textilindustrie hatte auch der Bergbau Bedeutung; ursprünglich stand der Zinnabbau im Vordergrund, später wurden Kupfer- und Eisenerz gefördert. In der Weißen Elster und ihren Nebenbächen wurde seinerzeit die Perlenfischerei betrieben. Die Wasserverschmutzung brachte diesen Produktionszweig quasi zum Erliegen – wenn man allerdings viel Geduld und noch mehr Glück hat, kann man bisweilen noch ein »Einzelstück« finden. Ende des 19./Anfang des 20. Jahrhunderts wurde der industrielle Aufschwung, insbesondere der Textilindustrie, hervorgehoben; dass man dabei die Axminsterteppich- und Korsettfabrikation als »erster Platz des Königreichs; ja Deutschlands« bezeichnete, war für die Stadt von herausragender Bedeutung und bestimmte den Weltruf auf diesem Gebiet. 2007 beging Oelsnitz sein 650. Jubiläum; der Status einer

Schloss Voigtsberg (Altteil mit Bergfried um 1249 erbaut), Trauungen im Fürstensaal möglich; Pfingsten traditionelles historisches Schlossfest

»Großen Kreisstadt« war da genau ein Jahrzehnt alt. Hinzu kamen an Jubiläen noch 1999 das große Fest »750 Jahre Schloss Voigtsberg« und das 10-jährige Bestehen der partnerschaftlichen Beziehungen zum bayerischen Rehau (2000). An Sehenswürdigkeiten ist die Stadt reich gesegnet: Das »Zoephelsche Haus«, eines der ältesten Gebäude, beherbergt heute Bibliothek und Fremdenverkehrsbüro; das Rathaus natürlich und die Stadtkirche St. Jakobi, deren Türme 73,5 m hoch sind und alles überragen; St. Borromäuskirche und die Katharinenkirche (heute Kultur- und Kommunikationszentrum) ebenso. Einige Landschaftsschutzgebiete sind zugleich frequentierte Wandergebiete; dazu gehören das »Hainbachtal« (zwischen Schlossberg und Vogelherd, mit verschiedenen geschützten Bäumen, Sträuchern und Gräsern); das »Röhrholz« (ein Wandergebiet von 84 ha am Stadtrand) sowie die »Talsperre Pirk« (mit 1 432 ha das größte Gebiet). An dieser Talsperre liegt idyllisch die einzige Wassersportjugendherberge Deutschlands. In und um Oelsnitz haben sich in der jüngsten Vergangenheit zahlreiche Unternehmen angesiedelt, was von einer großen Branchenvielfalt zeugt. Eines der großen Industriegebiete ist jenes am »Johannisberg«, das in vier Teilgebiete untergliedert ist. Hier findet man Gewerbe wie Stahlbau und -verarbeitung, die Stadtwerke, Vliesstoffhersteller, Sicherheitsglastechnik, ein Büromöbelwerk etc. in teils moderner Industriearchitektur.

Wohl bedeutendste Sehenswürdigkeit ist das Schloss Voigtsberg auf einem ca. 440 m hohen Bergsporn nordöstlich des Stadtareals. Das Areal wird zur Zeit aufwändig restauriert; es finden aber in einigen Komplexen bereits Veranstaltungen, u.a. seit mehreren Jahren zu Pfingsten ein Mittelalterfest, Ausstellungen und Konzerte statt. Denn musisch ist die Stadt traditionsreich; so kommen bekannte Künstler von hier: Der Komponist Johann Rosenmüller (1619–84), der Orientalist und Ehrenbürger Dr. Gottfried Wetzstein (1815–1905), der bedeutende Landschaftsmaler Max Schneider (1903–80); auch die Volksmusiksängerin Stefanie Hertel ist Oelsnitzerin.

Das Königliche Kurhaus

Bad Elster – Sachsens traditionsreiches Staatsbad

Die Kultur- und Festspielstadt Bad Elster, Sachsens traditionsreiches Staatsbad, eines der ältesten deutschen Moorheilbäder, liegt im Dreiländereck Böhmen, Bayern und Sachsen.
Bad Elster bietet mit seinen elf mineralischen Heilquellen, die schon Sachsens Könige zu schätzen wussten, und dem gesunden Naturmoor Linderung bei Herz-Kreislauferkrankungen, Erkrankungen des Stütz- und Bewegungsapparates sowie der ableitenden Harnwege und Nieren, Stoffwechselstörungen und Frauenleiden. Im historischen Albert Bad mit seinem geschmackvollen Interieur im Jugendstil erfolgt die therapeutische Anwendung der natürlichen Heilmittel. Hier werden außerdem körperliches Wohlbefinden und seelische Entspannung ganz groß geschrieben. »Medical Wellness« heißt das Zauberwort, das dies ermöglicht. Im architektonischen Gegensatz zum »altehrwürdigen« Albert Bad wurde die moderne Bade- und Saunalandschaft »Elsterado« errichtet. In ihr kann man im warmen Quellwasser Entspannung und Bewegungsfreude genießen und für ein paar Stunden den Alltag vergessen.
Im Kurzentrum des Ortes befindet sich der Kurpark, der seit 2006 zu den zehn schönsten Parks Deutschlands zählt, mit liebevoll und großzügig gestalteten Teppichbeeten und wertvollem Gehölzbestand. Er beginnt am Badeplatz mit der Marienquelle, dem Badehaus, den Kolonnaden und dem Badecafé. Die KunstWandelhalle mit der Moritz- und Salzquelle sowie dem Sächsischen Bademuseum, das König Albert Theater, das Königliche Kurhaus, verschiedene Musikpavillons und das revitalisierte NaturTheater, das älteste Naturtheater Sachsens, bilden die »Festspielmeile der kurzen Wege«. Denn neben der Profilierung als Sächsisches Staatsbad mit hochwertigen Gesundheits-, Kur- und Wellnessangeboten hat sich Bad Elster in den letzten Jahren zusätzlich als »chursächsische« Kultur- und Festspielstadt touristisch etabliert. Bad Elster bietet vor allem ein ganzjähriges, hochwertiges Veranstaltungsprogramm mit internationalen Künstlern und führenden Ensembles Mitteldeutsch-

Das Albert Bad

lands. Neben den Konzerten der Churschsächsischen Philharmonie besteht mit den jährlich stattfindenden Veranstaltungsreihen wie dem »Churschsächsischen Sommer« Sächsisch Böhmisches Kulturfestival (1. Mai bis 3. Oktober), den »Churschsächsischen Festspielen« (September) und den »Churschsächsischen Winterträumen« Ein Fest für alle Sinne (1. Advent bis 6. Januar) und bestimmten ausgewählten Spitzenveranstaltungen mit attraktiven Rahmenprogrammen ein herausragendes Angebot. Dazu gehören das 1852 erstmals gefeierte Brunnenfest Mitte Juni und die EQUIPAGE Bad Elster – Edle Pferde & historische Kutschen (Pfingstsonntag). Mit über 900 Veranstaltungen der unterschiedlichsten Genres ist es damit in Bad Elster ganzjährig möglich, der Gesundheit etwas Gutes zu tun und gleichzeitig Kultur, Erholung und Wellness auf hohem Niveau »königlich zu genießen«. Auch über das eigentliche Kurzentrum hinaus präsentiert sich Bad Elster als eine sehenswerte kleine Stadt. Zahlreiche Gaststätten, Pensionen und Hotels laden ihre Gäste ein. Die typische Bäderarchitektur prägt das Ortsbild. In sechs renommierten Fachkliniken werden jedes Jahr Tausende von Heilungsuchende erfolgreich behandelt.

Die waldreiche Umgebung des Ortes erstreckt sich unmittelbar bis zur Bebauung und beginnt mit dem so genannten Waldpark am Brunnenberg (611 m). Hier findet man neben zahlreichen Schutzhütten, die im Stil des Historismus errichtet wurden, auch die Kreuzkapelle, die zur stillen Einkehr einlädt. Strahlenförmig kann man von der Ortsmitte auf Terrainkurwegen mit verschiedenen Schwierigkeitsgraden den Ringweg erreichen. Er umschließt auf einer Länge von 18 km Bad Elster. Weiterhin stehen insgesamt ca. 54 km gut ausgeschilderte Wanderwege zur Verfügung. Die Kombination all dieser Gegebenheiten und Angebote macht dabei den besonderen Reiz der Stadt aus. Das Sächsische Staatsbad Bad Elster, die Kultur- und Festspielstadt, ist somit zu jeder Jahreszeit einen Besuch wert! Alle Informationen finden Sie unter www.badelster.de

Staatlich anerkannter Erholungsort Erlbach im Vogtland – beliebtes Wander- und Wintersportgebiet

Erlbach – Staatlich anerkannter Erholungsort im Naturpark Erzgebirge/Vogtland

Der Erholungsort Erlbach liegt im Landschaftsschutzgebiet »Oberes Vogtland« und im Gebiet des Naturparkes »Erzgebirge/Vogtland«. Die Ausläufer des Elstergebirges mit markanten Bergen bis 800 m prägen von drei Seiten die Silhouette für den malerisch gelegenen, ruhigen Ort.

Im Jahre 1303 findet Erlbach erstmalig urkundliche Erwähnung. Die ehemals freien Siedler gelangten bald in Abhängigkeit von Adel und Kirche. Im Durchzugsgebiet von Böhmen nach Sachsen gelegen, wurde Erlbach von vielen kriegerischen Auseinandersetzungen heimgesucht. Durch besondere Verdienste gegenüber den meißnisch-sächsischen Landesherren wurden die Grundherren von Erlbach privilegiert, Salz verkaufen, brauen, Jahrmarkt abhalten und Handwerker ansiedeln zu dürfen.

Dies kam vielen Exulanten zugute, die während des 30-jährigen Krieges und danach das nahe Böhmen verlassen mussten und ihre Musikinstrumentengewerbe ins obere Vogtland mitbrachten. Hier verbreitete es sich schnell, denn viele Kleinbauern und Häusler waren gezwungen, sich in einem Nebengewerbe zu verdingen. Es entstanden »Ackerbürger«, die im Sommer Land- und Viehwirtschaft betrieben und im Winter Musikinstrumente und deren Bestandteile herstellten. Um die Jahrhundertwende bildeten sich viele Handwerksbetriebe in Heimarbeit heraus. So gab es 1925 allein in Erlbach 76 Geigenbauer und 93 Geigenbogenmacher.

Noch heute sind über 30 Handwerksmeister in Erlbach ansässig, die in kleinen Familienbetrieben Streich-, Zupf- und Blechblasinstrumente in sehr guter Qualität herstellen.

Durch seine landschaftlich reizvolle Lage ist Erlbach Anziehungspunkt für zahlreiche Tagestouristen, Sommer- und Winterurlauber. Der Ort verfügt über ca. 450 Gästebetten und verbucht jährlich ca. 35 000 Über-

Vogtländisches Freilichtmuseum Eubabrunn – Eingang zum Vierseithof mit Veranstaltungsscheune und Gaststätte. 3 Hofanlagen aus dem Vogtland wurden hierher umgesetzt und eingerichtet.

nachtungen. 34 Vereine bestimmen das kulturell-sportliche Angebot des Ortes. Das obere Vogtland ist ein beliebtes Wandergebiet. Es gibt ein gut ausgebautes Wanderwegenetz mit Routenvorschlägen, auch grenzüberschreitend, sowie viele organisierte Wanderaktivitäten. Nach Klingenthal und Schöneck verfügt Erlbach über ein ansprechendes Wintersportareal mit modernen Liftanlagen und gespurten Loipen.
Aufgrund der demographischen Entwicklung bemüht sich Erlbach um ständige Angebote für junge Familien. 2006 wurde Erlbach als erster familienfreundlicher Ort Sachsens zertifiziert. Interessante Natur- und Abenteuerspielplätze, ein Familienzentrum, Kindertagesstätte, Angebote im Freilichtmuseum Eubabrunn, Reittouristik u.v.m. werden für Einheimische und Gäste angeboten.
Im Vogtländischen Freilichtmuseum Eubabrunn sind auf einer 4 ha großen Fläche 3 original eingerichtete Höfe mit entsprechenden Nebengebäuden, Hausgärten, Tiere und bewirtschaftete Felder zu besichtigen. Es gibt besondere Höhepunkte und Events, die sich dem Jahreslauf im früheren Dorfleben anpassen.
Der Riedelhof in Eubabrunn hat eine ca. 400-jährige Geschichte und wurde unter denkmalpflegerischen Gesichtspunkten rekonstruiert. Zahlreiche besondere architektonische Details sowie die idyllische Hanglage mit Blick auf das sich weitende Tal ließen das alte Gehöft als unbedingt erhaltenswert erscheinen. Der Hof fungiert jetzt als Begegnungsstätte für Kunst und Kultur, als Ort für ökologische Projekte und bäuerliche Direktvermarktung.
Erlbach hat seit 1563 Brautradition. Die ehemaligen Gebäude der ländlichen Brauerei werden jetzt als Handwerkliche Schaubrauerei mit Gaststätte betrieben. Das Erlbacher Brauhaus mit seinem Biergarten bietet 200 Gästen Erlebnisgastronomie in rustikaler Art, verbunden mit allerlei hauseigenen Bierspezialitäten.

Das Zentrum der Stadt Adorf/Vogtl. – der längste Marktplatz im Vogtland

Adorf – das »Tor zum Oberen Vogtland«

Im Südwesten Sachsens liegt zentral, unweit von Böhmen und Bayern entfernt die historische Kleinstadt Adorf. Die Verkehrswege E 49/B 92 und B 283 sowie die Eisenbahnstrecken Dresden/Leipzig–Karlsbad und Zwickau-Adorf durchqueren im Tal den Ort. Das Gebiet von Adorf erstreckt sich höhenmäßig von 415 m ü. NN bis zu 633 m ü. NN. Heute leben in Adorf einschl. der Ortsteile Arnsgrün, Freiberg, Gettengrün, Jugelsburg, Leubetha, Rebersreuth und Remtengrün ca. 6 000 Einwohner.

Um 1250 erfolgte die Stadtgründung. Die günstige Verkehrslage, der Anschluss an das Eisenbahnnetz und die Weiße Elster bildeten im 19. Jh. die Grundlage für eine kleine Industriestadt. Besonders die Perlmutterwarenfabrikation, Stickerei und die Textilverarbeitung machten Adorf bekannt. Neben Handwerks-, Dienstleistungs- und Handelseinrichtungen sowie größeren Unternehmen setzt die Stadt heute und auch in Zukunft auf den Fremdenverkehr. Der von seinen Ausmaßen längste Marktplatz der Region mit seinen barocken Ackerbürgerhäusern, die 1906 geweihte Stadtkirche und das 1895/96 errichtete, sehenswerte Rathaus sowie Stadtmauerabschnitte sind nur einige historische Anlaufpunkte für die Besucher der Stadt. Das Freiberger Tor, das einzige noch erhaltene Stadttor des Vogtlandes, beherbergt das Museum mit viel Wissens- und Sehenswertem aus der wechselvollen Geschichte Adorfs – der ältesten Stadt im Oberen Vogtland. Außerdem wird hier eine besondere Dauerausstellung (Deutschlands umfangreichste Sammlung) zur Flussperlmuschel, Perlenfischerei und Perlmutterwarenherstellung gezeigt. Der Ausstellungskomplex »Miniaturschauanlage Klein-Vogtland – Botanischer Garten Adorf«, idyllisch am Waldrand gelegen, stellt einen der größten Besuchermagneten im Vogtland dar. Unmittelbar daneben bietet das moderne Waldbad im Sommer richtigen Badespaß. Das Wanderwegenetz um Adorf, der Naturlehrpfad »Zeidelweidetal«, der Aussichtsturm im Ortsteil Remtengrün, gemütliche Gaststätten und Quartiere laden nicht nur Touristen zum Verweilen und Entdecken ein.

Zwota, Hammerplatz mit Kirche und rechts daneben das ehemalige Schulgebäude der Gemeinde Zwota, wo sich heute das Harmonikamuseum befindet.

Gemeinde Zwota/Vogtland

Die 1497 Einwohner zählende Gemeinde befindet sich in einer Höhenlage von 550 bis 700 m inmitten der waldreichen obervogtländischen Mittelgebirgslandschaft des Naturparkes »Erzgebirge-Vogtland«. Der Ort erstreckt sich ca. 7 km im Tal des gleichnamigen Flüsschens und ist das »Tor« zum Klingenthal-Aschberggebiet. Hier herrscht reine, würzige Waldluft, die jährlich Gäste aus nah und fern anlockt.
Das Leben der ersten Siedler im Tal der Zwota wurde durch den Bergbau und die Arbeit im Hammerwerk bestimmt. 1631 gilt als Gründungsjahr der Gemeinde Zwota. Protestanten aus dem Böhmischen, die infolge der Gegenreformation dort vertrieben wurden, bekamen hier Arbeits- und Lebensmöglichkeiten. Diese »Exulanten« brachten den Geigenbau in ihre neue Heimat und legten damit den Grundstein für den heute noch bestehenden vielseitigen Musikinstrumentenbau in der Region. In Zwota widmete man sich neben dem Geigenbau der Fertigung von Holzblasinstrumenten, der Darmsaiten- und Catgutfabrikation sowie der Herstellung von Stimmpfeife, Mundharmonika und Akkordeon. Um 1900 begann sich die Harmonikabranche zu einem Wirtschaftsfaktor für den Ort zu entwickeln. Die Instrumente der Zwotaer Harmonika- und Akkordeonhersteller wurden weltweit exportiert. Sie trugen so klangvolle Namen wie Gigantilli, Galotta, Sybilla Brand, Meisterklang u.v.m. Heute befinden sich im Ort nur noch wenige Werkstätten des Musikinstrumentenbaus (Blockflötenbau, Harmonikafertigung). Ein besonderes Kleinod ist das Harmonikamuseum, das mit seiner einzigartigen Zungeninstrumenten-Sammlung die Geschichte der Harmonika- und Akkordeonindustrie im Klingenthaler Gebiet dokumentiert. Außerdem sind im Museum eine Vielzahl elektronischer Tasteninstrumente zu sehen, die bis 1990 ebenfalls in der Region gefertigt wurden. Musik gehört unbedingt zu Zwota; viele Lieder sind entstanden, nicht zuletzt auf Texte des Heimatdichters Max Schmerler (1873–1960), der auch den Begriff »Musikwinkel« prägte.

Stadtzentrum Klingenthal mit Rathaus und Rundkirche

Stadt Klingenthal

Klingenthal liegt an den westlichen Ausläufern des Erzgebirges im Südosten des Vogtlandkreises. Das Stadtgebiet erstreckt sich von 533 Metern ü.NN im Zwotatal, hinauf zur bekanntesten Erhebung, dem 936 Meter hohen Aschberg. Das Stadtrecht erhielt Klingenthal am 1. Oktober 1919. 1992 wurde der Ort Mühlleithen eingemeindet, die Verwaltungsgemeinschaft mit Zwota besteht seit dem Jahr 2000. In der Stadt leben derzeit knapp 9 000 Einwohner.

Weltruf erlangte Klingenthal durch seine mehr als 300 Jahre bestehende Tradition des Musikinstrumentenbaus. Böhmische Exulanten brachten in der Mitte des 17. Jahrhunderts dieses Wissen in die 1604 erstmals urkundlich erwähnte Hammersiedlung und machten mittels Geigen-, Holz- und Metallblasinstrumentenbau daraus ein klingendes Tal. 1852 begann die Fertigung der Handharmonikas, woraus sich das Akkordeon entwickelte. Dessen Fabrikation machte Klingenthal schließlich zu einem weltweiten Zentrum der Handzuginstrumentenherstellung. Jedes Jahr im Mai treffen sich Akkordeonsolisten aus aller Welt zum Internationalen Akkordeonwettbewerb in Klingenthal. Kein Zufall ist es, dass Akkordeons aus Klingenthal den Schriftzug »Weltmeister« tragen, denn die schon länger als 100 Jahre andauernde Tradition des Skisports brachte mehr als 20 Weltmeister und Olympiasieger in den nordischen Disziplinen hervor. Das erste Paar Ski wurde hier nach norwegischem Vorbild bereits 1886 gebaut, der erste Wintersportverein 1908 gegründet. Aus dieser Wintersporttradition heraus gibt es in der Stadt einige Skisprungschanzen zu besichtigen, die größte und modernste Anlage Europas steht in der Vogtland Arena (K 125 Meter).

Die Stadt besitzt eine Verkehrsanbindung zur Wirtschaftsregion Westsachsen und direkt nach Tschechien. Die Infrastruktur bietet alles, was von einer intakten Kommune erwartet wird: Kindergärten, Schulen, Jugendzentrum, ein medizinisches Betreuungsnetz mit Allgemeinmedizinern, Fachärzten und Pflegediensten und ein

Blick vom Aschberg auf Klingenthal

umfangreiches Angebot an touristischen Einrichtungen. Dass die Klingenthaler selbst an der Entwicklung ihrer Stadt interessiert sind, zeigt das Engagement der Bürger in knapp 100 Vereinen.

Klingenthal trägt nicht umsonst den Beinamen Musik- und Wintersportstadt und das ist Programm: Der Veranstaltungskalender ist das ganze Jahr über voll von stimmungsvollen Sportereignissen und kulturellen Höhepunkten. Dank der Großschanze in der Vogtland Arena hat Klingenthal einen festen Platz im winterlichen Weltcupkalender, dann treffen sich zehntausende Skisprungfans in der Stadt. Auch wenn Nationalmannschaften zum Training weilen, können Zuschauer die Stars der Szene hautnah erleben.

Der staatlich anerkannte Erholungsort bietet Aktivtouristen exzellente Wander- und Wintersportbedingungen für erlebnisreiche Ferien. Mit mehr als 100 Kilometern gespurter Loipen verfügt Klingenthal über eines der schneesichersten und umfangreichsten Loipensysteme Deutschlands. Die Region um Klingenthal gehört zum Naturpark Erzgebirge/Vogtland und ist eine beliebte Wanderregion. Von den sich lang hin streckenden Bergrücken gewinnen Wanderer beeindruckende Blicke in die Täler und das Grenzland, wo sich Sachsen und Böhmen in der Mitte Europas die Hand reichen.

Freizeitsportler haben die Möglichkeit, per Ski oder auf dem Rad Originalstrecken der Weltcup-Wettkämpfe oder Meisterschaften abzufahren. Am Ziel laden gemütliche Gastwirtschaften zum Verweilen ein. Im Musik- und Wintersportmuseum sind Zeugnisse der erfolgreichen Stadtgeschichte ausgestellt. Sommerrodelbahn und Freibad versprechen Spaß für die ganze Familie. Die zweitgrößte Rundkirche Sachsens präsentiert sich nach umfangreicher Restaurierung in neuem Glanz. Den Instrumentenbaumeistern können Interessierte in der ältesten Mundharmonikafabrik, in der ältesten Akkordeonmanufaktur der Welt oder in der Schaumanufaktur für Akkordeonbau über die Schulter schauen. Klingenthal bietet traumhafte Ferien – das ganze Jahr.

Blick vom Cottafelsen auf Rautenkranz mit der unter Denkmalschutz stehenden neoklassizistischen Kirche

Morgenröthe-Rautenkranz – Staatlich anerkannter Erholungsort im Naturpark Erzgebirge/Vogtland

Hinter diesem klangvollen Namen verbirgt sich eine romantische 850-Seelen-Gemeinde in der Kammregion Erzgebirge/Vogtland an der Grenze zu Tschechien (620-974 m ü.NN). Umgeben von gewaltigen Wäldern, schmiegen sich die typischen Gebirgshäuschen der vier Ortsteile Morgenröthe, Muldenhammer, Rautenkranz und Sachsengrund an die steilen Berghänge über der »Zwickauer Mulde« und der »Großen Pyra«.
Im 17. Jh. siedelten hier Bergleute auf der Suche nach Zinn- und Eisenerz. Über 250 Jahre blieben die schweren Arbeiten im Bergbau, Hüttenwesen und in den Wäldern Haupterwerbszweig für viele Gebirgler. Die Frauen versuchten, den kargen Lohn durch Heimarbeit etwas aufzubessern. Überregionale Bedeutung erlangte der Morgenröther Eisenhammer durch die Kunst, eiserne Glocken zu gießen, die in Qualität und Klang den Bronzeglocken in nichts nachstanden. Noch heute zeugen der mächtige Hochofen aus dem 19. Jh. und die gusseisernen Glocken von der schweren Arbeit unserer Ahnen. Seit über 100 Jahren zieht es nun schon Sommerfrischler und Wintersportler in diese abwechslungsreiche Waldregion. Heute hat sich der staatlich anerkannte Erholungsort im Naturpark Erzgebirge/Vogtland in vielfältiger Weise dem sanften Tourismus verschrieben. 40 km gut ausgeschilderte Wanderwege und Radwanderwege führen den naturverbundenen Gast durch den ältesten Fichtenbestand Ostdeutschlands, vorbei an stillen Weihern bis hinauf in die Kammregion mit ihren geheimnisvollen Hochmooren. Für viele Wintersportler ist diese Region durch ihre hohe Schneesicherheit der Geheimtipp für Winterfreuden pur. Hier im Geburtsort des ersten deutschen Kosmonauten Sigmund Jähn lockt die »Deutsche Raumfahrtausstellung« jährlich über 60 000 Besucher in die sonst so verträumte Gemeinde. Diese deutschlandweit einmalige Exposition präsentiert eindrucksvoll den Nutzen der Raumfahrt für die Erde und den Anteil deutscher Wissenschaftler und Techniker an den großen internationalen Raumfahrtprojekten.

Herrenhaus im Ortszentrum, sehr gut erhaltenes Gebäude aus der Montanzeit

Gemeinde Tannenbergsthal

Unmittelbar an das Westerzgebirge grenzt das größte geschlossene vogtländische Waldgebiet, in welchem der Ort Tannenbergsthal zentral gelegen ist. Ungefähr 1 500 Einwohner leben hier in einer erstaunlich »anstrengenden« Region, denn wer die Schönheiten dieses Gebietes – und speziell dieses besonderen landschaftlichen Fleckens – ausgiebig erkunden möchte, muss schon ein wenig Mühe aufbringen, den Höhenunterschied innerhalb der Ortslage von 630–900 Metern zu bewältigen.

Seine Entstehung verdankt der Ort vor allem dem Zinnbergbau im 16. Jh. – eine entsprechende Gedenktafel erinnert am Zinnhausbrunnen an jene Zeit, in der bescheidener Wohlstand in den Ort einzog ... wenigstens für einige Jahrzehnte. Allerdings erstaunt es umso mehr, dass erst 1960 die Bergbautätigkeiten ganz eingestellt wurden. Auch die Kirche ist verhältnismäßig jung; sie wurde 1910 erbaut und ist von interessanten Gehölzen umgeben. Wer die zahlreichen Naturschönheiten intensiv auf sich wirken lassen möchte, der sollte sich auch daran orientieren, dass die Natur in Jahrmillionen dieses einzigartige Ensemble schuf; sie formte hier ein geologisches Meisterstück: Der Topasfelsen »Schneckenstein« ist einmalig für die nördliche Halbkugel. Die Topase zieren etliche Herrscherkronen dieser Welt; der berühmte Felsen ist heute ein beliebtes Ausflugsziel. Die Gemeinde setzt sich aus verschiedenen Ortsteilen zusammen: Jägersgrün kann mit einem Talsohlenhochmoor aufwarten; Gottesberg zeigt alte Bergbaupingen und ist eine Bergsiedlung am Südhang; Schneckenstein beeindruckt durch Topasfelsen und Skiloipen im Winter. Das Schaubergwerk-Grube »Tannenberg« zeugt von der bergbaulichen Tradition dieser Gegend. Eindrucksvoll ist auch das Mineralienzentrum mit Edelsteinschleiferei und Lesegesteinshalde. Das Herrenhaus im Ortszentrum von Tannenbergsthal nimmt einen herausragenden Platz ein. Es wurde 1718 errichtet und zählt zu den guterhaltenen Häusern der Montanzeit. Ein Besuch in der dortigen Heimatstube ist empfehlenswert.

Der Wendelstein in Grünbach, der in 732 Meter Höhe in einem Landschaftsschutzgebiet steht, ist ein beliebtes Ausflugsziel. Auf ihm steht eine Landesvermessungssäule (1864 errichtet).

Höhenluftkurort Grünbach

Auf dem Wendelstein-Höhenrücken des östlichen Vogtlandes liegt der 1 730 Einwohner zählende Höhenluftkurort Grünbach am Eingang zum Naturpark »Erzgebirge-Vogtland« und im Naturschutzgebiet »Oberes Göltzschtal« in etwa 700 m Höhe. Vor der Entwicklung des Webereihandwerks floss hier ein »grünes Bächel« in Richtung Ortsteil Siedichfür und mündete in den Geigenbach. Heute allerdings wird man vergebens nach ihm suchen, ein Falkensteiner Gardinenfabrikant hatte bereits im 19. Jahrhundert sein Wasser in einem Rohrsystem seinem Betrieb zugeleitet.

Grünbach wurde 1532 erwähnt als das »newe dörfflein mit 8 Feuerstätten vor dem grünen Bächel«. Seine Entwicklung fand inmitten dichter Wälder, fernab der Handelswege, statt. Die Bewohner verdienten ihren Unterhalt durch Landwirtschaft und im Waldgewerbe; seit Ende des 18. Jahrhunderts auch in der Handweberei und 100 Jahre später in der Stickerei. Durch die zunehmende technische Weiterentwicklung wuchs Grünbach zu einem ansehnlichen Textilindustriestandort heran. Zunächst gewannen Zimmermanns-, später auch andere Handwerksberufe mehr und mehr an Bedeutung. Nach 1990 siedelte sich hauptsächlich gewerblicher Mittelstand an. Bedingt durch die waldreiche Umgebung mit ihren immergrünen Fichtenbeständen, konnte sich der Ort gleichzeitig als Urlauberdorf profilieren. Hier findet man ausgezeichnete kulturelle und soziale Einrichtungen vor; zur Verfügung stehen eine Turnhalle, ein Hotel mit Versammlungs- und Tagungsräumen, Arzt und Zahnarztpraxis, Physiotherapie, Altenheim, Billardzentrum, öffentliche Sauna und Sportplatz.

Für Natur- und Wanderfreunde wird der Besuch des nahe der Ortsmitte aufragenden Wendelsteins (732,5 m), des geologischen Naturdenkmals Rehübelfelsen (780,2 m) mit seiner überkippten Falte im Süden der Gemeinde sowie das »Göltzschtalgesprenge« empfohlen. Für Winterurlauber bieten ausgedehnte, schneesichere Hochflächen und Waldgebiete ideale Bedingungen. Das Gebiet beginnt am Ortsausgang und erstreckt sich bis

Die Rißfälle befinden sich am Ende des oberen Floßgrabens. Beide bilden die Überbrückung der Wasserscheide zwischen Mulde und Göltzsch. Sie sind die einzigen Wasserfälle des Vogtlandes, welche künstlich angelegt wurden.

nach Schöneck. Besonders hervorzuheben sind die Aktivitäten der Sportfreunde, des Feuerwehr-, Country-, Kultur-, Gewerbe-, Männergesang- und Schnitzenvereins. Sie sind alle engagiert tätig bei der Durchführung dorfgemeinschaftlicher Veranstaltungen wie Kirmes, Country-Special, Pfingstsingen, Truckerfest, Truckerweihnacht, Weihnachtsmarkt etc. Einen besonderen Bekanntheitsgrad erreichten über Funk und Fernsehen die »Grünbacher Folkloristen«.

Die Gemeinde verfügt über eine gut ausgebaute Infrastruktur; seit 1991 wird sie mit Erdgas versorgt: Gewerbebetriebe, Dienstleistungseinrichtungen, Bahnhof, Post, Sparkasse, Kindergarten, Grundschule, Arztpraxen, Hotel und Turnhalle sind vorhanden. Die beiden Neubaugebiete fügen sich gut in die Gemeinde ein und bewahren die dörfliche Struktur.

Für das Dorf Muldenberg erfolgte am 1. März 1994 die Eingemeindung nach Grünbach, das 4 km entfernt liegt (zwei abseits im Wald gelegene Ortsteile von Muldenberg, Kottenheide und Tannenberg, wurden bereits 1956 bzw. 1938 der Stadt Schöneck angegliedert). Einst ein Bahnknotenpunkt Richtung Chemnitz, Aue und Klingenthal, wurde der Haltepunkt 1996 geschlossen. Um das Dorf herum herrscht Wasserreichtum.

Das Quellgebiet der Zwickauer Mulde liegt hier ebenso wie die 1921–25 erbaute Trinkwassertalsperre, deren Staumauer von 525 m zu den längsten Bruchsteinsperrmauern Europas gehört. Ein Flößerdorf und ein Badesee sind noch hinzugekommen. Ein Teil des unteren Floßgrabens wird seit 1992 als Schauflößstrecke genutzt und damit eine alte Tradition dieser Gegend wiederbelebt.

Im Winter ist ein Skilift in Betrieb, und die »Kammloipe« lockt ebenfalls viele Winterurlauber an. Gespurte Loipen und geräumte Wanderwege sind selbstverständlich. Versierte Abfahrts- und Slalomläufer finden im idyllischen Göltzschtal einen Skihang.

Idyllische Wasserlandschaft, umgeben von Wäldern

Werda – im grünen Herzen des Vogtlandes

Umgeben von Wiesen und Wäldern liegt malerisch der Ort Werda mit seinem Ortsteil Kottengrün an der Staatsstraße 303 zwischen den Städten Falkenstein und Oelsnitz. 1994 vereinigten sich beide Orte zur Einheitsgemeinde Werda. Ca. 1 800 Einwohner leben heute dort, davon 760 im Ortsteil Kottengrün. Seit 1999 bilden die benachbarten Gemeinden Tirpersdorf, Theuma, Bergen und Werda den Verwaltungsverband Jägerswald mit Sitz in Tirpersdorf.

Werda umfasst eine Fläche von 15 qkm in einer Höhenlage von 500–649 m ü. NN. Der Eimberg als höchste Erhebung mit einer Höhe von 676 m und die Geigenbachtalsperre prägen das Umfeld, das zu allen Jahreszeiten reizvolle Wanderziele bietet. Die Gemeinde verfügt über eine gute Infrastruktur. Kleine Gewerbebetriebe und Handeltreibende, die Grundschule und zwei Kindertagesstätten bestimmen das Leben im Dorf. Mehrere Kulturdenkmäler machen den Ort für Touristen attraktiv. Zwei Gaststätten und ein Eiscafé laden zum Verweilen ein. Die touristischen Angebote des Vogtlandes sind günstig erreichbar.

In Kottengrün finden sich ein Sportplatz und ein modernes Sportlerheim mit einem Saal für Veranstaltungen. Gleich daneben lockt im Sommer das Freibad. In Werda bietet die neu gestaltete Mehrzweckhalle mit 600 Sitzplätzen zahlreiche Möglichkeiten für Veranstaltungen. Zum gleichen Komplex gehören ein Stadion und ein Sportplatz.

Die Einwohner der Gemeinde engagieren sich in verschiedenen Vereinen. Neben den Sport- und Feuerwehrvereinen spielt die Pflege heimatlicher Traditionen eine besondere Rolle. Eine Theatergruppe, die sich der Mundart verschrieben hat, und verschiedene musikalische Gruppen bereichern das kulturelle Leben im Ort. Ein Skilift mit 300 m Abfahrt und 10 km gespurte Loipen mit Anbindung an die Kammloipe machen das Dorf auch im Winter attraktiv. Die »Werdaer Zuckermännle« sind das einzigartige Traditionsgebäck der Weih-

St. Katharinenkirche, erbaut 1777

nachtszeit, dessen Geschichte speziell mit dem Ort verbunden ist. In der Heimatstube zeigt eine Arbeitsgruppe regelmäßig Sonderausstellungen, die aus früheren Zeiten erzählen.
Über das umfangreiche und gut markierte Wanderwegenetz sind die Schönheiten der Natur leicht zu erreichen. Vom Eimberg aus bietet sich nach allen Seiten eine herrliche Aussicht. Auf der Werdaer Seite kann man bei guter Sicht bis zu den Wismuthalden nach Ronneburg blicken. Auf der westlichen Seite eröffnet sich ein herrliches Panorama mit vielen kleinen Dörfern, die in die grüne Landschaft eingebettet sind. Von hier aus kann man die Pirker Autobahnbrücke erkennen. Außerdem sind Hochhäuser und Kirchtürme der Stadt Hof und der Döbraberg in Oberfranken zu sehen. Es bietet sich ein umfassender Blick auf das Fichtelgebirge mit Kornberg, Ochsenkopf und Schneeberg sowie bis zum Hainsberg bei Asch. Die Geigenbachtalsperre wurde 1910 in Betrieb genommen. Sie dient der Trinkwasserversorgung und dem Hochwasserschutz und ist die zweitälteste Talsperre Sachsens. Die 311 m lange fugenlose Gewichtsstaumauer aus Bruchsteinmauerwerk ist begehbar. Ein 4,5 km langer Exkursions- und Wanderpfad rund um die Talsperre erläutert auf zahlreichen Tafeln Flora, Fauna und Geschichte der Umgebung.
Im Ortsteil Werda findet der Besucher eine historische Ringwallanlage, die auf die Entstehung des Ortes im 14. Jahrhundert hinweist. Das Kulturdenkmal Rittergut an der Ortsdurchfahrt ist nur von außen zu besichtigen. Im Jahr 1452 wurde die Kirche erstmals urkundlich erwähnt. Die Sankt Katharinenkirche zu Werda wurde 1777 anstelle der baufällig gewordenen Kirche in der Ortsmitte errichtet. Die Orgel wurde 1871 von Carl Eduard Schubert erbaut und seither mehrfach verändert. Ein weiterer Ausflugspunkt ist die Jahnsmühle mit einem alten und einem neuen Sägewerk, Mahl- und Schrotmühle und einem alten Backofen. Von hier aus bietet sich die Wanderung durch das »Tal der sieben Mühlen« an.

Blick über Bergen im Vogtland

Bergen im Vogtland

Die rd. 1 100 Einwohner zählende Gemeinde liegt an der B 169 zwischen Plauen und Falkenstein; gut erreichbar mit öffentlichen Nahverkehrsmitteln und über die A 72. Urkundlich erwähnt wurde Bergen 1267 und später, geprägt durch die Blütezeit der Stickerei, ein Ort mit kleinstädtischem Charakter.
Geologisch bemerkenswert ist, dass sich Bergen in einem Granitkessel befindet, der von der Trieb (Geigenbach) durchflossen und von einer 110 m hohen bewaldeten Landstufe (harter Schieferkontaktwall) umgeben wird. Aufgrund dieser Tatsache gehört das »Bergener Becken« mit den Nachbarorten Trieb und Schönau zu einer der landschaftlichen Perlen des Vogtlandes.
Im historisch gewachsenen Ortskern bilden Kirche, Schule, Rathaus und Feuerwehr den Mittelpunkt. Die unter Denkmalschutz stehende Nikolaikirche wurde 1870 ausgebaut und stellt mit ihrem spätgotischen Altar eine Sehenswürdigkeit dar. Ausgedehnte Wanderungen zu jeder Jahreszeit kann man unternehmen: zum Hotel Marienstern beispielsweise mit einem herrlichen Blick über Bergen bis Treuen. Entlang des Weges geht es vorbei am ehemaligen Kräuterhaus zum stillgelegten Bahnhof. Die hier vorbeiführende Strecke Herlasgrün–Oelsnitz war die erste vogtländische Eisenbahn der Königlich-Sächsischen Staatseisenbahn – im November 1865 fuhr hier der erste Zug (1972 wurde die Bahnlinie eingestellt). In Richtung Werda führt ein schöner Waldweg bis zur Geigenbachtalsperre; von hier ortseinwärts, entlang des alten Werdaer Weges durch die Unterführung der alten Bahnlinie – dieser Viadukt ist eine Besonderheit und steht unter Denkmalschutz – zu der malerisch schlichten Splittersiedlung in Katzensteinigt; hier zeigt sich die Natur ursprünglich und romantisch zugleich. Empfehlenswert ist auch der Kreiswanderweg durch die Renaturierungsfläche »Hausmanns Teich« zum alten Sägewerk, das seit 1600 in Betrieb ist.

Kapelle Neuensalz – Konzert- und Ausstellungszentrum mit einer Dresdener Jehmlich-Orgel

Gemeinde Neuensalz

Neuensalz, ein Straßendorf im mittelvogtländischen Kuppenland, grenzt an das Naherholungsgebiet Talsperre Pöhl. Zweigt man von der Autobahn bei Plauen-Ost in Richtung Falkenstein ab, steht man bald vor der Kapelle Neuensalz, einer der ältesten Bauten des Vogtlandes.
Die Erhaltung dieses Kleinods geschah in letzter Minute; der Bau sollte 1981 abgerissen werden. Da fand man ein zugemauertes romanisches Fenster sowie den ehemaligen, für romanische Bauten typischen Südzugang. Einzigartig ist auch der fast rechteckige einschiffige Saal.
Die Gründung der Kapelle geht wahrscheinlich auf den deutschen Ritterorden zurück; die erste urkundliche Erwähnung ist 1529; durch den Rittergutsbesitzer Casimir Gottfried von Beust wurden bedeutende Veränderungen vorgenommen. Die Kapelle wurde mit einer barocken Empore und einer Holzfelderdecke ausgestaltet und mit barockem Kanzelaltar versehen. Der Gottesdienst wurde 1967 eingestellt; von 1981–87 erfolgte die Rekonstruktion; jetzt ist sie ein attraktives Konzert- und Ausstellungszentrum mit einer Dresdener Jehmlich-Orgel (1993) und einer herrlichen Akustik.
Die erste urkundliche Nennung des Ortes Neuensalz war 1418. Damals befand er sich im Besitz einer Familie Rabe, die aus dem Waldsassener Gebiet stammte. Danach erfolgte ein mehrmaliger Besitzerwechsel; 1693 kauften es die Brüder von Beust.
Bis 1991 war Neuensalz ein selbständiges Dorf mit 600 Einwohnern. Am 1.1.1994 schloss es sich mit den Gemeinden Thoßfell und Zobes zu einer Einheitsgemeinde unter dem Namen Neuensalz zusammen; im Oktober 1995 kam Mechelgrün hinzu. Am 1.1.2000 wurde eine Verwaltungsgemeinschaft mit der Stadt Treuen gebildet. Die Gemeinde zählt jetzt 2 331 Einwohner.

Das Bürgerhaus mit Dorfplatz als Zentrum von Neustadt

Gemeinde Neustadt/Vogtland

Mitten im grünen Herzen des Vogtlandes, in Höhenlagen zwischen 556 m und 710 m, liegt Neustadt im Vogtland mit seinen Ortsteilen Neustadt, Poppengrün, Neudorf, Oberwinn und Siebenhitz. Etwa 1 200 Bürger leben hier. Der Ort ist gut zu erreichen über die Autobahn A 72 (Abfahrt Plauen Ost) in Richtung Falkenstein über die B 169. Die Gemeinde Neustadt hat sich vor allem in den Jahren nach der Wiedervereinigung Deutschlands zu einem schmucken Ort entwickelt mit gut ausgebauten Straßen, ländlichen Wegen, Geh- und Radwegen sowie neu gestalteten Plätzen und Sportstätten. Baulich ansprechende Gebäude und mit Liebe gestaltete Vorgärten zeugen vom Fleiß der Bürger und prägen das Ortsbild. Gewürdigt wurde diese gute Entwicklung durch viele Auszeichnungen. So z.B. im Rahmen der Sächsischen Landeswettbewerbe auf Kreisebene: 1994 3. Platz, 2001 1. Platz, 2004 2. Platz, 2007 3. Platz sowie 2006 durch den Europäischen Dorferneuerungspreis für besondere Leistungen. Das in Neustadt auf dem Dorfplatz befindliche Bürgerhaus mit Verwaltungsräumen, Bürgersaal, Vereinsräumen und Arztpraxis ist das Zentrum der Gemeinde. Unweit davon liegen der Kirchsaal der Ev.-Luth. Gemeinde mit dem Platz »Am Brunne«. In unmittelbarer Nähe erhebt sich der Bezelberg mit 638 m, dessen Aussichtsplateau einen herrlichen Blick auf das nördliche und westliche Vogtland bietet. Rund um Neustadt bestehen ausgedehnte Wandermöglichkeiten in die Feld- und Waldflur des Naturparks Erzgebirge-Vogtland. Im ländlich geprägten Ortsteil Poppengrün befinden sich die »Dörfliche Gemeinschaftseinrichtung« mit Kegelbahn, Sportsaal, und kleiner Bibliothek sowie die neu sanierte Kindertagesstätte »Sonnenpferdchen«. Unweit davon liegt die Trinkwassertalsperre Werda, deren Umgebung die Herzen von Natur- und Wanderfreunden höher schlagen lassen. Auf gut ausgebauten Wegen erreicht man die Ortsteile Neudorf und Oberwinn, landschaftlich herrlich gelegene Streusiedlungen der Gemeinde Neustadt. Aufgrund der guten Infrastruktur sind in kürzester Zeit die zahlreichen Sehenswürdigkeiten des Vogtlandes zu erreichen. Weitere Informationen: www.neustadt-vogtland.de.

Stadtkirche »Zum Heiligen Kreuz« 1865–1869 anstelle des abgebrannten Vorgängerbaues (Stadtbrand 1859), nach Plänen des Semperschülers Prof. Christian Friedrich Arnold aus Dresden errichtet.

Falkenstein – das Vogtland von seiner schönsten Seite

Falkenstein – eine Kleinstadt mit großstädtischem Flair, war schon immer eine Reise wert. Schon 1920 hieß es in einem Reiseführer: Die sauberste Stadt unter 15 000 Einwohnern. Der Reiz der heute 10 000 Einwohner zählenden Stadt ist unumstritten. Eingerahmt von grünen Wäldern präsentiert sich Falkenstein seinen Besuchern von seiner besten Seite. Von schweren Schicksalsschlägen gebeutelt, entstand die Stadt immer wieder neu durch den Fleiß ihrer Einwohner. Falkenstein – die Stadt mit Tradition: 1448 erlangte das damalige Gemeinwesen Stadtrecht, wurde »Freie Bergstadt« – die einzige im Vogtland – genannt. Falkenstein ist heute eine Stadt, die zum Verweilen einlädt, eine Stadt voller Sehenswürdigkeiten z.B. ist das Falkensteiner Rathaus, gebaut 1903 und die Kirche »Zum Heiligen Kreuz«, erbaut von Prof. Christian Friedrich Arnold aus Dresden, einem Semperschüler. Neuangelegte Parkanlagen mit Springbrunnen, eine Fußgängerzone, die zum Flanieren einlädt mit modernen attraktiven Geschäften und Einkehrmöglichkeiten. Vielfältig ist auch das Angebot an Kultur und Unterhaltung. Die älteste Kultureinrichtung der Stadt, das Heimatmuseum, zeigt viel Wissenswertes über Falkenstein. Der Tierpark erfreut Alt und Jung. Wer sich sportlich betätigen will, dem stehen moderne Sportanlagen, Tennisplätze sowie das Naherholungsgebiet rund um die Talsperre zur Verfügung. Das Natur- und Umweltzentrum des Vogtlandkreises führt regelmäßig interessante Veranstaltungen für Jung und Alt durch. Falkenstein ist aber auch die Stadt des Handels und des Gewerbes. Ein vollständig belegtes Gewerbegebiet und 12 Betriebe der Primärindustrie bilden heute das wirtschaftliche Rückgrat der Stadt. Neue Gewerbeflächen wurden ausgewiesen und sollen Anreiz für künftige Investitionen in Falkenstein sein. Verkehrsverbindungen: mit dem Auto über die A 9, die A 72 und die B 169; Bahnstrecken Zwickau–Klingenthal–Tschechien und Plauen–Klingenthal–Tschechien; für Flugzeuge der Verkehrslandeplatz Auerbach nur 3 km vom Stadtzentrum entfernt.

Blick über Hammerbrücke

Hammerbrücke im Vogtland – ländliche Idylle

Die beiden Orte Hammerbrücke und Friedrichsgrün entstanden Ende des 16. Jahrhunderts. Mit dem Aufkommen des Bergbaues in dieser Gegend siedelten sich auch Bergleute hier an. Ihr Hauptaugenmerk richtete sich auf Silber und Eisen. Letzteres mag dann wohl auch den Anstoß zur Errichtung der Hammerwerke und des Hochofens gegeben haben. Später trat an die Stelle des Silber- und Eisenbergbaues der Zinnbergbau, dessen Blütezeit um 1700 lag. Die bekanntesten Bergwerke waren die Silberzeche »Frisch Glück«, das Eisenerzbergwerk »Osterlamm« und das Bergwerk am Schneckenstein. Auch die Flößerei, die in der zweiten Hälfte des 16. Jahrhunderts begann, spielte bei der Besiedlung eine bedeutende Rolle. Mit der Erbauung von Floßgräben und Teichen wurde ein weitverzweigtes Floßgrabensystem gebildet. Floßmeister Peter Ficker errichtete 1606 am 1597 angelegten Mühlgraben (Leichsenring) eine Schneide- und Mahlmühle, das Hammergut an der Brücke, welches dem Ort später den Namen gab. Die Bezeichnung »Hammerbrücke« taucht allerdings erst gegen Ende des 18. Jahrhunderts auf. Auch das nahe Friedrichsgrün wurde erst 1787 angelegt. 1875 erhielt Hammerbrücke einen Bahnhof an der neu eröffneten Bahnstrecke Chemnitz-Adorf. Durch den Einzug der Stickereiindustrie zur Jahrhundertwende war ein wirtschaftlicher Aufschwung zu verzeichnen. Ein wesentlicher Fortschritt wurde im Jahre 1911 durch die elektrische Stromversorgung erreicht. Mit Beginn des Ersten Weltkrieges kam die ansässige Industrie fast vollständig zum Erliegen. Ab 1927 begann eine rege Bautätigkeit. Wirtschaftlich wieder aufwärts ging es, als Hammerbrücke durch den Uranbergbau Wismutgebiet mit dem Zentrum Schneckenstein wurde. Der Ort entwickelte sich zu einer modernen Industriegemeinde und konnte zur 150-Jahr-Feier im Jahre 1989 sowohl auf wirtschaftlichem als auch auf kulturellem und sportlichem Gebiet zahlreiche Erfolge aufweisen. Nach der Wiedervereinigung Deutschlands im Jahre 1990 haben sich viele kleinere und größere Gewerbe in Hammerbrücke einen neuen Platz geschaffen. Im Gemeindegebiet haben

Winterliches Hammerbrücke

sich vor allem Branchen aus dem Bereich Elektronik, Bauhandwerk, Textil, Werkzeugbau, Metallwaren, Möbelherstellung und eine Vielzahl kleinerer Gewerbe angesiedelt. Die größeren Firmen erfreuen sich überregionaler Bekanntheit. Die VOBA Bau zählt nach Aussage des Ministerpräsidenten von Nordrhein-Westfalen zu einer der besten Baufirmen Deutschlands. Den guten Ruf, den sich die VOBA in den Jahren nach der Wende im Vogtland aufgebaut hat, macht sie jetzt auch in anderen Regionen des Landes bekannt. Mit den gezeigten Leistungen hat die Baufirma dazu beigetragen, dass das Vogtland nicht nur als eine landschaftlich schöne Region, sondern auch als ein wirtschaftlich starker Standort anerkannt ist. Zum Gewerbestandort Hammerbrücke gehört auch die Textilbranche mit ihrer traditionellen Technologie. In den Schauwerkstätten wird dem Besucher die Produktion von Spitzen und Stickereien vorgestellt. Die idyllisch gelegene Waldgebietsgemeinde Hammerbrücke (Höhe 660–838 m) befindet sich im Naturpark Erzgebirge/Vogtland. In der reizvollen Mittelgebirgsgegend liegt das 92 ha große Naturschutzgebiet »Am alten Floßgraben«, das wegen seines Fichten-, Kiefern- und Moorwaldes sowie einem Bestand an vom Aussterben bedrohter Tierarten zu einem der wertvollsten Naturschutzgebiete in Sachsen gehört. Seit 1989 organisiert die TSG Bau Hammerbrücke ein Internationales Schlittenhunderennen im Februar. Vom zaghaften Anfang 1989 (das 2. Schlittenhunderennen in der DDR überhaupt) entwickelte sich diese jährlich stattfindende zweitägige Rennveranstaltung zu einer Großveranstaltung mit internationaler Beteiligung. Die TSG Bau ist seit vielen Jahren bemüht, im Sommer wie im Winter den Sportlern der Region Vogtland und darüber hinaus Volkssportveranstaltungen auf hohem Niveau anzubieten und mit diesen Veranstaltungen Kinder und Jugendliche anzusprechen. Der Winterberglandlauf im Februar und auch für die Kleinsten der Schülerlauf im Februar und August sind besondere Highlights. Die traditionelle Ortskirmes Ende August und der Sommerberglandlauf, ein Waldlauf, werden gemeinsam durchgeführt.

Auerbachs historisches Stadtzentrum wurde fachmännisch und liebevoll saniert. Die Stadt der »Drei Türme« wurde so zum Anziehungspunkt für Urlauber und Touristen.

Stadt Auerbach

Auerbach gilt als wirtschaftliches und politisches Versorgungs- und Dienstleistungszentrum im östlichen Vogtland. Die Stadt liegt ungefähr 25 km von Plauen entfernt im tief eingeschnittenen Tal der Göltzsch. Auerbach blickt auf eine lange Geschichte zurück, aus der leider durch 10 große Stadtbrände zwischen 1430 und 1861 nur noch wenige historische Quellen erhalten sind.
Die waldreiche Umgebung Auerbachs, die städtischen Parkanlagen und der große Baumbestand innerhalb der Stadtgrenzen haben ihr den Beinamen »Stadt im Grünen« zu Recht gegeben; noch bekannter ist sie als »Drei-Türme-Stadt«. Angelegt ist Auerbach terrassenförmig an den Ost- und Westhängen der Göltzsch. Der tiefste Punkt Auerbachs ist mit 465 m über NN der Festplatz an der Rodewischer Straße. Hier stand früher die Papierfabrik »Hockel'sche Mühle«. Im westlichen Teil der Stadt befinden sich der »Untere Bahnhof« (514 m über NN) mit Post und Polizei; der »Obere Bahnhof« (554 m über NN) mit dem Gewerbepark »Göltzschtal«, dem 1980 gegründeten Wohngebiet Eisenbahnstraße/Bendelstein, dem Industriegebiet Auerbach-West/Rebesgrün und dem Flugplatz am Bendelstein (573 m über NN), auf dem Privat- und Geschäftsflugzeuge bis 2 t Startgewicht starten und landen können. Am östlichen Ufer der Göltzsch befindet sich der eigentliche Altstadtbereich mit den 3 Wahrzeichen: dem Turm der Stadtkirche »St. Laurentius«, dem besteigbaren Schlossturm und dem Turm der katholischen Kirche »Zum heiligen Kreuz«. Dieser Stadtteil erstreckt sich über die Klingenthaler Straße nach Hinterhain bzw. über Sorga und Brunn nach dem Ortsteil Schnarrtanne, gelegen am sonnigen Laubberg (767 m über NN). Ausgedehnte Wälder mit einem umfangreichen Netz von Wanderwegen bieten in dieser Höhenlage besonders gute Bedingungen für Entspannung und Erholung. Neben dem sächsischen Krankenhaus für Kinder- und Jugendpsychiatrie ist hier das Erholungszentrum »Waldpark Grünheide«. Auerbach war und ist ein Wirtschaftszentrum. Neben Ackerbau, Viehzucht und Handwerk bildeten in

Die Wahrzeichen der Stadt Auerbach – Schlossturm, Turm der kath. Kirche »Zum heiligen Kreuz« und Turm der ev. Stadtkirche »St. Laurentius«

der Gründungszeit der Stadt bis ins 19. Jh. die riesigen Wälder einen wichtigen Erwerbszweig mit Pech-, Ruß- und Harzgewinnung. Im 16. Jh. blühte der Bergbau; die Stadt erhielt ein Bergamt. Um die Wende zum 20. Jh. entwickelten sich die Baumwollweberei und Stickerei zur Großindustrie: Auerbach war mit Gardinen, Wäsche, Kinder- und Berufskleidung sowie Stickereierzeugnissen weit über die Grenzen Deutschlands bekannt. Als strukturbestimmender Wirtschaftszweig besteht die Textilindustrie nicht mehr. Neben vielen mittelständischen Betrieben in der Innenstadt entstand am westlichen Stadtrand in verkehrsgünstiger Lage das Industriegebiet Auerbach-West/Rebesgrün. Das 40 ha große komplett erschlossene Terrain weist alle infrastrukturellen Anforderungen, einschließlich Bahnanschluss, auf. Seit 1990/91 entfaltet sich in der Innenstadt, speziell im Gebiet der Stadtkernsanierung, eine rege Bautätigkeit. Heute besitzt die Stadt die völlig sanierten Plätze »Altmarkt« und »Neumarkt«, die durch eine Fußgängerzone verbunden sind.

Ein besonderer Anziehungspunkt für Besucher ist das am Burgberg liegende Schlossviertel mit einem Ensemble kultureller Einrichtungen. Darunter befinden sich das Fremdenverkehrsamt, untergebracht im ehemaligen Forstrentamt, das nach alten Plänen neu errichtet wurde, und eine moderne Bibliothek mit der Nachbildung der Fassade des historischen Vorgängerbaus. Das gegenüberliegende Herrenhaus des früheren Rittergutes wurde zum Museum und historischen Stadtarchiv umgebaut. Am nördlichen Ausgang der Stadt befindet sich als neue Kulturstätte die »Göltzschtalgalerie Nicolaikirche«. Die restaurierte Kapelle, deren Geschichte bis zum Mittelalter reicht, ist jetzt ein Ort für Konzerte, Ausstellungen und kleinere kulturelle Veranstaltungen. Moderne Hotels und Pensionen bieten Gästen einen angenehmen Aufenthalt. Durch die Stadt führt in Nord-Süd-Richtung die B 169 von Aue nach Plauen über Falkenstein. Die Autobahn 72 ist über die Anschlussstellen Plauen-Ost, Treuen, Reichenbach oder Zwickau-West schnell erreichbar.

Blick auf Lengenfeld aus dem Wohngebiet Strunzstraße in westliche Richtung, links im Bild die Mittelschule, rechts die Ev.-Luth. St.-Aegidius-Kirche

Stadt Lengenfeld im Vogtland

Der Ort wurde um 1150–1230 von fränkischen Siedlern als dörfliches Gemeinwesen gegründet; die Anlage als typisches Waldhufendorf ist noch heute im Verlauf der beiderseits auf die Höhen führenden Straßen erkennbar. Urkundlich wird der Ort aber erst 1438 genannt (der erste Bürgermeister in einer frühen Chronik allerdings bereits 1419). Es kann also angenommen werden, dass Lengenfeld schon frühzeitig städtische Rechte besaß. Die traditionsreiche Tuchmacherinnung wurde 1562 gegründet. Jahrhundertelang gab die Textilindustrie dem Tuchmacherstädtchen das Gepräge. Der Stadtbrand vom 10. Mai 1856 vernichtete den gesamten Stadtkern; mit seinem Wiederaufbau erhielt die Stadt ihr heutiges Aussehen.

Tradition hat im Ort vor allem die Herstellung technischer Filze. Mit der Erschließung eines 23 ha großen Industrie- und Gewerbegebietes auf der »Grüner Höhe« wurden vorrangig produzierende Firmen angesiedelt. Unmittelbar an dem unter Denkmalschutz stehenden Markt entstand 1993 aus einer Industriebrache der Hotelkomplex »Lengenfelder Hof« mit einem Geschäftszentrum. Zahlreiche Wohngebäude und historische Fassaden wurden restauriert und erstrahlen in altem Glanz. Die Rekonstruktion des Kirchplatzes, eines der schönsten städtebaulichen Ensembles des Vogtlandes, ist abgeschlossen. Ein moderner Bushalteplatz am Bahnhof dient seit 1996 dem Personennahverkehr des Vogtlandes. Die Stadt liegt zwischen 387 m (Markt) und 471 m (Aussichtspunkt Pilz) im mittleren Göltzschtal, der waldreichen Nordostecke des sächsischen Vogtlandes. Zur Großgemeinde gehören die ehemals selbstständigen Ortschaften Grün, Abhorn, Plohn, Pechtelsgrün, Irfersgrün, Waldkirchen, Schönbrunn, Weißensand und Wolfspfütz mit insgesamt (2008) 7 900 Einwohnern.

Die Aegidiuskirche entstand 1859/64 im historisierenden Baustil, dreischiffig mit doppelten Emporen, nach Plänen des Semperschülers Christian Friedrich Arnold aus Dresden. Das Altarbild von Gustav Jäger (Leipzig) ist ein Geschenk des sächsischen Königs Johann und zeigt die Kreuzabnahme Christi. Auf dem Friedhof steht

»Annenbrunnen« auf dem Lengenfelder Kirchplatz – Stiftung des Fabrikbesitzers Moritz Lenck im Jahre 1905. Der Obelisk im Hintergrund – ein Ehrenmal für die Gefallenen des Deutsch-Französischen Krieges 1870/71.

das Grabmal des bekanntesten Lengenfelder Stadtkindes, Constantin von Tischendorf (1815–74), Theologe, Erforscher neutestamentlicher Texte und Entdecker des Codex Sinaiticus, einer der frühesten Bibelhandschriften. Im Stadtmuseum, untergebracht in einem um 1682 erbauten Färberhandwerkerhaus mit Kreuzgewölbe, Bohlenwand, Schwarzer Küche und Laubengang, kann der Besucher vielerlei Exponate zur Geschichte der Stadt, der Tuchmacher, zu Handwerk und Brauchtum besichtigen. Die Klopfermühle, schon 1438 urkundlich genannt und seit 1863 im Besitz der Familie Klopfer, ist heute die letzte mit Wasserkraft arbeitende Mühle an der Göltzsch und beherbergt ein kleines Mühlenmuseum. Über 1 800 Ausstellungsstücke, Ausrüstungen, Geräte und Uniformen dokumentieren im Lengenfelder Feuerwehrmuseum die Feuerwehrgeschichte der vergangenen zwei Jahrhunderte.

Eine Perle des Freizeitangebotes im Sommer ist die Freibadanlage. Das Sportgelände am Waldkirchner Weg und die neue Zweifachturnhalle bieten vielfältige Möglichkeiten aktiver Freizeitgestaltung. Dem Reitsportbegeisterten stehen zwei Reithallen zur Verfügung, beliebt sind Ausritte in die reizvolle Umgebung. Tausende Besucher ziehen jedes Jahr nationale und internationale Sportveranstaltungen, wie der Göltzschtal-Marathon oder das Lengenfelder Reit- und Springturnier, in ihren Bann. Ein Anziehungspunkt ist der etwa 6,5 ha große Stadtpark auf dem Lengenfelder Pöhl (453 m) mit Parkgaststätte und Freilichtbühne. Alle zwei Jahre findet hier das weitbekannte »Lengenfelder Parkfest« statt, eines der ältesten und traditionsreichsten Feste des gesamten Vogtlandes. Im Ortsteil Plohn laden attraktive Erlebnisbereiche des Freizeit- und Märchenparks zum Besuch ein. Fast als Wahrzeichen von Lengenfeld gilt der Aussichtspunkt »Pilz«, von dem sich ein herrlicher Rundblick von Ostthüringen und dem vogtländischen Kuhberg bei Netzschkau bis zum erzgebirgischen Kuhberg bei Schönheide, zum Steinberg, Laubberg, zur Goldenen Höhe bei Bad Reiboldsgrün und zum Hohen Kiel bei Mühlleithen bietet.

Renaissance-Schlößchen auf der Schloßinsel Rodewisch

Gemeinde Rodewisch

Rodewisch im östlichen Vogtland liegt im reizvollen Tal der Göltzsch an der Einmündung von Wernesbach und Pöltzsch. Der Ort wird 1411 erstmals als »Redewisch« erwähnt. Ursprünglich am Ortsrand lag die – wohl im späten 13. Jh. entstandene – Wasserburg Göltzsch (das spätere Rittergut Obergöltzsch auf der heutigen »Schloßinsel«). Hier fanden 1937–39 bedeutende archäologische Ausgrabungen unter der Leitung des späteren sächsischen Landeskonservators Prof. Dr. Hans Nadler (1910–2005) statt.

1924 erhielt Rodewisch das Stadtrecht und ist damit trotz seiner langen Geschichte eine der jüngsten Städte Sachsens. Für eine Kleinstadt mit rd. 7 500 Einwohnern keineswegs typisch sind die großzügigen Grünanlagen, die umfassenden Bildungs- und Sportstätten sowie zwei große Krankenhäuser.

Perle und zugleich Mittelpunkt ist die Schloßinsel. Deren Wahrzeichen, das sog. »Schlößchen« aus der Zeit um 1500, bildet zusammen mit den Grundmauern der mittelalterlichen Hauptburg und dem ehemaligen Herrenhaus ein einmaliges kulturgeschichtliches Ensemble. Zudem beherbergt das Herrenhaus seit 1951 das städtische Museum (»Museum Göltzsch«). Neben dessen Dauerausstellungen zur Archäologie und Regionalgeschichte sowie wechselnden Sonderausstellungen ziehen nicht zuletzt die großen Weihnachtsausstellungen jährlich Tausende von Besuchern weit über die Grenzen des Vogtlandes hinaus an. Eine besondere Sehenswürdigkeit besitzt die Stadt mit der Sternwarte und dem Zeiss-Planetarium: Bei Beobachtungen mit den gewaltigen Spiegelteleskopen rücken ferne Galaxien in greifbare Nähe. In den Vorführungen im Planetarium erleben die Besucher eine Nacht unter dem Sternenhimmel und bekommen »ihr« Sternbild gezeigt.

Die bewaldeten Höhenzüge ringsherum erlauben ganzjährig ausgedehnte Wanderungen auf gut markierten Wegen. Über den Ortsteil Rützengrün gelangt man in den Naturpark »Erzgebirge/Vogtland« mit dem größten zusammenhängenden Waldgebiet Mitteleuropas, welches sich bis Böhmen und Bayern erstreckt.

Gemeindezentrum mit anschließenden Rollbockschuppen im Ortsteil Oberheinsdorf

Gemeinde Heinsdorfergrund

1994 schlossen sich die ehemaligen Gemeinden Unterheinsdorf, Oberheinsdorf und Hauptmannsgrün zu einer neuen Gemeinde zusammen, verbunden durch den Raumbach, der das Tal auf 9 km Länge durchfließt. Etwa 2 400 Menschen wohnen hier; im Westen grenzt das Gemeindegebiet unmittelbar an Reichenbach, der zweitgrößten Stadt des Vogtlandes.
In der landschaftlich reizvollen Bachaue wird das kleine Rinnsal von zahlreichen Quellen gespeist; im Talgrund des Baches reihen sich die Gehöfte von Unter- und Oberheinsdorf talaufwärts aneinander bis auf ca. 460 m zur »Alten Poststraße« hin, wo Hauptmannsgrün liegt. Die klimatischen Verhältnisse bieten einen gesunden Lebensraum für Fauna und Flora: Rot-, Schwarz- und Haarwild, Zaunkönig, Kleiber, Habicht und Waldkauz treten häufig auf; ebenso Kastanien, Linden, Ahorn und in Unterheinsdorf auch Orchideenarten. Die Besiedlung des Gebietes ist um etwa 1100 nachweisbar; 1140 wird »Heynrichsdorff« erwähnt, als der Naumburger Bischof Uto anlässlich der Wiedereinweihung der Reichenbacher Kirche die zinspflichtigen Orte, darunter auch Heynrichsdorff, erwähnt. Die Trennung in Unter- und Oberheinsdorf vollzog sich um 1460. Bis 1850 wurde die Entwicklung der Dörfer ausschließlich durch die Landwirtschaft und die sie bedienenden Gewerke geprägt; erst die industrielle Entwicklung Reichenbachs prägte auch die umliegenden Orte. Hauptmannsgrün, 1367 ersterwähnt, war wahrscheinlich eine Waldhufengründung fränkischer Siedler. Neben Handwerk und Dienstleistungsgewerbe sowie Landwirtschaft dominiert heute vor allem der Tourismus. Der Rundwanderweg »Rund um den Heinsdorfer Grund« (20 km), führt durch eine typische Landschaftsform des nördlichen Vogtlandes und verläuft z.T. auf Höhenlinien, die einen guten Fernblick ermöglichen. Das Hauptmannsgrüner Naherholungsgebiet »Mühlteich« ist ein lohnendes Ziel rund ums Jahr; auch ein Urlaub auf dem Bauernhof lässt sich arrangieren. Darüberhinaus bieten die Vereine jederzeit willkommene Abwechslung.

Markt mit Rathaus

Stadt Netzschkau

Netzschkau im nördlichen Vogtland wurde erstmals im Jahre 1351 erwähnt, jedoch erst 1687 erhielt der Ort städtische Privilegien. Nun konnte sich die Stadt entwickeln, denn zahlreiche Handwerker ließen sich nieder, und der Grundstock für die sich später entwickelnde Industrie war geschaffen.
Mitte des vergangenen Jahrhunderts setzte sich die Industrialisierung durch, und die Wandlung vom Handwerkerstädtchen zur Industriestadt wurde durch den Anschluss Netzschkaus an das Eisenbahnnetz 1851 entsprechend begünstigt.
Von 1846–1851 wurde im Zuge des Ausbaues der Eisenbahnverbindung Leipzig–Nürnberg die Göltzschtalbrücke erbaut. Dieses gewaltige Monument (78 m hoch, 574 m lang, 81 Bögen in 4 Etagen) ist die größte Sehenswürdigkeit des Vogtlandes und zugleich die größte Ziegelsteinbrücke der Welt. Weitere Sehenswürdigkeiten hat die Stadt zu bieten: Das Schloss (1491), zur gleichen Zeit wie die Albrechtsburg in Meißen geschaffen, ist ein Bauwerk sächsischer Spätgotik. Die harmonisch geschwungenen Vorhangbogenfenster und Türrahmungen, die Staffelgiebel und Stempelstuckdecken sind weitere wichtige Merkmale hierfür. Ein um 1672 erbauter und 4,10 m hoher Kachelofen ist ebenfalls bemerkenswert.
Nahe der Stadt und weithin sichtbar ist der Kuhberg mit 511 m Höhe die größte Erhebung im nördlichen Vogtland. Der 1900 erbaute und 21 m hohe Bismarckturm lädt die Besucher zum weiten Ausblick über die Region ein. Am Fuße des Turmes befindet sich im Freien eine attraktiv gestaltete Modelleisenbahnanlage.
Die Stadt mit den Ortsteilen Lambzig, Foschenroda und Brockau liegt eingebettet in die Hügellandschaft des nördlichen Vogtlandes und ist über die A 72, Anschlussstellen Reichenbach und Treuen, sowie die B 173, die die Stadt durchquert, zu erreichen. Durch die Eingemeindung von Brockau im Jahr 1999 wurde die Stadt Netzschkau aufgrund der in Brockau hergestellten Plauener Spitze zur Spitzenstadt.

Blick auf das Wahrzeichen der Stadt, die repräsentative Burg, und die Stadtkirche, ein neogotischer Klinkerbau

Stadt Mylau

Die idyllische Kleinstadt Mylau liegt im nördlichen Vogtland in der Nähe der Göltzschtalbrücke. Oberhalb des Eisenbahnviadukts füllt der Ort das gesamte Tal und die benachbarten Hänge aus; er hat ca. 3 000 Einwohner und liegt 390 bis 370 m hoch. Das untere Tal der Göltzsch bildet den landschaftlichen Rahmen der Kleinstadt. Mylau ist verkehrsgünstig angebunden. Durch den Ort führt die Bundesstraße B 173, in deren weiterer Verlauf man in westlicher Richtung Bamberg und in östlicher Richtung Dresden erreicht. Bis zur A 72 – Anschlussstelle Reichenbach – sind es ca. 6 km.

Die repräsentative Burg ist das Wahrzeichen der Stadt, sie ist die größte und am besten erhaltene Burganlage des sächsischen Vogtlandes. Der romanische Wehrbau wurde um 1180 auf einem Felssporn im Mündungswinkel von Göltzsch und Raumbach als Reichsdienstmannensitz Kaiser Barbarossas erbaut. Kaiser Karl IV. verlieh der Siedlung unter ihr 1367 das Stadtrecht, woran sein Bild im Wappen erinnert. In der Burg befindet sich das Museum. Das Museum Burg Mylau ist bestandsmäßig das größte Museum des Vogtlandkreises. Hervorgegangen ist es aus dem 1883 gegründeten Museum des Mylauer Naturkundevereins. Weiterhin lohnt sich der Besuch der Stadtkirche – ein neogotischer Klinkerbau mit 72 m hohem Turm, farbenprächtigen Bleiglasfenstern und ornamentaler Bemalung. Das 1890 geweihte Gotteshaus besitzt eine aus dem Vorgängerbau übernommene, 1731 gebaute Silbermannorgel. Unterhalb des malerischen Hirschsteins befindet sich das Freibad. Angrenzend an das Areal des Freibades wurde eine Rollbahn errichtet, die von aktiven und nichtaktiven Sportlern genutzt werden kann. Im Ortsteil Obermylau findet man Reste eines Rittergutes. Vor dem Umgebindehaus des Gasthofs (18. Jh.) steht das Siegfried-Denkmal, das zum Gedenken der im I. Weltkrieg Gefallenen errichtet wurde. Obermylau ist eine typisch slawische Ansiedlung; alle Gehöfte sind unregelmäßig um den Dorfteich angeordnet. Vom Gasthof »Obermylau« aus gelangt man auf dem Vogtlandpanoramaweg direkt zur Göltzschtalbrücke.

Postplatz mit Schenkerhaus und Trinitatiskirche

Reichenbach – Wir verbinden Regionen

Reichenbach entstand vermutlich aus einer slawischen Ansiedlung und einer Niederlassung fränkischer Siedler im 12. Jahrhundert. Die damals wasserreichen Bäche gaben dem Ort seinen Namen. Die erste urkundliche Erwähnung stammt aus dem Jahre 1212. In einer Urkunde von 1271 wird Reichenbach erstmals als »civitas« – befestigte Stadt – bezeichnet. Ihre Entstehung und Entwicklung verdankt die Stadt ihrer günstigen Lage an den alten Fernstraßen. Diese gute Lage gilt auch heute als Standortvorteil. Reichenbach liegt an wichtigen Verkehrsstraßen, so an der Bundesautobahn A 72 und an den Bundesstraßen B 173 und 94.

Der Stadtkern Reichenbachs ist maßgeblich durch eine rege Bautätigkeit in den Gründerjahren vor dem Ersten Weltkrieg geprägt und gilt als städtebaulich bedeutsam und sehenswert. Drei Kirchen befinden sich im engeren Stadtkreis, von denen die älteste unter ihnen, die Kirche St. Peter und Paul, eine historische Orgel aus dem 18. Jahrhundert besitzt, die auf den sächsischen Orgelbaumeister Gottfried Silbermann zurückgeht. Viele Gebäude wurden in den letzten Jahren von Grund auf saniert. Darüber hinaus ist man bestrebt, den eigenen Charakter der Ortsteile zu erhalten. Über die Stadtgrenzen hinaus bekannt sind das Neuberin-Museum sowie das Neuberinhaus, Konzertsaal und Geschäftsstelle der Vogtland Philharmonie Greiz-Reichenbach. Letztere Einrichtungen verdanken ihren Namen der 1697 geborenen Friederike Caroline Neuber, genannt die Neuberin. Als Schauspielerin und Prinzipalin einer wandernden Theatergruppe reformierte sie im 18. Jahrhundert die deutsche Theaterkunst grundlegend. Das Neuberin-Museum informiert über das Leben und Wirken der Neuberin und über die Reichenbacher Stadtgeschichte.

Neben den grundlegenden Schultypen hat die Stadt eines der größten Gymnasien Sachsens, in dem den Schülern umfangreiche Bildungs- und Kulturangebote unterbreitet werden. In der Musikschule Vogtland erhalten Kinder und Jugendliche eine musische Ausbildung. Die Angebote der Kinder- und Jugendbetreuung

Wasserturm mit Aussichtsplattform, 1926 im Stil des Funktionalismus erbaut

sind vielfältig. Für den Freizeitsport gibt es vier Turnhallen, eine Tennisanlage, ein Freibad sowie ein kleines Hallenbad. Mit der Jürgen-Fuchs-Bibliothek im Rathaus, Markt 1, verfügt die Stadt über eine moderne Kommunikationsbibliothek.

Von Reichenbach aus kann man, bedingt durch die verkehrsgünstige Lage im nördlichen Teil des Vogtlandes, Ausflüge in das obere Vogtland, ins bayerische und böhmische Vogtland sowie nach Oberfranken unternehmen. »Wir verbinden Regionen« – diesen Vorteil nutzt die Stadt für ihre wirtschaftliche Entwicklung.

Neuerschlossene Standorte befinden sich unmittelbar an der A 72 und der B 94. Investitionen förderfähiger Unternehmen an diesem Standort genießen höchste Förderpriorität. Die Flächen sind teilweise erschlossen und sofort bebaubar. Neben den äußerst günstig gelegenen Industrieflächen gibt es in Reichenbach leistungsfähige und zuverlässige Kooperationspartner (Hochschulteil der Westsächsischen Hochschule; Sächsische Kältefachschule) sowie eine ausgezeichnete Infrastruktur. Die Stadt punktet außerdem durch kürzeste Verwaltungswege und kompetente Unterstützung. Das zeigt die gute Auslastung vorhandener Industrie- und Gewerbeflächen. Im Planungszweckverband »Industrie- und Gewerbegebiet Autobahnanschlußstelle Reichenbach/Vogtl.« (PIA) werden die Industrieflächen an der Autobahn entwickelt. Unternehmen der verschiedensten Branchen nutzen bereits die Vorteile, die sie in den Industriegebieten direkt an der Autobahnanschlussstelle Reichenbach zur A 72 finden.

Weithin bekannt ist auch der markante Gebäudekomplex der Westsächsischen Hochschule Zwickau (FH), Hochschulteil Reichenbach, der 1926/27 im Stil des Funktionalismus errichtet wurde. Heute ist der Hochschulteil Reichenbach Ausbildungsstätte für Studenten der Fachrichtungen Textil- und Ledertechnik sowie Architektur.

Westsachsen

Zwei ehemalige Landkreise (seit 1. August 2008 aufgrund der Kreis- und Funktionalreform Landkreis Zwickau) bilden heute im Wesentlichen diese Landschaft: Zwickauer und Chemnitzer Land, einschließlich der beiden Großstädte Chemnitz und Zwickau sowie der Großen Kreisstädte.

Zwickauer Land

Der ehem. Kreis Zwickauer Land liegt eingebettet zwischen Vogtland und Erzgebirge; die höchste Erhebung bildet der Hirschenstein (610,5 m), tiefster Punkt ist bei Crimmitschau-Frankenhausen (221,5 m). Zahlreiche landschaftliche Kleinodien erhöhen den Reiz dieser Region: romantische Burgen und Schlösser, Herrenhäuser, malerische Vierseithöfe, Talsperren von beachtlichem Ausmaß, der Tierpark Hirschfeld, die prächtigen Kirchen mit wertvollen Innenausstattungen und vieles andere. Zahlreiche Brücken und Viadukte künden von sächsischer Baukunst und technischem Fortschritt. Im 12. und 13. Jahrhundert haben Bauern den bewaldeten Boden des Erzgebirgischen Beckens zu dieser Kulturlandschaft geformt. Es entstanden meist langgestreckte Waldhufendörfer in Seitentälern der zahlreichen Flüsschen und Rinnsale, deren Ursprung noch heute an den fast burgenartig geschlossenen Dreiseithöfen erkennbar ist. Neben der Landwirtschaft blühte der Handel: Die wichtige Trasse von Regensburg über Nürnberg, Hof nach Dresden führte durch diese Region.

Mülsengrund, Peter Breuer, Schlösser und Burgen

Neben reichem archäologischen und baulichem Erbe sind Zeugen ländlicher Volkskultur erhalten. Der Mülsengrund stellt mit seinen Dörfern eine attraktive Landschaft dar. Da ist das oftmals als »schönstes Dorf im Landkreis« ausgezeichnete Mülsen St. Niclas mit seiner 1636 erbauten Kirche samt Bilderdecke; der Bergbau endete hier erst 1990. Mülsen St. Jacob liegt im Talkessel des Mülsengrundes – es ist ein enges, von Süd nach Nord verlaufendes Tal mit ansteigenden Ost- und Westhängen; der gleichnamige Bach ist durchschnittlich nur 3 m breit. Am Ostrand des Landkreises befindet sich Mülsen St. Micheln, ein langgestrecktes Straßendorf; die ehemalige Bahntrasse wird gern als Wander- und Radweg genutzt. Ortmannsdorf liegt exakt in einer Höhe von 339,18 m. Niedermülsen ist der kleinste Ort mit malerischen Streuobstwiesen sowie Drei- und Vierseithöfen. In der Kirche St. Urban im benachbarten Thurm befindet sich ein Flügelaltar des Zwickauers Peter Breuer von 1731.
Viele Zeugnisse des Bildschnitzers Peter Breuer (1470–1541) finden sich in der Umgebung seines einstigen Wohnortes; insgesamt weiß man heute von etwa 20 Flügelaltären und 200 Einzelfiguren, die teilweise weit verstreut sind. 1492 befand er sich auf Wanderschaft in Süddeutschland; Einflüsse der Ulmer Schule und Tilman Riemenschneiders sind unverkennbar. Das älteste erhaltene Werk ist der Altar von Steindorf (1497). 1502 entstand die Beweinungsgruppe für die Zwickauer Marienkirche; 1539 als letztes Werk ein Kruzifix für die Ratsstube seiner Heimatstadt. Beinahe alle Schlösser sind gut erhalten und erfreuen sich eines ständig wachsenden Besucherzuspruchs. Die mittelalterliche Trutzburg Schönfels befindet sich auf einem Diabasfelsen; Wehrgang, Bergfried, Kemenate und anderes sind erhalten, ebenso eine Kapelle mit gotischen Merkmalen sowie jenen aus Renaissance und Barock (auch ein Orgelpositiv von 1740). Im Schloss Blankenhain befinden sich Agrar-, Freilicht-, Brauerei-, Technik-, Geschichts- und Völkerkundemuseum. In dieser Aufzählung dürfen die Schlösser in Leubnitz, Schweinsdorf, Steinpleis, Wiesenburg, Wolfsbrunn, Burg Stein und andere nicht fehlen. Architektonische Vielfalt prägt jedes dieser Denkmale und gibt uns noch heute Auskunft über die einzelnen Funktionen; ob als Schutz- und Trutzburg oder Wohnanlage. Auch die Schlösser in Glauchau dürfen nicht unerwähnt bleiben; die Große Kreisstadt ist am Hochufer der mittleren Zwickauer Mulde erbaut worden und besitzt überdies mit der Silbermannorgel (1730) in der St. Georgenkirche ein wohltönendes Kleinod.

Erholung pur und jede Menge Besonderheiten

In der Region gibt es eine enorme Zahl von Erholungszentren; der Tierpark Hirschfeld ist ein solches: 27 ha umfasst das Areal, in dem etwa 700 Tiere in 100 Arten leben. Niedercrinitz liegt in der Nähe; hier sind als landschaftliche Sehenswürdigkeiten die Quarksteine zu erwähnen sowie die nahen Landschaftsschutzgebiete »Kirchberger Granit« und der »Plotzgrund«. Wiesenburg, an der Bahnstrecke nach Aue, hat mit der »Scharfrichterei« auf 443 m seinen höchsten Punkt. Neben Schloss und Rochuskirche gibt es einen ehemaligen Kalk-

ofen im Ortsteil Schönau und das Landschaftsschutzgebiet »Wildenfelser Granit«. In Cainsdorf befinden wir uns schon unmittelbar bei Zwickau; Wilkau-Haßlau ist am Eingang nach Zwickau eine selbständige Gemeinde mit rund 12 000 Einwohnern; es gibt eine Menge zu bestaunen: die große Autobahnbrücke über die A 72, den Kraußberg (370 m) und den Rocksen (402 m), das Denkmal »Müder Wanderer« auf dem Michaelis-Friedhof, die Mulde und den Ortsnamen selbst … »Wilkow« lautete er um 1432: »Ort, wo es Wölfe gibt«.

Zurück zur Natur!

Womit wir uns wieder mitten in der Natur befinden! Es soll hingewiesen werden auf eines der schönsten Kerbtäler des Mülsengrundes, den Wilhelmsgrund bei Stangendorf; die weltweit einmalige Sanierung des Absetzbeckens der Wismut in Helmsdorf bei Oberrothenbach; auf das Mineralquellengelände in Crinitzberg; auf das schöne Gebiet des Pompersberges bei Culitzsch; auf das malerische Rödelbachtal; die geologischen Sehenswürdigkeiten bei Cunersdorf; auf den »Böhmischen Steig«, einen alten Handelsweg in Zschocken, nahe des Geburtsstädtchens des Arztes und Dichters Paul Fleming. Es soll ebenfalls hingewiesen werden auf den 2 000-Hektar-Forst bei Leubnitz, wo einst Harz und Pech gewonnen wurde und die Köhlerei heimisch war, wo früher 3 Wasser- und eine Windmühle ihren Dienst versahen und über 150 Jahre Flößerei betrieben wurde, deren wertvolle Fracht auf direktem Wege nach Leipzig gelangte.

Chemnitzer Land

Chemnitz, Würschnitz, Zwönitz, Zschopau, Flöha und Zwickauer Mulde durchfließen den Landkreis; A 4 und 72 sowie zahlreiche Bundesstraßen sorgen für fließenden Verkehr. Ein grünes Band durchzieht das Tal der Chemnitz; die Chemnitztalbahn führt daran entlang und wechselt vielfach mittels Brücken die Flussseite. Breite Wiesenauen nimmt man wahr; bisweilen eingesäumt von ausgedehnten Laubwäldern oder eingeengt durch felsige Hänge. Im Ortsteil Schweizerthal sollen einst Riesen gekegelt haben – nur so kann man sich hier logischerweise die großen Felsbrocken im Flussbett erklärten. Man findet häufig Steilhänge mit bizarren Felsen und edellaubholzreiche Mischwälder.

Sehenswürdigkeiten und Natur

In angenehmer landschaftlicher Lage befindet sich die Große Kreisstadt Limbach-Oberfrohna. Das Limbacher Teichgebiet ist ein Biotop von überregionaler Bedeutung; man findet eine größere Anzahl von Fischteichen mit ausgeprägten Verlandungszonen, Feucht- und Nasswiesen, Niedermoore, Röhrichte, naturnahe Gehölze, Waldreste sowie eine seltene Artvielfalt von Brutvögeln; auch der Stadtpark mit altem Baumbestand ist wertvoll. Ein paar Kilometer nördlich liegt Burgstädt mit seinem denkmalgeschützten Stadtkern.
Ein anderes reizvolles Ausflugs- und Erholungsgebiet ist das Zwönitztal am gleichnamigen Flüsschen; dieser bildet nach der Vereinigung mit der Würschnitz (oberhalb Einsiedel) die Chemnitz, die ihrerseits in die Zwickauer Mulde mündet. Das zum Teil sich tief in das Gestein eingesägte Tal ist ein wahres Paradies für Wanderfreunde; hier beginnt, nahezu übergangslos, die typisch erzgebirgische Landschaft mit dichten Fichtenwäldern. Nicht weit davon das Wasserschloss Klaffenbach, ein imposanter Renaissancebau. Das Städtchen Einsiedel gilt als Kleinod. In dieser waldreichen Gegend herrschte lange das mächtige Adelsgeschlecht derer von Einsiedel.
Das 800 Jahre alte Chemnitz liegt inmitten der Höhenzüge des Vorerzgebirges und ist Mittelpunkt des Wassereinzugsbereiches der Zwickauer Mulde, die sich nach 128 km südlich von Colditz mit der Freiberger Mulde, die dann 102 km Weges hinter sich hat, vereinigt. Am westlichen Fuße des Erzgebirges liegt Lichtenstein. Heinrich von Kleist schrieb einst begeistert an seine Braut: »In der Tiefe lag zur Rechten, auf der Hälfte eines ganz buschigen Felsens, das alte Schloß Lichtenstein; hinter diesem, immer noch zur Rechten, ein höchster Felsen, auf welchem ein Tempel steht. Aber zur Linken öffnet sich ein weites Feld, wie ein Teppich, von Dörfern, Gärten und Wäldern gewebt.« Auch im nahe liegenden Hohenstein-Ernstthal ergibt sich ein ausgedehntes Wandergebiet; am Südhang des 481 m hohen Pfaffenberges liegt die Doppelstadt. Viel Wald, kleinere Bauernwälder, bewaldete Raine, einzeln stehende Großbäume und Eschenalleen – all dies ergibt ein harmonisch wirkendes Landschaftsensemble. Das größte zusammenhängende Wandergebiet erstreckt sich vom Landschaftsschutzgebiet »Rabensteiner Wald« zum Heidelberg, Pfaffenberg und Stausee Oberwald.

Zwickau – die Robert-Schumann- und Automobilstadt

Schon die zwei Beinamen verraten: Zwickau kann man aus ganz verschiedenen Perspektiven für sich entdecken. Hier kommt der Autonarr ebenso auf seine Kosten wie der Kulturliebhaber. Doch wie auch immer man die Entdeckertour durch die im Erzgebirgsvorland im Tal der Zwickauer Mulde gelegene Stadt fortsetzen will – ein kleiner Bummel durch die fußgängerfreundliche City wäre für den Anfang sehr zu empfehlen.
Erste Zwickauer Touristen-Adresse ist der Hauptmarkt – sozusagen konzentrierte Stadtgeschichte. Hier entdeckt man eine Reihe bemerkenswerter Bauwerke. Das dominierendste Gebäude ist das um 1403 erbaute Rathaus mit neogotischer Fassade aus dem 19. Jahrhundert. Der älteste noch erhaltene Teil davon ist die gotische Jakobskapelle (1473–77). Gleich daneben befindet sich das Gewandhaus, erbaut 1525, einst Zunfthaus und seit 1823 Theaterspielstätte. Unweit davon steht das Hochzeits- und Dünnebierhaus mit seinem spätgotischen Staffelgiebel. Geschäftshäuser aus der Gründerzeit und alte Bürgerhäuser wie das »Römerhaus« von 1479 runden den wunderbaren Anblick ab. Nicht weit entfernt und sehenswert sind zudem der Pulverturm mit Stadtmauerrest als letztes Zeugnis der ehemaligen Stadtbefestigung und die um 1212 als Klosterkirche entstandene Katharinenkirche.
Das Robert-Schumann-Denkmal gegenüber dem Theater ist eines der meistfotografierten Zwickau-Motive. Am besten mit dem großen Sohn der Stadt auf Tuchfühlung gehen kann man im Robert-Schumann-Haus am Hauptmarkt 5. Die Geburtsstätte des berühmten Komponisten beherbergt die weltweit größte geschlossene Sammlung mit mehr als 4 000 Originalhandschriften Robert Schumanns und seiner Gattin, der Pianistin Clara geb. Wieck (1819–1896). Ergänzt wird dieser einzigartige Bestand durch eine Vielzahl zeitgenössischer Dokumente, zu sehen in der acht Räume umfassenden Schausammlung. Ein Glanzstück des Hauses ist der 1825 in Wien gebaute Flügel, auf dem Clara Schumann als neunjähriges Mädchen ihr Konzertdebüt im Leipziger Gewandhaus gab. Zwickau steht für ganz speziellen Musikgenuss. Der Internationale Robert-Schumann-Wettbewerb für Klavier und Gesang, der heute zu den renommiertesten Musikwettbewerben in Deutschland neben dem Münchener ARD- und dem Leipziger Bach-Wettbewerb zählt, wurde im Schumann-Jubiläumsjahr 1956 ins Leben gerufen. Aus ihm sind schon viele bekannte Größen der Musikwelt hervorgegangen. Die Zwickauer Musiktage locken jährlich Fachwelt und interessiertes Publikum in die Robert-Schumann-Stadt.
Stadtgeschichte pur bietet auch das Areal des Domhofes. Es ist gar nicht zu verfehlen. Denn hier steht der Dom St. Marien. Mit seinem 87 Meter hohen barocken Glockenturm (1672) prägt er die Stadtsilhouette. Das monumentale Bauwerk entstand um 1180 als romanische Saalkirche, wurde 1328 durch Brand zerstört, zwischen 1453 und 1563 zur dreischiffigen Hallenkirche im spätgotischen Stil umgebaut. Bis zum 19. Jahrhundert gab es immer wieder Umgestaltungen. Wer den Aufstieg wagt, wird mit einem herrlichen Blick über die Stadt belohnt. Doch auch im Inneren des wunderschönen Sakralbaus findet man Einzigartiges, u.a. einen Wandelaltar von Michael Wolgemut und eine Plastik des hier zu Lande berühmten Zwickauer Holzbildhauers Peter Breuer, die »Piëta«. Eine Augenweide ist der über sieben Meter breite Zwickauer Hauptaltar. Er entstand 1479 in der Werkstatt Wolgemuts in Nürnberg. Mit Blick auf spätmittelalterliche Maler- und Bildhauerkunst ist er einer der kunsthistorisch bedeutendsten Altäre Sachsens. Im Jahre 1520 predigte hier Thomas Müntzer.
In Nachbarschaft, gegenüber dem Hauptportal, stehen die erstmals 1521 in einem Ratsprotokoll so genannten Priesterhäuser. Die vier zweigeschossigen Häuser sind ein beeindruckendes Kulturdenkmal, mit den für die spätmittelalterliche Bauweise typischen steilen Satteldächern. Diese geschlossene architektonische Baugruppe zählt nachweislich zu den ältesten original erhaltenen Wohnhausensembles in Deutschland. Früher lebten hier Geistliche und Schulmeister und wer will, kann heute an diesem Ort in die Lebenswelt des späten Mittelalters und der frühen Neuzeit abtauchen. Die Priesterhäuser beherbergen die stadtgeschichtlichen Sammlungen.
Etwas Besonderes bietet das »Brauhaus Zwickau« in unmittelbarer Nachbarschaft zu den Priesterhäusern. Es ist die 1. Zwickauer Gasthausbrauerei mit eigener Destille. Hier findet die seit dem Mittelalter berühmte Zwickauer Hausbrauereitradition ihre Fortsetzung. Das Areal um den Dom, das Haupt- und Kornmarkten-

Blick zum Dom St. Marien

semble bietet zudem das richtige Ambiente für das jährliche Stadtfest, Open-Air-Veranstaltungen und das historische Markttreiben im Stil der Renaissance.

Zwickaus Historie erklärt sich auch an anderer Stelle. Wer liebevoll erhaltene Stadtquartiere aus Jugendstil und Gründerzeit betrachten möchte, wird seine Schritte ohnehin in Richtung Nordvorstand lenken. Da empfiehlt sich dann unbedingt ein ausgiebiger Abstecher in die Lessingstraße 1. Dort sind nicht nur die Städtischen Kunstsammlungen untergebracht, sondern auch das Stadtarchiv und die Ratsschulbibliothek. Letztere ist als erste öffentliche Bibliothek Sachsens durch ihren wertvollen Bestand an Inkunabeln, Drucken und Schriften weltweit bekannt. Wer in städtischen Archiven stöbert, erhält dann auch die Antwort darauf, wie aus der Stadt Zwickau, die einst durch Silber- und Steinkohlenbergbau Bedeutung erlangte, die Automobilstadt wurde.

Historischer Exkurs
Eine Urkunde des Jahres 1118 erwähnt erstmals das »territorium zwiccowe«. Mit Erschließung des Reichslandes Pleißen im 12. Jahrhundert durch Friedrich Barbarossa entwickelte sich der 1212 als »oppidum« (Stadt) genannte Ort zum Versorgungszentrum des Westerzgebirges. Florierende Handwerke, insbesondere das Textil- und Metallhandwerk sowie umfangreiche Handelsbeziehungen waren, die Quelle städtischen Reichtums. Als 1470 auf dem Schneeberg ein »neues Berggeschrey« anhob, beteiligten sich vorwiegend reiche Zwickauer Bürger am Silberbergbau und führten die Stadt im 15./16. Jahrhundert zu wirtschaftlicher, kultureller und politischer Blüte.

In jener Zeit war übrigens auch das von den hiesigen Tuchmachern gefertigte »zwicksche tuch« weithin bekannt. Zwickau rückte zu einer der bedeutendsten Städte in den Wettinischen Landen auf. Namen wie die der

August Horch Museum – Dokumentation der automobilen Zwickauer Erfolgsgeschichte

Handelsherren Martin Römer und Hans Federangel, des Reformators Martin Luther, eines Thomas Müntzer oder Georgius Agricola verbanden Zwickau eng mit der Entwicklung in Deutschland.
Doch nachdem das Silber im Schneeberger Revier erschöpft war, konnte die Stadt ihre bis dato kontinuierliche Entwicklung nicht fortsetzen. Sie hatte die Auswirkungen verschiedener Epidemien sowie die Unruhen der folgenden Jahrhunderte zu verkraften, wie z.B. die des Dreißigjährigen und Siebenjährigen Krieges. Auch der verspätete Anschluss an die Manufaktur- und Industrieentwicklung ließ das wirtschaftliche Leben stagnieren, so dass Vater August und Sohn Robert Schumann ihr Zwickau als »Ackerbürgerstadt in romantischer Lage am Fuße des Erzgebirges« charakterisierten. Erst mit dem Beginn der industriellen Ausbeutung der Steinkohlevorkommen Mitte des 19. Jahrhunderts gewann Zwickau wieder an Bedeutung. Der Steinkohlenbergbau, der bis Ende der Siebzigerjahre des 20. Jahrhunderts betrieben wurde, sorgte für einen wirtschaftlichen Aufschwung. Neue Industriezweige im Umfeld des Bergbaus ließen Zwickau zu einem bedeutenden Industriestandort werden – z.B. begann bei der Zwickauer Firma Friemann & Wolf 1884 die Herstellung der weltweit ersten Sicherheitsgrubenlampen.

Beginn des automobilen Zeitalters
Mit Gründung der A. Horch & Cie. Motorenwerke AG im Jahr 1904 startete August Horch in Zwickau die Automobilproduktion und legte damit den Grundstein für einen neuen Industriezweig in Zwickau. Automarkennamen wie Horch, Audi, DKW, Wanderer und später Trabant traten von Zwickau aus ihren Siegeszug in die Welt an. Heute findet die über 100-jährige Automobilbautradition ihre Fortsetzung mit der Produktion der Modelle Golf und Passat im VW Werk im Zwickauer Stadtteil Mosel.

Dokumentiert ist die automobile Zwickauer Erfolgsgeschichte im August Horch Museum. Es hat als einziges kraftfahrzeugtechnisches Museum Deutschlands seinen Sitz an einer früheren Fertigungsstätte. Auf 2 500 qm Fläche einer vollkommen neu gestalteten Ausstellung im historischen Gebäudeensemble des früheren Audiwerks wird Geschichte lebendig. Großexponate und eine Vielzahl automobilbezogener Kleinobjekte werden vor Hintergründen und szenischen Darstellungen präsentiert. Angesichts solcher Objekte wie einer Tankstelle der späten 1920er Jahre, einem Stand der Auto-Union auf der Automobilausstellung der 1930er Jahre bzw. der Präsentation von Rennsporterfolgen der legendären Silberpfeile oder von Prototypen des Trabant bekommen Automobil-Liebhabern aus der ganzen Welt vor Begeisterung glänzende Augen.

Ja, und was wäre eine Stadt ohne ihre »Promis«. Viele kennen die Robert-Schumann-Stadt als Geburtsstadt des berühmten Komponisten (1810–1856). Aber auch Max Pechstein (1881–1955), der große deutsche Expressionist und auch der Brücke-Künstler Fritz Bleyl (1880–1966) wurden hier geboren, ebenso wie der Schauspieler Gert Fröbe (1913–1988). Der namhafte Gelehrte Georgius Agricola, der Vater der modernen Mineralogie- und Bergbauwissenschaft, der von 1519–1522 an der bereits 1478 gegründeten städtischen Lateinschule, der Vorgängerin der heutigen Westsächsischen Hochschule Zwickau, unterrichtete, gehört ebenfalls zu den großen Zwickauer Persönlichkeiten. Der weltbekannte Organist Matthias Eisenberg arbeitet an Zwickaus Moritzkirche. Zudem hat die Stadt an der Zwickauer Mulde berühmte Ehrenbürger, wie die einstigen Vorstandsvorsitzenden der Volkswagen AG: Prof. Dr. Carl Hahn oder Dr. Ferdinand Piëch.

Nach dem Stöbern in Archiven und dem Besuch im Museum hat sich der Zwickau-Besucher dann wirklich etwas Erholung verdient. Wer dafür ebenfalls Zwickautypisches sucht, darf das Johannisbad nicht außer Acht lassen: Dieses architektonisch verzaubernde Kleinod liegt nahe den Erholungsoasen Schlobigpark und Muldendamm in der Johannisstraße 16. Es vereint Epochen wie Jugendstil und Neugotik mit einem Hauch orientalischer Badekultur. Das Innenleben bietet unter anderem einen Whirlpool oder eine Saunalandschaft mit einem im Originalzustand erhaltenen Ruheraum. Ein Aha-Erlebnis bringt die Schneekammer, in der es selbst bei hochsommerlichen Temperaturen schneit!

Wohlfühlen auf ganz andere Art kann man sich bei einem Besuch im traditionsreichen Konzert- und Ballhaus »Neue Welt« in der Leipziger Straße 182. Hier befindet sich Sachsens schönster und größter Terrassensaal im Jugendstil. Auch neben diesem Kulturtempel gibt es eine Grünoase mit besonderem Flair: den Park »Neue Welt«, ähnlich schön wie das weitläufige innerstädtische Erholungsareal rund um den Zwickauer Schwanenteich.

Johannisbad – Vereinigung von Epochen wie Jugendstil und Neugotik mit einem Hauch orientalischer Badekultur

Landkreis Zwickau

Der Landkreis Zwickau wurde zum 1. August 2008 im Zuge der Kreis- und Funktionalreform aus den ehemaligen Landkreisen Chemnitzer Land und Zwickauer Land sowie der bisher kreisfreien Stadt Zwickau gebildet. Er besteht nunmehr aus 14 Städten und 19 Gemeinden, Verwaltungssitz ist Zwickau, die Flächengröße beträgt 949 qkm mit einer Gesamteinwohnerzahl von rund 353 000.

Im westsächsischen Raum, eingebettet von Vogtland und Erzgebirge, liegt der ehemalige Landkreis Zwickauer Land. Den Landschaftscharakter prägen die Täler der Mulde und Pleiße; die reizvolle Region mit sanften Hügeln und Bachläufen vermittelt Ruhe und Geborgenheit.

In über 900 Jahren entstanden Bauwerke der Ritterzeit, des frühen Stadtbürgertums und der bäuerlichen Wirtschaft. Romantische Burgen, prächtige Herrenhäuser und große Vierseithöfe laden ein zum Erleben westsächsischer Geschichte. In der Mitte der Dörfer befinden sich Kirchen mit sehenswerten Kunstwerken wie z.B. Peter-Breuer-Altäre in Culitzsch und Thurm, die Silbermannorgel in Fraureuth, das Zistenziensernonnenkloster in Crimmitschau. Die »Silberstraße« beginnt in Zwickau, bis Dresden finden sich überall Zeugnisse des Bergbaus. Herausragende Bauwerke aus der Feudalepoche im südwestsächsischen Gebirgsvorland sind das Schloss Blankenhain, die Burgen Schönfels und Stein bei Hartenstein. Für Musikliebhaber werden zahlreiche Veranstaltungen im historischen Ambiente dieser Schlösser und Burgen angeboten. Farbenprächtige Blumenschauen präsentieren sich in Wildenfels und Fraureuth, der Gablenzer Töpfermarkt ist allseits beliebt.

Ein dichtes Wegenetz erschließt die abwechslungsreiche Hügellandschaft. Wanderrouten führen zu den Quarksteinen bei Niedercrinitz, durch den Werdauer Wald oder zu den Talsperren in Hartmannsdorf, Hartenstein und Crimmitschau. Die landschaftliche Schönheit Westsachsens kann man auch auf dem Rücken eines Pferdes genießen, mit dem Rad oder in einem Schlauchboot auf der Mulde.

Die westsächsische Region bietet dem Gast und Urlauber eine faszinierende Kombination aus den landschaftlichen Reizen des Erzgebirgsvorlandes, gepaart zum Beispiel mit den kulturellen und historischen Höhepunkten, die die ehemals kreisfreie Stadt Zwickau bietet. Hier kann man Geschichte hautnah in den ältesten Wohnbauten Mitteldeutschlands – den Priesterhäusern – erleben und 100 Jahre automobile Tradition an der Wiege des sächsischen Automobilbaus, im August Horch Museum, erleben. Sehenswerte Stadtkerne bieten auch die Städte Crimmitschau und Werdau.

Im Bereich von Freizeit, Kultur und Sport kann der Landkreis ein reichhaltiges Angebot aufweisen. Gemeinsam mit dem Kulturraum Vogtland-Zwickau werden eine Vielzahl von Museen, Theater- und Theaterprojekten, musikalische Formationen und Veranstaltungen, Musikschulen sowie die bildende Kunst gefördert.

Das Land um Zwickau stellt, historisch begründet, das Bindeglied zwischen Ostthüringer Raum, dem sächsischen Vogtland und dem Erzgebirge dar und war durch starke Industrialisierung geprägt. Prägend ist der Mittelstand, aber auch Großbetriebe zeugen von der wirtschaftlichen Stärke und der Innovationskraft der hier lebenden Menschen. Die Region ist mit ihrer zentralen, verkehrstechnisch günstigen Lage, dem vorhandenen Arbeitskräftepotenzial und einer hervorragenden Infrastruktur ein attraktiver und wichtiger Wirtschaftsstandort.

Der Kreis – auch Motor der sächsischen Wirtschaft genannt – gilt als der Automobilstandort in Sachsen und Ostdeutschland und ist maßgeblicher Standort für Unternehmen im Maschinenbau, der Elektrotechnik sowie in der Logistik und entwickelt sich zum Kompetenzstandort für regenerative Energien. Besonderes Augenmerk wird auf die Weiterentwicklung von Forschungs- und Entwicklungseinrichtungen zur Sicherung des technologischen Standards gelegt.

Im Landkreis nimmt die Unterstützung der praxisnahen Ausbildung der Jugend einen hohen Stellenwert ein. Es gibt neben den Studienmöglichkeiten an der Westsächsischen Hochschule Zwickau und der Staatlichen Studienakademie Glauchau neun Berufliche Schulzentren, 124 allgemein bildende Schulen und auch über 200 Kindertageseinrichtungen für die Kleinsten.

Werdau gestern und heute

Werdau ist eine altehrwürdige Stadt. Die Gründung des Dorfes »Werde« erfolgte bereits 1170 im Auftrag der Vögte von Weida. In einer Urkunde aus dem Jahre 1304 ist die erste schrifthistorische Nennung von Werdau als Stadt erfolgt. 1398 mit dem Tode von Heinrich Reuß zu Plauen, Herr zu Ronneburg, fällt Stadt und Herrschaft Werdau an die Markgrafen zu Meißen. Die günstige Lage an der Straße nach Leipzig brachte Handel und Gewerbe zum Blühen. In den Jahren 1578/79 wurde vom Werdauer Wald bis nach Leipzig entlang der Pleiße die Flößerei eingerichtet. Bis 1733 wurde Holz nach Leipzig auf dem Wasserweg transportiert. Noch heute sind Flößergräben im Werdauer Wald zu sehen. Über die Jahrhunderte musste die Bevölkerung immer wieder Schicksalsschläge hinnehmen. Mehrmalige Plünderungen während des Dreißigjährigen Krieges, große Brände 1670 und 1756 vernichteten die gesamte ummauerte Stadt.

Bereits im 16. Jahrhundert war Werdau ein bedeutender Standort der Bierproduktion. Der industrielle Aufschwung der Stadt begann im 18. Jahrhundert. 1799, mit der Gründung der Spinnerei C.F. Göldner, entsteht der erste Industriebetrieb in Werdau. 1820 gründete C.F. Schmelzer und Söhne eine Spinnerei und Färberei. 1835 stand die erste Dampfmaschine in der Tuchfabrik Liebmann. Schon frühzeitig war Werdau per Eisenbahn zu erreichen. Die Sächsisch-Bayrische Eisenbahn führte bereits 1845 nach Hof und Leipzig. 1840 bis 1880 erfolgte die Gründung zahlreicher Fabriken im Stadtgebiet und damit einhergehend ein rasantes Bevölkerungswachstum. Die Stadt erhielt eine Telefonanlage, eine Wasserleitung und ein Elektrizitätswerk. Zu Beginn des 1. Weltkrieges war die Bevölkerung auf über 21 000 Personen angewachsen. Im Jahre 1925 waren nachweislich 8 700 Personen in Industrie und Handwerk beschäftigt, in der Textilbranche verfügte man über 460 500 Spindeln. Aus der »Sächsischen Waggonfabrik« entstand im Jahre 1932 die »Fahrzeugbau Schumann GmbH«. In anderen Branchen machte sich die Industrie mit Qualitätsprodukten ebenfalls einen Namen. Weit über die Stadtgrenzen hinaus waren Möbel, Instrumenten- und Orgelbau, Lkw, Busse, Anhänger und Stoffe aus Werdau bekannt. Mit der politischen Wende wandelte sich auch die wirtschaftliche Ausrichtung. Traditionelle Betriebe verschwanden, neue Gewerbe, Dienstleistungen und Handwerksbetriebe siedelten sich an.

Die »Westtrasse« als Verbindung der Autobahnanschlüsse A 72 Reichenbach und A 4 Schmölln bildet eine bedeutende Voraussetzung für die wirtschaftliche Entwicklung der westsächsischen Region in der heutigen Zeit. Sie erschließt Industrie- und Gewerbegebiete entlang der Trasse, gewährleistet kurze Wege und schnelle Erreichbarkeit.

In Werdau lässt es sich gut leben. Nahezu 24 000 Menschen sind hier zu Hause. Sie wohnen in der »Kernstadt« und in den Ortsteilen Königswalde, Langenhessen, Leubnitz und Steinpleis. Für die medizinische und die altersgerechte Betreuung ist bestens gesorgt. Die moderne Pleißentalklinik konnte 1999 eröffnet werden. Sie dient der medizinischen Grundversorgung von etwa 70 000 Menschen und ist nach modernsten Standards eingerichtet. Werdau ist ein Fleckchen Erde zum Wohlfühlen. Jeder kann hier ein Zuhause finden, das seinen Wünschen und seinen Ansprüchen entspricht, sei es in städtischer Nähe oder ländlicher Idylle. Zur Auswahl stehen aufwendig renovierte Altbauten und geschmackvoll sanierte Neubauwohnungen, Eigenheime und Reihenhäuser sowie neue Wohngebiete. In sportlicher Hinsicht kann Werdau einiges bieten. Die Möglichkeiten, die die vielen Vereine parat halten, lassen kaum Wünsche offen. Der Werdauer Waldlauf lockt im Frühjahr, Herbst und zu Silvester viele Sportbegeisterte in unsere Stadt.

Viele Altstadthäuser erhielten in den letzten Jahren eine Verjüngungskur und zeigen, welch architektonische Vielfalt in der Stadt herrscht. Rund um den Marktplatz prägen zahlreiche Bürgerhäuser das Bild. Die angrenzende Burgstraße mit der neuen Terrassenanlage und dem altertümlichen Pflaster verbinden sich zu einer Einheit mit dem sanierten Marktplatz. Mit viel Liebe zum Detail ist von umsichtigen Stadtplanern ein Stadtkern entstanden, der seinesgleichen sucht. Der MASSI-Park, gleich hinter dem Rathaus, ist aus einer Abrissfläche entstanden. Bei der Gestaltung des Parks wurde auf die historische und städtebauliche Entwicklung dieses Standortes Bezug genommen.

Neben Hotels und Pensionen kann in der Jugendherberge preiswert Quartier bezogen werden. Der Pferde- und Straußenhof am Ortsrand von Königswalde bietet Landurlaub pur vor allem für Familien mit Kindern und Schulklassen. Gefeiert wird in Werdau gern. Das Stadt- und Straßenfest findet traditionsgemäß am dritten Septemberwochenende statt und ist der Veranstaltungshöhepunkt. Vereinsfeste, Walpurgisfeuer, Talsperrensingen, Oldtimertreffen bis hin zum Weihnachtsmarkt sind alljährlich wiederkehrende Highlights.

1998 fand das erste große Oldtimertreffen anlässlich des 100-jährigen Jubiläums des Fahrzeugbaus in Werdau, verbunden mit einer Ausstellung »100 Jahre industrieller Fahrzeugbau in Werdau«, im Stadt- und Dampfma-

Das Werdauer Rathaus wurde am 26. April 1911 eingeweiht.

schinenmuseum statt. Die Ausstellung und das Treffen fanden großes Interesse. Viele ehemalige Arbeiter des Fahrzeugwerkes konnten endlich mal ihren Enkelkindern den ehemaligen Arbeitsplatz zeigen.
Das Oldtimertreffen mit Werdauer Fahrzeugen hat sich zum alljährlichen Großereignis entwickelt, worauf auch die Mitveranstalter (Firma Nutzfahrzeugaufbauten & Service GmbH, das Autohaus Wiener Spitze Werdau, die internationale Spedition Schumann, die Werdauer Fahrzeug- und Metallkomponenten GmbH und die SAXAS Nutzfahrzeuge Werdau AG) sehr stolz sind. Es findet alljährlich am ersten Maiwochenende statt.
Die Wendeltreppe ist eng und steil. Gegenverkehr ist ausgeschlossen. Dann noch ein kleiner Kraftakt und man ist auf dem Turm des Rathauses angelangt. Oben angekommen, bietet sich ein wunderschöner Ausblick über die Stadt. In 35 m Höhe ist das neue Krankenhaus, die Katholische Kirche, das Landratsamt, die Feuerwehr, das Gymnasium und vieles andere mehr zum Greifen nahe. Die Marienkirche, gleich gegenüber dem Rathaus, ist das zweite imposante Bauwerk im Herzen der Stadt.
Die feierliche Einweihung des neuen Rathauses fand am 26. April 1911 im Beisein des damaligen sächsischen Königs Friedrich August III. statt. Die gesamte Außenfassade ist mit zahlreichen Sandsteinarbeiten aus Postaer Elbstandstein versehen. Über der Eingangstür fällt das Stadtwappen auf, das in stilisierter Form den heiligen Aegidius zeigt. Links und rechts des Stadtwappens erblickt man zwei in Stein behauene Figuren, die Werdau als Industriestadt darstellen. Spinnerei, Weberei und Maschinenbau waren die damaligen Industriezweige. Die Repräsentationsräume, der Stadtverordnetensaal und der Ratssaal sind in Eichenholz und reicher Holzbildhauerarbeit ausgeführt. In den Jahren 1992 bis 1996 erfolgte die Komplettsanierung des Werdauer Rathauses. Auf Wunsch können Interessenten nach vorheriger Anmeldung bei der Stadtverwaltung eine Rathausführung buchen. Weiterhin besteht jährlich zum Stadt- und Straßenfest die Möglichkeit, das Haus zu besichtigen und an einer Führung teilzunehmen.

Die Holzstraße hinauf gelangt man zu einem weiteren Wahrzeichen von Werdau, der katholischen Kirche.

Die Annoncenuhr an der August-Bebel-Straße ist ein Wahrzeichen von Werdau. Bereits seit 1890 steht die Uhrensäule inmitten der Einkaufsmeile der Stadt Werdau. Besonderheit ist ein mechanischer Bewegungsapparat, mit dessen Hilfe eine Anzahl Empfehlungsblätter im ständigen Wechsel gezeigt werden. Die drei Meter hohe Säule, ausgestattet mit Windrose, Barometer und Uhr, ist eine der wenigen in Deutschland noch existierenden »meteorologischen- und Annoncen-Uhrensäulen«.
Die Koberbachtalsperre im Ortsteil Langenhessen, eine Naherholungsgebiet vor der Haustür, ist bei vielen Einheimischen und Touristen ein beliebtes Ausflugsziel. Auf der 1,8 Kilometer langen und 400 m breiten Talsperre finden sich an schönen Wochenenden mehrere Tausende Badelustige ein. Die Wasserrutsche für alle Mutigen mündet ins beheizte Becken. Die modern ausgerüstete Wasserwacht sorgt für ungetrübtes Badevergnügen. Die Bootsflotte am Strandbad lässt jedem Hobbykapitän das Herz höher schlagen. Verliebte Paare kuscheln sich im Autokino bei einem spannenden Film aneinander. Wer ein paar Tage länger bleiben will, der wird auf dem Campingplatz oder im Bungalowdorf ein Plätzchen finden. Klein und überschaubar ist das Leubnitzer Freibad. Besonders für Familien mit Kindern ist während der Saison ein ungetrübtes Badevergnügen garantiert. »Eintauchen und Wohlfühlen«, dies ist die Devise im Hallen- und Freibad »WEBALU«, was soviel heißt wie »Werdauer Badelust«. Mit großzügiger Saunalandschaft, 65 m Riesenrutsche, Schwimmbecken und seiner 1 000 qm Wasserfläche bietet Werdau den ganzjährigen Badespaß. Der Werdauer Wald, mit 6 200 ha Fläche, ist zum Wandern ideal für alle Altersgruppen. Gut ausgeschilderte Wander- und Fahrradwege führen die Gäste an die touristischen Sehenswürdigkeiten heran.
Das Stadt- und Dampfmaschinenmuseum mit seinen wechselnden Ausstellungen ist die wichtigste museale Einrichtung. Aus privater Hand konnte eine große Sammlung Fraureuther Porzellan erworben werden. Westsächsisches Meißen, wie das Fraureuther Porzellan unter Kennern genannt wird, hat die Porzellanmanufaktur Fraureuth bis 1926 überwiegend für die nationale und internationale Schifffahrtslinien hergestellt. Einer der Großabnehmer des »weißen Goldes« war die »With Star Line«, die Reederei der legendären Titanic. Zur

Im Stadt- und Dampfmaschinenmuseum dreht die Gartenbahn während der Sommermonate ihre Runden.

Weihnachtsausstellung ist die größte Blechspielzeugsammlung der Region zu sehen. Historische Rundgänge durch die Stadt werden im Museum ebenfalls angeboten.

Werdau ist eine kinderfreundliche Stadt. Von klein an werden die jüngsten Erdenbürger nicht nur zu Hause liebevoll umsorgt, auch die Kindertagesstätten garantieren Geborgenheit. Eine neue Kinderkombination entstand im Ortsteil Leubnitz. Die Gerhart-Hauptmann-Grundschule und das Schulzentrum Leubnitz sind zu Ganztagsschulstandorten ausgebaut. Erstmals ist es im Ortsteil Leubnitz möglich, den Familien die Betreuung und Bildung ihrer Kinder vom Krippenalter bis zum Realschulabschluss an einem Standort anzubieten. Etwas ganz besonderes hat die Umweltschule zu bieten. Die bietet die Schulung aller Sinne. Das Gefühl für den verantwortlichen Umgang mit der Natur wird in der Grundschule entwickelt. Kaninchen, Meerschweine und Vögel werden von den Kindern in der Freizeit versorgt.

Kennzeichnend für die Werdauer Schulen ist ihr breit gefächertes Freizeitangebot. Angesichts der Vielfalt der Arbeitsgemeinschaften dürfte es den meisten Kindern und Jugendlichen nicht sonderlich schwer fallen, sich für eines der außerschulischen Angebote zu begeistern. Wer sich nicht für Sport interessiert, setzt sich ins Computer-Kabinett, wer kein schauspielerisches Talent hat, kann beim Töpfern seine Fähigkeiten ausprobieren. Wem die Kunst ein Buch mit sieben Siegeln ist, der spürt eben den Geheimnissen der Natur nach. Mit vier Grundschulen, zwei Mittelschulen und einem modernen Gymnasium ist ein breites Spektrum für Bildung vorhanden. Großes Engagement bei der Umsetzung neuer Lehr- und Lernmethoden und darüber hinaus in speziellen Förderkursen zeichnet die Arbeit an den Schulen aus. Circa 1 200 Auszubildende lernen am Beruflichen Schulzentrum. Es vereint unter seinem Dach ein berufliches technisches Gymnasium sowie eine Berufsschule mit Berufsvorbereitungs- oder Berufsgrundbildungsjahr.

Für ältere und bedürftige Menschen ist vorbildlich gesorgt. Volkssolidarität, DRK, Johanniter-Unfallhilfe und Diakonisches Werk betreuen Altenpflegeheime, Seniorenbegegnungsstätten sowie eine Reihe Wohn- und Lebensgemeinschaften für Menschen mit und ohne Behinderungen.

Schloss Wildenfels mit Museen, Galerie, Blauem Salon, gräflicher Bibliothek, Hochzeitszimmer und Schlosssaal

Wildenfels – Stadt der Rose

Die Stadt Wildenfels mit ihren Ortsteilen Wildenfels, Härtensdorf, Schönau, Wiesen und Wiesenburg ist in eine bergige Landschaft eingebettet, umrahmt von viel Grün und den Höhenzügen des Erzgebirges. Verkehrsanbindungen sind die BAB 72, B 93, S 282, S 283, S 286, Bahnanschluss Zwickau–Johanngeorgenstadt.
Erstmalig erwähnt wurde Wildenfels 1233, die Entstehung wird jedoch schon viel früher vermutet. Seit dem 15. Jahrhundert besitzt Wildenfels Stadtrecht und hatte eine eigene Gerichtsbarkeit. 1869 wurde die Wildenfelser Kirche in ihrer heutigen Form erbaut. Zu ihren Kostbarkeiten zählen ein Gemälde vom bedeutendsten Sohn der Stadt, dem Historienmaler Vogel von Vogelstein (1788–1868), ein Taufstein aus Wildenfelser Marmor und wertvolle Glasfenster. Härtensdorf wurde erstmalig 1322 erwähnt und ist ein einreihiges Waldhufendorf. Die Kirche »Zu den drei Marien« ist ein architektonisches Wahrzeichen des Ortes und war lange Zeit die Hofkirche der Herrschaft Wildenfels. Das Waldhufendorf Schönau wurde 1238 erstmals urkundlich erwähnt.
Als Erwerbsquelle dienten neben der Landwirtschaft die Leineweberei und die Kalkgewinnung. Von dieser Zeit zeugt noch heute ein erhaltener Hochofen zum Kalkbrennen. Die Kalkgewinnung, erstmalig 1533 genannt, prägt die Landschaft. Durch die Vielzahl aufgelassener Steinbrüche hat sich eine reiche Kalkflora ausgebildet, die für das Wildenfelser Zwischengebirge prägend ist. Ein Kleinod für Geologen, Natur- und Wanderfreunde. Die Sankt Rochus Kirche in Schönau, ein ehemals mittelalterliches Bauwerk, wurde 1885 im neugotischen Stil umgebaut. Wiesenburg entstand im Verlauf der Ostexpansion im 12. Jahrhundert. Die gleichnamige Burg liegt auf einem Bergsporn, wurde 1251 erstmals urkundlich erwähnt und bildete den Mittelpunkt der Herrschaft Wiesenburg. Heute ist Schloss Wiesenburg in Privatbesitz. Das Niederdorf von Wiesen liegt eingebettet in einer flachen Mulde. Ein gut ausgebauter Wanderweg führt von hier entlang des Dorfbaches nach Silberstraße.

Parkanlage mit Schlossteich

Schloss Wildenfels

Auf einem Felssporn liegt das Schloss Wildenfels (12. Jahrhundert), dessen Besitzer die Herren zu Wildenfels und von 1602 bis 1945 die Grafen Solms-Wildenfels waren. Das älteste Gebäude ist das Kornhaus, das Herrenhaus des Schlosses, dessen Mauern eine Stärke bis 1,50 m aufweisen. Ehemals mit Zinnen versehen, wurde es 1636 überdacht und zum Kornspeicher umfunktioniert. 1949 erfolgte der Umbau zum Wohnhaus. Nach umfangreichen Restaurationsarbeiten in den vergangenen Jahren sind dort moderne Wohnungen in historischem Umfeld entstanden. Dieses Konzept wurde weitergeführt durch den Umbau des Nordflügelanbaus und des ehemaligen Pferdestalles.
Schloss Wildenfels verfügt über mehrere im klassizistischen Stil gehaltene Räume, von denen der so genannte Blaue Salon mit seiner reich bestickten seidenen Wandbespannung von besonderer Bedeutung ist. Vermutlich aus dem türkisch-persischen Kulturkreis stammend, ist sie dem gegenwärtigen Kenntnisstand nach wohl im Jahre 1737 als Kriegsbeute nach Sachsen gelangt. Möglicherweise handelt es sich um Teile eines Prunkzeltes, welches, der Raumsituation entsprechend, zur Wanddekoration umgearbeitet wurde. Da zum jetzigen Zeitpunkt kein vergleichbares Stück bekannt ist, kann wohl davon ausgegangen werden, dass die Stickerei in ihrer Gesamtheit von Format, Gestaltung, Ausführung und Qualität eine besondere Stellung einnimmt und demzufolge von hohem kulturhistorischen Wert ist. Um den bestmöglichen Erhalt der Wandbespannung gewährleisten zu können, sind umfangreiche Konservierungs- und Restaurierungsmaßnahmen erforderlich. Zu den schönsten Räumlichkeiten des Schlosses zählen aber auch der restaurierte Schlosssaal, genutzt für kulturelle Veranstaltungen, die Galerie, die gräfliche Bibliothek und Stadtbibliothek. Nicht zu vergessen das Hochzeitszimmer. Es bietet den Brautpaaren die Möglichkeit, in historischem Ambiente zu heiraten. Der Mitte des 17. Jahrhunderts angelegte Schlosspark lädt zum Spaziergang ein.

Idyllisch gelegenes Waldbad im Ortsteil Langenbach

Einheitsgemeinde Langenweißbach

Die Einheitsgemeinde, bestehend aus den Ortsteilen Grünau, Langenbach und Weißbach, wurde 1996 gebildet. Der Ort liegt südöstlich von Zwickau in reizvoller Landschaft zwischen den bewaldeten Hängen der Landschaftsschutzgebiete »Hartensteiner Muldental« und »Wildenfelser Zwischengebirge«. Innerhalb der Ortsteile verlaufen die Zwickauer Mulde, die Bahnstrecke von Zwickau nach Johanngeorgenstadt und die Bundesstraße 93. Die Einheitsgemeinde zählt derzeit ca. 2 780 Einwohner auf einer Gesamtfläche von 22,49 km². Nach einer wohl ähnlichen Besiedlung aller 3 Ortsteile im 11./12. Jahrhundert ist das ländlich geprägte Ortsbild Weißbachs bis heute erhalten geblieben. Anfang des 20. Jahrhunderts florierte der Butterhandel und sorgte für gutes Einkommen. Im angrenzenden »Hohen Forst« kann man sich von den 700 Jahre alten Zeugnissen des Silberbergbaus z.B. im »Engländerstollen« überzeugen. Die im Jahre 1693 geweihte Salvatorkirche ist mit einem Flügelaltar von Peter Breuer ausgestattet und jederzeit einen Besuch wert.

Im kleinsten Ortsteil Grünau hat die einstige Kalk- und Marmorgewinnung sichtbare Spuren in vielen noch offenen Steinbrüchen hinterlassen. In diesen Biotopen entwickelte sich eine einmalige Pflanzen- und Tierwelt. Im schwarzen Marmorbruch wurde bereits 1687 Kalkstein für das Sächsische Königshaus abgebaut. Grünau ist in den »Ringwanderweg« des Museumsverbandes des Landkreises Zwickau eingeschlossen.

Den Ortsteil Langenbach prägt bis zur Gegenwart die Papier- und Chemieindustrie. Den Grundstein dafür legte die Erbauung der Bahnlinie Zwickau-Aue-Schwarzenberg im Jahre 1858.

Auf Grund des demografischen Wandels wird derzeit im Wohngebiet »An der alten Schäferei« Wohnraum rückgebaut und attraktiv gestaltet.

Ein idyllisch gelegenes und vollumfänglich modernisiertes Waldbad bietet mit 25-m-Bahnen, einem Sprungturm sowie einem Volleyball-Spielfeld allen Wasserbegeisterten die Möglichkeit, ihre Freizeit zu verbringen.

Blick auf das Dorfzentrum im Ortsteil Weißbach

Die Sage vom »Hermannsgrab«

Ein gewisser Ritter Veitsbach, aus dem Geschlecht der Wiesenburger Herrschaft stammend, gründete »Weißbach«. Er herrschte über Weißbach auf der Rommelsburg, welche auf dem schroffen Felssporn, dem heutigen Standort der Dorfkirche thronte.
Ritter Hermann als Verwandter aus dem Geschlecht des Thüringischen und Sächsischen Markgrafen Eckhard I. von Meißen hat den Ort »Hermannsdorf« gegründet. Von seinem Wohnsitz aus, einem Rittergut inmitten des Ortes, regierte er über die Hermannsdorfer Einwohner. Beide Ritter waren gütig, barmherzig und gerecht. »Alles Brot, Fleisch und sonstigen Gewinn« teilten sie gut unter ihren Einwohnern auf und ließen oft genug bei Vergehen Gnade und Nachsicht walten. So gelangte das einfache Volk zu bescheidenem Wohlstand. Eines Tages entbrannten völlig unerwartet heftige Kämpfe zwischen den deutschen Siedlern und den ehemals hier heimischen wendischen Sorben. Gnadenlos mordend gelang es den Angreifern unter List und Tücke, die Rommelsburg einzunehmen. Sowohl die Burg als auch der Ort Weißbach wurden schwer geschändet. Der Ritter Veitsbach konnte glücklicherweise aus der Burg über einen unterirdischen Gang flüchten und schlug sich zum Rittergut seines Verbündeten – Ritter Hermann – durch. Gemeinsam mit dem Rest ihrer verbliebenen Verteidiger drängten sie die Eindringlinge in großer Gegenwehr wieder zurück. Im unfairen Kampf wurde Ritter Hermann von den wendischen Sorben am aufgetürmten Felsmassiv hinterhältig ermordet. Den Verteidigern gelang es, die Eindringlinge erfolgreich wieder zurück in den düsteren Erzgebirgswald zu vertreiben. Geblieben ist beiden Orten viel Leid, Trauer und Zerstörung. Dem Ritter Hermann aus Hermannsdorf wurde ein ewiges Denkmal gesetzt. Man bettete ihn am Felsmassiv in einen inneren goldenen, einen mittleren silbernen und einen äußeren eichenen Sarg zur letzten Ruhe. Man gedenkt hier am »Hermannsgrab« dem gütigen Ritter namens Hermann. Quelle: Chronik von Langenweißbach (auszugsweise)

Blick auf Hartmannsdorf

Hartmannsdorf

Hartmannsdorf, ausgezeichnet mit dem Prädikat »Familienfreundliche Gemeinde« mit seinem Ortsteil Giegengrün südlich von Zwickau, am Fuß des Erzgebirges gelegen, gehört mit seinen 27,2 qkm und 1 454 Einwohnern zu den größten Flächengemeinden des Zwickauer Landkreises. Seine urkundliche Ersterwähnung datiert von 1316, mit der Aufpfarrung der Kirchgemeinde Kirchberg tritt Hartmannsdorf erstmals in Erscheinung (Sehenswürdigkeit: Flügelaltar von Peter Breuer 1511).

Bis auf kleine Industrieanlagen war und ist der Ort bis heute durch Handwerk und Landwirtschaft geprägt. Gewerbetreibende, Vereine und kirchliche Einrichtungen prägen und gestalten das kulturelle Leben im Ort. Zum Wandern, Reiten und Radfahren lädt die märchenhafte Landschaft mit ihren sanften Hügeln, kleinen Teichen und farbenfrohen landschaftlichen Flächen ein. Über 6 gekennzeichnete Wanderrouten erreicht man die Sehenswürdigkeiten der Umgebung: die Burg »Hohenforst« (ältestes Bergbaugebiet der Region, erstmals erwähnt im 14. Jahrhundert), Wanderroute zum »Filzteich« (älteste technische Talsperre Deutschlands) mit Strandbad und einem Kinder- und Jugenderholungszentrum, Wanderroute Jahnsgrün (ehemals Hochmoorgebiet bis zu den Ausläufern der Talsperre Eibenstock). Westlich des Ortes über Giegengrün erstrecken sich das FFH-Gebiet »Moosheide« sowie das Tauchsportzentrum am »Giegenstein«. Damit stehen ca. 60 km Wanderrouten zur Verfügung, die durch den auf der Dorfstraße verlaufenden Radfernweg II–09 (Mittelgebirge–Silberstraße) ergänzt werden. Im Sommer bringt das 1994 neugestaltete Freizeitbad mit einer 48-m-Rutsche, Massagepilz und Wasserkanone sowie drei Badebecken für Jung und Alt vielfältige Erholungsmöglichkeiten. Zumal sich in unmittelbarer Nähe ein Sport- und Spielgelände mit Kunstrasenplatz und Flutlichtanlage befindet. Für Reitsportbegeisterte bieten zwei Reiterhöfe ihre Dienste an. Eine Hotel- und Pensioneinrichtung mit öffentlicher Schwimmhalle sowie weitere Ausfluggaststätten garantieren eine perfekte Rundumversorgung für Urlauber und Gäste.

Das Rathaus der Stadt Kirchberg, die bereits 1317 die Stadtrechte erhielt.

Stadt Kirchberg

Kirchberg (Höhenlage zwischen 330 und 550 m) liegt im Landkreis Zwickau, im Kessel eines Granitmassivs, umgeben von sieben Hügeln und beiderseits des Rödelbaches am Westrand des Erzgebirges.
Nach der Besiedlung durch Franken und Thüringer gegen 1200 wurde aus einer Bergsiedlung ein Städtchen am Südhang des Geiersberges. 1317 erhielt man hier bereits das Kirchenlehen und die Stadtrechte. Nach dem Niedergang des nicht unbedeutenden Silber- und Kupferbergbaus im Hohen Forst erhielt die neue Marktsiedlung eine Stadtmauer mit drei Tortürmen sowie 1491 eine Ratsverfassung mit Bürgermeister, Stadtrichter und Schöffen. In diese Zeit fällt auch der Beginn der Tuchmacherei, die den Ort etwa ein halbes Jahrtausend auszeichnete. Kirchberg befindet sich in einer überaus reizvollen Mittelgebirgslandschaft, eingebettet inmitten bewaldeter Höhen, und überrascht den Besucher mit seinen zahlreichen Naturschönheiten. Ein Kranz von Teichen umgibt das Vorfeld des Städtchens und macht deutlich, dass im Mittelalter die Fischwirtschaft große Bedeutung genoss und mancher Stoffhandel kam nur unter Hinzufügung eines Fässchens mit delikatem Fisch zustande. Sieben Berge – wie bereits erwähnt – umgeben die Stadt: Borberg (435 m), Geiersberg (426 m), Kreuzhübel (428 m), Krähenberg (441 m), Quirlsberg (398 m), Kratzberg (440 m) und Schießhausberg (440 m). Eine Wanderung auf dem Natur- und Bergbaulehrpfad »Zum Hohen Forst« ist immer ein Erlebnis der besonderen Art: Es wird Wissenswertes über 700 Jahre Bergbaugeschichte vermittelt und gleichzeitig die Schönheit der hiesigen Landschaft sowie die Vielfalt von Flora und Fauna hervorgehoben. Seit 2001 kann der alte Bergbaustolln »Am Graben« besucht werden. Dieses Stolln- und Streckensystem ist ein weitverzweigtes Netz von Grubenbauen, die aus Bergbauauffahrungen sowie reinen Kellerauffahrten bestehen. Mit den Ortsteilen Burkersdorf, Cunersdorf, Leutersbach, Saupersdorf, Stangengrün und Wolfersgrün leben in Kirchberg gegenwärtig ca. 9 500 Einwohner.

Die Silbermann-Orgel zu Fraureuth ist eine der am besten erhaltenen unter den noch vorhandenen Werken aus der Hand des großen Meisters.

Gemeinde Fraureuth

Fraureuth ist eine Gemeinde mit großer Vergangenheit, Lebensqualität und Zukunft. Die urkundliche Erwähnung des Ortes reicht bis in die erste Hälfte des 14. Jahrhunderts. An der Westgrenze Sachsens gelegen, gehörte der Ort bis 1952 zu Thüringen; er liegt an der S 317, der Verbindungsstraße Werdau–Greiz im Landkreis Zwickau.

Seit dem 1.1.1998 bildet Fraureuth eine Einheitsgemeinde mit den Ortsteilen Beiersdorf, Gospersgrün und Ruppertsgrün. Die Gemeinde Fraureuth mit ihren ca. 5 600 Einwohnern, einer Fläche von 24 qkm und einer Höhenlage von durchschnittlich 320 m über NN hat Tradition und Zukunft.

Ein Juwel des Ortsteils Fraureuth ist die 1742 in der Kirche durch Gottfried Silbermann eingebaute gleichnamige Orgel: Als »Königin der Instrumente« offenbart sie ihren Reichtum, wenn sie gespielt wird. Das war vor 265 Jahren so und wird weiterhin lebendig bleiben. Die ständigen Konzerte führen immer wieder bekannte Organisten und Liebhaber des Orgelspiels zusammen.

Weltbekannt ist auch das Fraureuther Porzellan, das in der Zeit von 1865–1926 in unserer Gemeinde hergestellt wurde und das sich heute unter Sammlerfreunden großer Beliebtheit erfreut. Ein Ort dieser Traditionspflege ist das denkmalgeschützte »Herrenhaus« der ehemaligen Porzellanfabrik, in dem früher die Produktion verwaltet wurde und das den würdigen Rahmen für wichtige Vertragsverhandlungen abgegeben hat. Einen Auszug der Kunstfertigkeit der Porzelliner kann man dort bestaunen.

Dieses Gebäude wurde im Jahr 2006 nach umfangreicher Rekonstruktion wieder der Öffentlichkeit zugänglich gemacht. Neben der Porzellanausstellung befinden sich dort u.a. das Gedenkzimmer des Fraureuther Ehrenbürgers Erich Glowatzky, eine Dokumentation der Entwicklung der Wälzlagerproduktion, wechselnde Ausstellungen von bildenden Künstlern der Region, die Dokumentation der Ortsgeschichte sowie ein histori-

Drachenvasen und Schmuckdose in »Fraureuther Rot« – produziert von 1865–1926 in der Fraureuther Porzellanmanufaktur

sches Treppenhaus und Repräsentationsräume der ehemaligen Porzellanmanufaktur, heute genutzt als Standesamt und Veranstaltungsort.
Ein weiteres Kleinod befindet sich im Ortsteil Gospersgrün. Mit viel Liebe zum Detail wurde die einzige oberschächtige Wassermühle im Westsächsischen Raum dank des Vereins Wassermühle e.V. restauriert. Das Mühlrad, das schon lange aufgehört hatte, sich zu drehen, wurde wieder in Betrieb genommen. Eine angrenzende Scheune wurde zu einem »Mühlen-Café« umgebaut. Holzofenbrot, hausbackener Kuchen, eine eigene Imkerei und vieles mehr locken immer wieder Besucher aus nah und fern an.
Die »Erich Glowatzky Sport- und Mehrzweckhalle« im Ortsteil Ruppertsgrün ist Heimstatt unserer Sportvereine und bietet sich außerdem für die vielfältigsten Veranstaltungen und Ausstellungen an. 800 Besucher haben in dieser Halle Platz. Dank des Initiators und des großzügigen Förderers Erich Glowatzky kann die Gemeinde noch in den nächsten Jahrzehnten vom Willen dieses Mannes profitieren.
Das idyllisch gelegene Waldbad, mehrere Reiterhöfe, bodenständige Gastronomie sowie ein großflächiges Waldgebiet runden das Freizeitangebot für Sportfreunde und Naturbegeisterte ab.
Gegenwärtig zeichnet sich die Gemeinde insbesondere durch die Produktion im Bereich Wälzlager, Medizintechnik, Maschinenbau und Mikroelektronik aus. Darüber hinaus sichern Handwerk und Gewerbe und unsere selbst vermarktende Landwirtschaft zahlreiche Arbeitsplätze und tragen so maßgeblich zur gedeihlichen Entwicklung unserer Gemeinde bei. Erschlossene Gewerbeflächen im Ortsteil Beiersdorf und im Gewerbegebiet »Werdau Süd« bieten optimale Möglichkeiten für interessierte Investoren.
Über kurze Landesstraßenverbindungen zu den Autobahnen A 4 und A 72 ist Fraureuth immer verkehrsgünstig zu erreichen und lädt mit seiner sprichwörtlichen Gastfreundlichkeit herzlich ein.

Historischer Kern mit Fachwerkhäusern und der denkmalgeschützten St. Michaeliskirche

Gemeinde Hirschfeld

Das südlich von Zwickau im unteren Erzgebirge gelegene Hirschfeld liegt an einer uralten Hohen Straße, die von Zwickau nach Karlsbad und Prag führte. Viele schöne Wanderwege gibt es in der Umgebung: Lochmühlengrund, Talsperrengelände, Pfarrwald mit dem Kreuzbühl, Filzteich und Rußbuttenweg.
Überregional ist Hirschfeld durch den 27 ha großen Tierpark bekannt; dieser wurde 1870 vom Freiherrn von Arnim angelegt; 1956 als Touristikziel von der Gemeinde ausgebaut. Hier leben 700 Tiere in etwa 100 verschiedenen Arten; auch ein über 400 Jahre alter Baumbestand ist begehrtes Ausflugsziel. Seit 2006 ist das attraktive Bären-/Wolf-Gehege Bärenland mit 9 000 qm Freifläche und Besucherterrasse ein weiterer Anziehungspunkt. Hirschfeld ist auch ein historisch interessanter Ort in der Zwickauer Umgebung. Seit dem 1.1.1998 ist Niedercrinitz nach Hirschfeld eingemeindet. Dieser Ortsteil liegt landschaftlich reizvoll zwischen 310 und 360 m ü.NN im Tal der Crinitz sowie den links und rechts ansteigenden Höhenzügen. Niedercrinitz ist ein typisches Waldhufendorf, wenn auch bedingt durch die Enge des Tales die meisten Gehöfte links- und rechtsseitig auf den Höhen erbaut wurden. Diese Bauerngüter und die Kirche, die unter Denkmalschutz steht, prägen das Ortsbild. Der Ort ist auch ein lohnendes Wanderziel mit wunderschönen Aus- und Einblicken. Der Wechsel von Wald, Wiese, Wasser, Berg und Tal macht diesen Ort so anziehend schön, ganz gleich, aus welcher Richtung kommend man ihn durchwandert. Nennenswert sind das Quarksteingelände und der kleine Filzteich. Der Quarkstein erhebt sich rechterhand vor der Einmündung des Voigtsbaches. Der kleine Filzteich mit ca. 13 ha Wasserfläche liegt linkerhand an der Wolfersgrüner Straße. Er wird seit Jahrzehnten als Karpfenteich wirtschaftlich genutzt. An seinen Ufern wächst eine seltene und schützenswerte Moorpflanzenflora. Durch die gute Straßen- (A 72, Auffahrt Zwickau-West) und Eisenbahnanbindung (Zwickau–Klingenthal; Bahnhof Voigtsgrün) ist der Ort auch heute ein attraktives Erholungs- und Wandergebiet.

Marktensemble mit Rathaus und Rolandstatue, Marktbrunnen und Renaissanceportal

Stadt Crimmitschau

Die Große Kreisstadt Crimmitschau (ca. 21 200 Einwohner) liegt am Westrand des Freistaates Sachsen, an der Grenze zu Thüringen. Die einstige Hochburg der Tuchproduktion und des Textilmaschinenbaus war bis zur politischen Wende auch als »Stadt der 100 Schornsteine« weithin bekannt und stellt heute ein beredtes Beispiel für den hiesigen wirtschaftlichen Strukturwandel dar. Die Nähe zur BAB A 4 begünstigte die Entstehung eines Gewerbegebietes, in dem heute mehr als 50 Firmen etwa 2 100 Arbeitnehmer beschäftigen. Der Mittelstand hat die führende Rolle übernommen. Vielfältige Bildungsmöglichkeiten und ein gut entwickeltes soziales Netz vervollkommnen u.a. die positiven Standortfaktoren.

Sehenswertes bietet Crimmitschaus Innenstadt mit ihrem denkmalgeschützten Marktensemble, dem Theater sowie zahlreichen Jugendstilvillen. Der historische Stadtkern verbindet sich harmonisch mit moderner Architektur. Die zugehörigen dörflichen Ortsteile bieten vielfältige Möglichkeiten für einen erholsamen Urlaub auf dem Lande. Zahlreiche Ferienwohnungen, Pensionen sowie niveauvolle Hotels und Gaststätten laden zum Verweilen ein. Interessante Ausflugsziele und kulturelle Angebote, das Deutsche Landwirtschaftsmuseum Schloss Blankenhain und das Westsächsische Textilmuseum stehen für ein abwechslungsreiches Programm. Das Freizeit- und Erlebnisbad in der Ortschaft Mannichswalde, der Crimmitschauer Sahnpark mit schönen Wanderwegen, dem wohl größten Waldbad der Region und dem überdachten Kunsteisstadion – der Heimstätte des weithin bekannten ETC – sowie zahlreiche weitere Sport- und Freizeitstätten bieten zu jeder Jahreszeit Möglichkeiten der Erholung oder sportlichen Betätigung. Crimmitschau ist zudem Standort des Nachwuchsleistungszentrums Eishockey für Sachsen und Mitteldeutschland. Attraktive Märkte und Stadtfeste, wie beispielsweise der Westsächsische Töpfermarkt oder das Große Marktfest, entwickelten sich während der letzten Jahre zu wahren Publikumsmagneten. Kurzum: Crimmitschau ist zu jeder Zeit eine Reise wert.

Kreisstadt Glauchau

Hoch aufragend, erhaben über die Stadt hinwegschauend, präsentiert sich das Glauchauer Wahrzeichen: der Bismarckturm. In den Jahren von 1907 bis 1919 wurde er zu Ehren des ehemaligen deutschen Reichskanzlers Fürst Otto von Bismarck aus Pirnaer Sandstein errichtet und ist heute mit seinen 46 Metern der höchste noch existierende Bismarckturm in Deutschland.
Im Erdgeschoss befindet sich eine 1924 eingeweihte Ehrenhalle für die Opfer des Ersten Weltkrieges in Form eines Kreuzgewölbes. Sitzmöglichkeiten laden zum Verweilen und stiller Andacht ein. Von hier aus sollte man unbedingt die knapp 200 Stufen zur »Laterne«, der Aussichtsplattform des Turmes, in Angriff nehmen. Ein Blick über die Stadt und bei gutem Wetter bis hin zum Völkerschlachtdenkmal in Leipzig oder zum Fichtelberg ins Erzgebirge lassen die Anstrengungen des Aufstieges schnell vergessen.
Als Geheimtipp gilt das Bismarckdenkmal vor allem auch bei Nacht, wenn es beleuchtet und schon von weitem erkennbar bis über die Stadtgrenze hinaus emporragt.
Das historische Stadtzentrum bietet eine Vielzahl weiterer Sehenswürdigkeiten. Das Rathaus der Großen Kreisstadt Glauchau wurde vermutlich schon um 1400 erbaut, aber durch mehrere Brände heimgesucht und erhielt so erst 1818 sein heutiges Antlitz. 1995 wurde es durch einen modernen Ratshof mit Verwaltungskomplex, Ladenpassagen und einer gastronomischen Einrichtung erweitert, wodurch ein neuartiges und einladendes Bürgerzentrum entstand. Aber das Glauchauer Rathaus ist nicht nur sehens-, sondern auch hörenswert. Ein Glockenspiel aus Meißner Porzellan im Rathausturm verzaubert mit seinen Klängen Einheimische sowie Besucher und Gäste der Stadt gleichermaßen.
Kulturhistorische Sehenswürdigkeiten und architektonisch wertvolle Gebäude vergangener Jahrhunderte prägen den Markt der Stadt. Er wird von einem aus Bronze gestalteten Brunnen geschmückt, der mit seinen beweglichen Figuren, insbesondere der des Heimwebers, die Rolle Glauchaus als ehemaliges Zentrum der Textilindustrie zum Ausdruck bringt. Von Februar bis Oktober 2008 wurde der Markt mit seinen Umfahrungsstraßen neu gestaltet. Mit der Bau- und Sanierungsmaßnahme wurde ein Stück weit dazu beigetragen, den Markt als Identifikationspunkt, als Kernstück einer Stadt, neu zu ordnen und notwendigen Vorgaben anzupassen.
In unmittelbarer Nähe von Markt und Rathaus lädt die barocke Stadtkirche St. Georgen zu einem eindrucksvollen Besuch ein. Entstanden in der Zeit zwischen 1726 und 1728, ersetzt sie heute den kleineren spätgotischen Vorgängerbau. Neben einem Flügelaltar aus dem Jahr 1510 gehört die berühmte und klangvolle Silbermannorgel von 1730 zu den kostbaren Ausstellungsstücken der neu sanierten Kirche. Die Glauchauer Orgel ist dabei die einzige größere, vollständig erhaltene Silbermannorgel in Westsachsen. Konzerte in St. Georgen gehören zu den Highlights im Kulturangebot der Stadt.
Das so genannte Villenviertel im Bereich der Glauchauer Mittelstadt ist eines der schönsten Viertel der Stadt. Mehr als 25 Villen verzaubern zu jeder Jahreszeit den Betrachter. Die meisten der liebevoll restaurierten Gebäude wurden in der 2. Hälfte des 19. Jahrhunderts in verschiedenen Baustilen errichtet. Hier erschließen sich dem aufmerksamen Betrachter die Bauten im Jugendstil, der Renaissance, dem Historismus oder auch dem Klassizismus. Selbst barocke Einflüsse sind deutlich erkennbar.
Ein besonders nennenswertes Kleinod stellt ebenfalls das städtische Postamt dar. Formen der Spätgotik und der Renaissance prägen das 1892 in Betrieb genommene Gebäude. Charakteristisch ist die reiche Innenausmalung von Wiliam Metzeroth, die weibliche Allegorien des Postwesens sowie sächsische Städtewappen zeigt. Das Postamt sucht damit als Denkmal des Zeitgeistes in Sachsen seinesgleichen.
Im nahe gelegenen Bahnhofspark an der Rosa-Luxemburg-Straße trifft der Besucher auf den großen Sohn der Stadt Glauchau, Georgius Agricola, dem als Begründer der Mineralogie und des Hüttenwesens damit ein Denkmal gesetzt worden ist.
Zahlreiche Kultureinrichtungen bieten Einheimischen und den gern gesehenen Gästen ein besonders vielseitiges und abwechslungsreiches Programm.
Durch sein einzigartiges Flair und aufgrund besonderer Konzerte, Aufführungen, Ballette, Shows und Varietés erlangte das Stadttheater Glauchau überregionale Bekanntheit. Der Art-Déco-Stil des Musentempels verleiht dem faszinierenden Gebäude zudem Ausstrahlung, Eleganz und Charakter.

Segelregatta auf dem Glauchauer Stausee. Rund um das ca. 40 ha große Gewässer siedelten sich zahlreiche Vereine an. Das Naturschutzgebiet ist ein Ort aktiver Erholung und Entspannung.

So verwundert es nicht, hier international renommierten Künstlern zu begegnen, wie Monserrat Caballé oder Deborah Sasson, die von Zeit zu Zeit in einem großen Gemeinschaftskonzert mit dem Glauchauer Georgius-Agricola-Chor e.V. das Publikum begeistert.

Immer größerer Beliebtheit erfreut sich in der Großen Kreisstadt auch das Mittelalter – Faszination und Mythos in einem! Im Rahmen des alljährlichen Kultursommers bietet das Glauchauer Schloss eine hervorragende Kulisse für Feste und Veranstaltungen, wie das Historische Schlossspektakel oder die Nacht der Schlösser. Geschichte zum Anfassen, Ansehen und Miterleben lässt dabei nicht nur Kinderherzen höher schlagen. Gerade zur Weihnachtszeit zeigt sich das Schloss von seiner schönsten Seite, wenn am ersten Dezemberwochenende eines jeden Jahres der Historische Weihnachtsmarkt seine Pforten öffnet. Für Abwechslung sorgen des Weiteren vielfältige Angebote zur individuellen Freizeitgestaltung. So zum Beispiel das Sommerbad mit einer fast 54 Meter langen Rutsche und der Beachvolleyball-Anlage, wo seit dem Sommer 2007 spannende Turniere ausgetragen werden.

Ebenso bietet die Große Kreisstadt neben Historie und Kultur beste Voraussetzungen zur aktiven Erholung. Auf 60 km markierten Wanderwegen laden u.a. das Tiergehege, der Rümpfwald und das Naherholungsgebiet um den 40 ha großen Stausee ein, welcher sich als Ort der Erholung und Entspannung zu jeder Jahreszeit stetig wachsender Beliebtheit erfreut.

Aufgrund der geografischen Lage, Bodenbeschaffenheit, Zufluss und Ufergestaltung wird der Stausee als typisches Hecht-Schleie-Gewässer eingestuft. Auch zählen Karpfen, Zander und Aale zu den Hauptfischarten.

Die Kapelle St. Marien im Schloss Hinterglauchau beherbergt die ständige Ausstellung »Sakrale Kunst des 14. – 18. Jahrhunderts« mit Flügeln des Callenberger Altars von 1512/13.

Die Vogelwelt am See ist vielfältig und artenreich. Hier haben zahlreiche Brut- und Singvögel, wie Hauben- und Zwergtaucher, Bless- und Teichhuhn sowie Braunkehlchen, Weindrossel und Rohrammer, ihr Domizil. Der Glauchauer Stausee hat aber noch mehr zu bieten: Rund um den See haben sich Vereine angesiedelt, welche beispielsweise Kanufahrten, Tennisspielen, Bogenschießen und vieles andere zur sportlichen Betätigung ermöglichen. Diese Vereine beteiligen sich auch traditionell an zentralen Aktivitäten, wie dem alljährlichen Stauseefest.

Die Stadt Glauchau ist außerdem ein interessanter und innovativer Wirtschaftsstandort in Südwestsachsen. Erst durch die Entwicklung des Oberzentrums Zwickau, als Wiege des sächsischen Automobilbaues mit seiner über hundertjährigen Tradition, war die Wandlung Glauchaus seit 1990 von einer Textilstadt zu einem zukunftsträchtigen Standort als Automobilzulieferer möglich. Die hohen Anforderungen an Logistik und Verkehr, die Lage sowie die verkehrlichen Anbindungen führten dazu, dass die Große Kreisstadt Glauchau als Standort für den Aufbau eines Güterverkehrszentrums in Sachsen mit Industriegeländen und Gewerbegebieten bestätigt wurde. So konnten sich in den Gewerbegebieten der Stadt und auf revitalisierten Industriebrachen zahlreiche Unternehmen ansiedeln.

Die Große Kreisstadt Glauchau hat damit vielfältige Möglichkeiten für Freizeit und Erholung, Tages- und Wochenendausflüge zu bieten. Herzlichkeit und die sprichwörtlich sächsische Gemütlichkeit verleihen ihr eine ganz besondere Atmosphäre. Darum lassen Sie sich von einer alten und doch jungen Stadt verzaubern, erleben Sie Historie, Kultur und Landschaft pur!

Geschäfts- und Verwaltungszentrum »Alrowa«

Stadt Lichtenstein

Die Stadt Lichtenstein mit ihren Ortsteilen Rödlitz und Heinrichsort bildet mit St. Egidien und Bernsdorf eine Verwaltungsgemeinschaft. Lichtenstein breitet sich, reizvoll eingebettet zwischen bewaldeten Hügeln, am Fuße des Westerzgebirges aus. Die Verkehrsanbindungen von und nach Lichtenstein sind äußerst vorteilhaft. Die Städte Chemnitz (25 km), Zwickau (12 km), Stollberg (10 km) und Glauchau (15 km) sind schnell erreichbar. In nur 10–12 km Entfernung befinden sich die Bundesautobahnen Frankfurt/Main–Dresden (A 4) und Hof–Dresden (A 72). Bahnreisende erreichen mit der City-Bahn Stollberg, Glauchau, Zwickau und haben hier Anschluss an den Regional- bzw. Fernverkehr.

Im Bereich des erweiterten Stadtzentrums sind alle wichtigen Einrichtungen, die zur Lebensfähigkeit einer Kleinstadt gehören, angesiedelt, dazu gehören: Banken und Versicherungen, medizinische Einrichtungen, ein Krankenhaus, drei Grundschulen, eine Mittelschule, ein Gymnasium, ein Berufliches Schulzentrum für Wirtschaft und Soziales, zwei Kirchen, unterschiedliche Glaubensgemeinschaften, Kindertagesstätten, Tagesmütter, eine Bibliothek, die Touristinformation, ein Theater, ein Kino, die Jugendherberge und ein Sportzentrum. Stadtführungen werden ebenso angeboten wie Fitness, Sauna, Tennis, Bowling, Reiten und Kutschfahrten. Konzerte, Vernissagen, Vorträge finden in der Stadt regelmäßig statt; nicht zu vergessen die Aktivitäten von Clubs und Vereinen, die das kulturelle Leben vielfältig fördern und prägen. Großen Zuspruchs erfreuen sich die Stadtfeste, wie das Rosenfest (Juni), Nacht der Schlösser (August) und der Weihnachtsmarkt am 2. Adventswochenende. Lichtenstein ist vermutlich Mitte des 13. Jhts. während der deutschen Besiedlung des westlichen Erzgebirges durch die Herren von Schönburg gegründet und planmäßig angelegt worden. Der erste urkundliche Nachweis stammt aus dem Jahr 1212. Als Stadt wird Lichtenstein erstmals 1446 erwähnt. Die Burg (im späten 17. Jh. Schloss), in deren Schutz sich die Stadt entwickelte, war auf einem Bergsporn an einem strategisch wich-

Blick in das Foyer des Daetz-Centrums

tigen Punkt errichtet worden. In unmittelbarer Nähe befand sich ein Flussübergang für eine alte Handels- und Heeresstraße. Sie führte von Nürnberg durch Lichtenstein nach Dresden. Die landschaftlich reizvolle Lage inspirierte bereits Heinrich von Kleist im Jahre 1800 auf seiner Reise von Dresden nach Würzburg zu den Worten: »Jetzt habe ich das Schönste auf meiner ganzen bisherigen Reise gesehen… Es war das Schloss Lichtenstein…«. Die verkehrsgünstige Lage trug zum Wachstum des Ortes bei. Andererseits litt die Stadt in Kriegszeiten wegen der Lage an der erwähnten Straße. Besonders die Auswirkungen des Dreißigjährigen und des Siebenjährigen Krieges warfen sie in ihrer Entwicklung zurück. 1708 veranlasste Graf Otto Wilhelm von Schönburg-Lichtenstein den Bau einer Neustadt Callenberg (später Callnberg) auf ehemals herrschaftlichem Gelände. 1725 bekam die neue Siedlung das Stadtrecht verliehen. Lichtenstein und Callnberg wuchsen im Laufe der Zeit immer mehr zusammen, bis es 1920 zum Zusammenschluss der beiden Städte kam. Nach den Kriegswirren des 1. und 2. Weltkrieges, denen auch hunderte Lichtensteiner zum Opfer fielen, stieg die Einwohnerzahl aufgrund der Industrialisierung rasch an. Neue Wohngebiete entstanden. Neben der Wirkindustrie nahm die Weberei einen großen Aufschwung. Aber auch Färbereien, Maschinen- und Kartonagenfabriken nahmen die Produktion auf. Sie profitierten vom Aufblühen der Textilindustrie. Nur wenige Firmen vermochten sich nach dem 2. Weltkrieg der Zwangsumwandlung in staatliche Betriebe zu entziehen. Mit dem Zusammenbruch der DDR kam die Textilindustrie fast vollständig zum Erliegen. Seit der Deutschen Wiedervereinigung entwickelt sich Lichtenstein zu einer modernen und leistungsfähigen Stadt. Die in der Stadt vorherrschende Monostruktur wich einem gesunden Mix aus Maschinenbau, Motorenentwicklung und Motorenbau, Automobilzulieferung, Dienstleistung und auch wieder Textilindustrie. Das Ziel war die Entwicklung einer heterogenen Wirtschaftsstruktur in einer flexiblen und leistungsfähigen Branchenvielfalt. Es entstanden drei Industriegebiete, »Am

Der Landschaftspark »Miniwelt«

Auersberg«, »Achat« und an der »Hartensteiner Straße«. Weltweit namhafte Konzerne und traditionelles Gewerbe und Handwerk aus der Region und der Stadt errichteten hier ihre Produktionsstätten. Dabei erwies sich die Einbindung des Standortes »Am Auersberg« in die »1. Sächsische Landesgartenschau 1996« als Attraktivitätsfaktor im Sinne der Investorenakquisition. Ein Wald- und Feuchtbiotop lockert das Gelände nicht nur ästhetisch auf. Mehr als 2 800 Arbeitsplätze sind auf diesen Industriestandorten entstanden. Am 1. Januar 1994 veränderten sich die Verwaltungsstrukturen dahingehend, dass Rödlitz ein Teil der Stadt Lichtenstein wurde. Vom Talkessel der Stadt aus erstreckt sich nach Südosten das landschaftlich reizvolle Rödlitztal. Entlang dieses Tales liegt der Ort auf einer Länge von ca. 3 km. Die als Waldhufendorf angelegte Siedlung wurde erstmalig 1460 als Rodlicz urkundlich erwähnt. Die Entwicklung von Landwirtschaft, Bergbau und der Textilindustrie trug dazu bei, dass Rödlitz bevorzugter Wohnstandort wurde. Die günstigen Rahmenbedingungen für die Renovierung von Gebäuden durch das Programm »Städtebauliche Erneuerung« hat die Ortschaft attraktiv entwickelt. Der seit 1996 zur Stadt gehörende Ortsteil Heinrichsort liegt 430 m über dem Meeresspiegel. Ausgedehnte Wälder umschließen den Ort und bilden ein landschaftlich äußerst reizvolles Wohnumfeld. Durch neue Wohngebiete und den Zuzug vieler junger Familien hat sich die Bevölkerungsstruktur und somit das Durchschnittsalter nachhaltig verändert. Seine Entstehung in der 1. Hälfte des 18. Jhts. hat das Dorf dem Grafen Wilhelm Heinrich zu Solms-Wildenfels zu verdanken. Auf ihn sind der Name des Ortes und die Hauptstraße Prinz-Heinrich-Straße zurückzuführen. In einem kurzen Streifzug soll noch auf einige Kunstdenkmäler und das kulturelle Lichtenstein aufmerksam gemacht werden. Ein Wahrzeichen der Stadt ist das bereits erwähnte Schloss. Es zeigt heute Bausubstanz aus dem 16. Jh. und der 1. Hälfte des 19. Jhts. Ganz in der Nähe liegt das fürstliche Palais, ein Mitte des 19. Jhts. als Amtshaus errichtetes repräsentatives Gebäude im italienischen Landhausstil. Im Schlosspalais finden Sie heute das Daetz-Centrum.

Nua-Parade aus Stahl und Seide Open-Air-Inszenierung

Über 700 einmalige Holzbildhauerarbeiten aus allen Kontinenten der Erde trugen Peter und Marlene Daetz zusammen und gaben die Meisterwerke in die eigens dafür gegründete Daetz-Stiftung. Die außergewöhnlichen Exponate geben einen leicht verständlichen und unterhaltsamen Einblick in fremde Kulturen. Ein elektronisches Führungssystem leitet den Besucher ganz individuell durch die Ausstellung. Zahlreiche Sonderausstellungen sind Grund der anhaltenden Begeisterung und des regelmäßigen Wiederkehrens überwältigter Besucher aus der Region und ganz Europas. Der sich an das Palais anschließende Rosengarten und die im Englischen Stil gestaltete Parkanlage laden zum Spazieren und Verweilen ein. Unweit vom Palais »liegt einem die Welt zu Füßen«. Die »Miniwelt« – ein kultureller Landschaftspark mit vielen berühmten Monumenten wie z.B. der Frauenkirche, dem Brandenburger Tor oder dem Leuchtturm von Alexandria realisiert diesen Traum. Im Maßstab 1:25 beeindrucken über 100 Bauwerke den Besucher. Im Minikosmos, einem einzigartigen Planetarium in Deutschland sind die Wunder der Welt zu bestaunen. Ereignisse, die im Kosmos stattfinden, werden auf faszinierende Weise dargestellt und erklärt. Über 300 Puppen, Teddys, Puppenstuben, Blechspielzeug und Eisenbahnen bringen jährlich über 20 000 Besucher auf eine Reise zurück in die Kindheit. Durch seine Einzigartigkeit ist das Puppen- und Spielzeugmuseum weit über die Grenzen Sachsens bekannt. Eine Sammlung von Sargschildern und die Vorstellung der Chenilleproduktion, einem Spezialzweig der Textilindustrie sind Besonderheiten der Ausstellung im Stadtmuseum. Hier ist auch ein Raum dem Löwenzüchter und Tierverhaltensforscher Prof. Dr. Karl Max Schneider (1887–1955) gewidmet. Unter dem Leitspruch »Die schnellsten Zweitakter der Welt« lockt das Motorradmuseum Fans und Interessierte des Motorsports an, im Ortsteil Heinrichsort sind im 1. Sächsischen Kaffeekannenmuseum mehr als 2 000 Meisterstücke der Kannenherstellung zu bewundern und eine weitere Einmaligkeit: In Lichtenstein hat die Sächsische Orgelakademie, ein An-Institut der Hochschule für Musik Dresden ihren Sitz.

Die gerade sanierte Marienkirche

Gemeinde Gersdorf

Der Ort mit 4 500 Einwohnern zwischen Chemnitz und Zwickau schlängelt sich im Tal des Hegebaches und liegt durchschnittlich 350 m über dem Meeresspiegel. Die Bundesstraßen B 180 mit neuem separaten Rad- und Gehweg und B 173 begrenzen Gersdorf im Osten bzw. Norden. Zu den Autobahnanschlussstellen Hohenstein-Ernstthal an der A 4 und Stollberg an der A 72 sind es nur wenige Kilometer.

Der im 12. Jh. von fränkischen Bauern besiedelte Ort blühte im 19. Jh. durch den Steinkohlenbergbau auf, und ein industrieller Aufschwung mit Webereien und Textilfabriken setzte sich in Gang. Die Traditionsstätten entlang des »Bergbaulehrpfades« Plutoschacht, Merkurschacht und Kaisergrubenschacht erinnern noch heute an diese geschichtliche Epoche. Das Ortswappen zeigt auf weiß-rotem und grün-weißem Grund den Bergmann mit dem Bauern und die traditionellen Erzeugnisse der ehemaligen Textilindustrie: Handschuh und Strumpf. Gersdorf ist heute eine Wohngemeinde mit sehr guter Infrastruktur. Viele Städter haben sich schmucke Häuser, teils in Wohnparks, geschaffen und fühlen sich in dem Ort im Grünen wohl. Im Ortszentrum befinden sich das Rathaus, die Grund- und die Evangelische Mittelschule sowie die Marienkirche mit einer spätromantischen Jehmlich-Orgel. Die 1865 erbaute Marienkirche gehört zu den Wahrzeichen und Baudenkmälern von Gersdorf. Nach der erfolgreichen Sanierung des Kirchturmes, die u.a. mit 360 000 DM Spendengeldern 2001 abgeschlossen wurde, wird bis 2009 das Kirchenschiff saniert. Im Schulgebäude gibt es eine Art Schulmuseum, ein liebevoll eingerichtetes »Historisches Klassenzimmer« aus Uromas Zeiten.

In Gersdorfs kombinierter Kindertagesstätte »Sonnenkinder« werden Krippenkinder, Kindergartenkinder, Hortkinder und ebenso auch Integrativkinder gemeinsam betreut. Die Sanierung des »Hessenmühlen-Komplexes«, eines ehemaligen Vierseitenhofes in der Dorfmitte, wurde 2005 abgeschlossen. Neben dem »Tetzner-Museum« im Mühlentrakt, den Räumen des Modellbahnclubs im Scheunentrakt und den Räumen des Kunst-

Das gut besuchte Sommerbad

und Kulturvereins »Die Mühle« e.V. im »Müllerhäuschen« hat der »Schnitzverein Gersdorf« e.V. im Vereinshaus sein Domizil. Im Tetzner-Museum befindet sich eine Dauerausstellung von Werken des 1920 in Gersdorf geborenen und heute noch dort lebenden Malers und Grafikers Heinz Tetzner. Der Schmidt-Rottluff-Schüler Tetzner ist Ehrenbürger von Gersdorf und Träger des Bundesverdienstkreuzes 1. Klasse. In der »Hessenmühle« finden wechselnde Ausstellungen von Künstlern der Region sowie andere Kulturveranstaltungen statt. Der so im Sinne des Denkmalschutzes sanierte Vierseitenhof ist ein Musterbeispiel für die positive Wirkung des Städtebaulichen Erneuerungsprogramms in Sachsen.

Eine Fabrik findet man im Ort kaum noch – nur die 1880 gegründete Glückauf Brauerei, die das edle »Glückauf Bier« nach dem deutschen Reinheitsgebot braut. Nebenan der Brauereigasthof lädt zur Einkehr und Übernachtung ein. Auf dem Gelände des ehemaligen »Pluto«-Schachtes entstand ein kleines Industriegebiet; ansonsten gibt es zahlreiche mittelständische Unternehmen, die in den wichtigsten Branchen bestmöglichen Service für die Bürger bieten.

Zu den Freizeiteinrichtungen von Gersdorf gehören u.a. das in der Umgebung sehr beliebte Sommerbad mit einem 5-Meter-Sprungturm, wo jährlich internationale Seniorenmeisterschaften ausgetragen werden. Der gepflegte Volkspark – Austragungsort der Kirmes, dem größten Volksfest des Ortes – lädt als grüne Insel im Zentrum zum Spazieren und Verweilen ein.

Das Augusthochwasser 2002 hatte auch Gersdorf nicht verschont, wobei die meisten Schäden entlang des Hegebaches zu verzeichnen waren. Dank großzügiger Förderprogramme konnten insgesamt 18 Brücken neu gebaut bzw. saniert werden, darunter auch zwei Fußgängerbrücken. Weitere aktuelle Informationen über Gersdorf unter www.gemeinde-gersdorf.de

Altmarkt mit Rathaus und Brunnenanlage »Kalte Hedwig«

Hohenstein-Ernstthal – die Stadt mit Tempo und Phantasie

In waldreicher Umgebung am Fuße des Westerzgebirges gelegen, bietet die Stadt ein reiches Potenzial zur Freizeitgestaltung. Berühmt geworden ist Hohenstein-Ernstthal als Geburtsort des sächsischen Abenteuerschriftstellers Karl May. Die Wiege »Old Shatterhands« im Karl-May-Haus, das Geburtshaus, ist eine Pilgerstätte für Fans aus nah und fern. In der benachbarten Karl-May-Begegnungsstätte finden regelmäßig Sonderausstellungen und Vorträge zu May-spezifischen Themen statt. Auf dem Karl-May-Wanderweg können Besucher über 20 seiner früheren Aufenthalts- und Wirkungsstätten kennenlernen. Eine sehenswerte Sammlung erzgebirgischer Holzkunst ist im Museum »Buntes Holz« im historischen Postgut am Altmarkt zu bestaunen.

Geschichte und Kultur der Stadt sind eng mit dem Bergbau verknüpft, dem die Stadt ihre Entstehung verdankt. Die wechselvolle Entwicklung ist anschaulich im Textil- und Rennsportmuseum dargestellt. Die dortige Schauwerkstatt präsentiert funktionsfähige Zeugen der sächsischen Textilindustrie, insbesondere der Jacquardweberei, welche nach dem Niedergang des Bergbaus im Ort vorherrschend war. Ein weiterer Ausstellungsteil ist der Geschichte der Traditionsrennstrecke Sachsenring gewidmet, durch welche die Stadt internationalen Ruf erlangte. Nach der Einstellung der Rennen auf der alten Naturrennstrecke wurde das hochmoderne Verkehrssicherheitszentrum »Sachsenring« errichtet, eine multifunktionale Anlage, welche hauptsächlich der Durchführung von Fahrsicherheitstrainings dient. Die endgültige Wiedergeburt des Sachsenrings konnte im Juli 1998 gefeiert werden, als vor nahezu 150 000 begeisterten Zuschauern der Deutsche Motorrad-Grand-Prix mit einer perfekten Organisation und sensationellen Atmosphäre stattfand. Zwischenzeitlich erfolgten nochmals Umbauten und Erweiterungen, die für eine weitere Attraktivitätserhöhung der seit 80 Jahren bestehenden Rennstrecke sorgten. Inzwischen strömen jährlich ca. 220 000 Fans zu den Weltmeisterschaftsläufen der Straßen-WM, deren Ausrichtung am Sachsenring bis 2011 vertraglich gesichert ist.

Niederwiera, am Mühlteich

Gemeinde Oberwiera

Ganz am Rand des Landkreises Zwickau erstreckt sich die Gemeinde Oberwiera (1 180 Einwohner), deren Name vom Bächlein Wiera, das am Rande Oberwieras in mehreren Armen entspringt, abgeleitet wurde. 2004 bestand Oberwiera 750 Jahre, wenn man davon ausgeht, das »Conradus de Wira«, der 1254 als Zeuge in einer Urkunde genannt wird, hier seinen Herrensitz hatte, was laut Staatsarchiv Dresden »wahrscheinlich« ist.
Viele unserer kleinsten Bürger besuchen die Kindertagesstätte, ein schönes Gebäude mit großzügigem Garten. 2004 feierte sie ihr 50-jähriges Bestehen. Allen Kindern werden vielfältige Möglichkeiten der Beschäftigung geboten. Eine Tradition seit 1955 fortführend, als die damalige Landwirtschaftliche Produktionsgenossenschaft den Kindergarten baute und einweihen konnte und damit »bahnbrechend« für Landgemeinden war, wird Frühstück und Vesper nicht nur gemeinsam eingenommen, sondern auch von den Erzieherinnen und Kindern gemeinsam zubereitet.
Der Stolz der Gemeinde ist das neue Feuerwehrgerätehaus, das 2003 eingeweiht werden konnte. Ein großer Anbau ergänzt das alte umgebaute Gerätehaus aus dem Jahre 1958. Die Gemeinde verfügt ebenfalls über Vereine verschiedener Art, z.B. Fußballverein, Kegelverein, Motorsportverein, Schützenverein, Kleingartenverein, DRK, z.T. haben diese Vereine ein eigenes Gebäude und bieten Freizeitangebote für alle Altersgruppen.
»Aus Alt mach Neu« hieß es bei den drei Kirchen. Die älteste davon steht in Neukirchen und ist in Teilen davon bereits 800 Jahre alt.
Unsere ländliche Gegend ist ideal zum Fahrrad fahren und Wandern geeignet. Vielgestaltig sind die Anziehungspunkte. Der Park und Mühlteich mit seinen Enten und dem Rad- und Wanderweg entlang dem Hermsbach in Niederwiera, geschichtsträchtige Höfe und Fachwerkhäuser und nicht zuletzt die drei Kirchen laden zum Erholen und Besichtigen ein.

Traditionsverbunden und zukunftsorientiert: Große Kreisstadt Limbach-Oberfrohna

Limbach-Oberfrohna ist eine junge und vitale Stadt. Dass sie im ehemaligen Landkreis Chemnitzer Land eine Spitzenposition als wirtschaftsstärkste Kommune mit den meisten Einwohnern einnahm und heute im neuen Landkreis Zwickau ebenso bedeutend ist, ist kein Zufall. Ihre Anziehungskraft verdankt die Große Kreisstadt der Summe aus wirtschaftlichem Potenzial, einem breitgefächerten Kultur- und Bildungsangebot sowie der reizvollen Umgebung mit vielen Ausflugszielen. Zudem bietet die Stadt vom städtischen Flair bis hin zur Idylle im Grünen auch die passende Wohnlage für jeden Geschmack. Einen guten Beitrag dazu leisten die seit 1998 hinzugekommenen Ortsteile Bräunsdorf, Kändler, Pleißa und Wolkenburg-Kaufungen.

1950 wurde aus Limbach und Oberfrohna eine gemeinsame Stadt. Nur wenige Jahre zuvor war Oberfrohna erst mit dem heutigen Ortsteil Rußdorf fusioniert. Ein Blick in die Geschichte verrät, dass Limbach im Jahr 1883 und Oberfrohna sogar erst 1935 das Stadtrecht erhalten haben. Der Grundstein für die industrielle Entwicklung des Ortes wurde jedoch schon um 1700 gelegt, als Johann Esche einen Handwirkstuhl nachbaute. Die Erfolgsgeschichte der Wirkerei zog eine rasante industrielle Entwicklung nach sich. Innerhalb von rund 80 Jahren wurde aus dem kleinen Dorf Limbach ein Ort mit tausenden Einwohnern, den man noch heute als »Wiege der sächsischen Wirkerei« bezeichnet. Mit dem MALIMO-Verfahren verknüpfte Professor Heinrich Mauersberger den Namen der Stadt im 20. Jahrhundert untrennbar mit einer weiteren bahnbrechenden Technologie der Textilherstellung. Das im Aufbau befindliche Esche-Museum soll einen lebendigen Einblick in die spannende Entwicklung Limbach-Oberfrohnas und seiner Industrie geben.

Heute bietet Limbach-Oberfrohna der Wirtschaft mit mehreren Industriegebieten und einer perfekten infrastrukturellen Anbindung sehr gute Standortvoraussetzungen. Die Stadt ist direkt an den Lebensnerv der Wirtschaftsregion Chemnitz–Zwickau, der BAB 4, angeschlossen. Durch die neue BAB 72 verbessert sich außerdem ihre Position innerhalb des Sachsen-Dreiecks zwischen Chemnitz, Leipzig und Dresden. Mit der schnellen Achse zur Messestadt Leipzig wird eine Voraussetzung für weiteres Wachstum geschaffen.

Der Wirtschaftsstandort Limbach-Oberfrohna zeichnet sich vor allem durch seine Branchenvielfalt aus. Der Großteil der überwiegend mittelständisch geprägten Unternehmen ist im Bereich der Automobilzulieferindustrie, dem Maschinenbau oder der Metallbearbeitung tätig. Weitere Schwerpunkte bilden die IT-Branche, die Textilindustrie und der Bereich Transport und Logistik. Unternehmen aus Limbach-Oberfrohna setzen Maßstäbe in der Baugruppenfertigung, der Herstellung technischer Kunststoffe und der thermischen Oberflächenbehandlung, realisieren ganzheitliche branchenspezifische Automatisierungslösungen und sind weltweit als Komplettausstatter im Anlagenbau tätig. Unternehmen in der ganzen Welt schützen mit Rollläden und Jalousien aus Limbach-Oberfrohna ihre Büros vor der Sonneneinstrahlung. Textile Produkte aus Limbach-Oberfrohna finden ebenfalls weltweit ihre Abnehmer. Führende Automobilhersteller setzen auf technische Textilien »made in L.-O.«. Berufsbekleidung wird beispielsweise in die Vereinigten Arabischen Emirate exportiert. Der größte Arbeitgeber der Stadt mit über 1 000 Beschäftigten ist der frühere Siemens VDO-Standort, der 2007 an Continental verkauft wurde.

Auch das Handwerk hat in Limbach-Oberfrohna eine lange Tradition. Die Anzahl von zukunftsweisenden Handwerksfirmen steigt ständig. Handwerker aus Limbach-Oberfrohna bauten z.B. innovative Schallelemente an der Londoner Oper ein. Ein sich zunehmend vergrößernder Sektor ist der Dienstleistungs- und Handelsbereich. Hier sind die meisten Gewerbeanmeldungen zu verzeichnen. Insgesamt konnte sich Limbach-Oberfrohna wieder als Wirtschafts- und Industriestandort mit mehr als 8 000 Arbeitsplätzen etablieren. Der Handel hat sich mit einem breiten Angebot in Limbach-Oberfrohna niedergelassen. Neben kleineren, eigentümergeführten Geschäften vorwiegend in der Innenstadt erfreuen sich auch zahlreiche größere Einkaufsmärkte wachsender Beliebtheit. Gemeinsam mit dem Handels- und Gewerbeverein versucht die Stadt verstärkt, die einheimischen Händler zu unterstützen. Bei dem 2007 erstmals durchgeführten Familientag in der Innenstadt können sich alljährlich zahlreiche Besucher von den tollen Angeboten der Händler überzeugen.

Einen besonderen Trumpf kann die Große Kreisstadt mit ihrem breitgefächerten Bildungsangebot in die Waagschale werfen. Mehrere Grundschulen, drei Mittelschulen, ein allgemein bildendes und ein technisches Gymnasium sowie ein Berufsschulzentrum gibt es im Ort.

Das Albert-Schweitzer-Gymnasium wurde bis Ende 2007 saniert und mit einem Anbau aufgewertet. Heute lernen in der modernen Bildungseinrichtung rund 800 Schüler der Klassen 5 bis 12.

Das heutige Rathaus wurde ab 1570 als Rittergut erbaut. In den vergangenen Jahren wurde das Ensemble mit Hilfe von Fördermitteln saniert.

Auch hier steht die Stadt, in der 1869 die erste Strumpfwirkschule der Welt gegründet wurde, in einer verpflichtenden Tradition – Investitionen in die Bildung gelten als Investitionen in die Zukunft. Ein aktuelles Zeugnis dafür legt das Albert-Schweitzer-Gymnasium ab. Bei dem größten städtischen Bauvorhaben seit 1990 mit einer Investitionssumme von insgesamt 8,8 Millionen Euro entstand ein Erweiterungsbau, in dem moderne Fachkabinette, eine Cafeteria und eine Aula untergebracht sind. Der vorhandene Jugendstilbau wurde komplett saniert und das Kurshaus für die elften und zwölften Klassen instand gesetzt. Auch die Außenanlagen wurden tipp-top in Ordnung gebracht. Nach der Fertigstellung können seit Herbst 2007 alle Schüler des Gymnasiums an einem Standort lernen. Das Bauvorhaben schaffte außerdem die Voraussetzungen zur Umsetzung moderner pädagogischer Konzepte. So unterbreitet das Albert-Schweitzer-Gymnasium auch Ganztagsangebote, an denen sich fast alle Schüler beteiligen. Die optimalen Lernbedingungen sollen den Schülern zugleich ein Ansporn sein, denen nachzueifern, die sich an dieser traditionsreichen Bildungseinrichtung das geistige Rüstzeug geholt haben, um dann in Medizin, Wissenschaft und Technik erfolgreich tätig zu sein. Damit stellt sich Limbach-Oberfrohna der Verpflichtung, der Jugend optimale Bildungsvoraussetzungen zu schaffen. Limbach-Oberfrohna wird von Jahr zu Jahr schöner. Die Innenstadt wurde saniert, und viele Häuser haben eine Schönheitskur erhalten. Attraktive Wohngebiete entstanden, zudem kann die Stadt mit einem reichhaltigen Kultur- und Freizeitangebot aufwarten. Auch der Sport wird in Limbach-Oberfrohna großgeschrieben. Neben der Großsporthalle, den Schulturnhallen und dem Waldstadion hat die Stadt zwei Freibäder, das Sonnenbad Rußdorf und das Naturbad Großer Teich, die Badegäste und Sonnenhungrige in den Sommermonaten anziehen. Vor allem das 1999 eröffnete Freizeit- und Familienbad LIMBOmar erfreut sich großer Beliebtheit. Mit seinem großen 25-Meter-Becken und dem Lehrschwimmbecken bietet es optimale Voraussetzungen für

Seit dem Jahr 2000 wurde das hoch über der Mulde thronende Schloss Wolkenburg aus seinem Dornröschenschlaf erweckt. Rund 2 Millionen Euro investierte die Stadt bisher in das um 1170 als Burg erbaute Gebäude.

die sportliche Freizeitgestaltung. Im Whirlpool, der Dampfgrotte, im Solarium oder auf der Sonnenwiese kann man super entspannen. Eine wunderschöne Saunalandschaft, bestehend aus Biosauna, Trockensauna und einer finnischen Blockhaussauna mit Kaminfeuerung im Freigelände, rundet das Angebot ab. Außerdem besteht ein umfangreiches Kurs- und Therapieangebot, das vom Babyschwimmen, Schwimmlernkursen bis hin zur Wassergymnastik reicht. Regelmäßig locken auch Themensauna, Kindernachmittage, Frühschwimmclub und vieles mehr Besucher aus nah und fern ins Bad.

Stolz ist Limbach-Oberfrohna auf die moderne Stadthalle, die 2004 eröffnet wurde. Der multifunktionale Saal, die Veranstaltungsräume und die Bar im »Hirsch« bieten Räumlichkeiten für vielfältige Veranstaltungen. Neben Konzerten, Tanzbällen und Theateraufführungen wird die Stadthalle auch für Firmen- und Familienfeiern, Kleinkunstdarbietungen, Ausstellungen, Messen und Seminare genutzt. Ergänzt wird das Angebot durch Tanz- und Unterhaltungsveranstaltungen in der Parkschänke, die außerdem zum Bowlingspielen einlädt. Das traditionsreiche Haus, das weit über die Stadtgrenzen hinaus bekannt ist, feierte bereits 2005 seinen 100. Geburtstag. Eine noch längere Tradition hat der idyllische Stadtpark, der in jeder Jahreszeit zu einem Spaziergang einlädt. Der einmalige Bestand an seltenen Bäumen und Büschen macht den Park so einzigartig. Einzigartig in der Region ist auch der bei Groß und Klein beliebte Tierpark. Dort kann man über 300 Tiere beobachten und im Kleintiergehege sogar streicheln. Neben Exoten, wie den Chinesischen Leoparden, Bennett-Kängurus, Schottische Hochlandrinder, Nandus und Mungos oder zwei Affenarten, gibt es auch einheimische Tiere wie Ziegen, Minischweine und Störche zu sehen. Vielfältige Erholungsmöglichkeiten bieten Ausflüge in das an den Stadtpark angrenzende, weitläufige Landschaftsschutzgebiet Limbacher Teiche, die vielfältigen Wanderwege im Muldental oder Exkursion im Wolkenburger Bergbaurevier.

Chemnitz – Stadt der Moderne und Stadt mit Köpfchen

Chemnitz – der Name leitet sich vom Fluss gleichen Namens her, der die Stadt durchfließt. Chemnitz – eine Stadt im Westen des Freistaates Sachsen, am Nordrand des Erzgebirges, im Erzgebirgsbecken gelegen. Chemnitz – nach Leipzig und Dresden die drittgrößte Stadt (etwa 245 000 Einwohner) sowie eines der sechs Oberzentren des Bundeslandes.

An einem Übergang über die Chemnitz stiftete Kaiser Lothar III. um 1136 ein Benediktinerkloster, das 1143 Marktrechte erhielt. In den 60er Jahren des 12. Jahrhunderts wurde in der Nähe des Klosters die Stadt Chemnitz gegründet und 1216 als Stadt bezeichnet, die, zunächst Reichsstadt, 1254/1308 unter die Herrschaft der Wettiner (1485 Albertinische Linie) kam. Eine Ratsverfassung ist 1298 bezeugt. Die Wirtschaftskraft beruhte neben dem Fernhandel hauptsächlich auf der Leinenweberei und der Barchentweberei. Im 16. Jahrhundert führte der erzgebirgische Bergbau zu einer regen Montanwirtschaft; nach deren Rückgang entwickelte sich, ab 1770 in Manufakturen, eine blühende Textilindustrie, nach der Erschließung naher Steinkohlenreviere Maschinen-, Werkzeugmaschinen- und schließlich Automobilfabrikation, die seit 1870 zum bestimmenden Wirtschaftsfaktor der Stadt wurden. Die große Zahl der Arbeiter machte Chemnitz seit der Mitte des 19. Jahrhunderts zu einem Zentrum der deutschen Arbeiterbewegung. Die Stadt war einer der bedeutendsten Industriestandorte Deutschlands. Um die Jahrhundertwende (19./20.) wurde das höchste Pro-Kopf-Einkommen aller deutschen Städte erzielt. Mit Beginn des Zweiten Weltkrieges war hier ein Zentrum der Rüstungsindustrie – durch schwere Luftangriffe 1944 und 1945 wurden große Teile der Innenstadt zerstört. 1953 benannte die DDR die traditionsreiche sächsische Industriemetropole in »Karl-Marx-Stadt« um, obwohl es nie einen Bezug zwischen ihr und dem Philosophen gegeben hat. Nach den Zerstörungen im Zweiten Weltkrieg und der Umbenennung in Karl-Marx-Stadt wurde für die Stadt ambitioniert versucht, ein Stadtzentrum zu errichten, das die klassischen Auffassungen vom Städtebau einer sozialistischen Stadt symbolisieren sollte. Dabei wurden die bisherigen Stadtgrundrisse in der Innenstadt zugunsten eines neu zu schaffenden Straßennetzes verworfen. Die Pläne wurden allerdings auf Grund des Mangels an Finanzen und eines Prioritätenwechsels zugunsten der Wohnraumschaffung (industrielle Plattenbauweise) nie komplett verwirklicht.

Mit der Wiedervereinigung nutzte man die Chance zur Rückbenennung – die Stadt, die im 12. Jahrhundert entstand, erhielt nach 37 Jahren ihren angestammten Namen zurück. 1990 stand die Stadt Chemnitz gleichzeitig vor mehreren schwierigen Aufgaben. Die Einwohnerzahlen, vor allem in den früher begehrten Plattenbaugebieten, gingen durch Abwanderung in die alten Bundesländer sowie in das Umland stark zurück, und noch immer hatte Chemnitz keine klassische Innenstadt. Mit der Errichtung großer Einkaufszentren in der Peripherie zu Beginn der 90er Jahre verschärfte sich die Situation. Chemnitz ist die einzige deutsche Großstadt, für die erst seit 1990 ein Stadtzentrum geplant und realisiert werden musste. Ein städtebaulicher Wettbewerb resultierte 1991 aus den Planungen zur Wiedergewinnung einer verdichteten Innenstadt rund um das historische Rathaus. Zahlreiche international renommierte Architekten prägen so das Bild der neuen Innenstadt. Nach wie vor ist ein Baufeld des zur Bebauung vorgesehenen Chemnitzer Zentrums noch nicht bebaut. In verschiedenen Stadtteilen wurden zahlreiche Gründerzeit- und Jugendstilbauten erfolgreich durch private Initiativen saniert.

Chemnitz wird von zwei Autobahnen durchzogen. Durch das nordwestliche Stadtgebiet führt als Ostwestachse die A 4 Erfurt–Dresden, sie trifft am Kreuz Chemnitz auf die von Hof über die westlich gelegenen Stadtteile kommende A 72.

Der seit 2007 offiziell verwendete Slogan »Stadt der Moderne« bezieht sich auf das wirtschaftliche Aufstreben der Stadt während der industriellen Moderne und auf die deutlichen Einflüsse der kulturellen und architektonischen Moderne, welche sich in der kontrastreichen Architekturlandschaft sowie in der Liste der berühmten Söhne und Töchter widerspiegeln. Das bekannte Karl-Marx-Monument findet sich in dem Slogan »Stadt mit Köpfchen« wieder.

Das Stadtgebiet von Chemnitz ist in 39 Stadtteile eingeteilt, umfasst aber nach zahlreichen Eingemeindungen kein einheitliches geschlossenes Siedlungsgebiet. Die ländlichen Siedlungen vornehmlich östlicher Stadtteile sind von der Chemnitzer Kernstadt getrennt.

Blick auf die als Ost-West-Achse durch das nordwestliche Stadtgebiet von Chemnitz führende A 4 Erfurt–Dresden

Die Silberstraße

Ein silbernes Band zieht sich quer von West- nach Ostsachsen: die erste Ferienstraße des Freistaates, die Silberstraße. Viele traditionsreiche Städte und Gemeinden liegen an ihr – wie Glieder einer Silberkette sieht das aus. Und silbern war es auch dereinst, als hier das »grosze Bergkgeschrey« anhub.
Die Verarbeitung der Erze erforderte entsprechende Hütten- und Münzstätten; deshalb kann man auch heute noch eine Vielzahl von eindrucksvollen technischen Denkmalen begutachten: Schaubergwerke, Erzhämmer und anderes. Es verwundert in diesem Zusammenhang keineswegs, dass es in dieser Gegend bedeutende Erfinder, Wissenschaftler, Geistesriesen und Künstler gab – Georgius Agricola, Alexander von Humboldt, Heinrich Cotta, Adam Ries, Gottfried Silbermann, George Bähr sind nur einige von ihnen.
In Westsachsen, genauer in Zwickau, beginnt die Straße. Phantastisch ist die Formenfülle des astwerkgeschmückten Kielbogenportals des Domes; seit 1935 trägt die 1206 erbaute Marienkirche diese Bezeichnung. Auf dem Hauptmarkt Nr. 5 steht das Geburtshaus Robert Schumanns; weiterhin bedeutsam: das Gewandhaus (1522–27), heute Theater der Stadt; Teile der mittelalterlichen Stadtbefestigung samt Pulverturm; das Rathaus und die Autoindustrie, heute mit modernster Technologie angesiedelt im Ortsteil Mosel.
Die Weiterreise geht über Wilkau-Haßlau; das 10 000-Einwohner-Städtchen liegt 280 m hoch; die Autobahnbrücke ist 671 m lang und überspannt in 55 m Höhe das Mulden- und Rödelbachtal. Das über 600 Jahre alte Bad Schlema war von 1918–46 eines der bedeutendsten Radiumbäder der Welt. Am Zusammenschluss von Schwarzwasser und Mulde liegt die Stadt Aue. Über Lauter, den »erzgebirgischen Dichterwinkel«, gelangt man in die Stadt Schwarzenberg mit der ältesten erhaltenen Großpyramide Deutschlands. Im benachbarten Pöhla kann man in Europas größte Zinnkammern einfahren. In Raschau steht das einzige transportable Glockenspiel aus Meißner Porzellan; es wurde 1940 gefertigt. In Scheibenberg bestaunt man die eigenartigen Basaltgebilde am gleichnamigen Berg, die nicht zu Unrecht »Orgelpfeifen« heißen. Annaberg ist dereinst nach Freiberg wohl die reichste Stadt gewesen; die Außenfassade und das Innere der St. Annenkirche mit ihrer 1883 eingebauten Walcker-Orgel beweisen das. Im Haus des Adam Ries erwartet den Wissensdurstigen eine Rechenschule; vom Rechenmeister und der »Klöppelmeisterin« Barbara Uthmann gibt es Denkmale.
Hinter der Stadt zweigt die Silberstraße auf die B 101 in Richtung Wiesenbad ab; andererseits beginnt eine Schleife über Geyer, das Greifensteingebiet bis Ehrenfriedersdorf. Fährt man in erstere Richtung, kommt man schnell über eine Hochfläche zum Thermalbad Wiesenbad. Kurvenreich verläuft die Straße bis nach Wolkenstein. Das kleine Städtchen liegt auf einem 70 m hohen Felsen über der Zschopau; noch heute erinnern Straßen, Plätze, Reste der Stadtmauer und die wuchtige Burg an bewegte Historie. Bei Schönbrunn schließt sich diese erste Schleife dem Verlauf der B 101 an; in Richtung B 95 gelangt man über Tannenberg nach Geyer. Die ehemalige Salzstraße und die Silberstraße kreuzen sich. Ehrenfriedersdorf, die über 750 Jahre alte Stadt, wird erreicht. Im Kalkwerk Lengefeld kann man nicht nur Gewinnung und Verarbeitung von Kalkgestein nachvollziehen, sondern auch das Erblühen der Orchideen in der Binge. Im breiten Tal der Flöha liegt Pockau mit dem Technischen Museum Ölmühle. An der Wasserscheide zwischen Flöha und Freiberger Mulde liegt Forchheim. Ab hier floss das als Aufschlagwasser Benötigte den Freiberger Gruben zu und wurde in Großhartmannsdorf gespeichert. Die Dorfkirche (1719–26) von George Bähr enthält eine kostbare Silbermannorgel. Zurück zur »Heinzebank«: Von hier geht es weiter auf der B 174 gen Marienberg. Die mittelerzgebirgische Kreisstadt wurde von Herzog Heinrich dem Frommen gegründet. Auch wenn es drinnen manchmal sehr eng ist und kalt obendrein – der »Molchner Stolln« in Pobershau lädt zu einer Erkundungstour ein. Hier am Mönchberg lag gegen 1484 das Zentrum des Bergbaus. Am Ortsende wechselt die Silberstraße auf die B 171 Richtung Zöblitz. Sehenswert ist die Stadtkirche mit der Silbermannorgel, die ein wichtiges Detail innerhalb der Feierlichkeiten zur 1000-Jahr-Feier 2004 bildete.
Am Übergang vom mittleren zum östlichen Erzgebirge und in der Kammregion zu Tschechien liegt das im 13. Jahrhundert gegründete Olbernhau. Aus Sayda ragt die etwa 620 Jahre alte Hallenkirche heraus. In Neuhausen mit dem 789 m hohen Schwartenberg und Schloss Purschenstein befindet sich Europas erstes Nussknackermuseum; in Dörnthal eine Wehrgangskirche auf einer Anhöhe samt eines befestigten Kirchhofes. Es folgen Großhartmannsdorf, »Berghauptstadt« Freiberg, Naundorf, Kurort Kipsdorf … Die Silberstraße hat nun den Stadtrand der Landeshauptstadt Dresden erreicht – hier endet sie.

Das Erzgebirge – Westlicher Teil

Die Beschreibung des Erzgebirges wurde, der ersten Auflage dieses Werkes folgend, aus Gründen der Übersichtlichkeit in zwei Abschnitte unterteilt: Westliches Erzgebirge (Altkreise Aue-Schwarzenberg, Stollberg und Annaberg) sowie Mittleres und Östliches Erzgebirge (Altkreise Mittlerer Erzgebirgskreis, Freiberg und Weißeritzkreis). Die Kreisreform hat jedoch den Mittleren Erzgebirgskreis in den neuen Erzgebirgskreis integriert, der alte Kreis Freiberg, überwiegend im Osterzgebirge gelegen, wurde dem neuen Kreis Mittelsachsen, der Weißeritzkreis dem neuen Kreis Sächsische Schweiz-Osterzgebirge zugeordnet.
Reich an landschaftlichen Reizen und traditionellem Handwerk ist dieses Fleckchen Erde, das eigentlich erst im späten Mittelalter richtig »entdeckt« und zugänglich gemacht wurde. Etwa um 1000 legten thüringische und fränkische Siedler an Flüssen und Bächen Waldhufendörfer an; aber erst die Entdeckung der Silbererze Mitte des 15. Jahrhunderts und das daraus resultierende »große Bergkgeschrey« änderte die land- und wirtschaftliche Struktur gravierend; Städte wie Annaberg, Schneeberg und Stollberg mit den schönen spätgotischen und barocken Bauten zeugen heute noch vom einstigen Reichtum, durch den Bergbau hervorgerufen. Später förderte man statt Silber Kobalt. Das Blau aus dem Westerzgebirge zierte Delfter Kacheln und Meißner Porzellan. Die Basis zu Sachsens »weißem Gold« lieferte die Weißerde (Kaolin) aus der Auer Gegend. Daneben wurden Eisen und Zinn gefördert, die im Auer Hammer zu Weißblech verarbeitet wurden. Die Förderung der Erdschätze reichte bald nicht mehr aus, um drohende Arbeitslosigkeit abzuwenden – mit Schnitzen und Drechseln hielt man sich notdürftig über Wasser; die reichen Holzvorkommen wurden genutzt. Daraus entwickelte sich ein Kunsthandwerk, das sich noch heute größter Wertschätzung erfreut. Barbara Uthmann, Kaufmannsfrau aus Annaberg, führte das Klöppeln ein. Gerade in heutiger Zeit wird die so hergestellte Ware in der ganzen Welt als Kleidungsbesatz und Accessoire geschätzt. Im 20. Jahrhundert wurde dem Berg ein weiteres entrissen, in einer der Umwelt schadenden Weise: das Uran. Johanngeorgenstadt litt in besonderer Weise darunter.
Das Erzgebirge ist dicht bewaldet – der »Miriquidi« galt einst als undurchdringlich. Viele Bezeichnungen gibt es für diese Region: Vom »Silbernen Erzgebirge« geht es über »Weihnachtsland«, »Spielzeugland« zum »Land des Spitzenklöppelns und Schnitzens« – zum Glück spricht keiner mehr vom »armen Erzgebirge«, was leider zu bestimmten Zeiten seine traurige Berechtigung hatte. Der Name »Miriquidi« (dichter, undurchdringlicher Urwald) taucht erstmals in einer Urkunde von 974 auf; man kann davon ausgehen, dass damit das beachtliche Waldgebiet der Zwickauer Mulde bis in die Gegend um Bad Gottleuba gemeint war. Im 6. Jahrhundert drangen die Sorben bis ins Erzgebirgische Becken vor.
Heimatstolz und -liebe, prächtige Gebirgsnatur, geschichtsträchtige Städte, klare Gebirgsbäche, idyllische Teiche, verträumte Dörfer ... alles findet man in überreichem Maße. Hier dominiert langer, schneereicher Winter, später und kurzer Frühling und schnell einsetzender Herbst – von langer Sommerzeit kann man nicht reden, die Winde wehen rau. Die Länge dieses sich in südwestlich-nordöstlicher Richtung ziehenden Gebirges, das einerseits von Vogtland und Elstergebirge, andererseits vom Elbsandsteingebirge »eingerahmt« wird, beträgt etwa 120 km. 1168 wurde der erste Silbererzfund bei Christiansdorf gemeldet; die Bergleute kamen aus der Harzgegend. Eine zweite Besiedlungswelle war im 14./15. Jahrhundert zu verzeichnen; sie diente fast ausschließlich der bergbaulichen Erschließung, denn man war neben Silber auf Kupfer-, Eisen- und Zinnvorkommen gestoßen. Die Hoch-Zeit des erzgebirgischen Bergbaus war angebrochen; überall ertönte das »große Bergkgeschrey«, die Bevölkerungsdichte wuchs, und Städte wurden gegründet. Ihre Bauweise kündete von Wohlhabenheit; prächtige Kirchen, Rat- und Wohnhäuser schossen aus dem Boden, angereichert mit einmaligen Schätzen – Annaberg, Schneeberg, Schwarzenberg mögen als Beispiele stehen. Bauern wurden erneut angesiedelt, um die Versorgung des Bergmannstandes zu gewährleisten. Allerdings wuchs mit ständiger Erhöhung die Zinsbelastung deren Armut. Auf der anderen Seite wuchs der Reichtum weniger ins Unermessliche; großartige Herrensitze und prächtige Schlösser ließen diese bauen. Die zahlreichen Bauten auf den Höhen des Zschopautales, die Augustusburg und jene im Stollbergischen stehen dafür.
Im 17. Jahrhundert kamen wieder viele Zuzügler, diesmal waren es vor allem protestantische böhmische Exulanten, die wegen ihres Glaubens in der Heimat verfolgt wurden und nur wenige Kilometer entfernt, im wesentlich loyaleren Sachsen, eine neue fanden. Viele Gelehrte waren darunter, auch Musikinstrumentenbauer.

Das 18. Jahrhundert »bescherte« den Siebenjährigen Krieg (1756–63) samt Elend, Not, Tod und immensen Abgaben. Zusätzlich kosteten Missernten vielen Menschen das Leben; man spricht von über 50 000.

Die Vorerzgebirgshöhen werden heute für landwirtschaftliche Zwecke genutzt. Den Kamm des Westerzgebirges hingegen (Großer Rammelberg bei Klingenthal bis zum Ahornberg bei Seiffen) bedeckt nach wie vor der »Miriquidi«, dunkel und eindrucksvoll, jedoch nicht mehr unüberwindbar. Dazwischen liegen bekannte Bergwerksorte: Annaberg, Aue, Schwarzen- und Schneeberg, Olbernhau, Johanngeorgenstadt, Eibenstock und Oberwiesenthal.

Seit dem 19. Jahrhundert fand man in größerem Umfang in einst verlassenen oder neu aufgeschlossenen Bergwerken Wolfram, Zinkblende und Uranerz, dann auch Blei, Zinn, Kobalt, Nickel und Molybdän. Der industrielle Bergbau stand im Mittelpunkt, der Mitte des 20. Jahrhunderts seinen Höhepunkt mit dem rücksichtslosen Abbau schwarzer Uranpechblende erreichte – Natur, Umwelt, Städte und Menschen, besonders um Annaberg, Marienberg, Schneeberg, Aue und Johanngeorgenstadt, wurden geschädigt. Das Ende kam Anfang der siebziger Jahre.

Je weiter man nach oben gelangt, um so reicher fallen die Niederschläge. Nadeln und Laubschichten sowie Moose halten die Nässe wie ein Schwamm fest; dichtes Busch- und Baumwerk mindert die Verdunstung und sorgt für einen regulierten Ablauf von den Bergen. Viele Feuchtwiesen und Hochmoore sind besonders wertvolle Wasserspeicher. Alles Klimatische addiert, führte das zu einer Vertorfung der Pflanzendecke (teilweise 1–5 m dick); Beispiele hierfür sind die Hochmoorlandschaft bei Bozi Dar und das Umfeld des Spicek (Spitzberg, 1 115 m), in der Nähe des Großen (bei Carlsfeld) und Kleinen Kranichsees (bei Johanngeorgenstadt) sowie das Georgenfelder Hochmoor bei Zinnwald: Hunderte von Rinnsalen, Bächen und Flüsschen bilden ein weitverzweigtes System, die später in die Zwickauer und Freiberger Mulde münden und vereint der Elbe zuströmen. Die Zwickauer Mulde, im Vogtland entspringend, empfängt bei Aue das Schwarzwasser und dessen Nebenläufe, bevor die aus Würschnitz und Zwönitz entstandene Chemnitz zufließt. Bei Schneeschmelze wurden diese an sich friedlichen Flüsschen zu reißenden Ungeheuern. Heute sorgt ein Talsperrensystem nicht nur für das dringend benötigte Trinkwasser, sondern dient auch der Wasserregulierung. Den Südhang des Westerzgebirges hinab stürzen in gefällreichen Windungen Bäche in das Böhmische Becken hinab; sie werden vor allem von der Biela (Bilina) und Eger (Ohre) aufgenommen und münden bei Leitmeritz (Litomerice) und Aussig (Usti) in die Elbe. Das jodarme, weiche Wasser war früher wichtige Ausgangsbasis für Landwirtschaft und Industrie – die zahlreichen Kunstgräben und Mühlräder zeugen davon.

Als das zweite »Bergkgeschrey« Ende des 15. Jahrhunderts vielerorts erschallte, erscholl es südlicher als das erste und in höheren Lagen. Bergstädte entstanden schnell und in großer Zahl: Schneeberg (1470), Annaberg und Buchholz (1496), Joachimsthal (1516); insgesamt gab es in Sachsen 31 und in Böhmen 21 Bergstädte, die besondere Privilegien erhielten. Charakteristisch für die Zeit war auch, dass sich verschiedentlich die Bergstädte fast berührten. Buchholz (gegründet durch Friedrich den Weisen) und Annaberg (Georg der Bärtige) sind längst miteinander verschmolzen zu Annaberg-Buchholz; Wiesenthal und Neustadt/Wiesenthal heißt heute Oberwiesenthal.

Reizvolle Eisenbahnstrecken gibt es im Westerzgebirge; die von Annaberg über Markersbach, Schwarzenberg nach Aue und Zwickau gehört dazu, auch wegen des berühmten Viaduktes in Markersbach, den man scherzhaft auch »Streichholzbrücke« nennt. Auch die Zschopautalbahn (Chemnitz-Annaberg-Bärenstein bis Vejperty) im Tale der Zschopau ist außerordentlich attraktiv. Viele Burgen stehen hoch über dem Tal: Augustusburg, Scharfenstein, Wolkenstein und andere. Eine dritte Strecke allerdings läuft allem den Rang ab: Die 750-mm-Schmalspurbahn dampft täglich mehrmals von Cranzahl nach Oberwiesenthal hinauf. Oberwiesenthal, die Stadt des früheren Skisprungweltmeisters Jens Weißflog, hat einiges zu bieten – den höchsten sächsischen Berg und die älteste deutsche Schwebebahn, die Fichtelbergschwebebahn. Im Ort stehen eine neugotische Kirche aus dem 19. Jahrhundert und eine alte Postmeilensäule.

Viele Nah- und Fernziele locken – ob in Rittersgrün, Tellerhäuser, Breiten- und Erlabrunn, Johanngeorgenstadt, Wildenthal, Eibenstock, an den Greifensteinen und in der »Stülpnerhöhle«, in Aue, der Binge in Geyer, Schwarzenberg; es locken der Auersberg, Scheibenberg, Schlettau und anderes. Überall wird der Besucher viele Sehenswürdigkeiten vorfinden und auf erzgebirgisch-freundliche Art begrüßt werden.

Der Hirschkopf bei Carlsfeld (Stadt Eibenstock) – Skibetrieb mit Flutlichtanlage

Altlandkreis Aue-Schwarzenberg

Der Altlandkreis Aue-Schwarzenberg gehört zu den landschaftlich reizvollsten Gegenden des Freistaates Sachsen; weite Wälder, tiefe Täler, unberührte Natur, sacht dahinfließende Bäche und Rinnsale, anmutige Landschaft und vieles mehr – all das in dieser Vielfalt ist der Altlandkreis Aue-Schwarzenberg.

Kurze landschaftliche Beschreibung

Gegensätzliches prägt das Gesicht des Lebens der Menschen: Landwirtschaft und mittelständisches Gewerbe, Brauchtum, Tradition und modernes Leben, Freizeit und Arbeit. Gast und Einheimischer treffen auf Menschen, die fröhlich Feste feiern, Ursprüngliches, Lebensfreude, Besinnliches, aktive Erholung und viele Kinder. Auch wenn nicht immer die Sonne scheint – man kann es das ganze Jahr hindurch »schon aushalten« bei diesen Menschen, die sehr stark bzw. eng mit ihrer Heimat verbunden sind. Der Altlandkreis Aue-Schwarzenberg verfügt über eine Gesamtfläche von 528,24 qkm, auf der insgesamt 130 038 Menschen leben; das entspricht einer Bevölkerungsdichte von 248 Einwohnern pro qkm. Die Gemeindestruktur gliedert sich in 11 Gemeinden (Bad Schlema, Bernsbach, Bockau, Breitenbrunn, Markersbach, Pöhla, Raschau, Schönheide, Sosa, Stützengrün und Zschorlau) und 8 Städte (Aue, Eibenstock, Grünhain-Beierfeld, Johanngeorgenstadt, Lauter, Schneeberg, Lößnitz und Schwarzenberg).

Urlaub und Tourismus inmitten schöner Natur

Urlaubsangebote im Erzgebirge und damit auch im Altlandkreis Aue-Schwarzenberg werden dem Anspruch eines sanften Tourismus voll gerecht. Berghänge und Täler bieten ein ausgebautes und übersichtlich beschildertes Wanderwegenetz, das zur aktiven Erholung reizt. Aussichtstürme auf dem Auersberg, dem Kuhberg und der Morgenleithe laden dazu ein, die nähere und weitere Umgebung quasi aus der Vogelperspektive zu betrachten. Die Talsperren Sosa, Carlsfeld und Eibenstock sind Orte geruhsamer Erholung und Entspannung. Die Talsperre Eibenstock ist mit einem Stauraum von 71,4 Millionen Kubikmetern die größte Talsperre des Freistaates Sachsen. Im Pumpspeicherwerk Markersbach, dem wahrscheinlich größten seiner Art in Deutschland, finden die in den Berg getriebenen Anlagen immer wieder aufs Neue begeisterte Interessenten. Der Altlandkreis bietet seinen Einwohnern und Gästen eine Vielzahl an sehenswürdigen Einrichtungen, die die Geschichte des Altlandkreises, seine Traditionen und Bräuche darstellen. Museen, zum Beispiel in Schneeberg, Eibenstock und Aue, besitzen umfangreiche Sammlungen auf allen Gebieten der Regionalgeschichte, der Entwicklung erzgebirgischer Volkskunst und des Bergbaus. Im Schloss Schwarzenberg, das sich im Ensemble mit der historischen Altstadt und der St. Georgenkirche befindet, können Zeugnisse des erzgebirgischen Zinnbergbaus sowie die Verarbeitung von Eisen und Zinn besichtigt werden. »Bergbau live« bieten Schaubergwerke, zum Beispiel das Besucherbergwerk St. Anna in Zschorlau, verbunden mit der dazugehörigen alten Anlage des »Türckschachtes« sowie das Besucherbergwerk Pöhla mit den größten Zinnkammern Europas. Hier finden auch Konzerte statt, die sich durch ein akustisches Erlebnis besonderer Art auszeichnen. Interessant neben vielen anderen Freizeiteinrichtungen ist das Gebiet am Filzteich bei Schneeberg: Bademöglichkeiten, Sport und Spiel, Bootsfahrten sowie kulturelle Angebote bieten in den Sommermonaten Erholung und Entspannung pur. Am »Forstteich« in Lindenau stehen 150 Stellplätze auf dem Campingplatz zur Verfügung. Des Weiteren bietet dieses Bädergewässer noch eine Schwimmmöglichkeit für Jung und Alt.
Die Ferienstraße »Silberstraße«, die erste Ferienstraße Sachsens, führt direkt durch den Altlandkreis und bietet zahlreiche Angebote, ganz gleich, ob Sommer oder Winter: Aus Zwickau kommend, führt sie durch den Altlandkreis Aue-Schwarzenberg durch Schneeberg, Aue, Lauter, Schwarzenberg und dann weiter über Scheibenberg, Schlettau in den Altlandkreis Annaberg und seine Kreismetropole. Längs der Orte an der »Silberstraße« findet man lebendige Traditionen der erzgebirgischen Volkskunst. Daran besteht kein Zweifel. Die erzgebirgische Volks- und Handwerkskunst ist besonders im 20. Jahrhundert zu einem internationalen

Begriff geworden. Zwar sind die Zeiten vorüber, in denen einfache Menschen in naiver Weise wie Karl Müller (1879–1958) und die gleichfalls unvergessene Auguste Müller (1847–1930) ihre Figuren »schnitzelten«, die Motive dem Alltag abgelauscht. Und dennoch: Trotz der ständigen technologischen Veränderungen in der Herstellung geschnitzter und gedrechselter Figuren, Pyramiden und anderer weihnachtlicher Lichtertäger ist die Volkskunst des Erzgebirges als Einstimmung auf das Weihnachtsfest in allen deutschen Landschaften beliebt. Engel und Bergmann, Pyramiden und Schwibbogen sind weit über Sachsen hinaus in den Fest- und Brauchkreis am Jahreswechsel eingebunden. Im Erzgebirge ist noch heute eine relativ beständige Geschlossenheit verschiedener Volkskunstzweige anzutreffen: Typisch für die Region sind die Schnitzerei, die Produktion von Weihnachtsfiguren und Holzspielzeugen. Weitverbreitet sind die Spitzenklöppelei, lebendiger Volksgesang und Mundartdichtung. Und auch der Winter im Altlandkreis garantiert Erholung und Entspannung. Carlsfeld und Johanngeorgenstadt gelten mit ihrer Höhenlage von 840 bis 920 m als das schneesicherste Gebiet Sachsens; verschneite Wälder laden zu Spaziergängen ein. Ob auf geräumten Wanderwegen oder gespurten Loipen, auf Pisten oder Rodelbahnen, vor allem in den Orten der Gebietsgemeinschaft am Auersberg, in Tellerhäuser und Rittersgrün. Des Weiteren empfiehlt sich der Besuch des Erzgebirgsstadions in Aue, welches als eines der am schönsten gelegenen Stadien in Deutschland bezeichnet wird. In diesem Stadion trägt der FC Erzgebirge Aue (3. Bundesliga) seine Heimspiele aus. Von vielen Einwohnern wird der Traditionsverein als »der Stolz von Sachsen bezeichnet«.

Ergänzungen zur geographischen Lage

Der Altlandkreis gehört zu den südwestlichsten Kreisen Sachsens; er erstreckt sich über den flach abfallenden Nordhang des Westerzgebirges bis hinauf zum Kamm. Der tiefste Punkt befindet sich in 315 m Höhe, nahe dem Ortsteil Wildbach (Gemeinde Schlema), wo die Zwickauer Mulde den Altlandkreis Aue-Schwarzenberg verlässt. Der Gipel des Auersberges bei Wildenthal ist mit 1 019 m die höchste Erhebung und damit der zweithöchste Berg Sachsens. Vielfältige Talformen neben stark bewaldeten Gebirgszügen mit ausgedehnten Hochflächen bestimmen den Charakter der Landschaft. Der südliche Teil des Kreises mit seinen reizvollen Tälern, Bergen, Talsperren und Naturschutzgebieten wirkt das ganze Jahr über anziehend für Fremdenverkehr und Tourismus. Industriell stark entwickelt und erschlossen ist der nördliche Teil: Er bietet ausgezeichnete Möglichkeiten für Industrie und Gewerbe, ist dem Ballungsraum Chemnitz–Zwickau zuzurechnen und bildet einen eigenständigen Verdichtungsbereich im ländlichen Raum. Der Altlandkreis Aue-Schwarzenberg gehört zur Euroregion Egrensis: Die Arbeit in diesem Verein dient der Annäherung an die Grenzregionen.

Verkehrsanbindung

Der Altlandkreis Aue-Schwarzenberg ist das Verkehrszentrum des Westerzgebirges. Autobahnanschluss besteht über die A 72 (Hof–Plauen–Chemnitz–Dresden) und die A 4 (Köln–Eisenach–Chemnitz–Dresden); dazu sind »behilflich« die Bundesstraßen 93 und 169 sowie die direkte Autobahnanbindung A 72 an der Anschlussstelle Hartenstein. Außerdem ist das Westerzgebirge durch die Bundesstraßen 93 (Zwickau–Schneeberg), 169 (Plauen–Aue–Chemnitz), 101 (Aue-Schwarzenberg–Annaberg) und 283 (Klingenthal–Aue) gut erschlossen. Alle Städte und Gemeinden sind an das Netz des öffentlichen Personennahverkehrs angeschlossen. Es müssen nur wenige Kilometer zurückgelegt werden, um von Aue oder Schwarzenberg die bekannten erzgebirgischen und vogtländischen Ferien- und Wintersportzentren Oberwiesenthal am Fichtelberg, Wildenthal, Johanngeorgenstadt, Breitenbrunn und Carlsfeld im Auersberggebiet oder Klingenthal und Mühlleiten am Aschberg zu erreichen. Auch Ausflüge in das Bäderdreieck Karlsbad, Marienbad und Franzensbad sowie in die Wallensteinstadt Eger im benachbarten Böhmen sind empfehlenswert. Der für Fußgänger geöffnete Grenzübergang in Johanngeorgenstadt ist etwa 34 km von Aue entfernt und wird besonders an den Wochenenden von zehntausenden Besuchern frequentiert.

Aue ist über Zwickau, Schwarzenberg und Johanngeorgenstadt an die Sachsenmagistrale auf der sächsischen und an die Bahnverbindung Prag–Nürnberg auf der böhmischen Seite bahnmäßig angebunden. Aue bildet einen Knotenpunkt im Personen- und Güterverkehr von und nach Annaberg, Johanngeorgenstadt, Zwickau, Chemnitz, Leipzig und Berlin.

Sehenswerte »Hauptstädte des Altlandkreises«

Schwarzenberg an der Silberstraße (427–561 m), umgeben von bewaldeten Bergrücken, liegt eingeschmiegt im Talkessel des Schwarzwassers. Auf einem hervorspringenden Felssporn thront das Schloss mit nebenstehender

Traditionelles Köhlerhandwerk in der Gemeinde Sosa

St. Georgenkirche. Den Älteren wird bekannt sein, dass die Stadt samt größerer Umgebung unmittelbar nach Beendigung des II. Weltkrieges nicht mehr existent war. Ein 520 qkm großes Gebiet mit Schwarzenberg als Mittelpunkt wurde von den Siegermächten vergessen zu besetzen; es gründete sich im Mai 1945 die »Freie Republik Schwarzenberg«. Aue kam auch durch die Industrialisierung des 19. Jahrhunderts zu Ansehen. Besonders erwähnenswerte Exponate des Stadtmuseums sind die neolithische »Steinaxt von Aue«, eine mittelalterliche Notenhandschrift aus dem Kloster Zelle, eine hölzerne Zunftlade der Bäcker sowie eine geschnitzte Christusfigur aus der 1896 abgerissenen Stadtkirche; aber auch der Kaolinabbau ist belegt: Rund 150 Jahre lang war die Weißerdenzeche St. Andreas Lieferant der Porzellanmanufaktur Meißen.

Über die Wirtschaftsstruktur

Die wirtschaftliche, kommunale und kulturelle Entwicklung wurde seit dem Mittelalter bis in die jüngste Vergangenheit durch den Bergbau und die Verarbeitung von Silber, Zinn, Eisen, Wolfram, Wismut und Kobalt geprägt. Dies begründete auch die Entstehung des Metall verarbeitenden Gewerbes und die nachfolgende Industrialisierung in dieser Region. Als »Wiege der Umformtechnik« bezeichnet sich der Altlandkreis selbst und ist vor allem in der Metall verarbeitenden Industrie mit einer Reihe mittelständischer Unternehmen vertreten. Der Tradition verpflichtet, werden heute anspruchsvolle ingenieurtechnische Lösungen und Produkte höchster Qualität als Markenzeichen ansässiger Unternehmen in alle Welt geliefert.

Bereits seit der 1. Hälfte des 20. Jahrhunderts ist die Region engagiert und zieht vor allem in den Wintermonaten zahlreiche Besucher an.

Blick zum Rathaus

Die Große Kreisstadt Aue

Erstmals 1173 als Klostergründung von Kaiser Barbarossa urkundlich erwähnt, liegt Aue inmitten bewaldeter Höhenrücken am Zusammenfluss von Mulde und Schwarzwasser. Aue war in der Vergangenheit eine bekannte Industriestadt. Immer noch als Standort wichtiger Industriebetriebe dominiert in der Stadt heute das mittelständische Gewerbe. Moderne innerstädtische Einkaufsstätten, internationale Gastronomie und vielfältige Kultur- und Sporteinrichtungen erwarten den Besucher der Stadt. Der »zoo der minis« mit seinen etwa 67 Tierarten und 400 Einzelexemplaren ist weltweit der einzige, der sich auf Minitiere spezialisiert hat. Bekannt wurde die Stadt auch für Produkte, die für die Herstellung von Porzellan notwendig waren. Bis 1854, also ca. 150 Jahre lang, lieferte das Auer Bergwerk »Weiße Erdenzeche St. Andreas«, dessen Huthaus bis heute erhalten blieb, als Alleinlieferant den Rohstoff »Kaolin« für das wertvolle Meißner Porzellan. Typisch für das Auer Stadtbild sind die wunderschönen Fassaden der alten Bürgerhäuser der Gründerjahre. Einmalig sind auch die Fluss- und Brückenlandschaften im Auer Stadtgebiet. Kaum eine andere Erzgebirgsstadt hat so viele Brücken pro Quadratkilometer wie Aue. Gern wird Aue auch als die »Sportstadt im Erzgebirge« bezeichnet, denn Aue hat in den vergangenen 50 Jahren auf vielen Gebieten des Sportes Geschichte geschrieben.
Verkehrsverbindungen: Busankunft und -abfahrt im Zentrum, Bahnhof in Zentrumsnähe, Autobahnzubringer S 255 zur A 72, Aue ist über die Autobahn A 4 gut zu erreichen. Durch Aue führen die Bundesstraßen B 101, B 169 und B 283 und die S 222. Sehenswürdigkeiten: Nikolaikirche, Friedenskirche, Tierpark »zoo der minis«, Museum Bergfreiheit, Bergbaulehrpfad, Vestenburger Stollen, Klösterlein Zelle, 1. Spannbetonbrücke Europas in einer vielfältigen Brückenlandschaft. Sport- und Freizeitangebot: Tennis, Skilauf, Eislaufhalle, Kulturhaus, Galerie »Art Aue«, Galerie der »anderen Art«, Kino, Bowling/Kegeln, Hallenbad, Freibad, Erzgebirgsstadion, Rad- und Wanderwege.

Blick auf die Wahrzeichen der Stadt – Schloss Schwarzenberg und Kirche St. Georgen

Schwarzenberg, die »Perle des Erzgebirges«

Die »Perle des Erzgebirges«, damit ist eine Stadt gemeint, die, liebevoll umschlossen von Wiesen und grünen Wäldern, zwischen den herrlichen Bergen des Westerzgebirges liegt. Ihren Namenszusatz hat die Stadt schon vor langer Zeit bekommen und wird ihm heute mehr denn je gerecht. Die auf schwarzem Fels erbauten Wahrzeichen Schwarzenbergs – Schloss und Kirche St. Georgen – befinden sich in der denkmalgeschützten Altstadt. In über 850 Jahren aufregender Geschichte gewachsen, steht Schwarzenberg heute für ein beliebtes Ausflugs- und Touristenziel, ist aber ebenso ein starker Wirtschaftsstandort. Zu den Sehenswürdigkeiten der Stadt zählen u.a. das Museum Schloss Schwarzenberg und der Schlossturm, die St. Georgenkirche mit freitragender Decke und barocker Innenausstattung, das Meißner Porzellanglockenspiel und das Eisenbahnmuseum. Ebenso ist Schwarzenberg Vielen durch die »Unbesetzte Zeit 1945« und den damit verbundenen Mythen und Legenden ein Begriff.

Vielfältig ist auch das kulturelle Angebot der Stadt. Inmitten des idyllischen Rockelmannparks liegen die Waldbühne, die zweitgrößte Freilichtbühne Deutschlands mit 15 200 Plätzen, und das Naturtheater. Zahlreiche Veranstaltungen haben in der Vergangenheit dazu geführt, dass Schwarzenberg weit über die Stadtgrenzen hinaus bekannt wurde. Selbst Eros Ramazotti, Joe Cocker und Herbert Grönemeyer können seit ihren großen Auftritten sagen, wo Schwarzenberg im Erzgebirge liegt. Zu den festen Terminen, die Einheimische und Touristen keineswegs verpassen sollten, gehören das Schwarzenberger Altstadt- und Edelweißfest (August) sowie der traditionelle Schwarzenberger Weihnachtsmarkt (Freitag vor dem 2. Advent bis 3. Advent). Mit seiner über 470-jährigen Tradition gilt dieser als der zweitälteste Weihnachtsmarkt Sachsens und setzt u.a. durch die große Bergparade mit Bergzeremoniell Jahr für Jahr glanzvolle Höhepunkte. Schwarzenberg – landschaftlich ein Erlebnis, kulturell ein Genuss und traditionell gut!

Lößnitzer Salzmarkt – ein Besuchermagnet alljährlich im Juni

Bergstadt Lößnitz

Lößnitz ist eine bemerkenswerte Kleinstadt (rd. 10 000 Einwohner) im westlichen Erzgebirge und liegt in einem langgezogenen Tal in etwa 422 m Höhe ü.NN, nördlich von Aue am Lößnitzbach.
Sie ist eine der ältesten Städte hierzulande; 1284 bezeichnete man den Ort bereits als »civitas« (befestigte Stadt), dazu gehörte eine mächtige Stadtmauer mit drei Toren, das Münzrecht (Münzmeister seit 1286 nachweisbar), eine eigene Gerichtsbarkeit und ab 1304 sogar eine Lateinschule (erstmalige Erwähnung eines Schulmeisters). Bereits 1382 wird Lößnitz Bergstadt. Bedingt durch die günstige geographische Lage am Schnittpunkt zweier wichtiger Handelsstraßen (Salz- bzw. Eisenstraße) konnte sich die Stadt rasch entwickeln. Lößnitz war seit seiner Gründung ein Ort des Handwerks und des Handels. Vor über sechs Jahrhunderten erwarb man das Recht, Salzmärkte durchzuführen; Wochenmärkte hielt man nachweisbar vor 565 Jahren ab, und den traditionellen Weihnachtsmarkt gibt es seit mehr als 310 Jahren. Mit der um das Jahr 1850 einsetzenden allgemeinen Industrialisierung der erzgebirgischen Städte und Gemeinden wurde Lößnitz zu einem der bedeutendsten Industriezentren des westlichen Erzgebirges. Die Stadt war nicht nur Zentrum der sächsischen Schuhindustrie, auch Maschinenbau, Textilveredlung und -verarbeitung sowie Metallwarenindustrie siedelten sich hier an. Auch der Abbau von Dachschiefer rund um die Stadt war ein bedeutender Wirtschaftsfaktor. Die Anbindung von Lößnitz an die Bahnlinie Chemnitz–Aue–Adorf 1875 sollte sich zusätzlich als besonders günstig erweisen. Im Zentrum der Bergstadt hat man viel Erhaltenswertes bewahrt, u.a. Teile der einstigen Stadtmauer mit dem »Rösselturm« und das Portal des Rathauses von 1601. Besonders sehenswert ist die 1826 eingeweihte Stadtkirche »St. Johannis« mit einem der ältesten Bronzeglockenspiele Deutschlands. Ein beliebter Anziehungspunkt und Domizil des Handball-Zweitligisten EHV Aue ist die »Erzgebirgshalle«. Sie bietet auch zahlreiche Möglichkeiten für den aktiven Breitensport.

Kur- und Landschaftspark Bad Schlema

Bad Schlema – Modernes Radonheilbad mit Tradition

Der 5 600 Einwohner zählende Kurort Bad Schlema liegt inmitten der reizvollen Landschaft des Erzgebirges. Egal ob Urlaub, Kur oder Wellnessaufenthalt – im Radonheilbad Schlema ist für jeden Geschmack etwas dabei. Ruhe und Entspannung bietet das Gesundheitsbad »ACTINON« im hochmodernen Kurmittelhaus mit seiner 650 m^2 großen Wasserfläche, dem Innen- und Außenbereich mit radon- und solehaltigen Therapiebecken und vielen Luft- und Wasserattraktionen bei Temperaturen von bis zu 36°C. Die Gäste können sich inmitten der attraktiven Bad-, Sauna- und Wellnesslandschaft verwöhnen lassen oder Radon als Heilmittel im Rahmen einer ambulanten Badekur oder eines privaten Gesundheitsurlaubes nutzen. Die hervorragenden Eigenschaften von Radon, das in niedrigen Dosen entzündungshemmend und schmerzlindernd wirkt, nutzte Bad Schlema schon vor fast einhundert Jahren und erlangte durch sein »Radiumbad« weltweite Bekanntheit.

Aktive Erholung verschaffen zahlreiche Terrainkur-, Wander- und Radwege in und um Bad Schlema. Der großflächige Kurpark lädt ebenfalls zu einer ausführlichen Erkundung ein. Das Museum Uranbergbau informiert über die bewegte Geschichte des Ortes. Gäste, die sich selbst auf die Spuren des alt- und neuzeitlichen Bergbaus im Schlematal begeben möchten, sind im Besucherbergwerk »Markus-Semmler« genau richtig.

Auch kulturell lässt Bad Schlema keine Wünsche offen. Stimmungsvolle Kurkonzerte und ein Musikbrunnen, der von Mai bis Oktober mehrmals täglich ein harmonisches Zusammenspiel zwischen Wasserfontänen und bekannten Werken berühmter Komponisten präsentiert, begeistern ebenso wie das jährlich am dritten Septemberwochenende stattfindende Europäische Blasmusikfestival mit Orchestern aus über zehn Nationen. Ein weiterer Höhepunkt unter den zahlreichen Veranstaltungen ist das Quell- und Weinfest im Oktober, bei dem das Bad Schlemaer Brunnenmädchen gewählt wird. Bad Schlema ist zu erreichen über die A 72, Abfahrt Hartenstein, und die B 169.

Die Bergstadt Schneeberg – Stadt der Tradition und Moderne im Erzgebirge

Wer kann schon sagen, er habe auf Granit gebaut – dem Sinnbild für Beständigkeit! Die Bergstadt Schneeberg gründet auf anstehendem Granitgebirge. Zu Granit kommen viele Gesteine in der Umgebung hinzu, selbst eine Prise Kalk. Dabei sind es nicht die Gesteine, sondern die Mineralien, die Schneeberg bedeutend machten. Schneeberger Silber hatte guten Teil an Sachsens Aufstieg zu einer europäischen Macht in der Frühen Neuzeit, Kobalt färbte seit dem 17. Jh. Delfter Kacheln und dann Meißner Porzellan.

Im Zeitalter früher Großindustrie zu Beginn des 19. Jh. wurde Schneeberg eine innovative Stadt der Entwicklungsindustrie. Eine der ersten Buntpapierfabriken auf dem europäischen Kontinent entstand; der Arzt und Chemiker E. A. Geitner stellte ab 1829 Argentan, Neusilber, fabrikmäßig her und war der Begründer der Schneeberger Farbenindustrie. Textilherstellung kam hinzu. Handspitze erreichte handwerkliche und künstlerische Anerkennung; sie war seit dem 16. Jh. bei uns als Erwerbsarbeit der Bergarbeiterfamilien heimisch. So ist Schneeberg nicht von ungefähr Sitz für die akademische Ausbildung der Studiengänge Holz- und Textildesign der Angewandten Kunst Schneeberg, Fachbereich der Westsächsischen Hochschule Zwickau. Klöppeln und Schnitzen weisen aus Tradition in diese zukunftsorientierten Fächer. Das Museum für bergmännische Volkskunst zeigt die geschlossenste Sammlung erzgebirgischer Weihnachts- und Heimatberge, Bergwerksmodelle und Pyramiden. Einst eine Standeskunst des Bergmanns, lebt das Schnitzen heute aus der Hand von Laien in ihrer Freizeit zu Hause und in Schnitzvereinen wie als Kunstgewerbe von ausgebildeten Holzbildhauern.

Wo Arbeit und Fleiß seit alters zuhause sind, haben auch Feste ihren guten Platz. Elektrische Schwibbögen leuchten aus den Fenstern und hüllen die ganze Stadt vom Samstagabend zum ersten Advent bis zum Dreikönigstag in Lichterglanz. Diese große Feierlichkeit nimmt auch der Weihnachtsmarkt mit barock gestalteten Buden auf und ist der richtige Ort für die große bergmännische Musiktradition. Unsere Blasorchester, Chöre und die Bergbrüderschaften geben das ihre dazu. So ist der Höhepunkt unserer Stadtkultur im Winter das Lichtelfest am 2. Adventswochenende. Seit mehr als 500 Jahren wird der Bergstreittag in Schneeberg, fest mit dem Magdalenentag, dem 22. Juli, verbunden, begangen. Auf diesen Ehrentag für den Bergmannstand ist im Erzgebirge die einzige reguläre Bergparade im Sommer gelegt.

Bergbau blieb im 20. Jh. bestimmend; gleich nach dem Ende des 2. Weltkriegs kam der Uranabbau und in diesem Zusammenhang dann die Gründung der Sowjetisch- Deutschen Aktiengesellschaft Wismut. Uran war Ausgangsstoff in der weltpolitischen Auseinandersetzung der letzten 60 Jahre und brachte uns in eine Randlage. Sie endete im politischen Umbruch 1989/90. Die Stadt bewältigte auch baulich ihre schwerste Krise. Aus dem trist gewordenen Stadtbild erwuchs eine grundhaft sanierte Barockstadt. An vielen Fassaden zeigt sich prachtvoll, dass Dresdner Baumeister nach dem Stadtbrand 1719 beim Wiederaufbau halfen. Wie seit fast 500 Jahren thront die große Spätgotische Hallenkirche St. Wolfgang über der Stadt. Nach ihrer Kriegszerstörung 1945 begann ihr über Jahrzehnte dauernder Wiederaufbau. St. Wolfgang ist vorbildlich wiedererstanden und Gastgeberin vielbeachteter Orgelkonzerte auf der modernen Großorgel von 1998 der Orgelbaufirma Jehmlich. Ihr Klang entfaltet sich voll und satt in der Kirchenhalle, die kaum mehr schmückt als der neu montierte und restaurierte Cranach-Altar und wenige gerettete Bilder der sonst verlorenen alten Ausstattung.

Die Gestaltung der Landschaft und die bergtechnische Verwahrung nach dem Uranabbau brachte uns anerkannte Kompetenz weltweit. Die Renaturierung der Halden und Betriebsflächen wurde für viele Firmen technische Herausforderung; die gelungene Sanierung der Stadt schuf Fachkompetenz für die Sanierung industriell kontaminierter Areale in vielen Regionen sonst. Bis heute bleiben wir untrennbar mit dem Bergbau verbunden. Er war stets Förderer der Entwicklung Schneebergs, nicht Hemmnis. Zahlreiche Bergbauzeugnisse unseres Schneeberger Bergreviers prägen die Landschaft und sollen uns als »Montanregion Erzgebirge« auf die Liste des UNESCO-Welterbes bringen. Als wichtige Sachzeugen des historischen Bergbaus gehören das Siebenschlehener Pochwerk als Technisches Denkmal und das Besucherbergwerk »Weißer Hirsch« dazu. So wirkt unsere Geschichte nachhaltig für die Förderung der wirtschaftlich wichtigen, umweltschutzbetonten touristischen Zukunft unserer traditionsreichen Bergstadt in einem reizvollen Mittelgebirge.

Die kommunale Neuordnung schafft die Grundlage für das wirtschaftliche und soziale Wohl unserer Region. Schneeberg bringt sich in diese Entwicklung seit vielen Jahren über den Städtebund »Silberberg« ein und nimmt aktiv gestaltend an der kommunalen Neuordnung teil, ohne sich aufzugeben.

Haus der Vereine

Herzlich willkommen im erzgebirgischen Zschorlau

Knapp 6 000 Einwohner zählt Zschorlau mit seinen beiden Ortsteilen Albernau und Burkhardtsgrün. Sehr reizvoll ist die Lage, denn Zschorlau grenzt direkt an die Fußball-Stadt Aue, aber auch an wunderbar erholsame Naturfleckchen, die die landschaftliche Schönheit und den Reiz des Erzgebirges präsentieren. So beispielsweise fällt der Blick auf den Steinberg, mit 773 Metern Zschorlaus höchste Erhebung. Verschiedene Wanderwege ermöglichen dem Naturfreund die Begegnung mit heimischer Flora und Fauna, zudem öffnen sich die verschiedensten Fernblicke. Erzgebirge und Bergbau – nicht nur die beiden Begriffe sind untrennbar miteinander verbunden, sondern sie erzählen von einer jahrhundertealten Tradition, die die Menschen prägte und formte. So auch in Zschorlau. Allerdings lässt sich kein genaues Datum der Ansiedlungsgründung von Zschorlau benennen. Vor Jahrhunderten ließ der reichliche Fund von Zinn, Silbererz und Eisen die bis dahin eher spärliche Bewohnerzahl von Zschorlau in die Höhe schnellen. Dass damit eine rasche positive Entwicklung einherging, versteht sich von selbst. Neben dem Handwerk blüht der Bergbau immer weiter auf. Wohl über 100 Gruben sind in und um Zschorlau namentlich bekannt. Richtig stolz sind die Zschorlauer darauf, noch heute über diese geschichtlichen Epochen Zeitzeugen sprechen lassen zu können. Auf diesen Pfaden kann gewandelt werden. Im Besucherbergwerk »St. Anna am Freudenstein nebst Troster Stolln« erwartet den Besucher eine der ältesten Gruben des weltbekannten Schneeberger Bergbaureviers aus der Mitte des 15. Jahrhunderts. Abgebaut wurde Silber und Kobalt. Eine Ausstellung im Knappensaal informiert darüber. Sehenswert ist auf alle Fälle der alte Förderturm des Türkschachtes, erbaut 1887. Er steht unter Denkmalschutz. Ein Blickfang für das Auge ist der Ortskern von Zschorlau, der Stück für Stück an Schönheit gewinnt. Zu ihm gehören die aufwendig restaurierten Umgebindehäuser, eines von ihnen ist das »Haus der Vereine«. Dort findet man unter anderem die modern eingerichtete Bibliothek. Bestimmte Sonderausstellungen, mal künstlerisch, mal heimatgeschichtlich, ziehen zudem Besucher

Ortsteil Albernau

an. Mit etwas Glück kann man in diesem Haus einen Blick in die dort ansässige Klöppelschule werfen. Und lernt damit ein weiteres Stück typisch erzgebirgische Tradition kennen. Zum Ortskern gehört zudem die parkähnliche Anlage rund um einen Weiher. Ein gemütlicher Platz zum Ausruhen! Hier ist der gedankliche Sprung von sommerlichen Ausflugstemperaturen hin zum Winterweihnachtsland angebracht. Denn in dieser Anlage ist die Ortspyramide integriert. Die Figuren der Pyramide stammen übrigens aus der Produktion der Zschorlauer Holzkunst-Firma Hubrig. Ach ja, etwas wichtiges sei noch angemerkt. Zschorlau hat seinen nationalen und auch internationalen Bekanntheitsgrad zwei wichtigen Faktoren zu verdanken. Zum einen handelt es sich dabei um die legendären »Zschorlauer Nachtigallen«, gegründet 1923 als das Hänig-Quartett. Unter Leitung von Albert Hänig entstand mit ihnen die erste der erzgebirgischen Singegruppen. Die nationale und internationale Karriere der »Zschorlauer Nachtigallen« in verschiedenen Generationen dauerte bis Anfang der 90er Jahre. Wesentlich lauter geht es bei dem zu, was Zschorlau noch so berühmt macht. Nämlich das jährlich im September stattfindende »Zschorlauer Dreieckrennen«. Das Treffen der Fahrer und Liebhaber historischer Rennmaschinen lockt immer wieder und immer mehr PS-Begeisterte nach Zschorlau. In den Ortsteilen Albernau und Burkhardtsgrün wird mit landschaftlichen Reizen überhaupt nicht gegeizt. Hier wird der Besucher von ländlicher unverbrauchter Schönheit nahezu eingefangen. Der Blick beispielsweise von der »Albernauer Kanzel«, einem Fleckchen herrlicher Natur, bietet einen Fast-Panoramablick über das Erzgebirge. In Burkhardtsgrün beispielsweise lädt die Kneippanlage, entstanden im Freien direkt im Wald, zur selbstgewählten gesunden Wasserbehandlung. Viel, viel mehr noch könnte man aufzählen, wo es lohnt, sich umzusehen, wo Neues neben dem Alten entstanden ist. Aber liegt nicht eigentlich der Reiz darin, selbst auf Erkundungsreise zu gehen? Sich einfach treiben zu lassen?

Blick vom Touristenzentrum »Am Adlerfelsen« zum Rathaus (1907) und zur Kirche (1864–68)

Eibenstock

In etwa 650 m über NN liegt die über 850-jährige Bergstadt Eibenstock malerisch eingebettet zwischen der gleichnamigen Talsperre und dem zweithöchsten Berg Sachsens, dem 1 018 m hohen Auersberg.
Gegründet um 1150, erhielt Eibenstock bereits 1550 das Stadtrecht und erreichte besonders durch den Zinn- und späteren Eisenerzabbau große Bedeutung. Weltberühmtheit erlangte die Stadt im 19. und Anfang des 20. Jahrhunderts durch ihre Stickereiindustrie. Zahlreiche historische Gebäude dokumentieren Glanz und Bedeutung der einstmals »Chursaechsisch Freyen Bergstadt«. Bei einem Stadtspaziergang entdeckt man zum Beispiel ein früheres »Königlich Sächsisches Hauptzollamt«, eine »Königl. Sächs. Posthalterei«, das alte »Königl. Sächs. Amtsgericht« oder die damalige »Königl. Sächs. Oberforstmeisterei«. Weitere imposante Gebäude sind die 64 m hohe Stadtkirche (1864–68) und das schlossähnliche Rathaus von 1907, die mit ihren Türmen das heutige Stadtbild prägen.
Eibenstock bietet mit seiner malerischen Umgebung einen hervorragenden Ausgangspunkt für den Ruhe und Entspannung suchenden Gast. Herrliche Wanderungen führen durch idyllische Täler, auf umliegende Berge, zum größten Wasserfall Sachsens und entlang der mit 350 ha größten Trinkwassertalsperre Sachsens. Für ein besonderes Gesundheits- und Freizeiterlebnis stehen die »Badegärten Eibenstock«. Klassische Badehalle, Kneippgarten, Familiengarten sowie eine Erlebnissauna, in der man eine »Saunareise um die Welt« genießen kann, sorgen für optimale Erholungsmöglichkeiten.
Seit dem 1. Januar 1994 gehören Blauenthal mit Neidhardtsthal und Wolfsgrün sowie Wildenthal mit Oberwildenthal als Ortsteile zur Stadt Eibenstock. Am 1. April 1997 erfolgte die Eingemeindung von Carlsfeld mit Weitersglashütte, den schneesichersten Ortschaften Sachsens. Die ca. 6 400 Einwohner verteilen sich somit auf den Kernort und 7 Ortsteile. Mit 96 qkm gehört der Ort zu den flächenmäßig größten Kommunen im Freistaat Sachsen.

Blick vom Köhlerweg

Gemeinde Sosa

Sosa ist eine schmucke Gemeinde im westlichen Erzgebirge. Rund 2 100 Einwohner leben am Fuße des 1 019 m hohen Auersberges. Der Ort erstreckt sich als Waldhufendorf entlang des Sosabaches, von 550 m bis 820 ansteigend. Erreichbar ist Sosa über die A 72 und die Bundesstraßen 169 und 283.
Tiefe Fichtenwälder umgeben diesen Erholungsort, der auch durch die »Talsperre des Friedens« und die letzten Köhler des Erzgebirges bekannt geworden ist. Inmitten intakter Natur und bei günstigen klimatischen Bedingungen bietet Sosa seinen Gästen Erholung und Entspannung. Ein gut ausgebautes und markiertes Wanderwegenetz über bewaldete Höhen, romantische Täler und mit Anschluss an die erzgebirgischen Hauptwanderwege lädt zum Wandern ein. Im Winter erwarten die Gäste ca. 30 km gespurte Loipen mit direkter Verbindung zum Auersberg und zur Kammloipe Erzgebirge-Vogtland.
Fränkische Bauern siedelten gegen 1200, und die erste urkundliche Erwähnung geht auf das Jahr 1413 zurück. Mittelpunkt des Ortes ist die unter Denkmalschutz stehende Kirche, geweiht im Jahre 1617. Der mittelalterliche Bergbau prägte die Landschaft Bingen, Stollen und Flurnamen weisen darauf hin. Als früher Eisen- und Glashütten, Schmiede- und Hammerwerke arbeiteten, entstand in den Wäldern ringsrum das Köhlerhandwerk – überall rauchten die Meiler, und der Energielieferant Holzkohle wurde erzeugt. Dieses traditionelle Gewerk hat sich in Sosa bis heute erhalten. Zwei Familienbetriebe produzieren auch heute noch das »schwarze Gold« zur vielseitigen Verwendung.
Altes bergmännisches Brauchtum und erzgebirgische Volkskunst sind auch heute hier zu Hause. Sosaer Heimat- und Kulturgruppen und zahlreiche Chöre erfreuen die Gäste, die jederzeit gastfreundliche Unterkunft in Pensionen, Ferienhäusern und -Wohnungen sowie Privatquartieren finden. Neben der Ruhe, Erholung und Entspannung kann der Urlauber seine Freizeit aktiv auf den attraktiven Sportanlagen in der Gemeinde gestalten.

Das Denkmal von Kurfürst Johann Georg I. und der Johanngeorgenstädter Schwibbogen am Markt

Johanngeorgenstadt – Stadt des Schwibbogens

Unsere 1654 mit Erlaubnis des sächsischen Kurfürsten Johann Georg I. gegründete Bergstadt liegt im südwestlichen Teil des Erzgebirgskreises. Inmitten des waldreichen Westerzgebirges gelegen, bietet die Region um den 1 019 m hohen Auersberg ideale Bedingungen sowohl für die Freunde des Aktivurlaubes als auch für alle, die Ruhe und Entspannung suchen. Imponierende Fernblicke bis weit in das böhmische Erzgebirge hinein, blühende Waldwiesen, wildromantische Täler verlocken gleichermaßen zu Streifzügen durch Stadt und Natur. Durch die Höhenlage zwischen 700 und 1 000 m ü.NN zählt Johanngeorgenstadt zu einem der schneesichersten Wintersportorte in der deutschen Mittelgebirgslandschaft. Zahlreiche sportliche und kulturelle Einrichtungen bieten den Gästen von Johanngeorgenstadt ein vielfältiges und abwechslungsreiches Programm. Ob Natureisstadion, Doppelschlepplift oder das weit verzweigte, bestens präparierte Loipennetz um die Kammloipe (Schöneck–Mühlleithen–Carlsfeld–Johanngeorgenstadt, mit Anschlussloipen etwa 100 km), hier findet der Wintersportfreund alles, was das Herz begehrt.
Die drei Trinkwassertalsperren – Sosa am Fuße des Auersberges, Eibenstock (mit 350 ha die größte) und Weiterswiese bei Carlsfeld (die höchstgelegene Sachsens) –, umgeben von Wiesen und Wäldern, fügen sich harmonisch in das Landschaftsbild ein. Mit der Bahn ist in kurzer Zeit das böhmische Kurzentrum Karlovy Vary erreichbar. Johanngeorgenstadt gilt auch als die Geburtsstadt des erzgebirgischen metallenen Schwibbogens. Das älteste Exemplar trägt die Jahreszahl 1778 und wurde vom einheimischen Bergschmied Teller gefertigt. Die Bergbaugeschichte ist geprägt von einer Einmaligkeit, die ihresgleichen sucht: Noch heute geben unzählige Zeitzeugen des Jahrhunderte währenden Bergbaus wie das Schaubergwerk »Glöck'l«, der 1993 originalgetreu wiedereingerichtete Pferdegöpel sowie die bergbaulichen Anlagen entlang des Bergbaulehrpfades Auskunft über das harte und schicksalhafte Leben der Knappen.

Momentaufnahme zum Damenskispringen im Sommer 2008 in Pöhla

Pöhla

Pöhla, seit 1. Januar 2008 ein Ortsteil der Stadt Schwarzenberg, liegt im Tal des Pöhlwassers auf einer Höhe von 450 bis 600 m über NN und ist umgeben von Waldgebieten, die sich bis zum Fichtelberg erstrecken und gute Wander-, aber allem voran ausgezeichnete Wintersportmöglichkeiten bieten.

Wintersport stand hier schon immer an erster Stelle, nicht nur, weil aus diesem Wintersportzentrum der in aller Welt bekannte Olympiasieger und Weltmeister im Skispringen, Jens Weißflog, hervorgegangen ist – auf ihn sind die Pöhlaer zu Recht stolz –, sondern auch, weil hier auf der Pöhlbachschanze jedes Jahr nationale und internationale Skispringen stattfinden.

Auch das 2007 wiedereröffnete Besucherbergwerk ist ein Anziehungspunkt für Groß und Klein. Ein besonderes Erlebnis ist die 3 km lange untertägige Zugfahrt, der eine Führung durch die Lagerstätte Hämmerlein mit ihren imposanten 12 m hohen und 45 m langen Zinnkammern folgt. Der 12 km lange Bergbaulehrpfad Pöhla-Rittersgrün, der 13 Standorte des Alt- und Wismut-Bergbaues sowie den Besucherstollen Morgenstern im Luchsbachtal bietet, sind ein weiterer Erlebnisbereich.

Die Hammerherrin von Elterlein besaß in Pöhla u.a. zwei heute unter Denkmalschutz stehende Herrenhäuser; eines, das Herrenhaus »auf der Kleinpöhl«, gehört zum historischen Gebäudekomplex, auf dem sich das jetzige Eisenwerk Pfeilhammer befindet, das andere, »auf der Großpöhl«, ist das heutige Rathaus im Weimarer Baustil. Sehenswert ist auch die sich im Ortszentrum befindliche, 1764 in Huthausform erbaute erste Schule, die von der Kirchengemeinde bis zum Neubau der Lutherkirche 1933 als Betsaal mitgenutzt wurde. Die Gaststätte »Vuglbeerschänk«, bekannt durch ihre gute Küche, wurde zur Erinnerung und zu Ehren von Max Schreyer eröffnet, der von 1893 bis 1919 in Pöhla als Forstmeister tätig war und hier das bekannte Lied vom »Vuglbeerbaam« textete.

Raschau-Markersbach – OT Raschau

Östlich Schwarzenbergs zieht sich Raschau mit seinen ca. 4 000 Einwohnern etwa zwei Kilometer in einem breiten Quertal an der Mittweida dahin. Der Ortsteil Langenberg liegt am Schwarzbach, südlich dehnt sich ein Waldgebiet über den Hundsmarterrücken mit dem Ober- und Unterstausee des Pumpspeicherwerkes Markersbach bis zum Fichtelberg aus. Eingerahmt wird der Ort durch den Knochen (551 m) und den Emmler (575 m). Infolge der günstigen klimatischen Bedingungen wurde der Raschauer Grund auch als »erzgebirgisches Nizza« bezeichnet.

Raschau wurde um 1170 gegründet. 1240 wurde das Waldhufendorf dem Kloster Grünhain zugeschlagen. Der Bergbau wurde bald heimisch; der Raschauer Eisenhammer wird um 1400 urkundlich erwähnt. Als um 1500 das große »Berggeschrey« einsetzte, förderte man am Emmler den Eisenstein für die umliegenden Hammerwerke, den auch das 1540 errichtete Hammerwerk Förstel (heute Ortsteil Langenberg) verarbeitete. Wenige Jahre zuvor werden auf den Emmelsgruben eine Bergordnung und eine Knappschaft nachgewiesen. Eine Schule wird im Ort erstmals 1578 genannt. Im Dreißigjährigen Krieg verwüsteten die Kaiserlichen den Ort und töteten viele Einwohner. Um 1700 begannen erneut Knappen erfolgreich nach Zinn, Silber und Eisen zu schürfen; noch heute sind Pochwerkgebäude und Huthaus der Grube »Gottesgeschick« vom Anfang des 19. Jahrhunderts erhalten.

Im Unterdorf waren inzwischen Heilquellen entdeckt worden; 1808 wurde ein Mineralbad eröffnet, ein halbes Jahrhundert später wurde der Badebetrieb wieder eingestellt. Die erste Korkfabrik, die einen kleinen wirtschaftlichen Aufschwung mit sich brachte, wurde 1859 gegründet; der Besitzer, Carl Lindemann, erweiterte das Unternehmen mehrmals. Ab 1947 setzte in der unmittelbaren Nachbarschaft von Raschau der Uranerzbergbau ein.

Die Gemeinde hat heute eine ausgezeichnete Infrastruktur. Zahlreiche kommunale Einrichtungen wie Schulen, Kindertagesstätten und Sportanlagen sind vorhanden. Das Freibad am Pöckelwald gilt als eines der schönsten im Westerzgebirge. Im Pflegeheim »Gut Förstel« in Langenberg fühlen sich viele Senioren heimisch. Das im klassizistischen Stil 1807 errichtete Herrenhaus ist außerdem ein besonderer Anziehungspunkt – hier hatte der Humanist und Pharmazeut Dr. Willmar Schwabe 1889 eines der ersten Genesungsheime Deutschlands eingerichtet.

Raschau liegt unmittelbar an der Ferienstraße »Silberstraße« und ist durch seine zentrale Lage zu Oberwiesenthal und anderen Erzgebirgsorten ein idealer Ausgangspunkt für Erkundungsreisen im schönen Erzgebirge. Im Ort selbst laden die Allerheiligen Kirche aus dem 16. Jahrhundert mit ihrer Steinmüller-Orgel und den schönen zweigeschossigen Emporen, historische Bauernhöfe im Fachwerkstil, das älteste stammt aus dem Jahre 1688, und zwei gut erhaltene Brennöfen eines ehemaligen Kalkwerkes aus dem 19. Jahrhundert zur Besichtigung im Ortsteil Langenberg ein.

Wanderfreunde finden ein gut ausgeschildertes Wanderwegenetz vor. Das Naturschutzgebiet »Almhof« am Fuße des »Hundsmartergebiet« ist ein besonderer Tipp. Hier liegt inmitten von Fichtenwäldern ein Stück unverfälschter erzgebirgischer Landschaft. Das Herz des botanisch interessierten Wanderers schlägt höher beim Anblick der alten Stollenreste, z.B. von der »Charlottenzeche« und vom »Münzer-Stollen«, der Wiesen am »Almhof« in ihrem ursprünglichen Zustand sowie der seltenen Pflanzen (Sonnentau, Türkenbundlilie, Arnika und wilde Orchideen).

Von Raschau aus können Touristen viele Sehenswürdigkeiten im Umkreis besuchen und die schönsten Gegenden im Westerzgebirge erreichen. In 10 Kilometer Entfernung befinden sich u.a. Schaubergwerk »Kleinerzgebirge« und Heimateck in Waschleithe, Köhlerhütte Fürstenbrunn, Rittersgrün mit Kleinbahnmuseum, die Stadt Schwarzenberg mit ihrem Schlossmuseum und die Zinnkammern in Pöhla. Die Landeshauptstadt Dresden sowie die Bergstädte Freiberg, Annaberg, Ehrenfriedersdorf, Schneeberg und Johanngeorgenstadt sind als Tagestouren zu empfehlen. Zur Unterbringung stehen zahlreiche Privatquartiere und Landgasthöfe zur Verfügung.

Zahlreiche Vereine im kulturellen und sportlichen Bereich bieten Abwechslung im Gemeindeleben und sind Mitinitiatoren bei zahlreichen Veranstaltungen. Der jährliche Zyklus beginnt im Mai mit dem Fußballturnier, gefolgt vom Deutschen Mühlentag, Musikantentreffen im August und Rascher Kirmes im November.

Am unteren Ende der Mühlstraße steht das Glänzelhaus, 1809 erbaut.

St. Barbara-Kirche zu Markersbach, dahinter der Staudamm vom Unterbecken des Pumpspeicher-Kraftwerkes Markersbach

Raschau-Markersbach – OT Markersbach

Unseren Ort in 500 m ü.NN erreicht man über Sachsens »Silberstraße« B 101 zwischen Aue und Annaberg. Von Bergen umgeben, liegt der Ort im Tal des Flusses »Mittweida« am Fuße des Fichtelberges.
Markersbach, 1240 erstmals urkundlich erwähnt, gehörte bis1536 zum Zisterzienserkloster Grünhain. Die ersten Siedler kamen aus dem Fränkischen. Der Ort wurde wie andere Orte als »Waldhufendorf« angelegt. Unsere St. Barbara Kirche zählt zu den ältesten erzgebirgischen Dorfkirchen. Inmitten eines Kirchhofes, der mit einer Schutzmauer umgeben ist, beherrscht sie die Dorfmitte. Zur Innenausstattung gehören ein barocker Altaraufbau, eine geschnitzte Holzplastik (Johannes) mit Taufbecken, eine Kanzel mit Kronenabschluss, ein Marienaltar aus dem 15. Jh. und eine im Original erhaltene Orgel aus dem Jahr 1806. Die Orgel stammt aus der Werkstatt des Adorfer Orgelbaumeisters Johann Gottlob Trampeli. Sie wurde nach »Silbermannscher Art« gebaut und 2006 restauriert – ein besonders kostbares und schützenswertes Instrument.
1888/89 baute man um Markersbach herum eine imposante Eisenbahnstrecke mit drei Brücken. Die »Streichholzbrücke«, eine Stahlkonstruktion (237 m lang, 37 m hoch) mit 8 Pfeilern und gebogenen Untergurten, ist die bedeutendste und größte; sie ist über die Region hinaus bekannt und wird bei nostalgischen Bahnfahrten von Foto- und Filmbegeisterten umlagert. Ein weiterer Anziehungspunkt ist das in den 70er Jahren erbaute Pumpspeicher-Kraftwerk mit Unterbecken (7,7 Mill. m³ Wasser), Oberbecken (6,5 Mill. m³ Wasser), einer Maschinenkaverne unter Tage, in der die Maschinensätze installiert und mit zwei Triebwasserleitungen im Durchmesser von 6,2 m verbunden sind. Der künstliche See des Oberbeckens auf dem Hundsmarterrücken (840 m ü.NN) hat keinen natürlichen Zufluss. Das Wasser aus dem Unterbecken wird in das Oberbecken gepumpt, um damit bei hohem Energiebedarf in Spitzenbelastungszeiten die Stromerzeugenden Turbinen anzutreiben. Der Unterbecken-Steinschüttdamm staut den Fluss »Mittweida«. Durch den Bau des Pumpspei-

Blick von der Oberbecken Dammkrone auf das Unterbecken des Pumpspeicher-Kraftwerkes Markersbach sowie fantastischer Rundblick übers Erzgebirge

cher-Kraftwerkes musste ein Ortsteil umgesiedelt werden. Ehemals läutete eine 1750 geweihte Taufglocke als Dauerleihgabe auf dem Dach der Schule im ehemaligen »Hammertal«. In Erinnerung des gefluteten Ortsteiles entstand 2007 ein Glockenturm am Unterbecken. In einer Nebenkaverne, ca.80 m unter Tage, finden Konzertveranstaltungen mit einmaligen Klangerlebnissen statt. Die Oberbeckendammkrone bietet einen fantastischen Panoramablick übers Erzgebirge. Fichtelberg, Auersberg, mehrere sächsische Tafelberge, tschechische Basaltkegel sowie die Augustusburg sind bei guter Sicht zu erkennen.

Ein weiteres Großunternehmen siedelte sich in den 90er Jahren an, das marktführende Produkte für die Abfallwirtschaft herstellt. Klein- und mittelständische Unternehmen ergänzen die wirtschaftliche Entwicklung. Forst- und Landwirtschaft im Haupt- und Nebenerwerb sowie eine Agrargenossenschaft mit ca. 1 000 ha Land bestimmen das Territorium von Markersbach. Im technisch arbeitenden Museum der Fa. Frenzel ist eine der letzten Einzylinder-Nassdampfmaschinen von 1904 zu bestaunen. Im Ortskern befinden sich vielseitigste Sport- und Freizeitbereiche. u.a. Freibad, Kinderspielplatz, Sporthalle, Kegelbahn und Sauna.1993 entstand das »Haus des Gastes – Kaiserhof« mit Gaststätte und Touristinfo. Mit Brauchtum und Traditionspflege nutzen die Ortsvereine das Haus und bieten diverse Veranstaltungen an. Hotel, Gaststätten und Gästezimmer stehen für Urlauber bereit. Die Jenaplanschule, erfolgreiche reformpädagogische Grund- und Mittelschule, ist im Ort integriert. In und um Markersbach ist ein gut beschildertes Wanderwegenetz angelegt. Der »Europäische Fernwanderweg« (E3) durchquert unseren Ort, vorbei an Unter- und Oberbecken. Im Winter ist vom Oberbecken aus eine gespurte Skitrasse (HMT) auf dem Höhenzug des »Hundsmarter« bis Tellerhäuser nutzbar. Sie schließt an das sächsische und böhmische Loipennetz an. Ein familienfreundlicher Skihang mit Schleppliftanlage (460 m lang) bereichert die Wintersportaktivitäten. Auf Ihren Besuch freuen wir uns.

Lauter – Stadt der Vugelbeere

Lauter (Stadtrecht 1962, ca. 4 960 Einwohner, Fläche 21,6 qkm) liegt im Westerzgebirge zwischen Aue und Schwarzenberg an der B 101, der Silberstraße. Die Stadt erstreckt sich vom Schwarzwasser (Bahnhof 388 m ü.NN) bis hin zum Ferienhotel »Danelchristelgut« und dem »Waldhaus« (3,5 km, 575 m ü.NN). Hier beginnt das geschlossene Waldgebiet, das sich bis zum Erzgebirgskamm erstreckt. Mit seinen Bergen, romantischen Tälern, den zahlreichen Räumen (Waldwiesen) stellt es für den Tourismus ein ausgezeichnetes Erholungspotenzial dar. Ein Teil des Lauterer Waldgebietes gehört zum Naturpark Erzgebirge/Vogtland.

Unsere Stadt Lauter im Herzen des Erzgebirges erfreut sich großer Beliebtheit, verfügen wir doch über eine reizvolle, waldreiche Landschaft, die zum Wandern und zur Erholung geradezu einlädt. Zudem bietet der Fernwanderweg E 3 Möglichkeiten, unsere vielseitige und abwechslungsreiche Landschaft kennen zu lernen. Die Morgenleithe mit Aussichtsturm, in 814 m Höhe gelegen, lädt zum Verweilen ein. Die neugebaute Gaststätte bietet einen angenehmen Aufenthalt und für Wanderer sogar Übernachtungsmöglichkeiten. Der Abstieg von der Morgenleithe führt zur Conradswiese. In einem Naturschutzgebiet liegend erreicht der Wanderfreund ein Kleinod, das seit 1991 als Waldschulheim genutzt wird. Nach Verlassen des Waldes stößt man auf das aus einem geschichtsträchtigen Bauerngut entstandene Hotel und Restaurant »Danelchristelgut«: eine gute Adresse zum Verweilen und Verwöhnen. Vom Hotel aus bieten sich ausgedehnte Wanderrouten an; auch Mountainbiking sowie Nordic Walking kann betrieben werden, und im Winter ist Langlauf in der gespurten Ringloipe gut möglich.

Ein wichtiger Besuchermagnet ist unser alljährlich Ende September/Anfang Oktober stattfindendes »Vugelbeerfast«, welches der Eberesche gewidmet ist. Zwischen Marktplatz und dem Firmengelände der »Likörfabrik & Destillerie Lautergold« gibt es im prächtig geschmückten Festzelt pausenlose Gaudi, laden Händler zum herbstlich-bunten Markttreiben ein, geben Ausstellungen Einblicke ins Vereinsleben, und Groß und Klein kann sich bei vielerlei Aktivitäten beteiligen. Ein besonderer Höhepunkt ist für Festbesucher die Wahl der »Lauterer Vugelbeerkönigin« in einer unterhaltsamen Show am Samstagnachmittag. Die Amtsinhaberin übergibt nach einjährigem Ehrenamt Krone und Schärpe an die Thronnachfolgerin. Ein Besuch des Vugelbeerfastes lohnt in jedem Fall, denn jede Altersgruppe kommt dabei voll auf ihre Kosten.

Die Firma »Likörfabrik & Destillerie Lautergold« in Lauter bietet mit einer Sonderschau »Alte Laborantenkunst« einen Erlebnisbereich, der sich nicht nur zum Lauterer Vugelbeerfast, sondern im gesamten Jahr zu einem ausgesprochenen Besuchermagneten im Erzgebirge entwickelt hat.

Darüber hinaus sollten Sie unserem denkmalgeschützten Bauensemble Kirche-Pfarramt-Kantorei einen Besuch abstatten. Oberhalb der Kirche auf dem Friedhof finden Sie zudem auch das architektonisch reizvolle und sehenswerte Glockenehrenmal (mit seinen drei wohlklingenden Glocken), in dem seit November 2005 eine Gedenktafel für die Gefallenen des Zweiten Weltkrieges aufgestellt ist. In der Ortsmitte bilden die Heinrich-Heine-Schule (1899), das Verwaltungsgebäude und das Rathaus sowie der Marktplatz mit der Vogelbeer Apotheke Anziehungspunkte.

Seit Februar 2002 können alle interessierten Kinder und Jugendliche unsere Jugendbegegnungsstätte nutzen. Unseren Lauterer Jugendlichen steht damit eine Stätte für eine gemeinsame Freizeitgestaltung mit vielseitigen Freizeitangeboten durch die Johanniter als Betreiber zur Verfügung.

Die Geschichte der Stadt geht auf das 12. Jahrhundert zurück. Der Ort entstand durch Ansiedlung fränkischer Bauern. Das Gebiet galt als Reichslehen der Burggrafen zu Meißen und war Bestandteil des Gebirgswaldes »Miriquidi«: Die Entwicklung des Ortes ist eng verbunden mit der Herrschaft Schwarzenberg. Die wirtschaftliche Entwicklung gründete sich anfänglich auf die betriebenen Waldgewerbe der Köhler und Harzer, die sich mit der Entstehung des Erzbergbaues vielfältig und nachhaltig ergänzten. Der Niedergang des Bergbaues im 18. Jahrhundert zwang auch die Lauterer, neue Erwerbsquellen zu erschließen. Eine besondere Stellung nahm bis vor wenigen Jahren die Herstellung der bekannten »Lauterer Spankörble« ein, die Hunderten von Einwohnern Arbeit bot. Die Handwerks- und Gewerbebetriebe (mitunter durch Umstrukturierung) bilden heute das wirtschaftliche Standbein der Stadt. Die Omeras GmbH (1994 Übernahme des Traditionsstandortes Schwerter Email) ist der größte Arbeitgeber im Ort. Für den Besucher ist es lohnenswert, sich auf Entdeckungsreise in und um Lauter zu begeben.

Ev.-Luth. Kirche von Lauter, erbaut im Jahre 1628

Am Fuße des Spiegelwaldes erstreckt sich der industriell geprägte Stadtteil Beierfeld.

Stadt Grünhain-Beierfeld

Die westerzgebirgische Stadt Grünhain-Beierfeld wurde am 1. Januar 2005 gegründet. Sie besteht aus den Stadtteilen Grünhain, Beierfeld und Waschleithe mit dem Verwaltungssitz in Beierfeld. Sie liegt mit ihren 6 700 Einwohnern zwischen Schwarzenberg und Zwönitz am 728 m hohen Spiegelwald und im Landschaftsschutzgebiet Oswaldtal in einer Höhenlage zwischen 450 und 670 m ü.NN auf einer Fläche von 2 225 ha.
Eine Besiedelung des heutigen Stadtgebietes ließ sich schon im 13. Jahrhundert nachweisen. Die Besitzer der nicht unbeträchtlich sich ausdehnenden Landschaft zwischen Mulde und Schwarzwasser waren um 1200 die Burggrafen von Meißen. Burggraf Meinhardt II. von Wirbene setzte den Ritter Heidenreich von Grünhain als Lehnsherrn ein. Dieser ließ in Grünhain um 1215 eine kleine Burg und die St.-Nikolai-Kirche errichten.
Beierfeld entstand um 1208 mit dem Bau einer Wallfahrtskirche. Die Peter-Pauls-Kirche ist eine der ältesten Kirchen des Erzgebirges. Sie besitzt kunstvolle Grabplatten, einen frühbäuerlichen Altar, die einzige erhaltene Orgel von Donati, bürgerliche Logen und wertvolle Epitaphe. Seit 1994 wird die Restaurierung dieser Kirche vorangetrieben. Der Kulturhistorische Förderverein Beierfeld e.V. erhält sie als Denkmal und nutzt sie für Konzerte und Ausstellungen. Neben der Peter-Pauls-Kirche sind die Beierfelder Heimatberge im Schnitzerheim an der Pestalozzistraße und das in Sachsen einmalige Rot-Kreuz-Museum besonders sehenswert. Im Jahr 1650 kommt Beierfeld unter die Herrschaft der Besitzer des Gutes Sachsenfeld. In dieser Zeit beginnt mit dem sich entwickelnden Bergbau der Wandel vom reinen Bauerndorf zur industriell geprägten Gemeinde. Die aufkommende Löffelmacherei im 17. und 18. Jh. sowie die Blechwarenindustrie im 19. Jahrhundert wurden zu den bestimmenden Industriezweigen im Ort. Aus der anfänglich handwerklichen Produktion von Haus- und Küchengeräten entwickelte sich ab Beginn des 20. Jahrhunderts die fabrikmäßige Herstellung in Großbetrieben. Die Blechwarenerzeugnisse, allem voran die Sturmlaternen, begründeten bald Beierfelds Weltruf.

Der Stadtteil Grünhain präsentiert sich heute mit einem gepflegten Ortskern und einem geschichtsträchtigen Klostergelände.

Grünhain wurde durch die günstige Lage zur Salzstraße der Ort für den Zisterzienserorden, um 1230 anstelle der kleinen Burg in Grünhain ein Kloster zu errichten. Dazu schenkte Burggraf Meinhardt II. dem Kloster Grünhain im Jahr 1233 10 Dörfer, darunter auch Beierfeld. Die Lebenshaltung der Mönche (»Ora et labora«) beeinflusste die gesamte Region positiv: Grünhain erhielt 1267 das Stadtrecht und danach auch Markt-, Brau- und Bergrechte. Durch Schenkungen, Abgaben und Frondienste baute das Kloster seinen Besitz kontinuierlich aus; es verfügte über Liegenschaften bis ins Böhmische hinein. Mit 56 Dörfern und drei Städten stellte es die größte politische und wirtschaftliche Macht im Erzgebirge des 15. Jahrhunderts dar. Niedergang und Zerstörung, in dessen Folge auch die Stadt ein wechselvolles Dasein fristete, waren bedingt durch Reformation, Bauernkrieg, 30-jährigen Krieg, Seuchen, Brände und Hungersnöte. Im Jahr 1536 wurde das Kloster Grünhain im Zuge der Reformation aufgelöst. Danach wurde das Amt Grünhain gegründet, das bis zum Ende des 19. Jahrhunderts Bestand hatte.

Das ehemalige Amtshaus Klostergelände, die original erhaltene 1,4 km lange Klostermauer, der sog. Langschuppen (Kornhaus des Klosters), der Fuchsturm und das sanierte ehem. Torhaus sind heute noch zu besichtigen. Die St.-Nikolai-Kirche ist Ausdruck einer stolzen Bürgerschaft in der ehemaligen Amtsstadt Grünhain. Am höchsten Punkt in der Gemarkung der Stadt, im Spiegelwald, wurde 1999 der »König-Albert-Turm« neu errichtet. Von hier aus kann man bei guter Sicht einen einzigartigen Rundblick über das Erzgebirge von Annaberg bis in das Vogtland genießen. Der Aussichtsturm ist mit einem behindertengerechten Aufzug ausgestattet und ermöglicht damit jedem eine bequeme Besteigung des Turms. Der Spiegelwald war auch schon in der Frühzeit ein hervorragender Beobachtungspunkt, woher er seinen jetzigen Namen auch erhalten haben mag. Mit dem AWO Gesundheitszentrum am Spiegelwald und der Eubios-Klinik besitzt die Stadt im Stadtteil

Ländliche Idylle und gelebtes Brauchtum machen Waschleithe zu einem beliebten Ausflugsziel.

Grünhain leistungsfähige Kureinrichtungen. Für die aktive Erholung sind ein Naturbad sowie ein Sport- und Freizeitpark im Sommerhalbjahr geöffnet. Auch in der Stadt Grünhain war die industrielle Entwicklung Anfang des 20. Jahrhunderts mit rasanten Schritten vorangegangen. Der Herstellung verschiedener Blechwaren folgte die Erzeugung von Elektromotoren, die auch heute hergestellt werden.

In *Waschleithe,* im Landschaftsschutzgebiet »Oswaldtal« inmitten ausgedehnter Wälder und Fluren, entstand während der Zeit des »großen Bergkgeschrey« um 1500 eine Erzwäsche. Sie gab der jetzigen Siedlung Waschleithe den Namen. Für die montangeschichtlich Interessierten ist das Schaubergwerk »Herkules-Frisch-Glück« im Stadtteil Waschleithe die richtige Adresse. Es handelt sich um ein stillgelegtes Erz- und Marmorbergwerk aus dem 18. Jahrhundert. Die Führungen etwa 80 Meter unter Tage finden stündlich bzw. nach Vereinbarung statt. Konzerte, Berghochzeiten und Mettenschichten sind kulturelle Höhepunkte.

Geschichtsträchtig ist auch der Ortsteil Fürstenberg. In der Nacht vom 7. zum 8. Juli 1455 wollte der Ritter Kunz von Kaufungen mit der Entführung der Prinzen Ernst und Albrecht aus dem Altenburger Schloss die Bezahlung von Kriegsdiensten erzwingen, welche der Landesherr Kurfürst Friedrich II. verweigerte. Durch den Köhler Schmidt wurde der Entführer in Waschleithe gestellt und Prinz Albrecht befreit. Zum Andenken an den späteren Herzog Albrecht von Sachsen ist 1822 ein Obelisk am Fürstenberg errichtet worden. Um ihn zu schützen und zu bewahren, erbaute man 1838/39 daneben ein Blockhaus in Form einer Köhlerhütte. Heute ist die »Köhlerhütte Fürstenbrunn« eine gern und viel besuchte Einkehrstätte. Die historische Gaststätte »Köhlerhütte« hat heute einen modernen Hotelanbau.

Zwischen 1507 und 1517 wurde im Oswaldtal die Berg- und Wallfahrtskirche »Sankt Oswald«, auch »Dudelskirche« genannt, erbaut, die aber später in Verfall geriet. Um die Ruine der »Dudelskirche« ranken sich viele

Moderne Gewerbegebiete und leistungsfähige Unternehmen als Ausdruck einer starken Wirtschaftskraft

Sagen. Die bekannteste ist, dass Hammerherren als Sühne für den Mord am Stadtrichter Götterer aus Elterlein eine Kirche errichten mussten, die dann bei der Einweihungsfeier von einem Blitz getroffen und zerstört wurde. Noch heute soll man hier eigenartige Vorgänge beobachten können. Woher die volkstümliche Bedeutung »Dudelskirche« stammt, ist genau so ungewiss wie ihre Erbauung. Ein beliebtes Touristenziel ist auch die Kultur- und Schauanlage »Heimatecke« am Seifenbach. Während der Sommermonate werden dort in einer Miniaturlandschaft Modelle von bekannten erzgebirgischen Bauwerken gezeigt. Der Natur- und Wildpark, 1971 eröffnet, ist ein moderner Park, in dem vorwiegend einheimische Tierarten zu sehen sind. Seit 2007 ist der Park mit einer modernen Multimediaeinrichtung ausgestattet und im Internet unter www.tierpark-waschleithe.de live zu erleben. Sehenswert ist auch eine 1950 errichtete Kapelle mit Glockenstuhl auf dem Friedhof in Waschleithe.

In der Stadt Grünhain-Beierfeld dominiert weiterhin die traditionsreiche Metall verarbeitende Industrie. Aber auch die Produktion von Hochtechnologie fand Einzug. So hat sich auf einem der sieben bestehenden Gewerbegebiete ein in Deutschland führender Sensorenhersteller niedergelassen. Trotz der industriellen Entwicklung ist die Stadt Grünhain-Beierfeld durch ihre Südhanglage und das Landschaftsschutzgebiet Oswaldtal auch ein attraktiver Wohnstandort geblieben. Reizvolle Stadtteilfeste wie die Spiegelwaldkirmes, das Harzerfest sowie klangvolle Konzerte in der Peter-Pauls-Kirche, u.a. mit dem Convivium Musicum Chemnicense, und die »Weihnachtsnacht im Kerzenschein« laden zum Verweilen ein. Nicht nur an diesen Tagen erwarten attraktive Hotels, gemütliche Gasthöfe und Privatzimmer ihre Gäste. Die bedeutendsten Persönlichkeiten der Stadt Grünhain-Beierfeld sind der 1586 geborene Komponist und Thomaskantor Johann Hermann Schein und der hier wirkende Orgelbauer Gottlob Steinmüller sowie der erzgebirgische Mundartdichter Fritz Körner.

Altlandkreis Stollberg

Am Rande des erzgebirgischen Beckens, genauer am Nordwesthang des Erzgebirges, einem traditionsreichen Territorium, liegt der Altlandkreis Stollberg (jetzt im Erzgebirgskreis). In seinen fünf Städten und 10 Gemeinden leben heute 88 259 Einwohner. Bei einer Fläche von 266,5 qkm entspricht das einer Bevölkerungsdichte von 331 Einwohnern pro qkm. Die reizvolle Landschaft mit ausgedehnten Wäldern, sanften Hügeln, weiten Wiesen, quirlenden Flüsschen, mit Fachwerkbauten, Bürgerhäusern, Museen, Theater, kulinarischen Spezialitäten bietet Erholung zu jeder Jahreszeit. Kunst- und Kulturangebote zwischen Tradition und Moderne erwarten ein interessiertes Publikum. Der Landkreis besitzt touristisch und wirtschaftlich sehr günstige Rahmenbedingungen und gehört zu einer Region mit großen Entwicklungschancen. Das gewisse Etwas dieses in Südwestsachsen gelegenen Fleckchens Erde besteht außerdem in seiner guten Verkehrserschließung. Auf »kurzem Wege« gelangt man mit dem Auto auf den Autobahnen A 72, A 4, den Bundesstraßen B 95, 169 und 180 direkt ins »Tor zum Erzgebirge«. Über ausgebaute Verkehrswege ins mittlere und obere Bergland sind die dortigen geschichtsträchtigen Städte Annaberg-Buchholz, Marienberg, Schwarzenberg oder Schneeberg in weniger als 60 Minuten, das Wintersportzentrum Oberwiesenthal mit dem höchsten Berg Sachsens, dem Fichtelberg, und dem böhmischen Keilberg auf tschechischer Seite oder das Spielzeugdorf Seiffen in ca. eineinhalb Stunden erreichbar. Bis nach Chemnitz oder Zwickau beträgt die Fahrzeit sogar nur eine halbe Stunde.
Der Altkreis Stollberg hat eine reiche und interessante Vergangenheit. Früher bestimmten Bergbau, Textilherstellung und hoch entwickeltes Handwerk mehr als Land- und Forstwirtschaft die Erwerbstätigkeit und prägten die Ansichten der Waldhufendörfer im Würschnitz- und Zwönitztal. Der Übergang von der Industriegesellschaft zur Informationsgesellschaft machte eine grundlegende Umstellung wertschöpfender Arbeit erforderlich. Wirtschaftliches Wachstum mit der Möglichkeit, die Natur direkt vor der Haustür erleben zu können, sprechen heute für diese Region.
Die Verbindung von Arbeitsplatz, schöner Wohnlage, kurzen Wegen in die Großstädte Dresden und Leipzig, kurzum eine gut erschlossene Infrastruktur, neben dem umfangreichen Straßennetz gibt es die Citybahn nach Chemnitz und Zwickau sowie den Verkehrslandeplatz Chemnitz-Jahnsdorf, ein abwechslungsreiches Kultur- und Freizeitangebot ist für die Ansiedlung von Unternehmen nach wie vor von großer Attraktivität. Vor allem für junge Branchen im Bereich der Hochtechnologie und des Informationsaustausches ist das Territorium ein idealer Standort für aktive, dynamische Firmen. Durch eine gesunde Mischung von traditionellen und neuen Wirtschaftszweigen hat der Landkreis auf der Grundlage seiner herausragenden, überregionalen Verkehrsanbindung, seiner zentralen Lage in der Wirtschaftsregion Chemnitz–Zwickau, seiner fleißigen Menschen und einer attraktiven Landschaft mit hohem Erholungswert die Möglichkeit genutzt, eine Spitzenposition im Wettbewerb der Regionen einzunehmen. Das wirtschaftliche Bild des Stollberger Kreises weist eine mittelständische Unternehmerstruktur in den verschiedensten Bereichen, insbesondere der Metallbe- und -verarbeitung, des Maschinenbaus, der Elektrotechnik/Elektronik, der Medizintechnik und einem starken Dienstleistungssektor auf. Für die Ansiedlung von Großinvestoren mit hohem Flächenbedarf stehen sehr gute Vorsorgestandorte in ausgezeichneten Lagen, regionalplanerisch bestätigt, zur Verfügung. Gute Ansiedlungsbedingungen und beste Förderprioritäten bieten die vorhandenen Gewerbegebiete.
Bildung und Soziales, Kultur, Tourismus und Sport haben ihren festen Platz im Landkreis. In den 19 Grund-, 10 Mittelschulen, den kreiseigenen schulischen Einrichtungen – dem denkmalgeschützten Carl-von-Bach-Gymnasium in Stollberg mit seiner Jugendstilaula und dem Matthes-Enderlein-Gymnasium in Zwönitz, dem Beruflichen Schulzentrum Oelsnitz/Erzgeb. für Technik, Wirtschaft und Gesundheit sowie dem Förderschulzentrum in Oelsnitz – den zwei staatlichen Fachschulen sowie den privaten Bildungsträgern werden eine hohe Allgemein- und Fachbildung vermittelt. Touristische Einrichtungen und lohnende Ausflugsziele erstrahlen in neuem Glanz. Das Vereinsleben hat im Territorium einen festen Platz. Alte Traditionen wurden wieder belebt. Die erzgebirgische Mundart sowie die Erhaltung des bergmännischen Brauchtums werden gepflegt. Das Vereinsleben bildet den Rahmen für unzählige Aktivitäten, sei es im Sport, in der Kultur, in der Kinder- und Jugendarbeit oder in der Hilfe für bedürftige Mitmenschen, bei denen die gemeinsame Betätigung, das gemeinsame Erleben im Vordergrund stehen.
Ob auf Schusters Rappen, hoch zu Ross oder auf dem Drahtesel – im Landkreis führen 450 km ausgewiesene Wander-, Radwander- und Reitwege auf landschaftlich reizvollen Strecken zu den schönsten Aussichtspunk-

Das Naturschutzgebiet Hormersdorfer Hochmoor

ten, Museen, technischen Denkmälern und Handwerksstuben, vorbei an gastronomischen Einrichtungen und Herbergen bis hin zu den Ferien- oder Reiterhöfen. 34 Wandertouren, 26 Radtouren sowie 20 Informationstafeln für alle Städte und Gemeinden erleichtern dabei die Auswahl. Auf dem rechtlich gesicherten, ausgeschilderten Reitwegenetz, davon 50 km als Fernreitroute zu den Nachbarlandkreisen, befinden sich acht Schutzhütten und 16 Anbindevorrichtungen. Als eine der ersten Gemeinden Sachsens erhielt Zwönitz den Titel »Pferdefreundlichste Gemeinde« zuerkannt. Auf dem Bergbaulehrpfad können 43 bergmännische Traditionspunkte in den Orten Oelsnitz, Lugau, Hohndorf, Niederwürschnitz und über die Kreisgrenze hinaus in Gersdorf besichtigt werden. Der Bergbau hat das Erzgebirge wesentlich geprägt. Förderturm und Dampflok begrüßen die Gäste am Bergbaumuseum Oelsnitz – Traditionsstätte des sächsischen Steinkohlenbergbaus und eines der größten und interessantesten Bergbaumuseen Deutschlands. Ein unbedingtes »Muss« für jeden Besucher ist eine Führung mit »Schwarzer oder süßer Pause«, einem originalen Bergmannsfrühstück bzw. einem rustikal-gemütlichen Kaffeetrinken. Ein Kleinod für Urlauber und Tagestouristen ist das Naherholungsgebiet Naturbad Neuwürschnitz mit Freilichtbühne und Sommerkino. Das Freizeitgelände »Alte Ziegelei« Niederwürschnitz beherbergt neben vielen anderen Sehenswürdigkeiten Minigolfanlage, Abenteuerspielplatz, eine ehemalige Ziegelei und einen Caravanstellplatz.
Einfach die Seele baumeln lassen, sich neue Eindrücke und Inspirationen holen. Dazu gehören neben den reichhaltigen touristischen Angeboten auch Kunst und Kultur. In den Ateliers und Werkstätten von Töpfern, Bildhauern, Schnitzern, Malern und Grafikern kann man den Künstlern bei der Arbeit zusehen und in entspannter Atmosphäre die Entstehung eines Kunstwerkes miterleben. Man wird entdecken, wie Fingerfertigkeit und schöpferische Kraft zu Skulpturen, Gefäßen, Gemälden, Grafiken sowie Handzeichnungen zusammenfließen und so auf kreative Art und Weise die Geschichte und Schönheit dieses Landstriches lebendig darstellen können. Wem Zusehen zu wenig ist, der sollte das Angebot eines Klöppelurlaubs in der Klöppelschule

Winterlandschaft mit Blick auf Niederwürschnitz

des Altlandkreises in der Bergstadt Zwönitz nutzen und sich ein selbstgefertigtes Stück erzgebirgischer Tradition mit in seine Heimat nehmen. Kontrastierende Technik und Kulturgeschichte präsentieren neben dem Bergbaumuseum unter anderem das Heimatmuseum Knochenstampfe im Zwönitzer Ortsteil Dorfchemnitz, das Strumpfmuseum in Gornsdorf, das Buchdruckereimuseum in Burkhardtsdorf oder die historische Ölmühle in der Wiesenmühle Thalheim. Alle Museen und Heimatstuben geben beredtes Zeugnis vom Lauf der Natur und Geschichte, die es den Menschen hier wohl nie leicht gemacht haben. Aber sie sind ebenso lebendige Zeugen einer tief verwurzelten ingenieurtechnischen Meisterschaft, die, wie könnte es im Erzgebirge anders sein, direkt oder indirekt mit dem Bergbau in Zusammenhang stand. Wer einmal wieder Kind sein möchte, kann mit den BURATTINO's auf eine unbeschwerte Reise ins Abenteuer-Kinder-Land gehen. Seit 45 Jahren begeistert das Kinder- und Jugendtheater mit Sitz in der ehem. Kreisstadt Stollberg Groß und Klein mit seinen lustigen, spannenden und unterhaltenden Theaterinszenierungen. Mit ca. 70 Auftritten im Jahr sind die BURATTINO's das Kindertheater in Deutschland mit den meisten Einsätzen. Zahlreiche Gastspiele im Ausland haben den Mimen zu Recht die Anerkennung als Kulturbotschafter des Erzgebirges in ganz Europa eingebracht.

Die Sehnsucht nach Licht und Wärme, nach Farbigkeit des Sommers wird wohl am deutlichsten sichtbar in der erzgebirgischen Weihnacht. Der lichttragende Engel und Bergmann, Schwibbögen in jedem Fenster, Pyramiden auf den Marktplätzen, in warmen Glanz getauchte Weihnachtsmärkte, Mettenschichten in den ehrwürdigen Bergstädten, aber auch orientalische Weihnachtsberge in Wohn-, Heimatstuben oder Vereinsheimen, Schnitz- und Klöppelausstellungen allerorten, Advents- und Weihnachtskonzerte in den Gotteshäusern sowie prachtvolle Bergparaden – das ist Weihnachten im Erzgebirge. Aber nicht nur die Weihnachtszeit lädt zum Verweilen im Winter in den Landkreis ein. Ski- und Rodelhänge sowie gut gespurte Loipen warten auf zahlreiche Wintersportler und Touristen.

Stollberger Markt in weihnachtlichem Lichterglanz – vom Samstag vor dem 2. Advent bis einschließlich 3. Advent findet hier der »Stollberger Weihnachtsmarkt« statt.

Stadt Stollberg

Stollberg entstand aus einem früheren Waldhufendorf entlang der Gablenz und zählt zu den ältesten Stadtsiedlungen Sachsens (1343 erstmals als »civitas« erwähnt).
Alteingesessene Familienunternehmen sowie Firmenneugründungen bieten ihre Handelswaren, Dienst- und Handwerksleistungen in der Innenstadt an, kleinere mittelständische Unternehmen produzieren u.a. in den Bereichen Metallbearbeitung und Elektronik und von den 62 Hektar gewerblich nutzbarer Fläche, die unser Gewerbegebiet »Stollberger Tor« umfasst, sind über 95% bereits belegt. Firmen, beispielsweise aus den Bereichen Maschinen- und Fahrzeugbau, Präzisionsteilefertigung, Oberflächenveredlung und Medizintechnik produzieren in Stollberg nach modernsten Verfahren. In der Gegenwart erweist sich unsere verkehrstechnische Anbindung als ein positives Kriterium. Zwei das Ortszentrum tangierende Bundesstraßen, zwei Autobahnanschlüsse und der in unmittelbarer Nähe gelegene Verkehrslandeplatz Jahnsdorf zählen heute zu den ausschlaggebenden Fakten, die potenzielle Investoren überzeugen. Mit Fachkompetenz, Flexibilität und stets erfolgsorientiert unterstützt unsere Stadtverwaltung Neuansiedlungen und fördert kontinuierliches Miteinander und gegenseitiges Verständnis.
Stollberg setzt außerdem auch auf einen intensiven Kontakt zwischen ansässigen Unternehmen und unseren Schulen. Wir unterstützen berufsorientierende und -vorbereitende Maßnahmen, die es den Jugendlichen erleichtern, ihre Chancen auf dem Arbeitsmarkt zu erkennen und es ihnen ermöglichen, die eigenen Fertigkeiten zu optimieren (z.B. LEGO-Mindstorms-Projekt). Sowohl Grund- als auch Mittelschule arbeiten außerdem noch mit Ganztagsangeboten, deren Spektrum sportliche, musisch- kreative, lebenspraktische und technische Inhalte umfasst. Viel bewegt hat sich auch im Freizeitbereich: Am Walkteich steht der Kinder-Anziehungspunkt schlechthin – unser großer Abenteuerspielplatz und aus der unansehnlichen Brache des ehema-

Carl-von-Bach-Gymnasium – 1903 im Jugendstil erbaut als Königlich-Sächsisches Lehrerseminar, Aula mit hölzernem Tonnengewölbe, Bleiglasrundfenstern, Orgel und Wandgemälde »Pestalozzi in Stams«

ligen Freibades wurde ein wunderschöner Naturteich. Unser Skihang (mit Lift) steht für Wintersportenthusiasten zur Verfügung, gleich »nebenan« entstand eine 4-X-Mountainbike-Abfahrt (Austragungsort der Europameisterschaft 2006). Im angrenzenden »Pionierpark« garantieren die Naturbühne mit Holzüberdachung, ein gepflegtes Parkgelände mit Relaxmöglichkeiten und abendlicher Lichtshow stimmungsvolle open airs wie z.B. das Walkteichfest, den Stollberger Märchensommer oder Rockkonzerte.

Unser Veranstaltungsspektrum umfasst moderne und volkstümliche Feste, sportliche Höhepunkte, Ausstellungen, Vorträge usw. im innerstädtischen Bereich, den verschiedenen Parkanlagen oder auch im Kultur-Bahnhof sowie im Begegnungszentrum »das Dürer«. Stollberger Bürger engagieren sich in mehr als 80 eingetragenen Vereinen und formen so das städtische Freizeitleben ebenfalls mit.

Mehrere Sportstätten stehen für den Schul-, Vereins- und Freizeitsport zur Verfügung (Badminton, Volleyball, Fußball, Basketball, Beach-Soccer und Beach-Volleyball). Im Mai 2008 wurde ein Skater-Pool im Zentrum der Stadt – unmittelbar neben dem »Kulturbahnhof« – eingeweiht.

Ein ausgedehntes Wanderwegenetz, Nordic-Walking-Strecken, Radwanderwege und Mountainbike-Routen führen durch die schöne Mittelgebirgslandschaft unserer Umgebung, und die Gaststätten oder Hotelrestaurants von Stollberg, den Ortsteilen und der näheren Umgebung laden zum Verweilen ein.

Auch als Wohnort stellt Stollberg sich mit seinen Ortsteilen sehr facettenreich dar. Im Stadtzentrum konnte sehr viel alte Bausubstanz erhalten werden, und die Integration neuer Vorhaben erfolgt behutsam. Eigenheimstandorte gibt es sowohl als neu geplante Baugebiete in exponierter Lage, aber auch in Form von zentrumsnaher Lückenbebauung oder in den ländlichen Bereichen der Ortsteile Mitteldorf, Oberdorf, Gablenz, Beutha, Raum und Hoheneck.

Das im Jahr 1895 eingeweihte Rathaus wurde nach Plänen der Leipziger Architekten Ludwig & Hülsner durch den Oelsnitzer Baumeister Tetzner errichtet.

Oelsnitz im Erzgebirge

1999 wurde Oelsnitz 780 Jahre alt; das Städtchen (knapp 12 600 Einwohner) führt zur Unterscheidung von der gleichnamigen vogtländischen Stadt den Zusatz »im Erzgebirge«. Es liegt am Fuße dieses; der Untergrund gehört geologisch zur Schichtenfolge des Erzgebirgischen Beckens mit eingelagerten Steinkohleflözen aus der Karbonzeit: Der unter den mächtigen Deckschichten des Rotliegenden verborgene Bodenschatz war Grundlage für Entstehung und Entwicklung des Oelsnitz–Lugauer Steinkohlereviers (1844–1971).

Die Landschaft ist gebirgig und abwechslungsreich; die Stadt wuchs aus der einst dörflichen Enge des Hegebachtales heraus – ihre Höhenlage reicht von 330–480 m; die höchste Erhebung in der Stadtflur ist jedoch künstlicher Art: Es ist die Haldenkuppe des ehemaligen Deutschlandschachtes (491 m).

Im 12. Jahrhundert siedelten hauptsächlich aus Franken und Thüringen kommende Bauern; der Ortsname allerdings bestand schon früher, als die Sorben das Erzgebirgische Becken in Beschlag nahmen – er bedeutet so viel wie »Siedlung am Erlenbach«.

1219 stand in einer Urkunde des Markgrafen von Meißen unter den Zeugen auch der Name eines Ritter Rembertus de Oelsnitz. Der Ort zur Zeit der Kolonisation als großes Reihendorf mit Rittersitz der Herren von Oelsnitz, einem Vasallengeschlecht des niederen Adels, mit Gutshof und ursprünglich drei Vorwerken an einem jener »böhmischen Steige« angelegt, die schon in vorkolonialer Zeit das Gebirge und den bedeckten dichten Miriquidi-Urwald durchquerten. Der Ort war lange in Grundherrschaften zersplittert; eine Ursache ist in den verschiedenen Siedlerströmen zu suchen; auch die Grundherren wechselten mehrfach – erst 1839 ist er zu einer einheitlichen Gemeinde vereinigt worden. Neben Kleinbauern hatten sich Gärtner, Häusler und Tagelöhner niedergelassen; kleine Fachwerkhäuser in Umgebindeart waren die Regel. Textiles Gewerbe (Flachs-

Das heutige Bergbaumuseum »Karl-Liebknecht-Schacht« ist das einzige erhaltene Bergwerk des Lugau-Oelsnitzer Steinkohlenreviers.

anbau bzw. Schafzucht) kam hinzu – Oelsnitz wurde Sitz der Weltfirma »Gebr. Meinert«; das waren Verleger, Manufakturbesitzer, Großkaufleute.

Nach einem Zufallsfund von Steinkohle 1831 wurde 1844 erstmals der begehrte Bodenschatz in größerem Ausmaß gefördert: Die Tiefe reichte von anfangs 9 bis später 1 000 m Tiefe; Grubenunglücke häuften sich (das schlimmste am 24.01.1921, als 57 Bergleute ihr Leben lassen mussten). Aber auch überirdisch drohten Katastrophen: Mehrmals wird das Stadtgebiet im Senkungsgebiet von verheerenden Überschwemmungen heimgesucht.

Die Arbeit der Kumpel in den stellenweise sehr heißen Schächten war hart und gefahrvoll: 1971 wurde die Förderung wegen Erschöpfung der Lagerstätten eingestellt. Der ehemalige Kaiserin-Augusta-Schacht ist inzwischen zu einem sehenswerten Bergbaumuseum umgestaltet. Bisher wurden über 820 000 Besucher registriert. Der Förderturm (1923) ist als Wahrzeichen und letzter Zeitzeuge des sächsischen Steinkohlenbergbaus weithin sichtbar; auf 4 600 qm Ausstellungsfläche geben Sachzeugnisse Einblick in die Geschichte.

Neben interessanten kulturellen Angeboten sind Tenniscenter, Promnitzer Fußweg, Heinrich-Hartmann-Haus, Aussichtsturm, Badesee Ortsteil Neuwürschnitz, neuentstandene Wohnsiedlungen, Einkaufsmöglichkeiten, Bildungs- und Lehreinrichtungen sowie hervorragende ärztliche Betreuung attraktiv und erfreuen sich regen Zuspruchs.

Darüber hinaus ehrt die Stadt ihre größten Söhne, wie den Hofrat Dr. med. Robert Flechsig (1847–1892), Balneologe und erster Badearzt von Bad Elster sowie den Ehrenbürger Schriftsteller Reiner Kunze (geboren 1933), einen der bedeutendsten deutschen Lyriker unserer Tage.

Lugauer Kreuzkirche und Alter Glockenturm

Stadt Lugau

Lugau ist eine lebendige Kleinstadt am Fuße des Erzgebirges zwischen Chemnitz und Zwickau. Auf einer Fläche von rund 6 qkm leben mehr als 7 000 Menschen. Die Umgebung wird geprägt durch die hügelige Landschaft des Erzgebirgischen Beckens. Durch den öffentlichen Personennahverkehr sowie regionale und Fernstraßen ist Lugau mit der umliegenden Region und den benachbarten Großstädten verbunden. Die durch Lugau führende B 180 verhilft zu einer schnellen Anbindung an die A 72 (Chemnitz-Zwickau-Hof) und die A 4 (Bautzen-Chemnitz-Eisenach).

Lugau entstand im Rahmen der Besiedlung des Erzgebirges am Ende des 12. Jahrhunderts. Mit etwa 20 Bauerngütern war der Ort lange Zeit ein unbedeutendes Dorf abseits der großen Straßen. Das änderte sich erst, als in der Nacht vom 6. zum 7. Januar 1844 auf Neuoelsnitzer Flur Steinkohle gefunden wurde. Das war die Geburtsstunde des Lugau-Oelsnitzer Steinkohlenreviers. Auf erste bescheidene Versuche folgte bald das Teufen größerer Schächte. In Lugau entstanden vor allem um 1856 und dann noch einmal 1870/72 mehrere Bergwerke. Die Hoffnung auf Arbeit zog viele Menschen an. Die Zahl der Einwohner stieg von 436 im Jahre 1834 sprunghaft an auf mehr als 7 000 am Beginn des 20. Jahrhunderts. Aus dem Dorf wurde eine Industriegemeinde. Innerhalb weniger Jahrzehnte wurden zahlreiche Wohngebäude und öffentliche Einrichtungen neu errichtet oder vergrößert. Schon 1858, zu Beginn der Bergbauperiode, erhielt Lugau Anschluss an das Eisenbahnnetz. Die Verleihung des Stadtrechtes im Jahre 1924 krönte die Entwicklung Lugaus. 1971 wurde der Abbau im gesamten Revier eingestellt. Zahlreiche Halden, die zumeist unter Denkmalschutz stehenden Reste der Schachtgebäude und nicht zuletzt die Menschen werden auch in Zukunft an die 125-jährige Geschichte des Bergbaus erinnern.

Lugauer Rathaus

Die Innenstadt ist die lebendige Mitte von Lugau mit vielen Funktionen: Wohnen, Arbeiten und Einkaufen, aber auch Freizeit gestalten, Kultur erleben und Feste feiern. Im Rahmen des Bund-Länder-Programmes »Städtebauliche Erneuerung« wurde begonnen, die Innenstadt umzugestalten. Die Obere Hauptstraße ist ein Ruhepol inmitten des Verkehrs geworden. Das Rathaus aus dem Jahre 1914 zeigt sich wieder im alten Glanz. Das frühere Bahnhofsgelände soll zum grünen Herz von Lugau mit verschiedenen Freizeitangeboten entwickelt werden. In einem alten Wohn- und Geschäftshaus entsteht ein neues kulturelles Zentrum mit Bücherei und Museum.
Umgeben wird die Innenstadt von Wohngebieten ganz unterschiedlicher Art, darunter mehrere Eigenheimsiedlungen und eine sanierte Plattenbausiedlung in der Nähe des Steegenwaldes. Dort befindet sich auch die »Mittelschule am Steegenwald«. Lugau als eine lebendige Kleinstadt im Grünen bietet viele Möglichkeiten zu Erholung, Sport und Freizeitgestaltung. Eine besondere Attraktion ist das Freibad mit großer Wasserrutsche. Im dörflich geprägten Niederlugau stehen die Kirche und der Alte Glockenturm. Die 1843 erbaute Kirche wurde 1883 und 1906 erweitert. 1906 erhielt die Kirche ihre heutige neoromanische Gestalt. Der Kanzelträger in Form eines Bergmannes ist eine der schönsten Arbeiten des Holzbildhauers Ernst Kaltofen. Der Altarraum wird durch ein Kruzifix des Zwickauer Meisters Peter Breuer (1502) beherrscht. Der Alte Glockenturm ist Rest einer mittelalterlichen Befestigungsanlage um die Kirche. In diesem bekanntesten Lugauer Wahrzeichen hängen zwei Glocken, die 500 bzw. 700 Jahre alt sind. Der Turm und die Glocken sind die ältesten Zeugen der Lugauer Geschichte. Ganz in der Nähe steht die Grundschule. So liegen Geschichte und Zukunft von Lugau dicht beieinander.

Blick auf Erlbach-Kirchberg

Gemeinde Erlbach-Kirchberg

Die Gemeinde Erlbach-Kirchberg mit dem Ortsteil Ursprung liegt im Erzgebirgsvorland. Erreichbar ist die Gemeinde über die Autobahn A 4, Abfahrt Wüstenbrand, die Autobahn A 72, Abfahrt Stollberg/Niederdorf sowie über die Bundesstraße B 180 zwischen den Städten Oberlungwitz und Lugau.
Das gesamte Gemeindegebiet umfasst eine Fläche von 15,85 qkm. Zum gegenwärtigen Stand leben in der Gemeinde 1 829 Einwohner. Dabei ist festzustellen, dass trotz allgemeinen Rückgangs der Einwohnerzahlen in den umliegenden Städten und Gemeinden seit 1990 die Einwohnerzahl in Erlbach-Kirchberg auch ohne größere Wohnungsbaustandorte nahezu gleich geblieben ist. Dies spricht sicherlich auch dafür, dass man gern hier wohnt und hier daheim ist.
Die Anfänge der Besiedlung des gesamten Gemeindegebietes begannen um 1170 als zweiseitiges Waldhufendorf durch slawische Jäger und Sammler, aber auch durch fränkisch-thüringische Bauern.
Hier haben sich seit der Wende eine Vielzahl von Handwerksbetrieben und Gewerbeeinrichtungen angesiedelt. Die Landwirtschaft ist jedoch nach wie vor ortsbildprägend. Die anliegenden Flächen werden neben einer Anzahl von Wiedereinrichtungen vorrangig von der Agrargenossenschaft MAVEK als größten Arbeitgeber bewirtschaftet. Gemeinsam mit den Städten Oelsnitz und Lugau betreibt die Gemeinde das auf den Fluren der Stadt Oelsnitz liegende Gewerbegebiet »Hoffeld«. Hier wurden in den zurückliegenden Jahren verschiedene Firmen angesiedelt, so dass gegenwärtig eine Flächenerweiterung erforderlich wird.
Das kulturelle Leben im Dorf wird vorwiegend durch die Aktivitäten der Vereine bestimmt, wobei die stattfindenden Vereinsveranstaltungen Höhepunkte bilden. Entsprechend der ruhigen Lage von Erlbach-Kirchberg, in einem lang gestreckten Talgrund etwas abseits von den größeren Verkehrsströmen, sind gute Voraussetzungen für Wanderungen oder Radtouren, auf denen man viel Neues entdecken kann, gegeben.

Niederdorf – ein Wirtschaftsstandort im Grünen

Gemeinde Niederdorf

Niederdorf mit ca. 1 400 Einwohnern und einer Gemeindegröße von 1 303 ha befindet sich am Fuße des Erzgebirges ca. 20 km südwestlich von Chemnitz. Erwähnenswert sind die auf Niederdorfer Flur liegenden Landschaftsschutzgebiete Steegen und Hauwald, wobei die Steegenwiesen, eine große Auenlandschaft, einzigartig im Erzgebirge sind. Das Ortsbild wird geprägt durch den denkmalgeschützten Bereich der »Sieben Höfe« mit seinen alten Bauernhöfen in Waldhufenstruktur, den idyllischen »Grünen Winkel« mit seinen vielen alten Bäumen entlang des Gablenzbaches und die historisch gewachsene Mischbebauung im oberen Ortsteil.

Die Anfänge der Besiedlung gehen in die 2. Hälfte des 12. Jh. zurück. 1447 wird Nyderndorff erstmalig urkundlich erwähnt. Das Niederdorfer Gerichtsbuch von 1541 zählt zu den ältesten noch erhaltenen in Sachsen. Durch die Industrialisierung im Ort, die erste Spinnmühle entstand 1850, aber auch durch das nahe Steinkohlenrevier im Oelsnitzer-Lugauer Raum verdoppelte sich die Bevölkerung innerhalb eines halben Jahrhunderts auf 1 520 Einwohner. Bis Mitte des 20. Jh. siedelten sich viele kleine Handwerksbetriebe an. Nach dem 2. Weltkrieg bestimmten die Landwirtschaft, die Textilindustrie sowie der Steinkohlen- und Uranbergbau mit seinen Gesundheitseinrichtungen wesentlich die Zusammensetzung der Bevölkerung. Nach 1990 nahm Niederdorf durch seine günstige Verkehrsanbindung (Autobahnanschlussstelle Stollberg/Nord, B 169, S 258, Citybahn Chemnitz–Stollberg) einen raschen Aufstieg zu einem Industriedorf im Grünen mit vielen Handelseinrichtungen, 2 neu erschlossenen, voll belegten Gewerbegebieten und 3 neuen Wohnbaustandorten. Die Kindertagesstätte »Wirbelwind« bietet Platz für 100 »Wirbelwinde«. Das kulturelle Leben wird vorwiegend durch die Aktivitäten der Vereine bestimmt, wobei die jährlich stattfindenden Vereins- und Reitfeste, das Hexenfeuer am 30. April sowie das Feuerwehrfest die Höhepunkte sind. Der neu geschaffene Beach-Volleyballplatz ist Austragungsort von Turnieren für Jung und Alt. Die Reitanlage Reichel bietet sportliche, touristische sowie therapeutische Möglichkeiten.

Evangelisch-Lutherische Kirche Neukirchen mit Pfarrhaus

Gemeinde Neukirchen/Erzgebirge mit dem Ortsteil Adorf

Die Gemeinde Neukirchen mit dem Ortsteil Adorf liegt südlich von Chemnitz am Nordrand des Erzgebirges, eingebettet in eine typische Mittelgebirgslandschaft. Zwischen der höchsten Ortserhebung in Adorf mit 505 m HN und der tiefsten Ortslage am Bahnhof Neukirchen mit 330 m HN liegen 175 m Höhenunterschied. Am sog. »Stern« in Neukirchen, wo sich die Bundesstraße 169 und die Hauptstraße kreuzen, wurden exakt 378,6 m gemessen. Die größte Ausdehnung der Gemeinde wird entlang der Hauptstraßen in beiden Ortsteilen mit über 8 km gemessen. Neukirchen kann sich über eine gute Verkehrsanbindung in alle Richtungen glücklich schätzen. So durchquert den Ort, wie schon erwähnt, die Bundesstraße 169 des Abschnitts Chemnitz–Stollberg/Aue. Über den Ortsteil Adorf ist es nicht weit zur Bundesstraße 95, über die man mit dem Auto in wenigen Minuten im wunderschönen Erzgebirge ist. Zudem gibt es gute Anbindungsmöglichkeiten zu den Bundesautobahnen A 72 und A 4. Mit dem Oberzentrum Chemnitz ist Neukirchen ebenfalls durch Busse und den von der Ortsmitte Neukirchens zu Fuss zu erreichenden Straßenbahnlinien 4 und 6 gut verbunden. Die Citybahn Chemnitz–Stollberg fährt entlang des malerischen Würschnitztales mit den Haltestellen Neukirchen-Klaffenbach und Adorf an beiden Ortsteilen vorbei.

Für die Namensgebung unseres Ortes war die Errichtung eines Gotteshauses maßgeblich. Um 1200 wurde Neukirchen im Zinsregister des Chemnitzer Klosters erstmals erwähnt. Mönche bauten hier in der Nähe ein kleines Kirchlein, daraus wurde der Ort »Zur Neuen Kirche« und später dann »Neukirchen«. Es ist aus heutiger Sicht nicht möglich, der Entstehung Neukirchens eine genaue Jahreszahl zuzuordnen. Erstmals urkundlich erwähnt wurde er am 2.6.1331 im Ratsbuch Chemnitz als Neuenkirchen. Es ist davon auszugehen, dass die Besiedlung unseres Ortes bereits 1130–1140 erfolgte. Ein Indiz dafür ist, dass dem Kloster Chemnitz 1143 Marktrecht erteilt wurde, welches sich nur bei einer stärkeren Besiedlung unserer Gegend lohnte. Um 1900 herum ent-

Schule im Ortsteil Adorf

wickelte sich in Neukirchen und Adorf rasch das Handwerk und Gewerbe wie Strumpfwirkerei, Spinnerei, Weberei und Färberei. Außerdem gab es die Fabrikation von Handschuhen und Kunstbaumwolle sowie Ziegelherstellung. Durch diese beachtliche Strumpf- und Textilindustrie wurde Neukirchen auch außerhalb der Landesgrenzen bekannt. Sie sind mittlerweile ebenso aus unserem Ort verschwunden wie die Ziegeleien, von denen es Mitte des vergangenen Jahrhunderts drei an der Zahl gab. Dennoch hat sich Neukirchen im Landkreis und im Erzgebirge einen bedeutenden Platz geschaffen. So haben sich in dem 1993 entstandenen Gewerbegebiet zahlreiche Gewerbetreibende ein festes Standbein geschaffen. Vor allem das Produzierende Gewerbe hat sich hier angesiedelt. Es entstanden viele neue Wohngebiete. Trotz der Nähe zur Industrieregion Chemnitz konnte sich Neukirchen seinen ländlichen, dörflichen Charakter weitestgehend bewahren. Und das wissen die rund 7 300 Einwohner, welche in Neukirchen mit dem Ortsteil Adorf leben und wohnen, zu schätzen. Die guten Lebensbedingungen und Wohnqualitäten sowie eine funktionierende Infrastruktur, gute Einkaufsmöglichkeiten und vielfältige Möglichkeiten zur Freizeitgestaltung sprechen für sich.

Das Vorhandensein von Grundschule, Mittelschule und Kindertagesstätten machen Neukirchen gerade für Familien interessant. Das Freibad, die Sportplätze, die Turn- und Mehrzweckhallen, Kegelbahnen, eine gut ausgestattete Bibliothek, ein Reitplatz, Aktivitäten von einer Vielzahl von Vereinen sowie die traditionell stattfindenden Feste wie Maibaumsetzen, Osterbrunnen-Fest, Kirmes, Feuerwehr- und Vereinsfeste lassen keine Langeweile bei den Einwohnern und Besuchern aufkommen.

Sehenswert in den Orten sind ein barockes Fachwerkhaus (Pfarrhaus), die Kirchen, die Schulen, das Rathaus, die Alte Apotheke und weitere Fachwerkbauten. Und nicht nur das: Viele gut ausgeschilderte Wanderwege, unter anderem der historische Eisenweg, laden ein, die schöne Umgebung zu erkunden.

Das Burkhardtsdorfer Rathaus mit der Ortspyramide in der Vorweihnachtszeit

Gemeinde Burkhardtsdorf

Die Gemeinde Burkhardtsdorf besteht aus den Ortsteilen Burkhardtsdorf, Eibenberg, Kemtau und Meinersdorf mit rund 6 900 Einwohnern. Unterschiedliche Freizeitangebote, ob in organisierten Vereinen, Verbänden oder Gruppen, fördern das Interesse an der Gesellschaft. Die Pflege des erzgebirgischen Brauchtums und die Aufarbeitung von Heimatgeschichte gehören zum dörflichen Leben. Mit der neuen »Zwönitztalhalle« erlangt Burkhardtsdorf überregionale Bedeutung, denn die Halle bietet eine umfassende Funktionalität für sportliche und kulturelle Veranstaltungen. In der Gemeinde Burkhardtsdorf gibt es ideale Standorte für individuelle Wohnbebauung. Insgesamt entstanden in den letzten Jahren vier neue Wohnbaugebiete, welche sich harmonisch in die Landschaft einordnen. Ein dafür entwickeltes Wohnbauförderungsprogramm der Gemeinde Burkhardtsdorf steht für Familien mit Kindern zur Verfügung. Viele mittelständische Unternehmen haben in Burkhardtsdorf ihre Existenz aufgebaut. Zwei belegte Gewerbegebiete zeugen von engagierter und geschickter Unternehmensführung. Außerdem gibt es zwei Grundschulen, eine Evang. Mittelschule, drei Kindertagesstätten, drei Schulhorte, Jugendclub, Kinder- und Jugendtreffs sowie ein Gemeinschaftszentrum, wo zum Beispiel die Evangelische Sozialstation mit dem Seniorenclub ihr Domizil gefunden hat. Burkhardtsdorf hat neben urig-rustikalen Gaststätten und Restaurants auch einladende Beherbergungsmöglichkeiten, wo der Erholungsuchende oder auch Geschäftsreisende Zeit für Entspannung findet. Zwei große Waldgebiete umgeben die Gemeinde und sind somit idealer Ausgangspunkt für Wanderungen oder anderer sportlichen Betätigungen wie Reiten, Radfahren und Walken in einer intakten Natur. Ein Besuch im Buchdruckerei-Museum sowie Bulldog-Museum im OT Burkhardtsdorf lohnt sich immer, denn dort kann man Dinge sehen und erkunden, die schon der Vergangenheit angehören und teilweise vergessen worden sind. Verkehrsmäßig ist die Gemeinde über die B 95 und B 180 sowie mit der Erzgebirgsbahn Strecke Chemnitz–Aue zu erreichen.

Das Thalheimer Rathaus mit Fassadenornamenten aus Rochlitzer Porphyr, einer Länge von 37 m und einer Höhe von 30 m feierte im Dezember 2007 sein hundertjähriges Bestehen.

Thalheim/Erzgeb. – eine Stadt mit Traditionen

Die idyllische erzgebirgische Kleinstadt Thalheim, mitten im Herzen des Erzgebirges, ist immer eine Reise wert. Eingebettet von drei bewaldeten Hängen, erstreckt sich die Stadt im Zwönitztal bei einer Durchschnittshöhe von 450 Meter ü. NN.

Durch die hervorragende Anbindung an die nahe gelegene Autobahn (A 72) und den ausgeprägten öffentlichen Personennahverkehr mit Bus und Bahn ist eine schnelle als auch individuelle Anreise möglich. Die Geschichte der Stadt reicht bis in das 12. Jahrhundert zurück, wo fränkische Siedler ein Waldhufendorf gründeten. Erstmals im Jahre 1447 urkundlich erwähnt, begeht die Stadt vom 25. bis 31. Mai ihr 825-jähriges Jubiläum im Rahmen einer Festwoche. Natürlich finden auch ganzjährig kulturelle sowie sportliche Aktivitäten und Feste statt. Thalheim beeindruckt heute seine Gäste mit zahlreichen Geschäften. Der am Freitag stattfindende Wochenmarkt lockt auch viele Besucher aus den benachbarten Gemeinden und Städten zum Einkaufen und Bummeln in unsere lebhafte, schmucke Innenstadt mit ihren historischen Wohn- und Geschäftshäusern. Ausreichend Spielplätze im Stadtgebiet sowie viele Gaststätten, Cafés und Bäckereien laden ein zum Verweilen. Das eröffnete »Haus der Heimatkunde« gibt mit seiner interessanten Ausstellung Aufschluss darüber, wie das Erzgebirge besiedelt wurde und wie die Thalheimer in der Vergangenheit lebten. Auch die Miniaturschauanlage »Klein Erzgebirge« in der Rentners Ruh lädt in der Zeit von Mai bis Oktober zu einem Besuch ein. In der historischen Ev.-Luth. Kirche mit ihrer bekannten Jehmlich-Orgel finden regelmäßig Chor-, Gospel- und Orgelkonzerte statt. Breit gefächerte Freizeitangebote vom Aktivsport jeder Art bis zu Wellness machen Thalheim ganzjährig für jedermann interessant. Durch 50 km gut markierte Wanderwege mit Schutzhütten, Aussichtspunkten und Rastplätzen sowie Reit- und Radwege können Ausflügler die reizvolle Landschaft erkunden. Das Erzgebirgsbad und der Sportpark komplettieren das Aktivprogramm für Alt und Jung.

Gornsdorf – eine Erzgebirgsgemeinde im Grünen; Wohngebiet »Am Andreasberg« mit Kleingartenanlage

Gemeinde Gornsdorf

Die Gemeinde Gornsdorf, am Rande des Erzgebirges, ca. 15 km vom »Tor des silbernen Erzgebirges«, der sächsischen Industriestadt Chemnitz liegend, ist umgeben von Bergwiesen, Parks und Wäldern (450 bis 500 m ü.NN) und zählt derzeit ca. 2 300 Einwohner. Ein Ort, der nicht nur zum Verweilen einlädt. Die Lage bietet jedem naturliebenden Menschen Erholung und Entspannung; hier kann man die Seele baumeln lassen und allen Ballast von sich werfen. Im Gästehaus findet man eine liebevolle, gastfreundliche Betreuung und Unterkunft. Verkehrsberuhigte Straßen und Wege führen von der Hauptstraße ab zu den an den Hängen liegenden Siedlungen und zu den sich in drei verschiedenen Ortsbereichen befindenden Kleingartenanlagen, in denen auch viele Familien aus Chemnitz ihre zweite Heimat gefunden haben.

Gornsdorf wurde um 1200 durch den Mönch Jordan gegründet; in den 800 Jahren seiner Geschichte entwickelte sich der Ort vom Bauerndorf zur Industriegemeinde. Die Bausubstanz der ehemaligen Strumpffabriken nutzend, entstanden moderne leistungsstarke Betriebe und ein gut funktionierendes Gewerbe, die sich in das Ortsbild einfügen und die positive Entwicklung von Gornsdorf mit bewirkten. Umfangreiche Dienstleistungen, Einkaufsmöglichkeiten, Kindereinrichtungen und Freizeitangebote machen den Ort zu einer liebenswerten und familienfreundlichen Gemeinde. Historisch geprägt ist Gornsdorf durch die 1821 erbaute Kirche, ein denkmalgeschütztes klassizistisches Bauwerk, die 1840 erbaute Kirchschule und das 1928 von Arbeitervereinen erbaute Volkshaus, das mit Tanzsaal, Gaststätte, Waldpark, Kegelbahn und anliegendem Fußballplatz auch derzeit noch kultureller Mittelpunkt des Ortes ist. Empfehlenswert zur Freizeitgestaltung ist das Naturbad mit solarbeheiztem Badebereich, Großwasserrutsche, Beachvolleyballplatz, idyllischen Liegeflächen, einer Kantine mit vielfältigen Speisen, ausreichenden kostenfreien Parkflächen und Freilichtkino. Für Wintersportbegeisterte gibt es einen Skilift. Die geschichtlich interessierten Gäste kommen im Strumpfmuseum und in der Strumpffabrik auf ihre Kosten.

Mundartuhr mit Hormersdorfer Zeit am Dorfplatz der Gemeinde Hormersdorf

Gemeinde Hormersdorf

Der Ort mit ca. 1600 Einwohnern liegt im nordwestlichen Teil des Landkreises Erzgebirge und hat eine reiche geschichtliche Tradition, nachzulesen in der Chronik und in den kirchlichen Eintragungen. Dominierten in Hormersdorf lange Zeit nur die bäuerlichen Betriebe und die Waldwirtschaft, war auch der Silberbergbau einst ein wichtiger Broterwerb. Zu Beginn des vorigen Jahrhunderts entstanden dann viele Arbeitsplätze mit der Strumpfindustrie. Im Ort herrscht ein reges Vereinswesen, und allen Vereinen stehen die Räumlichkeiten in verschiedenen Vereinshäusern zur Verfügung. Für den Freizeitsport gibt es die Turnhalle und den Sportplatz an der Hauptstraße. Auf dem neu gebauten Sportplatz an der Auerbacher Straße können auch größere Sportveranstaltungen stattfinden. Alle Besucher unseres Orts möchten wir herzlich in unser Heimatmuseum einladen. Hier werden Interessierten Gebrauchswaren, Einrichtungen und Gegenstände einer typischen Erzgebirgsfamilie aus früheren Zeiten anschaulich erläutert. Und wie man in Hormersdorf die Zeit angesagt, kann man neuerdings an unsrer »Mundartuhr« ablesen. Diese einmalige Attraktion steht am neuen Dorfzentrum und dem »Pommerloch«. Als Sieger im Bezirkswettbewerb »Unser Dorf soll schöner werden – Unser Dorf hat Zukunft« im Regierungsbezirk Chemnitz 1996 ist unsere Gemeinde ein Ort mit funktionierender Infrastruktur. Es gibt neben zahlreichen Gewerbebetrieben auch noch Läden für die tägliche Versorgung. Hormersdorf – eine ländliche Gemeinde, zu jeder Jahreszeit interessant. Bei Wanderungen um den Ort und in seine nähere Umgebung lernt man viele reizvolle Flecken kennen, die zum Verweilen einladen. Es gibt Wanderwege, die sich auch zum Radfahren oder im Winter zum Langlauf eignen. Auch Reitwege sind eingerichtet. Durch die zentrale Lage bietet sich der Ort als Ausgangspunkt für Tagesfahrten zum Fichtelberg, nach Karlsbad und sogar bis nach Dresden oder Leipzig an. Zur Advents- und Weihnachtszeit ist eine Pyramide am Gasthof »Zum Löwen« aufgestellt, und unsere Gemeinde wird zum Lichterdorf.

Stadt der 1000 Lichter – in Zwönitz geht die weihnachtliche Zeit von den Hutzentagen am 1. Advent bis zur Lichtmeßfeier am 2. Februar.

Bergstadt Zwönitz

Die Erzgebirgsstadt liegt am Nordrand der Geyrischen Platte; sie besteht aus dem historischen Stadtgebiet und den ehemaligen Dörfern Niederzwönitz, Dorfchemnitz, Brünlos, Kühnhaide, Lenkersdorf und Günsdorf. Die Höhenlage des Ortes liegt durchschnittlich bei 500 m, in Hanglagen werden bis zu 730 m ü.NN gemessen. Gegenwärtig leben hier 11 700 Bürger. Der Ortsname stammt vom gleichnamigen Bach, der am Fuße des Schatzensteins (764 m) entspringt und nach dem Zusammenfluss mit der Würschnitz die Chemnitz bildet. Der Name Zwönitz ist sorbischen Ursprungs, der heutige Ort jedoch eine deutsche Gründung des 12. Jahrhunderts.
Der Zwönitzer Bergbau hat im Vergleich zu den großen Bergstädten des Erzgebirges keine überragende Bedeutung erlangt; obwohl man ihn mit einigen Communzechen bis ins 19. Jahrhundert betrieb, schon um sich die Vorrechte einer Bergstadt zu bewahren. Zahlreiche historische Zeugen sind heute noch zugänglich. Eine Bergbruderschaft bewahrt bis in unsere Tage diese Traditionen. Auch brachte die Stadt einen berühmten Bergjuristen hervor, denn im Jahre 1493 wurde hier Matthes Enderlein geboren, der mit seinen Werken die Grundlage für das noch heute gültige europäische Bergrecht schuf. Das Zwönitzer Gymnasium trägt seinen Namen. Im Ortsteil Dorfchemnitz wurde am 8. Januar 1632 der Philosoph und Jurist Samuel Pufendorf geboren. Er hat sich als Vertreter der deutschen Aufklärung und als Staatsmann in schwedischen Diensten einen Namen gemacht. Im Heimatmuseum »Knochenstampfe« wird an sein Leben und Werk erinnert.
Die Bevölkerung der Stadt wandte sich frühzeitig anderen Erwerbszweigen zu: Herstellung von Papier, Schuster- und Gerberhandwerk sowie der Handel mit den begehrten Zwönitzer Klöppelspitzen. Bereits im 17. Jahrhundert hatte der Ort einen Namen als Schuhmacherstadt, so dass sich Zwönitz Ende des 19. Jahrhunderts zu einem Zentrum der Schuhfabrikation mausern konnte. Nach dem 2. Weltkrieg dominierten die Herstellung von Tonbandgeräten sowie die Medizin- und Fernschreibtechnik. Das Zwönitz von heute unterscheidet sich

Austel-Villa mit Raritätensammlung und Gastronomie in prachtvollen Räumen im Stil der Neorenaissance

wesentlich von der Stadt vor 1990. Viele Millionen Euro wurden in eine moderne Infrastruktur investiert, die Verkehrsanbindungen von Straße und Bahn gelten als vorbildlich. Eine liebevoll bis ins Detail rekonstruierte historische Innenstadt, ein ausgewogenes Verhältnis von Großmärkten und Fachgeschäften, liebevoll gestaltete Dörfer haben der Stadt ein neues Antlitz gegeben. Zwönitz gilt heute als ein regionales Zentrum der Wirtschaft, des Handels, der Bildung und des Fremdenverkehrs. Daran haben Unternehmen der Strumpfindustrie, der Metallver- und -bearbeitung, der Pressspanerzeugung, der Medizintechnik und der Elektronik einen großen Anteil. Durch die Nähe der Ballungszentren Zwickau und Chemnitz und besonders durch seine reizvolle Lage im Grünen hat sich die Stadt als ein bevorzugter Wohnungsstandort einen Namen gemacht. Durch die überwiegende Ansiedlung der Industrie in den neuen Gewerbegebieten im Nordwesten bieten sich der südliche und östliche Teil für den Fremdenverkehr geradezu an. Wälder und Höhen laden zum Wandern, Radfahren und Reiten ein, gepflegte Parkanlagen und eine Vielzahl von originellen historischen Sehenswürdigkeiten lassen das Herz höher schlagen. Neben der »Knochenstampfe« haben das Technische Museum Papiermühle und das Raritätenkabinett von Bruno Gebhardt in der Austel-Villa überregionalen Charakter.

Bei mehr als 500 Betten in Hotels, Pensionen und Bauernhöfen profitieren jährlich viele Besucher auch von den günstigen Ausflugsmöglichkeiten in weitere Zentren erzgebirgischer Tradition und Kultur. Zwei beheizte Freibäder, ein Hallenbad, eine Tennisanlage, drei Reithallen, gut markierte Wanderwege bieten ideale Urlaubs- und Ausflugsmöglichkeiten. 1998 wurde die Stadt als Pferdefreundliche Gemeinde der Bundesrepublik ausgezeichnet. Attraktionen wie die vorweihnachtlichen »Hutzentage«, die »Sommer-Oldies« und andere Feste ziehen Tausende Besucher an.

Altlandkreis Annaberg

Der Altlandkreis Annaberg zählt zu den flächenmäßig kleinsten (438 km²), aber dichtbesiedeltsten Landkreisen (rd. 82 000) und hat zudem die höchste Geburtenrate (8 Geburten/1 000 Einwohner in den Jahren 2005–2007) innerhalb des Freistaates Sachsen. Er beherbergt in seinen Landkreisgrenzen nicht nur die höchstgelegene Stadt Deutschlands, den Kurort Oberwiesenthal (914 m ü.NN), sondern auch neben der höchsten Erhebung Sachsens, dem Fichtelberg (1 214 m), drei für die Region typische Basaltberge: Bärenstein (897 m), Pöhlberg (832 m) und Scheibenberg (807 m). Er liegt unmittelbar an der Grenze zu Tschechien (Grenzverlauf 37,5 km) mit einer zusammenwachsenden Verkehrsinfrastruktur, die Pkw-, Lkw- und Fußgängerübergänge beinhaltet. Der Altlandkreis befindet sich inmitten des Erzgebirges, der größten zusammenhängenden Tourismusregion Sachsens, ist eingebettet in eine reizvolle Mittelgebirgslandschaft und in den oberen Höhenlagen Bestandteil des Naturparks Erzgebirge/Vogtland.

Über die Landesgrenzen hinaus hat der Landkreis Rang und Namen durch seine erfolgreichen Spitzensportler, u.a. die Skisprunglegende Jens Weißflog, Langlauf-Weltcupgesamtsieger der Saison 2003/04 René Sommerfeldt oder Rennrodlerin Sylke Otto, die im modernen Sportleistungszentrum, an der Eliteschule des Wintersports, am Olympiastützpunkt in Oberwiesenthal trainierten bzw. trainieren.

Überquerten noch im 11. Jahrhundert das sonst so unbesiedelte Erzgebirge nur wenige Handelswege (Salzstraße Halle–Leipzig–Prag über den Pressnitzer-Pass), erfolgte im 12. und 13. Jahrhundert eine im Auftrag des Landesherrn planmäßige Besiedlung des Erzgebirges zwischen Chemnitz und dem Erzgebirgskamm. Verbunden mit der Teilrodung des Waldes entstanden Waldhufendörfer. Im 15. und 16. Jahrhundert wurden durch den Zinn-, Eisen- und Silberbergbau vorhandene Ortschaften zu Bergstädten, und die 4 Bergstädte Annaberg, Buchholz, Scheibenberg und Oberwiesenthal wurden planmäßig neu gegründet. Besonders rasant entwickelte sich die Bergstadt Annaberg mit 12 000 Einwohnern im Jahr 1530 zur damals größten Stadt Sachsens. Annaberg und Buchholz haben auf den Gebieten Bergrecht, Bergbau, Hüttenwesen, Münzwesen, Schulwesen, Kunst und Architektur sächsische Maßstäbe und mit der Architektur der St. Annenkirche und dem Annaberger Bergrecht europäische Maßstäbe gesetzt.

Annaberg meisterte eine erste Wirtschaftskrise infolge des rückläufigen Bergbaus um 1560 mit dem Ausbau von Produktion und Handel im hochwertigen Textilgewerbe wie Bortenwirken, Klöppeln und Posamentieren. Diese neue Textilindustrie prägte über vier Jahrhunderte die Wirtschaft der Stadt und der Region. Nach dem vernichtenden Stadtbrand von 1604 und dem Dreißigjährigen Krieg erholte sich im 17. und 18. Jahrhundert der Bergbau. Bis ca. 1860 bestand ein ertragreicher Bergbau mit Schächten bis 300 m Tiefe auf Silber und Kobalt. Mit dem frühen Anschluss 1866 an das deutsche Eisenbahnnetz und 1872 an das böhmische Eisenbahnnetz besaßen Annaberg und Buchholz gute Bedingungen für die Entwicklung der Wirtschaft und für die Posamentenindustrie mit ihrem hohen Exportanteil. Beleg dafür ist die Errichtung eines Handelskonsulats der USA im Zeitraum von 1879 bis 1908 in Annaberg. Nach dem 1. Weltkrieg wurden neue Industriebranchen angesiedelt, und es setzte ein weiterer Strukturwandel ein, bei dem sich die heutige Branchenvielfalt des verarbeitenden Gewerbes herausbildete. Im 2. Weltkrieg wurde Buchholz im Februar 1945 durch Bomben teilweise schwer zerstört. Am 1. Juli 1945 wurden die beiden Städte zu Annaberg-Buchholz zwangsvereinigt. Parallel zur Demontage der Betriebe durch die Sowjetunion und der Verstaatlichung der Industrie am Ende der 40er Jahre begann im Annaberger Bergrevier die fieberhafte Suche nach Uranerz durch die SDAG Wismut. Die wilden Wismutjahre verliefen von 1947–1956 ähnlich wie in Johanngeorgenstadt. Die Stadt wuchs auf über 30 000 Einwohner. Nach dem Ende des Uranbergbaus normalisierte sich das Leben wieder. Neue Wohngebiete und Gewerbestandorte wurden erschlossen und bebaut. Nach der politischen Wende 1989/90 erlebten der Landkreis und die Erzgebirgsregion einen wirtschaftlichen und sozialen Strukturwandel, der in Teilen bis heute anhält. Erneut wurden neue Gewerbegebiete und Wohngebiete bebaut. Durch die Branchenvielfalt hat sich das produzierende Gewerbe behauptet. Zusätzlich entstanden viele kleine Unternehmen im Bereich Handwerk, Dienstleistung und Gastronomie.

Die Fichtelbergbahn dampft täglich auf schmaler Spur zwischen Cranzahl und Kurort Oberwiesenthal.

Geschichtsträchtige Annaberger Altstadt mit Rathaus, St. Annenkirche und dem berühmten Weihnachtsmarkt, im Hintergrund der Pöhlberg (832 m)

Annaberg-Buchholz – das Herz des Erzgebirges

Im Herzen des »silbernen« Erzgebirges, zwischen Chemnitz und Deutschlands höchstgelegener Stadt Oberwiesenthal, liegt in traumhafter Lage am Fuße des Pöhlbergs die Berg- und Adam-Ries-Stadt Annaberg-Buchholz. Tradition und Innovation, Historie und Moderne verbinden sich hier zu einer wunderbaren Symbiose.
Die Wurzeln der Stadt bilden reiche Silberfunde. Nach der Gründung von Annaberg durch Herzog Georg (1496) und Buchholz durch Friedrich den Weisen (1501) erlebte die Stadt einen grandiosen Aufschwung. Bereits 1530 war Annaberg die zweitgrößte Stadt Sachsens. Der Rechenmeister Adam Ries, die Montanunternehmerin und Bortenverlegerin Barbara Uthmann, der erste Landesvermesser Sachsens, Matthias Oeder, die Künstler Hans Hesse und Hans Witten sowie der Schulreformer Johann Rivius sind mit der frühen Geschichte der Stadt verbunden. Heute ist die Große Kreisstadt ein bedeutendes Zentrum von Wirtschaft, Tourismus und Verwaltung im Erzgebirge. Überörtliche Institutionen sowie ein breit gefächertes Branchenspektrum, das vom Werkzeugbau über die Metall- und Fahrzeugindustrie bis hin zur Lebensmittel- und Textilindustrie reicht, prägen die Struktur. Mit einer malerischen Altstadt, vier Besucherbergwerken, dem Adam-Ries- und dem Erzgebirgsmuseum, dem Frohnauer Hammer und der St. Annenkirche gibt es bedeutende Sehenswürdigkeiten. Darüber hinaus ziehen Schnitzer- und Klöppeltage, Klosterfest und Töpferfest, Bauernmarkt und Modenacht sowie das größte Volksfest des Erzgebirges, die Annaberger Kät, jedes Jahr ungezählte Gäste aus nah und fern in ihren Bann. Weihnachtlich-bergmännische Traditionen und Bräuche lassen in der Advents- und Weihnachtszeit in der Stadt ein Flair entstehen, wie man es nur in Annaberg-Buchholz erleben kann. Der Annaberger Weihnachtsmarkt sowie die große Bergparade am vierten Advent bilden dabei besondere Glanzlichter.
»Wohnen und arbeiten, wo andere Urlaub machen«: Unter dieser Überschrift lässt sich das Leben in Annaberg-Buchholz zusammenfassen.

Barbara-Uttmann-Denkmal auf dem Marktplatz Elterlein

Stadt Elterlein

Die Stadt Elterlein mit etwa 3 100 Einwohnern auf ca. 46 qkm Fläche ist eine vermutlich im 11./12. Jh. entstandene Ansiedlung. Die erste Urkunde stammt aus dem Jahr 1406. Die Lage am Handelsweg »Salzstraße« von Halle nach Prag und die Unabhängigkeit vom Grünhainer Kloster sind hierfür ein Indiz.
Nach dem Stadtbrand von 1481 wurden die städtischen Privilegien (Stadtrecht) 1483 erneuert. Neben der Gewinnung von Zinn- und Eisenerz brachte ab dem 15. Jh. ergiebiger Silberbergbau der Stadt Wohlstand, dem später zunehmende Verarmung folgte. Aus den Hütten- und Hammerwerken entwickelten sich Nagelschmieden, und Barbara Uttmann, geb. von Elterlein, ließ Klöppelspitzen und Posamenten fertigen, um sie europaweit zu vertreiben. Mitte des 19. Jhds. entstanden erste Manufakturen, und mit dem Bau des Eisenbahnnetzes erfolgte nahe der Region Chemnitz/Zwickau auch die Industrialisierung des Erzgebirges. Obwohl in einer reizvollen landschaftlichen Umgebung gelegen, die sich für eine touristische Nutzung anbietet, siedelten sich Betriebe verschiedenster Gewerke auch in Elterlein an. Während der Ortsteil Burgstädtel stets zu Elterlein gehörte, wurden die dörflich geprägten Orte Schwarzbach und Hermannsdorf erst nach 1990 in die Stadt eingemeindet. Seit 1992 haben sich zahlreiche produzierende Unternehmen verschiedener Branchen in Elterlein angesiedelt und mehr Arbeitsplätze geschaffen, als es jemals gab. Dies ist auch die Grundlage dafür, dass die Stadt großzügig in die Infrastruktur investieren und sich seitdem positiv verändern konnte. Für weitere Wohn- und Gewerbeansiedlungen steht ausreichend Bauland zur Verfügung, der neu gestaltete Stadtkern, zahlreiche Ausflugsziele in der näheren Umgebung sowie die abwechslungsreiche Landschaft sollen den Gästen einen angenehmen Aufenthalt garantieren. Gute Lern- und Aufenthaltsbedingungen für unsere Kinder, eine solide medizinische Betreuung, ausreichend Handelseinrichtungen und Hotels sowie das großflächige Wanderwegenetz in der reizvollen Landschaft laden zur Entspannung ein.

Eine Fahrt mit der ältesten Seilschwebebahn Deutschlands ist im Winter ein ganz besonderes Erlebnis.

Kurort Oberwiesenthal – höchstgelegene Stadt Deutschlands

Am Fuße des Fichtelbergs (1 215 m ü.NN) befindet sich Deutschlands höchstgelegene Stadt – Kurort Oberwiesenthal (914 m ü.NN).
Früher bestimmt durch Bergbau und Handwerk, entwickelte sich schon zu Beginn des 18. Jahrhunderts, mit der Inbetriebnahme der Postkutsche, ein reger Reiseverkehr. Auch heute besteht noch immer die Möglichkeit, sich mit einer Fahrt in der historischen Postkutsche in alte Zeiten zurück versetzen zu lassen.
Schon 1527, mit der Gründung der damaligen »Neustadt im Wiesenthal« im Zuge des 2. Berggeschreies nach Silber, entstand der erste Gasthof, in dem sich die damaligen Bergarbeiter nach getaner Arbeit erholten. Heute laden Sommer wie Winter eine hochentwickelte Hotellerie, komfortable Pensionen und familiäre Privatquartiere zum Wohlfühlen, Ausruhen und Kraft tanken ein. Ergänzt wird das Angebot durch eine kulinarische Vielfalt in gehobener Gastronomie, gemütlichen Cafés und Imbiss-Stuben.
Auf Grund guter und schneereicher Winter gründeten 1906 engagierte Oberwiesenthaler Bürger den Ski-Club Ober- und Unterwiesenthal, der sich fortan um die Förderung des Skisports verdient gemacht hat. Schließlich galt der Skilauf als »hervorragendes Ertüchtigungs- und bestes Gesundheitsmittel«, wie der Arzt, begeisterte Sportler und spätere Ehrenbürger von Oberwiesenthal, Dr. Erwin Jaeger, damals erkannt hatte.
Doch konnte es zur Strapaze werden, auf den Wegen und Stegen den Fichtelberg zu erklimmen, um wenigstens an einem Wintertag die 300 Höhenmeter mit den Skiern zu meistern. So begann man, zum Transport der Skifahrer und Wanderer auf den Berg, 1924 mit dem Bau der heute ältesten Seilschwebebahn Deutschlands. Immer noch befördert sie im Sommer wie auch im Winter zahlreiche Gäste auf den Fichtelberg.
Kurort Oberwiesenthal bietet sowohl für Spitzensportler, wie dem ehemaligen Skispringer Jens Weißflog, dem 3-fachen Olympiasieger in der Nordischen Kombination Ullrich Wehling, der Langläuferin Barbara Petzold,

Die höchstgelegene Stadt Deutschlands (914 m ü.NN) am Fuße des Fichtelberges (1 215 m ü.NN)

Spitzensportlern wie der erfolgreichsten Rennrodlerin Sylke Otto, Rennrodlerinnen Tatjana Hüfner und Anke Wischnewski, Rennrodler Torsten Wustlich sowie den Langläufern René Sommerfeldt, Claudia Künzel-Nystad und Viola Bauer, als auch Urlaubern und Tagestouristen gute Bedingungen und vielseitige Möglichkeiten, sich sportlich zu betätigen. So stehen im Winter 75 km gespurte Loipen, 60 km Skiwanderwege, 10 klassifizierte Abfahrtspisten auf insgesamt 18 Kilometern mit unterschiedlichem Schwierigkeitsgrad und ein Snowboard-Park mit Half-Pipe am Hang des Fichtelbergs zur Verfügung.
Doch nicht nur im Winter, sondern auch im Sommer bietet Kurort Oberwiesenthal reizvolle Möglichkeiten zur Urlaubsgestaltung. Ob Wanderungen durch Naturschutzgebiete und Wälder oder ein breites Spektrum an aktiven Freizeitangeboten, wie Hochseilgarten, Sommerrodeln, Skaterpark, Tennis, Bowling, Minigolf, Sinnespfad u.v.m.
Zur Vernetzung der oberen Erzgebirgsregion, Post- und Personenbeförderung und dem Transport von Gesteinen eröffnete man 1897 die Schmalspurbahnlinie Cranzahl–Oberwiesenthal, auf der noch heute die »Bimmelbahn« täglich zwischen Kurort Oberwiesenthal und Cranzahl entlang der 17,4 km langen Strecke durch das romantische Sehma- und Pöhlbachtal schnauft.
Kurort Oberwiesenthal ist jedoch auch durch sein gesundheitsförderndes Klima eine gute Urlaubswahl. So findet man hier und in der Umgebung ein abwechslungsreiches Angebot, welches von unterschiedlichsten Wellnessangeboten in komfortabel ausgestatteten Hotels über Kräuterwanderungen und Informationen über gesunde Ernährung bis hin zum Besuch verschiedenster Museen oder interessanter Sportveranstaltungen reicht.
Ein Besuch in Kurort Oberwiesenthal lohnt sich zu jeder Jahreszeit.

Mildenauer Kirche mit Pöhlberg

Mildenau – ein Dorf im Herzen des Erzgebirges

Wenn Sie Mildenau im Internet unter www.post.de suchen, dann gibt es hier nur 1 Treffer, ebenso wie bei der Suche nach den Ortsteilen Arnsfeld, Plattenthal, Oberschaar und Mittelschmiedeberg, deren Wurzeln weit in die Vergangenheit reichen. Unverwechselbar gelangen Sie somit per Landkarte oder Internet zu einer Gemeinde im Oberen Erzgebirge, dem Herzen einer Region, deren Landschaft und Menschen ebenfalls eine Einmaligkeit zugesprochen wird.

Die einzigartige Lage der Ortschaften zum »Europäischen Fernwanderweg E 3« und die Zugehörigkeit zum »Naturpark Erzgebirge/Vogtland« bieten den Besuchern vielfältige Möglichkeiten des Aufenthalts in der Natur. Dabei kann man sich von der romantisch gelegenen Umgebung der Einheitsgemeinde mit vielen herrlichen Ausblicken in das malerische Preßnitztal, Rauschenbachtal und Pöhlatal sowie an den ausgeprägten Heckenlandschaften überzeugen.

Für Wintersportler stehen gespurte Loipen und der Skilift im Ortsteil Arnsfeld zur Verfügung. Außerdem sind sportliche Betätigungen auf den Bolzplätzen, dem Schießstand, dem Tennisplatz und im Freibad möglich. Zu Fuß oder auf dem Rad kann man auf vielen neuangelegten Wegen die Umgebung erkunden. Der im Jahr 2003 in Betrieb genommene 55 km lange »Annaberger Landring« erfreut sich größter Beliebtheit bei Wanderern und Radlern.

Die Gemeinde Mildenau arbeitet auf dem Tourismusgebiet eng mit dem Verein zur Entwicklung der Region Annaberger Land e.V. zusammen. Das Unterkunftsverzeichnis und weiteres Infomaterial können Sie hier erhalten.

Herzlich Willkommen in der Gemeinde Mildenau mit ihren Ortsteilen Arnsfeld, Mildenau, Mittelschmiedeberg, Oberschaar und Plattenthal.

Blick auf den Ortsteil Arnsfeld

Eine Entdeckungsreise durch eine der reizvollsten Heckenlandschaften Deutschlands möchten wir zusammen mit unserer Hagebutte (Frucht der Wildrose) unternehmen. Die Schönheit und Zerbrechlichkeit dieser Landschaft und ihrer Geschöpfe offenbart sich uns oftmals erst beim zweiten Hinsehen. Eine Exkursion auf diesem Pfad zu einem Naturerlebnis werden zu lassen, dies liegt an uns selbst. Wir können ihn an jeder beliebigen Stelle beginnen oder auch verlassen. Die Gesamtlänge beträgt ca. 10 km. Er wird uns von zahlreichen Aussichtspunkten einen Überblick über die Landschaft um Königswalde, Mildenau und Geyersdorf ermöglichen. Jede Jahreszeit verschafft uns neue Eindrücke, so dass es empfehlenswert ist, diese Wanderung im Laufe des Jahres zu wiederholen. Überragt wird die Landschaft vom Basalt-Tafelberg des Pöhlberges (832 m ü.NN). Mannigfaltig sind die Funktionen der Hecken im Naturhaushalt, sie sind Lebens- und Überlebensräume für zahlreiche Tier- und Pflanzenarten, sie bewahren landwirtschaftliche Kulturen vor Schäden und sind Erlebnisräume für entspannungsuchende Menschen. Erhalten wir diese einmaligen Zeugnisse der erzgebirgischen Kulturlandschaft.

Der Baumlehrpfad ist in einer reizvollen, idyllischen Landschaft, im Ortsteil Arnsfeld im ehem. Landkreis Annaberg, eingebunden. Er wurde 1995 angelegt und ist ideal für Schulklassen (z.B. Heimatkunde), Familien mit Kindern sowie Wanderer geeignet. Besonders der Naturfreund kann sich an den heimischen Bäumen und Sträuchern erfreuen. Der Pfad ist als Rundweg angelegt, beginnt und endet am Naturfreundehaus »Rauschenbachmühle« im Rauschenbachtal. Die Gehzeit beträgt ca. 1 Stunde. Sie lernen auf dem Baumlehrpfad wichtige einheimische Baum- und Straucharten kennen, die auf Erläuterungstafeln anschaulich erklärt sind. Das Naturfreundehaus, idyllisch am Waldrand gelegen, ist ein idealer Ausgangspunkt für den Baumlehrpfad Arnsfeld sowie weiterer schöner Wanderungen.

Der Altar in der St. Niklas-Kirche von Hans Witten (1507)

Berg- und Greifensteinstadt Ehrenfriedersdorf

Ehrenfriedersdorf liegt ca. 25 km südlich von Chemnitz in Richtung Oberwiesenthal im oberen Erzgebirge, direkt an der Bundesstraße B 95. Die Bergstadt ist ein ausgezeichneter Ausgangspunkt, um alle Ausflugsziele des Erzgebirges zu erreichen oder einen Abstecher in das nahegelegene Tschechien zu unternehmen.
Zahlreiche Erholungsmöglichkeiten sind direkt in und um Ehrenfriedersdorf zu finden, u.a. das bekannte Naherholungsgebiet mit den Greifensteinen; dabei handelt es sich um eine bis zu 30 m aufragende Granitfelsengruppierung, die für die Naturtheater- und Musikveranstaltungen im Sommer eine imposante Kulisse und Naturbühne darstellt und zudem die Kletterfreunde anlockt. Weitere Anziehungspunkte sind das Berghaus, der Badesee Greifenbachstauweiher (23 ha Wasserfläche) und der dazugehörige Campingplatz, begehrt bei Jung und Alt. Über 40 km Wanderwege rund ums Greifensteingebiet durchziehen die intakte Natur. In der waldreichen Gegend der Greifensteine war der Wildschütz und Volksheld Karl Stülpner (1762–1841) zuhause. Um sein Leben und Wirken ranken sich viele Sagen und Legenden, die bis heute erhalten geblieben sind.
Für Fitness, Freizeit, Sport und Wissensdurst hält Ehrenfriedersdorf das Freibad, das Greifensteinstadion, zwei Turnhallen, die moderne Kegel- und Bowlingbahn, eine weitere Kegelbahn, die Grasskipiste, den Planetenwanderweg und nicht zuletzt einen Waldgeisterweg bereit. Ein Abfahrtshang mit Skilift, Rodelhänge und ca. 20 km gespurte Loipen bieten den Freunden des Wintersports sämtliche Möglichkeiten.
In der Berg- und Greifensteinstadt werden die alten erzgebirgischen Bräuche liebevoll gepflegt. Regelmäßig finden Schauklöppeln und Schauschnitzen statt. In Kinderkursen kann der Nachwuchs die Kunst des Klöppelns und Schnitzens erlernen. Dem Fremdenverkehr wurde schon immer Beachtung geschenkt; er stellt einen wesentlichen wirtschaftlichen Faktor dar. Den Gast erwarten sehr schöne Ferienhäuser und -wohnungen sowie Hotels und Pensionen, gehobene Gastronomie mit rustikalem Charme und guter erzgebirgischer Küche.

Rathaus mit Hofwall der Gemeinde Gelenau – ehemaliges Rittergut, welches vermutlich in der Mitte des 15. Jahrhunderts errichtet wurde.

Gelenau im Erzgebirge

Mitten im schönen Erzgebirge gelegen, umgeben von sanften Hügeln, eingeschlossen in zwei parallel laufende Geländerücken liegt die Gemeinde Gelenau. Allen, die Ruhe und Erholung suchen oder allen, die sich aktiv betätigen möchten, bietet Gelenau ideale Vorraussetzungen. Wir möchten Sie einladen, bei einem Spaziergang durch unseren 6 km langen Ort sowohl Historisches und Sehenswertes zu entdecken, als auch die Schönheit der Landschaft und Natur zu genießen. Die erste urkundliche Erwähnung des Ortes ist aus dem Jahr 1273 bekannt. Gelenau war bis zum 18. Jahrhundert geprägt durch die Land- und Forstwirtschaft. Im 19. und 20. Jahrhundert entwickelte sich der Erzgebirgsort zu einem Industriestandort der Textilindustrie mit Spinnereien und Strickereien. Mit der Zeit erlebte Gelenau einen Wandel. Viele neue Gewerbe, Produktionsstätten, Handelseinrichtungen, Eigenheimstandorte und Objekte für Sport- und Freizeitaktivitäten entstanden. Ein breites Angebot an touristischen Attraktionen bietet sich dem Besucher der Gemeinde. Das Rathaus befindet sich im ehemaligen Rittergut der Gemeinde und wurde vermutlich in der Mitte des 15. Jahrhunderts errichtet. Die Geschichte unserer Gemeinde ist untrennbar mit der Entwicklung der Strumpfindustrie verbunden. Im Ersten Deutschen Strumpfmuseum werden Ausstellungsstücke aus den frühesten Epochen der deutschen Strumpfwirkerei bis hin zu Exponaten der modernen Strumpfindustrie gezeigt. Der Freizeitbereich am Kegelsberg mit Zweifeldsporthalle, beheiztem Erlebnisfreibad mit Spiel- und Sportkomplex und Blockhütten zur Übernachtung, Alpine-Coaster-Bahn, Aussichtsturm, Wander- und Bikestation, Wildgehege und Lehrpfad zur Heimatgeschichte und Heimatkunde ist Anziehungspunkt für viele Besucher und Gäste unserer Gemeinde. Umringt von viel Wald, ist Gelenau ein idealer Ausgangspunkt für Spaziergänge, Wanderungen und Ausflüge. Rund um den Ort gibt es eine Vielzahl gut ausgebauter Rad- und Wanderwege. In und um Gelenau finden unsere Gäste idyllisch gelegene Gaststätten und Pensionen, die nicht nur rustikal erzgebirgische Speisen und Getränke anbieten.

Altlandkreis Mittlerer Erzgebirgskreis

Landschaft und Geschichte

Verlässt der Autofahrer die A 4 oder die A 72 in Chemnitz und biegt auf die B 174 in Richtung Zschopau ab, so hat er einen herrlichen Blick auf die Berge der Hügellandschaft des Erzgebirges. Anmutige Täler werden von fischreichen Flüssen durchschnitten. Waldgebiete, wie der Born- und Heinzewald mit seinen Talsperren, sowie das Gebiet um den Katzenstein bei Pobershau inmitten des Naturparks Erzgebirge/Vogtland bieten durch neuangelegte Wanderwege, Schutzhütten und Lehrpfade zahlreiche Wander- und Bildungsmöglichkeiten. Die Region kann auf eine interessante und wechselvolle Geschichte verweisen. Schon im 12. Jahrhundert besiedelten Franken dieses Gebiet und rodeten den mächtigen Wald, den man »Miriquidi« nannte. In jener Zeit wurden viele Städte gegründet, wie zum Beispiel Olbernhau und die Bergstädte Wolkenstein und Zschopau. Als man dann drei Jahrhunderte später auf Erze stieß, erhielt die Mittelgebirgslandschaft ihren Namen. Marienberg wurde durch Heinrich den Frommen erst 1521 »aus der Taufe gehoben«.

Bedeutung des Bergbaus

August der Starke war eine ganz andere, aber eine ebenso schillernde Persönlichkeit Sachsens und wusste die Schätze des Gebirges für sich zu nutzen. Er bemühte sich um den Bergbau in diesem Gebiet in besonderem Maße. Silber, welches zu dieser Zeit noch gefördert wurde, benötigte er dringend für seine Prachtbauten in Dresden und anderswo. Zahlreiche Zeugen des Broterwerbs für die Bergleute sind als Schaubergwerke und Mundlöcher für die Nachwelt erhalten geblieben und man findet sie entlang der Silberstraße. Beispiele hierfür sind unter anderem das Schaubergwerk »Zum Molchner Stolln« in Pobershau, das Technische Denkmal Kalkwerk in Lengefeld mit Brennöfen des 19. Jahrhunderts, Abenteuer Bergwerk »Fortuna-Stollen« in Deutschneudorf, das Besucherbergwerk in Zschopau, der Pferdegöpel auf dem Rudolphschacht in Marienberg/Lauta oder der Denkmalskomplex »Saigerhütte Olbernhau-Grünthal«, wo noch heute die Historie der Gewinnung des Kupfererzes aus dem Gestein veranschaulicht wird. Das damals gewonnene Kupfer leuchtet noch heute von bekannten Kirchen in Europa (u.a. Kölner Dom). Zu den weiteren Besonderheiten zählt der Zöblitzer Serpentin, ein relativ weiches, ähnlich wie Holz zu bearbeitendes Material, aus dem einfache Gebrauchsgegenstände, aber auch Prunkgefäße für Herrenhäuser geschaffen wurden. Selbst Kurfürst August der Starke ließ von Serpentinsteindrechslern zahlreiche Kunstwerke für den Dresdner Hof fertigen, was im Serpentinsteinmuseum dokumentiert wird.

Brauchtum, Volkskunst und eine Vielzahl von Sehenswürdigkeiten

Auch erzgebirgisches Brauchtum und Volkskunst sind auf dem Bergbau begründet. Liebevoll gedrechselte und geschnitzte Bergmänner, Lichterengel, Pyramiden und Schwibbögen beweisen eindrucksvoll die Sehnsucht der Bergleute nach dem Licht. Zarte Klöppelarbeiten entstanden aus der Notwendigkeit eines Nebenerwerbes durch die Frauen. In Schauwerkstätten kann man die Herstellung von erzgebirgischen Artikeln des sogenannten »Weihnachts- und Spielzeuglandes« auch ganzjährig konzentriert in den Orten Seiffen, Olbernhau und Grünhainichen erleben. Ein Besuch lohnt sich also nicht nur in der Weihnachtszeit.
Obwohl zweifellos jede Landschaft ihre Reize besitzt, trifft der aufmerksame und interessierte Besucher selten auf so viele Sehenswürdigkeiten wie im mittleren Erzgebirge. Nur um einige davon zu nennen, sollen das Freilicht- und Spielzeugmuseum in Seiffen, das Museum sächsisch-böhmisches Erzgebirge im Bergmagazin Marienberg oder das Dorfmuseum in Großolbersdorf erwähnt werden. Fast jeder Ort hat seine individuellen Besonderheiten, die es zu entdecken gilt. Burgen oder Schlösser entlang des Zschopautales in Wolkenstein, Scharfenstein und Zschopau sowie in Pfaffroda erzählen von der bewegten Vergangenheit; nachzuvollziehen in Museen und historischen Ausstellungen.

Mühlenromantik im mittleren Erzgebirge – Ölmühle Pockau

Wolkenstein an der Silberstraße wird als »Perle des Zschopautales« bezeichnet. Bis »in die Wolken« ragt die Burg mit einer fast 80-m-Höhendifferenz, die man vom Zschopautal über die Wolfsschlucht oder über den Stadtberg hinauf zu bewältigen hat. Im Ort ist so manch kulturhistorisches Detail zu entdecken. In Drebach hingegen verzaubert alljährlich etwas ganz anderes; hier sind die »Nackten Jungfern«, blauviolette Krokusse, die im März/April auf ca. 7 ha Wiesen und Gärten seit über 300 Jahren blühen.

Die Volkssternwarte mit modernem größten Kleinplanetarium von Zeiss zählt zu den hochangesehenen astronomischen Einrichtungen. In Pobershau lockt das Kreativzentrum Böttcherfabrik mit interessanten Ausstellungen zu Puppen, Gemälden, historischen Maschinen und Steingalerie oder »Die Hütte« – eine Galerie »Wider das Vergessen«.

Olbernhau als »Stadt der sieben Täler« mit vielen familienfreundlichen Ausflugszielen; die Motorradstadt Zschopau mit ihrem Schloss Wildeck und Aussichtsturm »Dicker Heinrich«, Zöblitz, die Serpentinstadt, Seiffen, das weltbekannte »Spielzeugdorf« und auch Marienberg ist aufgrund seiner schachbrettartig angelegten Altstadt im Stile italienischer Renaissance sowie der ev.-luth. Kirche »St. Marien« für Touristen einen Abstecher wert.

Wie fast jeder Landstrich, so hat auch das Erzgebirge seinen Volkshelden. Der Wildschütz Karl Stülpner, 1762 in Scharfenstein geboren, ist noch heute den Einheimischen in Erinnerung und bietet immer reichlich Stoff für Sagenhaftes. Nicht vergessen werden dürfen die Kirchen, die teilweise mit wertvollen Silbermannorgeln, z.B. in Zöblitz, Forchheim und Pfaffroda ausgestattet sind sowie kleine, zur Verteidigung im Mittelalter genutzte Wehrkirchen in Lauterbach, Großrückerswalde und Dörnthal. Mühlenromantik kann der aufmerksame Gast in teilweise noch produzierenden Mühlen erleben, z.B. in den Ölmühlen Pockau, Dörnthal und Lippersdorf, in

Kalkofenfest im Technischen Museum »Kalkwerk Lengefeld«

der Braunmühle Dörnthal oder Rollemühle Waldkirchen die Mehlherstellung oder die vielen Wassermühlen zur Holzbearbeitung. Als einzigartig gilt dabei das Spanziehen in Grünhainichen und Reifendrehen in Seiffen.

Tourismus und Erholung
An Möglichkeiten zur sportlichen Betätigung fehlt es keineswegs. Ein gut markiertes Wanderwegenetz, Freibäder, das Erlebnisbad »AQUA MARIEN« in Marienberg, Reiterhöfe oder die beliebten Bowling-, Kegelbahnen und Fitnesscenter bieten Abwechslung für einen aktiven Urlaub.
Im Winter laden gespurte Loipen und Skilifte zum Wintersport ein. Wer die teilweise anspruchsvollen Radrouten nicht fahren möchte, nutzt die Regionalbahnen entlang der idyllischen Flusstäler zur Umgehung schwieriger Abschnitte. Der Kurort Warmbad mit der ältesten und wärmsten Heilquelle Sachsens, seinem Thermalbad »Silbertherme«, Knappschaftsklinik und attraktivem Kurpark präsentiert sich heute als modernes Gesundheitszentrum.
Nach einem aktiven Tag lohnt es sich, eines der anspruchsvollen Konzerte der Kirchen oder Kultur- und Gästezentren zu besuchen. Unzählige Veranstaltungen sowie zahlreiche Feste laden das ganze Jahr zur Unterhaltung und zum Feiern ins Erzgebirge ein. Besonders beliebt sind die Weihnachtsmärkte mit ihren Bergparaden. Die Region ist über die Grenzübergänge in Reitzenhain und Deutscheinsiedel sowie Übergänge für Wanderer und Radfahrer mit dem Nachbarland Tschechien verbunden, so dass sich viele weitere Möglichkeiten für Unternehmungen bieten. Über 4 500 Betten in gemütlich ausgestatteten, komfortablen Hotels, Landgasthöfen, Pensionen, Ferienwohnungen und Privatquartieren laden zum Verweilen ein und heißen Gäste in dieser reizvollen Landschaft mit »Glück Auf!« herzlich willkommen.

Bergstadt Marienberg

Die Bergstadt Marienberg besteht aus insgesamt 13 Ortsteilen. Alle haben sie eher ländlichen Charakter; die Einwohnerzahl beträgt ca. 14 000. Das Städtchen liegt am sanften Nordhang des Erzgebirges unterhalb des bewaldeten Kammes zwischen den tief eingeschnittenen Tälern der schwarzen Pockau und der Preßnitz in etwa 600 m Höhe. Der Ursprung der Stadt liegt – wie auch in anderen Bergstädten dieser Region (Freiberg, Annaberg, Schneeberg) – im Silbererzbergbau. Den ersten glücklichen Schurf machte anno 1519 ein gewisser Clemens Schiffel beim Waldhufendorf Wüstenschletta. Das »große Bergkgeschrey« lockte Bergleute und Abenteurer aller Art schnell an. 1521 ließ Herzog Heinrich der Fromme von Sachsen die Gründungsurkunde von Marienberg ausfertigen. Wenige Tage danach begann der Bau einer Stadt nach Plänen von Ulrich Rüllein von Calw, die einmalig zu der Zeit war: Marienberg geht mit den typischen Merkmalen einer Idealstadt (regelmäßiger Grundriss, zentraler und quadratischer Marktplatz, rechtwinkliges Straßensystem) auf italienische Renaissancevorbilder zurück. In der weiteren Zukunft blüht hier neben Silber- und Zinnbergbau ein zünftiges Handwerks- und Marktwesen. Marienberg ist somit die älteste noch erhaltene deutsche Stadt dieses Typs. Die günstige Lage an der Handelsstraße Leipzig–Prag zog ein reges Marktleben nach sich; die 1872–75 erbaute Eisenbahnlinie Flöha–Reitzenhain schloss die Stadt gegen Ende des 19. Jahrhunderts in das variable Eisenbahnnetz ein, was einen erneuten wirtschaftlichen Schub gab. Bereits zwei Jahren nach der Stadtgründung erhielt Marienberg Stadtrechte, dazu Berg- und Gerichtsfreiheit – man »mauserte« sich sehr schnell zu einer der größten und reichsten Städte Sachsens. Nicht lange währte der Wohlstand: 1610 brannte die Stadt fast völlig ab; 1648 musste der Bergbau eingestellt werden. 1945 brachte der Uranbergbau zwar noch einmal einen kurzen wirtschaftlichen Aufschwung … die Zerstörungen an der Natur der Umgebung waren indes vielfach größer.

Will man die Stadt heute entdecken, so bieten sich einem zahlreiche Kleinode baukünstlerischer Kreativität und anderes mehr: Unbedingt sehenswert ist die spätgotische Pfarrkirche St. Marien, eine dreischiffige Hallenkirche (Mitte des 16. Jahrhunderts) mit ihrem 57 m hohen Zwiebelhaubenturm (1616). Im Inneren entdeckt man toskanische Säulen mit Akanthuskapitellen und einem manieristischen Renaissancealtar (1617); zwei Bergmannsleuchter und zwei lebensgroße Bergmannsfiguren sowie einen spätgotischen Flügelaltar des 15./16. Jahrhunderts. Das Rathaus ist ebenfalls sehenswert: Es wurde 1537 von J. Hoffmann errichtet und öfter durch Brände arg in Mitleidenschaft gezogen, wodurch es mehrfach erneuert werden musste. Das Portal ist eine Kostbarkeit und aufwendig gestaltet; der Turm ist mit einer Doppellaterne versehen. Besondere Erwähnungen sollen die historische Holzbalkendecke im Ratssaal und das schöne Trauzimmer finden. Auch das Lindenhäuschen ist einen Besuch wert: Es ist ein ursprüngliches Bergarbeiterhaus mit gemauertem und schlichtem Rundbogenportal und das älteste noch erhaltene Wohnhaus. Ein Zeuge der ehemaligen Stadtbefestigung ist der Rote Turm, der letzte von ursprünglich vier Stadttürmen; er wird für Ausstellungen und Theateraufführungen genutzt. Das Bergmagazin, ein auf Anregung des Bergmeisters Heinrich von Trebra 1806–09 erbauter Getreidespeicher, ist zum Museum sächsisch-böhmisches Erzgebirge umgebaut worden. Neben Ausstellungen zur Geschichte hat auch die Stadtbibliothek hier ihr neues Domizil erhalten. Im Ortsteil Gelobtland findet sich mit dem Rätzteichgebiet (in 660 m Höhe) eine Erholungsmöglichkeit für Badelustige, Wanderer, Skiläufer und Naturliebhaber. Dabei ist das Waldbad natürlich ein besonderer Anziehungspunkt. Die Lage inmitten des vereinten Europa bietet eine gute Gelegenheit, vorhandenes innovatives Potenzial weiter auszubauen und neue Absatzmärkte zu erschließen. Betrachtet man den Umkreis von 100 km, so leben hier 4,7 Mio. Einwohner. Ein gut ausgebautes Straßennetz gewährleistet eine direkte Anbindung an die Flughäfen Dresden, Leipzig–Halle und Prag, die in ca. 1,5 Autostunden zu erreichen sind. Der Landkreis überzeugt durch Stadtortfaktoren, wie beispielsweise eine große Branchenvielfalt im produzierenden, verarbeitenden und dienstleistenden Gewerbe, hervorragende Kooperationsmöglichkeiten, hoch qualifiziertes Arbeitskräftepotenzial und alle Voraussetzungen für europäische Förderprogramme.

Der Basaltfächer auf dem Hirtstein. Im OT Satzung kann man diese geologische Besonderheit bewundern.

Um ALTEN Bergbau NEU erleben zu können, sollte man unbedingt den Pferdegöpel auf dem Rudolph-Schacht im OT Lauta besichtigen.

Neben Ortsteilen, die schon immer zur Stadt Marienberg gehörten, wurden zwischen 1994 bis 2003 sieben vormals eigenständige Gemeinden in die Stadt auf freiwilliger Basis eingemeindet. Der Ortsteil Lauta hat ca. 370 Einwohner; 1434 erfolgte die erste urkundliche Erwähnung als »Lute« beim Verkauf der Herrschaft Lauterstein durch die Burggrafen von Leisnig an die Freiberger Patrizierfamilie von Berbisdorf. 1532 begann hier der Bergbau und von 1947 bis 1954 wurde im Rudolph-Schacht Uran abgebaut. Der Ort ist ein Waldhufendorf mit vorwiegend landwirtschaftlichem Charakter und stark vom Bergbau geprägt: Zahlreiche Halden umgeben das Dorf.

Lauterbach hat ca. 1 145 Einwohner. 1434 war in einem Kaufbrief die erste urkundliche Erwähnung als »Luterbach« beim Verkauf der Herrschaft mit 15 Dörfern und dem Städtchen Tzebeliz (Zöblitz) durch die Burggrafen von Leisnig. Lauterbach ist ein Waldhufendorf mit einer Höhenlage vom 530–650 m. Hier befindet sich eine Wehrgangskirche aus dem 15. Jahrhundert; sie wurde 1906 an den heutigen Platz umgesetzt. Die aufgehängte Kassettendecke mit reicher Bemalung, der spätgotische Flügelaltar und die »Maria mit Kind« zählen zu ihren Kostbarkeiten. Niederlauterstein hat ca. 729 Bewohner; die Geschichte geht auf die Errichtung der Burg Lauterstein in der 2. Hälfte des 12. Jahrhunderts zurück. 1701 wird das Schweizer Vorwerk durch August den Starken an 31 Amtsuntertanen verkauft. Damit entstand der Ort. Niederlauterstein ist eine Streusiedlung in 465 bis 560 m Höhe und wurde durch Landwirtschaft und Holzspielwarenproduktion geprägt. Kühnhaide ist eine Streusiedlung, liegt zwischen 700 und 750 m hoch und hat ca. 593 Einwohner. Die erste Erwähnung war um 1534. Der Ortsname stammt wahrscheinlich aus dem vorherrschenden Landschaftsbild; »Kyn« und »Kein« bedeuten im Mittelhochdeutschen »Kienspan« oder »Kienfackel« oder auch »Fichte« und »Kiefer«. Mit »Heide« bezeichnet man ebenes, unbebautes Land. Hier wartet heute der Moorlehrpfad Stengelhaide auf seine Besucher: Er führt durch einen Torfstich mit seinen verschiedenen Abbauepochen, gibt einen Einblick in die besondere Tier- und Pflanzenwelt der Hochmoore und informiert über die Nutzung des Torfes für den Men-

Von der Wehrhaftigkeit der Stadt zeugt das Zschopauer Tor – als Stadttor – ein Teil der ehemaligen Stadtbefestigungsanlage.

schen. Der Ortsname Reitzenhain ist das erste Mal 1401 als »Reiczenstein« niedergeschrieben. Der Entstehungskern des Ortes befindet sich am alten Grenzübergang. 1711 fand die erste regelmäßige Fahrpostverbindung statt und Reitzenhain wurde sächsische Grenzstation für die »Prager Kutsche«. Als 1875 erstmals der Zug durch die stillen Wälder von Chemnitz über Marienberg nach hier rollte, begann auch der wirtschaftliche und touristische Aufschwung. Die günstige Straßenverbindung nutzend, wurde 1978 der Grenzübergang zur Tschechischen Republik eröffnet. Rübenau, ein weitverzweigtes Dorf mit ca. 1 059 Einwohnern, liegt in einer Höhe von 610 bis 780 Metern. Der Ort besteht aus mehreren zusammenhängenden Ortsteilen und Gehöften. Mit der weitverzweigten Bebauung ist der Charakter einer Streusiedlung – der größten in Sachsen – erkennbar. Ein Heilpflanzenlehrpfad lädt zu einem 4-km-Rundgang ein: Auf Tafeln werden typische Heilpflanzen und ihre Verwendung erläutert.

Satzung wurde gegen Ende des 15. Jahrhunderts als Niederlassung an einem damals wichtigen Grenzübergang zu Böhmen gegründet. 1501 erfolgte die erste urkundliche Erwähnung des Ortes, nachdem bereits 1401 der durch Satzung führende »Karrenweg« genannt wurde. Der Ort liegt auf einer Höhe von 850 m auf dem Kamm des Erzgebirges, im Osten und Süden unmittelbar an der tschechischen Grenze. Der Hirtstein ist eine Quellkuppe aus Basalt und mit 891 m der höchste Punkt im Mittleren Erzgebirge. Der erste Windpark Sachsens, dessen fünf Windkonverter die Namen von Sagengestalten tragen, entstand auf dem Hirtstein. Der Ort hat 616 Einwohner. Mittelstand und Industrie pflegen seit Jahr und Tag Kooperation mit tschechischen und polnischen Unternehmen; manche sind mit Investitionen oder Betriebsgründungen beim südlichen bzw. östlichen Nachbarn bereits aktiv geworden. Die besonderen Stärken Marienbergs und der Region sind Kompetenz und Erfahrung im Maschinen- und Fahrzeugbau sowie der Holzindustrie, gute wirtschaftliche Infrastruktur, günstige Verkehrsanbindungen, weltbekannte Firmen (u.a. Scherdel Marienberg GmbH, KUKA, MZ, TAKATA), qualifizierte Berufsausbildung, fachmännische Dienstleister, eine ausgezeichnete Wohnqualität und vieles Weitere mehr.

Bergstadt Wolkenstein im Annaberger Land

Wolkenstein, eine Kleinstadt im mittleren Erzgebirge, kann auf eine interessante, rund 800-jährige Geschichte verweisen. Wahrzeichen ist bis heute das Schloss auf steilem Gneisfelsen, 80 m über dem Fluss Zschopau. Aus einer wehrhaften Burg hervorgegangen, vereint es verschieden alte Gebäudeteile in den Baustilen der Spätgotik und Renaissance. Der Schlossplatz verbindet die Burg-Schloss-Anlage mit dem fast vollständig sanierten historischen Stadtkern.
1999 schlossen sich die Stadt Wolkenstein sowie die Gemeinden Falkenbach, Gehringswalde, Hilmersdorf und Schönbrunn einschließlich ihrer jeweiligen Ortsteile zusammen. Nach der Vereinigung der vordem fünf selbständigen Kommunen trägt die Stadt weiterhin den Namen Wolkenstein. Die Einwohnerzahl beträgt derzeit rund 4500.

Sehens- und Erlebenswertes
Wolkenstein einschließlich des im Tal gelegenen Gemeindeteiles Floßplatz führt den Titel Staatlich anerkannter Erholungsort und wirbt mit dem Slogan »wandern – entdecken – erholen«. Bereits der Aufstieg am Schlossfelsen und Stadtberg bietet romantische Anblicke. Nach Passieren eines mittelalterlichen Stadttores erreicht man den Schlossplatz. Hier, am gepflegten Außenbereich des Schlosskomplexes mit Kräutergarten, Resten der Schutzgräben und wuchtigen Mauern am Hag, ist ein wenig die wechselhafte Vergangenheit zu spüren. Repräsentative Räume des Schlosses werden öffentlich genutzt. So gibt es sehenswerte Museen, u.a. die Ausstellung "Land der Amethyste", eine Erlebnisgaststätte, das historische Trauzimmer und die Stadtbibliothek. Festsäle präsentieren mächtige Holzbalkendecken, Wandmalereien und traumhafte Ausblicke ins Zschopautal und Annaberger Land. Das Bauensemble dieses Platzes umfasst ebenso die St. Bartholomäuskirche, heute überwiegend dem Barockstil zuzuordnen und mit wertvoller Ausstattung versehen, den Schlosskeller – ein Fachwerkhaus mit Andreaskreuzen, die ehemalige Fronfeste und mehrere Bürgerhäuser. Zum Marktplatz sind nur wenige Schritte zurückzulegen. Hier dominieren das Rathaus mit der Turmuhr und eine Postdistanzsäule, die vom einstigen oberen Stadttor in das frei von Durchgangsverkehr gelegene Stadtzentrum versetzt wurde. Verschwiegene Gassen und Reste der Stadtummauerung gelten als Zeugnisse mittelalterlichen Städtebaus.
Die Lage hoch über dem Zschopautal in ca. 500 m Meeresspiegelhöhe lässt manch eindrucksvollen Landschaftsblick zu. Zahlreiche markierte Wanderwege tangieren die Innenstadt. Der Schlossfelsen mit Wolfsschlucht ist Teil des Wolkensteiner Felsengebietes. Ein Alpiner Wandersteig verbindet Felsformationen, die zum Teil Aussichtskanzeln wie die Brückenklippe in der bekannten Wolkensteiner Schweiz aufweisen. Einige Bereiche sind auch für Kletterer erschlossen. Wege mit weniger Steigungen gestatten die Seitentäler der Zschopau. Denkmale der Verkehrs- und Bergbaugeschichte bereichern das Erlebnis Wandern. Sportliche Radfahrer finden lohnende, anspruchsvolle Routen. Bei Schloss- und Stadtführungen sowie thematischen Wanderungen wird dem interessierten Gast das Städtchen Wolkenstein noch vertrauter.
Auch der Kurort Warmbad, Ort mit Heilquellen-Kurbetrieb, befindet sich in landschaftlich reizvoller und klimatisch geschützter Lage. Gebäude aus mehreren Jahrhunderten bezeugen Warmbads stetige Entwicklung. Dank der chemischen Zusammensetzung des 26,5 °C warmen Thermalwassers gelten als medizinische Hauptindikationen Erkrankungen des Stütz- und Bewegungsapparates sowie Herz-Kreislauf-Erkrankungen. Auch für Trinkkuren eignet sich das Heilwasser. Die Knappschafts-Klinik Warmbad bietet stationären Kurgästen modernste Heilverfahren. Dass Gesundheitsbewusstsein, Wohlbefinden und Spaß hervorragend kombiniert werden können, erleben täglich Hunderte Besucher in der Silber-Therme Warmbad. Als Kurmittelhaus und Herzstück des Kurortes verfügt die im Jahr 2000 eröffnete Therme über Innen- und Außenbecken mit bis zu 34°C warmem Thermalheilwasser, eine phantastische Saunalandschaft, einen gemütlichen Wellness-Bereich, Physiotherapie mit Gesundheits-Fitness-Studio sowie ein Restaurant. Konzerte im Kurpark und andere Kulturveranstaltungen sowie ausgeschilderte Terrainkurwege sorgen für genügend Abwechslung. Weitere Schwerpunkte im Kurort sind die Altenpflege und betreutes Wohnen.
Die ländlichen Ortsteile, als Waldhufendörfer an fruchtbaren Wasserläufen in der Nähe des Städtchens errichtet, stellen bereits seit dem Mittelalter mit diesem eine Wirtschaftsgemeinschaft dar. Die Waldhufenfluren und

Vom Tal aus betrachtet bietet sich dieser imposante Blick zum Schloss Wolkenstein.

Blick auf Wolkenstein mit seinem Wahrzeichen, dem Schloss auf steilem Granitfelsen

weitere Zeugnisse ländlich–bäuerlicher Kultur wie Gehöfte und Fachwerkhäuser sind bis heute erhalten geblieben. Schönbrunn und Falkenbach erstrecken sich am Wolkenstein gegenüberliegenden Zschopauhang und bilden gemeinsam auch eine eigene Kirchgemeinde. Die barocke Dorfkirche in Schönbrunn fügt sich harmonisch in das malerische Dorfensemble ein. Im gegenüberliegenden Dreiseithof, dem so genannten Ambroßgut, entsteht nach erfolgter Restaurierung ein landwirtschaftliches Erlebnismuseum. Während Schönbrunns Dorfstraße im Feldweg endet und der Ort somit nur Anliegerverkehr aufweist, dient die Falkenbacher Hauptstraße als Verbindung zur B 95. Gehringswalde und Hilmersdorf liegen östlich des städtischen Territoriums. Unmittelbar an das überwiegend als Wohngemeinde dienende Gehringswalde grenzt der Kurort Warmbad. Die Hauptstraße des Dorfes verläuft entlang der B 101. Hilmersdorfs Dorfstraße wird von dieser Bundesstraße nur geschnitten. Besonders im Unterdorf Hilmersdorf überwiegt ein ländlicher Charakter. Der Ort verfügt über eine Friedhofskapelle im Jugendstil und ein neues kirchliches Gemeindehaus. Am oberen Ortsausgang, der als Heinzebank bezeichneten Straßenkreuzung B 101/B174, befinden sich ein Hotel und ein Gewerbegebiet.

Beherbergungsbetriebe unterschiedlicher Kategorien einschließlich eines Zughotels, einer Rehabilitationsklinik und einer Jugendherberge, vorwiegend konzentriert in Wolkenstein und Warmbad, verfügen über ca. 700 Gästebetten.

Geschichtliche Entwicklung
Seit Ende des 12. Jahrhunderts entwickelte sich Wolkenstein als Mittelpunkt einer adeligen Grundherrschaft der Herren von Waldenburg. Die Spornlage des Gneisfelsens am rechten Zschopauufer bot sich als Bauplatz für eine Burg geradezu an. Weit konnte man das Tal überblicken. Wenig später entstand aus der Vorburgsiedlung eine kleine Stadt mit fester Ummauerung und zunächst zwei Stadttoren. Die ersten Burgherren vom

Malerische Landschaft lädt zu ausgedehnten Wanderungen ein.

Geschlecht der Waldenburger erschlossen sich mit ihrer Herrschaft Wolkenstein ein neues Machtzentrum und ließen neue Bewohner herbeiführen. Die ersten Siedler, die entlang der Flüsse und Hohlwege in das bis dahin unbesiedelte Grenzgebirge zwischen Sachsen und Böhmen kamen, fanden einen dichten Wald, den so genannten Miriquidi, vor. Vor allem waren es Bauern aus Main-Franken, die den Wald rodeten und den Boden urbar machten. Bereits für das 13. Jahrhundert ist aber auch Bergbau in der Herrschaft Wolkenstein urkundlich belegt, der seinerseits zahlreiche Erwerbszweige nachzog. Die Existenz einer Münzstätte Wolkenstein ist überliefert. Nach dem Aussterben der Herren von Waldenburg fiel die Herrschaft Wolkenstein an die Wettiner. Wolkenstein wurde zeitweise deren Nebenresidenz und erlebte somit weiteren Aufschwung. Es entstand das Amt Wolkenstein. Stadtbrände, der Dreißigjährige Krieg und weniger erfolgreicher Bergbau brachten Not und Entbehrung. Im 19. Jahrhundert erfuhr die Stadt wieder wirtschaftlichen Aufstieg. Es erfolgten die Einrichtung eines Königlich Sächsischen Amtsgerichtes im Schloss, die Anbindung an das Eisenbahnnetz und viele Investitionen in den so genannten Gründerjahren. Bis zur politischen Wende 1990 dominierten Plastverarbeitung und Hausschuhfabrikation. Heute bieten kleinere Industrie-, Handwerks- und Dienstleistungsbetriebe Beschäftigung, jedoch nicht in ausreichendem Maß. Wichtige Arbeitsplätze werden durch den Kurbetrieb sowie die Gesundheits- und Wellness-Angebote des Kurortes Warmbad gesichert. Auch Warmbad kann auf eine wechselvolle Geschichte verweisen. Die Nutzung der warmen Quelle ist bereits im Mittelalter urkundlich nachweisbar. Vom Aufenthaltsort der sächsischen Kurfürsten über bürgerlichen Badebetrieb und Bergarbeitersanatorium hat sich Warmbad zu einem modernen Gesundheitszentrum entwickelt.

Zuweilen wird die Zeit unserer Vorfahren nacherlebt und nachgestaltet. Zu erwähnen sind hier das alljährlich zu Himmelfahrt und am darauf folgenden Wochenende stattfindende Burgfest in Wolkenstein, das Kurparkfest in Warmbad, aber auch Sonderführungen zum Internationalen Museumstag und dem Tag des offenen Denkmals.

Das Wahrzeichen der Stadt Zschopau – Schloss Wildeck mit dem Aussichtsturm »Dicker Heinrich« und der »Schlanken Margarete«

Große Kreisstadt Zschopau

Eingerahmt von wildromantischen Wäldern, schroffen Felsen und weiten Feldern liegt Zschopau, eine alte Stadt im Erzgebirgskreis, mit ihren 11 200 Einwohnern.

Die Wurzeln des Ortsnamens findet man im gleichnamigen Fluss: Slawische Siedler bezeichneten ihre Umgebung nach deren Merkmalen, der Wortstamm »skap« von Zschopau mit seiner Bedeutung »Fels«, »Klippe« oder »spalten«, »graben« weist auf die Eigenart des Flusses hin. Der Grund für die Namensübertragung auf den späteren Ort war, dass gerade an dieser Stelle einer der drei »Böhmischen Steige« den Fluss überquerte. Es war ein Handelsweg zwischen Leipzig und Prag, auf dem die Kaufleute das »weiße Gold« transportierten – dies verlieh ihm auch den Namen »Salzstraße«.

Die erste urkundliche Erwähnung von Zschopau stammt aus dem Jahre 1286. Jedoch war für die Stadt der urkundliche Nachweis von 1292 von viel größerer Bedeutung: Zu dieser Zeit war Zschopau bereits eine feste Stadt. Doch schon vorher hatte man auf einem Bergsporn, zum Schutz des Flussüberganges und der Straße, einen alleinstehenden Turm errichtet. Dieser ehemalige Wach- und Wohnturm gilt somit als das älteste Bauwerk. Seine damalige Größe betrug nur 20 m, und der Eingang befand sich aus strategischen Gründen in 14 m Höhe. Heute dient er als Aussichtsturm. Durch seine zentrale Lage hat man einen wunderbaren Weitblick. Gegen Ende des 12. Jahrhunderts baute man dazu eine Burg. Diese Anlage bot der jungen Stadt Schutz, der durch die Stadtmauer verstärkt wurde. Große Teile hiervon sind noch vorhanden.

Die erste nachweisbare Kirche baute man 1494, sie war dem Hl. Martin geweiht. Die Umfassungsmauern dieses gotischen Gotteshauses sind erhalten, alles andere fiel dem Feuer zu Opfer. Neben Handel und Tuchma-

Schlossrundgang, im Hintergrund die St. Martinskirche mit der drittgrößten Barockorgel Sachsens

cherei begann man zu Beginn des 15. Jahrhunderts mit dem Bergbau – Zschopau erhielt die Privilegien einer »Freien Bergstadt«.
Ein Zeitzeuge ist die Fundgrube und das heutige Schaubergwerk »Heilige Dreifaltigkeit«. Mitte des 16. Jahrhunderts wurde die Burg zum Jagdschloss »Wildeck« umgebaut und grundlegend modernisiert. Viele Handwerker und Gewerbetreibende siedelten sich in dieser Zeit an, es entwickelte sich Textilindustrie. Durch die Baumwollspinnerei von Johann Jacob Bodemer wurde Zschopau schnell als Fabrikstadt bekannt. Später stellte Skafte Rasmussen unter eigener Leitung Armaturen her. Er und seine Ingenieure entwickelten den Zweitakt-DKW-Motor. Weltweit wurde Zschopau durch seine Motorräder unter den Firmennamen »DKW« und »MZ« bekannt.
Das Jagdschloss, bis ins 20. Jahrhundert Verwaltungsgebäude, ist der Öffentlichkeit zugänglich. Hier befinden sich ein Buchdruckmuseum, eine Münzwerkstatt, die Motorradausstellung »MotorradTRäume«, die Kinder- und Erwachsenenbibliothek »Jacob Georg Bodemer« sowie die Touristinformation. Der »Rote Saal«, der »Grüne Saal«, die »Gelbe Cammer« und die »Blau-Weiße Stube« wurden originalgetreu im Renaissancestil restauriert und können besichtigt werden. Aber auch außerhalb der Schlossmauern bietet sich viel Erkundenswertes an: Der liebevoll gestaltete Barockgarten mit Schlossrundgang, der historische Altstadtkern mit seinen prächtigen Bürgerhäusern, das Alte Rathaus mit Portal, Stadtwappen und Glockenspiel.
Die waldreiche Umgebung bietet viel Abwechslungsreiches: So ist es möglich, auf 29 Wanderwegen mit zahlreichen idyllischen Aussichtspunkten Fauna und Flora der Gegend zu studieren und ins Land hineinzu-

Festumzug im Rahmen des Schloss- und Schützenfestes

schauen. Hier sind wir im Erzgebirge: Also wird fleißig geschnitzt und geklöppelt, zu Weihnachten erstrahlen Schwibbögen und Adventssterne, welche die Umgebung in ein freudestrahlendes Farbenspiel tauchen.

Schloss- und Schützenfest
Das Schloss- und Schützenfest, stattfindend am letzten Augustwochenende eines jeden Jahres, ist das größte in der Stadt Zschopau stattfindende Volksfest und stellt zugleich den Höhepunkt des Zschopauer Vereinslebens dar.
Historisches Vogelschießen, Eselreiten, Bastelstraße, eine große Fülle an Musik- und Tanzdarbietungen bis hin zu Straßenkünstlern – das Schloss- und Schützenfest in Zschopau hat jede Menge an Abwechslung zu bieten. Den Höhepunkt stellt der am Sonntag stattfindende Festumzug dar, bei dem sich die zahlreichen ortsansässigen und regionalen Vereine sowie viele weitere Akteure präsentieren.

Zschopauer Weihnachtsmarkt
Jedes Jahr am 2. Advent öffnet der traditionsreiche Zschopauer Weihnachtsmarkt seine Pforten. Rund um die bezaubernde Kulisse von Schloss Wildeck finden Sie Verkaufsstände mit weihnachtlichen Sortimenten, wie erzgebirgische Holzkunst, Weihnachtsschmuck, Spielwaren und jede Menge kulinarische Spezialitäten. Das abwechslungsreiche Bühnenprogramm für Jung und Alt wird von den jüngsten Bewohnern bis hin zu professionellen Gruppen sowie Künstlern der Region gestaltet. Lassen Sie sich von dem bunten Programm sowie dem Stollen- und Glühweinduft in ihren Bann ziehen und genießen Sie die vorweihnachtliche Atmosphäre des Weihnachtslandes Erzgebirge.

Aquädukt in Krumhermersdorf

Der Ortsteil Krumhermersdorf gehört seit 1999 zu der Großen Kreisstadt Zschopau und ist eine typische Erzgebirgsgemeinde. Zirka 2 km von Zschopau gelegen, zieht es sich aus dem Tal bis auf eine Höhe von 600 m hinauf und garantiert damit einen fantastischen Weitblick über die umliegende Landschaft. Krumhermersdorf entstand gegen 1170, als Bauern die weitläufigen Landstriche besiedelten, die Wälder rodeten und landwirtschaftliche Flächen anlegten.

Gegen 1480 wurde erstmals Silberbergbau in Krumhermersdorf betrieben und auch der Kalkbergbau gewann immer mehr an Bedeutung. 1567 ging Krumhermersdorf in Privatbesitz des Jagdministers Cornelius von Rüxleben über, welcher jedoch kurze Zeit später wegen »ungebührlicher Reden über die kurfürstliche Familie« verhaftet und inhaftiert wurde. Im Zuge der einsetzenden Industrialisierung entstanden um 1820 die ersten Strumpffabriken und Spinnereien. Gegen Ende des 19. Jahrhunderts wurde noch einmal versucht, die glorreichen Zeiten des Bergbaus wieder zu beleben – allerdings gelang dies nicht. Zur Industriekrise 1888 gab die Gemeinde kostenlos Suppe für Arbeitslose und Bedürftige aus, was Krumhermersdorf den liebevollen Spitznamen »Suppenland« einbrachte. 1907 entstand das Wahrzeichen von Krumhermersdorf: ein fünfbogiges Aquädukt im Niederdorf. Über diese Wasserbaubrücke führt der Trinkwasserkanal von der nahe gelegenen Bornwald-Talsperre nach Chemnitz. Für Freizeitsportler und Wanderer bietet Krumhermersdorf zahlreiche Möglichkeiten, sich zu betätigen. Ein wunderschön gestaltetes Freibad befindet sich in geschützter, idyllischer Gegend und das Wandergebiet Bornwald, mit den zwei Neunzehnhainer Talsperren, lädt zum gemütlichen Wandern in traumhafter Umgebung ein. Für aktiv Sporttreibende bietet sich die Möglichkeit, dem Sport des Kegelns nachzugehen oder die im Winter zahlreich vorhandenen Loipen zu nutzen, welche Ski-Langlauf zu einem unvergesslichen Erlebnis machen.

Erlebnisburg Scharfenstein im romantischen Zschopautal

Gemeinde Drebach

An der westlichen Grenze zum ehem. Kreis Annaberg liegt die Gemeinde Drebach. Seit dem 1.1.2005 gehört zur Gemeinde Drebach als neuer Ortsteil die ehemalige Gemeinde Scharfenstein. Drebach umfasst eine Fläche von insgesamt 21,44 qkm und ist somit eines der größten Dörfer im Erzgebirgskreis (3 550 Einwohner). Drebach wurde ursprünglich als Waldhufendorf angelegt und erstmals 1385 urkundlich erwähnt. Die erste urkundliche Erwähnung von Scharfenstein fällt auf das Jahr 1349. Drebach wurde bekannt durch seine blau-violetten Frühlingskrokusse (im Volksmund »Nackte Jungfern« genannt), die sich im Frühjahr an sonnigen Tagen wie ein Blütenteppich auf sieben Hektar Wiesen- und Gartenflächen durch den Ort ziehen. In über 300 Jahren entstanden wahre Blütenteppiche, die aber in Ausbreitung und Blühintensität wechseln.

Im Ortsteil Scharfenstein erhebt sich auf einem Bergsporn die Erlebnisburg Scharfenstein, die zu den ältesten Wehranlagen im romantischen Zschopautal zählt und Wahrzeichen des Ortsteils Scharfenstein ist. Zwischen Chemnitz und Annaberg gelegen reiht sie sich in die Burgenkette Augustusburg–Scharfenstein–Lichtenwalde (www.die-sehenswerten-drei.de) ein. Mit einer einmaligen Aussicht und ihren verschiedenen Museen, Geschäften, Schauwerkstätten und aktiven Erlebnismöglichkeiten zieht die Burg Scharfenstein jährlich Tausende von Besuchern an. Ein Highlight ganz anderer Art ist das Zeiss Planetarium mit Volkssternwarte in Drebach, deutschlandweit eines der modernsten und größten Kleinplanetarien (www.sternwarte-drebach.de). Auf dem neu angelegten Planetenwanderweg zwischen Ehrenfriedersdorf und Drebach kann man darüber hinaus das Sonnensystem auf einer Länge von 5,9 km in einem Maßstab von 1:1 Milliarde durchwandern und genauer kennen lernen. Die malerische Landschaft rund um Drebach und Scharfenstein bietet mit ihren Waldgebieten, gelegen im reizvollen Naturerholungsgebiet »Heidelbachtal« und im Landschaftsschutzgebiet »Oberes Zschopautal mit Preßnitztal«, ideale Möglichkeiten für die aktive Erholung zu Fuß, zu Pferd, per Rad oder Bahn.

Blick vom Hotel »Dittersdorfer Höhe« über das schöne Erzgebirge

Gemeinde Amtsberg

Am Fuße des Erzgebirges liegt die 4 300-Seelen-Gemeinde, die es seit 1994 gibt, idyllisch und südlich von Chemnitz. Vier Dörfer gehören dazu: Dittersdorf, Weißbach, Schlößchen und Wilischthal.
Die Orte sind von klein- und mittelständischen Unternehmen sowie Landwirtschaftsbetrieben geprägt und verfügen über eine lange Geschichte. Die Gemeinde ist relativ klein und erstreckt sich vom Zwönitz- bis zum Zschopautal. Die Orte haben eine gute verkehrsmäßige Anbindung und liegen somit keinesfalls »hinter den sieben Bergen«: Nahe Dittersdorf verläuft die »Erzgebirgsautobahn« (B 174), die einen bequemen »Einstieg« ins Erzgebirge darstellt. Ihren typisch dörflichen Charakter haben die Ortsteile bis heute behalten: Eingebettet zwischen Wiesen und Wäldern, strahlen sie Ruhe und ländliche Gemütlichkeit aus.
Dittersdorf wurde 1352 erstmals urkundlich erwähnt und gehörte bis 1809 der Familie von Einsiedel. Bereits 1694 erhielt Curt Heinrich von Einsiedel das Privileg zur Errichtung eines Eisenhammerwerkes, das an der Stelle der späteren Filzfabrik stand und bis Anfang des 19. Jahrhunderts betrieben wurde. Daneben erlebten besonders im 19. Jahrhundert Spinnbetriebe und die Strumpfwirkerei einen Aufschwung. Die Eröffnung der Eisenbahnstrecke Chemnitz–Aue (1875) verhalf dem Ort zu weiterem wirtschaftlichen Boom. Das ehemalige Waldhufendorf Weißbach entstand im 12./13. Jahrhundert und gehörte ebenfalls den von Einsiedeln. Weißbach liegt in einer Höhe von 380 bis 470 m. 1886 wurde die Schmalspurbahn von Wilischthal nach Ehrenfriedersdorf eingeweiht, die eine große Erleichterung für Arbeiter und Unternehmen des Textilgewerbes darstellte. 1560 schenkte Kurfürst August seinem Jägermeister von Rüxleben das Vorwerk »Borschendorf«; nach 1792 entstand das Örtchen Schlößchen – und so heißt der Ort noch heute. Wilischthal entstand auch erst im 18. Jahrhundert im Tal der Wilisch, die damals einige Mühlen antrieb. Der helle Glimmerschiefer bildet auf der nördlichen Talseite einige Felskuppen.

Blick auf den Ortsteil Stein mit St. Georg Kirche

Waldkirchen

Waldkirchen, ein typisches erzgebirgisches Waldhufendorf, liegt in der Quellmulde des Dorfbaches am Osthang des Zschopauflusses. Die erste urkundliche Erwähnung stammt aus dem Jahre 1349.

Kommt man aus Richtung Grünhainichen, bietet sich dem Betrachter ein herrliches Erzgebirgspanorama. Dicht an die Felsen des mittleren Ortsteils Stein, auf denen 1901 die neue Kirche errichtet wurde, schmiegen sich die Fachwerkhäuser, durch die der Ort seinen besonderen Reiz erhält. Zu den schönsten erhaltenen historischen Bauwerken zählt das hinter der bekannten Rolle-Mühle in der Flussaue der Zschopau errichtete ehemalige Blaufarbenwerk. Kobalt wurde dort einst zu »Blauer Farbe« gebrannt. Das kostbare Gut wurde bis Venedig und Delft verschickt.

Die auf der Höhe angesiedelte alte Kirche, die einst Gotteshaus für die Gemeinden Grünhainichen, Börnichen und das Filial Borstendorf war, dient heute nur noch als Begräbniskapelle. An die Waldkirchner Flur direkt angrenzend liegt im südlichen Ortsausgang das zu Börnichen gehörende Wichernhaus. Die 1852 als Friedrich-August-Stift gegründete Waisen- und Erziehungsanstalt dient heute als Heim- und Werkstätte für Behinderte. Wie in den Nachbarorten veranlasste der Holzreichtum der erzgebirgischen Wälder auch die Bewohner Waldkirchens, sich schon in frühen Jahren der Schnitzerei von Hausrat und später der Herstellung von Spielzeug zuzuwenden. Das aus dem Jahre 1850 stammende (handcolorierte) Waldkirchner Spielzeugmusterbuch des ehemaligen Verlagshauses Oehme ist ein wertvolles Zeugnis einer Epoche, die die Struktur der Region einst prägte. Aufgrund der topographischen Verhältnisse wird die Waldkirchner Flur heute vorwiegend land- und forstwirtschaftlich genutzt. Waldkirchen ist ein idealer Ausgangspunkt für Wanderungen in das Landschaftsschutzgebiet Sternmühlental mit Schloss Augustusburg und in den nahen Bornwald mit den zwei Neunzehnhainer Talsperren.

Grünhainichen, Ortszentrum mit der 1850 im klassizistischen Stil erbauten Kirche

Grünhainichen

Dorf der Schnitzer, Drechsler und Spielwarenhersteller – die Beschäftigung mit dem Holz hat lange Tradition in diesem erzgebirgischen Dorf, malerisch am steilen Südhang zur Flöha hingeschmiegt: Vom engen romantischen Talgrund zieht sich das »Nest« von 338 bis 500 m zum Scheffelsberg hinauf. Auf der Höhe angelangt, hat man einen herrlichen Rundblick auf die Landschaft mit der imposanten Augustusburg am Horizont.

Grünhainichen hat etwa 1 500 Einwohner; seit altersher entstehen hier die in aller Welt beliebten erzgebirgischen Volkskunstartikel in bemerkenswerter Vielfalt.

Besonderes Kleinod ist die Ständige Ausstellung Erzgebirgische Volkskunst. Hier bekommt der Besucher einen Überblick über die Vielfalt der gedrechselten und geschnitzten Figuren, die den Ruhm des Ortes ausmachen. Seit Jahrhunderten üblich ist die Kunst des Späneziehens.

Im Technischen Denkmal »Spanziehmühle« werden die begehrten Spanschachteln aus Buchenholz bis heute gefertigt und bemalt.

Bereits im 15. Jahrhundert wurden hölzerne Gebrauchsgegenstände aller Art hergestellt; das raue Erzgebirgsklima und die steilen, steinigen Hänge zu beiden Seiten der Flöha ließen nur eine karge bäuerliche Existenz zu. Die Herstellung hölzerner Ware bekam eine über den Ort hinausgehende Bedeutung.

Zugleich entwickelte sich der Handel mit vielerlei hölzernen Gerätschaften, wie Mesten, Backmulden, Maßen, Schachteln und Kistchen. Kaufleute aus dem Ort zogen zu Messen und Märkten weit ins Land.

Ab 1700 wurde Holzspielzeug auch in Heimarbeit angefertigt: Damit war die Voraussetzung für Handel in großem Stil geschaffen; die Erzeugnisse dieses Landstriches wurden in der Welt bekannt, weswegen man Grünhainichen auch als »Klein-Leipzig« bezeichnete; dies voller Hochachtung vor der Kunst seiner Handwerker.

Das repräsentative Rathaus Borstendorf – 1926 nach Umbau einer Knopffabrik fertig gestellt

Gemeinde Borstendorf

Borstendorf liegt mit seinem Ortsteil Floßmühle in einem reizvollen Seitental der Flöha im ehemaligen Mittleren Erzgebirgskreis (durch die Kreisreform seit 1. August 2008 Erzgebirgskreis). Durch den Ort verläuft die Staatsstraße Zschopau–Eppendorf–Freiberg.

Das typische Waldhufendorf erstreckt sich in 338 bis 516 m Höhe und umfasst eine Fläche von 14,5 qkm; 1 420 Einwohner leben in der erstmals 1378 erwähnten Ansiedlung.

Im Ort befinden sich Gewerbe- und Handwerksbetriebe, Dienstleistungsunternehmen und Gaststätten. Mehrere Betriebe bewirtschaften die landwirtschaftlichen Flächen. Im 19. und bis in die 80er Jahre des 20. Jahrhunderts war die Schachbrettherstellung eine Besonderheit; das Gemeindesiegel spiegelt diese Epoche noch heute wider. Die 1820 erbaute Dorfkirche, das ehemalige Schulgebäude und das Rathaus sind ortsbildprägende Gebäude.

Es herrscht ein reges Vereinsleben im kulturellen, sportlichen und sozialen Bereich. Neben der Freiwilligen Feuerwehr haben im Vereinshaus Schnitzer, Klöpplerinnen, Sänger und Landfrauen ihre Wirkungsstätte. Mitgliedsstärkster Verein ist die »SG Rotation« mit über 300 Sportfreunden in 8 Abteilungen. Alle fünf Jahre wird in der ehemaligen Schule die Große Schnitz- und Bastelausstellung gezeigt.

Besucher aus nah und fern bewundern Sehenswürdigkeiten des volkskünstlerischen Schaffens der Borstendorfer.

Für Bürger und Gäste stehen Freibad, Turnhalle, Sportplatz und Kleinsportfeld zur Verfügung. Außerdem sind Wanderungen sowie Radtouren im »Röthenbacher Wald«, einem großen geschlossenen Waldgebiet, oder auf dem sanierten Rad- und Wanderweg entlang der Flöha eine willkommene Gelegenheit, die abwechslungsreiche Natur näher kennen zu lernen.

Erzgebirgsgemeinde Heidersdorf, unterer Teil mit Blick zum »Schwartenberg«

Gemeinde Heidersdorf

Die Gemeinde Heidersdorf liegt in zwei reizvollen Tälern an der Silberstraße (500 m bis 700 m ü. NN), umgeben von ausgedehnten Waldgebieten im Naturpark Erzgebirge/Vogtland.
Heidersdorf, ein typisches Waldhufendorf, wurde erstmals 1451 urkundlich erwähnt. Im Jahre 1580 erhielt Caspar von Schönberg die Schlösser Purschenstein und Sayda. Zu diesem Besitz gehörten mehrere Orte, u.a. auch Heidersdorf. Bis Ausgang des 17. Jahrhunderts gab es in Heidersdorf kein Handwerk, die Land- und Forstwirtschaft prägte bis zum Ausgang des 19. Jahrhunderts die Struktur des Ortes.
Heute ist die Gemeinde Heidersdorf mit knapp unter 1 000 Einwohnern eine kleine, aber sehenswerte Gemeinde. Das Dorferneuerungsprogramm Mitte der 90er Jahre und die erfolgreiche Teilnahme am Landes- und später am Bundeswettbewerb »Unser Dorf hat Zukunft« haben im Ort überall positive Spuren hinterlassen. Eine intakte Infrastruktur mit kleinen Läden, Arzt- und Physiotherapiepraxis, Hotel und Gaststätten ist nicht nur für die Einwohner ein Stück Lebensqualität. Die Grundstückseigentümer sind stets um saubere und gepflegte Anwesen bemüht und seitens der Gemeinde wird kontinuierlich am Ausbau der Straßen und Wege, der Verbesserung der kommunalen Einrichtungen und Erweiterung eines informativen Wanderweges gearbeitet. Wer sich ein wenig Zeit nimmt, um den Ort besser kennen zu lernen, kann dabei nicht nur Wander-, Rad- und Reitwege nutzen, auch ein sehr schönes Sport- und Freizeitgelände, ein Skilift und ein kleines Museum laden zum Besuch ein. Ein beschaulicher Ort, der ideal ist für Menschen mit dem Blick für die Natur. Seltene Pflanzen und ein Artenreichtum an heimischen Vögeln und Wildtieren gibt es zu entdecken. Vom so genannten »Relhök«, einer Wanderrast mit Imbiss, bietet sich ein herrlicher Blick über den Kamm des Erzgebirges mit dem Schwartenberg und dem Spielzeugdorf Seiffen. Wer dann noch etwas Abwechslung sucht, kann von Heidersdorf aus sehr schöne Touren in die umliegenden Orte unternehmen.

Blick auf das Stadtzentrum

Stadt Olbernhau – Spielzeugland im Erzgebirge

Olbernhau ist eingebettet in die reizvollen Täler der Flöha und ihrer Nebenflüsschen. Die Stadt wird von schönen Buchen- und Fichtenwäldern sowie zahlreichen Bergen umgeben – ein idealer Ausgangs- und Endpunkt ausgedehnter Wanderungen; hier kann man in frischer Luft und angenehmer Ruhe neue Kräfte schöpfen. Als Spielzeugland im Erzgebirge ist der Ort weithin bekannt und beliebt. Am Ende des 15. Jahrhunderts war die Besiedlung im Gebiet der Oberen Flöha abgeschlossen; Albrecht II., Bischof von Meißen, gilt nach Rennau als Namensgeber Olbernhaus (1258/66), nach Pinder ist die Herleitung vom mittelhochdeutschen »Olbe« für Silberpappel wahrscheinlicher; von 1434 stammt die erste Urkunde. Allerdings wird Olbernhau schon 1289 als böhmischer Ort erwähnt, mit Blumenau, Sorgau und anderen. Die evangelische Stadtkirche wurde 1584/90 erbaut, nachdem Herzog Heinrich die Reformation 1539 durchgesetzt hatte. Im 30-jährigen Krieg (7.5.1639) wurden Kirche, Pfarramt, Rittergut, Schule und viele Häuser in einem Racheakt von den Schweden niedergebrannt. Das Ansteigen und Ausbringen silberhaltiger Kupfererze veranlasste Bergmeister Leonhardt zum Bau einer Saigerhütte in Grünthal; er ließ sie 1537 im kaum berührten Tal der Natzschung und Flöha errichten: Hier gab es genügend Holz aus den umliegenden Wäldern als Rohstoff für den Hüttenprozess. Diesen bedeutendsten und interessantesten Teil der Stadtgeschichte repräsentiert heute der Museumskomplex Saigerhütte – ein einmaliger Sachzeuge der Buntmetallurgie in Europa. Sie arbeitete bis ins 19. Jahrhundert. Neben dem funktionsfähigen Kupferhammer sind im Denkmalsareal die Schauwerkstatt im Herrenhaus, eines der Arbeiterhäuschen, die Hüttenschänke, die Lange Hütte und vieles mehr zu besichtigen. 1681 hatte der damalige Rittergutsbesitzer die Konzession für eine Rohrschmiede erhalten; 1703 wurden Büchsenmacher aus Suhl angeworben und eine Gewehrmanufaktur errichtet: Olbernhau galt fortan als »Waffenschmiede der sächsischen Armee«. Lebensweise und Brauchtum der Einwohner kann man im Stadtmuseum studieren. Das Gebäude am Markt 7,

Die Wahrzeichen der Olbernhauer Weihnacht: Nussknacker, Reiterlein, Pfefferkuchenfrau

1767 nach dem 2. großen Brand von 1765 wiedererrichtet, ist Teil des ehemaligen Rittergutes: es besitzt alte Kreuzgewölbe, Räume mit rustikalem Balkenwerk und einen äußerst interessanten Dachstuhl. In den Museumsräumen befindet sich auch eine abwechslungsreiche Ausstellung zu den Themen Naturkunde und Besiedlungsgeschichte. Magischer Anziehungspunkt für Groß und Klein sind die mechanischen Heimatberge im Dachgeschoss. Seit Ende des Bergbaus und der Gewehrindustrie hat sich im 18. Jahrhundert Olbernau zum Zentrum erzgebirgischer Spielzeugmacherei entwickelt. Nirgendwo sonst auf der Welt findet man eine solche Fülle verschiedener kunsthandwerklich gefertigter Spielwaren wie hier. So ist es kaum verwunderlich, dass ein holzgeschnitztes Reiterlein diese Stadt symbolisiert. Weitere traditionelle Figuren – die Pfefferkuchenfrau und der Nussknacker – sind besonders zur Weihnachtszeit Anziehungspunkte. Gegen Ende des 18. Jahrhunderts löste die Spielzeugherstellung einen wahren Boom aus; das Verzeichnis des ersten Spielwarenverlages Gottlieb Semmler weist aus, dass 1783 25 Kisten im Werte von 2 500 Talern »in ferne Länder geschickt« wurden. Drei Jahre später war der Warenwert bereits auf 12 643 Taler angestiegen. Die Beliebtheit hiesigen Spielzeuges in unendlichen Varianten hat sich bis heute erhalten. Besonders ist das in der Vorweihnachtszeit zu spüren; hier erweist sich wieder einmal, dass erzgebirgische Handwerkskunst eindrucksvoll lebendig geblieben ist. Gäste sollten keineswegs die Handwerksschau zum Olbernhauer Weihnachtsmarkt versäumen. Am 1.1.1902 erhielt Olbernau das Stadtrecht und ein eigenes Wappen. Im 1906 erbauten Ballhaus »Tivoli«, das »schönste und größte Etablissement«, wurde gefeiert, was das Zeug hielt. Nach liebevoller und sorgfältiger Restaurierung verzaubert das Haus heute genauso wie vor über hundert Jahren seine Gäste mit kulinarischen und kulturellen Erlebnissen und Genüssen. Neben dem nostalgischen Ballsaal gibt es das Restaurant »Moritz«, eine Lobby und das »Café Rosenrot«.

Die 1779 eingeweihte Kirche, deren Wetterfahne mit einem Bergmann gestaltet ist.

Kurort Seiffen

Die Geschichte von Seiffen begann mit der bergmännischen Erschließung der Region vor rund 700 Jahren. Was zunächst als Nebenbeschäftigung der Bergleute galt, wurde mit Rückgang des Bergbaus zur Haupterwerbstätigkeit: Speziell in Seiffen entwickelte sich eine besondere Kunstfertigkeit im Drechseln und bei der Spielzeugmacherei, was dem Ort den Beinamen »Spielzeugdorf« einbrachte und ihn weltweit bekannt gemacht hat.

Seiffen liegt am Kamm des mittleren Erzgebirges. In einer weiten, vom Seiffenbach durchflossenen Mulde, ist der romantische Ort gelegen, ein Idyll wie aus dem Märchenbuch. Die spitzgiebeligen Häuschen der Kunsthandwerker stehen an den Berghängen oder entlang der Hauptstraße im Tal. Die Atmosphäre ist äußerst gastfreundlich; Besucher in den Werkstätten sind gern gesehen.

Doch nicht nur Freunde von Ruhe und Beschaulichkeit fühlen sich hier wohl, das Spielzeugdorf ist idealer Ausgangspunkt für ausgedehnte Ausflüge. Wer sportlich aktiv sein will, hat im Sommer Wander- und im Winter Ski- und Rodelmöglichkeiten. In der Advents- und Weihnachtszeit erstrahlt der ganze Ort im Lichte der Schwibbögen und Pyramiden.

Der Zinnbergbau hatte seine Blüte ab 1480; 1849 wurde das Bergamt endgültig geschlossen. Der »Seiffener Winkel« hatte insgesamt fünf Glashütten, deren älteste, die »Frauenbacher«, im 12. Jahrhundert in der Nähe des Schwartenberges errichtet wurde. Baumeister der 1779 eingeweihten Kirche im Ort war Christian Reuther; als Vorbild diente die Dresdner Frauenkirche: 8 Säulen bilden ein gleichmäßiges Achteck und tragen die Kuppel und den Turm mit Wetterfahne und Kreuz. Als Wahrzeichen des Seiffener Zinnbergbaus ist die Wetterfahne mit einem Bergmann gestaltet.

Das Erzgebirge – Mittlerer und Östlicher Teil

Der zweite Teil der Beschreibung des Erzgebirges umfasst die Altkreise Mittlerer Erzgebirgskreis, Freiberg sowie den Weißeritzkreis und folgt insoweit nicht der neuen Kreisreform, die den Kreis Freiberg jetzt in den Kreis Mittelsachsen und den Weißeritzkreis in den Kreis Sächsische Schweiz-Osterzgebirge integriert.
Diese Landschaft hat eine beachtliche Ausdehnung; sie beginnt südlich von Chemnitz im Raum Zschopau und reicht über Marienberg bis Seiffen und Altenberg – es ist eine Gegend voll landschaftlicher Schönheiten, gepaart mit vielen Sehenswürdigkeiten: Schlösser, Burgen, Denkmäler, historischen Bergbaustätten. Deshalb auch ist der Zusatz »Silbernes Erzgebirge« vollauf berechtigt. In späterer Zeit nutzte man den Wald als wichtige Reserve: Holzindustrie, Flößerei, Meilerei … noch später kamen andere Industriezweige hinzu: Kalk- und Kieswerke, Strumpfindustrie, Seidenspinnereien; diese Landschaft wurde zum dichtestbesiedelten Mittelgebirge Deutschlands.
Von Chemnitz kommend, befindet man sich bereits am Eingangstor. Allmählich nimmt man die Silhouette des Gebirges wahr – anders ergeht es dem von Süden Kommenden; er steht plötzlich vor einer sich steil auftürmenden Gebirgswand. Blickt man von einem der Kammhochfläche »aufgesetzten« Einzelberg im Westerzgebirge oder dem bereits zum östlichen Teil zählenden Schwartenberg (789 m) bei Seiffen, dem Kahleberg (904 m) oder Geisingberg (824 m) bei Altenberg, so breiten sich große Teile des Gebirges vor den Augen aus.
Die Nordflanke des Gebirges zieht sich vom mittelsächsischen Hügelland zum Kamm hinauf und überwindet bei Riesa die Elbe. Im Westen werden etwa 1 200 Höhenmeter bewältigt, im Osten geht es bis an die 900-m-Grenze; der Kahleberg ist die absolut höchste Erhebung des Osterzgebirges. Andererseits muss man festhalten, dass bereits 40 km von Dresden entfernt ein Anstieg auf 700–800 m festzustellen ist; die östlichste Erhebung ist die Oelsener Höhe (644 m) auf sächsischer und der Spitzberg (725 m) auf böhmischer Seite. Ebenfalls begegnet man zahlreichen nordwärtsstrebenden Flüsschen in einer vor etwa 40–50 Millionen Jahren entstandenen Pultschollenlandschaft: Flöha, Zschopau, Chemnitz, Müglitz, Rote und Wilde Weißeritz sowie Zwickauer und Freiberger Mulde. Sie durchbrechen in teils abenteuerlich engen und vielfach geschwungenen Tälern die »drei G«: Granit, Gneis und Glimmerschiefer. Wichtige Zuflüsse sind Bobritzsch, Striegis, Sehma, Pöhlbach, Preßnitz, Schwarze Pockau und Gottleuba.
Als wichtige eindrucksvolle Zeugen mittelalterlicher Baukunst gelten die im Zschopautal liegenden Burgen und Schlösser Wolkenstein, Wildeck sowie die typisch fränkische Burg Scharfenstein; sie alle dienten zum Schutz der Wege nach Böhmen, ebenso wie die Wehrkirchen in Großrückerswalde, Lauterbach und Dörnthal weiter östlich.
Man sagt voller Stolz, dass das Handwerk im Erzgebirge eine jahrhundertelange Tradition besitzt; allein, der Ursprung dessen wurde aus bitterster Not heraus geboren. Als sich nämlich rapide steigende Armut aus dem Rückgang des Bergbaus bemerkbar machte, musste man zwangsläufig nach neuen Überlebensmöglichkeiten suchen: Schnitzen, Klöppeln, Posamentieren hieß das. Es entwickelten sich regelrechte Zentren der erzgebirgischen Spielwarenherstellung: Seiffen, Grünhainichen, Olbernhau.
Als Mitte des 19. Jahrhunderts der Bergbau zum Erliegen kam, entwickelte sich zunehmend der Fremdenverkehr. Einen enormen Aufschwung erlebte die östliche Region, als 1883 die heute dienstälteste Schmalspurbahn Deutschlands von Freital-Hainsberg nach Kurort Kipsdorf und 1890 die Müglitztalbahn gebaut wurden.
Zur Weihnachtszeit dominieren im Erzgebirge oft überlebensgroße Schwibbögen, Pyramiden, Weihnachtsengel und Nussknacker auf allen Plätzen und vor öffentlichen Gebäuden. Tradition und Brauchtum werden im Erzgebirge groß geschrieben; man denke hierbei an die altehrwürdigen Bergaufzüge in Marienberg, Pobershau, Freiberg, Seiffen und anderswo. Die soziale Haltung der Knappen, ihr Zusammengehörigkeitsgefühl prägten selbstverständlich auch die vielseitig kulturellen Traditionen; das bergmännische Brauchtum ist über Jahrhunderte hinweg weitervermittelt worden. Bei kargem Lohn und ständiger Not schlossen sich die Bergleute noch fester zusammen. Seit 1635 besteht die Bergbruderschaft in Jöhstadt … und das ist kein Einzelfall. Breiten Raum nahm das bergmännisch-religiöse Brauchtum ein: Schichtgebete vor Einfahrt, Bergpredigten, letzte Schicht vor Weihnachten, Grubenmettenschichten; letztlich ging dies bis zur Ausgestaltung der Kirchen; in Seiffen, Neustädtel und anderswo kann man es sehen und vor allem an der Bergmannskanzel (1638) im Freiberger Dom. Auch die einzelnen Stollen erhielten entweder christliche Nahmen aus den beiden Testamenten bzw. den von Schutzheiligen und weltlichen Persönlichkeiten, wie Monarchen, Fürsten, Bürgermeistern; bisweilen auch nach ihren Findern, nach Gewerken, Pflanzen oder Tieren.

Viele Wanderwege durchqueren diesen Landschaftsteil und führen zu reizvollen Ausflugszielen; es ist ein Stück Natur, das sich seine Ursprünglichkeit besonders durch die Naturschutzgebiete bewahrt hat. Hinzu kommen die Schönheiten der malerischen Flusstäler. Das Mittlere Erzgebirge ist aber auch die museenreichste Region, wo man viel in Erfahrung bringen kann. Dazu zählen eine große Anzahl von Heimat- und Klöppelstuben, Freilichtmuseen, Schaubergwerken, Technische Denkmale (Schaubergwerk Pobershau, Kupferhammer in der Saigerhütte Grünthal bei Olbernhau, Kalkwerk Lengefeld, Schloss Augustusburg, das Meißner Glockenspiel in Bärenfels, der strahlenförmige Basaltfächer am Hirtstein; mit 891 m die höchste Stelle des Mittleren Erzgebirges), »Klein-Erzgebirge« in Oederan, die Greifensteine um Frauenstein und die in dieser Region noch vorhandenen Instrumente des »Sächsischen Silbermanns«, der im romantischen Wiesental in Kleinbobritzsch bei Frauenstein am 14.1.1683 geboren wurde und die Orgelbaukunst beim »Elsässer Silbermann«, seinem älteren Bruder Andreas, erlernte. In Reinhardtsgrimma finden wir eine dieser instrumentalen Meisterleistungen (1730), ebenso in Oberbobritzsch (1716), Großhartmannsdorf (1741), Pfaffroda (1715), in Zöblitz, Nassau und Frauenstein.

Grünhainichen gilt als Zentrum der Drechsler und Schnitzer, in Zöblitz existiert eine historische Serpentindrechslerwerkstatt von 1899, in Seiffen das weltbekannte Spielzeugmuseum, in Schmiedeberg eine Barockkirche von George Bähr (1713–16), in Sayda eine gotische Wehrkirche, in der Höckendorfer Dorfkirche ein wertvoller Flügelaltar von 1515, in Dippoldiswalde das Lohgerbermuseum, auf Schloss Weesenstein ein Museum mit Tapetensammlung, in Glashütte werden seit 150 Jahren die weltberühmten Uhren hergestellt, in Tharandt existiert die anerkannte Forstakademie von 1811, in Schellerhau eine der schönsten Dorfkirchen Sachsens – diese Reihe ließe sich beliebig fortsetzen.

Weisen wir der Vollständigkeit halber auf botanische Attraktionen hin. Da ist das Zinnwalder Hochmoor »Georgenfeld«. In 870 m Höhe zeigt sich typische Hochgebirgsflora. Das Naturschutzgebiet, das sich nach Böhmen hineinzieht, ist auf deutschem Gebiet auf einem 1 200 m langen Knüppeldamm begehbar. Da gibt es ferner den Botanischen Garten in Schellerhau mit einheimischer Flora; das Naturschutzgebiet »Großhartmannsdorfer Teichlandschaft«, die Talsperre Rauschenbach bei Neuhausen mit 346 m langer, 46 m hoher Staumauer und 15 Millionen cbm Rauminhalt. Da gibt es laut König Johann »das schönste Tal Sachsens«, das Müglitztal mit seinen Burgen und Schlössern; die »Hauptstadt des Wintersports« Altenberg; die Dippoldiswalder Heide, das Naturschutzgebiet »Hofehübel« bei Bärenfels, das schöne Wandergebiet im Gimmlitztal bei Hermsdorf und Seyde, die Gebiete um die Trinkwassertalsperren Klingenberg und Lehnsmühle, das Naturschutzgebiet »Rabenauer Grund« bei Rabenau, das Quellgebiet der Freiberger Mulde und vieles mehr. Auch die verschiedenen Lehr- und Naturpfade dürfen nicht unerwähnt bleiben, wie jene im Steinmühlen- oder Zschopautal oder bei Seiffen; auch hier lernt der Wanderer die vielfältige Pflanzen- und Tierwelt des Erzgebirges kennen. Es gibt über 600 km beschilderte Wanderwege – eine Landschaft mit Ursprünglichkeit und vielen Reizen. Klar, dass nach solch opulenten Wanderungen der Hunger groß ist. Die erzgebirgische Küche ist sowohl nahrhaft als auch einfach: Klöße mit Rouladen, Sauerbraten oder Kaninchen sind Festessen, zu Weihnachten vor allem. Der Einheimische nennt Klöße kurz »Toppkließ« (Topfklöße). Sie bestehen aus rohen Kartoffeln (deswegen auch »grüne« oder »rohe« Klöße genannt); selten werden gekochte Kartoffeln beigemengt. »Ein richtiger Kloß muß so groß wie ein Kindskopf sein; hellgrau aussehen, und was die Hauptsache ist, er muß in der Schüssel zittern«, empfiehlt der »Anzeiger« anno 1898. Grüne Klöße müssen 20 Minuten in Salzwasser köcheln und »dann gleich auf den Tisch kommen und gegessen werden, denn durch das Stehen werden sie hart!« Wird der Kloßteig in der Pfanne gebacken, ergibt das »Getzen« oder »Glitscher«; unter »Bröckelklöß« versteht man gekochte Kartoffeln, die, mit Salz gewürzt, gebacken werden. Lieblingsgericht sind auch »saure Flecken« (Kaldaunen). Am Nachmittag schmeckt der mit Zucker und Zimt bestreute »Ärdäppelkuchn« – warm muss er natürlich sein. »Aschkuchn« heißt ein Rührkuchen, der in einer Schüssel (der Asch) gebacken wird.

Der Christstollen ist die absolute Krönung der Weihnachtsbäckerei. Vielfältig, abwechslungsreich und deftig; so manches Rezept ist schon als Souvenir in andere deutsche Regionen »verschleppt« und dort mit Erfolg ausprobiert worden. »Mer hab'n aah Neinerlaa gekocht, aah Wurscht un Sauerkraut« … das sagt viel über einstige Weihnachtsessen: Das »Neinerlaa« bedeutet Neunerlei an Speisen, und jede hatte ihre Bedeutung; keine darf am Weihnachtsabend fehlen, um im kommenden Jahr gesund und munter zu bleiben!

Winterlandschaft am Auersberg

Landkreis Mittelsachsen

Der Landkreis Mittelsachsen wurde zum 1. August 2008 im Zuge der Kreis- und Funktionalreform im Freistaat Sachsen aus den ehemaligen Landkreisen Döbeln, Freiberg und Mittweida gebildet.

In zentraler Lage, zwischen den Oberzentren Landeshauptstadt Dresden und Chemnitz, befindet sich der ehemalige Landkreis Freiberg, ein traditioneller Wirtschafts- und Wissenschaftsstandort im grenznahen Bereich zur Tschechischen Republik. Naturräumlich gehört er überwiegend zum Erzgebirge. Die Landschaft weist mit ihren ausgedehnten Wäldern, Höhenzügen, Flussläufen und Talsperren den typischen Charakter des Erzgebirges auf. Vom Erzgebirgsvorland bis zum Kamm des Gebirges im Süden steigt die Landschaft von ca. 200 m auf über 800 m Höhe an. Sie wird von den reizvollen Flusstälern der Flöha, Freiberger Mulde, Zschopau, Bobritzsch und Striegis durchzogen, die dem Gebiet ein unverwechselbares Gepräge verleihen. Noch erhaltene Bergbauanlagen ziehen zahlreiche Besucher an. Die »Silberstraße« führt durch den Landkreis zu jenen Orten, an denen einst dem Berg das Silber abgerungen wurde. Die wechselvolle Geschichte zeigt sich hier mit zahlreichen historischen Bauwerken. Der Besucher findet Burgen, Schlösser, Kirchen, Brücken und guterhaltene technische Anlagen.

Als »Tor zum Erzgebirge« zeichnet sich Freiberg über Jahrhunderte durch eine blühende Montanindustrie aus. Der reiche Silberbergbau machte die Gegend im 15. Jahrhundert zum wirtschaftlichen Zentrum der Markgrafschaft Meißen. Freiberg war die größte und wohlhabendste Stadt des sächsisch-meißnischen Territoriums.

Der Wirtschafts- und Wissenschaftsstandort Freiberg verfügt über eine mehrere Jahrhunderte zurückreichende Tradition und ist von beachtlicher Branchenvielfalt geprägt. Dabei sind die Metallerzeugung, die Metallbearbeitung sowie die Herstellung von Metallerzeugnissen führend. Weitere Branchen sind die Herstellung von Spezialpapier und Zellstofferzeugnissen, ebenso die Produktion von Verbandsstoffen und Watteerzeugnissen. Die Vielfalt ist auch durch die Herstellung von Porzellan und Baustoffen gekennzeichnet. Alle Firmen tragen zum Markenzeichen des Kreises – High-Tech-Region Dresden–Freiberg – bei.

Für die wirtschaftliche Entwicklung des Kreises war und ist die Technische Universität Bergakademie Freiberg, die älteste montanwissenschaftliche Bildungsstätte der Welt, mit einer über 240-jährigen Tradition in Lehre und Forschung, bestimmend. Durch den engen Praxisbezug und die regelmäßige Anpassung an aktuelle Forderungen der nationalen und internationalen Wirtschaft war es möglich, das Profil der Technischen Universität umzugestalten. Die Wirtschaftswissenschaften, die mit dem Umweltschutz verbundenen Naturwissenschaften und die technischen Wissenschaften wurden miteinander vernetzt. Nunmehr ist ein einmaliges und zukunftsorientiertes Lehr- und Forschungsangebot für die Technische Universität Bergakademie Freiberg kennzeichnend.

Für viele der vorgenannten Branchen sind qualifizierte Arbeitskräfte vorhanden oder sie können bei Bedarf in enger Zusammenarbeit mit Bildungseinrichtungen bis hin zur Bergakademie Freiberg qualifiziert werden. Die »weichen Standortfaktoren« werden von individuellen Wohn-, Bildungs-, Kultur- und Freizeitangeboten bestimmt.

Erwähnt werden muss die Attraktivität der Region für den Tourismus. Mit dem Schloss Augustusburg bei Flöha – Jagd- und Lustschloss des Kurfürsten August – bietet sich neben dem Dom, den Zeugen des Bergbaus sowie dem Altstadtensemble in Freiberg eine weitere Sehenswürdigkeit an. Seit dem ersten Silberfund 1168 ist in diesem Gebiet eine mit dem Erzbergbau eng verbundene Kulturlandschaft entstanden. Der deutsche Bergmannsgruß »Glück auf!« hat hier seinen Ursprung. Die Zeugnisse des jahrhundertealten Silberbergbaus sind über und unter Tage gut erhalten. Viele erschlossene technische Denkmale laden zu Exkursionen ein, interessant sind auch die historischen Hammerwerke. Weitere Sehenswürdigkeiten sind das Renaissanceschloss Frauenstein mit dem größten mittelalterlichen Burgruinenkomplex Sachsens, das Barockschloss Lichtenwalde und weitere Museen. Ergänzt wird das Angebot durch die Erholungsorte im Kammbereich des Erzgebirges. Eingebunden in die Ferienregion »Erzgebirge« und in unmittelbarer Nachbarschaft zu Dresden, Meißen und der Sächsischen Schweiz ist dieser Landkreis ein attraktives Erholungs- und Feriengebiet für Urlauber und Tagesbesucher.

Universitätsstadt Freiberg – die Stadt im Glanze des Silbers

Man nennt sie wegen ihrer langen Silbertradition die »Stadt im Glanze des Silbers« – Freiberg, die über 800-Jährige, eine der ältesten und bedeutendsten Bergstädte am Fuße des Erzgebirges; heute ein attraktiver Wirtschafts- und Wohnstandort in Sachsen. Was für Freiberg einst das Silber war, ist nun das Silizium. Längst gehört die Universitätsstadt zu den »Global Playern« der Halbleiterindustrie. Die Stadt wirbt daher heute mit dem Slogan »Vom Silber zum Silizium« für sich.

Über 800 Jahre Bergbau und Hüttenwesen haben Freiberg geprägt, der Stadt Reichtum und Wohlstand beschert: Davon und von den bergmännischen Traditionen künden zahlreiche Details, vor allem im historischen Stadtkern.

Etwa 42 000 Menschen leben in der Großen Kreisstadt Mittelsachsens. Freiberg ist mit der Bahn (Strecke Chemnitz-Dresden) oder dem Auto über die A 4 (Abfahrt Siebenlehn), B 173 und 101 zu erreichen; die nächsten Flughäfen befinden sich in Dresden–Klotzsche und Halle/Leipzig.

Die älteste Siedlung im heutigen Stadtbereich war das um 1160 gegründete Christiansdorf mit der Jakobikirche. 1168 fand man im Siedlungsgebiet silberhaltiges Erz und hatte damit eine der größten Silbererzlagerstätten Europas entdeckt. Um die Silberförderung zu beleben, gab Kaiser Barbarossa den Bergbau für jedermann frei; daraus leitete sich auch der Name der Stadt ab (Auff dem freyen berge). Wahrscheinlich in den 80er Jahren des 12. Jahrhunderts verlieh Otto »der Reiche« den verschiedenen Siedlungsteilen Stadtrecht.

1218 wird der Ortsname erstmals genannt. Freiberg entwickelte sich bereits im hohen Mittelalter zur bedeutendsten und größten Stadt der Mark Meißen. Die erste Hauptperiode des Bergbaus, die sich auf das Gebiet zwischen Mulde und Münzbach konzentrierte, ging Ende des 14. Jahrhunderts zur Neige. Die große Krise im hiesigen Revier konnte erst zu Beginn des 16. Jahrhunderts durch die Erschließung großer Vorkommen im Süden der Stadt überwunden werden, in der Mitte des 16. Jahrhunderts beginnt die Herausbildung der mittleren kursächsischen Bergverwaltung des späteren Oberbergamtes Freiberg.

Neben dem Bergbau prägte auch der Fernhandel die städtische Struktur und ließ sie zum ökonomischen Zentrum werden. Den nächsten großen Aufschwung gab es in der zweiten Hälfte des 18. Jahrhunderts mit dem Aufschluss reicher Gangfelder südlich der Stadt.

Die Bergakademie Freiberg, die älteste montanwissenschaftliche Universität der Welt, betreibt bis heute erfolgreich das, wofür sie 1765 gegründet wurde: praxisnahe Ausbildung und Forschung. Ihr klares Profil mit den vier Gebieten Geowissenschaften, Energie, Umwelt und Werkstoffe greift die aktuellen Themen einer modernen Industrienation auf. Ihre Spitzenforschung ist gefragt. So gehört die TU Bergakademie Freiberg aufgrund der Drittmitteleinnahmen pro Professor zu den zehn stärksten Forschungsuniversitäten in Deutschland.

Zu den bekanntesten Studenten der Bergakademie gehören unter anderem Friedrich Freiherr von Hardenberg (Novalis), Theodor Körner, Alexander von Humboldt und Lomonossow.

Die letzte Hauptperiode des Freiberger Bergbaus begann 1937, nachdem der Bergbau bereits 1913 eingestellt worden war und endete 1969. An keinem anderen Ort in Deutschland hat das Silber so entscheidend die wechselvolle Geschichte einer Stadt und Region geprägt wie hier. Im Gefolge des Bergbaus entwickelte sich auch die Industrie zur Verhüttung der einheimischen Erze rasant. Darüber hinaus spielte Freiberg als Verwaltungszentrum für das sächsische Berg- und Hüttenwesen eine wichtige Rolle: Hier hatten seit dem 16. Jahrhundert das Oberbergamt und das Oberhüttenamt ihren Sitz.

In Freiberg gibt es einen der schönsten Marktplätze Deutschlands; hier reihen sich etliche spätgotische und renaissancezeitliche Patrizierhäuser aneinander, und der Marktbrunnen mit dem Standbild des Stadtgründers zieht viele Blicke auf sich. Das Altstadtensemble beeindruckt durch sein geschlossenes Erscheinungsbild – und nach der Grundsanierung der letzten Jahre ist ein Schmuckstück par excellence wiedererstanden. Dazu trägt seit 2008 auch das nach seiner mehrjährigen, kompletten Sanierung wiedereröffnete Schloss Freudenstein bei.

Obwohl rund 800 Jahre alt, gehört es zu den modernsten Gebäuden Freibergs. Der vierflüglige Bau im Herzen der Altstadt stammt aus dem 16. Jahrhundert, die Vorgängerburg hatte Markgraf Otto der Reiche bereits um 1171/75 am Ort des heutigen Schlosses zum Schutz der sich entwickelnden Stadt und des Silberbergbaus anle-

Die Goldene Pforte – ein spätromanisches, um 1230 geschaffenes Rundbogen-Sandsteinportal an der Südseite des Domes.

Wurde nach seiner kompletten Sanierung 2008 wieder eröffnet: das Schloss Freudenstein, Heimstatt zweier Sammlungen von Weltruf.

gen lassen. Um 1800 war Freudenstein als Speicher umgebaut, im vergangenen Jahrhundert verfiel es mehr und mehr. Doch nun beheimatet es zwei Sammlungen von Weltruf: das Bergarchiv Freiberg des Sächsischen Staatsarchivs – ein einmaliges Zentrum der Montangeschichte, das historisches Kulturgut aus sechs Jahrhunderten sächsischer Bergbaugeschichte umfasst, und die weltgrößte Mineraliensammlung terra mineralia der TU Bergakademie mit mehr als 5 000 Mineralen, Edelsteinen und Meteoriten von fünf Kontinenten.
In der Altstadt sind insgesamt etwa 520 Denkmale rund um den Ober- und Untermarkt zu finden. Hier kann man Studien treiben, Wissen über Historisches tanken, Ruhe genießen, aber auch Shoppen gehen – in kleinen, exklusiven Geschäften, aber auch im neuen Kaufhaus (Eröffnung 2009). Urige Gaststätten laden aller Orten zum erfolgreichen »Bekämpfen« von jedwedem Hunger und Durst ein.
Unbedingtes Muss bei einem Stadtrundgang ist der Dom St. Marien. Die »Goldene Pforte« (um 1230) gilt als ältestes vollständig erhaltenes Statuenportal Deutschlands. Ursprünglich wurde das Gotteshaus als romanische Basilika geschaffen; nach dem großen Stadtbrand von 1484 feierte es eine noch prächtigere Wiederauferstehung als bedeutende spätgotische Hallenkirche des obersächsischen Raumes. Die berühmte Tulpenkanzel, sie wurde um 1505 von einem Künstler gestaltet, von dem nur die Initialen bekannt sind (H. W.) und die kurfürstliche Begräbniskapelle im Stile des Manierismus gestaltet durch den Italiener Nosseni – allesamt Kunstwerke von hohem europäischen Rang. Im Gewölbe des Gotteshauses ist die Ankündigung des Jüngsten Gerichts dargestellt. Stuckplastik, verbunden mit Malerei, erzeugt eine einzigartige illusionistische Wirkung. Zu den Nebengebäuden des Doms gehören die zweischiffige spätgotische Annenkapelle und die Begräbniskapelle der Familie von Schönberg mit Stuckaturen von 1671/72.
Doch was wäre der schönste Dom ohne seine »Königin«? Die Freiberger »Königin der Instrumente« ist die große Silbermannorgel aus der Werkstatt des bedeutendsten sächsischen Orgelbaumeisters Gottfried Silbermann. Er schuf dieses barocke Instrument zwischen 1710 und 1714.

Einer der Hauptplätze Freibergs: der Untermarkt mit Dom sowie Stadt- und Bergbaumuseum.

Ihm zu Ehren werden die »Gottfried-Silbermann-Tage« mit den zweijährlich stattfindenden Internationalen Gottfried-Silbermann-Wettbewerben veranstaltet, die neben einem reichen Konzertangebot auch Kolloquien zum Schaffen dieses Orgelbaumeisters und zu Fragen des Orgelbaus überhaupt beinhalten.
In Freiberg befindet sich auch das älteste Stadttheater der Welt, wegen seiner Innenarchitektur auch gerne »Kleine Semperoper« genannt, erbaut 1623 und seit 1792 in städtischem Besitz. 1800 wurde hier die Oper eines damals 14-Jährigen uraufgeführt: sie hieß »Das stumme Waldmädchen«, er Carl Maria von Weber.
Das wirtschaftliche Profil Freibergs wird zum einen von Forschung und Lehre bestimmt, zum anderen haben sich in der Nähe der TU Bergakademie innovativ tätige Firmen angesiedelt, die vor allem im Umweltbereich arbeiten.
Besondere Aufmerksamkeit erregt Freiberg durch innovative Entwicklungen im Bereich der regenerativen Energien. Hier werden immer neue Verfahren der umweltschonenden Energiegewinnung auf Basis natürlicher Ressourcen hervorgebracht. So demonstrieren Freiberger Technologien, wie durch Vergasen von Kohle, Biomasse oder Rest- und Abfallstoffen umweltverträglich Strom, Wärme oder Kraftstoffe erzeugt werden. Der Wirtschaftsstandort Freiberg gilt längst als Solarhauptstadt Ostdeutschlands und ist einer der globalen Leuchttürme der Halbleiterindustrie. Mehr als ein halbes Jahrhundert Fachkompetenz für Elektronikwerkstoffe legten ein sicheres Fundament, um den aus der modernen Kommunikation entstehenden stetig steigenden Bedarf der Mikroelektronik abzudecken.
Freiberg gehört zu den führenden Herstellern von Reinst-Silizium. Dieses ist ebenso Ausgangsstoff für die Herstellung von Solarzellen und -modulen, die ebenfalls in Freiberg produziert werden: Siliziumwafer aus Freiberg sind der Grundstock für die Photovoltaik weltweit.
Freiberg, eine alte, aber jung gebliebene Stadt: weltoffen, liebens- und lebenswert. Sie beherbergt Wirtschaft und Wissenschaft, Traditionen und Kultur; sie ist quicklebendig.

Schloss Reinsberg

Gemeinde Reinsberg

Die Gemeinde besteht aus den Ortsteilen Bieberstein, Burkersdorf, Gotthelffriedrichsgrund, Dittmannsdorf, Drehfeld, Hirschfeld, Neukirchen, Reinsberg und Steinbach und liegt zwischen den Tälern von Triebisch, Mulde und Bobritzsch; 2007 wurde Reinsberg 810 Jahre alt. Mit seiner großen Flur reicht es an die Stadtgebiete von Nossen und Siebenlehn sowie an die Nachbargemeinden Großschirma, Halsbrücke und Niederschöna. Wer hierher kommt, ist überrascht von der Romantik reizender Flusslandschaften der Freiberger Mulde, der Bobritzsch und des Triebischtales. Die Höhe des Gemeindegebietes liegt bei 280 m ü.NN; hier leben etwa 3 400 Menschen. Die Ortsteile sind um die Mitte des 12. Jahrhunderts in Verbindung mit dem Auffinden von Silbererzen um Freiberg und der Gründung des Klosters Altzella entstanden. Reinsberg war 1197 Sitz eines ritterlichen Herrengeschlechts; die Burgen Reinsberg und Bieberstein erinnern an ehemals herrschaftliche Zeiten. Meist sind es Reihendörfer mit Waldhufen, in denen fränkische Vierseithöfe stehen. Reinsberg liegt im nördlichen Erzgebirgsvorland; 1197 wurde ein Reinhart von Reglinsberg als Namensgeber genannt. Der Ort ist von der Burg her organisch gewachsen: deshalb findet man in unmittelbarer Nähe wichtige Gebäude wie Pfarrhaus, Kirche, Rittergut, Gasthof und Schule. Das Schloss steht auf einer Anhöhe oberhalb der Bobritzsch.

Auf einer Länge von 5 km zieht sich *Neukirchen* von der Tannenberger-Rothschönberger Flur wie eine S-Windung von 294 bis 364 m hinauf bis an die Fluren von Oberdittmannsdorf; von hier aus bietet sich ein perfekter Panoramablick ins Land. In der Kirche zu Neukirchen wurde 1455 der Prinzenräuber Ritter Kunz von Kaufungen bestattet. Ein Hans von Ensenach soll das Reihendorf mit Waldhufen, Steinbach, um 1462 gegründet haben. Eine besondere Attraktion ist »Kriegers Mühle«, die früher zuverlässig ihren Dienst versah. Im 80-Seelen-Dorf ist in idyllischer Lage Ruhe und Entspannung angesagt. Hirschfeld wurde 1158 erstmals erwähnt. Am 29. Januar 1499 wurde hier die spätere Ehefrau Martin Luthers, Katharina von Bora, geboren.

Ortseingang von Frankenstein

Frankenstein mit seinen Ortsteilen Hartha, Memmendorf und Wingendorf

Vor 825 Jahren (1185) wurde Frankenstein als angrenzender Ort zum Besitz des Klosters Altzella ernannt. Es gab bereits eine Kirche, wie aus einer Urkunde vom 1. Oktober 1206 des Bischofs Dietrich II. von Meißen hervorgeht. Seit etwa 1500 wurde das Gebiet um Frankenstein von Bergleuten nach silberreichen Erzen untersucht. Der Bergbau wurde dann mit Unterbrechungen von 1580 bis 1840 betrieben. 1897 wurde auch der Kalkabbau im Frankensteiner Raum beendet. 1632 brannte die Kirche durch Kriegswirkung des Dreißigjährigen Krieges ab. 1751 während des Umbaus der Kirche verhandelt die Kirchgemeinde mit Gottfried Silbermann, der am 18. Juli 1749 verspricht, für 300 Taler eine Orgel herzustellen. Sein Universalerbe Daniel Silbermann vollendet 1752 mit dem Einbau der Orgel sein Versprechen.

Am 1. März 1869 erfolgte die feierliche Inbetriebnahme der Eisenbahnstrecke Freiberg–Flöha, damit erhält Frankenstein einen Bahnhof. Seit 1539 war der Kirchendiener zugleich Lehrer und unterrichtete die Schüler ein Mal wöchentlich. 1835 wurde die Trennung von Schule und Kirche in Sachsen eingeleitet, doch das Niveau der Bildungsvermittlung verbesserte sich nur schleppend. 1888 erfolgte in Frankenstein ein Schulneubau auf dem Standort der alten Schule.

Die erste »uniformierte Pflichtfeuerwehr« gründet sich 1890 und war 33 Mitglieder stark. 1912 erhält Frankenstein »elektrisches« Licht. Die Eingemeindung von Hartha und Wingendorf nach Frankenstein erfolgte 1974. 1994 wird auch Memmendorf nach Frankenstein eingemeindet.

Seit der politischen Wende hat sich auch in Frankenstein mit seinen Ortsteilen Hartha, Memmendorf und Wingendorf ein Wandel von Bauerndörfern zu Wohnorten mit ländlichem Charakter vollzogen. Aber, ob als hier Geborener oder Zugereister – für alle hier lebenden Menschen ist Frankenstein die Heimat, für die es gilt, das Erreichte zu wahren und mit Umsicht zu mehren.

Blick über die Stadt Flöha zur benachbarten Augustusburg

Flöha – eine Stadt mit guter Perspektive

Die Stadt Flöha liegt in der besonders reizvollen Auenlandschaft der beiden Flüsse Flöha und Zschopau. Vor der imposanten Kulisse des sanft ansteigenden Erzgebirges und mit dem Blick auf das traditionsreiche Schloss Augustusburg bietet die Stadt eine besonders attraktive Wohnlage.

Viele junge Familien haben sich in den letzten Jahren hier niedergelassen. Für Flöha sprechen aber auch andere gute Aussichten. Ob per Bahn, Bus oder auf der Straße, eine besonders günstige Verkehrsinfrastruktur führt schnell in die beliebten Regionen des Erzgebirges, in die Landeshauptstadt Dresden oder nach Chemnitz, Freiberg und andere zahlreiche Ausflugsziele.

Bemerkenswert für die Stadt Flöha ist ein über dem Bundesdurchschnitt liegendes Bildungsangebot. Angefangen von ausreichenden Plätzen in Kindertagesstätten, einer großzügigen Grundschule, einer Mittelschule mit Ganztagsangebot und sportlichem Profil bis hin zu einem beruflichen Bildungszentrum und einem Gymnasium, das seinerzeit den Bundesarchitekturpreis gewann, können die Kinder hier bis zur Hochschulreife in einem Ort lernen. Hinzu kommen Förderschuleinrichtungen, eine moderne Musikschule und eine neu errichtete Stadtbibliothek mit über 52 000 Medieneinheiten im Bestand. Im Freizeitbereich bieten über 40 Vereine sportliche, kulturelle und soziale Angebote an. Vor allem auf sportlichem Gebiet ist Flöha in der Region führend. Zwei Stadien, mehrere Turnhallen und eine Multisportanlage bieten ausgezeichnete Bedingungen. Das ehrgeizigste Vorhaben in Flöha ist die Umgestaltung des ehemaligen Industriegeländes der alten Baumwollspinnerei zu einem städtischen Zentrum. Mit der feierlichen Einweihung des »Wasserbaus« wurde auch hier der Weg für dieses Vorhaben geebnet. In diesem denkmalgeschützten Gebäude haben Vereine, die Bibliothek und die sogenannte Kreditfabrik der Kreissparkasse ihr neues Domizil gefunden. Gleichzeitig entstand hier auch ein Stadtsaal, der für zahlreiche Veranstaltungen genutzt wird.

Der sanierte Wasserbau der ehemaligen Baumwollspinnerei ist jetzt Vereins- und Kulturzentrum der Stadt Flöha.

Flöha – vom Bauerndorf zur Industriestadt

Günstige Bedingungen, wie die fruchtbare Auenlandschaft der Flüsse Flöha und Zschopau, die waldreichen Jagdgründe und günstige klimatische Bedingungen, bewogen die damaligen Siedler, hier sesshaft zu werden. Als Kirch- und später Amtsdorf nahm Flöha frühzeitig eine herausgehobene Stellung ein. Schon von Beginn an waren es die beiden Flüsse, die die Geschichte des Ortes bestimmten; bereits im 16. Jh. war die Flößerei eine wichtige Wirtschaftskraft. Die erstmalige urkundliche Erwähnung findet man in der Matrikel Meißens »Matricula jurisdictionis episcopatur Misnensis« anno 1346 unter der Bezeichnung »flew« bzw. »flöhe«.

Zu Beginn des Industriezeitalters im 19. Jh. verlor Flöha den ländlichen Charakter: Mit der Gründung der ersten Baumwollspinnerei 1809 im heutigen Ortsteil Plaue und weiterer Gründungen in Flöha und Gückelsberg vollzog sich innerhalb einer Generation ein dramatischer Umbruch; Eisenbahnverbindungen entstanden, Straßen wurden angelegt, Wohnungen für Arbeitskräfte gebaut. Weitere Betriebe, wie die Buntpapierfabrik, Dampfkesselbau und eine Tüllfabrik, folgten. Mit der Einrichtung einer Amtshauptmannschaft 1874 erhielt die Gemeinde Flöha auch zunehmend eine politische Bedeutung. Bis 1989 behielt die Stadt ihre Rolle als Kreisstadt und Zentrum der Baumwoll- und Textilindustrie. Nach 1989 waren mit der politischen Wende fast alle größeren Betriebe wegen ihrer fehlenden Wettbewerbsfähigkeit nicht mehr lebensfähig. Daraus resultierte eine enorme Herausforderung, die Lebensfähigkeit der kommunalen Strukturen zu erhalten. Viel wurde bisher getan, damit Wirtschaft und Gewerbe wieder gute Bedingungen finden. Auch für die kommenden Jahrzehnte werden große Anstrengungen nötig sein, um den begonnenen Umstrukturierungsprozess fortzuführen. Heute ist Flöha eine Kleinstadt nahe Chemnitz und drittgrößte Stadt des Landkreises Mittelsachsen. Die günstige Infrastruktur wie die ausgezeichnete Verkehrslage in einer attraktiven Wohngegend und ein bemerkenswert vielschichtiges Schulsystem sind wichtiger Eckpunkt für die weitere Entwicklung der Stadt.

Blick zum Schloss Augustusburg und der Stadtkirche St. Petri

Stadt Augustusburg

»Wer ohne Hast diese Region erkundet, den Charme der stillen Winkel und wildromantischen Flusstäler auf sich wirken lässt, aufmerksam die reiche Tier- und Pflanzenwelt beobachtet, der wird diesen Landstrich lieben lernen.« So steht es in einem kleinen Prospekt über das Augustusburger Land und dem ist nichts hinzuzufügen. Idyllische Landschaft und bedeutende historische Tradition gehen hier eine intime Beziehung ein. Und weiter: »Ein Schloss prägt die Region seit Jahrhunderten – die Augustusburg, Krone des Erzgebirges; wer sie nicht besucht hat, hat uns nicht kennengelernt«. Auch das ist keineswegs übertrieben, denn das mächtige Schloss überragt alles und setzt dem Landstrich wahrlich die sächsische Krone auf. Von 1568–72 ließ es der sächsische Kurfürst August errichten. Der Platz war wohl gewählt: Weithin sichtbar erhob sich das neue Jagd- und Lustschloss auf einem 516 m hohen Quarzporphyrkegel über dem Zschopautal. Auch nach über 400 Jahren hat dieses monumentale Bauwerk nichts von seiner Ausstrahlung eingebüßt.

Wer tiefer in die Geschichte des Schlosses eindringen möchte, kann sich die nötigen Kenntnisse bei einer Führung holen: Ehemalige kurfürstliche Gemächer können ebenso besichtigt werden wie die architektonisch sehenswerte Schlosskirche mit dem Altarbild von Lucas Cranach d.J. Das Brunnenhaus überwältigt durch das meisterhaft gefertigte Göpelwerk und den 130,6 m tiefen Schlossbrunnen. Auf zwei Etagen des Küchenhauses wird die Geschichte des Motorrades anhand von 170 Zweirädern eindrucksvoll gezeigt; die Sammlung zählt zu den anspruchsvollsten und umfassendsten in Europa. Die Ausstellung zur Jagd- und Schlossgeschichte befindet sich im Hasenhaus; Jagdwaffen aus der schlosseigenen Sammlung werden ebenfalls präsentiert. Im Stallgebäude befindet sich das Kutschenmuseum: Der Besucher erhält einen Eindruck vom beschwerlichen Reisen anno dazumal sowie von hochherrschaftlichen Karossen der sächsischen Kurfürsten und Könige. Weitere Höhepunkte bilden Adler- und Falkenhof, Aussichtsturm und Schlosskerker. Selbst heiraten kann man hier. In

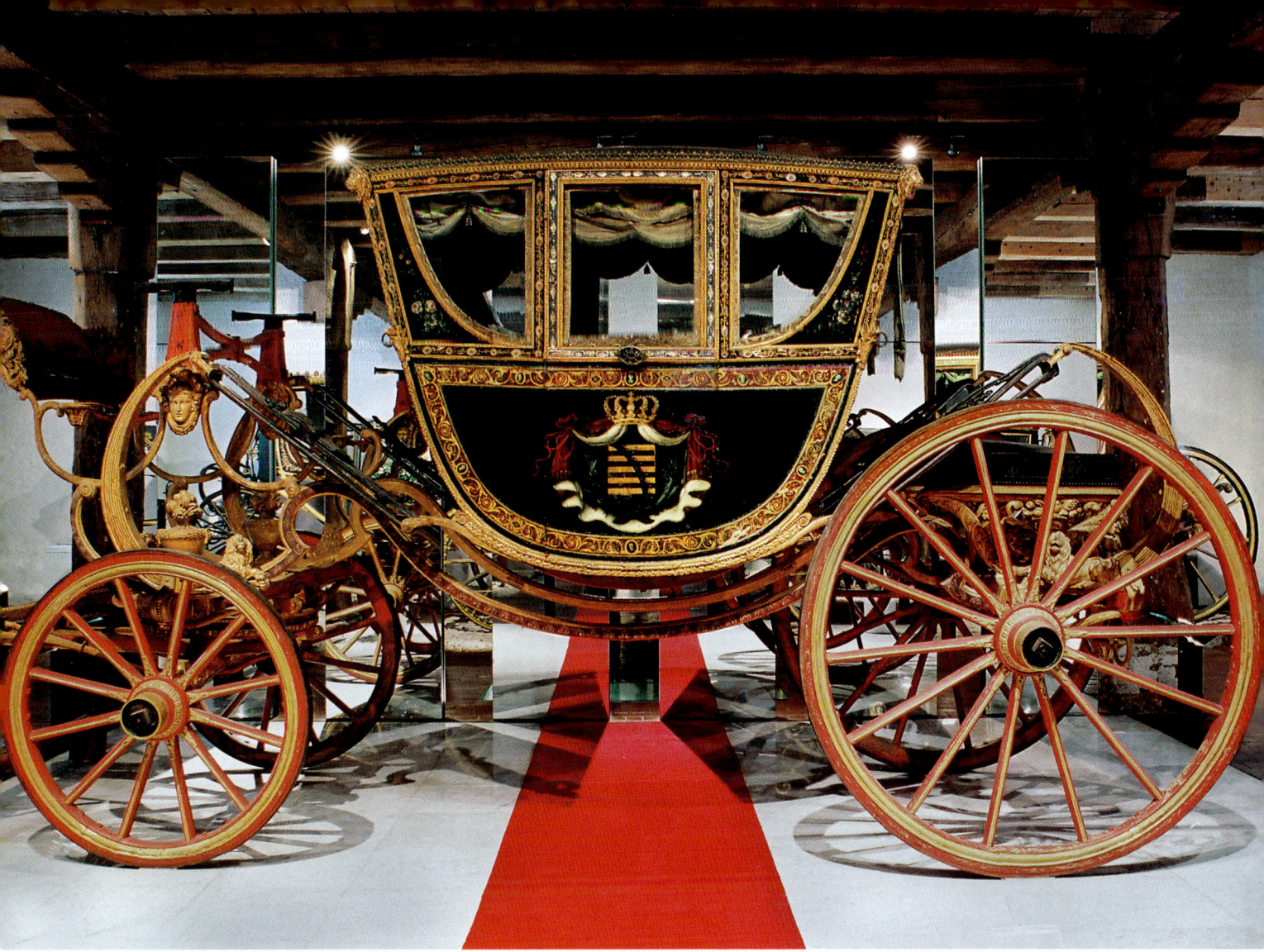

Staatsberline um 1790 im Kutschenmuseum des Schlosses Augustusburg

den Wäldern und entlang der Flüsse Zschopau und Flöha, trifft man überall auf Geschichte und Natur. Die reizvolle Landschaft rund um den über 500 m hohen Schellenberg und die Stadt Augustusburg mit ihren fünf Ortsteilen sind mehr als nur einen Besuch wert. Wer hier Besuch macht, sollte das liebevoll restaurierte Stadtzentrum mit den vielen historischen Gebäuden erkunden. Eines der ältesten ist der »Lotterhof«, das ehemalige Wohnhaus des Hieronymus Lotter, Baumeister des Schlosses. Mit dem nach alten Vorlagen rekonstruierten Springbrunnen erhielt der »Kurplatz« im Villenviertel seine ursprüngliche Atmosphäre zurück; der an den Park grenzende Wald lockt zu ausgedehnten Wanderungen. Das weitläufige Landschaftsschutzgebiet »Augustusburg-Sternmühlental« bietet für alle Geschmäcker etwas; immer locken Aussichtspunkte und Rastplätze. Wer offenen Auges durch die Region wandert, der wird auf viele Fachwerkhäuser und traditionelle Dreiseithöfe stoßen, die unbedingt hierher gehören. Mit Zschopautal-, Flöhatalradweg und Sächsischer Städteroute kreuzen gleich drei überregionale Radwanderwege die Region. Wer fliegen möchte, kann sich beim Ultraleicht- und Gleitschirmfliegen das Ganze von oben anschauen; wer`s ein wenig erdverbundener möchte, mag sein Glück auf dem Rücken der Pferde suchen. Ski-, Snowboard- und Schlittenfahrer erwartet auf »Rost's Wiesen« ein abwechslungsreiches Angebot: Sommerrodelbahn, Sonnenterrasse, Golfplatz und winters der Skihang mit drei Lift's und 400 m Abfahrt unter Flutlicht. Weitere Höhepunkte bieten der steilste Marktplatz Sachsens; der Kunnerstein – ein hoch über dem Zschopautal gelegener Aussichtsfelsen; der 43 m hohe Hetzdorfer Viadukt über die Flöha; die überdachte Holzbrücke in Hennersdorf und die vielen Volksfeste, die rund ums Jahr stattfinden. Zur Anreise nutzte man unbedingt die Lady; sie ist zwar schon 98 Jahre alt, aber immer noch topfit, weil sie ständige Verjüngungskuren bestens überstanden hat: Gemeint ist die 1911 in Betrieb genommene Drahtseilbahn Erdmannsdorf–Augustusburg.

Oederaner Markt mit Rathaus und web-MUSEUM OEDERAN

Stadt Oederan

Eingebettet in eine wunderschöne Berglandschaft, liegt Oederan am Tor zum Erzgebirge. Die sympathische Ausstrahlung der Stadt wird vor allem bestimmt durch die bezaubernde Atmosphäre der Altstadt, deren Grundriss aus dem 13. und 14. Jahrhundert noch heute zu erkennen ist. Aufatmen, einatmen, durchatmen in frischer reiner Bergluft – das gibt es hier in großem Umfang und gänzlich kostenlos; außerdem ist Oederan eine durchweg liebenswerte Stadt, in der man gerne verweilt.

Der Historie nach geht die Stadtgründung auf einen Kaufmann Ranius aus dem Frankenland zurück, der hier im Wolfstal von den Raubrittern der Schellenburg erschlagen wurde. Seine Witwe Edda ließ ihrem ermordeten Gatten einen Grabstein setzen, auf dem ihr Name stand: »Edda Ranio«, worauf im Laufe der Zeit der heutige Ortsname entstand. Erstmals urkundlich erwähnt wurde der Ort 1227; somit feierte man 2002 das 775-jährige Bestehen. Im 9./10. Jahrhundert siedelten slawische Stämme in der Gegend; im 12. Jahrhundert kamen fränkische Siedler hierher: Die günstige Lage an zwei sich kreuzenden Handelsstraßen – dem alten Böhmischen Steig und der Frankenstraße – förderten diesen Prozess; die heute noch erhaltene Altstadtanlage, Altmarkt mit Kirche und Markt mit Rathaus, ist Zeugnis dafür. Es ist auch anzunehmen, dass Oederan ursprünglich ein Waldhufendorf war und sich recht schnell zu einer dörflichen Marktsiedlung und Anfang des 13. Jahrhunderts zur Stadt entwickelte.

Klar ist auch, dass diese typisch mittelsächsische Kleinstadt eine sehr wechselvolle Geschichte durchlebt hat: Reichhaltige Silberfunde verhalfen dem Ort seit 1583 zum Privileg einer Bergstadt und zu erheblichem Wohlstand. Ein baulicher Ausdruck dessen war das prächtige Rathaus, das wahrscheinlich nach Entwürfen von Hieronymus Lotter entstand. Tuchmacherei und Leineweberei beherrschten als Gewerke die Szenerie. Mit

Blick auf die Stadt Oederan mit Stadtkirche

der Industrialisierung bestimmten Ende des 19. Jahrhunderts Spinnerei und Weberei das Leben der Einwohner. Etliche Zeugnisse einstigen Lebens gibt es noch heute; beispielsweise große und reichverzierte Bürgerhäuser, Gassen mit interessanten Details; sehenswert sind auch Marktbrunnen, das Zeichern der Webermeisterinnung am ehemaligen Meisterhaus in der Engen Gasse, die liebevoll restaurierten Fachwerkhäuser am Ehrenzug, das alte Hospital, Fabrikantenvillen aus der Gründerzeit u.v.a.m.

Im Stadtpark findet man das Erzgebirge in seiner ganzen Vielfalt, Pracht und en miniature. Über 160 der schönsten und interessantesten Bauwerke in maßstabsgetreuer, teilweise auch funktionsfähiger Wiedergabe im Maßstab 1:25 sind auf 12 000 qm zu bestaunen. 1933 öffnete die Miniaturausstellung ihre Pforten und ist damit die älteste ihrer Art in Deutschland. Tausende von Besuchern finden den Weg pro Jahr nach hier und verlassen es reicher und vor allem frohgestimmt. Die Webtechnik von 1800 bis 1990 kann man im web-MUSEUM OEDERAN kennenlernen: Webereigeschichte von der Ansiedlung der Bortenwirker bis zur Entwicklung der Tuchmacherei und Leineweberei ist hier nachzuvollziehen; in der historischen Handweberei kann man sogar selbst »Hand anlegen«. Im Obergeschoss des »Hauses am Klein-Erzgebirge« bekommt man einen umfassenden Einblick in die lange Tradition der erzgebirgischen Holzschnitzkunst. Die Kirche »Zu Unserer Lieben Frauen« steht im Zentrum und stellt bereits rein äußerlich einen Blickfang dar. Der Kirchenraum dominiert durch Größe, Schlichtheit, klare Gliederung und wärmeausstrahlende Holzgestaltung. Die Geschichte reicht bis ins 13. Jahrhundert zurück. Das Kostbarste ist unbestritten die Orgel von Gottfried Silbermann: er hat das Instrument mit 24 klingenden Stimmen, 1 300 Pfeifen, zwei Manualen und Pedalen 1725–1727 erbaut.

Schloss Lichtenwalde (erbaut 1722)

Niederwiesa

Niederwiesa ist eine landschaftlich sehr schön gelegene Gemeinde im Landkreis Mittelsachsen mit einer Fläche von ca. 1 617 ha. Vor den Toren von Chemnitz gelegen, ist sie auch in nur 5 Autominuten von der E 40/BAB 4 (Anschlussstelle Chemnitz Ost) sowie über die B 173, B 169 und B 180 verkehrsgünstig zu erreichen. Die Gemeinde ist über den Bahnhof Niederwiesa in die überregionale Bahnstrecke Dresden–Zwickau und über die Regionalbahnstrecken zwischen Chemnitz und Hainichen, Neuhausen, Cranzahl/Vejprty eingebunden. Das heutige Niederwiesa, hat eine über 780 Jahre reichende geschichtliche Tradition. Für den Ort Niederwiesa wird 1216 als Entstehungsjahr angenommen, Braunsdorf wird bis etwa in das Jahr 1250 zurückgeführt, Lichtenwalde wird 1280 zum ersten Mal urkundlich erwähnt. Die Entwicklung der drei Orte wurde besonders durch die industrielle Entwicklung vorangetrieben. Davon zeugen der Bau der Mühle um 1650 und der Weberei Tannenhauer 1910 in Braunsdorf sowie der Brauereibau 1860 in Niederwiesa. Bedeutung kommt auch dem Eisenbahnbau in den Jahren 1861 – 1871 zu. Die Entwicklung von Lichtenwalde ist vor allem mit dem Bau erst von Burgen (ab 1450), später des Schlosses (1722) und seiner oft wechselnden Besitzer verbunden. Besonders touristisch gewinnt Niederwiesa an Bedeutung. So empfehlen sich die gut ausgebauten Wanderwege durch das reizvolle Zschopautal, von denen aus man interessante Sehenswürdigkeiten erreicht. Museen, gemütliche Gastwirtschaften, liebevoll rekonstruierte Fachwerkhäuser und wunderschöne Aussichtspunkte säumen die Wege. Es erwarten in Niederwiesa die 1898 im Neurenaissancestil erbaute Kirche, in Braunsdorf die historische Schauweberei Tannenhauer, in Lichtenwalde das Schloss und der sehenswerte Barockgarten mit seinen Wasserkünsten ihre Besucher. Das historische Zentrum von Lichtenwalde bietet mit seinen Konzerten, Park- und Schlossführungen, Kunstmärkten und anderen vielfältigen Veranstaltungen seinen Gästen Sehenswertes sowie Erholung und Entspannung.

Das liebevoll restaurierte »Bethaus« an der Brand-Erbisdorfer »Zugspitze«, wo ab dem 16. Jahrhundert Silbererzbergbau umging.

Große Kreisstadt Brand-Erbisdorf

Die Bergstadt Brand-Erbisdorf mit ihren Stadtteilen Gränitz, Himmelsfürst, Langenau, Linda, Oberreichenbach und Sankt Michaelis liegt direkt an der »Silberstraße« am Oberlauf der Striegis.
Siedlungsgeschichtlich hat sie zwei Keimzellen: Der in der 2. Hälfte des 12. Jahrhunderts gegründete Waldhufenort Erbisdorf und die Bergmannssiedlung Brand, die als nachträgliche Gründung 1515 zur Gemeinde erhoben wurde (1834 volles Stadtrecht). Bis Ende des 19. Jahrhunderts war neben der Landwirtschaft der Silberbergbau dominierend. 1912 wurden beide Orte vereinigt. Heute leben hier etwa 11 000 Menschen.
Halden und Huthäuser bereichern das Stadtbild und bezeugen 700 Jahre währenden Erzbergbau. Anziehungspunkte sind montanhistorische Anlagen, wie das Buttermilchtor, die Bergbauschauanlage »Bartholomäusschacht« und das Bergbau- und Heimatmuseum Huthaus »Einigkeit« mit einer Sammlung von Arbeitsgeräten und Modellen des Bergbaus aus dem 19. Jahrhundert. Schmuck anzusehen sind das 1858 erbaute und 1993 rekonstruierte Rathaus sowie das in sich geschlossene Ensemble der Bergbaugebäude an der »Zugspitze«, wo ab Jahr 1516 die »Alte Mordgrube« betrieben worden war.
Seit dem Niedergang des Montanwesens prägen Leicht- und Schwerindustrie das industrielle Profil. Mittlerweile sind 6 Gewerbegebiete von Brand-Erbisdorf für Unternehmen attraktiv.
Dennoch bietet die Stadt in Wohngebieten wie Parks viel Grün. Aktive Erholung und Entspannung findet man im nahen Wald mit dem Naturbad »Erzengler Teich«. Ein Natur- und Bergbaulehrpfad vermittelt umfangreiche Kenntnisse. Die Bildungslandschaft ist mit Grund- und Mittelschule, Förderschule und Gymnasium vielgestaltig. Für die Kinderbetreuung verdienen freie Träger viel Lob. Natürlich wird zünftig gefeiert: Zur Tradition gehören das Oldtimertreffen Mitte Juni, das Haldenfest Ende Juli und der Stollenmarkt am 2. Advent.

Rathaus mit Kirche im Ortskern der Gemeinde Weißenborn

Gemeinde Weißenborn-Berthelsdorf

Die Gemeinde liegt am Fuße des Erzgebirges und ist eine Industriegemeinde mit 2 730 Einwohnern. Das Wahrzeichen ist die Papierfabrik, wo seit 1871 produziert wird (heute wertvolle Foto- und Spezialpapiere für den Weltmarkt). Weitere Industriebetriebe haben sich seit 1990 hier angesiedelt. Zur Infrastruktur gehören 103 Gewerbetreibende, Handwerker, Handelseinrichtungen und Dienstleistungsbetriebe. Außerdem existieren neben Grundschule auch moderne Sportstätten (Kegelbahn, Handballhalle, Freibad).

Seit 1990 wurden vier Wohngebiete erschlossen und entsprechend bebaut; ebenfalls Rad- und Wanderwege. Die Gemeinde erreicht man per Auto über die A 4 (auf die B 101 weiter in Richtung Freiberg); von Freiberg kommend in Richtung Frauenstein; von Annaberg kommend in Richtung Brand-Erbisdorf, von Frauenstein aus in Richtung Freiberg. Berthelsdorf hat zwei Bahnhaltepunkte (Strecke Freiberg–Holzhau), was besonders in den Wintermonaten mit grenzübergreifendem Verkehr in die Tschechische Republik gern genutzt wird.. Mit dem Bus gelangt man mit den Linien 732 von Freiberg und 786 von Brand-Erbisdorf in das Gemeindeterritorium. Weißenborn und Berthelsdorf eignen sich hervorragend als Start- oder Endpunkte für Rad- und Wandertouren, deren es hier zahlreiche gibt. Gut ausgebaute diverse Wege führen durch verträumte Gebiete und über sehenswerte Aussichtspunkte. Da sind z.B. die idyllischen Touren von Weißenborn nach Lichtenberg (ca. 4 km), für Radfahrer geht es weiter durchs Mühlental bis nahe Frauenstein (ca. 15 km) – dort kreuzt man den Fernwanderweg Budapest–Paris; von Berthelsdorf über Weigmannsdorf nach Mulda; von Berthelsdorf nach Freiberg (mit Sicht auf alte Bergbauhalden an der Silberstraße); von Weißenborn nach Bobritzsch, einem der längsten Waldhufendörfer des Erzgebirges ... die Auswahl ist schier unerschöpflich. Bemerkenswert ist auch die Tatsache, dass bereits 1626 festangestellte Lehrer in Weißenborn unterrichteten; aus dieser Zeit stammt auch das älteste Schulgebäude der Gemeinde. Es lohnt sich also auf jeden Fall, diese zu besuchen.

Talsperre Lichtenberg – der Stausee am Burgberg – erbaut 1966–1975

Gemeinde Lichtenberg

Lichtenberg mit seinen Ortsteilen Weigmannsdorf und Müdisdorf ist eine lebendige Gemeinde, die sich in den letzten Jahren zielstrebig zu einem beliebten Wohnort entwickelt hat. Ein vielfältiges Vereinswesen pflegt alte Bräuche und dörfliche Tugenden akribisch. Umgeben von opulenten Waldgebieten, Wiesen und Feldern, durchzogen von etlichen Wasserläufen und ihrer Talsperre, bietet Lichtenberg den Bürgern und Gästen viele Erholungsmöglichkeiten und naturverbundene Lebensqualität.

Lichtenberg und seine Ortsteile sind zwischen 1150 und 1220 durch fränkische Bauern als Waldhufendörfer entstanden: Sie siedelten sich im Zuge der mittelalterlichen Landnahme im Miriquidiwald an. Nachdem verschiedene Lehnsherren die Dörfer ihr Eigen nannten, wurden 1444 Müdisdorf, 1506 Oberlichtenberg und 1519 Niederlichtenberg Ratsdörfer von Freiberg. Vom Lichtenberger Bergbau zeugt der 1787 wieder aufgewältigte »Trau-auf-Gott-Erbstolln«. Heute sind 261 m als Besucherbergwerk befahrbar. Das jetzige Dorf und die Region um Lichtenberg sind durch die 1966–1975 erbaute und 14,45 Mio. Kubikmeter Wasser fassende Talsperre geprägt.

Weigmannsdorf hatte um 1500 bereits eine 3-gängige Mühle, die Geburtsstätte von zwei berühmten Männern war. George und Paul Heermann (Onkel und Neffe) wirkten als sächsische Hofbildhauer. Paul galt sogar als kongenialer Mitarbeiter von Balthasar Permoser. Heute werden in der denkmalgeschützten Mühle Brotbackschüsseln und Taubennistschalen hergestellt. Auch in Weigmannsdorf geboren und aufgewachsen ist der heute nahezu unbekannte Konzertpianist Johannes Strauß (1899–1941), der als Deutschlands bester Chopin-Interpret galt. Bereits um 1500 ertönte in Mudigistorff (seit 1760 Müdisdorf) das »Berggeschrey«. Der »St. Georgen-Schacht« war durch seinen »rauch- und grünlich-grauen Hornstein« weit bekannt. Noch heute führen die zwischen 1558 und 1568 erbauten Kunstgräben und Röschen Wasser für den ehem. Freiberger Silberbergbau.

Blick auf Mulda

Gemeinde Mulda

Sicher ist, dass Mulda (mit den Ortsteilen Zethau und Helbigsdorf) eines der ältesten Frauensteiner Amtsdörfer war. Erstmals erwähnt wird der Ort 1333, in der Urkunde wird ein Engelbrecht von der Mulda genannt. 1419 taucht Mulda als »Moldaw« im Lehnsbrief des Meißner Burggrafen auf; in dem er die Gerichtsbarkeit über den Ort erhält. Kriege und Epidemien haben um Mulda keinen Bogen gemacht. 1794 lebten 505 Menschen im Ort; um 1820 waren es etwa 750; ein Zeichen für einen gewissen Aufschwung und Stabilität. Erwähnt werden u.a. drei Mühlen, die hier nicht nur munter klapperten. Im 19. Jahrhundert erlebt Mulda einen wirtschaftlichen Aufschwung und wird Industrieort. Besonders die Muldentalbahn (1875–1884) und die Kleinbahn nach Sayda (1897) forcierten die wirtschaftliche Entwicklung.

Randeck gehört seit 1935 zu Mulda; vordem war es ein selbständiges Dorf, das im Laufe der Jahrhunderte mehrfach seine Besitzer wechselte. Ein Chronist anfangs des 19. Jahrhunderts berichtet von »Flachsanbau und Viehzucht, sonst aber von der Verfertigung von Schlitten, Bänken und anderen Holtzgeräthen«, die die Menschen hier ernährten. Helbigsdorf wurde 1324 ersterwähnt und war ein Waldhufendorf; Zethau war höchstwahrscheinlich eine slawische Gründung. Wie viele andere Dörfer der Region wechselten die Besitzer der Dörfer oftmals, wie auch Kriege und Besatzungen große Beschwernis hervorriefen.

Handwerk und Gewerbe haben in der Region eine große Tradition. Auch Bergbau wurde betrieben, aber die Ausbeute war minimal. Mühlen gab es ebenfalls, die Ölmühle war die bekannteste; sie erhielt ihr Wasser aus einem noch existierenden Teich. Später wurden aus Mühlen Sägewerke, aus Handwerksbetrieben meist Holz verarbeitende Fabriken. Heute werden die Handwerkstraditionen fortgeführt; dazu gehören u.a. Baunebengewerbe, Schlosser, Schmiede, Sitzmöbelproduzenten, Elektro-, Mechaniker- und Kfz-Reparaturfirmen. Manche Traditionsbetriebe können auch besichtigt werden – es lohnt sich also, in Mulda mal vorbeizuschauen.

Vor dem Verfall gerettet – Das Mayoratsgut in Großhartmannsdorf steht nun als kulturelle Begegnungsstätte mit Museum, Festsaal, Trauzimmer und Gastronomie zur Verfügung.

Gemeinde Großhartmannsdorf

Am Fuße des Erzgebirges, unweit der Trinkwassertalsperre »Saidenbach«, im Städtedreieck Freiberg, Flöha und Olbernhau, liegt die Gemeinde Großhartmannsdorf. Sie besteht aus den Orten Großhartmannsdorf, Obersaida, Mittelsaida und Niedersaida. In der Gemeinde leben derzeit ca. 2 800 Einwohner. Die Gesamtfläche beträgt rd. 3 243 ha. Eine der markanten Erhebungen im Gemeindegebiet ist der »Saidenberg« mit einer Höhe von 701 m über NN. Die Besiedlung der Gegend erfolgte vor ca. 800 Jahren an der alten »Salzstraße«. Auf dieser Straße wurde das in Halle gewonnene Salz nach Böhmen transportiert. Eine weitere alte Verkehrsverbindung der Region wird als »Silberstraße« bezeichnet, auf welcher das im 15 km entfernten Freiberg geförderte Silber transportiert wurde. Noch heute existiert und funktioniert das sehenswerte Kunstgraben- und Teichsystem, welches als technische Meisterleistung bereits im Mittelalter für die Betreibung der Freiberger Silberbergwerke angelegt wurde. Als infrastrukturelle »Lebensader« durchquert heute die B 101 in Nord-Süd-Richtung (Freiberg/Annaberg) das Zentrum des Gemeindegebietes. Die Ost-West-Verbindung in Richtung Sayda/Chemnitz bildet die Staatsstraße 207. Für Besucher besonders interessant sind die beiden Kirchen. In der Großhartmannsdorfer Barockkirche kann eine der noch erhaltenen »Silbermann-Orgeln« optisch und akustisch erlebt werden. Die Kirche in Mittelsaida ist eine der fünf erzgebirgischen Wehrkirchen, welche die Jahrhunderte überdauerten. Ein Wehrgang ist noch am Gebäude vorhanden und größtenteils auch erkennbar. Weitere sehenswerte Bauwerke sind das liebevoll sanierte Mayoratsgut mit Museum und das technische Denkmal »Obermühle« in Großhartmannsdorf. Wanderfreunde haben die Möglichkeit, alle Ortsteile der Gemeinde auf dem markierten Wanderweg »Rund um die Lichte« kennen zu lernen. Ein Naturschutzgebiet, viel Wald und ein Naturbad bereichern ebenfalls das Territorium. Von der Gemeinde Großhartmannsdorf aus sind nahezu alle schönen Ausflugsziele Sachsens und Tschechiens in kurzer Zeit erreichbar.

Historischer Eisenhammer zu Dorfchemnitz

Dorfchemnitz bei Sayda – Vorsicht, Blitzgefahr!

Die Gemeinde mit dem Ortsteil Voigtsdorf liegt am Chemnitzbach mit 2 000 Einwohnern. Die erste Urkunde von 1324 benennt die Brüder von Otten Kemnitz als Lehen. 1365 wird in einem Lehnsbrief eine Familie von Hartitzsch genannt – sie wird hier 500 Jahre bleiben.

Einen Aufschwung erfuhr der Ort durch den Bau des Eisenhammers 1567; erst 1931 wurde er stillgelegt und 1969 als technisches Denkmal gestaltet. Interessant wird es heute, wenn sich das große Wasserrad mit seinen 36 Schaufeln und 3,5 m Durchmesser in Bewegung setzt, um beide Eisenhämmer anzuheben, die dann 60- bis 100mal pro Minute auf den Amboss schlagen. Seit Juli 1972 wird das »Hammerfest« gefeiert und der »Hammermeister« ermittelt.

Sehenswürdigkeiten sind die Kirche, das Pfarrhaus, das Torbogengut, zwei Wegesäulen und die Chemnitzbachbrücke.

Auch die Botaniker finden Interessantes: Breitblättriges Knabenkraut mit purpurnen Blüten (Flächendenkmal von 1,6 ha), Sumpfläusekraut, Schmalblättriges Wollgras, rot- und weißblühender Lerchensporn, Schlüsselblumen, Schneeglöckchen, Weißtanne und Feldulme.

Der Ortsteil Voigtsdorf hat ebenfalls eine reiche historische Tradition. Diese hatte im Dreißigjährigen Krieg (12) die niedrigste und 1880 die höchste (1 279) Einwohnerzahl; musste 1813 gleichzeitig 17 000 französische Soldaten versorgen, überstand Kriege und Seuchen … trotzdem blieb es hier gefährlich.

Fast jedes Jahr fielen durch Blitzschläge Gebäude den Flammen zum Opfer. Der Kirchenbrand 1863 war der Schlimmste – ein Stück einer Glocke blieb unversehrt; es enthielt das Bildnis Luthers und die Anfangsworte seines Chorals »Ein feste Burg …«. Heute kann man die Gemeinde ohne Furcht auf gut ausgeschilderten Wegen »erobern«.

Der Festumzug zur 800-Jahr-Feier der Stadt Sayda/Friedebach führt durch das nachgebaute Saydaer Stadttor.

Stadt Sayda – Staatlich anerkannter Erholungsort

Die Bergstadt Sayda hat mit ihren Stadtteilen Friedebach, Ullersdorf und Mortelgrund rund 2 200 Einwohner und liegt ca. 680 m ü. NN. Da in der Stadt wenig Industrie vorhanden ist, wird der Ort wesentlich von Handwerk und Gewerbe geprägt. Der Fremdenverkehr nimmt aufgrund der Historie der Stadt, der geographischen Lage und des Kleinzentrumcharakters eine immer größere Bedeutung ein.
Erstmalig wurde Sayda im Jahre 1207 urkundlich erwähnt als Rast- und Zollstation für die Händler, die zur damaligen Zeit die »Salzstraße« von Halle nach Prag passierten. 1442 erhielt Sayda das Stadtrecht.
Sayda besitzt drei Wahrzeichen: die im Jahre 1391 erbaute spätgotische Hallenkirche »Zu unserer lieben Frauen«, den über 100-jährigen 25 m hohen Wasserturm und das erzgebirgische Heimatmuseum »Hospital zu St. Johannis«. Der 1508 erbaute und 1784 umgebaute Fachwerkbau steht heute noch in seinem Original und ist seit 1993 als Museum der Öffentlichkeit zugänglich. Besonders sehenswert ist der in der Adventszeit strahlende Schwibbogen, gestaltet mit den Wahrzeichen und erzgebirgstypischen Großfiguren. Einmalig in Europa ist der Antrieb einer noch funktionstüchtigen Röhrenbohrerei durch Wasserkraft, und wir finden ein technisches Mühlenmuseum im Stadtteil Friedebach.
Aktive Erholung bietet ein ca. 80 km gut ausgeschildertes Wanderwegenetz rings um Sayda. Im Winter stehen je nach Wetterlage etwa 45 km gespurte Loipen und ein Schlepplift am Skihang im Mortelgrund zur Verfügung. Aber auch Angebote wie Kremser- und Schlittenfahrten, Fahrrad- und Skiausleihe, Motorschlittensafari sowie zahlreiche Veranstaltungen und Feste wie Berg-, Vereins-, Teich- und Erntefest, Weihnachtsmarkt, Vogelschießen, Mühlentag und die vielen Wintersportwettkämpfe machen das Städtchen liebenswert. Ein gepflegtes Stadtbild, kleine Geschäfte und über 400 Gästebetten laden außerdem die Besucher zu einem Bummel oder auch längerem Aufenthalt im kleinen Bergstädtchen ein.

Blick auf das Zentrum von Neuhausen mit Schloss Purschenstein als Mittelpunkt

Neuhausen/Erzgebirge

Neuhausen ist ein staatlich anerkannter Erholungsort und liegt am Fuße des 789 m hohen Schwartenberges, idyllisch und tief eingebettet im Flöhatal. Schloss Purschenstein, 1289 erstmals urkundlich erwähnt, beherrscht als einstige Zoll- und Geleitstätte das Terrain der heutigen Gemeinde, die zu den schönsten im gesamten Erzgebirge gehört, ob im Sommer oder Winter. 1495 wurde Neuhausen als »Nawenshusen« erstmals erwähnt. Das Wahrzeichen, Schloss Purschenstein, wurde an der »Alten Salzstraße« gen Böhmen seit dem 10. Jh. genutzt. Von 1389–1945 residierte hier das Herrschergeschlecht derer von Schönberg. Am 3.4.1989 vernichtete ein Großbrand einen erheblichen Teil des Hauptgebäudes; heute erstrahlt das Schloss äußerlich wieder in neuem Glanze und befindet sich zur Zeit im Umbau zu einem Schlosshotel. Vom Schwartenberg aus hat man einen opulenten Rundblick in das Westerzgebirge und in das nahe Tschechien; auch Gleitschirm- und Hängegleitflieger finden ob der guten Windverhältnisse optimale Bedingungen vor. Das Gebiet rund um den Schwartenberg eignet sich ausgezeichnet für Rad- und Wandertouren im Sommer sowie Skilaufen im Winter. Im Ortsteil Rauschenbach ist besonders die Talsperre (1961–1968) erwähnenswert, die in einer reizvollen Landschaft liegt.

Die Architektur der Dorfkirche Cämmerswalde ist ebenso sehenswert wie die nahe gelegenen Schauflugzeuge (IL 14, MIG 21, Hubschrauber MI 2). Einen der wichtigsten Anziehungspunkte in Neuhausen stellt das Erste Europäische Nussknackermuseum mit seinen Guinnessweltrekorden, dem größten funktionsfähigen Nussknacker, der überdimensionalen Spieldose und der größten Nussknackersammlung dar. Neben vielen Sehenswürdigkeiten der Region empfiehlt sich ein Besuch im Erzgebirgischen Glashüttenmuseum, im Motorradmuseum, im Technischen Museum sowie im solarbeheizten Freibad des Ortes.

Reichfrequentierte Hotels, Pensionen, Privatquartiere und Gaststätten gibt es hier genügend, und in die kulturell-historischen Städte ist es nicht weit: Freiberg (30 km), Dresden (55 km), Meißen (68 km), Prag (120 km).

Rechenberger Sommerblick

Gemeinde Rechenberg-Bienenmühle mit den Ortsteilen Holzhau und Clausnitz

550–806 Meter über dem Meeresspiegel begrüßen im Freiberger Muldental die rund 2 300 Einwohner in traumhafter Mittelgebirgslandschaft seit mehr als einhundert Jahren Gäste.

Rund 620 Gästebetten in verschiedenen Kategorien können gebucht werden – wir sind ein traditionelles und beliebtes Ski- und Wandergebiet, in dem jährlich etwa 18 000 Gäste erholsame Tage verbringen und wie die vielen Tagesgäste unsere touristischen Angebote nutzen.

Immerhin stehen im Winter ein 80 km-Loipennetz, 3 Skilifte, Rodelbahnen, Skischulen und Skiausleihstationen sowie im Sommer rund 130 km Wanderwege und vielfältige Möglichkeiten für Radwanderungen oder zum Skaten zur Verfügung. Aber auch Nordic-Walking-Kurse und geführte Montainbike- oder Quadtouren gehören zum Freizeitangebot unseres Ortes.

Geführte thematische Wanderungen mit den »Flinken Knechten zu Rechenberg«, dem Kräuterweib'l oder einem der ausgebildeten Gästeführer sind ebenso beliebt wie der Besuch beim Häus'lemacher Naumann, dem Volkskunststüb'l Morgenstern oder eine Führung durch das Sächsische Brauereimuseum in Rechenberg.

Ständig wechselnde Ausstellungen in der RathausGalerie, im historischen Flößerhaus oder auch im Alternativen Dorfzentrum Clausnitz sind für Gäste immer ein Anziehungspunkt. Ein besonderes Erlebnis im Sommer ist der Besuch des Ökobades in Rechenberg – hier erlebt man Sommerfrische und Natur pur.

Sind Sie ein Gast, der Ausflüge mag – in weniger als einer Autostunde erreichen Sie Freiberg, Seiffen oder Frauenstein und können dort bergbaugeschichtliche Anlagen besichtigen, den Männe'lmachern im Spielzeugland über die Schultern schauen oder etwas über die Silbermannorgeln erfahren.

Eine Fahrt nach Dresden oder Prag jedoch braucht einen ganzen Tag, um von den baulichen Schönheiten und touristischen Angeboten dieser Städte wenigstens einen Teil erleben zu können (1,5 bis 2 Std. Fahrzeit).

Landkreis Sächsische Schweiz-Osterzgebirge

Der Landkreis Sächsische Schweiz-Osterzgebirge wurde zum 1. August 2008 im Zuge der Kreis- und Funktionalreform im Freistaat Sachsen aus dem ehemaligen Landkreis Sächsische Schweiz und dem Weißeritzkreis gebildet.
Der ehemalige Weißeritzkreis ist aus den weit in die Geschichte reichenden verzweigten Wurzeln des Bergbaus – des Erzbergbaus im östlichen Erzgebirge und des später einsetzenden Steinkohleabbaus im Freitaler Raum – entstanden, eine politische, wirtschaftliche und kulturelle Struktur, die mit wechselndem Gesicht schon in der Vergangenheit als »Amtshauptmannschaft Dippoldiswalde« existierte.
Mit der Wanderbewegung fränkischer und thüringischer Bauern, die ins Erzgebirge und den Tharandter Wald führte, entstanden hier größere Ansiedlungen. Flussläufe, Tallagen und auch bergbauliche Schürfgebiete dürften besonders angezogen haben. Bergbau entstand nach 1420 und hatte im 16. Jahrhundert seine Blütezeit. 1451 ist die Bergstadt Altenberg bezeugt, 1412 gab es bereits ein Schmiedewerk, der heutigen Gemeinde Schmiedeberg vorausgehend; die Erwähnung von Dippoldiswalde geht auf 1218 zurück. Erzbergbau und Steinkohlegewinnung zeichneten über Jahrhunderte das Gesicht des Kreises und haben Lebensweise und Kultur geprägt.
Viele historische Stätten des Bergbaus sind liebevoll restauriert. Auch die »Silberstraße« führ durch das Kreisgebiet. Vom Naturreichtum und der Schönheit angezogen, haben schon die Wettiner Fürsten und andere Adelsgeschlechter vor allem die Höhen um den Tharandter Wald und im Erzgebirge zum Wohn- und Jagdsitz erkoren. Wen es vom Natur- zum Kulturerlebnis zieht, dem bietet sich eine eindrucksvolle künstlerische Architektur dar – vor allem im Kirchenbau. Von besonderem kunsthistorischen Wert ist die Nicolaikirche von Dippoldiswalde – eine turmlose dreischiffige Basilika, Bauwerk zwischen Romanik und Gotik. George Bähr, der Erbauer der Dresdner Frauenkirche, hat auch die Kirche von Schmiedeberg entworfen, eine wertvolle Hinterlassenschaft bürgerlich-barocker Architektur.
Fleiß, Beharrlichkeit und Können früherer Handwerksgenerationen haben Bedeutendes geschaffen; neben Bergbau waren es Töpferei, Gerberei, Säge- und Getreidemüllergewerbe, das Schnitzen und das Stuhlbauhandwerk, Rohr- und Strohflechterei, Spielzeugherstellung, später Gießerei und Stahlindustrie. Heute hat der Kreis eine breitgefächerte Wirtschaftsstruktur mit den Schwerpunkten Maschinenbau, Edelstahlproduktion, Papier- und Möbelindustrie, Elektrotechnik, Elektronik, Feinmechanik und der Uhrenbau, die Glas- und Porzellanproduktion. Sehr gute Voraussetzungen für Unternehmensgründungen bestehen durch zahlreiche Gewerbegebiete. Ein weiterer Faktor ist das große Potenzial gut ausgebildeter Fachkräfte aller Branchen. Der Tourismus ist ebenfalls ein wichtiger Bestandteil der hiesigen Wirtschaftskraft. Landschaftliche Reize, Sehenswürdigkeiten – Schlösser, Denkmäler, Museen – sowie die traditionellen Stätten des Bergbaus sind dafür mehr als förderlich.
Südwestlich grenzt das Freitaler Land an Dresden; es umfasst im Norden die Gemeinden Kesselsdorf, Pesterwitz und Grumbach, im Westen mit den Wiesen der Triebisch Tharandt und den Kurort Hartha, im Süden das Gebiet um die Trinkwassertalsperre Klingenberg, östlich die Täler der Wilden und Roten Weißeritz (übrigens Namensgeber des Kreises) Possendorf mit dem Poisenwald bzw. Kreischa, das Lockwitztal und das Wilischgebiet. Das Herzstück ist der 6 000 ha große Tharandter Wald, ein Gebiet, das noch heute mit seiner bunten Pflanzen- und Tierwelt, den Tälern und Schluchten und dem prächtigen Baumbestand ein Paradies ist. Links und rechts der Müglitz laden Burgen und Schlösser zum Besuch ein. In Glashütte, der Stadt der Uhrmacherkunst und deren Tradition, sollte sich man sich schon etwas länger aufhalten. Die Talsperre Malter ist ein bedeutendes Naherholungszentrum. Der Stausee hat eine Fläche von 90 ha, die größte Wassertiefe liegt bei 30 m.
Ausgesprochen schneesicher sind Altenberg, Rehefeld, Zinnwald, Geising, Schellerhau, Hermsdorf, Seyde, Bärenburg und Kipsdorf. Gepflegte Loipen, Rodelbahnen, Skipisten und moderne Liftanlagen, ein gut ausgebautes Netz von Wander- und Radwegen erwarten die Gäste, Sportler und Erholungsuchende. Dafür stehen ein großes Angebot an gepflegter Gastronomie mit besten Übernachtungsmöglichkeiten, dazu Camping- und Caravanstellplätze, zur Verfügung.

Dippoldiswalde, das »Tor zum Osterzgebirge«

Stadt Dippoldiswalde

Die Stadt Dippoldiswalde, von den Einheimischen liebevoll »Dipps« genannt, liegt ca. 22 km südlich der sächsischen Landeshauptstadt Dresden an der Europastraße E 55 bzw. Bundesstraße 170 in Richtung Tschechien, Seit August 2008 ist Dippoldiswalde Große Kreisstadt des Landkreises Sächsische Schweiz-Osterzgebirge. Dippoldiswalde ist das »Tor zum Osterzgebirge«, das aufgrund des besonderen landschaftlichen Charakters, der Naturausstattung und kulturhistorischen Substanz zu den wertvollsten Gebieten Sachsens zählt und das größte zusammenhängende Landschaftsschutzgebiet ist. Dippoldiswalde besitzt ein historisch gewachsenes Bild, das durch wiederhergestellte kostbare Gebäude und Fassaden beeindruckt. Die älteste Urkunde stammt von 1218. Auch der Silberbergbau ist im 13. Jahrhundert nachweisbar. Die Vorderseite des Rathauses ziert ein Renaissancegiebel; bemerkenswert ist auch das Rundbogenportal mit Sitznischen. Durch die Stadt fließt die Weißeritz, die Schmalspurbahn der Strecke Hainsberg-Kipsdorf (seit 1883) hält hier, im Gebäude der letzten Lohgerberei (bis 1925) ist ein Museum eingerichtet. Die Nikolaikirche ist eine turmlose, dreischiffige romanische Basilika, in ihr befinden sich Wandbilder des Hl. Nikolaus und der Bibel, dazu spätgotischer Altar. Die Talsperre Malter als Erholungsgebiet lädt mit dem Erlebnisbad Paulsdorf, vier Strandbädern, zwei Campingplätzen, Ruderbootverleih, Minigolf-Anlagen, Beachvolleyball-Anlagen, Tennisplätzen sowie Gaststätten und Cafés zum Verweilen ein. Die gesamte Dippoldiswalder Heide ist mit markierten Wanderwegen ausgestattet, bietet viele verschiedene Möglichkeiten der Erholung und ist bei Wanderern sehr beliebt. Wer einen Panoramablick von Dippoldiswalde genießen möchte, der besteigt den 1885 errichteten König-Johann-Turm. Seit 2006 ist ein Highlight der Stadt der Sportpark, ausgestattet mit Vierfeldhalle inklusive Kegelbahn und Fitnessraum, Kunstrasenplatz und Leichtathletik-Anlage. Hier finden an fast jedem Wochenende große und auch internationale Sportveranstaltungen statt.

Blick auf die historische, aus Gneisbruchsteinen erbaute Staumauer der Talsperre Klingenberg.

Gemeinde Pretzschendorf

Pretzschendorf liegt mit seinen Ortsteilen Klingenberg, Colmnitz, Pretzschendorf, Friedersdorf und Röthenbach am Fuße des Ost-Erzgebirges, am Rande des Tharandter Waldes und ca. 25 km von der Landeshauptstadt Dresden entfernt. Der Ort ist Ausgangspunkt für Wanderungen in das Tal der Wilden Weißeritz, zu den Trinkwassertalsperren Klingenberg und Lehnmühle und in den Tharandter Wald. Die reizvolle und idyllische Lage lassen den Alltagsstress schnell vergessen.

Die Talsperre Klingenberg gehört wohl zu den bekanntesten Ausflugszielen in der Umgebung. Besonders sehenswert ist die aus Gneisbruchsteinen 1911–1914 erbaute, 46 m hohe und 312 lange Staumauer. Der Trinkwasserstausee sammelt das Wasser der Wilden Weißeritz, ist ca. 4 km lang und fasst 16,7 Mio. m^3 Wasser.

Eine weitere Sehenswürdigkeit ist im Ortsteil Klingenberg das 1988 angelegte Damwildgehege am Gückelsberg. Der Besucher kann bei einer kleinen Wanderung rund um das Gehege die ca. 220 Jung- und Alttiere beobachten und von den Bänken am Aussichtspunkt den herrlichen Blick auf den Ort genießen. Der Ortsteil Colmnitz ist durch »Stracoland« überregional bekannt geworden. Der Gnom Strac ist in dieser erzgebirgischen Erlebniswelt zu Hause. Die Schauwerkstatt gibt Einblicke in die Fertigungstechniken des Kunsthandwerkes. Weiterhin kann man die Vielzahl der erzgebirgischen Volkskunst entdecken und käuflich erwerben. In einem 200 Jahre alten Vierseitenhof in Colmnitz entstand der »Naturerlebnishof Weidegut« mit Beherbergungsmöglichkeiten. Der Besucher kann einen Bauern- und Kräutergarten sowie ein Tiergehege mit verschiedenen Haustierrassen besichtigen. Der Grillplatz kann auf Voranmeldung benutzt werden. Nicht zu übersehen ist die barocke evangelische Predigerkirche in Pretzschendorf, die von 1733–1734 mit drei Emporen erbaut wurde. Für heiße Sommertage bietet das Erlebnisbad Pretzschendorf dem Besucher Abkühlung, Spaß und Erholung. Weitere Auskünfte erhalten Sie unter www.pretzschendorf.de.

Blick auf die St. Laurentius Kirche Hartmannsdorf

Gemeinde Hartmannsdorf-Reichenau

Die Gemeinde liegt etwa 35 km südlich von der Landeshauptstadt Dresden und unweit der Stadt Frauenstein mit ihrer Burgruine und der Geburtsstätte des Orgelbaumeisters Gottfried Silbermann.
Hartmannsdorf-Reichenau hat ca. 1 220 Einwohner bei einer Flächengröße von 2 830 ha. Im Landschaftsschutzgebiet »Osterzgebirge« gelegen wird die Gemeinde, die sich aus den beiden Orten Hartmannsdorf und Reichenau am 01.01.1994 vereinigte, vor allem durch handwerkliche mittelständische sowie landwirtschaftliche Unternehmen hinsichtlich ihrer Wirtschaftsstruktur geprägt.
Durch zwei Täler wird die Gemeinde im Wesentlichen begrenzt. Im Nordosten liegt das Tal der Wilden Weißeritz, in welchem auch die Talsperre »Lehnmühle« von 1927–1931 erbaut wurde. Im Südwesten kann man entlang des Gimmlitztales dem Mühlenwanderweg folgen und historische Mühlenbauwerke und Museen besichtigen.
Die beiden Dörfer wurden ursprünglich um 1200 als Waldhufendörfer von thüringischen oder fränkischen Kolonisten gegründet bzw. angelegt. In der Ortschronik ist zu lesen, dass die Güter auf beiden Seiten derart gestaltet sind, das die Raine eines jeden Gutes gerade auf die des gegenüberliegenden treffen. Diese Einteilung zeugt von der in einem Zuge vorgenommenen Aufteilung der Flächen durch die Kolonisten bei der Gründung der Dörfer.
Zahlreiche überregionale Wanderwege tangieren das Gemeindegebiet bzw. führen hindurch und laden zu einem Abstecher zu den Sehenswürdigkeiten im Gemeindegebiet ein. Ein besonderes Erlebnis ist eine Talsperrenbesichtigung (nach Voranmeldung) auf und in der zum ersten Mal in Europa geradlinig gebauten Gewichtsstaumauer aus Bruchsteinmauerwerk, mit der im Jahre 1959 unterhalb der Staumauer errichteten Wasserkraftanlage.

Ortsansicht Hermsdorf im Erzgebirge mit Blick auf den Erzgebirgskamm

Hermsdorf/Erzgebirge

Die Gemeinde Hermsdorf/Erzgebirge mit den Ortsteilen Seyde und Neuhermsdorf liegt, abseits großer Verkehrsadern, zwischen Altenberg und Frauenstein am Kamm des Osterzgebirges (700 bis 800 m ü.NN). Die Berggemeinde ist zentral gelegen zwischen den Sehenswürdigkeiten Dresdens und Freibergs, der Felsenwelt der Sächsischen Schweiz, dem traditionellen Holz- und Spielwarengebiet Westerzgebirge und bietet durch die unmittelbare Nachbarschaft zu Tschechien viele touristische Möglichkeiten.
Fränkische Siedler ließen sich um 1300 wegen des Holzreichtums hier inmitten des Miriquidiwaldes nieder. Forst- und Landwirtschaft sowie Bergbau prägten seit alters her den Ort zwischen den Quellgebieten der Wilden Weißeritz und der Gimmlitz.
Wie viele fränkische Gründungen im Erzgebirge ist auch Hermsdorf ein Waldhufendorf. Verschiedene mit Holzverkleidung versehene Häuser sowie die historischen Fachwerkhäuser stehen an den Hängen und geben dem Ort seinen individuellen Reiz.
Schon um 1930 entwickelte sich Hermsdorf zu einer beliebten Sommerfrische sowie zum Winterurlaubsgebiet und wurde 1980 staatlich anerkannter Erholungsort. Heute wird der sanfte Tourismus gepflegt, da die Gegend zu den schönsten Wandergebieten zählt und mit gut ausgeschilderten Wanderwegen, Schutzhütten und Rastplätzen über einen hohen Bekanntheitsgrad bei Wanderern und Naturliebhabern verfügt. Hermsdorf, die Ortsteile Neuhermsdorf und Seyde bieten das ganze Jahr über viele Möglichkeiten, pure Natur zu erleben. Im Sommer wandert man durch herrliche Wälder und über Höhen mit schönen Fernsichten. Vor allem im Herbst, wenn die Laubfärbung einsetzt, wird dies zu einem besonderen Erlebnis. Im Winter laden zahlreiche Skiwanderwege und der Skihang, der durch einen Snowboard- und Funpark noch zusätzlich belebt wird, zu sportlichen Aktivitäten ein.

Winter in Altenberg

Kurort Altenberg

»Glück auf« und herzlich willkommen im Kneippkurort Altenberg mit den Ortsteilen Kurort Bärenfels, Bärenstein, Falkenhain, Hirschsprung, Kurort Kipsdorf, Kurort Oberbärenburg, Rehefeld-Zaunhaus, Schellerhau, Waldbärenburg, Waldidylle und Zinnwald-Georgenfeld. Altenberg, die »Stadt uff´n alten Berg«, war einst geprägt durch den Zinnerzbergbau, hat sich in den vergangenen Jahren zu einer bekannten Kur- und Sportstadt entwickelt und ist heute für viele Erholungsuchende, Sportbegeisterte oder kulturell Interessierte ein beliebtes Urlaubs- und Ausflugsziel. Im Europark Altenberg ist seit Mitte der 90er Jahre mit der Umgestaltung des ehemaligen Bergbaubetriebes zu einem modernen Dienstleistungs- und Gewerbestandort begonnen worden. Es ist ein Areal entstanden, das die Tradition des Bergbaus mit zeitgemäßer Funktionalität verbindet. Die unterschiedlichsten Freizeit-, Kur-, Wellness- und Ferienangebote bieten die Möglichkeit, Natur pur zu erleben, Bergbautraditionen nachzuempfinden, sportlich aktiv zu werden oder sich im modernen Gesundheitszentrum sowie in vielen Hotels und Pensionen verwöhnen zu lassen. Erkunden Sie zu Fuß oder mit dem Rad die waldreiche Umgebung und das gut ausgebaute Wanderwegenetz und genießen Sie dabei die Ruhe und die saubere Gebirgsluft. Bergbauliche, botanische und viele andere Sehenswürdigkeiten laden alle Gäste herzlich ein. Winter und Altenberg, das passt genauso zusammen wie Rachermann'l und Racherkerz'l. Winterzeit, das heißt vor allem Sport und Erholung. 30 km Loipen und 30 km Skiwanderwege auf 700 m–900 m ü. NN laden zu einer gemütlichen Wanderung durch den Winterwald oder zu einer ausgedehnten Langlauftour ein. Für Anfänger und Geübte, für alpine Skifahrer und Snowboarder – unser Skigebiet mit 5 Liftanlagen bietet für jeden das Richtige. Als Highlight der Region lädt die Rennschlitten- und Bobbahn im Kohlgrund ein. Zahlreiche Meisterschaften im Bob, Skeleton oder Rennrodel finden hier jede Saison statt. Egal ob Jung oder Alt, ob Groß oder Klein, Altenberg hat für jedermann das richtige Angebot. Lassen Sie sich also herzlich von uns einladen auf einen Besuch im Kurort Altenberg – wir freuen uns, Sie bei uns begrüßen zu dürfen!

Osterzgebirgsmuseum »Schloss Lauenstein« mit George Bähr-Ausstellung, Postmeilensäulenausstellung, Ausstellung Geschichte des Waldes mit Schlossgarten und Burgruine

Stadt Geising – Kleinod des Osterzgebirges

Nur wenige Kilometer entfernt von der deutsch-tschechischen Grenze liegt in einem weiten grünen Tal dieses alte Bergbaustädtchen mit seinem denkmalgeschützten Stadtkern und vielen schönen Bürgerhäusern in traditioneller Fachwerkbauweise – steinerne Zeitzeugen einer langen geschichtlichen Entwicklung. Seit langem bildet der Fremdenverkehr eine feste Größe. Zu jeder Jahreszeit ist ein Aufenthalt in Geising und seinen Ortsteilen Erholung und Vergnügen pur: Reizvolle Landschaft, gesundes Mittelgebirgsklima, idyllische Wandergebiete, nette Gastgeber, feines Essen … Urlauber, was willst du mehr? Ob Individualurlaub, Gruppenreise, sportliche Aktivitäten – so vielfältig wie die Landschaft und seine Menschen sind auch die touristischen Angebote. Erholsame Wanderwege stehen in großer Zahl zur Verfügung; zahlreiche Sehenswürdigkeiten zeugen von der historischen Bedeutung der Region, und auch die Übernachtungsmöglichkeiten sind in reichem Maße und auf gutem Niveau verfügbar.

Die Ortsteile von Geising sind Fürstenau, Fürstenwalde, Lauenstein, Liebenau und Löwenhain. Fürstenau, in ländlicher Idylle, liegt zwischen 680 und 740 m hoch; in Fürstenwalde wurde der Erbauer der Dresdner Frauenkirche, George Bähr, geboren; Lauenstein liegt im Müglitztal, Liebenau in 530–625 m Höhe, und Löwenhain befindet sich auf einem Höhenkamm, umgeben von typischer Steinrückenlandschaft. Im 13. Jh. begann die Besiedlung des Osterzgebirges mit der bäuerlichen Kolonisierung; man merkte früh, dass auf Gneis ein tief verwitterter und fruchtbarer Boden lagerte; 150 Jahre später fand man Erze, was den Anreiz zur bergmännischen Erschließung gab. Durch Eisenfunde entstanden Hammerwerke auch in Geising. Dann spielte das Zinn die Hauptrolle und brachte bescheidenen Wohlstand. Mitte des 15. Jhds. erhielt der Ort die Stadtrechte. Als die Bodenschätze abgebaut waren, wich man auf die Heimindustrie, Holzver- und -bearbeitung aus. Mit der Müglitztalbahnlinie 1890 entwickelte sich der Tourismus, der alsbald boomte.

Das Uhrenmuseum im Stadtkern von Glashütte

Stadt Glashütte

Die Fusion der Stadt Glashütte und der Gemeinde Reinhardtsgrimma fand am 2. Januar 2008 statt; der nunmehr gemeinsame Verwaltungssitz befindet sich in Glashütte. Glashütte war früher eine Bergstadt, in der schon im Jahre 1458 Silber und Eisenerz gefunden wurde. Die eigentliche Gründung des Ortes und der Beginn der Bergbauperiode sind in Chroniken um 1490 verzeichnet. Herzog Georg von Sachsen, auch der Bärtige genannt, besuchte in dieser Zeit Glashütte und erließ die erste Bergordnung. Am 10. Februar 1506 verlieh er Glashütte das Stadtrecht. Nach Erliegen des Silberbergbaus begann 1845 mit der Einführung der Taschenuhren- und später der Armbanduhrenproduktion sowie der Präzisionsmechanik eine Entwicklung, die das osterzgebirgische Städtchen als Deutschlands einzigen Standort hochfeiner, nobler mechanischer Armbanduhren in der ganzen Welt bekannt machte. Uhrmachermeister wie z.B. Ferdinand A. Lange, Julius Assmann, Johannes Dürrstein oder Alfred Helwig haben diesen Ruhm der Stadt der Uhren und Feinmechanik begründet. Die tief verwurzelten Traditionen Glashütter Uhrmacherkunst leben in der Gegenwart wieder auf. Die ca. 1 000 Mitarbeiter in den Glashütter Uhrenbetrieben fertigen heute wieder exklusive Uhren, die weltweit begehrt sind. Reizvoll gelegen in den Tälern der Müglitz und Prießnitz, umgeben von den waldreichen Hängen des Osterzgebirges, präsentiert sich heute Glashütte – zusammen mit Reinhardtsgrimma – als traditionsgebundene Uhrenstadt mit viel Sehens- und Erlebenswertem. Ein Rundgang durch das Uhrenmuseum vermittelt Einblicke in die Herstellung der kleinen kostbaren Zeitmesser von ihren Anfängen an. Das Uhrenmuseum ist an historischer Wirkungsstätte entstanden und zwar im Gebäude der im Jahre 1878 von Moritz Großmann gegründeten »Deutschen Uhrmacherschule Glashütte«. Es lädt Besucher täglich von 10.00 bis 17.00 Uhr auf einer Fläche von 1 000 m² zu einem Rundgang durch die Glashütter Uhrengeschichte ein. Im ersten halben Jahr konnten im Uhrenmuseum bereits 25 000 Besucher aus nah und fern begrüßt werden. Die von 1522–

Schloss und Schlosspark Reinhardtsgrimma

1535 errichtete St. Wolfgangskirche, ein spätgotisches Bauwerk, ist Anziehungspunkt für Historiker und Kunstfreunde.

Für die aktive Erholung werden u.a. Sportplatz, Turnhalle, Freibad und auch die Möglichkeit angeboten, den Pferdesport zu betreiben. Zahlreiche markierte Wanderwege laden zur aktiven Erholung und Erforschung der Umgebung ein. Auf den Höhen bietet sich dem Betrachter ein wunderschöner Blick auf Täler und bewaldete Bergrücken des Osterzgebirges.

Reinhardtsgrimma besitzt ein schönes Barockschloss sowie in der Kirche eine der berühmtesten Silbermannorgeln – beide Stätten bieten heute eine sichere Garantie für hervorragende Konzerte. Wer das Abenteuer liebt und Kindern oder Enkeln bleibende Eindrücke schenken möchte, der findet das, was man dazu benötigt, auf der Märchenwiese und im angrenzenden Streichelzoo. Und auch für alle Hochzeitswilligen ist schon vorgesorgt: Etwas Außergewöhnliches bietet die Trauung im Barockschloss Reinhardtsgrimma. Für die nachfolgenden Feierlichkeiten stehen Gasthäuser und Pensionen zur Verfügung, hier und in Ferienwohnungen gibt es auch ausgezeichnete Übernachtungsmöglichkeiten.

Bedingt durch die Lage abseits der großen Straßen, kann der Gast hier seinen Urlaub in Ruhe verbringen – am Rande des Osterzgebirges zwischen Wilisch, Kohlberg und Müglitztal im ländlichen Raum. Wandern ist im wahrsten Sinne des Wortes angesagt: die Route über die Vulkanruine Wilisch (476 m), wo man eine weite Sicht ins Erz- und Elbsandsteingebirge genießen kann, oder der Besuch des Naturschutzgebietes um den Luchberg (576 m) und den etwas kleineren Gleisenberg (533 m). Das Zentrum des deutschen Uhrenbaus ist bequem mit Auto oder Bus über Dresden (30 km entfernt) oder Dippoldiswalde (11 km entfernt) zu erreichen. Auch eine Fahrt mit der Eisenbahn durch das landschaftlich reizvolle Müglitztal wird zu einem schönen Erlebnis.

Schloss Nöthnitz – bekannt durch die im 18. Jh. durch Reichsgraf Heinrich von Bünau eingerichtete Bibliothek, heute finden im Schloss Konzerte, Lesungen und Führungen sowie der beliebte Nöthnitzer Weihnachtsmarkt statt.

Gemeinde Bannewitz

Die Großgemeinde (11000 Einwohner) erstreckt sich über eine Fläche von 2 768 ha und befindet sich in einer Höhenlage von ca. 200–400 m. Sie umfasst zwölf Ortsteile: Bannewitz, Boderitz, Börnchen, Cunnersdorf, Gaustritz, Golberode, Goppeln, Hänichen, Possendorf, Rippien, Welschhufe und Wilmsdorf. Bannewitz ist eine der größten Gemeinden im ehemaligen Weißeritzkreis (jetzt Sächsische Schweiz-Osterzgebirge). Im Norden grenzt die Gemeinde Bannewitz an die Landeshauptstadt Dresden und im Süden an die Ausläufer des Osterzgebirges. Durch die Nähe zu Dresden und die dennoch ländliche Prägung entwickelte sich Bannewitz zu einem beliebten Wohnstandort. Die Einwohner können in ca. 10 bis 15 Minuten Dresden erreichen und wohnen in einer reizvollen Landschaft. Westlich grenzt Bannewitz an die Industrie- und Bergbaustadt Freital, im Südwesten an die Stuhlbauerstadt Rabenau und östlich an die Gemeinde Kreischa, die durch ihre Rehabilitationsklinik und das Dopinglabor bekannt ist. Handel, Landwirtschaft und Industrie sind breit gefächert und bieten eine Vielzahl von Arbeitsplätzen. Mehrere Kindertageseinrichtungen, zwei Grundschulen und eine Mittelschule sind weitere Vorzüge der Infrastruktur der Gemeinde. Ein abwechslungsreiches Vereinsleben bietet viele Möglichkeiten zur Freizeitgestaltung. Dominierend sind dabei der Sport, aber auch Musik und Kunst. Traditionelle Feste innerhalb der einzelnen Ortsteile sorgen für ein gutes Zusammengehörigkeitsgefühl. Besondere touristische Anziehungspunkte sind das Schloss Nöthnitz, die Holländerwindmühle und die Golfanlage »Elbflorenz« in Possendorf. In Bannewitz finden sich zudem viele Zeugnisse früherer Industrien. Das wohl bekannteste ist der Malakoff-Turm im Ortsteil Boderitz, der letzte noch vollständig erhaltene des deutschen Bergbaus. Unmittelbar daneben ist der Beginn des Bannewitzer Teils der ehemaligen Windbergbahn (Semmeringbahn), deren Trasse bis zum Ortsteil Possendorf heute ein beliebter Wander- und Radweg ist. Auf dem ersten Stück befindet sich der Lehrpfad »Baum des Jahres«.

Das Elbsandsteingebirge

Zwischen Osterzgebirge und Lausitzer Bergland erhebt sich übergangslos das schroffe Felsmassiv des Elbsandsteingebirges. Es grenzt Sachsen nach Süden hin ab; wenige Kilometer weiter, auf tschechischem Gebiet, setzt es sich fort in der kleineren Böhmischen Schweiz, die in das Böhmische Mittelgebirge übergeht.
Vor ungefähr 100 Millionen Jahren wuchsen aus diesem Kreidezeitmeer ebenso riesige Kräfte und formten eine bizarre Landschaft. So entstanden die zahlreichen Felsnadeln, die sich überall kerzengerade erheben; sie recken sich wie kecke Kindernasen empor und sind überdies ein Objekt der Begierde sich hier zuhauf tummelnder Bergsteiger. Die zerbrechlich wirkenden Gebilde sehen in Wirklichkeit aber nur so aus. In Wahrheit stehen sie bereits seit Jahrmillionen. Mehr als 1 000 Klettergipfel gibt es hier und etwa 12 000 Kletterwege mit den unterschiedlichsten Schwierigkeitsgraden; dazu verschiedene Arten der Fortbewegung im Aufwärtsgang: Kamin-, Riss-, Wanderklettern – das Elbsandsteingebirge ist sozusagen das Geburtsland des »free climbing« seit der Erstbesteigung des Falkensteins 1864 durch Schandauer Turner. Hier findet man alles, was zum Aktivurlaub benötigt wird: den träge dahinfließenden Strom, wilde, canonartige Schluchten, majestätisch thronende Tafelberge, finster-undurchdringlich scheinende Fels-Wald-Massive, kristallklare Bäche. Diese Vielfalt hat Künstler angelockt und nicht wieder losgelassen, die Romantiker vor allem: Caspar David Friedrich, Ludwig Richter, vordem waren es die beiden Schweizer Adrian Zingg und Anton Graff – in diese Zeit fällt auch ihre enthusiastische Verehrung für die hiesige Natur, und sie »tauften« diese, in Erinnerung an ihre Heimat »Sächsische Schweiz«, womit sie zweifellos unfehlbar waren wie Tells Geschoss. Der berühmteste Wanderweg ist der »Malerweg«. Nicht vergessen darf werden, dass sowohl Carl Maria von Weber angesichts der wildromantischen Natur Inspiration für seinen »Freischütz« (und in Sonderheit die Wolfschluchtszene) reichlich empfing und zwei Jahrzehnte später Richard Wagner in Graupa am »Tannhäuser« schrieb.
Heute gibt es im Elbsandsteingebirge 1 200 km gut ausgeschilderte Wanderwege und Naturlehrpfade; für die aktive Erholung stehen genügend Angebote bereit; jedermann findet »seinen« Wanderweg und »seinen« speziellen Naturblick; weite Fernsichten, atemberaubende Blicke in die Tiefe, Waldeinsamkeiten, liebliche Täler mit munter plätschernden Bächen, steil abfallende Felswände, wildromantische Schluchten … die Natur hält einen breitgefächerten »Angebotskatalog« bereit.
Der Landschaftsraum »Elbsandsteingebirge« gliedert sich in einen (größeren) sächsischen und einen (kleineren) böhmischen Teil, die untrennbar zusammengehören; zwar zieht sich die politische Grenze zwischen Deutschland und Tschechien hindurch; seit 1990 allerdings werden mit großem gegenseitigen Verständnis immer mehr Übergänge geschaffen, um dem Naturfreund ständig neue Möglichkeiten zu schaffen. Damit wächst gleichermaßen die Verpflichtung, die noch ursprüngliche Natur sorgsam zu hegen. Bereits 1909 bestanden ernsthafte Versuche, kleinere Urwaldreservate einzurichten; 1928 sollte nach einem ernsthaften Vorschlag ein Natur- und Heimatschutzgebiet geschaffen werden; 1936/40 wurden Basteiregion und Polenztal zum Naturschutzgebiet erklärt, 1956 das Landschaftsschutzgebiet »Sächsische Schweiz« eingerichtet – am 12.9.1990 schließlich verabschiedete die Volkskammer der DDR ihr letztes Gesetz, die Schaffung von fünf Nationalparks; einer davon war jener der Sächsischen Schweiz. Hier findet man Uhu, Sperlingskauz, Eisvogel, Schwarzstorch sowie Krähenbeere, Knotenfuß, Sumpfporst. Im Polenztal begegnen wir jedoch Frappierendem: Das hier herrschende »Kellerklima« hat dafür gesorgt, dass sich viele Pflanzengesellschaften ansiedelten, die in Mittelgebirgsregionen normalerweise in den »oberen Etagen« gedeihen.
Wer es eilig hat, kann von Dresden aus die B 172 in Richtung Prag benutzen, über Pirna, dem »Tor« zur Sächsischen Schweiz. Radfahren, Reiten und Wandern kann man auf unzähligen Wegen; der »Elbradweg« ist sehr eben. Ein traditionelles Verkehrsmittel ist die Beförderung mit der »Weißen Flotte« – es ist die größte historische Schaufelraddampferflotte. Eine Fahrt ist wahrlich lohnenswert – nicht nur wegen des herrlichen Panoramas. Noch in der Landeshauptstadt begegnet man eindrucksvollen historischen Zeugen; die »Carola«- und »Albert«-Brücken gehören dazu, die drei Schlösser gleichermaßen. Eines gehörte Prinz Albrecht von Preußen, ein anderes hatte der »Odol«-Erfinder Lingner später gekauft, das dritte gehörte lange der »Chlorodont«-Familie von Mayenburg … man ersehe daraus, dass das »Florenz des Nordens« nicht nur königstreu war, sondern auch etwas für Mund- und Zahnpflege übrighatte – und zumindest jenes ist unbedingt zu loben.
In Hosterwitz beeindrucken die Rokokokirche »Maria am Wasser« sowie Carl Maria von Webers »Winzerhaus«, vorbei geht die Fahrt an Schloss Pillnitz, der Sommerresidenz sächsischer Könige, an Pirna, den Felsenklippen der Bastei, Lilienstein, Festung Königstein, Bad Schandau, den Schrammsteinen … Der Eisenbahnverkehr verläuft zwischen Dresden und Schöna sowie auf der Strecke Bad Schandau–Sebnitz, die auch

»Sächsische Semmeringbahn« genannt wird; berühmt ist der Eisenbahnviadukt in der Nähe der Stadt der »Kunstblumen«, zwischen den Bergen des Elbsandsteingebirges und dem Lausitzer Bergland; 27 Brücken und 7 Tunnel sind in die Strecke integriert, die aus bizarrer Sandsteinwelt ins idyllische Sebnitztal und hinein in die Bergwelt des Lausitzer Granits führt. Das 10 000 Einwohner zählende Sebnitz (ehemals Kreisstadt) nennt auch eine gotische Stadtkirche mit schöner Deckenmalerei (1619) sein eigen; besonders wertvoll sind der Altar (1586) und die »Sebnitzer Muttergottes« aus dem 15. Jahrhundert.

Eine der gewiss einzigartigen Naturschöpfungen ist neben der Bastei (mit der künstlich angelegten Basteibrücke) das Prebischtor (Pravicka brane) im Böhmischen. Die Spannweite dieser größten Natursandsteinbrücke beträgt 30 m, die Höhe 12 m, die geringste Dicke gerade mal 3 m – die Romantiker haben dieses Naturwunder oftmals verewigt). Zu den ausgewählten Sehenswürdigkeiten zählen natürlich der Barockgarten Großsedlitz und vor allem die größte und wohl auch schönste europäische Naturbühne, die Felsenbühne Rathen, die sommers seit Jahr und Tag vom Theater aus Radebeul bespielt wird und ein absoluter Publikumsmagnet ist.

Kuren kann man in der Sächsischen Schweiz ebenfalls vorzüglich – es dominiert die traditionelle Badekultur; heilsame Quellen und günstiges Klima bilden hervorragende Voraussetzungen für den Heilungsprozess. Da wäre Bad Schandau, ein Kneippkurort, zu nennen. Umgeben ist die Stadt von bekannten Felsformationen, unter anderem den Schrammsteinen; sie verfügt über Eisenquellen von plus 10 Grad Celsius. Des Weiteren macht der Kneippkurort Berggießübel bei Herz-Kreislauf-Erkrankungen und jenen des Bewegungsapparates von sich reden. Bad Gottleuba bietet darüber hinaus für orthopädische und Rheumaleiden entsprechende Maßnahmen an.

Unzählige Burgen, Festungen und Schlösser gibt es hier. Natürlich ist der Dresdner Zwinger aus Sandstein – »Elb«sandstein, versteht sich – erbaut; ebenfalls das Rathaus in Antwerpen und das Brandenburger Tor ... um nur zwei Beispiele zu nennen. August der Starke benutzte die Burg Stolpen als Verbannungsort seiner langjährigen Mätresse, der Gräfin Cosel, und die Festung Königstein war es – wenn man so will – für den Alchimisten Johann Friedrich Böttger, der auf der vergeblichen Suche nach Gold immerhin das Porzellan fand; von der Sommerresidenz der Sachsenkönige, Schloss Pillnitz, war bereits die Rede; Schloss Weesenstein, Schloss Kuckucksstein in Liebstadt, Burg Hohnstein ... man könnte diese Reihe noch eine ganze Weile fortsetzen. Ebenso attraktiv sind die zahlreichen Museen – von den Dresdnern wollen wir hier gar nicht schreiben; vielmehr gibt es in kleineren Städten und Gemeinden viele solcher Bildungsstätten: Die Heimathäuser in Polenz und Sebnitz beispielsweise, Burg Hohnstein, Burgruine Stolpen, Burg Neurathen, Technisches Denkmal Naumannsmühle, Festung Königstein, Schloss Weesenstein, Richard-Wagner-Museum Graupa, Stadtmuseum Pirna, Gedenkstätte Friedrich Gottlob Keller und Holzschliffmuseum Krippen, Robert-Sterl-Haus Naundorf, Heimatmuseum Bad Schandau, Heimatstube Kunnersdorf, Heimatmuseum Bad Gottleuba, Heimatstuben Bad Berggießübel und Stadt Wehlen, Grenzstein-Lapidarium Gohrisch ...

Feiern kann man hier natürlich auch und zwar sehr ausgiebig. Ob beim Vogelschießen im Bielatal, dem Dittersdorfer Jahrmarkt, Ostertanz in Ehrenberg, Sommerfest und Wintersonnenwendfeier in Hinterhermsdorf, Hohnsteiner Puppenspielfest, Skifasching Langburkersdorf, Blumenfest Lichtenhain, Pirnaer Vogelwiese, Marktschreiertag Sebnitz, Schifferfastnacht Wehlen, Stolpener Kultursommer, Frühlingssingen in Polenz, Chorsingen auf der Kaiserkrone in Reinhartsdorf/Schöna, Maibaumsetzen Struppen oder beim Musikfestival »Sandstein und Musik« (initiiert vom Trompeter Ludwig Güttler) – auch diese Aufzählung ist fragmentarischen Charakters.

Das Elbsandsteingebirge zählt zwar zu den kleineren, aber schönsten und vielseitigsten Mittelgebirgen unserer Heimat; es schiebt sich wie ein Riegel auf ungefähr 30–40 km Breite von Pirna bis Děčín, stellt eine der malerischsten Gegenden Deutschlands dar und ist – bis auf die wenigen Punkte, die von Touristenströmen auf der ganzen Welt überlaufen sind – ein ruhiges und ursprüngliches Terrain, ersprießlich und erholsam für den »Nur«-Wanderer sowie den Geologen, Biologen und Zoologen.

Herkulessteine nahe bei Rosenthal-Bielatal

Landkreis Sächsische Schweiz-Osterzgebirge

Der Landkreis Sächsische Schweiz-Osterzgebirge wurde zum 1. August 2008 im Zuge der Kreis- und Funktionalreform im Freistaat Sachsen aus dem ehemaligen Landkreis Sächsische Schweiz und dem Weißeritzkreis gebildet.

Altlandkreis Sächsische Schweiz

Der ehemalige Landkreis Sächsische Schweiz liegt südöstlich von der Landeshauptstadt Dresden. Das Kerngebiet des Kreises beinhaltet die Sächsische Schweiz, im Nordosten aber auch die Ausläufer des Lausitzer Berglandes und im Westen die Vorläufer des Erzgebirges. Die Elbe fließt mitten durch. Am Elbufer an der Grenze zu Dresden befindet sich mit 109 m der niedrigste Punkt des Kreises, die Oelsener Höhe (644 m) bei Oelsen im Südwesten des Kreises im Osterzgebirge bildet die höchste Stelle. Bei der Jahrhundertflut im Sommer 2002 wurden viele Städte und Gemeinden schwer getroffen, zuerst von den Nebenflüssen der Elbe, anschließend vom Elbehochwasser. Die Elbe findet sich auch im Wappen des Kreises wieder: Sie ist darin als weißes Wellenband dargestellt, Symbol für ihre landschaftliche Dominanz im Kreis. Die Elbe hat wie kein zweites Landschaftselement die Region in ihrem Aufbau, in ihrer Geschichte sowie der wirtschaftlichen und kulturellen Entwicklung beeinflusst. Die Elbe war geographische Leitlinie für Völker- und Kulturströme, Ausgangspunkt für Besiedlung und Verkehr in diesem Gebiet und bildete für viele bodenständige Gewerbe die Grundlage. Gleichzeitig ist sie aber auch ein Symbol für die Vielfalt der Kreisverbindungen nach außen. Wenn wir schon beim Wappen sind: Die grüne Fläche soll selbstverständlich den hohen Waldanteil und seine Bedeutung für die Entwicklung des Gebietes zum Ausdruck bringen. Ferner den hohen Erholungswert der Landschaft sowie die Tatsache, dass rund 62 Prozent des Territoriums Landschaftsschutzgebiet sind.

Der Altkreis (887,9 qkm Fläche, rund 137 000 Einwohner) besteht aus 12 Städten und 13 Gemeinden; die Stadt Pirna wurde zum gemeinsamen Kreissitz des neugebildeten Landkreises Sächsische Schweiz-Osterzgebirge. Wesentliche internationale Verkehrswege von transeuropäischer Bedeutung durchqueren den Kreis (Paneuropäischer Verkehrskorridor Nr. IV, Achse Skandinavien-Berlin-Dresden-Prag-Wien/Bratislava-Adria/Ägäis/Schwarzes Meer). Die Bundesautobahn A 17 berührt den Westen des Kreises; sie ist seit Dezember 2006 fertiggestellt. Entlang der Elbe verläuft die B 172, dazu kommen die wichtige Bundesstraße 172a und die Staatsstraße 177. Straßengrenzübergänge nach Tschechien befinden sich in Bahratal, Schmielka bei Bad Schandau und in Sebnitz. Dazu kommen grenzüberschreitende Wanderwege und eine grenzüberschreitende Fähre bei Schöna.

Früher gab es hier im Elbtal, um Heidenau und Pirna, relativ viel Industrie, zum Beispiel Reifen- und Zellstoffindustrie. Da diese Betriebe nicht mehr existieren, wurden die Flächen saniert und in attraktive Kleingewerbegebiete gewandelt. Bei Königstein hat die SDAG Wismut Uranbergbau betrieben, dieser wurde ebenfalls aufgegeben und die entsprechenden Bergwerke werden saniert.

Heute ist der Tourismus ein wichtiger Wirtschaftszweig des Altlandkreises mit mehreren Kurorten, z.B. Kurort Rathen und Bad Schandau. Pirna, der jetzige Kreissitz, wird auch das »Tor zur Sächsischen Schweiz« genannt, ein Tor zu einer der reizvollsten Landschaften Deutschlands. Die Stadt ist ein beliebtes Ziel für Städtetouristen, da ihre Altstadt eine der schönsten in Sachsen ist. Insbesondere aus der Renaissance sind noch eindrucksvolle Zeugen damaliger Baukunst vorhanden. Dem Besucher werden in den kleinen engen Gassen und in den Straßen der Gründerzeit mit prächtigen Bauten des Historismus und des Jugendstils vielfältige Einkaufsgelegenheiten und gemütliche Lokalitäten geboten.

Die beiden Schweizer Adrian Zingg und Anton Graff – sie lehrten 1764 an der Dresdner Kunstakademie – hegten eine enthusiastische Verehrung für die hiesige Natur und »tauften« diese, in Erinnerung an ihre Heimat, »Sächsische Schweiz«, womit sie zweifellos genauso unfehlbar waren wie Tells Geschoss. Mehr als 1 000 Klettergipfel gibt es hier und zigtausende Kletterwege mit den unterschiedlichsten Schwierigkeitsgraden. Hier findet man alles, was zum Aktivurlaub benötigt wird und die Natur hält einen breitgefächerten Angeborskatalog bereit.

Blick über die Elbe auf das Stadtzentrum von Pirna

Blick vom Ortsteil Borna in Richtung Elbsandsteingebirge

Gemeinde Bahretal

Die sächsische Gemeinde Bahretal liegt 8 km südlich von Pirna. Sie erstreckt sich über die Nordabdachung des östlichen Erzgebirges, das Elbtalschiefergebiet zwischen Gottleuba und Dohna. Bahretal besteht aus den Ortsteilen Borna, Friedrichswalde, Gersdorf, Göppersdorf, Nentmannsdorf-Niederseidewitz, Ottendorf und Wingendorf. Sie ist seit dem Jahr 2000 Teil der Verwaltungsgemeinschaft Bad Gottleuba-Berggießhübel.

Die Gemeinde ist durch eine hügelige Mittelgebirgslandschaft geprägt. Sie liegt zwischen 240 und 370 m ü.NN und hat als markante Berge den Schärfling (418 m), den Herbstberg (442 m), den Roter Berg (428 m), den Mühlberg (339 m) und den Bahreberg (295 m).

Die Kirchen in den Ortsteilen Ottendorf, Friedrichswalde und Borna zählen zu den Sehenswürdigkeiten der Gemeinde. In Nentmannsdorf Nr. 35a wurde von Norbert Creuz im Seitengebäude seines Bauernhofes ein Bauernmuseum eingerichtet. Eine weitere Attraktion von Nentmannsdorf ist die kleine Kapelle von Sigfried Creuz, in der regelmäßig Konzerte und Vorführungen auf seinen drei selbstgebauten Orgeln stattfinden. Kulturelle Höhepunkte sind die Ortsfeste und Weihnachtsmärkte in Gersdorf, Nentmannsdorf und Ottendorf, »Borna musiziert und singt« u.v.a.m. Seit 1997 veranstaltet der Motorsportclub Bahretal e.V. jährlich die Sachsenmeisterschaft im Auto-Rodeo-Cross auf dem Nentmannsdorfer Weinberg. Bahretal liegt an der historischen Alten Dresden-Teplitzer Poststraße mit mehreren Postmeilensäulen. In den warmen Monaten kann man die wunderschöne Landschaft des Osterzgebirgsvorlandes mit einer original nachgebauten Postkutsche genießen.

Im Zuge des Baus der Autobahn A 17 erhielt die Gemeinde in Höhe der Ortsteile Friedrichswalde und Nentmannsdorf eine Anschlussstelle, über die man in Kürze die schönen Ausflugsziele in Dresden, der Sächsischen Schweiz, Schloss Moritzburg, Schloss Pillnitz u.v.m. erreichen kann.

Die Herkulessäulen im romantischen Kletter- und Wandergebiet Bielatal

Rosenthal-Bielatal

Die Gemeinde Bielatal entstand 1933 durch die Zusammenlegung der Dörfer Hermsdorf, Brausenstein, Reichstein; 1948 kam der Ort Raum hinzu. Am 1.1.1994 erfolgte der Zusammenschluss der beiden Orte Rosenthal und Bielatal zur Einheitsgemeinde Rosenthal-Bielatal. Im Jahr 2006 feierte Rosenthal 650 Jahre seine urkundliche Ersterwähnung. Auf einer Fläche von ca. 46,6 qkm und mit ca. 1 800 Einwohnern zählt die Gemeinde Rosenthal-Bielatal mit zu den größten des ehemaligen Landkreises Sächsische Schweiz.

Die Gemeinde liegt im oberen Teil der Biela, inmitten eines wildromantischen Felsentales. Endlos scheinende Wälder und bizarre Felsen sowie grenzüberschreitende Wanderwege laden den fröhlichen Wandersmann zu den unterschiedlichsten Touren ein. »Schiefer Turm«, »Verlassene Wand«, »Herkulessäulen« werden Namen sein, die besonders den Bergsteigerfreunden im Ohr klingen. Ruhe und Entspannung finden jährlich etwa 30 000 Urlauber und Gäste in diesem romantischen Ort. Über 50 gemütliche Quartiere werden angeboten. Wer es etwas geschichtsträchtiger mag, kann die alte Eisenstraße erkunden, wo im 15. und 16. Jahrhundert Eisenerz aus dem Erzgebirge und Salz aus dem Böhmerwald in diese Gegend transportiert wurden. Beredte Zeugnisse dafür sind die in der Ortslage zu besichtigenden Gussplatten sowie ein historischer Schmelzofen. Zahlreiche Ziele für Tagestouren sind von hier aus in Richtung Festung Königstein, Dresden, Prag und ins nahe Osterzgebirge möglich. Dabei kann man wählen, diese mit dem Bus, der Bahn oder mit einem Dampfer der Weißen Flotte zu unternehmen. Der Haupterwerbszweig dieses Ortes liegt in der Land- und Forstwirtschaft sowie in vereinzelten Handwerksbetrieben bzw. über 70 Gewerbetreibenden. Man findet eine alte Schmiede noch in Produktion, man kann Kutschfahrten unternehmen oder am alten Sägewerk verweilen. Zu jeder Jahreszeit werden im Ort Dorffeste, Faschingsveranstaltungen und Vereinsfeste dazu einladen, mit den Einwohnern fröhliche Stunden zu verbringen.

Herrlicher Blick von der Wilkeaussicht auf Stadt Wehlen mit Ortsteil Pötzscha (rechtselbig) sowie am Horizont der Basteifelsen

Stadt Stadt Wehlen

Stadt Wehlen ist Staatlich anerkannter Erholungsort in der Sächsischen Schweiz am Rande des Nationalparkgebietes. Der Ort liegt ruhig im geschützen Elbtal. Mit den Ortsteilen Dorf Wehlen, Pötzscha und Zeichen zählt das Urlauberstädtchen ca. 1 725 Einwohner. In Pötzscha befindet sich das solarbeheizte Erlebnisbad. Auf dem Sandsteinpfad entlang zum Steinbruch hat man einen herrlichen Blick elbaufwärts aufs Wehlstädtchen. In Dorf Wehlen befindet sich die Miniaturschauanlage »Die kleine Sächsische Schweiz«.
Touristisch verbindet uns die Gebietsgemeinschadt »Bastei« mit den Gemeinden Kurort Rathen, Lohmen und der Stadt Hohnstein. Die Burg, erstmalig urkundlich erwähnt 1269, deren Ruine noch heute zu sehen ist, war wohl eine der Schönsten im Elbtal. Sie bildete den Ausgangspunkt für die Entstehung der heute über 700-jährigen Stadt. Das alte Ortswappen zeigt auf silbernen Grund ein blaues Schiff mit einer goldenen Lilie am Segel. Es symbolisiert die hier betriebene Elbeschifffahrt. Im 17./18. Jh. breitete sich die Leinweberei aus, aber auch Strumpfstickerei, Kunstblumenherstellung, Baumwoll- & Flachsspinnerei sowie Hopfenanbau. Beim Bau des Dresdner Zwingers, der Semperoper und der Frauenkirche sowie dem Schloss Moritzburg und dem Meißner Dom wurde Sandstein aus dem Steinbruch im OT Zeichen verwendet. Seit Mitte des 19. Jhts. hat sich der Fremdenverkehr immer stärker entwickelt. Heute verfügt die Stadt über Hotels, Pensionen und Privatquartiere mit ca. 800 Betten, die dem Gast ein angenehmes Ambiente bieten. Naturliebhaber, Wanderer, Radfahrer und Wassersportler finden hier Ruhe und sächsische Gemütlichkeit. Wer sein Auto schonen möchte, erreicht das Städtchen problemlos per Bahn, Bus, Schiff oder Fahrrad. Neben Promenade und Parkanlagen lädt der länderübergreifende Elbradweg zu sportlichen Leistungen ein. Auch per Kanu kann man die bizarre, unberührte Felsenlandschaft der Sächs. Schweiz in sich aufnehmen. Als Ausgangspunkt für Wanderungen und Spaziergänge durch romantische Gründe entlang des Malerweges ist Stadt Wehlen der ideale Ausgangspunkt.

Blick vom Röhrenweg auf das Städtchen Hohnstein mit Rathaus (links im Bild), mittelalterlicher Burg und George-Bähr-Kirche (rechts im Bild).

Hohnstein – Perle der Sächsischen Schweiz

Unmittelbar am Rande des Nationalparks Sächsische Schweiz liegt die Stadt Hohnstein. Hier im Grenzgebiet der Lausitzer Überschiebung trennt sich der Granit der Lausitz vom Sandstein der Sächsischen Schweiz. Durch dieses Naturereignis fließt die Polenz, in deren wild romantischem Tal jedes Frühjahr der Wanderer mit dem reizvollen Anblick der blühenden Märzenbecher belohnt wird.

Enge, steile und kurvenreiche Straßen, Gassen und Wege führen an vielen sehenswerten, unter Denkmalschutz stehenden Fachwerkhäusern vorbei in Richtung Marktplatz oder zur Stadtbild prägenden Burg aus dem 12. Jh. In ihr befindet sich eine der größten Jugendherbergen Deutschlands. Unterhalb des Marktplatzes befindet sich eine der schönsten Barockkirchen Sachsens. Sie wurde 1725/28 von George Bähr, dem Erbauer der Dresdner Frauenkirche, errichtet. Sehenswert sind ebenfalls die ehemalige Stadtapotheke sowie das Rathaus, 1688 erbaut und 1991 restauriert. Eine weitere Sehenswürdigkeit ist das Puppenspielhaus. Die Wetterfahne auf dem Türmchen zeigt den Hohnsteiner Kasper. 1938 wurde es errichtet, und darin zeigte Max Jacob, welcher durch das Puppenspiel Hohnstein weltbekannt machte, seine Stücke. Zur Erinnerung an die Kunst des Handpuppenspiels findet jährlich ein Puppenspielfest statt, und seit Dezember 2005 sind in einem Traditionsraum zahlreiche Handspielpuppen und Zeitdokumente von Max Jacob ausgestellt. Hohnstein bildet mit 10 Orten eine Gemeinde und hat ca. 3 700 Einwohner. Die wirtschaftliche Haupteinnahmequelle ist der Tourismus. Neben Restaurants und Beherbergungsstätten gibt es auch zahlreiche Handwerksbetriebe, Dienstleistungsunternehmen und Landwirtschaftsbetriebe. Freizeiteinrichtungen wie Jugendclubs und Freibäder sind vorhanden – ebenso Arzt- und Zahnarztpraxen sowie Einkaufsmöglichkeiten. Die einmalige Lage im Grenzbereich zwischen einer wildromantischen Schluchten- und waldreichen Sandsteinlandschaft haben Hohnstein den Namen »Perle der Sächsischen Schweiz« eingebracht.

Barrierefreier Aussichtsturm, im Hintergrund der Lilienstein

Gemeinde Rathmannsdorf

Rathmannsdorf liegt mit den fünf Ortsteilen im rechtselbischen Naturraum des Elbsandsteingebirges und grenzt an den »Nationalpark Sächsische Schweiz«. Die Gemeinde liegt ca. 35 km südöstlich von Dresden entfernt. Hier leben etwa 1 100 Menschen auf 437 ha Fläche; 1998 erhielt man die Anerkennung als staatlich anerkannter Erholungsort.

Im Zuge der Ostkolonisation wurden im 13./14. Jahrhundert zur Erschließung ackerwürdiger Böden Waldflächen gerodet; insbesondere Bauern aus dem oberfränkischen Raum siedelten sich an. Ursprünglich war Rathmannsdorf ein rundlingartiges Quellreihendorf. Zu jener Zeit bestanden schon kleine wendische Fischerdörfer an Talweitungen. Bis Mitte des 15. Jahrhunderts gehörte Rathmannsdorf zu der Herrschaft Wildenstein des fehdelustigen Rittergeschlechts der von der Duba. 1467 gelangte der Ort aufgrund eines vom Kurfürsten nicht eingelösten Pfandes an die Stadt Schandau.

Wendischfähre, Plan und Gluto liegen im Elbtal am Lachs- bzw. Sebnitzbach. Bahn und Bus bieten gute Verkehrsanbindung und sind ideal für das Erreichen von Wander- und Ausflugszielen. In Wendischfähre besteht Bahnanschluss zur Sächsisch-Böhmischen Nationalparkbahn nach Schandau, nach Dresden S-Bahn-Verbindung. Der Ortsteil *Höhe* erstreckt sich auf einer Hochebene, 140 m über der Elbe. Von hier aus bieten sich unvergleichliche Ausblicke auf fast alle Felsmassive der Sächsischen Schweiz. Auf halber Höhe liegt der Ortsteil *Zauke,* in ruhiger Lage und von Wald und Wiesen umgeben. Der Ortsteil *Gluto* besteht aus wenigen Häusern, der Ochelbaude (Wanderherberge) und der Ochelmühle; *Plan* liegt aufwärts des Lachsbaches. Sehenswert ist der 2007 errichtete barrierefreie Aussichtsturm, der einen einmaligen Panoramablick über das Elbsandsteingebirge bietet. Berühmte Rathmannsdorfer sind der Heimatdichter Max Geißler und der Lausitzer Heimatschriftsteller Richard Blasius.

Blick vom Adamsberg zur Festung Königstein und zum Lilienstein

Gemeinde Kirnitzschtal

Natur pur erleben Sie in der Gemeinde Kirnitzschtal. Diese fünf Ortsteile liegen inmitten bzw. unmittelbar im Nationalpark »Sächsische Schweiz«. Eine malerische Landschaft erstreckt sich auf dem Höhenrücken zwischen der Kirnitzsch und der Sebnitzbach. Auf einer Fläche von ca. 45 qkm finden Sie keinerlei Industrie, sondern nur ein Gemeindegebiet, welches sich auf den Tourismus eingestellt hat. Die 103 km gepflegte Wanderwege führen unsere Gäste aus den Ortschaften in die Felsenwelt.

Die Wanderung auf dem Panoramaweg von Altendorf nach Saupsdorf ist ein Muss für jeden Besucher. Hier werden Einblicke in die Felsenwelt möglich, die keiner so schnell vergisst. Aber auch unsere historische Kirnitzschtalbahn sollte jeder Gast benutzt haben. Sie fährt regelmäßig von Bad Schandau zum »Lichtenhainer Wasserfall« und zurück.

Durch die Lage der Gemeinde mit 60% im Nationalpark und 40% im Landschaftsschutzgebiet, wird zurzeit alles getan, um den Beinamen »Nationalparkgemeinde« tragen zu dürfen. Von Saupsdorf aus besteht seit dem letzten Jahr die Möglichkeit über einen wunderschönen Wanderweg in das benachbarte Mikulásovice zu laufen oder mit dem Rad zu fahren. Vom Wachberg aus gibt es eine umfassende Fernsicht, die vom böhmischen Mittelgebirge über die gesamte Sächsische Schweiz bis zum Erzgebirge reicht.

Von Ottendorf aus besteht die Möglichkeit, auf den Großstein zu gelangen und dann hinab ins Tal zum Technischen Denkmal »Neumannmühle«. Hier sind Schauvorführungen zur Papierherstellung im Holzschliffverfahren zu erleben. Die Ortsteile Altendorf, Mitteldorf und Lichtenhain liegen direkt an der »Hohen Straße«. Die Ortslagen fallen in das Kirnitzschtal ab und bilden somit einen direkten Eingang in den Nationalpark. Die Einwohner pflegen Traditionen und zeigen auf Heimatfesten ihre Geschicklichkeiten und alte Überlieferungen. Die Einwohner der Gemeinde Kirnitzschtal sind für Sie gute Gastgeber.

*Schroffe Felsen und ausgedehnte Wälder, Ebene, Spree und Neiße –
Die Südliche Oberlausitz und Niederschlesien*

Im Zittauer Gebirge

Das Zittauer Gebirge ist mit seinen knapp 20 km Ausdehnung ein sehr kleines; abrupt steigen die Berge aus dem Zittauer Becken empor; unverwechselbar sind sie über Jahrmillionen geformt. Wie im Elbsandsteingebirge ist auch hier der Sandstein dominant; teilweise 500 m sind die Schichten mächtig. Die Küste des Kreidemeeres verlief etwa von Hirschfelde über Herrnhut nach Westen. Im Tertiär brachen Vulkane aus, heiße Gase bliesen durch den Stein und hinterließen Hohlräume, so dass er heute wie ein Schwamm aussieht. Als das Magma abkühlte, entstanden auch mehrkantige Säulenformen (die »große« und »kleine« Orgel bei Jonsdorf und die Säulchen an der Lauschewiese) … das gibt es eben nur dreimal auf der Erde. Einmalig auch die »Zigeunerstuben«, ein Naturdenkmal ausgewitterter Felsspalten und die sommers durch das Zittauer Theater bespielte Waldbühne in Jonsdorf.

Vom Weißbachtal an bedeckt Wald das Gebirge; Kiefern und Birken gibt es, auch Heidel- und Preißelbeere, Moose, Heidekraut, Türkenbundlilie, Sumpfdotterblume, Gräser, Flechten. Die höchsten Gipfel tragen Mischwald, in denen Buchen, Eschen, Bergahorn und Ulmen vorkommen.

Vier Orte gibt es: Lückendorf (mit schöner Barockkirche), Waltersdorf an der Lausche (mit über 200 Umgebindehäusern), Jonsdorf und Oybin, die beiden Kurorte. Es gibt etliche Gemäuer und Berge, deren Historie geheimnisumwittert sind. Am bekanntesten ist der Oybin. Der Name des Berges, der wie ein dicker Kloß über dem Ort thront, ist bis heute nicht geklärt. Die erste Burg wurde 1280 zerstört; der Nachfolgebau (1311/15) war eine achttürmige Burg, zu der das Kaiserhaus Karls IV. (1364) und ein Zölestinerkloster hinzukamen. Mehrmals schlug der Blitz ein, brach Feuer aus und vernichteten Bergstürze (letztmalig 1913) Teile der Bauten. Ein großartiger Sakralbau war die Klosterkirche (1384). Es war eine kühne Konstruktion; die Südwand des Schiffs wurde bis zu 12 m Höhe aus dem Felsen herausgemeißelt. Der Kreuzgang an der Nordseite blieb erhalten; die gotischen Spitzbogenfenster zeigen Reste des einstigen Messwerkes; Caspar David Friedrich hat eindrucksvolle Bilder geschaffen. Die kleine Kirche am Fuß des Oybin ist teilweise aus dem Fels herausgearbeitet. Ein Rokoko-Altaraufsatz (1734), Kassettendecke und reich bemalte Empore machen sie einzigartig. Im benachbarten Kurort Jonsdorf beeindrucken die Mühlensteinbrüche – eindrucksvolle Felsformationen. Jonsdorf und Oybin sind Endpunkte der 750 mm Spurweite betragenden Kleinbahn, die von Zittau heraufdampft. Im Bahnhof Bertsdorf muss entsprechend rangiert werden.

Der höchste Berg, die Lausche (793 m) ist zugleich der höchste östlich der Elbe in Deutschland und bildet ein Stück Grenze zu Böhmen; bei guter Sicht kann man bis Prag sehen. Die südliche Gipfelklippe des Hochwald (749 m) ist fünf Meter höher als die nördliche; hier und anderswo kann man eindrucksvolle Naturerlebnisse genießen; an Frosttagen, wenn die Täler in rötlichgrauem Dunst liegen und die Kuppen aus dem Nebelmeer ragen, dann herrschen von Tal zu Gipfel bis zu 20 Grad Celsius Unterschied. Auf dem Kammweg stellt man fest, dass das Zittauer Gebirge eigentlich gar keinen solchen besitzt. Herausragend sind auch Weberberg (712 m), Jonsberg (653 m), Buchberg (651 m), Sonnenberg (627 m) und Heideberg (549 m).

Spreequellland und Kottmar

Die Oberflächenformen der Lausitz führen von der Tiefebene bis zur Mittelgebirgshöhe; im Süden ist das Zittauer Gebirge ein ausgeprägter Gebirgszug; ansonsten herrschen mäßig hohe Gebiete vor. Die Spree durchquert die mittlere Lausitz; sie entspringt am Kottmar und wird aus etlichen Rinnsalen gespeist. Drei Quellen hat der »Hauptstadtfluss« (Generalfeldmarschall von Moltke favorisierte jene in Ebersbach): eine am Kottmar (583 m), die zweite in Neugersdorf, schließlich der erwähnte Spreeborn in Ebersbach. Überall gibt es Umgebindehäuser, besonders gut erhalten in Obercunnersdorf, einem etwa 2 km langen Waldhufendorf und das »Reiterhaus« in der Spreegemeinde Neusalza-Spremberg; daneben stand das Geburtshaus des Kartographen

Johann George Schreiber. Ein attraktiver Gebietswanderweg führt durch den Spreepark; hier kann man einen artenreichen Baumbestand feststellen. In Oberodewitz dominieren Dreiseithöfe, außerdem sind drei Bockwindmühlen erhalten.

An der Westgrenze des ehem. Löbau-Zittauer Kreises liegt Oppach/Spree; jahrhundertelang herrschte hier das Geschlecht derer von Nostitz-Jänckendorf, die böhmische Exulanten aufnahmen, tüchtige Verwalter ihres Gebietes und anerkannte Geisteswissenschaftler waren, wie Gottlob Adolf Ernst von Nostitz-Jänckendorf, der unter dem Pseudonym Arthur von Nordstern ein bedeutender Vertreter der Romantik war und sich in den Befreiungskriegen besonders hervortat. Der Maler Günther Blechschmied (1891–1971) schuf u.a. ein großes Altarbild, und der Wagnerfreund Hermann Zumpe war Kgl.-Bayer. Generalmusikdirektor.

Nach Osten schließen sich Nieder- und Obercunnersdorf (das Denkmalsdorf Sachsens), Strahwalde, Herrnhut an; diese Stadt verdient besondere Erwähnung. Es ist der Gründungsort der evangelischen Brüdergemeine. Von hier aus wurden im 18. Jahrhundert in alle Welt Missionare ausgesandt. 1722 durch Nikolaus von Zinzendorf gegründet, hat das »Herrnhuter Barock« eindrucksvoll die Architektonik der Stadt geprägt; besonders beeindruckend die klare Anwendung der Zentrumsbauten, der Friedhof auf dem Hutberg, wo einheitlich-flache Grabplatten und außerordentliche Schlichtheit dominieren, sowie der eindrucksvolle Kirchsaal, ein querorientierter Innenraum mit einfacher Ausstattung, ganz in Weiß gehalten.

Niederschlesien

Von den Lausitzer Flüssen ist die Neiße neben der Spree der bedeutendste; sie entspringt im Isergebirge, durchfließt den südöstlichen Teil des Freistaates zu Oder hin; bei Zittau nimmt sie die Mandau auf; diese entspringt ebenfalls im Böhmischen. Unterhalb Hirschfelde hat die Neiße ihr Tal in die Granitplatte förmlich eingesägt. In Görlitz angelangt, befinden wir uns in Niederschlesien.

Die Landschaft prahlt keineswegs mit Spektakulärem, weiß aber durch reizvollen Abwechslungsreichtum für sich einzunehmen. Ober- und Niederlausitz, die Oberlausitz mit Zentrum in Bautzen, Niederlausitz mit Cottbus und Spreewald, nach Sachsen hineinragend bei Schleife und Weißwasser.

Karg war der Ertrag, Sandboden zum größten Teil. So brachte der Holzreichtum einiges ein; bis 1945 war Görlitz der größte deutsche kommunale Waldbesitzer. Der Hausberg ist die Landskrone (420 m), ein Basaltkegel. Südlich liegen die »Jauernicker Berge«, lieblich geschwungene Erhebungen.

Neben den bewaldeten Kuppen von Kreuz- und Schwarzem Berg sind es in Buschbach die Grubenaussichtspunkte, die vom Rand des Tagebaues Betzdorf einen eindrucksvollen Blick auf die Tagebauanlagen und das dahinter befindliche Kraftwerk Hagenwerder bieten; auch hier wird einmal ein großer See sein. Westlich liegen die »Königshainer Berge«, die kleinste deutsche Berglandschaft, mit dem Ort gleichen Namens. Der Stockgranit ist vorherrschend, ein sehr festes Gestein, das hier abgebaut wurde.

Die Herren vom Gersdorf herrschten in Reichenbach, einem Ortsnamen, dem man in Deutschland sehr oft begegnet. Die Stadt Gersdorf am Schwarzen Schöps ist einmalig schön; dies wird richtig deutlich, wenn man von den Höhen, die den Ort umgeben, jenen betrachtet – vom Töpferberg, den Kämpferbergen und den Hängen des Sohländer Rotsteins. 1238 erstmals erwähnt, hat sie Hussiten, Theodor Körner, Napoleon Bonaparte, Zar Alexander von Russland und Preußens Wilhelm IV. gesehen.

In Niesky gibt es zahlreiche Teiche (Trebuser Teiche) und Heideland (Stannewischer Heide). Auf der Tour kommt man an den Stausee Quitzdorf, dem flächenmäßig größten sächsischen Binnensee; entlang des überregionalen »Heide-Teich-Radwanderweges« gelangt man von Weißwasser aus, der Stadt des Glases und des Eishockeys, zum Halbendorfer See, nach Schleife, Rohne, der Mulkwitzer Hochkippe (rekultiviert nach dem Braunkohlenabbau) in die Gegend um Kromlau und Bad Muskau.

Löbau, die »Stadt am Berge«, mit einem gusseisernen Aussichtsturm, ist Gründungsort des Lausitzer Sechsstädtebundes gewesen und auch der geographische Mittelpunkt der Oberlausitz. Görlitz ist die größte und in architektonischer Beziehung reichste Stadt des ehem. Sechsstädtebundes: 1815 endete das Bündnis, das inzwischen löchrig wie ein Schweizer Käse geworden war, zumal Lauban und Görlitz an Preußen fielen. Zwar blieb für die nächsten Jahrzehnte noch ein »Vierstädtebund« erhalten, doch 1865 war es auch damit vorbei.

Burgruine Oybin im Zittauer Gebirge

Blick auf das Stadtzentrum von Zittau

Landkreis Löbau-Zittau

Landschaftliche Schönheit, alte Städte, die in Europa einmaligen Oberlausitzer Umgebindehäuser – es gibt vieles, mit dem der ehemalige Landkreis Löbau-Zittau, seit dem 1. August 2008 südlicher Teil des Landkreises Görlitz, im äußersten Südosten des Freistaates Sachsen aufwarten kann. Unmittelbar im Dreiländereck Deutschland, Polen, Tschechien gelegen, ist der Landkreis seit 1991 Mitglied der Kommunalgemeinschaft Euroregion Neiße–Nisa–Nysa.

Die Neiße bildet auf einer Länge von 29 Kilometern die Grenze zur Volksrepublik Polen. 65 Kilometer entlang des Zittauer Gebirges und des Lausitzer Berglandes verläuft die Grenze zu den tschechischen Nachbarn. Die Geschichte der Region ist fest verbunden mit dem Markgraftum Oberlausitz. Im 13. Jahrhundert ließen sich fränkische und thüringische Siedler in dem von Slawen dünn besiedelten späteren Zittauer Land nieder. 1255 gründete Böhmenkönig Ottokar II. die Stadt Zittau. Löbau wurde 1221 erstmals urkundlich erwähnt. Beide Städte waren Mitglieder des einst starken »Oberlausitzer Sechsstädtebundes«. Bereits 1234 stiftete Böhmenkönigin Kunigunde das Kloster St. Marienthal in Ostritz, die älteste, bis heute ununterbrochen lebendige Zisterzienserinnenabtei Deutschlands. 1635 fiel die bis dahin vorrangig von Böhmen regierte Oberlausitz im Ergebnis des Prager Friedens an das Kurfürstentum Sachsen. Infolge der Gegenreformation kamen Anfang des 18. Jahrhunderts protestantische Glaubensflüchtlinge aus Böhmen und Mähren auf das Gut von Nikolaus Ludwig Reichsgraf von Zinzendorf in Berthelsdorf. Er gründete 1722 Herrnhut und schuf fünf Jahre danach die Grundlagen für die spätere Herrnhuter Brüdergemeine.

Als besonders einschneidend erwies sich die Teilung der Oberlausitz in einen preußischen und einen sächsischen Teil nach dem Wiener Kongress 1815. Das Gebiet des Landkreises blieb bei Sachsen. 1874 wurden als Vorgänger der Landkreise die Amtshauptmannschaften Löbau und Zittau gebildet. Handel und Wandel über

Der gusseiserne Turm auf dem Löbauer Berg

die Grenze nach Böhmen florierten. Eine jähe Wende brachte das Ende des Zweiten Weltkrieges. Das vorher zur Amtshauptmannschaft Zittau gehörende Gebiet östlich der Neiße – so groß wie das Fürstentum Liechtenstein – kam nach dem Potsdamer Abkommen unter polnische Verwaltung. 28 000 Einwohner mussten am 22. Juni 1945 in den frühen Morgenstunden ihre Häuser und Bauernhöfe verlassen.

1945 entstand das »Land Sachsen« als Teil der sowjetisch besetzten Zone im voran gegangenen Deutschen Reich aus dem Gebiet des vormaligen Freistaates und aus Teilen der preußischen Provinz Schlesien, westlich der Neiße. 1952 wurde auch das Land Sachsen aufgelöst und in drei kleinere Bezirke der DDR gegliedert. Die Kreise Löbau und Zittau gehörten zum Bezirk Dresden.

42 Jahre nach dieser Verwaltungsreform wurden beide ehemalige Landkreise am 1. August 1994 durch die Kreisreform des Freistaates Sachsen zum Sächsischen Oberlausitzkreis, der später durch Kreistagsbeschluss zum Landkreis Löbau-Zittau umbenannt wurde, vereint. Zuletzt hatte der Landkreis Löbau-Zittau rund 140 000 Einwohner auf einer Fläche von etwa 700 Quadratkilometern, mit neun Städten, 24 Gemeinden und acht Verwaltungsgemeinschaften.

In der Zeit der DDR prägten hauptsächlich Fahrzeugbau, Textilindustrie, Bergbau und Energieerzeugung die Wirtschaft der Landkreise Zittau und Löbau mit Zehntausenden Arbeitsplätzen. Der Mauerfall im November 1989 in Berlin, der Zusammenbruch des Ostblocks und die Wiedervereinigung der beiden deutschen Staaten 1990 zog auch in den beiden Grenzkreisen einen tiefgreifenden Strukturwandel nach sich. Betriebe verloren ihre Absatzmärkte, ganze Belegschaften ihren Arbeitsplatz.

Zugleich begann sich eine überwiegend mittelständische Wirtschaft herauszubilden. Derzeit gibt es rund 150 industrielle Unternehmen, darunter so zukunftsträchtige Branchen wie Biotechnologie, Elektrotechnik/Elek-

Die dampfbetriebene Zittauer Schmalspurbahn fährt von Zittau nach Oybin und Jonsdorf im Zittauer Gebirge.

tronik, Kunststoffherstellung, Maschinenbau, Spezialwerkstoffbeschichtungen und Umwelttechnik, aber auch traditionell erfolgreiche Unternehmen im Fahrzeug- und Metallbau, der Textilindustrie und des Musikinstrumentenbaus mit Kunden in Europa und der ganzen Welt. Schätzungsweise drei Viertel der Firmen haben Kooperationsbeziehungen oder eigene Betriebsteile in Tschechien oder Polen. Umso dringlicher wird von vielen Unternehmen seit mehr als zehn Jahren der komplette Neubau der Bundesstraße B 178 über die Grenze nach Polen und Tschechien gefordert.

Großer Wert wird im Landkreis auf die Wirtschaftsförderung gelegt. Hier spielt unter anderem die Kooperation und Zusammenarbeit mit der Hochschule Zittau-Görlitz eine überragende Rolle. Grenzüberschreitende Kontakte gibt es unter anderem zur Technischen Universität Reichenberg (Liberec) und Breslau (Wroclaw). Zudem hat sich der Tourismus zu einem wichtigen Wirtschaftszweig entwickelt.

Die Landschaft ist vielfältig, geprägt von schroffen Sandsteinfelsen und Basaltkuppen, steilen Gipfeln und anmutigen Tälern. Besonders das Zittauer Gebirge zählt zu Sachsens beliebtesten Urlaubszielen. Um dieses Kleinod zu erhalten, wurde am 21. Juni 2004 der Naturpark »Zittauer Gebirge« gegründet.

Von der 793 Meter hohen Lausche, dem höchsten Berg im Zittauer Gebirge, eröffnet sich ein einzigartiger Rundblick auf das Iser- und Jeschkengebirge, das Lausitzer Gebirge (Lužicke hory), die Sächsische Schweiz und im Norden auf die Görlitzer Landeskrone. Der Westen des Landkreises wird vom Lausitzer Bergland dominiert. Am Kottmar (583 m) sprudelt eine von drei Spreequellen.

1100 Kilometer Wanderwege und ein engmaschiges, 503 Kilometer langes Radwegenetz stehen zur Verfügung. So liegt der Landkreis am Spree-Radfernwanderweg und dem Oder-Neiße-Radweg, der von der Ostsee bis

Kurort Oybin mit Berg Oybin und Bergkirche

zur Neiße-Quelle in Nordböhmen führt. Zudem laden thematische Radwege ein, die Region zu erkunden. Im Winter können 40 Kilometer Skiwanderwege genutzt werden.

Vielfältige Sehenswürdigkeiten und Freizeitattraktionen locken Gäste aus nah und fern in den Landkreis. Seit 1890 verkehrt die dampfbetriebene Zittauer Schmalspurbahn zwischen Zittau-Oybin und Jonsdorf. Die gotische Burg- und Klosteranlage auf dem Berg Oybin ist ein Kleinod europäischer Geschichte. Kaiser Karl IV. hatte dort einst seinen Alterssitz geplant. Später fanden die Maler der Romantik Carl Gustav Carus und Caspar David Friedrich ihre Motive im Zittauer Gebirge.

Einzigartig in Deutschland und bedeutend für Europa sind die Zittauer Fastentücher von 1472 und 1573. Schon von Weitem grüßt Europas einziger gusseiserner Aussichtsturm vom Löbauer Berg. Das Scharounhaus in Löbau lockt Architekturfachleute aus ganz Europa in den Landkreis.

Gut aufgehoben sind Campingfreunde unter anderem am Olbersdorfer See, einem ehemaligen Braunkohletagebau, und in Sachsens größtem Naturferienpark – dem Trixi-Park »Zittauer Gebirge«. Kinder und Erwachsene gleichermaßen sind von dem Schmetterlingshaus in Jonsdorf und der Sommerrodelbahn in Oderwitz begeistert.

Stolz ist man im Landkreis auf das kleine, aber überregional beachtete Zittauer Gerhart-Hauptmann-Theater mit eigenem Ensemble, das auf eine mehr als 200-jährige Geschichte zurückblicken kann.

Kurz, wer einmal hier gewesen ist, kommt gern wieder oder schickt Freunde und Bekannte auf einen Schnupperkurs ins Dreiländereck, weil es sich einfach lohnt und weil ein Besuch gar nicht ausreicht, um alles zu erkunden und anzuschauen.

Blick auf Oppach in Richtung Pickaer Berg und Kälbersteine

Gemeinde Oppach

In einem der Täler des landschaftlich reizvollen Oberlausitzer Berglandes liegt die Gemeinde Oppach. Umsäumt von bis zu 500 m hohen bewaldeten Bergen ist der Ort eingebettet zwischen sanften Hügeln, weiten Feldern und Wiesen. Bereits im Jahre 1336 wird Oppach erstmals urkundlich erwähnt. Oppach und der Nachbarort Taubenheim waren die ersten Landgemeinden in der Oberlausitz, die sich bereits um 1524 dauerhaft der Reformation anschlossen. Ende des 17. Jahrhunderts fanden, vertrieben durch die Gegenreformation in Böhmen, protestantische Glaubensflüchtlinge aus Fugau und Schirgiswalde in Oppach eine neue Heimat. Zu dieser Zeit setzte sich die typische Hausbauweise der Oberlausitz durch – das Umgebindehaus. Mit den Exulanten hielt auch die gewerbliche Hausweberei in Oppach Einzug.

Heute ist Oppach eine selbstständige Gemeinde mit knapp 3 000 Einwohnern auf 8 qkm. Im Landschaftsschutzgebiet »Mittellausitzer Bergland« gelegen, gehören neben dem Zentralort Oppach die 4 Ortsteile Lindenberg, Picka, Eichen (Oberoppach) und Fuchs (Neuoppach) zur Gemeinde. Die Spree markiert die Grenze zwischen Sachsen und dem benachbarten Böhmen. Von den in Oppach ehemals traditionell angesiedelten Betrieben der Textil-, Natursteine- und Elektroindustrie sind nur noch kleine Restaktivitäten übrig geblieben. Dafür haben sich andere Unternehmen erfolgreich am Markt etabliert, so z.B. die mittlerweile überregional bekannten Oppacher Mineralquellen. Heute bestimmen Kleinbetriebe, Handwerker und Freiberufler das wirtschaftliche Erscheinungsbild Oppachs. Der Fremdenverkehr ist ein weiterer wichtiger Standortfaktor. Die touristischen Angebote richten sich vor allem an gesundheitsbewusste Naturfreunde. In und um Oppach bieten gut markierte Rad- und Wanderwege viele Möglichkeiten, den Ort und die herrliche Umgebung zu erkunden. Gemütliche Ausflugsgaststätten sowie zahlreiche Unterkünfte in Hotels, Pensionen und Ferienwohnungen stehen zur Verfügung. Oppach ist über die B 96 und 98 bestens ausgeschildert und sehr gut erreichbar.

Typisches Umgebindehaus in Ebersbach/Sa.

Stadt Ebersbach/Sa. – an den Quellen der Spree

Das 700 Jahre alte Ebersbach liegt inmitten des Oberlausitzer Berglandes an der Grenze zu Tschechien. Im Hussitenkrieg 1429 fast völlig niedergebrannt, behielt es jahrzehntelang den Beinamen »Wüsten-Ebersbach« (1486 gab es noch sieben bewohnte Häuser); 1597 erwirbt das reiche Zittau den Ort; damals erblühten Leinwandweberei und Landwirtschaft.

In den Gründerjahren nimmt der Ort städtische Konturen an: Die älteste Landsparkasse entstand, Bahnhof, neue Schulen; schon 1844 wurde die wahrscheinlich früheste ländliche Gemeindebibliothek in Deutschland gegründet – 1925 erfolgt die Erhebung zur Stadt. Der wirtschaftliche Aufschwung hat die Einmaligkeit der Oberlausitzer Umgebindelandschaft nicht zerstört; die evangelische Kirche (böhmischer Barockstil, um 1730 mit prächtiger Malerei) ist eine der schönsten Kirchenbauten der Oberlausitz. Der reich vergoldete Prospekt der 1684 erbauten Orgel ist eindrucksvoll.

Hier wohnen etwa 8 500 Menschen. Das Gewerbe- und das Neubaugebiet Oberland sind neu entstanden; im Rahmen der Stadtkernsanierung erfolgte die Neugestaltung der City. Durch waldreiche Gebiete führen Wanderwege, unter anderem auf den mitten in der Stadt liegenden Schlechteberg (485 m) mit Aussichtsturm; zum Verweilen laden Humboldtbaude und 1862 gegründetes Heimatmuseum sowie Alpengarten mit seltenen Pflanzen ein.

Auf dem nahe liegenden Hainberg findet alljährlich das traditionelle Adlerschießen statt; die seit 1662 bekannte Spreequelle ist ein ebenso beliebtes Ziel. Der landschaftliche Charakter hat hohen Erholungswert; die Stadt ist auch verkehrsmäßig gut erschlossen (A 4, B 96, Eisenbahnknotenpunkt); Ebersbacher Heimatgruppen (»Edelroller«, »Heedelirchen«) halten alte Traditionen wach – sie singen vom Reiz der Landschaft, Natur und Heimatverbundenheit.

Baudenkmal und Museum »Reiterhaus«, das Museum zur Umgebindebauweise in Neusalza-Spremberg

Stadt Neusalza-Spremberg

Der Doppelort Neusalza-Spremberg (etwa 2 500 Einwohner) entstand 1920 aus der Muttergemeinde Spremberg (erstmals 1442 erwähnt) und dem Exulanten-Städtchen Neusalza (1670). Seit 1. Januar 2008 ist der Nachbarort Friedersdorf ein Ortsteil von Neusalza-Spremberg. Durch die zentrale Lage, direkt an der B 96 zwischen Bautzen und Zittau, ist der Ort gut erreichbar.

Während Neusalza eine geschlossene, kleinstädtische Bauweise zeigt, erscheint Spremberg dörflich – entlang der Spree. Typisch sind die ein- und zweistöckigen Umgebindehäuser. Eine besondere Stellung unter ihnen nimmt das »Reiterhaus« ein, das markanteste Bauwerk: Um 1660 erbaut, zählt es heute zu den ältesten, in der ursprünglichen Bauweise (Umgebindefachwerkbau) erhalten gebliebenen Gebäuden der Region. Jetzt ist es Baudenkmal und Museum zur Umgebindebauweise und Heimatgeschichte zugleich.

Plätze und Straßen sind in den letzten Jahren denkmalgerecht restauriert worden: In neuer Schönheit präsentieren sich die beiden Marktplätze (Ober- und Niedermarkt). Ein aus einem einheimischen Granitstein gefertigter kleiner Brunnen (1996 eingeweiht) gibt dem Platz sein Gepräge. Als landschaftliches Kleinod gilt der als Naherholungsgebiet dienende »Spreepark«, ein geschützter Landschaftspark mit artenreichem Baumbestand und manch floristischer Rarität. Die sagenumwobenen »Schmiedesteine«, eine Steingruppe innerhalb des Ortes mit Naturbühne (1 000 Besucher), bieten einen imposanten Blick auf die Ortschaft bis zum Lausitzer und Zittauer Gebirge. Der hinter dem Bahnhof befindliche Hänscheberg (393 m) mit Skiwiese und -lift, seinen gepflegten Waldwegen und idyllischen Ruheplätzen lädt zum erholsamen Spaziergang mit Fernblicken ein.

Eine Attraktion außerdem: das landschaftlich schön gelegene Wald- und Erlebnisbad mit Großwasserrutsche, solargestützter Wasservorwärmung, Strömungskanal, Wasserfall, Fontänen, Luftsprudel und Sportbecken. Der überregionale Radwanderweg »Spree-Radweg« mit ca. 370 km Streckenlänge führt durch den Ort. Die für

Blick auf Oberfriedersdorf mit Kirche im Ortsteil Friedersdorf

Radfahrer und Wanderer nutzbaren Grenzübergänge in das nahe Tschechien ermöglichen ausgedehnte erholsame Ausflüge.

Fast übergehend von Neusalza-Spremberg in Richtung Zittau liegt langgestreckt an der B 96 an der noch jungen Spree der Ortsteil Friedersdorf. Er ist eingebettet zwischen Wacht-, Stein-, Ziegel- und Kuhberg mit durchschnittlich 390 m Höhe.

Urkundlich erstmals 1272 erwähnt, erstreckt sich die Gemeinde auf einer Fläche von 1 089 ha mit etwas über 1 600 Einwohnern. Von der gesamten Anlage her ist es (auch heute noch gut erkennbar) ein typisches Waldhufendorf. Schmucke Häuser, entlang der Bundesstraße und am Bächlein Spree (an dieser Stelle darf man das noch sagen), eingerahmt von Feldern und Wald – so präsentiert sich malerisch der Ort. In Jahrhunderten entwickelte er sich als Bauerndorf mit zunehmend industriellem Charakter mit zahlreichen Dienstleistungen und Erholungsmöglichkeiten.

Die fleißigen Einwohner, mit viel Sinn für Ordnung, Sauberkeit und Gestaltung, haben für ein schmuckes Ortsbild gesorgt: Wer heute Erholung in Wald und Flur sucht, Sinn für Natur und Wandern besitzt, aber auch Interesse für Geschichte und Bauwerke zeigt … hier hat er dies alles. Bei Spaziergängen auf dem Ringwanderweg um den Ort erfreut sich der Besucher an sanft ansteigenden Bergen, ruhigen Wäldern, aber auch an einmaligen Sehenswürdigkeiten (Schlosspark, Lindenallee, Umgebindehäuser). Dies alles wird sinnvoll ergänzt durch Tiergehege, ruhige Teiche, aber auch ideal liegende Einkaufsmöglichkeiten und Gaststätten, Pensionen, Ferienhäuser, Privatquartiere; betreut von überaus gastfreundlichen Oberlausitzern mit ihrer unverwechselbaren liebenswerten Eigenart. Durch die zentrale Lage begünstigt, sind attraktive sächsische Sehenswürdigkeiten und Städte günstig erreichbar.

Idyllischer Blick auf den Ortsteil Spitzkunnersdorf

Gemeinde Leutersdorf

Die Gemeinde Leutersdorf liegt inmitten des Oberlausitzer Berglandes, in der Nähe des Zittauer Gebirges. Urkundlich wurde Leutersdorf zum ersten Mal im Jahre 1347 unter dem Namen Lutgersdorf erwähnt; der Ort gehörte zur Herrschaft Rumburg-Tollenstein. Im Jahre 1998 wurde der Nachbarort Spitzkunnersdorf im Zuge eines freiwilligen Zusammenschlusses nach Leutersdorf eingegliedert.

Heute leben ca. 4 100 Einwohnern in der Gemeinde. Im Ort befinden sich eine Grundschule, vier Sportplätze, zwei Sporthallen, eine Sprungschanze, eine Skateranlage, ein Streichelzoo, zwei Spielplätze, Apotheke, Ärzte, Filiale der Sparkasse, Einkaufsmöglichkeiten, drei Kirchen und Gaststätten mit Zimmervermietungen. In der Gemeinde sind eine Reihe größerer und kleinerer Industrie- und Handwerksbetriebe, besonders der Textil- und Metallverarbeitung, angesiedelt.

Auch mehrere landwirtschaftliche Betriebe prägen das Leutersdorfer Ortsbild. Hinzu kommen noch viele Dienstleistungsbetriebe aus allen Bereichen für das tägliche Leben. Groß geschrieben wird in allen Ortsteilen das vielfältige Vereinsleben, das eine über 100-jährige Geschichte hat.

Leutersdorf liegt eingefügt in die Oberlausitzer Umgebindehauslandschaft inmitten einer durch Wanderwege erschlossenen schönen Wald- und Feldflur. Es ist ein langgezogenes Straßendorf. Wunderschön hergerichtete Umgebindehäuser lassen den Ort erstrahlen.

Der Ort ist Mitglied im Naturpark Zittauer Gebirge und liegt in einer reizvollen Landschaft, die durch drei basaltische Spitzberge gekennzeichnet ist (Oderwitzer Spitzberg, Spitzkunnersdorfer Spitzberg, Varnsdorfer Spitzberg). Der Spitzkunnersdorfer Spitzberg wird nicht nur als »Großer Stein« bezeichnet, sondern auch als »Goethekopf« wegen der besonderen Anordnung der Basaltsäulen. In den Monaten, in denen die Bäume kein Laub tragen, ist das liegende Kopfprofil des großen deutschen Dichters Goethe deutlich zu erkennen.

Umgebindehaus in Leutersdorf

Leutersdorf liegt eingefügt in die Oberlausitzer Umgebindehauslandschaft inmitten einer durch Wanderwege erschlossenen schönen Wald- und Feldflur. Man kann den Ort mit Bus oder Auto erreichen.
Eine der höchsten Stellen in Leutersdorf ist der Wacheberg mit einer Höhe von 452 m. Hier befinden sich sechs Windkraftanlagen.
Der Wacheberg bietet bei schönem Wetter einen imposanten Fernblick. Ein architektonisches Kleinod sind die Ornamentdächer der katholischen Kirche (erbaut 1862) und der evangelischen Kirche (erbaut 1865). Beide Gotteshäuser wurden vom dem bedeutenden Zittauer Architekten Carl August Schramm entworfen. Die Motive der Ornamentdächer sind einmalig in Deutschland.
Leutersdorf wurde nicht zuletzt bekannt durch den Räuberhauptmann Karasek, der mit seiner Räuberbande Ende des 18. Jahrhunderts in der näheren Umgebung sein Unwesen trieb. Man erzählt sich, dass er besonders geizige Reiche bestohlen hat und die Beute an Arme verteilte. Natürlich behielt er einen Teil der Beute. In der bekannten Karasekhöhle versteckte er seine Schätze. Sein Quartier hatte Karasek in der Greibichschenke im Leutersdorfer Ortsteil Dörfel, an die heute nur noch ein Hinweisschild erinnert. Wer mehr über Karasek erfahren möchte, sollte unbedingt dem Karasek-Ring-Wanderweg folgen, den man unterhalb der Windkraftanlagen am Fuße des Wacheberges erreicht. Hier findet man auch eine Gaststätte names »Karasekschenke«, die die hungrigen Wanderer zum Verzehr der »Karasekplatte« einlädt.
Allen Kindern und Tierliebhabern empfehlen wir einen Besuch in unserem Streichelzoo. Esel Johnny und seine tierischen Freunde freuen sich über jeden Gast.
Leutersdorf, als Ausgangspunkt für schöne Wanderungen, wegen seiner tollen Gastlichkeit und seiner freundlichen Menschen, ist stets einen Besuch wert. Weitere Informationen erhalten Sie unter www.leutersdorf.de

Umgebindehaus in Obercunnersdorf

Obercunnersdorf mit dem Ortsteil Kottmarsdorf

Die Gemeinde Obercunnersdorf wurde im Zuge der Gemeindegebietsreform 1999 neu gebildet als Zusammenschluss der bis dahin selbstständigen Gemeinden Obercunnersdorf und Kottmarsdorf.
Die Geschichte beider Orte reicht weit zurück in die Zeit der Kolonisation der ostelbischen Gebiete. Urkundliche Erwähnung fand Obercunnersdorf erstmalig 1221 im Zusammenhang mit der zweiten Weihe des St. Petri Domes in Bautzen.
Kottmarsdorf feierte im Jahr 2006 das 700-jährige Jubiläum seiner Ersterwähnung. Die kleine Urkunde wird im Archiv der Stadt Löbau aufbewahrt.
Das Verbindende beider Dörfer ist der 583 Meter hohe Berg Kottmar, an dessen ausladenden Westhang die Spree entspringt.
Kottmarsdorf ist einer der höchstgelegenen Orte des Landkreises Görlitz. Markant ragt der spitze Turm der barocken Dorfkirche in den Himmel und gibt dem Reisenden gleichsam Orientierung. Die Staatsstraße S 148 gilt als Teil einer der ältesten Nord-Süd-Verbindungen, die in Bautzen von der »Hohen Straße« abzweigte und Prag zum Ziel hatte. Auch heute ist Kottmarsdorf stark vom Durchreiseverkehr in Richtung Tschechien frequentiert.
Außer der eben genannten barocken Dorfkirche in Kottmarsdorf sind beide Orte durch eine reiche Zahl bedeutender Denkmale geprägt.
Obercunnersdorf trägt den Namen »Denkmalort der Oberlausitz«. Eine Vielzahl schieferbehangener und durch bauliche Details bestechender Umgebindehäuser hat das Dorf nun wieder in den Blickpunkt von Volkskundlern, Architekten, aber ebenso von Touristen gebracht. Das Umgebindehaus ist eine gelungene Verknüpfung des slawischen Blockbohlenbaues und des fränkisch-thüringischen Fachwerkbaues. In Obercunnersdorf

Bockwindmühle in Kottmarsdorf

findet der Gast etwa 250 dieser Zeugnisse dörflichen Bauens. Jede Straßenbiegung, jede enge Gasse bietet dem kulturell interessierten Besucher einen neuen Blick auf reich mit Schieferbehang und solider Zimmermannsarbeit geschmückte Häusergruppen.
Kleine Hausgärten können bewundert werden, alte Türen, schmiedeeiserne Gitter, granitene Türstöcke. Geschmunzelt wird oft über die vielen kleinen Fenster, die oftmals in Kniehöhe über dem Straßenniveau liegend, den Besucher zum Gulliver im Zwergenland wachsen lassen.
Im Schunkelhaus, einem der kleinsten Gebäude des Dorfes, erhält der Besucher einen Einblick in die Lebensweise der Oberlausitzer Leineweber. Ebenso bietet die Heimatstube im Haus des Gastes interessante Einblicke in die Obercunnersdorfer Geschichte. Beachtenswert ist auch die barocke Dorfkirche; dass sie zu den schönsten Sachsens gezählt wird, verdankt sie vor allem der farbenfrohen Ausmalung im Bauernbarock. Informieren kann man sich in der Touristinformation, die natürlich in einem Umgebindehaus untergebracht ist. Dort erfährt der Gast ebenso, wann im Ortsteil Kottmarsdorf die Bockwindmühle und das Friseurmuseum geöffnet haben oder an welchen Tagen die Mühlenbäcker vom Verein der Natur- und Heimatfreunde Kottmarsdorf den großen Backofen im Müllerhaus anheizen und duftendes Brot backen.
Die Bockwindmühle ist das Wahrzeichen Kottmarsdorfs. Früher drehten sich drei Mühlen in dem windigen Dorf am Kottmarberge. Eine davon ist dank des unermüdlichen Einsatzes Kottmarsdorfer Bürger als technisches Denkmal komplett erhalten geblieben.
Eine weitere Rarität des Dorfes ist das Friseurmuseum. Hier haben Enthusiasten eine Menge Utensilien, Einrichtungsgegenstände aus der Friseurgeschichte zusammengetragen. Und der erstaunte Besucher erfährt, dass der Friseur oder besser der Barbier in der Vergangenheit ebenso Zähne zog.

Blick auf die Stadt Herrnhut und das Oberlausitzer Bergland

Stadt Herrnhut

Böhmisch-mährische Exulanten fällten 1722 den ersten Baum zum Bau Herrnhuts. Zu dieser Zeit stand der Freie Reichsgraf Nikolaus Ludwig von Zinzendorf im Dienst des sächsischen Herrscherhauses in Dresden. Auf seinem Gut wurde den Gründern der Flecken an der Straße zwischen Löbau und Zittau zugewiesen. Die protestantischen Glaubensflüchtlinge stellten sich bewusst unter »des Herrn Obhut«. In den Folgejahren wuchs die Siedlung, 1727 führte es zum Beginn der »Erneuerten Evangelischen Brüder-Unität«: Die Exulanten waren Glieder der vorreformatorischen böhmischen »Unitas fratrum«, 1457 Gründung. Zinzendorf stellte sich bald ganz in den Dienst der Brüder-Unität; Herrnhut ist der Ursprungsort der weltweiten Missionsarbeit, aus der in fast allen Erdteilen heute selbständige Unitätsprovinzen erwachsen sind. Die Herrnhuter Brüdergemeine ist zu einem weltweiten Begriff als Evangelische Freikirche geworden. Dieser Bekanntheitsgrad Herrnhuts und der städtische Charakter der Ortsanlage waren der Staatsregierung Anlass, Herrnhut 1929 das Stadtrecht zu verleihen. Darüber hinaus ist Herrnhut neben den Losungen der Brüdergemeine – ein evangelisches Andachtsbuch für den täglichen Gebrauch –, welche in über 50 Sprachen übersetzt werden, auch durch den original Herrnhuter Advents- und Weihnachtsstern seit dem 19. Jh. bekannt geworden. Die Stadt ist von der Brüdergemeine, Handwerk und Gewerbe bis zu mittelständischen Unternehmen geprägt und hat sich zu einer kleinen Stadt »von Welt« entwickelt. Zahlreiche touristische Angebote ziehen bei einem breiten infrastrukturellen Angebot in zunehmendem Maße Gäste und Interessierte an. 2006 ist die Stadt zur bundesweit kleinsten Klimaschutzkommune erklärt worden. Besichtigungswert sind der sogenannte Herrnhuter Barock, Kirchsaal, Gottesacker (Friedhof), die Herrnhuter Gartenhäuser, das Völkerkundemuseum, Heimatmuseum und der Kunstbahnhof. In landschaftlich reizvoller Lage bieten Wander-, Rad- und Reitwege Erholung und Entspannung. Der Skulpturenpfad und der Zinzendorf-Lehrpfad verdeutlichen Sehenswertes und künstlerische Gestaltung mit historischem Bezug.

Historischer Marktplatz mit neu errichtetem Brunnen und neu saniertem Rathaus

Stadt Ostritz

Ostritz ist eine liebenswerte Stadt mit Kultur und besonderem Flair; viele Vereine, Organisationen und Gruppen prägen das gesellschaftliche Miteinander. Im Städtchen leben heute rd. 2 850 Einwohner. Die erste Ansiedlung war ein slawisches Dorf in Form eines nicht geschlossenen Rundlings an einem Nebenarm der Neiße. Die Siedlung »Ostros« gehörte zum Weichbild Zittaus und somit zum Königreich Böhmen. Erster deutscher Adliger war Otto I. von Dohna um 1230, dessen Tochter Adelheid die erste Äbtissin des Zisterzienserinnenklosters St. Marienthal (gegr. 1234) war. Zahlreiche fränkische Bauern waren die ersten deutschen Siedler, die hier ihr Brot fanden. Durch das Kloster, das ständige Erweiterung und Macht erfuhr (u.a. persönlichen Schutz der böhmischen Könige), erblühte das Städtchen Ostritz zunehmend. Die Oberlausitzer Sechsstädte beobachteten die Entwicklung mit Misstrauen und planten gewaltsame Änderungen, die aber klösterlicherseits rechtzeitig entdeckt und vereitelt wurden. Gemeinsam mit den wohlgesonnenen Stadtoberen geschah dies. Allerdings wandte sich der Gegner nunmehr wutentbrannt der Stadt zu und zerstörte, was zu zerstören war. Viel Zeit ging ins Land und manche Änderung stand noch bevor. In der 2. Hälfte des 19. Jhts. begann auch hier die Industrialisierung Fuß zu fassen: Die Eisenbahnstrecke Görlitz–Zittau wurde gebaut (1873/75), die Neiße begradigt, die Jutespinnerei eröffnet (1884), eine Seidenweberei installiert (1886), die elektrische Beleuchtung eingeführt (1897). Bis 1938 bestand auch eine Klosterschule. Trotz zahlreicher Repressalien zählte man 1984 anlässlich der Wallfahrt zum 750-jährigen Klosterbestehen 25 000 Besucher. Nach dem Wegfall typischer Industriebetriebe (seit 1990) musste sich die Stadt wirtschaftlich neu orientieren; so gab der Konvent des Klosters die Landwirtschaft auf und verpachtete den Boden; in den Wirtschaftsgebäuden befindet sich seit 1992 das Internationale Begegnungszentrum St. Marienthal (IBZ). Gemeinsam mit diesem nahm die Stadt erfolgreich mit dem Projekt Energieökologische Modellstadt Ostritz an der EXPO 2000 in Hannover teil.

Ansicht der im böhmisch-barocken Baustil errichteten Klosteranlage von Nord-West im Neißetal/Naturschutzgebiet. Im Vordergrund der östlichste Weinberg Deutschlands.

Zisterzienserinnenabtei Klosterstift St. Marienthal

Das Kloster St. Marienthal, eingebettet in das romantische Durchbruchtal der Neiße/Oberlausitz, ist das älteste der wenigen Zisterzienserinnenklöster in Deutschland, die ohne Unterbrechung erhalten geblieben sind. Am 14. Oktober 1234 gründete die Tochter König Philipps von Schwaben, Königin Kunigunde von Böhmen, ein Nonnenkloster, das 1237 dem Zisterzienserorden inkorporiert wurde. Das Kloster hatte bis ins 19. Jahrhundert 21 Ortschaften und vier Ortsteile unter sich. 1283 kam das Kloster vom Bistum Prag an das Domdekanat zu Bautzen. Die Äbtissin besaß bis ins 20. Jahrhundert das Patronatsrecht über eine Anzahl von Pfarrkirchen. 1427 wurde das Kloster durch die Hussiten völlig zerstört. Die 1452 wiedererrichteten Klostergebäude brannten 1515, 1542 und 1683 bis auf die Grundmauern ab. Der Auflösung des monastischen Lebens in der Reformation begegnete man 1583, 1594 und 1623 mit der Absetzung der jeweiligen Äbtissin. Nach dem Übergang der Oberlausitz von Böhmen an Kursachsen wurde 1653 durch den Traditionsrezess der Fortbestand des Klosters mit allen Rechten und Freiheiten garantiert. Von Marienthal aus wurde in der 2. Hälfte des 19. Jahrhunderts das 1782 aufgehobene Zisterzienserinnenkloster Himmelpforten in Tischnowitz (Mähren) wieder eingerichtet. Eine seit 1838 bestehende Mädchenschule und ein Waisenhaus wurden 1938 vom Staat geschlossen. Die Klostergebäude sind 1743/44 barock erbaut und bilden ein Flächendenkmal.

Nur knapp entging das Kloster am 8. Mai 1945 der Zerstörung bei Luftangriffen. Mit der Neiße als Grenze büßte das Kloster ein Drittel der Besitzungen ein. Einem Aufruf des Papstes folgend, wurde 1955 in den Räumen des ehemaligen Waisenhauses und der Schule ein Heim für 60 geistig behinderte Mädchen eingerichtet. Dieses wurde 1999 übergeführt in ein neu errichtetes Wohnheim, dem Pater-Kolbe-Hof in Schlegel – einem ehemaligen Klostergut. Mit der politischen Wende 1989 kamen neue Herausforderungen auf das Kloster zu. Einen neuen Weg beschritten die Schwestern 1992 mit der Errichtung der Stiftung »Internationales Begeg-

In seiner Art einmalig im deutschen Raum: Kreuz- oder Kalvarienberg – errichtet 1728. 13 Stationen führen einander schräg gegenüberliegend den Berg hinauf zur Kreuzigungsgruppe.

nungszentrum St. Marienthal«, denn gestützt auf die Gunst des Standortes im Dreiländereck kann Begegnung und Freundschaft der Völker geschehen.

Schwerpunkte bilden die Bewahrung der Schöpfung, Frieden und Versöhnung der Völker, grenzüberschreitender Dialog, das Wohl der Familien und die nachhaltige Schaffung von Arbeitsplätzen. Für die Region hat sich das Kloster seit der Wende wieder zu einem bedeutenden Wirtschaftsfaktor entwickelt und unterstreicht die Bedeutung als Kultur- und Flächendenkmal von nationalem und internationalem Rang. Das Kloster Marienthal ist Teil des Jakobus-Pilgerweges und der »Via Sacra«, die sakrale Kostbarkeiten im europäischen Kulturraum Oberlausitz, Niederschlesien und Nordböhmen verbindet. Das Kloster bietet eine Fülle von Angeboten und Attraktionen: Klosterführungen, der Garten der Bibelpflanzen, die Ausstellung »Ora et labora« und die Energieausstellung, die insbesondere informiert über die »Energie-ökologische Modellstadt Ostritz-St. Marienthal« und die Besichtigung der reaktivierten Wasserkraftanlage einschließt. Darüber hinaus kann der Besucher die Kräutermanufaktur besichtigen und einen Essigkeller besuchen. Mit der 1997 wiedereröffneten Klosterschenke verbindet sich ein qualitativ hohes gastronomisches Angebot. Und nicht zuletzt bietet die Abtei Gästen und Gruppen klösterliche Gastfreundschaft und die Möglichkeit persönlicher Ruhe, Einkehr und Besinnung. Dafür stehen im klösterlichen Ambiente über 150 Übernachtungsmöglichkeiten zur Verfügung. Im Klosterladen sind außer Souvenirs, Bücher, Handarbeiten auch Köstlichkeiten aus der klostereigenen Bäckerei erhältlich. Das wissen insbesondere die vielen Radfahrer zu schätzen, die entlang des Radwanderweges aus dem romantischen und unter Naturschutz stehenden Neißetal kommend, im Kloster Station machen, bevor sie ihren Weg Richtung Ostsee oder Zittau fortsetzen. St. Marienthal ist zu einem anziehenden Ort der Begegnung, der Besinnung und der Erholung geworden – getragen vom Gebet und der Arbeit der hier lebenden Nonnen.

Marktplatz mit Erdachsenbrunnen

Stadt Bernstadt auf dem Eigen

Die kleine Stadt (4 062 Einwohner) liegt 234 m ü.NN, fand 1234 ihre Ersterwähnung und besteht aus den Ortsteilen Bernstadt auf dem Eigen, Kunnersdorf auf dem Eigen, Altbernsdorf auf dem Eigen, Dittersbach auf dem Eigen und Kemnitz; sie liegt etwa in der Mitte des Städtedreiecks Löbau–Zittau–Görlitz. In den bisherigen 775 Jahren hat sich Bernstadt zu einem beachtlichen Zentrum des Handels und Gewerbes entwickelt. Die interessante Stadtlage mit Markt und Erdachsenbrunnen trägt den Charakter frühdeutscher Besiedlung, und die geografische Lage ermöglicht schnelle Ausflüge in die Lausitzer Berglandschaft, das Zittauer Gebirge, nach Tschechien, ins Riesengebirge, Altvatergebirge oder in die Beskiden.
Innerhalb des im Pließnitztal angelegten Waldhufendorfs »Bernhardisdorf« wurde Mitte des 13. Jahrhunderts der obere Teil der Ansiedlung nach einem modernen Plan erbaut und zur Stadt erhoben. Erste Grundherren waren Friedrich von Schönburg-Glauchau und die Kamenzer adligen Brüder Otto und Bernhard. Die Besitzungen nannten sie ihr »Eigen«; jedoch verkaufte man sehr bald die Dörfer des »Eigens« an das Zisterzienserinnen-Kloster St. Marienstern in Panschwitz-Kuckau bei Kamenz; bis 1852 war die kirchliche Einrichtung Grund- und Gerichtsherr der »Bernstaedter Pflege«, wodurch man auch sehr bald Marktrechte und weitere Privilegien erhielt. Das wirtschaftliche Leben wird vorrangig von Handwerk, Gewerbe und Handelseinrichtungen geprägt. Die Textilindustrie, deren modernstes Werk erst 1986 die Produktion von Gespinsten aufgenommen hatte, unterlag bereits in den neunziger Jahren den Bedingungen der Marktwirtschaft. 1990 wurde durch die Produktion von Gesundheitsschuhen der Fa. Birkenstock, heute S.P.P., ein neuer Industriezweig ansässig. An Sehenswürdigkeiten gibt es etliches, der »Erdachsenbrunnen« ist wohl das Kurioseste; Tuchmacherhäuser, Denkmal für den Raketenpionier Klaus Riedel, Pließnitztal, Wallschanze auf dem Burgberg, Knorrberg mit stillgelegtem Steinbruch, Park mit mehrhundertjährigen Eichen – und vieles mehr.

Neuerrichteter Aussichtsturm (29 m) auf der Neuberzdorfer Höhe

Schönau-Berzdorf auf dem Eigen

Zur Gemeinde, die sich 1963 unter dem Doppelnamen zusammenschloss, gehört noch Kiesdorf auf dem Eigen; die ursprünglichen Waldhufendörfer gehen in ihrer Entstehung bis ins 12./13. Jahrhundert zurück und bilden ein Teilgebiet des »Eigenschen Kreises«, der in der Geschichte der Region dadurch seinen besonderen Charakter hatte, dass er fast 600 Jahre zu den Besitzungen des Zisterzienserinnenklosters St. Marienstern in Panschwitz-Kuckau bei Kamenz gehörte und sich hinsichtlich Verwaltung und ökonomischer Struktur von den Gutsdörfern der Umgebung unterschied. Das Wort »Eigen« geht auf die einstigen Besitzverhältnisse zurück: Durch Schenkung gelangte das Gebiet an das Bistum Meißen; es war den Bischöfen »geeignet«; das bedeutet, dass Stadt und umliegende Dörfer von Lehnsverpflichtungen gegenüber dem Landesherren, von Kriegsdienst und Steuern befreit waren.

Charakteristisch ist die Anordnung der Gebäude (Fachwerkhäuser, große markante Vierseitenhöfe) entlang der Flussauen Pließnitz und Gaule. Beide Dörfer sind geprägt durch fruchtbare Böden (Löß bzw. Lößlehm) und saftige Wiesenauen. Daher ist es nicht verwunderlich, dass die Landwirtschaft mit Milchviehanlagen und Biogasproduktion bei uns zu Hause ist.

In den nächsten Jahren vollzieht sich aber ein Wandel hin zu touristischen Orten. Der 950 ha große Berzdorfer See (ehemals Kohlengrube) mit 75 m Tiefe, glasklarem Wasser und die 1 000 ha Wald mit Wander-, Rad- und Reitwegen, 29 m Aussichtsturm, 18–Loch–Golfplatz und herrlichen Badestränden werden die Besucher anlocken, auch aus Polen und Tschechien.

Einen wunderschönen Blick hat der Besucher vom neuerrichteten Aussichtsturm auf den Berzdorfer See, das Iser- und Riesengebirge, das Oberlausitzer Bergland mit Kotmar und Lausche und auf die Stadt Görlitz mit den Türmen der Peterskirche.

Dorfkirche in Herwigsdorf mit einmaligem Dachreiterturm von 1545

Gemeinde Rosenbach

Die Gemeinde Rosenbach mit ca. 1 800 Einwohnern entstand 1994 aus den bis dahin selbständigen Orten Bischdorf und Herwigsdorf. Auf einer Gesamtfläche von ca. 2 350 ha erstreckt sie sich 7 km entlang des Rosenbaches und ist von den bewaldeten Höhenzügen des Löbauer Berges sowie des Rotsteins umgeben. Bischdorf wurde 1227 in einer Belehnung durch den Meißner Bischof als »Biscofisdorf« und Herwigsdorf 1317 durch Zuweisung zur Löbauer Gerichtsbarkeit erstmals urkundlich erwähnt. Beide Orte wurden von deutschen Kolonisten angelegt. Zahlreiches Fundmaterial aus der Bronze- und Slawenzeit sowie Hacksilber und Münzen zeugen von der Vergangenheit. Charakteristisch sind die Waldhufenflur und die über Jahrhunderte bestehenden Lehns- bzw. Rittergüter, die nach 1900 zum Teil verstaatlicht wurden. Als ältestes Baudenkmal kann die Kirche zu Bischdorf gelten, deren Chorraum mit Sterngewölbe aus dem 13. Jh. stammt. Altar und Kanzel zeugen vom Geschick der Handwerker. Die kleine rechteckige Dorfkirche in Herwigsdorf wurde 1545 anstelle eines abgebrannten Vorgängerbaus errichtet; das Erscheinungsbild ist jedoch besonders durch Baumaßnahmen und die Ausstattung aus dem 18. Jh. geprägt. Erwähnenswert sind die doppelten Emporenführungen, der Kanzelaltar, die Herrschaftsloge, die bemalte Felderdecke (1595) und der einmalige Dachreiterturm.
Die Haupterwerbszweige sind in unserer Gemeinde Landwirtschaft und Dienstleistung. Die Wirtschaftsstruktur des Ortes wird von vielseitigen Gewerbe- und Handwerksbetrieben mit ca. 350 Arbeitsplätzen geprägt. Die Grundschule in Herwigsdorf wurde 1901 erbaut. Sie bietet etwa 110 Schülern optimale Lernbedingungen. Zur Betreuung unserer Jüngsten stehen in der Gemeinde zwei Kindertageseinrichtungen zur Verfügung. Hier werden Kinder im Alter von einem Jahr bis zum Ende des 4. Schuljahres betreut. Im Bereich des Hotel- und Gaststättengewerbes findet man einige attraktive Objekte: Der Landgasthof »Deutsches Haus« mit seiner gutbürgerlichen Küche bietet nebenher Billard- und Vereinszimmer sowie einen großen Saal zur Nutzung an; außerdem stehen

Bischdorf mit Blick zum Rotstein, dem ältesten Naturschutzgebiet Sachsens

9 gut ausgestattete Doppelzimmer bereit. Die Ausflugsgaststätte »Mittelmühle« in Bischdorf ist eine restaurierte Wassermühle mit dem größten innenliegenden und funktionstüchtigen Wasserrad Sachsens; es hat die stattliche Größe von 5 m im Durchmesser. In Speiserestaurant und Mühlenstube können sich die Gäste mit Haxen- und Wildspezialitäten verwöhnen lassen. Behaglich eingerichtete Hotelzimmer sowie eine Sammelunterkunft für 20 Personen geben zusätzlich Labe inmitten dieser reizvollen Umgebung. Ein lohnenswertes Ausflugsziel ist auch die Gaststätte mit Pension »Einkehrhaus« auf dem Galgenberg. Das Leben im Dorf ist von aktiver Vereinstätigkeit geprägt. So gibt es zwei Sportvereine, denen zwei Sporthallen und Sportplätze zur Verfügung stehen, den Rassegeflügel- und Kaninchenzüchterverein, welcher gerade sein neues Vereinshaus in Besitz genommen hat, den Oberlausitzer Motorradclub Herwigsdorf, die Oberlausitzer Pferdereisen, Club der Wanderreiter und Gespannfahrer und natürlich eine Freiwillige Feuerwehr mit zwei Ortsfeuerwehren. Die im Laufe eines jeden Jahres stattfindenden Feste werden von den Vereinen mit Unterstützung der Gemeinde organisiert und durchgeführt. Dazu gehört das Hexenbrennen am Vorabend des 1. Mai, das Motorradtreffen zu Christi Himmelfahrt, das Hähnewettkrähen an Pfingsten, die Depotfeste der Feuerwehr sowie das Dorffest zur Kirmeszeit. Wer indes mehr fürs Wandern übrig hat, kann den Rotstein (454 m) und das ihn umgebende älteste Naturschutzgebiet Sachsens, mit vielen botanischen Seltenheiten erkunden. Bemerkenswert ist auch das Naturdenkmal 1000-jährige Eiche in Herwigsdorf mit einem Kronendurchmesser von 31,5 m und einer Höhe von 25 m. Der Radwanderweg »Rund um den Löbauer Berg« führt mitten durch unsere Gemeinde. Aber auch hoch zu Ross kann man die Schönheiten der Natur rund um Rosenbach entdecken. Der ortsansässige Verein der Wanderreiter- und Gespannfahrer e.V. bietet hier vielseitige Möglichkeiten. Freunde des Reitsports können die Oberlausitz auf einem ausgebauten Reitwegnetz mit zahlreichen Rastplätzen, wanderreiterfreundlichen Gaststätten und Herbergen erkunden.

Görlitz/Zhorjelc – die östlichste Stadt Deutschlands

Mitten im Herzen Europas befindet sich die jetzt dem Landkreis Görlitz zugehörende, ehemals kreisfreie niederschlesische Stadt Görlitz, gelegen am westlichen Ufer der Neiße, die hier durch die Ausläufer des böhmisch-lausitzischen Grenzgebirges den Ostrand der Lausitzer Platte durchbricht. Die höchste Erhebung des Görlitzer Stadtgebiets, die Landeskrone, liegt 420 m ü.NN, die niedrigste Stelle der Stadt befindet sich an der Neiße bei 185 m ü.NN. Die Große Kreisstadt (67,22 qkm Fläche, rund 57 000 Einwohner), Mitglied der Euroregion Neiße, fand zum ersten Mal im Jahre 1071 als »villa gorelic« Erwähnung , als Heinrich IV. das Dorf dem Bischof von Meißen übereignete. Am Kreuzungspunkt wichtiger Handelsstraßen zwischen Ost und West, Süd und Nord, wurde Görlitz zu einem angesehenen und bedeutenden Handelszentrum; nach 1268 erreichte die Stadt durch ihre Erweiterung rund um den heutigen Obermarkt die Begrenzung, die sie für sechs Jahrhunderte bewahren sollte.

1346 wird zum Schutz der Hohen Straße der Sechsstädtebund zwischen Bautzen, Görlitz, Lauben (Lubau), Löbau, Kamenz und Zittau gegründet. Es war ein Schutz- und Trutzbündnis. Gemeinsam sollten fortan die Handelswege geschützt und die politische Macht gegenüber dem Adel verstärkt und ausgebaut werden. Mitte des 16. Jahrhunderts verlor der Bund zunehmend an Bedeutung; als schließlich 1815 Görlitz und Lauban an Preußen fielen, war das Schicksal des einst mächtigen Bündnisses besiegelt. 1991 fanden sich die Stadtväter der Städte erneut zusammen: Sechsstädtebund heute, das heißt gemeinsame Anstrengung für lebenswert Schönes in der Region, für Attraktivität und gemeinsames Anpacken gemeinsamer regionaler Probleme, ganz besonders in den Bereichen Kunst und Kultur, Sport und Tourismus. In dieser Gemeinsamkeit liegt für alle Beteiligten eine Bereicherung.

Die Stadt Görlitz kann man zu Recht die kulturelle und wirtschaftliche Metropole des schlesischen Teils der Oberlausitz nennen. Das durch reiche spätgotische, renaissancezeitliche und barocke Bürgerhäuser in der Innenstadt und ausgedehnte Gründerzeitviertel bestimmte Görlitz blieb im Zweiten Weltkrieg von Zerstörungen fast völlig verschont. Mit 3 500 größtenteils restaurierten Baudenkmälern kann die Stadt eines der besterhaltenen historischen Stadtbilder in Deutschland aufweisen und bildet das größte Flächendenkmal Deutschlands. So gehört beispielsweise der Kaisertrutz (1490) als Teil des »Budissiner Tores«, des westlichen Stadttores, zur Stadtmauer und beherbergt heute das Museum der Städtischen Sammlungen für Geschichte und Kultur. Der Reichenbacher Turm (1376) gilt als schönster der Görlitzer Wehrtürme, die daran angebrachten 12 Wappen verleihen ihm ein besonderes Gepräge. Wahrscheinlich noch etwas älter ist der 1305 erstmals erwähnte Dicke Turm, der den Namen seiner Mauerstärke, die im unteren Viertel 5 m beträgt und seine Berühmtheit einem von Kaiser Sigismund verliehenen Relief verdankt. Berühmt ist ebenfalls die Rathaustreppe (1534/35), die von Wendel Roskopf d.Ä. geschaffen wurde – eine Justitia (ohne Augenbinde) als Wahrzeichen der Hohen Gerichtsbarkeit gesellte sich Ende des 16. Jahrhunderts hinzu. Vom gleichen Meister stammt Deutschlands ältestes datiertes Bürgerhaus im Renaissancestil, der Schönhof (1526); ein weiteres Zeugnis der Renaissance ist das Biblische Haus, an dessen Fassade in Sandstein gemeißelte Szenen aus dem Alten und Neuen Testament zu bewundern sind. Auch der Barock hinterließ eindrucksvolle Spuren: das Napoleonhaus (1717/22) – der Kaiser soll vom Balkon eine Heerschau abgenommen haben.

Der Görlitzer Reichtum an steinernen Zeugen der Vergangenheit macht es unmöglich, alles zu nennen. Erwähnt sei aber noch das Heilige Grab (1465–1504) – mittelalterliche Kopie des Heiligen Grabes von Jerusalem und ältester symbolischer Landschaftsgarten Deutschlands, das Rent- oder Waidhaus, der Nikolaiturm, die Kirchen: Hauptpfarrkirche St. Peter und Paul, eine der größten und raummächtigsten spätgotischen Hallenkirchen im östlichen Deutschland (1423–97), die Nikolaikirche (1452–1520), die Frauenkirche (1459–86); ferner der 1914/17 erbaute, großzügig angelegte Bahnhof, der Viadukt (1845/57), für den Neißeübergang der Niederschlesisch-Märkischen Eisenbahn errichtet – architektonische Kostbarkeiten.

In Görlitz finden das ganze Jahr über verschiedene Feste und Großveranstaltungen statt. Bedeutendste kulturelle Veranstaltung dürfte das Altstadtfest sein. Jährlich findet das Sommertheater auf dem Görlitzer Untermarkt, also in historischer Kulisse, statt. 2004 wurde das erste Historienspiel »Der verräterischen Rotte Tor. Tuchmacheraufstand zu Görlitz 1527« aufgeführt und begründete somit das Sommertheater auf dem Görlitzer Untermarkt.

Kirchplatz im Ortsteil Kunnersdorf

Gemeinde Schöpstal

Die Gemeinde Schöpstal entstand am 1. Januar 1994 aus den bisherigen Gemeinden Kunnersdorf, Ebersbach und Girbigsdorf. Die Schöpstaler Fluren im niederschlesischen Teil der Oberlausitz sind begrenzt durch Görlitz im Osten, das Königshainer Bergland im Westen, Kodersdorf im Norden und Markersdorf im Süden. Bei der Namensgebung für die neue Gemeinde stand der sich durch alle Ortsteile schlängelnde »Weiße Schöps« Pate. Hier leben gegenwärtig 2 700 Einwohner. Seit 1996 gehört die Gemeinde Schöpstal dem Verwaltungsverband »Weißer Schöps/Neiße« an.

Kunnersdorf ist ein klassisches Waldhufendorf und befindet sich nordwestlich von Görlitz. Die Drei- und Vierseithöfe liegen in hochwassersicherer Lage östlich des »Weißen Schöps«. Kunnersdorf wird 1319 erstmals urkundlich als »Cunraczdorf« erwähnt. Der Bau des Kunnersdorfer Schlosses geht auf das 18. Jahrhundert zurück. Es diente nach dem 2. Weltkrieg vorübergehend als Unterkunft für Vertriebene. Im Jahre 2003 begann der Umbau des Schlosses zum Jugend-, Sport- und Verwaltungszentrum.

Die ev. Kirche war bis 1748 Filialkirche von Ebersbach für die Gemeinden Kunnersdorf, Torga, Liebstein, Siebenhufen und die Vorwerke Charlottenhof und Emmerichswalde. Ihre jetzige Gestalt erhielt sie in den Jahren 1788 bis 1791. Am 19. Januar 1791 wurde die Kirche feierlich eingeweiht. Im Jahre 1800 war die Einweihung der Kirchschule am Kirchplatz. Eine neue Schule, deren Bau 1914 begann, aber durch den Krieg unterbrochen wurde, konnte 1919 den Schulbetrieb aufnehmen. Von 1953 bis 1984 diente schließlich das neue Schloss als Schulgebäude. Heute besuchen die Kunnersdorfer Schüler die Schulen in Ebersbach, Kodersdorf und Görlitz. Mit der Bodenreform 1945 wurden die Rittergutsbesitzer von Kunnersdorf und Liebstein und je ein landwirtschaftlicher Betrieb in Siebenhufen und in den Feldhäusern enteignet. Am 1. April 1955 wurde die LPG »Einigkeit«, Typ III gegründet. Eine umfangreiche Rinder- und Schweinehaltung prägte die Jahre bis zur poli-

Schloss Ebersbach im Ortsteil Ebersbach

tischen Wende 1989 bzw. bis zur Auflösung der LPG 1991. Berge umschließen Kunnersdorf von allen Seiten. Auf dem südlich gelegenen Kapellenberg (254 m) stand eine Windmühle, die 1965 abbrannte. Das Gedenkkreuz auf dem Berg wurde 1988 erneuert. Der nördlich gelegene, heute überwiegend mit Birken bewaldete Geiersberg (264 m) war mit Kiefern bewachsen, die im Zweiten Weltkrieg gefällt wurden. Westlich erhebt sich der 296 m hohe Limasberg. Aus seinem Granit wurde in Görlitz 1846/47 der Eisenbahnviadukt über die Neiße errichtet.
Das Waldhufendorf *Ebersbach* liegt nordwestlich von Görlitz und wird vom »Weißen Schöps« durchflossen. Die früheste schriftliche Erwähnung des Ortes findet sich auf zwei in »Ebirsbach« am 2. Oktober 1285 in Gegenwart des Markgrafen Otto von Brandenburg besiegelten Urkunden, in denen der Verkauf von Bernstadt an das Kloster St. Marienstern bei Kamenz quittiert wurde. Archäologischen Ausgrabungen von 1991 zufolge wurde die Wasserburg Ebersbach im 13. Jahrhundert angelegt. Im 17. und 18. Jahrhundert erfolgten am Wasserschloss umfangreiche Umbauten. Seine heutige Gestalt erhielt es 1845. Die Ebersbacher Kirche wurde in der ersten Hälfte des 15. Jahrhunderts erbaut. Der Meißener Bistumsmatrikel von 1495 zufolge unterstand sie dem Erzpriesterstuhl Görlitz. Eingepfarrt ist Ebersbach mit Rosenfeld in die der heiligen Barbara geweihten Kirche Girbigsdorf. Nach Ebersbach sind seit jeher auch die Orte des Kirchspiels eingeschult. Das erste Schulgebäude gab es schon vor 1600. Ein weiteres konnte 1824 eingeweiht werden. 1913 entstand eine neue Schule. Heute ist Ebersbach Grundschulstandort für Kunnersdorf, Girbigsdorf und Königshain.
Mit der Bodenreform 1945 wurde der letzte Besitzer des 136 ha Land umfassenden Ritterguts Ernst Brühl enteignet. In den fünfziger Jahren begann der genossenschaftliche Zusammenschluss auf dem Lande. Handwerk und Gewerbe nahmen nach 1990 einen deutlichen Aufschwung. Im Ort selbst gibt es neben einem kirchlichen Gemeindezentrum mit Kindertagesstätte alle wichtigen Einrichtungen für die Versorgung und Betreuung der

Schloss Girbigsdorf im Ortsteil Girbigsdorf

Bevölkerung. Ebersbach besaß seit 1905 einen Bahnhof an der 1993 stillgelegten Kleinbahnstrecke von Görlitz nach Königshain. Im Jahre 2008 begann der Ausbau der ehemaligen Bahnstrecke zu einem Radweg.
Historisch wertvoll ist eine Reihe von Gebäuden, bei denen das ursprüngliche Fachwerk erhalten blieb. Vor allem weisen bei alten Drei- und Vierseithöfen Bauteile auf eine frühere Umgebindekonstruktion hin.
Das vom »Weißen Schöps« durchflossene Waldhufendorf *Girbigsdorf* liegt westlich von Görlitz. Erstmals wird Girbigsdorf 1282 als »Gerwikesdorf« urkundlich erwähnt, als die Markgräfen Beatrix von Brandenburg zwei Hufen Land kaufte und dem Neißehospital in Görlitz übereignete. Das größte Gut war Ober Girbigsdorf. Es wurde Rittergut, nachdem der erste Adlige den Besitz erworben hatte. Die Güter Mittel Girbigsdorf bildeten drei Hausnummern, die sich jedoch durch Zukäufe über das ganze Dorf verteilten.
Drei Güter hatten ihre eigene Gerichtsbarkeit. Ein besonderer Ortsteil entstand um 1539 durch den Kauf des Görlitzer Bürgermeisters Rösler. Als seine Söhne geadelt wurden, hatten sie ihr Erbe weiterverkauft. Doch aus ihren Namen »von der Rosen« wurde bad darauf das »Rosenfeld« mit 15 Besitzern. Durch Kauf gelangte der Besitz 1696 an das Gut Ober Girbigsdorf.
In den zurückliegenden 40 Jahren hat sich Girbigsdorf grundlegend verändert. Zahlreiche neue Wohnhäuser wurden erbaut. Vor allem in den letzten Jahren sind zwei große Wohngebiete im Ort entstanden. Kirchlich und schulisch gehört Girbigsdorf schon immer zu Ebersbach. Die überwiegend evangelischen Einwohner sind heute in einer Vielzahl von Berufen tätig. Das gesellige Leben im Ort wird durch den Sportverein, die 5. Kompanie der Privilegierten Schützengesellschaft Reichenbach und Umgebung, den Heimatverein »Schöpstal« e.V. und die 1897 gegründete Freiwillige Feuerwehr geprägt. Bereits seit 40 Jahren wird jährlich ein Dorffest gefeiert, nunmehr ein Höhepunkt mit Tradition.

Barbarakapelle und Kirche in Markersdorf

Gemeinde Markersdorf

Die Großgemeinde Markersdorf liegt in Ostsachsen, landschaftlich in der niederschlesischen Oberlausitz, westlich von Görlitz. Eingebettet in eine attraktive Hügellandschaft prägen die acht Ortsteile Land und Leben am Fuße des Landeskrone. Munter plätschern die Bäche des Weißen Schöps, des Friedersdorfer und Pfaffendorfer Wassers über die hiesigen Steinchen und erreichen insgesamt ein Territorium von 62,4 qkm. Zur Zeit leben in der Gemeinde etwa 4 350 Menschen; die A 4 führt unweit vorbei, die B 6 verläuft durch Markersdorf; in der Nähe liegen B 99 und 178.

Die einzelnen Orte haben z.T. eine lange Tradition mit bewegter Geschichte. 1994 ist diese Großgemeinde entstanden. Zahlreiche Fördermittel nach 1990 sind sinnvoll verwendet worden und erlaubten es den ehemals rein landwirtschaftlich geprägten Orten, eigene Gewerbestrukturen zu erschließen. Privatisierte und neugegründete Unternehmen aus Produktion, Handel, Gastronomie und Dienstleistung fanden günstige Rahmenbedingungen vor und sind heute wichtige Arbeitgeber in der Region. Das Jahrzehnt nach der Wiedervereinigung war hier vor allem geprägt vom Ausbau der Straßen in und zwischen den Ortsteilen und dem des Trink- und Abwassernetzes. Das Schlesisch-Oberlausitzer Dorfmuseum und ein neues Rathaus entstanden ebenso wie Eigenheime für Alteingesessene und Neubürger. Eine gutausgebaute Infrastruktur, umfassende medizinische Betreuung, zahlreiche Handels- und Dienstleistungsbetriebe kennzeichnen neben dem breitgefächerten Angebot gewerblicher Unternehmen das Leben in der Gemeinde. Die Kombination von ländlicher Idylle am Fuße der höchsten Erhebung, der Landeskrone, und attraktiver Lage vor den Toren der einmalig schön restaurierten Stadt Görlitz bietet hervorragende Wohn- und Lebensverhältnisse und ist zugleich idealer Ausgangspunkt für touristische Aktivitäten. Mehrere Kitas, eine Grundschule, die zahlreichen kulturhistorischen Sehenswürdigkeiten und das umfangreiche Angebot bezüglich sportlicher Aktivitäten sind bemerkenswert.

Schloss in Mittelsohland a.R., heute Sitz der Gemeindeverwaltung

Sohland am Rotstein

Die Gemeinde Sohland am Rotstein liegt in der Oberlausitz an der Grenze zu Niederschlesien, eingebettet in ein Tal am Fuße des »Rotstein« (455 m), zählt ca. 1 390 Einwohner, hat eine Gesamtlänge von etwa 7 Kilometern und ist somit das längste Mühlendorf der Oberlausitz.

Im 12./13. Jahrhundert als ein durchgängig deutsches Waldhufendorf angelegt, bestand der Ort anfänglich aus zwei Reihen einzelner Güter, die in Abständen an den Talhängen lagen. Es ist also nicht verwunderlich, wenn die stattliche Siedlung »Salland« (Herrengut, Herrenland) genannt wurde. Die Gebäude der ehemaligen fünf Rittergüter stehen als Ruinen bzw. sind saniert und einer Umnutzung zugeführt; Vier- und Dreiseitenhöfe prägen das Ortsbild. Sohland am Rotstein ist eine landschaftliche Idylle. Der Ort teilt sich in Ober-, Mittel- und Niedersohland. Die Dorfstraße schlängelt sich, begleitet vom Schwarzen Schöps, über viele Brücken bis ins Tal an die B 6; 18 Kilometer entfernt liegt Görlitz, 9 Kilometer sind es bis Löbau. Reizvolle Wanderwege und viele Sehenswürdigkeiten sowie interessante Ausflugsmöglichkeiten in die Umgebung machen Sohland zu einem häufig besuchten Ferien- und Ausflugsziel. Für Übernachtungen stehen Pensionen, Ferienwohnungen und ein Hotel zur Verfügung. Nach 1990 haben sich in Sohland einige kleine Gewerbebetriebe angesiedelt; Industrie gibt es nicht, sanfter Tourismus geht vor. Die Einwohner fahren in die umliegenden Städte zur Arbeit, bis nach Reichenbach/O.L. sind es 2 Kilometer. Aufgrund der schönen Ortslage ist ein hoher Zuspruch an Bauwilligen zu verzeichnen; viele Eigenheime sind gebaut worden. Die Gemeinde hat sich bemüht, den Ort noch anziehender zu gestalten, indem sie eine Bockwind- und eine Holländer Windmühle durch Rekonstruktion erhalten hat. Ein Kleinod ist die inzwischen völlig erneuerte Dorfkirche. Sohland gewinnt durch seinen Hausberg, den Rotstein, an Beliebtheit. Er wurde 1912 unter Naturschutz gestellt; seltene Pflanzen lassen sich entdecken, und vom Gipfel sieht man bei schönem Wetter die Berge von Oberlausitz, Iser- und Riesengebirge.

Schloss Krobnitz – Altersruhesitz des ehemaligen preußischen Kriegsministers Albrecht Graf von Roon, ist heute Ort der kulturellen Begegnung unterschiedlichster Art.

Reichenbach/Oberlausitz

Schon von weitem sichtbar ragt trutzig der Turm der alten Wehrkirche aus dem Tal zwischen den Hügeln und Bergen – Ausläufern der Königshainer Berge im Nordosten und dem Rotstein im Westen sowie dem Töpferberg – heraus. Dennoch ist das Städtchen kein zurückgezogener Ort: Seit jeher ist das Schicksal der Stadt an ihre große Durchgangsstraße, die mittelalterliche »Hohe Straße« gebunden. Sie liegt an der Nahtstelle zwischen niederschlesischer und sächsischer Oberlausitz. Etwa 4 500 Bürger leben hier; überragt von der St. Johanneskirche, die sogar 1346 Sitz eines Bischofs war. Hier finden wir eine klare und dennoch lebendige Stadtgliederung vor. Der Besuch des Kirchplatzes, der Wehrmauer und das Kircheninnere mit freigelegten Fresken zur Offenbarung des Johannes lohnen.

»Im heiligen und untrennbaren Namen der Dreieinigkeit. Wenzel, durch geneigte göttliche Gnade König der Böhmen...«, hiermit beginnt jenes Pergament vom 22. Februar 1238 für das Zisterzienserinnenkloster St. Marienthal, in dem Reichenbach das erste Mal urkundlich in Erscheinung tritt als Mittelpunkt von Verwaltung, Gerichtsbarkeit und Wirtschaft eines gegebenen Kreises von Dörfern.

Zu dem historisch vorbildlich rekonstruierten Marktplatz führen gewundene Straßen im interessanten Rhythmus unterschiedlich hoher und fassadenmäßig verschieden gestalteter Bürgerhäuser, vielfach mit gepflegten Vorgärten und ursprünglichen Granitstufenaufgängen. Obwohl der Strukturwandel nicht unproblematisch verlief, hat die kleine Stadt deutlich an Ausstrahlung gewonnen: Auffällig sind die großzügig sanierte und ausgestattete Grund- und Mittelschule, ein Erlebnisbad mit viel Freizeitangeboten, eine 2-Felder-Sporthalle, die neue Stadt- und Kreisbibliothek mit 4 Internetarbeitsplätzen, der Bernhard-Lekve-Park mit seltenen Gehölzen, das Ackerbürgermuseum mit seiner einzigartigen Ausstellung vom vergangenen Leben der Reichenbacher Bürger, gute Einkaufsmöglichkeiten und Gaststätten sowie schöne Spazierwege – nicht zuletzt auf den Töpfer-

Das neue Rathaus der Stadt Reichenbach wurde 1996 neu erbaut. Außer der Verwaltung werden dort die vielfältigsten Veranstaltungen durch Stadt und Vereine angeboten. Besondere Aufmerksamkeit erfährt die »Galerie im Rathaus«, in der Künstler aus der Nähe und Ferne ihre Werke ausstellen.

berg (284 m), von dem man einen herrlichen Blick über Stadt und Umgebung hat. Die »Via regia« oder »Hohe Straße«, die Santiago de Compostella in Spanien und Krakau, später Kiew, seit dem Mittelalter verbindet, führt über die Reichenbacher Ortsteile Reißaus, Schöps, Borda, streift nördlich Mengelsdorf bis zum Kanonenbusch. Bedeutendes Zeugnis ist die über 8 m breite Napoleonbrücke.

Reizvoll ist entlang der Uferhänge des »Schwarzen Schöpses« der Park im Friedenstal Krobnitz, der Mühlengrund in Oehlisch, die Ausläufer der Königshainer Berge, der idyllisch gelegene große Teich am Dittmannsdorfer Oberwald und nicht zuletzt die gut erhaltenen Schöpser Schanzen. Der preußische Kriegsminister und Ministerpräsident Theodor Albrecht Emil von Roon (1803–79) und dessen Nachfahren hatten bis 1945 im Schloss Krobnitz ihr Domizil. 2002–2005 wurde der gesamte Schlosskomplex mit großem Aufwand saniert. Ständige und wechselnde Ausstellungen sowie zahlreiche kulturelle Veranstaltungen werden den Besuchern nun ganzjährig geboten. An das Schlossensemble grenzt ein Park mit kuriosen Bäumen und der Familiengruft derer von Roon. Reichenbach hat von jeher die regionale Zugehörigkeit zur Oberlausitz betont. Darauf verweisen schon die Grundfarben im Wappen: Blau und Gold. Der Wappenschild der Stadtherrschaft ist über dem Tor angebracht; dieses war für die Hussiten im 15. Jh. verschlossen, für den interessierten und aufgeschlossenen Besucher ist es aber immer weit offen. Das dokumentiert die Kleinstadt Reichenbach auf vielfältigste Weise. So steht der gläserne Giebel des modernen Rathauses in der unmittelbaren Nachbarschaft der Wehrmauer aus dem Hussitenkrieg und dem mächtigen Turm der St. Johanneskirche. Außer zum Behördenbesuch lädt das Rathaus zum Betrachten der ständig im Foyer stattfindenden Kunstausstellungen und einem breiten Veranstaltungsangebot im Ratssaal ein. Als ausgewiesenes Unterzentrum im ländlichen Raum wird die Stadt Reichenbach den vielfältigsten Ansprüchen gerecht – überzeugen Sie sich durch einen Besuch am besten selbst davon!

Barockschloss Königshain mit römischem Bad

Gemeinde Königshain

Königshain ist ein Waldhufendorf mit zahlreichen gut erhaltenen Vierseithöfen und wird vom kleinsten Gebirge Deutschlands, den »Königshainer Bergen«, umgeben. Heute wohnen ca. 1 300 Einwohner hier.
Königshain wurde urkundlich erstmalig 1298 erwähnt. Das heutige Dorf war nach der Jahrtausendwende durch Zuzug von Kolonisten aus Sachsen, Thüringen und Franken entstanden, denen Siedelland, die sogenannten Waldhufen, entlang des Baches zugewiesen wurden.
Ab Mitte des 19. Jahrhunderts verdienten sich die Königshainer ihren Lebensunterhalt zunehmend in den Steinbrüchen. Der Granitabbau wurde 1975 eingestellt, die Steinbrüche füllten sich mit Wasser, und es entstand eine einzigartige Naturlandschaft. Der Granit wurde wegen seiner guten Eigenschaften u.a. zum Bau des Reichstages in Berlin, für den Leuchtturm von Kap Arkona und für die Befestigung der Westmauer Hegolands verwendet.
Der Besucher, von Königshain aus Richtung Görlitz kommend, erblickt schon von weitem den Ort mit dem markanten Kirchturm, umsäumt von bewaldeten Bergen. Am Ortseingang fallen die alten Vierseithöfe des Niederdorfes auf, sie werden heute weitgehend gewerblich genutzt. An der Hauptstraße in Richtung Ortsmitte wird bald ein unter Denkmalschutz stehendes Umgebindehaus mit mächtiger Eiche sichtbar. Unterhalb dieses Hauses führt eine für Königshain typische Steindeckerbrücke über den Dorfbach. Auf der gegenüberliegenden Anhöhe, dem Kreuzberg, wird seit 2006 die 1929 abgebrannte Holländerwindmühle durch einen privaten Investor zu einem Wohnturm ausgebaut. Von hier hat man bereits einen guten Blick über Teile des Dorfes und auf das nachweisbar älteste Bauwerk – die Kirche. Sie stammt aus dem 13. Jahrhundert und besteht aus Apsis, Chor und Kirchenschiff. Im Aufgang der südlich an die Kirche angefügten sogenannten Annenkapelle befindet sich eine 1997 restaurierte Tafelmalerei.

Firstensteinbruch am Natur- und Steinbruchlehrpfad im Landschaftsschutzgebiet »Königshainer Berge«

Das Epitaph erinnert an den Grundherren Hans d.J. Frenzel von Königshain und Liebstein, einen Enkel des Görlitzer Großkaufmanns Hans Frenzel. In unmittelbarer Nähe der Kirche liegt der Schlossbereich mit Barockschloss und Park, Wasserschloss und Steinstock. Das Barockschloss wurde 1764–1766 im Auftrag von Carl Adolph Gottlob von Schachmann erbaut. Auf diesem Schloss- und Gutsgelände ließ von Schachmann 1783 als erster in der Oberlausitz eine Blitzschutzanlage errichten. Westlich des Schlosses befinden sich der Steinstock und das Wasserschloss. Im oberen Geschoss des Steinstockes wurden Räumlichkeiten für wechselnde Ausstellungen eingerichtet. Im Erdgeschoss befindet sich ein Saal, der für Veranstaltungen genutzt wird. In den letzten Jahren wurde an der Wiedererrichtung der barocken Schlossanlage mit ihren Parkflächen nach historischem Vorbild von einst gearbeitet. In den Jahren 2004–2006 konnte das Barockschloss vollständig saniert werden, so dass das gesamte Ensemble den Besuchern zugänglich ist. Der rekonstruierte Barockgarten war der erste Rückbau eines Rittergutgartens in Sachsen.

Vorbei an der alten Dorfschmiede gelangt man in die Ortsmitte. Dort befinden sich Gemeindeverwaltung, Dienstleistungs- und Versorgungseinrichtungen sowie das Hotel »Zum Firstenstein«. Unmittelbar hinter der Gaststätte »Zum Hochstein« führt eine Straße zum ehemaligen Bahnhof »Königshain-Hochstein«. Von dort gelangt man weiter über die Hochsteinstraße zum »Natur- und Steinbruchlehrpfad« und dem Granitabbaumuseum sowie in das Naturschutzgebiet »Königshainer Berge«. Der Natur- und Steinbruchlehrpfad und das Granitabbaumuseum ermöglichen das Kennenlernen einer reizvollen Natur in den Königshainer Bergen und zeigen einen Ausschnitt aus der jahrhundertealten Geschichte der Steinbrucharbeit. Ein beliebtes Ausflugsziel ist der Hochstein (406 m) mit seinem Aussichtsturm und der Baude. Am Fuß der nördlichen Ausläufer der Königshainer Berge verläuft die Autobahn A 4, die weiterführt ins Nachbarland Polen.

Ehemaliges Schloss Nieder Rengersdorf – Geburtshaus von Adolf Traugott von Gersdorf, heute Sitz der Gemeindeverwaltung Kodersdorf

Kodersdorf

Nach den Überlieferungen wurde Kodersdorf im 13. Jahrhundert durch eingewanderte Ansiedler gegründet. Die Inschrift einer Glocke der Rengersdorfer Kirche lässt auf den Bau im Jahre 1195 schließen. Das heute als Gemeindeamt genutzte Rengersdorfer Schloss wird ebenso alt geschätzt. Die anderen Ortsteile von Kodersdorf wurden um 1400 erstmalig erwähnt. Geprägt ist der Ort in seiner ganzen Länge vom Weißen Schöps. Wanderer finden in den Wäldern rings um Kodersdorf unberührte Natur, denn der Ort ist eingebettet von den Königshainer Bergen, dem Geiersberg, dem Mühlberg mit Mausoleum und der Kodersdorfer Teichlandschaft. Ein breit gefächertes Wander-, Rad- und Reitwegenetz lädt Natur- und Reitfreunde zu ausgiebigen Erkundungstouren ein. Der Gelbe Wanderweg führt zu den verschiedenen Aussichtspunkten in den Königshainer Bergen, wie zum Beispiel den Schoorstein und Hochstein. Beliebte Wanderziele sind auch der Heideberg mit 205 m, der Geiersberg mit 264 m und der Hirschgarten. Kodersdorf ist ein Ort zum Wohlfühlen. Er verfügt nicht nur über eine Kindertagesstätte und Mittelschule, sondern auch die medizinische Betreuung ist abgesichert. Außerdem gibt es über 100 ortsansässige Gewerbetreibende, wie zum Beispiel Einkaufsmärkte, Gaststätten, Pensionen, Frisör- und Kosmetiksalon, auf deren vielfältiges Angebot man zurückgreifen kann. Mehr als 12 Vereine für Jung und Alt prägen durch verschiedenste Angebote das kulturelle Leben in unserem Ort. Infrastrukturell ist Kodersdorf gut ausgestattet. Es besteht ein direkter Anschluss an die Bundesautobahn A 4 mit dem Königshainer Tunnel, die Bundesstraße B 115 und die Bahnverbindung Görlitz–Berlin. Für Investoren sind dies beste Voraussetzungen. Die Gemeinde gehört mit den Ortsteilen Wiesa, Kodersdorf-Bahnhof und Särichen dem Verwaltungsverband Weißer Schöps/Neiße an und liegt im südöstlichen Teil des Landkreis Görlitz. Gegenwärtig leben hier 2 672 Einwohner auf 4 229 ha. Für weitere Informationen stehen wir Ihnen gern unter www.kodersdorf.de zur Verfügung.

1. Baumhaushotel auf der Kulturinsel Zentendorf in der Gemeinde Neißeaue – der östlichsten Gemeinde Deutschlands mit dem östlichsten Punkt Deutschlands.

Gemeinde Neißeaue

Die Gemeinde Neißeaue mit ihren Ortsteilen Zodel, Groß-Krauscha, Kaltwasser, Deschka und Zentendorf im südöstlichsten Zipfel des Niederschlesischen Oberlausitzkreises direkt an dem Grenzfluss Neiße zu Polen gelegen, wurde als eine politisch-wirtschaftliche Verwaltungseinheit in den Jahren 1995 und 1999 aus ehemals 4 selbständigen Gemeinden gebildet. Der Name bezeichnet die Landschaft, in der sich die Orte befinden. Die Gemeinde hat ca. 2 000 Einwohner. An landschaftlichen Reizen wie Naturschutzgebiete, Feuchtbiotope, Landschaftsschutzgebiete und Flächendenkmale hat jeder Ortsteil etwas zu bieten. Der gefährdete Weißstorch gehört ebenso wie der Fischotter zum Bild der Neißeaue. Durch die umfangreich erschlossenen Rad- und Wanderwege (z.B. Neißeradweg) kann man in und um Neißeaue viele attraktive Wander- und Reiseziele erkunden. Zum Zittauer Gebirge sind es 45 km und zum Riesengebirge in Polen 100 km. In Zodel selbst kann auf einen berühmten Vorfahren verwiesen werden. Die bekannte Blume »Gerbera« ist nach dem deutschen Arzt Traugott Gerber (geb. in Zodel 1710) benannt. 2001 wurden ein Verein und das Gerbermuseum gegründet. Zwischen Deschka und Zentendorf befindet sich der sehenswerte östlichste Punkt Deutschlands (51°16′22″ nördl. Breite, 15°02′37″ östl. Länge). In Deschka gibt es seit Juni 2007 eine Rad- und Fußgängerbrücke nach Piensk in Polen (mit der Görlitzer Heide). Es ist noch eine Autobrücke nach Polen geplant, die Fertigstellung soll 2010 erfolgen. In Zentendorf begegnen sich Kunst und Kultur auf der weithin bekannten »Kulturinsel Einsiedel«. Aus kleinen Anfängen schuf die »Künstlerische Holzgestaltung Bergmann« ein Spiel- und Erlebnisparadies der ganz besonderen Art für Groß und Klein. Neben Ausstellungen und Konzerten finden jährlich große Höhepunkte mit zehntausenden Besuchern statt. Das erste deutsche Baumhaushotel wurde 2005 auf der Kulturinsel eröffnet. Seit Sommer 2007 kann man auch ein Museumsbaumhaus besuchen. Bademöglichkeiten sind am Inselsee Kaltwasser und am Waldsee Biehain.

Blick auf das Stadtzentrum mit Marktplatz und Rathaus sowie Evangelischer Stadtkirche

Rothenburg/Oberlausitz

Die östlichste Kleinstadt Deutschlands zählt zu den ältesten der Oberlausitz (ca. 5 800 Einwohner, mit den Ortsteilen Bremenhain, Geheege. Lodenau, Neusorge, Nieder-Neundorf, Steinbach und Uhsmannsdorf). Sie liegt am linken Hochufer der Neiße zwischen Görlitz und Muskauer Heide und entstand zu Beginn des 13. Jhds. (Ersterwähnung 1268). Infolge des Wiener Kongresses 1815 fiel ein Teil der Oberlausitz an Preußen: Rothenburg war bis 1945 Kreissitz. Um die Wende zum 20. Jh. wurden zwei diakonische Anstalten gegründet, die die Stadt noch heute überregional bekanntmachen: Der »Martinshof«, Lebens-, Arbeits- und Begegnungsstätte für behinderte und alte Menschen und das »Martin-Ulbrich-Haus«, das als orthopädische Fachklinik und Rehabilitationsstätte einen ausgezeichneten Ruf genießt. Eine stabile Säule in der wirtschaftlichen Entwicklung stellen Handwerk und Gewerbe dar. Verkehrsmäßig günstig angebundene Gewerbegebiete bilden gute Voraussetzungen für Investoren. Der neben den Gewerbegebieten liegende Verkehrslandeplatz Rothenburg bietet neben Sport-, Ausbildungs- und Touristikflügen Geschäftsreiseverkehr, Express- und Frachtdienste an.

Rothenburg ist eine attraktive Kleinstadt mit seiner mittelalterlichen Stadtanlage, seinem schmucken Rathaus, seinen Kirchen und seinem herrlichen Stadtpark. Bibliothek sowie Stadtmuseum, Fliegertechnisches Museum und Bauernmuseum bieten kulturelle Kurzweil und Einblicke in die Vergangenheit. Eine Schwimmhalle mit Sauna sowie ausgebaute Sportstätten laden zu Aktivitäten ein. Als Stätten der Bildung hat Rothenburg eine Grundschule, eine Mittelschule und die sächsische Hochschule für Polizei.

Rothenburg ist der ideale Ausgangspunkt für Ausflüge in die unberührte Natur der Lausitzer Heide- und Teichlandschaft. Man kann mit dem Schlauchboot fahren auf der Neiße, radeln auf den ausgebauten Strecken des Oder-Neiße-, des Frosch- und des Wolfsradweges oder einfach nur wandern oder relaxen in den Wäldern, Wiesen und Auen um Rothenburg.

Früheres Herrenhaus des Mittelgutes Horka mit sehenswerten Wand- und Deckenmalereien im Foyer, erbaut im Jahr 1908. Heute Sitz der Gemeindeverwaltung Horka.

Gemeinde Horka

Der idyllisch an einem Bachlauf gelegene Ort ist umgeben von weiten Wäldern, Wiesen und Feuchtbiotopen – typisch für die Heide- und Teichlandschaft der Oberlausitz. In dieser ruhigen, fast unberührten Natur findet man einen erholsamen Ausgleich zum oft anstrengenden Tagesablauf.
Horka wurde erstmals 1305 im Stadtbuch von Görlitz erwähnt. Viele zum Teil seltene Tier- und Pflanzenarten haben sich erhalten – so sind Beobachtungen von Eisvogel, Seeadler, Kranich oder Rotwild möglich, aber auch unter Schutz stehende Orchideen oder andere seltene Pflanzen kann man entdecken.
Horka – zu finden zwischen den Kleinstädten Niesky und Rothenburg und zum Gebiet Niederschlesiens zählend – ist verkehrstechnisch gut mit der Bahn, aber auch über die in der Nähe entlang führende Autobahn 4 oder die B 115 zu erreichen. Mit einem Rundflug ab dem Flugplatz Rothenburg kann man interessante Nahziele erspähen, wie die Kurstadt Bad Muskau mit ihrem bis in das nachbarliche Polen ragenden Kurpark, den einmaligen Findlingspark Nochten oder das sehenswerte Görlitz. Das Naherholungsgebiet Biehainer See'n lockt genauso wie der Besuch eines polnischen Marktes oder ein Tagesausflug bis Dresden, in den Spreewald oder das Riesengebirge. Das ca. 2 000 einwohnerstarke Dorf mit den Ortsteilen Biehain und Mückenhain und einer Fläche von 4 078 ha besitzt eine gute Infrastruktur mit Übernachtungsmöglichkeiten und niveauvollen Gaststätten. Unterstützt wird der ländliche Charakter durch eine großartige traditionsfördernde Vereinsarbeit. So ist der Reit- und Fahrverein mit seinen zahlreichen Großveranstaltungen bis weit über die Landesgrenze hinweg gut bekannt. Sportverein, Männerchor, Tierschutz-, Feuerwehr- und Seniorenvereine erfüllen wichtige Aufgaben im sozialen Gefüge der Gemeinde. Für gut qualifizierten Nachwuchs sorgt die sanierte 2-zügige Grundschule. Unvergessliche Eindrücke wird der Besuch der vollständig erhaltenen Wehrkirchenanlage mit ihren wertvollen Wandmalereien hinterlassen. Gäste sind in Horka immer willkommen.

Die Kirche in Nieder Seifersdorf ist über 700 Jahre alt.

Waldhufen

Die ca. 3 000 Einwohner zählende Gemeinde entstand 1994 aus den Ortschaften Diehsa, Jänkendorf, Nieder Seifersdorf und Thiemendorf. In sanft gewellter Landschaft liegen weite Ackerflächen, die von Teichen, Bächen, Feldgehölzen und Alleen aufgelockert werden. Reizvolle Waldgebiete laden zum Wandern ein (Naturschutzgebiet »Monumenthügel«, 24 m; Landschaftsschutzgebiet »Königshainer Berge«, 407 m). Die angrenzende Talsperre Quitzdorf weist mit 750 ha die größte Wasserfläche Sachsens auf. 1996 erfolgte bei Nieder Seifersdorf die Anbindung Waldhufens an die BAB 4. Diese führt ab Nieder Seifersdorf durch den längsten Autobahntunnel Deutschlands (3,5 km) in Richtung Polen. Diehsa erhielt 1670 das Marktrecht, wonach sich für Jahrhunderte eine rege Handelstätigkeit entwickelte. Das gesamte Marktplatzensemble mit Kirche, Gewandhaus, historischen Marktlauben und Pfarrhaus ist die einzige bekannte und erhaltene dörfliche Anlage dieser Art in Europa und steht unter Denkmalschutz.
Im Zentrum von Jänkendorf befindet sich eine historische Gebäudegruppe, die aus der Kirche, dem Pfarrhaus, der alten Brennerei und dem ehemaligen Herrenhaus besteht. Letzteres beherbergt jetzt in seinen alten Gewölben eine interessante heimatkundliche Sammlung. An die benachbarte Parkanlage grenzt ein ausgedehntes Teichgebiet. Der Ortskern von Nieder Seifersdorf besteht aus dem gemütlichen »Städtel« mit der von einer Wehrmauer umgebenen Kirche (12.Jh.), alljährlich Kulisse eines anheimelnden Weihnachtsmarktes. Die liebevoll gestaltete Heimatstube bietet Einblicke in die dörfliche Geschichte. Ökologisch wertvoll ist die Bachaue am Schwarzen Schöps. Thiemendorf erstreckt sich in einem 2 km langen Tal nördlich des Hochsteins im Landschaftsschutzgebiet »Königshainer Berge«. Die waldreiche Umgebung ist nicht nur ein bei Naturfreunden beliebtes Wandergebiet. Bis 1975 wurde das Leben in Thiemendorf von der Arbeit in Granitsteinbrüchen beeinflusst, die teilweise zu reizvollen Gewässern geworden sind.

Der KNAX-Spielplatz ist einmalig in Deutschland und macht die Gemeinde weithin bekannt.

Gemeinde Quitzdorf am See

Die Gemeinde Quitzdorf am See besteht aus den Orten Horscha, Kollm, Petershain, Sproitz und Steinölsa. Im Zuge der Gebietsreform wurde 1994 der Gemeindename zur Erinnerung an den kleinen Ort Quitzdorf gewählt, der durch die Errichtung der Talsperre 1967/68 – also vor genau vier Jahrzehnten – abgerissen und dann überflutet wurde. Heute leben hier ca. 1 500 Menschen.

Die Gemeinde liegt in einer sehr reizvollen Wald- und Teichlandschaft und erstreckt sich über eine Fläche von 3 616 ha, die teilweise dem Gebiet des Biospährenreservates »Oberlausitzer Heide- und Teichlandschaft« zugeordnet ist. Das Hauptaugenmerk liegt – bedingt durch die geographische Lage – auf dem Fremdenverkehr; hierbei hat der Stausee ständig an Bedeutung gewonnen: Große Flachwasserzonen bieten viele Erholungsmöglichkeiten (Baden, Surfen, Rudern, Angeln, Segeln); zahlreiche Wander- und Radwege ausgiebige Naturerlebnisse. Heidel- und Preisselbeeren sowie Pilze gibt es in der Gegend häufig, so dass das Sammeln dieser Früchte ein beliebtes sportliches Freizeitvergnügen ist.

In den Orten der Gemeinde befinden sich interessante Sehenswürdigkeiten, wie z.B. Kirchen in Kollm und Petershain, in Sproitz das Wrangel-Denkmal, in Horscha der Schlosspark mit seinen frühromantischen Anlagen.

Die Vielfalt einer Landschaft zu entdecken, erweist sich als außerordentlich erstrebenswert: Ausgedehnte Heide- und Waldflächen, weitverzweigte Fließgewässer, Moore, Teiche und Höhenzüge (Kollmer Höhen: Gemeindeberg = 222 m, Kollmer Dubrau = 303 m) erhöhen im wahrsten Wortsinne noch ihren Reiz. Besonders stolz ist man über den bundesweit einmaligen KNAX-Spielplatz in Sproitz. Er liegt in einer schönen Parkanlage auf einer Fläche von 9 000 qm. Eisenbahn- und Busverbindungen bestehen nach Dresden, Niesky, Görlitz, Cottbus, Berlin und Polen. Die Gemeinde liegt im Landkreis Görlitz.

Der malerisch gelegene Mühlteich verkörpert das von der UNESCO anerkannte Biosphärenreservat »Oberlausitzer Heide- und Teichlandschaft«.

Gemeinde Mücka

Mücka mit seinen Ortsteilen liegt inmitten der schönen Heide- und Teichlandschaft am Schwarzen Schöps zwischen ausgedehnten Kiefernwäldern, Äckern, Wiesen und Fischteichen sowie am Schnittpunkt der Straßen in Richtung Bautzen–Niesky–Hoyerswerda und Weißwasser. Die Nachbargemeinden Klitten, Kreba-Neudorf und Reichwalde sind durch den Braunkohlenbergbau geprägt und sollten (Klitten) sogar von der Landkarte verschwinden. Mitte der achtziger Jahre haben sich die Einwohner erfolgreich dagegen gewehrt.
Die erste urkundliche Erwähnung von Mücka (sorbisch: Mikow) ist auf das Jahr 1408 datiert – als Gutsaußenstelle der Standesherrschaft Baruth. Heute ist Mücka ein moderner und ansehnlicher Ort, der 1995 eine neue Mittelschule erhielt. Hier gibt es neben Sportplatz, Turnhalle, mehreren Einkaufsmöglichkeiten und gastronomischen Einrichtungen zahlreiche Teiche für Angler und die Verwaltung des Biosphärenreservats »Oberlausitzer Heide- und Teichlandschaft«; durch sie sind Wanderwege und Beobachtungspunkte rundherum entstanden; Wanderwege führen zum Stausee Quitzdorf, zur Hohen Dubrau und zu den Teichen in Tauer, Petershain, Kreba – auch die Radwanderwege haben ihre Reize. Das Gebiet des Biosphärenreservats zeichnet sich besonders durch den Wechsel unterschiedlicher Lebensräume aus; auf diese Weise wird das Vorkommen einer Fülle von Tier- und Pflanzenarten begünstigt.
Am Weigersdorfer Fließ liegt – zwischen Äckern, Wiesen, Teichen und Wäldern – der Ortsteil Förstgen mit seiner kleinen Dorfkirche inmitten gepflegter Anlagen; seit 1994 gehört er mit Leipgen und Ölsa zum Gemeindegebiet. Landwirtschaft, Tierhaltung, kleinere Handwerks- und Gewerbebetriebe sind vorherrschend. Der Park mit altem Eichenbestand, das kleine Berggebiet »Hohe Dubrau«, die Tauerwiesen mit dem angestauten See, Kraniche und Störche – dies alles macht das Leben hier attraktiv; hinzu kommen die immer wiederkehrenden Feste.

Der Erlichthof Rietschen – umgesetzte Schrotholzhäuser – »Altes Holz mit neuem Leben«

Gemeinde Rietschen

Eingebettet in die Heide- und Teichlandschaft der Oberlausitz liegt die Gemeinde Rietschen im Osten Sachsens. Es gibt intensive städtepartnerschaftliche Beziehungen und Partnerschaftsverträge mit Feldkirchen in Bayern und dem polnischen Iłowa. Neben dem Naturschutzgebiet Niederspree, Wander- und Radwegen wie dem Wolfsradweg, dem Gewandhaus in Daubitz und der Forest Village Ranch ist der Erlichthof der touristische Anziehungspunkt der Gemeinde. Der Erlichthof besteht aus den 200–300 Jahre alten Schrotholzhäusern. Diese wurden in einer regionaltypischen Bauweise errichtet und aus dem nahe gelegenen Tagebauvorfeld umgesetzt. Heute beherbergen sie unter anderem die Natur- und Touristinformation, traditionelles Handwerk wie Töpferei, Glasmalerei und das Webhaus sowie den SchokoLaden, den Natur- und den Hofladen, das Museums-Gehöft, das Wolfsmuseum, die Biosphärenscheune, Gastwirtschaften mit Pensionszimmern und das Kontaktbüro »Wolfsregion Lausitz«. Der Wolf ist seit 1998 in der nördlich an Rietschen angrenzenden Muskauer Heide wieder heimisch geworden. Seine Ansiedlung hat sich zu einem großen Werbeträger für die Gemeinde entwickelt. Die Grundversorgung hinsichtlich Bildung, medizinischer Betreuung, Sport und Kultur ist in der Gemeinde Rietschen hinreichend gesichert. Es gibt zwei Kindertagesstätten, eine Grundschule, eine Freie Schule, moderne Sportstätten, ein Fitnessstudio, Allgemein- und Zahnärzte, Apotheke und vielfältige Möglichkeiten des kulinarischen und kulturellen Genusses. Die Sport-, Heimat- und Karnevalsvereine der Gemeinde sorgen für ein ganzjähriges Angebot an Sport, Spiel, Spaß und Erholung. In Rietschen existiert ein breit gefächertes Wirtschaftspotenzial, zahlreiche Handwerks- und Gewerbebetriebe produzieren und bieten ihre Dienste an. Besonders interessant sind die extrem günstigen Ansiedlungskonditionen der Gewerbegebiete. Kontakt: Gemeinde Rietschen, Forsthausweg 2, 02956 Rietschen, Tel. 035772/4210, post.rietschen@kin-sachsen.de, www.rietschen-online.de.

Rodelberg mit Aussichtspunkt und Kinderrutsche am Erlebnispark Weißkeißel

Gemeinde Weißkeißel – Gmejna Wuskidź

Die Gemeinde Weißkeißel liegt im Nordosten Sachsens inmitten des ehemaligen Niederschlesischen Oberlausitzkreises (jetzt Landkreis Görlitz). In den vier Ortsteilen Bresina, Kaupen, Haide und Weißkeißel wohnen derzeit rund 1 500 Einwohner auf einer Fläche von 50,4 qkm. In jedem Ortsteil kann man noch alte Schrotholzhäuser mit Fachwerk (um 1850) bewundern. Seit der Wende gehört der Ort zu den gefragtesten Eigenheimstandorten in der Region Weißwasser, was im Bau von über 150 Häusern seinen sichtbaren Ausdruck findet. Das Heidedorf Weißkeißel ist eine alte slawische Siedlung und hat eine bewegte wechselvolle Geschichte vorzuweisen. Bereits im Jahr 1452 war die erste urkundliche Erwähnung. Weißkeißel gehörte zu den Ansiedlungen um Muskau, und die Entwicklung des Ortes war immer eng mit dem Auf und Ab der Herrschaft Muskau verbunden. Dank seiner ruhigen Lage ist Weißkeißel ideal für ein paar erholsame Tage. Um den Ort herum gibt es viel Wald, der zum Sammeln von Früchten und Beeren einlädt. Dabei ist es keine Seltenheit, dass der Besucher neben farbenprächtigen Vögeln auch Rehe oder Hirsche beobachten kann. Wer die Natur in ihrer Vielfalt liebt, kann sein Zelt auf dem auf einer Lichtung angelegten Campingplatz aufschlagen; es werden aber auch gute Übernachtungsmöglichkeiten in Pensionen und Gasthäusern angeboten. Die Gastronomie in Weißkeißel ist vor allem durch erstklassige Hausmannskost aus gutbürgerlicher Küche bekannt und beliebt.
Die Gemeinde liegt nicht weit entfernt von zahlreichen Sehenswürdigkeiten, die teilweise problemlos mit dem Fahrrad zu erreichen sind. Erholung bieten die nicht weit entfernten Parks in Kromlau (besonders zu Pfingsten mit der einmaligen Rhododendronblütenpracht) und Bad Muskau (Pückler-Park). Außerdem kann man in 10 Min. das Nachbarland Polen mit einem typischen Markt gleich hinter der Grenze erreichen. Weißkeißel ist eine sorbische Gemeinde; erst seit Anfang des 20. Jahrhunderts spricht man hier auch deutsch. Daher werden auch die sorbischen Bräuche ausgiebig gepflegt und in der Schule wird sorbisch als Begegnungssprache gelehrt.

Lausitzer Findlingspark Nochten – Der größte »Steingarten« Europas mit Blick auf das Braunkohlekraftwerk Boxberg

Gemeinde Boxberg/O.L.

Die zweisprachige Industriegemeinde Boxberg/O.L. befindet sich im deutsch-sorbischen Siedlungsgebiet im Nordosten des Freistaates Sachsen und gehört seit 1.8.2008 dem Landkreis Görlitz an. Auf dem Gemeindegebiet von 162,81 qkm leben gegenwärtig 4 055 Einwohner. Boxberg/O.L. liegt an der Bundesstraße B 156; die nächste Autobahn A 4/E 40 Dresden-Görlitz, Anschluss Bautzen-Ost, liegt in ca. 30 km Entfernung; die nächsten Bahnhöfe befinden sich in Klitten (8 km), Uhyst (11 km) und Weißwasser (20 km). Die Landschaft inmitten der Lausitzer Heide ist geprägt durch große Kiefernwälder und Braunkohlevorkommen. Bekannt wurde das ehemals abgelegene Heidedorf durch das Kraftwerk Boxberg, das Kohle aus den umliegenden Tagebauen verstromt. Zur Gemeinde Boxberg/O.L. gehören heute die Ortsteile Boxberg/O.L., Bärwalde, Drehna, Kringelsdorf, Mönau, Nochten, Rauden, Reichwalde, Sprey und Uhyst.

Trotz jahrzehntelangen Braunkohlenabbaus liegt die Gemeinde noch immer in einer der waldreichsten Gegenden in Deutschland. Die einzigartige Heidelandschaft mit den Flussauen von Spree und Schwarzem Schöps, viele Teichgebiete, aber auch Industriestandorte wie Kohlekraftwerk und Tagebaue strahlen einen besonderen Reiz aus, dem man sich schwer verschließen kann. Die Rückkehr der Wölfe in die Lausitz offenbart den Gleichklang zwischen Natur und Industrie. Dazu kommen neue touristische Anziehungspunkte, wie der Bärwalder See als östliches Eingangstor zum entstehenden Lausitzer Seenland, ein aus Erdmassen modelliertes überdimensionales Ohr mit einem Amphitheater oder der in ganz Europa einzigartige Findlingspark im Ortsteil Nochten. In Boxberg erfolgte 1968 die Grundsteinlegung für das Werk 1 des Kraftwerkes Boxberg. Es entstand das größte Wärmekraftwerk Europas auf Braunkohlebasis. Mit dem Neubau eines 675-Megawatt-Blockes in Boxberg/O.L. ab dem Jahr 2006 investiert die Vattenfall Europe Generation AG & Co. KG in den Energiestandort und damit in die Zukunft der Region.

Stadtbibliothek Weißwasser – 1904 als Evangelische Gemeindeschule erbaut

Weißwasser/O.L.

Die heute 20 000 Einwohner zählende Große Kreisstadt Weißwasser/O.L. liegt im Landkreis Görlitz, im Nordosten des Freistaates, 8 Kilometer von der Staatsgrenze zur Republik Polen entfernt. Der einstige Reichtum dieser Gegend an Quellen, Bächen und flachen Heideteichen spiegelt sich im Ortsnamen wider.

Über die früheste Geschichte fehlen zuverlässige Informationen. Archäologische Funde beweisen jedoch, dass die älteste Besiedlung um Weißwasser zwischen dem 15. und 13. Jahrhundert v.Chr. erfolgte. Zwischen dem 4. und 6. Jahrhundert ließen sich hier Stämme der westslawischen Bevölkerungsgruppen nieder. Ab dem 10. Jahrhundert gehört die Region zur Standesherrschaft Muskau. Die erste Urkunde, in der das kleine Heidedorf Weißwasser erwähnt wurde, ist das Urbarium der Herrschaft Muskau vom 8. Juni 1552.

Reiche Vorkommen an Braunkohle, Quarzsand und Ton sowie die Inbetriebnahme der Eisenbahnlinie Berlin-Görlitz im Jahre 1867 bildeten die Grundlage für den raschen Aufschwung des Ortes. In nur wenigen Jahrzehnten entwickelte sich die von Ackerbau und Fischzucht geprägte Siedlung zum größten und wichtigsten Standort der Glaserzeugung in Europa.

Einheimische und zugewanderte Glasmacher aus Böhmen, Schlesien und dem Elsass brachten ein Handwerk zur Blüte, das den guten Ruf der Glaserzeugnisse aus Weißwasser begründete. Bis 1904 entstanden hier elf Glashütten, vier Glasraffinerien, eine Spiegelfabrik und eine Porzellanfabrik. Alle Glassorten, vom einfachsten Fenster- über technisches Glas bis hin zum feinstgeschliffenen Kristallglas, wurden in Weißwasser hergestellt. Einen Einblick in die damaligen Produktionsmethoden sowie in die breite Palette der gefertigten Glaserzeugnisse gewähren die thematischen Ausstellungen des hiesigen Glasmuseums.

Mit der Industrie wuchs auch die Zahl der Einwohner rapide an – von ca. 700 im Jahre 1865 auf ca. 12 000 im Jahre 1910. Der 2. Weltkrieg hinterließ auch in Weißwasser tiefe Spuren. 1945 wurde etwa ein Drittel der Stadt zerstört.

Jahnteich mit Freibad und Tierpark

Mit dem Aufschluss der Tagebaue und dem Bau des damals größten Wärmekraftwerkes Europas auf Braunkohlebasis in Boxberg begann Mitte der 60er Jahre der Ausbau der Region zum Kohle- und Energiezentrum. Das führte wiederum zu einer sprunghaften Entwicklung der Einwohnerzahl auf ca. 40 000 in der damaligen Kreisstadt Weißwasser.

Das gegenwärtige Wirtschaftspotenzial ist nach wie vor durch Glas, Kohle und Energieerzeugung gekennzeichnet. Neben diesen traditionellen Industriezweigen etablierten sich in Weißwasser viele kleine und mittelständische Unternehmen, wie z.B. Fenster- und Stahlbau sowie in der Holz- und Fleischverarbeitung.

Die Freizeitgestaltung spielt in Weißwasser eine große Rolle. Eine der wichtigsten und beliebtesten Sportarten der Region ist Eishockey. Der 1932 gegründete Verein Eissport Weißwasser war vor 1939 Schlesischer Meister, errang 25 Meistertitel der ehemaligen DDR und spielt heute in der zweiten Bundesliga. Den Eishockeymannschaften aller Altersklassen steht eine Eishalle zur Verfügung.

Wettkämpfe sowie Freiläufe und Eisdiscos ziehen mehrere Hundert Einwohner aus Weißwasser und der Region an.

Im großzügig angelegten Tierpark der Stadt erwarten den Besucher über 350 Tiere in mehr als 80 Arten und Rassen aus Europa, Asien, Afrika und Südamerika. Eine weitere Attraktion ist die Waldeisenbahn Muskau. Diese einzige 600-mm-Schmalspurbahn auf historischem Grund in Deutschland verbindet Weißwasser mit dem größten deutschen Rhododendronpark in der Parkgemeinde Kromlau sowie dem berühmten UNESCO-Weltkulturerbe Fürst-Pückler-Park in Bad Muskau. Diese beiden bekannten Parkanlagen im Verbund mit der einzigartigen, an Natur- und Landschaftsschutzgebieten reichen Oberlausitzer Heide- und Teichlandschaft runden das Bild der Stadt Weißwasser ab.

Blick von der Karpfenbrücke über den Schlossteich zum Neuen Schloß im Muskauer Park

Bad Muskau

Die 1253 erstmals erwähnte Park- und Kurstadt im Nordosten des Freistaates Sachsen liegt in einer Talaue der Lausitzer Neiße in direkter Nachbarschaft zum Land Polen und dem Bundesland Brandenburg im Landkreis Görlitz. Bad Muskau wurde bereits im Jahre 1452 das Stadtrecht verliehen. Der Name »Muskau« ist sorbischer Herkunft und wurde wahrscheinlich vom Wort »Muzak« = »Wilder Mann« abgeleitet, welcher im Stadtwappen von Bad Muskau dargestellt ist. Im Jahre 1823 begann in Muskau der Kur- und Badebetrieb. Mit einer zeitweiligen Unterbrechung (1930–1950) wurde der Stadt 1961 der Kurortstatus wieder zuerkannt. Seitdem trägt die Stadt den Namen »Bad Muskau«. Das Kurwesen ist bis heute ein wichtiger Bestandteil der Stadtentwicklung. Auf Grund des Vorkommens der natürlichen Heilmittel Moor und der Eisenvitriolquelle sowie der Thermalsole ist für die Zukunft der Tourismus mit Fachrichtung »Kur« der wichtigste wirtschaftliche Faktor. 2005 bekam die Stadt das Prädikat »Ort mit Moorkurbetrieb« verliehen.

Bad Muskau wurde wesentlich durch das Wirken ihres wohl bekanntesten Sohnes, des Fürsten Pückler, geprägt. Ludwig Heinrich Hermann von Pückler Muskau schuf den einzigartigen, weltweit bekannten Landschaftspark in der Zeit von 1815 bis 1845 mit seinen Parkdirektoren und Gärtnermeistern. Der Park im englischen Stil begeistert durch beeindruckende Diagonal- und Fernsichten, große Parkwiesen, alte Baumbestände und belebende Wasserläufe. Er umfasst ca. 830 Hektar und ist beidseits der Neiße angelegt, wobei der größere Teil in Polen liegt. Seit 2003 sind beide Parkteile durch die Doppelbrücke wieder miteinander verbunden. Ein Jahr darauf, 2004, wurde der Muskauer Park durch die UNESCO zum Welterbe erklärt.

Eine besondere Attraktion ist die Fahrt mit der historischen »Waldeisenbahn Muskau« von Bad Muskau nach Weißwasser und weiter nach Kromlau. Außerdem laden zahlreiche Rad- und Wanderwege entlang des Muskauer Faltenbogens zu Ausflügen ein.

Waldsee Groß Düben

Groß Düben

Gelegen im Landkreis Görlitz, am Nordrand des ehemaligen Niederschlesischen Oberlausitzkreises, nahe der Grenze zu Brandenburg, befindet sich das Gebiet der Gemeinde Groß Düben, am Rande des Muskauer Faltenbogens und inmitten der Lausitzer Heide- und Teichlandschaft. Die Region liegt im Siedlungsgebiet der Sorben und wird noch heute durch ihre Zweisprachigkeit geprägt. Viele Bräuche und Feste haben ihren Ursprung im sorbischen Brauchtum. Dazu gehören das in der Faschingszeit bei Jung und Alt beliebte Zampern, das aufgrund des großen handwerklichen Geschickes zu bestaunende Ostereierverzieren oder das Hexenbrennen am 30. April. Auch das Maibaumwerfen und das Erntefest mit dem großen Ringreiten sind hier zu erleben. Zeugnisse sorbischer Kultur werden dem Besucher im »Sorbischen Kulturzentrum« in Schleife geboten.
Archäologische Funde belegen eine Besiedlung der heutigen Gemarkung schon in der Bronzezeit, also lange vor den Slawen. Die älteste urkundliche Erwähnung des Ortes findet man im Urbarium der Standesherrschaft Muskau von 1464. Das frühere Ortsbild hat sich in den zurückliegenden Jahrzehnten deutlich verändert. Heute ist Groß Düben eine moderne Gemeinde mit gepflegten Grundstücken und vielen neuen Eigenheimen. Der Waldsee und das Freizeit- und Erholungszentrum laden nicht nur die Einwohner, sonder auch alle Gäste von Groß Düben zum Verweilen ein. Direkt am Waldsee befinden sich drei Bungalowsiedlungen, dort stehen 20 Bungalows für Vermietungen zur Verfügung. Ein großer Anziehungspunkt ist auch der Halbendorfer Grubensee, der mit 2 km Länge und 0,5 km Breite zu den schönsten Badeseen der Lausitz zählt. Ein internationaler Fernradwanderweg, auch Froschradwanderweg genannt, geht durch die Gemarkung. Über ihn kann man, vorbei an herrlichen Landschaften mit vielfältiger Flora und Fauna, einige Sehenswürdigkeiten der näheren Umgebung besuchen. Aktive Vereine wie der Schützenverein, der Karnevalverein und der Sportverein sorgen das ganze Jahr über für zahlreiche Veranstaltungen und Feste.

Der »Strand« bei Trebendorf

Gemeinde Trebendorf

Die Gemeinde Trebendorf (Trjebin) ist zweifelsfrei sorbischen Ursprungs, worauf die Zweisprachigkeit des Ortsnamens aufmerksam macht; hierzu gehört heute auch der Ortsteil Mühlrose. Es ist eine der kleinsten Gemeinden des Freistaates und liegt im nordöstlichsten und flächenmäßig größten Kreis, dem ehem. Niederschlesischen Oberlausitzkreis. Trebendorf liegt westlich der Großen Kreisstadt Weißwasser (Bela Woda).
Als Zentrum des Kirchspiels Schleife ist dieser Ort auch Hauptsitz der Verwaltungsgemeinschaft, wozu auch Trebendorf gehört. Die Gemeinde wird begrenzt durch die Struga und die Spree; im Süden dominieren neben waldreichen Gebieten Tagebau- oder deren Folgelandschaften.
In Trebendorf befindet sich keine große Industrie, wie im nahen Boxberg; hier haben kleinere handwerkliche Unternehmen sich etabliert. Durch den Status als Förderdorf und die Unterstützung der LAUBAG hat sich beispielsweise Mühlrose inzwischen zu einem kleinen Schmuckstück entwickelt. Trebendorf ist eine der waldreichsten Gemeinden Sachsens. Durch Bauverbote wegen des Braunkohlentagebaus in Mühlrose war die Gegend etliche Jahre benachteiligt.
Im Zentrum der Lausitz sich befindend, ist Historie und Kultur wesentlich von den Sorben geprägt worden. Das beginnt schon beim Schleifer Dialekt des Obersorbischen und die hier gebräuchliche Tracht, geht über verschiedene Bräuche bis hin zu den Festen (Hexenbrennen, Zampern, Maibaumstellen). Allerdings muss festgehalten werden, dass der sorbische Sprachgebrauch sehr zurückgegangen ist und die eindrucksvolle und farbenprächtige Tracht nur noch von sehr wenigen Leuten und auch nur zu besonderen Anlässen getragen wird. Am auffälligsten ist die sorbische Sprache aber wohl immer noch auf den Ortsschildern. Auch die sorbischen Bräuche werden zunehmend gefördert und gepflegt: Neben dem bereits Erwähnten zählen Vogelhochzeit, Ostereierverzieren, Kirmes und Christkind dazu.

Evangelische Kirche in Schleife

Schleife – Slěpo

Die Gemeinde Schleife-Slěpo mit den Ortsteilen Rohne-Rowne und Mulkwitz-Mulkecy liegt westlich von Weißwasser, unmittelbar an der Grenze zum Land Brandenburg, wird vom Flüsschen Struga durchquert und hat ca. 2 900 Einwohner. Der sorbische Name »Slěpo« ist wohl von der feuchten Beschaffenheit des Bodens abzuleiten: »murmeln« heißt im Wendischen »slip«, woraus »Slěpo« entstand, also »Quellland« oder »Murmelland«. Der Ort wurde 1272 erstmals im Zusammenhang eines Rechts- und Zehntstreites zwischen dem Meißner Bischof Withego I. und Markgraf Johann von Brandenburg urkundlich erwähnt.

Mit dem Bau der Bahnstrecke Berlin–Görlitz und einer Bahnstation wurden die Voraussetzungen für eine stetige Vorwärtsentwicklung von Schleife gegeben. Nach der politischen Wende 1989/90 kam es zu zahlreichen Neugründungen von Betrieben und Geschäften. Es entstanden ein Gewerbe- und ein Bebauungsgebiet, Maßnahmen zur Neugestaltung gab es im gesamten Ort. Einen großen Anteil am gesellschaftlichen und dörflichen Leben haben neben dem Sorbischen Kulturzentrum und der Kirchengemeinde vor allem die ca. 30 örtlichen Vereine und Vereinigungen. Zur Erhaltung der sorbischen Sprache und Kultur haben sich z.B. das Sorbische Folkloreensemble e.V., der Sorbische Hochzeitszug e.V. sowie die Kantorki gegründet. Neben der Ev. Kirche entstanden das Sorbische Kulturzentrum sowie der Njepila-Hof im Ortsteil Rohne. Weiterhin befinden sich in Schleife eine Grund- und eine Mittelschule, die das Witaj-Projekt des Kindergartens zur Förderung der sorbischen Sprache weiterführen. Die Region liegt im Siedlungsgebiet der Sorben und wird noch heute durch ihre Zweisprachigkeit geprägt; Bräuche und Feste haben ihren Ursprung im sorbischen Brauchtum, z.B. die Vogelhochzeit, das in der Faschingszeit bei Jung und Alt beliebte Zampern, der Ostereiermarkt und das Ostersingen, das Hexenbrennen und Maibaumaufstellen oder das Erntefest mit dem großen Ringreiten im September. Zeugnisse sorbischer Kultur werden dem Besucher im Sorbischen Kulturzentrum in Schleife und in Njepila Hof in Rohne geboten.

Die Sorben in Sachsen

Die Geschichte Sachsens ist unbedingt auch die Geschichte der Sorben. Gemeinsamkeiten in großer Zahl, aber auch Gegensätze bis hin zu ernsthaften Auseinandersetzungen verknüpften die Schicksale beider Völker durch fast anderthalbtausend Jahre.
In verschiedene Gaue war das Land eingeteilt; um Görlitz war der Gau »Belzuane«, südöstlich Löbau der Gau »Zagost«. Burgwälle sind zum Teil noch heute auszumachen; sie bildeten ein sinn- und planvolles Verteidigungssystem; auch in sumpfigen Niederungen entstanden solche Anlagen, von Wasser schützend umgeben. Diese Bauwerke wurden auch Zufluchtsstätten für die Bevölkerung, die sich in kleinen Ansiedlungen zu Füßen der Burgen niedergelassen hatte. Die relativ freie Entwicklung der Sorben endete mit der feudalen Ostexpansion: Teils wurden sie gewaltsam unterworfen und christianisiert, ihre Sprache verboten. Das 19. Jahrhundert rückte den Gedanken der slawischen Wiedergeburt in den Mittelpunkt. Die sorbische Wochenzeitung »Tydzenska Nowina« fand Verbreitung, wenig später auch die Tageszeitung »Serbske Nowiny«. Regelmäßige Gesangs- und andere Feste fanden in Bautzen, Löbau, Hoyerswerda statt; bedeutende Persönlichkeiten trugen zum Erstarken des sorbischen Nationalbewusstseins bei: die Pfarrer und Dichter Handrich Zejler (1804–72), Jan Arnost Smoler (1816–84), Michat Hórnik (1833–94), Jakub Bart-Cisinski (1856–1900) und viele weitere. 1912 schlossen sich die Vereine zum Bund der Lausitzer Sorben, der Domowina, zusammen; sie wurde 1973 verboten, am 10.5.1945 in Crostwitz neu gegründet und nach 1989 neu konstituiert als Dachverband der wiederbelebten sorbischen Vereine. Das Gesetz des sächsischen Landtages »zur Wahrung der Rechte der Sorben« ist noch heute gültig; im gleichen Jahr wurde das »Deutsch-Sorbische Volkstheater« Bautzen – die einzige professionelle Bühne – geschaffen; 1951 das Institut für sorbische Volksforschung, 1952 das Institut für Sorabistik an der Uni Leipzig, 1953 das Ensemble für Sorbische Volkskultur und die Sorbische Rundfunkredaktion, 1956 das Haus für Sorbische Volkskultur, 1957 das Sorbische Museum und im Folgejahr der Domowina-Verlag. Wenn man heute in die Nieder- und Oberlausitz kommt, erkennt man schon am zweisprachigen Ortseingangsschild, dass man im sorbischen Gebiet ist. Zwischen Schwarzer Elster und Spree im Westen, der Neiße im Osten, dem Lausitzer Bergland im Süden und Spreewald im Norden wohnen die Sorben als einziges autochthones slawisches Volk in Deutschland.
In den Gebieten um Hoyerswerda, Kamenz und Bautzen, in denen die Sorben leben, wird zu besonderen Anlässen die sorbisch-katholische Tracht getragen; in den Schulen, Ämtern, Kindergärten und Gottesdiensten wird sorbisch gesprochen. Sehr variabel sind auch die einzelnen Trachten; im evangelischen Gebiet gibt es drei größere Trachtenregionen: im Kirchspiel Schleife, im Hoyerswerdaer Raum und bei Cottbus/Jänschwalde. In Schleife begegnet man der wohl reichsten und lebendigsten sorbischen Folklore; Volksinstrumente sind der sorbische Dudelsack, die dreisaitige Tanzfiedel, große Geige und Hirtenflöte (Tarakawa). An Bräuchen gibt es eine ungeheure Vielfalt: Am »Zapust« mit Fastnachtstanz müssen die Frauen in ihrer Tracht erscheinen; beim »Hahnreiten« (August/September) müssen die Reiter hoch zu Ross einem toten Hahn Kopf und Flügel abreißen – auch die Pferde der drei siegreichen »Könige« (kral) werden geschmückt; mit verbundenem Kopf muss beim »Hahnschlagen« mit dem Dreschflegel der Topf getroffen werden, unter dem das »Objekt der Begierde« liegt; das »Hexenbrennen« in der Walpurgisnacht ist besonders in Göda bei Bautzen ein echtes Schau-Spiel; zur »Vogelhochzeit« am 25. Januar feiern die Kleinen und erhalten Süßigkeiten und Gebäck; »Froschkarren«, »Johannisreiten«, Stollen- und Stoppelreiten«, »Maibaumstellen« und »Kirmes« werden ebenfalls ausgiebig gefeiert. Aber zu Ostern ist etwas ganz Besonderes los: Das »Ostereierverzieren« ist zu einer wahrhaft lebendigen Volkskunst geworden; die Eier werden kunstvoll bemalt; in Bautzen und anderswo finden diesbezüglich große Märkte statt, überall brennen Osterfeuer; in Rohne bei Schleife ist seit 1993 das Ostersingen wiederbelebt worden. Der Höhepunkt allerdings sind die »Osterreiter«. Am Ostersonntag sind im sorbisch-katholischen Gebiet der Oberlausitz weit über 1 000 festlich gekleidete Osterreiter auf geschmückten Pferden in neun berittenen Prozessionen zum Nachbarkirchort unterwegs, die frohe Botschaft von der Auferstehung des Herrn zu verkünden. Seit 1540 reitet man von Wittichenau nach Ralbitz, von Crostwitz gen Kloster Marienstern, Nebelschütz nach Ostro, Storcka nach Radibor und umgekehrt – die Züge dürfen sich unterwegs aber nicht begegnen. Höhepunkt ist zweifellos der Bautzner Zug: Nach einem Gottesdienst reitet man dreimal um die Kirche und dann zur Stadt hinaus – wer es erlebt hat, kann dies niemals vergessen.

Die »kleinen Sorben« in der Hochzeitstracht

Vielfalt von Natur, Mensch und Kultur – Lausitzer Landschaften

Man bezeichnet die Oberlausitz als Gebiet, das auf einer Granitplatte liegt; Verwerfungen begrenzen diese. Hier ist im Verlaufe von Jahrmillionen ein vielgestaltiges Landschaftsbild entstanden. Man findet bewaldete Vulkankegel und Basaltdeckenergüsse, pontische Trockenhügel und enge Durchbruchstäler, Hügelland mit fruchtbaren Böden; schließlich Kiefernheide, Sandböden und ein ausgedehntes Heide-Teich-Gebiet – diese Vielfalt spiegelt sich auch in der Tier- und Pflanzenwelt wider. Kreide-, Braunkohle- und Lausitzer Eiszeiten ließen die imposanten Sandsteingebilde des Zittauer und jene des Elbsandsteingebirges entstehen; in der regen Vulkantätigkeit erhielt die Granitplatte einen Riss. Die Hebung im Süden ging einher mit stärkeren Senkungserscheinungen im Norden. Am Rande der sich ständig erweiternden oder verringernden Flachmeere bildeten sich Moor- und Sumpfwälder, aus deren Ablagerungen Braunkohlenlagerstätten hervorgingen (in der Südlausitz bis 100 m und tiefer). Das führte in unserer Zeit zu riesigen Tagebaulöchern (u.a. bei Hagenwerder und Turow). Winde aus Nord wehten Sande heran – die heute in der Muskauer und Weißwasseraner Gegend anzutreffenden Binnendünen sind – sofern nicht durch den Tagebau vernichtet – 25 und mehr Meter hoch. Kiefern wachsen vor allem; in den Senken befinden sich zahlreiche Gewässer; sie wurden in der Nacheiszeit zu Mooren, Sümpfen oder verlandeten mit großen Schilfwäldern. Hier könnten sich Flora und Fauna kräftig entwickeln; es war quasi die Geburtsstunde der Heide- und Teichlandschaft.
Der Braunkohlentagebau wurde in den vergangenen Jahrzehnten rücksichtslos betrieben; die Rekultivierung hielt mit der Devastierung nicht Schritt; die Folge sind zahlreiche »Altlasten«. Die teilweise bescheidene Qualität der Böden ließ Landwirtschaft nur in begrenztem Umfang zu. Kiefernforsten sind reichlich vorhanden. In der Nähe von Hoyerswerda dominieren Heidewälder, Teiche, Seen, Moore, Auenlandschaften,; am bekanntesten sind neben dem Dubringer Moor und den Neudorfer Teichen der Knappen- und der Silbersee; beide sind aus Tagebauen entstanden. Vom Heidetiefland der Lausitzer Seen- und Kiefernwaldplatte (Wittichenau, Hoyerswerda, bei Niesky und Weißwasser) steigt die Oberlausitz sanft geschwungen zum fruchtbaren Lausitzer Hügelland empor (Pulsnitz, Kamenz, Bischofswerda).
Stille romantische Flecken mit Fischteichen und Hochmooren findet man bei Wittichenau, Bernsdorf, Königswartha; bei Radeberg und Kamenz sind wir bereits im Hügelland; der Keulenberg bei Oberlichtenau, der Kamenzer Hutberg, das Blockmeer auf dem Hochstein bei Rammenau, der Butterberg bei Bischofswerda – das alles gehört zum Naturschutzgebiet »Lausitzer Hügelland«. Rammenau mit seinem herrlichen, von Johann Christoph Knöffel erbauten Barockschloss, ragt heraus aus der Landschaft; Pulsnitz ist die »Stadt der Pfefferkuchen«; nach alten Rezepturen werden sie noch heute gebacken. Nähert man sich der Kreisstadt Kamens von Süden, durchquert man eine schöne Landschaft bei Lichtenberg, Panschwitz-Kuckau und Elstra. Wählt man die Route weiter nördlich, so gelangt man durch Königsbrück, Schwepnitz, Neukirche, Schönteichen in die Lessingstadt. In der ehemaligen Töpfer- und Tuchmacherstadt Kamenz wurde Gotthold Ephraim Lessing 1729 geboren; das Museum ist zugleich wichtige Forschungsstätte. Ursprünglich eine sorbische Siedlung, später eine deutsche Burg, liegt die architektonisch reizvolle Kreisstadt an der Schwarzen Elster. Hier begann dereinst die »sächsische Wendei«, die Sprachgrenze, die weiterging nach Königswartha, Elstra bis Schirgiswalde. Kamenz war außerdem westlichste Stadt des Sechsstädtebundes; besondere Attraktionen sind das auf 1521 zurückgehende »Forstfest« – die Schüler der Stadt ziehen, herausgeputzt mit Schärpen und Blumen, im farbenprächtigen Festzug zum Rathaus – dereinst zogen sie, ärmlich gekleidet und ohne Blumen, den Hussiten entgegen, damit diese die Stadt verschonen sollten.
Viele Flüsschen durchqueren die Landschaft: Die Wesenitz mit der Quelle am Valtenberg, das Schwarzwasser, das bei Neukirch am Hohen Hahn entspringt, nach Norden durch die Teichlandschaft bei Königswartha fließt und in die Schwarze Elster mündet; die Spree, die aus Richtung Bautzen durch Hoyerswerda gelangt; die Röder durchfließt das größte, westlich liegende Lausitzer Reihendorf Großröhrsdorf; die behäbige Pulsnitz entspringt am Sybillenstein ... Ausgiebiges Wanderland ist dieses Gebiet. Von Radeberg über Pulsnitz ins Lausitzer Hügelland; von Königsbrück über Kamenz, Elstra, Panschwitz-Kuckau bis Rosenthal, Königswartha, Neschwitz gen Bautzen und so fort: hinzu kommen attraktive Radwanderwege – der Rundweg in der Heide-Teich-Landschaft misst 240 km und führt von Hoyerswerda nach Bad Muskau, Niesky, Neschwitz, Wittichenau; berührt werden dabei auch die Schutzgebiete Dubringer Moor, Uhyster- und Warthaer Teiche. Ein-

Das Kamenzer Rathaus, das nach Entwürfen von Schinkel vom Zittauer Baumeister Schramm erbaut wurde.

Stadtpanorama von Bautzen – von der Spreebrücke aus

drucksvoll erweist man dem Biosphärenreservat bei Mücka seine Reverenz. Das UNESCO-Programm steht unter dem Motto »Der Mensch und die Biosphäre – Aufbau eines weltweiten Netzes«.

Im Ortsdreieck Neukirch-Gaußig-Wilthen erheben sich Großer und Kleiner Picho (499/463 m); in Gaußig ist ein Schloss des mächtigen Staatsministers von Brühl zu sehen; die 8 000-Seelen-Gemeinde Wilthen ist seit 1842 hinsichtlich ihres hervorragenden Weinbrandes zu loben; außerdem ist das Städtchen durch Martin Pumphut bekannt – dem Till Eulenspiegel der Oberlausitz; ein schön gestaltetes Denkmal steht in Bahnhofsnähe. Kirschau, Crostau, Schirgiswalde, Taubenheim und Sohland/Spree bilden aufgrund ihrer einzigartigen geographischen Lage ein Gebiet, wo gleichzeitig Historie und Architektur einen außerordentlichen Reiz darstellen. Die Kirche in Crostau besitzt mit der Silbermannorgel ein besonderes Kleinod, und im »Dorf mit den 15 Zipfeln«, Sohland, sieht man das älteste Umgebindehaus des ehem. Landkreises Bautzen. Das aber ist nichts gegen die beiden Berge der Oberlausitz, den Czorneboh (561 m) und den Bieleboh (499 m). Im Tal liegt, malerisch und geographisch »dahingehaucht«, Cunewalde im Naturschutzgebiet »Lausitzer Bergland« mit seinen Umgebindehäusern und der mächtig aufragenden Barockkirche, die 3 000 Menschen Platz bietet – die größte Dorfkirche Deutschlands. Der Czorneboh, der »dunkle Gott«, ist die höchste Erhebung des nördlichen Lausitzer Gebirgszuges.

Bautzen, die »Stadt der Türme«, liegt auf einem Felsplateau über den Spreewasserfällen an den Nordhängen des Lausitzer Berglandes. 17 Türme und Basteien schmücken das tausendjährige Zentrum; von den sorbischen Bräuchen bleibt eindrucksvoll das Osterreiten im Gedächtnis. In der Nähe liegt Kleinwelka mit seinem attraktiven Saurierpark (seit 1978) plus Irrgarten; zwei Bahnstationen weiter gen Görlitz liegt Hochkirch, auf einer Anhöhe mit weithin sichtbarem Gotteshaus.

Das internationale Folklorefestival LAUSITZ in Crostwitz vereint alle 2 Jahre Tanz- und Folkloregruppen aus verschiedenen Nationen.

Landkreis Kamenz

Der ehem. Landkreis Kamenz, von den Toren Dresdens bis zur brandenburgischen Landesgrenze, wurde 1996 als Ergebnis der damaligen Kreisgebietsreform in Sachsen gebildet. Aus dem Zusammenschluss des früheren Landkreises Hoyerswerda (mit Ausnahme der ehem. Kreisfreien Stadt Hoyerswerda) mit dem zuvor existierenden Kreis Kamenz, einem Teil des Kreises Dresden-Land sowie einem Teil des ehemaligen Kreises Bischofswerda entstand mit einer Ausdehnung von 1 334,74 qkm einer der flächenmäßig größten Landkreise Sachsens. 148 500 Menschen (Stand 31.12.06) leben in den derzeit 9 Städten und 24 Gemeinden. Die Kreisstadt ist Kamenz, bekannt geworden für den hier geborenen Dichter und Gelehrten Gottfried Ephraim Lessing.

Die regionale Wirtschaftsentwicklung des Landkreises – eine Lokomotive in der Lausitz
Abwechslungsreiche Landschaften mit ungewöhnlichem Naturreichtum prägen das Bild des Landkreises Kamenz, der sich zudem durch eine große Branchenvielfalt der Wirtschaftsstruktur auszeichnet. Große und mittelständische Unternehmen der Lebens- und Genussmittelindustrie, der Metallverarbeitung, des Maschinenbaus und der Kunststoffverarbeitung haben den Landkreis zu einer wirtschaftlich starken Region gemacht. Junge erfolgreiche Unternehmen aus den Bereichen Biotechnologie und Elektrotechnik-Elektronik nutzen die hervorragenden Chancen und das hier zur Verfügung stehende Fachpersonal. Eine feste Säule der Wirtschaftsstruktur bilden ebenso die Bereiche Handwerk, Handel und Dienstleistungen. Die Handwerkerdichte von mehr als 12 Handwerksbetrieben pro 1 000 Einwohner ist eine der höchsten des Freistaates. Der Bestand an attraktiven Gewerbe- und Industrieflächen und eine gut ausgebaute Infrastruktur lassen den Landkreis zu einem wichtigen Knotenpunkt in der Mitte Europas werden, der ideale Voraussetzungen zur Ansiedlung neuer Unternehmen bietet.

Vom Dresdner Umland zur West- und Oberlausitz – Vielfalt, die anspricht

Verschiedenste Eigenschaften und Angebote von Nord nach Süd kennzeichnen das Gebiet des Landkreises Kamenz. Ein bedeutender Anziehungspunkt für Touristen, Naturfreunde, Freizeitsportler, aber auch für die Landkreisbewohner ist das bereits über die Kreisgrenzen hinaus bekannt gewordene Lausitzer Seenland. Die durch den früheren Bergbau entstandenen Gruben wurden bereits bzw. werden teilweise noch rekultiviert und geflutet. Das Besondere an der entstehenden Landschaft ist, dass alle Seen mit schiffbaren Verbindungen versehen werden, so dass daraus das zukünftig größte zusammenhängende Seengebiet Europas und damit eine bereits jetzt sehr gefragte Urlaubsregion entsteht – eine Verbindung zwischen Naturerlebnis und touristischen Angeboten. Vielfalt bietet auch der Süden und Westen des Landkreises. Landschaftlich reizvoll sind in dieser Region vor allem die Königsbrücker, Laußnitzer sowie Dresdner Heide und das Westlausitzer Hügel- und Bergland. Ein Geheimtipp ist das Seifersdorfer Tal mit seiner unvergesslichen Romantik. Die zahlreich vorhandenen und zum Teil thematisch ausgerichteten Wander- und Radwege sowie viele attraktive gepflegte Städte und Dörfer laden zum Verweilen ein.

Die Kreisstadt Kamenz bietet nicht nur mit ihrem historischen Stadtkern, sondern auch durch den Hutberg, der vor allem in der Zeit um Pfingsten mit vielen blühenden Rhododendren und Azaleen Besucher anlockt, einen Anreiz zur Stippvisite. Auch in Städten wie Königsbrück, Pulsnitz oder Elstra lohnt ein Besuch. Hier in den Hochburgen der Lausitzer Keramik sind viele kleine und zum Teil größere Braun- und Bunttöpfereien angesiedelt, die die verschiedensten Dinge aus dem Material Ton zum Verkauf anbieten. Die Stadt Pulsnitz hat sich überdies als das »Sächsische Nürnberg« oder auch als »Pfefferkuchenstadt« über weite Strecken einen Namen gemacht. Radeberg – mittlerweile als Bierstadt in ganz Deutschland und darüber hinaus bekannt – liegt im Süden des Landkreises. Bei einem Bummel durch Radeberg – von Schloss Klippenstein über den schönen Marktplatz mit dem Rathaus und durch idyllische Gässchen – werden Besucher allerdings schnell merken, dass Radeberg weit mehr als nur Bier zu bieten hat.

Landkreis Kamenz – Siedlungsgebiet der Sorben

Kulturelle und traditionelle Vielfalt wird im Landkreis groß geschrieben. Besondere Bedeutung kommt dabei der sorbischen Bevölkerungsgruppe zu, deren Siedlungsgebiet im Nord- und Ostteil des Landkreises zu finden ist. Die sorbischen Bräuche und Traditionen bereichern das Leben der Menschen innerhalb und außerhalb der Kreisgrenzen. Bekannt geworden sind die Sorben vor allem durch ihre Osterbräuche: So findet in jedem Jahr das Osterreiten statt. Es entstand wahrscheinlich aus dem vorchristlichen Brauch, bei Flurumritten im Frühjahr um eine gute Ernte zu bitten. Später erhielt er den Inhalt, dass die Reiter auf festlich geschmückten Pferden die Botschaft von der Auferstehung des Herrn in die Nachbarorte tragen. Untrennbar mit dem Osterfest verbunden sind aber auch prächtig verzierte Ostereier: Sie werden vor allem in der Wachs-, Kratz- oder Ätztechnik hergestellt.

Sorbische Kultur ist jedoch weit mehr als Osterbräuche. Die tägliche Umgangssprache in der Familie, im Dorf, in den Kindereinrichtungen und in der Schule ist sorbisch. Viele ältere Frauen tragen noch heute die sorbische Alltagstracht. Bei Festen, kirchlichen Prozessionen und ähnlichen Anlässen kann man die ganze Pracht der Festtrachten bewundern. Bestandteil der sorbischen Kultur ist eine eigene Literatur. Hier ist besonders der Dichter Jakub Bart-Cisinski (1856–1909) zu nennen, der in Panschwitz-Kuckau geboren wurde, aber auch Juri Bresan (1916–2006), der als zeitgenössischer sorbischer Schriftsteller, dessen Werke in 25 Sprachen übersetzt wurden, bekannt geworden ist. Der Landkreis sieht es als besondere Aufgabe an, die sorbische Kultur zu wahren und zu fördern; äußeres Zeichen ist der zweisprachig geführte Kreisname sowie die zweisprachige Bezeichnung auf den Ortsschildern im sorbischen Siedlungsgebiet.

Schloss Klippenstein in Radeberg beherbergt das Museum zur Industrie- und Stadtgeschichte.

Stadt Hoyerswerda

Die Stadt Hoyerswerda mit ihren 40 000 Einwohnern liegt im Nordosten des Freistaates Sachsen am Kreuzungspunkt der Bundesstraßen B 96 und B 97 – unweit der Grenzen zur Republik Polen und zur Tschechischen Republik – im Zentrum des Lausitzer Seenlandes, nur wenige Kilometer von der sächsischen Metropole Dresden entfernt. Wojerecy, wie sie auf sorbisch heißt, ist eine Stadt, in der sich vor allem nach 1989 große Veränderungen vollzogen haben. Mehr und mehr entwickelt sich Hoyerswerda von der für die Arbeiter im Braunkohlentagebau und in der Kohleveredlung errichteten Wohnstadt zu einem Zentrum des Handels, der Dienstleistungen und der Bildung. Urkundlich zum ersten Mal erwähnt wurde Hoyerswerda im Jahre 1268 in der Oberlausitzer Teilungsurkunde; es wurde inmitten sorbischer Siedlungen als Herrensitz gegründet; 1423 gab Freiherr von der Duba dem Ort »Hoeßward« ein Privilegium über das Stadtrecht und die freie Ratswahl. Mit der gesamten Lausitz wurde Hoyerswerda 1635 sächsisch, blieb jedoch auch weiterhin eine kleine, unbedeutende Stadt.

Zu erster wirtschaftlicher Blüte gelangte die bis dahin vorwiegend als Ackerbürgerstädtchen bekannte Ortschaft im frühen 18. Jahrhundert: 1705 übereignete August der Starke die Herrschaft Hoyerswerdas seiner ehemaligen Mätresse, der Reichsfürstin und Herzogin Ursula Katharina von Teschen. Sie ließ das Schloss umbauen und förderte das Handwerk in einem bis dahin nicht gekannten Maße. In diese Zeit fällt auch die Entstehung der ältesten Gasse von Hoyerswerda, der »Langen Straße«. Zahlreiche Handwerker zogen dort ein; noch heute wird in der historischen Gasse, die entgegen ihrem Namen in nur wenigen Minuten durchlaufen ist, Handwerk und Gewerbe gepflegt. 1815 fiel Hoyerswerda mit an Schlesien. Einen weiteren wirtschaftlichen Aufschwung kann man nach 1873 feststellen. Nach der Eröffnung der Bahnstrecke Ruhland – Hoyerswerda entstand mit den Eisenbahnwerkstätten und einem zentralen Reparaturdienst ein völlig neuer Wirtschaftszweig. Mit der Entdeckung von Braunkohlelagerstätten in der Lausitz entwickelte sich die Industrie. Die im Jahr 1945, noch in den letzten Tagen des Zweiten Weltkrieges, zur Festung erklärte Stadt wurde schwer zerstört; 1946 zählte man 7 264 Einwohner. Mit dem Aufbau des Braunkohlekombinates Schwarze Pumpe im Jahre 1955 und dem Aufbau der Hoyerswerdaer Neustadt, der ein Jahr später begann und bis Mitte der achtziger Jahre andauerte, stieg die Zahl der Bürger auf das fast Zehnfache; 1981 lebten 71 054 Einwohner in der Stadt. Vor allem entstanden Wohnungen für die über 15 000 Beschäftigten des Kombinates »Schwarze Pumpe«, des zu DDR-Zeiten größten Braunkohle-veredlungswerkes in Europa, zwölf Kilometer nordöstlich von Hoyerswerda bei Spremberg gelegen und nach einem dortigen kleinen mittelalterlichen Wegegasthof benannt. Die Schriftstellerin Brigitte Reimann lebte von 1960 bis 1968 in Hoyerswerda. Über den Alltag einer Arbeitsbrigade im Kombinat Schwarze Pumpe berichtet der Kurzroman »Ankunft im Alltag« (1961); nach ihm wurde ein ganzer Typus DDR-Literatur »Ankunftsliteratur« genannt. Ihr Hauptwerk, der leider unvollendet gebliebene Roman »Franziska Linkerhand« (erschienen 1974), beschreibt das Leben einer Architektin in der wachsenden Stadt.

Die Ereignisse von 1989 gingen auch an Hoyerswerda nicht vorbei. Am 30. Oktober demonstrierten etwa 10 000 Bürger deutscher und sorbischer Nationalität in der Stadt mit der Forderung nach feien Wahlen, am 20. Dezember trafen sich Vertreter der damaligen Parteien, des »Neuen Forum«, der evangelischen und katholischen Kirche zum ersten »Runden Tisch«. Von April bis Juni 1990 wurde die Bevölkerung Hoyerswerdas befragt, ob sie künftig dem Land Brandenburg oder dem Freistaat Sachsen angehören möchten; mit der überwältigenden Mehrheit von 87,8% entschied man sich für Sachsen. Im gleichen Jahr setzte die Umprofilierung des Gaskombinates Schwarze Pumpe zu der Energiewerke Schwarze Pumpe AG ein. Am Standort Schwarze Pumpe wurde dann in kurzer Zeit das größte und modernste braunkohlebetriebene Kraftwerk Europas neu gebaut. Der Neubeginn für dieses Unternehmen und der rigorose Arbeitsplatzabbau im Lausitzer Braunkohlerevier leiteten für die Stadt eine problematische Periode ein. Jahrzehntelang geprägt durch eine Bergbaumonostruktur, mussten neue Wege der wirtschaftlichen Entwicklung gefunden werden; die Prozesse sind noch lange nicht abgeschlossen. Vor den Toren der Stadt entstanden Gewerbegebiete. 1995 wurde mit dem Lausitz-Center eine moderne Einkaufsstätte geschaffen. Im gleichen Jahr entstand das Berufsschulzentrum; es bietet auch die Möglichkeit, das Wirtschaftsabitur abzulegen.

Hochachtung nötigt die Stadtsanierung ab. Damals wie heute verzaubert die Altstadt mit ihrem Charme und ihrer Historie. Ehemals triste Wohnblockfassaden in der Neustadt zeigen heute ein neues, freundliches Gesicht; die Neustadt wird aber auch aufgrund des Bevölkerungsrückganges durch Abriss geprägt.

Lausitzer Platz mit Springbrunnen und der Lausitzhalle

Das Alte Rathaus mit historischer Postmeilensäule

Kulturell braucht sich Hoyerswerda keinesfalls verstecken: Seit über 30 Jahren gibt es die »Hoyerswerdaer Musikfesttage«, seit mehreren Jahren wird jeweils im Februar in der Lausitzhalle der »Markt der Möglichkeiten« durchgeführt – dort präsentieren die über 100 in der Stadt tätigen Vereine ihre Arbeit. Am 1. September 1996 wurde, ebenfalls in der Lausitzhalle, die »Neue Lausitzer Philharmonie« gegründet – eine Orchester GmbH, deren Sitz in Hoyerswerda ist. Der Zoo mit immerhin 1.200 Tieren in 190 Arten lädt genauso zum Bummeln ein wie das Museum im restaurierten Schloss. Dem Erfinder des ersten funktionsfähigen Computers »Z 22« der Welt, Konrad Zuse, der mehrere Jahre seines Lebens in Hoyerswerda verbrachte, ist das Konrad-Zuse-Computermuseum gewidmet, das auch den legendären »Z 22« zeigt.

Für Touristen hat Hoyerswerda und seine Umgebung eine ganze Menge zu bieten. Vor allem in den Ortsteilen Schwarzkollm, Bröthen/Michalken, Zeißig und Dörgenhausen werden von Brauchtumsgruppen und Vereinen die jahrhundertealten sorbischen Bräuche liebevoll erhalten und gepflegt. In der Energiefabrik im Ortsteil Knappenrode erwartet die Besucher ein einzigartiges Denkmal der industriellen Nutzung der Braunkohle. Die fast 100-jährige Brikettfabrik ist das Herzstück dieses Bergbaumuseums, das seit 2006 zu den Ankerpunkten der Europaen Route of Industrial Heritage (ERIH) gehört.

Das Lausitzbad Hoyerswerda bietet Action und Entspannung, und die erst kürzlich neu entstandene Saunalandschaft besticht durch ihr besonderes Flair. Vor den Toren der Stadt liegen Knappensee, Silbersee und nur wenige Kilometer weiter der Senftenberger See, die zum Baden, Surfen und Campen einladen und sehr gern besucht werden. Zukünftig wird die Umgebung von Hoyerswerda noch mehr an Attraktivität gewinnen, da in den nächsten zwanzig Jahren zwischen Berlin und Dresden das Lausitzer Seenland, Europas größte »künstliche« Wasserlandschaft und Deutschlands viertgrößtes Seengebiet entsteht. Durch die Flutung ehemaliger Tagebaue kommen schrittweise 15 weitere Seen auf sächsischem und brandenburgischem Gebiet dazu.

Marktplatzensemble mit zahlreichen Geschäften: im Hintergrund die kath. Pfarrkirche »Maria Himmelfahrt«

Stadt Wittichenau – Mesto Kulow

Wittichenau hat zurzeit über 6 000 Einwohner und kann seit der Wende auf einen Bevölkerungszuwachs im Gemeindegebiet von ca. 25% verweisen. Dem Einkaufstouristen oder flüchtigen Gast dürfte auffallen, dass er es von der Anlage der Straßen und Häuser her mit einer historisch gewachsenen Kleinstadt, welche als Grundzentrum fungiert, zu tun hat.
Dies birgt gewöhnlich einige Reize der Gemütlichkeit. Bleibt man einige Tage, besucht Verwandte oder Bekannte oder kommt an einem der zahlreichen Festtage, wird man erstaunt feststellen: Hier ist noch einiges anders als sonst wo! Das Leben pulsiert viel mehr als an manchem vergleichbaren Ort. Wittichenau ist stolz auf seine über 700 Jahre alten Stadtrechte, eine interessante und wechselvolle Stadtgeschichte. Trotz vieler Zerstörungen durch Stadtbrände, Hussiten und Pestepidemien erwachte der Ort immer wieder zu neuem Leben. Dies war nicht immer einfach, denn Wittichenau weist Besonderheiten auf, die heute in Deutschland ihresgleichen suchen.
So leben hier seit über sieben Jahrhunderten Deutsche und Sorben in Eintracht und Harmonie beisammen. Es gibt keine zweite Stadt, die Anfang des 21. Jahrhunderts noch einen rund 35%igen Anteil an sorbischer Bevölkerung, einem kleinen slawischen Volk mit noch etwa 60 000 Angehörigen, aufweist; es gibt keine zweite Stadt im protestantischen Sachsen, deren Einwohner zu rund 85% der katholischen Konfession angehören. Dabei konzentriert sich die sorbische Bevölkerung hauptsächlich in den eingemeindeten elf Ortsteilen (Neudorf Brischko, Keula, Dubring, Hoske, Rachlau, Saalau, Sollschwitz, Maukendorf, Kotten, Spohla).
Eine besondere Attraktion stellt das Wald- und Strandbad dar. Auf einer Wasserfläche von 6 000 qkm sind garantiert positive Erholungsergebnisse gegeben. Wittichenau liegt am Urstromtal der Schwarzen Elster, im Nordes des Oberlausitzer Teichgebietes, zwischen den Landschaftsschutzgebieten »Knappensee« und »Dubrin-

Marktplatz mit saniertem Rathaus; dreimal täglich erklingt ein Glockenspiel.

ger Moor«. Der Knappensee dient seit den 60er Jahren als Naherholungsgebiet und wird zu einem überregionalen Touristenzentrum ausgebaut.

Auf der Ostseite befindet sich ein Brutplatz mit etwa 200 Graureiherpaaren. Das Landschaftsschutzgebiet erstreckt sich vom Knappensee am Schwarzwassergraben bis südlich von Brischko an die Schwarze Elster. Das Dubringer Moor hat eine Fläche von 6 qkm, davon 400 ha Naturschutzgebiet. Es reicht bis an die westliche Stadtgrenze. Funde belegen eine 3 000 Jahre alte Besiedlung; im Mittelalter diente das Moor in Kriegszeiten als Unterschlupf.

Schon seit den 20er Jahren gab es Pläne für die bergbauliche Erschließung des Moorgebietes, die nach dem Zweiten Weltkrieg immer konkreter wurden. Das Jahr 1989 brachte schließlich auch die Rettung des Moores mit seiner für Mitteleuropa einmaligen Flora und Fauna. Bereits ernsthaft aufgetretene Schäden konnten kompensiert werden.

Wittichenau genoss zwar nie die Freiheiten von Kamenz, das bereits 1319 durch Lehnwirkung des Standesherrn unabhängig wurde und sich dem Sechsstädtebund anschloss, aber eine milde Klosterherrschaft erlaubte doch eine relativ ungebundene Existenz im Gegensatz zu Orten, die adliger Herrschaft unterstanden. 1825 erfolgte allerdings die Trennung von Bisherigem: Wittichenau kam trotz größerer Einwohnerzahl wegen seiner Grenznähe nicht als Kreisstadt in Frage und wurde dem Kreis Hoyerswerda zugeordnet. Die Bodenständigkeit der Bevölkerung ist Ursache für die Bewahrung der Traditionen und Feste. Wittichenau war bekannt wegen seiner Viehmärkte, aber auch wegen des Handwerks, der Braukunst und der Bildung. Wittichenau hat eine Stadtbrauerei, die das bereits 1356 erteilte Braurecht ausübt. Nach 1815 verlor die Stadt an Bedeutung,

Großwasserrutsche, ca. 100 m lang, im idyllisch gelegenen, rekonstruierten Waldbad am Rande des Dubringer Moores

große Betriebe hatten sich andere Standorte gesichert. Vielleicht kann man dies als Glück bezeichnen, blieb man doch dadurch von Industriebauten, Altlasten und seelenlosen Arbeiterwohnsiedlungen verschont. Eine von Handel, Handwerk und Landwirtschaft geprägte Bebauung und die seit Jahrhunderten gewachsene Bevölkerungsstruktur blieben erhalten. Und damit auch die Mentalität; geprägt von starkem Bedürfnis nach Zusammenhalt und Geselligkeit, von Fleiß und Geschäftssinn.

Bereits Ende 1989 wurde der von der SED eingesetzte Bürgermeister zum Rücktritt gezwungen und ein Bürgerkomitee bis zur Kommunalwahl 1990 eingesetzt. In der Folge gelang es, die Modernisierung der vernachlässigten Infrastruktur in den Griff zu bekommen.

Das Stadtbild verschönerte sich zusehends, Handel und Gewerbe blühen wieder, die Stadt ist auf dem besten Wege, an ihre Bedeutung der Vergangenheit anzuknüpfen; dies wird auch durch eine der niedrigsten Arbeitslosenzahlen Sachsens bewiesen.

Sehenswert sind Marktplatz mit sächsischer Postmeilensäule (1732) und »Krabat«-Denkmal; die katholische Kirche »Mariä Himmelfahrt« mit barockem Hochaltar, Taufbecken und Gedenktafel am Grab von Krabat; der historische Burgwall, der Sage nach ein versunkenes Raubritterschloss aus dem 12. Jahrhundert; die Schowtschikmühle am Rande des Dubringer Moores (1500); natürlich muss man unbedingt die Vorteile der modernen Kläranlage erwähnen, wie das attraktive Gewerbegebiet und die neu entstandenen Wohngebiete; ferner die Höhepunkte an Karneval, Ostern (Kreuzreiterprozession mit über 400 Reitern), das Fischerfest, Pfingstmarkt, Anglerfest, Kirmes, St. Martins-Umzug, Weihnachtsmarkt ... Nicht umsonst sagt man Wittichenau eine Vorreiterrolle nach.

Rathaus der Stadt Lauta

Stadt Lauta

Die Stadt Lauta mit ihren Ortsteilen Laubusch, Leippe, Torno und Johannisthal liegt im Norden des ehem. Landkreises Kamenz (jetzt Landkreis Bautzen) an der Grenze zwischen Ober- und Niederlausitz. Lauta erhielt im Jahr 1965 das Stadtrecht. Seit 2007 ist die ehemals selbständige Gemeinde Leippe-Torno eine Ortschaft der Stadt. Die Stadt hat gegenwärtig ca. 9 930 Einwohner auf einer Gesamtfläche von ca. 4 211 ha.
Umgeben von ausgedehnten Kiefern- und Mischwäldern und großzügigen Heidelandschaften, versteht sich Lauta auch als das grüne Tor zum entstehenden Lausitzer Seenland. Aufgrund der Lage sind die umliegenden touristischen Ziele und größeren Städte gut erreichbar. Die in den letzten Jahren infolge der Rekultivierung ehemaliger Tagebaue gut ausgebauten Rad- und Wanderwege gestatten ausgedehnte Wanderungen und Radtouren in das Lausitzer Seenland und an den Senftenberger See, ein beliebtes Bade-, Angel- und Surfgewässer. Auch die Urlaubszentren Knappensee und Silbersee liegen in unmittelbarer Nähe.
Als besondere architektonische Sehenswürdigkeit sind die beiden Gartenstadtsiedlungen hervorzuheben. Im Norden der Stadt befindet sich die sanierte Gartenstadtsiedlung »Lauta-Nord« und im Ortsteil Laubusch die teilsanierte Kolonie »Erika«.
Die Erschließung des Braunkohlentagebaus Laubusch, die Nähe der Eisenbahnlinie Falkenberg sowie das ausreichende Wasserangebot der Schwarzen Elster waren der Grund dafür, dass 1917 die Vereinigten Aluminiumwerke AG (VAW) in der Nähe des Dorfes Lauta mit dem Aufbau des Aluminium- und Kraftwerkes begannen.
Von 1918 bis 1990 war dieser Großstandort der Aluminiumindustrie für die Stadt Lauta der wichtigste und größte Arbeitgeber. Mit der Außerbetriebnahme des Aluminiumwerkes, des Kraftwerkes und dem Abbruch der alten Industrieanlagen in den Jahren 1990 bis 1993 entstand ein Industrie- und Gewerbegebiet, das vielfäl-

Evangelische Kirche der Stadt Lauta mit Angerensemble

tige Entfaltungsmöglichkeiten bietet. Nicht zuletzt durch die vorhandene gute Infrastruktur sind Gewerbe- und Industrieansiedlungen möglich. Das Gebiet liegt direkt an der B 96 und ist voll erschlossen. Die Stadt Lauta hat ihren Ursprung im ehemaligen Dorf »Luthe«, welches erstmals im Zinsregister des Klosters St. Marienstern in Panschwitz-Kuckau im Jahre 1374 urkundliche Erwähnung fand.

Die kleine evangelische Dorfkirche zählt zu den ältesten Kirchen der Region. Im hölzernen Glockenturm neben der Kirche hängen zwei Glocken, wovon die kleinere, die Laurentiusglocke, das Wahrzeichen der Stadt Lauta und Stadtwappen bildet. Die Vereine der Stadt bewahren und fördern das örtliche Brauchtum durch Veranstaltungen, die die Traditionen der Vergangenheit widerspiegeln. So finden alljährlich das Zampern, Hexenbrennen und Kirmesfeiern statt, deren Beliebtheitsgrad ständig steigt. Neben den Kultur- und Traditionsvereinen verfügt die Stadt über ein reges Vereinsleben mit einer breiten Angebotspalette. Besonders hervorzuheben sind die Aktivitäten der Kameraden der Freiwilligen Ortsfeuerwehren, die neben ihrer Haupttätigkeit auch in alle städtischen Veranstaltungen eingebunden sind. Mit der Aufnahme des Dorfes Lauta 2001 in das Förderdorfprogramm wurden zahlreiche Maßnahmen zur Verbesserung der Lebensqualität realisiert. Der neu gestaltete Dorfanger mit Brunnen, die restaurierten Kriegerdenkmale und die Erneuerung der Dorfstraßen sind sehenswert und dem dörflichen Charakter angepasst. Besucher der Stadt Lauta finden eine sächsische Kleinstadt vor, die alles hat, was eine Kleinstadt auszeichnet. Gute Einkaufsmöglichkeiten, eine gute medizinische Grundversorgung, zwei Grundschulen und eine sanierte und modernisierte Mittelschule, Busverbindungen in die benachbarten größeren Städte, eine gute Bahnverbindung nach Dresden und Berlin, ein gutes Straßennetz, sehr gute Radwege und sehr viel Grün. Die Jüngsten der Stadt werden in vier Kindertagesstätten betreut. Mit der Beteiligung der Stadt am Bundeswettbewerb Entente Florale 2005 »Eine Stadt blüht

Evangelische Kirche im Ortsteil Laubusch

auf« wurde die Initiative der Vereine und Bürger mit einer Bronzemedaille gewürdigt. Der Abschlussbericht der Jury sprach der Stadt hierfür Anerkennung über Lauta und seine Bürger aus. Die ehemalige Bergarbeitergemeinde Laubusch ist seit dem 2001 ein Ortsteil der Stadt Lauta. Der lang gestreckte Ort untergliedert sich in die Bereiche Siedlung, Bergmannsheimstätten und Kolonie und wird entlang der Hauptstraße, die durch den gesamten Ort führt, von einer Roteichenallee eingefasst und von bewaldeten Hochkippen gesäumt. Der Ortsteil Laubusch verfügt über eine Grundschule, eine Kindertagesstätte, zwei Arzt- und eine Zahnarztpraxis, eine Apotheke und ein Freibad. Traditions- und Heimatfeste werden von den Vereinen im Ortsteil gestaltet.

Erstmals wird Laubusch 1401 urkundlich als »Lubasch« erwähnt. Das ursprüngliche Dorf mit ausgeprägtem sorbischen Brauchtum war ein Gassendorf mit einem Straßenanger und einem Vorwerk. Es lag an der Schwarzen Elster in einem Gebiet mit Kiefernwäldern und Teichen.

1745 vernichtete ein Großbrand das Dorf rechts der Schwarzen Elster. Viele Familien siedelten sich nun weiter links der Elster an. 1830 begann die Ansiedlung von Neu-Laubusch an der Stelle des ehemaligen Vorwerks, im sogenannten Rabenholz. Die Geschichte des Ortes wurde durch den Braunkohlenbergbau bestimmt. 1940 musste durch den voranschreitenden Braunkohlenabbau das alte Dorf abgerissen werden. Eine Gedenkstätte am ehemaligen Dorfmittelpunkt erinnert an die Existenz des ehemaligen Dorfes Laubusch. Mit der Brikettfabrik entstand 1917 die Gartenstadt »Erika« durch den Baumeister Ewald Kleffel. Später kamen Bergmannsheimstätten und die Siedlung dazu, die sich aber in Architektur und Anordnung der Häuser von der Gartenstadt unterscheiden.

Im Jahr 1962 war der Tagebau ausgekohlt, die Brikettfabrik wurde aus anderen Tagebauen versorgt. Mit der politischen Wende begann der Niedergang der Braunkohlenindustrie und 1993 das endgültige Aus der Brikett-

Feuerwehrdepot im Ortsteil Torno

produktion. Auch in Laubusch wurden die einstigen Industrieanlagen abgebrochen und der Weg zur Neuansiedlung auf einem ca. 37 ha großen voll erschlossenen Gewerbegebiet geschaffen. In Lautas Süden schließt sich der jüngste Stadtteil – die Ortschaft Leippe-Torno – an. Direkt an der Ortsgrenze befindet sich seit 1993 das Leippe-Torno-Center. In ihm sind neben Fachärzten und Zahnärztin, Bäcker, Fleischer und anderen einheimischen Händlern auch Aldi, Schlecker, Fristo und weitere Dienstleister tätig. Darüber hinaus beherbergt dieses wichtige Kommunikationszentrum auch mehrere Seniorenwohnungen der Caritas. Torno ist geprägt von schönen Ein- und Zweifamilienhäusern. Teilweise trifft das auch für Leippe zu. Hier findet man aber auch gut erhaltene und liebevoll sanierte 3-Seit-Höfe. Johannisthal ist der jüngste Ort mit nur wenigen Bewohnern, jedoch einer sehr aufschlussreichen frühindustriellen Vergangenheit, der Glasindustrie mit Braunkohlenabbau und Ziegelei. Heute ist in dem großen Waldgebiet ein forstwirtschaftliches Unternehmen tätig. Eine Wanderung zu Fuß oder per Rad führt nicht nur an ehemaligen Tagebauten, sanften Hügeln mit dem 173 m hohen Jungfernstein und seiner sagenumwobenen Geschichte vorbei, sondern vermittelt neben Ruhe und Entspannung auch viele Informationen über Pflanzen, Tiere und Bodenschätze. Der Tornoer Teich lädt im Sommer zu einem erfrischenden Bad und bei Frost zum Schlittschuhlaufen ein. Fast alle 1 400 Einwohner zeichnet eine enge Verbundenheit zu ihrer ab 1990 in der öffentlichen Infrastruktur grundlegend erneuerten Heimat aus. Sie gestalten ihre privaten Anwesen ideenreich und pflegen auch das Gemeinschaftsleben in vielen Vereinen. Besonders aktiv ist die Freiwillige Feuerwehr, die sich aus den selbständigen Wehren Leippe und Torno mit dem Einzug in das neue, gemeinsame Gerätehaus im Jahr 2001 zu einer Wehr Leippe-Torno zusammengeschlossen hat. Symbolisch ziert das Haus das ehemalige Gemeindewappen, welches sich die Einwohner im Jahr 2000 gaben.

Schloss Weißig, erbaut 1908. Der angrenzende Schlosspark mit Mausoleum und gemütlichem Biergarten lädt zur Rast ein.

Gemeinde Oßling

Nordöstlich der Lessingstadt Kamenz (ca. 12 km entfernt) erstreckt sich über eine Fläche von 45 qkm die Gemeinde Oßling, welche sich aus den neun Ortsteilen Döbra, Liebegast, Lieske, Milstrich, Oßling, Scheckthal, Skaska, Trado und Weißig zusammensetzt. Mit dem Auto erreicht man in einer Stunde Fahrzeit so attraktive Ziele wie die Landeshauptstadt Dresden, das Elbsandsteingebirge und den Spreewald. Nicht ganz so weit entfernt liegt das 1000-jährige Bautzen mit seiner historischen Altstadt. Für begeisterte Fans des Motorsports ist der ca. 40 km entfernte Lausitzring vor allem bei Veranstaltungen ein lohnenswertes Ziel. Aber auch in der unmittelbaren Umgebung kann vor allem der Naturfreund interessante Ziele vorfinden. Ein weit verzweigtes Radwegenetz führt u.a. durch das Skaskaer und Weißiger Teichgebiet. Im Ortsteil Oßling, gleichzeitig Sitz der Gemeindeverwaltung, sind besonders die restaurierte Pfarrkirche und das Pfarrhaus sehenswert. Hier befinden sich eine Grund- und seit Schuljahr 2007/2008 wieder eine Mittelschule sowie eine moderne Turnhalle, eine Kindertagesstätte sowie ein Kleinstadion mit Flutlichtanlage.

Oßling ist ein attraktiver Wohnstandort mit zahlreichen Dienstleistungs- und Versorgungseinrichtungen. Durch die Erschließung der zwei Wohngebiete »Wittichenauer Straße« und »Schulstraße« konnte seit 1995 ein enormer Einwohnerzuwachs verzeichnet werden. Als wichtige Betriebe mit Sitz in der Gemeinde sind zu nennen: die Lausitzer Grauwacke GmbH und die »Elsteraue« Agrar GmbH Skaska. In fast allen Ortsteilen der Gemeinde ist Kleingewerbe wie Sattlerei, Malermeister, Fußboden- und Fliesenleger, Autohäuser, Fleischerei, Töpferei u.ä. angesiedelt. Für den Tourismus stehen Ferienwohnungen zur Verfügung. Der Ort Scheckthal ist das Tor zum »Dubringer Moor«, dem größten Heidemoor mit über 6 qkm im Tiefland der Lausitz. Das durch die Tallage und den hohen Grundwasserstand geprägte Sumpfklima bietet unvergleichlichen Lebensraum für viele seltene besonders geschützte Tier- und Pflanzenarten. Für Erholungsuchende und Ausflugsgäste weist der

Oßling inmitten der Oberlausitzer Heide- und Teichlandschaft ist ein Paradies für Rad- und Wanderfreunde.

Ort vielfältige Freizeitmöglichkeiten auf, wie Radtouren, Wanderungen und Kutschfahrten durch die ausgedehnte Moorlandschaft. Die Ortslagen von Liebegast, Trado, Skaska, Döbra und Milstrich werden von Rad- und Wanderwegen durchquert, die durch die reizvolle Wald- und Teichlandschaft führen. Das weiträumige Teichgebiet wird von der Schwarzen Elster gespeist und seit rund 400 Jahren für die Fischzucht genutzt. Der Ort Weißig bietet landschaftlich einen sehr schönen Blick auf das Landschaftsschutzgebiet »Biehla-Weißig«. Das Ortsbild wird geprägt durch das 1908 errichtete Schloss der Familie von Zehmen mit dem gepflegten Park, der durch den Biergarten mit herrlicher Aussicht über die schöne Lausitzer Heide- und Teichlandschaft und kleinem Spielplatz ein lohnendes Ausflugsziel für die ganze Familie ist. Über die Gemeindegrenzen hinaus bekannt ist die Weißiger Teichwirtschaft, in welcher ganzjährig frischer Fisch erworben werden kann. Zentrum des Ortes Lieske bilden die Gebäude des ehemaligen Rittergutes Lieske. Heute sind in der diakonischen Einrichtung behinderte Männer untergebracht. Zum Missionshof gehören eine Fleischerei, ein kleines Wildgehege, eine Tischlerei sowie die »Bergschlösschen«-Brauerei mit der Gaststätte »Brauhaus Lieske«. Weitere touristische Attraktionen sind die Damwildgehege in Milstrich, Scheckthal und Liebegast, der Rad- und Wanderweg »Krabat«, der »Frosch-Radweg«, die Nagel'sche Säule, die Gruft der Familien von Zehmen und die Betsäule in Milstrich. Zu den jährlich wiederkehrenden Höhepunkten gehören natürlich die zahlreichen Veranstaltungen. Ein großes Ereignis sind die von den beiden Karnevalsvereinen gestalteten Karnevalsfeste. Am Ostersonntag findet in den umliegenden sorbischen Gemeinden das traditionelle Osterreiten statt; viele Gäste aus nah und fern werden von den Prozessionszügen mit bis zu 400 Pferden angezogen. Dann folgen am 30. April das Hexenbrennen und das Aufstellen des Maibaums, dann die sommerlichen Dorffeste und das Erntedankfest, gefolgt vom Fischerfest und vom Drachensteigen im Oktober. Den Festereigen beendet der Weihnachtsmarkt im Missionshof Lieske.

Königsbrück: Rathaus und Turm der Hauptkirche

Stadt Königsbrück

Die Stadt Königsbrück liegt 28 km nordöstlich von Dresden am Rande der Westlausitz und wurde erstmals 1248 in einer Urkunde des Klosters Marienstern erwähnt. 1998 beging sie mit ihren Ortsteilen Gräfenhain und Röhrsdorf ihr 750-jähriges Bestehen.
Anlass zur Gründung war eine Furt an der Pulsnitz; hier trafen sich zwei Handelsstraßen: »Das Polnische Gleis« (auch »Hohe Straße« oder »Via Regia« genannt) von Leipzig nach Breslau und das »Frankfurter Gleis« (Franken–Dresden–Frankfurt/Oder). Im Schutz der Grenzfeste entstand die Stadt, deren großzügiger Markt mit breiten Zufahrtsstraßen auf die ehemalige Grenzstation hinweist. Das Stadtrecht erhielt Königsbrück 1331. Mit Stolz verweist man auf 4 Persönlichkeiten: einmal auf den im Ortsteil Gräfenhain geborenen Begründer der Augenheilkunde, Georg Bartisch; auf Louise von Hohenthal, die 1835 eine der ersten Kinderaufbewahrungsanstalten Deutschlands einrichtete und auf Graf Wilhelm von Hohenthal, Standesherr zu Königsbrück, der 1818 die erste Sparkasse Sachsens gründete, sowie Jacques Bettenhausen, den ehemaligen Besitzer des Ritterguts Röhrsdorf und »Erfinder der Bahnhofskioske«. Die Familie Naumann (Schreib- und Nähmaschinenhersteller in Dresden bis 1945) war Besitzer der Standesherrschaft Königsbrück von 1893–1945. Von 1893–1992 war Königsbrück fast 100 Jahre Garnisonsstadt, mit 3 großen Kasernenanlagen und einem 7 000 ha großen Truppenübungsplatz. Handwerk, Gewerbe und Gastronomie profitierten bis 1945 davon. Mit der Besetzung durch die »Rote Armee« setzte der Verfall der Kasernenanlagen ein. Seit 1998 engagiert sich die Stadt zusammen mit dem Freistaat Sachsen, um dieses »historische Erbe« mit großem finanziellen Aufwand zu beseitigen. Bis zum Jahre 2006 ist es gelungen, ca. 100 ha stadtnahe Gebäudekomplexe zurückzubauen, um diesen Flächen eine neue zivile Zukunft zu geben (u.a. 2 Photovoltaikanlagen 30 ha.). Der »Imagewandel« ist damit fast abgeschlossen!
Als einzige militärische Einrichtung besteht seit den 60er Jahren das von der Bundeswehr 1990 übernommene

Kamelienschau im Schloss Königsbrück (3-Generationen-Kamelienhaus)

»Flugmedizinische Institut« der Luftwaffe, welches 2006 eine modernisierte Zentrifuge sowie weitere flugtechnische Simulationseinrichtungen erhielt. Die gewerbliche Struktur der Stadt ist von Mittel- und Kleinbetrieben sowie Dienstleistungsgewerbe geprägt. Seit dem Jahr 2000 arbeitet die Stadt parallel zum »Imagewandel« an der Entwicklung touristischer Attraktionen im Großraum Dresden, so dass »3-Generationen«-Kamelienhaus im Schloss, die Entwicklung der ehemaligen Militärbrache »Altes Lager« zum Via Regia-Infozentrum mit einem Via Regia-Architekturmodellbau und einer dazugehörigen 10 000 qm großen Außenanlage, dazu Freizeitanlagen für Kinder und Jugendliche, wobei das Bildungsmotto im Mittelpunkt stehen soll. Es werden außerdem Kutschfahrten sowie Stadtführungen mit Kirchturmbesteigungen sowie im Naturschutzgebiet »Königsbrücker Heide« geführte Wanderungen und Busfahrten angeboten. Seit 2006 wird das Gebiet des »Westlausitzer Heidebogens« mit dem Zentrum Königsbrück für Radwanderungen aufbereitet. Die günstige Verkehrslage der Stadt an der B 97/A 4, B 98/A 13 sowie über die A 4 zum Flughafen Dresden-Klotzsche (20 km) und dem S-Bahn-Anschluss nach Dresden im Stundentakt machen Königsbrück zum Ausflugsziel für Dresdner, auch für Wanderungen zum Keulenberg oder in das Naturschutzgebiet »Tiefental« sowie zum Besuch des 1995 sanierten Erlebnisbades. Königsbrück präsentiert sich mit einem sanierten Stadtkern samt Hauptkirche (1689/saniert 2003), Hospitalkirche (1579/saniert 1992/93), Schlossanlage im Stadtkern, ehemaligen Amtsgericht, jetzt Sparkasse (1850/saniert 1997), Apotheke (1690/saniert 1993) und einem großen böhmischen Marktplatz sowie seinem Stenzer Armenhaus (1827/saniert 2002), welches die Jacobspilger beherbergt, die von Görlitz aus den ökumenischen Pilgerpfad (Jacobsweg) beleben. Königsbrück ist heute eine Wohnstadt im Grünen, mit breitem Gewerbeangebot. Hierzu sind ausreichende infrastrukturelle Einrichtungen geschaffen worden, so die Ortsumgehung bis hin zu sozialen und ärztliche Versorgungseinrichtungen, was die Stadt lebens- und lebenswert macht.

Die neue Kirche von Neukirch wurde im 12. Jahrhundert am Oberlauf des »Wasserstriches« erbaut, der Neukirch letztendlich seinen Ortsnamen verdankt.

Gemeinde Neukirch

Die Gemeinde Neukirch wurde zum 1. März 1994 aus den Ortschaften Gottschdorf, Neukirch, Schmorkau und Weißbach gebildet. Durch die Gemeindegebietsreform gehört seit 1999 auch die Ortschaft Koitzsch dazu. Neukirch umfasst ein Gebiet von 46 qkm und ist geprägt von land- und forstwirtschaftlich genutzten Flächen. Die fünf Ortsteile sind wie viele Ortschaften in unserer Region an Bachläufen entstanden, die auf das 12. Jahrhundert zurückzuführen sind. In einigen Ortschaften sind die typischen Bachauen noch heute ausgeprägt. Als ältester Ort gilt Gottschdorf, wo schon im 11. Jahrhundert am »Götzenbrunnen« eine erste Ansiedlung errichtet wurde, bevor am Oberlauf des Wasserstriches eine neue Kirche gebaut wurde, der letztendlich Neukirch die Namensgebung verdankt. Bezüglich dieser »Neuen Kirche« gibt es nur wenige Angaben; nur, dass sie sehr oft im Laufe der Jahrhunderte umgebaut oder erweitert wurde.

Das heutige Neukirch ist geprägt durch landwirtschaftliche Nutzung und Handwerk; dorftypische Berufe sind häufig. Das Gemeindegebiet bietet vor allem für Wanderer so manch Reizvolles: Der ständige Wechsel zwischen Wald und Flur erweist sich als äußerst attraktiv, ebenso beachtlich sind Teichlandschaften, die das Gebiet durchziehen.

Das Vereinsleben in der Gemeinde Neukirch stellt einen wesentlichen Bestandteil des Zusammenlebens der Bürger dar. Verschiedenste Veranstaltungen, die alljährlich durchgeführt werden, wie z.B. das Spritzenfest der Feuerwehren, das Brunnenfest, das Fischerfest und eine Vielzahl von Sport- und Dorffesten sind Tradition geworden. Eine sinnvolle Freizeitgestaltung finden die Jugendlichen in den Jugendclubs der Ortsteile, die aber auch eigene Veranstaltungen organisieren, wie z.B. Open-Air-Veranstaltungen und das Snow-Fashion-Festival. Eine landschaftliche Besonderheit, einmalig in unserer Region, ist der vorhandene wildgewachsene »Wacholderhügel« in der Ortschaft Weißbach.

Die vor 100 Jahren erbaute und eingeweihte Kirche zu Cunnersdorf besitzt eine der ältesten und wertvollsten Geläute der Oberlausitz. Diese wurden bereits zwischen 1500 und 1666 gegossen.

Gemeinde Schönteichen

Die Gemeinde Schönteichen wurde im März 1994 auf der Grundlage einer Gemeinschaftsvereinbarung aus den ehemals selbständigen Gemeinden Biehla, Brauna, Cunnersdorf, Hausdorf und Schönbach gebildet. Diese leistungsfähige Einheit umfasst eine Fläche von 44,95 qkm nordwestlich von Kamenz und hat rund 2 400 Einwohner. Die meisten Ortschaften sind durch eine Vielzahl von Teichen geprägt, die in diesen Größen nur hier auftreten – Flächen von 20 bis 35 ha sind keine Seltenheit; nach ihnen wurde die Gemeinde benannt.
Schönteichen ist landschaftlich attraktiv gelegen. Im Süden der Gemeinde erheben sich Ausläufer des Oberlausitzer Berglandes über die Wiesen und Wälder eines Landschaftsschutzgebietes. Schöne Teiche, Storchennester, vor allem weite Teile unberührter Natur, machen den besonderen Reiz dieses Landstriches aus. Auf den sanften Tourismus und die Naherholung konzentrieren sich die Angebote; was wäre dafür geeigneter als dieses Natur- und Landschaftsschutzgebiet, wo seltene Pflanzen wachsen und vom Aussterben bedrohte Tierarten leben. Das 1 700 ha große Waldgebiet besteht hauptsächlich aus Nadelwald, ein dichtes Netz von Rad- und Wanderwegen durchquert die Gemeinde. Zahlreiche Vereine tragen zur kulturellen und touristischen Entwicklung von Schönteichen bei. In jeder Ortschaft finden jährlich traditionelle Veranstaltungen und Feste statt, die Gäste von nah und fern anlocken und die Gemeinde weit über ihre Grenzen hinaus bekannt gemacht haben. Schwerpunkte für Freizeit, Sport und Erholung sind die Sportplätze, die Mehrzweckgebäude in Cunnersdorf und Biehla, die neu gestaltete Kegelbahn in Biehla und der Ultraleichtflugplatz in Liebenau. Sehenswert sind die unter Denkmalschutz gestellten Fachwerkhäuser aus dem 18. Jh., ehemalige Rittergüter, das älteste Geläut der Oberlausitz (15. Jh.) und die älteste erhaltene Orgel aus der berühmten Orgelbauwerkstatt Jahn Dresden, beides in der Cunnersdorfer Kirche zu finden, sowie eine archäologische Rarität, der Sumpfringwall am Großteich in Biehla. Pensionen, Reiterhöfe und ländliche Gasthöfe bieten Besuchern Unterkunft und Erholung.

Museum Samendarre Laußnitz mit der einzigen in Sachsen noch gut erhaltenen Horden-Darranlage (Technisches Denkmal und ein bedeutendes Zeugnis der Landnutzungsgeschichte der Laußnitzer Heide)

Gemeinde Laußnitz

Die Gemeinde im Westlausitzer Heidebogen liegt im Landkreis Bautzen. Die Ersterwähnung des Dorfes Laußnitz als »Feste Lusenitz« findet man in einer Kaufvertragsurkunde vom 6.2.1289 aus Prag, worin es – ins Hochdeutsche übersetzt – heißt: »Friedrich der Freidige übergibt einen Teil der Mark Meißen dem König Wenzel von Böhmen gegen jährliche Zahlung von 4 500 Mark ›Silber Prager Gewichts‹«.
Die Gemeinde hat mit ihren Ortsteilen Glauschnitz und Höckendorf ca. 2 100 Einwohner und eine Fläche von über 65 qkm; den größten Teil hiervon nimmt die Laußnitzer Heide ein – ideales Wander- und Erholungsgebiet. Die 720 Jahre alte Geschichte ist reich an Ereignissen gewesen. Jahrhunderte hindurch war Laußnitz Sitz mächtiger Burgherren, später dann eines kurfürstlichen Amtes. Oft weilten die sächsischen Kurfürsten und späteren Könige im Ort; nach getaner Jagd feierten sie ausgiebig. Der Ortsname stammt aber von den Wenden ab, die um 550 hier siedelten und heißt etwa »Zu der Luseniz«: Laußnitz wurde 1289 zum ersten Male urkundlich erwähnt: Der damalige Meißner Markgraf (Heinrich der Erlauchte) hatte seinem jüngsten Sohn einen Teil der Markgrafschaft vermacht. Familiäre Intrigen trugen dazu bei, dass der Besitz an König Wenzel von Böhmen verkauft wurde. Wesentlich cleverer war ein späterer Besitzer (Otto von Pflugk), der 1564 die große Laußnitzer Heide für 16 000 Gulden an den sächsischen Kurfürsten August verkaufte.
Man erfährt aus der Chronik des Lehrers Traugott Freudenberg, der 35 Jahre als Lehrer hier tätig war (1844–79) noch so manches Wissenswerte und auch Kuriose, so dass dessen Werk von unschätzbaren Wert ist und seinen Platz im Gemeindearchiv gefunden hat. Seit 1997 gehört auch Höckendorf zur Gemeinde Laußnitz. Bereits zwei Jahre zuvor wurde das Wappen der Gemeinde in das Gemeindesiegel übernommen. Im Dezember 2000 gab es in Laußnitz 431 Wohnhäuser; die mittlere Höhe des Dorfes beträgt 185,5 m ü.NN; höchster Punkt ist der Hintere Buchberg (254 m), niedrigster am Bohraer Wasser in Glauschwitz (155 m).

Kirche in Höckendorf mit Sonnenuhr an der Außenwand und Sakristeianbau

Die Laußnitzer Heide ist ein uraltes Waldgebiet und zählt zu den bedeutendsten in Sachsen; das Staatsforstareal war und ist durch seinen Holz- und Wildreichtum ebenso bekannt wie durch die Beeren und Pilze, die reichlich wachsen. Ein Großteil der Heide ist als Landschaftsschutzgebiet anerkannt; hier finden sich Hügelland, Moore und Heide. Vier Berge erheben sich über 200 m Höhe. Mitte des 16. Jahrhunderts gelangte die Heide durch Kauf zum Hause Wettin und ist seither sächsisches Staatseigentum. In welchem man selbstverständlich auch heute noch viel erleben und körperliche Ertüchtigung treiben kann; z.B. im Nording Walking Park. Das ist eine phantastische Kombination aus Naturerlebnis, Kulturgenuss und regionalem Charme, was das Ganze zum Vergnügen werden lässt. Die ausgewählten Routen führen zu Sehenswürdigkeiten (Wolfsdenkmal, Grüne Säule, Pilgerweg, Via Regia, älteste Kiefer der Gegend, Naturlehrpfade usw.).

Eine weitere Attraktion stellt der Niederseilparcours dar, der erste seiner Art in Sachsen. Hier kann man viel erleben, erfassen und begreifen. Da geht es über eine Doppelseilbrücke, eine Teamwippe, den Balancierweg, die Halteseilbrücke bis zum divergierenden »V«. Geschichtliches und Handwerkliches vermittelt dagegen die Samendarre in Laußnitz: Die vielen Jagden und hohe Wildbestände führten schon vor über 300 Jahren zu entsprechenden Schäden; viel zu hohe Holznutzung sowie eine stark angestiegene Streu- und Grasnutzung hinterließen mangelhafte Plenterwaldungen. Verantwortungsvolle Forstleute (Heinrich Cotta u.a.) schufen Grundlagen für einen Wandel. Dazu benötigte man hochwertiges Saatgut; 1822 wurde die Samendarre errichtet, der Betrieb endete erst 1958. Eine grundlegende Sanierung dieser musealen Einrichtung geschah von 1997–99. Es gibt viele über 100-jährige Kiefern, die zum großen Teil aus Samen der Samendarre gezogen wurden; die älteste ist über 240 Jahre alt. Sportliche Aktivitäten sind möglich, z.B. in der modernen Sporthalle oder auf zwei Beachvolleyballfeldern, auf der Bowlingbahn und auf der KK-Schießanlage des Schützenvereins.

Bergrestaurant Schwedenstein mit Aussichtsturm

Gemeinde Steina

Die Ersterwähnung der ursprünglichen Siedlung mit dem altslawischen Namen »Schuszen« erfolgte bereits in einer Grenzurkunde von 1223. Die erste urkundliche Erwähnung stammt aus dem Jahr 1349. Niedersteina und Weißbach wurden ursprünglich in einer Reihe zu beiden Seiten des Dorfbaches errichtet. An die Gründung der einzelnen Kolonistendörfer erinnert auch die Tatsache, dass noch heute der größte Bauernhof als Erbrichtergut bekannt ist. Heute hat die Gemeinde Steina (gebildet aus den ursprünglich selbständigen Gemeinden Obersteina, Niedersteina und Weißbach) den unbestrittenen Charakter als staatlich anerkannter Erholungsort und ist somit auch ein Tourismuszentrum. Die Dörfer der heutigen Gemeinde Steina sind in ihrer bäuerlichen Struktur als Waldhufendörfer relativ spät gegründet worden: Wyssbach (Weißbach) 1396, Oberstein um 1420 und Nedirstein 1445. Steina war in der Vergangenheit vor allem durch Landwirtschaft, Bandweberei und Steinindustrie geprägt. In vielen Häusern klapperten die Stühle der Heimweber, und in der Umgebung befinden sich mehrere Restlöcher der ehemaligen Granitsteinbrüche, deren letzter in den siebziger Jahren des vergangenen Jahrhunderts geschlossen wurde. Heute bestimmen weiterhin Landwirtschaft sowie Kleinunternehmen und zunehmend der eben erwähnte Tourismus die Szenerie. Die Rusticalgemeinden, Weißbach, Niedersteina und Obersteina waren das alte Dorf der Bauern, die Dominalgemeinde in Obersteina war auf herrschaftlichem Grund entstanden und wird jetzt »Neues Dorf« genannt; es war das Dorf der Häusler und Tagelöhner. Im Laufe des 19. Jahrhunderts sind Ober- und Niedersteina räumlich zusammengewachsen; die neugebauten Häuser erhielten den Namen »Himmelreich«. Über seine Entstehung wird folgende Geschichte berichtet: Als ein Siedler auf der Höhe zwischen den beiden Dörfern gefragt wurde, wie es ihm da oben, weit weg vom Dorfe, denn gefiele, antwortete er schlagfertig: »Ich fühle mich wie im Himmelreich!« So kam es zu diesem etwas kuriosen Namen.

Landschaftsaufnahme mit Blick zum Schwedenstein

Der Ort, inmitten des Landschaftsschutzgebietes »Westlausitz«, liegt am Rande des Lausitzer Berglandes und ist bequem über die A 4 (Abfahrt Ohorn oder Pulsnitz) zu erreichen. Hier haben sich bis heute Ursprünglichkeit und ländliche Lebensweise erhalten. Fachwerkhäuser mit bäuerlichen Vorgärten, umgrenzt von Bruchsteinmauern, Streuobstwiesen mit jahrhundertealten Heckensystemen und romantische Bächlein bilden einzigartige Lebensgemeinschaften. Der »Staatlich anerkannte Erholungsort« Steina hat etwa 2 000 Einwohner, erstreckt sich über sieben Kilometer Länge und liegt am Hang des Schwedensteins (420 m hoch), am Rande des Lausitzer Berglandes: Gut ausgebaute Wander- und Radwanderwege sowie, bei entsprechender Schneelage, annehmbare Wintersportbedingungen. Wunderschöne Ausblicke bieten sich bei Wanderungen in den ausgedehnten Wäldern in reiner, gesunder Luft, über die Bergkuppen des Windmühlenberges, des Hochsteins, des Tanne- und Schleißberges. Eine imposante Rundsicht über das Lausitzer Bergland bis hin nach Böhmen, zum Erzgebirge, nach Meißen und in die Niederlausitz hat der Wandersmann vor allem vom Aussichtsturm des Schwedensteins.

Steina liegt zwischen der Lessingstadt Kamenz und der Pfefferkuchenstadt Pulsnitz. Seit vielen Jahrzehnten ist der Ort ein beliebtes Wanderziel – egal zu welcher Jahreszeit; aus nah und fern reisen viele Naturfreunde an und sind jedesmal von neuem begeistert. Außer der reizvollen Landschaft hat Steina auch ein reges kulturelles Leben zu bieten: Zwei Heimatvereine, je ein Sport-, Fremdenverkehrs-, Schützen-, Hundesport-, Obstbau-, Geflügelzüchter- und Rassekaninchenverein sorgen für sinnvolle Freizeitgestaltung. Günstige Übernachtungsmöglichkeiten in Pensionen, auf dem Bauernhof und in Privatquartieren stehen reichlich zur Verfügung. Mit Bahn, Bus und Auto ist der Ort schnell zu erreichen. Sehenswerte Objekte im Ort selbst sind der Schwedenstein, das Vereinshaus mit der Heimat- und Chronikstube, gut erhaltene Bauernhöfe und das Tauchcenter.

Marktensemble mit dem achteckigen Sandsteinbrunnen von 1793 und dem Denkmal für den in Pulsnitz geborenen Bildhauer Ernst Rietschel. Das alte Rathaus im Hintergrund wurde im 15. Jh. erbaut und erhielt den Renaissancegiebel 1555.

Pfefferkuchenstadt Pulsnitz

Pulsnitz liegt 25 km nordöstlich der Landeshauptstadt, idyllisch eingebettet in eine Senke des Westlausitzer Berglandes. Sie ist von drei sagenumwobenen Bergen umschlossen: dem Eierberg, dem Schwedenstein und dem Keulenberg. Der Ortsname Pulsnitz ist im deutschen Sprachraum einmalig und slawischen Ursprungs. Er bedeutet »langsam fließendes, abgrenzendes Gewässer« und ist abgeleitet von dem Flüsschen, das sich durch den Ort schlängelt. Es entspringt im südöstlich gelegenen Nachbardorf Ohorn und mündet bei Elsterwerda in die Schwarze Elster. Gleichzeitig bildete es bis zum Prager Frieden 1635 die Grenze zwischen der Mark Meißen und der damals böhmischen Oberlausitz. Dadurch bestand Pulsnitz einst aus drei selbständig verwalteten Orten: der Stadt Pulsnitz auf der Oberlausitzer Seite, dem Dorf Pulsnitz auf Meißner Seite und der Böhmisch-Vollung. Seit 1999 erfolgt von Pulsnitz aus die Verwaltung der umliegenden Orte Steina, Lichtenberg, Großnaundorf, Ohorn und Oberlichtenau im Rahmen einer Verwaltungsgemeinschaft.

Zahlreiche Zeugnisse vergangener Tage erzählen die wechselvolle Geschichte und Entwicklung der Stadt und ihrer 6 500 Bewohner, so zum Beispiel der »Perfert«, eine bäuerliche Befestigung aus der Zeit der Hussitenkriege oder die in einer Hauswand an der Bachstraße steckengebliebene Kanonenkugel, die an die Napoleonischen Befreiungskriege erinnert. An vielen Häusern der Stadt findet man Hausmarken, Schriftzeichen, mit Schnitzereien versehene Haustüren oder kunstvolle Schlusssteine, welche auf die Erbauer oder späteren Nutzer verweisen. Reste der Stadtmauer lassen erkennen, dass aus dem einst kleinen, unbedeutenden Marktflecken eine attraktive, mit vielen Besonderheiten ausgestattete Stadt entstanden ist. Alljährlich findet Mitte Mai das Stadtfest in Form eines großen Straßenfestes mit Vergnügungsmarkt statt; im September lädt der Herbstmarkt ein. Seit 2003 zieht der Pulsnitzer Pfefferkuchenmarkt Anfang November Tausende von Besuchern aus ganz Deutschland an. Dann dominieren die Pfefferküchler mit ihren Ständen auf dem Markt, auf den Straßen

Das »Neue Schloss«, 1718 im Barockstil errichtet, beherbergt heute den Verwaltungssitz und Therapieräume einer modernen Rehabilitationsklinik. Der angrenzende Park in englisch-französischer Gestaltung mit Laubengang ist für die Öffentlichkeit zugänglich.

herrscht buntes Markttreiben anderer Händler. Das Rahmenprogramm mit Kunst und Kultur steht im Zeichen des Pulsnitzer Traditionshandwerks. Eine weitere Attraktion erwartet besonders die kleinen Gäste am ersten Dezemberwochenende: Dann findet das typischste aller Pulsnitzer Feste statt, das Nikolausfest. Wie sich das für eine Pfefferkuchenstadt gehört, erhalten die Kinder Pulsnitzer Pfefferkuchen. Höhepunkt ist am Sonnabend der Einzug des Nikolaus und eine Märchenaufführung auf offener Marktbühne.

Seit 1558 wird der »Pulsnitzer Pfefferkuchen«, dieses schmackhafte Gebäck, in der Stadt hergestellt. Nur bester, langgelagerter Honig- oder Sirupteig, dem feinste Gewürze, im Mittelalter kurz alle »Pfeffer« genannt, beigegeben sind, werden zu Pfefferkuchen verbacken. Durch den hiesigen Bäcker und Küchler Tobias Thomas erhielt die Pfefferküchlerei um 1745 einen bedeutenden Aufschwung. In den neuen Pfefferküchlereien der Stadt wird diese Tradition bis heute erfolgreich fortgeführt. Pulsnitz ist ebenfalls berühmt geworden durch seine drei größten Söhne der Stadt, die hier geboren wurden: Der Bildhauer Ernst Rietschel (1804–1861) war Schüler des berühmten Daniel Christian Rauch in Berlin und wirkte seit 1832 als Professor an der Dresdner Akademie der Künste. Julius Kühn (1825–1910) war Praktiker, Forscher und Hochschullehrer auf dem Gebiet der Landwirtschaft. 1862 wurde er als Professor für Landwirtschaft an die alma mater halensis berufen. Bartholomäus Ziegenbalg (1682–1719) erhielt in Halle sprachwissenschaftliche und theologische Ausbildung: 1704 predigte er in der Pulsnitzer Nikolaikirche. Seit 1706 war er als Missionar im Dienst des dänischen Königs in Indien tätig. Er ließ u.a. Schulen und Internate, eine Gießerei und eine Druckerei errichten, übersetzte die Bibel in die tamilische Sprache. Zu der von ihm gegründeten Evangelisch-Lutherischen Tamil-Kirche bestehen bis heute Kontakte, die durch das Jubiläumsjahr 2006/07 vom 300. Landungstag in Indien bis zu seinem 325. Geburtstag durch persönliche Kontakte auf beiden Seiten mit neuem Leben erfüllt wurden.

Blick vom Tanneberg auf Ohorn

Ohorn

Der »Staatlich anerkannte Erholungsort« Ohorn mit etwa 2 550 Einwohnern befindet sich an den Ausläufern des Westlausitzer Berglandes sowie an der BAB 4 ca. 30 km östlich von der Landeshauptstadt Dresden entfernt. Ohorn verfügt mit seinen 5 Ortsteilen (Mitteldorf, Oberdorf, Fuchsbelle, Gickelsberg und Röder) über eine Gesamtfläche von ca. 12 qkm. Ohorn wurde 1349 erstmalig urkundlich erwähnt und verdankt seinen Namen einem Ahornwald am Schleißberg (421 m ü. NN), an dessen südwestlichem Hang sich das Waldhufendorf entwickelte. Vom Schleißberg aus kann man die herrliche Aussicht auf das Lausitzer Bergland, die Sächsische Schweiz und bei guter Sicht sogar bis nach Tschechien und auf die Ausläufer des Osterzgebirges genießen. Vom Tanneberg mit seiner Wanderschutzhütte und dem Grillplatz lässt man seinen Blick ins Tal Richtung Süden und Westen schweifen. Will man Richtung Norden und Osten sehen, besteigt man den Aussichtsturm auf dem benachbarten Berg Schwedenstein. Fernab von Lärm und Alltagsstress können die Besucher auf gut ausgeschilderten Wanderwegen die ausgedehnten Wälder und Berge der näheren Umgebung erkunden. Einige Ausflugsgaststätten, die mit zünftiger Hausmannskost fürs leibliche Wohl sorgen, laden zum Verweilen ein. Im neu restaurierten Bürgerhaus sind das Heimatmuseum und die Bücherei des Ortes untergebracht. Interessierte Gäste können ihren Besuch jederzeit bei der Gemeindeverwaltung anmelden. Auf Grund seiner Lage ist Ohorn ein idealer Ausgangspunkt für Ausflüge seiner Einwohner und Gäste per Bus und Bahn (Anbindung in Pulsnitz) in die Kultur- und Kunststadt Dresden, nach der Lessingstadt Kamenz, nach der 1000-jährigen Stadt Bautzen, in das Zittauer- und das Elbsandsteingebirge und noch zu vielen anderen Zielen. Gut zu Fuß sind von hier aus das kleine Pfefferkuchenstädtchen Pulsnitz und Rammenau, der Geburtsort von Johann Gottlieb Fichte, zu erreichen. Tradition und Natur, verbunden mit der Gastfreundschaft der Menschen, werden bei den Gästen einen bleibenden Eindruck hinterlassen.

Schloss Hermsdorf

Gemeinde Ottendorf-Okrilla

Die Gemeinde Ottendorf-Okrilla liegt nördlich der sächsischen Landeshauptstadt Dresden. Die heutige Größe des Ortes mit einer Fläche von ca. 2 588 Hektar und einer Einwohnerzahl von ca. 10 000 ist das Ergebnis von zwei Gemeindezusammenschlüssen. Prägend für den Ort sind seit jeher industrielle Ansiedlungen. Bedingt durch die Nähe zu Dresden und als Knotenpunkt wichtiger Verkehrsverbindungen wurde Ottendorf-Okrilla bereits früh Standort vieler Unternehmen. Bekannt wurden insbesondere die Glasherstellung, die Kunststoff- und die Baustoffindustrie. Das Zusammenbrechen der Wirtschaftstrukturen nach der Wiedervereinigung 1990 konnte durch die Entwicklung von heute hervorragend ausgelasteten Gewerbegebieten nicht nur kompensiert werden. Mit über 700 angemeldeten Unternehmen und Gewerbetreibenden und einer großen Zahl neu geschaffener Arbeitsplätze zählt der Ort heute wieder zu den markantesten Wirtschaftsstandorten nicht nur in Sachsen, sondern in den neuen Bundesländern überhaupt. Das Windrad und die mächtigen Hallenkomplexe im Gewerbegebiet sind von der Autobahn BAB 4 oder im Anflug auf den Flughafen Dresden schon aus weiter Entfernung sichtbar.
Ottendorf-Okrilla verfügt über drei Grundschulen, eine Mittelschule sowie mehrere Kindertagesstätten. Das kulturelle und sportliche Leben des Ortes wird von mehr als 40 Vereinen und der Freiwilligen Feuerwehr gestaltet. Es stehen 4 Sportplätze, ein Freibad und 4 Sporthallen für die körperliche Betätigung zur Verfügung. Die hauptamtlich betreute Gemeindebibliothek mit Außenstellen in den Ortsteilen verfügt über einen modernen Medienbestand. Eine große Zahl von Geschäften, Dienstleistern, medizinischen und sozialen Einrichtungen vervollständigen eine attraktive Infrastruktur. Die Umgebung mit ausgedehnten Wald- und Wiesenlandschaften bietet für Naturfreunde reichhaltige Möglichkeiten der Betätigung und Erholung. Mit Schloss, Schlossteich und Park verfügt der Ortsteil Hermsdorf über ein kulturhistorisches Kleinod ersten Ranges.

Amor – Figur aus Eisenguss im Seifersdorfer Tal

Gemeinde Wachau

Jean Paul fand es »himmlisch« hier, Christoph Martin Wieland nannte es einen »Zaubergrund« und Elisa von der Recke schrieb, dass es alle Gärten, die sie bisher gesehen habe, weit überträfe. Die Reihe illustrer Persönlichkeiten ließe sich beinahe endlos weiterführen; wir indes bleiben bei Caspar David Friedrich, Christian Gottfried Körner, Gottfried Schadow – sie alle kamen, um in Seifersdorf einen der ersten und gleich bedeutendsten Landschaftsgärten Deutschlands zu erleben.

Die Gemeinde Wachau mit ihren fünf Ortsteilen Wachau, Feldschlösschen, Seifersdorf, Leppersdorf und Lomnitz erstreckt sich nördlich von Radeberg, zwischen Ottendorf-Okrilla und Pulsnitz, ca. 15 km entfernt von der Landeshauptstadt. Durch die Gemeinde führt die A 4, die in Leppersdorf und Ottendorf-Okrilla jeweils eine Anschlussstelle hat. Attraktionen sind ohne Zweifel die beiden Schlösser in Seifersdorf und Wachau sowie das Seifersdorfer Tal. Die Gemeinde liegt im Landkreis Bautzen in einer geographischen Lage von 51 Grad, 8 Minuten nördlicher Breite und 13 Grad, 55 Minuten östlicher Länge; höchster Punkt ist der 264 m hohe Steinberg.

Seifersdorf ist über 670 Jahre alt und hat ca. 850 Einwohner; der Ort liegt südlich der Autobahnauffahrt auf die A 4. Jedes Jahr zieht es zahlreiche Naturliebhaber in das sentimental-romantische »Seifersdorfer Tal«, um sich vom Alltagsstress zu erholen. Ein wenig größer ist Leppersdorf (ca. 1 000 Einwohner), ungefähr »gleichaltrig« mit Seifersdorf. Der Ort liegt an der Straße von Radeberg nach Pulsnitz, vor der Auffahrt zur A 4; größte Industrieansiedlung ist die Fa. Müller-Milch. Auch Lomnitz hat die nämliche Einwohnerzahl, ist aber schon über 690 Jahre alt. In Wachau wohnen ca. 1 050 Menschen und im Ortsteil Feldschlösschen noch einmal etwa 750. Knapp 800 Jahre hat der Ort »auf dem Buckel«; er liegt an der Orla und ist vor allem durch sein Barockschloss bekannt. Der nächste Bahnhof ist der in Radeberg an der Strecke Dresden–Görlitz; von dort gelangt man per

Schloss Wachau

Bus in unsere Gemeinde. Auch die S-Bahn hält natürlich in Radeberg; der Flugfhafen Dresden-Klotzsche ist nur 10 km entfernt. Absoluter Anziehungpunkt ist das Seifersdorfer Tal: Zur Popularität der Anlage trug vor allem deren Schöpfer bei – Hans Moritz Graf von Brühl (1746–1811), Sohn des einst allmächtigen sächsischen Premierministers Heinrich Graf von Brühl und seiner Ehefrau Johanna Christina Margarathe (1756–1816). Seit 1781 widmete sich diese Familie verstärkt der Ausgestaltung des vom Dorf etwa eine Viertelstunde Fußmarsch entfernten Tales: In der malerischen Landschaft schufen sie zahlreiche Gartenzonen im Sinne der Empfindsamkeit; insbesondere die geistvolle Gräfin widmete sich der Aufgabe, einen Garten zu schaffen, der »unterhaltend, belehrend und rühren« sollte und dem »Geist und dem Herzen Stoff zur Beschäftigung gibt«. Hier verdeutlicht sich der aufklärerische Optimismus jener Zeit, die Menschen durch gartenkünstlerische Inszenierung in einer ländlichen Umgebung zum Humanismus führen zu können. Anregungen in Fülle fand man u.a. in der Theorie Johann Gottfried Herders (1744–1804), mit dem die Brühls freundschaftlichen Umgang pflegten. Der Sohn, Karl von Brühl (1772–1837), war von 1815–1828 Generalintendant der Berliner Schauspiele und setzte die Tradition seiner Vorfahren fort. Das Seifersdorfer Tal ist seit jeher ein beliebtes Ausflugsziel; trotzdem verfiel der kostbare Landschaftsgarten in der zweiten Hälfte des 19. Jahrhunderts immer mehr; erst der hiesige Pfarrer und Schriftsteller Karl Josef Friedrich (1888–1967) bemühte sich wieder intensiver um die Rettung der Anlage. Dabei stützte er sich auch auf die 1792 von Wilhelm Gottlieb Becker erschienene Veröffentlichung »Das Seifersdorfer Tal«, das auch 40 Kupferstiche enthielt. 1997 wurde die Anlage Eigentum des Landesvereins Sächsischer Heimatschutz e.V. Inzwischen sind durch Fördermittel zahlreiche Parkarchitekturen restauriert worden. Ebenfalls sehenswert ist das Barockschloss Wachau. Trotz laufender Sanierungsarbeiten werden hier bereits regelmäßig Veranstaltungen durchgeführt.

Rathaus der Stadt Großröhrsdorf (eingeweiht im Jahre 1909) – Das Bauwerk zeichnet sich durch seine (Jugend-) Stiltreue aus. Sehenswert sind Ratssaal und Trauzimmer.

Großröhrsdorf

Im Westlausitzer Gebiet liegend, dürfte der Ort um 1200 im Rahmen des hochmittelalterlichen Landausbaus entstanden sein; im oberen Teil der Großen Röder siedelten sich beiderseits des Ufers Kolonisten an, die aus fränkischen und thüringischen Landen kamen. Zunächst entstand ein typisches Waldhufendorf. Ursprünglich hieß der Flecken »Rüdigersdorf«, sicherlich – wie damals üblich – nach dem ersten Lokator benannt, der auf den Namen Rüdiger hörte. Natürlich hat der Ort im Laufe der Historie seinen Namen einige Male geändert: Aus »Grozen-Rüdigersdorf« (1350) wurden »Groß-Rüdigersdorf« (1445), »Großen Rursdorff« (1474), »Großruersdorff« (1509), bis sich »Großröhrsdorf« durchsetzte.

In der Folgezeit ließen sich Menschen nieder, die dem Bauernstande nicht angehörten. Sie wurden als »Häusler« oder »Eingebäuder« (abgeleitet von »einbauen«) bezeichnet, da sie keinen Grund und Boden erhielten. Da sich auch Handwerker ansiedelten, kam der Ort zu wirtschaftlichem Ansehen. Neben der Landwirtschaft betrieb man unter anderem die Leineweberei, die Häusler in starkem Umfange die Weberei. 1680 führte George Hans die Bandweberei ein; 1765 zählte man in Großröhrsdorf bereits 200 Bandmacher.

1855 erfolgte in der inzwischen gegründeten Bandfabrik die Inbetriebnahme einer Dampfmaschine zum Antrieb mechanischer Webstühle – der Ort wurde zum Hauptsitz der Bandindustrie im östlichen Deutschland: Die Zahl der in der Webindustrie Beschäftigten betrug 1939 insgesamt 3 658 Menschen, die der Heimarbeiter 1 489 Personen. Nur wenige Betriebe sind konkurrenzfähig geblieben und führen diese Tradition fort; allerdings mit vielen neuen Ideen und mit dem nötigen Fingerspitzengefühl, so dass die Produkte aus Großröhrsdorf nach wie vor international begehrt und anerkannt sind.

Der Ort liegt im Übergangsbereich vom Nordwestlausitzer Berg- und Hügelland zum Lausitzer Bergland. Die Gemarkung grenzt an das Landschaftsschutzgebiet »Westlausitz«. Nur 20 km sind es bis zur Landeshauptstadt

Massenei-Bad mit Blick auf Großwasserrutschen und Wärmehalle. Viele Attraktionen, Gaststätten, Sportanlagen und solarerwärmtes Wasser bieten angenehmen Aufenthalt.

Dresden; die Entfernung zum Nationalpark »Sächsische Schweiz« beträgt 40 km. Ganz in der Nähe und bequem in ein paar Autominuten erreichbar befinden sich Burg Stolpen – Verbannungsort von August des Starken Mätresse Gräfin Cosel – Lessings Geburtsstadt Kamenz sowie Rammenau mit seinem sehenswerten Barockschloss.

Großröhrsdorf ist somit ein idealer Ausgangspunkt zu sämtlichen Sehenswürdigkeiten Ostsachsens. Die A 4 verläuft unmittelbar am Ortsrand; überdies bestehen günstige Bus- und Bahnverbindungen. Liebhabern schöner Bauwerke im Jugendstil wird nicht nur das Rathaus auffallen, sondern auch etliche Villen, die in ihrer Gesamtheit das Erstarken der örtlichen Industrie zu Beginn des 20. Jahrhunderts widerspiegeln. Die Vielfalt der Bauwerke im Ort umfasst aber auch Drei- und Vierseitenhöfe, einzelne Fachwerkbauten, Bürgerhäuser und vor allem Fabriken. Die sich auf 6,5 km Länge durch den Ort schlängelnde Große Röder wird mit 53 Brücken jeder Größe und Bauart überquert. Mit ihrem fast 50 m hohen Turm ist die 1736 erbaute barocke Kirche weithin sichtbar. Als echtes Kleinod darf man zweifelsohne die Kapelle auf dem Äußeren Friedhof bezeichnen. Bei einem Stadtrundgang empfehlen wir einen Besuch unserer Museen. Zu den Prunkstücken des Technischen Museums der Bandweberei gehören eine im Originalzustand befindliche Einkolben-Dampfmaschine und mehrere Webstühle aus der Gründerzeit. Von besonderem Erlebniswert sind die Vorführungen an voll funktionsfähigen historischen Maschinen durch erfahrene Web-Meister. Während im Technischen Museum vorrangig die industrielle Entwicklung der Bandweberei dargestellt wird, bekommt der Besucher im Heimatmuseum, einem 250 Jahre alten Gebäude, auf beeindruckende Weise Einblicke in die Arbeits- und Lebensbedingungen der Weber aus der Anfangszeit. Ebenso erfreuen sich die Naherholungszentren »Massenei-Bad« – als schönstes Erlebnisbad Sachsens – und der Masseneiwald großer Beliebtheit.

Blick auf Hauswalde

Bretnig-Hauswalde

In der Gemeinde Bretnig-Hauswalde leben rund 3 150 Einwohner. Mit einer Fläche von 14,4 qkm liegt sie eingebettet im Westlausitzer Berg- und Hügelland. Aufgrund der Tatsache, dass hier die »Röder« fließt, wird unser Ort gemeinsam mit der unmittelbar angrenzenden Stadt Großröhrsdorf das »Rödertal« genannt.
Bretnig-Hauswalde ist von einer wunderschönen Landschaft geprägt. Der Waldreichtum und die Wiesen und Felder laden zu Rad- und Wandertouren ein. Orientierungstafeln finden Sie am Klinkenplatz in Bretnig und am Dorfplatz Hauswalde. Vom höchsten Punkt der Gemeinde, dem 407 m hohen Kesselberg, hat man nicht nur eine wunderbare Aussicht auf das gesamte Rödertal, sondern bei klarem Wetter auch einen Ausblick bis ins Osterzgebirge, in die Sächsische Schweiz und das Lausitzer Bergland.
Im Ort selbst sind die Ev.-luth. Kirchen in Bretnig und Hauswalde einen Besuch wert. Ebenfalls in Bretnig befindet sich die Kath. Kirche St. Michael. Auch das Gemeindeamt im Ensemble mit dem Hofepark und der Hofescheune – ein ehemaliges Rittergut – ist sehenswert und gern genutzter Ort für Veranstaltungen.
In der Gemeinde Bretnig-Hauswalde gibt es eine Grund- und Mittelschule und eine Kindertagesstätte mit den Einrichtungen in Bretnig und Hauswalde. Für die Freizeitgestaltung stehen Bücherei, Kegelbahn, Bowlingbahn, Turnhalle und Sportplatz, die Kleingartenanlage, mehrere Gaststätten, ein Hotel sowie verschiedene Vereine zur Verfügung. In der Badesaison ist das Naturbad »Buschmühle« ein beliebter Ausflugsort für Groß und Klein. Es liegt idyllisch am Rande des Waldgebietes Luchsenburger Forst. Eine große Liegewiese mit Bäumen und Sträuchern spendet an besonders heißen Tagen Schatten. Der kleine Sandstrand ist die ideale »Baustelle« für unsere kleinsten Besucher. Das Gründungsjahr von Bretnig muss etwa um 1225 gewesen sein. Der Ortsname (Siedlung im breiten Eichenwald) hatte insgesamt 15 Schreibweisen. Die südliche Hälfte be-

Blick auf Bretnig

siedelten dereinst entlang von Hauswalder Bach und Röder deutsche Bauern; man spricht von der »Bauernseite«. Ausgedehnt hat er sich vor allem nach dem 18. Jahrhundert: Neue Ortsteile kamen hinzu, weswegen man sie als »Klein Bretnig« titulierte. Leinwandwebereien entwickelten sich ein Jahrhundert später; vor allem die Herstellung von Berufsbekleidung, später kamen Lederverarbeitung sowie Herstellung von Rucksäcken und Täschnerwaren hinzu.

Hauswalde wurde ebenfalls durch fränkische und thüringische Siedler gegründet; auf Schwemmland über Lausitzer Granit entstand dieses Waldhufendorf. »Hugeswalde« war der erste Ortsname; wohl nach dem Lokator, einem Hugo, benannt. Auf dem Luisenberg unweit des großen Kreuzes am Berg stand einst das Strohhaus des Heimatdichters Clemens Hermann Geißler (1842–1903). Neben der Landwirtschaft dominierte auch in Hauswalde die Heimweberei; zeitweise auch die Zigarrenherstellung.

Heute hat sich neben zahlreichen Handel- und Gewerbetreibenden im Ort, wie Bäcker, Fleischer, Gärtner, Frisöre, Tischler, Bekleidungshersteller u.a. das Gewerbegebiet Bretnig-Ohorn mit den unterschiedlichsten Branchen mit vorwiegend produzierendem Gewerbe etabliert. Die Gesamtfläche beträgt ca. 36 ha. Der Auslastungsgrad der Flächen auf Bretniger Seite liegt bei über 90 Prozent. Die günstige Lage – unmittelbare Nähe zur Autobahn A 4 Dresden–Görlitz – wirkt sich positiv aus. Für die medizinische Versorgung der Bevölkerung stehen 3 Zahnärzte, ein Allgemeinarzt, eine Physiotherapeutische Praxis mit Sauna und ein Sanitätshaus zur Verfügung. Als Ausgangspunkt für Ausflüge zur Landeshauptstadt Dresden, 20 Minuten Fahrzeit durch unmittelbare Nähe der BAB 4, nach Radeberg (Brauerei), zum Schloss Rammenau, zur Burg Stolpen, in die Sächsische Schweiz oder ins Zittauer Gebirge ist unser Ort bestens geeignet.

Panschwitz-Kuckau – Pančicy-Kukow

Zu den Besonderheiten der Oberlausitz gehört ohne Zweifel, dass sie in großen Teilen Siedlungsgebiet des slawischen Volkes der Sorben ist. Hier liegt auch die Gemeinde Panschwitz-Kuckau mit ihren insgesamt 12 eingemeindeten Dörfern; auf einer Fläche von 23 qkm leben etwa 2 200 Einwohner. Sie entstand 1957 aus dem Zusammenschluss der bis dahin selbständigen Dörfer Panschwitz und Kuckau. 1248 wurde durch die Herren von Kamenz die heute noch bestehende Zisterzienserinnenabtei St. Marienstern gegründet, der zahlreiche Dörfer als Ausstattung zugewiesen wurden. Stumme Zeugen einer wesentlich älteren Besiedlungsgeschichte bilden Befestigungs- und Wehranlagen der Sorben in den Ortsteilen Kuckau und Ostro. Aus ungeklärter Ursache erfolgte im 3. Jahrhundert v. Chr. die Abwanderung der Bevölkerung aus der hiesigen Landschaft. Die Folge war, dass eine völlige Wiederbewaldung der durch die Menschen geschaffenen Kulturflächen vonstatten ging. In diesem nun unbewohnten Gebiet siedelten im Verlaufe des 6. Jahrhunderts die Milzener. Sie schufen ein gut organisiertes Burgensystem, die sogenannten Schanzen, von denen die Ostroer Schanze die größte und am besten erhaltene ist. Mit dieser Besiedlung durch die Milzener wurden die Voraussetzungen geschaffen, welche noch heute das Alltagsleben und die Kultur der Dörfer unverwechselbar prägen.

Im 13. Jahrhundert setzte die endgültige Erschließung der großen Waldfläche ein. Wesentlich geprägt wurde die Geschichte dieser Gegend durch das Kloster »St. Marienstern«, dessen zugängliche Gebäudeteile heute wieder viele Touristen hierher führen. Das 1248 gegründete Zisterzienserinnenkloster ist eine der beiden Klosteranlagen, die Kriege und Säkularisationszeit unbeschadet überstanden haben. Bei der Klosterkirche handelt es sich um eine dreischiffige Hallenkirche mit Kreuzrippengewölben aus dem 14. Jahrhundert und geradem Chorabschluss. Der Kreuzgang der Klausur ist in das Südschiff der Kirche integriert, so dass dieses im Kirchenraum nur als Empore wirksam wird. Die Nonnenempore liegt in den West-Jochen der Kirche. Die Westfassade wurde 1720/21 barock verändert. Das hohe Dach schmückt nur ein Dachreiter – gemäß Zisterziensertradition ist die Kirche turmlos. Im Klosterhof befinden sich mehrere Heiligenstatuen aus jener Zeit, Arbeiten vor allem von böhmischen Künstlern; dargestellt sind die Mutter Gottes sowie die Heiligen Benedikt und Bernhard. Auch die Innenausstattung des Gotteshauses ist beachtenswert; dafür stehen beispielsweise das sogenannte Hussitenfenster, der barocke Hochaltar, drei gotische Nebenaltäre sowie der Doppelgrabstein der beiden Hauptstifter des Klosters »St. Marienstern«, des Meißner Bischofs Bernhard von Kamenz und des Grafen Heinrich von Kamenz. Nicht vergessen werden dürfen die um 1720 entstandenen Figuren des Christus als Schmerzensmann und der Maria als Schmerzensmutter, die einer der bedeutendsten sorbischen Künstler, Wenzel Jäckel, schuf – seine Hauptwerke befinden sich auf der Prager Burg und der Karlsbrücke der Moldaustadt. Im Schrein eines spätgotischen Flügelaltars sieht man Maria Magdalena, die von Engeln getragen wird.

Die Orte der Gemeinde Panschwitz-Kuckau sind sehenswert: Überall findet man noch sogenannte Dreiseithöfe, welche als Fachwerkhäuser errichtet wurden und die traditionelle Bauweise dokumentieren; so ist in Panschwitz ein Hof aus dem Jahre 1741 erhalten geblieben; in Ostro ist die 1772 geweihte Pfarrkirche »St. Benno« ein außergewöhnliches architektonisches Baudenkmal. Eine Steinbrücke von 1736, die auf Veranlassung August des Starken über das Klosterwasser errichtet wurde, ergänzt das Ensemble historisch wertvoller Bauwerke.

Schweinerden ist ein denkmalgeschütztes Örtchen, das in Rundlingsform angelegt wurde und ebenfalls zahlreiche Fachwerkbauten aufweist. Zu beachten ist die Statue des »Hl. Sebastian«, die im ausgehenden 18. Jahrhundert errichtet wurde. Kleine Kapellen, Wegkreuze, Betstöcke und weitere Statuen prägen die Ortsbilder der Gemeinde; sie zeugen vom katholischen Glauben, zu dem sich der größte Teil der Bevölkerung bekennt. Besonders deutlich wird dies am Ostersonntag, wo das Osterreiten stattfindet: Seit Jahrhunderten verkünden die Osterreiter auf geschmückten Pferden singend und betend die Osterbotschaft. Weiteres Brauchtum sind die Vogelhochzeit und das Aufstellen und Werfen des Maibaumes.

Panschwitz-Kuckau ist der Geburts- und Sterbeort des bedeutendsten sorbischen Dichters Jakub Bart-Cisinski, der auf dem Pfarrkirchhof Ostro beigesetzt ist. Ihm zu Ehren steht im Lippe-Park ein Denkmal. In der Schule des Ortes wird in einem Museum sein Leben und Wirken anschaulich dargestellt. Weitere Informationen erhalten Sie unter www.panschwitz-kuckau.de.

Blick auf die barocke Pfarrkirche »St. Martin« in Nebelschütz

Gemeinde Nebelschütz/Njebjelčicy

Die Gemeinde Nebelschütz grenzt im Westen an die Stadt Kamenz. Unmittelbar an Nebelschütz vorbei führt die neu erbaute S 102, eine Verbindungsstraße zu den Autobahnen A 4 und A 13. Zur Gemeinde gehören die Ortsteile Dürrwicknitz, Miltitz, Nebelschütz, Piskowitz und Wendischbaselitz. Sie umfassen ein Territorium von 22,9 qkm. mit 1 240 Einwohnern. Etwa zwei Drittel der Bürger sind sorbischsprachig. Das Kultur- und Brauchtum der Sorben wird in den Familien und in den zahlreichen Vereinen gepflegt. Zu festlichen Gelegenheiten tragen viele Frauen und Mädchen die sorbischen Trachten. Von einigen älteren Frauen werden die Trachten noch täglich getragen. Nebelschütz wurde im Jahre 1304 erstmals urkundlich erwähnt. Die Ortsteile der Gemeinde waren über Jahrhunderte mit dem Kloster »St. Marienstern« in Panschwitz-Kuckau politisch und wirtschaftlich eng verflochten. In Nebelschütz sind Anziehungspunkte zahlreicher Besucher die im Jahre 1743 erbaute barocke Pfarrkirche »St. Martin«, das Pfarrgemeindezentrum »Bjesada«, die Herberge Heldhaus, die Übernachtungen für Familien, Gruppen und Schulklassen bietet, das Wendentor, die Wasserspiele, der Bauerngarten und das Sport- und Gemeindezentrum mit der Gemeindeverwaltung, dem Koordinierungsbüro Krabat e.V., dem Sportplatz, der Sportgaststätte, dem Einkaufsladen, dem Friseurgeschäft, der Bibliothek und dem Seminar- und Ausstellungsraum. Durch die Gemeinde Nebelschütz führen die Rad- und Wanderwege »Krabat-Radweg«, »Sorbische Impressionen«, »Sächsische Städteroute«, »Archäologischer Rad- und Wanderweg«, »Jacobs-Pilgerweg«. Nebelschütz ist inzwischen weit über die Kreisgrenzen hinaus bekannt für die hier regelmäßig stattfindenden internationen Gemeindefeste. Beim Wettbewerb »Unser Dorf soll schöner werden – unser Dorf hat Zukunft« wurde der Ort Nebelschütz 2006 als Landessieger in Sachsen ausgezeichnet. Im Jahr 2008 wurde das Dorf mit dem Europäischen Dorferneuerungspreis für ganzheitliche, nachhaltige und mottogerechte Dorfentwicklung mit herausragender Qualität ausgezeichnet.

Kapelle im Beuroner Stil am Herrenhaus des ehemaligen Rittergutes in Räckelwitz

Gemeinde Räckelwitz

Die zweisprachige Gemeinde Räckelwitz liegt mitten im Territorium des Verwaltungsverbandes »Am Klosterwasser«. Zur heutigen politischen Gemeinde gehören die Ortschaften Dreihäuser, Höflein, Neudörfel, Räckelwitz, Schmeckwitz, Sommerluga und Teichhäuser mit einer Gesamtfläche von 11,5 qkm. 1 320 Einwohner haben hier ihre Heimat. Die Mehrzahl ist zweisprachig sorbisch-deutsch.
Erstmals urkundlich erwähnt wurde das Dorf Räckelwitz im Jahre 1280 als »Rokolewicz«. Nachweislich seit 1304 befand sich hier ein Rittergut. Die letzte Eigentümerin, Gräfin Monika von Stolberg, vermachte ihren Besitz dem Malteserorden. Im Zeitraum von 1903 bis 2000 befand sich im ehemaligen Herrenhaus ein Krankenhaus. In der Entbindungsstation erblickten in diesem Zeitraum jährlich etwa 1 000 Kinder aus der gesamten Region das Licht der Welt. Räckelwitz war auch der Geburtsort von Michal Hórnik. Dieser sorbische Geistliche und Literat gehörte zu den zentralen Gestalten des sorbischen Kulturlebens in der 2. Hälfte des 19. Jhts. Die Räckelwitzer Grund- und Mittelschule trägt heute seinen Namen. Von den Bürgern wurde dem berühmtesten Sohn des Dorfes im Jahre 1956 ein Denkmal errichtet. In Räckelwitz als zentralem Ort der gleichnamigen Gemeinde befinden sich neben den Schulen weitere wichtige infrastrukturelle Einrichtungen: Kindergarten, Einkaufsmöglichkeiten für die Bürger, Sparkassenmobil, das Büro des Bürgermeisters sowie mehrere Gewerbe- und Dienstleistungsbetriebe. Interessant ist die Geschichte und Gegenwart der Ortsteile Schmeckwitz und Sommerluga. Gegen Ende des 19. Jhts. wurde unter Tage Kohle abgebaut. Nachdem man auf Mineralwasser und eisenschwefelhaltiges Wasser stieß, entwickelten sich hier weit über die Grenzen Sachsens hinaus bekannte Kur- und Heileinrichtungen. Die Gemeinde Räckelwitz bietet für Besucher und Touristen bemerkenswerte Sehenswürdigkeiten. Dazu gehört vor allem der Gebäudekomplex des ehemaligen Rittergutes mit angrenzendem Park in Räckelwitz. Naturliebhaber werden vor allem begeistert sein von ausgedehnten Wald- und Teichgebieten.

Pfarrkirche St. Simon und Juda

Gmejna Chróścicy – Gemeinde Crostwitz

Die Gemeinde Crostwitz nimmt eine Fläche von 13 qkm ein und liegt mitten im Siedlungsgebiet der Sorben in der Oberlausitz. Sie grenzt im Osten an den Landkreis Bautzen. In den zur Gemeinde gehörenden Ortschaften Caseritz, Crostwitz, Horka, Kopschin, Nucknitz und Prautitz wohnen insgesamt 1 179 Bürger. Über 90% der Einwohner sind zweisprachig. An Wegrändern zeugen Kreuze, Betsäulen und sorbische Beschriftungen (z.B. Straßennamen) davon, dass die sorbische Sprache und Kultur, in der Oberlausitz immer katholisch geprägt, hier noch lebendig ist. Sowohl im Kindergarten als auch in der Schule wird sie als Umgangssprache und Unterrichtssprache genutzt. Zu festlichen Gelegenheiten kann man viele Frauen und Mädchen in sorbischen Trachten erblicken. Von einigen wenigen älteren Frauen werden die Trachten noch täglich getragen. Die Bürger pflegen ein ausgeprägtes Vereinsleben. Dafür steht ihnen unter anderem eine moderne Mehrzweckhalle mit 500 Sitzplätzen in Crostwitz zur Verfügung. Aller zwei Jahre findet im Ort ein vielbeachtetes internationales Folklorefestival statt. Für die einzelnen Veranstaltungen werden überwiegend die im Dorf vorhandenen Bauernhöfe genutzt. Crostwitz wurde im Jahre 1225 erstmals urkundlich erwähnt. Eine der ersten christlichen Kirchgemeinden der Umgebung entstand hier. Der Bau der heutigen spätbarocken Pfarrkirche »St. Simon und Judas« erfolgte in der 2. Hälfte des 18. Jhdts. Sie ist alljährlich der Ausgangspunkt des auch hier gepflegten Osterreitens. Nachdem die Reiter gemeinsam am Ostergottesdienst teilgenommen haben, reiten sie in die Nachbargemeinde Panschwitz-Kuckau. In unmittelbarer Nähe des Pfarrgrundstückes konnte im Jahre 2002 ein neu errichtetes Altenpflegeheim seiner Bestimmung übergeben werden. Im Dorf können die Bürger Einkaufsmöglichkeiten, zwei Arztpraxen, zwei Gaststätten sowie Sportanlagen nutzen. Außerdem befindet sich in Crostwitz das Büro des ehrenamtlich tätigen Bürgermeisters. Am Ortsrand von Crostwitz erinnert eine Gedenkstätte an die letzten Kriegstage im Jahre 1945, als hier sehr viele Soldaten der 2. Polnischen Armee ihr Leben verloren.

Landkreis Bautzen

Der Landkreis Bautzen wurde zum 1. August 2008 im Zuge der Kreis- und Funktionalreform im Freistaat Sachsen aus den ehemaligen Landkreisen Bautzen und Kamenz sowie der bisher kreisfreien Stadt Hoyerswerda gebildet.

Altlandkreis Bautzen – das Herz der Oberlausitz
Der Landkreis Bautzen war ein Kreis in Ostsachsen mit Bautzen und Bischofswerda als Großen Kreisstädten. Im Westen und Norden grenzt er an den ehemaligen Landkreis Kamenz, im Osten an den ehemaligen Niederschlesischen Oberlausitzkreis, im Südosten an den ehemaligen Landkreis Löbau-Zittau und im Süden an die Tschechische Republik sowie den ehemaligen Landkreis Sächsische Schweiz. Der Altkreis erstreckt sich von der Oberlausitzer Heide- und Teichlandschaft im Norden über das Lausitzer Bergland um Wilthen und Cunewalde – auch Oberland genannt – bis zur tschechischen Grenze bei Sohland an der Spree. Der größte Fluss in der Region ist die durch Bautzen fließende Spree, dazu das Löbauer Wasser, die Wesenitz, an der Bischofswerda liegt und die Kleine Spree. Die Talsperre Bautzen ist das flächenmäßig größte Gewässer, zahlreiche Seen und Teiche gibt es im nördlichen Teil. Das ehemalige Kreisgebiet ist im Norden vorwiegend mit Kiefernwald bedeckt, im Lausitzer Bergland überwiegt Fichten- oder Mischwald und der mittlere Teil ist stark bewirtschaftet.
Durch die Region verlaufen die Bundesstraßen 6 (Dresden-Bautzen-Görlitz), 96 (Hoyerswerda-Bautzen-Zittau), 98 (Bischofswerda-Oppach) und 156 (Weißwasser-Bautzen). Außerdem verläuft die Bundesautobahn 4 (Dresden-Görlitz) über das Gebiet des Landkreises mit insgesamt sechs Anschlussstellen. Östlich von Bautzen gibt es in Litten einen Verkehrsflugplatz und etwa 12 Kilometer nördlich, in Klix, ein Segelflugplatz. Verbindungen mit der Bahn sind gegeben von Dresden nach Görlitz über Bischofswerda und Bautzen – ehemals Sächsisch-Schlesische Eisenbahngesellschaft – sowie davon abzweigend die Bahnstrecke Bischofswerda-Zittau).
Durch seine landschaftliche Vielfalt und sein vielseitiges kulturelles Erbe und nicht zuletzt durch seine deutsch-sorbische Zweisprachigkeit gehört der Kreis zu den interessantesten Gebieten des Freistaates Sachsen. Ein umfassender Blick über das Kreisgebiet bietet sich vom Reichenturm, dem schiefen Turm (55 m Höhe, etwa 130 Stufen) von der Großen Kreisstadt Bautzen: im Süden die bewaldeten Berge von fast 600 m Höhe des Lausitzer Berglandes, wie z.B. der Mönchswalder Berg oder der Czorneboh in der Nähe von Großpostwitz; im Osten reicht der Blick über Hochkirchen und die hügelige Gefildelandschaft bei klarer Sicht bis zur Landeskrone bei Görlitz an der Neiße; Richtung Nordosten und Norden fällt zunächst das Gebiet um die Talsperre Bautzen auf, dann geht der Kreis in die flache Heide- und Teichlandschaft über, die bei Königswartha mit ca. 130 m ü.NN ihren tiefsten Punkt findet. Richtung Westen wird der Blick schließlich über die Türme der Altstadt und das Lausitzer Gefilde bis zu den Westausläufern des Lausitzer Berglandes gelenkt. Neben seiner landschaftlichen und kulturellen Vielfalt bietet der ehem. Landkreis Bautzen dem Besucher auch eine breite Palette an touristischen und sportlichen Angeboten. Wandern, Schwimmen, Segelfliegen oder auch Golfen, Beach-Volleyball oder Surfen oder einfach nur Spazierengehen oder Radfahren auf stillen Wegen in der Teichlandschaft. Auf jeden Fall wird Erholung in intakter Natur garantiert.
Die Große Kreisstadt Bautzen, obersorbisch Budyšin, liegt an der Spree und hat rund 42 000 Einwohner. Sie gilt als das politische und kulturelle Zentrum der Sorben in der Oberlausitz, obwohl in der Stadt selbst nur eine kleine sorbische Minderheit von 5 bis 10% der Bevölkerung wohnt. Das sorbische Volk besiedelt seit dem 7. Jahrhundert weite Teile des Kreises, rund 500 Jahre vor dem Beginn der deutschen Besiedelung. Bautzen ist Sitz von zahlreichen Institutionen des sorbischen Volkes, so z.B. Stiftung für das sorbische Volk, Domowina-Verlag, dazu eine Buchhandlung mit sorbischer Literatur, Sorbischer Rundfunk, Deutsch-Sorbisches Volkstheater, Sorbisches National-Ensemble, Sorbischer Künstlerbund e.V. …
Durch seine sehenswerte Altstadt hat Bautzen ein überdurchschnittliches Potenzial für den Städtetourismus, mit bedingt durch das Wechselspiel von bedeutenden Baudenkmalen, eindrucksvoller Stadtsilhouette und binationaler Kultur. Die Ortenburg, Sitz des Sächsischen Oberverwaltungsgerichts, thront mit ihrem weißen Renaissancegiebel über der Stadt. Das markanteste Ensemble der Stadt, Alte Wasserkunst und Michaeliskirche (um 1500), liegt an der südwestlichen Ecke der Altstadt. Der Petridom (Turm 1487 vollendet) ist der

Der Saurierpark in Bautzen (Ortsteil Kleinwelka)

bedeutendste kirchliche Bau der Stadt, genutzt als Simultankirche von evangelischen und katholischen Christen, beide Konfessionen nur durch ein Gitter getrennt. Das barocke Rathaus befindet sich südlich des Domes, dann kommt der Hauptmarkt mit verschiedenen gut erhaltenen Barock-Bürgerhäusern. Die Bürgerhäuser zwischen Rathaus und Lauenturm sind so prächtig und groß, dass ähnliche nur noch in Leipzig zu finden sind. Bautzen wird auch als »Stadt der Türme« bezeichnet. Der bereits erwähnt Reichenturm ist einer der bekanntesten.

5 km vom historischen Stadtzentrum entfernt liegt der Ortsteil Kleinwelka. Dort befinden sich Deutschlands größter Irrgarten mit Abenteuer- und Rätsellabyrinth, der Saurierpark und Sauriergarten sowie der Miniaturenpark Kleinwelka mit dem Klein-Ossi-Land.

Bekannt und beliebt sind auch die regelmäßigen Veranstaltungen: das Straßenfest »Bautzener Frühling«, das traditionelle Ostereierschieben zum Osterfest auf dem am westlichen Stadtrand gelegenen Protschenberg (das größte Kinderfest der Region), Weihnachtsmarkt (einer der ältesten Deutschlands), Freiluftveranstaltungen des Deutsch-Sorbischen Volkstheaters im Sommer, im September der »Internationale Bautzener Stadtlauf« (größte Laufveranstaltung der Oberlausitz). Außerdem ist Bautzen einer der Ausgangspunkte für das Osterreiten.

Und bei allem nicht zu vergessen: Bautzen hat eine hohe zentrale Bedeutung für die Wirtschaftskraft der Region. Diese verdankt die Stadt vor allem der traditionell sehr gemischten Branchenstruktur. Diese Vielfalt gründet sich auf Unternehmen, die größtenteils schon eine lange Tradition am Standort Bautzen haben. Dadurch ist eine geringe Krisenanfälligkeit der hiesigen Gesamtwirtschaft gegeben. Die Nähe zum Flughafen Dresden trägt ebenfalls positiv zur Wirtschaftskraft bei.

Sächsisches Landesamt für Umwelt, Landwirtschaft und Geologie, Ref. 93 Fischerei, Königswartha

Königswartha – Rakecy

Die Lausitz gehört zu den landschaftlich und ethisch bemerkenswerten Regionen Deutschlands; dazu trägt die natürliche Ausprägung des Landes bei: Mittelgebirge mit Übergang zum Flachland. Im Norden der Oberlausitz, im flachen Areal und 20 km von Bautzen entfernt, liegt die Gemeinde Königswartha. Die Ortsnamen in deutscher und sorbischer Sprache weisen den Durchreisenden oder Besucher darauf hin, dass diese Gemeinde dem zweisprachigen Gebiet zuzuordnen ist. Es liegen Ergebnisse vor, die begründen, dass Königswartha etwa um das Jahr 1250 als Domäne eines böhmischen Königs gegründet worden sei; eine sichere Erwähnung datiert bisher von 1350, als das »stetlin Conigswarte« eine Aufteilung erfuhr. Zu den Denkmalen der Vergangenheit zählen neben der evangelischen Kirche auch Park und Schloss, etwa um 1780 errichtet, sowie die Gesamtanlage des Marktplatzes. Die heute zur Gemeinde mit ihren ca. 4 000 Einwohnern zählenden Ortsteile Caminau, Commerau, Entenschenke, Eutrich, Johnsdorf, Neudorf, Niesendorf, Oppitz, Truppen und Wartha umschließen das verkehrsmäßig sehr vorteilhaft gelegene Königswartha an der B 96, die ebenfalls Bautzen und Hoyerswerda berührt. Nachdem sich kleinere Bäche des südlicher gelegenen bergigen Landes in den fruchtbaren Gebieten des Lausitzer Gefildes zum »Schwarzwasser« vereinigen, durchfließt dieses kleine Flüsschen, von Neschwitz kommend, den Ort Königswartha und unterteilt ihn so in einen kleineren West- und größeren Ortsbereich. Weite Heide- und Waldgebiete sowie eine große Zahl von Teichen umschließen die Gemeinde; rund 500 ha Teiche, teils Anlagen schon aus dem Mittelalter, begründeten ihren Ruf als angesehner und berühmter Ort der Karpfenzucht, der einst den sächsisch- kurfürstlichen Hof belieferte. Seltene Tier- und Pflanzenarten sind in den umliegenden Fluren zu bemerken; Fischotter, Seeadler, Kranich, Eisvogel, Rohrdommel und als gelegentliche Durchzügler Schwarzstorch und Silberreiher. Zu den Kostbarkeiten heimischer Flora zählen Sonnentau, Glockenheide, verschiedene Orchideenarten und Igelkolben sowie ein breites Spektrum von Wasserpflanzen.

Blick auf die im Jahr 1897 im Stile einer neoromanischen Basilika errichteten katholischen Pfarrkirche »Maria Rosenkranzkönigin« zu Radibor

Gemeinde Radibor

Die Gemeinde Radibor mit ihren 23 Ortsteilen liegt in der Oberlausitzer Heide- und Teichlandschaft. Das Gemeindegebiet erstreckt sich über 62 qkm und ist durch die Landwirtschaft geprägt.
Schon vor der Reformationszeit hatte Radibor zwei Kirchen. An der Stelle der heutigen Alten Pfarrkirche, welche als Taufkirche und sakrales Museum genutzt wird, stand bereits im 13. Jahrhundert die erste Kapelle. Die zweite, die Kreuzkirche, wurde im Jahre 1397 erbaut. Bis zur Reformation war sie eine Wallfahrtskirche. Im Jahre 1896 wurde die neue Pfarrkirche, eine neoromanische Basilika, geweiht. Unruhige Zeiten erlebten die Dorfbewohner durch die nachreformatorischen Streitigkeiten um die konfessionelle Zugehörigkeit. Die aufeinander folgenden Gutsbesitzer und Patrone wollten seit 1575 einen lutherischen Prediger in Radibor einsetzen. Die Bevölkerung aber bestand auf einem katholischen Geistlichen und setzte sich letztendlich durch.
Seit 1650 hat Radibor eine eigene Schule. Den ersten Kindergarten gründeten im Jahre 1911 Borromäerinnen (Ordensschwestern).
Ab der ersten Hälfte des 19. Jahrhunderts gab es in Radibor eine eigene Brauerei, welche ihr Bier bis an den Königshof in Dresden lieferte.
In der Gemeinde Radibor hat sich die sorbische Sprache und Kultur bis heute in einer sehr starken Substanz erhalten. In den Kindergärten und in der Sorbischen Grund- und Mittelschule lernen die Kinder die sorbische Sprache.
Aufgrund der günstigen Lage an der B 96 und am Autobahnzubringer zur BAB 4 haben sich im Ortsteil Schwarzadler eine Reihe von Handels- und Gewerbeunternehmen angesiedelt. In nördlicher Richtung sind schnell die Heidewälder um den Hahneberg sowie idyllische Teichlandschaften erreicht; in südlicher Richtung liegen der bekannte Saurierpark und Urzoo Kleinwelka und die 1000-jährige Stadt Bautzen.

Großdubrau – in der Oberlausitzer Heide- und Teichlandschaft

Gemeinde Großdubrau

Großdubrau liegt auf einer riesigen Kies-, Schotter- und Tonaufschüttung vergangener geologischer Epochen – erste Erwähnung 1343. Mit dem bergmännischen Abbau der Kohle im 19. Jh. wurde auch gleichzeitig Ton (Kaolin) abgebaut. Rasch wuchs das Dorf durch die Ansiedlung von Arbeitskräften zu einem Industriestandort. Zu den Unternehmen zählte u.a. die »Margarethenhütte«, eine der ältesten Porzellanfabriken in Deutschland, die elektro-technische Gegenstände herstellte und der »Presswerkzeugbau« Großdubrau – 2007 feierte der Betrieb sein 100-jähriges Jubiläum. Die »Margarethenhütte« jedoch stellte die Produktion im Mai 1991 ein – heute erinnert ein Museum an vergangene Zeiten.

Großdubrau ist das Zentrum der Gemeinde. Eine sehr wichtige Rolle spielt die Kinderbetreuung und Bildung – die Schule konnte 2006 auf 100 Jahre zurückblicken. Das Gemeindegebiet mit 54,22 qkm hat 20 Ortschaften – Brehmen, Commerau, Crosta, Dahlowitz, Göbeln, Großdubrau, Jeschütz, Jetscheba, Kauppa, Kleindubrau, Klix, Kronförstchen, Margarethenhütte, Neusärchen, Quatitz, Salga, Särchen, Sdier, Spreewiese und Zschillichau. Es erstreckt sich von der Talsperre Bautzen bis ins Biosphärenreservat »Oberlausitzer Heide- und Teichlandschaft«. Das ländliche Umfeld mit den Feldern, Wiesen und Wäldern ist ein wichtiger Bestandteil des Wohlfühlens. Die markanten Punkte und Sehenswürdigkeiten sind das Wahrzeichen von Großdubrau – der Wasserturm, der weithin sichtbare Turm der Kirche in Quatitz, das Erholungsgebiet »Blaue Adria« in Crosta, die Dorfkirche in Klix, der Segelflugplatz Klix in Särchen, das Schloss in Spreewiese, die »Ferienoase« in Commerau sowie die zahlreichen Teiche rund um Commerau, Kauppa, Klix und Spreewiese, die auch fischereiwirtschaftlich genutzt werden. Zu den bekannten Radwegen gehören der Froschradweg, der Seeadlerrundweg, der Spreeradweg sowie der Radweg »Sorbische Impressionen«. Das kulturelle und sportliche Leben der Gemeinde wird in erster Linie durch die ansässigen Vereine geprägt. Weitere Informationen: www.grossdubrau.de

Barockschloss Rammenau – schönste Landbarockanlage Sachsens

Rammenau

Dort wo sich Westlausitz und Oberlausitz begegnen, liegt Rammenau. Sanfte Hügel und eine Vielzahl von Teichen, sie entstanden durch Torfstechen, geben dem Dorf sein Gepräge. Urkundlich nachweisbar ist der Ort seit 1213. Heute sieht man dem einstigen Waldhufendorf, das für rund 1 500 Seelen Heimat ist, seine frühere starke landwirtschaftliche Bestimmung kaum noch an. Ein Gewerbegebiet und zahlreiche Handwerker und Gewerbetreibende im Ort schaffen Arbeitsplätze. Fleißige Einwohner sorgen für gepflegte Anwesen. Rammenau verfügt über ein einladendes Ortszentrum mit Erbgericht, Schauschmiede, Fichte-Denkmal und dem Alten Gefängnis. Es gibt ein gut beschildertes Wanderwegenetz, und Gaststätten laden zum Verweilen ein. Aktive Erholung bietet ein modernes Sportzentrum.
Inmitten dieser reizvollen Umgebung liegt das Barockschloss Rammenau. Ernst Ferdinand von Knoch, Kammerherr bei August dem Starken, begann 1721 mit dem Neubau des Schlosses im barocken Stil. Die architektonische Handschrift der Anlage lässt vermuten, dass die Planung in den Händen von Johann Christoph Knöffel lag. Das unfertige Schloss kam in den Besitz der Familie von Hoffmann, die den Bau vollendete. 1794 wird Friedrich von Kleist Schlossherr in Rammenau. Er nimmt einige Änderungen am Schloss vor und lässt die Innenräume im klassizistischen Stil gestalten. Heute gehört das Barockschloss Rammenau zu den schönsten Landbarockanlagen Sachsens und zieht mit seinen Veranstaltungen, den wechselnden Ausstellungen und der gepflegten Parkanlage jährlich Tausende an. Der wohl berühmteste Rammenauer ist Johann Gottlieb Fichte. Er wurde am 19. Mai 1762 in einer Bandweberfamilie geboren und starb am 29. Januar 1814 in Berlin. Freiherrn Haubold von Miltitz ist es zu danken, dass die ungewöhnliche Begabung des Knaben gefördert wurde und aus dem Kind einer der bedeutendsten Vertreter der klassischen deutschen Philosophie werden konnte. Sein Andenken ist in Rammenau auf vielfältige Weise lebendig.

Sanierter Altmarkt mit Rathaus Bischofswerda

Bischofswerda – Tor zur Oberlausitz

Bischofswerda, sorbisch Biskopicy, liegt mitten im Lausitzer Hügelland und bildet das westliche Tor zur Oberlausitz. Gelegen am Kreuzpunkt der Bundesstraßen B 6 und B 98, unweit der Autobahn A 4, etwa auf halber Strecke zwischen Dresden und Bautzen. Bischofswerda entstand im 11. Jahrhundert; 1361 erhielt der Ort offiziell den Status einer Stadt; bereits um 1400 gibt es einen von der Bürgerschaft gewählten Bürgermeister und 11 Ratsmitglieder. Ein Jahr nach Einführung der Reformation kam die Stadt 1559 an das kurfürstliche Haus Sachsen. Mehrere Brände und Kriegshandlungen vernichteten die Stadt fast völlig; so am 12. Mai 1813. Damals wurde der Grundstein zum modernen Bischofswerda gelegt: Der vergrößerte Marktplatz – in seiner Anlage dem venezianischen Markusplatz ähnlich –, Christuskirche und Rathaus bestimmen seither das Bild. Zeugen der Geschichte sind neben dem alten Stadtkern mit dem 1818 im klassizistischen Stil erbauten Rathaus der Paradiesbrunnen und die Bürgerhäuser am Markt. Bischofswerda eignet sich, nahe der A 4, am Schnittpunkt der Bundesstraßen 6 und 98 sowie der Bahnlinie Görlitz–Dresden, als Ausgangspunkt für Touristen. In der Stadt gibt es Tierpark, Bibliothek, Galerie, Museum, Kegelhallen, Kulturhaus, Sportstadien, Rundwanderweg und Waldsportplatz; seit 1998 zählt das sanierte Freibad dazu. Mit Belmsdorf, Geißmannsdorf, Goldbach, Großdrebnitz, Schönbrunn und Weickersdorf verfügt man über 15 000 Einwohner. Bischofswerda will noch mehr Zielort für Kurzurlauber werden; immerhin sind in einer Autostunde nicht nur Polen und Tschechien zu erreichen, sondern auch das Oberlausitzer Bergland, das Zittauer- und Elbsandsteingebirge; auch in unmittelbarer Nähe gibt es Lohnendes: Dresden, Bautzen, Görlitz, Zittau, Barockschloss Rammenau, Burg Stolpen, Saurierpark Kleinwelka. Ein besonderer Höhepunkt stellen im Juni die »Schiebocker Tage« mit der Schiebock-WM dar; das hat Tradition: Die Händler kamen früher mit dem Schiebock (einer Schubkarre namens »Schiebock«) in die nahe Stadt.

Gemeindeamt Gnaschwitz

Doberschau–Gaußig

Die Gemeinde Doberschau-Gaußig zählte Ende des Jahres 2006 4 575 Einwohner; zu ihr gehören die Ortsteile Arnsdorf, Brösang, Cossern, Diehmen, Doberschau, Drauschkowitz, Dretschen, Gaußig, Gnaschwitz, Golenz, Grubschütz, Günthersdorf, Katschwitz, Naundorf, Neu-Diehmen, Neu-Drauschkowitz, Preuschwitz, Schlungwitz, Techritz, Weißnaußlitz, Zockau. Die hohe Anzahl der Ortsteile ist auf die Gemeindegebietsreformen 1994 (Doberschau mit Gnaschwitz; Gaußig mit Naundorf) sowie 1999 (Gaußig mit Gnaschwitz-Doberschau) zurückzuführen. Seit 1999 trägt die neu gebildete Gemeinde den Namen Gemeinde Doberschau-Gaußig.
Alle Ortsteile sind ideale Ausgangspunkte für Wanderungen in das Mittellausitzer Bergland; Erholungsuchende finden hier günstige klimatische Verhältnisse, Freunde der Natur können intensive Pflanzen- und Tierbeobachtungen machen; die Höhenlage ist um die 210 m herum.
Gnaschwitz ist ein altes sorbisches Dorf (1241) mit einem gut erhaltenen Dorfanger und in der Nähe zu Bautzen liegend; die Flur umfasst 506 ha. Diese breitet sich in der Mitte einer lößlehmbedeckten, welligen Hochfläche aus, die von der Spree und dem vorderen Gebirgszug im Süden begrenzt wird. Die weite Gnaschwitzer Flur erstreckt sich vom Engtal der Spree im Nordosten bis über den nördlichsten Waldberg des Lausitzer Berglandes. Im Süden der Dorfflur erhebt sich der 263 m hohe Hasenberg, südlich davon der 366 m hohe Tschelentsky, der nördlichste Waldberg des Lausitzer Berglandes; wiederum südlich hiervon der Große Picho mit 499 m.
Der Ortsteil Doberschau ist bekannt durch seine weit über ein Jahrtausend alte Schanze: Dies war eine Schutzwallanlage über einen Felsen an der Spree für die damalige sorbische Bevölkerung. Ein Wanderweg von Bautzen berührt ein Landschaftsschutzgebiet, die Spreeniederung und die Sorbenschanze. Durch den Ortsteil Doberschau führen Rad- und Wanderwege entlang der Spree, und der eine oder andere Blick auf die Bautze-

Schlossgärtnerei und Schloss Gaußig

ner Altstadtsilhouette macht den Ausflug vollkommen und zu einem unvergesslichen Erlebnis. Die Sorbische Skalenburg Dobrus ist eine der wichtigsten frühgeschichtlichen Punkte im gesamten Bautzener Raum: 25 m hoch auf einer granitenen Steilwand, deren Fuß unmittelbar von der Spree umflossen wird, nach der Feldseite im Norden geschützt durch einen mächtigen Stein-Erdwall und starke Palisaden; so stellte der Burgwall Dobrus um das Jahr 100 eine uneinnehmbare Festung dar.

Der markanteste Wasserlauf innerhalb der Gemeindeflur ist die Spree; im Ortsteil Schlungwitz durchfließt sie in einer Höhe von rund 200 m mit mäßigem Gefälle das Gebiet; viele Spazier-, Wander- und Radwege sind vorhanden; durch das romantische Tal der Spree gelangt man in einer Stunde nach Bautzen.

In Dretschen ist eine weitere Sehenswürdigkeit des Gemeindegebietes zu besuchen. Die alte Schule, welche die Wirkungsstätte des bekannten sorbischen Botanikers und Dorfschullehrers Michael Rostock (1821–1893) ist. Sein »Handbuch der Pflanzenkunde« in sorbischer Sprache begründete neben seiner naturwissenschaftlichen Bedeutung auch die Schaffung einer wissenschaftlichen sorbischen Sprache.

Aus Gnaschwitz stammt der sorbische »Landmann und Philologe« Johann Gelansky (1699–1767; kurfürstlich-sächsischer Straßenmeister im unweit entfernten Göda): Er soll sich bis zu seinem 50. Lebensjahr neben seinen bäuerlichen Tagwerk im Selbstunterricht Kenntnisse in über 30 Sprachen erarbeitet haben (Regionaldialekte eingeschlossen). Er las täglich ein Kapitel aus der Bibel im Grundtext; danach das Gleiche in fremden Übersetzungen. So beherrschte er in Rede und Schrift u.a. Sorbisch, Deutsch, Latein, Griechisch, Italienisch, Englisch, Französisch, Tschechisch, Polnisch und Holländisch.

Aus einer Gnaschwitzer Bauernfamilie stammte auch Dr. Herbert Gruhl (1921–93), einer der wichtigsten Gründungsväter der Umweltbewegung. Er war Mitbegründer der Grünen, Publizist und Umweltpolitiker,

Teich in Arnsdorf

Mitglied des Deutschen Bundestages von 1969–80, seit 1981 Vorsitzender der Ökologisch-Demokratischen Partei. Mit seinem Buch »Ein Planet wird geplündert – Die Schreckensbilanz unserer Politik« (1975) erwies er sich als ein systematischer Sachkenner. Kurz vor Weihnachten 1994 war das neue Dorfzentrum in Doberschau fertig; es entstanden 48 moderne Drei- und Zweiraumwohnungen (dazu ein Blumengeschäft der Schlossgärtnerei Gaußig, Kosmetik- und Friseursalon sowie eine Praxis für Physiotherapie und Verkaufsstätten). Bis 1992 stand hier noch das ungenutzte ehemalige Saalgebäude mit der Gaststätte; auch zahlreiche Handwerksbetriebe haben sich hier inzwischen angesiedelt und erfreuen sich größten Zuspruchs.

Gaußig wurde 1241 erstmals erwähnt und diente bis ins 16. Jahrhundert als Rittersitz, vermutlich in Form einer Wasserburg. Nach einem Brand 1548 wurde ein neues Schloss erbaut – es wurde 1744 als Barockbau fertig gestellt und später (um 1800) in palladianischem Klassizismus überbaut. Interessant, dass Sachsens mächtigster Politiker, der Reichsgraf von Brühl, es 1747 als 47-jähriger für 52 000 Taler erwarb. Noch im gleichen Jahrhundert wechselte es an das Geschlecht des Grafen Riaucour, später Schall-Riaucour, hier verbleib es bis 1945.

Der Schlosspark (28 ha) ist um 1750 vermutlich von J. Chr. Knöffel nach barocken Vorbildern angelegt worden. Nach 1800 wurde die Gestaltung im englischen Stil durch Lord Findlater fortgesetzt und in seine heutige, naturnahe Form überführt. Gräfin Henriette, Tochter des Reichsgrafen Andreas Freiherr von Riaucour, hatte maßgeblichen Anteil an der Parkgestaltung: Mit einer Vielzahl von Rhododendron- und Azaleenbüschen lädt er jederzeit zu erholsamen Spaziergängen ein.

Besonders ist das um Pfingsten, zur Blütezeit der Sträucher, der Fall. Seltene Gewächse, wie Platane, Sumpfzypresse oder den aus Nordamerika stammenden Tulpenbaum, findet man hier ebenfalls. Bis 1990 nutzte die TU

Ehemaliges Schulgebäude in Doberschau

Dresden dieses Schloss als Weiterbildungsstätte: Im Spiegelsaal fanden hier zahlreiche Konzerte mit weltbekannten Künstlern im Rahmen »Freundeskreis Musik, Gaußig« statt. Im Mai 1996 hat sich der »Parkverein Gaußig e.V.« gegründet: Sein Ziel ist es, das wichtige kulturelle Kleinod der Öffentlichkeit zu erhalten. Mitte März 2006 wurde das Schloss von Andreas Graf von Brühl-Pohl gekauft und seither gehört es nicht mehr zum Eigentum des Freistaates Sachsen.
Südlich von Gaußig erstreckt sich die nördliche Bergkette des Oberlausitzer Berglandes mit dem großen Picho (499 m). Diese Umgebung bietet viele landschaftliche Reize und eignet sich besonders für Rad- und Wandertouren.
Zur Erkundung des Gemeindegebietes dienen die »Große (33 km) und Kleine (9 km) Gaußiger Runde«. Es gibt mehrere Möglichkeiten zur vorzeitigen Rückkehr nach Gaußig, so dass es ein bleibendes Erlebnis für Jung und Alt ist, die romantischen Wege, Wälder und Wiesen zu genießen. Die Wanderwege sind gut durch Hinweisschilder gekennzeichnet und führen unter anderem an einer funktionsfähigen Wassermühle vorbei, wo eine Mühlenführung angeboten wird.
Ein beliebtes Ausflugsziel für Familien mit Kindern ist das Gut Sommereichen in Gaußig. Dieser Bauernhof bietet einen Landurlaub im großen Umfang für alle Altersgruppen mit vielen Veranstaltungen von der »Wald-Erlebnis-Woche« bis hin zur »Wellnesswoche« und vielen anderen Freizeitangeboten. Den Bauernhof zu erleben und trotzdem auf Komfort nicht verzichten zu müssen, das ist es wohl, was Urlaub auf Gut Sommereichen ausmacht. Dies ist sicherlich auch ein Grund, warum Gut Sommereichen 2003 als einer der zehn besten Ferienhöfe in Deutschland ausgezeichnet wurde, und auch 2006 bekam es erneut den Titel »Ferienhof des Jahres«. Den Ort kann man über die Bundesstraßen 6, 96, und 98 erreichen.

Das Erlebnisbad »Wasserwelt« in Steinigtwolmsdorf, welches 1994 nach einer umfassenden Rekonstruktion neu eröffnet wurde.

Steinigtwolmsdorf mit den Ortsteilen Ringenhain und Weifa

Die Gemeinde Steinigtwolmsdorf mit den Ortsteilen Ringenhain und Weifa liegt am äußersten Südzipfel des Landkreises Bautzen und grenzt unmittelbar an das Territorium der Tschechischen Republik.
Die um 1250 gegründete Gemeinde Steinigtwolmsdorf, zu der heute die Ortsteile Ringenhain (1350 gegründet) und Weifa (1464 gegründet) gehören, liegt im landschaftlich reizvollem Landschaftsschutzgebiet »Oberlausitzer Bergland« zwischen Neustadt/Sa. und Sohland an der Spree und gilt als »Tor zur Oberlausitz«.
Steinigtwolmsdorf, Ringenhain und vor allem der kleine Ort Weifa überzeugen mit dörflicher Idylle inmitten intakter Landschaft mit Ruhe und der sprichwörtlichen sächsischen Gastfreundschaft. Viele Gaststätten mit ortstypischen Gerichten laden zum Verweilen ein. Besonders sehenswert sind die über 100 zum Teil liebevoll restaurierten und unter Denkmalschutz stehenden Umgebindehäuser (in Weifa 50, in Steinigtwolmsdorf 30 und in Ringenhain 20). Steinigtwolmsdorf, ein typisches Waldhufendorf, liegt am ausgedehnten Hohwaldgebiet. Ein Grenzübergang für Fußgänger und Radfahrer lädt zum Erkunden des Nachbarlandes ein.
Das 1994/95 aus einem Freibad entstandene Erlebnisbad »Wasserwelt« mit einer 70 m langen Riesenrutsche, Kleinkinderrutsche, Strömungskanal, Luftsprudelliegen, Massagedüsen, großem Spielplatz, Beachvolleyballplätzen und vieles mehr ist eine große Errungenschaft für unseren Ort und seine Umgebung. Zum großzügig gestalteten Areal dieses Bades gehört auch eine große Liegewiese mit einem FKK-Bereich. Bei entsprechenden Wetterverhältnissen können wir sehr viele Besucher von Mai bis September begrüßen. Doch nicht nur Wasserratten finden in Steinigtwolmsdorf ihre Erfüllung. Für Wanderer wurden im Jahr 2003 der Große Rundwanderweg (13,5 km) und der kleine Rundwanderweg (8,5 km) seiner Bestimmung übergeben. Beide gut ausgeschilderten Wege führen an vielen Sehenswürdigkeiten vorbei, u.a. an dem Flächennaturdenkmal »Sieben Linden« (Baumgruppe an der Staatsstraße nach Neustadt) und an der 550 Jahre alten Birkgutlinde mit einem

Umgebindehaus im Ortsteil Weifa; hier befindet sich das Heimatmuseum.

Stammumfang von 8 m auf dem Birkgut (Ortsteil in Steinigtwolmsdorf), die seit Jahren mit einer interessanten Verseiltechnik gesichert wird. Doch auch kleine Berge laden zum Besteigen ein. Von den umliegenden Bergen Mannsberg 464 m, Hutberg 502 m, Weifaer Höhe 505 m hat man wunderschöne Ausblicke.

In Weifa, dem höchstgelegenen Ort des Landkreises Bautzen (450 m–505 m hoch) mit fantastischer Fernsicht in das Zittauer-, Iser- und Riesengebirge, fernab von den lärmenden Fernverbindungsstraßen, kann man sich sehr gut erholen, sei es bei Sport und Spiel (2 Tennisplätze, 2 Kegelbahnen und eine Reithalle) oder bei Kutsch- und Pferdeschlittenfahrten. Seit über einhundert Jahren wird der Urlauberort von Urlaubern und Gästen geschätzt. Gut ausgebaute Wander- und Radwege führen durch Wiesen und Wälder zu nahen und fernen Wanderzielen und Sehenswürdigkeiten. Das Heimatmuseum in Weifa feierte im Jahr 2007 sein 10-jähriges Bestehen. Es zeigt den Besuchern, wie die Oberlausitzer Bürger um 1900 gelebt haben. Außerdem sind ein Handwebstuhl und eine Garnweife zu besichtigen. Der Ortsname Weifa rührt von der Garnweife (Gerät zum Aufwickeln von Garn zum Weben) her.

Der kleine Ort Ringenhain, ebenfalls ein Waldhufendorf, überzeugt mit seiner malerischen Lage zu beiden Seiten des Flüsschens »Wesenitz«. Dieses kleine Flusschen teilte den jetzigen Ort Ringenhain bis 1923 in zwei Orte. Links der Wesenitz war der Teil »Lausitzer Seite« und rechts der Teil »Meißner Seite«. Eine Grenzsäule mit der Jahreszahl 1770, die den Ort in zwei Gemeinden teilte, ist im Niederdorf in Ringenhain am Hainweg zu sehen und zwei Grenzsteine mit den Zeichen LS und MS zeugen von der Teilung des Ortes. Das kleinste Umgebindehaus der Oberlausitz in Ringenhain, liebevoll restauriert, sorgt wegen seiner Größe immer wieder für ungläubiges Erstaunen. Gut markierte Wanderwege laden zu Wanderungen rund um den Ort ein. Als Naturliebhaber, Ruhe suchender und Wanderer bzw. Radwanderer findet man in unseren Orten ein reiches Betätigungsfeld.

Sohland an der Spree

Die Gemeinde Sohland an der Spree mit ihren Ortschaften Sohland, Taubenheim und Wehrsdorf liegt am äußersten Südzipfel des Landkreises Bautzen am Oberlauf der Spree inmitten des Landschaftsschutzgebietes »Oberlausitzer Bergland« in einer Höhe zwischen 280 und 480 m und ist mit ihren ausgedehnten Waldgebieten und schönen Aussichtspunkten ein ideales Wandergebiet.

Zwei verschiedene Wege waren es, auf welchen in der Zeit zwischen 1076 und 1136 fränkische Siedler auf ihrem Zuge gen Osten in diese Gegend kamen: die einen über Bautzen, die anderen über Neustadt-Schluckenau. Ob nun die etwa 40 Bauern, die ihre Hufen entlang eines Bächleins, des späteren Sohlander Dorfbaches, erhielten, in Bautzen süd- oder in Schluckenau nordwärts abgebogen sind, weiß man nicht.

Der Name Sohland könnte auf »Salland«, das wäre eine Flur, die zu einem freien Herrenhof gehörte, zurückgehen. Die eigentliche Geschichte Sohlands begann im 12./13. Jahrhundert; sie ist die älteste Ortschaft der Gemeinde und mit einer Ausdehnung vom 40 qkm gleichzeitig eine der größten des Freistaates. Von 1222 stammt die urkundliche Ersterwähnung durch den Bischof Bruno von Meißen. Fast zwei Jahrhunderte später findet man eine weitere Siedlung: Ellersdorf. Rätsel gibt auch das 1509 erwähnte »Wendischsohland« auf. Wahrscheinlich hat ein von dorther stammender Feudalherr, Hans von Rechenberg auf Oppach, Untertanen mitgebracht, die gegenüber den deutschen Siedlern wesentlich weniger Rechte besaßen. 1346 war Sohland das größte Kirchspiel der Umgebung und erhielt um 1500 eigene Glocken. Seit dem Dreißigjährigen Krieg gehört der Ort zu Sachsen. Der erste namentlich überlieferte Rittergutsbesitzer war im Jahr 1404 ein Paulus von Kopperitz. Von den zahlreichen Familien, welche im Besitz Sohlander Rittergüter waren, ist die Familie von der Sahla (1670–1854) interessant: Henriette von der Sahla wirkte als Gutsherrin für den gesamten Ort außerordentlich segensreich. Sie ließ u.a. eine Schule bauen, erließ armen Familien (und derer gab es hier genug) das Schulgeld für die Kinder oder gab einen entsprechenden Zuschuss aus der Privatschatulle. 1854 kaufte Kriegsminister Gustav von Nostitz-Wallwitz die Güter, die bis 1945 im Besitz dieser Familie blieben. Im 17. Jahrhundert kamen zu Sohland die Ortsteile Neusorge, Am Hohberg, Alt-Scheidenbach, Pilzdörfel, Carlsruhe, Tännicht, Wiese, Sechshäuser hinzu. Später waren es insgesamt 15 Ortsteile, weswegen man den Ort noch heute »das Dorf mit den fuffzehn Zippeln« nennt.

Wehrsdorf (1250) ist ein typisches Waldhufendorf von 3 km Länge und liegt in einer Talwanne des Kaltbaches, umgeben von bewaldeten Höhenzügen in 340 bis 370 m Höhe. Hier war die Heimat von »Bihms Koearle«, der eigentlich August Matthes hieß, von 1854–1937 lebte und in Schwänken, Schnurren und launigen Versen in Oberlausitzer Mundart das damalige Volksleben der Nachwelt erhielt. Die Ortschaft Taubenheim ist die Jüngste in diesem Trio: Ihre Geschichte ist bis 1345 zurückzuverfolgen. Hier verlebte Herrmann Zumpe (1850–1903) seine Kindheit. Er war in Bayreuth Mitarbeiter Richard Wagners, komponierte selbst und starb als königlich-bayerischer Generalmusikdirektor in München. Eine Vielzahl von Umgebindehäusern prägen das Dorf; ebenso wie 17 Sonnenuhren, weswegen man vom »Dorf der Sonnenuhren« spricht. Der Wachtberg, ein Basaltkegel von 363 m Höhe und der granitene Taubenberg (458 m) bilden eine eindrucksvolle Kulisse.

Wer die Schönheit der Oberlausitzer Berglandschaft zu genießen weiß, kann sich verzaubern lassen von stillen Wäldern, weiten Ausblicken und fröhlichem Vogelsang. Vertreter der einmaligen Architektur, die Umgebindehäuser, findet man häufig. Diese aus Holz und Lehm erbauten Bauernhäuser stammen überwiegend aus dem 19. Jahrhundert und stehen unter Denkmalschutz. Zu aktiver Erholung lädt ein ausgedehntes Netz an Wander- und Radwegen, zwei Freibäder und der Stausee mit Bootsverleih ein. Seit seiner Sanierung stellt dieser See ein besonderes Naherholungszentrum dar. Auch der Wintersport erfreut sich größter Beliebtheit. Wem an kultureller Abwechslung gelegen ist, findet dies ebenfalls: Im Heimatmuseum Sohland, im ältesten Umgebindehaus dieser Gegend; dort ist eine original eingerichtete Weberstube zu besichtigen mit entsprechendem historischen Gerät oder im Oberlausitzer Forstmuseum, u.a. mit original eingerichteter Försterstube um 1930. Die Sohlander Himmelsbrücke von 1796, das Wahrzeichen des Ortes, Schloss mit Park, Reformationsdenkmal von 1817, Waldbühne; das Pestkreuz (1502) von Wehrsdorf; der Obelisk von 1778 in Taubenheim und das sich dort befindende »Karasek-Haus« (erinnernd an die Taten des hiesigen Räuberhauptmannes) sind unvergleichliche Anziehungspunkte.

Der sanierte historische Markt in Sohland a.d. Spree mit Lutherdenkmal und Kirche (1824)

Schirgiswalde – Stadtzentrum mit katholischer Pfarrkirche

Schirgiswalde – die »Perle der Oberlausitz«

Die Stadt Schirgiswalde im Oberlausitzer Bergland am Oberlauf der Spree ist staatlich anerkannter Erholungsort und wird zu Recht als »Perle der Oberlausitz« bezeichnet. Für den Erholungsuchenden ist die 3 000 Einwohner zählende Stadt mit ihren landschaftlichen Besonderheiten ein Kleinod unter den Ferienzielen. Das Feriendorf am Fuchsberg bietet wie das Hotel und der Freizeitpark am Lärchenberg oder das Landhotel Thürmchen und die Marktstuben einen angenehmen Aufenthalt, Ruhe und Entspannung.

Urige Gaststätten laden ebenso zum Verweilen ein wie eine Vielzahl an Ferienwohnungen und -häusern sowie Privatquartieren. Gut markierte Wander- und Radwanderwege garantieren ereignisreiche Touren durch Wald und Flur. Der Spreeradweg und der Fernradwanderweg Bayreuth–Zittau führen durch Schirgiswalde.

Die Stadt besitzt eine nichtalltägliche geschichtliche Vergangenheit. Diese Spuren sind bis heute in vielen Fachwerkbauten und für die Oberlausitz typischen Umgebindehäusern sichtbar. Schirgiswalde wurden bereits 1665 die Stadtrechte verliehen. Von 1809 bis 1845 gehörte das Spreestädtchen weder zu Böhmen (Österreich) noch zu Sachsen und bezeichnete sich als »Freie Republik«. Die »Staatenlosigkeit« endete am 4. Juli 1845 mit der feierlichen Übergabe Schirgiswaldes an Sachsen. Zu den besonderen Sehenswürdigkeiten zählen die katholische Pfarrkirche (1735/41) im böhmischen Landbarock, das domstiftliche Herrenhaus, das Laubenhaus und das Heimatmuseum.

Viele, besonders jahreszeitlich bedingte, unterschiedliche Bräuche und Höhepunkte, wie Faschingsumzug, Klapperjungen und Osterschießen, Fronleichnamsprozessionen und Krippenausstellungen sowie Apfelfest sind noch heute lebendig. Neben diesen Möglichkeiten, die Stadt zu erleben, sind Ausflüge in die unmittelbare Umgebung zu empfehlen; da ist die 1000-jährige Kreisstadt Bautzen ebenso nahe wie die Landeshauptstadt Dresden oder Görlitz, das Zittauer Gebirge und die Sächsische Schweiz.

Denkmalgeschützter historischer Ortskern, entstanden in den 20er Jahren des vorigen Jahrhunderts, mit Blick auf das Rathaus.

Kirschau mit den Ortsteilen Rodewitz/Spree, Bederwitz, Kleinpostwitz und Sonnenberg

Die Gemeinde Kirschau mit ihrem kleinstädtischen Charakter und dem denkmalgeschützten Ortskern liegt an der Spree, umgeben vom Oberlausitzer Bergland. Die über 150 Jahre alte Tradition der Textilindustrie hat den Ort über Ländergrenzen hinweg bekannt gemacht und das Gesicht der ca. 2 500 Einwohner zählenden Gemeinde geprägt. Neben markanten Wohnsiedlungen, repräsentativen Villen, Umgebindehäusern und einer evangelischen Kirche aus dem Jahre 1923 rundet eine großzügige Sportanlage das Bild ab. Über ein ausgebautes Radwegenetz erreicht man von Kirschau aus zahlreiche interessante Ziele in der Oberlausitz und in der benachbarten Tschechischen Republik. Die oben erwähnten Ortsteile tragen auf Grund ihrer historischen Entwicklung einen eher ländlichen Charakter. Hier findet man auch die für die Oberlausitz typischen Umgebindehäuser als Relikt der Hausweberei. Die Liebe der Bewohner zu ihren unter Denkmalschutz stehenden Häusern ist an vielen Stellen sichtbar. Zwei wichtige Handelsstraßen, die Böhmische Straße und die Salzstraße, kreuzten sich hier im Mittelalter. In unmittelbarer Nähe in natürlich geschützter Lage, auf einem von drei Seiten von der Spree umflossenen Granitkegel, wurde um 1250 die deutsche Steinburg, Burg »Körse«, errichtet. Diese galt einst als wichtige Grenz-, Wach-, Schutz- und Geleitsburg, die 1352 und 1359 durch den Sechsstädtebund zerstört wurde. Reste der mittelalterlichen Burg »Körse« erinnern noch heute an die kulturhistorische Vergangenheit. Funde von den Grabungen am Burgberg sowie das Modell der Burg zeugen vom Leben der einstigen Burgbewohner und sind im Museum am Fuße der Burgruine zu besichtigen. In unmittelbarer Nähe der modernen Sport- und Freizeitanlagen liegt das ganzjährig nutzbare Freizeit- und Gesundheitsbad »Körse-Therme«. Den idyllisch gelegenen Wanderpark- und Grillplatz im OT Sonnenberg haben viele Naturfreunde aus der näheren und ferneren Umgebung Kirschaus kennen und schätzen gelernt. Er lädt zum Verweilen ein und ist Ausgangspunkt für interessante Wanderungen.

Cunewalde/O.L.

Mitten im Oberlausitzer Bergland zwischen Bautzen und Löbau liegt das Cunewalder Tal, eines der wohl anmutigsten Täler im Landschaftsschutzgebiet. Zwischen den mehr als 10 km langen, von Ost nach West gelagerten, sagenumwobenen Bergketten des Czorneboh (561 m) und des Bieleboh (499 m), erstreckt sich eine breite Talwanne. Das sich durch das gesamte Tal, vorwiegend an den Niederungen des Cunewalder Wassers und seiner Zuflüsse, angesiedelte Dorf Cunewalde mit all seinen Ortsteilen wurde erstmals 1222 urkundlich erwähnt. Die eigentliche nachhaltige Besiedlung vollzog sich im 13. Jahrhundert, als fränkische und thüringische Siedler über Sachsen im Lausitzer Bergland eine neue Heimat suchten. Sie fanden fruchtbare Weiden und bauten von dem reichen Holzbestand ihre ersten Häuser. Jeder Siedler erhielt einen schmalen Landstreifen (Hufe), der bis zu 2,5 km lang sein konnte. Er reichte vom Gehöft bis zum Kamm der Berge. Cunewalde wurde so ein typisches Waldhufendorf.

Von direkten kriegerischen Auseinandersetzungen war Cunewalde kaum betroffen. Großes Leid brachte den Einwohnern die Pest in den Jahren 1631 bis 1633. Die Hälfte der damaligen Bevölkerung wurde durch diese Epidemie dahingerafft. Nach dem 30-jährigen Krieg entwickelte sich im Tal das Handwerk, und die Leineweberei fasste Fuß. Durch die beachtliche Qualität ihrer Ware hatten sie weit und breit einen guten Ruf – der Lohn für ihre Arbeit allerdings war karg. Ende des 19. Jahrhunderts erhielten die Hausweber Konkurrenz und es entwickelte sich die Textilindustrie. Es wurden Websale errichtet und moderne Technik angeschafft. Ein besonderer Meilenstein war der Bau der Eisenbahnstrecke Großpostwitz–Cunewalde–Obercunewalde im Jahre 1890. Die Verbindung nach Löbau wurde 1928 hergestellt. Im Jahre 1998 ist die gesamte Strecke stillgelegt worden. Das Cunewalder Wappen verdeutlicht die Entwicklung der Vereinigung von 12 Ortsteilen zu Cunewalde in Form der goldenen Mauer aus Granitsteinen. Die großen Ortsteile haben ihre eigene Geschichte:

Schönberg: Schönberg am Herrnsberg - schon 1317 urkundlich erwähnt, als Ritter Hecelin von Cunewalde das Dörfchen an den Domstift Budissin verkaufte. Schönberg blieb bis 1976 eigenständige Gemeinde.

Weigsdorf-Köblitz: 1345 wird Weigsdorf erstmals urkundlich erwähnt. Erster Grundbesitzer des Ortes war der deutsche Ritter Nicolaus de Wigantsdorph. Um 1364 unterhielt der Ritter auf Weigsdorf in Köblitz ein Vorwerk (offenbar ein Gestütshof). 1905 Zusammenlegung der beiden Orte zur Gemeinde Weigsdorf-Köblitz, bis dahin immer Weigsdorf mit Köblitz. Am 1. Januar 1999 vereinigten sich Cunewalde und Weigsdorf- Köblitz zur neuen Gemeinde Cunewalde.

Halbau: Halbau am Hochstein wurde etwa 1550 gegründet. Der Ort liegt reizvoll am Waldrand im östlichen Zipfel von Cunewalde.

Klipphausen: Klipphausen am Fuße des Czorneboh – 1681 siedelt der Cunewalder Grundherr Wolf Rudolph von Ziegler und Klipphausen hier 15 Exulanten aus Böhmisch-Schlesien an. Es ist ein herrliches Fleckchen Erde hinter der 350 Jahre alten »Buschmühle« (Sägewerk) geblieben.

Zieglertal: Im Jahre 1781 veranlasste Friedrich Wilhelm von Ziegler und Klipphausen die Anlegung des Ortsteiles, abgelegen vom Ortszentrum, unterhalb des Bieleboh.

Weithin bekannt ist Cunewalde durch seine Kirche. Das imposante barocke Bauwerk wurde im Jahre 1793 vollendet, es erfuhr seitdem einige Umbauten und Erneuerungen, wie 1893 den Bau des neuen Turmes (61 m), die Sanierung des Kirchturmes 2003 und die Außensanierung des Kirchenschiffes mit neuen Fenstern 2004. Mit 2 632 Sitzplätzen und 3 Emporen ist sie die nachweislich größte evangelische Dorfkirche Deutschlands. Neben Gottesdiensten finden hier auch Orgel- und andere Konzerte statt. Von besonderem Reiz ist das gesamte Ensemble um die Kirche, geprägt von typischen Oberlausitzer Umgebindehäusern, dem europaweit einzigartigen Baustil. Eng mit Cunewalde verknüpft ist Leben und Werk von Wilhelm von Polenz (1861–1903). Der in Cunewalde geborene Dichter beschreibt in seinem bekanntesten Werk »Der Büttnerbauer« den Untergang einer bäuerlichen Familie. Weitere Romane, ungezählte Gedichte und Erzählungen gehören zum Lebenswerk des Dichters.

Cunewalde bietet Jung und Alt die Gelegenheit für Unternehmungen, wie zum Beispiel das Erlebnisbad, das von Mai bis September geöffnet ist, die ausgedehnten Rad- und Wanderwege, die Kegelbahnen und Tennisplätze, ein Oldtimermuseum und Ausstellungen oder die Vielzahl von Gaststätten – all das sorgt für garantiert bleibende Eindrücke. Cunewalde vereinigt heute in einzigartiger Weise Lebensqualität in jeder Hinsicht: Wohnen in herrlicher Umgebung, vielfältige Arbeitsmöglichkeiten im Ort, Erholung gleich vor der Haustür – hier lässt sich's leben.

Die Kirche ist das Wahrzeichen von Cunewalde: Der 61 m hohe Turm ist weithin sichtbar.

Das Wahrzeichen von Großpostwitz – der Kirchturm der Evangelisch-Lutherischen Kirche

Gemeinde Großpostwitz

Großpostwitz, das Tor zum Oberlausitzer Bergland, liegt an der Spree, dort wo der Fluss aus dem Bergland heraustritt. Der Ort erstreckt sich in einem weiten Tal, am Südfuß des Drohmberges (431 m), eingebettet von den Bergzügen des Czoneboh (561 m), des Mönchswalder Berges (449 m) und des Herrnsberges (402) in durchschnittlich 250 m Höhe. Aus dem Cosuler Tal kommend, mündet hier der Cosuler Bach in die Spree. Die Gemeinde liegt im Landschaftsschutzgebiet »Oberlausitzer Bergland«. Während der Ortskern eher städtischen Charakter trägt, sind die Ortsteile Berge, Rascha, Denkwitz, Ebendörfel, Binnewitz, Mehltheuer, Klein-Kunitz, Cosul und Eulowitz noch sehr dörflich geprägt. Das heutige Großpostwitz entstand vermutlich um 1222 aus einer slawischen Ansiedlung auf dem linken Spreeufer und einer deutschen Siedlung auf dem rechten Hochufer. Dort wurde die Kirche errichtet. Diese, mehrmals umgebaut, ragt heute weit sichtbar mit ihrem fast 60 m hohem Kirchturm in den Himmel.

Urkundlich erwähnt wurde Großpostwitz erstmals 1331. Jahrhundertelang war das Bauerndorf von einer wichtigen Straße durchzogen, die von Bautzen nach Prag führte. Die Spree durchfließt Postwitz und Hainitz. An ihrem Ufer liegen zwei Mühlen, von denen eine noch sehr gut als solche zu erkennen ist. Dies ist die Schnabelmühle, erstmals erwähnt im 15. Jh. Es war immer eine große Mühle, die im 19. Jh. das heute noch stehende hohe Silogebäude erhielt. Ebenfalls noch vorhanden ist ein großer Teil der Mühlentechnik im eigentlichen Mühlengebäude. Die Mühle ist renoviert, ein Nebengebäude wurde zu Wohnzwecken umgebaut. Die andere ebenso alte Mühle wurde ab 1864 zu einer Flachsspinnerei ausgebaut. Da einer der Gründer aus dem heutigen Tschechien stammte, zog er viele tschechische Facharbeiter in seine Fabrik, so dass heute noch eine große Anzahl von hier ansässigen Familien auf tschechische Wurzeln zurückblicken kann. Aus dieser Fabrik entwickelte sich das heute größte Werk des Ortes, die Firma Ontex Hygieneartikel Deutschland GmbH.

Historischer Mühlenkomplex an der Spree

Ein historisches Gasthaus ist das Erbgericht Eulowitz, 1577 als Kretscham in Eylowicz bezeichnet. Dem Wirt wurde damals verbrieft, dass er eigenes Bier brauen und ausschenken durfte. Heute lädt das Haus mit Gemeindesaal für 200 Personen frisch renoviert und mit 5 liebevoll eingerichteten Pensionszimmern zum Einkehren, Feiern und Übernachten ein. Im Jahr 1877 erhielt Großpostwitz Anschluss an das sächsische Eisenbahnnetz, zum Vorteil der sich im Ort entwickelnden Industrie, aber auch der Ausflügler, die zu Wanderungen in die umliegenden malerischen Täler und auf den Drohmberg und den Mönchswalder Berg, letzterer sogar mit Aussichtsturm und Gastronomie, aufbrechen wollten. Leider wurden die Bahnstrecken inzwischen stillgelegt, und Wanderer müssen auf das gut ausgebaute Busnetz ausweichen. Das Gesicht des Ortes hat sich seit 1990 erheblich verändert. Heute leben 3050 Einwohner in Großpostwitz und den Ortsteilen. Viele Häuser wurden saniert, neue entstanden, nicht mehr sanierungsfähige Bausubstanz im Ortszentrum wurde abgerissen. Bedauerlicherweise musste auch das alte Erbgericht, bekannt als Gaststätte »Forsthaus«, abgerissen werden. Gewerbeansiedlungen im Gewerbepark Ebendörfel und die Fa. Komet, Fahrzeugtechnik Miunske, Busunternehmen Siegfried Wilhelm und Ontex Hygienearticel sind bedeutende Wirtschaftsunternehmen des Landkreises und Arbeitgeber der Region. Mit der vorhandenen Infrastruktur, Ärzten, Zahnärzten, Apotheke, modernen Physiotherapien, Verkaufseinrichtungen, einer Grundschule und einem Kinderhaus für Kinder ab 6 Monaten ist Großpostwitz ein attraktiver Wohnort, 7 km südlich der Kreisstadt Bautzen, die über die Bundesstraße B 96 in zehn Minuten erreichbar ist.

Im Freizeit- und Tourismusbereich bemühen sich die ortsansässigen Vereine, ein breites Spektrum von Sport bis Konzert anzubieten. Zentrale Mittelpunkte für Veranstaltungen aller Art sind der liebevoll sanierte Saal des Erbgerichtes in Eulowitz und der historische Mühlenkomplex mit technischem Museum in Großpostwitz.

Ensemble – Vereinshaus und Gaststätte »Alte Wassermühle« sowie »Radlerhäusl«

Obergurig – Hornja Hórka

Obergurig mit gegenwärtig ca. 2 215 Einwohnern ist Mitgliedsgemeinde in der Verwaltungsgemeinschaft Großpostwitz/Obergurig. Sie liegt in Sachsen, im Regierungsbezirk Dresden, in der Oberlausitz, 4 km südlich von Bautzen eingebettet entlang der Spree, am Nordhang des Oberlausitzer Berglandes, direkt am Fuße des Mönchswalder Berges (449 m) und umfasst eine Fläche von 10 qkm. Durch die Gemeinde führt ein 3,5 km langes Teilstück des überregionalen Fernradweges – Spree, welche von der Spreequelle am Kottmar bis nach Berlin führt. Dieser Radweg führt in der Gemeinde an einer Vielzahl historischer Bauten und einladenden Gaststätten vorbei, so gibt es u.a. zwei restaurierte Wassermühlen, die man besichtigen kann, und ein Radlerhäusel mit angeschlossenem Campingplatz lädt Radfahrer zum Verweilen ein. Die 7 Ortsteile der Gemeinde Obergurig bieten besondere Reize, Sehenswürdigkeiten und Entwicklungsrichtungen. So entwickelte sich Ende des 19. und zu Beginn des 20. Jahrhunderts im Ortsteil Singwitz eine europaweit bekannte Landmaschinenindustrie, die noch heute strukturbestimmend ist. Anglerparadiese und Bootsanlegestellen längs der Spree versprechen Ruhe und Entspannung. Vielfältige Angebote bietet die Gemeinde für sportliche Betätigung. So gibt es seit 2007 eine 3,8 km lange Nordic-Walking-Strecke, seit 2008 einen ca. 15 km langen »Oberguriger Rundwanderweg«, Hand-, Volley- und Basketballplatz, Bolzplatz, Tischtennis- und Tennisplatz, eine Skaterbahn und einen Großfeldsportplatz. Die Spuren der Vergangenheit sind bis heute in für die Oberlausitz typischen Umgebindehäusern sichtbar. Wahrzeichen der Gemeinde ist die in ihrer Form erhaltene, 1724 erbaute »Böhmische Brücke«, die, wie in alten Urkunden erwähnt, zum Böhmischen Steig, einer der ältesten Verkehrsverbindung zwischen Oberlausitz und Böhmen, gehörte. Mehrere gemütliche Ferienwohnungen in der Gemeinde können als Ausgangspunkt für Ausflüge nach Tschechien und Polen, ins Zittauer Gebirge, die Sächsische Schweiz oder die Landeshauptstadt Dresden genutzt werden, wobei sich all diese Ausflugsziele im Umkreis von ca. 50 km befinden.

Evangelisch-lutherische Kirche im OT Purschwitz mit Kohl-Orgel

Gemeinde Kubschütz

Das Gemeindegebiet erstreckt sich im Süden vom Czorneboh bis zu den »Kreckwitzer Höhen« im Norden auf einer Fläche von 45 qkm. Die Gemeinde entstand im Jahr 1994 aus den damaligen Gemeinden Jenkwitz, Kubschütz und Purschwitz. Zur Gemeinde gehören 24 Ortsteile, in denen ca. 2 900 Einwohner leben (Baschwitz, Blösa, Canitz-Christina, Daranitz, Döhlen, Großkunitz, Grubditz, Jenkwitz, Kreckwitz, Kubschütz, Kumschütz, Litten, Neupurschwitz, Pielitz, Purschwitz, Rabitz, Rachlau, Rieschen, Scheckwitz, Soculahora, Soritz, Waditz, Weißig und Zieschütz). Man trifft überall auf Zeugnisse sorbischer Vergangenheit; sei es durch viele Ortsnamen, Sagen oder Familiennamen. Die bekannteste Sage ist die von der »Scipata Marhata«, welche sich nahe dem Ort Kubschütz zugetragen haben soll. Landschaftlich betrachtet wird die Fläche der Gemeinde zum »Lausitzer Gefilde« zugeordnet und beeindruckt durch sehr hügeliges Gelände mit schönen Ortsteilen an der malerischen Czornebohkette. Gut ausgeprägt sind auch die Verkehrswege mit Anschluss an die A 4 in unmittelbarer Nähe; ferner die Bundesstraße 6, das Schienennetz mit Haltepunkt in Kubschütz sowie ein Regionallandeplatz. Kubschütz bietet darüberhinaus ein breites Band an Handwerk und Dienstleistungen wie Bäckereien, Banken, Arztpraxen, Physiotherapien und Kosmetik. Sehenswert ist die Kirche im OT Purschwitz (1222 urkundlich erwähnt) mit dem vom Orgelbauer Leopold Kohl installierten Instrument – 2000 umfassend restauriert und erstrahlt wieder im tonlich-festlichen Gewand. Eine weitere Sehenswürdigkeit ist der sog. Monarchenhügel im OT Jenkwitz, der mit seinem Gedenkstein an die Schlacht bei Bautzen 1813 erinnert. Die Gemeinde verfügt über eine Grundschule, 2 Kindertagesstätten und div. Sportanlagen. Mehrere Vereine sorgen für ein breitgefächertes geselliges Leben; so die Sportvereine Kubschütz und Kreckwitz, die Seniorenvereine Kubschütz und Purschwitz und die Blaskapelle Baschwitz. Den Jugendlichen stehen in Kubschütz, Rachlau und Purschwitz Jugendclubs zur Verfügung.

Blick auf die historische Kirche von Hochkirch

Gemeinde Hochkirch

Die Kirche auf der Anhöhe zwischen Bautzen und Löbau vor der eindrucksvollen Kulisse des Czorneboh (»Schwarzer Berg«) hat dem Ort den Namen gegeben, zweifellos. Zweisprachig (ums Sorbische erweitert) hört sich das noch viel poetischer an: »Gmejna Bukecy« (Gemeinde Hochkirch)! Wirklich berühmt ist der Ort aber nur durch wenige Stunden des 14.10.1758 geworden; der »Schlacht von Hochkirch« während des Siebenjährigen Krieges: Preußenkönig Friedrich II. wollte lediglich seinen Nachschub nach der Schlacht bei Zorndorf aus Bautzen abwarten und nach Osten weitermarschieren, um einen Angriff auf das österreichische Korps des Prinzen von Baden-Durlach zu riskieren und um vor allem seinen Bruder Heinrich zu entlasten. Dabei baute er auf die »Hilfe« des allgemein als zögerlich bekannten habsburgischen Feldmarschalls Daun, der in der Nähe mit seinen Truppen lagerte. Der Österreicher allerdings hatte zumindest hier die Karten anders gemischt, griff früh um 5 Uhr die Preußen an. Der preußische Verlust war groß, die österreichische Artilleriebatterie mähte den Gegner förmlich nieder und trieb die meisten Preußen durch eine enge Gasse neben der Kirche, die noch heute »Blutgasse« heißt. Trotz heldenhafter Gegenwehr starben 9 000 Preußen und einige der fähigsten Offiziere gegen eine fast zehnfache Übermacht. Denk- und Grabmale, Kanonenkugel in der Kirchentür und anderes sind noch heute zu sehen. Hochkirch liegt auf einer etwa 300 m hohen Fläche an der B 6 (der »Hohen Straße«), und seine Kirche ist sehenswert. 1722 wurde die Gemeinde erstmals erwähnt und von wenig später stammt der Taufstein in der Kirche, die 1717–1720 erbaut wurde. Die Straße Bautzen–Löbau–Görlitz war die erste Voraussetzung dafür, dass die Gemeinde nicht nur als Kirchgemeinde eine zentrale Stellung einnahm, sondern auch wirtschaftlicher Mittelpunkt mit Plotzen und Pommritz war. Zur Gemeinde gehören die Orte Jauernick, Lehn, Plotzen, Sornßig, Kohlwesa, Kuppritz, Rodewitz, Wawitz, Pommritz, Niethen, Neukuppritz, Steindörfel, Wuischke, Neuwuischke, Meschwitz Zschorna, Kleinzschorna, Breitendorf und eben Hochkirch als Verwaltungszentrum.

Das Sächsische Elbland

»Die Elbe bildet romantische Natur um sich her und eine schwesterliche Ähnlichkeit mit dem Tummelplatz meiner früheren dichterischen Kindheit machte sie mir dreifach teuer«, schrieb Schiller 1785. Der Fluss, dessen Gesamtlänge 1 165 km beträgt, durchfließt Sachsen zwar nur in einem reichlichen Zehntel seines Laufes, dafür macht er diesen »Mangel« wieder wett durch viele abwechslungsreiche Gebiete, Burgen, Städte und Dörfer mit ihren Kunstschätzen. In 1 396 m Höhe entspringt sie im böhmischen Riesengebirge, überwindet in Tschechien über 1 200 Höhenmeter und nimmt dabei das Wasser wichtiger Zuflüsse auf: Iser im Isergebirge, Moldau im Böhmerwald, Eger im böhmischen Fichtelgebirge. Das Böhmische Mittelgebirge durchbricht sie, um bei Děčín ins Elbsandsteingebirge einzutreten; jetzt beginnt über 41 km (auf Sachsen fallen davon 28 km) bis Pirna die schönste Strecke. Nach Bad Schandau macht sie um den 411 m hohen Lilienstein einen großen Bogen. Gegenüber liegt Königstein mit seiner Festung; am Bergfuß mündet die Biela. Rechtselbisch liegt die Bastei: »Von diesem steil abfallenden Rand einer einförmigen Sandsteinhochebene hat man einen umfassenden Blick über das Tal, die Berge und die wunderlichen Felsgebilde«, schrieb Johannes Zemmrich 1906/23 in seiner »Landeskunde von Sachsen« und fährt fort: »Dort liegt Wehlen! Wenige Kilometer weiter endet das Felsental ganz unvermittelt.« Nun ist Pirna nahe mit der Mündung der Gottleuba. Bei Pillnitz begegnet man dem Steilabfall der Lausitzer Granitplatte (Borsberg, 355 m); die Elbe verläuft daran bis Loschwitz. Hinter Dresden beginnt das Spaargebirge.
Eine Vielzahl kleinerer Flüsschen nimmt der Strom auf, rechtselbisch Kirnitzsch, Sebnitz, Polenz, Wesenitz und Prießnitz; linkselbisch Biela, Müglitz, Weißeritz, Triebisch, Lommatzsch, Jahna und Döllnitz; östlich verläuft nahezu parallel die Röder, die am Sybillenstein in die Lausitz entspringt. Das mildeste Klima in Sachsen herrscht in der Lößnitz, weswegen man das gleichnamige Städtchen richtigerweise als »sächsisches Nizza« betitelt. Die fruchtbarsten Böden sind die Löße im Dresdner Talkessel sowie die »Lommatzscher« und »Großenhainer Pflege«; auch das Elbtal mit seinem Wein- und Obstbau gehört hierzu.
Die gesamte Elbregion ist seit Jahrtausenden bevorzugter Wohn- und Wirtschaftsplatz; dem Touristen erschließen sich zusätzliche Reize – die Verbindung von Natur mit den zahllosen kulturellen Stätten. Radebeul ist die Karl-May-Metropole; neben den Villen »Old Shatterhand« und »Bärenfett«, Silberbüchse, Henrystutzen und Bärentöter kann man die Grabstätte des Literaten besuchen. Die »Lößnitzgrundbahn« (Schmalspur, 16 km lang, 11 Haltestellen und ebenso viele Brücken) verkehrt nach Moritzburg und Radeburg seit 1884. Friedrich Eduard Bilz richtete 1905 das erste »Licht-Luft-Bad« Deutschlands ein. Auf den Ebenbergen befindet sich die Sternwarte »Adolph Diesterweg«, und in Kötzschenbroda (heute Radebeul-West) wurde 1645 der Vorfriede zwischen Sachsen und Schweden ausgehandelt. In Moritzburg dominiert das Barockschloss mit seiner weltbekannten Trophäensammlung. Auch das Wildgehege im »Forst« beeindruckt. August der Starke ließ es einrichten als »Menagerie aller seltenen Arten von Hochwild«. Die erste deutsche romantische Parkanlage in Seifersdorf darf man nicht links liegenlassen und Radeburg, Hochburg sächsischen Karnevalstreibens, sowieso nicht. Der Besuch des friedlichen Ackerbürgerstädtchens ist ein unbedingtes Muss, wurde doch hier am 10.1.1858 »Pinselheinrich« geboren: Heinrich Zille wurde Deutschlands bedeutendster »Milljöh«-Maler. Lößnitzgebiet und Spaargebirge sind eines der nördlichsten Weinanbaugebiete Deutschlands; die Gegend haben die Romantiker immer wieder in ihren Kunstwerken verwendet; auch die Obstbaumblüte im Frühjahr ist immer noch so wie vor 200 Jahren.
Hinter Blasewitz, Loschwitz und Bühlau schließt sich die »Dresdner Heide« an; es ist der westliche Teil der Lausitzer Granitplatte mit stillen Waldlichtungen und romantisch dahinplätschernden Bächen, mit dem »Saugarten« und dem gleichnamigen Moor, durch das Prießnitztal samt samt Forellenteichen nach Langebrück. Genau gegenüber – freilich getrennt durch Dresden samt Vororten sowie die Elbe – befindet sich das Gebiet des »Tharandter Waldes«. Beim »Lips-Tullian-Felsen« liegt außerdem der Mittelpunkt Sachsens. Dieses Gebiet ist neben der »Dresdner Heide« das größte geschlossene Waldgebiet mit seinen 6 000 ha und das schönste obendrein. Die Triebisch entspringt hier und bildet mit ihren Auenbereichen das Landschaftsschutzgebiet »Triebischtal«.
Im Westteil des Kreises ist eine geringere Bevölkerungsdichte vorhanden, dafür sind die Bodenwertzahlen sehr gut – das ist das Landwirtschaftszentrum der »Lommatzscher Pflege«. Mit den Getreidefeldern und dem Lößboden verbinden sich reiche Obstkulturen. Nordöstlich liegt die »Großenhainer Pflege«. Der Göhrischberg bei Niederlommatzsch misst exakt 152,4 m; schräg gegenüber befindet sich das Gosebachtal mit dem Golk und Golkwald; im dortigen Forsthaus dichtete zwischen 1878 und 1887 der Förster Max Schreyer das erzgebirgische Lied vom »Vugelbäärboom«.

Um den Gohrisch und Diesbar-Seußlitz macht die Elbe einen eleganten Bogen. Irgendwo in südwestlicher Richtung liegen Nossen und Wilsdruff, ein verträumtes Kleinstädtchen an der A 4. Bei Merschwitz haben wir den westlichsten Ausläufer des Lausitzer Berglandes; Schloss Hirschstein liegt am linken Ufer auf einem Felsblock; wenige Kilometer weiter, auf der anderen Elbseite, das Barockschloss Seußlitz. Jetzt erreicht die Elbe den Landkreis Riesa-Großenhain, der die äußere Grenze Nordwestsachsens bildet und sich durch seine Natur- und Landschaftspflege heraushebt, die bis weit ins 19. Jahrhundert zurückreicht. Die Flussauen von Elbe und Röder beinhalten eine reiche Artenvielfalt; ferner beeindrucken die barocken Schlösser und Parks; die »Raschütz« – ein Waldgebiet mit eiszeitlicher Hügelkette –, die »Großenhainer Pflege« mit zahlreichen Rad- und Wanderwegen, das Landschaftsschutzgebiet »Glaubitzer Land« mit mehreren Teichen, der »Grödel-Elsterwerdaer Floßkanal« von 1748 und anderes mehr.

Das gleichnamige Landschaftsschutzgebiet beginnt bei Zabeltitz, ist 1 170 ha groß (38% Wald- und 11% Gewässerfläche); das gesamte Areal war bis ins 19. Jahrhundert eine Sumpflandschaft. Die natürliche Vegetation wird durch den feuchten Erlenwald bestimmt. Man findet neben Röderblume, Maiglöckchen, Weißwurz, Schattenblümchen, Buschwindröschen, Goldnessel, Waldziest auch die Zittergrasecke; im Uferbereich gibt es neben Schwertlilie und Riesenampfer auch die Teichrose. Diese Pflanzenwelt bietet auch Lebensraum für seltenere Tierarten: Schwarzspecht, Elbebiber, Fischreiher. Die Fortsetzung der Röderaue liegt im Gebiet der Schradenberge bei Frauenhain, Pfeifholz und Ortrand. Die Große Röder entspringt am Sybillenstein, die Quelle der Kleinen Röder ist bei Lichtenberg.

Bevor Riesa erreicht wird, geht es durch Nünchritz, bis ins vorige Jahrhundert ein Fischer- und Schifferdorf. Es ist eine vielseitige, nur leicht ansteigende Gegend, aus der Steinkuppen und Feldgehölze hervortreten, am Rande der »Großenhainer Pflege«. Das ist eine ausgeprägte, homogene Landschaft, die von Elbe und Gohrischheide im Westen, nördlich durch die Niederung des Schraden, im Osten von Pulsnitz und Leußnitzer Heide und südlich vom Friedewald begrenzt wird. Höchster Berg ist mit 217 m die Wistaudaer Höhe. In Strehla, ehemals an der Salzstraße und einer Furt (Nonnensteine) liegend, hat die Töpferei eine lange Tradition. In weitem Bogen tritt die Elbe nun in die Tiefebene ein.

Zwischen Elbe und Mulde liegt in Höhe Riesas das »Oschatzer Ländchen« mit dem Collm (316 m), dem natürlichen Wahrzeichen des nordsächsischen Tieflandes. Tuchmacherei und die Waagenherstellung haben lange Tradition, und auch musisch ging's munter zu: Carl Gottlieb Hering komponierte hier seinen berühmten »Kaffeekanon« (C-A-F-F-E-E) und das Kinderliedchen »Hopp, hopp, hopp, Pferdchen, lauf Galopp«. Zwar nicht unbedingt in diesem Fortbewegungsstil, aber immerhin gleichfalls munter, trudelt der »Wilde Robert«, eine 750-mm-Schmalspurbahn, nach Mügeln hinunter; dort war einst der größte Schmalspurbahnhof Europas. In westlicher Richtung liegt Wermsdorf mit seinem schönen Wald, vielen Seen und zwei Schlössern, weiter nördlich befindet sich Dahlen mit der Schlossruine und dem schönen Markt am Rande der gleichnamigen Heide. Es ist ein stilles Stück Land mit bewaldeten leichten Anhöhen, Auenwiesen und Teichen. Hier hat das Wort »Verträumtheit« nichts Rückständiges. Hochwald bildet reizvollen Kontrapunkt zum sonstigen Heidecharakter, der jedoch im Laufe der Zeit durch Kiefernpflanzungen eine Veränderung erfuhr. Den Mittelpunkt bildet die »6-Wegespinne«, auf der die Teilnehmer der letzten Hofjagd 1763 mit Friedrich Augsut II. vermerkt sind. Süptitz, Großwig und Weidenhain bilden sinnigerweise die Gemeinde »Dreiheide« und gleichzeitig das Tor zur Dahlener und Dübener Heide mit Wald, Landschaftsschutzgebiet »Laske«, Mühlen, wertvollen Feuchtbiotopen und einer Gedenksäule bei Süptitz, erinnernd an die Schlacht von Torgau anno 1760.

Der Weg dorthin führt über die Gneisenaustadt Schildau und Belgern, auf einem Bergrücken über der Elbe. Im Döhnerpark gibt es uralte Baumbestände, der Park Treblitzsch ist eine dendrologische Kostbarkeit und der einzige Roland Sachsens am Markt sowieso. Gegenüber der Reformationsstadt Torgau am anderen Elbufer liegt Graditz, ein ehemals kurfürstlich-sächsischer Landsitz mit barockem Gutshaus von Pöppelmann (1722) und seinem weithin bekannten Gestüt. Der Marktplatz von Torgau befindet sich auf dem höchsten Stadtpunkt, einem Porphyrhügel; auf Granitfels das Schloss Hartenfels, weithin huldvoll grüßend. Jetzt sind es nur noch wenige Stromkilometer bis Dommitzsch mit seiner spätgotischen Marienkirche – die Elbe verlässt nun sächsisches Gebiet und tritt ins Anhaltinische ein.

Skulptur der Flora, die römische Göttin der Blumen, mit Postament geschaffen vom französischen Hofbildhauer Pierre Coudray (um 1767), im Barockgarten Zabeltitz (Landkreis Meißen)

Der neue Landkreis Meißen

Der neue Landkreis Meißen hat seine geografischen Koordinaten zwischen Dresden und Leipzig. Im Osten grenzt er an die Lausitzer Heide und den Landkreis Bautzen, im Süden an den Landkreis Sächsische Schweiz-Osterzgebirge sowie die Landeshauptstadt Dresden, im Westen an den Landkreis Nordsachsen. Der Beiname »Meißen – die Wiege Sachsens« verweist auf die einstige Markgrafschaft Meißen, deren Zentrum noch heute zum Landkreis gehört.

Mit drei Bundesautobahnen und fünf Bundesstraßen mit Wegweiser Richtung Berlin, Prag, Magdeburg oder Görlitz ist die Region allerdings weitaus unbeschwerlicher zu erreichen als zur Gründung der Mark. Zur Aufzählung moderner Verkehrsanbindung gehören auch der ICE-Halt in Riesa, die Bahnstrecken Meißen–Dresden oder Großenhain–Cottbus, die Flugplätze in Riesa und Großenhain sowie der größte Binnenhafen an der Elbe in Riesa. Für die rund 260 000 Einwohner in zehn Städten und 26 Gemeinden erschließt sich auf einem der Verkehrswege die Welt, zumindest jedoch Europa.

Das aktuellste Kapitel der Geschichte des Landkreises Meißen wurde am 1. August 2008 eröffnet: Aus den Altlandkreisen Meißen und Riesa-Großenhain entstand nach dem demokratischen Willen des Sächsischen Landtages der neue Landkreis Meißen. Er ist historisch betrachtet die wichtigste Region im Freistaat Sachsen.

Die Wiege der Sachsen
Nur wenige deutsche Städte können auf eine so präzise Geburtsurkunde verweisen wie Meißen im Jahr 929. König Heinrich I. »ließ einen Berg an der Elbe, der damals dicht mit Bäumen bestanden war, roden und gründete dort eine Burg, die er nach dem nördlich vorüberfließenden Bache Misni nannte...« Dies berichtete der Merseburger Bischof Thietmar. Die Gründung der Burg stand am Ende der Feldzüge gegen die slawischen Siedlungen von der Havel bis zur Elbe. Der Name könnte sich auch aus dem altslawischen Wort »mysinu« herleiten: Ansiedlung auf und an dem vorragenden Hügel.

Aus der Wehrbefestigung entwickelte sich eine Reichsburg. Die Mark Meißen wurde im Jahr 1046 erstmals erwähnt. Kaiser Heinrich IV. belehnte auf dem Reichstag zu Regensburg 1089 den Markgrafen der Niederlausitz Heinrich von Ehrenburg mit der Mark Meißen. Dieses Geschenk beschreibt den politischen Machtwechsel zu den Wettinern und folgte strikt den Interessen der Zentralgewalt – Kolonisierung und Germanisierung der Gebiete zwischen Saale und Elbe. Die Wettiner erwiesen sich stets als loyale Partner der Zentralgewalt in den Jahren zwischen der Eroberung der slawischen Gebiete und dem Aufbau eines neuen Kulturlandes, wozu Meißen und Großenhain gehörten. Aus dem slawischen Fischerdorf Ozzec entstand um 1100 eine Stadtanlage zum Schutz des Handelsweges »Hohe Straße«.

Um 1500 erlebte (Großen-) Hayn eine Blütezeit als Fernhandels- und Tuchmacherstadt mit kurfürstlichen Privilegien. Der Ort war eine der stärksten Landfesten in Sachsen. Die Stadt widerstand den heftigen Belagerungen durch die Brandenburger und Schweden während des Dreißigjährigen Krieges, sie überlebte Brände und andere Katastrophen.

Da war die Geburtsstunde der Stadt Riesa noch in weiter Ferne. In der Nähe des slawischen Ortes »riesowe« gründeten Benediktinermönche im Jahre 1119 ein Kloster. Zwar erhielt Riesa 1623 das Stadtrecht, dennoch blieb der Ort wirtschaftlich unbedeutend, das Areal auf das Klostergut und das Straßenangerdorf reduziert. Erst im 19. Jahrhundert hatte Riesa seinen großen historischen Auftritt.

Trotz kriegerischer Bedrohung und politischer Begehrlichkeiten blieb Sachsen eines der wichtigsten Fürstentümer. Vielleicht auch, weil der Machtanspruch der Wettiner genügend Raum für Beratung und Kreativität von außen ließ. Fähige Ratgeber sind immer auch Kritiker. Natürlich verlangte das Haus Wettin nach diplomatischem Umgang. Aber es öffnete sich gleichermaßen für kluge Köpfe, nicht zuletzt um Politikfelder wie Kunst, Kultur oder Wirtschaft zu stärken. Wie beispielsweise für Christoph August Graf von Wackerbarth, den Radebeuler und Zabeltitzer Schlossbesitzer. Im Jahr 1694 übernahm Friedrich August I. die sächsischen Regierungsgeschäfte. Es begann eine Machtära, die nachhaltiger kaum hätte wirken können. Die Gunst der Stunde wusste der kluge Wackerbarth zu nutzen. Als Feldherr, Staatsmann und Diplomat mit erlesenem Geschmack war seine Handschrift vom Festungsingenieur über den Feldherrn im Nordischen Krieg bis zum Gestalter des Barockgartens Großsedlitz sichtbar.

Zur Geschichte an Elbe, Röder und Mulde gehören die Erfindung des Meißner und damit europäischen Porzellans, die erste deutsche Volksbücherei in Großenhain, eines der bedeutendsten deutschen Eisenhütten-

Die Albrechtsburg in Meißen

werke in Riesa, die Entwicklung der Homöopathie. Hier lebte der Abenteuerschriftsteller Karl May, waren Napoleon und Goethe zu Gast.

Schließlich hatte Meißen sprachlich ein wichtiges Wort mitzureden. Infolge der Siedlungspolitik und der Reformation entstand in der Markgrafschaft Meißen ein neuer Sprachraum, in dem Elemente aus allen Teilen des deutschen Sprachgebietes – vor allem aus dem hochdeutschen – verschmolzen. In dem Dreieck Meißen–Leipzig–Dresden entwickelte sich infolge der wirtschaftlichen Stärke eine Verkehrs- und Geschäftssprache, die sich im 14./15. Jahrhundert bis nach Thüringen ausdehnte. Sie wurde zur Grundlage der deutschen Nationalsprache. Textliche Überlieferungen sind Schriften Martin Luthers oder die ab 1480 meißnisch gedruckten Reichstagsabschiede.

Im Jahr 1874 entwickelte sich aus dem Amt Meißen die erste Amtshauptmannschaft Meißen. Im Jahr 1945 wurde die sächsische Verwaltung von 23 Landkreisen und 23 kreisfreien Städten getragen. Es folgte im Jahr 1952 die Auflösung der Länder in der ehemaligen DDR. Nicht zufällig war die Meißner Albrechtsburg der Ort für die Neugründung des Freistaates Sachsen am 3. Oktober 1990, dem Tag der deutschen Einheit. Seit dieser Zeit hat der Landkreis Meißen zwei Fusionen erfahren: 1996 mit dem Landkreis Dresden-Land und 2008 mit dem Landkreis Riesa-Großenhain.

Landschaften und Sehenswürdigkeiten
Landschaftspflege sowie Natur- und Umweltschutz haben im Landkreis Meißen eine lange Tradition, die bis in die Mitte des 19. Jahrhunderts reicht. Die Bewahrung der Zeugen der Natur- und Kulturgeschichte sowie der Schutz einer reichen Tier- und Pflanzenwelt war stets ein wesentliches Anliegen der Bewohner an Elbe, Mulde

Blick auf das Rathaus in Großenhain

und Röder. Die Lommatzscher Pflege als Kornkammer der Region, die Wälder und Seen rund um Moritzburg, der Zellwald bei Nossen, das Jahnatal bei Riesa, die Röderaue oder die Großenhainer Pflege belegen das hohe Engagement für eine stabile Balance zwischen Industrie, Landwirtschaft, Natur und Umwelt. Das wiederum stellt den Landkreis Meißen mit an die Spitze deutscher Ferienadressen.

Der Elberadweg verbindet Dresden mit Hamburg. Auf rund 58 Kilometer durchquert er den Landkreis Meißen mit Start in Radebeul bis zur Kreisgrenze in Strehla. Auf der rechten Elbseite begleitet den Gast zudem eines der schönsten Kapitel sächsischer Kulturgeschichte: Die sächsische Weinstraße. Der von Kennern seit langen Zeiten geschätzte Tropfen aus einem der nördlichsten Weinanbaugebiete Europas trägt so klangvolle Namen wie Riesling, Traminer, Ruländer, Kerner, Müller-Thurgau oder Goldriesling. Seit dem Mittelalter säumen Weinberge das Elbtal. Von Radebeul über Sörnewitz bis zu den sächsischen Elbweindörfern Diesbar-Seußlitz gibt es zahlreiche Weingüter, Straßenwirtschaften und Weinstuben mit bester sächsischer Küche.

Doch auch fernab der Weinstraße und des Elberadweges bietet der Landkreis Meißen vor allem ein abwechslungsreiches Kunst- und Kulturleben wiederum eng verknüpft mit Natur und Landschaft. Ob Architektur wie in Meißen oder Radebeul, Landschaftsgestaltung rund um das Barockschloss Moritzburg oder das Zisterzienserkloster bei Nossen, historische Stadtkerne in Großenhain und Strehla und Dorfplätze in Weinböhla und Staucha – es fehlt kein Mitglied im Chor der aus Stein, Stahl und Bäumen gewordenen Kunst. Die Porzellanmanufaktur in Meißen, die Schmalspurbahn von Radebeul in die Zillestadt Radeburg, die Klosteranlage in Riesa, die Marienkirche in Großenhain, Schloss Schönfeld oder das Nudelmuseum mit Erlebnisgastronomie in Riesa sind weitere Empfehlungen für Gäste wie Einwohner des Landkreises Meißen.

Insgesamt bietet der Landkreis Meißen eine bemerkenswerte geschlossene Kulturlandschaft mit den tiefsten Wurzeln sächsischer Geschichte.

Das Palais Zabeltitz

Ein Wirtschaftsstandort mit Zukunft
Vielfältiger als im neuen Landkreis Meißen kann eine regionale Wirtschaftsstruktur kaum sein. Seit Jahrhunderten wird an der Elbe Stahl erzeugt, werden Maschinen gebaut, Keramik bzw. Porzellan hergestellt und es gibt seit über 100 Jahren ein heute weltweit bekanntes Chemiewerk. Ferner tragen auch Druckmaschinen, Autoreifen, Fahrzeugzulieferer, Mikroelektronik, Metallverarbeitung, Industriebau, Laminat, Speiseöl oder Nudeln den Absender des Landkreises Meißen. Ein starkes Handwerk sorgt für vielfältige Dienstleistungen und ist ein wichtiger Partner für die Ausbildung. Der Anteil der Beschäftigten im produzierenden Bereich liegt aktuell im Landkreis um fünf Prozent über dem sächsischen Durchschnitt.
Wie in allen ostdeutschen Wirtschaftsregionen begann mit dem Tag der deutschen Einheit im Jahr 1990 ein komplizierter Transformationsprozess, von dem kein Wirtschaftszweig verschont blieb. Dennoch konnte diese Entwicklung, die von einem hohen Verlust an Arbeitsplätzen begleitet wurde, durch eine Phase dynamischen Wirtschaftswachstums und gleichzeitigen Aufbau einer neuen Firmenstruktur auch mit Hilfe öffentlicher Förderprogramme partiell kompensiert werden. Im Landkreis Meißen gibt es derzeit 37 sehr gut belegte Industrie- und Gewerbegebiete und 13 Industrieunternehmen mit mehr als 250 sowie acht mit über 500 Angestellten.
Eine moderne Infrastruktur, in die in den nächsten Jahren weiter investiert wird, sowie bis ins Detail erschlossene Industrieflächen sind die Gütezeichen für die Wirtschaftsentwicklung im Landkreis Meißen. Die Unternehmen – ob groß, mittel oder klein – haben sich seit der gesellschaftlichen Wende 1990 mehrheitlich sehr erfolgreich entwickelt. Dieser positive Trend ist auch Ergebnis der regionalen Wirtschaftspolitik von der finanziellen Förderung bis zur konstruktiven Begleitung von Investoren.
Zur Zukunft des Landkreises Meißen gehören Industrie, Handwerk und Gewerbe, eine naturnahe Landwirtschaft und der Tourismus mit seinen sportlichen und kulturellen Angeboten für alle Generationen.

Stadt Radebeul

2009 wird Radebeul 660 Jahre alt – wobei der erste nachweisliche Eintrag vom 6. September 1349 rein zufällig ist. Denn, nachdem die germanischen Hermunduren im Verlauf der Völkerwanderung weitergezogen waren, wanderten um 600 die Sorben von Böhmen kommend ein. Das Land ist also Jahrhunderte vorher bereits besiedelt gewesen. Die Sorben folgten zunächst dem Elbtal, wo sie in Flussnähe auf hochwassergeschützten, flachen Erhebungen ihre Dörfer anlegten. Die ersten deutschen Siedler kamen vermutlich um 1140 im Elbtal an. Um kurz auf die erwähnte »reine Zufälligkeit« zurückzukommen: Man fand in einer Urkunde den Hinweis auf eine Zinszahlung von jährlich zwei Pfund, die eine Frau Sophie von Kürbicz im Dorf »Radebul« an das Domkapitel zu Meißen zu zahlen hatte. Das Datum dieses Schriftstückes belief sich auf jenen 6. September 1349. Verwaltungsmäßig gehörte Radebeul 1378 zum Verwaltungsbezirk (»castrum«) Dresden. 1547 zum kurfürstlichen Amt Dresden, danach bis 1836 zum Prokuraturamt Meißen und ab da wieder zum Amt Dresden. Das heutige Radebeul in seiner Längenausdehnung von nahezu 9 Kilometern entstand im Jahr 1935 aus dem Zusammenschluss der beiden Städte Radebeul und Kötzschenbroda, welche beide im Jahr 1924 das Stadtrecht erhielten. Die Stadt Radebeul setzte sich aus den Ursprungsgemeinden Oberlößnitz, Radebeul, Serkowitz und Wahnsdorf zusammen. Die Stadt Kötzschenbroda entstand aus dem Zusammenschluss von Fürstenhain, Kötzschenbroda, Lindenau, Naundorf, Niederlößnitz und Zitzschewig. Das Zusammengehen dieser beiden Städte erklärt auch die Tatsache, dass es heute kein Stadtzentrum im klassischen Sinne gibt und Radebeul durch eine bandartige städtebauliche Struktur gekennzeichnet ist. Das heutige Wappen der Stadt Radebeul zeigt das sechsspeichige Rad der Gemeinde Radebeul und die vom Serkowitzer Siegel »entnommene« Weintraube. Das Wappenschild ist waagrecht in zwei Felder geteilt. Im oberen befindet sich die grüne Weintraube mit Laub. Im unteren Feld steht das silberne Rad vor rotem Hintergrund.

Die Radebeuler Flur erstreckt sich vom Hochland über die Steilhänge der Lößnitz bis zur Elbe. Weinbau wurde schon im frühesten Mittelalter betrieben. Dazu eignete sich das günstige Klima hervorragend. Die Reblauskatastrophe brachte allerdings Ende des 19. Jahrhunderts den Weinbau fast völlig zum Erliegen, was große Veränderungen in der Landwirtschaft und Wirtschaft zur Folge hatte. Heute jedoch künden die bewirtschafteten Weinberge entlang der Sächsischen Weinstraße vom Wiederaufleben des Weinbaus. Viele Nebenerwerbswinzer und Winzer der Radebeuler Weingüter pflanzen und pflegen ihre Reben in den sonnigen Steillagen größtenteils noch mit Handarbeit. Der sächsische Wein, dessen Anbaufläche zu den kleinsten Weinanbaugebieten Deutschlands zählt, stellt eine echte Rarität dar. Beim »Tag des offenen Weingutes«, der jeweils am letzten Augustwochenende stattfindet, kann man die Weingüter entlang der Sächsischen Weinstraße erkunden und z.B. bei Kellerführungen mehr über die Arbeit im Weinberg erfahren. Aber auch in zahlreichen Straußenwirtschaften, die die Saison über geöffnet haben, kann man die sächsischen Weine direkt beim Winzer verkosten.

Ab dem 16. Jahrhundert zogen insbesondere Adelige und reiche Bürger Dresdens den Sommer über ins »Sächsische Nizza«, wie Radebeul auch gerne bezeichnet wird. Sie erwarben Weinberge und ließen repräsentative Bauten errichten, wie z.B. das Bennohaus, das Berg- und Lusthaus Hoflößnitz oder Schloss Wackerbarths Ruhe.

Dem gegenüber stehen die Dorfkerne, wie sie z.B. im heute wieder liebevoll hergerichteten »Alt-Kötzschenbroda« zu besichtigen und zu erleben sind. Im dortigen Pfarrhaus, neben der im 13. Jahrhundert erstmals urkundlich erwähnten Friedenskirche, wurde 1645 der Waffenstillstandsvertrag zur Beendigung des 30-jährigen Krieges zwischen Sachsen und Schweden unterzeichnet.

Bis Mitte des 19. Jahrhunderts waren die Radebeuler Ursprungsgemeinden durch eine bäuerliche Siedlungsstruktur geprägt. Um 1834 betrug die Einwohnerzahl der einzelnen Gemeinden insgesamt 4 551. Erst nach 1848, aber vor allem ab 1870 stieg der Zuzug erheblich an. Im Jahr 1900 wohnten 26 220 Menschen auf dem Gebiet der heutigen Stadt. Als ab dem 9. April 1839 die erste Eisenbahn von Dresden nach Leipzig und 1884 die Schmalspurbahn von Radebeul nach Radeburg ihren Betrieb aufnahmen, wurde durch diese wichtigen Verkehrsverbindungen die Attraktivität Radebeuls gesteigert.

Industriebetriebe nutzten die neuen Möglichkeiten und siedelten sich hier an. Am Beispiel von Radebeul-Ost soll die rasante Entwicklung aufgezeigt werden: 1874 Einrichtung einer Postagentur und 1877 einer Telegrafenbetriebsstelle, 1878 Bau der heutigen »Schillerschule«, 1883 Inbetriebnahme der Zentralen Wasserversorgung, 1897 Gründung der Freiwilligen Feuerwehr, 1897 Bau der »Pestalozzischule«, 1899 Anschluss an das Dresdner Straßenbahnnetz, 1900 Rathaus- und Bahnhofsgebäudeneubau, 1904 Beginn des Kanalisationsnetzes, 1907 Fertigstellung des heutigen »Lößnitzgymnasiums«, 1910 Bau eines Postamtes, 1921/22 Bau der Handelsschule (heute: Berufliches Schulzentrum Radebeul).

Bismarckturm und Spitzhaus prägen die Weinbergsilhouette Radebeuls.

Die Stadt Radebeul entwickelte sich zu einem beachtlichen Industrie- und Gewerbestandort. Die Branchenschwerpunkte liegen in der pharmazeutischen und Chemieindustrie, dem Maschinen- und Anlagenbau mit Schwerpunkt Druckmaschinen (KBA Planeta) sowie einer Vielzahl von technologieorientierten Unternehmen der Telekommunikation. Aber auch zahlreiche Handwerksbetriebe sowie Handel und Gewerbe bilden eine starke Säule der Radebeuler Wirtschaft. Deutschlandweite Bekanntheit genießt der Produzent von Millionen von Teebeuteln, das zum Konzern »Teekanne« gehörende Unternehmen Teehaus GmbH sowie für den Brotaufstrich Nudossi das Unternehmen Sächsische und Dresdner Back- und Süßwaren »Vadossi«. In Radebeul sind derzeit über 2 000 Gewerbe registriert. Damit stehen über 13 000 Arbeitsplätze in der Stadt zur Verfügung. Die guten infrastrukturellen Voraussetzungen, u.a. das Nahverkehrsangebot, machen Radebeul für Neuansiedlungen von Wirtschaftsunternehmen interessant. Radebeul ist aber auch einer der bevorzugten Wohnungsstandorte mit derzeit rd. 33 200 Einwohnern – Tendenz steigend.

Über 1 400 Baudenkmale prägen das Radebeuler Stadtbild mit mediterranem Flair in Klima und Architektur. Neben den Villen am Fuße der Weinberge sind es aber speziell auch die historischen Dorfkerne und Siedlungsstandorte, welche das Wohnen so angenehm und attraktiv machen. Radebeul, die Stadt mit üppigem Grün, erfreut sich wieder einem Bevölkerungszuzug. Vor allem junge Familien wählen sich die Stadt mit ihren infrastrukturellen Anbindungen zur Wohnstadt. Neben einer großen Angebotsbreite unterschiedlich ausgerichteter Kindertagesstätten sind auch im Schulbereich Grund- und Mittelschulen sowie zwei Gymnasien mit unterschiedlichen Profilen vertreten. Berufsschule, Volkshochschule, Musik- und Jugendkunstschule runden den umfangreichen Bildungs- und Freizeitbereich ab. Stadion, Schwimmhalle, Fitnesscenter, der Elberadweg oder die bereits wieder instandgesetzten und weiter auszubauenden Weinbergpfade und -wanderwege bieten

Viele Gaststätten und Weinstuben laden auf dem Dorfanger in Kötzschenbroda zum Verweilen ein.

viele Möglichkeiten für sportliche Aktivitäten, die von den Vereinsangeboten unterschiedlichster Disziplinen erweitert werden. Zwei Freibäder, das Lößnitz- und das Bilzbad, bieten von Mai bis September Badespaß für Groß und Klein. Zur besonderen Attraktion des Bilz-Bades gehört die Wellenmaschine Marke Undosa. Sie wurde 1998 generalüberholt und ist als älteste Maschine ihrer Bauart bis heute in Funktion.

Mit einem vielfältigen kulturellen Angebot, wie dem Dreispartentheater »Landesbühnen Sachsen« und anderen Kleinkunstbühnen, Museen und Galerien, Erlebnisbibliothek und Volkssternwarte sowie verschiedensten Festen bietet Radebeul eine breite Auswahl im Kunst-, Kultur- und Bildungsbereich. Künstler aus allen Bereichen der Bildenden und Darstellenden Kunst leben und arbeiten in der Lößnitzstadt.

Die Karl-May-Festtage, die immer am Wochenende nach Himmelfahrt stattfinden und das am letzten Septemberwochenende stattfindende Herbst- und Weinfest mit dem Internationalen Wandertheaterfestival gehören zweifellos zu den jährlichen überregional bedeutenden Festhöhepunkten. Ein gutes Dutzend Theatergruppen aus zehn Ländern spielen auf der Straße, in Zelten und allem, was als Bühne dienen kann. Wein und Theater heißt die immer wieder faszinierende Kombination des Herbst- und Weinfestes auf dem Dorfanger Kötzschenbroda. Neben dem Weingutmuseum Hoflößnitz, dem im Aufbau befindlichen Schmalspurbahnmuseum und dem DDR-Museum ZEITREISE, hat das Karl-May-Museum seine Heimstadt in Radebeul. Seit Generationen gehört Karl May (1842–1912) zu den weltweit meistgelesenen deutschen Schriftstellern. Allein die deutschsprachige Gesamtauflage beläuft sich auf über 80 Millionen Exemplare. Unterhaltung – ein hoher Anspruch an ein literarisches Werk – hat der bienenfleißige Vielschreiber in seinen vielen Humoresken, Dorfgeschichten, Novellen, Kolportageromanen, exotischen Reiseerzählungen und symbolträchtigen Schlüsselromanen vielfach unter Beweis gestellt. »Old Shatterhand – das bin ich« hat er einmal geschrieben und

Blick vom Karl-May-Park auf die Villa Shatterhand, dem Wohnhaus Karl Mays, das heute zum gleichnamigen Museum gehört.

daran ist viel Wahres. Natürlich hat er auch sogenannte »Massenware« geschaffen, aber auch sein Alterswerk ist literarisch bemerkenswert und bis heute leider wenig erschlossen. 1888 zog May von Dresden hierher und lebte in Kötzschenbroda, Nieder- und Oberlößnitz, ehe er 1895 die von ihm so benannte »Villa Shatterhand« in der damaligen Kirchstraße erwarb, die heute zum Karl-May-Museum gehört. Ein Blockhaus im Garten, die nach dem Wohnsitz des legendären »Hobble-Frank« benannte »Villa Bärenfett«, beherbergt eine der bedeutendsten Ausstellungen über Nordamerikas Indianer, ihre Geschichte, Kultur und ihren Überlebenskampf. Das Museum öffnete am 1. Dezember 1928 seine Türen für interessierte Besucher. May ist am 25. Februar 1842 (als fünftes von insgesamt 14 Kindern) in Hohenstein-Ernstthal geboren worden. Einiges hatte der spätere Schriftsteller durchaus »auf dem Kerbholz«. Wegen Diebstahl muss er vier Jahre in Sachsens ältester Zuchtanstalt in Waldheim »brummen«. Später, als er in Radebeul wohnte, pflegte er Bekanntschaften zu verschiedenen Persönlichkeiten, wie z.B. dem Begründer der Naturheilanstalt Friedrich Eduard Bilz, den Baumeistern Moritz und Gustav Ziller, die auch die »Villa Shatterhand« bauten, dem Vorsitzenden des Gewerbevereins Albert Stock oder dem berühmten Dresdner Generalmusikdirektor Ernst von Schuch. Das mausoleumsartige Grabmal Karl Mays, welches übrigens neben dem von Friedrich Eduard Bilz auf dem Friedhof in Radebeul-Ost steht, wurde von Paul Ziller errichtet und dem Nike-Tempel auf der Akropolis nachempfunden. Die Radebeuler Touristinformation wartet mit umfangreichen Informationen und Hinweisen für Touristen auf. Sei es der Radfahrer, der den Elberadweg erkundet, der Städtereisende, der Wanderer per pedes oder auf dem Elbdampfer, mit der dampfbetriebenen Schmalspurbahn – es ist für jeden etwas dabei.

Radebeul – das ist eine Stadt mit üppigem Grün, ausgewählter Küche und sächsischen Weinen und viel Kunst und Kultur vor den Toren der Kulturmetropole Dresden. Radebeul – eine Stadt zum Genießen.

Heimatmuseum Scharfenberg

Gemeinde Klipphausen

Der Name Klipphausen erschien erstmals auf einem Relief am Nordeingang des Schlosses; auf diesem sind die Wappen derer von Ziegler und von Maltitz dargestellt – die Ziegelmauer am linken, Zieglerschen Wappen ist teilweise noch gut erkennbar.
Das Schloss wurde um 1528 von Hieronymus von Ziegler erbaut: Die Familie erwarb 1507 das Vorwerk »Cleyn Rwgerstorf« (Kleinröhrsdorf); 1525 teilten die Brüder Hieronymus, Balthasar und Frantz den Besitz: Hieronymus übernahm Kleinröhrsdorf und ließ das Schloss erbauen; man nannte diesen selbständigen Rittersitz jetzt »Klippenstein«.
Unter der späteren Regentschaft von Heinrich LXIII. wurde der Ort um 1840 durch seine Merino-Schafzucht weltberühmt; 1917 hatte das Rittergut (das bis 1945 insgesamt 151 Jahre im Besitz der Fürsten Reuß war) eine beachtliche Größe. Das Gut erlitt Ende des Zweiten Weltkrieges erhebliche Schäden.
Sachsdorf entstand etwa 1100–1170 (wahrscheinlich durch sächsische Siedler); sie errichteten ihre Höfe in der Talmulde, die sich vom Saubach her ostwärts durch das Gelände erstreckt. Sora wird um 1184 erwähnt; die ältere Form des Ortsnamens kommt von »Sivritth« (Siegfrieds Brandrodung) – es ist eine Gründung mainfränkischer Bauern.
Die Gemeinde Klipphausen mit ihren vielen historischen Sehenswürdigkeiten, ihrer relativ unberührten und romantischen linkselbischen Landschaft sowie den harmonisch eingefügten neuen Wohn- und Gewerbegebieten ist zu einem Anziehungspunkt für Gäste und Mitbürger geworden.
Im Zuge der Gemeindegebietsreform schlossen sich die Gemeinden Klipphausen, Scharfenberg und Gauernitz zusammen. Heute umfasst das Gebiet eine Fläche von rund 62 km² mit 23 Ortsteilen oder anschaulicher ausgedrückt erstrecken sich unsere Ortsgrenzen von der Stadt Meißen entlang der Elbe bis nach Dresden.

Schloss Batzdorf

Südlich wird das Territorium von der Bundesautobahn 4 begrenzt. Die Lage in unmittelbarer Nähe zur Landeshauptstadt Dresden bietet viele Chancen und Möglichkeiten. So entwickelte sich Klipphausen nach 1990 von einer Agrargemeinde zu einer Gemeinde, in der Arbeiten, Wohnen, Freizeitgestaltung und Tourismus in gleichem Maße möglich sind.

Das Augenmerk lag in der Schaffung und stetigen Verbesserung der Infrastruktur zur Ansiedlung von Unternehmen in den Gewerbebereichen sowie zur Bereitstellung von Flächen zur Wohnbebauung. So ist es uns gerade in den letzten Jahren verstärkt gelungen, produzierende Mittelstandsunternehmen mit einem hohen Bedarf an qualifizierten Arbeitskräften in den Gewerbegebieten anzusiedeln. Zahlreiche Handwerksbetriebe und kleine Unternehmen haben ihren Sitz in den Ortsteilen der Gemeinde. Aufgrund des hohen Anteils landwirtschaftlicher Nutzflächen und guter Böden existieren 18 Landwirtschaftsbetriebe.

Einen hohen Stellenwert in der kommunalen Entwicklung hat die Versorgung und Betreuung unserer Jüngsten. Den Kindern der Gemeinde stehen moderne Kindereinrichtungen zur Verfügung. Alle Einrichtungen wurden in den vergangenen Jahren neu gebaut wie z.B. die Schulzentren in Sachsdorf und Naustadt mit Grundschule, Kindertagesstätte, Sportplatz und Sporthalle oder umfassend modernisiert.

Die reizvolle Landschaft der linkselbischen Täler ist ein ideales Betätigungsfeld für Touristen. Gaststätten, Hotels und Pensionen haben sich mit einem umfangreichen Speise- und Übernachtungsangebot darauf eingestellt.

Gut ausgebaute Rad- und Wanderwege bieten die Gelegenheit, romantische und unberührte Natur aktiv zu erleben. Sehenswert sind auch die Kirchen in Röhrsdorf, Weistropp, Constappel und Naustadt sowie die Schlösser in der Region.

Schloss Schleinitz

Gemeinde Leuben-Schleinitz

Der Hauptort der Gemeinde Leuben-Schleinitz liegt im Ketzerbachtal am Zusammenfluss von Dreißiger Wasser und Ketzerbach. Die Ersterwähnung stammt von 1069; 2009 wird der Ort also 940 Jahre alt. Die Kirche auf einem Bergsporn überragt alles. Die Verkehrsverbindungen an das überörtliche Straßennetz erfolgt über mehrere Landstraßen; etwa 15–20 km sind es bis Meißen, Nossen, Döbeln und Riesa. An das öffentliche Nahverkehrsnetz ist der Ort über Buslinien angeschlossen; außerdem liegt Leuben an der Bahnstrecke Nossen–Riesa mit Anschluss an das überregionale Gleisnetz.

Ein Trip nach hier lohnt sich vor allem von Mai bis Oktober, denn dann entfaltet das schöne Ketzerbachtal seine Reize. Durch ein geschütztes, warmes Klima wird eine artenreiche Fauna und Flora gefördert; im Mai ist es die opulente Baumblüte an den Straßenrändern und auf zahlreichen Streuobstwiesen. Durch diese Gegend fließt der malerische Ketzerbach, auch durch die Lommatzscher Pflege, bis er nach etwa 30 km bei Zehren in die Elbe mündet. Seinen zahlreichen Windungen verdanken wir die architektonisch wertvollen Brückenbauten von Eisenbahn und Straße; am eindrucksvollsten ist die Dreibogenbrücke am nördlichen Ortseingang.

Mühlen gab es am Bach früher zuhauf; heute ist die Niedermühle in Graupzig noch intakt. Große Vierseithöfe prägen die Dörfer der Umgebung – Ausdruck für die Fruchtbarkeit hiesigen Ackerlandes, die Wohlstand brachte und immer noch bringt; immerhin befinden wir uns ja in der »Kornkammer Sachsens«. Wanderungen entlang des Ketzerbaches sowie in das »Burgstädtchen« bei Graupzig mit der slawischen Wallanlage oder zum »Großholz«, dem größten zusammenhängenden Waldgebiet der Gemeinde, sind über das ganze Jahr interessant. Auch der Leubener Volkspark profitiert hiervon; seit fast vier Jahrzehnten finden hier überregional beliebte Parkfeste statt. Das Wasserschloss im Ortsteil Schleinitz hat viele Bewunderer. Vereine sorgen für die Erhaltung und Nutzung alter Bauten und Gegenständen ländlichen Brauchtums.

Blick von der »Schönen Aussicht« in Löbsal auf den Elbbogen am Göhrischfelsen

Gemeinde Diera-Zehren

Die Gemeinde liegt zwischen Meißen und Riesa, eingebettet in die malerische Landschaft des Elbtals, das geprägt ist durch seine zahlreichen Weinhänge und ehemaligen Steinbrüche, aus denen der bekannte »Rote Granit« abgebaut wurde. Sie erstreckt sich mit Ihren 21 Ortsteilen links und rechts der Elbe. Zwei Fährlinien verbinden die Ortsteile miteinander. In der Gemeinde wohnen rund 3 800 Einwohner. Blickfang für den Besucher und schon weithin über das Elbtal sichtbar sind die »St. Andreas Kirche« in Zadel und die »St. Michaeliskirche« des 1000-jährigen Zehrens.

Ein gut ausgebautes überregional angebundenes Rad- und Wanderwegenetz, unter anderem mit dem Elberadweg, lädt ein, die Gemeinde zu Fuß oder per Rad zu erkunden, an Sehenswürdigkeiten und Naturschönheiten halt zu machen und in den vielen Gastlichkeiten zu verweilen. Die Wege führen entlang der Flussauen und Täler bis hinauf auf die Weinberge und Höhen des Elbtales. Die linkselbischen Ortsteile der Gemeinde sind der »Lommatzscher Pflege« zugehörig, der sog. »Kornkammer Sachsens« – einem Gebiet mit landwirtschaftlich sehr fruchtbaren Böden. Die Ortsteile vor allem rechts der Elbe sind vom Weinbau geprägt. Bedeutendster Vertreter des Weinanbaues ist das Weingut »Schloss Proschwitz Prinz zur Lippe« in Zadel mit rechtselbisch 36 ha und linkselbisch 19 ha Anbaufläche. Es ist das größte private sächsische Weingut, welches weit über die Grenzen Sachsens hinaus bekannt ist. Im Ortsteil Seilitz befindet sich das kleinste Bergwerk Deutschlands, in dem Kaolin abgebaut wird, das für die Herstellung des weltberühmten »Meißener Porzellans« verwendet wird. Ein beliebtes Ausflugsziel ist auch der Tierpark »Elbepark Hebelei« in Niederlommatzsch.

Informationen über die Gemeinde erhalten Sie bei der Touristinformation Diesbar-Seußlitz unter Tel. 03 52 67/5 02 25 und www.elbweindoerfer-sachsen.de sowie bei der Gemeindeverwaltung Diera-Zehren, OT Nieschütz, Am Göhrischblick 1, 01665 Diera-Zehren unter Tel. 03 52 67/5 56 30 und www.diera-zehren.de.

Moritzburg entlang des Wanderweges am Großteich mit Leuchtturm

Gemeinde Moritzburg

Sanfte Hügel, ausgedehnte Wälder mit eingebetteten Teichen – das ist die Landschaft, die Moritzburg umgibt. Über Jahrhunderte ein bevorzugtes Jagdgebiet der Wettiner, des sächsischen Fürstengeschlechts, hat der Mensch seit mehr als 400 Jahren die Natur gestaltet; Teiche für die Karpfenzucht und ein Schneisenstern für die Jagd wurden angelegt sowie Bauwerke für höfische Festlichkeiten errichtet. Den Mittelpunkt dieser Kulturlandschaft bildet die barocke Schlossanlage, die in voller Schönheit erstrahlt und alle Kriege unbeschadet überdauerte.

Die große Gemeinde besteht heute aus den Ortsteilen *Friedewald, Reichenberg, Boxdorf, Steinbach, Auer* und *Moritzburg* und ist wahrlich ein Gesamtkunstwerk bezüglich ihrer Vielfalt und Vollkommenheit sowie ein kulturelles Denkmal von europäischem Rang. Mit dem Schloss, dem Käthe-Kollwitz-Museum, dem Wildgehege und dem renommierten sächsischen Landgestüt ist die Gemeinde ein attraktiver touristischer Anziehungspunkt; auf einer Fläche von 46,37 qkm wohnen etwas mehr als 8 050 Menschen. Etwa 12 km liegt man von der Landeshauptstadt entfernt; als Landschaftsschutzgebiete gelten der Friedewald und das Moritzburger Teichgebiet. Die Gegend gehört geologisch zur Lausitzer Platte und dem Meißner Syenit-Granit-Massiv. Sie liegt zwischen 126 und 246 m hoch und hat insgesamt 22 Teiche mit 340 ha Wasserfläche im Landkreis Meißen; Partnerstadt ist die reizvolle Moselstadt Cochem mit ihrer eindrucksvollen Reichsburg.

Moritzburg wurde 1294 erstwähnt und hieß Eisenberg; erst 1934 ist der Ort umbenannt worden. Anfang bis Mitte des 16. Jahrhunderts legte man durch Trockenlegung des sumpfigen Friedewaldes etwa 40 Teiche an und begann sogleich mit dem Bau des ersten Jagdschlosses unter Herzog Moritz von Sachsen. In der 2. Hälfte des 17. Jahrhunderts vervollständigte die Schlosskirche das Ensemble (Baumeister: W. C. v. Klenzel). Wenig später erhielt der Ort das Marktrecht von Kurfürst Johann Georg II., dem Großvater August des Starken.

Romantisch und einladend zum Verweilen in Moritzburg und Umgebung

In der 1. Hälfte des 18. Jahrhunderts geschah der Umbau zum prächtigen barocken Jagdschloss (Baumeister: Pöppelmann und Langeloune) und die Anlegung der Allee in Richtung Dresden (1769 wurde das Fasanenschlösschen begonnen und 1828 das Landgestüt eingerichtet). August der Starke hat in Moritzburg seine ehrgeizigen Pläne verwirklicht und auf der Insel Fortunata das elegante Jagd- und Lustschloss mit einer spektakulären jagdlichen Sammlung errichten lassen. Hier ist Karl May geritten, hier befinden sich auch Sächsische Landesverbände des Pferdesports und der Pferdezucht. Alljährlich gibt es eine große Teichrundfahrt mit ca. 100 Gespannen; 1928 fand die erste Hengsparade statt. 1944 kam die Malerin und Graphikerin Käthe Kollwitz auf Einladung Prinz Heinrichs von Sachsen hierher, wo sie leider bald verstarb; im Rüdenhof wurde 1995 ein kleines Museum ihr zu Ehren eingerichtet. *Reichenberg* wurde 1235 urkundlich erwähnt (2010 begeht man dort die 775-Jahr-Feier); sehenswert ist die Kirche mit historischem Taufstein, Portal und Kanzel. Dippelsdorf (seit 1940 *Friedewald* genannt) wurde 1954 zum Luftkurort erklärt. Hier findet der Gast Erholung und Entspannung bei Wanderungen im angrenzenden Moritzburger Waldgebiet und durch den Lößnitzgrund zu den Weinhängen von Radebeul. Berühmt ist das »Rote Haus«, die ehemalige Wirkungsstätte der »Brücke«-Künstler Erich Heckel, Ernst Ludwig Kirchner und Hermann Max Pechstein. In Friedewald knüpft man an die Tradition der Naturheilkunde an. *Auer* wurde 1702 urkundlich erwähnt; kurz vorher waren litauische Wisente für die Jagd eingeführt worden, die fälschlicherweise als Auerochsen bezeichnet wurden; daher dieser kuriose Ortsname. *Boxdorf* (1243) hieß ursprünglich »Bokoisdorph«. Wahrzeichen ist die »Boxdorfer Windmühle«; von ihrer Plattform hat man einen schönen Blick ins Elbtal bis zur Sächsischen Schweiz. *Steinbach* (2000 = 750-Jahr-Feier) wurde als Waldhufendorf gegründet. Im alten Ortskern liegt die ehemalige Wasserburg, und in der Kirche kann man einen Schnitzaltar aus dem 15. Jh. bewundern. Das Kirchdorf Bärwalde ist besonders landwirtschaftlich geprägt.

Rathaus zwischen Kirche und ehemaligem Schloss mit Postmeilensäule

Radeburg – die Zillestadt

Der »Urberliner« Heinrich Zille soll ein gebürtiger Sachse sein? Ist er aber: Am 10.1.1858 (vor 150 Jahren) wurde der »Pinselheinrich« als Sohn eines Uhrmachers hier geboren. 1867 ließ sich die Familie in Berlin nieder; hier reifte der Junge zum wohl populärsten bildenden Künstler des 19./20. Jahrhunderts: Er zeigte die existenziellen Abgründe, aber auch den liebenswerten Alltagshumor des Berliner proletarischen »Milljöhs« auf. Sein Oeuvre ist ein vollendeter Mix aus Mitgefühl, Sarkasmus, Witz und solidarisch empfundener Verbitterung. Mittelschule und Stadtpark tragen heute seinen Namen; Prof. Drakes Zilledenkmal steht vor der Schule.
Radeburg mit seinen ca. 7 900 Einwohnern ist heute immer noch eine ländliche Kleinstadt und besteht aus den Ortsteilen Bärnsdorf (mit Cunnertswalde), Bärwalde, Berbisdorf, Großdittmannsdorf (mit Boden), Kurort Volkersdorf und Radeburg. Die Stadt liegt im sächsischen Elbland (zwischen Westlausitzer Heidebogen, dem Moritzburger Kleinkuppengebiet, dem Friedewald-Moritzburger Teichgebiet und der Großenhainer Pflege); im Landkreis Meißen.
Radeburg liegt verkehrsgünstig: Zum Schloss Moritzburg (7 km), nach Meißen mit Dom und Porzellanmanufaktur (25 km), Radebeul mit Karl-May-Museum (15 km), Radeberg mit seiner Export-Bierbrauerei (25 km) sowie die Landeshauptstadt Dresden (17 km) sind es nur »Katzensprünge«; auch Elbsandsteingebirge, Erzgebirge und Spreewald sind bequem erreichbar (unter 100 km). Die Kleinbahn Radebeul-Ost–Radeburg (über Moritzburg) erfreut sich großer Beliebtheit. Busanschluss besteht nach Dresden, Großenhain, Meißen, Königsbrück; Autobahnanschluss A 13; der Flughafen befindet sich in Dresden-Klotzsche (ca. 11 km). Die Hochburg des sächsischen Karnevals weist zahlreiche Sehenswürdigkeiten auf: Mittelalterliche Stadtanlage mit Gassensystem, Stadtschloss mit Postmeilensäule, Heimatmuseum mit Zille-Ausstellung. Zahlreiche Rad- und Wanderwege durch die abwechslungsreiche Landschaft sind stark frequentiert.

Die Sächsische Weinstraße

»Weine aus Sachsen erzählen Geschichten – aber nur denen, die den Wein aus Sachsen auch in Sachsen trinken«, lautet ein sinniger Slogan einheimischer Weinproduzenten – und das ist richtig. Weinanbau und Silbererzbergbau, so könnte man das Sachsenland als Ganzes trefflich umschreiben. Ausnutzung der Schätze aus und auf dem Boden! Seit über 800 Jahren wird im Elbtal Weinanbau betrieben; heute »Sächsischen Weinstraße«, Die wurde im Mai 1992 eröffnet und führt von Pirna bis Diesba-Seußlitz.

Um 1401 kauften die Wettiner in der Oberlößnitz den dohnaischen Weinberg; er war der Grundstock für den landesherrlichen Weinbergbesitz. Kurfürst August (1533–86) ließ rheinische Reben pflanzen und große Kellereien anlegen. Christian I. erließ 1588 die erste Weinbergsordnung, in der 23 notwendige Arbeiten aufgeführt waren. Nach dem Dreißigjährigen Krieg förderte Kurfürst Johann Georg I. den Weinbau entscheidend. Er war es auch, der 1648–50 im kurfürstlichen Weinberg Hoflößnitz ein Lusthaus errichten ließ, das dem Dresdner Hof heiteren Aufenthalt zur Lese bieten sollte. Hinter schlichter Fachwerkfassade findet man im Obergeschoss anspruchsvolle Wandtäfelungen, Gemälde und Kamine, die wohlige Atmosphäre verbreiten. 80 Deckengemälde des Niederländers Albert Eykhaut stellen brasilianische Vögel dar.

Im 18. Jahrhundert standen strenge Winter, die Säkularisierung sowie die Konkurrenz von Bier und Branntwein dem Weinbau im Wege; im 19. Jahrhundert wurde die Reblaus eingeschleppt, so dass man 1912 vor dem Neubeginn stand. Der einzigartige Charakter dieses Anbaugebietes ließ die Erfolge und die reblausresistenten Sorten gedeihen, so dass man heute wieder über eine bewirtschaftete Fläche von rd. 400 ha verfügt.

Man findet entlang der Straße von Pirna bis Diesbar-Seußlitz urgemütliche Schoppenstuben, Landgasthöfe, historische Gaststätten in urigen Kellergewölben, romantische Innenhöfe und stilvolle Restaurants.

In Pirna, dem »Tor zur Sächsischen Schweiz«, nimmt die Straße ihren Beginn. Bis Mitte des 19. Jahrhunderts war hier der Weinanbau heimisch; heute geschieht das wieder zwischen Pirna-Copitz und Graupa. Sehenswert ist das historische Zentrum der Kreisstadt mit der spätgotischen Hallenkirche St. Marine, dem ehemaligen Dominikanerkloster (heue Stadtmuseum) und dem Geburtshaus des Ablasskrämers Johann Tetzel.

In Graupa muss man unbedingt das Richard-Wagner-Museum besuchen, wo der Musikdramatiker und Dresdner Hofkapellmeister sich sommers aufhielt und seinen »Lohengrin« fertig stellte. In Pillnitz wurde der Weinbau erstmals 1403 erwähnt; Relikte sind noch vorhanden: Wächterhäuschen, Weinbergstore, Grenzsteine. Die Pillnitzer Weinbergkirche ließ August der Starke 1723–25 von Matthäus Daniel Pöppelmann erbauen. Auf dem Weinlehrpfad erfährt man Details über den Anbau; ein ehemaliges Presshaus ist auch erhalten – alles jedoch überstrahlen Schloss samt Park mit dem Museum für Kunsthandwerk der Staatlichen Kunstsammlung Dresden. In Wachwitz liegt der Königliche Weinberg, 1824 von König Friedrich August I. erworben und ausgebaut sowie Schlossvilla plus Kapelle und schönem Rhododendrongarten. Von hier führt ein Panoramaweg zum Aussichtspunkt auf der »Himmelsleiter«. Das Schloss war einst Sommersitz des Monarchen. In Loschwitz steht eine Winzersäule von 1674; erlebnisreich auch der Körnerweg mit Weinberghaus, die historische Bergbahn und die Elbrücke – das »Blaue Wunder«.

Man befindet sich bereits mitten in Elbflorenz. Man muss erwähnen, dass bereits um 1500 die Weinberge bis in die Innere Neustadt reichten. Auf der rechten Elbseite waren es die Höhenzüge der Lößnitz, die als bevorzugtes höfisches Anbaugebiet galten. Heute gibt es in Dresden als zu empfehlenden »Stützpunkt« für einen ereignisreichen Weinabend den Weinkeller unter der Brühlschen Terrasse sowie das Weinrestaurant mit dem trefflichen Namen »Baccus«.

Radebeul ist nicht nur wegen des Weines erforschenswert, obwohl der »Weinkeller annoe 1845« mit rustikalem Speiseangebot, warmem Zwiebelkuchen, sächsischem Kartoffelsalat und Essen vom heißen Stein der kulinarischen Eroberung geradezu harrt; nein hier gibt's auch anderes: Das Karl-May-Museum mit der legendären »Villa Bärenfett«, aber auch die Schmalspurbahn Radebeul-Moritzburg-Radeburg hat zahlreiche Fans. Das Schloss Wackerbarth in Niederlößnitz wurde im Auftrage des Grafen Carl Christoph von Wackerbarth 1728/29 von Johann Christoph Knöffel gebaut. Vom zweigeschossigen Barocklandsitz führt eine Treppe zum weithin sichtbaren achteckigen Belvedere. Die Sternwarte auf den Ebenbergen, die Puppentheatersammlung, die Schoppenstube Hoflößnitz müssen unbedingt Erwähnung finden. Wie auch die vielen echten Landschaftsbereicherungen. Vor allen Dingen die »Jahrgangstreppe« im Weinberg »Zum Goldenen Wagen« – 365 Stufen, 52 Absätze und 12 Ruhepunkte führen hinauf.

In Coswig am Spaargebirge wird der »Kapitelberg« angebaut und hat seine Anhänger gefunden. Neben einem Weinlehrpfad, Panoramablick »Juchhöh« und Botanischem Garten kann man bequem in »Förster's Stammlokal« Rast machen, wo man zudem historische Gerätschaften des Weinbaus und ein ebensolches Taubenhaus

Kapelle in den Weinbergen bei Schloss Pillnitz (bei Dresden)

bestaunt. Auf der Fahrt von Radebeul nach Meißen muss man unbedingt in Weinböhla verweilen. Bis 1840 existierte hier das größte sächsische Anbaugebiet. Ein reizvoller Weg führt nach Niederau zum »Weinböhlaer Gellertberg«, benannt nach dem Fabeldichter Christian Fürchtegott Gellert. Neben dem schönen Wasserschloss gibt's hier noch eine ebensolche Dorfkirche.

Meißen ist erreicht: Das »Von Haag'sche Weingut« und das Weingut »Kapitelberg« gab es bereits vor 1700; zusammen mit dem »Weingut Rote Presse Sörnewitz« stehen sie stellvertretend für viele kleinere Winzerhäuschen aus dieser Gegend. Meißen, umgeben von zahlreichen Weinbergen, ist auch Sitz der 1938 gegründeten Weinbaugenossenschaft. Wenn man durch den »Heiligen Grund« wandert, gelangt man zu Schloss Proschwitz und genießt dann einmalige Aussichten. Im »Bauernhäus'l« findet man neben alten Kachelöfen, historischen Porzellanen auch Zinnkrüge von 1800. Neben Albrechtsburg und Dom bietet das »Monasterium« als Galerieräume historische Kreuzgewölbe an; das Restaurant »Vincenz Richter« ist das Romantikrestaurant in der 1000-jährigen Stadt mit Raritätensammlung und Folterkammer; inmitten der Altstadt die »Meißner Weinhandlung« mit 600 Jahre altem Weinkeller, mittelalterlichem Flair und deftig-sächsischer Kost nach Winzers Art (Spanferkel mit gebackenem Schinken in Brotteig). Hoch über der Stadt auf dem Burgberg der »Domkeller« – die älteste Meißner Gastwirtschaft (1520); schließlich die »Weinterrassen Kämpfe«, einen »Proschwitzer Katzensprung« von Meißen entfernt.

Über Diera, wo man vom »Reiterhof Schmidt« Kremser- und Kutschfahrten entlang der Weinstraße unternehmen kann, gelangt man nach Diesbar-Seußlitz. Hier überstrahlt das Barockschloss Seußlitz alles; es ist auf den Grundmauern eines ehemaligen Klosters durch George Bähr 1725 erbaut worden. Im »Seußlitzer Hof« existiert eine Speisenkarte in sächsischer Mundart und der »Seußlitzer Heinrichsburg« mundet geradezu köstlich.

Das 1205 erstmals erwähnte Schloss Hirschstein ist Landmarke an der Elbe und am Elberadweg zwischen Meißen und Riesa gegenüber der »Sächsischen Weinstraße« und Diesbar-Seußlitz.

Gemeinde Hirschstein

Aus den Ortsteilen Pahrenz, Prausitz, Heyda, Kobeln, Boritz, Schänitz, Althirschstein, Bahra, Böhla, Neuhirschstein und Mehltheuer entstand 1996 die Einheitsgemeinde Mehltheuer. Noch im gleichen Jahr erfolgte die Umbenennung in Hirschstein; hier leben rd. 2 600 Einwohner auf einem Gebiet von 3 500 ha, westlich der Elbe. Der Fund eines altsteinzeitlichen Feuersteingerätes im Jahre 1932 im Ortsteil Neuhirschstein zeugt ebenso wie das älteste Dorf des Regierungsbezirkes Dresden, der Ortsteil Boritz, mit seiner Ersterwähnung von 983, von einer interessanten Geschichte. Noch heute steckt beispielsweise im Giebel eines Hauses am Dorfplatz von Althirschstein eine Kanonenkugel, die die Franzosen auf ihrem Rückzug am 28.8.1813 hinein gefeuert haben. Neben dem traditionellen Erwerbszweig, der Landwirtschaft, wurden durch die Erschließung von Gewerbeflächen Industrie- und Gewerbebetriebe heimisch.

Die Nähe zu Meißen und den Elbweindörfern stellt neben den eigenen Sehenswürdigkeiten einen wichtigen Eckpfeiler im Touristikbereich dar. So kann man die Nachbargemeinde Dießbar-Seußlitz an der Sächsischen Weinstraße in wenigen Minuten mit einer Personenfähre erreichen. Das Schloss Hirschstein mit seiner wechselvollen Geschichte galt als markannte Landmarkt. Um 1294 soll der Wettiner Friedrich Tutta an diesem Ort verstorben sein. Man erzählt, dass der Bischof Witigol von Meißen, um sich an Friedrich zu rächen, diesem vergiftete Kirschen zu essen gegeben habe. Seither gibt es das Sprichwort »Mit dem ist nicht gut Kirschen essen«. Viele Besitzer hat das Schloss kommen und gehen sehen, auch der belgische König musste als Gefangener mit seiner Familie 1944 bis 1945 ein dreiviertel Jahr auf Schloss Hirschstein verbingen. Über die Grenzen bekannt wurde die Gemeinde durch die Werke des in Prausitz geborenen Heimatdichters Franciscus Nagler. Weithin sichtbar ist die Turmholländermühle in Pahrenz, die als technisches Denkmal voll funktionsfähig ist. Verkehrsmäßig gesehen liegt die Gemeinde direkt an der B 6 und nur wenige Kilometer entfernt von der B 169 und der B 182.

Große Kreisstadt Riesa

Riesa an der Elbe liegt mitten im Städtedreieck zwischen Dresden, Leipzig und Chemnitz. Die Große Kreisstadt erstreckt sich auf rund 50 Quadratkilometern am westlichen Flussufer und hat 36 000 Einwohner. Riesa ist seit Ende des 19. Jahrhunderts der bedeutendste Industriestandort Nordsachsens und gleichzeitig ein wichtiger Verkehrsknoten.

Hier kreuzen sich die Eisenbahnstrecken Leipzig–Dresden und Berlin–Chemnitz, die Bundesstraßen 6, 169 und 182 durchqueren die Stadt oder führen unmittelbar daran vorbei. Sie bilden die Verbindung zu den Autobahnen A 13 und A 14 und sollen künftig weiter ausgebaut werden. Besondere Bedeutung als Verkehrsträger besitzt die Elbe. Sie verbindet die Stadt mit dem nationalen und internationalen Binnenwasserstraßennetz. Neben dem zweitgrößten Hafen Ostdeutschlands verfügt Riesa auch über einen Verkehrslandeplatz. Hier können kleinere Maschinen und Helikopter starten und landen.

Die ersten menschlichen Ansiedlungen auf dem heutigen Stadtgebiet gab es bereits weit vor unserer Zeitrechnung. Erstmals erwähnt ist der Ort in einer päpstlichen Urkunde aus dem Jahre 1119, in der von der Gründung eines Klosters »risowe« berichtet wurde. Vom Kloster aus, dem ältesten der Mark Meißen, erfolgte die Entwicklung des Ortes, dessen Name sich bis zum heutigen Riesa mehrfach wandelte. Die beim Benediktinerkloster liegende Siedlung entwickelte sich zu einem weiträumigen Straßenangerdorf, dem heutigen Altriesa. Um 1170 wurde das Kloster in ein Nonnenkloster umgewandelt, das eine aus zahlreichen Dörfern bestehende Grundherrschaft aufbauen konnte, im Zuge der Reformation 1542 säkularisiert und 1554 zu einem Rittergut gemacht wurde. Der Ort erhielt 1623 zwei Jahrmärkte und durch Kurfürst Johann Georg I. das förmliche Stadtrecht. Der dörfliche Charakter blieb aber zunächst erhalten. Die Einwohnergemeinde trennte sich in eine Bürger- und eine Bauerngemeinde mit je einem Richter an der Spitze unter der Gerichtsbarkeit des Rittergutes, somit setzte sich eine städtische Verfassung letztlich nicht durch, so dass Riesa weiterhin als Landgemeinde behandelt und erst 1859 formell zur Stadt erklärt wurde. Dessen ungeachtet entwickelte es sich schon im 18. Jahrhundert zu einem städtischen Gemeinwesen mit beträchtlichem Handwerk und Gewerbe, Handel treibenden Schiffsherren und Schiffsbauern.

Im Zuge der Industrialisierung begann Mitte des 19. Jahrhunderts der wirtschaftliche Aufschwung; durch den Einsatz von Dampfschiffen auf der Elbe und die Eröffnung der ersten deutschen Ferneisenbahnstrecke von Leipzig nach Dresden im Jahre 1839, die bei Riesa die Elbe überquert, entwickelte sich die Stadt zum Verkehrsknotenpunkt.

Die Gebrüder Schönberg gründeten 1843 auf der benachbarten Gröbaer Flur das Eisenhammerwerk, aus dem sich in den folgenden Jahrzehnten ein Großbetrieb herausbildete, der für die Stadt und ihr Umland Struktur bestimmend wurde. Der kontinuierliche Ausbau der Infrastruktur und die günstige Lage bildeten die Basis für die Entwicklung zur modernen Industriestadt. Damit einher ging die rasante Zunahme der Einwohnerzahl. So hatte Riesa 1834 gerade 1630 Einwohner, Anfang des 20. Jahrhunderts jedoch bereits das Zehnfache. In dieser Zeit kamen Branchen wie Seifen-, Zündwaren- und Teigwarenproduktion hinzu, die Riesas Ruf als Industriestadt ebenso festigten wie das nach dem II. Weltkrieg aufgebaute Reifenwerk.

In diesem Krieg blieb die Stadt – bis auf die Elbbrücken – weitgehend von Zerstörungen verschont. Nach 1945 wurde das Stahlwerk zu großen Teilen abgebaut und als Reparationsleistung in die Sowjetunion gebracht. Innerhalb weniger Jahre wurden Hallen und Öfen aber neu errichtet. In den 50er und 60er Jahren des 20. Jahrhunderts setzte das Stahl- und Walzwerk sein Wachstum zum größten Stahlproduzenten der DDR mit bis zu 12 000 Beschäftigten fort.

Auf Grund der absolut dominierenden Schwerindustrie war Riesa nach der deutschen Wiedervereinigung in besonderem Maße vom Strukturwandel betroffen. Die Verluste der Ostmärkte, vor allem aber das hoffnungslos rückständige Produktionsniveau erforderten eine völlige Veränderung der Wirtschaftsstruktur.

Die neoromanische Trinitatiskirche wurde 1897 geweiht und beherbergt mit der rekonstruierten Jehmlich-Orgel eine der größten Orgeln Sachsens.

Seit 1845 wird in Riesa ununterbrochen Stahl produziert. Die Branche begründete Riesas Entwicklung vom Dorf zur Industriestadt.

Für das Stahl- und Walzwerk bestand im europäischen Maßstab keine Perspektive mehr. Durch weitsichtige Entscheidungen von Geschäftsleitung, Aufsichtsrat und Belegschaft, unterstützt durch Politik und Bundesbehörden, konnte in knapp fünf Jahren eine neue Perspektive geschaffen werden. Das 72 Hektar große Gelände ist inzwischen komplett privatisiert; rund 20 Klein- und Mittelbetriebe haben sich auf dem Gelände angesiedelt und bieten heute fast 3 000 Menschen Lohn und Brot.

Die Elbe Stahlwerke Feralpi produzieren – heute im modernen Elektro-Schmelzofen – Baustahl, und setzen damit die Riesaer Tradition fort. Daneben sind vor allem Stahl und Metall verarbeitende Unternehmen ansässig. Die Umwandlung des einstigen Riesaer Stahlwerkareals gilt als Modellbeispiel für ganz Deutschland.

Die Wirtschaftsstruktur der Stadt zeichnet sich heute durch ein vielseitiges Branchenspektrum aus. Neben Neugründungen in verschiedenen Bereichen konnten sich Traditionsbetriebe der Leicht-, Lebensmittel- und Reifenindustrie am Markt behaupten. Als neuere Branche hat sich die Elektronik eine führende Stellung erarbeitet und prägt die Industriestruktur der Stadt heute maßgeblich mit. Darüber hinaus entstanden neue Beschäftigungsmöglichkeiten im Handwerk, Handel und Dienstleistungssektor.

Ein wichtiger Wirtschaftsfaktor für die gesamte Region ist der Riesaer Hafen. Schon 1888 wurde der für die Stadtentwicklung wichtige Winterelbhafen eingeweiht. Nach der Wiedervereinigung wurden die Sanierung und der Neubau von Hafenanlagen konsequent vorangetrieben. Gingen die Umschlagzahlen nach 1990 zunächst zurück, kann inzwischen ein stetiger Aufwärtstrend verzeichnet werden. Mit dem 2005 eröffneten Container-Terminal besteht eine direkte Cargo-Verbindung zu den deutschen Nordseehäfen.

Die Elbe ist mit Binnenhafen, Elberadweg und Wassersportmöglichkeiten in mehrfacher Hinsicht ein prägendes Element der Stadt Riesa.

Mit dem industriellen Aufschwung ging zu allen Zeiten eine städtebauliche Erweiterung einher. Die Riesaer Innenstadt ist vor allem von Gründerzeitarchitektur geprägt. Um die benötigten Arbeitskräfte für das Stahl- und Walzwerk anzusiedeln, entstanden mehrere Neubaugebiete in den Randbereichen. Sie prägen mit ihrer zeittypischen Architektur der 50er, 60er und 70er Jahre des vorigen Jahrhunderts auch heute entscheidend das Stadtbild.

In den vergangenen Jahren wurde viel getan, um Riesa eine neue Identität zu geben. So begannen neben der wirtschaftlichen Neu- und Umorientierung die Wiederherstellung der typischen Stadtstrukturen und eine umfassende städtebauliche Sanierung. Durch den Zusammenbruch der alten Industrie verbesserten sich auch die Umweltbedingungen wesentlich. Ehemals belastete Stadtteile wurden in Mischgebiete mit attraktiven Wohn-, Einkaufs- und Arbeitsmöglichkeiten umgestaltet. Riesa entwickelte sich zu einer Stadt mit hoher Lebensqualität.

Für die Jüngsten stehen ausreichend Kindereinrichtungen für alle Altersgruppen bereit, die durch verschiedene Träger geführt werden und somit eine breite Vielfalt an Bildungs- und Erziehungsprofilen garantieren. Mit fünf Grund- und zwei Mittelschulen, zwei Gymnasien, zwei Förderschulen sowie mehreren Berufsschulen ist das Spektrum der Bildungsstadt Riesa breit gefächert. Für die weiterführende Aus- und Weiterbildung stehen die Sächsische Studienakademie, eine privat geführte Management Akademie Riesa und das Qualifizierungszentrum Riesa offen.

Bedeutung gewinnt Riesa auch als Einkaufsstadt – was nicht nur von der eigenen Bevölkerung, sondern auch von immer mehr Menschen aus umliegenden Gemeinden und Städten gern genutzt wird. Die umgestaltete

Innenstadt mit dem sehenswerten Boulevard, zwei modernen Einkaufspassagen und einer Vielzahl von Einzelhandelsgeschäften lädt zum gemütlichen Bummeln, Schauen und Kaufen ein. Eine besondere Attraktion ist die Riesaer Stadtbahn. Das »Stahl-Max« genannte Bähnchen fährt im Linienverkehr und mit festen Haltestellen vom Rathaus über die gesamte Hauspstraße bis zum Riesenhügel am Hotel »mercure« und wieder zurück. Durch die kostenlos nutzbare Stadtbahn erleichtern sich für die Kunden die Wege zwischen den Läden, und für Händler und Gastronomen wächst die Chance, dass die Kundschaft auf dem mit zwei Kilometern sehr lang gestreckten Boulevard auch zu ihnen findet. Inzwischen ist die wachsende Zahl der Touristen von der Bahn ebenso begeistert wie die Einheimischen.

Auch das am Rand der Stadt errichtete Einkaufszentrum ist eine gute Adresse und bietet von großen Verbrauchermärkten bis zu kleinen Boutiquen Einkaufserlebnisse verschiedener Art. Hübsche Einkaufsmöglichkeiten in den einzelnen Wohngebieten runden das Angebot ab.

Als Industriezentrum ist Riesa nicht so reich an kulturhistorischen Bauten und Sehenswürdigkeiten wie andere sächsische Städte. Dennoch gibt es Interessantes zu entdecken. An erster Stelle ist das ehemalige Benediktinerinnenkloster zu nennen. Die älteste Klosteranlage der Mark Meißen gilt als besterhaltene Anlage aus der Zeit der Romanik in Sachsen und wurde inzwischen komplett rekonstruiert. Der Südflügel wurde Anfang des 17. Jahrhunderts zu einem Schloss im Renaissancestil umgebaut. Die Marienkirche (spätgotisch; um 1430/40) war die Kirche des Klosters. Sie besitzt einen Westturm, dessen oktogonalem Obergeschoss die laternenbekrönte Barockhaube aufgesetzt wurde. Prunkstück der Ausstattung im einschiffigen Innern, in dessen Chor 1622 ein Sternrippengewölbe eingezogen wurde, ist die spätgotische Altarstaffel mit einer Darstellung der Gregorsmesse (um 1500/10) unter dem Abendmahlsrelief aus dem 17. Jahrhundert. Der Südtrakt des ehemaligen Klosters wurde um 1590 zum Schloss, dem heutigen Rathaus umgestaltet. Im Westtrakt ist der Kapitelsaal aus dem 15. Jahrhundert erhalten, dessen Wandmalereien nach aufwendiger Sanierung heute wieder teilweise zu sehen sind. Er dient vor allem als attraktiver Trausaal für die heiratswilligen Riesaer. Im Ost- und Nordflügel sind Teile des romanischen Mauerwerks erhalten. Der Kloster-Ostflügel wurde bis 2003 komplett rekonstruiert und bildet in seiner auch von der Fachwelt anerkannten Verbindung von historischen und modernen Elementen einen reizvollen Bestandteil des unmittelbar angrenzenden Tierparks. Neben den großen Flussfisch-Aquarien bietet er eine Ausstellung zu Geologie und Biologie der Elblandschaft. Der Nordflügel wurde 2007 vollendet. Er stellt mit dem sanierten Ratssaal, dem Tonnengewölbe und der Verbindung zur benachbarten Wasserkunst ebenfalls eine gelungene Verbindung von Alt und Neu dar.

Besonders schön ist die mit einer Glyzinie (»Blaue Akazie«) bewachsene Fassade des heutigen Rathauses. Der Rathausplatz wurde 2006/07 zu großen Teilen umgestaltet und ist mit dem Zunftbaum der Handwerkerschaft heute ein attraktiver Treffpunkt in der Innenstadt. Der sich an das Rathaus anschließende Stadtpark und die Elbpromenade sind beliebte Erholungsgebiete der Riesaer Bürger.

Eine Augenweide ist auch die Stadtkirche St. Trinitatis. Der neoromanische Zentralbau wurde 1895/97 nach einem Entwurf des Berliner Architekten J. Kröger und nach rheinischen Vorbildern mit Vierungsturm errichtet. Die Architekturglieder des Innenraums sind in Backstein gegen weiße Wandflächen abgesetzt.

Sehenswert ist auch die Naturparkanlage im neuen Ortsteil Jahnishausen mit ihren seltenen Gehölzen und Pflanzen. Im Frühjahr blühen hier Tausende Märzenbecher. Die Jahnishausener Gutsanlage mit der Schlossruine steht unter Denkmalschutz. Die benachbarte Schlosskirche ist heute ein kulturelles Zentrum und wird von einem Verein mit großem Engagement schrittweise saniert. Im Stadtteil Gröba befindet sich das 1707 erbaute barocke Herrenhaus. Der zweigeschossige Bau ist holländisch beeinflusst; um 1820 wurde er um einen Altan auf dorischen Säulen und einen Dachreiter (1950 abgetragen) ergänzt. Alte Baumbestände zieren den ebenfalls zu Beginn des 18. Jahrhunderts angelegten Park.

Sehenswert ist die ur- und frühgeschichtliche Sammlung im Stadtmuseum am Poppitzer Platz. Sie dokumentiert 7000 Jahre Menschheitsgeschichte im mitteldeutschen Raum. Von Bedeutung ist auch die im Besitz des Museums befindliche Möbelsammlung verschiedener Kulturepochen. Das Stadtmuseum in einer früheren Kaserne wurde in den Jahren 2006/07 vollständig rekonstruiert und bildet gemeinsam mit der Stadtbibliothek ein wichtiges künstlerisch-kulturelles Zentrum der Region.

Jüngste herausragende Sehenswürdigkeit der Stadt ist die »Elbquelle.« Die 25 Meter hohe Skulptur aus Gusseisen wurde 1999 vom bekannten Künstler Prof. Jörg Immendorff geschaffen und gilt als größte Eisenskulptur

Die Riesaer Stadtbahn »Stahl-Max« fährt kostenlos über den Einkaufsboulevard und ist bei Einheimischen und Gästen gleichermaßen beliebt.

Das 1119 erstmals urkundlich erwähnte Kloster ist das älteste Kloster der Mark Meißen und Ursprung der Riesaer Entwicklung. Im Südflügel befindet sich seit 1874 das Rathaus.

Europas. Sie stellt eine karge Wintereiche dar, wie sie häufig in den Gemälden von Caspar David Friedrich zu finden ist. Der Titel »Elbquelle« bietet verschiedene Interpretationsansätze: So verbindet sich mit dem Bild des Findlings die Vorstellung überzeitlicher Kontinuität, mit Malstock, Pinsel und Kreuz unerschöpfliche Kreativität, die positive Sicht auf zukünftiges Werden. Zum anderen lässt sich aus der Tatsache, dass die Elbquelle im Osten liegt, schließen, dass von dort eine Erneuerung des »alten« Westens kommen könnte und Riesa mitten auf diesem Weg liegt.

In der näheren Umgebung Riesas gibt es mehrere sehenswerter Bauwerke und künstlerische Arbeiten: Im Schloss Hirschstein, dessen Fassade barock erneuert wurde, war während des II. Weltkrieges der belgische König interniert. Die Zweiflügelanlage des Renaissanceschlosses Hof, etwa 15 km entfernt, entstand um 1570 bis 1750 (neues Schloss). In der barocken Dorfkirche befindet sich ein Altarwerk von 1624, das mit seinem überreichen Knorpel- und Muschelwerk, den Alabasterreliefs und den Evangelisten- und Apostelfiguren als Paradebeispiel des sächsischen Manierismus gilt. In der spätgotischen Pfarrkirche Strehla überraschen seltene Ausstattungsstücke wie die Majolikakanzel von 1565.

Durch seine zentrale Lage ist Riesa auch ein günstiger Ausgangspunkt für Ausflüge zu Sehenswürdigkeiten der Region; den Elbweindörfern um Diesbar-Seußlitz, dem Jagdschloss Moritzburg oder den kulturhistorisch bedeutenden Städten Dresden, Meißen und Torgau.

Kunst und Kultur sind aber auch in Riesas Stadtgrenzen reichhaltig zu erleben. Publikumsmagneten sind dabei die erdgas arena und die 1997 rekonstruierte Stadthalle »stern«. Hier kann man regelmäßig Konzerte aller Genres von Rock und Pop, Blues und Jazz bis zu Musical oder volkstümlicher Musik genießen. Kabarett,

In der 1999 eröffneten Erdgasarena finden Welt- und Europameisterschaften verschiedener Sportarten, Großkonzerte und Fernsehshows statt. Sie bietet Platz für bis zu 13 000 Zuschauer.

Kleinkunst und Comedy gehören ebenfalls zum umfassenden Angebot. Besonders stolz sind die Riesaer auf ihre Neue Elbland Philharmonie: Das qualitativ hochwertige Orchester widmet sich bei Konzerten in Riesa, aber auch Pirna, Dresden, Meißen, Großenhain und anderen Orten des oberen Elbtals sowohl der Pflege des klassischen Musikerbes als auch zeitgenössischen Komponisten. Mit Schul- und Jugendkonzerten stellt sich die Philharmonie konsequent der Aufgabe, die jüngere Generation für klassische Musik zu interessieren. Gastspielreisen führen die Neue Elbland Philharmonie in viele Länder und berühmte Säle wie das Leipziger Gewandhaus oder die Tonhalle Zürich. Daneben verfügt Riesa über eine aktive, lebendige Kulturszene mit Chören, Musikformationen verschiedener Couleur und bildenden Künstlern. Verschiedene Clubs, Kleinkunstbühnen, Kneipen und Discotheken bieten eine Vielfalt an Veranstaltungen, die die Wahl oft zur Qual macht.

Mitte der 1990er Jahre entschloss man sich in der Verwaltung, einen Imagewechsel der Stadt anzustreben. Es entstand der Slogan der »Sportstadt Riesa«, der inzwischen in ganz Deutschland und weit über seine Grenzen hinaus bekannt ist. Den Auftakt bildete ein Werbeaufdruck der Stadt auf dem Bob des Olympiasiegers von 1994, Harald Czudaj, der in Riesa in ein Gesundheits- und Freizeitzentrum investierte. Mit der Junioren-Weltmeisterschaft der Sportakrobaten begann im Jahr darauf eine Ära sportlicher Großereignisse, die oft für Erstaunen sorgt. Bald reichte die zunächst genutzte WM-Sporthalle nicht mehr aus, so dass binnen zehn Monaten die Sachsen-Arena, inzwischen in erdgas arena umbenannt, errichtet und zum »Tag der Sachsen« 1999 eröffnet wurde. In dieser Multifunktionsarena für bis zu 13 000 Zuschauer geben sich Sport- und Musikgrößen die Klinke in die Hand. Flexible Ideen machen es möglich: Katarina Witt tanzte hier auf dem Eis, die besten Schwimmer Europas wetteiferten im extra errichteten mobilen Pool, »verrückte« Motorradfahrer sprangen über Lehmrampen. Außerdem sahen die Riesaer und Zehntausende Gäste bereits Volleyball-Weltmeisterschaften, Box-Galas und die besten Handballer der Welt. Jährlich gastieren Show- und Stepptänzer zu ihren Weltmeisterschaften und viel Aufsehen erregte Riesa als »Sumostadt«. Mehrere Welt- und Europameisterschaften dieses kolossalen Ringkampfes japanischen Ursprungs wurden hier bereits veranstaltet. Ein emotionaler Höhepunkt war der Besuch des Jahrhundertsportlers Muhammad Ali, der 2002 in Riesa seinen Film in deutscher Erstaufführung präsentierte. Dazu traten Topstars wie AC/DC, Elton John, Rammstein, die »Toten Hosen« und Herbert Grönemeyer in der Elbestadt auf. ARD und ZDF präsentieren regelmäßig Live-Shows aus Riesa.

Zur »Sportstadt Riesa« gehören neben den Großveranstaltungen aber auch populäre Sportler als Imageträger: Neben Harald Czudaj waren und sind das beispielsweise Schwimmer Jens Kruppa, Gewichtheber Marc Huster und Wasserspringer Heiko Meyer. Damit einher geht die Förderung des Nachwuchsleistungs- und des Breitensports. Schwerpunkte der Förderung sind Schwimmen, Sportakrobatik, Handball und Fußball. Mit rund 4 500 Mitgliedern in mehr als 30 Vereinen besitzt der Sport für die Riesaer Bevölkerung überdurchschnittliche Bedeutung. Drachenbootrennen auf der Elbe und im Hafen locken alljährlich Zehntausende Teilnehmer und Zuschauer an. Das Hallenschwimmbad mit Zehnmeter-Sprungturm und 50-Meter-Becken, eine rekonstruierte Judohalle, mehrere Sporthallen, Fitnesszentren, Tennis- und Kegelanlagen, Bootshäuser und die zumindest teilweise sanierten Fußballplätze bieten alle Möglichkeiten sportlicher Betätigung.

Mittlerweile ist Riesa auch touristisch interessant geworden. Ein besonderer Anziehungspunkt ist das Nudelcenter des Teigwarenwerks mit Deutschlands erstem Nudelmuseum. Unter dem Schlagwort »Wussten Sie eigentlich, wie die Löcher in die Makkaroni kommen?« zieht der Touristenmagnet seit der Eröffnung 2003 jährlich 60 000 bis 70 000 Besucher an. Zum Programm gehören die Besichtigung der »Gläsernen Produktion«, des Nudelkontors, in dem man originelle Nudelkreationen aller Art erwerben kann, und ein Restaurant. Im 2008 eröffneten Kochstudio darf sich jeder unter Expertenanleitung selbst ausprobieren. Damit hat sich das Nudelcenter zum festen Bestandteil von Programmen der Reiseveranstalter, aber auch zum Ausflugsziel für die Riesaer selbst entwickelt.

Wichtigster Faktor des aufstrebenden Riesaer Fremdenverkehrs ist der Radtourismus entlang der Elbe. Auf dem Weg von der tschechischen Grenze nach Hamburg oder auch nur auf Teiletappen fahren jährlich zehntausende Touristen auf dem Drahtesel auch an Riesa vorüber. Vor allem seit der Elberadweg in der gesamten Region beidseitig des Flusses komplett befahrbar ist, erlebt Riesa dadurch einen spürbaren Aufschwung der Besucherzahlen.

Die Elbquelle von Prof. Jörg Immendorff ist die größte Eisenskulptur Europas. Sie wurde 1999 zum neuen Wahrzeichen der Stadt.

Gemeindeverwaltung Tauscha und Kindereinrichtung »Tauschaer Spatzennest«

Gemeinde Tauscha

Die Land-, Forst- und Teichwirtschaft prägen die Gemeinde Tauscha. Besonders das Zschornaer Teichgebiet als Vogelschutzgebiet ist neben dem Zschornaer Schlossgelände als der ehemaligen Residenz des Finanzministers August des Starken von besonderer Bedeutung. Die Gemeinde mit ihren Ortsteilen wurde um 1370 erstmals urkundlich erwähnt. Die Gemeinde hat gegenwärtig ca. 1 600 Einwohner. Ein sehr schön gelegenes Naturerholungsgebiet mit Campingplatz rundet das schöne Teichgebiet ab. 16 kleinere Teiche verteilen sich über das gesamte Gemeindegebiet.
Etwa 90 Gewerbeanmeldungen vom Ein-Mann-Unternehmen bis zu Unternehmen mit ca. 60 Mitarbeitern schaffen für unseren Ort Arbeitsmöglichkeiten. Dominant dabei sind zwei Straßenbaubetriebe. Eine für unsere kleine Gemeinde sehr schöne Sportanlage mit zwei Sportplätzen, Sporthalle und entsprechenden Sozialeinrichtungen einschließlich Gastronomie sind eine für unsere Verhältnisse stolze Errungenschaft. Ein seit 1903 tätiger Männergesangverein führt in ununterbrochener Reihenfolge seine Proben- und Auftrittsarbeit – auch während der Kriegsjahre – durch. Besonders in den letzten zwei Jahrzehnten wurden etappenweise die kommunalen Straßen zu 70% erneuert bzw. grundhaft instand gesetzt. Die Gemeinde betreibt die kommunale Wasserversorgung und verkauft Trinkwasser an umliegende Gemeinden. Diese Tätigkeit spricht für recht günstige Trinkwasserpreise.
Erwähnenswert sind unsere Kindereinrichtungen; 54 Kindergartenplätze im »Spatzennest«, 14 Kinderkrippenplätze und 24 Hortplätze decken den örtlichen Bedarf zu 100%. Eine sehr gute Verkehrsanbindung hat unser Ort Tauscha zur Landeshauptstadt Dresden, die in 25 Minuten erreichbar ist, und zur BAB 13. Das sehr große Waldgebiet – bezeichnet als Laußnitzer Heide – schafft die Möglichkeit, dass der im Ort ansässige Reiterhof ausgedehnte Reitwanderwege zur Verfügung hat.

Schloss Schönfeld – eines der bedeutendsten Neorenaissanceschlösser

Schönfeld im Landkreis Meißen

Die Gemeinde Schönfeld mit den Ortsteilen Schönfeld, Liega, Linz, Kraußnitz und Böhla b. Ortrand liegt 25 km nördlich von Dresden, unmittelbar an der BAB A 13 (Abfahrt Thiendorf) sowie der Bundesstraße B 98, direkt grenzend an das Landschaftsschutzgebiet »Königsbrücker Heide«. Die insgesamt ca. 2 030 Einwohner umfassende Gemeinde ist überwiegend land- und forstwirtschaftlich geprägt, die Umgebung wird bestimmt von ausgedehnten Wäldern und geschützten Teichgebieten. Die herrliche Natur mit ihren reizvollen Seen und Gewässern lädt zum Radfahren und Wandern durch die sanfte Hügellandschaft zwischen der Großenhainer Pflege und dem Westlausitzer Heidebogen ein. Wegen seiner zentralen Lage ist Schönfeld auch ein idealer Ausgangspunkt für Ausflüge in die nähere und weitere Umgebung, z.B. in die sächsische Landeshauptstadt Dresden, die Sächsische Schweiz, den Spreewald und die Bundeshauptstadt Berlin.

Das Besondere der Gemeinde sind die gut erhaltenen historischen Zeitzeugen der sächsischen Geschichte und die Idylle einer intakten Natur. Ein Muss für den Besucher ist das Schloss Schönfeld, in der Region und über die Grenzen Sachsens hinaus das bedeutendste Neorenaissanceschloss. In der Renaissancezeit kein Repräsentativbau, zeigte es sich als malerische, wie zufällig gewachsene bauliche Komposition. Freiherr Max von Burgk, der »Kohlebaron« und einer der reichsten Männer Sachsens, ließ es 1882–84 durch den Architekten Gotthilf Ludwig Möckel im Neorenaissancestil umbauen, unter Erhaltung des Vergangenen. Der angrenzende, im englischen Stil 1889 vom Dresdner Gartenbauarchitekten Max Bertram angelegte Park lädt zum Verweilen ein. Das zauberhafte Schloss mit seinem wunderschönen Schlosspark ist mittlerweile ein Geheimtipp für Brautpaare, die hier den schönsten Tag in ihrem Leben verbringen können. Hier gibt es außerdem, neben seltenen Baumarten, den größten Straußenfarnbestand Sachsens zu bewundern. Unweit des Schlossensembles steht die einfache Kirche, deren Grundmauern aus dem 14. Jahrhundert stammen. Der 36 m hohe Kirchturm ragt über die Häuser der Gemeinde hinaus.

Dorfkern von Lampertswalde mit dem Dorfgemeinschaftshaus, gleichzeitig Sitz der Gemeindeverwaltung, Eröffnet im Jahr 2007.

Gemeinde Lampertswalde

2006 jährte sich zum 800. Male die Gründung von Lampertswalde, was mit einem mehrtägigen Volksfest gefeiert wurde. In einem Papstschreiben wird 1206 der Name »Lamprechtswalt« erwähnt: Hierin ging es um den kriegerischen Hildebrandus, der, schwertbewehrt, in die Kirche eingedrungen war, um sich die Gemeinde untertan zu machen. 1220 wird »Lamprechtiswalde« von Lampertus de Olsnitz in den Besitz der Brüder von Kamenz übergehen, wie es das Kopialbuch des Kreuzklosters Meißen vermeldet.

Viele Besitzwechsel deuten auf ein reges »Kommen und Gehen« adliger Herrschaften; aber auch der Ortsname unterliegt noch so manchen Veränderungen. Im Dreißigjährigen Krieg sucht die Pest den Ort heim und hinterlässt zahlreiche Opfer – noch heute erinnert der »Pestweg« daran. Mitte des 19. Jahrhunderts wird von einer großen Bienenzucht des Bauern Münsel in der Ortschronik berichtet. Als 1869 der Bahnanschluss Großenhain–Cottbus gelingt, entsteht der Bahnhof Schönfeld (seit 1925 Lampertswalde); Handwerk und Gewerbe erhalten nun einen beachtlichen Aufschwung.

Die Gemeinde liegt im Landkreis Meißen und erstreckt sich etwa 12 km nordöstlich von Großenhain. Nördlich der B 98, auf der Quersaer und Lampertswalder Flur befindet sich ein großes Industriegebiet. Es bestehen gute Anbindungen zur A 13 mit den Anschlussstellen Thiendorf und Schönborn. Auf 2 905 ha Gemarkungsfläche leben ca. 2 000 Menschen in den Ortsteilen Adelsdorf, Brockwitz, Lampertswalde, Mühlbach, Quersa und Schönborn. Lampertswalde ist in seiner Anlage ein Zeilendorf; Adelsdorf ein »birnenförmiges Platzgassendorf mit Rittergut«, wie es in der Chronik heißt. Mühlbach (1220), war lange Zeit Teil des Rittergutes Schönfeld. Ebenfalls um 1220 erwähnte man »Queresen« (Quersa), was soviel wie »Burg« oder »Kleine Festung« im Slawischen heißt. Brockwitz liegt am Südrand des Raschützwaldes, und Schönborn ist als deutsches Kolonistendorf entstanden und heißt »Ort am schönen Quell« – es ist ein Anger- und Straßendorf.

Dorfteich von Koselitz

Gemeinde Röderaue

Die Gemeinde Röderaue liegt im Zentrum des Städtedreiecks Großenhain–Riesa–Elsterwerda und besteht seit 1. Januar 1994 aus den Ortsteilen Frauenhain, Pulsen, Koselitz und Raden mit 3 150 Einwohnern; sie ist geprägt durch das gleich lautende Landschaftsschutzgebiet sowie durch attraktive Ausflugsziele. Kommt man in die idyllische Teich- und Waldlandschaft der »Röderaue«, ist das Erstaunen groß über die Vielzahl von Wasserflächen und die Vielfalt der Flora (u.a. Sonnentau, Röderblume, ausgedehnte Hainbuchenwälder) und Fauna (u.a. Elbebiber, Fischreiher, Fischadler). Das Gebiet ist durchgängig mit über 37 km Rad- und Wanderwegen sowie einem Naturlehrpfad markiert.

Sehenswert in Frauenhain ist die 1735 im gotischen Stil erbaute Kirche mit einem Flügelaltar aus wertvollen Holzschnitzereien, in Koselitz das »Koselitzer Dorfkirchlein« mit dem schönen Altargemälde »Die drei Marien am Grabe«, es gilt als Hauptwerk des 1845 in Dresden verstorbenen Professors Johann Karl Röster und entstand 1800 in Rom. In Raden steht die 1284 erstmals erwähnte Wassermühle, die noch heute als Säge- und Getreidemühle in Betrieb ist. Die jährlich stattfindenden Traditionsfeste ziehen tausende Besucher in die Röderaue. So findet auf der Frauenhainer Insel am 4. Wochenende im Juni das Inselfest und am 3. Wochenende im September der sachsengrößte Naturmarkt »Flora et Herba« statt. Der alljährliche Koselitzmarkt mit Dumperrennen findet immer am 1. Juliwochenende statt. Zu erwähnen ist auch die Radener Backscheune. Sie beherbergt ein Museum und eine bedeutende Abzeichenausstellung. Die Radener Backscheune ist ebenfalls eine hervorragende Kulisse für Traditionsfeste, wie Schlachtfest (2. Samstag im März) oder Backofenfest (2. Oktober), wo es stets nach frisch gebackenen Kuchen und Brot aus altdeutschem Backofen duftet. Ein Besuch lohnt sich auf jeden Fall in der Röderaue. Mehr erfahren Sie über uns im Internet (www.roederaue.de). Erreichbar ist die Gemeinde über die Bahnlinie Dresden–Berlin sowie über die B 101 und B 169.

Das Rathaus Gröditz, Wahrzeichen und Sitz der Stadtverwaltung, entstand von 1930–1933. Die Fassade wurde 1992 neu gestaltet.

Gröditz

Mit einer interessanten Vergangenheit ist die Gröditzer Landschaft durch den südlichen Grenzbereich des norddeutschen Tieflandes geprägt. Die Stadt hat gegenwärtig 7 525 Einwohner und erhielt 1967 das Stadtrecht. Im 1. Jahrhundert siedelten die germanischen Hermunduren; um 700 kamen sorbische Daleminzer. Obgleich eine völlig gesicherte Aussage darüber, wann Gröditz erstmals erwähnt wurde, aus heutiger Sicht nicht möglich ist, sprechen Urkunden, die über »Johannes von Grodiz« berichten, von 1217. Nach der Unterwerfung der Sorben siedelten Bauern aus Franken, dem Rheinland und den Niederlanden. Gröditz war ein Bauerndorf mit etwa 100 bis 150 Einwohnern und verschiedenen Besitzern, deren Symbole im heutigen Stadtwappen enthalten sind. Mit dem Bau des Grödel-Elsterwerdaer Floßkanals im 18. Jahrhundert und der Errichtung des Eisenhammers durch Detlef Graf von Einsiedel (1777/80) erlangte Gröditz vor allem durch die industrielle Entwicklung Bedeutung. In der 2. Hälfte des 19. Jahrhunderts zog es immer mehr Menschen nach hier; Arbeitskräfte brauchte nicht nur das expandierende Eisenwerk, sondern auch die in den Jahren 1883/84 errichtete Sulfitzellstofffabrik. Aus dem Bauerndorf wurde eine Industriegemeinde. Nach dem Zweiten Weltkrieg entstanden neben neuen Wohnkomplexen auch medizinische, kulturelle sowie Sport- und Bildungseinrichtungen.

Mit der Wiedervereinigung brach auch für Gröditz eine neue Ära an: Die aus dem Stahlwerk hervorgegangenen Schmiedewerke wurden zu einem hochmodernen und leistungsfähigen Unternehmen umgestaltet. Der Spanische Hof, eines der beliebtesten Hotels in Deutschland, wurde zu einem neuen Wahrzeichen der Stadt. Eine neue Infrastruktur, helle, farbenfrohe Fassaden, sanierte Kindertagesstätten und Schulen prägen das Bild der Stadt. Im Süden liegt das reizvolle Landschaftsschutzgebiet »Röderaue« mit seinem sich über Frauenhain, Pulsen, Koselitz und Tiefenau bis Spansberg erstreckenden Teichgebiet; als »grüne Lunge« können Erholungsuchende den ehemaligen Floßkanal, der die Elbe mit der Schwarzen Elster verbindet, nutzen.

Kirche Nieska – Reichsgraf von Wackerbarth-Salmour förderte 1750 den Kirchenbau. Pfarrer Christian Gottfried Tzschiedrich (1711–1781), der vom Bau der Dresdner Frauenkirche begeistert war, lieferte die Zeichnungspläne und ließ sie bauen.

Nauwalde

Die Einheitsgemeinde Nauwalde wurde 1994 durch Zusammenschluss der Gemeinden Spansberg, Nieska und Nauwalde mit Schweinfurth gebildet.
Sie liegt am nordwestlichen Rand des Regierungsbezirkes Dresden, im nördlichen Teil des neu gebildeten Kreises Meißen. Die Gemarkungsfläche der Gemeinde Nauwalde umfasst 2 036 ha und hat 1 098 Einwohner.
Die erste urkundliche Erwähnung von Nauwalde, Spansberg und Nieska geht ins Jahr 1284 zurück. Bischof Ludolf von Naumburg verkaufte an Markgraf Heinrich diese Besitzungen. Schweinfurth wird im Jahre 1464 das erste Mal urkundlich erwähnt, durch die Herren von Schleinitz.
In den Ortsteilen sind interessante Sehenswürdigkeiten zu bewundern: In Nauwalde die Kirche (1905), im Jugendstil erbaut; in Nieska die Kirche (1750), welche ein Schüler von George Bähr im barocken Stil bauen ließ; in Spansberg die Kirche (1670), dazu die Mühle und der Gasthof »Zum wilden Bär«, die beide bereits 1284 erwähnt wurden.
Der südlich von Nauwalde gelegene Bereich befindet sich im Landschaftsschutzgebiet »Röderaue«.
Charakteristisch sind artenreiche Mischwälder und eine meist angelegte Teichlandschaft. Ein wichtiges Landschaftselement ist die »Kleine Röder«, die als von einer Aue umgebenes ausgebautes Fließgewässer und Feuchtwiesen die Landschaft prägt. Deshalb ist auch der Weißstorch in allen vier Dörfern zu Hause.
Die Lage der Ortschaften in der Teichlandschaft, das Landschaftsschutzgebiet »Röderaue«, das stillgelegte Kieswerk bei Nieska und die Nähe zum Naturschutzgebiet »Gohrischheide« geben gute Gelegenheiten zum Wandern, Radfahren und Angeln. Durch drei Vereine werden Sport- und Kulturveranstaltungen, Heimatfeste und Fahrradtouren initiiert.

Herrenhaus in Staucha – Sitz der Gemeindeverwaltung

Gemeinde Stauchitz

Etwa 80 Schlösser und Herrenhäuser prägen die Landschaft zwischen Meißen und Strehla; so findet man auch in der Gemeinde Stauchitz zumindest ein diesbezügliches Kleinod: Es ist das ehemalige Rittergut Oberstaucha mit Herren- und Gesindehaus, Kuhstall, Scheune und Nebengebäuden in einer selten vorzufindenden, erhalten gebliebenen Geschlossenheit. Das Rittergut ist aus einem mittelalterlichen Klosterhof hervorgegangen: Meinher II., Meißner Burggraf, hatte 1223 in Staucha ein Benediktinerinnenkloster gegründet (später zogen die Nonnen nach Döbeln), und aus dem Wirtschaftshof entstand das nachmalige Rittergut Oberstaucha. Die teilweise maroden Bauten wurden zwischen 1997 und 2001 umfassend saniert; seither kann man durch den alten Kuhstall bummeln, um sich vom dort neueröffneten Markt etwas zu kaufen oder auch nur zuzuschauen. Mehr über den beeindruckenden Stall mit seinen toskanischen Säulen erfährt man, wenn man das Heimatmuseum besucht … gleich nebenan im Herrenhaus. Dieses ist ein typisch barockes Landschloss des 18. Jahrhunderts: Julius Alexander von Hartitzsch ließ das Gebäude 1753–56 für sich und seine zweite Ehegattin Magdalena Elisabeth von Zehmen errichten. Das stattliche Haus mit Mansardenwalmdach steht auf einer schmalen Gartenterrasse und überblickt den niedriger gelegenen Gutshof. Eine zweiläufige Freitreppe führt auf das erhöhte Podest vor der Haustür. Das Eingangsportal hat eine barocke Verdachung aus Sandstein.

Nach dieser Grundsanierung zeigt das Herrenhaus seine damalige Fassadenfarbigkeit. Dieses Haus hat in den vergangenen sechs Jahrzehnten eine wechselvolle Geschichte durchlebt: Nach der Bodenreform diente es als Wohnhaus; dann beherbergte es eine Kindertagesstätte, danach die LPG-Küche mit Speiseraum. Seit den 1980er Jahren stand es schließlich leer und verfiel langsam. Heute herrscht hier wieder pulsierendes Leben: Im alten Rittergut ist 2001 die Gemeindeverwaltung eingezogen. Im oberen Stockwerk »residiert« sie; im Saal darunter finden Gemeinderatssitzungen oder Konzerte statt. Ein weiteres Highlight von Stau-

Die ehemalige Gaststätte »Alte Post« in Stauchitz – heute Dorfgemeinschaftshaus

chitz ist die »Alte Post«, die ebenfalls eine wechselvolle Geschichte aufzuweisen hat. Zum Bau des opulenten Gebäudes kam es allerdings erst, als das sächsische Postwesen (seit dem 16. Jahrhundert) längst voll entwickelt war. Die ursprüngliche Poststraße Leipzig–Dresden ging zunächst über Wurzen, Oschatz und Meißen, teilweise auch über die Hohe Straße. Nach etlichen Umdispositionen wurde im ersten Viertel des 18. Jahrhunderts (1726) das hiesige Gebäude durch den damaligen Schlossherren Rudolf August von Lüttichau erbaut. Heute findet man es nicht mehr; wahrscheinlich hat man das schon Ende des 19. Jahrhunderts verwitterte Stück anderweitig verwendet oder gar achtlos vernichtet. Neben den Beamten des Postdienstes befand sich hier auch ein Ausspann: Ställe, Futterschuppen, Wagenremisen. Ungefähr 25 Pferde sollen auf ihren Austausch ständig gewartet haben. Klar doch, dass im Laufe der Zeit an dieser Zentralstelle einige Berühmtheiten vorbeigekommen sein sollen; im Falle Stauchitz waren es beispielsweise Friedrich Schiller und Napoleon: Bei Bonaparte allerdings – da ist man sich inzwischen einig – muss man die Story ins Märchenland verweisen, da er nachweislich im Seerhausener Schloss übernachtete und wohl kaum in die »Post« gegangen sein wird. Bei Schiller ist demgegenüber ein Aufenthalt aufgrund einer Briefnotiz des Dichters sicher. Ende des 19. Jahrhunderts entwickelte sich das Anwesen zu einem beliebten Lokal, in dem es auch andere Veranstaltungen gab – also gewissermaßen ein kulturelles Zentrum dieser Gegend. Nach 1945 wurde das Gasthaus weiterbetrieben: Neben Tanz- fanden hier gesellschaftliche und politische Veranstaltungen statt. Seit 1980 wurde auch die Schulspeisung durchgeführt. Anfang der neunziger Jahre wurden die Pforten dann geschlossen. Heute ist die »Alte Post« das Dorfgemeinschaftshaus, ermöglicht durch die Gemeinde, die 2004–2006 eine umfassende Sanierung durchführte. Im unteren Bereich befinden sich Seniorenbegegnungsstätte, Bibliothek, Heimatstube und Büro, oben und im Dachgeschoss altersgerechte Wohnungen.

Landkreis Nordsachsen

Der Landkreis Nordsachsen wurde zum 1. August 2008 im Zuge der Kreis- und Funktionalreform im Freistaat Sachsen aus den ehemaligen Landkreisen Delitzsch und Torgau-Oschatz gebildet.

Altlandkreis Torgau-Oschatz

Aus geographischer Sicht kann der Altlandkreis Torgau-Oschatz in verschiedene Regionen aufgeteilt werden: Im Nordosten liegt Ostelbien, eine fruchtbare, ebene Landschaft, die nur an der Landesgrenze zu Brandenburg zusammenhängende Waldgebiete besitzt; westlich der Elbe, die, begleitet von einer ursprünglichen Flussauenlandschaft, 45 km lang den Kreis durchzieht, erstreckt sich die flachwellige Heidelandschaft der Dahlener Heide und der Dübener Heide, die mit ihrem größeren Teil jedoch im Nachbaraltkreis Delitzsch und im Nachbarland Sachsen-Anhalt gelegen ist; schließlich befindet sich im Süden das große Waldgebiet des Wermsdorfer Forstes unterhalb des Collmberges sowie südlich und östlich von Oschatz eine fruchtbare, von intensiver Landwirtschaft geprägte Hügellandschaft, der Nordausläufer der Lommatzscher Pflege.
Der Collmberg ist mit 314 m auch der höchste geographische Punkt. Auch die tiefstgelegene Gemeinde des Freistaates Sachsen befindet sich hier: Wörblitz, eine kleinere Ortschaft an der Elbe, gleichzeitig nördlichster Ort des Bundeslandes, liegt nur noch 73 m ü.NN.
Die geographischen Gegebenheiten haben zur Folge, dass die Region ganz überwiegend landwirtschaftlichen Charakter hat. Dies hat zur Folge, dass hier zwei bedeutende, weit über die Grenzen Sachsens hinaus bekannte Einrichtungen beheimatet sind: Das Versuchsgut Köllitzsch bei Arzberg an der Elbe, ein traditionsreiches Versuchsgut der Sächsischen Landesanstalt für Umwelt, Landwirtschaft und Geologie, welches die Aus- und Weiterbildung von Land- und Tierwirten zur Aufgabe hat und das Hauptgestüt Graditz auf der Ostseite der Elbe bei Torgau, wo seit mehr als 360 Jahren Pferdezucht betrieben wird. Die weitläufigen Koppeln um Schloss und Park lohnen nicht nur für Pferdeliebhaber einen Besuch. Zusätzlich zu den traditionell mit der Landwirtschaft verbundenen Gewerbezweigen des Handwerks, des Handels- und Dienstleistungsbereiches wurde erfolgreich das allgemeine Wirtschaftsprofil ergänzt. Durch Erschließung von zahlreichen Gewerbegebieten innerhalb des Altkreises erfolgte die Ansiedlung zahlreicher mittelständischer Unternehmen. Förderpriorität stellte einen weiteren Anreiz für Investoren dar.
Neben diesen wirtschaftlichen Aspekten bietet die Region als Schauplatz der Geschichte und durch ihre Lage am Elbstrom mit dem Landschaftsschutzgebiet Elbaue-Torgau und den großen Naturschutzgebieten der Dahlener und Dübener Heide sowie des Wermsdorfer Forstes mit Schloss Hubertusburg eine Fülle von Sehenswürdigkeiten, die eine rasche Entwicklung des Tourismus zur Folge hatten.
Die wichtigste Stadt ist Torgau. Die bedeutendste Epoche in der Stadtgeschichte war sicher das 15. und 16. Jahrhundert. Die sächsischen Kurfürsten machten Torgau zu ihrer Residenz. Johann Friedrich der Großmütige ließ Schloss Hartenfels 1532 zur Hauptresidenz ausbauen und machte so unter Mitwirkung von herausragenden Künstlern, wie etwa Lucas Cranach d.Ä., Hartenfels zum mit bedeutendsten Renaissanceschloss Deutschlands. Die rund 460 Jahre alte Schlosskirche ist die erste protestantische Kirche in Deutschland. Die Gemeinde Arzberg ist rechtsseitig der Elbe von einem größeren Landschaftsschutzgebiet geprägt, in welchem das Naturschutzgebiet »Alte Elbe Kathewitz« liegt. Erwähnenswert ist hier, außer dem Versuchsgut Köllitzsch, die über 600 Jahre alte Kirche im Ortsteil Triestewitz, die als Kleinod gilt. Ein markanter Punkt in der Gemeinde Luppa ist die weithin sichtbare Bockwindmühle (1838). Das Naturbad ist ebenfalls ein Anziehungspunkt. Hier kann man sich beim Baden, Surfen und Angeln bestens erholen.
Zu nennen wäre am Schluss noch ein wichtiges Datum, das Torgau an der Elbe zu einem Begriff machte: Am 25. April 1945 begegneten sich auf der zerstörten Elbbrücke amerikanische und russische Soldaten. An das Ende des Weltkrieges erinnert direkt bei Schloss Hartenfels ein Denkmal; auf der gegenüberliegenden Elbwiese befindet sich eine Gedenkstätte, die an den »Geist der Elbe« erinnern soll: »Wir müssen Krieg und Konflikte für immer vermeiden.«

Torgau – Stadt der Reformation und Renaissance

Torgau, die Kreisstadt des Landkreises Nordsachsen, liegt im Nordwesten des Freistaates Sachsen und kann mit einer über eintausendjährigen Geschichte aufwarten. Die B 87, B 182 und B 183 führen durch die Stadt. Auf einer Fläche von ca. 42 qkm wohnen ca. 18 000 Menschen; Ortsteile Torgaus sind Melpitz und Graditz. Für geschichts- und architekturinteressierte Besucher wird der Aufenthalt in der Elbestadt ein bleibendes Erlebnis sein. Der Ort wird erstmalig in einer Urkunde des neuen Kaisers Otto II. vom 5. Juni 973 erwähnt, wurde also 2008 stolze 1035 Jahre alt. Bereits Anfang des 15. Jahrhunderts ist Torgau eine wichtige Residenz des sächsischen Fürstenhauses, und nach dem letzten großen Stadtbrand 1482 ließen die Wettiner Torgau als Hauptresidenz und Landesmetropole ausbauen. Sehr schnell hatte sich die Stadt vergrößert und bot für die damalige Zeit durchaus Lukratives – kein Wunder bei der bevorzugten Lage an Kreuzungen alter Handelswege und am Elbestrom. So besaß man hier schon seit 1267 Stadtrecht, und Anfang des 15. Jahrhunderts konnte die erste Elbbrücke gebaut werden. Unter Friedrich III. (»dem Weisen«) wurde Torgau neben Wittenberg ein Zentrum der Reformation. Er wurde am 17.1.1463 in Torgau geboren und übernahm mit 23 Jahren die Landesherrschaft. 1525 wurde hier der »Torgauer Bund« geschlossen und unter Federführung Luthers und Melanchthons die Abfassung der »Torgauer Artikel« (1530) vollendet. Anstelle der 1492 abgebrannten mittelalterlichen Burg ließ Friedrich der Weise das völlig erhalten gebliebene Frührenaissanceschloss erbauen, das im 16./17. Jahrhundert als Residenz zum kulturellen Zentrum wurde: Schloss Hartenfels. Hier weilten neben Luther Johann Walter und Lucas Cranach d. Ä.; 1627 wurde die erste deutsche Oper »Dafne« von Heinrich Schütz uraufgeführt.

Um den fast dreieckigen Innenhof stehen vier Wohntrakte. Den südöstlichen Johann-Friedrich-Bau und den Großen Wendelstein, eine externe Wendeltreppe, erbaute K. Krebs (1533–36). An dem von Arnold von Westfalen begonnenen und von C. Pflüger vollendeten spätgotischen Albrechtspalast mit zwei Ecktürmen (1470–85), dem Theaterflügel und dem Kleinen Wendelstein grenzt der langgestreckte Westtrakt (1616–23) mit frühbarocken Volutengiebeln und wappenbekröntem Rustikaportal (ca. 1620). Im nördlichen Teil befindet sich die zweischiffige gotische Martinskapelle (um 1359). Die von N. Gromann errichtete Schlosskirche ist die erste protestantische Kirche und wurde von Luther 1544 geweiht. Die Korbkanzel schuf S. Schröter d. Ä.; den Schlosskirchenflügel ziert der »Schöne Erker« (1544).

Im Oktober 1711 ließ Zar Peter I. seinen Sohn auf Schloss Hartenfels verheiraten, und gemeinsam mit Leibniz bereitete er die Gründung der Petersburger Akademie vor. Architektonische Motive des Schlossbaus tauchen auch an den repräsentativen Bürgerhäusern sowie am Rathaus auf. Die Marienkirche ist eine mehrfach umgestaltete spätgotische Hallenkirche (14.–16. Jahrhundert); hierin befinden sich wertvolle Ausstattungsstücke, so der barocke Hochaltar (1694–98; reich verziert) von G. Simonetti, die von G. Wittenberger mit Apostelreliefs verzierte Renaissancekanzel (1582), die Grabplatte der Sophie von Mecklenburg aus der Nürnberger Vischer-Werkstatt, das Epitaph für Katharina von Bora (Luthers Ehefrau), das Nothelfergemälde von Lucas Cranach d. Ä. (1597) – seit 1991 befindet es sich in Dresden. Durch Napoleon wurde Torgau 1811 zur Sächsischen Landesfestung ausgebaut; nach dem Wiener Kongress fiel die Stadt an Preußen und entwickelte sich mehr und mehr zu einer preußischen Garnisons- und Beamtenstadt. Erst nach 1889 konnte hier schrittweise die Industrialisierung Fuß fassen.

Der Markt mit den Renaissance-Bürgerhäusern befindet sich an der höchsten Stelle der historischen Altstadt (92 m ü.NN). Hier steht auch die Nikolaikirche, die im Zuge der Reformation ihre Funktion als katholische Kirche verlor und anderen Zwecken diente. Die Silhouette der Stadt wird auch heute noch von der Stadtkirche beherrscht; die romanische Westfront wurde in den Neubau der gotischen Hallenkirche integriert.

Das »Denkmal der Begegnung« erinnert an den 25. April 1945, als sich amerikanische und sowjetische Soldaten hier an der Elbe auf der inzwischen abgetragenen Brücke begegneten; der »Elbe-Day« Ende April erinnert an dieses welthistorische Ereignis.

Seit der Wiedervereinigung gewinnt die Stadt stetig wieder an wirtschaftlicher und kultureller Bedeutung. In besonderem Maße konnte in den letzten Jahren eine positive Entwicklung des Tourismus festgestellt werden. Bereits 1979 wurde die Altstadt von Torgau als Denkmal von nationaler Bedeutung unter Schutz gestellt. Sehr interessant sind auch der Torgauer Museumspfad und das Stadt- und Kulturgeschichtliche Museum.

Martin Luther, der desöfteren hier weilte, sagte schon vor mehr als fünfeinhalb Jahrhunderten ein sehr prägnantes Wort: »Torgaus Bauten übertreffen an Schönheit alle aus der Antike; selbst der Tempel des Königs

Torgauer Marktbrunnen

Salomo war nur aus Holz.« Ein Lokalpatriot etwa, unser Bruder Martin? Keinesfalls, denn mehr als 500 (!) Einzeldenkmale sind vorhanden; Torgaus Altstadt ist ein Flächendenkmal allerhöchsten Ranges! Bereits Ende der 1960er Jahre begann eine beeindruckende Sanierung, die inzwischen ihresgleichen sucht. So manche kunstgeschichtliche Kostbarkeit konnte gerettet bzw. neuentdeckt werden.

Die dem 16. Jahrhundert zugrunde liegende Dreiteilung der Macht spiegelt sich auch in der Architektur wider: Landesherrliche Macht (Schloss Hartenfels), eindrucksvolle Kirchenbauten als Symbol für die Bedeutung des christlichen Glaubens und schließlich vom historischen Marktplatz mit seinen stolzen Bürgerhäusern, Amtsgebäuden und repräsentativem Rathaus ausgehend, die gewachsene Stellung des selbstbewussten Bürgertums. Torgau allerdings hat bis heute eines versäumt: Sich auf den zweifellos vorhandenen Lorbeeren auszuruhen. Torgau benutzt vielmehr dieses »Pfund«, um neue Anstöße zu geben: Das »Torgisch Land«, wie es Luther liebe- und hochachtungsvoll beschrieb, ist auf einem guten Weg, heutigen Menschen Neues und Attraktives zu vermitteln.

Das beginnt bei der Erkundung der alten Stadt im freundlich-heutigen Gewande, und das endet keineswegs in einer der historischen Kneipen (kann es aber!), um an Ort und Stelle das süffige Torgisch Bier zu genießen oder eine deftige Mahlzeit einzunehmen. Auch das geht natürlich problemlos, denn man braucht dazu keinen kurfürstlichen Erlaubnisschein mehr. Man feiert hier gerne, und auf den zahlreichen Spektakeln und Volksfesten wird natürlich kräftig ausgeschenkt – auf den »Mittelalterfesten« oder dem seit der »Wurzener Fehde« zelebrierten »Auszug der Geharnischten«. Maskottchen Claus Narr erfreut dabei jährlich die zahlreichen Gäste aus nah und fern. Man entdeckt beim Stadtgang noch mehr; unter anderem eine der priviligierten Apotheken Kursachsens, das älteste Spielwarengeschäft Deutschlands, wunderschöne Sandsteinportale in der Bäckerstraße, das einstige Brauhaus und vieles mehr.

Stadtkirche St. Marien

In Torgau sind überwiegend mittelständische Unternehmen angesiedelt; dominierende Branchen sind Glas- und Keramikindustrie, Papier- und Holzverarbeitung, Bauwesen und Landwirtschaft. Im Jahre 2008 wurde ein neues Solarwerk in der ersten Phase der Produktion mit etwa 100 Arbeitsplätzen in Betrieb genommen. Hotels mit einer Bettenkapazität von 255 stehen dem Besucher zur Verfügung; ebenso Pensionen mit noch einmal 103 Betten sowie Privatvermieter und sieben liebevoll eingerichtete Ferienwohnungen, dazu ein Campingplatz für Kurzurlauber und Langzeitcamper.

Das Kreiskrankenhaus »Johann Kentmann« (281 Betten) und Medizinische Praxen aller Fachrichtungen, Pflegeeinrichtungen, Beratungsstellen, Senioren-Begegnungsstätten, Selbsthilfegruppen in verschiedensten Trägerschaften stehen ebenfalls bereit. An Bildungseinrichtungen stehen folgende Ausbildungsstätten zur Verfügung: 3 Grund-, 2 Mittelschulen, Volkshochschule des Landkreises, Musikschule, je eine Fach- und Förderschule, und das »Johann-Walter-«Gymnasium; Stadtbibliothek, Musikscheune Melpitz, Kulturhaus, Filmbühne sowie über 80 eingetragene Vereine, die das gesellschaftliche, sportliche und kulturelle Leben überaus befruchten. Weltweit bekannt ist das Gestüt Graditz, 1722 als »Churfürstlich Sächsische Stutterey« auf Anordnung Augusts des Starken gegründet. Die Einrichtung ist bekannt für ihre Zucht von Trakehner- und Englischen Vollblutpferden.

Torgau ist eine grüne Stadt, umgeben von Wasser, Wald und Wiesen, angrenzend an die Dahlener und Dübener Heide. Die nähere Umgebung lässt sich prima zu Fuß oder per Rad erkunden. Außerdem führt hier der Internationale Elberadweg von Prag nach Cuxhaven entlang, der laut ADFC zu den drei beliebtesten deutschen Radwegen gehört; von Bad Schandau bis hinter Torgau verlaufen über 150 km auf sächsischem Territorium. Die Kreisstadt unterhält freundschaftliche und städtepartnerschaftliche Beziehungen zu Sindelfingen (Baden-Württemberg), Strzegom (Polen), Znojmo (Tschechien) und Hämeenkyrö (Finnland).

Marktplatz mit Rathaus, Gänsebrunnen und Kirche St. Marien

Stadt Dommitzsch

Die Stadt Dommitzsch (ca. 3 000 Einwohner) liegt im Landkreis Nordsachsen; sie befindet sich im »Dreiländereck« Sachsen, Sachsen-Anhalt, Brandenburg. Als Grundzentrum befindet sich Dommitzsch auf einem links der Elbe gelegenen Plateau und ist außerdem die nördlichste Stadt Sachsens. Die Region prägen interessante naturräumliche Gebiete: Dahlener Heide, Dübener Heide, Ausläufer der Annaburger Heide, Gewässer bei Wermsdorf (z.B. der Horstsee) und die Elbe. Die Ortsteile sind Proschwitz, Wörblitz, Greudnitz und Mahlitzsch. Proschwitz gehörte lange Zeit zum Gut Leipnitz/Dahlenberg und zählte zu den reinen Agrardörfern. Wörblitz besitzt als einziger Ortsteil eine eigene Kirche (1886). Greudnitz gehörte ehemals zu den Gerichten der Grafen Löser auf Reinharz; Haupterwerbszweig ist auch hier die Landwirtschaft gewesen. Dommitzsch ist als slawische Siedlung entstanden und wurde als Stadt 1298 urkundlich erwähnt. Besondere Highlights sind neben dem Elberadwegabschnitt Wittenberg–Torgau die Lage am Rande der Dübener Heide, der Marktplatz mit Gänsebrunnen, Rathaus, Backsteinkirche St. Marien, Gierseilfähre über die Elbe und Heimatmuseum Dommitzsch. Eine vertraute Kleinstadtatmosphäre umgibt den Besucher; in eine idyllische ländliche Umgebung zwischen Elbaue und der Dübener Heide eingebettet, liegt das Städtchen. Viel Historisches ist hier ebenfalls zu vermerken: Am Seeberg wohnte um 1850 der Forstmeister Rink, Großvater des Generalfeldmarschalls von Mackensen, und 1813 befand sich hier das Hauptquartier des preußischen Generals Tauentzien, der die Franzosen in der Festung Torgau belagerte. Vom Osterberg aus, 981 als Burgward genannt, entwickelte sich die spätere Stadt; der Berg wurde vielfach als Verteidigungsstellung genutzt; beispielsweise 1813: Zunächst wurde die Siedlung von den Franzosen als Fort ausgebaut und später von den Russen erobert. Heute ist Dommitzsch's größter Anziehungspunkt das Waldbad im Ortsteil Mahlitzsch – idealer Ausgangspunkt für viele Aktivitäten. Bootsverleih, Reiten, der Naturlehrpfad und der Elberadweg liegen in der Beliebtheitsskala ebenfalls weit vorn.

Biberbronzestatue vor der Mühle Galenberg, im Hintergrund der Dorfteich

Gemeinde Trossin

Die Gemeinde liegt im nordwestlichen Teil des Landkreises Nordsachsen im Naturpark »Dübener Heide«. In den Gemeindeteilen Dahlenberg, Falkenberg, Gniebitz, Hachemühle, Roitzsch und Trossin leben heute rd. 1 500 Einwohner. Trossin liegt inmitten von Wald, Wiesen und Feldern. 1237 war die Ersterwähnung, der Ort geht aber auf slawischen Ursprung zurück. Sehenswert ist die Gutsanlage (samt Schloss, Teich und Parkanlage); hier befindet sich heute ein Erlebnishof. Die Dorfmühle, eine ehemalige Wassermühle, wird als Öko-Mühle betrieben. 1776 wurde auf Geheiß des Rittergutsbesitzers Frege die Kirche erbaut, die ebenfalls sehenswert ist. Im Tal des Grenzbaches liegt Dahlenberg, nach der Dahle, einer kultivierten Ackerpflanze, so benannt. Am Ortsrand befindet sich das Gut; hier wurde 1849 der spätere Generalfeldmarschall von Mackensen geboren. Das Naturbad am Stausee Dahlenberg wird gerne genutzt. Das kleine Heidedorf Falkenberg wurde 1314 gegründet; die Ortsteile Gniebitz und Hachemühle gehören dazu. Eine breite Kastanienallee prägt das Ortsbild; die Kirche mit Fachwerkturm (13. Jh.) ist die älteste der Gegend. Im Forst befindet sich aus geraumer Vorzeit das »Paker Schloss«, ein von Nassstauden und Erlenbrüchen umgebener Aufschüttungshügel mit Wall- und Wassergraben. Roitzsch wird vom Torgischen Weg durchquert. Der Ort, slawischen Ursprungs, wurde 1223 ersterwähnt. Das Jagdhaus am Zadlitzschbruch (Hochmoorbruch) wurde in der Regierungszeit Kurfürst Augusts von Sachsen (1553/86) angelegt. 1957 wurde der Funkturm errichtet, den Telekom und Forstwirtschaft nutzen. Am Ortsausgang befindet sich eines der hier zahlreich vorkommenden Hünengräber. Naturliebhaber und Wanderer finden hier ein Ferienparadies vor. Ausgeschilderte Wander- und Radwege führen durch fast endlos scheinende Wälder und Fluren; Fauna und Flora sind märchenhaft unberührt. Viele Bachläufe und Teiche laden zum Verweilen ein; Blüten und Gräser, seltene Tierarten (Kranich, Schwarzstorch, Eisvogel, Biber) bevölkern die Naturschutzgebiete.

Dorfstraße in Zinna

Gemeinde Zinna

Im Dreieck der Bundesstraßen 182 und 183, nordwestlich von Torgau, liegt die Gemeinde Zinna mit ihrem Ortsteil Welsau; Zinna kommt aus dem Slawischen und bedeutet soviel wie »Heudorf«. Der Ort zählt zum Schönsten, was die Gegend zu bieten hat; durch die Eigeninitiative der Bürger hat sich in den letzten Jahren vieles zum Positiven verändert. Gegenwärtig leben hier 1 623 Menschen auf 12 qkm. Beide Orte wurden 1251 erstmals erwähnt und können somit auf eine fast 760 Jahre alte Historie verweisen. Die slawische Ansiedlung wurde dereinst hochwasserfrei auf einem Höhenrücken angelegt. Ackerbau, Viehwirtschaft und Fischerei waren die Haupterwerbszweige. Auf dem Zinnaer Berg legte 1518 ein Torgauer Bürger einen Weinberg an. Der Bau der Festung (Fort Zinna) bedeutete allerdings das Ende des Weinbaus.

Der Lindenbaum ist das Wahrzeichen der Gemeinde und wurde im Ortswappen bereits 1722 verwendet; in keinem anderen Ort des Landkreises findet man soviele dieser stattlichen Bäume: Eindrucksvoll präsentieren sie sich entlang der Dorfstraßen in Verbindung mit dem historischen Pflaster. Die Lindenalleen von Zinna und Welsau wurden zum Flächendenkmal erklärt

Der Ortsname Welsau kommt ebenfalls aus dem Slawischen (veles = groß), was zutreffend ist, denn Welsau ist größer als Zinna. Im Zentrum steht die im 13. Jahrhundert erbaute Kirche. Welsau ist auch berühmter als Zinna, weil dieser Ort in die Weltgeschichte einging: Nach schrecklichen Kämpfen wurde hier am 26.12.1813 die Kapitulation vollendet; die Franzosen mussten abziehen. Noch heute prägen Dreiseithöfe den Ortskern. 1952 war der Zusammenschluss beider Orte mit damals 690 Einwohnern. Die Gemeinde grenzt unmittelbar an die Kreisstadt Torgau; die 1080 ha landwirtschaftliche Nutzfläche werden von zwei Landwirten, einer Schäferei und drei Landwirten im Nebenerwerb bewirtschaftet. Mit Gewerbeansiedlungen im großen Gewerbegebiet, Wohnungsbau und Umnutzung der vorhandenen Baulichkeiten entstand auch ein anderes Dorfbild.

Kirche in Welsau

Zinna war anno 1910 der erste Ort weit und breit, der über ein eigenes Wasserwerk versorgt wurde. Wirtschaftlich werden Zinna und Welsau noch heute durch Landwirtschaft und kleinere Gewerbeunternehmen geprägt; Ansiedlungen von größeren Gewerken sind im gemeinsamen Gewerbegebiet »Torgau-Nord« untergebracht. 1993 wurden beide Orte mit Telefonanschlüssen versehen; seit 1995 sind sie an das Erdgasnetz angeschlossen. Mit dem Ausbau der Gehwege an der B 183 im Jahre 2004 hat die Gemeinde das Ortsbild verschönert und damit auch attraktivere Wohnverhältnisse für ihre Bürger geschaffen.

In beiden Ortsteilen gibt es jeweils eine Kita; die in Zinna wurde 2000/01 saniert bzw. modernisiert, in Welsau war das 2002/03 der Fall. Beide Einrichtungen werden auch von auswärtigen Kindern besucht und sind außerordentlich beliebt. Für die Kinder und Jugendlichen wurde aber noch viel mehr getan: So gibt es in Welsau einen neuen Sport- und Freizeitplatz, der u.a. auch über eine Skaterbahn und einen Volleyballplatz verfügt (auch in Zinna gibt es einen neuerrichteten Spielplatz). Der Ausbau des Feuerwehrgerätehauses Welsau 1999 und die Beschaffung des neuen Löschfahrzeuges 2003 waren ein Meilenstein zur besseren Einsatzbereitschaft der Freiwilligen Feuerwehr. Darüberhinaus gibt es etliche Vereine in beiden Orten, wie z.B. das Schalmeienorchester Zinna, den SIN-Verein Zinna (»Seelsorge in Notfällen«), den Welsauer Sportclub, den Reit- und Fahrverein Welsau und den Gefährdetenverein Welsau. Trotz aller Kriegsereignisse mit ihren schrecklichen Folgen (30-jähriger, Siebenjähriger, Befreiungskriege, I. und II. Weltkrieg) rafften sich die Einwohner beider Orte immer wieder auf und vollbrachten zusammen wahre Heldentaten beim Wiederaufbau von Kirchen, Wohnhäusern und Existenzen. Und auch nach 1990 war das nicht anders. Dabei war enorme Nachbarschaftshilfe gefragt, und auch diese zeichnete seit jeher die Bewohner beider Dörfer aus. Was herausgekommen ist, kann man heute gern begutachten. Und ein Jeder, der's gesehen hat, wird gerne in diese Zwei-Dörfer-Gemeinde zurückkehren.

Die Radfahrerkirche in Weßnig

Gemeinde Pflückuff

Zwischen zwei der schönsten Landschaftsschutzgebiete – Dahlener Heide und Elbaue – befindet sich die Gemeinde Pflückuff mit ihren Ortsteilen Beckwitz, Bennewitz, Kranichau, Kunzwerda, Mehderitzsch, Loßwig, Staupitz und Weßnig; sie liegt im Landkreis Nordsachsen. Sitz der Gemeindeverwaltung ist der zentral liegende Ortsteil Beckwitz. Die Einwohnerzahl beträgt rd. 2 500; von der 4 828 ha großen Gemeindefläche sind ca. 483 ha Wald und ca. 3 800 ha landwirtschaftlich genutzte Fläche. Im Landschaftsschutzgebiet Dahlener Heide liegen ca. 46 % der Gemeindefläche und im LSG Elbaue Torgau 35 %. Hier befinden sich geschützte Biotope, wie z.B. die Bennewitzer Teiche, die gleichzeitig Biberschutzgebiet sind und einen vielfältigen Tier-, Vogel- und Pflanzenbestand aufweisen sowie die Staupitzer Teiche.
Eine industrielle Ansiedlung ist nicht möglich aufgrund des Trinkwasserschutzes. In extra bereitgestellten Gewerbebetrieben siedeln sich Handwerk und Dienstleistungen an; außerdem ist die Bedeutung des Tourismus klar erkannt und wird entsprechend qualifiziert. Dazu trägt auch der neugeschaffene Elbe-Radwanderweg bei (Prag–Dresden–Hamburg). Er verläuft stets in Stromnähe, führt nordöstlich an Kranichau vorbei und weiter über Weßnig, Bennewitz, Loßwig bis Torgau. In Weßnig befindet sich die erste Radfahrerkirche Deutschlands. Durch Bennewitz führt der überregionale Fernreitweg mit der Raststation »Eschenhof«. Anziehungspunkte sind ferner das Freibad Obere Walkmühle in Mehderitzsch mit seiner Großwasserrutsche und dem Campingplatz. In Bennewitz, Mehderitzsch und Staupitz sind Heimatmuseen eingerichtet und in den urigen Dorfgaststätten erlebt man deftige Hausmannskost. In der »Schmiede« Bennewitz begegnet man einem Kneipp-Gesundheitsbad mit allem Drum und Dran (einschließlich Sauna, Kräutergarten, Holzbackofen). In zahlreichen Vereinen werden Heimatgeschichte, Brauchtum, Tradition und Handwerkskunst gepflegt, und auch der Sport (Fußball, Reiten, Gymnastik) kommt keineswegs zu kurz.

Denkmal »Schlacht bei Torgau« auf den Süptitzer Höhen

Dreiheide – Tor zur Dübener und Dahlener Heide

Hier, im Gebiet der Gemeinde Dreiheide, empfängt den Erholungsuchenden eine einzigartige Heidelandschaft: Weiträumige Kiefern- und Mischwälder, träumerische Waldwiesen und Lichtungen; sie bieten einen farbenfrohen Anblick und saubere Luft. Drei historisch interessante Dörfer mit ihren behaglichen Ausflugslokalen im Grünen laden zum Verweilen ein.

Süptitz (1 200 Einwohner) hat eine Geschichte von 750 Jahren. Weinbau und Hopfenkultur haben eine lange Tradition; davon kündet noch heute das Ortswappen. Auf dem Wanderweg am Stausee erreicht man die Süptitzer Höhen: Dort erinnert eine Gedenksäule an die Schlacht bei Torgau 1760 im Siebenjährigen Krieg. Hier gelang General Zieten mit einem kühnen Überraschungsangriff »aus dem Busch« der entscheidende Vorteil zugunsten der Preußen. Am Süptitzer »Zietenhof« bieten Teiche heute ein wertvolles Feuchtbiotop, das ins Landschaftsschutzgebiet »Laske« führt.

Großwig liegt eingebettet zwischen Süptitz und Weidenhain. 1383 wird der Ort erstmals erwähnt und zählt 650 Bewohner. Das Ortsbild wurde maßgeblich durch sein Rittergut geprägt; noch heute erinnert das Gutshaus an vergangene »herrschaftliche« Zeiten. Die Mühle an der B 183 verweist auf die früher häufig vorkommenden Bockwind- und Wassermühlen. Auf der Straße erreicht man den naturbelassenen Kanitzpark mit seerosenreichem Teich. Natur und Freizeit verbinden sich auf innige Weise im Freibad »Paradies«.

Weidenhain, ein Heidedorf flämischen Ursprungs, wurde vor 850 Jahren gegründet (heute 550 Einwohner). Kirche, Pfarrhaus und Ortskern sind denkmalgeschützt. Kurfürst August nutzte die umliegenden Wälder zur Jagd; dabei geriet er 1562 in akute Lebensgefahr. Die »Bärensäule« am Ortsausgang sowie das steinerne Standbild seines Retters in der Kirche schildern Einzelheiten. Ganz in der Nähe befinden sich der Zadlitzbruch sowie ausgedehnter Heidewald und Moorgebiete.

Rathaus zu Schildau

Gneisenaustadt Schildau

Schildau gilt einerseits als Ort der Schildbürger und andrerseits als Geburtsort des Feldherren August Wilhelm Anton Neidhardt von Gneisenau (1760–1831). Mit seinen heutigen Ortsteilen Probsthain, Sitzenroda, Taura und Kobershain liegt es am Rande der Dahlener Heide. A 9 und 14 befinden sich in der Nähe, B 6, 87 und 182 ebenfalls.

In Schildau erwarten Sie u.a. das Seebad Neumühle mit Erlebnisbereich, ausgeschilderte Wanderwege zum Schildberg mit Aussichtsturm, der Schildbürgerwanderweg, der Schildbürgerspielplatz, der Schildbürgerbrunnen, das Gneisenaudenkmal, das Gneisenaumuseum, das Museum der Schildbürger, die Heimatstuben Sitzenroda und Taura, die Pfarrkirche Sankt Marien - Pfeilerbasilika.

Wohl selten wurde ein kleines sächsisches Städtchen durch ein literarisches Denkmal ganz besonderer Art in der Welt so bekannt wie dieses. Wer seinen Namen vernimmt, denkt sofort an solche Geschichten wie jene vom Rathaus ohne Fenster oder an die Kuh, die man mittels eines Strickes um den Hals auf die Stadtmauer ziehen wollte, damit sie das Gras abfrisst. Die bekannten Schildbürgerstreiche sind bei einer Stadtführung nachvollziehbar; außerdem zeigt das einzige »Museum der Schildbürger« in Deutschland eine umfangreiche Sammlung von Schildbürgerbüchern und ein Modell des dreieckigen Rathauses ohne Fenster. Das bis heute beliebte Volksbuch ist 1598 erstmals erschienen.

Im Siebenjährigen Krieg wurde am 27.10.1760 in einem Schildauer Gasthaus ein Knabe geboren, der später einer der größten Gegenspieler Napoleons werden sollte, Neidhardt von Gneisenau. Als entschlossener Militärreformer entwickelte er sich schnell zum bedeutenden Strategen. Das Gneisenaumuseum ehrt den in Schildau geborenen Generalfeldmarschall. Sein Name ist untrennbar mit dem Sieg in der Völkerschlacht 1813 und der Schlacht bei Waterloo 1815 verbunden. Seit 1952 trägt Schildau diesen Ehrennamen.

Bockwindmühle mit Glockenturm auf dem 197 m hohen Liebschützberg, gelegen an dem Ökumenischen Pilgerweg entlang der »Via Regia«

Gemeinde Liebschützberg

Die Gemeinde Liebschützberg besteht aus 17 Ortsteilen (Borna, Bornitz, Clanzschwitz, Ganzig, Gaunitz, Kleinragewitz, Klötitz, Laas, Leckwitz, Leisnitz, Liebschütz, Sahlassan, Schönnewitz, Terpitz, Wadewitz, Wellerswalde und Zaußwitz), die sich über 68 qkm erstrecken. Im Ortsteil Terpitz befindet sich ein ca. 14 ha großes Gewerbegebiet. Hier sind schon viele verschiedene Gewerbe angesiedelt.
Der Gemeindename Liebschützberg ist abgeleitet von dem landschaftsprägenden Liebschützer Berg (197 m ü.NN). Als markanter Punkt gilt die darauf stehende, gut erhaltene Bockwindmühle. Im Ortsteil Clanzschwitz befindet sich ebenfalls noch eine Bockwindmühle. Diese wurde 1875 erbaut und war bis in die 60er Jahre funktionstüchtig. Auch finden man im Ortsteil Zaußwitz eine Turmwindmühle. In den Ortsteilen Laas, Borna, Zaußwitz, Ganzig, Terpitz, Liebschütz und Wellerswalde können alte Kirchen besichtigt werden. Das Landschaftsbild der Region stellt sich als reizvolle Hügellandschaft dar. Über den Höhenzug des Liebschützbeges verläuft die alte Handelsstraße »Alte Salzstraße« sowie der Jakobsweg (Pilgerweg), welcher von Görlitz bis nach Santiago de Compostela (Spanien) führt.
Die Gemeinde hat zur Zeit 3 450 Einwohner und ist eine selbständige Gemeinde. Der Sitz der Gemeindeverwaltung befindet sich im Ortsteil Borna. Obwohl im Jahre 1947 fast alle historischen wertvollen Schlösser und Häuser der Vernichtung zum Opfer fielen, konnte das Schloss in Borna mit der Villa, dank der Gemeinde Borna, erhalten bleiben. In dem Schloss befindet sich bis zum heutigen Tage ein Kinderheim. Die Gemeinde verfügt im Ortsteil Schönnewitz über eine Grundschule. In Schönnewitz wurde ein neues Kinderhaus errichtet. Weitere Kindereinrichtungen befinden sich in den Ortsteilen Laas und Wellerswalde. Aber auch für die Jugend ist gesorgt, denn es gibt 4 Jugendclubs. Gemeinschaftseinrichtungen gibt es in fast allen Ortsteilen, z.B. Sportlerheime, Gesellschaftsräume, Kegelbahnen, die auch für Familienfeiern vermietet werden.

Radtouristen machen »Stopp« auf dem Marktplatz mit Renaissance-Rathaus (1578) und Rolandstatue (1610 – Wahrzeichen der Stadt) sowie Distanzsäule (1730)

Rolandstadt Belgern

Das Gemeindegebiet der *Stadt Belgern* mit seinen 16 Ortsteilen umfasst eine Fläche von ca. 8 370 ha. Die Lage an der Elbe, die schönen Anlagen und die Wälder der nahen Heide machen einen Aufenthalt im Städtchen all denen angenehm, die Ruhe und Naturverbundenheit suchen. Und so manches Denkmal kündet von einer langen und aufregenden Geschichte. So steht direkt vor dem Rathaus der Roland, fast 6 m hoch und 1610 aus Stein gehauen. Er ist der einzige in ganz Sachsen und das unangefochtene Wahrzeichen Belgerns: Es steht für eigene Gerichtsbarkeit, Markt- und Münzrecht; also für bürgerliches Selbstbewusstsein.

Am Marktplatz befindet sich auch eine historische Postmeilensäule, auf der alle Entfernungsangaben für insgesamt 83 Städte eingemeißelt sind. Der gesamte Platz im historisch erhaltenen Stadtkern ist ein besonderes Highlight: Hier befindet sich natürlich auch das Rathaus, das 1578 im Renaissancestil erbaut worden ist. Sogenannte »Gaffköpfe« und farbenfrohe Wappen schmücken sein Eingangsportal. Eine weitere städtische Attraktion ist das Oschatzer Tor – einzig erhaltenes Stadttor.

Belgern wurde 2002 der Titel »Staatlich anerkannter Erholungsort« verliehen; damit hat man seit 1990 im Regierungsbezirk Leipzig als einzige Stadt diesen begehrten Titel geholt. Eine der wichtigen Investitionen ist die Anlage eines Erlebnisrastplatzes mit Rolandpark, Stadthalle und Abenteuerspielplatz. Außerdem führt der Internationale Elberadweg unmittelbar an der Stadt vorbei. Ganz »nebenbei«: Belgern verfügt über einen kleinen Hafen und ist also ein begehrter Anlass für die zahlreichen Wasserwanderer, hier festzumachen und die Stadt zu erkunden. Die Elbe kann man mittels einer Gierfähre überqueren; das »Bad Erlengrund« und die Dahlen-Belgerner-Heide bieten viele Möglichkeiten für Freizeitgestaltung, Erholung und Sport. Und wer sich hier ganz niederlassen möchte, ist jederzeit herzlich willkommen, denn Belgern ist inzwischen nicht nur ein begehrter Wirtschafts-, sondern auch Wohnungsstandort geworden.

Das Oschatzer Tor (1805 restauriert) gehörte zur einstigen Befestigungsanlage der Stadt.

Als attraktive Elbestadt hat Belgern natürlich etliches zu bieten für eine erfolgreiche Gewerbeansiedlung: Verkehrsgünstig an der B 182 gelegen, findet man eine gute Infrastruktur vor, aber auch eine erstklassige Anbindung an die nahe Sportstadt Riesa, die Kreisstadt Torgau und die großen sächsischen Industriezentren Leipzig und Dresden. Für Neuansiedlungen stellt die Stadt ein gutes Angebot an Bauflächen bereit; Neubürger finden über die zahlreichen Vereine eine schnelle Bindung an die Einheimischen. Kindergärten und Schule zählen genauso zum wichtigen sozialen Umfeld wie zahlreiche Veranstaltungen und organisierte Freizeitaktivitäten; natürlich findet man hier auch ein umfassendes Einkaufsangebot, vielseitige gastronomische Einrichtungen und eine hervorragende medizinische Versorgung.

Die 5 000-Einwohner-Stadt ist über 1000 Jahre alt. Sie liegt auf einem Bergrücken direkt an der Elbe. Neben vielen Sehenswürdigkeiten sticht die Bartholomäuskirche besonders heraus: Über ein halbes Jahrtausend ist sie alt; 1522 predigte Luther hier. Neben dem Portal befindet sich das uralte »Nixenkind« – man kennt hier die Sage darüber sehr genau. Gegenüber steht noch ein (von ursprünglich acht) Röhrenbrunnen: Solche Sandsteintröge mit hölzernen Schutzhäuschen dienten früher der Wasserversorgung. Belgern bietet auch in der näheren Umgebung viel Schönes und Sehenswertes: Der Landschaftspark Treblitzsch befindet sich nur zwei Kilometer entfernt; er ist eine dendrologische Kostbarkeit von 5 ha Größe.

Zur Stadt gehören die Ortsteile Mahitzschen, Döbeltitz, Ammelgoßwitz, Treblitzsch, Liebersee, Dröschkau, Plotha, Staritz, Seydewitz, Oelzschau, Wohlau, Bockwitz, Lausa, Kaisa, Neußen und Puschwitz. Es sind Orte im Umland zwischen der Dahlener Heide bis an die Auen der Elbe. Die historischen Ursprünge sind fast identisch – dennoch hat jeder Ortsteil seinen eigenen prägenden Charakter. Da gibt es typische Heidedörfer und ebenso typische Flussdörfer.

Oschatzer Altmarkt (als Kaufmannssiedlung im 12. Jahrhundert entstanden); nach der Umgestaltung des Platzes 2004 wurde durch den Steinmetz Joachim Zehme der Brunnen geschaffen.

Oschatz – eine gewichtige Stadt in Sachsen

Nicht nur im einzigen Waagenmuseum Mitteldeutschlands kann der Besucher eine Vielzahl interessanter Waagen aus mehreren Jahrhunderten betrachten, Oschatz bringt auch sonst viel auf die Waage.
Der sanierte historische Stadtkern löst bei den Besuchern Bewunderung aus. Das Rathaus mit seinem herrlichen, vom bekannten Dresdner Baumeister Gottfried Semper projektierten Renaissance-Giebel, schöne Bürgerhäuser, einer der ältesten Gasthöfe in Sachsen, das »Gasthaus zum Schwan«, und der mittelalterliche Brunnen prägen den Marktplatz.
Weithin sichtbar sind die 75 Meter hohen Doppeltürme der Stadtkirche St. Aegidien. Der Besucher sollte auf jeden Fall die 199 Stufen im Südturm erklimmen und die historische Türmerwohnung entdecken. In luftiger Höhe erfährt man vieles über das Leben der ehemaligen Türmerfamilie und wird mit einem weiten Blick über die Stadt und das reizvolle Umland belohnt. Inmitten des schönen historischen Stadtkerns befindet sich das sehenswerte Stadt- und Waagenmuseum.
Im Komplex der mittelalterlichen Rats- und Amtsfronfeste mit Stadtmauer, Wehrgang und begehbarem Wachtturm befindet sich eine interessante Ausstellung zur Stadtgeschichte und zum bäuerlichen Wohnen sowie eine in Sachsen einzigartige Spezialausstellung zur Entwicklung des Waagenbaues von den Anfängen der Waage bis hin zur modernsten elektronischen Wägeeinrichtung. Zum intensiven Betrachten, Nachdenken und Verweilen lädt der neu geschaffene Brunnen am Altmarkt ein. Dieser verkörpert nicht nur vier Jahreszeiten, vier Himmelsrichtungen, vier Tageszeiten und vier Lebensalter, er verbirgt noch manchen Schatz, den es zu entdecken gilt.
Der O-Schatz-Park bietet Erlebnis für Groß und Klein. Aus dem ehemaligen Gelände der sächsischen Landesgartenschau 2006 entstand dieser eintrittsfreie Familienpark mit attraktiven Angeboten. Neben der Fitness-

Oschatzer Neumarkt (das Marktensemble ist eines der schönsten in Sachsen); Brunnen (1589), Rathaus nach Plänen des Baumeisters Gottfried Semper im Renaissancestil wieder aufgebaut und doppeltürmige St. Aegidienkirche im Hintergrund.

gleitpiste, die Schlittschuhspaß ganzjährig ermöglicht, dem Tierpark, der E-Cart-Bahn und der modernen Skatepoolanlage lädt der Rosensee an warmen Tagen zum Gondeln ein. Von April bis Oktober ermöglichen ein moderner Camping- und Caravaningplatz sowie das Europäische Jugendcamp mit 6 Bungalows Übernachtungsmöglichkeiten direkt neben dem Freizeit- und Erlebnisbad Platsch.

Das »Platsch« bietet Badespaß und Saunawelt für große und kleine Wasserratten mit vielen Attraktionen. Neben den verschiedenen temperierten Innenbecken wie Kleinkinderbecken mit Kinderkarussell und Elefantenrutsche, Nichtschwimmerbecken mit Breitrutsche und Schwimmerbecken mit Strömungskanal stehen ein beheiztes Sole-Außenbecken mit 32 Grad C Wassertemperatur, Sprudelliegen und Wasserfall sowie eine Whirlgrotte zur Verfügung. So richtig austoben können sich große und kleine Baderatten in dem einzigartigen Rutschen-Eldorado, einer Rutschenanlage mit 4 großen Röhrenrutschen. Entspannung garantiert die attraktive finnische Saunalandschaft mit Feuer- und Erdsauna sowie dem Ruhehaus. Relaxen kann man außerdem im Dampfbad, Solarium, der Trocken- oder Aufgusssauna. Der Wellnessbereich lädt bei wohltuenden Massagen zum Verwöhnen ein.

Ein besonderes Erlebnis ist eine Fahrt mit der Schmalspurdampfeisenbahn, liebevoll »Wilder Robert« genannt. Diese fährt von Oschatz nach Mügeln und Glossen und freut sich über viele mitfahrende Gäste. Auch kulturell hat Oschatz einiges zu bieten. Zahlreiche Veranstaltungen verschiedener Genres locken in die Stadthalle, das »Thomas-Müntzer-Haus«.

Zum Wandern, Radfahren und Reiten bieten die Naherholungsgebiete Dahlener Heide und Wermsdorfer Wald gut ausgebaute Routen. Der Gast findet gute Hotels und Pensionen zur Übernachtung vor und kann eine gepflegte Gastronomie erwarten. Oschatz lädt zum Entdecken und Erholen ein!

Rathaus von Mügeln seit 1395; davor Markt mit Marktbrunnen

Stadt Mügeln

4 770 Einwohner leben gegenwärtig in der kleinen Stadt Mügeln im Landkreis Nordsachsen auf 23,06 qkm. Zur Stadt zählen auch die zehn Ortsteile Berntitz, Grauschwitz, Lüttnitz, Mahris, Niedergoseln, Ockritz, Oetzsch, Schweta, Wetitz und Zschannewitz. Verkehrsmäßig besteht per Straße eine gute Anbindung an die A 14 über die Anschlussstelle Leisnig–Mügeln (7 km) sowie regelmäßige Busverbindungen nach Oschatz, Wermsdorf, Dahlen, Torgau, Leisnig, Döbeln; Eisenbahnanschluss (Strecke Dresden–Leipzig) besteht ab Oschatz; die Flughäfen Halle–Leipzig und Dresden sind problemlos erreichbar. Wirtschaftlich gesehen sind Handwerk, Baugewerbe, chemische Industrie, Keramik und Maschinenbau dominant; ein großes Gewerbegebiet befindet sich in Mügeln-Schweta.

984 wurde Mügeln als »Mogilin« erstmals in der Chronik Thietmars von Merseburg genannt – 2009 kann man hier das 1 025-»Jährige« feiern. In der Anfangszeit war Mogilin ewiger Zankapfel zwischen Otto III. und Boleslaw von Böhmen. Dann tritt eine relativ friedliche Phase ein, in der auch Kirchen gebaut werden – um 1236 die St. Johanniskirche in Mügeln. 1261 entsteht Schloss »Ruhethal«, 1325 wird der Gebrauch der sorbischen Sprache bei Strafe verboten. In diesen Jahren wirkt der bedeutende Minnesänger Heinrich von Mügeln am Hofe Karls IV. in Prag. Stadtmauer und eigene Ratsverfassung sind Ergebnisse einer kurzen Friedensperiode, ehe 1428 die Hussiten Teile der Stadt abbrennen und viel Unglück bringen. 1547 zieht Karl V. auf dem Weg zur Schlacht bei Mühlberg im Schmalkaldischen Krieg durch Mügeln. 1726 wird eine Postdistanzsäule errichtet, die noch heute von damaligen Entfernungen berichtet. 1812 zieht Napoleon mit der »Grande Armee« gen Russland durch Mügeln; ein Jahr danach bezieht der russische Oberst Brendel mit einer Kosakenbrigade Biwak bei Mügeln – er wird wenig später Stadtkommandant in Leipzig. Verwundete Soldaten finden während und nach der Völkerschlacht Aufnahme im Wermsdorfer Schloss. 1861 wird der spätere Dr. Schmorl in Mügeln

Silhouette Mügelns vom Norden her gesehen mit Kirche St. Johannis und Schloss »Ruhethal«

geboren; er wird beteiligt sein an der Entdeckung bisher unbekannter Krankheiten. Die 2. Hälfte des 19. Jh. ist geprägt durch die Industrielle Revolution: Ölgasanstalt, Straßenbeleuchtung, Feuerwehr, Telegrafenstation, Kleinbahn, Ofenfabrik, Chemische Fabrik »Lipsia«, Großmolkerei, Kartoffelflockenfabrik, Schuhfabrik … das ließe sich weiter fortsetzen. Im 20. Jh. wird mehrere Male vom großen Hochwasser berichtet und die Verluste beklagt: 1962, 1977, 2002 und zuletzt 2006. Die Wirtschaft hat sich in Mügeln nach 1990 wieder etabliert; traditionell ist sie seit jeher eine Handwerkerstadt mit Industrie gewesen. 1925 entstand der größte Schmalspurbahnhof Europas. Dazu gesellten sich später Reparaturwerkstätten für Nutzfahrzeuge und Pkw; auch die Landwirtschaft hat eine lange und bedeutende Tradition. Die größten Firmen der Stadt sind heute die Chemischen Werke Kluthe, die RuKa Ofenkachelfabrik, die Mügelner Maschinenbau GmbH, die Fischer-Nutzfahrzeuge GmbH und die Ausbau Mügeln GmbH. Auch in Mügeln und seinen Ortsteilen finden übers Jahr zahlreiche Feste statt; besonderen Zuspruchs erfreuen sich das Schützen- (Mai) und das Altstadtfest (August); in Schweta ist es das Parkfest im Juni, ferner monatliche Veranstaltungen im Bürger- und Ratssaal, regelmäßig stattfindende Kirchenkonzerte, Weihnachtsmarkt usw.

Die Döllnitzbahn hat sich wieder zum Publikumsmagneten entwickelt: Im Norden Sachsens, direkt an der ersten deutschen Ferneisenbahnstrecke Leipzig–Dresden, beginnt in Oschatz die Strecke des »Wilden Robert«. Seit über 120 Jahren sind die Züge der kleinen Bahn entlang der Döllnitz zwischen Oschatz und Mügeln unterwegs; an Schultagen pendeln sie elegant mit einer vorgespannten Diesellok täglich zwischen beiden Städten; mitunter schnauft auch eine 90-jährige Dampflok durch die schöne Landschaft. Als Wohnstandort ist Mügeln mit den Ortsteilen gut ausgestattet; hier sind sehr schöne und interessante Wohngebiete in ebensolcher Lage ausgewiesen. Als Grundzentrum erfüllt das Städtchen wichtige Ausgaben in der Region, als Verkehrsknotenpunkt ebenfalls.

Dorfteich im Ortsteil Ablaß

Gemeinde Sornzig-Ablaß

Diese Gemeinde besteht seit dem 1. Januar 1994; sie setzt sich aus 19 Ortsteilen mit etwa 2 300 Einwohnern zusammen (Ablaß, Baderitz, Gaudlitz, Glossen, Grauschwitz, Kemmlitz, Lichteneichen, Nebitzschen, Neubaderitz, Neusornzig, Paschkowitz, Pommlitz, Poppitz, Querbitzsch, Remsa, Schleben, Seelitz, Sornzig und Zävertitz). Die Gemarkungsfläche beträgt 3 188 ha; die Gemeinde liegt im Mittelsächsischen Lößhügelland mit großangelegten Obstplantagen, Wiesenflächen (entlang der Döllnitzaue) und im Landkreis Nordsachsen.
Die Autobahnabfahrt (A 14) »Leisnig-Mügeln« befindet sich in etwa 4 km Entfernung; Busverbindung besteht nach Wermsdorf, Mügeln, Döbeln und weiter; die Bahnstrecken in ca. 25 km Entfernung (Leipzig–Riesa–Dresden) mit Halt in Oschatz und 30 km (Chemnitz–Döbeln–Dresden) mit dem Bahnhof Döbeln. Als Flughäfen empfehlen sich sowohl Leipzig-Halle als auch Dresden; Elbehäfen sind Torgau, Riesa, Dresden, und Autoelbfähren gibt es in Belgern, Dommitzsch, Strehla. Seit 1936 wurden kleine Dörfer durch Eingemeindung zusammengefügt. 1303 gab es die erste urkundliche Erwähnung – 2008 sind das somit 705 Jahre … »Opylos« hieß der Ort damals, später »Applei« und Jahrzehnte wiederum danach schließlich »Ablaß«. Die Namensdeutung des altslawischen Wortes bedeutet »brachliegendes Land, Lehde«. Bauern wurden angesiedelt und die Viehzucht intensiviert. Bereits in der Gründerzeit wurde eine Kirche gebaut; 1539, nach Einführung der Reformation, wurde sie ev.-luth. Aus jenen Tagen stammt auch die wunderschöne Bogenmalerei »St. Christophoros«, ferner das Sakramentshäuschen (1517) und beide Glocken. Kriege und Brandschatzungen gingen hier quasi vorbei, so dass auch das Pfarrarchiv unversehrt blieb und noch heute einen umfassenden Einblick in die Historie gewährt. Das reizvolle »Obstland« unterhält seit 1955/1989 eine enge Verbindung zu Dorum im schönen Wurster Land an der Weser-Mündung. Traditionsreiche und neue Unternehmen haben sich längst auf die neuen Herausforderungen eingestellt. Die Obstland AG, Kaolinwerke und andere Unternehmen ste-

Kloster Marienthal im Ortsteil Sornzig

hen hierfür. Baderitz und Neubaderitz, 1221 erstmals erwähnt, sind altsorbischen Ursprungs. Von der einstigen Burg sind im 19. Jh. Mauerreste freigelegt worden. 1970 kamen diese Orte zu Sornzig. Gaudlitz (1243 Gudelitz) besitzt die »Kranichau«, die einzige naturnahe Waldlandschaft im Mügelner Gebiet. 1956 zu Sornzig eingemeindet, hat der Ort heute 64 Einwohner und eine Flächengröße von 144 ha. Glossen (1013 Glussi) wurde später Lehen der Meißner Burggrafen. 1929–90 war hier die Produktionsstätte eines Silikat-Steinbruchs; 1870 eröffnete das Kemmlitzer Kaolinwerk den Tagebau Gröppendorf; heute hat das Dorf etwa 300 Einwohner. Grauschwitz (1206) ist als Rundweiler errichtet worden und wurde 1976 nach Ablaß eingemeindet; bemerkenswerte Bodendenkmale sind vorhanden. Kemmlitz (1341 Kemmicz) ist abgeleitet vom Namen des »Steinbaches«; heute noch wird Kaolin abgebau, und der Ort ist an die Schmalspurbahn Mügeln–Neichen (Wilder Robert) angeschlossen. Lichteneichen ist Ende des 18. Jhts. entstanden und hat etwa 100 Einwohner. Nebitzschen (1439) hat etliche bronzezeitliche Funde aufzuweisen; Neusornzig entstand aufgrund eines Kaolinfundes im Fichtengraben. Die Streusiedlung lieferte bis 1964 Kaolin für die Porzellanmanufaktur Meißen. Paschkowitz ist eine slawische Weihersiedlung; Pommlitz (1378) ebenfalls; später kam ein Rittergut hinzu. Poppitz (1350) hat heute nur noch etwa 20 Einwohner, und Querbitzsch (1272) ist noch älter. Etliche Drei- und Vierseithöfe künden von einstigem Wohlstand. Remsa wurde 1350 ersterwähnt; Schleben bereits 1180, Seelitz 1350 und Sornzig 1218: In dieser Zeit wurde auch das Zisterzienser-Nonnenkloster Marienthal gegründet, das heute das »Europäische Bildungszentrum Kloster Sornzig« beherbergt. Am 3. August 2003, genau 110 Jahre nach dem Umbau zur Klostergärtnerei Sornzig durch den Leipziger Justizrat Ludolf Colditz, wurde von seinem Urenkel in den historischen Gebäuden dieses Zentrum eingeweiht – ein Höhepunkt in der Geschichte der noch jungen Gemeinde.

Sächsisches Burgen- und Heideland – 1000 Jahre Geschichte an 100 Flusskilometern

Vielgestaltig sind die Landschaftsformen. Ein bestimmendes Element ist der Löß, aus dem einzelne Porphyrgesteinskuppen inselförmig herausragen. Die Vielgestaltigkeit der Landschaft bietet Sehens- und Wissenswertes für die unterschiedlichsten Interessen und Neigungen – Ruhe und Erholung für den Wanderfreund, Aufregendes für den Botaniker und Geschichtsfan, auch der Wintersportler geht nicht leer aus. Und ... natürlich: Die Burgenromantik gehört als unverzichtbarer Bestandteil zu dieser Landschaft mit ihrem ganz eigenwilligen Charme und den reizvollen Heideregionen im Norden, der Dahlener und der Dübener Heide, wo heutzutage wieder der Biber seine Burgen baut – all dies prägt den unnachahmlichen Charakter einer der interessantesten mitteleuropäischen Kulturlandschaften.

Die Freiberger Mulde entspringt im tschechischen Moldova, auf dem Kamm des Osterzgebirges in 830 m Höhe und geht bis zur Mündung in die Zwickauer Mulde bis auf 130 Höhenmeter zurück. Am Oberlauf bildet sie ein tief eingeschnittenes Kerbsohlental mit kurzen Talerweiterungen; im Mittellauf – etwa von Freiberg bis Döbeln – verläuft sie weiterhin in einem bewaldeten Kerbsohlental, das aber nicht mehr so eingetieft ist. Am Unterlauf bildet sie dann ein flaches Sohlental mit relativ geringem Gefälle und breiten Auen; die Wälder treten jetzt zugunsten von fruchtbarem Wiesen- und Weideland zurück, Flora und Fauna werden artenreicher. Es ist eine geschichtsträchtige Gegend, die weit vor anderthalbtausend Jahren besiedelt wurde. Vor allem aber gibt es jede Menge Zeugnisse des Bergbaus, seit man 1168 den ersten Silberfund in Freiberg machte. Dazu gehören auch weitverzweigte Floßgrabensysteme.

Das Sächsische Burgenland erreicht die Mulde bei Roßwein, einem Städtchen mit architektonischen Kleinoden: Rathaus, Tuchmacherhaus, Sitznischenportal am Markt sind Beweise einstigen Bürgerstolzes. Die Stadt Döbeln wurde ursprünglich auf einer Muldeninsel erbaut (um 981 mit Burg erwähnt); die alte Mark Meißen reichte bis an die Stadt heran. Hier mündet die Zschopau in die Mulde, das Barockschloss Choren liegt ganz in der Nähe. Westewitz ist inzwischen 780 Jahre alt. Südlich der Mulde liegt die kleine Ortschaft Nauhain, in deren Kirche ein Peter-Breuer-Altar (1504) steht.

Leisnig befindet sich auf dem linken Steilufer der Mulde mit dem romantisch auf einem Bergsporn sich befindenden Schloss Mildenstein. Es ist hervorgegangen aus einem ottonischen Burgward, um den später eine Reichsburg errichtet wurde. Der Ort, der unter Wiprecht von Groitzsch um 1083 seine größte Blüte erlebte, beherbergt zahlreiche Sehenswürdigkeiten; die Obstblüte zieht jährlich viele Besucher zum »Leisniger Blütenfest«, ebenso wie die berühmte Jehmlich-Orgel in St. Matthäi. In Podelwitz findet sich ein Wasserschloss aus dem 16. Jahrhundert, in der Nähe das Naturschutzgebiet »Kirstenmühle/Giksteich«, und bei Kössern vereinigen sich beide Mulden.

Die Zwickauer Mulde kommt aus dem Westerzgebirge und tritt hinter Glauchau ins mittelsächsische Burgenland ein. Die Töpferstadt Waldenburg hat ein sehr schönes Schloss mit entsprechendem Park, einen mittelalterlichen Stadtkern und den Grünfelder Park im englischen Stil. Das Waldenburger Muldental ist eine wildromantische Gegend, die viele Überraschungen birgt.

Nächste Stadt ist Penig mit dem Alten Schloss, im 13. Jahrhundert als Wasserburg der Grafen von Altenburg errichtet. Eindrucksvoll ist das Rathaus, das 1545/46 in sächsischer Frührenaissance entstand mit reich geschmücktem Portal und Fenstergewände aus Rochlitzer Porphyrtuff. Lunzenau darf nicht vergessen werden; ein verträumtes Städtchen und ein idyllisch im Wald verstecktes Freizeitparadies. Mit dem Schloss besitzt Lunzenau eine mittelalterliche Kostbarkeit und ein sehenswertes Ausflugsziel zugleich.

Nach dem Göhrener Eisenbahnviadukt, dem drittgrößten in Sachsen, nähern wir uns Wechselburg. Die katholische Kirche ist eine berühmte romanische Pfeilerbasilika, in der evangelischen steht eine Orgel des Silbermann-Schülers Schramm. Wechselburg ist Umsteigebahnhof auf eine malerische Eisenbahnstrecke via Chemnitz mit herrlicher Südhanglage entlang der Chemnitz, die bei Wechselburg in die Zwickauer Mulde mündet.

Der 353 m hohe Rochlitzer Berg und die gleichnamige ehemalige Stadt grüßen bereits. Hier wird noch heute der »sächsische Marmor«, der durch Silikateinschüsse marmorierte Porphyrtuff, abgebaut; er schimmert fleisch-

rot und bräunlich bis violett. Überall in Sachsen fand und findet man ihn an Bauwerken, Postmeilensäulen und anderswo. Das landschaftlich reizvolle Tal der Mulde durchquert bei Rochlitz, das auf einer Flussterrasse liegt, das hügelige Erzgebirgsvorland. Die mächtige Burg mit den beiden Türmen, den »Jupen«, hat ihren Ursprung bereits 995.

Auch über Colditz ragt ein prächtiges Schloss. Die Kleinstadt beiderseits der Mulde ist 745 Jahre alt. Der »Colditzer Forst« ist ein ansehnliches Waldgebiet von 2 500 ha und mit schönen Wandermöglichkeiten ausgestattet. Hier wechselt das muldenländische Porphyrhügelland in das Erzgebirgsvorland; es entspringt die Parthe, ein Auenflüsschen, das nach 57 km bei Leipzig in die Elster mündet. Robert Schumann weilte gern hier. Unmittelbar an Colditz schließt sich Zschadraß an. Das Colditzer Muldenland ist geformt durch beide Flüsse; auf Semuther Flur beginnt die nun vereinigte Mulde ihren Lauf, den sie nach weiteren 124 km bei Dessau beendet, wo sie in die Elbe mündet. Der Fluss stößt bei Grimma noch einmal gegen schroffe Felsen und dehnt sich dann in die Weite der Auenlandschaft. Grimma hat in seiner 1550 gegründeten Fürstenschule etliche große Häupter hervorgebracht. Das ehemalige Kloster der Zisterzienserinnen in Nimbschen liegt nur 2 km entfernt. 1523 flohen von hier Katharina von Bora (1499–1552), Luthers »Käthe«, mit 7 Nonnen; ihre Zukünftiger hatte in Grimma bereits 1516 wider den Ablass gepredigt.

Breit und gemächlich ist der Muldenlauf zwischen Wurzen und Eilenburg; auch hier gibt es etliche Schlösser und andere Sehenswürdigkeiten, diejenigen in Brandis und Machern auf jeden Fall. Machern auf dem Höhenrücken zwischen Mulde und Parthe ist von Wald umgeben; im Schloss, einem Renaissancebau von 1566, weilten illustre Persönlichkeiten. Wurzen ist die Stadt der Türme, die weit sichtbar in die Leipziger Tieflandsbucht ragen. Vorbei geht die Muldentour an Schloss Zschepplin via Eilenburg. Die Stadt hat mit dem Renaissancerathaus, dem Sorbenturm und der einzigen Flachlandskisprunganlage Sachsens beachtliche Attraktionen aufzuweisen. Vorbei fließt die Mulde am Schloss Hohenprießnitz, an der Burg Düben gen Dessau. Sie fließt vorbei an saftigen Wiesenflächen mit schier unerschöpflichem Blumenflor, der einer von der Natur angelegten üppigen Parklandschaft gleicht. Dahlener und Dübener Heide sind erreicht – das Sächsische Heideland.

Das Sächsische Burgenland wäre unvollständig, erwähnte man nicht die »übrigen« Landschaftsgebiete. Nördlich Chemnitz liegt das sehr reizvolle und kulturhistorisch interessante Zschopautal bei Mittweida. Das Flüsschen hat sich bis zu 70 m tief in die Hänge eingegraben und diesrart eine wildromantische Flusslandschaft geschaffen. Schroffe Felsen, enge Täler, bewaldete Höhen, sanfte Auen … alles wechselt mitunter sehr schnell. Zahlreiche Burgen und Schlösser künden von einstiger Bedeutung und Machtausübung; die bekannteste und besterhaltene ist zweifellos die in Kriebstein, auf einem Felssporn errichtet – die gleichnamige Talsperre gilt als landschaftlich schönster Stausee Sachsens.

Die Stadt Mittweida ist besonders durch ihr Technikum, das 2007 140 Jahre alt wurde, bekannt, Studenten waren Alfred Horch und Friedrich Opel. Nicht weit entfernt liegt die ehemalige Kreisstadt Hainichen; sie ist Ausgangspunkt für ausgedehnte Wanderungen in die nahen Täler der Striegis. In Frankenberg fand man zuerst Silber; später siedelten sich Leineweber und Tuchmacher an. Herrliche Sicht hat man im nahen Lützeltal; hier wie in den Striegistälern lässt sich gut wandern. Unweit der Zschopau, zwischen dieser und der Mulde, liegt die »Stuhlbauerstadt« Geringswalde. Im nahen Schweikershain steht eine Silbermannorgel, in Hermsdorf ein Ladegast-Instrument. Waldheim war bekannt eines der schlimmsten Zuchthäuser der DDR, der ältesten Justizvollzugsanstalt Sachsens. Der Ort, der trotzdem als »Perle des Zschopautales« bezeichnet wird, besticht durch seine Jugendstilgebäude und seine Eisenbahnviadukte. Man muss auch reden über die weiter links von der Mulde liegenden Sehenswürdigkeiten, die das Sächsische Burgenland attraktiv machen: Die Burg Gnandstein, mit spätgotischer Kapelle, deren Altäre aus der Riemenschneider-Schule wertvollste Schnitzkunst verdeutlichen und von Peter Breuer stammen; der romantische Palas der Burg, Zwinger und Bergfried. Bad Lausick ebenfalls, die Kurstadt vor Leipzig und Heilwasser mit hohem Mineralwert; selbstverständlich Burgstädt, Hartha und Geithain; Kohren-Salis, die Töpferstadt; Frohburg mit seinem Schloss und Wandgemälden von Kaaz, Burgstädt darf nicht in unserer Liste fehlen, die Kleinstadt im Zentrum Sachsens, mit einem interessanten Landschaftsschutzgebiet. Malerische Fluss- und Bachtäler sowie sanfte Hügel wechseln in der gesamten Region einander ab. Das gesamte Sächsische Burgen- und Heideland ist eine Landschaft mit ganz eigenen Reizen: Flussläufe der beiden Mulden, der Zschopau, Striegis, Chemnitz, Parthe – sie durchfließen diese Landschaft. Weite Felder, Flussauen, enge Täler mit schroff abfallenden Felswänden … das ist ein nie zu vergessendes Erlebnis und die Abenteuer- wie Entdeckungslust weckend.

Landkreis Mittelsachsen

Der Landkreis Mittelsachsen wurde zum 1. August 2008 im Zuge der Kreis- und Funktionalreform im Freistaat Sachsen aus den ehemaligen Landkreisen Döbeln, Freiberg und Mittweida gebildet.

Altlandkreis Mittweida
Im westlichen Teil Sachsens gelegen, grenzt der Kreis im Norden an den ehemaligen Muldentalkreis und den ehemaligen Landkreis Döbeln, im Osten an den jetzigen Landkreis Meißen (vormals Kreise Meißen und Riesa-Großenhain), im Süden an die ehemaligen Freiberg, Chemnitzer Land, Stadt Chemnitz sowie im Westen an Thüringen und den Altlandkreis Leipziger Land (jetzt Landkreis Leipzig). Auf einer Fläche von rund 773 qkm leben ca. 128 000 Menschen. Die zentral gelegene Stadt Mittweida ist Verwaltungssitz für die 23 Gemeinden.
Das Landschaftsbild mit seinen sanften Hügeln, weiten Auen und schroffen Felswänden wird hauptsächlich geprägt durch die den Kreis querenden Flüsse Zwickauer Mulde, Zschopau, Chemnitz und Striegis. In einer Höhe von 353 m und damit weithin sichtbar erhebt sich im Nordwesten des Gebietes der Rochlitzer Berg. Vor etlichen Millionen Jahren noch ein Vulkankegel, erstarrten die Glutmassen des Berges zu dem bis in die Gegenwart weit über die Landesgrenzen hinaus bekannten Porphyrtuff, Der »sächsische Marmor«, wie dieses Gestein landläufig auch gerne bezeichnet wird, ist seit dem 12. Jahrhundert ein begehrtes Baugestein. Früher Baustein für Burgen, Schlösser, Kirchen, Rat- und Bürgerhäuser, findet er heutzutage vorrangig Anwendung bei der denkmalgerechten Sanierung von Gebäuden und Brücken.
Eingebettet in die hügelige Vorerzgebirgslandschaft sind gepflegte Städte und Dörfer, kulturhistorisch bedeutsame Burgen, Schlösser, Kirchen, Mühlen und immer wieder die für die gesamte Region typischen Vierseithöfe. Zahlreiche Bauten und andere Zeitzeugen belegen eine bis zu tausendjährige Siedlungsgeschichte dieses Landstriches. Insgesamt gesehen ist es eine attraktive Region im Sachsendreieck zwischen Dresden, Leipzig und Chemnitz.
Die Wirtschafsstruktur im Dreieck ist geprägt durch Industrie und Landwirtschaft. Gewerbegebiete an Autobahnen und Bundesstraßen profitieren von den günstigen Verkehrsanbindungen in alle Richtungen, die da sind A 4, B 169 und B 180, B 95, B 107, B 175 und B 7, rund 50 km von der Kreisgrenze entfernt die Flughäfen Dresden-Klotzsche und Halle/Leipzig. In der Kreisstadt Mittweida konzentriert sich das Innovations- und Technologiepotenzial der Region. Die günstige territoriale Lage, die Nähe zu den Großstädten, die reizvolle Landschaft, ein breites Spektrum an Bildungs- und Gesundheitseinrichtungen sowie vielfältige kulturelle und gastronomische Angebote machen den Kreis zu einem attraktiven und begehrten Arbeits- und Wohnort sowie zu einem Anziehungspunkt für Touristen.
Zwischen Rochlitz und Thierbach-Zinnberg im Muldental, das ein Teil des mittelsächsischen »Tal der Burgen« ist, laden die Schlösser Rochlitz und Rochsburg mit ihren eindrucksvollen Museen zu Sonderausstellungen, Konzerten und sonstigen kulturellen Veranstaltungen in historischer Umgebung ein. Die Basilika in Wechselburg zählt zu den besterhaltenen romanischen Bauwerken. Sehenswert sind auch der Wechselburger Schlosspark und der Eisenbahnviadukt in Göhren, der die Zwickauer Mulde in einer Höhe von 68 m überspannt.
Bei einer Wanderung von Rochsburg nach Penig über Amerika erreicht man die weitverzweigten Peniger Kellerberge. Burgstädt ist ein über 500 Jahre altes Städtchen mit einem mittelalterlichen denkmalgeschützten Stadtkern und dem weithin sichtbaren Wahrzeichen, dem Taurasteinturm. Mittelpunkt des Zschopautales ist eine der schönsten Talsperren Sachsens, die Kriebsteintalsperre. In unmittelbarer Nähe erhebt sich hoch über dem Zschopautal die Burg Kriebstein. 1384 erstmals urkundlich erwähnt, zählt sie heute zu den bedeutendsten Burganlagen Deutschlands. Ebenfalls nicht wegzudenken aus der Landschaft zwischen Zschopau und Striegis sind weitere kulturhistorische Denkmäler wie Schloss Sachsenburg, die Dorfkirchen in Sachsenburg und Pappendorf sowie die dortige Steinbogenbrücke. Auch ein Besuch der Stadt Hainichen, Tuchmacherstadt und Geburtsort des Fabeldichters Christian Fürchtegott Gellert, lohnt sich. Im denkmalgeschützten Stadtkern von Mittweida gibt es weitere Sehenswürdigkeiten zu bestaunen, beispielsweise die Stadtkirche »Unserer Lieben Frauen«, das Museum am Kirchberg, alte Bürger- und Handwerkerhäuser verschiedener Stilepochen.
Für das leibliche Wohl von Besuchern und Touristen sorgt eine gepflegte Gastronomie in der gesamten Region. Hotels und Pensionen laden zum längeren Verweilen ein. Urlaub für Familien mit Kindern auf Bauernhöfen ist ebenfalls möglich.

Blick vom Marktplatz auf den Brunnen und das Rathaus von Mittweida.

Mittweida

Die 800 Jahre alte Kreis- und Hochschulstadt im romantischen Zschopautal liegt im Erzgebirgsvorland, nördlich von Chemnitz, berührt von drei Landschaftsschutzgebieten – in einer kulturhistorisch interessanten Gegend. Der traditionelle Wirtschaftsstandort Mittweida besitzt günstige Bedingungen für Existenzgründer und ansiedlungswillige Unternehmen. Ein wichtiger Wirtschaftsfaktor ist vor allem die Hochschule Mittweida, University of Applied Sciences (FH), die bereits 1867 als Technikum gegründet wurde und seitdem durch viele berühmte Absolventen den Namen Mittweida weltweit bekannt gemacht hat. Klein-, Mittel- und Handwerksbetriebe, vor allem im Bereich Metallverarbeitung, Elektronik, technische Textilien und Holzverarbeitung, sind in der Stadt ansässig.

Hohe Erwartungen werden in die Dienstleistungsbranche und in den Tourismus gesetzt. Mittweida hat viel zu bieten. Die unter Denkmalschutz stehende Altstadt mit der spätgotischen Stadtkirche »Unser Lieben Frauen« und dem Museum »Alte Pfarrhäuser« mit dem Johannes-Schilling-Haus, ein privates Raumfahrtmuseum, gepflegte Parkanlagen, gemütliche Gaststätten, nette Gastgeber sowie gute Einkaufsmöglichkeiten ziehen viele Besucher an.

Die landschaftlich sehr reizvolle Gegend mit den drei Landschaftsschutzgebieten und einem gut ausgebauten Wanderwegenetz direkt vor den Toren der Stadt ist ein Geheimtipp für Erholungsuchende. Die neun Kilometer lange Talsperre Kriebstein sowie die mittelalterliche Burg Kriebstein als die schönste Ritterburg Sachsens gehören seit vielen Jahren zu den Besuchermagneten im Freistaat.

Weitere Attraktionen im Zschopautal sind das Besucherbergwerk »Alte Hoffnung Erbstolln« und die Erzbahn in Schönborn-Dreiwerden sowie das originalgetreu rekonstruierte Wasserkraftwerk im Ortsteil Neudörfchen, ein produzierendes technisches Denkmal.

Die allseits beliebte Wasserskianlage im Indu-Park

Rossau stellt sich vor

Die flächenmäßig sehr große Gemeinde (51,3 qkm) gehört mit ihren acht Ortsteilen Greifendorf, Hermsdorf, Moosheim, Niederrossau, Oberrossau, Weinsdorf (mit Liebenhain), Seifersbach sowie Schönborn-Dreiwerden und mit insgesamt rd. 3 800 Einwohnern seit 2008 zum Landkreis Mittelsachsen. Aufgrund der intakten Infrastruktur und ihrer günstigen Lage hat die Gemeinde an Attraktivität gewonnen, steigende Geburtenzahlen, Bauanfragen und die rege Bautätigkeit beweisen das. Große, gut ausgebaute Vierseitenhöfe, schöne Eigenheime und wertvolle historische Bausubstanz gehören zum Ortsbild ebenso wie moderne Wohngebiete. Stolz sind die Rossauer auf ihre Kirche, die als romanische Saalkirche im 12./13. Jahrhundert entstanden ist, erbaut aus Granit vom Kirchberg. Die um 1660–70 eingebaute Orgel ist eine der ältesten in Sachsen.

Rossau liegt im Herzen des Freistaates Sachsen, im Städtedreieck zwischen Chemnitz, Dresden und Leipzig. Über 14 000 ha des Territoriums sind mit Wäldern bedeckt, welche zunehmend auch touristisch genutzt werden. Die bekannte »Radrennbahn« im Rossauer Großwald soll in den nächsten Jahren, gemeinsam mit der »Wasserskianlage« im Gewerbegebiet »Indu-Park«, weiter ausgebaut werden. War früher die Landwirtschaft der einzige Arbeitgeber, so gehören heute auch viele mittelständische Unternehmen dazu, welche sich in drei großen ausgewiesenen Gewerbegebieten angesiedelt haben. Drei landwirtschaftliche Genossenschaften und mehrere private Landwirte bewirtschaften große Flächen in bester Qualität. Im, an der Zschopau gelegenen, Ortsteil Schönborn-Dreiwerden war früher der Erzbergbau angesiedelt. Fleißige Hobbybergleute erhalten die historischen Anlagen, und eine symbolische Erzbergbahn zeigt den Besuchern ein Teilstück des Weges, welchen die abgebauten Erze zu ihrer Weiterverarbeitung transportiert wurden. Die Besucher werden zum Stollen gefahren und erleben dabei ein Stück des herrlichen Landschaftsschutzgebietes des »Mittleren Zschopautales«. Rossau ist ein lohnenswertes Besucherziel und erwartet seine Gäste.

Gaststätte »Ritterhof«

Altmittweida

Topografisch und geologisch im mittleren Erzgebirgsvorland gelegen, erstreckt sich der Ort (2 100 Einwohner) über etwa 5 km entlang der Verkehrsachse Mittweida–Burgstädt zwischen dem schönen Zschopautal und dem reizvollen Chemnitztal. Altmittweida ist ein altes Reihendorf mit Waldhufenflur. Deutlich kann man noch heute das mittelalterliche Dorfbild erkennen. Drei- und Vierseitenhöfe hinterlassen einen tiefen Eindruck. Die Lage des Ortes in einem weiträumigen, leicht geneigten Ackerland verweist auf die Landwirtschaft als hauptsächlichen Wirtschaftszweig, was auch im Wappen der Gemeinde eine prägende Rolle spielt. Der Name bedeutet »mitten im Walde« und leitet sich vom althochdeutschen »widu« (der Wald und die Weide) ab. Zur Landwirtschaft traten ab etwa 1870 nach und nach Handwerk und Gewerbe, noch später die Industrie hinzu (Maschinenbau und Textilindustrie). Heute ist der Ort mit über 130 Gewerbeanmeldungen eine Gemeinde mit moderner Siedlungsstruktur. Die angelegten Baugebiete machen Altmittweida auch für Familien interessant. Unterstützt wird dies auch durch eine außerordentlich günstige Anbindung per Straße und Schiene. Besucher der Gemeinde können sich von der Attraktivität der Gastronomie und des Pensionswesens ebenso überzeugen wie von den Möglichkeiten der sportlichen und Freizeitbetätigung. Objekte wie die Gaststätte »Ritterhof«, »Holzwurm« mit Pension, »An der Reichskrone« und die Pension »Landhaus« mit Sauna verwöhnen ihre Besucher gern und freuen sich über jeden, der reinschaut. Der Sportpark mit Tennisplätzen, Bowling- und Kegelbahnen, die Reiterhöfe »Wittig« und »Pappelhof« laden ganzjährig und im Sommer das Freibad zur Freizeitgestaltung ein. Eine besondere Attraktivität der Gemeinde ist das traditionell jährlich im September stattfindende »Erntedankfest« mit deutschlandoffenem Reit- und Springturnier. Mehr als 10 000 Besucher finden aus diesem Anlass ihren Weg nach Altmittweida und sind jedes Mal begeistert von den sehr umfangreichen landwirtschaftlichen, technischen, informativen, kulturellen und kulinarischen Angeboten.

Johann-Esche-Grundschule im Ortsteil Köthensdorf

Gemeinde Taura

Das Gebiet um Taura wird bereits 892 urkundlich erwähnt. Im Laufe der Jahrhunderte entwickelte sich Taura zu einem großen Waldhufendorf mit eigener Kirche und Schule.

Durch einen öffentlich-rechtlichen Vertrag hat sich die Gemeinde seit 1. März 1994 um den Ortsteil Köthensdorf-Reitzenhain erweitert. Erstmals urkundlich erwähnt wurde dieser Ort 1490, seinerzeit jedoch als Kotmersdorf, Kottensdorf, Kettensdorf und Kethensdorf. War Köthensdorf der Grafschaft Rochlitz zugehörig, kam es dann zur Herrschaft Rochsburg und fiel nach deren Aufteilung durch die Burggrafen Otto und Albrecht 1436 an Penig.

Bis heute wird im Ortsteil Köthensdorf das Gedenken an Johann Esche bewahrt. Am 3. März 1682 geboren, gilt er als der geistige Vater der sächsischen Strumpfwirkerei. Als die Gutsherrin Helene Dorothee von Schönberg am 27.2.1785 für ihre Dorfstrumpfwirkerei in Limbach (heute Limbach-Oberfrohna) das selbständige Innungsrecht erwarb, traten aus der rittergutschaftlichen Domäne Köthensdorf zur Gründungsversammlung 13 Strumpfwirkermeister bei. Bis zur Auflösung der Innung erwarben aus Köthensdorf 232 Meister das Meisterrecht der Strumpfwirker. So bezeichnet man Köthensdorf zu Recht als Strumpfwirkerdorf. 2007 war der 325. Geburtstag und der 255. Todestag Johann Esche's. Die Namensverleihung »Johann-Esche-Grundschule« in Köthensdorf war ein logischer Schritt.

Die östliche Begrenzung findet die Gemeinde Taura im Chemnitzfluss und den sich anschließenden Granulitfelsen. Im Südosten grenzen die Großgemeinde Lichtenau mit den Ortsteilen Auerswalde und Garnsdorf sowie das Oberzentrum Chemnitz mit dem Stadtteil Wittgensdorf an. Nachbarn im Nordosten sind die Gemeinde Claußnitz mit dem Ortsteil Markersdorf und im Westen die Stadt Burgstädt. In ihren Flurgrenzen umfasst die Gemeinde Taura eine Fläche von 1 111 ha. Davon sind 605 ha Ackerland, 265 ha Grünland, 50 ha

Ortszentrum von Taura mit Blick zur St.-Moritz-Kirche

Wald, 44 ha Gartenland und 20 ha Wasserfläche. Ca. 30 ha der Gesamtfläche zählen zum Landschaftsschutzgebiet entlang der Chemnitz.

Tauras Entwicklung zu einem Industriestandort begann im 19. und 20. Jahrhundert. Firmen der Textilbranche wie Unger, Koch und Knott waren weit über unseren Ort hinaus ein Begriff. Mit der Entwicklung der Textilindustrie prägten sich mehr und mehr Handwerk und Handel heraus. Begünstigend auf die Entwicklung wirkten sich die schon seit Beginn des 20. Jahrhunderts existierenden Verkehrsachsen Mittweida–Burgstädt–Limbach-Oberfrohna–Penig, Burgstädt–Chemnitz sowie die Bahnlinien Burgstädt in Richtung Leipzig und Chemnitz aus. Durch die neue dreispurige Autobahn mit ihrer Auf- und Abfahrt in Chemnitz-Glösa ist man in ca. 1 Stunde in der Landeshauptstadt Dresden.

Seit 2001 verbindet ein neuer Fahrradweg unsere beiden Ortsteile. Der Kreiswanderweg führt u.a. durch den Forst und über den Lindenberg Taura. 2007 lebten in der Gemeinde 2 641 Einwohner. 209 Gewerbeanmeldungen zeugen von einer guten Wirtschaftsstruktur. In einer Kinderkrippe, zwei sanierten und modernisierten Kindergärten, im Schulhort, in der Johann-Esche-Grundschule und im Jugendklub werden die Kinder und Jugendlichen unterrichtet und betreut. Das Altenpflegeheim verfügt über 60 Betten; in der im gleichen Grundstück befindlichen ehemaligen Villa sind 6 Wohnungseinheiten für betreutes Wohnen entstanden. Medizinisch versorgt werden die Einwohner von zwei Zahnärztinnen, einer Apotheke und drei Physiotherapeutinnen. Die Gemeindefeuerwehr besteht aus zwei Freiwilligen Feuerwehren. Seit 1990 fühlt sich die Gemeinde wieder verstärkt der Vereins- und Traditionspflege verpflichtet; zahlreiche Vereine im kulturellen, sportlichen und sozialen Bereich sorgen das ganze Jahr für Aktivitäten, zu denen außer besonderen Jubiläen auch abwechslungsreiche Feste zählen, ebenso zwei Weihnachtskonzerte.

Penig in Abendstimmung

Stadt Penig

Die Stadt im mittleren Muldental ist aufgrund ihrer idealen Lage oft Ausgangspunkt für ausgedehnte Wanderungen gen Glauchau oder Rochlitz. Insbesondere die Partie in Richtung Rochsburg hält so manche Sehenswürdigkeit bereit. Dort trifft man auf den Ortsteil Amerika. Der ca. 100-Seelen-Ort wurde 1836 aufgrund der Wasserkraftnutzung für die Wollspinnerei gegründet, die damals nur mittels Boot erreicht werden konnte. Die Überfahrenden sangen: »Ri-ra-rutschika, wir fahren nach Amerika!«. In der Stadt Penig selbst zählt die Stadtkirche »Unser Lieben Frauen Auf Dem Berge« (1476/1515) im spätgotischen Stil unbenommen zu den bedeutendsten Bauwerken. Das dreigeschossige Rathaus wurde nach einem Stadtbrand im Zeitraum von 1715–1717 im Stil der sächsischen Frührenaissance wieder aufgebaut. Das reichgeschmückte Portal, profilierte Fenstergewände aus Rochlitzer Porphyrtuff und zwei Zwerchgiebel machen es zu einem historisch wertvollen Bauwerk. Eine aus dem 13. Jh. stammende Wasserburg wurde im 15. Jh. für die Herrschaft Schönburg als Altes Schloß umgebaut. 1557 wurde es durch das Neue Schloß in seiner Funktion ersetzt. Die Altpeniger Kirche »St. Aegidius« wurde 1157 erstmals urkundlich erwähnt und dient heute als Pfarrkirche für die katholische Kirchengemeinde Penig. Penig war im Mittelalter berühmt für seine Töpferarbeiten. Einst haben hiesige Meister einen überdimensionalen Topf gefertigt, der wie ein Weltwunder bestaunt wurde.

Penig ist eine kleine, ca. 10 000 Einwohner zählende Industriestadt mit traditionsreichen Branchen wie Maschinenbau, Papierindustrie, Blech-, Emaille- und Holzverarbeitung sowie der Veredlung verschiedener thermoplastischer Folien und Spezialpapiere. Gleichwohl sind die ausgeprägten mittelständischen Gewerbe- und Handwerksbetriebe für die Stadt und ihr Umfeld bedeutsam. Die seit Mitte des 15. Jh. nachgewiesene Bautradition hat sich bis in die heutige Zeit erhalten. Mit dieser Tradition verbunden ist auch die Attraktion der Peniger Kellerberge, ein unterirdisches Labyrinth, welches Mitte des 16. Jh. als Lagerstätte für Wein, Lebensmittel und natürlich auch Bier diente.

Seelitz – St. Annen-Kirche

Gemeinde Seelitz

Der Ursprung von Seelitz ist zurückverfolgbar bis in die slawische Zeit. 1174 taucht »Seliz« dann erstmalig in einer Urkunde des Grafen Dedo von Groitzsch-Rochlitz auf, in der er dem Kloster Zschillen (heute Wechselburg) vier Hufen Landes vermacht. Heute besteht die Gemeinde aus insgesamt 24 Ortsteilen, in denen ca. 2 150 Menschen leben: Beedeln, Bernsdorf, Biesern, Döhlen, Fischheim, Gröblitz, Gröbschütz, Kolkau, Köttern, Neudörfchen, Neuwerder, Neuzschaagwitz, Pürsten, Seebitzschen, Seelitz, Sörnzig, Spernsdorf, Städten, Steudten, Winkeln, Zetteritz, Zöllnitz, Zschaagwitz und Zschauitz. Das Territorium der Gemeinde erstreckt sich in einer Hügellandschaft über ein Gebiet von ca. 32 qkm. Das Gemeindegebiet ist verkehrsgünstig über die B 107 (Rochlitz–Chemnitz), die S 250 (Rochlitz–Mittweida) und die B 175 (Rochlitz–Geringswalde) zu erreichen; Busse verkehren bis Mittweida und Chemnitz.

Bereits um 1200 erwähnte man die St. Annen-Kirche als Wahrzeichen von Seelitz. Nach der Hussitenzerstörung wurde sie im gotischen Stil wiederaufgebaut; das Innere ist im Barock umgestaltet worden: sehenswert der Altar, die Lesepulttaufe und die Kanzel von 1771 (Johann Gottfried Stecher), hörenswert die Alfred-Schmeißer-Orgel von 1907. Im ehemaligen Schulhaus eröffnete 2002 die »Evangelische Grundschule im Rochlitzer Land«. Unter elf Vereinen ist der über die Region hinaus bekannte »Reit- und Fahrverein« besonders hervorzuheben; er bietet Reiterurlaub, Kutsch- und Kremserfahrten, eine Reithalle mit angeschlossenem Hotelbetrieb sowie weitere Sport- und Spielmöglichkeiten und ein großzügig angelegtes Reitgelände im Kolkautal. Viele weitere Sehenswürdigkeiten gibt es; so die im teils fränkischen Stil erbauten Fachwerkhäuser oder das Rundlingsdorf Beedeln mit der ältesten Scheune in Sachsen. Im Muldental lockt Sörnzig mit der Hängebrücke; im Kolkautal findet man noch einige Mühlen sowie etliche attraktive Herrenhäuser und ehemalige Rittergüter (Kolkau, Zetteritz, Neu-Taubenheim).

Blick auf die Erlauer Kirche

Gemeinde Erlau

Im Erzgebirgsvorland unweit der Talsperre Kriebstein, zwischen Zschopau und Mulde, liegt Erlau. Die Gemeinde Erlau besteht seit der Gemeindegebietsreform im Jahre 1999 aus den Ortschaften Beerwalde, Crossen, Erlau, Milkau, Naundorf, Neugepülzig, Sachsendorf, Schweikershain und Theesdorf.
Derzeitig wohnen hier 3 650 Einwohner, die Gesamtfläche beträgt 3 774,8 ha. Die Orte sind in Folge der Besiedlung der Mark Meißen vor 700 Jahren als Waldhufendörfer entstanden, deren höchste Erhebung der Steinberg in Erlau mit 320 m ist. Von hier aus bietet sich ein schöner Blick über das Erlbachtal und darüber hinaus Augustusburg, zum Pöhlberg und bei guter Sicht zum Fichtelberg sowie Keilberg.
Im Zentrum von Erlau befindet sich die Kirche mit einem 44 m hohen, als Dachreiter ausgebildeten Turm. Der Baustil deutet auf den Baumeister Arnold von Westphalen, welcher an der Burg Kriebstein, der Stadtkirche Mittweida und der Albrechtsburg Meißen gewirkt hat, hin.
Noch heute sind mehrere Vierseithöfe erhalten. Dieser Baustil ist Ausdruck für den bäuerlichen Fleiß, allerdings ist von den früher vorhandenen Mühlen nichts übrig geblieben, lediglich lokale Bezeichnungen wie »Windmühle« verweisen auf deren ehemalige Existenz. Die Landwirtschaft war und ist ein wichtiger Arbeitgeber in Erlau.
Der Wanderer findet hier vielfältige Möglichkeiten auf ruhigen Wegen, abseits der befahrenen Hauptstraßen, die Wanderziele der Umgebung zu erkunden. Sei es der »Mühlweg« nach Lauenhain an der Talsperre Kriebstein, der Weg zum »Hahnberg« mit seinen aus Cordieritgneis bestehenden Felsen, die Wanderung zum aus Porphyr bestehenden »Rochlitzer Berg« oder entlang der sich durch die Landschaft schlängelnden Bäche.
Die erste urkundliche Erwähnung von Erlau ist für den 25. März des Jahres 1290 festgehalten. Die Besiedlung

Grundschule Erlau

von Erlau erfolgte aus dem fränkischen Raum. Die Anlage des Dorfes als Waldhufendorf lässt diese Annahme zu. Erlau liegt an der Bahnstrecke Chemnitz–Berlin, der Emfangsbau aus dem Jahre 1894 ist noch vorhanden. Beerwalde wird erstmalig in einer Urkunde des Markgrafen Heinrich von Meißen für das Kloster Heusdorf bei Apolda vom 16. März 1285 erwähnt. An die Gründung von Beerwalde erinnert die noch heute erhaltene Wallanlage, mit deren Wassergraben und dem darin befindlichen Burghügel.
Mit dem Bau der Burg Kriebstein durch Dietrich von Beerwalde umd 1400 verlor Beerwalde seine Bedeutung als Herrensitz. Ein Rittergut als Vorwerk der Burg Kriebstein hielt die Verbindung nach Beerwalde aufrecht. Schweikershain war über Jahrhunderte Rittergutssitz, die Schülerin des Pädagogen Fröbel, Bertha von Mahrenholtz-Bühlow, die das Erbe ihres Lehrers in Sachsen propagierte, fand eine würdige Förderin in Pauline von Nostiz-Wallwitz (1842–1923), die 1878 eine Gemeinde- und Kinderpflege einrichtete. Die Aufgabe sah sie darin, unversorgte und tagsüber unbeaufsichtigte Kinder von Tagelöhnern zu betreuen. Zusätzlich richtete sie eine Haushaltungsschule für junge Mädchen ein und gab der Einrichtung den Namen der Kurfürstin Anna (153–85).
Die in Dresden lebende Bertha von Mahrenholtz-Bülow hielt zahlreiche Vorträge und Seminare, vor allem über die Vorschulerziehung; bekannt wurden auch ihre Bücher; sie fanden entsprechende Verbreitung und Aufmerksamkeit: »Die Arbeit und die neue Erziehung« (1875), »Gesammelte Beträge zum Verständnis der Fröbelschen Erziehungsideen« (1877) und »Theoretisches und praktisches Handbuch der Fröbelschen Erziehungslehre« (1886). Die noch vorhandenen Reste des Rittergutes beherbergen ein Altenpflegeheim, direkt neben dem ehemaligen Mühlenteich gelegen. Das frühere Mühlengebäude, welches gleichzeitig eine Bäcke-

Grabplatten in der Dorfkirche Ortsteil Crossen

rei beherbergte, ist als »Alte Mühle« bekannt. In dem darin befindlichen Trauraum finden die Eheschließungen der Gemeinde Erlau statt.

Die ursprünglich sorbische Siedlung Crossen erreichten im Zuge der Landnahme um 1170 deutsche Kolonisten. Die erste urkundliche Erwähnung ist für das Jahr 1190 belegt. Im Zentrum des Dorfes steht eine im spätromanischen Stil erbaute Kirche mit eingezogenem Chor und halbrunder Apsis. Der für die Gegend typische Baustoff, Rochlitzer Porphyr, fand, wie in Erlau, auch in Crossen Verwendung.

Während einer Teilerneuerung des Fußbodens im Altarraum traten drei aus Sandstein gefertigte Grabplatten der Familie von Miltitz aus den Jahren 1593 bzw. 1629 zutage. Die entdeckten Grabplatten sind in der Kirche ausgestellt.

Mit dem Ortsteil Milkau sind Groß-, Klein- und Neumilkau, Gepülzig, Neugepülzig, Naundorf, Schönfeld, Sachsendorf und Theesdorf zur Gemeinde Erlau gekommen. Urkundlich erwähnt wurde Milkau 1233; das geht aus der Stiftungsurkunde des Nonnenklosters Geringswalde hervor.

In früheren Jahrhunderten wurde Viehzucht, Fischerei und Jagd betrieben; später kamen Besenbinder dazu; auch Strumpfwirker und Schneider siedelten sich an.

Über etliche Generationen hinweg wurden das Leben und die Entwicklung wesentlich von der Fürstenfamilie von Milkau geprägt. Auf den Fundamenten einer Kapelle wurde 1442 eine neue Kirche in Großmilkau errichtet.

Eine ganze Reihe denkmalgeschützter Gebäude; dazu zählen Dorfkirche und Pfarrhaus in Großmilkau, eine ehemalige Mühle in Kleinmilkau; das Kreuzgewölbe im ehemaligen Rittergut und die Leonhardtskapelle mit Park in Gepülzig, der Straßengasthof »Winterschänke« und der Dreiseitenhof mit Anbauten, Hoflinde, Mühl-

Standesamt der Gemeinde Erlau in der »Alten Mühle« Ortsteil Schweikershain

teich und Turbine in Sachsendorf sind vorhanden. Viel Neues ist entstanden: Ortsansässige Handwerker und Gewerbetreibende haben durch Neubau und Rekonstruktion einen wesentlichen Beitrag zur Verschönerung geleistet; Grund- und Mittelschule, Kindertagesstätte, Arzt- und Zahnarztpraxis sowie zahlreiche Dienstleistungs- und Handelseinrichtungen sind entstanden.
Die Gemeindeverwaltung unterstützt im Rahmen der Möglichkeiten alle Gewerbetreibende durch die Entwicklung einer optimalen Infrastruktur und der Gewinnung von Gewerbeflächen.
Zum Wandern lohnen das Mühlental zwischen Obstmühle und Döhlen sowie die Ortslagen Schönfeld-Gepülzig-Naundorf mit den Teichanlagen.
Am 10. Oktober 2008 wurde in Erlau am Feuerwehrgerätehaus die Nachbildung einer Postmeilensäule aufgestellt. Das Original der Ganzmeilensäule mit der Nr. 4 von 1722 stand an der Poststraße Rochlitz-Mittweida am Gepülziger Wald.
Das Standesamt befindet sich im historischen Gebäude »Alte Mühle« im Ortsteil Schweikershain. Das fast 200 Jahre alte Objekt wurde durch die Gemeinde innen und außen liebevoll restauriert. Das Gebäude behielt trotz der umfangreichen Sanierungsarbeiten seine ursprüngliche Gestalt. Idyllisch, romantisch und sehr ruhig am Mühlteich gelegen, bietet das Haus eine ansprechende Atmosphäre für den schönsten Tag im Leben. Im Gebäude wurden zwei Feste räume für Trauungen eingerichtet. Der Trauraum im Erdgeschoss bietet dem Brautpaar mit ca. 40 Gästen Platz und der neu entstandene Trauraum in der ersten Etage hat Platz für 20 Gäste. Die Räumlichkeiten im Erdgeschoss können zudem noch für private Feierlichkeiten genutzt werden, und in 2 schönen Pensionsräumen bestehen zudem noch Übernachtungsmöglichkeiten.

Das Museum für Volksarchitektur und bäuerliche Kultur in Schwarzbach bietet viele historische Sehenswürdigkeiten wie z.B. die wieder neu aufgebaute Königsfelder Schmiede aus dem Jahre 1689.

Gemeinde Königsfeld

Die Gemeinde befindet sich im ehem. Landkreis Mittweida und gehört zum Bereich der Großen Kreisstadt Rochlitz. Die Verwaltungsgemeinschaft um die ca. 6 700 Einwohner-Stadt besteht neben Rochlitz aus den Gemeinden Königsfeld, Seelitz und Zettlitz. Königsfeld hat etwa 1 770 Einwohner; die Verwaltungsgemeinschaft kann man über die A 4, A 14 sowie über die B 7, 107 und 175 erreichen. Die nächstgelegenen Bahnhöfe sind Geithain und Mittweida, die nächsten Flugplätze Altenburg, Leipzig und Dresden. 1994 erfolgte der Zusammenschluss zur Großgemeinde.

Die Entstehung von Königsfeld reicht bis ins 11. Jh. und früher zurück; mit der Germanisierung nämlich wurden zum Schutz der Siedler die Burgen in Colditz und Rochlitz errichtet, die später zu Schlössern »umfunktioniert« wurden. Sogar bis weit ins 19. Jh. hinein besaß Königsfeld eine eigene Gerichtsbarkeit, was außerordentlich bemerkenswert ist. Es ist auch keineswegs so, dass der Ort etwa in der historischen Anonymität zeitweilig verschwand, sondern beachtliche Größen wurde hier geboren oder trugen den Ruhm in die weite Welt hinaus – da war es u.a. der Herr Ernesti; kein Geringerer als der Rektor der Leipziger Thomasschule in der Zeit des Kantorats von Johann Sebastian Bach – er wurde 1662 hier geboren und eine Grabplatte auf dem Friedhof erinnert an ihn; Gottfried Weiske (1745–1807), ein bedeutender Kirchenmusiker seiner Zeit, stammt aus Doberenz. Kleinod ist auch die Schwarzbacher Dorfkirche: Sie besitzt einen hölzernen neugotischen Altar mit großem Kruzifix. Außerdem ist im Ort mit dem Umbau der ehemaligen Kartoffelsortieranlage zur attraktiven Festhalle ein Mittelpunkt des dörflichen Lebens entstanden. Auch die der Gemeinde zugeordneten Dörfer Doberenz, Haide, Klein-Seupahn, Köttwitzsch, Leutenhain, Leupahn, Schwarzbach, Seupahn, Stollsdorf, Waldeshöh, Weiditz und Weißbach verfügen über attraktive Angebote für Tagesgäste und Urlauber – das Territorium ringsum ist gleichermaßen geschichtsträchtig wie erholungsintensiv.

Blick auf die Gemeindeverwaltung und die Kirche in Zettlitz

Gemeinde Zettlitz

Die Gemeinde besteht aus den Orten *Ceesewitz, Hermsdorf, Kralapp, Methau, Rüx* und *Zettlitz* und wurde erstmals 1233 in einer Urkunde erwähnt, die für das Nonnenkloster Geringswalde ausgestellt wurde. Sie befindet sich zwischen Geringswalde und der Großen Kreisstadt Rochlitz.

Schon vor dem 13. Jahrhundert wohnten in der Gegend die Slawen; seit dem 12. Jahrhundert wurden deutsche Bauern angesiedelt (Rodungen in Rüx, Kralapp, Zettlitz). Bei der späteren Besiedelung legte man die Dörfer völlig neu an; auf diese Weise entstanden Methau und Hermsdorf. Erste Grundherren von »Czetelicz« waren um die Mitte des 14. Jahrhunderts die Herren von Bunau aus dem nahen Königsfeld; Anfang des 15. Jahrhunderts besaßen Angehörige der Adelsfamilie von Karras die Zins- und Naturaleinkünfte. 1558 kaufte Kurfürst Christian I. von Sachsen u.a. die Orte Zettlitz und Ceesewitz und unterstellte diese dem Amt Rochlitz.

Heute bietet sich neben dem Anblick gepflegter Dörfer mit schönen Wohnhäusern, Kindertageseinrichtungen, der Förderschule »Wilhelm Pfeffer«, Ärztehaus usw. auch kulturhistorisch Interessantes. In jedem Fall zählt die unter Denkmalschutz stehende Hermsdorfer Kirche von 1788 ebenso dazu wie die Ladegastorgel in selbiger: Friedrich Ladegast (1818–1905), der bedeutende sächsische Orgelbaumeister, wurde hier geboren. In Deutschland hat er die »Königin der Instrumente« u.a. in der Leipziger Nikolaikirche sowie den Domen von Schwerin und Merseburg geschaffen; für seinen Heimatort baute er ein zwar kleines, aber fein klingendes Instrument in seiner Weißenfelser Werkstatt (1884). Sie wurde 2005 generalüberholt und erklingt seither schöner denn je – ob im Gottesdienst oder bei den zahlreichen Konzerten. Am Geburtshaus des Meisters ausgangs des Ortes befindet sich eine Gedenktafel zu Ehren des berühmten Sohnes. Die Zettlitzer Kirche stammt von 1847 und ist ein markantes Bauwerk, das weithin sichtbar ist. Aber nicht nur Denkmale sind erwähnenswert: Die Landschaft ist ebenso reizvoll und lockt den Besucher.

Mitten in Geringswalde: Der Großteich, Parks und die Freilichtbühne

Geringswalde – eine kleine Stadt mit Herz und schöner Umgebung

Die Kleinstadt Geringswalde mit knapp 5 000 Einwohnern befindet sich inmitten des Freistaates. Sie gehört dem neuen Landkreis Mittelsachsen an und bildet zusammen mit Hartha, Leisnig und Waldheim den Städtebund »Sachsen Kreuz«. Die dörflichen Ortsteile Geringswaldes sind durch ein eigenes Flair geprägt.

Der Ort breitet sich auf den letzten Ausläufern des Erzgebirgsvorlandes aus – also inmitten des Städtedreiecks Dresden–Leipzig–Chemnitz. Er entstand im Zuge der Besiedlung während des 12. Jahrhunderts und wurde erstmals urkundlich 1233 erwähnt. Damals bestand das Nonnenkloster Geringswalde. Im Zentrum schönburgischer Besitzungen gelegen, entwickelte sich die Stadt als Straßenmarktanlage entlang der heutigen B 175. Eine etwas größere Selbständigkeit erlangte Geringswalde, als es 1590 zu Kursachsen kam und in das Amt Rochlitz eingegliedert wurde.

Seit 1522 entwickelte sich die Leinenweberei in den darauf folgenden Jahrhunderten zum Haupterwerbszweig. Die Gestaltung der kommunalen Infrastruktur u.a. mit dem 1893 vollendeten Bau der Bahnstrecke Rochlitz–Waldheim trugen zur Industrialisierung bei und ließen die Holzverarbeitung sprunghaft anwachsen.

Während der folgenden 100 Jahre wurde Geringswalde zur »Stuhlbauerstadt«. In der Folge entwickelte sich auch die Werkzeugindustrie. Heute prägen qualifizierte Handwerksbetriebe und die Metall verarbeitende Industrie den Gewerbestandort.

Die Wälder und landwirtschaftlichen Kulturen rings um den Ort, manches in Ursprünglichkeit erhalten gebliebene Plätzchen, der Großteich sowie Parkanlagen und Wege rings um ihn, das Freibad, der über 100 Jahre alte König-Friedrich-August-Turm und das traditionell seit 1957 jährlich Anfang September stattfindende Teich- und Anlagenfest bieten Einwohnern und Gästen Erholung und Entspannung.

Landkreis Mittelsachsen

Der Landkreis Mittelsachsen wurde zum 1. August 2008 im Zuge der Kreis- und Funktionalreform im Freistaat Sachsen aus den ehemaligen Landkreisen Döbeln, Freiberg und Mittweida gebildet.

Ehemaliger Landkreis Döbeln.

Der ehemalige Landkreis Döbeln war bis zur durch die Kreisreform bedingten Fusion mit den Kreisen Freiberg und Mittweida der einzige in Sachsen, dessen Grenzen seit 1952/1990 nicht durch Neugliederungen oder Fusionen der Kreisgrenzen verändert wurden. Mit seinen etwas über 423 qkm Fläche (rund 71 000 Einwohner in 13 Gemeinden) zählte er zu den kleineren des Landes.

Die ehemalige Kreisstadt Döbeln (ca. 21 500 Einwohner) entwickelte sich, mit bedingten durch die ausgezeichneten Verkehrsanbindungen, hier im Herzen von Mittelsachsen immer stärker zur führenden Einkaufsstadt, zum Wirtschafts- und Verwaltungszentrum der gesamten Region. Mitten in einer durch intensive Landwirtschaft geprägten Landschaft hat Döbeln eine jahrhundertelange Tradition als Handels- und Handwerkerstadt. Für zielgerichtete Maßnahmen zur Wirtschaftsförderung und Industrieansiedlung stehen im Mittelpunkt die Förderung und Hilfestellungen vielfältiger Art von vorhandenen Unternehmen auf Industrie, Handel und anderen Wirtschaftsbereichen einschließlich der Landwirtschaft. Von unschätzbarem Wert bei der Lösung sämtlicher zentralen Aufgaben ist die geographische Lage. Mitten im Städtedreieck Leipzig–Dresden–Chemnitz ist Döbeln als Wirtschaftsstandort besonders attraktiv. Alle drei Großstädte sind in rund einer halben Stunde erreichbar. Über die Autobahn sind es zur Landeshauptstadt Dresden nur rund 40 km, nach Leipzig ca. 65 km, auch nach Chemnitz ist es eine Entfernung von nur 40 km. Hinzu kommt, dass Döbeln Schnittpunkt der Bahnfernverbindungen Dresden–Leipzig sowie Chemnitz–Berlin ist, wobei letztere Verbindung über den Elbhafen Riesa führt.

Geographische Gegebenheiten und Bodenbeschaffenheit bestimmten auch seit alters her Besiedlung und Bewirtschaftung im mittelsächsischen Raum. Die ältesten Bodendenkmale im Kreis werden von den Archäologen auf ca. 5400 v.Chr. datiert, erste Besiedlungsnachweise gibt es seit 2500 v.Chr.; aber erst sehr viel später, nach den Völkerwanderungen, waren es auch hier die Sorben, die erste feste, ständig bewohnte Siedlungen anlegten. Hiervon zeugen zum Beispiel die slawischen Wallanlagen bei Westewitz auf dem Staupenberg oder bei Zschaitz.

Einen ersten urkundlichen Beleg für einen hiesigen Ort gibt es jedoch erst 981: für die Stadt Döbeln selbst. Burg Mildenstein bei Leisnig wird in ihrer Entstehung auf 931–33 datiert, und auch für Klosterbuch (1192 von den Zisterziensern gegründet) wird eine bedeutend länger zurückreichende Besiedlung fest angenommen. Auf die Zisterzienser wird auch der intensive Obstanbau in dieser Gegend zurückgeführt, die lange Zeit als »Obstgegend« zur Mark Meißen gehörte. Hier, im westlichen und nordwestlichen Teil, charakterisieren die Flussauen der Freiberger Mulde und sanft abfallende Hügel das Landschaftsbild.

Mehr den nordöstlichen und östlichen Raum nimmt die Lommatzscher Pflege ein. Dieses seit Jahrhunderten genutzte, fruchtbare Ackerland gehört zu den besten Böden Sachsens und ist ein Hauptgrund für den überregional guten Ruf des Agrarstandortes Döbeln.

Ganz anders als in den nördlichen Gebieten ist der Landschaftscharakter des Südens. Hier wird deutlich, dass der Kreis zum Mittelgebirgsvorland des Erzgebirges zu rechnen ist. Steile, oft felsig abfallende Täler bilden die Flüsse Zschopau, Freiberger Mulde, die kleine Striegis sowie der Kaiserbach. Neben den etwas größeren Waldflächen zwischen Westewitz und Leisnig befinden sich hier, entlang der Täler, naturnahe Wälder, die bis an die Ufer der Wasserläufe heranreichen. Entlang der Flüsse liegen auch die touristischen Sehenswürdigkeiten: das über 800-jährige Waldheim mit seinem prächtigen Rathaus an der Zschopau, Roßwein mit dem schönen Marktplatz liegt an der Mulde ebenso wie Döbeln, dessen Altstadtbereich mit der Nikolaikirche immer einen Besuch lohnt und schließlich, alles überragend auf einem 60 m hohen Porphyrfelsen über der Mulde, die Stadt Leisnig mit ihrer historischen Altstadt und der Burg Mildenstein.

Eines der schönsten Rathäuser im Landkreis Mittelsachsen, erbaut 1898 bis 1902

Stadt Waldheim – Perle des Zschopautales

Waldheim ist die zweitgrößte Stadt im ehem. Landkreis Döbeln und liegt im Herzen Sachsens. Ortsteile sind Massanei, Schönberg, Neuschönberg, Ober- und Unterrauschenthal, Heiligenborn, Reinsdorf, Gilsberg, Neumilkau und Vierhäuser. Fast 10 000 Einwohner auf 23,8 qkm Fläche, etwa 180 bis 270 m ü.NN, viele neue Wohnkomplexe, 55 km Wanderwege, pro Einwohner 170 Bäume – das ist Waldheim in Kurzdaten.

Aber es gibt weitaus mehr, was für dieses Städtchen charakteristisch ist. Auf jeden Fall ist es die innige Verbindung von Stadt und Natur, die von der Zschopau geprägt werden; steile Hanglagen und tiefe Taleinschnitte ermöglichen eine große Vielgestaltigkeit der Natur und bilden die Basis für eine artenreiche Fauna und Flora. Auch geologisch wird viel Interessantes deutlich: Einmalig für unseren Kontinent ist das Vorkommen von Prismatin (Kornerupin); zu finden sind ebenfalls Rauchquarzkristalle, schwarzer Tumalin, manchmal sogar Amethyste und Achate. Wenige Kilometer entfernt thront auf steilem Fels über dem Fluss die Burg Kriebstein und fügt sich harmonisch in die sie umgebende Natur ein. Die ursprüngliche Ritterburg entstammt dem 13. Jahrhundert, war zuletzt Eigentum der von Arnims und wurde ab 1930 zum Museum ausgebaut und bis heute entsprechend genutzt. Nur wenige Gehminuten entfernt befindet sich die Talsperre Kriebstein mit dem großen Landschaftsschutzgebiet Mittelsachsens. Außerdem gibt es jede Menge Wanderwege und günstige Verkehrsverbindungen per Schiene und Straße. Zu erreichen ist Waldheim über die A 4 (Abfahrt Hainichen) und die B 169, mit der Bahn über die Strecke Chemnitz–Riesa–Berlin. Das Gewerbegebiet ist längst angenommen worden und inzwischen gut ausgelastet. Durch die südliche Lage am hügeligen Erzgebirgsvorland fasst man das Stadtgebiet klimatisch in die Kategorie der Berg- und Hügellandklimate des Mittelgebirgsvorlandes ein.

Bahnhofstraße, oberhalb des Bahnhofes; Jugendstilhäuser – teilweise von Baumeister Hans Pinther

Weitere Sehenswürdigkeiten sind die Eisenbahnviadukte, das Bergwerk »Kellerberg«, Jugendstilbauten, Industrie- und Wohngebäude, das Rathaus mit dem dazugehörigen Turm mit Uhr, die das zweitgrößte Zifferblatt Deutschlands hat. Aber es gibt auch noch eine ganz andere »Sehenswürdigkeit«: Der Schlossbau von 1271 wurde im Jahre 1404 ein Augustinerkloster (1549 infolge der Reformation aufgelöst). 1588 wurden die Gebäude von Kurfürst Christian I. erworben; im 30-jährigen Krieg ist vieles zerfallen, und 1712 wurde der noch erhaltene Rest zur gewerblichen Nutzung an einheimische Fabrikanten vermietet. 1716 ließ Kurfürst August II. hier das »Zucht-, Waisen- und Armenhaus« errichten (das kostete immerhin 65 000 Taler) … 1946 wurde das Zuchthaus übervoll »belegt«; es begann das schlimmste Kapitel: 1950 vegetierten über 3 000 Häftlinge aus sowjetischen Internierungslagern (vor allem Buchenwald und Sachsenhausen) hier, und die »Endgrenze« war noch lange nicht erreicht. Infolge der »Waldheimer Prozesse« wurden 1950 noch 33 Todesurteile gefällt, wovon 24 vollstreckt wurden. Auch die STASI ließ ihnen nicht genehme Zeitgenossen hier einsitzen. Als JVA (Justizvollzugsanstalt) fungiert es noch heute.

Wesentlich angenehmere Sehenswürdigkeit ist die 1336 errichtete Zschopaubrücke (ursprünglich eine Holzbrücke am Rathaus, später aus Stein von Pöppelmann, 1711–1713 erbaut). Der Marktplatz dagegen erstrahlt im Jugendstil; am Niedermarkt 8 logierte 1813 kurzzeitig Napoleon Bonaparte. Der Kellerberg ist heute ein Schaubergwerk, die Heiste ein denkmalgeschützter Stadtteil Waldheims, der Jugendstilbau der Friedhofskapelle, die Stahlkonstruktionsbrücke (40 m Höhe) der Bahnstrecke Waldheim-(Papierfabrik Kriebstein); das Heiligenborner Viadukt (52 m hoch), Diedenhainer Viadukt (54 m), Limmritzer Viadukt (34 m) sowie die »Große Knieende«, eine Plastik von Georg Kolbe, der hier am 15. April 1877 geboren wurde.

Aus dem Blickwinkel vom Ortsteil Neuhausen auf das Zschopautal mit Viadukt Limmritz – im Hintergrund Gebäude der Wasserkraftanlage

Gemeinde Ziegra-Knobelsdorf

Die Gemeinde Ziegra-Knobelsdorf (249 m ü.NN) liegt im neugebildeten Landkreis Mittelsachsen (ehem. Landkreis Döbeln), ca. 5 km südwestlich der Stadt Döbeln und 5 km nördlich von Waldheim, oberhalb des Tales der Zschopau, auf einer Fläche von rund 31 qkm mit ca. 2 270 Einwohnern. Von den insgesamt 14 Ortsteilen – Forchheim, Gebersbach, Heyda, Knobelsdorf, Limmritz, Meinsberg, Neuhausen, Pischwitz, Rudelsdorf, Schweta, Stockhausen, Töpeln, Wöllsdorf und Ziegra – liegen Wöllsdorf und Töpeln direkt im Zschopautal. Die Hälfte des Gemeindegebietes erstreckt sich im Landschaftsschutzgebiet Zschopautal.
Durch den Norden des Gemeindegebietes (Ortsteil Töpeln) verläuft die Bundesstraße B 175 und östlich durch den Ortsteil Heyda die Bundesstraße B 169. Erreichen kann man Ziegra-Knobelsdorf auch über die Autobahn A 14, Anschlüsse Döbeln-Nord und Döbeln-Ost in ca. 10 km Entfernung oder über die Autobahn A 4, Anschluss Hainichen (ca. 20 km). Ortsteil Limmritz liegt an der Eisenbahnstrecke Chemnitz-Riesa und wird mit stündlich verkehrenden Regionalbahnen von Elsterwerda und Chemnitz aus bedient.
Den Einwohnern und Besuchern bietet sich eine gute Infrastruktur mit allen Einrichtungen des öffentlichen und täglichen Bedarfs. Ein reges Vereinsleben im kulturellen und sportlichen Bereich sorgt für Abwechslung. Das Freibad im Ortsteil Gebersbach dient dem Spaß und der Entspannung. An Sehenswürdigkeiten herrscht in und um Ziegra-Knobelsdorf kein Mangel, so zum Beispiel das herrliche Zschopautal, das Naherholungsgebiet Limmritz, Schloss Stockhausen und die Stockhausener Mühle, die slawische Wallburg im Ortsteil Ziegra, die noch erhaltenen Grundmauern des Schlosses Schweta und der Viadukt Limmritz. Im Ortsteil Meinsberg befindet sich das Kurt-Schwabe-Institut, das 1945 von Kurt Schwabe als Forschungsinstitut für chemische Technologien gegründet wurde, ab 1985 ein Institut des Ministeriums für Wissenschaft und Technik der DDR war und seit 1993 die Arbeitsgebiete Mess- und Sensortechnik für Automobile, Umwelt sowie Medizin umfasst.

Dorfgemeinschaftshaus Ebersbach, mit Gemeindeverwaltung und Kindertagesstätte »Zwergenstübchen«

Gemeinde Ebersbach

Das Gebiet der Gemeinde Ebersbach erstreckt sich über eine Fläche von 6,75 qkm, und in den Ortsteilen Ebersbach, Mannsdorf, Neudorf und Neugreußnig leben rd. 1 200 Einwohner. Ebersbach und seine Ortsteile sind gefragter Wohnbaustandort. Die ruhige Lage, eingebettet im Tal, links und rechts Hügel, bietet sich an für junge Familien, die es von der Stadt aufs Land zieht. Neben historischen Drei- und Vierseithöfen gibt es schöne Neubauten und schmucke Häuschen im Grünen. So entstanden hier in ruhiger, landschaftlich schöner Gegend über 200 Eigenheime. Die Infrastruktur wird gesichert durch eine gute Verkehrsanbindung in die umliegenden Städte und das nahe liegende Döbeln. Spielplätze in allen Ortsteilen zeugen von Kinderfreundlichkeit; eine Kinderbetreuungsstätte rundet das Bild ab.

Die Ansiedlung von Handwerk und Gewerbe in der Gemeinde Ebersbach führte einen positiven Aufschwung herbei. Die Betriebe und Einrichtungen fügen sich behutsam in das Ortsbild ein. Größtes Unternehmen des Ortes ist die Kelterei Neugreußnig, die der Sachsenobst GmbH Dürrweitzschen angegliedert ist und für Obstsäfte und -weine in der ganzen Bundesrepublik bekannt ist. Ausgezeichnete logistische und verkehrstechnische Bedingungen sorgten für die Entstehung eines ca. 5 ha großen Gewerbegebietes im Einzugsbereich der Bundesstraße B 169 und der Autobahnen A 14 und A 4. Der Großteil der Ebersbacher ist allerdings im nahen Mittelzentrum Döbeln oder in den umliegenden Städten und Großstädten beschäftigt.

Ebersbach und Neugreußnig sind eingebettet in das Rad- und Wanderwegenetz des Landkreises Mittelsachsen. Entlang der Freiberger Mulde können Erholungsuchende Entspannung und Ruhe finden. Ein großes Angebot an gastronomischen Einrichtungen und Übernachtungsmöglichkeiten hält die Gemeinde für Gäste und Besucher bereit. Das gesellschaftliche Leben in Ebersbach wird geprägt durch die Arbeit zahlreicher Vereine.

Blick auf die Niederstriegiser Kirche

Gemeinde Niederstriegis

Die Gemeinde im Landkreis Mittelsachsen besteht aus den sechs Ortsteilen Grunau, Littdorf, Hohenlauft, Niederstriegis, Mahlitzsch und Otzdorf. Niederstriegis entstand als Bauernsiedlung; die erste urkundliche Erwähnung ist 1338 nachweisbar, weswegen der Ort 2004 das kuriose Jubiläum von 666 Jahren begehen konnte. Er liegt an der Mündung der Striegis in die Freiberger Mulde und zieht sich zwischen Döbeln und Roßwein entlang, direkt an der Freiberger Mulde; zur Zeit leben hier 1 344 Menschen.

Am 17.12.1338 wurde »Stregus« erstmals erwähnt, wo die Abhängigkeit vom Erzpriesterstuhl in Döbeln bestätigt wurde. Da der Weg nach Döbeln beschwerlich war, bauten die Striegiser eine eigene Kirche, die vom größeren Otzdorf betreut wurde; Schule, Gasthof, Handwerker zählten zu den ersten Bewohnern nahe des Gotteshauses. Am 10.6.1849 fand hier der letzte Gottesdienst statt, das Gebäude wich einem Neubau. 1881 entstand eine Chemische Fabrik, die sich mit der Extraktion von Farbhölzern befasste; später wurde Milchsäure produziert. 1978 wurde der Betrieb in das Unternehmen »Germed« eingegliedert; 1992 wurde es geschlossen und teilweise abgerissen. Heute befindet sich hier eine Wasserkraftanlage.

1869 begannen die Vorarbeiten zum Eisenbahnbau Roßwein–Chemnitz (1874 vollendet). 1935 wurde Mahlitzsch eingemeindet: Besonders bemerkenswert ist das »Runde Haus« oder »Bienenkorbhaus«, eine Bauform mit halbrundem Giebel und unsymmetrischem Mansardendach. 1950 wurde Hohenlauft (mit Nonnenberg) eingemeindet; Grunau kam 1973 hinzu; man nimmt an, dass der Ort schon um 1185 bestand. Im 19. Jahrhundert entstand neben Spinnereien auch ein Haltepunkt der Bahn (Leipzig–Döbeln–Roßwein–Dresden). Die Siedlung Littdorf weist Merkmale eines Waldhufendorfes auf; Bedeutung erreichte sie als Ort der »Schlacht bei Littdorf«, Ende des 7-jährigen Krieges. Otzdorf ist eine Gründung von 1254. 1874 verbesserten sich die Verkehrsverbindungen durch die Eisenbahn Roßwein–Grunau–Hainichen.

Kirche im Ortsteil Zschaitz

Gemeinde Zschaitz-Ottewig

Die Gemeinde wurde 1994 durch die Zusammenlegung der Gemeinden Zschaitz und Dürrweitzschen geschaffen. An der Landstraße von Döbeln nach Ostrau liegt etwa in der Mitte Zschaitz in idyllischer Lage im Tal der Jahna und auf einigen Hügeln erbaut.

Erstmals wurde der Ort 1046 erwähnt; hierdurch führte auch die »Alte Salzstraße«. Die einzelnen Ortsteile der Gemeinde sind: Baderitz, Goselitz, Lüttewitz, Mischütz, Möbertitz, Zschaitz, Austerwitz, Dürrweitzschen, Glaucha, Lütschnitz, Ottewig, Zunschwitz.

Zschaitz liegt etwa sieben Kilometer von der Stadt Döbeln entfernt. Das Bächlein Jahna schlängelt sich hindurch; ein wenig Wald, Wiesen und Feuchtbiotope prägen mit dem Burgberg die Landschaft. Auch die »Alte Heerstraße« führt durch die Gemeinde; sie könnte Vieles berichten; zum Beispiel von den Wirren des 30-jährigen Krieges mit der ihn begleitenden Pest, von Plünderungen, Brandschatzungen und Vergewaltigungen auch in späteren Kriegen.

Ein Haltepunkt befindet sich an der Bahnstrecke Chemnitz–Riesa–Berlin; außerdem bestehen Busverbindungen zu allen Ortsteilen. Naturgenuss pur bieten Wald, Wiesen, Biotope; viele Wanderungen um den Stausee Baderitz (dem flächenmäßig größten See des Landkreise Döbeln) sind gegeben; er wurde 1985 bis 1987 gebaut.

Auf dem Zschaitzer Burgberg stand einst eine Wallburg in einem bereits in der Steinzeit besiedelten Gebiet – viele Funde sprechen hierfür. Im Ort lebte und arbeitete von 1845 bis 1879 der bekannte Chronist Carl Wilhelm Hingst als Kirchschullehrer; er schrieb neben der Ortschronik auch jene von Döbeln und Leisnig, außerdem etliche Aufsätze verschiedener Altertumsvereine. In der Gemeinde leben ca. 1 500 Einwohner; der Ort beging 1996 sein 950-jähriges Bestehen.

Marktplatz Roßwein mit dem Rathaus Roßwein und dem ehemaligen Abthaus des Zisterzienserklosters Altzella

Stadt Roßwein

Die Geschichte des Städtchens begann zwischen dem 6. und 9. Jh. durch zunächst slawische Besiedlung. 1162 stiftete Otto »der Reiche« das Marienkloster Zelle und von 1220 stammt die erste urkundliche Erwähnung von Roßwein. 1293 gelangte der Ort zum Kloster Altzella und die Stadtmauer wurde gebaut. Wirtschaftliche Bedeutung erlangte das Städtchen an der Mulde um 1400. Nun wurden unter klösterlicher Verwaltung und Aufsicht besonders Handwerk und Gewerbe gefördert: das waren vor allem Tuchmacher, Wollweber, Schuhmacher, Fleischer und Bäcker, die sich hier in stattlicher Zahl in der Folgezeit ansiedelten. Außerdem begann bald im Kaiser-Heinrich-Stollen der Kupfererzbergbau, der bis ins 19. Jh. andauerte. Das Kloster Altzella wurde 1540 aufgelöst, der letzte Abt vererbte das Roßweiner Abthaus seinem Bruder, dem hiesigen Bürgermeister, von dort fiel es später an die Tuchmacherinnung. Heute steht es unter Denkmalschutz, worin sich das Heimatmuseum jetzt befindet.

Im 30-jährigen Krieg wurde die Stadt durch vier schwedische Regimenter besetzt und blieb danach Garnisonsstadt. Dieser Krieg und andere Ereignisse brachten Pest, Viehseuchen, Überschwemmungen und Stadtbrände. 1420 bereits brannte die Bartholomäuskirche nieder. Beim verheerenden Stadtbrand von 1806 fielen bis auf ein Haus alle Gebäude innerhalb der Stadtmauer diesem zum Opfer. Während der Jahrhundertflut 2002 wurde die Stadt entlang der Freiberger Mulde von den Wassermassen bis zu 2 m Höhe überflutet.

Ein bedeutender Aufschwung erreichte die Stadt im 19. Jh. Der Eisenbahnanschluss 1868 förderte die schnelle Ansiedlung neuer Industriezweige – das Tuchmacherstädtchen mauserte sich zum Metall- und Textilindustriestandort. Durch die Gründung der Deutschen Schlosserschule 1894 wird der Ruf des 10 000-Einwohner-Städtchens über die Grenzen Sachsens hinausgetragen. 1994 – genau 100 Jahre danach – wurden die Bundesfachschule Metallhandwerk Roßwein, die FH Technik und Wirtschaft Mittweida, Standort Roßwein und das Zen-

Malerisch in einem Seitental der Freiberger Mulde gelegen – das Wald- und Erlebnisbad Wolfstal

trum der Förder- und Aufzugstechnik Roßwein GmbH als eigenständige Berufsausbildungsstrukturen formiert. Die heutige Einwohnerzahl beträgt 7 785 Bürgerinnen und Bürger, als Ortsteile gelten Gleisberg, Wettersdorf, Haßlau, Forst, Klinge, Ossig und Naußlitz. Mit der Gemeinde Niederstriegis bildet man eine Verwaltungsgemeinschaft. Die A 14 erreicht man über die Abfahrt Döbeln-Ost, die A 4 über Abfahrt Hainichen bzw. Berbersdorf. Die Stadt Roßwein liegt an der Eisenbahntrecke Leipzig–Döbeln–Dresden. Eine Städtepartnerschaft besteht zu Freiberg am Neckar seit 1990.

1914 schrieb der Ehrenbürger der Stadt, Kammerrat Oswald Naupert an den Stadtrat und schlug vor, Roßwein zu einem Heimatmuseum zu verhelfen. Die Stadt reagierte sofort und bat darum, entsprechende Sachzeugen zur Verfügung zu stellen. Der 1. Weltkrieg verhinderte weitere Aktivitäten bis 1924. Viele Spender trugen dazu bei, die Sammlungen zu vervollständigen, zu den attraktivsten Gegenständen zählt ein Prunkofen aus Meißner Porzellan. Eine weitere Sehenswürdigkeit ist die »Kamelie aus dem Wolfstal«. Die «Teerose des Winters« (alba plena) ist nach der bekannten Pillnitzer Kamelie die zweitälteste nördlich der Alpen. Seit 2000 ist sie anerkanntes Kulturdenkmal. 1797 kaufte Graf von Einsiedel das Grundstück im Wolfstal und ließ dort auch zwei Gewächshäuser errichten. Da er am Hofe Friedrich August III. verkehrte, liegt es nahe, dass er die Kamelie als Geschenk mitbrachte. Trotz zahlreicher Besitzerwechsel fanden sich im Wolfstal immer wieder Interessierte, die der Pflanze das Überleben ermöglichten. Noch heute feiert man in Roßwein Anfang März das Kamelienfest. 1897 entstand das Stadtbad (2007 = 100-jähriges Bestehen). Somit zählte Roßwein zu den wenigen Kleinstädten, die damals über eine solche Hallenanlage verfügten. Darüber hinaus besteht im Wolfstal noch ein opulentes Freibad. In weitem Umkreis bekannt ist das Roßweiner Schul- und Heimatfest, welches seit 1837 in regelmäßigen Abständen gefeiert wird.

Die Beicha verfügt über eine Orgel vom Orgelbauer Karl Gottlieb Hecker und hat eine schöne Altarbekleidung.

Die Gemeinde Mochau in der »Lommatzscher Pflege«

Die Lommatzscher Pflege, ein fruchtbares Lößlehmgebiet, dem wir angehören, ist seit jeher stark landwirtschaftlich geprägt. Heinrich I., deutscher König, eroberte im Winter 928/29 die Hauptfeste des Daleminziergaues, die Wasserburg Jahna. Sie wurde nach 20-tägiger Belagerung im Sturm eingenommen. Heinrich I. legte, um das eroberte Daleminzier-Sorbenland fest in der Hand zu behalten, Burgwarden mit deutscher Besatzung an. Das obere Jahnatal wurde in drei Burgwarden, Jahna, Zschaitz und Mochau, eingeteilt. Seit 1990 vollzieht sich in der Gemeinde ein rasanter Wandel. Durch Struktur- und Eigentumsänderungen sowie ständiger Spezialisierung der Landwirtschaft gibt es dort immer weniger Beschäftigte. Die Landwirtschaftsbetriebe sind nur noch in wenigen Orten zu finden. Auch die Handwerker sind weniger geworden, denn die Landwirtschaft wird heute von der Industrie mit Maschinen und Rohstoffen versorgt. Die Einwohner sind mobil und nutzen die Dienstleistungen in der Stadt und erledigen dort ihre Einkäufe. Die Siedlungsstrukturen sind noch weitestgehend erhalten. Die ehemaligen Bauernhöfe sind teilweise für Wohn- und Gewerbezwecke umgenutzt. Neue Eigenheime kommen ständig hinzu. Die Orte der Gemeinde werden mehr und mehr zu Wohnorten. In der Gemeinde gibt es den Gewerbepark »Am Fuchsloch« in unmittelbarer Nähe an der Autobahnauffahrt Döbeln-Ost. Aber auch in anderen Ortsteilen haben sich Industrie-, Handwerks-, und Gewerbebetriebe niedergelassen.
Im Jahr 2007 hat die Firma Signet Solar aus Kalifornien im Gewerbepark »Am Fuchsloch« mit dem Bau eines Werkes zur Produktion der weltweit größten Solarmodule mit neuester Dünnschicht-Solartechnologie begonnen. Ab Sommer 2008 hat das erste Werk, ca. 60 MW Jahresproduktion, die Arbeit aufgenommen. Ein weiteres Werk soll folgen. Der Hauptsitz von Signet Solar in Europa ist Mochau. Weitere große Arbeitgeber sind zurzeit die Amitech Rohre Deutschland GmbH in Großsteinbach, die Frenzel*** Eiscrem & Tiefkühlkost GmbH in Choren, der Stahlbau Lüttewitz in Leschen und die Landwirtschaftsbetriebe in Summe.

Das Schloss Choren wurde im Jahr 1755 von Samuel Lockke erbaut. Es ist ein wichtiger Barockbau der Region mit ursprünglich vollständiger Ausmalung.

In der Gemeinde Mochau liegen die Quellgebiete der großen Jahna, des Dreißiger Wassers und des Kelzgebaches. Diese Quellgebiete mit den fortführenden Wasserläufen sind geprägt durch Wiesenflächen und fruchtbare Felder. Bewaldete Bachtäler, Hohlwege, Böschungen und extensiv genutzte Wiesen bilden kleinräumige Biotope. Streuobstwiesen und Obstbaumalleen gelten als landschaftsprägende Elemente.

Von Petersberg, der höchsten Erhebung – 288 m über NN –, reicht der Blick über den ganzen Landkreis in westlicher Richtung und in östlicher und südlicher Richtung bis hin nach Meißen und Freiberg. Von vielen Stellen in unserem Gemeindegebiet kann man weit in das Land schauen. So sieht man zum Beispiel von Präbschütz im Norden den Colmberg und bis zur Stadt Riesa. Der Ort Gödelitz lässt einen herrlichen Blick in die Lommatzscher Pflege zu. Die Kirchen Simselwitz und Mochau werden in der Sächsischen Kirchengalerie bereits im 11. Jahrhundert erwähnt. Die Kirche Beicha wurde am 5. Januar 1347 erstmals genannt. Friedrich II., Landgraf von Thüringen und Markgraf von Meißen, übereignete damals der Kirche St. Moritz in Bcicha (Bichow) eine Hufe bebauten Landes in den Fluren von Beicha und Schweimnitz, die der Meißner Domherr Heinrich und der Augustinerchorherr Frenzlin aus dem Afrakloster zu Meißen zum Seelgedächtnis für ihren Vater Heinrich von Schleinitz gekauft hatten. Wie aus dem Lehnsbuch Friedrich des Strengen 1349/50 hervorgeht, wurde denen von Schleinitz das Patronatsrecht über Beicha übertragen.

Das 1755 erbaute Schloss Choren »gehört zu den bedeutenderen Beispielen spätbarocker Schlossbaukunst«. Durch seine Schauseite mit Auffahrt und Freitreppe macht es einen repräsentativen Eindruck. Der Grundriß des Schlosses ist ansonsten an französische Vorbilder angelehnt. Helga Kellert-Leete (aus Bayern stammende Malerin) hat sich 1999 im Schloss ein Atelier eingeweiht, wo jährlich Ausstellungen stattfinden. Springbrunnen und Teich umzäunt das Schloss.

Die Martinskirche zu Großweitzschen

Gemeinde Großweitzschen

Die Großgemeinde (239 m ü.NN) liegt ca. 5 km nordwestlich der Stadt Döbeln im Mittelsächsischen Hügelland, oberhalb des Tales der Freiberger Mulde und ist ihrer Gründung nach noch eine recht junge Gemeinde. Erst im Jahre 1994 vereinigten sich die bis dahin selbständigen Gemeinden Großweitzschen, Mockritz und Westewitz zu dieser Großgemeinde. Mit ihren 24 Ortsteilen (Bennewitz, Döschütz, Eichardt, Gadewitz, Gallschütz, Göldnitz, Graumnitz, Hochweitzschen, Höckendorf, Jeßnitz, Kleinweitzschen, Mockritz, Niederranschütz, Obergoseln, Strocken, Strölla, Tronitz, Westewitz, Wollsdorf, Zaschwitz und Zschepplitz), rund 3300 Einwohnern und 4100 ha zählt sie zu den größeren im neuen Landkreis Mittelsachsen, der sich zum 1. August 2008 im Zuge der Kreis- und Funktionalreform im Freistaat Sachsen aus den ehemaligen Landkreisen Döbeln, Freiberg und Mittweida gebildet hat. Während das Landschaftsbild im westlichen Teil, dem Muldental, eher zur Naherholung einlädt, hat es weiter östlich landwirtschaftliche Prägung.

Durchzogen wird die Gemeinde von zwei großen Verkehrsadern, dies ist zum einen die A 14 Dresden–Leipzig (Anschlüsse Döbeln-Nord und Leisnig, beide ca. 10 km) und zum anderen die B 169 Chemnitz-Riesa. An ihrem Schnittpunkt findet man das größte Gewerbegebiet des Landkreises – das Gewerbegebiet Mockritz – zentral gelegen, jeweils nur 50 km von Sachsens Landeshauptstadt Dresden sowie den Stadtzentren Leipzig und Chemnitz entfernt. Durch den Ortsteil Westewitz führt die Bahnstrecke (Leipzig-)Borsdorf–Döbeln–Coswig(-Dresden) mit dem Bahnhof Westewitz-Hochweitzschen.

Großweitzschen ist Sitz der Gemeindeverwaltung und traditioneller Schulstandort für die umliegenden Dörfer. In der jüngeren Vergangenheit haben sich hier zahlreiche Kleinbetriebe und Ärzte niedergelassen. Mit der Umsetzung des Dorfentwicklungskonzeptes für die Gesamtgemeinde war den Bürgern gemeinsam mit der Gemeinde ein Instrument zur Verbesserung ihres Wohnumfeldes und Infrastruktur gegeben. So hat sich das

In der Ortsmitte von Mockritz – Schloss mit Kornhaus

Antlitz der Ortsteile seit der politischen Wende sichtbar positiv verändert. Weithin sichtbares Wahrzeichen in Großweitzschen ist die aus dem 14. Jahrhundert stammende Martinskirche. Nach deren Komplettumbau im Jahre 1908 konnte nun, 100 Jahre später das Jubiläum der Wiedereröffnung gefeiert werden. In unmittelbarer Nachbarschaft befindet sich die alte Schule (heute Kindertagesstätte). Hier befand sich von 1901 bis 1925 auch die Wirkungsstätte von Schulleiter und Kantor Emil Reinhold, welcher sich aber vor allem als Heimatforscher einen Namen machte. Zahlreiche Bücher zur Heimatgeschichte zeugen von seinem Schaffen. Im Jahre 2007 konnte das Schulwesen in Großweitzschen sein 175-jähriges Jubiläum begehen, Anlass für viele ehemalige Schüler, an die Stätte ihres Wirkens zurückzukehren.

Der Ortsteil Mockritz wurde 1204 erstmals urkundlich erwähnt und war Sitz eines alten Adelsgeschlechtes und Zentrum der Region. Heute ist die Umgebung des 800-jährigen Ortes landwirtschaftlich geprägt. Schloss und Kornhaus, letzteres ist Wahrzeichen von Mockritz, wurden aufwendig restauriert und verleihen dem Ort einen besonderen Reiz.

Mit der ebenfalls aufwendigen Sanierung des gesamten Umfeldes hat Mockritz es geschafft, einen attraktiven Ortskern zu erhalten. Das hier jährlich stattfindende Parkfest ist seit über 30 Jahren fester Bestandteil des Dorflebens und weit über die Gemeindegrenzen hinaus bekannt.

Durch die Mockritzer Fluren führt eine der wichtigsten Verkehrsadern im Freistaat. Die A 14 verbindet seit 1971 die Oberzentren Halle/Leipzig mit Dresden.

Westewitz mit seinem Ortsteil Hochweitzschen ist vor allem geprägt durch das seit 130 Jahren ansässige Krankenhaus in Hochweitzschen. Das 780 Jahre alte Dorf, eingebettet im Muldental, entwickelt sich immer mehr zum Ausflugsziel. Seine Umgebung entlang dem Muldental lädt jährlich viele Naherholungsuchende zum

Die Gemeindeverwaltung in Großweitzschen

Wandern, Rad- und Bootfahren ein. Entlang der hier auf einer Strecke von ca. 3 km gestauten Freiberger Mulde eröffnen sich viele Möglichkeiten der Erholung und Entspannung. Ob mit dem Ruderboot, dem Fahrrad oder zu Fuß, hier erlebt der Besucher eine unberührte Flora und Fauna.

Bis zur Flutkatastrophe am 12./13. August 2002 waren die zur Gondelstation gehörende rustikale Gaststätte und die unmittelbar sich anschließende Festwiese ein beliebter Treffpunkt für Einheimische, aber auch für Wanderer, Wassersportler und Angler. Die Gewalt des Wassers hat alles mit sich gerissen. Dank der Unterstützung vieler freiwilliger Helfer, durch Spenden und mit Mitteln des Freistaates konnte alles wieder aufgebaut werden. Seit September 2006 präsentiert sich die Anlage schöner denn je und lädt die Besucher zum Verweilen ein.

Vom Spitzstein schaut man weit ins Muldental bis hin zur Kreisstadt Döbeln im Osten oder zu dem 1924 errichteten überdachten Hochwehr im Westen. Ein attraktives Wanderziel ist auch der Staupenberg, bekannt durch die hier noch vorhandenen Reste einer frühmittelalterlichen Wallanlage. Originelle Wegweiser für gut markierte Wander- und Radwanderwege erleichtern den Besuchern die Orientierung.

Der Maibaum von Mockritz, im Hintergrund der sanierte Ortskern

Froschbrunnen auf dem Harthaer Marktplatz – Anziehungspunkt für Groß und Klein

Stadt Hartha

Die Kleinstadt Hartha mit ihren 8 300 Einwohnern liegt im westlichen Teil des ehem. Landkreises Döbeln im Regierungsbezirk Leipzig und zentral zu den Großstädten Leipzig–Dresden–Chemnitz mit einer jeweiligen Entfernung von ca. 50 km. Sie umfasst mit ihren 14 Ortsteilen ein Areal von 3 705 ha, ein Großteil der Flächen wird heute noch landwirtschaftlich genutzt. Ursprünglich erstreckte sich das Stadtgebiet über nahezu 1 555 ha – eingeschlossen waren Hartha sowie die Fluren Wallbach, Flemmingen, Aschershain, Richzenhain und Diedenhain. Hartha´s urkundliche Erwähnung geht in das Jahr 1223 zurück: Es ist Heinrich von Harth, der zusammen mit seinem Bruder Albert von Gersdorf in jenem Jahr auf einer in Altenburg von König Heinrich VII. ausgestellten Urkunde als Zeuge eines Rechtsstreites erstmals erwähnt wird. Der »Böhmische Weg« war eine wichtige Handelsverbindung mit großer geschichtlicher Bedeutung; er führte von Leipzig und Grimma her über Leisnig, Hartha und Waldheim nach Prag. Ein Großteil der Siedler kam aus Franken, Thüringen und Flandern. Bis in die 1. Hälfte des 16. Jahrhunderts reichte der Ruf Hartha's als Textilstadt zurück; 1506 wurde die Innung der Leineweber durch Georg von Sachsen bestätigt; Textilprodukte wurden Mitte des 18. Jahrhunderts sogar bis nach Spanien exportiert. Eine neue Epoche des technischen Fortschrittes kündigte sich mit der 1893 fertiggestellten Eisenbahnlinie Waldheim–Hartha–Rochlitz an. Hartha entfaltete sich zum festen Standort der Textil-, Schuh- und Motorenindustrie.

Noch heute gilt Hartha als historische Industriestadt, wobei sich der Schwerpunkt der traditionellen Betriebe am südlichen Rande von Hartha konzentriert. Nach der Umstrukturierung der Wirtschaft konnten diese Unternehmen größtenteils erhalten werden und setzten nach der Privatisierung ihre Produktion erfolgreich fort. Mit der Erschließung eines 18 ha großen Gewerbegebietes in der Ortslage Flemmingen hat die Stadt die Ansiedlung von 17 ortsansässigen und Fremdfirmen mit produzierendem Gewerbe ermöglicht.

Blick auf die evangelisch-lutherische Stadtkirche zu Hartha, die nach umfassender Sanierung ihre architektonische Schönheit wieder preisgibt.

Naturräumlich gesehen zählt Hartha zum mittelsächsischen Hügelland des Erzgebirgsvorlandes, wobei das Landschaftsschutzgebiet »Freiberger Mulde/Zschopau« und weitere Naturschutzgebiete in der Umgebung hervorragende Erholungsmöglichkeiten bieten. Die höchste Erhebung ist das Harthaer Kreuz mit 326 m ü.NN. Mit dem Ausbau eines Rad- und Wanderwegnetzes werden beste Voraussetzungen zum Kennenlernen der reizvollen Landschaft geschaffen. Eine besondere Bedeutung kommt der städtebaulichen Erneuerung des Gebietes »Stadtkern Hartha« zu. Durch die Aufnahme dieses Gebietes in das Landessanierungsprogramm ist es mit Hilfe von Fördermitteln der Stadt Hartha und somit auch den Hauseigentümern möglich geworden, eine Aufwertung des Stadtkernes zu erreichen und den historisch gewachsenen Bestand zu erhalten. Zum optischen Anziehungpunkt auf dem neugestalteten Markt ist der am 11. Mai 1996 eingeweihte Brunnen, der mit lustigen Fröschen arrangiert wurde. Diese grünen, in Bronze gegossenen Gesellen erinnern an die zahlreichen Teiche, die einst das Stadtbild prägten. Weithin sichtbar ist die evangelisch-lutherische Stadtkirche zu Hartha, die nach wechselvoller Geschichte wieder aufgebaut und am 13.11.1870 neu geweiht wurde. Seit 1910 besitzt sie ein Orgelwerk, welches mit 45 klingenden Registern das größte in der ganzen Ephorie darstellt.
Eine Attraktivität für Interessierte und Gäste ist die Sternwarte »Bruno-H.-Bürgel«, die von 1956–1967 erbaut wurde und durch wichtige Beobachtungsergebnisse bei Fachastronomen internationalen Ruf genießt.
Zum geistig-kulturellen Leben gehören neben über 30 Vereinen unterschiedlichster Sparten auch verschiedenartigste Veranstaltungen, die über das Jahr hinweg durchgeführt werden. Zur Infrastruktur zählen u.a. ein modernes Gymnasium, 2 Grund- und 1 Mittelschule, 4 Kindertagesstätten, Stadt- und Gemeindebibliothek, Jugendfreizeittreff und Seniorenbegegnungsstätte sowie eine neue Mehrzweckhalle, die sowohl für sportliche als auch für kulturelle Aktivitäten genutzt wird.

Kirche Altleisnig zu Polditz im Winter

Gemeinde Bockelwitz

Die Gemeinde Bockelwitz mit ihren 28 Ortsteilen liegt im Nordwesten des Landkreises Mittelsachsen in der Nähe von Leisnig. Sie erstreckt sich von der Talaue der Freiberger Mulde bis hin zum Landschaftsschutzgebiet »Tümmlitzwald« mit einer Gesamtfläche von 4 762 ha. In den 28 Ortsteilen wohnen etwa 2 850 Einwohner; das Gemeindeterritorium ist vorwiegend ländlich orientiert. Die Gemeinde Bockelwitz liegt verkehrsgünstig und ist über die Bundesautobahn 14 (Abfahrt Mügeln/Leisnig) erreichbar.
Der Hauptort, der dem Zusammenschluss der vorwiegend sehr kleinen Ortsteile seinen Namen gab, wurde 1215 erstmals als »Buckelwitz« erwähnt. Seit 1286 gehört er zur Kirche »St. Matthai auf dem Berge«. Die im Ort befindliche Kirche (1597) ist ein sehenswertes Kleinod, so auch die Dorfkirchen in den Ortsteilen. Börtewitz mit einer historischen Orgel und einem alten Taufstein aus dem 17. Jahrhundert; Altenhof mit einer sehr schönen romanischen Dorfkirche mit Dachreiter aus dem frühen 13. Jahrhundert; Sitten mit einem gotischen Kirchengewölbe und romanischen Fensterelementen. Die Polditzer Kirche, mit 1 000 Plätzen eine der größten der Gegend, verfügt über eine besondere Kostbarkeit – die vom Weißenfelser Orgelbaumeister Friedrich Ladegast eingebaute Orgel. Sie ist mit 3 Manualen und 33 Registern das größte, originalgetreu erhaltene Werk dieses bedeutenden Meisters und weit über die Region hinaus bekannt.
Nicollschwitz, 1284 erstmals erwähnt, war als »Fünfhufendorf« Nachfolger einer ehemaligen Sorbensiedlung. Naunhof wurde um 1290 als neuer Hof des Klosters Buch gegründet, Altenhof (1225), 1309 als »curia aldenhoff« bezeichnet. Von Naundorf ist bekannt, dass es aus den slawischen Siedlungen »Schimene« und »Nuezenlitz« hervorging. Zollschwitz (1273) heißt soviel wie »Wohnung« oder »Niederlassung«, Hetzdorf wurde 1215 als »Heulisdorf« bezeichnet. In Beiersdorf ist der »hydraulische Widder« zu erleben. Dieses System wurde

Windrad im Ortsteil Leuterwitz der Gemeinde Bockelwitz

1796 erfunden, einfach und billig obendrein; das regelmäßige Heben und Senken des Stoßventils ergab den Namen der Anlage zur Wasserbeförderung ohne Motor. Es funktioniert noch heute.

Leuterwitz war einst ebenso wie Dobernitz ein Kolonistendorf; sehenswert das Windrad mit Wasserturm zur Energiegewinnung; Doberquitz galt zeitweilig als heilige Flur (im Teich ist angeblich eine Kirche versunken). In Clennen handelt es sich um eine alte sorbische Dorfanlage, die bei Übersetzung des Ortsnamens soviel heißt wie »Siedlung bei den Ahornbäumen«.

In Sitten ist ein altes Herrenhaus aus dem 12. Jahrhundert zu bewundern, in dem seit 1949 die Schule ihren Platz gefunden hat. Kroptewitz war eine alte Römersiedlung, Großpelsen die »Kunstinsel« (Töpferei im 200 Jahre alten Voigtländerhof).

Zu Polkenberg ist überliefert, dass zur Zeit der Völkerwanderung slawische Wenden siedelten. Sie legten zum Schutz eine Wallburg an (bolechina), die 928 unter deutsche Herrschaft kam. Heinrich IV. schenkte sie 1083 Wiprecht von Groitzsch, der aber baute ein festes Schloss in Leisnig, und die Burgwardei verfiel. In den Jahrhunderten wechselte das Besitzergeschlecht oft, aus Bolechina wurde Bocksdorf und schließlich Polkenberg (1921). Obwohl landwirtschaftlich geprägt, bietet die Gemeinde durch ihre zentrale Lage im Städtedreieck Dresden–Leipzig–Chemnitz ideale Voraussetzungen zur Ansiedlung von Industrie und Gewerbe auf den zwei ausgewiesenen Industrie- und Gewerbestandorten.

Im Frühjahr verwandeln zehntausende Bäume die Landschaft in einen blühenden Garten; aber nicht nur dann kann man die Schönheiten per Fahrrad oder per pedes entdecken und genießen, auch die handwerkliche Mühlentradition lässt sich entlang des Polkenbaches erleben.

Stadt Leisnig

Leisnig (6 900 Einwohner) ist eine liebenswerte Kleinstadt im mittelsächsischen Bergland an den Ufern der in das Land tief eingeschnittenen Freiberger Mulde. Überall im Stadtbild findet man Spuren der über 960-jährigen Geschichte. Die Stadt liegt im heutigen Landkreis Mittelsachsen und bildet mit Geringswalde, Hartha und Waldheim einen Städtebund; die zur Stadt gehörenden Ortsteile sind Minkwitz, Queckhain, Paudritzsch, Klosterbuch, Scheergrund, Fischendorf, Tragnitz, Gerschmitz, Röda, Brösen, Tautendorf und Meinitz. Leisnig ist über die A 14 (Abfahrt Leisnig) und über die B 175 gut erreichbar; der Bahnhof befindet sich an der Hauptstrecke Leipzig–Dresden.

Es ist eine lange Geschichte, die Leisnig erlebt und geprägt hat; sie begann 1046, als ein Burgward Leisnig erstmals urkundlich Erwähnung fand. Seit frühester Zeit haben Flussläufe und -täler die Menschen magisch angezogen. Fruchtbarer Boden bot Lebensraum, hohe Ufer Schutz und die Flüsse reiche und gesunde Nahrungsquellen. Auf Anhöhen entstanden Burgen zum Schutz und zur Verteidigung; hier war es keineswegs anders als überall.

Burg und Stadt liegen auf einer Felszunge über dem Muldental. Schon seit der Steinzeit war die Gegend besiedelt; im 3. vorchristlichen Jahrtausend wurden die Menschen sesshaft, weil sie günstige Verhältnisse vorfanden. Wallanlagen auf dem Dreihügelsberg und Hügelgräber im Thümmlitz- und Westewitzer Wald dokumentieren bronzezeitliche Besiedlung. Im 10./11 Jh. entstanden östlich der Saale etwa 50 Burgwarde; sie dienten als Stützpunkte deutscher Zentralgewalt zu Verteidigung bzw. Angriff, Zentren der Abgabenerhebung und der Gerichtsbarkeit. Einer dieser Orte war der Burgward Leisnig in der Mark Meißen. Die meisten daraus hervorgehenden hochmittelalterlichen Burgen wurden an treue Gefolgsleute der Könige abgegeben. Anders wäre der Rüstungsaufwand nicht bezahlbar gewesen: Ein Kettenhemd kostete schon den Jahresertrag eines mittleren Gutes, ein Pferd dreimal soviel wie ein unfreier Landarbeiter. ...

Zusammen mit den Burgwarden Colditz, Grobi und Polkenberg gelangte Leisnig 1084 als Schenkung Kaiser Heinrichs IV. an den Grafen Wiprecht von Groitzsch. Dieser muss bereits in jungen Jahren ein munterer Draufgänger gewesen sein; er wurde nämlich von seinem Vormund aus Stade auf bequeme Art »entfernt«, indem dieser einige Landbesitze tauschte und Wiprecht somit ins entfernte Groitzsch übersiedeln musste. Zwar stand der neue Besitzer zunächst auf Seiten des Kaisers, und er soll sogar vor Rom diesem das Leben gerettet haben (worauf ihn der Monarch mit Landbesitz belohnte), aber später kühlte sich das Verhältnis merklich ab. Inzwischen hatte Wiprecht die Tochter des Böhmenkönigs Vratislav II. geheiratet und besaß nun einen Besitz vom Elbgebiet oberhalb Meißens bis zur böhmischen Grenze sowie den größten Teil der sächsischen Oberlausitz, was ihn Heinrich gegenüber zu mächtig machte. Die Querelen mit seinem Kaiser eskalierten spätestens 1113, als er Wiprecht gefangennahm und seine Güter einzog. Später allerdings erhielt er das meiste von Heinrich V. zurück.

Seit 1158 war Leisnig Sitz einer Burggrafschaft, die als Einrichtung einer Zentralgewalt eine wichtige Stütze beim Ausbau des pleißnischen Reichslandes unter Friedrich Barbarossa eine hervorragende Rolle spielte. Diese Bedeutung hat die Burg fast ein Jahrhundert inne; erst dann kam die Burggrafschaft allmählich in den Sog der wettinischen Landesherrschaft. Im ersten Drittel des 14. Jhdts. waren aus den Reichsburggrafen Vasallen der Wettiner geworden; damit ging die Reichsunmittelbarkeit der Leisniger Burggrafen verloren. Das Zisterzienserkloster Buch (ca. 5 km entfernt) wurde 1192 gegründet und war desöfteren ein wahrer Zankapfel, weil sich das Klostergebiet ständig erweiterte und die Äbte beim Landesherren klagten, weil sie dem Burggrafen gegenüber nicht ständig steigende Abgaben zahlen wollten. Der Landesherr ergriff die Gelegenheit beim Schopfe und erwarb durch Zwangskauf die Nutzungen und Einkünfte der Burggrafschaft als einer Grundherrschaft, die Lehnshoheit kam 1329 hinzu. Damit gelangten Burg und Stadt unter die »Fittiche« der Wettiner und das so ziemlich Einzige, was dem Burggrafen blieb, waren bis zum Aussterben ihrer Linie (1539) die Titel. Als Ergebnis ließen die neuen Herren die Burg komfortabel umbauen und gaben ihr den von der Mulde abgeleiteten Namen Mildenstein.

Leisnig hat im Laufe seiner Geschichte einige Bezeichnungen erhalten, die diese Stadt reizvoll machen für einen längeren Aufenthalt. »Die Stadt auf dem Berge« und »Stadt der Baumblüte« stehen hierfür stellvertretend. Aber es sind noch eine Menge von Vorzügen, die sich dazugesellen – über die »Stadt mit Burgromantik« besteht nun, angesichts des bereits Geschriebenen, auch kein Zweifel mehr. Das schönste Prädikat hat aber wohl Rainer Vordank einmal im »Sachsenspiegel« geprägt, wenn er bemerkt:« Der Anblick des mittelalterlichen

Marktplatz mit Rathaus

Städtchens Leisnig mit seiner über 1000-jährigen Burg Mildenstein hoch über der Freiberger Mulde ist malerisch und erhaben. Wenn das sonnige Gegenlicht eine altmeisterlich-mittelalterliche Silhouette in den Himmel zeichnet, verschmelzen die Häuser zu einem organischen Block, der sich terrassenföärmig steigert und in der Kirche seinen klassischen Höhepunkt findet. … Die ›Stadt auf dem Berge‹ ist bestens geeignet, romantischen Stimmungen zu dienen.« Große und spitzgieblige sowie winzig kleine und versteckt liegende, reich verzierte wie schlichte Häuser gibt es da zu bewundern, denn alle strahlen ein besonderes Flair aus; oft sind sie blumenreich geschmückt, säumen windungsreich Straßen und Gässchen; selbst Neubauten passen sich äußerst geschickt ein. Das alles erinnert an die Pracht vergangener Tage und Hochachtung unserer Zeitgenossen andererseits vor diesen. Steile Treppen verbinden Burg und Stadt mit ihrer Umgebung.
Besonders reizvoll sind in diesem Umfeld Wanderungen und Spaziergänge außerhalb der markanten Hauptachse vom Peter-Apian- und Lindenplatz über Markt, Kirchstraße und Burglehn zum »Mildenstein«; da wird die historisch gewachsene Stadtstruktur noch erlebbarer. Neben der unregelmäßig offenen Bebauung im Burglehn um den Matthäuskirchhof oder in der Niederstadt treten die regelmäßigen Baublöcke der deutschen Stadtgründung um den großen Markt als Mittelpunkt besonders hervor.
Die Stadt ist natürlich zu Recht stolz auf seine berühmten Bürger, zu denen Peter Apian (1495–1552) als Astronom, Kartograph und Lehrer Kaiser Karls V. unbedingt gehört, wie auch auf General Friedrich Olbricht (1888–1944), der am 20. Juli 1944 Deutschland vom hitlerischen Terror befreien wollte und dafür hingerichtet wurde.
Gut ausgeschilderte Wanderwege durch Leisnigs Natur- und Landschaftsschutzgebiete erschließen dem Touristen die wunderschöne Umgebung; ähnliches gilt für den Muldentalradweg, der die Stadt auf 10 km Länge

Blick auf die Altstadt

durchquert. Auch kulturell hat sich hier, maßgeblich gefördert durch Stadtverwaltung, Vereine, Kirchengemeinden und Gewerbetreibende, in den letzten Jahren viel getan. So zählen Faschingssession, Burg- und Altstadtfest, Philharmonic Rock im Kloster Buch und die monatlichen Bauernmärkte am gleichen Ort zu den absoluten Stadthöhepunkten ums ganze Jahr und locken, überregional beachtet, tausende von Besuchern nach hier; hinzu kommen die diversen Straßen- und Dorffeste, Literaturabende, Kabarett- und Kleinkunstveranstaltungen, Kirchen- und Chorkonzerte und vieles mehr – jedenfalls ist der städtische Kulturkalender stets randvoll. Darüberhinaus locken die malerische Baumblüte, Walpurgisnacht, Ritterspiele im Schlossareal, Erntedank im ehemaligen Zisterzienserkloster Buch, das von 1192 bis 1526 bestand.
Nicht zuletzt möchte man als Fremder natürlich auch den »Leisniger Riesenstiefel« der Schuhgröße 330 gesehen haben: Immerhin ist dieser »Bursche« 4,90 m hoch und wiegt sagenhafte 439 Kilogramm; die Sohlenlänge beträgt 2,20 m, die Absatzhöhe 42 cm. Seit 2004 kann man ihn auf dem Burglehn der Stadt begutachten.
Wer noch mehr erleben möchte, der sollte per pedes das Städtlein erkunden. Mit Sicherheit wird man da an der Postmeilensäule vorbeikommen, wo man sowohl das sächsische wie auch das polnische Wappen erkennt (zur Erinnerung: 1727 war August der Starke von Sachsen auch polnischer König). Im Museum Burg Mildenstein ist ein Koffer aus dem Besitz Napoleon Bonapartes zu bewundern, und manch romantisch verschwiegenes Fleckchen lässt sich im Mirus-Park entdecken.
Die Stadtkirche St. Matthäi war Kirche der ersten Gemeinde am Ort und wurde 1192 erstmals genannt. In der 2. Hälfte des 15. Jhdts. wurde sie auf dem Vorgängerbau neu errichtet; 1637 und 1882 allerdings brannte es hier lichterloh, so dass das Gotteshaus aus diesen Gründen mehrmals umgebaut und teilweise sogar erneuert wer-

Burg Leisnig auf einer Felsenzunge über dem Muldental

den musste. Heute bietet sich uns eine dreischiffige und vierjochige Hallenkirche mit einschiffigem, polygonal geschlossenen Chor. Im nördlichen Bereich schließt ein zweigeschossiger Anbau an; dem Langhaus ist im südlichen Abschnitt eine Netzgewölbekapelle angefügt. Der Chor besitzt ebenfalls Netz-, das Langhaus hingegen Sterngewölbe. Der Westturm allerdings ist in seinen oberen Teilen erst 1819 errichtet worden. 1663/64 entstand der Altar, der sich dreigeschossig insgesamt neun Meter hoch erhebt – er ist ein teils geschnitztes, teils gemaltes Werk des Manierismus und gilt als Hauptwerk des Bildhauers Valentin Otte und des Malers Johann Richter; die Barockkanzel kam aus der Hainicher Kirche.

Weitere Sehenswürdigkeit ist die 1540 erbaute Gottesackerkirche; sie wurde 134 Jahre später umgestaltet und besitzt einen kostbaren Schnitzaltar (1509) und Bildwerke aus dem 16./17. Jh. Auch die spätgotische Superintendentur und das Archidiakonat mit dem bekannten Sitznischenportal zählen zum unbedingten Muss eines jeden Leisnig-Besuchers.

Im Vorort Tragnitz fällt die Pankratiuskirche sofort ins Auge; zwischen dem quadratischen Westturm und dem spätgotischen Chor befindet sich das 1904 errichtete Langhaus. Der Chor mit seiner bemalten Felderdecke, den Emporen und Betstuben aus dem 17. Jh. dominiert; Altar und Kanzel entstanden um die Mitte des 17. Jhdts. Vom ehemaligen Zisterzienserkloster Buch existieren noch das mehrfach veränderte Kapitelhaus und die Abtei. Hier in Leisnig besteht eine faszinierende Einheit von Historie, Natur und Kultur; durch die 1992 begonnene Altstadtsanierung ist ein schönes Gesamtensemble erhalten geblieben. Entlang an alten, verträumten Gassen, an interessanten Denkmalen, alten Kirchen, der trutzigen Burg schweift der Blick immer wieder in das malerisch hingebreitete Muldental.

Landkreis Leipzig

Der Landkreis Leipzig wurde zum 1. August 2008 im Zuge der Kreis- und Funktionalreform im Freistaat Sachsen aus dem ehemaligen Landkreis Leipziger Land und dem Muldentalkreis gebildet.

Ehemaliger Muldentalkreis

Der Kreis wurde nach seinem Hauptfluss, der Mulde benannt. Die Mulde entstand im Süden der Region aus dem Zusammenfluss von Freiberger Mulde sowie Zwickauer Mulde und durchfloss sie von Süden nach Norden.
Tatsächlich verdankt dieser Kreis (Fläche ca. 894 qkm, rd. 130 000 Einwohner in 9 Städten und 12 Gemeinden) der Mulde nicht nur seinen Namen, sondern auch einige seiner schönsten Flecken. Fast 50 Kilometer schlängelt sich der Fluss durch das Gebiet – im Süden zwischen schroff aufragenden Felsen hindurch und durch weite, stille Flussauen im Norden.
Der ehemalige Muldentalkreis liegt im Nordwesten Sachsens, nur wenige Kilometer von der Messestadt Leipzig entfernt. Ehemalige Kreisstadt ist die Stadt Grimma, die in einem Talkessel an der Mulde liegt. Die zweitgrößte Stadt ist Wurzen, die Beinamen wie »Domstadt«, »Ringelnatzstadt« oder auch »Keksstadt« bekannt gemacht haben.
Die Region gehört mit ihren Burgen und Schlössern, die sich rechts und links des Flüsschens erheben, zum »Tal der Burgen«, das sich an der Mulde entlang vom Vogtland bis in die Dübener Heide erstreckt. Vor etwa tausend Jahren sollten diese Burgen das junge Deutsche Reich gegen Osten schützen. Einer solchen Burg verdankt ein heute kleines Dorf im ehemaligen Muldentalkreis seine Bekanntheit: In Püchau soll im Jahre 924 Heinrich I. Zuflucht vor den kriegerischen Awaren gefunden haben, worauf die Bewohner noch heute stolz sind. Die Geschichtsschreibung macht Püchau aufgrund dieses Ereignisses zum ältesten beurkundeten Ort Sachsens.
Wer in diesem Gebiet haltmacht, kann auch den Spuren einiger historischer Persönlichkeiten folgen. Die spätere Ehefrau Luthers, Katharina von Bora, lebte im Kloster St. Marienthron in Nimbschen, der Nobelpreisträger Wilhelm Ostwald war in Großbothen zu Hause, der Schriftsteller Johann Gottfried Seume brach von Grimma aus zu seinem berühmten Fußmarsch nach Syrakus auf, und der Kabarettist und Schriftsteller Hans Bötticher alias Joachim Ringelnatz wurde in Wurzen geboren. Solchen kulturhistorischen Besonderheiten ist es zu verdanken, dass sich der Fremdenverkehr zu einem nicht unbedeutenden Wirtschaftsfaktor entwickelt hat.
In den hiesigen Wäldern und Hügellandschaften lässt es sich bestens wandern oder Rad fahren. Nicht umsonst schlängelt sich der Muldental-Radwanderweg durch diese Landschaft. Für Erholung stehen die Kurstadt Bad Lausick (hier wurde 1820 beim Kohleabbau das Heilwasser entdeckt), die Hügel der »Hohburger Schweiz« und viele herrliche ausgedehnte Waldgebiete. Die Wälder um die Stadt Naunhof im Westen wurde schon vor über 100 Jahren die »Grüne Lunge von Leipzig« genannt.
So nah vor den Toren der Messestadt Leipzig gilt diese Region außerdem als attraktiver Gewerbestandort. Zum einen haben in den letzten Jahren viele neue Firmen Fuß gefasst, zum anderen behaupten traditionelle Unternehmen ihren Platz an der Mulde. Die älteste Wirtschaftsgrundlagen befinden sich jedoch seit Jahrtausenden im Boden: Porphyr, Sand und Kies, Kaolin, Lehm und Ton. Auch die Verkehrsanbindungen tragen zur Attraktivität bei: Der Flughafen Halle-Leipzig ist nur einen Katzensprung entfernt, vier Anschlussstellen der A 14 sind vorhanden, drei Bundesstraßen kreuzen von Nord nach Süd und von Ost nach West, und Wurzen liegt an der alten Eisenbahnlinie Leipzig-Dresden.
Die hiesige Kulturlandschaft ist neben Ringelnatz und Seume auch eng mit Luther und Göschen verbunden. Zahlreiche Veranstaltungen und kunsthistorische Sehenswürdigkeiten sind an deren Wirken angelehnt. So das Wurzener Ringelnatzhaus, in dem das Wirken des 1883 hier Geborenen entsprechend gewürdigt wird oder das Göschenhaus in Grimma, das an den bedeutenden Verleger G.J. Göschen und seinen Freund und Korrektor, Johann Gottfried Seume, erinnert. Verschiedene Museen dokumentieren hautnah die regionale Geschichte und regelmäßige Konzerte runden das Gesamtbild ab, so im Dom zu Wurzen, in der Grimmaer Frauenkirche ... hier genießt man nicht nur Kunst, hier gestaltet man Kunst und Kultur selbst mit.

Stadt Grimma

Grimma, die romantische Stadt in Sachsen, liegt im Städtedreieck Leipzig–Dresden–Chemnitz im Zentrum des Muldenlandes und hat ca. 19 500 Einwohner. Die historischen Sehenswürdigkeiten zeugen von einer ereignisreichen Geschichte, und insbesondere die Renaissancefassade des Rathauses ist eine architektonische Augenweide.

Nach 900 bildeten sich an den Ufern der Mulde zahlreiche feudale Herrenburgen, und ab 1170 wird Grimma durch den Meißner Markgrafen Otto I. (den Reichen) angelegt – die erste urkundliche Erwähnung geschah 1200. Hier wurden urkundengetreu zwei Grimmaische Herren genannt – »Ludolfus et Raumoldus de domo Grimme«. Eine Burg wird erwähnt und eine vorgelagerte Ansiedlung. Die Verleihung verschiedener Rechte ermöglichen in der Folgezeit Märkte; eine Stadtmauer wurde erbaut und auch die heutige Frauenkirche. Im benachbarten Nimbschen wohnten Zisterzienserinnen; vom Kloster Nimbschen besteht heute noch die Klosterruine.

Eine stolze Schönheit – das ist Grimma zweifellos, die »Perle des Muldentales«, bis heute geblieben. Wenn man das rückblickend betrachtet, dann ist sie etwas mehr als 800 Jahre jung. Vieles ist seither geschehen, aber auch etliche alte Traditionen leben bis in die Gegenwart ungebrochen fort. Zum Beispiel iniziierten im 13. Jahrhundert die Augustiner das spätere Gymnasium St. Augustin, das eine Eliteschule war und an welchem zahlreiche bedeutende Geister lernten. Aus dieser Zeit stammen auch Klosterkirche und die erste feste Muldebrücke; der Zoll, der hierfür entrichtet werden musste, füllte das Stadtsäckel und trug zum Wohlstand der Kommune bei – jedenfalls zeitweilig. Die selbstbewussten Bürger bauten sich ein repräsentatives Rathaus, und als dies nach 130 Jahren ein Opfer der Flammen wurde, bauten sie ein noch prächtigeres.

Bis heute hat sich das Wort gehalten, dass ein Grimmaer ein besonderes Individuum sei: Der Wettiner Albertiner Herzog, Albrecht der Beherzte, soll Zeit seines Lebens immer wieder darauf verwiesen haben, im Schloss zu Grimma geboren worden zu sein.

1519 machte Martin Luther auf der Rückreise von Leipzig nach der Disputation nachweisbar das erste Mal in Grimma Station. Er kommt noch häufiger, um zu predigen. 1523 werden hier sogar einige Schriften von ihm gedruckt und verbreitet. Aus dem benachbarten Nimbschen flieht damals eine Nonne, die keine mehr sein will: Katharina von Bora. Sie wird wenig später Luthers Ehefrau. Nach Schließung der Klöster entsteht in der Stadt die dritte sächsische Landesschule (1550) – neben St. Afra, Meißen und Schulpforta, Naumburg (beide 1543) – für die Ausbildung der Staatselite.

St. Augustin, St. Afra und Schulpforta waren seinerzeit Prototyp völlig neuer Bildungseinrichtungen. Es waren staatliche Schulen, keine kirchlichen oder städtischen Bildungseinrichtungen. Ausschließlich Knaben wurden im Geiste der Wittenberger Theologie und des Humanismus erzogen. Ziel war es, die Bildungsfundamente sowohl für spätere Theologen als auch Verwaltungsbeamte und Lehrer zu legen. Die Finanzierung der Alumnatsplätze war durch das den Schulen übertragene Klostervermögen gesichert.

Das alles zeitigte erstaunliches soziales Engagement: Freistellen (weit über die Hälfte) sicherten auch begabten Jungen aus ärmeren Familien eine erstklassige Schulbildung. Mit ihren Bildungsinhalten, äußeren Rahmenbedingungen plus Vermittlung von Didaktik und Methodik erreichten diese Landesschulen ein hohes Niveau der Ausbildung, das auch Vorbildwirkung für andere deutsche Lande hatte. 72 Jahre nach Gründung der Grimmaischen Schule war das Institut für fünf Jahre die Heimstatt des bedeutenden Kirchenliederdichters und späteren Pfarrers Paul Gerhardt. Samuel Pufendorf war von 1645–50 Schüler – dieser bedeutende Völkerrechtler und Wegbereiter der Aufklärung.

Im 18. Jahrhundert kamen als neue Disziplinen Französisch, Mathematik und Geschichte hinzu und noch später wurde Deutsch statt Latein die Unterrichtssprache. Aber auch hier gingen die Zeitläufe nicht spurlos vorüber: 1937/38 zunehmende Eingriffe des NS-Systems in das Schulleben (u.a. Rektorenwechsel, Abschaffung des Betsaales), 1945 im Oktober Wiedereröffnung und »Ende der Fürstenschule«, schließlich »Einheitsschule«; rigoroser Bruch mit den Traditionen und Aufbau einer »sozialistischen Schule« als Erweiterte Oberschule (EOS). 1992 geschah dann die Rückbenennung in »Gymnasium St. Augustin zu Grimma« und 2006 die Vereinigung beider Grimmaer Gymnasien unter diesem Namen.

Skulptur im Kloster- und Mühlental

1797 beschließt einer der erfolgreichsten Verleger, Georg Joachim Göschen, seine Einrichtung von Leipzig ins beschauliche Grimma zu verlegen: Er verfertigt vor allem Schriften und Bühnenwerke von Goethe, Wieland, Klopstock, Schiller – kurz formuliert: die literarische Champions League seiner Zeit. Außerdem galt er als absolute Autorität mit Gespür für junge Literaten: Seume darf auf Goethischen Spuren (1803) wandeln: Heraus kommt ein literarischer Bestseller, »Spaziergang nach Syrakus«. Nach Göschen führt der nicht minder erfolgreiche Freiherr von Cotta das Unternehmen zu neuem Glanz.

Grimmas Geschichte ist voll interessanter Details. 1866 kam endlich auch der Eisenbahnanschluss; die Stadt wird 1875 Zentrum eines Landkreises. Wenige Jahre später lässt sich der Kommerzienrat Schröder ein Schloss »bauen« – über der Muldebiegung thront es noch heute. ... ein bisschen kitschig zwar, anderseits aber auch wunderschön. Wieder etwas danach wird das ehemalige Kloster St. Augustin durch einen klassizistischen Neubau erweitert und 1891 mit dem dritten Schulkomplex komplett in der Neorenaissance umgebaut, dieser die Stadtsilhouette bis heute prägt. Der II. Weltkrieg hinterließ glücklicherweise wenig Spuren, lediglich eine Handvoll übereifriger Wehrmachtseinheiten wollten mit der Sprengung aller drei Muldebrücken ihr Scherflein im April 1945 zum Endsieg beitragen.

Jahrelang wird nach 1990 fleißig gewerkelt, und 2000 – zum 800. Stadtjubiläum – war vieles schon wieder hergerichtet. Unter anderem wurde die historische Pöppelmann-Brücke durch einen zusätzlichen Neubau deutlich entlastet. Danach wurde es aber noch einmal knifflig; dann nämlich kam die Flut, jene vom 13. August 2002: Der Pegel stieg auf 8,50 m über normal, die Innenstadt war komplett überflutet, der reißende Wasserstrom zog 750 Häuser in Mitleidenschaft (40 mussten ganz aufgegeben werden). Wenige Tage zuvor sollte eine große Ruderregatta stattfinden, da lag der Pegelstand noch bei 2,14 m. Und nun dies!

Wer heute, von Süden kommend, die Gattersburg nebst renovierter Hängebrücke im Rücken, die Innenstadt betritt, wird nur noch die Hochwassermarken an einer Ecke der alten Großmühle entdecken. Es gab in der

Blick über die Hängebrücke auf »Schloss Gattersburg«

Geschichte zwar nicht wenige Hochwasser, dies aber übertraf bisher Dagewesenes um Wasserhöhen. Im Dreieck zwischen Dresden, Leipzig und Chemnitz liegt Grimma, das ist bekannt – mitten im Grünen. An einem Fluss, begehrtes Urlaubsgebiet und attraktiver Standort für erfolgreiches Wirtschaften; kurze Wege, schnelle Anbindung an die Autobahn, unkompliziert erreichbare Gewerbegebiete. Eine durchdachte Ansiedlungspolitik, effektive Wirtschaftsförderung von Politik und Verwaltung, schnelle Entscheidungswege, individuelle Lösungsförderungen und optimale Entwicklungsbedingungen: näher am Bürger.

Leben in Grimma bedeutet vor allem Lebensqualität auf insgesamt 7 600 Hektar. Denn die Stadt verbindet Klein und Groß, Alt und Jung, weitläufige Natur und ausgezeichnete Infrastruktur. Familien schätzen vor allem das engmaschige Netz an Betreuungsstätten, Spielplätzen, Freizeitangeboten, Vereinen sowie Sozial- und Gesundheitseinrichtungen. Als überregionaler Bildungsstandort bietet die Stadt mit ihren zahlreichen Schulen viele Möglichkeiten zur qualifizierten Aus- und Weiterbildung. Vom Dreikäsehoch bis zum »alten Hasen« – das diesbezügliche Angebot bietet für jeden das Richtige: Grimma macht lebenslanges Lernen mit Laune möglich.

Hier geschieht durchdachte Ansiedlungspolitik: Gewerbegebiete nahe der Autobahn, reger Austausch der ortsansässigen Unternehmen und schöpferische Entwicklung neuer Strategien; effektive Wirtschaftsförderung von Politik und Verwaltung. Für ein hohes Maß an Lebensqualität und sichere Arbeitsplätze sorgt der ausgewogene Branchenmix von mittelständischer Industrie, Handel, Handwerk, Dienstleistungen und Fremdenverkehr. Zwar bereits acht Jahrhunderte alt, versprüht diese Stadt Quicklebendigkeit und Modernität und damit natürlich auch Virtuosität des Zusammenlebens und Lebensqualität – große Vergangenheit streckt sich nach großer Zukunft aus! In Grimma ist eben so gut wie alles möglich. Dieser Optimismus und die Motivation, etwas zu bewegen, bestimmen den Geist, der durch diese alten Mauern weht und die Menschen immer wieder auf neue Ideen bringt und ihnen Kraft verleiht, weitere Herausforderungen zu meistern: Herzlich willkommen also!

Blick auf den Ortskern

Stadt Trebsen/Mulde

Die kleine, idyllisch gelegene Stadt mit ihren Ortsteilen Altenhain, Seelingstädt und Neichen liegt im Landkreis Leipzig an der Vereinigten Mulde, etwa sechs Kilometer nördlich von Grimma und 30 km südöstlich Leipzigs, ist verkehrsmäßig günstig über die A 14 und B 107 erreichbar und hat ca. 4 200 Einwohner. 1161 ist der damalige Ort erstmals urkundlich erwähnt worden und damit fast 850 Jahre alt (2011). Er entstand an einer Furt über die Mulde. An solch einem strategischen Punkt wurde logischerweise eine Burg erbaut, zur Sicherung des Übergangs und als Schutz für Handelsstraße und Siedler, die sich hier niederließen. Später wurde aus der Burg ein Schloss.

Großer Zeitsprung: 1883 wurde die Muldebrücke eingeweiht, dem damaligen Regenten, König Albert, zugeeignet. Seit diesem Zeitpunkt ersetzte sie die bisherige Seilfähre. 1888 erwarb der Bergwerksbesitzer Anton Wiede die Rechte für den Ausbau einer Wasserkraft; somit setzte auch in Trebsen das Zeitalter der Industrialisierung ein.

Voraussetzung für eine Papierfabrik von Wiede & Söhne wurde 1891 das Muldenwehr. Zwei Jahre später begann man in Pauschwitz mit der Papierherstellung. 1910 entstand an der »Leite« eine Fabriksiedlung für Mitarbeiter der Papierwerke. Die bereits seit 1898 bestehende Bahnstrecke Leipzig–Seelingstädt wurde 1911 nach Trebsen/Pauschwitz plus Anschlussgleis zum Papierhersteller erweitert. Ein dringend notwendig gewordenes Wasserwerk wurde 1925 übergeben. Auch das neue Rathaus wurde in diesem Jahr fertiggestellt. Auf Betreiben von Johannes Wiede wurde der Bau der Sport- und Kulturstätte initiiert (1930 Fertigstellung). 1938 wurden Pauschwitz und Wednig eingemeindet. Am 16. April 1945 erfolgte die widersinnige Sprengung der Muldenbrücke; sie konnte 1950, wiederaufgebaut, für den Verkehr freigegeben werden. Im Folgejahr begann die Papiersackproduktion des damaligen VEB Zellstoff- und Papierfabrik Trebsen.

Schloss

Das Hochwasser der Vereinigten Mulde erreichte am 10.7.1954 einen Höchststand von 5,34 m über Normal – die Schäden nahmen verheerende Ausmaße an. 1955 bekam Trebsen ein Kino, das 40 Jahre später geschlossen wurde. 1974 folgte die Eingemeindung von Walzig. Zwischen Colmberg und Hengstberg, entlang des Kranichbaches, liegt der Ortsteil *Seelingstädt*. 1251 als »Seligistat« anlässlich einer Zinsabgabe an die Nonnen des Klosters Nimbschen erstmals erwähnt. Das Straßendorf verfügte auch über ein Rittergut und schöne Waldung. Der Rittersitz ist 1485 und das Gut 1551 schriftlich belegt. Der Bau der sogenannten »Steinbruchbahn« (1898/99) war für das Wachstum der Wirtschaft von großer Bedeutung; in zunehmendem Maße siedelten sich auch Händler und Gewerbetreibende an, womit sich natürlich auch die Struktur des Bauerndorfes änderte. 1994 wurde der Ort nach Trebsen eingemeindet; heute leben hier etwa 660 Einwohner. Kita, Kegelbahn, Turnhalle, Caritas-Altenpflegeheim, Feuerwehrgerätehaus sind vorhanden; ansässige Vereine und Gruppen organisieren Veranstaltungen und bereichern das kulturelle Ortsleben. *Altenhain* wurde 1358 als »Aldinhayne« erwähnt. Auf der alten Straße nach Seelingstädt bietet sich dem Betrachter ein außergewöhnliches Landschaftspanorama. Der Ort ist ein Angerdorf, wo allerdings nicht nur Landwirtschaft, sondern durch die Steinbrüche (Frauen-, Butter-, Klengelsberg) auch die Industrie präsent war; über 500 Menschen arbeiteten Ende des 19. und Anfang des 20. Jahrhunderts hier. Seit dem 1.1.1999 ist Altenhain mit ca. 900 Einwohnern ein Ortsteil von Trebsen. Viele schmucke Eigenheime sind entstanden, sanierte Gebäude verleihen dem Ort ein freundliches Aussehen, historische Bausubstanz wird sorgsam gepflegt.

Über die Muldenbrücke in Trebsen gelangt man in den Ortsteil *Neichen* (seit 1.1.1994 mit ca. 380 Einwohnern eingemeindet). Rechts der Mulde liegend, wurde »Eychen« 1421 erstmals urkundlich erwähnt. Mitten durch das Dorf schlängelt sich das Mutzschener Wasser. Der heutige Ort besteht aus dem Zusammenschluss der

Mittelschule

Dörfer Zöhda und Neichen. Die Industrialisierung begann 1877 mit Eröffnung der Muldentalbahn von Wurzen nach Glauchau; kleine und mittlere Gewerbetreibende haben heute hier ihre Existenz gefunden; auf zwei Bauerngütern wird die Landwirtschaft fortgeführt. Bei einem Stadtrundgang begegnet man auch in Trebsen viel Historischem, aber auch ebensoviel Neuem. Die Kirche ist in ihrem ganzen Umfang als romanischer Bau (etwa 1150–1200), wohl im Zusammenhang mit der deutschen Besiedlung unter der Familie von Trebissen, errichtet worden. Der bedeutendste Fund ist die Grabplatte der Judith gewesen: Er wurde 1981 bei einer archäologischen Grabung im Kircheninneren gefunden; Beleg dafür, dass bereits vor 1200 hier Reliefgrabsteine gefertigt wurden. Mit dem Bau des gotischen Chorraumes (1518) musste der romanische Chorturm weichen. Entstanden ist dafür ein großer Chorraum mit Gruft für das Schloss, Sakristei und Loge für die Schlossbewohner. 1552 wurde mit dem Turmbau an der Westseite begonnen; barocke Ausgestaltung erhielt die Kirche 1701. Das Pfarrhaus gegenüber (1729/31) wurde unter Einbeziehung des spätgotischen Sitzportals Anfang des 16. Jahrhunderts erbaut.

Glaubt man den Quellen, so war Trebsen bereits um 991 ein strategisch wichtiger Ort, den sich der slawische Gaugraf Bucelin zum Sitz erkoren hatte. 1161 erwähnte man einen Ritter namens »Henricus de Trebecin«; Der noch in Resten erhaltene Bergfried (urspr. 25–30 m hoch) zeugt heute noch mit Mauerstärken bis zu 5 m von seiner Wehrhaftigkeit. Um 1494 erwarb Georg von Saalhausen das Rittergut und begann mit dem Schlossbau; 1521 wurde es vom Baumeister Hans von Minkwitz als vierflügige Anlage fertiggestellt. Im 18. Jahrhundert wurde ein Landschaftspark im englischen Stil angefügt.

2005 konnte der Erweiterungsbau der Grundschule und der Dachausbau für den Hort realisiert werden. Auch die Mittelschule ist völlig saniert und den neuen Gegebenheiten angepasst worden. In der ehemaligen Villa des Fabrikanten Wiede ist die Kita »Vogelnest« eingezogen und hat ein schönes Domizil gefunden. Auch die Sport- und Kulturstätte »Johannnes Wiede« ist modernisiert worden (2002). 1991 erfolgte der Neubau der Papier-

Sport- und Kulturstätte »Johannes Wiede«

sackfabrikation der heutigen »Mondi Packaging Trebsen GmbH« und damit die Grundsteinlegung zu einer der größten Papiersackfabriken Europas. 150 Mitarbeiter arbeiten hier. Die Papierfabrik »Julius Schulte Trebsen GmbH & Co KG« ist ein spezialisierter Hersteller von Wellpappenrohpapieren aus 100% Recyclingmaterial auf einer Papiermaschine mit 110 000 Tonnen jährlicher Produktionskapazität; 90 Mitarbeiter sind hier tätig.

Das Rathaus steht im Zentrum; es wurde 1925 eingeweiht und beherbergt neben Stadtverwaltung das Stadtarchiv und die Bibliothek – sie bietet als Ort des lebenslangen Lernens mit ihrem vielseitigen Medienangebot auch Computer- und Internetnutzung. Außerdem sorgen zahlreiche Vereine tatkräftig für Abwechslung im Alltag. In Walzig gibt es eine Weihnachtspyramide, die laut Guiness-Buch die weltweit erste »fahrende Musikpyramide mit integrierter Spieluhr« ist; ihre Höhe beträgt 4,05 m – auch davon sollte hier unbedingt berichtet werden. Die St. Johanniskirche zu Altenhain ist ein verputzter Steinbau mit Mansardenwalmdach. Die Seelingstädter Kirche ist ein langgestreckter verputzter Bruchsteinbau mit barock bekröntem Chorturm (1783). Seit 1996 befindet sich im historischen Schlossteil die Fort- und Weiterbildungsstätte des Caritasverbandes Dresden-Meißen e.V. Im ehemaligen Rittergut befindet sich das Altenpflegeheim des Schwesterordens »Jesus und Maria«, das 1993 den Namen »Claudine Thevenet« erhielt. Die Gründerin des Ordens nahm sich einst verwahrloster Kinder nach der Französischen Revolution an. Dies sollte noch unbedingt erwähnt werden. Genau 48 Jahre nach der letzten Flutwasserkatastrophe setzte jene vom August 2002 neue Maßstäbe und den bisher letzten Schlusspunkt: War es 1954 ein Wasserstand von 5,34 m über Normal, so waren es jetzt 8,50 m! Eine Vorwarnzeit gab es kaum: Niederschlagsmengen von 30 l und mehr/qm ließen dazu keine Zeit. Zwei Tage später, am 14.8.2002, bot sich ein schreckliches Schauspiel. Eine große Welle der Hilfsbereitschaft erreichte Trebsen aus nah und fern. Die Schäden sind inzwischen behoben und das normale, fröhliche Leben hat wieder Eingang gefunden.

Ein Wintertag im Nerchauer Bahnhofspark, früher Schmuckplatz genannt

Stadt Nerchau

Nerchau ist eine romantische Kleinstadt (etwa 4 000 Einwohner) am Taleinschnitt östlich der Vereinigten Mulde zwischen Grimma und Wurzen mit insgesamt 14 Ortsteilen; 1994 kamen die ehemals eigenständigen Nachbardörfer Fremdiswalde, Cannewitz und Golzern mit Bahren hinzu. Höchste Erhebung ist die Deditzhöhe mit stolzen 233 Metern: Sie ist ein wahres Domizil für die Gilde der Amateurfunker, die hier »oben« die besten Funkverbindungen in alle Welt zuwege bringen. Die Stadt selbst liegt in einer Höhe von 130/140 m ü.NN. Das historische Ensemble auf dem Kirchberg, einem ehemaligen Burgward mit Friedhof, Kirche, Kantorat, Pfarrhaus, alter Schule und den Bergkellern aus dem 17. Jh., ist ebenso sehenswert wie das seit 2003 neu eingerichtete Heimathaus des rührigen Heimatvereins. Auch den Wanderweg längs der Mulde, vorbei an Resten der alten Fährweide, sollte man unbedingt »erobern«. Parallel dazu verläuft der romantische Muldentalbahn-Radwanderweg von Wurzen nach Grimma unterhalb der 1971 in Betrieb genommenen Autobahnbrücke der A 14 (342 m lang und 30 m hoch). In Bahren lohnt sich ein Abstecher zur Prinzengrotte auf dem westlichen Muldenufer. Seit 1834 ist Nerchau durch seine Farbenfabrik bekannt, die heute unter dem Logo »LACUFA AG« Mal- und Künstlerfarben herstellt. Im Freizeitbereich lebt die Tradition des Kunstradfahrens weiter, wo die akrobatischen Sportler auf Landes- und Bundesebene kämpfen. Weitere Vereine entfachen hierzulande ein reges kulturelles Miteinander. Das Trakehner-Gestüt in Bahren oder der Ziegenhof in Fremdiswalde sind Anziehungspunkte sondergleichen geworden. Mit Grundschule, zwei Kindergärten, Jugendbegegnungszentrum, Sparkasse, Raiffeisenbank, Apotheke und mehreren Allgemeinärzten ist das Städtchen gut bestückt. Vieles ist bereits geschehen und gebaut worden: Ein modernes Bürgerzentrum, zahlreiche Straßen, ein Klärwerk, Dorfgemeinschaftshäuser. Durch den Gewerbeverein gibt es auch einen aktuellen Stadt- und Gemeindeplan, in welchem sich zahlreiche Gewerbetreibende mit ihren Leistungen präsentieren.

Dorfkirche Dürrweitzschen

Gemeinde Thümmlitzwalde

Die Gemeinde mit ihren 3 562 Einwohnern und 21 Ortsteilen umfasst eine Fläche von 56 qkm; eingebettet in Obstplantagen, Feldern und Thümmlitzwald liegt die junge Gemeinde im Ostteil des ehem. Muldentalkreises. Fünf Gemeinden haben sich zusammengeschlossen: Böhlen, Dürrweitzschen, Leipnitz, Ragewitz und Zschoppach; weitere Orte sind Bröhsen, Draschwitz, Frauendorf, Haubitz, Keiselwitz, Kuckeland, Motterwitz, Muschau, Nauberg, Ostrau, Papsdorf, Pöhsig, Poischwitz, Seidewitz, Zaschwitz, Zeunitz. Die Gemeinde entstand am 1.3.1994 und liegt im Dreieck der Städte Leipzig, Chemnitz und Dresden; durch die A 14 (Abfahrt Mutzschen) ist eine sehr günstige verkehrstechnische Lage gegeben.

Die Landschaft ist geprägt von den Ausläufern der Lommatzscher Pflege und dem Hügelland an der Mulde. Wälder und Obstplantagen bestimmen die Szenerie. Ihren Namen erhielt die Gemeinde von dem etwa 1500 ha großen Waldgebiet des »Thümmlitz«. Wer Ruhe sucht, der findet sie hier im Übermaß auf den zahlreichen Wegen in Thümmlitzwald und Thümmlitzsee.

Im östlichen Teil wurde seit ca. 1820 Braunkohle im Tage- und Tiefbau abgebaut; bei Leipnitz und Seidewitz gab es 1836 eine königliche Braunkohlengrube. In Ragewitz förderte man das »braune Gold« im Tiefbau. Noch heute gibt es viele »Bruchlöcher«, die teilweise aufgefüllt wurden oder mit Wasser gefüllt sind. Die Ortschaften bieten viel Sehenswertes, u.a. liebevoll restaurierte Fachwerkhäuser, Dreiseithöfe, Kirchen; aber auch das ehemalige Rittergut in Böhlen, der Rugestein bei Draschwitz, die Obstplantagen in Dürrweitzschen und anderswo, das Haubitzer Rittergut, Pyramidenpappel und Kopfweide bei Muschau, die steinerne Turmwindmühle und die Alte Schanze bei Nauberg, die Schachtanlage bei Ragewitz, den Lochstein, Schriftstein, Hutungssäulen, jungsteinzeitlicher Monolith, Teufelsstein und vieles weitere – ein Aufenthalt in der Gemeinde ist stets lohnenswert.

Der im Jahr 1999 neu gestaltete Marktplatz mit kursächsischer Postmeilensäule und der Mutzschener Stadtkirche im Hintergrund.

Stadt Mutzschen

Mutzschen, im Landkreis Leipzig gelegen, ist zwar eine der kleinsten Städte Sachsens, aber es bietet von der Infrastruktur her alle Funktionen eines Kleinzentrums. Ärztliche und fachärztliche Betreuung ist gewährleistet. Zahnarzt, Apotheke, Einzelhandelsgeschäfte, Kindertageseinrichtungen und eine Grundschule sind vorhanden. In der 15 Autominuten entfernten Stadt Grimma befinden sich weiterführende Schulen und sämtliche Versorgungseinrichtungen eines Mittelzentrums. Die Stadt Mutzschen liegt an der Bundesautobahn A 14 (eigene Ausfahrt) zwischen Dresden und Leipzig. Über die B 169/A 4 ist die drittgrößte Stadt Sachsens, Chemnitz, günstig zu erreichen. Nur etwa 30 Minuten braucht man mit dem Auto bis zum Flughafen Halle/Leipzig. Wegen seiner ausgesprochen günstigen Verkehrslage ist Mutzschen ein attraktiver Ausgangspunkt für neue wirtschaftliche Aktivitäten expandierender Firmen. Dieser Standortvorteil wird bereits von zahlreichen bekannten Firmen genutzt.

Die ersten Anzeichen einer Besiedlung in der Region reichen bis in die Bronzezeit zurück. Zeitzeuge ist ein Hügelgräberfeld der Lausitzer Kultur (1800 v.Chr.) am Doktorteich. Von der Zeitenwende bis zur Völkerwanderung besiedelten germanische Hermunduren diese Gegend. Slawische Stämme drangen nach, und um 500 ist die Gegend von Sorben besiedelt. In einer in Regensburg verfassten Akte wird Mutzschen am 18.3.1081 erstmals urkundlich erwähnt. Zwar wird Mutzschen bereits 1523 erstmalig als Städtchen bezeichnet, urkundlich belegt ist das Stadtrecht mit der Verleihung verschiedener städtischer Privilegien aber erst ab 1544. Von den Zerstörungen der beiden Weltkriege blieb Mutzschen weitgehend verschont.

Vor 80 Jahren geschriebene Zeilen treffen auch heute noch genau den Charakter der Stadt: »Wanderer, der du Mutzschen besuchst, ein prächtig-altertümliches Städtchen wirst du finden, wo nur selten ein unechter, nicht bodenständiger Klang … aufklingen wird.« Die Stadt hat ihren eigenen Reiz, man nannte sie das »sächsische

Das Barockschloss wurde erstmals als Herrensitz im Jahr 1206 urkundlich erwähnt.

Rothenburg«. Sehenswerte Zeugen der Geschichte sind u.a. der Anfang des 18. Jahrhunderts wiederaufgebaute und seither kaum veränderte Markt mit seiner Postsäule (1725), alles unter Denkmalschutz stehend, sowie das Barockschloss Mutzschen. Es befindet sich am Rand der Innenstadt. Zum Schloss, das auf einem Felsplateau steht, gehört ein ausgedehnter Park mit einem Rundweg um den Schlossteich. Das Schloss befand sich als Renaissanceschloss 1556 bis 1622 im Besitz des sächsischen Kurfürsten August von Sachsen und beherbergte vor dem Bau der Wermsdorfer Hubertusburg Teile der Jagdgesellschaften des Kurfürsten. Die hölzerne Zugbrücke wurde in eine Steinbogenbrücke umgewandelt, die 2000 umfangreich saniert wurde. Das Gelände des Schlosses diente nach vorherigem, überwiegend privaten Besitz nach dem Zweiten Weltkrieg u.a. als Jugendschule, später bis 1999 als Jugendherberge.

Im Torwächterhaus befindet sich heute das sehenswerte Stadtmuseum. Das Gebäude selbst wurde erst 1754 nach einem Stadtbrand als typischer Barockbau mit Barockturm wieder aufgebaut. Die Turmglocke schlägt alle 15 Minuten, gesteuert von einem alten Uhrwerk.

Eine weitere Attraktion ist der Skulpturenpark Mutzschen und der dazu gehörende Kunstwanderweg, beides hervorgegangen aus dem Europäischen Kunstsymposium 2006 und heute neue europäische Zeugnisse für die gesamte Region. Die Künstler stellten in der Woche der 925-Jahr-Feier der Stadt ihre Kunstwerke im Stadtpark auf und gaben ihnen an Ort und Stelle den letzten Schliff. Im September 2006 wurde das Projekt offiziell der Öffentlichkeit übergeben.

Erholung und Ruhe findet der Besucher an den zahlreichen Seen – hervorzuheben ist der Rodaer Badesee – und in den umliegenden Wäldern. Flora und Fauna bieten einen außerordentlichen Artenreichtum. Zu den hier lebenden Vogelarten gehören Weißstörche, Reiher, Schwäne und wildlebende Gänse- sowie Entenarten.

Abenteuerpyramide im Kur- und Freizeitbad »Riff«

Thermalkurort Bad Lausick

Bad Lausick ist seit langem ein Ort der Gesundheit und Erholung. Das erste Heilwasser wurde 1820 beim Braunkohleabbau gefunden. Heute ist das natürliche Heilmittel ein Thermalwasser aus 1 300 m Tiefe. Es ist für Trinkkuren und für Bäder geeignet. Die Kurstadt bietet Wellnessurlaubern und Kurgästen abwechslungsreiche Angebote für einen angenehmen Aufenthalt. Dazu gehören Kosmetik- und Entspannungspauschalen sowie Fasten-Wander-Kurse. Zwei Rehabilitationskliniken sowie das Kurhaus mit Kurhotel stehen für Kuren und Gesundheitsurlaub zur Verfügung. Die Hauptindikationen sind Herz-Kreislauf-Erkrankungen, Erkrankungen des Bewegungsapparates und des Nervensystems.
Eine besondere Attraktion stellt das Kur- und Freizeitbad »Riff« dar. Mit seinen vielfältigen Angeboten spricht es Gäste aller Altersgruppen gleichermaßen an. Den gesundheitsbewussten Badegast erwartet eine außergewöhnliche Wasserlandschaft mit vielen Angeboten. Dazu gehören verschiedene mit Thermalwasser gefüllte Innen- und Außenbecken, ein Heilwasser-Trinkbrunnen im Foyer, eine großzügige Saunalandschaft mit sechs Saunen und Kaminzimmer, ein Wellnessbereich mit Schwebeliege und Unterwassermassagewanne sowie eine Spaßpyramide mit Sprungturm und Rutschen.
Zu den Sehenswürdigkeiten gehören im Stadtzentrum das Rathaus sowie verschiedene Bürgerhäuser und im Kurviertel die Villen und der Kurpark mit der Freilichtbühne »Schmetterling«. Das älteste Gebäude der Stadt ist die im Jahr 1105 errichtete St. Kilianskirche. Diese fast original erhaltene romanische Pfeilerbasilika beherbergt eine Silbermann-Trampeli-Orgel.
Die waldreiche und hügelige Umgebung Bad Lausicks lädt zum Radfahren und Wandern ein. Ein umfangreiches Wegenetz durch den Colditzer Forst garantiert ein Naturerlebnis in ländlicher Idylle. Bad Lausick kann man bequem per Bahn von Leipzig oder Chemnitz und mit dem Auto über die A 14, Ausfahrt Grimma, erreichen.

Das Belgershainer Schloss bildet mit Barockkirche und Rittergut den Mittelpunkt der Gemeinde.

Gemeinde Belgershain

Die Gemeinde Belgershain (3 600 Einwohner) besteht aus 4 Dörfern, im 11. und 12. Jh. entstanden und seit dem 16. Jh. zu der Grundherrschaft Belgershain gehörend. Herrensitz war das Schloss, eine mehrfach umgebaute Wasserschlossanlage aus dem 12. Jh., und das Rittergut. Die Kirchen in Threna und Köhra stammen aus dem 13. Jh. Die große Belgershainer Barockkirche wurde 1686 an die Stelle einer 1681 abgerissenen Vorgängerkirche errichtet. Die derzeitige Rohrbacher Kirche wurde 1898 eingeweiht. Die 4 renovierten Kirchen laden zu Gottesdienst, Besichtigung und Besuch vielfältiger kultureller Veranstaltungen ein. In dem 1973 errichteten und inzwischen modernisierten Schulgebäude in Belgershain werden Grundschüler aus allen 4 Ortschaften und der Umgebung unterrichtet. Die kleineren Kinder werden vom Krippenkind bis zur Einschulung in 4 Kindertagesstätten vorbildlich betreut. Durch die Nähe zu den Autobahnen A 14, A 38 und A 72 ist die Gemeinde Belgershain über kurze Wege an das Autobahnnetz angebunden. Belgershain hat einen Bahnhof an der Strecke Leipzig–Chemnitz, und alle Orte sind an das Busnetz des Mitteldeutschen Verkehrsverbundes angeschlossen. In allen Orten der Gemeinde haben sich klein- und mittelständische Betriebe sowie Handwerker angesiedelt. Durch die günstige Verkehrsanbindung können die neuen Industriestandorte im Umfeld von Leipzig ebenfalls gut erreicht werden. Für das geistig-kulturelle und sportliche Leben der Gemeinden fühlen sich viele Vereine zuständig und bieten ein breites Spektrum an Möglichkeiten zur Freizeitgestaltung. Auch die Freiwilligen Feuerwehren in Belgershain und Threna sowie die Jugendfeuerwehr in Belgershain nehmen neben den Sicherheitsaufgaben vielfältige kulturelle Aufgaben wahr. Belgershain ist Mitglied im »Grünen Ring«. Touristisch erwähnenswert ist der Oberholzer Wald, das Naturschutzgebiet Rohrbacher Teiche, der Naunhofer Forst mit seinen Seen sowie die Nähe zu den Seen im Südraum von Leipzig. Dabei sollte auch eine Besichtigung der bereits erwähnten Kirchen bzw. des Ortskerns von Belgershain mit Schloss, Kirche und rekonstruiertem Schlosspark nicht fehlen.

Bergkirche Beucha

Stadt Brandis

Brandis (Ersterwähnung 1121) liegt im ehem. Muldentalkreis mit den Stadtteilen Brandis, Beucha, Polenz und Waldsteinberg. Am Ostrand des Übergangsbereiches der Leipziger Tieflandsbucht befindet sich diese kleine Stadt, etwa 18 km von Leipzig entfernt. Der 179 m hohe Kohlenberg ist weithin sichtbar; er besteht vorwiegend aus Pyroxengranitporphyr und gehört zum Randbereich des nordsächsischen Porphyrhügel- und -berglandes. Der heutige Ort ist umgeben von großen Wäldern und kleineren Seen; der Wald erstreckt sich von Beucha bis Polenz und wird sehr gern von Einwohnern und Gästen frequentiert. Ein weiteres Merkmal sind die vielen Kleingartenanlagen. Endgültig als »Stadt im Grünen« outet sich Brandis durch den schönen Schlosspark. Einen weiteren Anziehungspunkt stellt die Beuchaer Bergkirche dar; aus dem ihr zu Füßen liegenden Bruch wurden die Steine für das Leipziger Völkerschlachtdenkmal gewonnen. Die Stadt ist gut erreichbar über die A 14 (Anschlussstellen Kleinpösna, Naunhof und Klinga) sowie von der B 6 über Gerichshain und Machern. Mit der Bahn gelangt man nach Beucha und von da bequem mit dem Bus in die anderen Ortsteile oder über die S-Bahnhaltepunkte Gerichshain oder Machern mit dem Bus nach Brandis. Etwa 10 000 Menschen wohnen zur Zeit in der Gemeinde. Bedingt durch die vielen Wandermöglichkeiten, kommen jährlich viele Erholungsuchende hierher. In dieser Natur fühlen sich seltene Pflanzen und Tiere wohl: Buschwindröschen, Lupine, Gemeine Schlüsselblume; Rehe, Wildschweine, Habicht, Sperber, Wintergoldhähnchen, Kleiber, Goldammer … Waldsteinberg ist ein reizvoller Ort: Er schmiegt sich förmlich an den Kohlenberg und den Naunhofer Forst an und schließt am Kleinsteinberger Haltepunkt der Bahn. Etwa 3 km westlich liegt Beucha, bekannt durch seine Steinbrüche, die noch heute in alle Welt liefern. Das ehemalige Straßendorf »Bichow« wurde 1378 erstmals erwähnt. Polenz hat 500 Einwohner; seit 1992 gehört der Ort zu Brandis (ersterwähnt wurde er 1405). Die Familie von Lindenau war hier sehr lange ansässig.

Rathaus Bennewitz, Baujahr 1994, am Rande des neu entstandenen Wohngebietes »An der Tankstelle« Bennewitz.

Gemeinde Bennewitz

Die Gemeinde Bennewitz liegt mit ihren 11 Ortsteilen in einer Länge von über 12 km am westlichen Muldeufer, idyllisch eingebettet zwischen Muldenaue und Vorderem Planitzwald. Ihre Einwohnerzahl ist auf 5 330 angewachsen. Sie umfasst die »Muldendörfer« Nepperwitz, Grubnitz, Deuben, Bennewitz, Schmölen, Pausitz, Bach und Rothersdorf und die »Walddörfer« Neuweißenborn, Leulitz, Zeititz und Altenbach.
Die Nähe zu Leipzig (25 km) und die günstige Verkehrsanbindung (B 6, B 107, A 14 und die S-Bahn-Strecke Wurzen–Leipzig) machen die Gemeinde für Investoren und Bauwillige attraktiv. Mit der neu erbauten Muldenbrücke hat Bennewitz eine weitere Sehenswürdigkeit erhalten.
Zwei Kindertagesstätten, Grundschule mit Ganztagsangeboten und Hort, Jugend-Freizeitzentrum, ärztliche und zahnärztliche Versorgung und Kultur- und Sportvereine garantieren eine hohe Lebensqualität. In den letzten Jahren haben sich viele neue Betriebe bzw. Gewerbetreibende mit stabiler Entwicklung angesiedelt. Der größte Arbeitgeber ist das Neurologische Rehabilitationszentrum in Zeititz mit über 200 Betten, einem Wach-Koma-Zentrum und einem Pflegebetrieb.
Bennewitz wurde erstmals 1335 urkundlich als »Bonewitz« erwähnt. Um 1500 gewann das Gebiet für den kursächsischen Binnenverkehr an Bedeutung. Die landwirtschaftliche Prägung war bis Mitte des 19. Jahrhunderts dominierend; dann kam der Braunkohletagebau und durch Tonfunde die Tonwarenindustrie.
Neben dem Elbe- und dem Muldental-Radwanderweg durchquert auch der ökumenische Pilgerweg in Grubnitz und Nepperwitz die Gemeinde. Sehenswert sind die Kirchen zu Leulitz und Altenbach, die ältesten Kirchen, im romanischen bzw. spätromanischen Stil erbaut.
Dank der Tatkraft der Bürger und vieler Helfer aus nah und fern ist die Gemeinde Bennewitz nach dem Muldehochwasser 2002 heute sehens- und erlebenswerter denn je.

Der historische Markt von Wurzen mit Ringelnatzbrunnen.

Herzlich willkommen in Wurzen!

Die Ringelnatzstadt Wurzen, gelegen im Landkreis Leipzig, ist als Große Kreisstadt eine der ältesten Städte im Freistaat Sachsen. Erstmalig 961 erwähnt, erlebte Wurzen eine bewegte Geschichte. Krieg und Frieden, Armut und Wohlstand haben die Stadt und ihre Bürger begleitet. Mit dem Bau der Straßenbrücken über die Mulde 1830/31 und der Fertigstellung der ersten deutschen Ferneisenbahn zwischen Leipzig und Dresden wurde ein wirtschaftlicher Aufschwung eingeleitet. Es entstanden zahlreiche Betriebe der Nahrungsmittel- und Textilindustrie, der Metallverarbeitung, des Maschinenbaus, der Bauwirtschaft sowie der Landwirtschaft und des Obstbaus. Diese Wirtschaftsstruktur bestimmt die Stadt im Wesentlichen bis heute. Geprägt durch den höhergelegenen Teil mit Dom und Schloss, – hat das Zentrum der Stadt einen hohen Schauwert. Kulturhistorische Zeitzeugen, wie das Museum mit seiner deutschlandweit bedeutendsten Dauerausstellung zu Leben und Werk des in Wurzen geborenen Joachim Ringelnatz, sind noch heute, dank aufwendiger Sanierung, erhalten. Wurzens Silhouette wird von den Türmen des Domes, des Bischofsschlosses, der Stadtkirche St. Wenceslai und den imposanten Türmen der ehemaligen Krietschmühle geprägt. Überall trifft man auf Renaissance- und Barockgebäude, die neben jüngeren Wohnbauten und Geschäftshäusern mit Jugendstilfassaden ein eigenes Flair entstehen lassen. Durch die Muldestadt führt der ökumenische »Jakobspilgerweg«, von Osten entlang der Via Regia gen Santiago de Compostela (Spanien). Wurzen bietet gegenüber der großstädtischen Hektik Leipzigs Ruhe und Beschaulichkeit. Am Markt und in den Straßen und Gassen findet man eine Vielzahl von Geschäften, gastronomischen und kulturellen Einrichtungen. Für das Wurzener Land charakteristisch sind ausgedehnte Wälder, weitläufige Flussauen, sanfte Hügel, Badeseen und Schlösser mit wunderschönen Parks und Gärten. Wurzen liegt an der Grenze zweier Landschaften: der Leipziger Tieflandsbucht und dem Nordsächsischen Porphyrkuppenhügelland.

Museum Steinarbeiterhaus in Hohburg

Gemeinde Hohburg

Diese Gemeinde liegt im Kreis Leipzig, ist von der Großen Kreisstadt Wurzen 7, von der Kreisstadt Borna 60, von Leipzig 35 und von Dresden 80 km entfernt. Die Einwohnerzahl beträgt 2 966; die Ortsteile neben Hohburg sind Großzschepa (eingemeindet 1993), Kleinzschepa (1961), Lüptitz (1993), Müglenz (1972), Watzschwitz (1950) und Zschorna (1993); Kapsdorf wurde bereits 1835 nach Hohburg eingemeindet. Hohburg erreicht man per Auto über die A 14 (Ausfahrten Leipzig-Engelsdorf oder Grimma-Hohnstädt) und weiter über die B 6 oder 107 nach Wurzen; Bahnstation ist Wurzen; Busverbindung besteht in alle Ortsteile von Wurzen bzw. Eilenburg aus. Die urkundliche Überlieferung der Ortsnamen setzte im 12. Jh. ein (Ersterwähnung von Hohburg und Lüptitz 1185); die Siedlungsgeschichte jedoch reicht aufgrund archäologischer Funde bis in die Altsteinzeit zurück. Vom 3. Jh. v. Chr. bis Ausgang des Mittelalters wurden hier fünf Burgen erbaut; die latènezeitliche Anlage auf dem Burzelberg gehört sogar zu den ältesten Steinarchitekturen Sachsens. Die Dorfformen blieben von der Kolonisation bis ins 19. Jh. fast unverändert erhalten. Die Berge um Hohburg und Lüptitz – entstanden vor ca. 280 Millionen Jahren durch vulkanische Tätigkeit. Während der Eiszeiten wurden die bizarren Felskuppen zu Rundhöckern geformt; höchste Erhebung ist der Löbenberg (240 m). Weitere Zeitzeugen sind als Gletscherschliffe (Morlotfelsen) – seit 12. Mai 2006 »Nationales Geotop«- und Windschliffe (Naumann-Heim-Felsen) auf dem kleinen Berg zu sehen. Wegen ihrer artenreichen Fauna und Flora heißt dieses Gebiet zu Recht »Hohburger Schweiz«. Im flachen Tal fließt die Lossa durch Müglenz und Hohburg, vorbei an Klein- und Großzschepa zur Mulde. Ein beliebtes Naherholungsgebiet ist der 10 ha große Kaolinsee. Wintersport kann man auf Skiwiese, Lockkammer und Rodelbahn treiben, Naturromantik am Wolfsberg-Steinbruch und Spitzberg bei Lüptitz genießen. Einen Besuch wert sind auch das Museum »Steinarbeiterhaus« in Hohburg, wo auf lebendige Weise Technikgeschichte gezeigt wird, und das Heimathaus in Großzschepa, das die einstige Landarbeit dokumentiert.

Rathaus Falkenhain

Falkenhain

Die Gemeinde Falkenhain besteht aus zehn Ortsteilen und erstreckt sich über eine Größe von 73,23 qkm. Das Gebiet wird derzeit von insgesamt 3 848 Einwohnern in den Orten Dornreichenbach, Falkenhain, Frauwalde, Heyda, Körlitz, Kühnitzsch, Mark Schönstädt, Meltewitz, Thammenhain und Voigtshain besiedelt.
Die Orte liegen am Rande der Dahlener Heide und des Wermsdorfer Waldes. Sie bilden die Verbindung für diese beiden Landschaftsschutzgebiete. Entlang des 34 km durch das Einzugsgebiet führenden Baches »Lossa« und seinen Quellflüssen wurden zahlreiche Teiche und Teichketten angelegt, die dieses Gebiet landschaftlich reizvoll prägen. Die Teiche dienen heute hauptsächlich zur Fischzucht.
Im Zentrum des größten Ortsteiles Falkenhain stehen das Rathaus der Gemeinde, ein beliebter Einkaufsmarkt, die Dorfkirche und das Schloss. In der Nähe des Ortskerns befindet sich die moderne Mittelschule. Seit Gründung des Schulzweckverbandes Hohburg-Falkenhain existiert die gemeinsame Grundschule im benachbarten Hohburg. Die Schüler gelangen mit Bussen in die jeweiligen Schulen. Kommunale Kindertageseinrichtungen in den Orten Dornreichenbach, Falkenhain, Meltewitz und Thammenhain stellen ausreichend Plätze, auch Integrativplätze, zur liebevollen Betreuung der Jüngsten zur Verfügung. Windmühlen sind noch immer Bestandteil des Landschaftsbildes und überstanden die Zeiten, obwohl sie schon lange stillgelegt sind. Von den einstigen Windmühlen der Umgegend sind noch die Turmwindmühlen bei Voigtshain und Meltewitz vorhanden. In alter Schönheit erscheint die funktionstüchtige Bockwindmühle in Kühnitzsch. Historisch interessant sind die Herrenhäuser der früheren Rittergüter, die in fast allen Orten der Gemeinde zu finden sind.
Die 23 Vereine in diesem Territorium tragen auf vielfältige Weise zum gemeinnützigen sowie kulturellen und sportlichen Leben in den Dörfern bei und ermöglichen eine interessante und aktive Freizeitgestaltung. Um nur einige zu nennen, gibt es neben mehreren Sportvereinen auch einige Heimat- und Traditionsvereine, einen

Kirche Dornreichenbach

Karnevals-, Theater-, Kultur-, Gesang-, Feuerwehr- und Gartenverein. Auch Tierfreunde können sich einem Verein anschließen – z.B. dem Tiergehege-, Rassekaninchenzüchter-, Imker- oder dem Verein Deutscher Schäferhunde. Einige der größten Sehenswürdigkeiten des Territoriums werden von Vereinen betreut. So beispielsweise das bei Jung und Alt beliebte Dornreichenbacher Tiergehege. Es beherbergt u.a. auch vom Aussterben bedrohte Tiere und stellt nicht nur für die Bewohner des ortsansässigen Seniorenheimes einen willkommenen Anziehungspunkt dar. Auch die schon erwähnte Bockwindmühle und das Heimatmuseum in Kühnitzsch wurden durch den örtlichen Heimat- und Schulverein e.V. mit viel Hingabe und uneigennützigem Fleiß der Vereinsmitglieder zu einem Besuchermagnet eingerichtet. Gäste und Besucher der Gemeinde können geeignete Unterkünfte in einem Hotel sowie schönen, ländlich angepassten Pensionen in fast allen Ortsteilen finden. Falkenhain ist wirtschaftlich gesehen durch über 20 größere und kleinere Betriebe im Haupt- und Nebenerwerb landwirtschaftlich geprägt. Die Molkerei und Weichkäserei Zimmermann sowie das Kartoffellagerhaus Falkenhain sind durch die Verarbeitung bzw. Handel mit landwirtschaftlichen Produkten weit über die Landesgrenzen von Sachsen hinaus bekannt geworden und sind auch gleichzeitig die größten Arbeitgeber der Region. Nicht zu vergessen ist das zertifizierte Senioren- und Altenpflegeheim in Dornreichenbach mit seinen 60 Betten und 8 altersgerechten Wohnungen sowie die Transport- und Vertriebsagentur Vieweg Frauwalde mit ebenfalls einer Vielzahl von Beschäftigten. Mittlere und kleinere Handwerksbetriebe in den einzelnen Ortsteilen vervollkommnen das wirtschaftliche Bild der Gemeinde. Für Bauwillige kann die Gemeinde in dem voll erschlossenen Wohngebiet Falkenhain geeignete Bauplätze für Eigenheime anbieten. Wir hoffen, mit diesen kurzen Informationen das Interesse an der Gemeinde Falkenhain geweckt zu haben und würden uns über einen Besuch in unserer reizvollen Umgebung freuen.

Barockschloss und Landschaftsgarten Machern, Hochzeitsschloss und historisch kultureller Mittelpunkt der Gemeinde Machern.

Gemeinde Machern

Die Gemeinde wurde aus den Orten Machern, Gerichshain, Posthausen, Püchau, Plagwitz, Lübschütz und Dögnitz 1994 gebildet und hat 6 800 Einwohner. Eine gute Verkehrsanbindung besteht zur nahen B 6 und der A 14, S-Bahn-Anschluss durch die Haltepunkte Machern und Gerichshain. Schlösser mit Parks gibt es in Machern und Püchau, die anderen Ortsteile sind von der schönen Landschaft der Muldenaue geprägt.
Machern wurde 1121 erstmals erwähnt. 1430 kam der Ort in den Besitz der Familie von Lindenau, die bis 1802 hier lebte. Im 18. Jahrhundert wurde das heutige Schloss aus einer Vorgängeranlage in ein ortsprägendes Barockschloss umgewandelt (heute kann man hier im prächtigen Ambiente heiraten). Gleichzeitig entstand der inzwischen weltbekannte Landschaftsgarten. Das Ensemble zieht jährlich viele tausende Besucher an.
Noch älter ist Püchau: Heinrich I. flüchtete 924 vor den Ungarn und fand Unterschlupf in der Heinrichsburg – so steht's in der Chronik des Thietmar von Merseburg und damit ist Püchau der älteste Ort in ganz Sachsen. Auch das Schloss mit englischem Park ist sehenswert. Lübschütz wurde 2004 immerhin 1000 Jahre alt; die hiesigen Teiche ziehen viele Gäste an. Besonderer Zeitzeuge der jüngeren Geschichte ist das Museum im STASI-Bunker. Gerichshain hat sich im letzten Jahrzehnt zu einem bedeutenden Wirtschaftsstandort entwickelt; über 40 Firmen haben sich angesiedelt. Das zieht viele Neubürger an; auch Machern hat davon profitiert, indem neue Wohnanlagen entstanden sind. Die Wohngebiete Schlossblick, Neumarkt oder die Neue Gartenstadt führten zu einem beträchtlichen Bevölkerungszuwachs. Das wiederum bedingte die Schaffung moderner Kindereinrichtungen.
Dögnitz wurde 1313 gegründet: Der kleine Rundweiler liegt inmitten der wiesen- und wasserreichen Muldenaue. Plagwitz wurde erst 1449 erwähnt und liegt zwischen Wurzener und Tauchaer Land; der schöne Tresenwald gehört zur Ortsflur. Posthausen, 1378 »Basthus« genannt, war bis 1945 ein Vorwerk vom Rittergut Brandis und wurde nach 1918 nach Gerichshain eingemeindet.

Die Leipziger Tieflandsbucht

Das Gebiet nördlich des Erzgebirges und östlich der Saale, in welches sich die Leipziger Tieflandsbuchts eingliedert, wird seit Jahrtausenden von Menschen bewohnt; in die Altsteinzeit führen Funde, die man bei Markkleeberg getätigt hat; aus der Jungsteinzeit fand man bei Pegau Interessantes.
Die Tieflandsbucht war ursprünglich Teil des paläozoischen Hochgebirges; gegen Ende dieser Zeit muss es gewaltige Porphyrdurchbrüche gegeben haben – heute sieht man dies bis Wurzen und Oschatz. Im Tertiär wurden Tone und Sande abgelagert; riesige Wälder versanken und »reiften« unter großem Druck zu Braunkohle. Das war vor allem in der heutigen Gegend südlich von Leipzig der Fall. In den dilluvialen Eiszeiten schob sich skandinavisches Binneneis über das gesamte Tiefland, hinterließ Gletscherrinnen und Rundhöcker (bei Leipzig, Oschatz, die Hohburger Berge, Tauchaer Porphyr); Lößböden entstanden ebenfalls (u.a. bei Lommatzsch). Die Ebenheiten steigen schwach nach Süden an; die Täler sind leicht eingesenkt, die Niederterrassen teilweise mit Auelehm überlagert – ansonsten ist der Untergrund vielfach mit Löß und Moränenmaterial überdeckt; auch saaleeiszeitliche Endmoränen finden sich bei Rückmarsdorf, Breitenfeld, Taucha. Größtenteils sind ackerbaubegünstigte Braunerden vorhanden.
Das norddeutsche Tiefland dringt in der Mitte seiner Ausdehnung mit der Leipziger Tieflandsbucht weit nach Süden vor; diese »Einbuchtung« ist in Sachsen ungefähr 100 bis 200 m hoch, auch darunter. Im Süden erfolgt der allmähliche Übergang in das sächsische Mittelgebirge, im Osten in das elbische Tiefland und die Lausitz. Die Oberfläche ist etwas gewellt, aus der einzelne Erhebungen herausragen: Collmberg 314 m; Hohburger Schweiz 283 m; inmitten dieser stellt man weitere fest: Hubertusburger Wald, Dahlener Heide. Hier gibt es auch mehr und ausgeprägtere Waldflächen. Größere Teichgebiete gibt es bei Hubertusburg, Moorboden bei Bad Lausick, Löß besonders im südlichen Teil, auch größere Lehmlagerstätten. Die Flüsse fließen vom Gebirge nach Norden elbwärts; an den Ufern finden sich Auenwälder mit Erlen, Pappeln, Eichen. Die Mulde ist der wichtigste Fluss; die Pleiße vereinigt sich unterhalb Leipzigs mit der Elster; die Parthe mündet bei Leipzig in die Pleiße; die Elster wendet sich sodann saalewärts und mündet bei Halle in diese; ein Seitenarm der Elster ist die Luppe. Auf den Böden gedeihen Zuckerrüben, Getreide, Kartoffeln, in teils ausgedehnten und geschützten Gartenanlagen bestes Obst und Gemüse (sprichwörtliche Berühmtheit haben die Bornaer Zwiebeln erlangt) … und natürlich: Die reichen Braunkohlenfunde haben auch ihre Wirkung hinterlassen.
Doch die zerklüftete Bergbaulandschaft hat auch ihre freundlicheren Gegenden, und sie sind bereits heute vielfältig genutzte Naturoasen. Das ist zum Beispiel die Gegend um Borna, die »Stadt mit grüner Lunge«, wie man sie wieder nennen kann. Zu beiden Seiten der Wyhra liegt die Große Kreisstadt; von Süden breitet sich das Grün der Aue bis an die Stadtmauer. In der Stadtkirche steht ein wertvoller Flügelaltar von Hans Witten; hier predigte Martin Luther; Katharina von Bora wurde in Lippendorf geboren; im Rittergut Kahnsdorf traf am 1.7.1785 Friedrich Schiller Christian Gottfried Körner; 1760 wurde in Borna der Pädagoge Gustav Friedrich Dinter geboren; ebenfalls von hier stammt Clemens Thieme, der Organisator für den Bau des Völkerschlachtdenkmals. Anfang des letzten Jahrhunderts kam dann die Kohle: Brikettfabriken, Kokereien sowie Großkraftwerke … wahrhaftige »Dreckschleudern«. In der Umgebung fielen wertvolle Kulturdenkmäler dem Tagebau zum Opfer; ganze Dörfer wurden devastiert und verschwanden für immer von der Landkarte.
Umgeben von Teichen, von den Wasserläufen der Eula und des Jordan geschützt, liegt das Städtchen Kitzscher, nördlich von Borna, in der Nähe Espenhain, Lippendorf, Thierbach; nahe aber auch der Colditzer Forst, die Parthenquelle, Rochlitzer Berg, Stausee Fockendorf, Pahna, das Muldental und das Kohrener Land. Dieser kleine Landstrich mit Frohburg, Gnandstein, Kohren-Sahlis gehört zu den ältesten Erholungsgebieten Sachsens; man findet ausgedehnten Mischwald und Wiesengebiete; Naturschutz wird großgeschrieben, z.B. um die Steinbrüche von Rüdigsdorf. Wilhelm Heinrich Crusius richtete im Ort ein Mustergut für Rapsanbau ein; im Tapetensaal des Herrenhauses findet man die »Rüdigsdorfer Bildtapete«, 1824 von der Druckerei Dufour & Leroy in Sepis und Grisaille (Grautonmalerei) hergestellt und in ihrer Art einmalig. Im englischen Park mit seltenen Gehölzen steht auch der »Schwind«-Pavillon. Der berühmte Romantiker schuf hier nach dem antiken Märchen von Amor und Psyche einen neunbildrigen Freskenzyklus.
Durch das Kohrener Land fließen neben Wyhra, Ossbach und Eula auch Rinnsale mit kuriosem Namen: Maus, Ratte, Katze – die Maus wird in Kohren-Sahlis von der Ratte »gefressen«, jene am Eingang zum Streitwald

von der Katze. Auch jenes Waldgebiet trägt seinen Namen zu Recht; heftige Fehden um seinen Besitz veranstalteten im 10./11. Jahrhundert die Bischöfe zu Merseburg und die Markgrafen von Meißen. Wanderwege lassen heute den Besucher zu den Eschefelder Teichen gelangen, einem Naturschutzgebiet und wahrem Vogelparadies. Frohburg liegt über dem Wyhraufer; die Burg aus dem 12. Jahrhundert wurde im 16. zum Schloss erweitert. Das Rathaus (1887) ist keinesfalls ein Unikat; der geschäftstüchtige Architekt Jakobi stellte das Double in Dahlen auf. Die Burg Gnandstein ist die besterhaltene in Sachsen. Bis 1945 residierte hier das Geschlecht derer von Einsiedel, deren Ahnen Lutherfreunde waren. In der prächtigen spätgotischen Kapelle beeindrucken drei Flügelaltäre des Zwickauers Peter Breuer; im Museum befinden sich Gemälde von Anton Graff, Ludwig Tischbein und Ferdinand von Rayski; Napoleon bezog nach seinem Sieg von Großgörschen (Mai 1813) hier Quartier. In Kohren-Sahlis, einem Städtchen mit langer Töpfertradition, beeindruckt der Töpferbrunnen auf dem Markt, 1928 durch Kurt Feuerriegel geschaffen. Charakteristisch ist die braungelbe Kohrener Keramik noch heute.

Südlich an das Leipziger Stadtgebiet schließen sich die »Gartenstädte« an: Markkleeberg und Rötha. Letzterer Ort gilt als »Perle der Pleißeaue« und ist noch bedeutender durch sseine beiden Silbermann-Orgeln (1721/22). In St. Georgen steht die kleinste, die er jemals gebaut hat; die beiden »tönenden Wunder von Rötha« hat Johann Sebastian Bach über die Maßen gelobt. Das Schloss der Freiherren von Frieden (1491–1945) diente 1813 nacheinander allen Herrschern der Völkerschlacht als Hauptquartier; 1969 ist es gesprengt worden.

Nahe dem Altenburger Land und großer Tagebaue befinden sich die Städtchen Groitzsch und Pegau im südlichen Teil der Leipziger Tieflandsbucht. Die Elster- und die Schnauderaue (Naturschutzgebiet) bei Groitzsch zählen zu den begehrtesten Wanderzielen; ebenso wie der Stammsitz des legendären Wiprecht, der 1081/83 den Romzug Heinrichs IV. mitmachte und wesentlich den Sturz des Papstes Gregor VII. forcierte. Von der Burg sind nur noch wenige Reste vorhanden, die allerdings über vieles Aufschluss geben: So fand man 1957/59 Reste des Wohnturms und der Rundkapelle (1080), die sich an die slawischen Rotunden in Böhmen stilistisch anlehnt – Wiprechts erste Frau war eine böhmische Herzogstochter. Er soll auch 12 Körbe Steine an die 12 Ecken seines Gründungsklosters in Pegau geschafft haben; nachprüfbar ist das freilich nicht mehr. Sein Grabmal allerdings ist noch vorhanden; es befindet sich in der Stadtkirche. Ursprünglich war es mit 223 Edelsteinen verziert; sie sind gestohlen worden, weswegen man das Ganze im 19. Jahrhundert durch Glas und Kristall ersetzte.

Von der Parthenaue soll noch die Rede sein. Sie bietet für Wanderfreunde und Radfahrer ausgiebige Möglichkeiten. Der schöne Wander- und Radweg führt vom Leipziger Mariannenpark durch die Auenlandschaft bei Schönefeld und den Altnaundorfer Park, die offene Wiesenlandschaft bei Thekla (mit der romanischen Dorfkirche) nach Partitz, wo es Reste von slawischen Burgwällen gibt. Sodann führt er durch Birkenwäldchen gen Plaußig (in der Kirche die älteste Leipziger Glocke von 1439) über Seegewitz, deren Kirche der russische Generalfeldmarschall von Manteuffel 1813 als Befehlsstand innehatte; er ist in Taucha beerdigt; weiter bis Taucha, Plöstitz, Panitzsch gen Borsdorf – ein wunderschöner Weg an einem 23 km-Teilstück des Parthelaufes entlang.

Auch die schöne Landschaft bei Markranstädt, Schkeuditz, Großpösna, Wiederau sollte man keineswegs »links« liegen lassen; hinzu kommen die zahlreichen Gedenkstätten an die Schlachten von 1813, die zur Besinnung aufrufen – und auch die Tagebaulandschaft hat ihre nicht zu übersehenden Reize.

Leipzig

»Ich komme nach Leipzig, an einen Ort, wo man die ganze Welt im Kleinen sehen kann«, so beschreibt Lessing die weltoffene Stadt im 18. Jahrhundert. Über Jahrhunderte hinweg kamen und kommen von hier reiche Impulse für das europäische Wirtschafts- und Geistesleben.

Im Jahre 1165 wurden Leipzig das Stadtrecht und die Marktprivilegien verliehen, die Entwicklung zu einem wichtigen Handelszentrum konnte beginnen. Leipzigs Tradition als ein bedeutender Messestandort in Mitteleuropa mit einer der ältesten Messen der Welt geht auf das Jahr 1190 zurück. Die Stadt ist neben Frankfurt am Main ein historisches Zentrum des Buchdrucks und des Buchhandels. In Leipzig ist auch eine der ältesten Universitäten sowie die älteste Handels- und Musikhochschule beheimatet. Durch die Montagsdemonstrationen 1989, die den entscheidenden Impuls für die Wende durch die »friedliche Revolution« und die Wiedervereinigung Deutschlands gaben, erhielt die Stadt Bedeutung in der jüngeren Geschichte.

Entlang der Flüsse, Weiße Elster und Luppe, zieht sich eine weitläufige Auwaldregion mitten durch die Stadt. Da sich dem Umland und Leipzig selbst große Braunkohlelagerstätten befinden, hat bereits in den 30er Jahren der industrielle Abbau dieses Rohstoffes in Tagebauweise begonnen. Durch den Bergbau und die damit verbundenen Absenkungen des Grundwasserspiegels wurde das hochspezialisierte Ökosystem, das hier ursprünglich als natürliches Überflutungsgebiet diente, empfindlich gestört. Anfang der 1990er Jahre wurde der Braunkohlenabbau gestoppt; es wurde mit der Rekultivierung der Tagebaurestlöcher und der Renaturierung des Umfeldes begonnen. Inzwischen sind aus den gefluteten Tagebauen mehrere Seen mit sehr guter Wasserqualität entstanden. Weitere Tagebaue befinden sich noch in der Flutung. Der Cospudener See liegt dem Leipziger Stadtzentrum am nächsten und dient bereits als gut erschlossenes und mit Begeisterung frequentiertes Naherholungsgebiet. Der so entstandene und entstehende, großzügig bemessene Erholungsraum wird sinnigerweise als »Leipziger Neuseenland« auch touristisch vermarktet.

Die Innenstadt Leipzigs hat ein wechselvolles Antlitz, Das Alte Rathaus, ein Renaissancebau aus den Jahren 1556/57 dominiert im Herzen der Stadt. Ein großer Teil wird durch ehemals von der Leipziger Messe genutzte Handelshöfe, prachtvolle Kaufmannshäuser mit charakteristischen Passagen, beherrscht. Der älteste noch erhaltene Handelshof ist Barthels Hof, weitere sind Specks Hof oder Stenzlers Hof. Sie dienten hauptsächlich zur Ausrichtung von Handelsmessen. In Leipzig gibt es noch viele Gebäude des bürgerlichen Barock, des Historismus, auch Bauten im Übergang zur Moderne, außerdem moderne Architektur (geprägt durch die Hochhäuser) wie das Neue Gewandhaus und das Opernhaus.

Leipzig verfügt auch über eine große musikalische Tradition, die vor allem auf das Wirken von Johann Sebastian Bach und Felix Mendelssohn-Bartholdy zurückgeht und auf der Bedeutung des Thomanerchors und des Gewandhausorchesters basiert.

Absolute Bedeutung kommt Leipzig als Messestadt zu. In früheren Zeiten (DDR) waren die Frühjahrs- und Herbstmessen ein wichtiger Treffpunkt des Handels zwischen Ost und West. Mit der Wiedervereinigung wurden die beiden saisonalen Universalmessen von Fachmessen abgelöst. Das neue Messegelände wurde erbaut, und man begann, neue Nutzer für die Alte Messe Leipzig zu suchen. Zu den wichtigsten Messen des Jahres zählen heute die Leipziger Buchmesse und die Automobil International. Mit der Games Convention (GC) konnte erstmals eine Messe etabliert werden, die in Europa Alleinstellungsmerkmale besitzt.

Die 1409 gegründete Universität Leipzig ist die zweitälteste Universität auf dem Gebiet der Bundesrepublik Deutschland. Hier wurden einige bahnbrechende Forschungsleistungen erzielt. Dann gibt es noch die Hochschule für Grafik und Buchkunst, die Hochschule für Musik und Theater, die Hochschule für Technik, Wirtschaft und Kultur, drei Max-Planck-Institute ... Nicht zu vergessen die zwei bekanntesten Kirchenbauten. Die Thomaskirche war die Wirkungsstätte von Johann Sebastian Bach, heute immer noch belebt durch Aufführungen des Thomanerchors. Das gotische Bauwerk stammt übrigens aus dem späten 15. Jahrhundert. Und dann natürlich die Nikolaikirche, einer der wichtigsten Orte der Friedensgebete und Ausgangspunkt der Montagsdemonstrationen, Beitrag zur Wiedervereinigung Deutschlands. Sie wurde ab 1165 im romanischen Stil errichtet und im Spätmittelalter zu einer gotischen Hallenkirche umgestaltet. Um bei Lessing zu bleiben – Die ganze Welt Leipzig's kann man nur im Kleinen beschreiben.

Landkreis Nordsachsen

Der Landkreis Nordsachsen wurde zum 1. August 2008 im Zuge der Kreis- und Funktionalreform im Freistaat Sachsen aus den ehemaligen Landkreisen Delitzsch und Torgau-Oschatz gebildet.

Altlandkreis Delitzsch – zwischen Großstadt und Heide

Ganz im Nordwesten des Freistaates – zwischen der Messemetropole Leipzig und den ehemaligen riesigen Braunkohlerevieren der Leipziger Tieflandsbucht im Süden und der Landesgrenze nach Sachsen-Anhalt im Norden – liegt der vormalige Landkreis Delitzsch (heute Teil des Landkreises Nordsachsen) mit etwa 852 qkm und rd. 121 000 Einwohnern..
Im Nordosten umschließt das Gebiet weite Teile des Naturparks »Dübener Heide«, der sich auf mehr als 2 000 qkm in beiden Bundesländern ausdehnt und mit seiner romantischen Heidelandschaft ein Paradies für Naturliebhaber ist.
Die hier weitgehend ebene Landschaft – die höchste Erhebung erreicht gerade mal 170 m – wird im Osten von der Mulde durchzogen, die auf beiden Ufern von einer idyllischen Auenlandschaft begleitet wird, in der immer wieder kleine Seen vom ausgiebigen Sand- und Kiesabbau zeugen. Die Mulde bildet die natürliche Grenze zwischen Dübener Heide und dem übrigen Gebiet, welches durch seine Vielzahl von verschiedenen Mühlen auch als »Mühlenregion Nordsachsen« bezeichnet wird.
Beginnend mit der Ansiedlung des westslawischen Stammes der Sorben im 8. Jahrhundert, wird diese Region seit rund 1 200 Jahren bewirtschaftet und landwirtschaftlich genutzt. Eilenburg wird 961 mit seiner Burganlage, dem Sitz der Grafen Ilburg, den Gründern des wettinischen Territoriums Sachsens, erstmalig erwähnt und ist somit 20 Jahre »älter« als Bad Düben, welches 981 als »Burg Dib« beurkundet ist. Delitzsch mit seiner Burg »delce« wird erst 1166 als Siedlung benannt, erhielt aber schon um 1200 das Stadtrecht. Frühere Ansiedlungen werden für das 6. Jahrhundert angenommen, so etwa wird der slawische Wall bei Eilenburg datiert.
Auch die bedeutendsten und interessantesten Sehenswürdigkeiten werden von diesen drei Städten beherbergt. In Eilenburg bietet der Sorbenturm auf dem Schlossberg weiten Rundblick auf Stadt und Muldenaue, die Bergkirche St. Mariburg gehört zu den ältesten Kirchenstandorten Sachsens (etwa 10. Jahrhundert). In Bad Düben ist die über 1000-jährige Burganlage direkt an der Mulde das Wahrzeichen der Kurstadt. 1915 wurde in Düben ein Moorbad eröffnet, 1948 durfte sich die Stadt dann »Bad Düben« nennen. Heute besitzt die Stadt einen mehr als 100 Jahre alten Kurpark. Unweit des Marktes schlägt in der St. Nicolai-Kirche aus dem 12. Jahrhundert seit 700 Jahren die älteste Glocke der Stadt. Hier zeigt sich die lange Tradition als Schnittstelle verschiedener Handelswege, als Berührungspunkte verschiedener Nationalitäten: Die Bad Dübener Stadtkirche wurde von Flamen gebaut, die zu dieser Zeit weite Teile West-Sachsens und Thüringens besiedelten, zusammen mit Sachsen und Sorben. Über die Landesgrenzen hinaus bekannt wurde Delitzsch durch seinen wohl bekanntesten Sohn, Dr. Hermann Schulze-Delitzsch, der 1808 hier geboren wurde. Er gründete 1849 die erste Handwerksgenossenschaft in Deutschland, die Rohstoffassoziation der Schuhmacher. Ein lebensgroßes Denkmal steht ihm zu Ehren auf dem Marienplatz.
Heute setzt sich die Tradition als Kreuzungspunkt von Wirtschaftswegen in dieser Region fort. Der Wirtschafts- und Industriestandort Delitzsch besitzt im Autobahndreieck Schkeuditzer Kreuz und dem Flughafen Leipzig-Halle zwei Knotenpunkte von nationaler Bedeutung und durch diese optimale Anbindung an das überregionale Verkehrsnetz einen großen Standortvorteil. Die A 9 (Berlin-München) und vor allem die A 14 als Verbindung zu den osteuropäischen Ländern über Dresden hat in den letzten Jahren immer mehr an Bedeutung gewonnen. Außerdem ist die Universitätsstadt Leipzig als Großstadt und Messestadt mit allen denkbaren kulturellen Angeboten von fast jedem Ort im Kreis in weniger als einer halben Stunde erreichbar.

Große Kreisstadt Delitzsch – Mittelzentrum vor den Toren Leipzigs

Delitzsch liegt im Herzen einer sich rasant entwickelnden Zukunftsregion inmitten Europas. Die Große Kreisstadt umfasst mit seinen rund 28 000 Einwohnern eine Fläche von 8 053 Hektar und setzt sich aus der Stadt Delitzsch und weiteren 16 Ortsteilen zusammen. Die Anbindung an die Autobahn A9 Berlin–Nürnberg–München und A14 Magdeburg–Delitzsch–Dresden, die unmittelbare Nähe zu den Großstädten Leipzig und Halle sowie dem mitteldeutschen Interkontinentalflughafen schaffen schnellste Verbindungen in alle Welt.
Damit schreibt die hervorragende infrastrukturelle Entwicklung die jahrhundertealte Geschichte als traditionelle Handels- und Verkehrsdrehscheibe fort.

Delitzsch – zwischen Tradition und Moderne
Die erste urkundliche Erwähnung im Jahr 1166 hat Delitzsch seiner zentralen Lage am Schnittpunkt der Salz- und weiteren Handelsstraßen zu verdanken. Innerhalb weniger Dekaden entwickelte sich daraus eine Kleinstadt mit Stadtrecht, aufstrebendem Handwerk und einer rasch wachsenden Wirtschafts- und Finanzkraft. Bis ins 15. Jahrhundert hinein wurde Delitzsch zu einer der bedeutendsten Städte mit ausgedehntem Grundbesitz und gut ausgebildeten Handwerkern. Auch heute zeugen zahlreiche Gebäude vom damaligen Reichtum der Stadt. Dazu gehören zwei 600 Jahre alte Stadttürme, die Stadtkirche und der Schlossturm. Auch Bürgerhäuser wie das Stadtschreiberhaus, das Ritter- oder Bürgermeisterhaus aus dem 16. Jahrhundert sind solche Baudenkmäler. Komplettiert wird das Ensemble durch die 1,4 km lange Stadtmauer.
Bedeutende historische Persönlichkeiten wie Dr. Hermann Schulze-Delitzsch (1808–1883), der als Begründer des deutschen Genossenschaftswesens gilt, lebten in Delitzsch. Dieser gründete 1849 in seiner Heimatstadt Delitzsch die Rohstoffassoziation der Schuhmacher und damit die 1. deutsche Handwerksgenossenschaft. Nicht weniger bekannt ist Christian Gottfried Ehrenberg (1795–1876), der als Mitbegründer der modernen Mikrobiologie gilt und gemeinsam mit Alexander von Humboldt ausgedehnte Expeditionen unternahm.
Geprägt von der jahrhundertealten Tradition des Handwerks fanden viele Unternehmen ihren Platz in Delitzsch. Die Delitzscher Schokoladen GmbH, mit einer über 100-jährigen Tradition in der Herstellung von Schokoladen und Pralinen, versteht es, Traditionsbewusstsein mit neuester Technologie zu verbinden.

Barockstadt Delitzsch – Kleinod für Jung und Alt
Delitzsch bietet das besondere Ambiente einer denkmalgeschützten Altstadt, eingebettet in einem weitläufigen grünen Gürtel. Rund um Delitzsch sind aus den ehemaligen Braunkohletagebaugebieten wahre touristische Schmuckstücke entstanden. Eine ausgedehnte Seenlandschaft, mehrere Natur- und Landschaftsschutzgebiete und bestens ausgebaute Rad- und Wanderwege bieten Erholung direkt vor der Haustür.
Besuchermagnet und beliebtes Ausflugsziel ist das Barockschloß Delitzsch mit seinem barocken Schlossgarten. Umrahmt von einer malerischen Silhouette erhebt sich dieses, im 14. Jahrhundert als Burg errichtete Bauwerk, inmitten der ummauerten Altstadt. Diese Burg wurde um 1550 zum Renaissance- und um 1690 zum Barockschloss umgebaut. Das Wohnschloss der Herzöge von Sachsen und Merseburg, mit seinen, die Stadt überragenden Turm, samt Welscher Haube, ist nicht nur weithin sichtbar, sondern mit einem der ältesten erhaltenem barocken Gärten Deutschlands, eindrucksvolles Beispiel des sächsischen Frühbarocks. Das Schloss beherbergt ehemalige Gemächer der Herzogin Christiane von Sachsen-Merseburg, ein Museum mit ständig wechselnden Ausstellungen und ein barockes Trauzimmer. Die historische Altstadt von Delitzsch lädt mit weitläufigen Parks, vielen historischen Gebäuden, kleinen Gassen und idyllischen Ecken zum Flanieren ein. Der im Jahr 2004 neu sanierte Marktplatz mit Wasserspiel ist Zentrum des jährlichen Treibens des historischen Stadtfestes Peter & Paul. Seit vielen Jahren prägen während des Peter & Paul-Marktes Gaukler und Spielleute, Händler und Handwerker sowie Schankbuden nach historischem Vorbild für 3 Tage das Stadtbild. Der Marktplatz verwandelt sich während dieser Zeit in einen historischen Markt, vor dessen einzigartiger Kulisse der regierende Oberbürgermeister symbolisch die Amtsgeschäfte und das Stadtrecht an seinen Amtsbruder aus der Zeit des 30-jährigen Krieges übergibt. Dieses historische Treiben zieht jedes Jahr schätzungsweise 30.000 Gäste aus nah und fern an, die sich allzugern in das Mittelalter versetzen lassen. Durch eine solide wirtschaftliche Leistungsfähigkeit, verbunden mit dem historische Ambiente der Innenstadt, vielseitigen kulturellen und touristischen Angeboten und einem ausgeprägten Dienstleistungsverständnis, hat sich Delitzsch zu einer sympathischen Kleinstadt mit allen Vorteilen, die sonst nur anonyme Großstädte bieten, entwickelt.

Reittouristik in der Muldeaue

Gemeinde Löbnitz

Der Ort liegt am Ausläufer der Prellheide; die Mulde bildet eine natürliche Grenze zu Sachsen-Anhalt. In dieser Auenlandschaft mit reichem Baum- und Wasserbestand lässt sich auf Rad-, Wander- und Reitwegen die Gegend erkunden. Von hier leicht erreichbar sind der nahegelegene Landschaftspark »Dübener Heide«, die Goitzsche und der Muldestausee Pouch. Der ehemalige Braunkohlentagebau wurde geflutet und der Seelhausener See mit Rad- und Wanderwegen sowie ein Nordic Walking/Nordic Blading-Park entstanden.

Zur Gemeinde Löbnitz gehören die Ortsteile Roitzschjora, Reibitz und Sausedlitz; auf einer Fläche von 3 720 ha leben 2 410 Einwohner. Eine außerordentliche Palette an Freizeitmöglichkeiten steht zur Verfügung: Segelflug, Fallschirmspringen, Angeln, Reiten, Radfahren, Kegeln und Camping.

Die Ersterwähnung des Ortes geschah in einer Urkunde Kaiser Otto des Zweiten im Jahre 981; gegen Ende des 16. Jahrhunderts berichtet die Historie von einer »Türkentaufe«. 1597 wurde bei der Eroberung der ungarischen Festung Hartwan ein zehnjähriges Türkenmädchen namens Vattzi einem Soldaten abgekauft. Sie gelangte nach Löbnitz, wurde dort im christlichen Sinne erzogen, getauft und erhielt den Namen Christina. Sie heiratete anno 1609 einen Ambrosius Meusel aus Kösern; im Kirchenregister ist zu lesen: »... sind den 8. octobris zu Löbnitz auf dem Herrenhofe im beysein und gegenwart vieler vom Adel copuliret worden.«

Die Kirche ist ausgestattet mit einer wertvollen Kassettendecke im Spätrenaissancestil mit 250 Tafeln. Davon sind 114 mit Bildern aus dem Alten und Neuen Testament versehen, 54 mit Aposteln, Engeln, Propheten, mit Luther und Melanchthon, und 82 sind mit Ornamenten bemalt. Das Gotteshaus ist ein bedeutender Bau und als Backsteinbasilika 1183 bereits erwähnt; der Taufstein stammt von 1603, der Schnitzaltar Georg Eckhardts aus Freiberg von 1629, in der Predella sieht man die Stiftsfamilie derer von Schönfeldt; sehenswert ist auch die Renaissancekanzel.

Dorfplatz mit Dorfbrunnen (2002) links das Gasthaus, Bildmitte der Dorfbrunnen, rechts im Hintergrund das Wohnhaus

Die Brücke über die Mulde wurde im Dreißigjährigen Krieg (um 1633) zerstört und danach nicht wieder aufgebaut; sie leistete vorzügliche Dienste für Kaufleute aus Norddeutschland in Richtung Leipziger Messe. Nach der Zerstörung richteten die Schönfeldts 1662 einen Fährbetrieb ein, aber als der Kurfürst 1667/70 Brücken in Bitterfeld und Düben bauen ließ, war Löbnitz als »Verkehrspunkt« abgeschrieben. Die Löbnitzer Bockwindmühle hat eine lange Geschichte und wird 1466 erstmals erwähnt, jedoch befindet sich die einzige datierte Jahreszahl im Sterz der Mühle, der 1813 erneuert wurde; 1993–1995 erfolgte eine umfangreiche Rekonstruktion der Mühle.

Otto Richter, einst Bauernsohn aus Löbnitz, wurde am 18. März 1867 geboren und zeichnete schon als Kind jedes vorbeifahrende Pferdefuhrwerk. Nach dem Erlernen des Elfenbeinschnitzerhandwerkes arbeitete er in der Königlich preußischen Porzellanmanufaktur in Berlin als Modelleur. Nach dem Studium arbeitete er mit an der Ausgestaltung des Reichstages und wurde 1899 an die Kunstgewerbeschule Charlottenburg verpflichtet. Er arbeitete u.a. an der Ausgestaltung der Grunewaldkirche in Berlin, in Lodz, Lille und Oppeln schuf er berühmte Grabdenkmale; für Berlin schuf er das Denkmal mit dem Blindenhund und eine Pferdegruppe für den Spandauer Park. Auch in der Löbnitzer Kirche befindet sich ein Relief Richters, welches das Abendmahl darstellt. Am 9. Mai 1941 starb er während eines Besuches in seinem Heimatdorf. Die wichtigste Epoche für Löbnitz war jedoch die Lutheranische: Ernst von Schönfeldt durfte es sich zur Ehre anrechnen, den Reformator als Gast zu beherbergen. Unter Löbnitzer Eichen hat dieser gern gesessen; hier soll er auch den 111. Psalm übersetzt haben. Zwölf Nonnen des Klosters Nimbschen glückte in der Osternacht 1523 die Flucht; unter anderem auch Katharina von Bora: Sie ist – statt der von Luther zunächst favorisierten Eva von Schönfeldt – die Frau des Reformators geworden.

Rathaus der Gemeinde Rackwitz

Gemeinde Rackwitz

Die Gemeinde Rackwitz mit ihren 6 Ortsteilen Biesen, Brodenaundorf, Kreuma, Lemsel, Podelwitz und Zschortau erstreckt sich von der nördlichen Grenze des Ballungszentrums Leipzig bis zur südlichen Grenze der Großen Kreisstadt Delitzsch.
Sowohl die Kreisstadt Delitzsch als auch das Oberzentrum Leipzig sind insbesondere von den Orten Rackwitz und Zschortau aus mit öffentlichen Verkehrsmitteln wie Bahn oder Bus in kurzer Zeit erreichbar. Diese beiden Orte verfügen auch über eine sehr gut ausgeprägte soziale Infrastruktur. Die Gemeinde unterhält 2 Kindertagesstätten und 2 Grundschulen. Die medizinische Versorgung ist durch praktische Ärzte, Zahnärzte, physiotherapeutische Praxen und Apotheken gesichert. Es sind zahlreiche Verkaufsmärkte eingerichtet worden, Sparkasse und Volksbank besitzen Zweigstellen im Gemeindegebiet und in den großen Ortsteilen werden Bibliotheken betrieben. Die Gemeinde verfügt somit über die Ausstattungsmerkmale eines Kleinzentrums. Nicht zuletzt sind die wirtschaftliche Umstrukturierung und die Lage und Ausstattung der Ortsteile Grund dafür, dass sich in den vergangenen Jahren auch neue Wohnsiedlungen entwickeln konnten. Mit ihren ca. 5 150 Einwohnern und fast 40 qkm Fläche gehört Rackwitz heute zu den größten Gemeinden des ehem. Landkreises Delitzsch. Die Größe der Gemeinde ist das Ergebnis zahlreicher Gebietsreformen. So wurde im Jahre 1994 die damals noch selbständige Gemeinde Lemsel nach Zschortau eingegliedert. Der Ort Podelwitz ging im Jahre 1999 in die Gemeinde Rackwitz über. Er ist der älteste Ortsteil der Gemeinde Rackwitz, dessen erstmalige urkundliche Erwähnung bereits aus dem Jahre 1250 datiert. Die jüngste Gebietsänderung wurde im März 2004 mit der Eingliederung der Gemeinde Zschortau in die Gemeinde Rackwitz vollzogen. Die Gemeinde Rackwitz ist sowohl durch überwiegend landwirtschaftlich genutzte Flächen geprägt als auch durch die westlich und nordwestlich gelegenen, im Gebiet der Tagebaufolgelandschaften Breitenfeld und Delitzsch Süd-West ent-

Blick auf die Kirche im Ortsteil Podelwitz

standenen großen Wasserflächen. Seit 5 Jahren bietet die Schladitzer Bucht als Bade- und Wassersportbereich zahlreichen Erholung- und Bewegungsuchenden von nah und fern eine Menge Abwechslung. Neben den Möglichkeiten des Badens und Schwimmens werden u.a. Kurse angeboten, um das Surfen oder das Segeln mit Boot oder Katamaran zu erlernen. Der Schladitzer See ist aufgrund seiner Nähe zu den bebauten Ortsteilen der Gemeinde und der vorhandenen technischen Infrastruktur zu einem attraktiven, für jedermann leicht erreichbaren Ziel geworden. In einigen Jahren wird auch an dem weiter nördlich gelegenen Werbeliner See eine ergänzende Nutzung zu verzeichnen sein.
Darüber hinaus befindet sich Rackwitz auf dem besten Wege, wieder eine kleine Industriegemeinde zu werden. In einem ehemaligen Werksgelände haben sich bereits zahlreiche Firmen angesiedelt. Zudem stehen in unmittelbarer Nähe zur Bundesstraße B 184 unweit der BAB 14 noch einige Flächen für Ansiedlungen von Gewerbe zu Verfügung.
Die Gemeinde Rackwitz hat auch sonst eine Menge Sehenswertes zu bieten. Die Kirchen in Zschortau und Podelwitz fügen sich hervorragend mit ihren vielfältigen Veranstaltungsprogrammen in die Kulturlandschaft der Gemeinde ein. Auch der sanierte Kirchturm im Ortsteil Kreuma ist immer eine Besichtigung wert.
Historisch wertvolle Bauten wie bspw. das Schloss in Zschortau, das Rackwitzer Rathaus, das ehemalige Herrenhaus im Schulgelände Rackwitz oder das heute als Kinderheim genutzte Herrenhaus in Biesen laden die Besucher zum Verweilen ein. In vielen Ortsteilen befinden sich gastronomische Einrichtungen und Übernachtungsmöglichkeiten, so dass die Besucher im Gemeindegebiet durchaus einige angenehme Tage verbringen können. Das kulturelle Leben wird nachhaltig durch über 20 örtliche Vereine sowie die Freiwilligen Feuerwehren und die öffentlichen Einrichtungen geprägt.

St. Laurentius Kirche

Krostitz

Im äußersten Nordwesten des Freistaates, etwa 15 km von Leipzig entfernt, liegt die Gemeinde Krostitz mit ihren 11 Ortsteilen. Der Name kommt vom wendischen »Khrost« (Gesträuch).
Unmittelbar verbunden sind seit altersher das Pfarrkirchendorf Hohenleina und die Gemeindebezirke Groß- und Klein-Krostitz. Zu Klein-Krostitz gehörte das damalige Rittergut, jetzt ist das Gebäude die Mittelschule. »Bierdörfler« werden die Bewohner anerkennend genannt. Doch nicht nur in Sachen Bier (das »Ur-Krostitzer«, seit 1534, zählt zu den deutschen Spitzenbieren) hat sich in der Vergangenheit viel getan. Seit dem 1.3. 1994 mit Krensitz, Priester, Kupsal und Mutschlena vereint, später mit den Gemeinden Zschölkau, Hohenossig und Kletzen, hat die Gemeinde in den letzten Jahren einen gewaltigen Sprung nach vorn geschafft. Dabei hatte dereinst alles klein und bescheiden begonnen.
Der Name Hohenleina kommt vom unweit entspringenden Leinebach und einer kleinen Anhöhe, worauf die St. Laurentiuskirche steht. Dieser Ort wird bereits in einer Urkunde Kaiser Ottos I. mit der Schreibweise »Holm« vom 27.9.961 das erste Mal erwähnt. Es wird vermutet, dass hier zunächst eine kleine Holzkirche stand, welche bald den Anforderungen nicht mehr genügte. Man trug Feldsteine zum Bau eines neuen größeren Gotteshauses zusammen. Die neue Kirche entstand in den Jahren 1206–1208. Viele spätromanische Elemente sind noch heute erkennbar. Vom eigentümlichen Turm – er ist 38 m hoch, hat eine barocke Haube mit zwei kleinen Türmen, sichtbar weit über Krostitz hinaus – rufen zwei Glocken zur Einkehr. Das Taufglöcklein im Dachreiter kündet vom Frieden: »Veni Pace – Komm in Frieden Gottes«.
Wald fehlt in dieser flachen Gegend um Krostitz. Den Holzbedarf deckte früher die Kämmereiforst, die Prell- und Dübener Heide. Fünf Mühlen versorgten die Umgebung mit Mehl. Die Brauerei und die später gebaute Malzfabrik verwandelten Gerste und Hopfen zu edlem Bier. Allen Stürmen der Zeiten haben Brauerei und

Rathaus

Malzfabrik erfolgreich getrotzt. Die Herstellung von Waren und Gebrauchsgütern ersetzte Mitte des 19. Jhds. auch in Krostitz mehr und mehr die manuell-handwerkliche Fertigung. Die Industrie favorisierte dieses Gebiet mit guter Verkehrsanbindung. Der ländliche Charakter war nun nicht mehr so ausgeprägt. 1902 fing man an, ein Kleinbahnnetz von Krensitz nach Rackwitz zu errichten. Erst industriemäßig genutzt, kam später in den Jahren 1928/29 der Personenverkehr hinzu. Das Kleinbahnnetz wurde ab 1972 nicht mehr genutzt, und der Zugverkehr wurde durch den Omnibus- und Lkw-Verkehr ersetzt. Nach dem 2. Weltkrieg erholte sich die Gemeinde nur langsam. Es waren sehr schwierige Jahre. Viel später erst, etwa ab Anfang der siebziger Jahre, ging es der Gemeinde Krostitz durch die Brauerei und die beiden landwirtschaftlichen Genossenschaften, welche vorwiegend die drei großen Arbeitgeber hier waren, wieder besser.

Die deutsche Wiedervereinigung verlangte viele neue Ideen, welche in den vergangenen Jahren nicht sofort umzusetzen waren. Man wollte ebenfalls teilhaben am wirtschaftlichen Aufschwung. Die Verantwortlichen handelten schnell. Ein großer Gewerbepark entstand. Unmittelbar an den Straßen Delitzsch–Eilenburg sowie Bad Düben–Leipzig gelegen, erweist sich die Verkehrsanbindung an die A 9 und die A 14 als ausgesprochen günstig. Das Gewerbe hat sich in Krostitz mit seinen Ortsteilen nach der Wende sprunghaft entwickelt. Auch sind viele schmucke Eigenheime in einem dafür extra geschaffenen, etwa 20 ha großen attraktiven Wohngebiet entstanden. Strukturmäßig unterscheidet sich Krostitz, insgesamt sind es ca. 4 000 Einwohner, nicht von anderen Gemeinden. Wir haben eine Grund- und Mittelschule sowie eine Kindertagesstätte für unsere Kleinsten. Hier treffen Vergangenheit und Gegenwart eng aufeinander und ergänzen sich. Vieles Neue wird hier noch entstehen – vielleicht hilft da auch manchmal ein deftiges »Ur-Krostitzer«, anstehende Probleme sowie Entscheidungen schneller zu bewältigen.

Blick vom großen Schöppenteich auf die St.-Moritz-Kirche

Stadt Taucha

Die Stadt Taucha (128 m ü.NN; 14 800 Einwohner) liegt 10 km östlich von Leipzig am Rande eines ausgedehnten Landschaftsschutzgebietes in der Parthenaue, das geprägt ist von eiszeitlichen Endmoränenhügeln. Durch direkte Lage an der B 87 und Anschluss an die A 14 ist Taucha günstig zu erreichen. Der Flughafen Leipzig/Halle liegt 21 km, über die A 14, vom Stadtzentrum entfernt. Zum Stadtzentrum der Messestadt Leipzig fahren wir 30 Minuten mit der Straßenbahn. Die erste urkundliche Erwähnung erfolgte 974 in der Chronik des Thietmar von Merseburg. Um 1170 vollzog der Erzbischof Wichmann von Magdeburg die Stadtgründung. Dank der Vorzüge des Standortes Taucha und einer Reihe attraktiver Fördermaßnahmen ist seit 1990 eine gute wirtschaftliche Entwicklung zu verzeichnen. Die Schaffung von familiengerechten Wohnungen spielt eine bedeutende Rolle.
Die Stadt Taucha verfügt über drei Schulstandorte: Der in der Geschwister-Scholl-Straße befindlichen Schule gleichen Namens wurde 1992 der Status eines Gymnasiums zuerkannt. Die Grundschule Am Park liegt in unmittelbarer Nähe und beherbergt gleichzeitig den Hort. Sie wurde nach umfangreichen Baumaßnahmen 1997 in Betrieb genommen. Die Mittelschule liegt etwas außerhalb des Stadtkerns. Unmittelbar daneben befindet sich der Neubau der Regenbogengrundschule mit Hort. Neben den Schulen gibt es in der Stadt Taucha acht Kindertageseinrichtungen. Die ärztliche Grundversorgung wird durch die Ärzteschaft der im Stadtgebiet existierenden zwei Ärztehäuser sowie weitere niedergelassene Ärzte gesichert. In der Stadt Taucha befinden sich zwei moderne Pflegeheime. Eine Vielzahl von sportlichen und kulturellen Möglichkeiten werden in der Stadt Taucha der Bevölkerung und den Gästen geboten. So verfügt die Stadt Taucha über eine moderne Bibliothek, in deren Räumlichkeiten das Museum untergebracht ist. Im Schloss werden kulturelle Events geboten. Ein sehr beliebtes Ausflugsziel ist der Stadtpark mit dem Aussichtsturm. Der Park hat eine Größe von 10,5 ha.

Blick von der Schloßstraße auf das Rathaus der Stadt Taucha

Die Bastei (Sängerkanzel), die Sängerterrasse und der Rosengarten geben dem Park ein besonderes Flair. Der Aussichtsturm wurde 1913 auf dem höchsten Punkt des 142 m hohen Weinberges errichtet und hat eine Höhe von 22 m. Von der ca. 16 m hohen Plattform bietet sich dem Auge des Betrachters ein reizvoller Rundblick über die Stadt Taucha und ihre Umgebung.

Die Geschichte des Tauchaer Freibades reicht weit zurück, bereits um das Jahr 1500 betrieben die Antoniermönche eine Baderei. In den Jahren 2006/2007 wurde das Bad vollständig rekonstruiert. So bieten das neue Schwimmer-, Erlebnis- und Planschbecken, eine Breitrutsche, ein Beachvolleyballplatz, ein Kinderspielplatz und die großzügigen Liegewiesen den Besuchern tolle Erholungsmöglichkeiten und vor allem viel Badespaß. Der Sport wird in der Stadt Taucha groß geschrieben. So steht den zahlreichen Sportvereinen die Sport- und Mehrzweckhalle, die im Jahr 1996 eingeweiht wurde, zur Verfügung. Die Dreifeldersporthalle erlaubt die regelgerechte Durchführung der klassischen Hallensportarten nach internationalen Bestimmungen und kann auch für kulturelle Veranstaltungen, Tagungen und Kongresse genutzt werden. Mit der Errichtung des Sport- und Freizeitzentrums sowie der Karl-Hermann-Jubisch-Halle wurden weitere hervorragende Bedingungen für die sportliche Betätigung der Tauchaer Bevölkerung geschaffen. Neben den genannten Sportstätten stehen weitere Sportplätze, Reitplätze, eine Tennisanlage sowie ein gut ausgebautes Netz an Rad- und Wanderwegen zur Verfügung. Taucha ist mit dem Segelflugsport bis in die jüngste Gegenwart sehr verbunden und besitzt am Schwarzen Berg eine Segelfluganlage, die eine lange Tradition aufweist und sich regen Zuspruchs erfreut. Die zahlreichen Vereine der Stadt Taucha organisieren mit viel Engagement eine Vielzahl von sportlichen und kulturellen Veranstaltungen, die weit über die Grenzen der Stadt Taucha bekannt sind. Das Volksfest »Tauchscher«, welches am letzten Augustwochende stattfindet, erfreut sich großer Beliebtheit bei Jung und Alt.

Das Schloss Zschepplin wurde im Jahre 1500 L-förmig errichtet und bis 1646 in eine burgähnliche Anlage umgebaut. Der bekannteste Besitzer des Schlosses war ab 1762 der sächsische Premierminister Reichsgraf Heinrich von Brühl. Bis Ende des 2. Weltkrieges war Graf Otto Bruno von Mengersen Schlossherr.

Gemeinde Zschepplin

Am 1.1.1999 schlossen sich die ehemaligen Gemeinden Glaucha (mit Ober- und Niederglaucha), Hohenprießnitz, Krippehna, Naundorf (mit Rödgen und Steubeln) und Zschepplin (mit Noitzsch) zu einer Großgemeinde zusammen. Hier leben heute 3 220 Einwohner, der Amtssitz befindet sich in Naundorf. Die Gemeinde liegt nördlich der Großen Kreisstadt Eilenburg (Landkreis Nordsachsen) in Richtung Bad Düben und wird von der B 107 durchquert, ist aber auch über die B 2 erreichbar.

Die Mulde durchfließt unsere Gemeinde; hier ergeben sich reizvolle Räume, welche es auf verschiedene Weise zu erforschen gilt. Am westlichen Flussufer liegt Zschepplin mit Schloss und Schlossgarten im englischen Stil und einer 1000-jährigen Eiche sowie zwei Tulpenbäumen. In Hohenprießnitz am Rand der Dübener Heide befindet sich auch ein Schloss mit entsprechendem Garten: Über 100 Vogelarten, Fledermäuse, jede Menge Frösche und seltene Pflanzen sind hier zuhause.

Glaucha wurde 1349/50 unter Markgraf Friedrich III. (dem Strengen) erstmals erwähnt; jedoch entstand hier – wie anderswo auch – bereits viel früher eine Siedlung (das slawische *gluch* steht für *stiller Ort*). Hohenprießnitz ist eine Gründung Ottos I. – er schenkte 977 der Stiftskirche Merseburg den *curtis Presnize:* Prießnitz bedeutet *Birkendörfchen* und entstammt dem Sorbischen (ca. 450–930). Krippehna wurde 1395 erwähnt, ist aber bereits im Neolithikum besiedelt gewesen. Weil der Ort von den Handels- und Heerstraßen abseits lag, blieb er weitestgehend von Brandschatzungen verschont. Naundorf entstand bereits um 1293 als flämische Siedlung mit großzügig angelegtem Anger und einem weiträumigen System von Teichen und Gräben, was heute noch erkennbar ist. Zschepplin liegt am linken Muldeufer und wurde 1223 erstmalig erwähnt. Im Auftrag des Grafen Brühl begann man 1762 mit dem Bau des Schlosses; hier sind verschiedene Stilrichtungen erkennbar, wie Gotik, Renaissance, Barock und Frühklassizismus, die harmonisch miteinander kooperieren.

Kirche in Kölsa, erbaut um 1522; der Kirchturm diente zur Verteidigung und ist aus romanischer Zeit.

Gemeinde Wiedemar

Die Gemeinde Wiedemar liegt mit einer Fläche von 3440 ha an der südwestlichen Peripherie des ehem. Landkreises Delitzsch; sie bildet gleichzeitig auch die Landesgrenze zum Bundesland Sachsen-Anhalt.
Seit 1994 besteht Wiedemar aus sieben Ortschaften, in denen insgesamt 2 200 Menschen ihr Zuhause haben; die Orte liegen etwa 112 m über dem Meeresspiegel. Kölsa wurde 1158 erstmals erwähnt und ist der älteste Ort unserer Gemeinde. Die Gemeinde Wiedemar liegt äußerst verkehrsgünstig, wobei die A 9 direkt am Ort vorbeiführt, das »Schkeuditzer Kreuz« nur etwa 5 km und der Flughafen Leipzig/Halle 10 Min.
Die Landschaft wird von Flachland geprägt, das zu jeder Jahreszeit einen ausgedehnten Blick über die Felder und Fluren erlaubt. Guter Ackerboden, der die Leipziger Tieflandsbucht auszeichnet, bringt den Landwirten hohe Erträge. 1992 wurde auf 54 ha ein Gewerbegebiet geplant und realisiert. Es haben sich Produktionsbetriebe, Dienstleistungsbetriebe und Verkaufshäuser angesiedelt. Die Infrastruktur verbesserte sich sehr. In allen größeren Orten entstanden neue Wohnsiedlungen. 1998 schlossen sich die Gemeinden Neukyhna, Zwochau und Wiedemar zu dem Verwaltungsverband Wiedemar zusammen. In Wiedemar befindet sich das Bauamt des Verwaltungsverbandes und die Bürgermeisterin der Gemeinde hat hier ihren Sitz. Wichtige Verkehrswege führen nach Halle und Leipzig; früher soll sich die alte Salzstraße von Halle nach Eilenburg hindurchgezogen haben. In unseren Orten gibt es auch einiges zu sehen. So haben wir in Wiedemar sowie in Kölsa und Klischmar Kirchen aus dem 14./15.Jahrhundert. Kölsa der älteste Ort, wurde 1158 erwähnt. Der Kirchturm stammt aufgrund der Fugenstellung aus romanischer Zeit. Alle Kirchen wurden restauriert.
Der durch seine Reisebeschreibungen bekannte Gottlieb Küttner wurde als Pfarrerssohn in Wiedemar 1755 geboren. Wiedemar ist über die A 9 (Abfahrt Wiedemar) zu erreichen und liegt 5 Min. vom Flughafen Leipzig/Halle entfernt.

Altlandkreis Leipziger Land

Mitten in Sachsen und der mitteldeutschen Wirtschaftsregion liegt das Leipziger Land. Es umfasst das Gebiet des Leipziger Südraums, über die Gegend um Borna bis hin zum Kohrener Land. Das Zentrum bildet Borna mit dem Kreis- und Verwaltungssitz des Landkreises. Mit einer Fläche von 750 Quadratkilometern, ca. 150 000 Einwohnern, 13 Städten und 9 Gemeinden wird die Region ganz vom positiven Wandel in Natur und Wirtschaft bestimmt. Hier werden Berge bewegt. Das Leipziger Land ist die größte Landschaftsbaustelle Europas. Industrie und vor allem die Braunkohleförderung haben die Region über Generationen geprägt. Als nach 1990 die meisten Tagebaue stillgelegt wurden, bot sich eine einmalige Chance, eine ganze Region neu zu gestalten. Seitdem verwandelt sich die einstige Bergbaulandschaft in eine beeindruckende Seenplatte: das Leipziger Neuseenland. Mit den neuen Seen sind attraktive Freizeitwelten entstanden: Uferpromenaden und Hafenanlagen, interessante Reviere für Wassersportler, der Freizeitpark Belantis und sogar eine wettkampftaugliche Wildwasseranlage. Daneben wachsen überall neue Naturräume heran, eine vielfältige Tier- und Pflanzenwelt erobert einstige Brachflächen zurück. In frühere Industriegebiete zieht neues Leben ein – mit Kultur- und Freizeitangeboten und neuer wirtschaftlicher Nutzung.

Das Leipziger Neuseenland lebt vor allem durch seine Menschen. Seit Jahrtausenden schon gestalten sie hier ihre Umwelt, haben Äcker bestellt, Burgen errichtet, ihre Städte und Kirchen gebaut – genauso wie die Kathedralen der Industrie. Von der ältesten erhaltenen romanischen Kernburg Sachsens, der Burg Gnandstein aus dem 12. Jahrhundert, bis zu den vielfältigen kulturellen Angeboten der Gegenwart – das Leipziger Land hat von allem etwas zu bieten. Dazu gehören eine Fülle von Schlössern, Kirchen, Herrenhäusern, Vierseitenhöfe und Bauerngärten genauso wie liebevoll gepflegte Stadtkerne in der Region.

Das Leipziger Umland ist eine Kulturlandschaft mit reichen Traditionen, die liebevoll bewahrt werden. So gilt die Gegend um Kohren-Sahlis als Zentrum des Töpferhandwerks. Das Drehen der Scheibe lässt sich nicht nur im Museum oder auf Märkten, sondern auch in den Werkstätten der Meister beobachten. Neuseenland bietet viel Raum zum Leben. Ob prächtige Villa, schmuckes Stadthaus oder dörfliche Idylle – in den letzten Jahren wurde sorgsam saniert und vieles neu gebaut.

Familien können sich wohl fühlen im Leipziger Neuseenland – mit vielen Betreuungs- und Freizeitangeboten und engagierten Bildungseinrichtungen. Ein Beispiel besonderer Art ist Dreiskau-Muckern, das ursprünglich einem Tagebau weichen sollte. Doch der Ort wurde wiederbelebt. Eine liebevolle Sanierung und der Zuzug vieler junger Familien machten ihn zum jüngsten Dorf Sachsens.

Das Leipziger Neuseenland ist ein Wirtschaftsstandort, der überzeugt. Aus einer entscheidenden Umbruchsphase heraus hat sich die Region in ein Gewerbe- und Erholungsgebiet voller Potenziale und frischer Ideen gewandelt. Energie, Chemie und Bergbau sind dominierende Branchen, ergänzt durch Biotechnologie, Umwelt- und Kommunikationstechnik. Großunternehmen aus den USA, Frankreich und Schweden haben im Leipziger Neuseenland investiert. Sie beschäftigen heute tausende Mitarbeiter, die sich durch Engagement und eine hohe Qualifikation auszeichnen. Der größte Chemiepark Sachsens befindet sich im Leipziger Neuseenland und gehört dabei zu den innovativsten und sichersten weltweit. Auch Energieerzeugung spielt nach wie vor eine Rolle, zum Beispiel mit einer der größten Solaranlagen der Welt. Braunkohle wird heute auf modernste Weise gefördert und in Energie umgewandelt. Anlagenbau und Automobilzulieferer sind in der mittelständischen Wirtschaft vertreten. Mit Autobahnen, Schienenwegen und internationalem Flughafen Leipzig–Halle ist das Leipziger Neuseenland mit der Welt verbunden.

Vom Landschaftswandel hat gerade auch der touristische Sektor enorm profitiert. Industrie, Tourismus und Natur gehen im Leipziger Neuseenland eine erfolgreiche Symbiose ein. In Belantis, Ostdeutschlands größtem Freizeitpark, kann man sieben »BELANTIS-Welten« entdecken oder eine Wildwasserfahrt aus Europas höchster Pyramide wagen. Am Cospudener See lässt sich bereits heute tauchen, segeln, baden und entspannen. Der Wandel vom Tagebau zur Ferienlandschaft zeigt sich hier besonders eindrucksvoll. Seit 2006 lädt am Markkleeberger See eine hochmoderne Wildwasseranlage ein, die deutschlandweit einzigartig ist. Die Auenwaldgebiete, Flussauen und die Seen, die sich derzeit noch in Flutung befinden, bieten jede Menge Möglichkeiten, das Leipziger Land zu Fuß und mit dem Rad zu erkunden.

Am Cospudener See ist der Wandel vom ehemaligen Braunkohlentagebau zur Erholungslandschaft besonders eindrucksvoll zu erleben.

Kirche St. Marien in Borna, die unteren Geschosse des mächtigen Breit-West-Turmes stammen von 1230.

Stadt Borna

Die Große Kreisstadt Borna liegt etwa 30 km südlich von Leipzig, in der Leipziger Tieflandsbucht und im Naturraum Bergbaurevier Südraum Leipzig. Durch die Stadt fließt die Wyhra. In der heutigen Umgebung von Borna, seit August 2008 Verwaltungssitz des neuen Landkreises Leipzig, entstanden im Tertiär umfangreiche Braunkohlevorkommen, deren Förderung im Tagebau in den vergangenen 100 Jahren das Landschaftsbild wesentlich geprägt hat. So sind Berge aus den Abraumhalden der Tagebauaufschlüsse entstanden, und aus den Tagebaurestlöchern wurden durch Flutung das Leipziger Neuseenland mit dem Speicherbecken Borna. Ferner befindet sich in der Nähe das Kohrener Land, eine landschaftlich und kulturell reizvolle Gegend.

Borna wurde als Stadt 1251 erstmals urkundlich erwähnt. Wichtige Heeres- und Salzstraßen, die heutigen Bundesstraßen B 95 und B 93, führten hier durch. Das Rathaus, die Stadtmauer mit vier Toren und die Kirche St. Marien wurden im 14. Jahrhundert gebaut. Von den vier Toren blieb nur das Reichstor erhalten, in dem sich heute das städtische Museum von Borna befindet. Die Landwirtschaft war immer wirtschaftlich dominant, besonders der Zwiebelanbau, der der Stadt den Spitznamen »Zwibbel-Borne« eintrug. Heute ist, im Gegensatz zu den Zeiten der Braunkohle-Industrie, der bedeutendste Wirtschaftszweig in Borna eines der modernsten Solarkraftwerke der Welt, im Mai 2006 ans Netz gegangen, das mit seinen computergesteuerten schwenkbaren Kollektoren eine Leistung erzeugt, mit denen fast 2 000 Haushalte versorgt werden können.

Eine Vielzahl von Kultur- und Sportvereinen hat wesentlichen Anteil am Angebot für individuelle Wünsche: Die Abonnement- und Matineekonzerte des Westsächsischen Symphonieorchesters zählen dazu. Beliebte und über die Stadtgrenzen hinaus bekannte Veranstaltungen sind zum Beispiel der Zwiebellauf, das Sommerspektakel, das Stadtfest und das LVZ-Pressefest. Borna besitzt eine Hockey-Bahn, mehrere Sportplätze und das Rudolf-Harbig-Stadion als modernste Sportanlage.

Alter Ortskern Espenhain mit ev.-luth. Pfarrkirche

Gemeinde Espenhain

Mitten im Herzen des Leipziger Neuseenlandes liegt Espenhain, eine Gemeinde zwischen Dorfidyll und wirtschaftlichem Aufbruch. Neben dem Hauptort Espenhain gehören heute die Ortsteile Pötzschau, Oelzschau und Mölbis zur Gemeinde. In den zwischen ausgedehnten Auen und Feldfluren gelegenen Orten Oelzschau und Pötzschau prägen stattliche, liebevoll sanierte Hofanlagen das Bild der jahrhundertealten Angerdörfer. Harmonisch eingefügt in die historische Bausubstanz, runden neue Wohnanlagen das Bild ab. Auch die Orte Mölbis und Espenhain werden als attraktive Wohnstandorte vor den Toren der Stadt Leipzig gern angenommen. Hier befinden sich jedoch auch in zentraler Lage, direkt an der vierspurig ausgebauten B 95, modern erschlossene Gewerbeflächen. Der Industrie- und Gewerbepark Espenhain bietet in Autobahnnähe Raum für gewerbliche Ansiedlungen an der Achse Leipzig–Chemnitz. Zahlreiche Unternehmen unterschiedlichster Ausprägung haben hier auf dem traditionsreichen mitteldeutschen Industriestandort bereits ihren Sitz gefunden. Weitere Gewerbestandorte, wie das ausgedehnte Areal der Leipziger Kommissions- und Großbuchhandelsgesellschaft mbH, einer der größten Zwischenbuchhändler Deutschlands, ergänzen das gewerbliche Erscheinungsbild der Gemeinde. Mit der rings um die Gemeinde entstehenden Seenlandschaft gewinnt diese auch zunehmend an touristischer Bedeutung. Der Wanderlustige kann vom Aussichtsturm auf der Hochhalde Trages, einer ehemaligen Bergbauhalde mit heute dichtem Mischwaldbestand und ausgedehntem Wegenetz, einen hervorragenden Rundblick über die gesamte Region genießen. Einmal oben, befindet man sich übrigens auf der höchsten Erhebung der Leipziger Tieflandsbucht. Die fruchtbaren Niederungen des Göselbaches boten schon in der Vorzeit ein willkommenes Siedlungsgebiet für die das Gebiet durchstreifenden Altsorben. Mit dem Malberg, einer alten Wallanlage am Ortsrand von Pötzschau, ist heute noch ein Zeugnis dieser Erstbesiedlung des Raumes zu finden.

Blick auf den Dorfplatz. Das ehemalige Schulgebäude war bis Mitte 2008 Sitz der Gemeinde und beherbergt nun das Pfarramt.

Gemeinde Großpösna

Die Gemeinde mit den Ortsteilen Großpösna, Seifertshain, Störmthal, Güldengossa und Dreiskau-Muckern zählt heute rund 5 400 Einwohner auf einer Fläche von 4 183 Hektar. Die Anfänge der im Südosten Leipzigs gelegenen Ortschaft reichen in die Zeit der bäuerlichen Kolonisation zurück. Es entstanden Orte, die sich über Jahrhunderte hinweg wenig verändert als kleine Dörfer im Umland Leipzigs erhielten. Größpösna allerdings bekam nach dem Ersten Weltkrieg ein neues Gepräge. Der einsetzende Siedlungsbau ließ den Ort anwachsen, er wurde zu einer Wohngemeinde mit ländlichem Charakter. Großpösnas historischer Ortskern hat das gewachsene dörfliche Antlitz bewahrt mit der schön restaurierten Chorturmkirche, dem Rittergut, den kleinen Gassen, den Teichen und Bauerngütern.

Sehenswert ist die im ländlichen Barock ausgeführte Seifertshainer Kirche mit angrenzendem Pfarrhof, Pfarrhaus und neu sanierter Dorfschule als Dorfgemeinschaftshaus. Bekannter jedoch ist die Störmthaler Kreuzkirche mit der Hildebrandt-Orgel, anlässlich deren Einweihung Johann Sebastian Bach eigens eine Kantate verfasste. In Güldengossa gibt es das jüngst liebevoll sanierte Schloss mit schönem Park und Teichen zu bewundern. Dreiskau-Muckern sollte bis 1993 dem Tagebau weichen und kündet heute mit wundervollem Fachwerk und zunehmendem Tourismus von der Neubelebung der Gemeinde am entstehenden Störmthaler See. Großpösna ist sehr kinderfreundlich. Im Ort befinden sich mehrere Kindertagesstätten für alle Altersgruppen, eine Grundschule sowie ein Hort. Das Vereinsleben, vor allem sportlicher und kultureller Art, wird hier großgeschrieben. Insgesamt 37 Vereine und Interessengemeinschaften bieten ein abwechslungsreiches Freizeitangebot für Jung und Alt. Das ehemalige Rittergut wird derzeit zum Ortskern entwickelt. Mit der neuen Gemeindeverwaltung im alten Herrenhaus, dem Soziokulturellen Zentrum Kuhstall e.V., einer Mehrzweckhalle und vielem mehr ist es schon heute der kulturelle und soziale Mittelpunkt der Gemeinde.

Der Wasserturm (1911/12 erbaut) ist 35 m hoch und hat ein Fassungsvermögen von 250 m³; im Hintergrund das 1926 eingeweihte Volkshaus.

Stadt Rötha

»Ohne Tore und Mauern«, so möchte sich Rötha heute präsentieren. Offen für Veränderungen und neue Ideen, offen für jeden, der hier sein Zuhause hat. In unserer erstmals 1127 erwähnten Stadt leben heute etwa 3 850 Einwohner. Wahrzeichen der Stadt sind die Georgen- und die Marienkirche, die beide eine Silbermannorgel beherbergen. In der Marienkirche finden wir die kleinste Orgel, die je von dem berühmten sächsischen Orgelbauer Gottfried Silbermann gebaut wurde.

Auch die Völkerschlacht bei Leipzig im Jahre 1813 hinterließ ihre Spuren in Rötha. In den Oktobertagen des Jahres 1813 hatten der Zar Alexander von Russland, Kaiser Franz von Österreich und der preußische König Friedrich Wilhelm III. ihr Hauptquartier im Schloss zu Rötha. Über diesen Teil unserer Stadtgeschichte und über die Stadtgeschichte allgemein gibt das Museum in der Stadt der Jugend 5 Auskunft. Zu sehen ist hier auch die Entwicklung Rötha's zur Gartenstadt. Die Obstplantagen sind heute nicht mehr vorhanden, aber noch immer ist die Stadt von viel Grün umgeben. Der Röthaer Schlosspark, der Stauseewald und sieben Kleingartenanlagen laden zum Verweilen und Erholen ein. Ein wichtiges Augenmerk ist auf die Pflege und Erhaltung der Grünanlagen gerichtet, da sie für viele Bürger und Gäste unserer Stadt ein Anziehungspunkt sind.

Die Stadt Rötha ist bemüht, die Lebensqualität ständig zu erhöhen. Grundstückseigentümer sanieren alten Wohnraum, es stehen Bauplätze für Eigenheime im Rietzschketal und in der Haeckelstraße zur Verfügung. Der künftige Hainer See, entstanden aus einem Tagebaurestloch, wird auch von Rötha gut zu erreichen sein und ein weiterer Anziehungspunkt im Südraum Leipzig werden.

Die Stadt Rötha ist angebunden an die A 38 und die B 95 und so gut zu erreichen. Zudem ist die Stadt in die Radwanderwege des Grünen Ringes eingebunden und über diese ebenfalls gut zu erreichen.

Am Industriestandort Böhlen-Lippendorf

Böhlen – modern als Industriestandort – liebenswert als Kleinstadt

Südlich der Metropole Leipzigs gelegen, wurde Böhlen 1353 erstmals urkundlich erwähnt. Ihre Entstehung verdankt die Ortschaft der Besiedlung des Pleißegebietes durch die Sorben. In seiner langjährigen Geschichte vollzog der Ort einen erstaunlichen Wandel. Bis zum Ausgang des 19. Jahrhunderts bewahrte sich der dörfliche Charakter, ehe Braunkohleförderung und Industrie das Bild der Gemeinde über Jahre prägten. Dies führte mit dazu, dass Böhlen 1964 das Stadtrecht erhielt.

In naher Zukunft ergeben sich neue Potenziale in der Tourismus- und Freizeitwirtschaft durch imposante Veränderungen der Landschaft im Umfeld von Böhlen, die dazu beitragen werden, dass neben der traditionellen Industrie mit umweltfreundlichen modernen Anlagen ein gesunder Branchenmix die weitere wirtschaftliche und soziale Entwicklung der Stadt fördern wird, zumal Böhlen infrastrukturell hervorragend angebunden ist. Dank ihrer gut ausgestatteten innerstädtischen Infrastruktur bietet die Stadt ein interessantes Spannungsfeld zwischen Arbeiten, Wohnen, Freizeit, Kultur und damit auch beste Voraussetzungen hinsichtlich Lebensqualität, der Unterstützung von Familien sowie sich ansiedelnden Unternehmen. Aufgrund des atemberaubenden Wandlungsprozesses in der größten Landschaftsbaustelle Europas, in deren Mitte sich Böhlen befindet, entstehen im Umfeld des Ortes aus stillgelegten Tagebauen und Fabriken attraktive Freizeit- und Erholungslandschaften, von denen die Einwohner generationsübergreifend partizipieren und profitieren können.

Das sanierte Kultur- und Kongresscenter, das Heimstätte des Westsächsischen Symphonieorchesters und des Kulturvereins mit seinem bekannten Kammerchor ist, die zahlreichen Sportstätten sowie die Kleingartenanlagen bieten ein entspanntes Betätigungsfeld.

Die revitalisierte Bergbaulandschaft kann durch ein gut gestaltetes Radwegenetz erobert werden. Im Sommer sind das Freibad und die vielen Seen rings um Böhlen ein Besuchermagnet.

»Siedlung« – mit Blick auf den Wasserturm.

Deutzen

Deutzen findet erstmals in einer Urkunde aus dem Jahre 1238 Erwähnung, in welcher berichtet wird, dass ein Herwicus de Dycin (Herbert von Deutzen) beim Gütertausch zwischen König Wenzel von Böhmen und dem Kloster Plaz als Zeuge anwesend war.

Der Ort ist allerdings slawischen Ursprungs, was sich aus Namen und Aufbau ableiten lässt. 1524/25 ist der einheimische Martin Schuster einer der Führer im Deutschen Bauernkrieg. Nachdem 1630 die Pest in Deutzen 130 Menschen dahingerafft hatte, ging die Bevölkerungszahl rapide zurück; 1674 lebten hier lediglich nach 24 Bauern und 8 Häusler.

Um 1900 beginnt die Zeit des Braunkohlenabbaus; der Bau eines Braunkohlenwerkes zieht Menschen aus unterschiedlichen Gegenden Deutschlands an (darunter bemerkenswert viele Bayern); die Folge ist, dass im Zeitraum von 1910–68 die Einwohnerzahl von 350 auf 4 300 ansteigt. Der Braunkohlenabbau bewirkte in der Gemeinde eine vollkommene Veränderung der örtlichen wirtschaftlichen sowie bevölkerungspolitischen Struktur – von der Land- zur Industriegemeinde. Zu bemerken ist die Eingemeindung des einen Kilometer entfernten Dorfes Röthingen (1934) und die Devastierung des Ortskernes Deutzen (1964/65): 52 Grundstücke mussten den Baggern weichen.

Heute umgibt den Ort die teilweise renaturierte Braunkohlenlandschaft des Mitteldeutschen Braunkohlenreviers, 25 km südlich von Leipzig.

Der Bergbau ist in den Jahren 1990–1995 fast völlig zusammengebrochen, womit für die Gemeinde Deutzen eine wirtschaftliche Neuorientierung verbunden ist. Wichtige Säulen einer funktionierenden Gemeinschaft, wie ein reiches Vereinsleben oder ein angemessenes Kulturangebot, befinden sich logischerweise im Neuaufbau.

Der Markt – das neue Ortszentrum

Gemeinde Neukieritzsch

Der Zug mit den zwei Lokomotiven aus englischer Produktion, mit den 28 Personenwagen und 500 Fahrgästen, hatte den unscheinbaren Behelfsbahnsteig in Richtung Altenburg verlassen. Schnell zerflatterten die letzten Rauchfahnen. Die Rede war geredet, die Böllerschüsse schon lange verklungen. Die Ehrengäste hatten sich zum Freibier begeben. Die Schaulustigen aus den umliegenden Ortschaften verstreuten sich allerdings nicht so bald wieder; sie erwarteten die Rückkunft desselben Zuges aus Altenburg, um die erste Fahrt eines Zuges der »Sächsisch-Bayerischen« am 19. September 1842 entsprechend zu würdigen. Wie empfanden sie dieses bedeutende Ereignis?

Diese Frage steht im Raum, aber …: An bewusstem Tag gab es weder Neukieritzscher noch Neukieritzsch, wie es anfangs überhaupt keine Siedlung am Bahnhof gab. Einige Arbeiter werkelten zwar an Wasserkran und Kohleschuppen, und einen Stationsvorsteher gab es auch. Aber sie alle wohnten in den umliegenden Dörfern, insbesondere in Kieritzsch, drei Kilometer entfernt. Also hatte man quasi »auf freiem Felde« den Bahnhof gebaut, preußisch präzis auf 12 Grad, 24 Minuten, 52 Sekunden östlicher Länge und 51 Grad, 8 Minuten, 52 Sekunden nördlicher Breite. Die Station erhielt also den Namen Kieritzsch, obwohl die Grundeigentümerdörfer Pürsten und Kahnsdorf es lieber anders gesehen hätten. Die Arbeiter an diesem Bahnbau scherte das überhaupt nicht, waren sie doch in Kieritzsch untergebracht und wurden von den beiden dortigen Gastwirten bestens beköstigt. Letztlich siegte ergo der Name »Station Kieritzsch«, dem lange einzigen Haltepunkt zwischen Leipzig/Bayrischer Bahnhof und Altenburg.

Dieses ursprüngliche »Versorgungsdepot« an Kohle und Wasser zog etliche Menschen nach hier. 1867 wurde die Anschlussstrecke Borna–Kieritzsch (7,5 km) abgeschlossen. Am 30.11.1909 schließlich konnte auch der

Parkbiotop Neukieritzsch

erste Zug nach Pegau und Groitzsch fahren. Damit war die junge Siedlung zu einem Verkehrsknotenpunkt geworden, dessen Verbindungen in alle Himmelsrichtungen führten. Das bedingte auch ein größeres Bahnhofsgebäude. Außerdem war inzwischen in unmittelbarer Nähe eine Zuckerfabrik entstanden, die ein Anschlussgleis erhielt. Der Fabrikant Oehme aus Leipzig kaufte 1864 die inzwischen pleite gegangene Fabrik und gründete auf dem Areal eine Firma zur Verwertung der Wollwaschwässer: Damit gewann er Wollfett und verarbeitete es zu Dünger.

1901 gründete sich die Braunkohlengewerkschaft Breunsdorf und errichtete ein Braunkohlenwerk, das von großer Bedeutung für die hier inzwischen Wohnenden werden sollte. 1890 hatte die Brikettierung eingesetzt, was bedeutete, dass etliche Arbeiter hier wohnen bleiben wollten, weswegen zunächst eine Siedlung in Bahnhofsnähe entstand. Zur besseren Versorgung siedelten sich Gärtner an, die die Märkte bis Leipzig belieferten. Ein Produktionszweig stimulierte den nächsten: Die Kohle musste verladen und transportiert werden, also entstand die Eisenbahnersiedlung (1921–1927) – und so ging es weiter. Später wurde die Braunkohle veredelt; 1935 wurde die Gemeinde selbständig: Aus dem einstigen Eisenbahndepot entstand eine quicklebendige Gemeinde.

Mehrere Großbetriebe siedelten sich in der weiteren Zukunft hier an: 1941/42 entstand das Ferrolegierungswerk Lippendorf, 1963/68 das Kraftwerk Lippendorf; weitere Betriebe erweiterten sich (Chemische Werke Böhlen, diverse Tagebaue), was die Bautätigkeit in Neukieritzsch forcierte. Kulturhistorisch gesehen hat der Ortsteil Lippendorf eine enorme Bedeutung, denn hier wurde Katharina von Bora, die Ehefrau Martin Luthers, geboren. Das Dorf Kieritzsch ist inzwischen Ortsteil von Neukieritzsch.

Marktplatz mit dem 1890 erbauten Rathaus mit Sitz der Stadtverwaltung, links ein Bild der »Stadtinformation« sowie der Polizeiposten

Stadt Groitzsch

Groitzsch mit seinen 29 attraktiven Ortsteilen und rund 8 600 Einwohnern liegt im westlichen Teil des Landkreises Leipzig.

Inmitten einer wunderschönen Auenlandschaft liegend, blickt unsere Stadt auf eine fast eintausendjährige Geschichte zurück. Die Besiedlung durch slawische Stämme ist seit dem 6. Jahrhundert nachweisbar. Im 11. Jahrhundert entwickelte sich im Schutze der Wiprechtsburg unter Graf Wiprecht von Groitzsch (etwa 1050–1124) eine frühstädtische Siedlung, die 1214 das Stadtrecht erhielt. Mit dem Untergang der Burg im 14. Jahrhundert stagnierte allerdings die Entwicklung der aufstrebenden Stadt bis ins 19. Jahrhundert hinein.

Mit der Ansiedlung verschiedener Gewerke und der einsetzenden Industrialisierung entwickelte sich Groitzsch bis in die Gegenwart zur modernen Kleinstadt, die mit einigen Besonderheiten aufwarten kann.

In den vergangenen Jahren konnten wir die Attraktivität des Stadtgebietes und auch das Erscheinungsbild unserer Ortsteile durch die umfangreiche Nutzung von Förderprogrammen spürbar verbessern. Die inzwischen hervorragenden infrastrukturellen Bedingungen sind nicht nur eine gute Voraussetzung für Zuzüge, sondern auch Anziehungspunkt für Gewerbetreibende.

Um Zuzugswilligen die Entscheidung zu erleichtern, wartet Groitzsch neben erschlossenen Baugebieten mit einer Besonderheit auf: Jede Familie mit Kindern bis zum 16. Lebensjahr erhält auf Antrag bei der Erstbeschaffung von selbst genutztem Wohneigentum in der Stadt Groitzsch einschließlich aller Ortsteile eine kommunale Eigenheimzulage (www.groitzsch.de).

Besonders wichtig war uns in den letzten Jahren die Betreuung unserer Kinder. Den Familien stehen zahlreiche modernisierte Kindertagesstätten von der Krippe bis zum Hort zur Verfügung. Stolz sind wir ebenso auf das hiesige Schulzentrum mit Grundschule, Mittelschule und Wiprecht-Gymnasium, in welchen auch Schüler

Wasserturm der Stadt, 1904 erbaut, Wahrzeichen und technisches Denkmal, daneben der Kinderhort der Stadt Groitzsch

aus Teilen des Landkreises Leipzig lernen. In unmittelbarer Nähe dazu bietet die erweiterte Stadt- und Schulbibliothek u.a. Möglichkeiten für Internet-Recherche und projektbezogenen Unterricht.
Weitere, zum Teil im Landkreis Leipzig einmalige Einrichtungen sind unser kommunales Kino/Bürgerhaus mit täglichen Filmvorführungen, das Fitness- und Wellnesscenter »Azur« mit Hallenbad sowie das Vereinshaus »Stadtmühle«. Im Ortsteil Großstolpen hat sich ein modernes Kulturhaus als Veranstaltungszentrum etabliert, in dessen unmittelbarer Nachbarschaft ein Badesee mit Imbiss, Grill- und Volleyballplatz Sonnenhungrige zur Entspannung einlädt.
Mit der Wiprechtsburg als älteste erhaltene Steinbauten Westsachsens verfügt Groitzsch über einen geschichts- und kulturträchtigen Ort, der mit seiner in die Burgruine integrierten Freilichtbühne vor allem in den Sommermonaten durch verschiedene Veranstaltungen Anziehungspunkt für viele tausend Besucher ist. Kulturelle Events wie unser jährlicher großer Karnevalsumzug (Februar), das historische Burgfest (Juli) oder das Kulinarische Stadtfest (August) sind längst ein Geheimtipp weit über die Stadtgrenzen hinaus geworden.
Groitzsch als unsere Perle im Leipziger Neuseenland gilt als besonders pulsierende Stadt, denn eine lebendige Innenstadt mit gemütlichen Gaststätten und zahlreichen Geschäften lädt hier zum Bummeln und Verweilen ein.
Und wer Erholung in der Natur sucht, wird fast vor der Haustür fündig. Naturliebhaber lockt am südwestlichen Stadtrand mit dem Naturschutzgebiet »Pfarrholz« ein artenreiches Auwaldbiotop, das von der Schwennigke durchflossen wird. Es gilt in der gesamten Elsteraue zwischen Wiederau, Pegau und Profen als eines der landschaftlich reizvollsten Gebiete im südwestlichen Teil unseres Landkreises und ist durch verschiedene Wander-, Rad- und Reitwege erschlossen.

Das Rathaus Zwenkau, ein ehemaliges Schloss und Amtsgericht, und die Laurentiuskirche mit ihrem Barockaltar. Der Heilige Laurentius ist Namensgeber der ev.-luth. Kirche und ziert als Schutzpatron das Wappen der Stadt Zwenkau.

Stadt Zwenkau

Zwenkau mit seinen Ortsteilen Löbschütz, Rüssen-Kleinstorkwitz, Groß- und Kleindalzig, Tellschütz und Zitzschen liegt etwa 15 Kilometer südlich der Großstadt Leipzig. Die ausgedehnte Talaue der Weißen Elster, das Eichholz – ein Rest der einst sehr ausgedehnten Auewälder –, das sich auf Kippenflächen eines ehemaligen großen Braunkohle-Tagebaus erstreckende Waldgebiet der Neuen Harth und vor allem der im Entstehen begriffene Zwenkauer See bestimmen den Landschaftscharakter. Einschließlich der Gemarkung der devastierten Ortschaft Eythra beträgt die Gesamtfläche etwa 4 625 ha. Auf ihr leben insgesamt ca. 9 050 Einwohner. Zwenkau zählt seit der Ersterwähnung im Jahr 974 zu den ältesten Städten Sachsens. In diesem Jahr schenkte Kaiser Otto II. das von Slawen bewohnte Territorium dem kurz zuvor gegründeten Bistum Merseburg. Gesiedelt wurde hier aber schon weitaus früher, denn Bodenfunde im Auebereich belegen Wohnstätten, deren älteste vor mehr als 7 000 Jahren entstanden. 1195 erhielt Zwenkau das Marktrecht, wahrscheinlich um 1250 das Stadtrecht. Die exponierte Lage am Kreuzungspunkt zweier bedeutender Fernhandelsstraßen nährte die Hoffnung, dass sich Zwenkau zu einem bedeutenden Handelsplatz entwickeln könnte. Immer wieder gab es jedoch Rückschläge durch schwere Kriegszerstörungen, verheerende Brände und Epidemien. 1712 wurde die Stadt erneut ein Opfer der Flammen und binnen 2 Stunden nahezu völlig zerstört. Erst im 19. Jahrhundert kam es zu einem kontinuierlichen Bevölkerungswachstum. Handwerk, kleine Gewerbebetriebe und die Landwirtschaft bildeten hauptsächlich die Erwerbsgrundlage der Einwohner, und bis zum 1. Weltkrieg entstanden im Ort nur wenige größere (industrielle) Betriebe.

Gravierende Veränderungen ergaben sich mit dem Aufschluss des Böhlener (nach 1960 Zwenkauer) Braunkohle-Tagebaus, der die Geschicke der Stadt und ihrer Bürger entscheidend prägte und schließlich sogar ihren Fortbestand gefährdete. In den 1980er Jahren verkam Zwenkau immer mehr, und die zunehmende Perspektiv-

Der Bergbauausstellungspavillon am Stadthafen KAP ZWENKAU erinnert in seinem Aussehen an die Abraumförderbrücke AFB 18. Von seiner Sonnenterrasse hat man einen herrlichen Ausblick auf den Zwenkauer See und die Silhouette von Leipzig.

losigkeit führte dazu, dass ihr viele Menschen den Rücken kehrten. Auch nach 1990 fraßen sich die Kohlebagger weiter durch die Elsteraue. Dass die Einwohner dennoch 1999 das 1025-jährige Jubiläum ihrer Stadt voller Optimismus mit einem großartigen Fest begehen konnten, ist vor allem ihr eigenes Verdienst. Im Winter 1993 formierten sie sich zu eindrucksvollen Protestbewegungen für den Erhalt der südlichen Elsteraue, u.a. mit einer Lichterkette von 2 500 Menschen entlang der Bundesstraße 186. Damit erstritten sie den ausgehandelten sogenannten »Braunkohlekompromiss«, der das Auslaufen des Tagebaus bereits im Jahre 1999 und seine Fortführung als Sanierungstagebau zusicherte. Parallel dazu vollzog sich mit der schrittweisen Erneuerung der Infrastruktur eine überaus erfolgreiche Entwicklung der Stadt und ihrer Ortsteile. Im Gewerbepark an der B 2 siedelten sich zahlreiche Unternehmen an – Voraussetzung für die Entstehung von ca. 2 000 Arbeitsplätzen. Neue Wohngebiete entstanden, in denen vor allem auch viele junge Familien ein Zuhause fanden. Die lange Zeit rückläufiger Entwicklung der Einwohnerzahlen erhielt wieder einen spürbaren Aufwärtstrend.

Nachdem jahrzehntelang der Bergbau entscheidend den Charakter der Landschaft prägte, entsteht nun mit der 2007 begonnenen Flutung des Tagebaurestloches nördlich der Stadt der fast 1000 ha große Zwenkauer See – der größte im Leipziger Neuseenland. Der Bergbaupavillon am Stadthafen KAP ZWENKAU dominiert bereits jenes Areal, das in den nächsten Jahren als maritim-touristisches Sport- und Erholungszentrum mit seiner spezifischen Bebauung, den Hafenanlagen, Stränden u.v.m. eine rasante Entwicklung nehmen wird. Obwohl der Endwasserstand erst in einigen Jahren (voraussichtlich etwa 2012/13) erreicht wird, lädt schon jetzt ein Fahrgastschiff – die »Santa Barbara« – zu Rundfahrten ein. Jenseits des Sees und der Bundesautobahn 38 macht mit Schloss und Pyramide der Vergnügungspark BELANTIS auf sich aufmerksam – ein wesentlicher Baustein im Freizeit- und Erholungsensemble des Neuseenlandes.

Stadt Markranstädt

Wenn wir von der Stadt Markranstädt sprechen, meinen wir nicht nur die Kernstadt, sondern auch die ehemaligen umliegenden Gemeinden, die aufgrund des Eingemeindungsprozesses in die Stadt Markranstädt eingegliedert wurden. Zu den Ortsteilen gehören: Albersdorf, Altranstädt, Döhlen, Frankenheim, Gärnitz, Göhrenz, Großlehna, Kulkwitz, Lindennaundorf, Meyhen, Priesteblich, Quesitz, Räpitz, Schkeitbar, Schkölen, Seebenisch und Thronitz, die teils in der sorbischen Besiedlungsphase (6.–9. Jahrhundert) entstanden sind, teils nach der Landnahme durch deutsche Bauern (10.–12. Jahrhundert). Schkölen ist bereits 933 und Schkeitbar 1012 urkundlich erwähnt. 1285 wird erstmals Markranstädt in einer Urkunde als Gerichtsstuhl, 1287 als Marktort und 1354 als Städtchen genannt. Es war vermutlich eine Tochtergründung des benachbarten Klostergutes Altranstädt, das bereits 1190 als »Antiquum Ranstede« erwähnt wird.

An der Fernhandelsstraße »Via Regia« (B 87) gelegen, wurde hier bis 1630 ein überregional bedeutender Wollmarkt abgehalten, der aufgrund des Dreißigjährigen Krieges in das befestigte Leipzig verlegt wurde. Hier brachten vor allem die Zisterziensermönche des Klostergutes und später deren weltliche Besitzer ihre Erzeugnisse der ausgedehnten Schafzucht zum Angebot. 1703 war man finanziell in der Lage, das 1633 von Holk'schen Reitern mit einem Großteil der Stadt eingeäscherte Rathaus wieder aufzubauen. Hatte Markranstädt vor diesem Krieg etwa 600 Einwohner, so waren es nach 1648 noch 150 bis 200. Die Nähe des Handelsplatzes Leipzig war ein Grund dafür, dass die Stadtgüter, das mit Landwirtschaft verbundene Kleingewerbe (Posamentierer, Hutmacher, Krämer, Schmiede) und die vor allem für mit Ross und Wagen durchreisende Kaufleute eingerichteten Gasthöfe (»Halber Mond«, »Roter Hirsch«, »Zum Rosenkranz«) für einen weniger nennenswerten wirtschaftlichen Aufschwung sorgen konnten. Der Aufschwung verbesserte sich, nachdem die Bahnstrecke Leipzig–Großkorbetha mit dem Bahnhof im Ort gebaut wurde. Daraufhin ließen sich vorrangig Rauchwarenzurichtereien nieder, die insbesondere vor dem I. Weltkrieg als Partner von Pelzveredlungsbetrieben in der Branche einen guten Ruf erwarben. In dieser Zeit wurden von etwa 1 000 Beschäftigten in 12 Betrieben jährlich 8–10 Millionen Felle für die Weiterverarbeitung zugerichtet. Zusammen mit anderen Neugründungen (1858 Stadtsparkasse, 1865 Braunkohlengrube »Mansfeld«, 1883 Zuckerfabrik, 1900 Maschinenfabrik für Betonformsteine, 1908 Markranstädter Automobilfabrik, 1911 Landkraftwerke auf der Kulkwitzer Flur) begann eine Entwicklung, die in zunehmendem Maße zu einem gewissen Wohlstand führte. Zählte die Stadt 1826 noch 721 Einwohner, so waren es 1858 bereits 1 307, 1875 2 457 und 1913 8 597. Durch die Eingemeindungen in den letzten Jahren hat sich das Stadtgebiet auf 40 qkm erweitert. Es entstanden neue Einkaufsmärkte, Hotels und Gaststätten sowie Wohn- und Geschäftshäuser. Viele der älteren Grundstücke wurden saniert oder modernisiert. Am 3. Oktober 1994 konnte mit einem Stadtfest die Umstellung von Stadt- auf Erdgas gefeiert werden.

Bereits seit Mitte des 19. Jahrhunderts wurden in Markranstädt Grünanlagen, Promenaden, Parks, Gärten und Sportanlagen angelegt, um die Wohn- und Lebensqualität zu erhöhen. Einen großen Anteil daran hat das Anfang der siebziger Jahre aus einem Tagebau entwickelte Erholungsgebiet Kulkwitzer See, das sich mit 160 ha Wasserfläche und 200 ha Uferzone großer Beliebtheit bei Wassersportlern, Urlaubern, Wanderern und Einheimischen erfreut. Zu den Dominanten im Stadtbild gehört die evangelische Stadtpfarrkirche St. Laurentius, eine spätgotische, einschiffige Hallenkirche (1518/25). Die Kirche, der neu gebaute Komplex des ehemaligen Ratsgutes mit dem originalgetreu wieder aufgebauten historischen Gutshaus und das neu entstandene Wohn- und Geschäftszentrum Markt-Arkaden setzen die Akzente im innerstädtischen Marktbereich.

Die Nähe zur Innenstadt Leipzig (Flughafen Leipzig/Halle, Bahnhof, zwei Autobahnanschlüsse an die A 9 und die A 38) und ein gut ausgebautes Nahverkehrsnetz sowie die Ortslage im Grünen machen Markranstädt mit seinen Ortsteilen immer interessanter, sowohl als Standort für Gewerbebetriebe in den Gewerbegebieten, als auch als Wohnstätte für die Bürger. Des weiteren verfügt man über Bildungsstätten, wie die Grund- und Mittelschule sowie ein Gymnasium; ebenfalls sind Außenstellen der Musik- und Volkshochschule vorhanden.

Im gesamten Gebiet Markranstädt und seinen Ortsteilen werden notwendige Sanierungen der innerörtlichen Bereiche durchgeführt oder sind bereits abgeschlossen. Es wurden Straßen grundhaft ausgebaut und erneuert, Schulen, Kindertagesstätten und Sportanlagen rekonstruiert und nach modernen Gesichtspunkten ausgestattet. Seit dem „Tag der Einheit« 1990 ist Markranstädt mit der nordrhein-westfälischen Stadt Mettmann als Partnerstadt freundschaftlich verbunden. Aus der wertvollen Unterstützung sowohl auf Verwaltungs- als auch auf Vereinsebene sind längst persönliche wechselseitige Kontakte der Menschen entstanden.

Historische Stadtansichten: Rathaus und St. Laurentiuskirche am zentralen Marktplatz.

Marktplatz mit Rathaus

Stadt Geithain

Geithain gehört zu den sächsischen Städten, in deren Mauern sich Altes und Neues, Historisches und Modernes zu einer harmonischen Einheit fügen. Allein die Stadtsilhouette ist von besonderem Reiz – sie gleicht einer mittelalterlichen Kleinstadt. Fernab vom Massentourismus bietet die Stadt viel Individuelles zum Entdecken und überdies eine hohe Lebensqualität im Gemeinwesen der hier lebenden rd. 6 200 Menschen. Die verkehrsgünstige Lage zwischen Dresden, Chemnitz und Leipzig macht Geithain zum idealen touristischen Ausgangspunkt. Zur Stadt gehören die Ortsteile Syhra mit Theusdorf, Niedergräfenhain und Nauenhain.

Wer von Westen auf der B 7 auf Geithain zufährt, wird von den 42 m hoch aufragenden romanischen Türmen der Pfarrkirche St. Nikolai begrüßt. Hier kann man viel Zeit verbringen, denn immerhin sind über 800 Jahre Geschichte mit Stilen, Bauformen und Ausstattungsstücken nachzuvollziehen. Das Gotteshaus besteht aus einer spätromanischen Zweiturmfassade (spätes 13. Jahrhundert), aus einem nach Süden verschobenen gotischen Chorpolygon aus dem 14. Jahrhundert und einem dreischiffigen spätgotischen Langhaus (1504). Von überregionaler Bedeutung ist die Felderdecke aus dem späten 16. Jahrhundert im Inneren des Gotteshauses. Der Freiberger Andreas Schilling schuf sie 1594/95. Ebenfalls aus Freiberg kamen Michael Grünberger (Altar, 1611) und Peter Beseler (Kanzel, 1597). Das spätgotische Pfarrhaus wurde im späten 16. Jahrhundert erbaut. Die Kalandstube am Pfarrhaus ist mit wertvollen Fresken aus der Renaissance bemalt. Vielleicht fallen die unscheinbaren Türen nicht sehr auf, die in den Kirchberg hineinführen. Dahinter verbergen sich die Unterirdischen Gänge von Geithain. Etwa 412 m sind davon begehbar – sie haben ihren Ursprung in den Anfängen der Siedlungsgeschichte Geithains. Im Stadtteil Wickershain steht die restaurierte Wallfahrtskirche St. Marien.

Obwohl die kleine Stadt nie durch große historische Ereignisse im Mittelpunkt des überregionalen Interesses stand, begegnet dem Besucher Geschichte auf Schritt und Tritt; zumal das Betreten der Stadt von der West-

Sankt Nikolaikirche

seite her nur durch das Stadttor möglich ist. Daneben befindet sich das ehemalige Zollhaus, das heute sinnigerweise das Fremdenverkehrsamt beherbergt. Der Pulverturm ist ein Teil der Stadtmauer und stammt aus dem 12. Jahrhundert als imposante Stadtbefestigungsanlage.

Wer aber nun annimmt, die Atmosphäre sei hier etwas verschlafen, der irrt gewaltig, denn stehengeblieben ist die Zeit keinesfalls: Eine Verbindung zwischen Geschichte und Moderne ist mit Sicherheit das 100-jährige Bestehen des Geithainer Emaillierwerkes 1998 gewesen; als mittelständiger Betrieb prägt die Firma die Stadt und ihre Bewohner. Was die technische Entwicklung betrifft, wurde hier öfter Geschichte geschrieben – sei es der erste Kalkringofen 1869 oder der sächsische Innovationspreis an die Musicelectronic 1995. Und kulturvoll geht es das ganze Jahr hindurch allemal zu in dieser Stadt, ob bei Lesungen und Vernissagen in der Stadtbibliothek oder bei den Veranstaltungen der ortsansässigen Vereine.

In idyllischer Landschaft und waldumgeben, leben die 170 Einwohner von Syhra und Theusdorf (seit 1994 zu Geithain gehörend). Die gesamte Ortslage durchfließt der Ossabach, auch Katze genannt.

Das direkt an der B 7 gelegene Niedergräfenhain beeindruckt durch die 1872 erbaute imposante Eisenbahnbrücke, die in weitgespannten Bögen das Eulatal überbrückt. Der Ort hat seine seit der Gründung bestehende Siedlungsform als Reihendorf vollständig und seine bäuerlich-dörfliche Struktur mit zahlreichen Drei- und Vierseitenhöfen erhalten können. Als Denkmal gilt die Kirche. Der Ort verfügt über eine beachtliche Gewerbeansiedlung, so z.B. die HEROS Baumschulen. Die Ortslage wird durch die Bachaue der Eula mit angrenzenden Streuobstwiesen geprägt.

Nauenhain (seit 1995 zu Geithain gehörend) wurde 1241 urkundlich erwähnt; der Ort ist geprägt durch den Nauenhainer Schwarzbach sowie die angrenzenden Wiesen, Gehölze, Weiden und Streuobstwiesen.

Südliche Ansicht der Burg Gnandstein

Stadt Kohren-Sahlis

Kohren-Sahlis ist eine alte Stadt: Gegründet wurde sie 974 (man begeht also 2009 das 1 035. Jubiläum). Als Zeugen der Vergangenheit und Wahrzeichen der Stadt stehen die beiden romanischen Rundtürme auf dem Burgberg. Eine zwar noch nicht so lange, dafür aber beste Tradition genießt das Handwerk: Töpferei und Weberei waren dereinst die Hauptgewerbe der Kohrener. Die kleine Stadt beherbergt heute rd. 3 200 Einwohner (auf 38,11 qkm) und verfügt über die Ortsteile Rüdigsdorf, Terpitz, Walditz, Neuhof, Pflug, Altmörbitz, Dolsenhain, Gnandstein und Jahnshain; Partnerstadt ist das italienische Montottone.
Über die lange und erfolgreiche Geschichte des Töpferhandwerks informiert eingehend das Töpfermuseum. Zwei noch ansässige Töpferwerkstätten produzieren ortstypische Kohrener Keramik und bieten diese zum Verkauf an. Sehenswert sind das ehemalige Herrenhaus in Sahlis und das Gutshaus in Rüdigsdorf mit ihren wunderschönen Parkanlagen. Unbedingter touristischer Anziehungspunkt ist der 1928 von Kurt Feuerriegel aus Frohburg geschaffene Töpferbrunnen sowie die guterhaltenen Bürgerhäuser.
Seit über einem Jahrhundert ist das »Kohrener Land« ein interessantes Reiseziel und eine touristische Attraktion; künftig wird es auch zum Leipziger »Neuseenland« gehören. Bereits Anfang des 20. Jahrhunderts pilgerten Leipziger und Chemnitzer zur Sommerfrische in diese Region; diese Tradition ist wieder aufgegriffen worden und erfreut sich eines regen Zuspruchs. Damit ist erwiesen, dass das Kohrener Land viele Möglichkeiten für einen abwechslungsreichen Aufenthalt bietet. Mit ca. 600 ha Waldfläche, reiner Luft und zahlreichen ungestörten Bachläufen von Wyhra, Katze, Ratte und Maus wird eine stimmungsvolle Naturkulisse für Wanderungen, Radtouren, hoch zu Ross, bequeme Kutschfahrten oder »gummibereifter Bimmelbahn« geboten.
Sehenswert in der Doppelstadt ist die Pfarrkirche St. Gangolf. Es handelt sich hier um eine dreischiffige Pfeilerbasilika aus der Zeit zwischen Romanik und Gotik; sie wurde im 15. Jahrhundert zur Hallenkirche umge-

Töpferbrunnen auf dem Markt in Kohren-Sahlis

staltet. Kurios, dass die Seitenschiffe unterschiedliche Breite besitzen. Der Altar stammt von 1616/17. Weitere Blickfänge sind die Überreste der einstigen Burg, die beiden romanischen Rundtürme. Zuerst befand sich hier eine slawische Befestigungsanlage; um 973–986 wurde sie zur Burg umgestaltet.

Das bereits erwähnte Sahliser Herrenhaus (es ist ein wiederholt umgebauter Barockbau aus dem 18. Jahrhundert) verfügt über einen Rokokogarten mit Kinderfiguren, die die Jahreszeiten darstellen sollen. Im Gartenhaus in Rüdigsdorf findet man einen Freskenzyklus von Moritz von Schwind aus dem Jahre 1838 (»Amor und Psyche«). Weitere bemerkenswerte Sehenswürdigkeiten sind vor allem Burg Gnandstein, das Lindenvorwerk mit dem Gondelteich, die Lindigtmühle mit Museum und altdeutschem Backofen sowie die Sommerrodelbahn. Aber auch die Gegend um das Städtchen weist bemerkenswerte Kleinode auf. So ist das »Tor zum Kohrener Land« unbedingt zu erwähnen; es ist Frohburg mit seinem Schloss, dem internationalen »Frohburger Dreiecksrennen« für Motorräder und seiner ländlichen Bauweise, die dem ganzen Ensemble einen beschaulichen Rahmen geben. Geithain ist ebenfalls nahe; in Prießnitz beeindrucken das Bauernrathaus von 1712, wunderschöne Fachwerkhäuser und die Dorfkirche; Conrad Felix Müller schuf die Gemälde in der Kirche zu Tautenhain. Das Einzigartige am Kohrener Land ist die große Vielfalt der Angebote im Hinblick auf die Landschaft, die Architektur, die Geschichte, das Handwerk, die Kultur und die unterschiedlichsten Freizeitangebote in einer breitgefächerten Palette, für jedes Alter und für jeden Geschmack etwas. Dazu gehört auch ein umfangreicher Katalog für Radtouren, die jeder bewältigen kann: »Von Borna in das Kohrener Land«, »Von Kohren-Sahlis nach Bad Lausick«, »Von Gnandstein nach Altenburg«, »Vom Kohrener Land über den Rochlitzer Berg«, »Vom Kohrener Land durch das Muldetal« – das sind bei weitem nicht alle Routen, die einen Aufenthalt hier zum Erlebnis werden lassen.

Vom Braunkohlen- zum Erholungsland

Inmitten des mitteldeutschen Braunkohlenreviers – einem der drei großen Braunkohlereviere in Deutschland – liegt fast wie eine Insel die Stadt Leipzig. Bis an die Stadtgrenzen fraßen sich die Kohlebagger heran. Seit 1382 wird hier Kohle gefördert, und es wurde mehr Braunkohle gewonnen als im Rheinland und in der Lausitz. Nach anfänglich vorherrschender Förderung im Tiefbau setzten sich ab Anfang des 20. Jahrhunderts Großtagebaue durch. Mehr als 4 000 ha nahm beispielsweise der bis heute größte regionale Tagebau Espenhain in Anspruch. Die gewaltigen Abraummassen wurden von gigantischen Förderbrücken bewältigt – technische Meisterleistungen ihrer Zeit. 1990, dem Jahr, das auch die energiepolitische Wende einläutete, wurde Leipzig von 20 Tagebauen, 27 Brikettfabriken und 8 Großkraftwerken umringt.

Die Nutzung des schwarzen Goldes brachte gestern wie heute Reichtum und Energie. Die Nutzungsmöglichkeiten der einheimischen Braunkohle waren breit gefächert. Neben der Stromgewinnung wurde die Braunkohle für die Produktion von Benzin, Teer, Schwer- und Leichtölen genutzt. Heute dient die geförderte Braunkohle fast ausschließlich der Stromgewinnung (z.B. Kraftwerk Schkopau, Industriekraftwerk Deuben). An neuen Technologien zur Reduzierung von Emissionen wird unter Mitwirkung regionaler Forschungseinrichtungen gearbeitet.

Als Zeitzeugen der Bergbaugeschichte konnten viele historische Schachtanlagen und Brikettfabriken sowie Beispiele herausragender Industriearchitektur erhalten werden. So führt z.B. die »Straße der Braunkohle« zu über 70 Sachzeugen in Sachsen, Sachsen-Anhalt und Thüringen. Kulturelle, gastronomische und Freizeiteinrichtungen in ehemaligen Fabrikhallen sind attraktive Anziehungspunkte; nicht nur Eisenbahnnostalgiker sind begeistert von den ehemaligen Kohlebahnen.

In fast spektakulärer Weise hat sich die Natur nach dem Ende des Kohleabbaus große Flächen zurückerobert. Zahlreiche gefährdete und geschützte Arten sind inzwischen in der Bergbaufolgelandschaft beheimatet und stehen bei Fachexperten und Naturliebhabern hoch im Kurs. Die Naturschutzstationen sind beliebte Ausgangspunkte für geführte Wanderungen, die durch die Feuchtbiotope, Trockenzonen und Steilabbrüche führen, die wichtige Lebensräume für Flora und Fauna bieten.

Das Fundament für die Entwicklung vom Braunkohlerevier zum Tourismus- und Naturparadies bilden sowohl für das Leipziger als auch für das Lausitzer Seenland die ehemaligen Kohlegruben. Im Leipziger (Neu)Seenland entstand eine über 70 km lange Rohrleitung, durch die das im aktiven Tagebau abgepumpte Wasser in die neuen Seen gelangt – eine Technologie, die so nebenbei eine gute Wasserqualität garantiert. Durch die Flutung ehemaliger Tagebaue kommen im Lausitzer Seenland schrittweise zahlreiche Seen auf sächsischem und brandenburgischem Gebiet dazu. Die Seen werden zur Flutung durch Kanäle miteinander verbunden. Die Bundesländer Sachsen und Brandenburg haben sich frühzeitig dazu bekannt, die notwendigen Verbindungen so auszubauen, dass sie auch für Sportboote und Fahrgastschiffe nutzbar sind. Nicht nur künstliche Kanäle und Schleusen verbinden die neuen Seen, sondern sie erhalten zudem eine Anbindung an die Kulturstadt Leipzig über die Pleiße, Weiße Elster und Floßgraben, so dass ein Gewässerverbund von über 200 km Strecke entwickelt wurde. Cafés und Restaurants mit Freiterrassen und Bootsanlegern sind beliebte Stationen für Wasserwanderer, dazu kommen vielfältige Aktiv- und Trendsportangebote wie Wildwasserrafting, Segeln, Wakeboarden, Kitesurfen, Tauchen und Klettern im Hochseilgarten. Selbst Anfänger können aus der Luft mit einem Gleitschirm oder im Ballon die Seenlandschaft bestaunen. Ideale Bedingungen für Nordic Walking findet man u.a. am Cospudener See. Das Gebiet rings um den Großen Goitzschesee ist ebenfalls ein hervorragender Anlaufpunkt. Der Nordic Aktiv Park, der sich vom Muldestausee über die Goitzsche-Landschaft bis zum Seelhausener See erstreckt, bietet unterschiedliche Schwierigkeitsgrade. Längst sind jährlich stattfindende Veranstaltungen wie Drachenbootfestivals, Segelregatten oder internationale Kanu- und Motorbootwettkämpfe zu beliebten Besuchermagneten geworden. Die neuen Seen rings um Leipzig bieten speziell für Familien naturnahe Erholungsmöglichkeiten durch hervorragende Wasserqualität, Badestrände und ein gut ausgebautes Rundwegenetz.

Land in Bewegung, eine Landschaft im Wandel – vom Braunkohlerevier zum Tourismus- und Naturparadies – dies ist nicht mehr nur eine Vision.

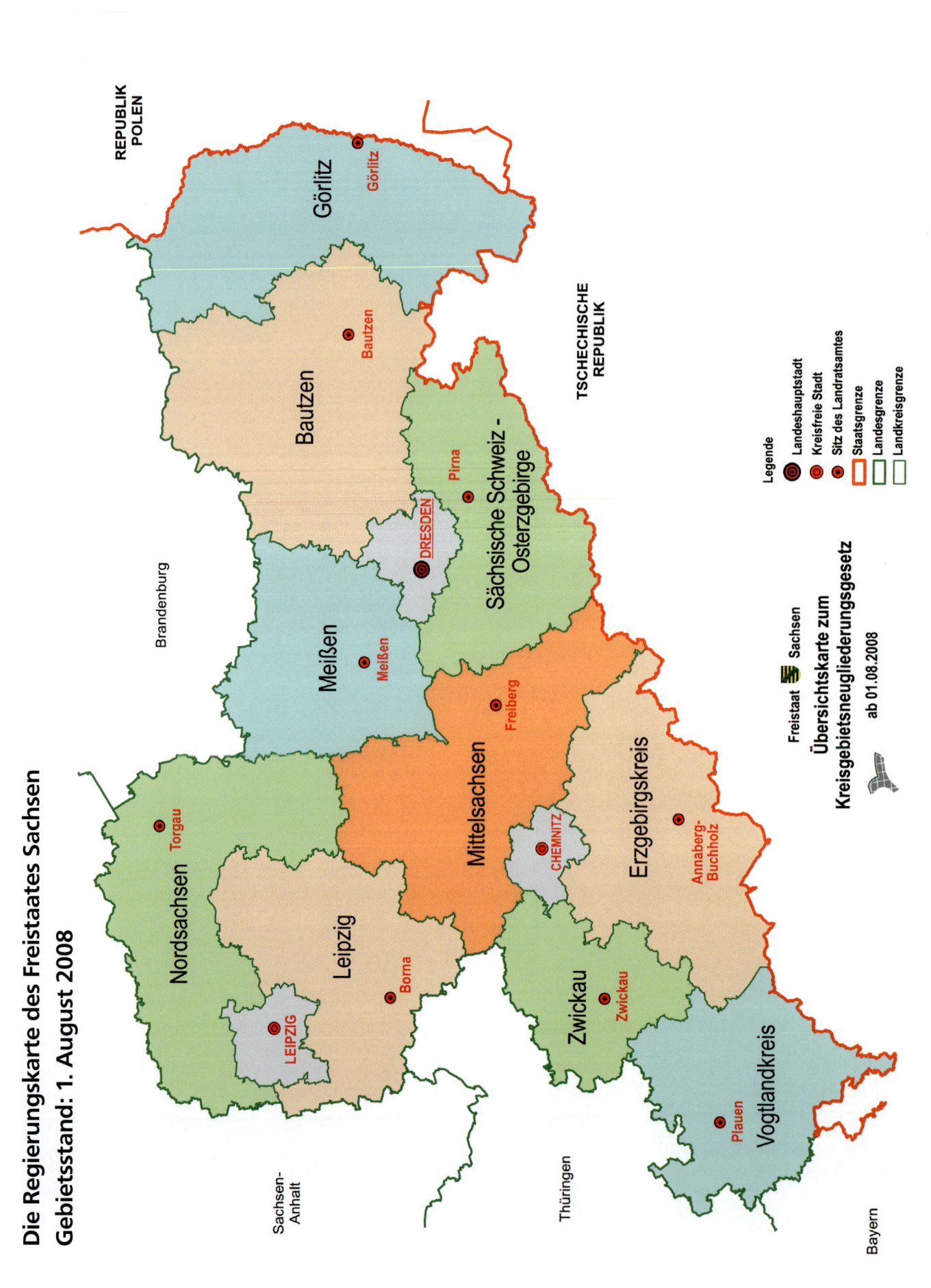

Verzeichnis der Kreisfreien Städte, Landkreise, Städte und Gemeinden

A

Adorf, Stadt	190
Altenberg, Stadt	382
Altmittweida	581
Amtsberg	341
Annaberg, Lk (jetzt Erzgebirgskreis)	312-314
Annaberg-Buchholz, Stadt	99, 315, 316
Aue-Schwarzenberg, Lk (jetzt Erzgebirgskreis)	266-269
Aue, Stadt	270
Auerbach/Vogtl., Stadt	206, 207
Augustusburg, Stadt	362, 363

B

Bad Düben, Stadt	645
Bad Elster, Stadt	131, 186, 187
Bad Lausick, Stadt	630
Bad Muskau, Stadt	444
Bad Schlema	273
Bahretal	392
Bannewitz	386
Bautzen, Lk	491, 492
Bautzen, Stadt/Budyšin	452, 492
Belgern, Stadt	566, 567
Belgershain	631
Bennewitz	633
Bergen/Vogtl.	200
Bernstadt auf dem Eigen, Stadt	418
Bischofswerda, Stadt	497
Blankenhain	217
Bockelwitz	610, 611
Böhlen, Stadt	664
Borna, Stadt	660
Borstendorf	344
Boxberg/O.L.	105, 441
Brand-Erbisdorf, Stadt	367
Brandis, Stadt	632
Bretnig-Hauswalde	484, 485
Burkhardtsdorf	293, 306

C

Chemnitzer Land, Lk (jetzt Lk Zwickau)	218, 226
Chemnitz, Stadt	141, 258, 259
Crimmitschau, Stadt	241
Crostwitz/Chróścicy	453, 490
Cunewalde/O.L.	508, 509

D

Delitzsch, Lk (jetzt Lk Nordsachsen)	644, 645
Delitzsch, Stadt	646, 647
Deutzen	665
Diera-Zehren	529
Dippoldiswalde, Stadt	378
Doberschau-Gaußig	498-501
Döbeln, Lk (jetzt Lk Mittelsachsen)	593
Dommitzsch, Stadt	558
Dorfchemnitz bei Sayda	372
Drebach	340
Dreiheide	563
Dresden, Landeshauptstadt	45, 107, 117, 121, 127, 143, 145, 166-169, 534

E

Ebersbach	597
Ebersbach/Sa., Stadt	407
Ehrenfriedersdorf, Stadt	263, 322
Eibenstock, Stadt	265, 278
Elsterberg, Stadt	182, 183
Elterlein, Stadt	317
Erlau	586-589
Erlbach	188, 189
Erlbach-Kirchberg	302
Erzgebirgskreis	266, 292, 312, 324
Espenhain	661

F

Falkenhain	636, 637
Falkenstein/Vogtl.	203
Flöha, Stadt	353, 360, 361
Frankenstein	359
Fraureuth	238, 239
Freiberg, Lk (jetzt Lk Mittelsachsen)	352, 353
Freiberg, Stadt	119, 354-357

G

Geising, Stadt	383
Geithain, Stadt	674, 675
Gelenau/Erzgeb.	323
Geringswalde, Stadt	592
Gersdorf	250, 251
Glashütte, Stadt	377, 384, 385
Glauchau, Stadt	242-245
Görlitz, Lk	402
Görlitz, Stadt	399, 422
Gornsdorf	308
Grimma, Stadt	618-621
Gröditz, Stadt	550
Groitzsch, Stadt	668, 669
Groß Düben/Dźěwin	445
Großdubrau/Wulka Dubrawa	495
Großenhain, Stadt	520
Großhartmannsdorf	371
Großpösna	662
Großpostwitz/O.L./Budestecy	510, 511
Großröhrsdorf, Stadt	482, 483
Großweitzschen	604-607
Grünbach, Höhenluftkurort	196, 197
Grünhain-Beierfeld, Stadt	288-291
Grünhainichen	343

H

Hammerbrücke	204, 205
Hartha, Stadt	608, 609
Hartmannsdorf b. Kirchberg	236
Hartmannsdorf-Reichenau	380
Heidersdorf	345
Heinsdorfergrund	211
Hermsdorf/Erzgeb.	381
Herrnhut, Stadt	414
Hirschfeld	240
Hirschstein	535
Hochkirch	514

Hohburg	635
Hohenstein-Ernstthal, Stadt	252
Hohnstein, Stadt	395
Horka	435
Hormersdorf	294, 309
Hoyerswerda, Stadt	456-458

J

Johanngeorgenstadt, Stadt	39, 267, 280
Jonsdorf, Kurort	404

K

Kamenz, Lk (jetzt Lk Bautzen)	453-455
Kamenz/Kamjenc, Stadt	133, 451
Kirchberg, Stadt	237
Kirschau	507
Kirnitzschtal	397
Klingenthal, Stadt	192, 193
Klipphausen	526, 527
Klitten	163
Klosterstift St. Marienthal	416, 417
Kodersdorf	432
Königsbrück, Stadt	468, 469
Königsfeld	590
Königshain	430, 431
Königswartha/Rakecy	493
Kohren-Sahlis, Stadt	676, 677
Kriebstein	151
Krostitz	652, 653
Kubschütz	513

L

Lampertswalde	548
Langenweißbach	219, 234, 235
Laußnitz	472, 473
Lauta, Stadt	462-465
Lauter/Sa., Stadt	286, 287
Leipzig, Lk	616
Leipziger Land, Lk (jetzt Lk Leipzig)	658, 659
Leipzig, Stadt	37, 93, 103, 109, 115, 125, 135, 137, 641, 642, 643
Leisnig, Stadt	612-615
Lengefeld, Stadt	327
Lengenfeld, Stadt	208, 209
Leuben-Schleinitz	528
Leutersdorf	410, 411
Lichtenberg	369
Lichtenstein, Stadt	246-249
Lichtentanne	227
Liebschützberg	565
Limbach-Oberfrohna, Stadt	254-257
Löbau-Zittau, Lk (jetzt Lk Görlitz)	402-405
Löbau, Stadt	403
Löbnitz	648, 649
Lößnitz, Stadt	272
Lugau/Erzgeb., Stadt	300, 301

M

Machern	638
Marienberg, Stadt	328-331
Markersbach (jetzt Raschau-Markersbach)	284, 285
Markersdorf	426
Markranstädt, Stadt	672, 673
Meißen, Lk	518-521
Meißen, Stadt	49, 129, 147, 519
Mildenau	320, 321
Mittelsachsen, Lk	352, 578, 593
Mittlerer Erzgebirgskreis (jetzt Erzgebirgskreis)	324-327
Mittweida, Lk (jetzt Lk Mittelsachsen)	578
Mittweida, Stadt	579
Mochau	602, 603
Morgenröthe-Rautenkranz	194
Moritzburg	530, 531
Mücka	438
Mügeln, Stadt	570, 571
Mühltroff, Stadt	180
Mulda	370
Muldentalkreis (jetzt Lk Leipzig)	616, 617
Mutzschen, Stadt	628, 629
Mylau, Stadt	213

N

Nauwalde	551
Nebelschütz/Njebjelčicy	488
Neißeaue	433
Nerchau, Stadt	626
Netzschkau, Stadt	212
Neuensalz	201
Neuhausen/Erzgeb.	374
Neukieritzsch	666, 667
Neukirch	470
Neukirchen/Erzgeb.	304, 305
Neusalza-Spremberg, Stadt	408, 409
Neustadt/Vogtl.	202
Niederdorf	303
Niederstriegis	598
Niederwiesa	366
Niederwürschnitz	295
Nordsachsen, Lk	554, 644, 645

O

Obercunnersdorf	412, 413
Obergurig/Hornja Hórka	512
Oberwiera	253
Oberwiesenthal, Kurort, Stadt	313, 318, 319
Oederan, Stadt	364, 365
Oelsnitz/Vogtl., Stadt	184, 185
Oelsnitz/Erzgeb., Stadt	298, 299
Ohorn	478
Olbernhau, Stadt	346, 347
Oppach	406
Oschatz, Stadt	568, 569
Oßling	466, 467
Ostritz, Stadt	415
Ottendorf-Okrilla	479
Oybin	401, 404, 405

P

Panschwitz-Kuckau/Pančicy-Kukow	486, 487
Pausa/Vogtl., Stadt	178, 179
Penig, Stadt	584
Pflückuff	562
Pillnitz	155, 534
Pirna, Stadt	391
Plauen, Stadt	176, 177

Pockau	326
Pöhl	171
Pöhla	281
Pressel	157
Pretzschendorf	379
Pulsnitz, Stadt	476, 477

Q

Quitzdorf am See	437

R

Rackwitz	650, 651
Radeberg, Stadt	455
Radebeul	522-525
Radeburg, Stadt	532
Radibor/Radwor	494
Räckelwitz	489
Rammenau	496
Raschau (jetzt Raschau-Markersbach)	282, 283
Raschau-Markersbach – OT Markersbach	284, 285
Raschau-Markersbach – OT Raschau	282, 283
Rathmannsdorf	396
Rechenberg-Bienenmühle	375
Reichenbach/O.L., Stadt	428, 429
Reichenbach/Vogtl., Stadt	214, 215
Reinhardtsgrimma (jetzt Stadt Glashütte)	384, 385
Reinsberg	358
Riesa-Großenhain, Lk (jetzt Lk Meißen)	518-521
Riesa, Stadt	536-545
Rietschen	439
Rochlitz, Stadt	577
Röderaue	549
Rodewisch	210
Rosenbach	420, 421
Rosenthal-Bielatal	389, 393
Rötha, Stadt	663
Rossau	580
Roßwein, Stadt	600, 601
Rothenburg/O.L., Stadt	434

S

Sächsische Schweiz, Lk (jetzt Lk Sächsische Schweiz-Osterzgebirge)	390, 391
Sächsische Schweiz-Osterzgebirge, Lk	376, 390
Sayda, Stadt	373
Schildau, Gneisenaustadt	564
Schirgiswalde, Stadt	506
Schleife/Slepo	447
Schneeberg, Stadt	261, 274, 275
Schönau-Berzdorf auf dem Eigen	419
Schöneck	173
Schönfeld	547
Schönteichen	471
Schöpstal	423-425
Schwarzenberg/Erzgeb., Stadt	271
Seelitz	585
Sehmatal	313
Seiffen/Erzgeb., Kurort	348
Sohland a.d.Spree	504, 505
Sohland am Rotstein	427
Sornzig-Ablaß	572, 573
Sosa	159, 269, 279
Stadt Wehlen, Stadt	394
Stauchitz	552, 553
Steina	474, 475
Steinigtwolmsdorf	502, 503
Stollberg, Lk (jetzt Erzgebirgskreis)	292-295
Stollberg/Erzgeb., Stadt	296, 297
Stolpen	149
Syrau	181

T

Tannenbergsthal/Vogtl.	195
Taucha, Stadt	654, 655
Taura	582, 583
Tauscha	546
Thalheim/Erzgeb., Stadt	307
Thallwitz	617
Thümmlitzwalde	627
Torgau-Oschatz, Lk (jetzt Lk Nordsachsen)	554
Torgau, Stadt	153, 555-557
Trebendorf b.Weißwasser	446
Trebsen/Mulde, Stadt	622-625
Trossin	559

V

Vogtlandkreis	174, 175

W

Wachau	480, 481
Waldheim, Stadt	594, 595
Waldhufen	436
Waldkirchen/Erzgeb.	342
Wechselburg	575
Weißenborn	368
Weißeritzkreis (jetzt Lk Sächsische Schweiz-Osterzgebirge)	376, 377
Weißkeißel/Wuskidź	440
Weißwasser/O.L., Stadt	442, 443
Werda	198, 199
Werdau, Stadt	228-231
Wiedemar	657
Wildenfels, Stadt	232, 233
Wittichenau/Kulow, Stadt	459-461
Wolkenstein, Stadt	332-335
Wurzen, Stadt	634

Z

Zabeltitz	517, 521
Zettlitz	591
Ziegra-Knobelsdorf	596
Zinna	560, 561
Zittau, Stadt	123, 402
Zschaitz-Ottewig	599
Zschepplin	656
Zschopau, Stadt	336-339
Zschorlau	276, 277
Zwenkau, Stadt	670, 671
Zwickau, Lk	226, 227
Zwickau, Stadt	101, 139, 220-225
Zwickauer Land, Lk (jetzt Lk Zwickau)	216, 226, 227
Zwönitz, Stadt	310, 311
Zwota	191

Bildnachweis

49 (Bildarchiv Sächsische Zeitung, Dresden), 55 (Stadtarchiv Chemnitz), 89 (Universitätsbibliothek Heidelberg), 91 (Sächsischer Landtag, Dresden), 95 (Frank Ossenbrink, Berlin), 97 (K.H. Peters), 101 (LandesMedienZentrum Rheinland-Pfalz, Koblenz), 113 (Max-Planck-Institut, Dresden), 123 (Kulturhistorisches Museum Zittau), 129 (Staatliche Porzellan-Manufaktur Meißen), 139 (Pechstein Hamburg/Tökendorf), 141 (Kunstsammlungen Chemnitz), 175 (Grafik- und Design Büro Lenk & Meinel, Klingenthal), 205 (www.carinaleithold.de), 229-231 (Dipl. Fotograf Albrecht Körner), 246 (h + m), 288-291 (Harald Wunderlich), 313 (SDG, Foto: Jens Klose), 326 (TI Pockau), 327 (TD Kalkwerk Lengefeld), 346 und 347 (Fotoatelier Hermann Schmidt), 356 (Peter Zschage), 357 (René Jungnickel), 377 (Foto: A. Lange & Söhne, Glashütte), 439 (Hans-Peter Berwig), 449 (Foto Steinborn GmbH, Kamenz), 529 (Bernd Hartung), 620 (Kristina Bahr), 622-625 (Frank Schmidt, Walzig), 630 (BBK GmbH, Bad Lausick), 679 (Axel Kull, Berlin);

Bildarchiv Preußischer Kulturbesitz, Berlin: 6, 9, 11, 13, 15, 17, 19, 21, 23, 25, 27, 29, 31, 33, 35, 37, 39, 41, 43, 45, 47, 51, 53, 61, 67, 69, 71, 73, 75, 77, 81, 83, 85, 87, 99, 115, 137;

Chursächsische Veranstaltungs GmbH, Bad Elster: 131, 186, 187;

Deutsche Fotothek, Dresden: 59, 63;

Gabriele Hanke, Coswig: 149, 151, 153, 155, 577;

Bruno L. Klamm, Mannheim: Titelbild; 133, 147, 157, 159, 161, 163, 165, 171, 178, 179, 180, 184, 185, 188, 189, 190, 191, 192, 193, 195, 196, 197, 198, 199, 200, 201, 202, 203, 204, 206, 207, 208, 209, 210, 211, 212, 213, 214, 215, 217, 219, 221, 222, 227, 232, 233, 236, 237, 238, 240, 241, 255, 256, 257, 261, 263, 267, 269, 272, 273, 276, 277, 278, 281, 283, 284, 285, 302, 303, 315, 317, 318, 319, 320, 321, 322, 323, 325, 329, 330, 331, 336, 337, 340, 341, 342, 343, 344, 345, 351, 353, 355, 389, 391, 392, 393, 394, 395, 397, 399, 401, 405, 406, 407, 408, 409, 411, 412, 413, 414, 416, 417, 418, 419, 420, 421, 423, 424, 425, 426, 427, 428, 429, 430, 431, 432, 433, 435, 436, 437, 438, 440, 441, 442, 443, 444, 445, 446, 447, 451, 452, 453, 455, 457, 458, 459, 460, 461, 462, 463, 464, 465, 466, 467, 470, 471, 472, 473, 474, 475, 476, 477, 478, 479 480, 481, 482, 483, 484, 485, 487, 488, 489, 492, 493, 494, 495, 496, 497, 498, 499, 500, 501, 505, 506, 507, 510, 511, 512, 513, 514, 517, 520, 521, 534, 537, 538, 539, 541, 542, 543, 545, 550, 552, 555, 557, 561, 562, 563, 564, 565, 566, 567, 568, 569, 570, 571, 572, 573, 575, 582, 583, 585, 590, 617, 636, 637, 641, 643, 645, 657, 659, 660, 661, 662, 663, 664, 665, 666, 667, 668, 669, 670, 671, 673, 674, 675, 676, 677;

Kunstfonds Staatliche Kunstsammlungen, Dresden: 143, 145;

Leipziger Messe GmbH; Leipzig: 103, 125;

Frank Liebke, Oranienburg: 167, 378, 379, 380, 381, 383, 384, 385, 386, 402, 403, 404, 410, 519, 523, 524, 525, 526, 527, 528, 530, 531, 532, 558, 559, 560;

Jürgen Lösel, Dresden: 93, 105, 107, 109, 117, 119, 121, 127, 259;

Norbert Lohse, Chemnitz: 169, 173, 244, 245, 250, 251, 252, 253, 265, 271, 287, 293, 294, 296, 297, 298, 299, 301, 304, 305, 306, 307, 308, 310, 311, 333, 334, 335, 358, 359, 360, 361, 362, 363, 364, 365, 366, 367, 368, 369, 370, 371, 372, 373, 374, 375, 579, 580, 581, 584, 586, 587, 588, 589, 591, 592;

Museum der bildenden Künste, Leipzig: 79, 135;

Gerhard Weber, Grimma: 535, 546, 547, 548, 549, 551, 553, 594, 595, 596, 597, 598, 599, 600, 601, 602, 603, 604, 605, 606, 607, 608, 609, 610, 611, 613, 614, 615, 619, 621, 626, 627, 628, 629, 631, 633, 634, 635, 638, 647, 648, 649, 650, 651, 652, 653, 654, 655, 656

Die nicht aufgeführten Bilder wurden uns von den Landkreisen, Städten und Gemeinden zur Verfügung gestellt.